上海市级专志

瑞金医院志

上海市地方志编纂委员会　编

上海科学技术文献出版社

SA GRANDEUR
MONSEIGNEUR PROSPER PARIS, S. J.

Né le 1er sept. 1846. — Arrivé en Chine le 24 oct. 1883.

Ordonné le 18 sept. 1880. — Sacré le 11 nov. 1900.

Évêque de Silando.

VICAIRE APOSTOLIQUE DE NAN-KING.

En novembre 1925, après 25 années d'épiscopat, Sa Grandeur Monseigneur Paris, avait consacré 3 évêques, ordonné 121 prêtres, dont 77 chinois et 44 européens, administré 135.000 confirmations. Dans ce même laps de temps, les chrétiens du Kiang-nan ont plus que doublé, et passé de 124 307 à 296 443.

广慈医院创办人姚宗李（Prosper Paris，1846—1931）

建院初期广慈医院全貌

anghai (Vue d'ensemble)

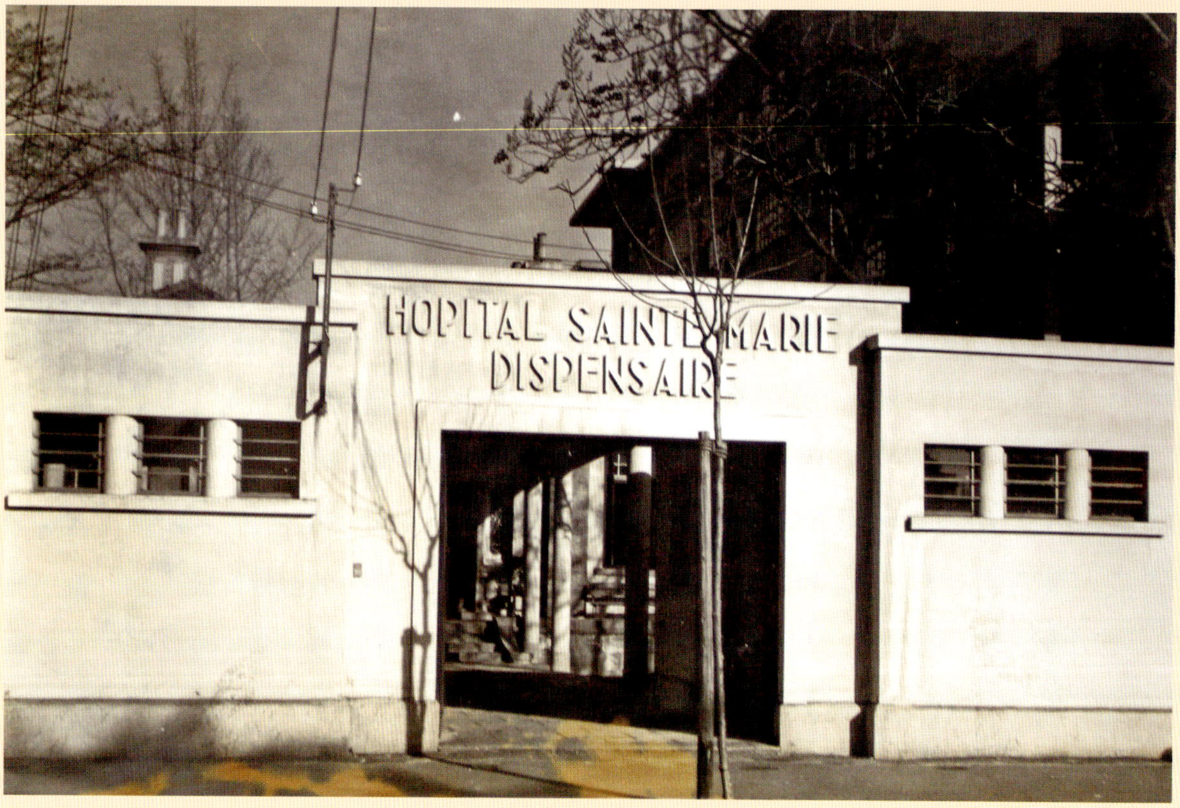

1. 建院初期的广慈医院
2. 建院初期广慈医院门诊部大门

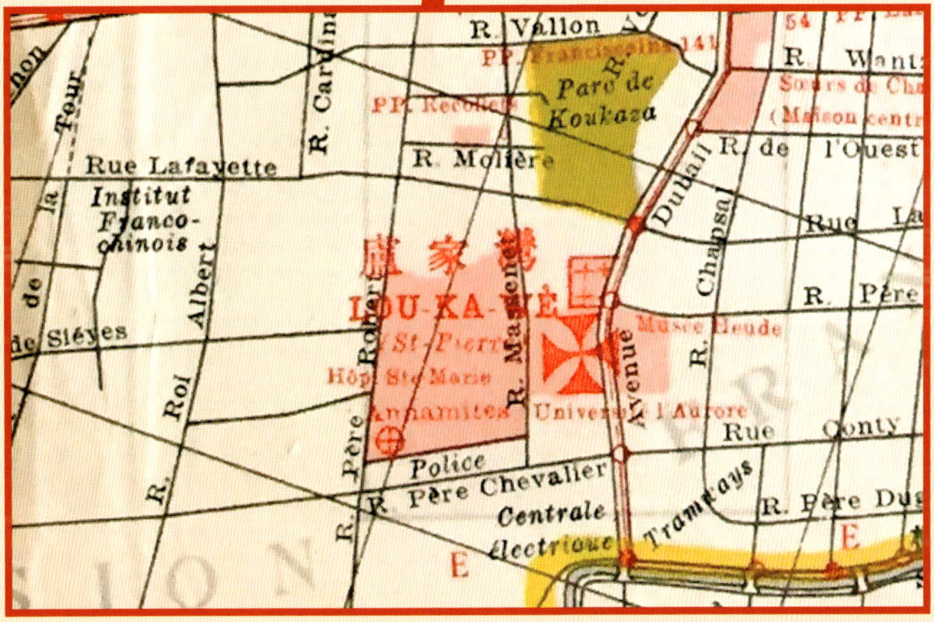

1933年，土家湾印书馆出版上海地图中的广慈医院（Hôp Ste Marie）
和震旦大学（Université l'Aurore）

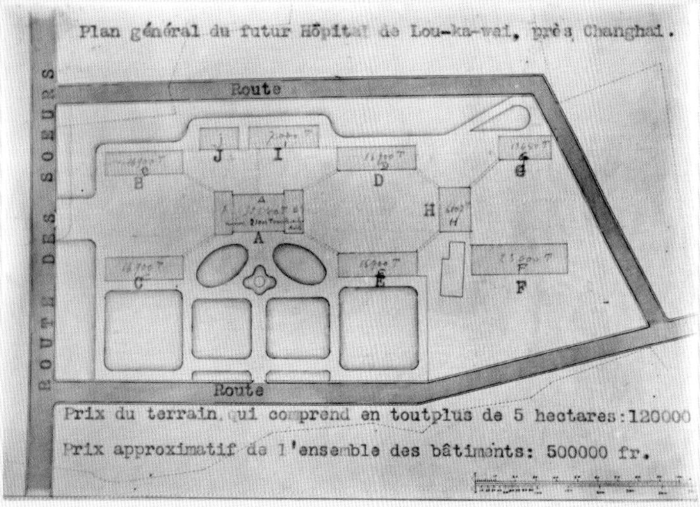

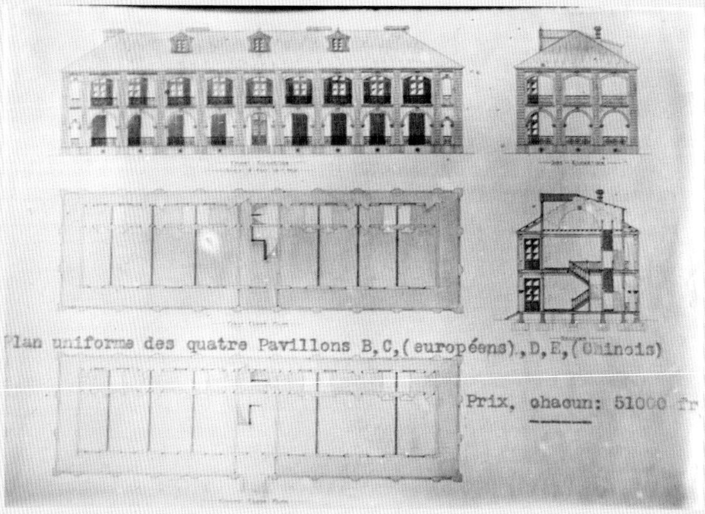

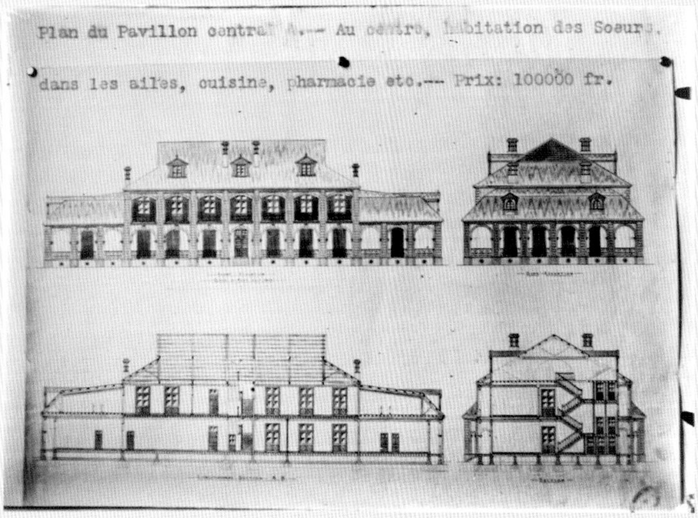

1
2
3

1. 早期医院建设规划图
2. 医院最早病房楼（1905年建成）建筑图纸
3. 中央大楼建筑结构图

中央大楼（最早四幢楼之一）正面

1
2

1. 20世纪20年代末扩建后的教士病房楼
2. 华人病房楼（最早四幢楼之一）侧面

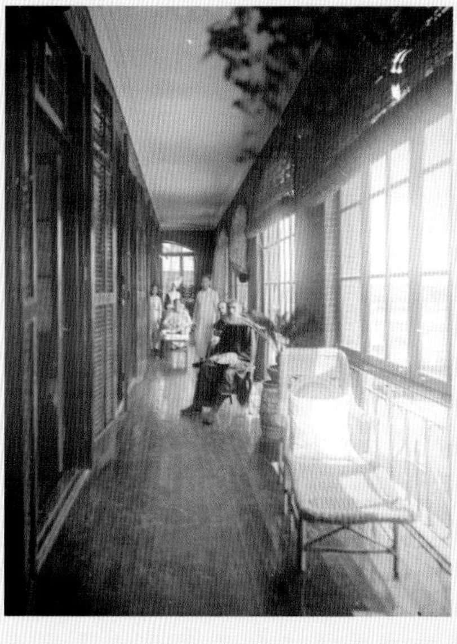

1
2
3

1. 外籍病房楼背面
2. 外籍病房楼（左）和教士病房楼（右）
3. 外籍病房楼内回廊

1
2

1. 从金神父路（现瑞金二路）看医院华人病房楼
2. 金神父路上医院院门之一

1 | 2
3

1. 花园中的圣心亭
2. 圣心亭上耶稣像近景
3. 医院内小教堂

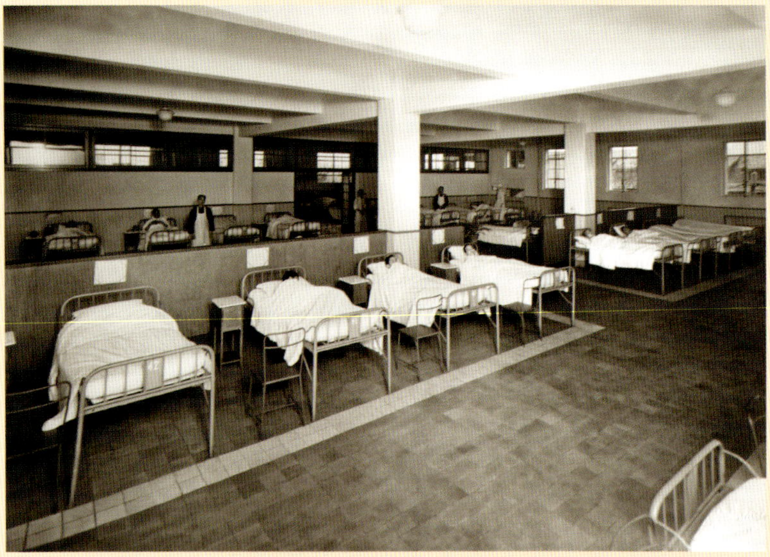

1
2
3

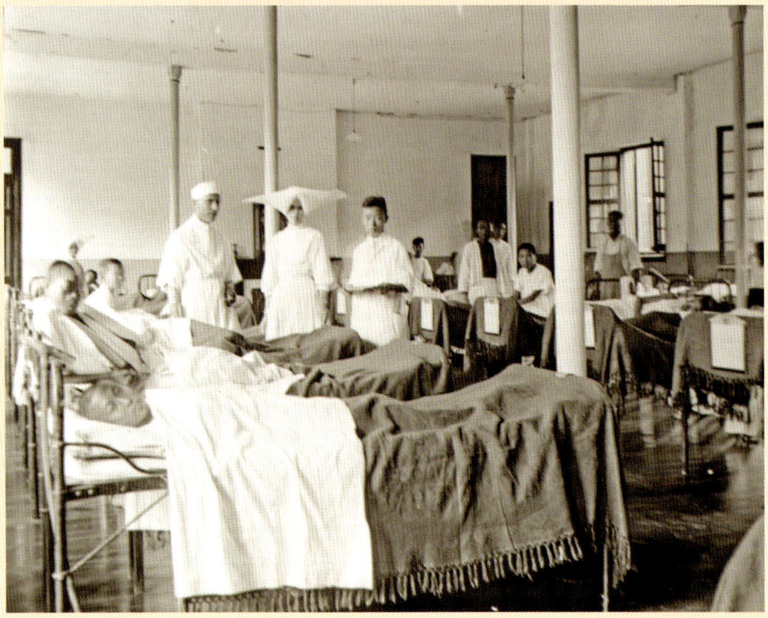

1. 圣味增爵楼（贫困男子病房，建于1908年）
2. 圣味增爵楼病房内部
3. 法国医生和修女在贫困病房查房

1
2
3 | 4

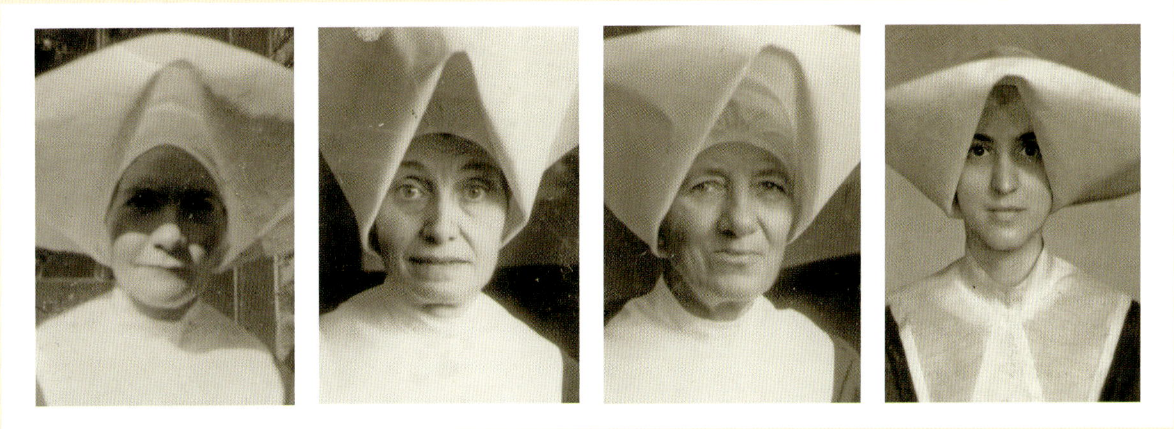

1. 拘留病房（1930年建成）
2. 仁爱会嬷嬷
3. 医院花园中劳作的工人
4. 医院内修女与牛车

1
2

1. 1919年，毕业生与法国监考合影
2. 震旦大学医学院1941级级徽、级训（1914年，医院成为震旦学院医科实习基地）

1
2
3

1. 手术室和X光室（分别于1920年和1921年启用）
2. 设有参观席和金属手术床的手术室
3. 手术室落成仪式

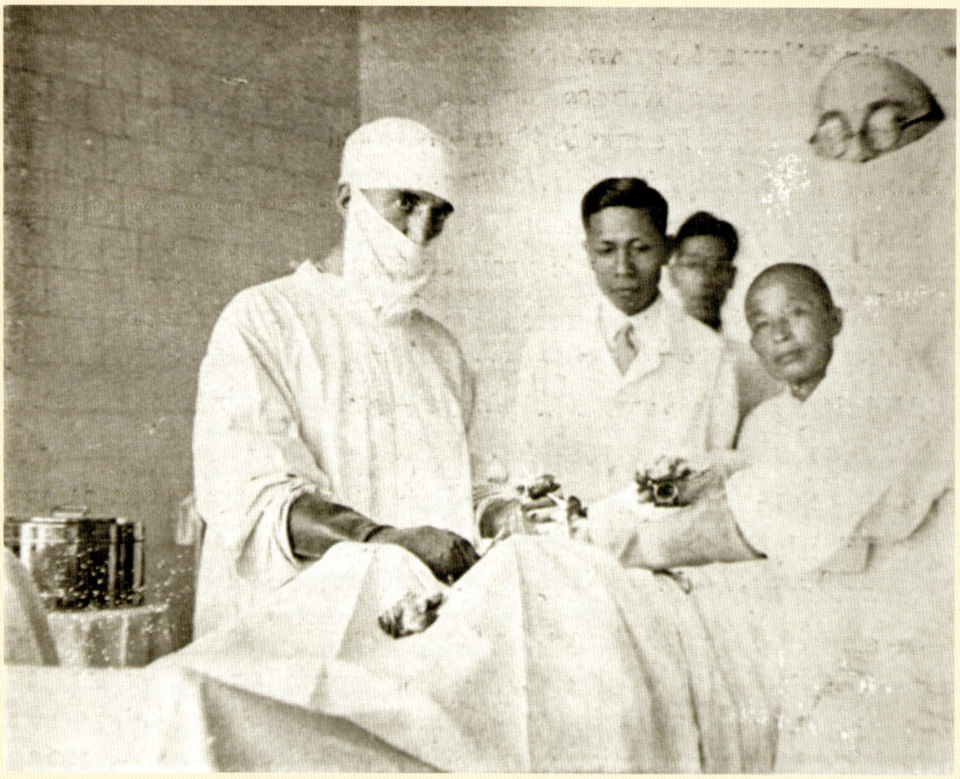

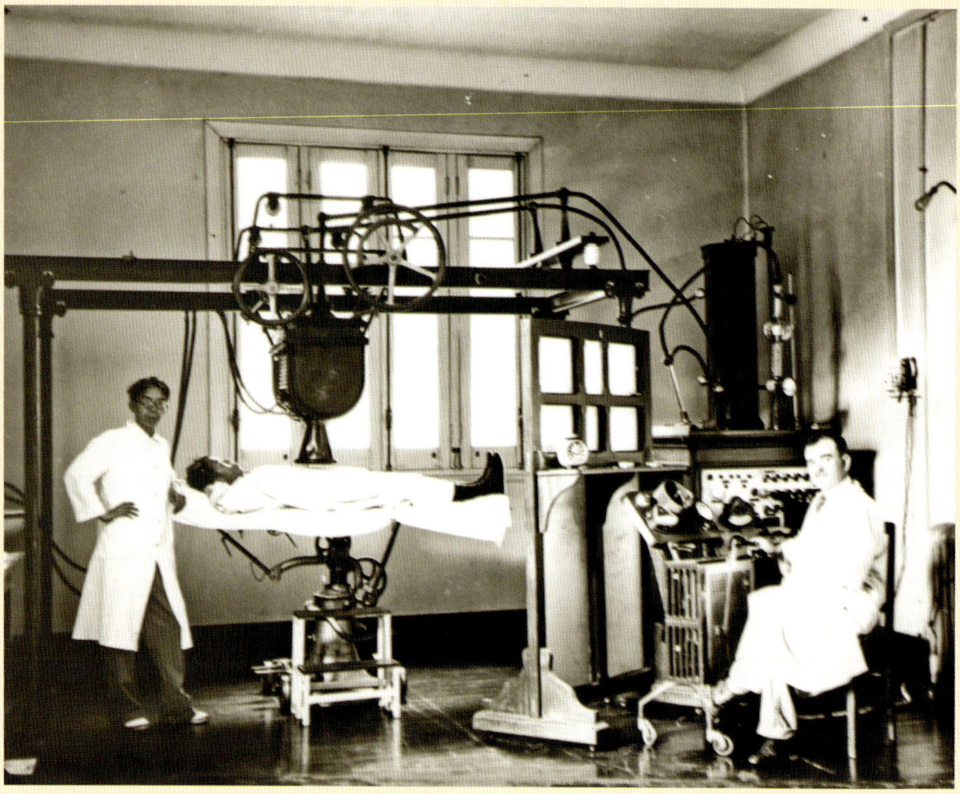

1
2

1. 法国医生给震旦大学学生示范手术
2. 1921年，法国政府捐给医院的第一台X光机

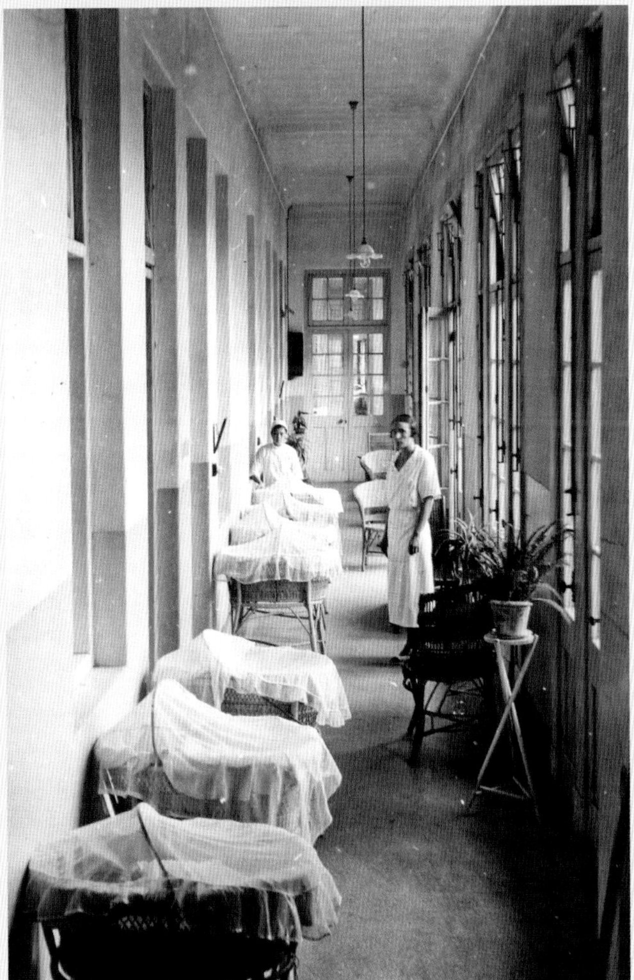

1/2

1. 产科病房楼（建于1922年，上海市第四批优秀历史保护建筑）
2. 产科病房楼回廊

1/2

1. 圣心楼（贫困女子病房，建于1922年）
2. 巴斯德楼（检验室，建于1925年）

1/2

1. 传染科隔离病房（建于1930年）
2. 传染科修女

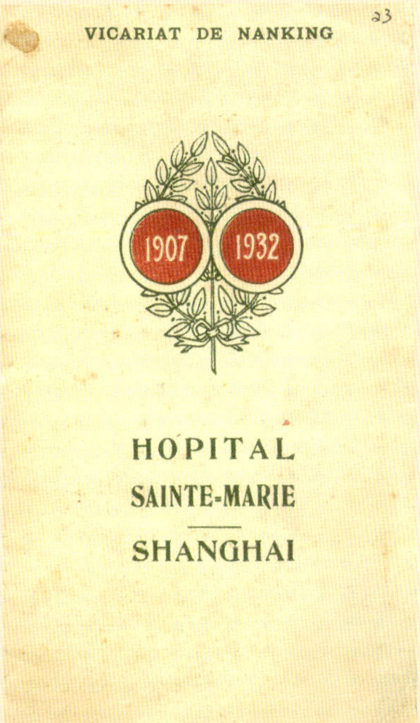

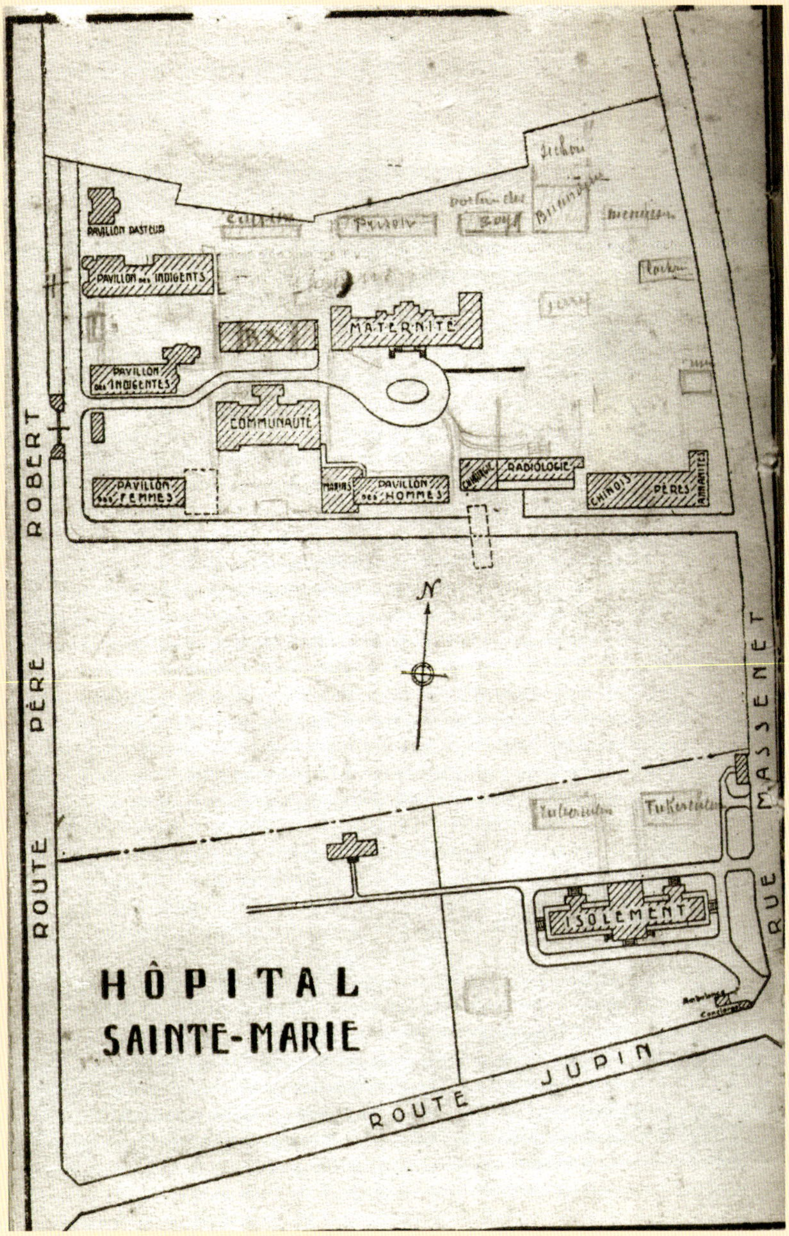

1. 建院25周年纪念册
2. 广慈医院院徽
3. 纪念册内医院建筑平面图

1/2

1. 1932年，医院医生合影（后排左一孙忍德、左二沈永康、右一罗忠，为当时仅有的三名中国医生）
2. 1932年，医院护士合影

1
2

1. 1932年，医学院学生合影
2. 1932年，医院工人合影

1
2
3

1. 新圣味增爵楼和圣路依士楼
2. 新圣味增爵楼内部
3. 老师和医学生在新圣味增爵楼上合影

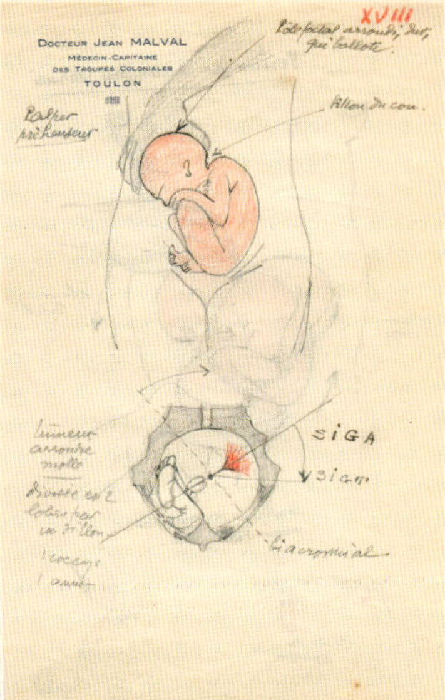

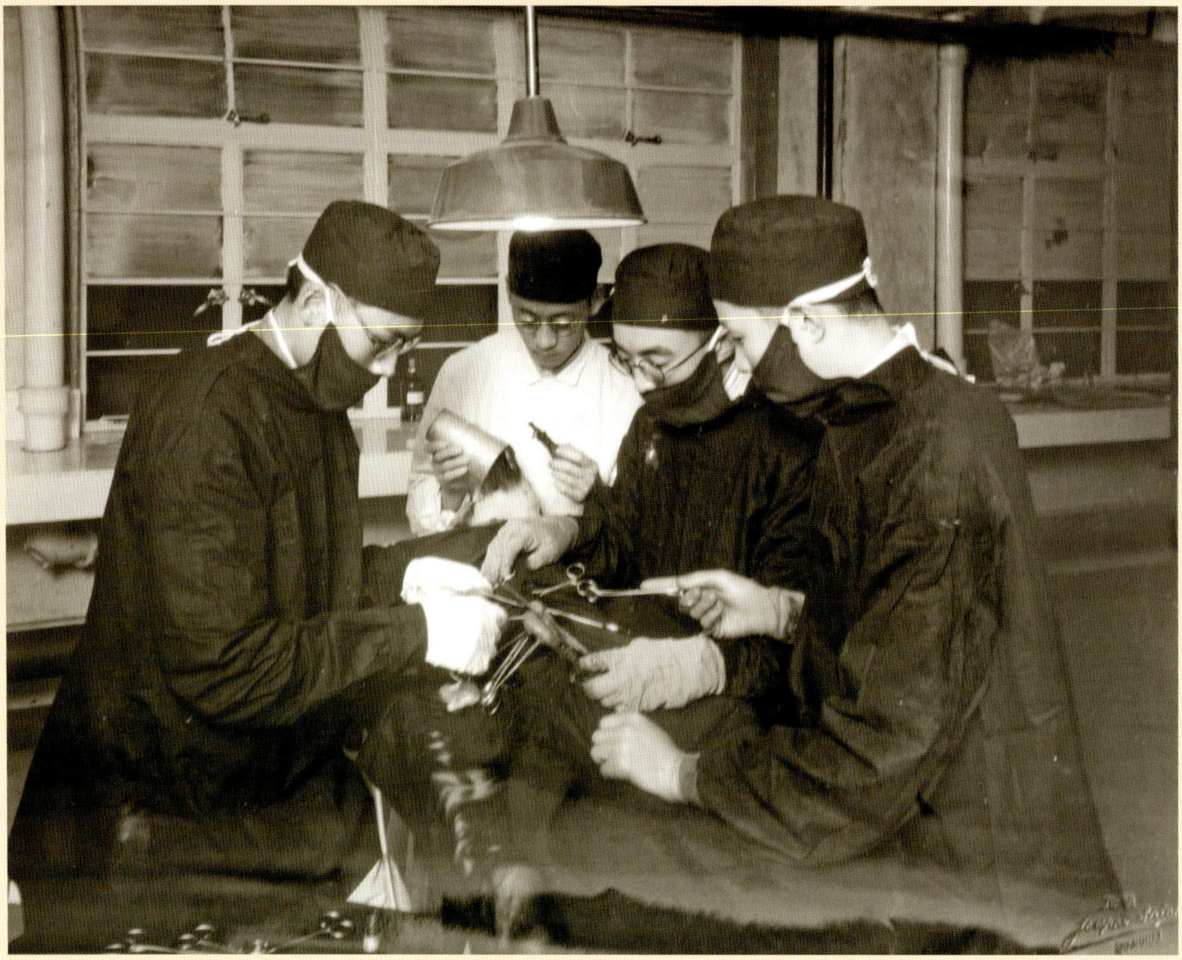

1. 妇产科主任马尔物（穿风衣者）与医护人员合影
2. 马尔物手绘妇产科教材
3. 医学生上解剖课

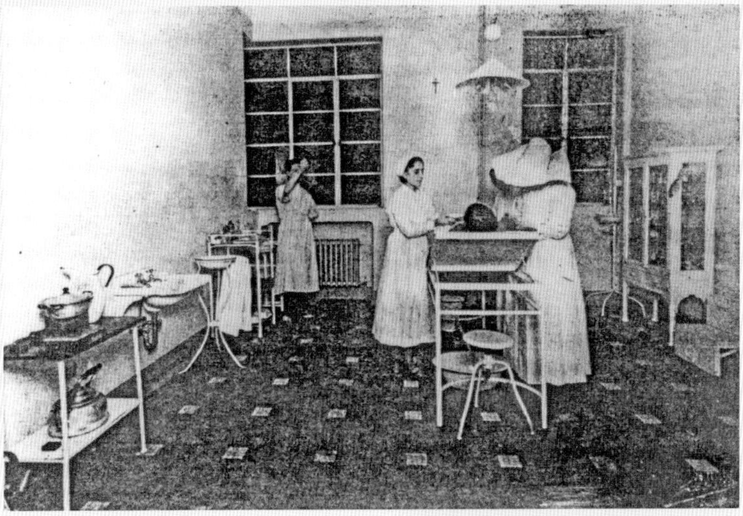

1 | 2
3
4

1. 五官科诊室　　2. 消毒室
3. 抢救室　　4. 眼科诊室

HOPITAL

SAINTE-MARIE

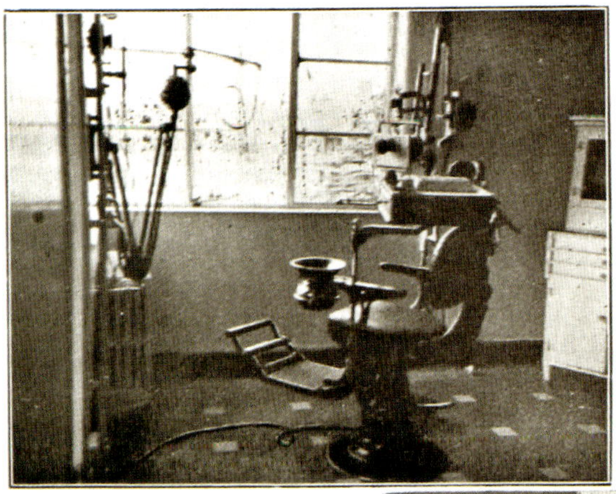

Clinique

dentaire

牙医门诊部

20世纪30年代末，医院医生合影（前排左二邝安堃、左三徐宝彝）

20世纪40年代末，医院医生合影（第一排右三傅培彬、右二魏月华、右一吴云瑞；第二排左一王瑞文、左三唐士恒、左四齐家仪、右四沈永康、右三沈锡元、右二王耆龄、右一佘亚雄；第三排左二朱仲刚、左三邝安堃、右二徐福燕、右一程一雄）

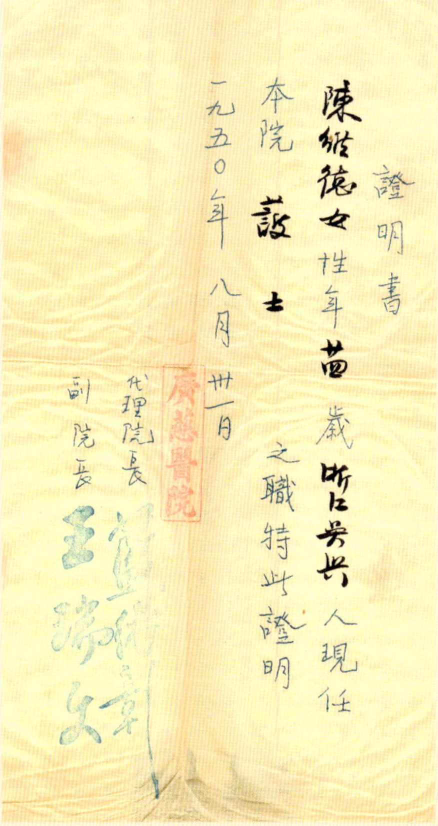

證明書

陳紹德女性年廿四歲浙江吳興人現任

本院護士之職特此證明

一九五〇年八月卅一日

代理院長

副院長 王瑞文

廣慈醫院

1. 上海第二医学院附属护士学校校舍
2. 1949年，广慈高级护士学校毕业生合影
3. 1953年，医院护训班结业合影
4. 1950年，医院护士证明书

牙醫師證書

邱立崇

性別男

出生一九一九年九月二十九日

籍貫哈尔濱市

經本部審核與牙醫師暫行條例第五條第一項資格相符特此發給證書

中央人民政府衛生部

部長

副部長

中央人民政府衛生部印

一九五年月日

牙字第00003號

1
2
3

1. 20世纪40年代末，医科毕业生合影（左一史济湘、左三龚兰生）
2. 1950年，胸外科宋祥明在医院救护车前
3. 1953年，邱立崇牙医资格证书

1 | 2
3
4

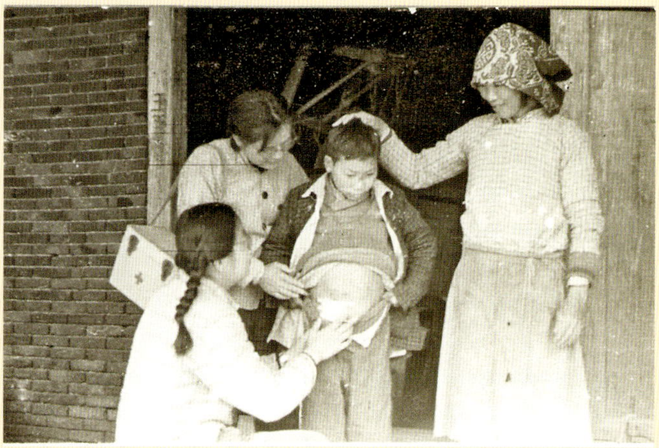

1. 儿科病房楼（1954年建成）
2. 儿科病房内
3. 1951年，聂传贤（左二）任上海市第二批抗美援朝医疗队队长，史济湘、龚兰生等20余名医护人员参加
4. 医院组织医疗队下乡防治血吸虫病

20世纪50年代末医院外景

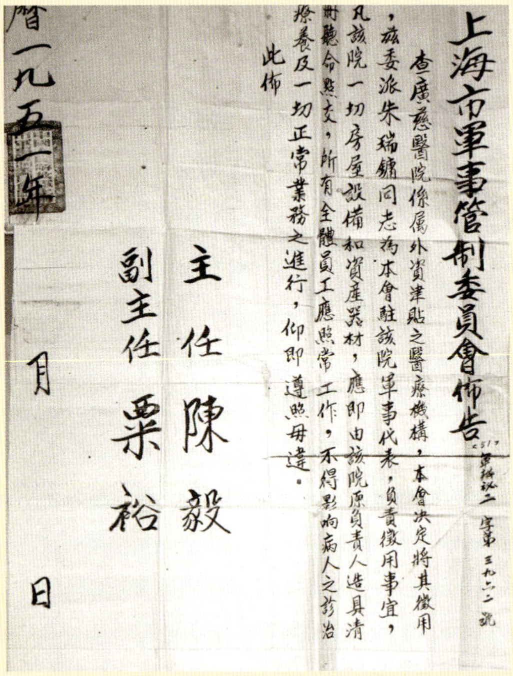
上海市軍事管制委員會佈告
（滬秘社二字第三九六二號）
查廣慈醫院係屬外資津貼之醫療機構，本會決定將其徵用，茲委派朱瑞鏞同志為本會駐該院軍事代表，負責徵用事宜，凡該院一切房屋設備和資產器材，應即由該院原負責人造具清冊聽命點交，所有全體員工應照常工作，不得影响病人之診治療養及一切正常業務之進行，仰即遵照毋違。
此佈
主任 陳毅
副主任 粟裕
公曆一九五一年 月 日

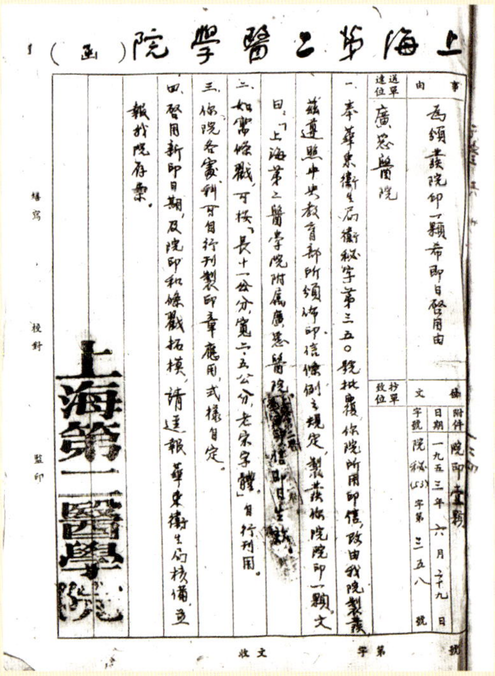
上海第二醫學院（函）
事由：為頒發該院印一顆希即日啓用由
送達單位：廣慈醫院
一、奉華東衛生局衛秘字第三五〇號批覆你院所用印信，改由我院製發，茲遵照中央教育部所頒佈印信條例之規定，製發你院院印一顆，文曰「上海第二醫學院附屬廣慈醫院」，希即日生效。
二、如需條戳，可按「長十一公分，寬六·五公分，老宋字體」自行刊用。
三、你院各處、科可自行刊製印章應用，式樣自定。
四、啓用新印日期，及院印和條戳拓模，請逕報華東衛生局核備，並報我院存案。
附件：院印壹顆
日期：一九五三年六月廿九日
字號：院秘（53）字第三五八號
收文 字第 號

1	2
3	
4	5

1. 1951年，上海市军事管制委员会布告
2. 1953年，医院更名为上海第二医学院附属广慈医院的更换公章批复
3. 20世纪50年代，医院门诊挂号处
4. 20世纪50年代，医院自编处方手册
5. 1953年，广慈医院处方

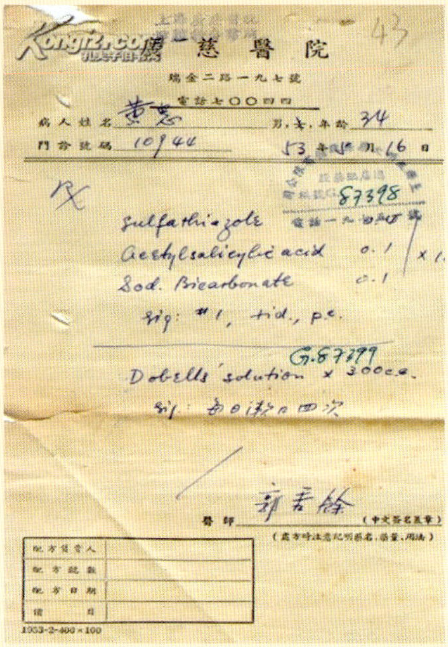
廣慈醫院
瑞金二路一九七號
電話七〇〇四四
病人姓名 黄甚　男女 年齡 34
門診號碼 10944　53年6月16日
Rx
Sulfathiazole
Acetylsalicylic acid 0.1
Sod. Bicarbonate 0.1
Sig: #1, t.i.d., p.c.
G.87399
Dobell's solution x 300cc.
醫師
配方負責人
配方號數
配方日期
1953-2-400×100

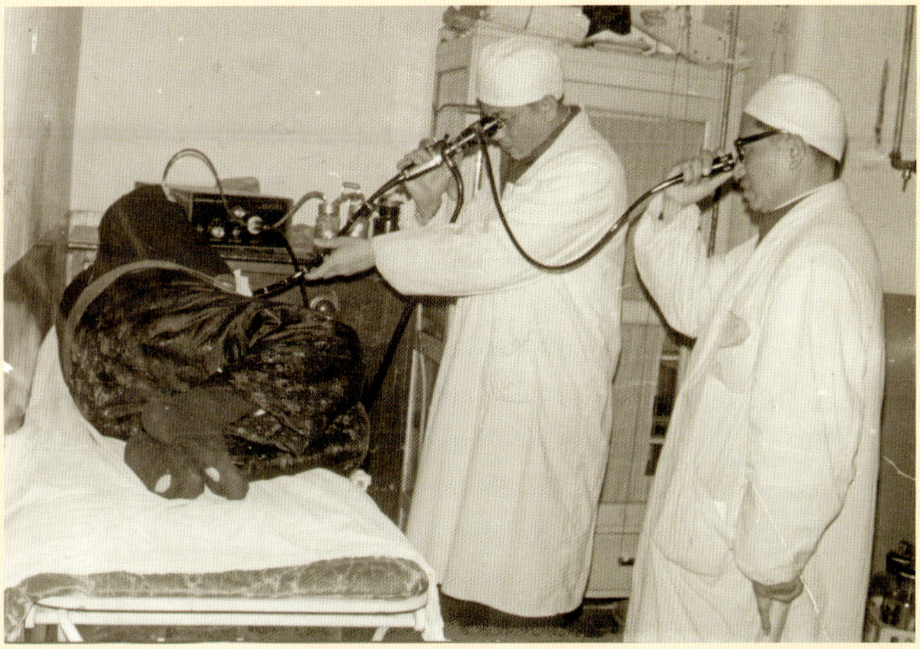

1/2

1. 内科消化组开展消化内镜检查
2. 皮肤科朱仲刚（左一）下厂调研职业性皮肤病

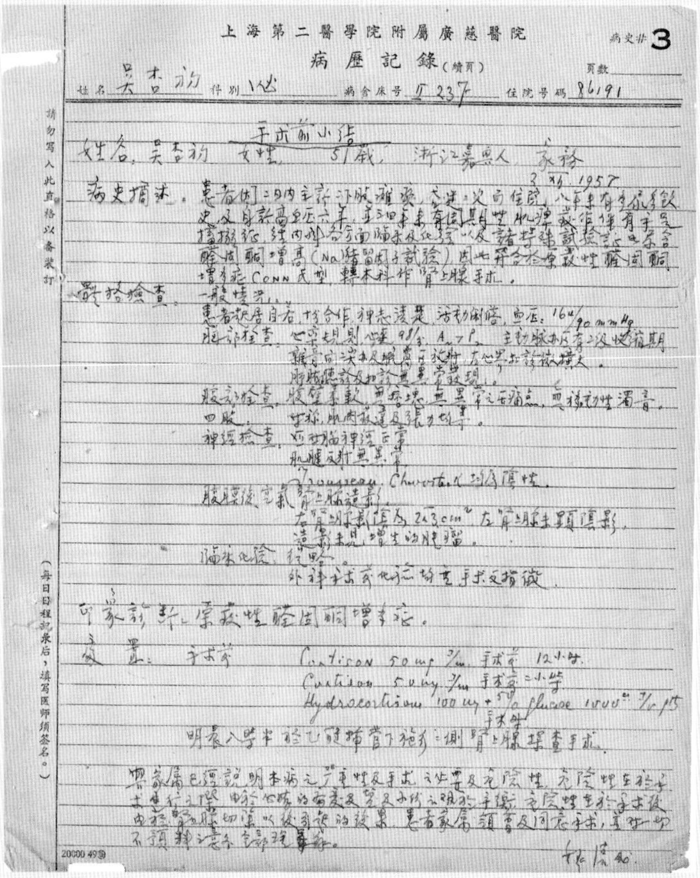

上海第二醫學院附屬廣慈醫院

病史# 3

病歷記錄（續頁）

頁數

姓名 吴杏礽 性别 女 病舍床号 5 237 住院号码 86191

请勿写入此直格以备装订

手术前小结

姓名 吴杏礽 女性 51岁 浙江嘉兴人 家务

3 XI 1957

病史摘述

增多症 CONN氏型，转本科作肾上腺手术。

体格检查

一般情况

血压 164/90 mmHg

腹部检查

四肢

神经检查

Trousseau. Chvostek征均为阴性

腹膜后空气肾上腺造影

临床化验

(每日日程记录后，请写医师姓名。)

20000 49

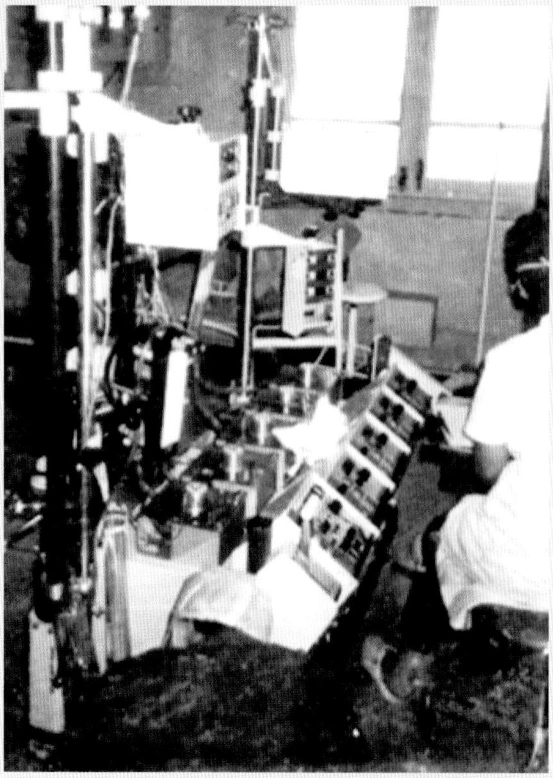

1
―
2

1. 1957年，邝安堃、陈家伦、程一雄等诊断中国第一例原发性醛固酮增多症
2. 1958年，叶椿秀研制成功中国第一台人工心肺机用于临床

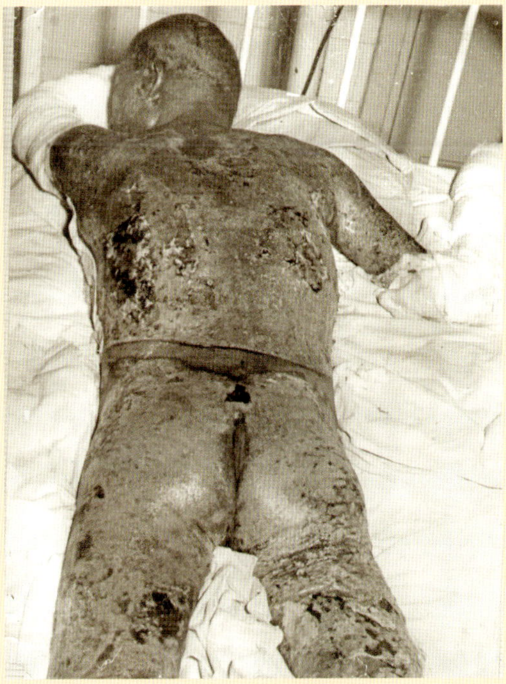

1
2

1. 1958年，成功救治烧伤总面积89.3%，Ⅲ度烧伤23%的钢铁工人邱财康，打破国际上“烧伤面积大于80%无法治愈”的结论
2. 医务人员查找资料积极救治邱财康（左起：史济湘、戴自英、董方中、张涤生、邝安堃、张世泽）

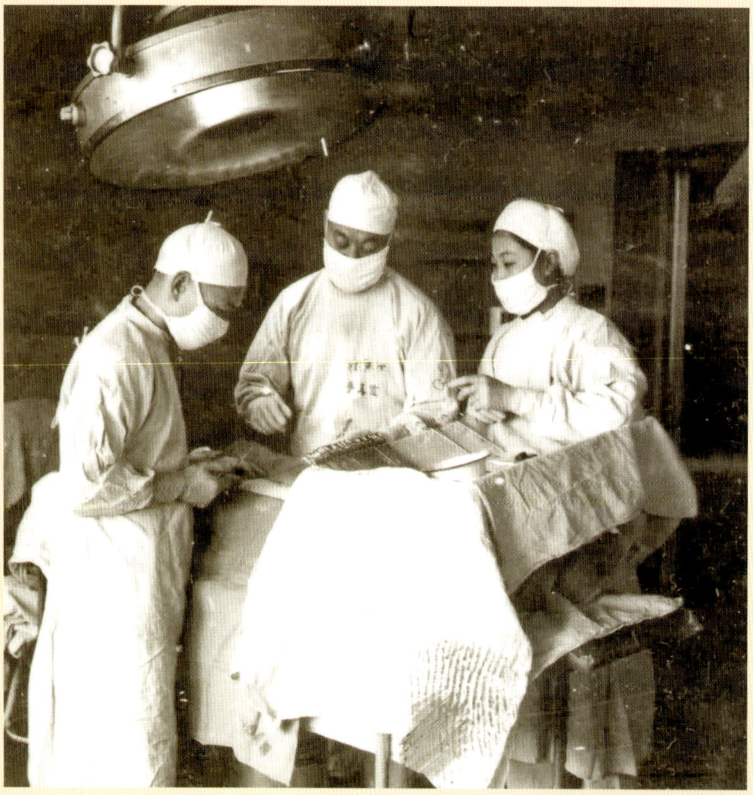

1
2

1. 董方中（中）为邱财康做植皮手术
2. 医院技工组自制翻身床

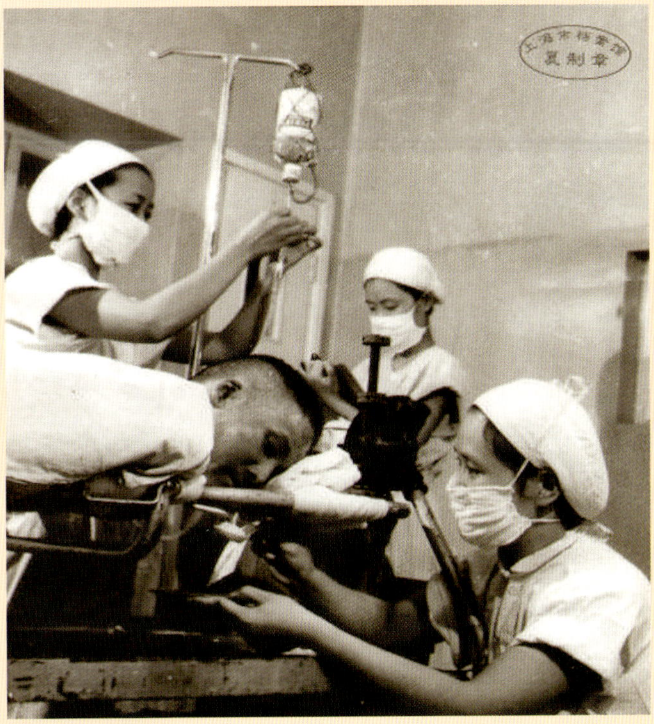

1
2

1. 护理小组为邱财康做护理、喂饭
2. 邱财康伤愈出院

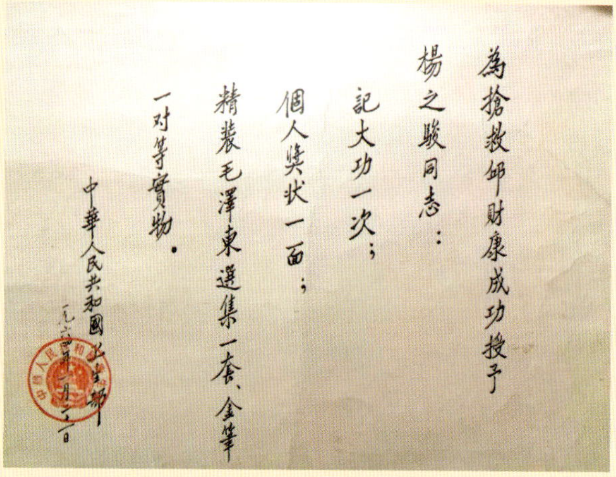

為搶救邱財康成功授予
楊之駿同志：
記大功一次；
個人獎狀一面；
精裝毛澤東選集一套、金筆
一对等實物。
中華人民共和國衛生部

1
2
3

1. 1964年，董方中（鞠躬者）因成功抢救邱财康被卫生部记大功一次
2. 1964年，杨之骏因成功抢救邱财康被卫生部记大功一次
3. 1964年，参与抢救邱财康部分医护人员合影（前排左三邝安堃、左四余濱、左五关子展、左六倪葆春、右三傅培彬、右二史济湘、右一张涤生）

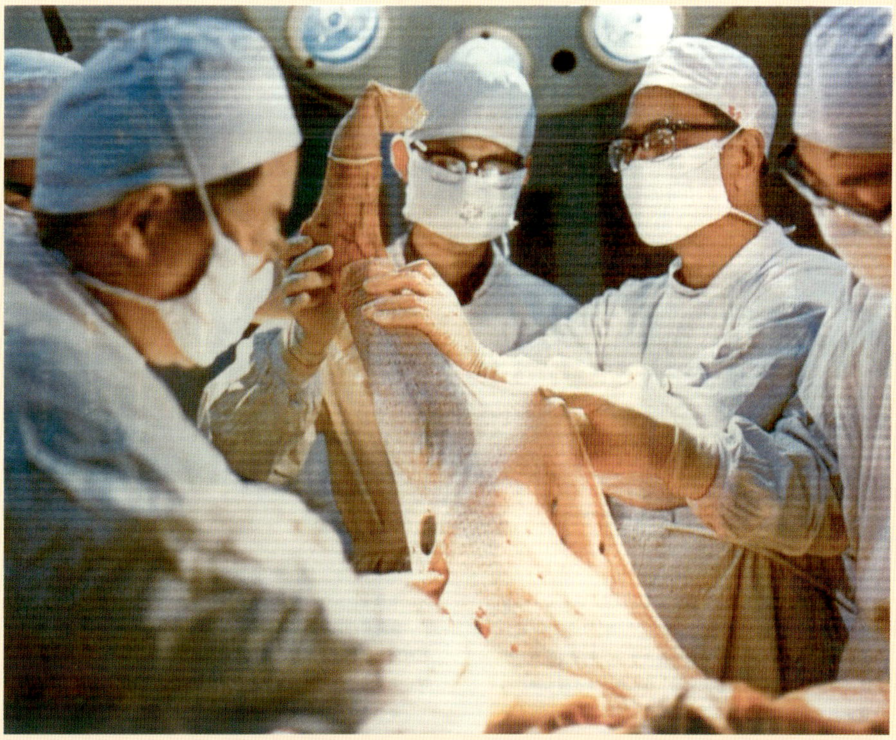

1
2

1. 史济湘实施大片异体皮移植
2. 1977年6月，成功抢救烧伤面积100%，其中Ⅲ度烧伤94% 的患者杨光明，创造7项世界烧伤医疗史新纪录（图为杨光明在家中康复）

1
2

1. 伤骨科病房楼（1961年建成，设骨科病房、中医伤科和上海市伤骨科研究所）
2. 20世纪50年代，邝安堃致力于中西医结合研究，医院开设多期“西学中”学习班（图为第九期学习班合影）

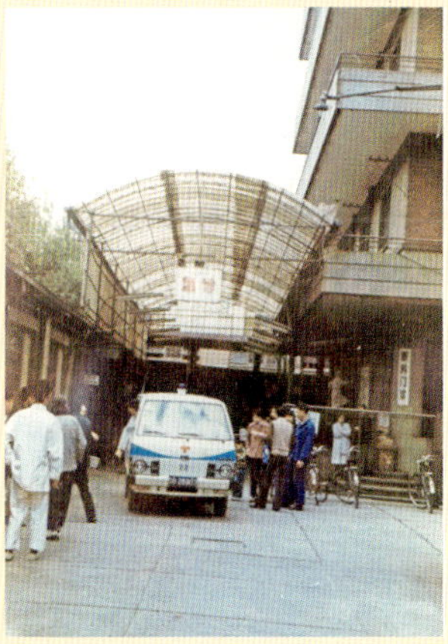

1 | 2
3

1. 20世纪70年代，医院门诊
2. 20世纪70年代，医院急诊
3. 20世纪70年代末，医院大门

1
―
2

1. 1972年，徐家裕作为团队成员和翻译参加新中国派往美国的第一个学术团体，受到美国总统尼克松接见（左一徐家裕，右三尼克松）
2. 1956年，苏联海军“智谋”号和“启蒙”号官兵来医院访问

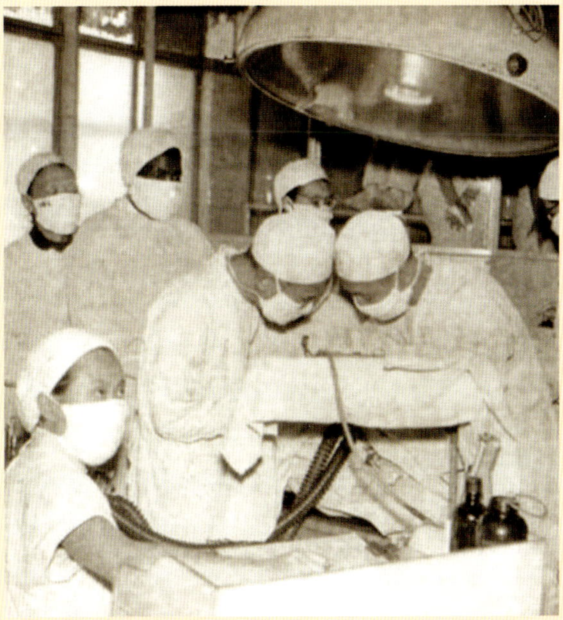

1. 肯尼亚非洲民族联盟代表在手术室参观
2. 朝鲜医院考察团来访
3. 日本自治医科大学学生代表团来访
4. 英国上议院无党派议员肖克罗斯等来访

1
2
3

1. 1966年，傅培彬率第一批巡回医疗队赴皖南山区。1970年，在安徽绩溪建设安徽东方红医院。医院先后派出4批163人支援该院建设
2. 1975年，钱不凡（后排右三）任队长的上海市援藏医疗队在拉萨布达拉宫前合影
3. 1976年，唐山大地震，医院派出3批76人次医护人员奔赴灾区救援（图为第一批医疗队队员合影）

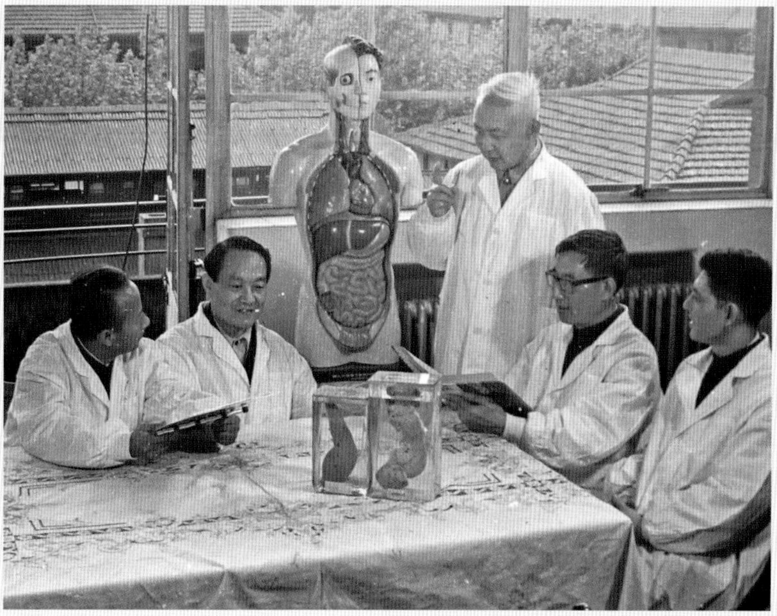

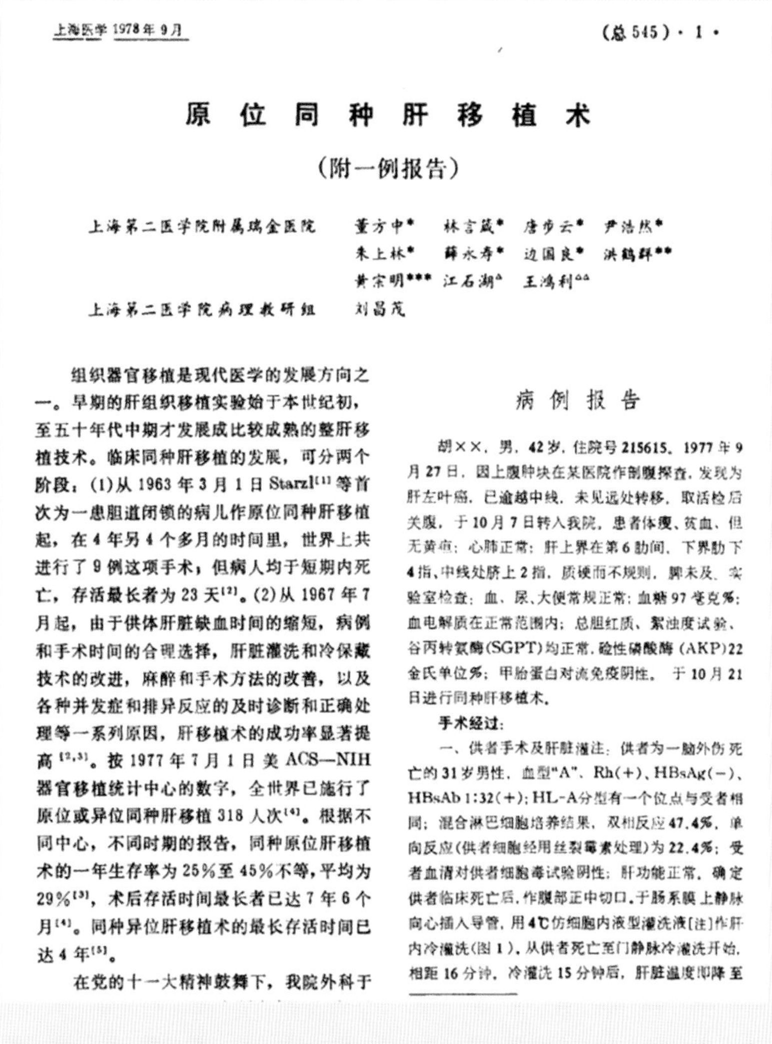

上海医学 1978年9月 （总545）· 1 ·

原位同种肝移植术

（附一例报告）

上海第二医学院附属瑞金医院 董方中* 林言箴* 唐步云* 尹浩然* 朱上林* 薛永寿* 边国良* 洪鹤群** 黄宗明*** 江石湖△ 王鸿利△△
上海第二医学院病理教研组 刘昌茂

组织器官移植是现代医学的发展方向之一。早期的肝组织移植实验始于本世纪初，至五十年代中期才发展成比较成熟的整肝移植技术。临床同种肝移植的发展，可分两个阶段：(1)从1963年3月1日Starzl[1]等首次为一患胆道闭锁的病儿作原位同种肝移植起，在4年另4个多月的时间里，世界上共进行了9例这项手术，但病人均于短期内死亡，存活最长者为23天[2]。(2)从1967年7月起，由于供体肝脏缺血时间的缩短，病例和手术时间的合理选择，肝脏灌洗和冷保藏技术的改进，麻醉和手术方法的改善，以及各种并发症和排异反应的及时诊断和正确处理等一系列原因，肝移植术的成功率显著提高[2,3]。按1977年7月1日美ACS—NIH器官移植统计中心的数字，全世界已施行了原位或异位同种肝移植318人次[4]。根据不同中心，不同时期的报告，同种原位肝移植术的一年生存率为25%至45%不等，平均为29%[3]，术后存活时间最长者已达7年6个月[4]。同种异位肝移植术的最长存活时间已达4年[5]。

在党的十一大精神鼓舞下，我院外科于

病 例 报 告

胡××，男，42岁，住院号215615。1977年9月27日，因上腹肿块在某医院作剖腹探查，发现为肝左叶癌，已逾越中线，未见远处转移，取活检后关腹，于10月7日转入我院。患者体瘦、贫血、但无黄疸；心肺正常；肝上界在第6肋间，下界肋下4指、中线处脐上2指，质硬而不规则，脾未及。实验室检查：血、尿、大便常规正常；血糖97毫克%；血电解质在正常范围内；总胆红质、絮浊度试验、谷丙转氨酶(SGPT)均正常，碱性磷酸酶(AKP)22金氏单位%；甲胎蛋白对流免疫阴性。于10月21日进行同种肝移植术。

手术经过：

一、供者手术及肝脏灌注：供者为一脑外伤死亡的31岁男性，血型"A"、Rh(+)、HBsAg(−)、HBsAb 1:32(+)；HL-A分型有一个位点与受者相同；混合淋巴细胞培养结果，双相反应47.4%，单向反应(供者细胞经用丝裂霉素处理)为22.4%；受者血清对供者细胞毒试验阴性；肝功能正常，确定供者临床死亡后，作腹部正中切口，于肠系膜上静脉向心插入导管，用4℃仿细胞内液型灌洗液[注]作肝内冷灌洗(图1)，从供者死亡至门静脉冷灌洗开始，相距16分钟，冷灌洗15分钟后，肝脏温度即降至

$\frac{1}{2}$

1. 1977年，中国第一例肝移植前夕，内外科联合会诊（左起：唐步云、董方中、傅培彬、林言箴、江石湖）
2. 1977年10月21日，林言箴实施中国第一例人体同种异体原位肝移植获得成功

上海科技报

SHANGHAI KEJIBAO

第221期　1978年7月14日

首例心脏移植奏凯歌

——记瑞金医院医务人员为心脏移植手术苦战攻关的事迹

丁铃铃、丁铃铃……，一辆白色救护车载着一位晚期重症心脏疒人，司机以每小时六十公里的速度，从第二人民医院出发，风驰电掣般地驶往瑞金医院。

一刻钟以后，上海第二医学院附属瑞金医院胸外科疒室里，收进了一位骨瘦如柴，颜面青紫，呼吸窘迫，不能平卧的转院疒人。

为了抢救重危病人

疒人生命垂危，需要立即抢救。疒房里顿时忙碌起来。医务人员急于为新疒人接氧气、补液、做心电图，值班医生用血压计、听诊器给疒人周身作了详细的检查后，填写了疒历卡。患者朱伟达，三十八岁，未婚，小学体育教师，患风湿性心脏疒二十年，有多瓣膜疒变，全心衰竭，心房颤动，心功能Ⅳ级，肾功能不良，全身性情况极差。从一九七七年七月以来，一直住院治疗，近半年来，已不能起床。他常常紧绌双手，用双手抱住左足

事实。目前，全世界已有二十二个国家和地区开展了心脏移植工作，并已于一九六七年底，第一次获得成功。自那时开始，先后有六十五个外科手术组，对三百多例医治无效或行将死亡的疒人进行了同种异体心脏移植手术，至今还活着的有八十五人。三百多个经过换心术的人中，存活在一年以上的，一九六八年时占百分之二十二，到一九七六年已提高到百分之五十二，五年平均生存率占百分之二十七。其中一个老年患者，在接上了别人的心以后，迄今已活了十年；还有一个男孩，在不足四岁的时候，接受了从别人身上移植的新心脏，今年已经十三岁了，他和正常儿童一样，在小学里念书。

怎样为患了不治之症的晚期心脏疒人开辟出一条新的医治途径，这曾是瑞金医院胸外科和心

缩，把血液输往全身。心肌收缩要消耗一定的能量，而离体的供心就得不到体内的血液供应，要它继续收缩，就要消耗心肌内尚储存的一部分能量，这个能量为数极微，消耗殆尽，心脏就不能再跳动了。怎样使供心降低新陈代谢，减少消耗，但又不等于完全停止跳动，使它在接上受体前，可以保存相当的时间，而接上去以后又能复苏。这就需要研究出相宜的温度和一定成分的冷浴液灌注。灌注组的医务人员动了不少脑筋，摸索改进的办法。外科实验室的郑魁元、洪鹤群医师，起早摸黑地到药剂室去改进配方，在药剂室老韩同志的协作下，先后对配方作了五次改革，掌握了添加各种药物的剂量和先后程序，使新配制的灌注液，可以保存离体的心脏长达七个小时，重新接上受体时仍能复跳。

他们遇到的第二个技术难题是，当供心接上受体时，主动脉的接缝处不是撕裂，就是渗血，经手术的三十六条狗中，有一半是因为这个原因死亡的。因为，主动脉承受的压力最高，要在缝

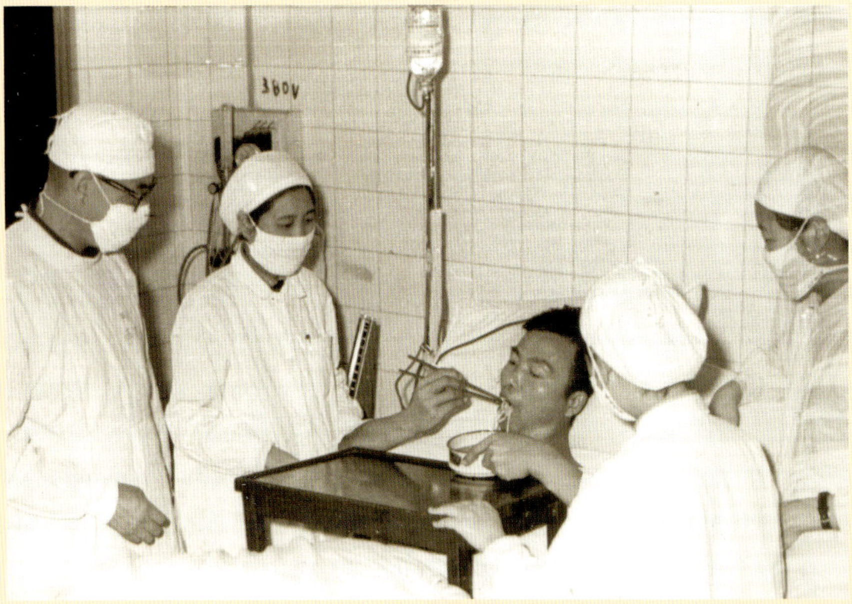

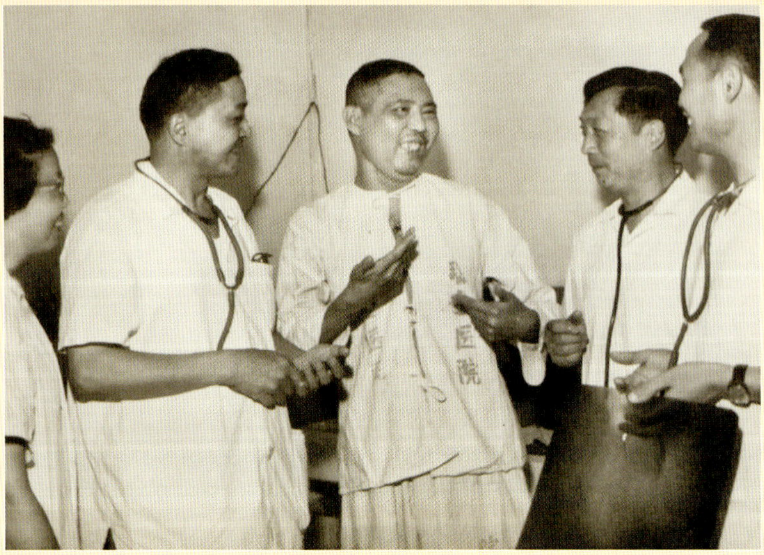

1
2
3

1. 1978年，张世泽实施中国第一例心脏移植获得成功
2. 医护人员细心照料移植术后病人
3. 第一例心脏移植病人术后顺利康复（左二张世泽，右二龚兰生）

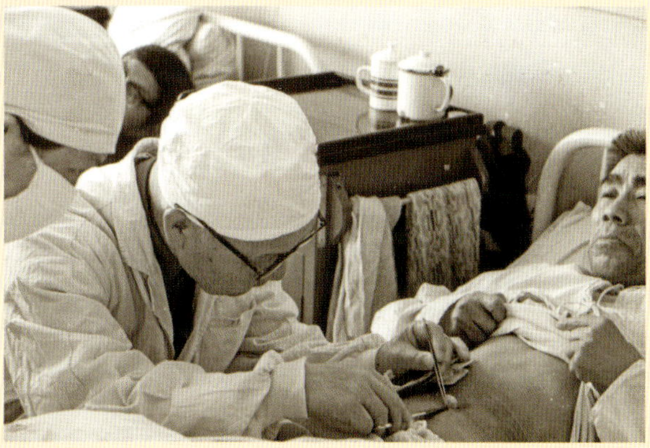

1
2
3

1. “文化大革命”结束后，医院领导与老专家们合影
2. 傅培彬（右三）带领学生们参加全国学术会议
3. 傅培彬亲自示范为病人换药

20世纪90年代，2、3号楼全景

一级教授

高镜朗
（1892—1983）

倪葆春
（1899—1997）

邝安堃
（1902—1992）

叶衍庆
（1906—1994）

傅培彬
（1912—1989）

二级教授

魏指薪
（1896—1984）

邝翠娥
（1897—1968）

杨宜
（1906—2001）

席应忠
（1906—1985）

聂传贤
（1907—1981）

孙桐年
（1908—1995）

唐士恒
（1909—1968）

董方中
（1915—2005）

一等三级教授

尤学周
（1900—1959）

沈永康
（1908—1972）

王耆龄
（1911—1996）

陶清
（1912—1995）

程一雄
（1912—2006）

朱仲刚
（1913—2007）

朱大成
（1918—　　）

1
―
2

1. 一级教授、内科邝安堃为病人看病
2. 上海市内分泌研究所陈家伦、邝安堃、丁霆、许曼音（左起）讨论工作

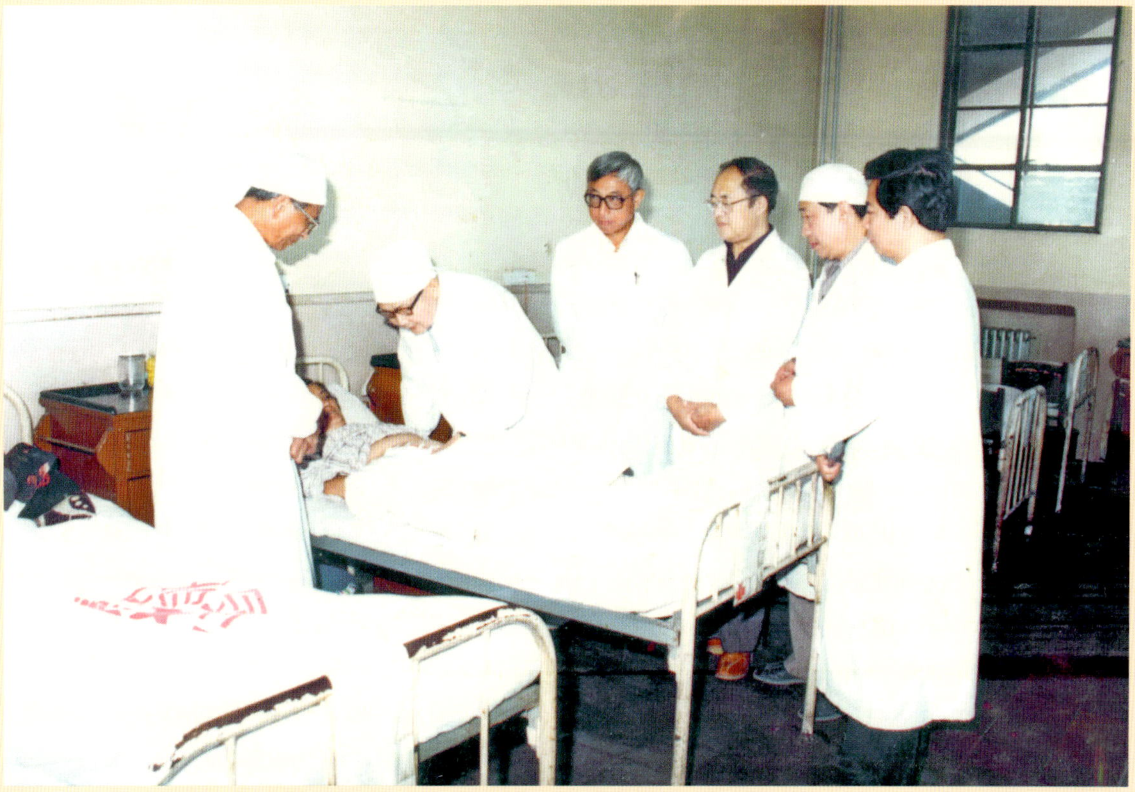

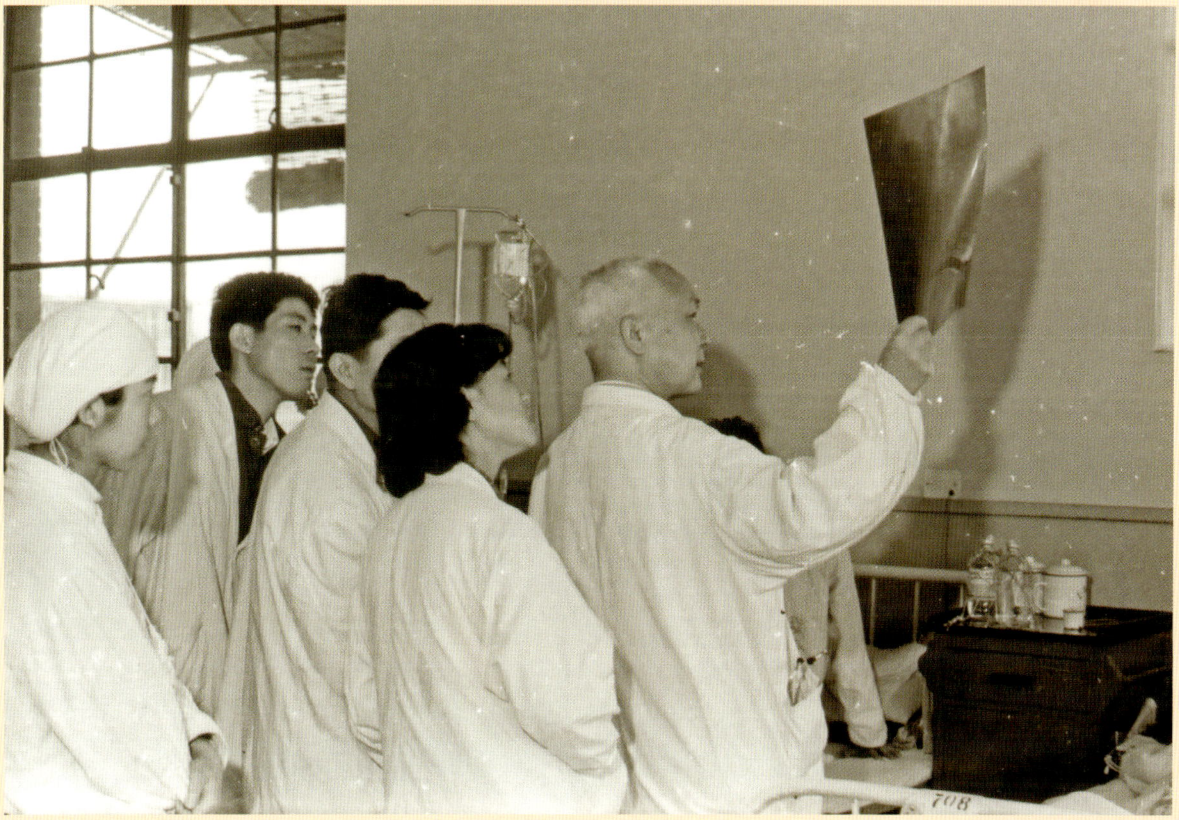

1. 一级教授、外科傅培彬（右五）查房
2. 外科傅培彬（右一）查房时读片

1
2

1
2

1. 一级教授、骨科叶衍庆查阅文献
2. 叶衍庆教授（右二）会诊

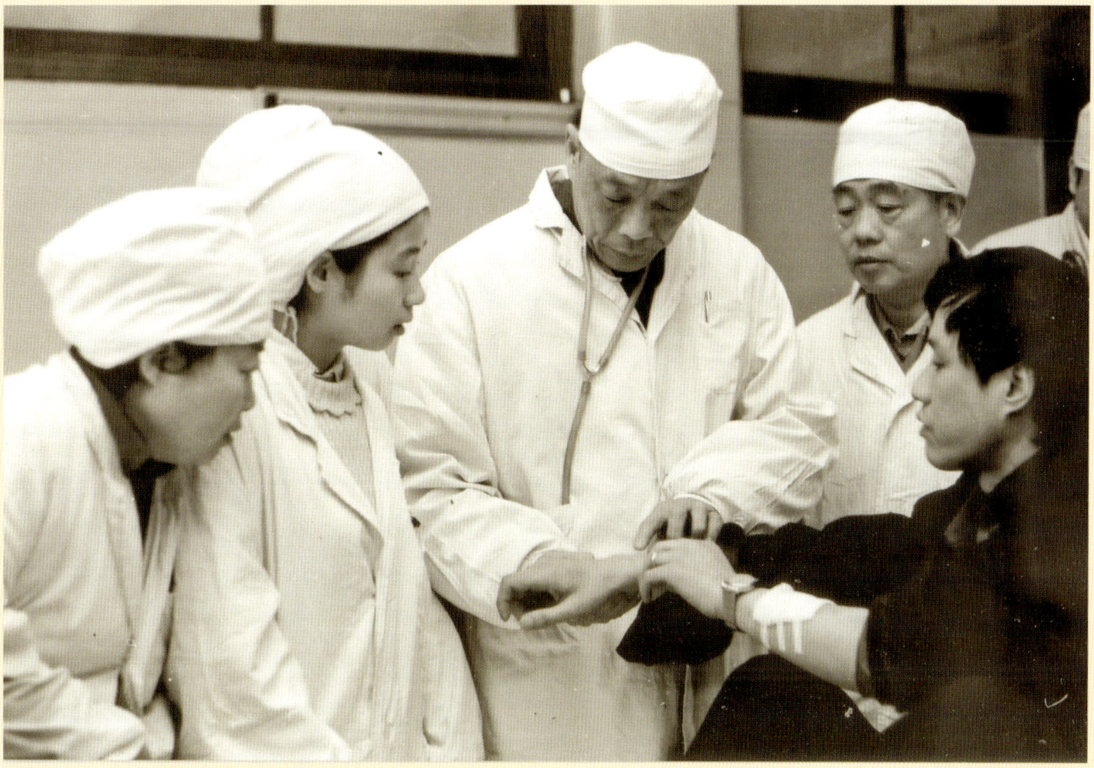

1/2

1. 终身教授、血液科王振义（左三）在查房
2. 王振义（右二）、王鸿利（右三）与血液研究小组讨论

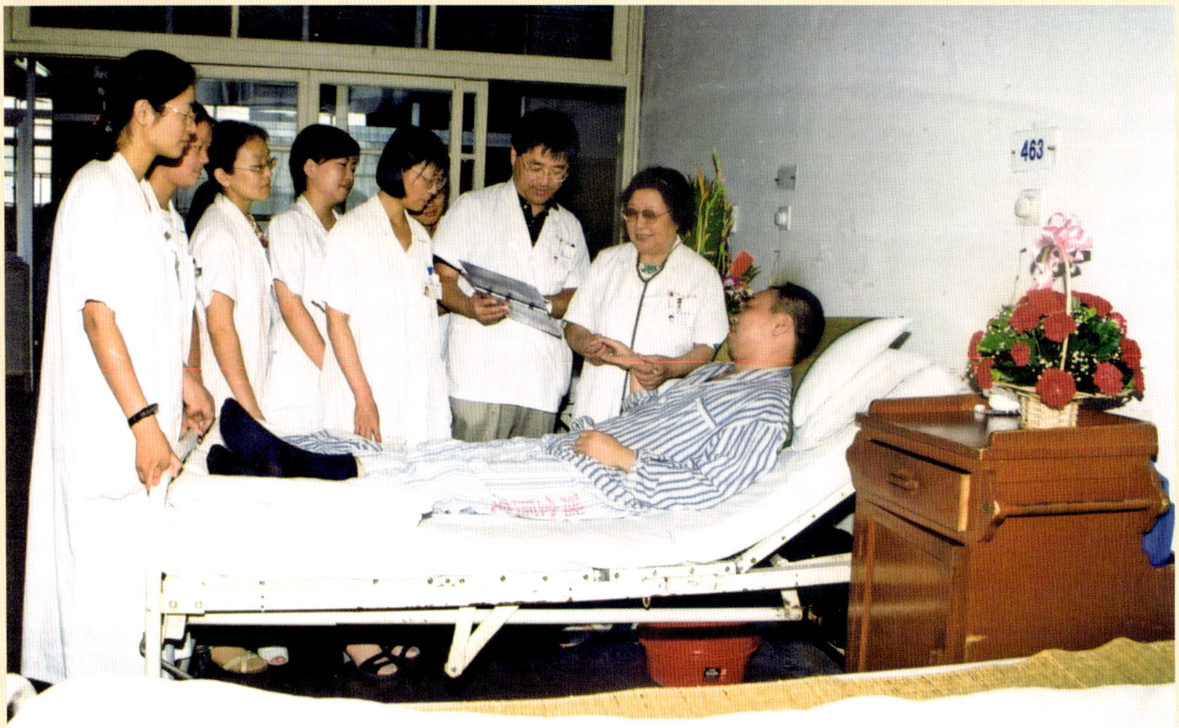

1
2

1. 终身教授、上海市内分泌研究所所长陈家伦（右一）指导学生做实验
2. 终身教授、内分泌科许曼音（站立右一）查房

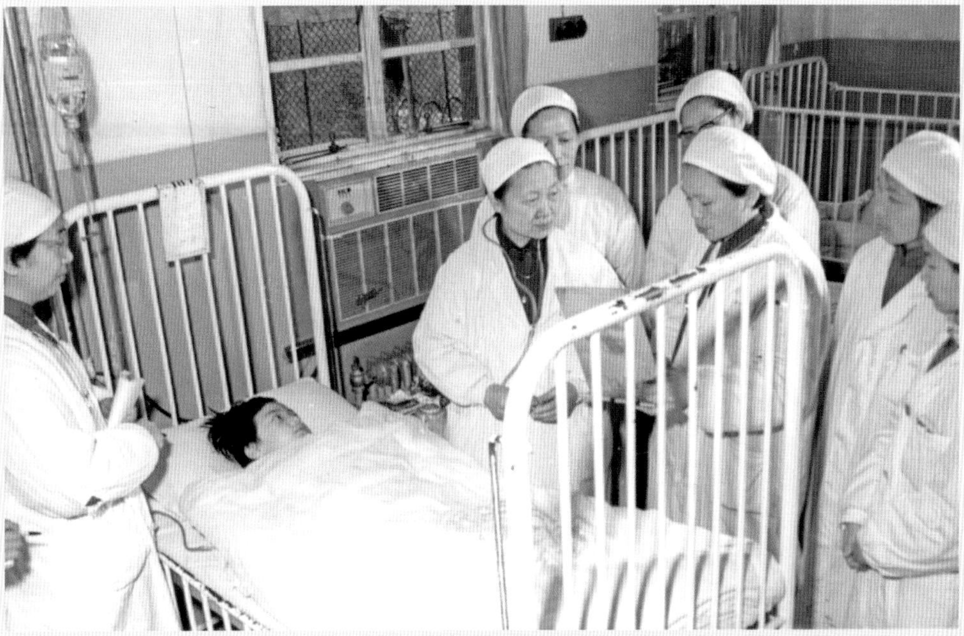

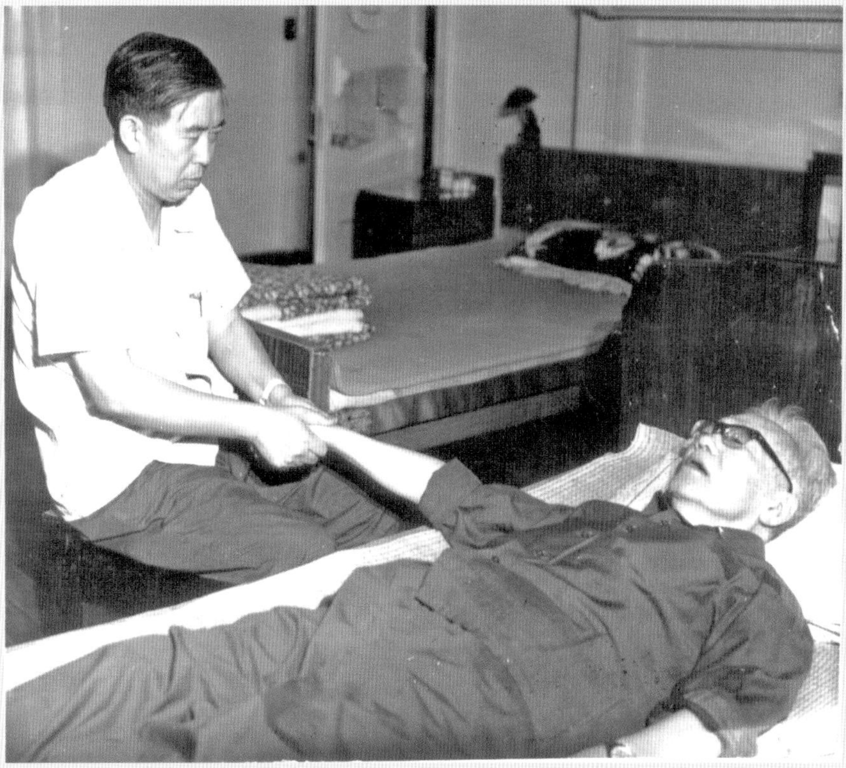

1
2

1. 终身教授、儿内科曾畿生（站立左二）查房
2. 终身教授、伤科李国衡（左）为巴金先生做治疗

1
2

1. 终身教授、消化科徐家裕看门诊
2. 终身教授、消化科吴裕炘做实验

1
2

1. 终身教授、检验科王鸿利（右三）解读检验报告
2. 终身教授、灼伤科陶祥龄为病人做护理

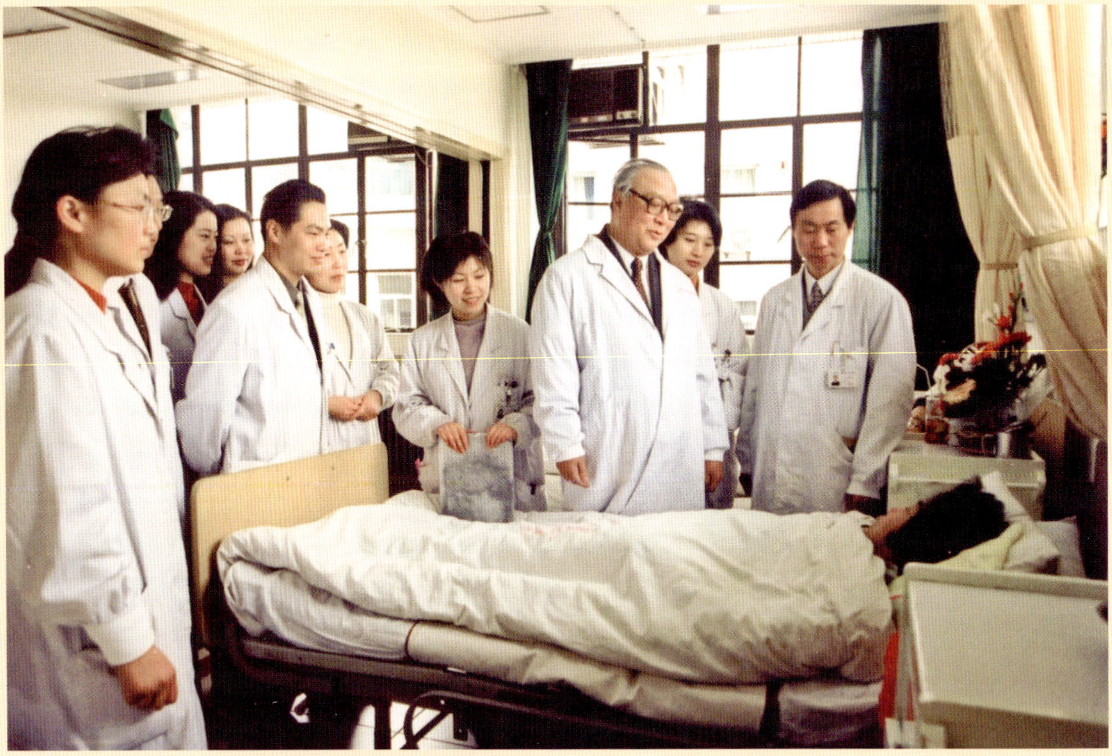

1
2

1. 终身教授、神经内科徐德隆（右三）查房
2. 终身教授、消化科唐振铎看门诊

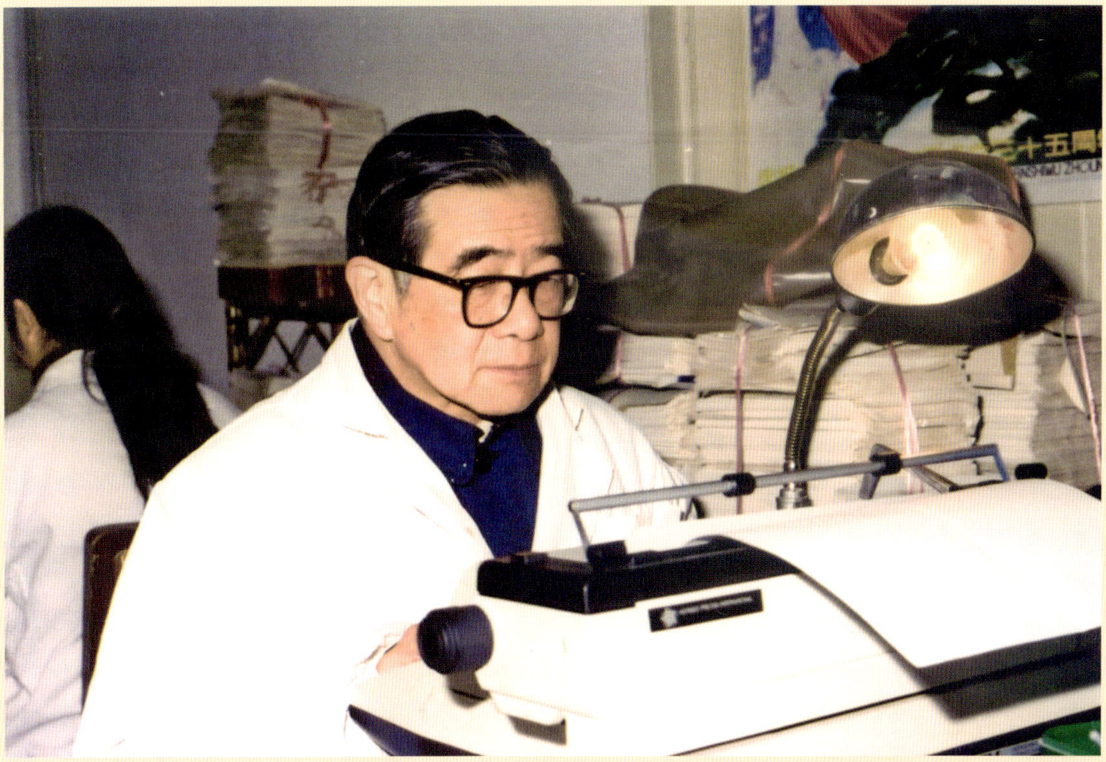

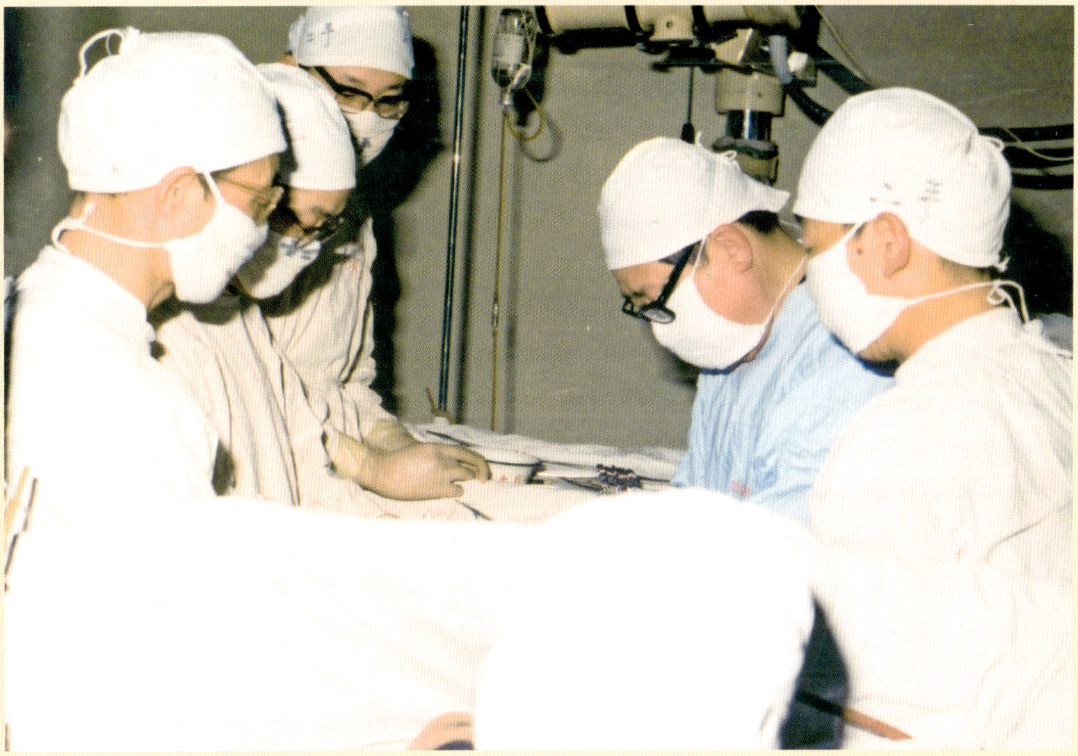

1
2

1. 终身教授、放射科朱大成撰写论文
2. 终身教授、普外科张圣道（右二）在做手术

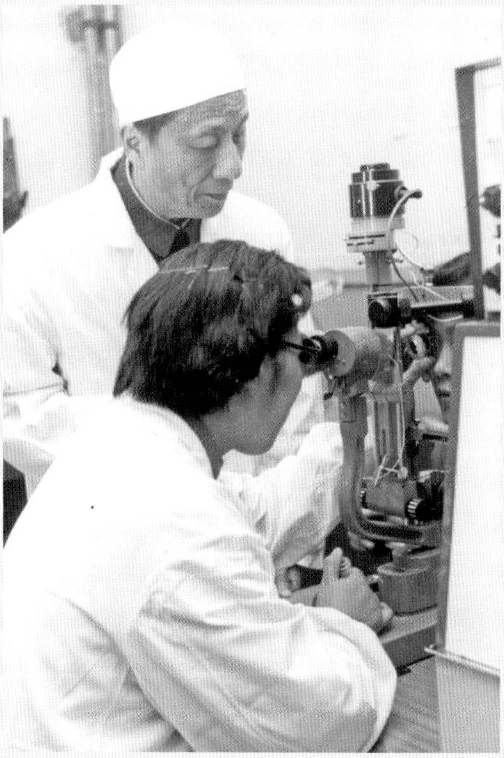

1
2 | 3

1. 终身教授、儿内科胡庆澧1988年任世界卫生组织（WHO）助理总干事
2. 终身教授、普外科周锡庚看门诊
3. 二级教授、眼科聂传贤（站立者）指导学生

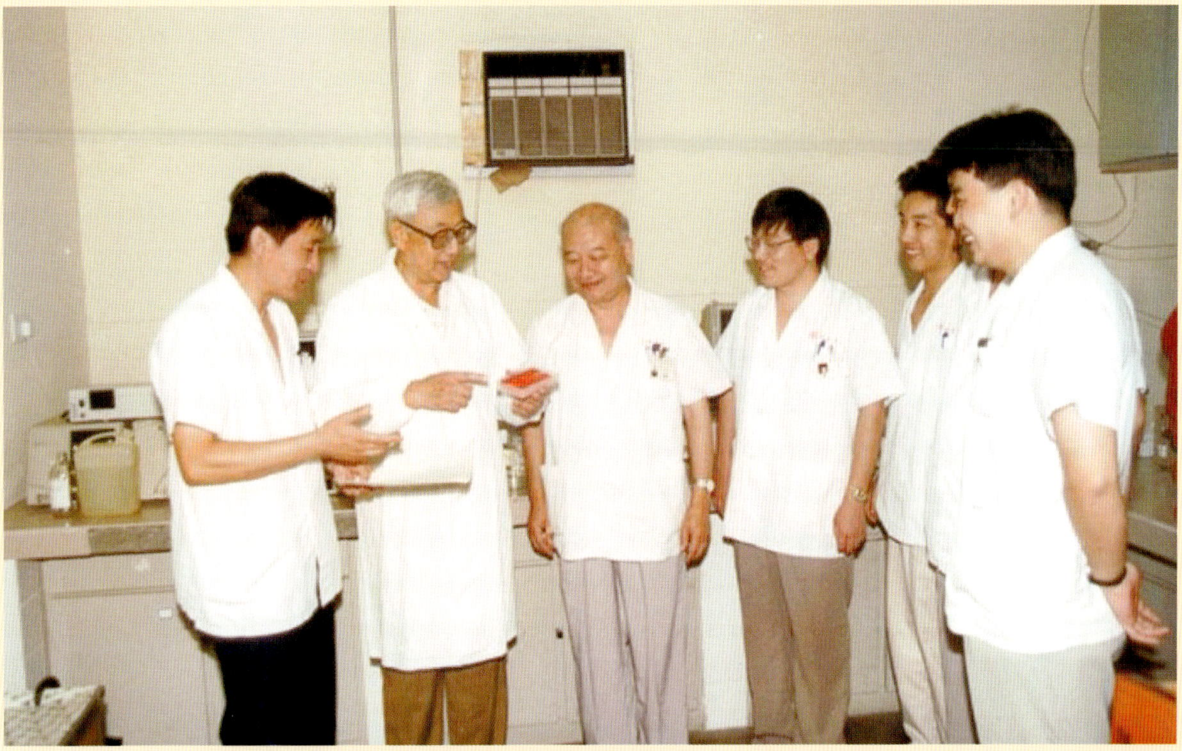

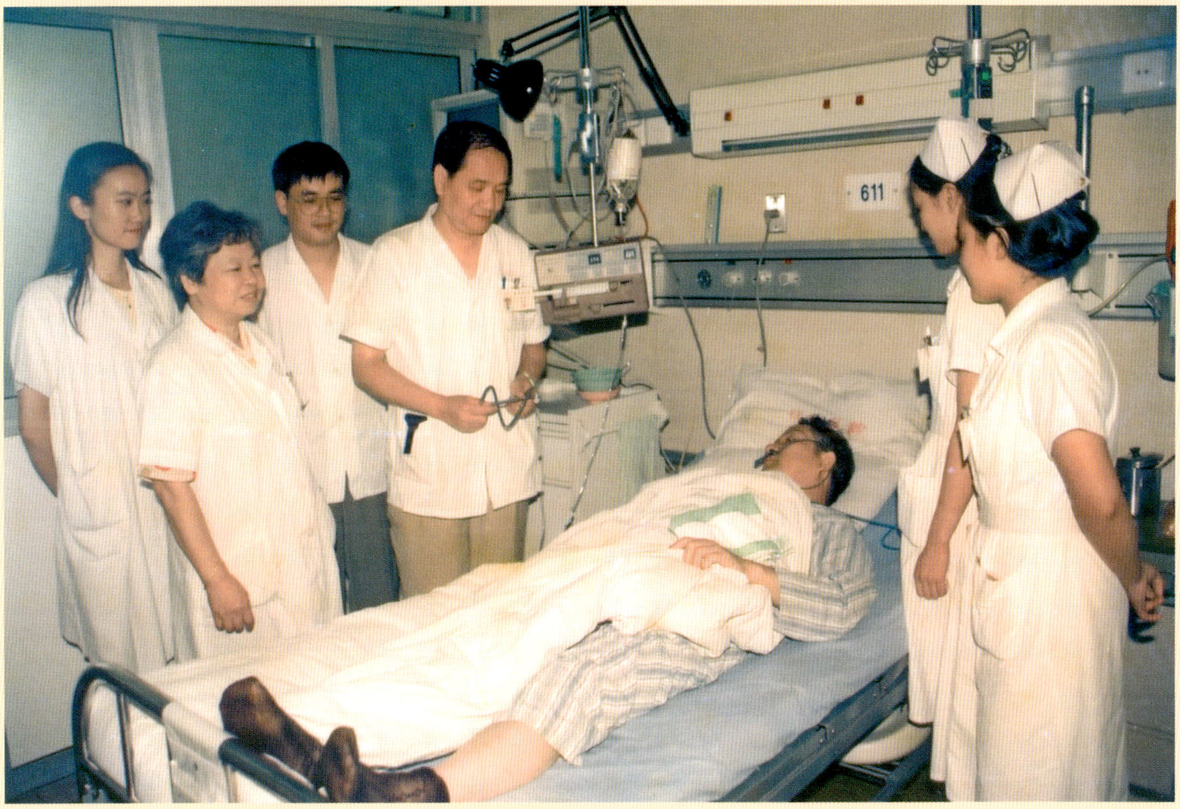

1
2

1. 终身教授、普外科林言箴（左二）等讨论课题
2. 终身教授、心内科戚文航（左四）在心脏监护室查房

1985年，史济湘（右二）等访问意大利

1
2

1. 1986年，董方中（右）接待美国医学代表团
2. 1985年，徐家裕（前排左三）接待外宾

1
2
3

1. 1978年，恢复招生后第一批研究生毕业与老师合影（第一排：左二徐家裕、左三史济湘、右三陶清、右二朱仲刚；第二排：左一陈赛娟、右三陈竺）
2. 1980年，恢复法语班后的第一届毕业生合影
3. 20世纪80年代，医院党委书记陈淑瑾（左二）在召开会议

1
2
3

1. 1986年，瑞金医院职工参加上海第二医科大学运动会
2. 1987年，80周年院庆庆祝大会
3. 1987年，傅培彬执教40周年纪念

1/2

1. 1985年，邝安堃被授予法兰西共和国骑士勋章。截至2010年，王振义、李宏为、陈竺、陈赛娟、陆一鸣相继被授予法兰西共和国骑士勋章
2. 法兰西共和国骑士勋章

FONDAZIONE GIUSEPPE WHITAKER
ENTE MORALE
SOTTO IL PATROCINIO DELL'ACCADEMIA NAZIONALE DEI LINCEI

THE «G. WHITAKER» INTERNATIONAL BURNS PRIZE
PALERMO

Under the patronage of the authorities of the Sicilian Region

Awarded to SHI SI-XIANG

For having succeeded in a developing country, in creating a culture and a science of burns treatment.
With traditional Chinese perseverance and in the face of many difficulties, and with an intuitive sense of new biological trends, he put forward bold technological innovations in the surgical treatment of the severely burned patient.
When it was thought that burns covering 50-60 per cent of the body surface area were the maximum limit for possible survival, his tecnique led to the recovery of patients with burns extending to 90 per cent.
He has thus established a new guideline in the surgical treatment of the burn patient, an indication that today fascinates and interests the entire scientific world.

SCIENTIFIC SECRETARY
Michele MASELLIS

IL COMMISSARIO STRAORDINARIO
DELLA FONDAZIONE
Aldo Scimè

Palermo, 6 giugno 1989

1 | 2
3

1. 1988年，比利时国王杜安一世授予傅培彬比利时“王冠荣誉勋章”
2. 1988年，史济湘获得美国烧伤学会“伊文思奖”
3. 1989年，史济湘获得意大利“惠特克国际烧伤奖”

1
2

1. 灼伤病房楼（建于1990年）
2. 外妇儿科大楼（建于1991年）

1 | 2
3

1. 爱菊楼（高级护理中心，建于1993年）
2. 干部病房综合楼（9号楼，建于1998年）
3. 急诊楼（建于1993年）

1/2

1. 邝安堃像
2. 傅培彬像

1998年11月，瑞金医院终身教授授证仪式（截至2010年共有4批）

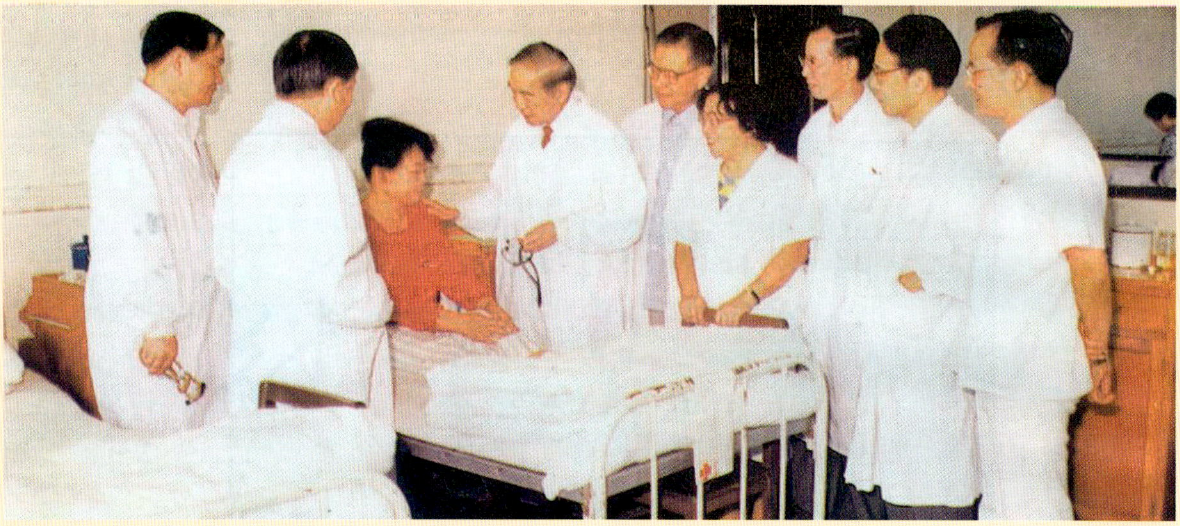

20世纪90年代，邝安堃带领大内科总查房（左起：戚文航、龚兰生、邝安堃、董德长、许曼音、罗邦尧、张达青、罗敏）

20世纪90年代，外科教研组合影（左起：郑民华、李宏为、郁宝铭、燕敏、林言箴、张圣道、尹浩然、朱上林）

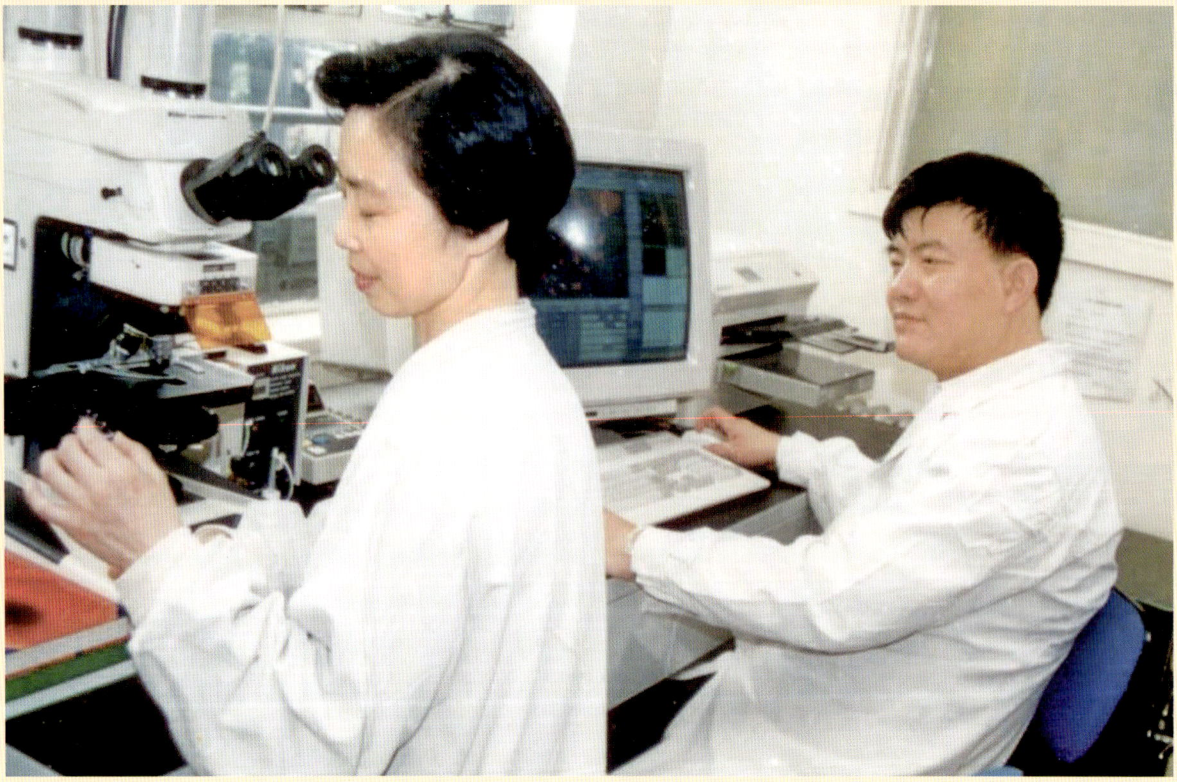

1/2

1. 王振义（中）、陈竺（右）、陈赛娟（左）三位院士讨论上海血液学研究所发展方向
2. 法国留学归来的陈竺（右）、陈赛娟（左）夫妇共同研究白血病诱导分化治疗

2000年，血研所陈竺、陈赛娟用“长江学者成就奖”奖金设立“红烛奖”

1
2

1. 邝安堃（右四）从医执教60周年纪念
2. 上海第二医科大学校长王一飞（右二）颁发专业技术职务聘任证书

1. 2000年7月19日，上海瑞金医院集团成立
2. 1999年8月，瑞金医院与卢湾区中心医院、市政医院合作签约仪式
3. 1990年起，举办医院文化艺术节（图为2008年第九届）
4. 1993年，院工会创办“瑞金茶室”

1
2
3 | 4

12位教授发倡议 一石激起千层浪

瑞金医院兴起廉洁行医热潮

可贵的精神

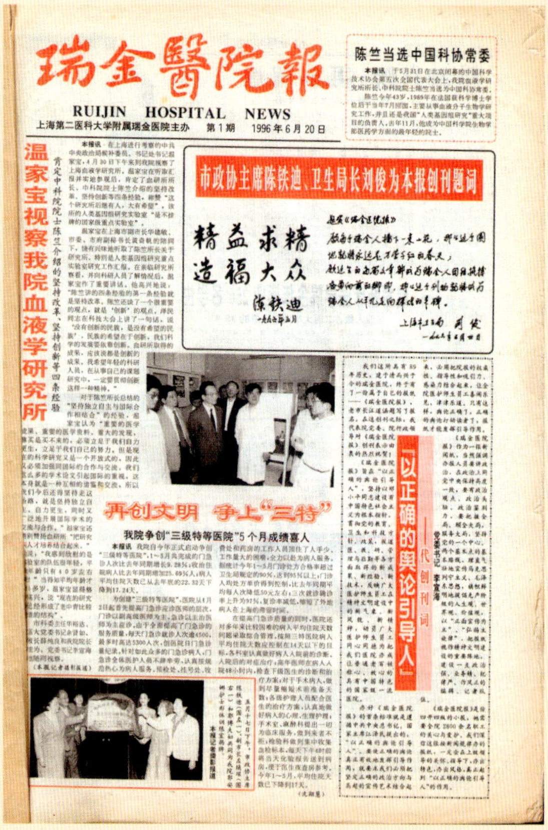

瑞金醫院報

RUIJIN HOSPITAL NEWS

上海第二医科大学附属瑞金医院主办 第1期 1996年6月20日

陈竺当选中国科协常委

温家宝视察我院血液学研究所

市政协主席陈铁迪、卫生局长刘俊为本报创刊题词

精益求精 造福大众

陈铁迪

再创文明 争上"三特"

我院争创"三级特等医院"5个月成绩喜人

以正确的舆论引导人

1. 1995年，爱菊护理奖励基金授帽仪式
2. 1998年3月，超声科医生詹维伟（右二）作为上海市第二批、医院首批援疆干部，前往新疆阿克苏地区进行医疗援建
3. 1993年，王振义等12名专家联名发起“廉洁行医、拒收红包”倡议
4. 1996年，上海市卫生系统第一张院报《瑞金医院报》创刊

1
2
3

1. 邝安堃（右）与董德长（左）一起接待国际肾脏病学会主席Richet
2. 1994年，法国总理爱德华·巴拉迪尔率170余人的大型法国政府代表团来院访问
3. 1997年，法国总统希拉克夫人来访

1
—
2
—
3

1. 2000年，丹麦首相拉斯姆森来院访问
2. 2000年，世界卫生组织前总干事中岛宏（左四）来院访问
3. 2000年，首届中美医学论坛在美国休斯敦德州医学中心召开

DEL DUCA

La Fondation
Simone et Cino del Duca
a décerné
le Prix Mondial Cino del Duca
à Monsieur le Professeur Zhen yi Wang

Le Président

Fait à Paris, le 27 Octobre 1998

何梁何利基金
一九九七 年度
科學與技術
進步獎
為促進中國科學技術事業的發展，獎勵做出杰出貢獻的科技工作者，特頒發此證書。
医学、药学 獎獲獎人 史济湘
何梁何利基金評選委員會
一九九七年九月五日

1
2 | 3

1. 王振义获1994年度“凯特林医学奖”
2. 1998年，王振义获法国“祺诺台尔杜加科学奖”
3. 1995年起，王振义、陈竺、史济湘、陈赛娟分别获得“何梁何利基金科学与技术进步奖”（图为史济湘获奖证书）

1
2

1. 1997年，陈竺获法国“卢瓦兹癌症研究大奖”（左起：陈家伦、陈竺、许曼音、陈赛娟）
2. 1999年，李嘉诚（右）授予陈竺（左）“长江学者成就奖”

21世纪初瑞金医院鸟瞰

1 | 2
3

1. 医院花园内喷泉
2. 医院大道
3. 林荫花园

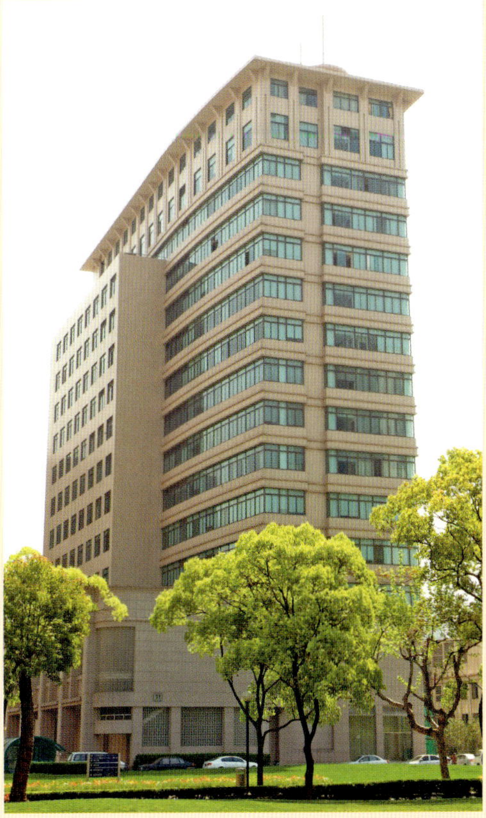

1. 感染科呼吸科病房楼（建于2004年）
2. 科技教学楼（建于2002年）
3. 新门诊医技大楼（建于2006年）
4. 普通病房综合楼（开建于2008年）

1. 2002年，上海市内分泌研究所发现良恶性肿瘤鉴别新标志物。图为罗邦尧（右）、宁光（左）在做实验
2. 2002年，陈国强担任“973”首席科学家，领衔“基于生物信息学的药物新靶标的发展和功能研究”

1/2

1/2

1. 神内科陈生弟（右二）讲解病例。2006年，陈生弟主持制订《中国帕金森病治疗指南》等
2. 肾内科陈楠（左三）查房。2007年，肾内科发现中国第一个、国际第七个胶原III肾小球病家系

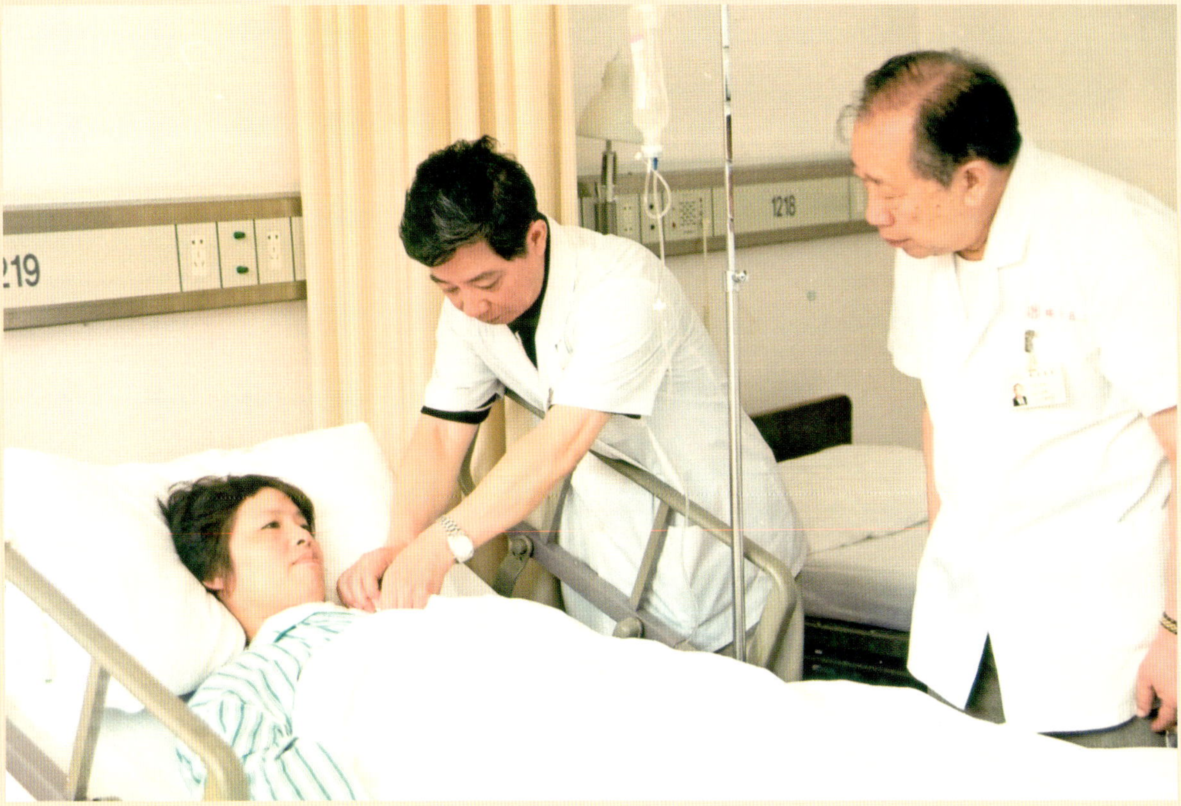

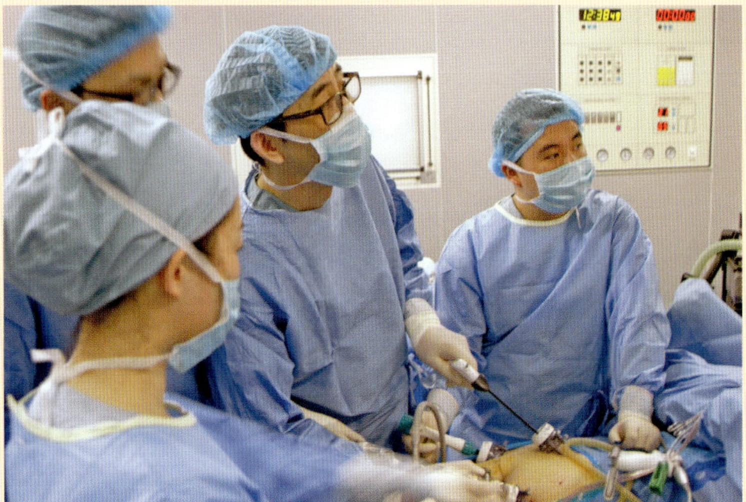

1
2 | 3

1. 外科张圣道（右）与李宏为（左）查房
2. 2002年，李宏为（右）、彭承宏（左）完成第一例劈离式肝移植
3. 2010年，彭承宏率先开展机器人胰腺手术

1
2

1. 2009年，皮肤科郑捷（左二）在世界上首次证实链球菌DNA成分导致银屑病，图为郑捷在义诊
2. 2009年，麻醉科于布为当选为中华医学会麻醉学分会第十届主任委员

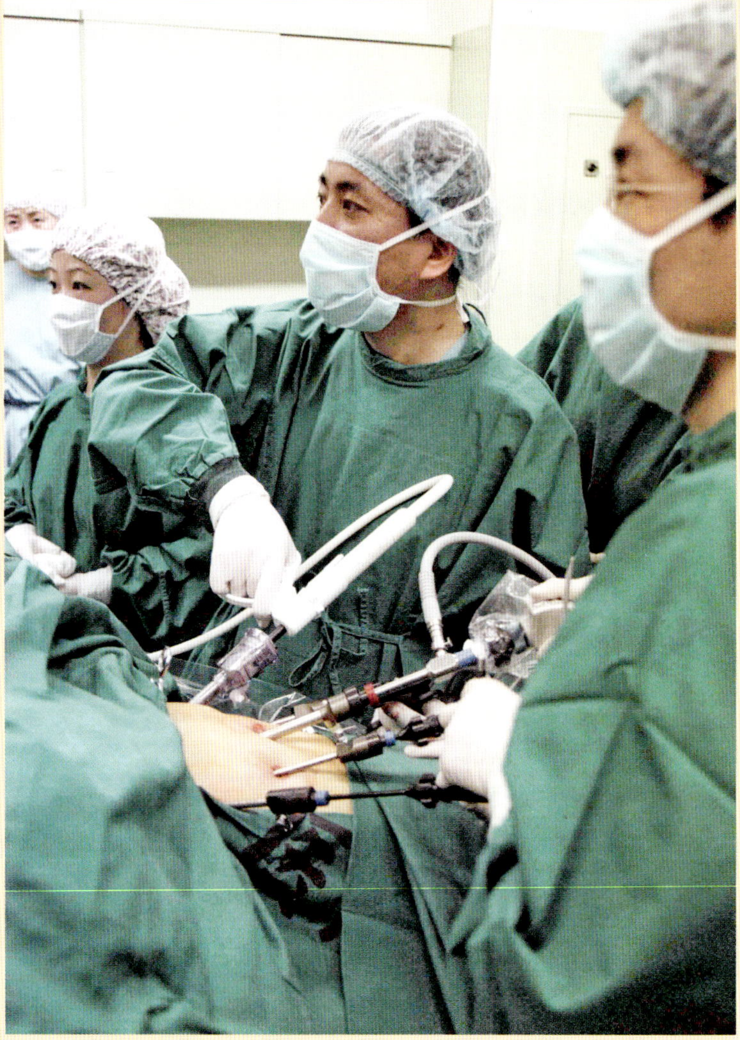

1
2

1. 1999年，王铸钢“模式生物体系的建立及基因功能研究”获国家杰出青年基金
2. 2007年，微创中心郑民华等完成世界首例腹腔镜下同时切除直肠癌和胃癌两处原发性恶性肿瘤

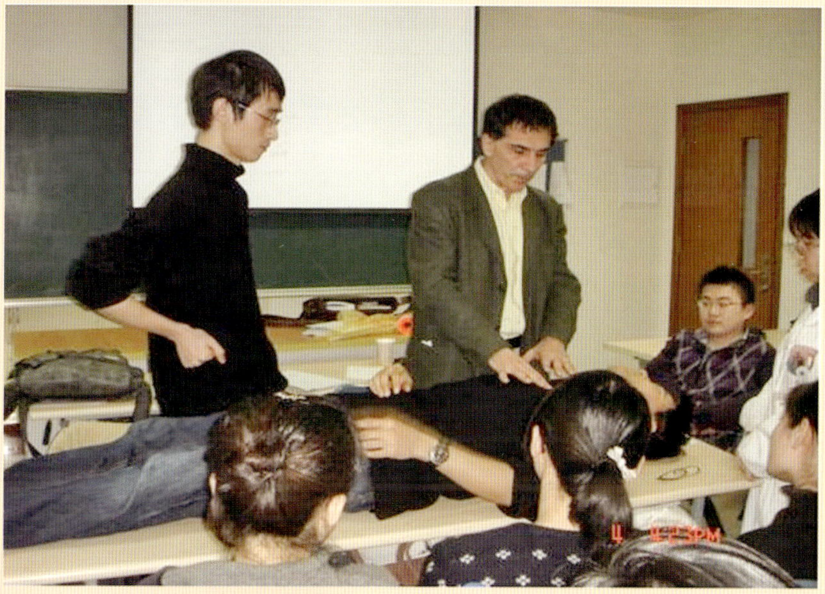

1
2
3

1. 2003年，上海第二医科大学瑞金临床医学院毕业典礼
2. 法国教授来医院为法文班学生讲授临床课
3. 医院自编多种法文班教材

1. 2001年，全国劳动模范俞卓伟（中）与吴登云（左）见面
2. 2007年，俞卓伟参加中国共产党第十七次全国代表大会
3. 2003年，纪念中国共产党成立82周年大会

1
2
3

1
2
3

1. 医院职工参加上海交通大学运动会
2. 2004年，开创“瑞金讲坛”（图为2010年王安忆作客瑞金讲坛）
3. 2002年，全市医疗单位第一份医学人文类杂志《瑞音》创刊发行

2007年百年院庆盛况

爱心
募

Yale
UNIVERSITY
耶鲁齐唱百年瑞金
Yale-Ruijin

瑞金医院庆百年华诞春季长跑
庆百年瑞金春季长跑

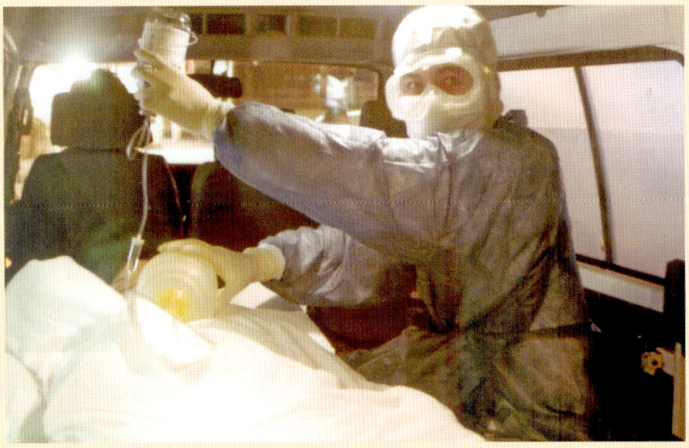

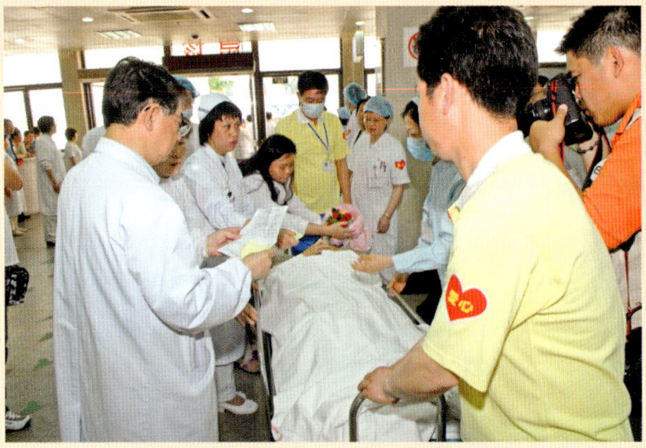

1
2
3

1. 2003年，医院医务人员转运“非典”病人
2. 2008年，积极收治地震伤员
3. 2008年，汶川地震，瑞金医院派出赴川医疗队

1
2
3

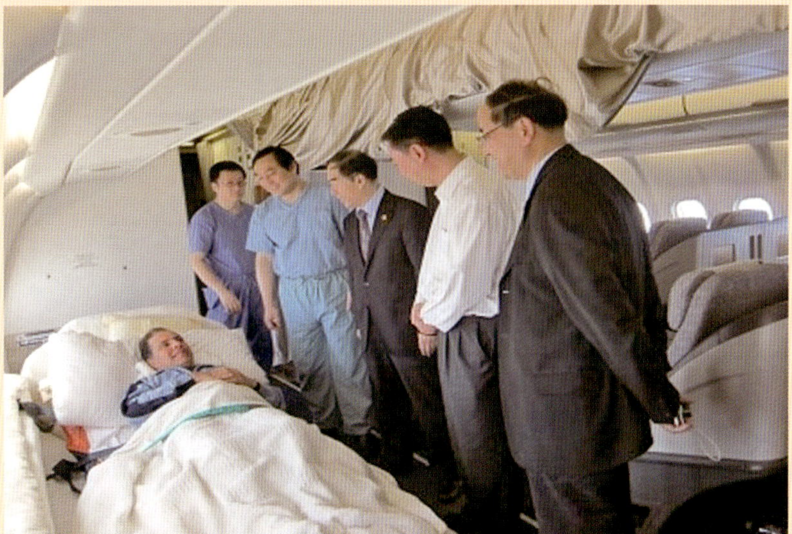

1. 2010年，贯通空中急救通道
2. 2009年，泌尿外科孙福康医生（左五）担任“雪龙”号随队医生
3. 2010年，世博会期间，专家团队治疗马耳他总统阿贝拉

1 | 2
3
4

1. 2008年，陈赛娟（左三）作为火炬手传递奥运圣火
2. 2009年，彩虹家园志愿者服务队启动仪式
3. 2008年，医院第三次青联大会
4. 2009年，瑞金医院北院开工典礼

1
2
3

1. 2010年，瑞金医院第一次党员代表大会
2. 2010年，医院与嘉定马陆镇政府签约开展党建联建
3. 2009年，成为全国首批住院医师规范化培训基地（图为瑞金医院规培住院医生在东方绿舟拓展训练）

1. 美国斯坦福大学校长（左三）来院访问
2. 2010年，接待法国卫生部部长
3. 2010年，瑞典国王卡尔十六世·古斯塔夫来院访问
4. 2010年，医院成为爱丁堡皇家外科学院专科医生培训基地

1	
2	3
4	

1
2 | 3

1. 王振义（左）、陈竺（右）、陈赛娟（中）三位院士讨论工作
2、3. 王振义获2010年度国家最高科技奖

2010年医院鸟瞰图

1
2

1. 院史陈列馆（建于1907年）
2. 行政办公楼（建于1922年）

《上海市级专志·瑞金医院志》编纂委员会

（2015—2017）

主　任：瞿介明　杨伟国

顾　问：王振义　张圣道　李宏为　陈淑瑾　朱正纲　严　肃

副主任：俞郁萍

常　委：（以姓氏笔画为序）

宁　光　邱力萍　沈柏用　陈尔真　赵　任　赵　强　胡伟国
胡翊群　俞立巍　俞郁萍　姜昌斌　耿　洪　黄　波

编　委：（以姓氏笔画为序）

于布为　方培耀　许善华　吴云林　陈志龙　陈克敏　郑民华
郑　捷　单友根　高海君　蒋小玲　蔡燕华

《上海市级专志·瑞金医院志》编纂委员会

（2013—2015）

主　任：朱正纲　杨伟国

顾　问：严　肃

副主任：俞郁萍

常　委：（以姓氏笔画为序）

宁　光　沈柏用　陈生弟　陈尔真　郑民华　赵　任　赵　强
胡翊群　俞立巍　姜昌斌　袁克俭　黄　波

编　委：（以姓氏笔画为序）

丁尔其　丁晓毅　于布为　王卫庆　王学锋　王继光　邓廉夫
冯　云　朱海燕　任　惠　刘中蕙　刘炳亚　许春娣　孙　木
孙伯民　孙胜伟　严福华　杨婉花　李飞跃　李军民　李　莉
李　彪　吴　方　吴晓萍　吴蓓雯　时国朝　邹　纬　汪敏娴
汪　新　沈卫峰　沈小珩　沈丽萍　沈周俊　沈　玺　张伟滨
张欣欣　张晨莉　张瑞岩　陆一鸣　陆树良　陆　勇　陈　楠

陈赛娟　邵　洁　青　春　林国珍　杭钧彪　金冶宁　金　玮
金晓龙　郇京宁　郑　捷　赵卫国　胡伟国　俞郁萍　袁耀宗
索仲良　夏振炜　顾志冬　顾国青　倪语星　奚　菁　高平进
高益鸣　黄　霞　曹伟新　龚　彪　彭承宏　喇端端　谢　冰
谢　青(康复科)　谢　青(感染科)　詹维伟　蔡　伟　蔡昌枰
蔡燕华　臧　健　薛建元　瞿洪平

《上海市级专志·瑞金医院志》编纂委员会

（2010—2013）

主　任：朱正纲　严　肃
副主任：杨伟国
委　员：(以姓氏笔画为序)
宁　光　李宏为　陈生弟　陈淑瑾　郑民华　单友根　赵忠涛
胡伟国　胡翊群　俞郁萍　姜昌斌　袁克俭　黄　波

瑞金医院院史院志编纂办公室

（2015—2017）

主　任：俞郁萍(兼)
副主任：杨秋蒙　朱　凡
成　员：(以姓氏笔画为序)
王　健　王　蕾(消化科)　毛颖华　叶霞明　任　惠　许善华
李雯珏　陈　晨　席　云　唐文佳　唐世秀　黄千浪

瑞金医院院史院志编纂办公室

（2013—2015）

主　任：俞郁萍(兼)

副主任：朱　凡　蔡　伟（院办）　高卫益

成　员：（以姓氏笔画为序）

丁燕敏　任　惠　许善华　李雯珏

瑞金医院院史院志编纂办公室

（2010—2013）

主　任：蔡　伟（党办）

副主任：朱　凡

成　员：（以姓氏笔画为序）

丁　芸　毛颖华　卢立波　田　鸣　任　惠　汪敏娴　周　洁

《上海市级专志·瑞金医院志》参加编纂人员

（以姓氏笔画为序）

丁连才　于纬卿　于　毅　万世元　马　捷　王义辉　王文菁
王贞贞　王诗潇　王鸿利　王鸿珍　王　维　王　晶
王　蕾（财务处）　毛恩强　邓丽华　石大可　龙雯晴　田伊琳
史　雯　冯博巍　吕安康　朱文秀　朱立峰　朱佳敏　朱承谟
朱思吉　朱　敏　朱　琤　庄　蕾　刘西英　刘　延　刘英开
刘建民　刘晓红　刘晓英　刘　蓉　刘德鸿　闫爱军　江自洁
汤　浩　许　旭　许啸声　许彭鹏　许　赪　孙　菁　孙菊英
苏征佳　苏静英　杜晓凤　杜　敏　杨之涛　杨庆铭　杨惠娴
杨媛艳　杨　静　李幼芬　李任任　李　红　李　岚　李秀明
李贤华　李明江　李学川　李洁珊　李　雁　李翠萍　李　磊
李鹤成　肖淑珍　肖　勤　吴　平　吴继昌　吴瑞春　何小平
何相宜　何美朵　何燕燕　谷家骊　沈　洁　沈晨君　沈琴华
宋　琦　张徐婧　张娟娟　张　敏　张　琼　陆小溦　陆　林
陆　薇　陈　刚　陈秋静　陈晓农　陈培莉　陈　敏　陈　康

陈淑芬　陈　梁　陈　超　陈　影　邵云弟　范青叶　罗仕华
罗　茜　罗　艳　季侃雯　金敏智　金　喆　金　蕾　周与华
周文景　周　双　周邦彦　周　春　周剑平　周海燕　周惠娟
周　翔　周蓓丽　郑梅芳　郑　蕾　赵光胜　胡建霖　胡厚佳
柳　红　钟　捷　侯婷婷　施咏梅　闻朝君　洪　洁　洪基英
姚　颖　袁勇勇　袁晓孋　袁宸桢　夏　云　夏　怡　夏　琴
顾　宁　钱文静　钱　佳　钱珠萍　钱蒨健　钱黎明　倪俊超
倪培华　倪琳杰　倪童天　倪　婷　倪　麟　徐卫慧　徐伟顺
徐　玮　徐怡琼　徐　洪　徐　婧　徐婉瑛　徐　焰　徐勤毅
奚　松　高晓蓉　高　寅　高舒静　高　颖　唐晓峰　陶祥龄
桑未心　黄仁甫　曹弋洋　曹　前　曹露茜　龚淞颂　龚震晔
崔　洁　笪　倩　符丽华　章倩莹　章翊钟　章雅青　彭奕冰
董正椽　董屹婕　董　恋　蒋咏梅　蒋　莹　蒋唯松　蒋　婕
傅　毅　曾丽莉　谢小皎　谢敬东　靳远萌　虞美玲　蔡伟(感染科)
蔡振宇　蔡　瑜　管永靖　管　樑　樊　星　滕　胤　潘景耀
薛庆生　戴　军　戴健敏　鞠　萍　糜坚青　糜琛蓉

《上海市级专志·瑞金医院志》评议专家

组　长: 刘　建

成　员: (以姓氏笔画为序)

方秉华　杨佳泓　汪志星　沈霖德　陈美英　赵　蓉　胡　敏
袁蕙芸　徐美琴　蒋秀凤　臧兰玲

《上海市级专志·瑞金医院志》审定专家

组　长: 李　丽

成　员: (以姓氏笔画为序)

丁健青　李国才　周礼明　胡翊群　袁忠俭　徐　静　郭　莲
唐国瑶

《上海市级专志·瑞金医院志》验收单位和人员

验收单位: 上海市地方志办公室

验收人员: 洪民荣　王依群　过文瀚　黄晓明　王继杰

业务编辑: 肖春燕　赵明明

序　言

时值瑞金医院百十年院庆之际,《瑞金医院志》定稿付梓,这既是医院的一件大事,也是我们每位员工的幸事,更是从一个小小的侧面折射出中国社会繁荣发展、医疗科学持续进步的现状。

回想69年前,我从震旦大学毕业进入广慈医院,当时广慈医院以其780张床位的规模成为远东第一大医院,也成为中国医学最高水平的代表之一。对于每一个医学生而言,能够进入广慈医院工作就是对其自身实力最好的肯定,震旦大学医学院也只有毕业成绩排名前三的优等生才有资格进入其中,而"只有最好的毕业生才能留下"这一传统从未间断,延续至今。广慈吸引了最优秀的医学生,主要是因为它拥有最好的老师——二十世纪三四十年代,以我的老师内科大家邝安堃和外科大家傅培彬为代表的一批杰出的爱国医学家,他们不顾战乱威胁,放弃国外优裕生活,辗转从欧美各地回到中国,聚集在广慈医院,逐渐成为各个学科的带头人。五十年代,广慈医院在当时有限的条件下,为中国做出了卓越的贡献,邝安堃教授领衔诊治了中国第一例原发性醛固酮增多症,开启了广慈研究型医院的征程;外科董方中教授团队则在抢救大面积烧伤病人的过程中开创了享誉全球的中国经验等。"文化大革命"后医院改名为瑞金医院,又在全国率先开展了肝脏和心脏器官移植手术。此后,我们所创新的急性早幼粒细胞性白血病治疗方案被全球同仁接受,使得该疾病从"最为凶险的白血病"变成"第一个可以被治愈的白血病",我有幸参与其中,深感欣慰。新世纪以来,后辈们不断前进,将外科手术微创化和转化医学的理念带到国内并在全国推广,带动了医学的进步和发展。

广博慈爱,追求卓越,是历代瑞金人内心的坚持。历经七年,我们将百十年来瑞金人的业绩和精神写入院志,载入史册,是为了告慰先人,更是为了鞭策同辈,激励后辈。这本全院上下同心协力、秉笔直书的《瑞金医院志》必将发挥出其鉴往知今、资治育人、教化启迪的作用,在历史的长河中熠熠闪光。

王振义
中国工程院院士
瑞金医院终身教授
2017年7月

凡　例

一、本志以马克思列宁主义、毛泽东思想、邓小平理论、“三个代表”重要思想和科学发展观为指导，深入贯彻习近平总书记系列重要讲话精神，遵循实事求是、依法修志原则，力求真实、准确、客观、公正、全面地反映瑞金医院的历史和现状，努力发挥志书的存史、资治、教化的积极作用。

二、本志以医院和瑞金医疗集团为记述范围，反映医院自1907年建院至2010年，共计103年发展过程。为便于读者阅读理解，个别涉及人物篇中，代表性人物逝世和院士评选等重要事项及专记的部分内容，延伸至2016年底。

三、本志横排门类，纵述历史，共计10篇38章。卷首列图照、序言、总述、大事记，志文采用记、述、志、传、表、图等形式表达，以篇、章、节、目等层次排列。之后设专记，卷末设索引和编后记。

四、本志文体采用现代语体文、记述体。志设总述，篇设概述，以提示梗概，综述全貌。章下不再另设导言。

五、本志纪年，大事记采用历史纪年括注公元纪年，各篇章正文一律采用公元纪年。

六、本志重点记述医院的历史沿革、组织机构、业务科室、医疗管理、医学教育、科学研究、人事管理、后勤保障、党群工作、医院文化、人物等，力求体现时代特征、卫生特点、上海特色。各篇多次使用同一名称时，首次用全称，其后用简称。在不影响理解的情况下，本志中“医院”通常特指“广慈医院(1907—1966)”“东方红医院(1966—1972)”或“瑞金医院(1972—2010)”。

七、本志“大事记”中入选事件和人物标准均以其对医院发展的贡献和重要性为标准，记述医院历年来规模变迁和主要领导人更迭，学科建设与发展的重要节点和标志性事件，具有较高国内外影响的医、教、研、管成果，及精神文明建设和医院文化建设的举措。采用以事系人方法，体现人物的活动、成就。

八、列入本志人物篇的代表性人物，列入“人物传”的，按卒年排序；列入“人物简介”的，按生年排序。

九、本志所用资料，以档案、报刊、图书为主，部分采用科内留存资料以及知情者口碑签字，经考证核实后载入，一般不注明出处。

十、本志中著作名称、论文题目、科研项目名称均以发表时为准。

十一、本志中标题格式、文字标点使用、名称和时间表述、数字书写、计量名称、引文注释、图表处理等方面的要求，均参照《〈上海市志（1978—2010）〉编纂行文规范》执行。

目录

序言 …… 1
凡例 …… 1
总述 …… 1
大事记 …… 15

第一篇　组织管理架构 …… 51
概述 …… 52
第一章　行政管理体制 …… 53
第一节　发展沿革 …… 53
一、医院的创立和教会管理 …… 53
二、医院征用、整顿和发展 …… 54
第二节　行政隶属关系 …… 58
第三节　行政职能部门 …… 59
一、行政管理架构 …… 59
二、部门职能 …… 61
第二章　党的组织体系 …… 67
第一节　党的委员会 …… 67
第二节　纪律检查委员会 …… 69
第三节　基层党的组织 …… 69
第四节　党务职能部门 …… 70
第三章　群众组织、民主党派与统战团体 …… 73
第一节　群众组织 …… 73
一、工会 …… 73
二、共产主义青年团 …… 73
三、妇女工作委员会 …… 73
第二节　民主党派与统战团体 …… 74
一、民主党派 …… 74
二、统战团体 …… 74

第二篇　业务科室 …… 75
概述 …… 76
第一章　内科系统 …… 77
第一节　大内科沿革 …… 77
第二节　消化内科 …… 78
一、发展沿革 …… 78
二、医疗工作 …… 79
三、教学工作 …… 81
四、科研工作 …… 82
五、其他 …… 84
第三节　心脏内科 …… 84
一、发展沿革 …… 84
二、医疗工作 …… 85
三、教学工作 …… 87
四、科研工作 …… 88
五、其他 …… 91
第四节　内分泌代谢科 …… 91
一、发展沿革 …… 91
二、医疗工作 …… 92
三、教学工作 …… 96
四、科研工作 …… 97
五、其他 …… 99
第五节　血液内科 …… 99
一、发展沿革 …… 99

二、医疗工作 …………………………… 100
三、教学工作 …………………………… 103
四、科研工作 …………………………… 104
五、其他 …………………………… 105
第六节 肾脏内科 …………………… 105
一、发展沿革 …………………………… 105
二、医疗工作 …………………………… 106
三、教学工作 …………………………… 107
四、科研工作 …………………………… 108
五、其他 …………………………… 111
第七节 感染科 …………………… 111
一、发展沿革 …………………………… 111
二、医疗工作 …………………………… 112
三、教学工作 …………………………… 115
四、科研工作 …………………………… 116
五、其他 …………………………… 118
第八节 儿内科 …………………… 118
一、发展沿革 …………………………… 118
二、医疗工作 …………………………… 119
三、教学工作 …………………………… 123
四、科研工作 …………………………… 124
五、其他 …………………………… 126
第九节 皮肤科 …………………… 126
一、发展沿革 …………………………… 126
二、医疗工作 …………………………… 127
三、教学工作 …………………………… 132
四、科研工作 …………………………… 133
五、其他 …………………………… 134
第十节 中医科 …………………… 134
一、发展沿革 …………………………… 134
二、医疗工作 …………………………… 136
三、教学工作 …………………………… 137
四、科研工作 …………………………… 138
五、其他 …………………………… 139
第十一节 呼吸科 …………………… 139
一、发展沿革 …………………………… 139
二、医疗工作 …………………………… 140
三、教学工作 …………………………… 142
四、科研工作 …………………………… 143
五、其他 …………………………… 145
第十二节 高血压科 …………………… 145
一、发展沿革 …………………………… 145
二、医疗工作 …………………………… 146
三、教学工作 …………………………… 149
四、科研工作 …………………………… 150
五、其他 …………………………… 150
第十三节 急诊科 …………………… 150
一、发展沿革 …………………………… 150
二、医疗工作 …………………………… 151
三、教学工作 …………………………… 155
四、科研工作 …………………………… 156
五、其他 …………………………… 156
第十四节 神经内科 …………………… 157
一、发展沿革 …………………………… 157
二、医疗工作 …………………………… 157
三、教学工作 …………………………… 160
四、科研工作 …………………………… 161
五、其他 …………………………… 164
第十五节 老年病科 …………………… 165
一、发展沿革 …………………………… 165
二、医疗工作 …………………………… 165
三、教学工作 …………………………… 167
四、科研工作 …………………………… 168
五、其他 …………………………… 168
第十六节 康复医学科 …………………… 168
一、发展沿革 …………………………… 168
二、医疗工作 …………………………… 169
三、教学工作 …………………………… 170
四、科研工作 …………………………… 171
五、其他 …………………………… 172
第十七节 肿瘤放化疗科 ………… 173
一、发展沿革 …………………………… 173
二、医疗工作 …………………………… 174
三、教学工作 …………………………… 176

四、科研工作 …………………………… 177
五、其他 …………………………… 178
第十八节　临床心理科 …………… 179
一、发展沿革 …………………………… 179
二、医疗工作 …………………………… 179
三、教学工作 …………………………… 180
四、科研工作 …………………………… 181
第十九节　临床营养科 …………… 181
一、发展沿革 …………………………… 181
二、医疗工作 …………………………… 182
三、教学工作 …………………………… 183
四、科研工作 …………………………… 184
五、其他 …………………………… 184
第二章　外科系统 ……………………… 185
第一节　普外科 ………………………… 185
一、发展沿革 …………………………… 185
二、医疗工作 …………………………… 188
三、医疗特色 …………………………… 190
四、教学工作 …………………………… 194
五、科研工作 …………………………… 198
六、其他 …………………………… 203
第二节　妇产科 ………………………… 206
一、发展沿革 …………………………… 206
二、医疗工作 …………………………… 207
三、教学工作 …………………………… 210
四、科研工作 …………………………… 211
五、生殖医学中心 ……………………… 212
六、其他 …………………………… 215
第三节　眼科 ………………………… 215
一、发展沿革 …………………………… 215
二、医疗工作 …………………………… 216
三、教学工作 …………………………… 218
四、科研工作 …………………………… 218
第四节　耳鼻喉科 …………………… 219
一、发展沿革 …………………………… 219
二、医疗工作 …………………………… 220
三、教学工作 …………………………… 221
四、科研工作 …………………………… 221
五、其他 …………………………… 222
第五节　口腔科 ………………………… 222
一、发展沿革 …………………………… 222
二、医疗工作 …………………………… 224
三、教学工作 …………………………… 226
四、科研工作 …………………………… 227
第六节　泌尿外科 …………………… 228
一、发展沿革 …………………………… 228
二、医疗工作 …………………………… 229
三、教学工作 …………………………… 232
四、科研工作 …………………………… 233
五、其他 …………………………… 234
第七节　普胸外科 …………………… 234
一、发展沿革 …………………………… 234
二、医疗工作 …………………………… 235
三、教学工作 …………………………… 238
四、科研工作 …………………………… 238
五、其他 …………………………… 239
第八节　心脏外科 …………………… 240
一、发展沿革 …………………………… 240
二、医疗工作 …………………………… 240
三、教学工作 …………………………… 241
四、科研工作 …………………………… 242
第九节　骨科 ………………………… 242
一、发展沿革 …………………………… 242
二、医疗工作 …………………………… 243
三、教学工作 …………………………… 245
四、科研工作 …………………………… 246
五、其他 …………………………… 247
第十节　伤科 ………………………… 247
一、发展沿革 …………………………… 247
二、医疗工作 …………………………… 248
三、教学工作 …………………………… 250
四、科研工作 …………………………… 251
五、魏氏伤科传承 ……………………… 252
六、其他 …………………………… 253

第十一节 儿外科 …………………… 253
一、发展沿革 …………………… 253
二、医疗工作 …………………… 254
三、教学工作 …………………… 258
四、科研工作 …………………… 259
五、其他 …………………… 260
第十二节 灼伤整形科 …………………… 260
一、发展沿革 …………………… 260
二、医疗工作 …………………… 261
三、教学工作 …………………… 264
四、科研工作 …………………… 265
五、灼伤护理进展 …………………… 267
六、其他 …………………… 269
第十三节 神经外科 …………………… 270
一、发展沿革 …………………… 270
二、医疗工作 …………………… 270
三、教学工作 …………………… 272
四、科研工作 …………………… 272
五、其他 …………………… 274
第十四节 重症医学科 …………………… 274
一、发展沿革 …………………… 274
二、医疗工作 …………………… 274
三、教学工作 …………………… 275
四、科研工作 …………………… 275
五、其他 …………………… 275
第十五节 手术室和消毒供应中心 …………………… 276
一、发展沿革 …………………… 276
二、手术管理 …………………… 277
三、消毒供应工作 …………………… 279
四、教学工作 …………………… 282
五、科研工作 …………………… 283
六、其他 …………………… 284
第三章 临床辅助学科 …………………… 286
第一节 放射科 …………………… 286
一、发展沿革 …………………… 286
二、医疗工作 …………………… 287
三、教学工作 …………………… 289
四、科研工作 …………………… 291
五、其他 …………………… 292
第二节 检验科 …………………… 292
一、发展沿革 …………………… 292
二、医疗工作 …………………… 293
三、教学工作 …………………… 296
四、科研工作 …………………… 296
五、其他 …………………… 297
第三节 药剂科 …………………… 297
一、发展沿革 …………………… 297
二、医疗工作 …………………… 298
三、药事管理委员会 …………………… 302
四、教学工作 …………………… 302
五、科研工作 …………………… 303
六、其他 …………………… 304
第四节 麻醉科 …………………… 305
一、发展沿革 …………………… 305
二、医疗工作 …………………… 306
三、教学工作 …………………… 309
四、科研工作 …………………… 309
五、其他 …………………… 311
第五节 病理科 …………………… 311
一、发展沿革 …………………… 311
二、医疗工作 …………………… 312
三、教学工作 …………………… 313
四、科研工作 …………………… 314
第六节 核医学科 …………………… 314
一、发展沿革 …………………… 314
二、医疗工作 …………………… 315
三、教学工作 …………………… 316
四、科研工作 …………………… 318
五、其他 …………………… 320
第七节 超声诊断科 …………………… 320
一、发展沿革 …………………… 320
二、医疗工作 …………………… 320
三、教学工作 …………………… 321

四、科研工作 …………………………… 322
五、其他 …………………………… 322
第八节 临床微生物科 ………… 322
一、发展沿革 …………………………… 322
二、医疗工作 …………………………… 322
三、教学工作 …………………………… 323
四、科研工作 …………………………… 324
第九节 临床输血科 ………… 324
一、发展沿革 …………………………… 324
二、医疗工作 …………………………… 324
三、教学工作 …………………………… 326
四、科研工作 …………………………… 326

第三篇 医疗管理 …………………………… 327
概述 …………………………… 328
第一章 医疗管理体系 ………… 329
第一节 管理部门与制度 ………… 329
一、发展沿革 …………………………… 329
二、医疗管理核心制度 ………… 332
三、医师管理制度 ………… 334
四、门诊管理制度 ………… 335
五、急诊管理制度 ………… 336
六、护理管理制度 ………… 337
七、其他医疗管理制度 ………… 337
第二节 住院管理 ………… 338
一、病房设置 …………………………… 338
二、住院医疗质量控制 ………… 339
三、“三基”培训考核 ………… 340
四、进修医技人员管理 ………… 341
第三节 门急诊管理 ………… 342
一、门诊布局 …………………………… 342
二、门诊流程 …………………………… 343
三、门诊类型 …………………………… 345
四、急诊医疗服务 ………… 348
五、门急诊医疗业务量 ………… 349
第四节 护理管理 ………… 352
一、护理模式 …………………………… 352
二、护理质量 …………………………… 352
三、专科护理 …………………………… 353
四、护理教学和科研 ………… 354
五、护理服务 …………………………… 356
第五节 其他医疗管理 ………… 357
一、医疗保险管理与服务 ………… 357
二、医疗指标管理 ………… 358
三、医院感染控制管理 ………… 364
四、预防保健管理与服务 ………… 367
五、病案统计管理与服务 ………… 370
六、健康体检管理与服务 ………… 372
七、特需医疗管理与服务 ………… 374
八、干部保健医疗管理与服务 ………… 377
第二章 重大医疗活动与成果 ………… 379
第一节 医疗急救 ………… 379
一、应急反应体系建设 ………… 379
二、重大危急重症抢救事件 ………… 380
三、重大突发事件与公共卫生事件 …… 381
四、重大活动医疗保障 ………… 385
第二节 医疗援助 ………… 386
一、下乡巡回医疗 ………… 386
二、上海后方瑞金医院 ………… 386
三、救灾支援 …………………………… 387
四、援滇医疗服务 ………… 389
第三节 医疗成果 ………… 390
一、临床医疗新技术管理 ………… 390
二、临床医疗成果 ………… 393

第四篇 医学教育 …………………………… 395
概述 …………………………… 396
第一章 机构设置 ………… 397
第一节 管理机构 ………… 397
一、发展沿革 …………………………… 397
二、临床医学系 …………………………… 400
三、护士学校与高级护理系 ………… 401
四、医学检验系 …………………………… 402
第二节 教研室设置 ………… 404

一、临床医学教研室(组)设置 …… 404
二、检验系教研室 …… 408
第二章 临床医学本科教育 …… 409
第一节 学制 …… 409
一、学制演变 …… 409
二、办学规模 …… 409
第二节 教学管理 …… 410
一、教务管理 …… 410
二、临床教学 …… 410
三、教师队伍 …… 414
四、德育教育 …… 416
五、学生党建与团学活动 …… 418
第三节 教学评估 …… 421
一、教学质量和教师评估 …… 421
二、学生评估 …… 422
第三章 医学检验和护理教育 …… 424
第一节 医学检验教育 …… 424
一、教学管理 …… 424
二、教学特色 …… 424
三、教学条件 …… 425
四、教学成果 …… 425
第二节 护理教育 …… 427
一、教学管理 …… 427
二、教学形式 …… 428
三、教师队伍 …… 430
第四章 研究生教育 …… 431
第一节 研究生管理 …… 431
一、研究生招生 …… 431
二、研究生培养 …… 432
三、学位管理 …… 434
第二节 导师管理 …… 434
一、导师遴选 …… 434
二、导师考核 …… 435
三、硕士生导师 …… 435
四、博士生导师 …… 436
第五章 毕业后教育 …… 438
第一节 住院医师规范化培训 …… 438
一、发展沿革 …… 438
二、基地建设 …… 439
三、住院医师招录 …… 439
四、管理架构与师资队伍 …… 440
五、住院医师培训的管理 …… 440
第二节 全科医师规范化培训 …… 441
一、发展沿革 …… 441
二、组织架构 …… 442
三、实践基地 …… 442
四、全科医师管理 …… 442
第三节 继续医学教育 …… 442
一、发展沿革 …… 442
二、教学管理 …… 443

第五篇 医学科研 …… 445
概述 …… 446
第一章 科研管理体制 …… 447
第一节 科研管理 …… 447
一、发展沿革 …… 447
二、制度建设 …… 449
第二节 科研机构设置 …… 450
一、院级与校级研究室 …… 450
二、研究所设置 …… 451
三、重点实验室 …… 452
四、学术委员会 …… 453
五、伦理委员会 …… 453
第二章 科研项目与成果 …… 455
第一节 重大科研项目 …… 455
一、国家级项目 …… 455
二、省部级、市局级项目 …… 456
三、科研项目和经费管理 …… 457
第二节 重要科研成果与获奖 …… 458
一、重要科研成果 …… 458
二、各级各类成果奖 …… 459
三、发表学术论文和著作 …… 468
第三章 重点学科建设 …… 471
第一节 重点学科 …… 471

第二节 重点实验室和药物临床试验基地 …… 472
一、国家级重点实验室 …… 472
二、卫生部内分泌代谢病重点实验室 …… 473
三、上海市内分泌肿瘤重点实验室 …… 473
四、上海市中西医结合防治骨关节病损重点实验室 …… 474
五、上海市血管生物学重点实验室 …… 474
六、上海市胃肿瘤重点实验室 …… 474
七、临床药理基地建设 …… 474
第四章 市级研究所 …… 477
第一节 上海市伤骨科研究所 …… 477
一、发展沿革 …… 477
二、研究特色 …… 478
三、科研工作 …… 479
四、教学工作 …… 481
第二节 上海市高血压研究所 …… 481
一、发展沿革 …… 481
二、研究特色 …… 482
三、科研工作 …… 485
四、教学工作 …… 488
第三节 上海市内分泌代谢病研究所 …… 488
一、发展沿革 …… 488
二、研究特色 …… 489
三、科研工作 …… 491
四、教学工作 …… 492
第四节 上海血液学研究所 …… 493
一、发展沿革 …… 493
二、研究特色 …… 494
三、科研工作 …… 495
四、教学工作 …… 500
五、国际合作 …… 500
第五节 上海市烧伤研究所 …… 500
一、发展沿革 …… 500
二、研究特色 …… 501
三、科研工作 …… 504
四、教学工作 …… 507
第六节 上海消化外科研究所 …… 507
一、发展沿革 …… 507
二、研究特色 …… 508
三、科研工作 …… 510
第五章 图书馆与医院期刊 …… 512
第一节 图书馆 …… 512
一、馆舍、馆藏与图书管理 …… 512
二、管理和服务 …… 512
第二节 医院期刊 …… 513
一、《外科理论与实践》 …… 513
二、《诊断学理论与实践》 …… 514
三、《内科理论与实践》 …… 515

第六篇 医务员工 …… 517
概述 …… 518
第一章 人事管理体系 …… 519
第一节 管理机构 …… 519
第二节 管理职能 …… 519
第二章 员工来源与结构 …… 521
第一节 来源 …… 521
一、医生 …… 521
二、护士 …… 522
三、医技人员 …… 522
四、行政人员 …… 522
五、工勤人员 …… 523
第二节 规模与结构 …… 523
一、概况 …… 523
二、各类员工规模与结构 …… 525
第三章 员工教育 …… 527
第一节 队伍建设 …… 527
一、人才培养 …… 527
二、人才引进 …… 528
第二节 人才建设成效 …… 529
一、学术地位与荣誉 …… 529
二、人才计划 …… 531

第三节 员工培训 …………………… 537
一、概况 …………………………… 537
二、各类人员培训 ………………… 537
三、培训项目 ……………………… 538
四、员工培训部 …………………… 539
第四章 医务员工管理 …………… 541
第一节 定编与聘用 ……………… 541
一、定编 …………………………… 541
二、聘用 …………………………… 542
第二节 专业技术职务评聘 ……… 543
一、卫生系列专业技术职务评聘 …… 543
二、教师系列专业技术职务评聘 …… 545
三、非卫生系列专业技术职务评聘…… 545
四、技术工人等级聘任 …………… 545
第三节 员工管理与定级 ………… 546
一、员工评级、定级、调级 ………… 546
二、考核与奖惩 …………………… 546
三、人员流动 ……………………… 547
四、人事档案建设 ………………… 547
第四节 工资福利 ………………… 548
一、员工工资与奖金 ……………… 548
二、员工津贴与福利 ……………… 548
第五节 退休员工管理与服务 …… 549
一、发展沿革 ……………………… 549
二、主要工作 ……………………… 550
三、荣誉 …………………………… 551
第六节 援非医疗服务 …………… 552
一、发展沿革 ……………………… 552
二、援非医疗队构成 ……………… 552
三、援非医疗队管理 ……………… 558

第七篇 其他管理 ………………… 559
概述 ………………………………… 560
第一章 院务管理与对外合作交流 ………………………………… 562
第一节 院务工作 ………………… 562
第二节 对外学术交流和外事接待 ………………………………… 563
一、发展沿革 ……………………… 563
二、来访国家(地区)和人数………… 565
三、外事接待制度 ………………… 567
四、授予海外及中国香港地区专家学术荣誉称号 ………………… 568
五、出访 …………………………… 569
六、举办学术活动 ………………… 570
第三节 档案管理 ………………… 579
一、发展沿革 ……………………… 579
二、档案人员培养 ………………… 579
三、档案制度与技术 ……………… 580
四、编研成果 ……………………… 581
第二章 财务管理 ………………… 582
第一节 发展沿革 ………………… 582
第二节 计划财务管理 …………… 583
一、财务制度与记账方式演变 ……… 583
二、内控与预算管理 ……………… 583
三、成本核算 ……………………… 584
四、会计核算电子化 ……………… 585
五、药品财务管理 ………………… 586
六、三产结算管理 ………………… 586
第三节 出入院管理 ……………… 586
一、发展沿革 ……………………… 586
二、欠费催账 ……………………… 586
三、模式转变 ……………………… 587
第四节 门急诊收费管理 ………… 587
一、发展沿革 ……………………… 587
二、主要工作 ……………………… 588
第五节 绩效与成本管理 ………… 589
第三章 监察审计与信息管理 …… 590
第一节 内部控制机制 …………… 590
一、发展沿革 ……………………… 590
二、监察工作 ……………………… 590
三、审计制度建设 ………………… 591
四、主要审计工作 ………………… 593
第二节 医院信息网络建设 ……… 595
一、发展沿革 ……………………… 595

二、医疗流程、设备及服务平台 …… 596
三、医院管理平台 …………………… 598
四、医疗资源共享平台 ……………… 599
第四章 集团化管理和对外合作项目 ……………………………… 601
第一节 集团化管理 ……………… 601
一、瑞金医院分部 ………………… 602
二、瑞金医院卢湾分院 …………… 603
三、瑞金医院集团闵行医院………… 605
四、瑞金医院集团台州中心医院 …… 606
五、瑞金医院集团瑞东医院………… 607
六、瑞金医院远洋分院 …………… 608
第二节 对外合作项目 …………… 608

第八篇 基建后勤 ………………… 611
概述 ……………………………… 612
第一章 机构设置与管理模式 ……… 613
第一节 发展沿革 ………………… 613
第二节 后勤社会化 ……………… 615
一、管理制度 ……………………… 615
二、后勤社会化改革 ……………… 616
第二章 基本建设 ………………… 618
第一节 基本情况 ………………… 618
一、基建管理 ……………………… 618
二、院内建筑概况 ………………… 619
第二节 医疗建筑 ………………… 622
一、医疗用房 ……………………… 622
二、科教用房 ……………………… 628
三、行政用房 ……………………… 629
第三节 其他用房 ………………… 630
一、保障用房 ……………………… 630
二、生活用房 ……………………… 632
第三章 后勤保障 ………………… 633
第一节 总务工作 ………………… 633
一、绿化院容 ……………………… 633
二、能源管理 ……………………… 633
三、医用气体管理 ………………… 635
四、维修保障 ……………………… 635
五、太平间管理 …………………… 636
六、废弃物处置 …………………… 636
七、话务通信 ……………………… 637
八、被服清洗 ……………………… 637
九、特种设备管理 ………………… 637
十、托儿所、幼儿园………………… 638
第二节 膳食工作 ………………… 638
一、食堂 ………………………… 638
二、营养室………………………… 639
三、医疗队膳食保障 ……………… 639
第三节 房屋管理 ………………… 639
一、医院内部房产管理 …………… 639
二、物业管理 ……………………… 640
三、福利分房 ……………………… 640
第四节 保卫工作 ………………… 641
一、发展沿革 ……………………… 641
二、主要工作 ……………………… 641
第四章 设备与产业管理 ………… 644
第一节 设备管理制度 …………… 644
第二节 医疗设备 ………………… 644
一、重要设备采购 ………………… 644
二、设备维护与管理 ……………… 646
第三节 医用耗材管理 …………… 651
一、日常耗材管理 ………………… 651
二、医用耗材信息化管理 ………… 651
第四节 院办产业 ………………… 652
一、上海广慈医学高科技公司 ……… 652
二、上海益健医学服务中心………… 653
三、上海广慈实业总公司 ………… 654

第九篇 党群工作 ………………… 657
概述 ……………………………… 658
第一章 党的建设 ………………… 659
第一节 党委办公室 ……………… 659
第二节 党员发展和教育 ………… 659
一、党员发展 ……………………… 659

二、党员教育 …… 661
第三节 干部任用与培养 …… 662
一、干部选拔任用 …… 662
二、干部教育培养 …… 664
三、干部监督管理 …… 665
第四节 统一战线与高级知识分子工作 …… 665
一、政治协商、民主监督 …… 665
二、支持参政议政 …… 666
三、高知与人才工作 …… 669
第五节 重要党务工作和活动 …… 671
一、发展沿革 …… 671
二、主题教育活动 …… 673
三、对外援助任务 …… 675
第六节 老干部服务 …… 676
一、发展沿革 …… 676
二、主要工作 …… 677
三、发挥老干部作用 …… 678
四、特色活动 …… 678
五、主要成果 …… 679
第七节 人民武装 …… 679
一、人民武装部 …… 679
二、兵役工作 …… 680
第二章 纪检工作 …… 681
第一节 监督检查 …… 681
一、注重预防 …… 681
二、建章立制 …… 681
三、落实监督 …… 682
第二节 查信办案 …… 682
第三章 精神文明建设 …… 683
第一节 发展沿革 …… 683
第二节 文明单位创建 …… 684
一、文明医院评选 …… 684
二、爱国卫生工作 …… 685
第三节 医德医风与病人满意度建设 …… 686
一、医德医风建设 …… 686
二、满意度测评 …… 687
第四节 先进评选与表彰 …… 688
一、市级以上精神文明奖项 …… 688
二、院内先进评选 …… 692
第四章 宣传工作 …… 694
第一节 发展沿革 …… 694
第二节 宣传内容 …… 695
一、思想政治教育 …… 695
二、宣传报道 …… 696
第三节 宣传载体 …… 699
一、医院院报 …… 699
二、《瑞音》杂志 …… 700
三、医院官网 …… 700
四、电化教育 …… 700
五、新闻发言人制度 …… 700
六、公共关系案例获奖 …… 701
第五章 工会、共青团与妇委会 …… 702
第一节 工会工作 …… 702
一、发展沿革 …… 702
二、民主管理 …… 703
三、职工劳动保护和生活保障 …… 704
四、劳模、先进评选 …… 706
五、特色工作 …… 708
六、职工技协 …… 709
七、职工文娱活动 …… 709
第二节 青年工作 …… 710
一、发展沿革 …… 710
二、共青团建设 …… 711
三、创建青年文明号及获奖 …… 713
四、青年获奖情况 …… 713
五、青年知识分子联谊会 …… 715
六、志愿者及公益活动 …… 716
七、慈善活动 …… 718
第三节 妇女工作 …… 718
一、发展沿革 …… 718
二、主要工作 …… 718
三、女医师女教师联谊会 …… 720

四、获得荣誉 …… 721
第六章 医院文化 …… 724
第一节 医院文化形象 …… 724
一、院徽、院歌、院训 …… 724
二、院史陈列馆 …… 725
第二节 医院文化建设载体 …… 726
一、创新文化——以医教研核心技术为载体 …… 726
二、服务文化——以服务理念为载体 …… 726
三、公益文化——以承担社会责任为载体 …… 727
四、员工文化——以关爱员工为载体 …… 727
五、科室文化——以挖掘和培育多元化的科室文化为载体 …… 727
六、文化艺术节和科技文化节 …… 728
七、瑞金茶室 …… 728
八、瑞金讲坛 …… 729
九、红色之旅干部教育活动 …… 730
十、思想政治工作研究会 …… 730

第十篇 人物 …… 733
概述 …… 734
第一章 人物传 …… 735
姚宗李 …… 735
汪代玺 …… 735
尤学周 …… 735
邝翠娥 …… 736
唐士恒 …… 736
万尔典 …… 737
沈永康 …… 737
才尔孟 …… 737
聂传贤 …… 738
高镜朗 …… 738
魏指薪 …… 739
席应忠 …… 740
程贤家 …… 740
傅培彬 …… 741
邝安堃 …… 742
叶衍庆 …… 743
朱瑞镛 …… 743
孙桐年 …… 744
陶 清 …… 744
王耆龄 …… 745
倪葆春 …… 745
张曦明 …… 746
周锡庚 …… 746
张精忠 …… 747
杨 宜 …… 747
曾畿生 …… 748
蓝绪彰 …… 749
吴一鹗 …… 749
董方中 …… 749
李国衡 …… 750
丁 霆 …… 751
程一雄 …… 751
骆德三 …… 752
柴本甫 …… 752
朱仲刚 …… 753
史济湘 …… 754
徐家裕 …… 755
徐德隆 …… 755
张明秀 …… 756
郭 迪 …… 756
林言箴 …… 757
张天锡 …… 758
董德长 …… 758
杨之骏 …… 759
许曼音 …… 759
罗 敏 …… 760
唐振铎 …… 761
洪明贵 …… 762
第二章 人物简介 …… 763

朱大成 …… 763
崔林森 …… 763
龚兰生 …… 764
孔庆寿 …… 764
王德芬 …… 764
王振义 …… 765
金觥翠 …… 766
陈家伦 …… 766
张圣道 …… 767
刘国掾 …… 767
吴裕炘 …… 768
朱承谟 …… 768
赵光胜 …… 769
陈淑瑾 …… 769
胡庆澧 …… 770
陶祥龄 …… 770
邓伟吾 …… 771
戚文航 …… 771
王鸿利 …… 772
夏　翔 …… 772
李宏为 …… 773
杨庆铭 …… 773
朱鼎良 …… 774
汤耀卿 …… 774
俞卓伟 …… 775
沈志祥 …… 775
沈卫峰 …… 776
陈赛娟 …… 776
李宣海 …… 777
严　肃 …… 778
吴云林 …… 778
陈　竺 …… 779
陈　楠 …… 780
朱正纲 …… 780
郑　捷 …… 781
于布为 …… 781
陈生弟 …… 782
彭承宏 …… 782
王铸钢 …… 783
陈国强 …… 784
宁　光 …… 785
郑民华 …… 785

专　记 …… 787
中国烧伤学的缘起——抢救大面积灼伤病人邱财康 …… 789
瑞金医院内分泌代谢病学科 60 年发展 …… 793
器官移植的全国首创及在瑞金医院的发展 …… 798
中国特色转化医学之路——瑞金医院血液病诊治重大突破 …… 804
科研国家队的炼成——记上海血液学研究所 30 年 …… 810
微创手术理念在中国的应用与推广 …… 816
瑞金教学特色——法语医学教育源远流长 …… 822

索　引 …… 827
表格索引 …… 829
图片索引 …… 837

编后记 …… 841

Contents

Preface ········ 1
Explanatory Notes ········ 1
Overview ········ 1
Chronicles ········ 15

Part 1 Organization and Administrative Structure ········ 51
Introduction ········ 52
Chapter 1 Hospital Management ········ 53
Section Ⅰ History ········ 53
Section Ⅱ Administration Affiliation ········ 58
Section Ⅲ Management Branches ········ 59
Chapter 2 Organization Structure of the Communist Party of China ········ 67
Section Ⅰ The CPC Committee ········ 67
Section Ⅱ The Committee for Discipline Inspection ········ 69
Section Ⅲ Primary Organization Structure of the CPC ········ 69
Section Ⅳ Managerial Evolvement of the CPC ········ 70
Chapter 3 Mass Organization, Democratic Parties and United Front ········ 73
Section Ⅰ Mass Organization ········ 73
Section Ⅱ Democratic Parties and United Front ········ 74

Part 2 Clinical Departments ········ 75
Introduction ········ 76
Chapter 1 Internal Medicine ········ 77
Section Ⅰ General Structure ········ 77
Section Ⅱ Department of Digestive Diseases ········ 78
Section Ⅲ Department of Cardiology ········ 84
Section Ⅳ Department of Endocrine and Metabolic Diseases ········ 91
Section Ⅴ Department of Hematology ········ 99
Section Ⅵ Department of Nephrology ········ 105
Section Ⅶ Department of Infectious Diseases ········ 111
Section Ⅷ Department of Pediatrics ········ 118

Section Ⅸ Department of Dermatology …… 126
Section Ⅹ Department of Traditional Chinese Medicine …… 134
Section Ⅺ Department of Pulmonary Medicine …… 139
Section Ⅻ Department of Hypertension …… 145
Section XIII Department of Emergency …… 150
Section XIV Department of Neurology …… 157
Section XV Department of Geriatrics …… 165
Section XVI Department of Rehabilitation …… 168
Section XVII Department of Oncology and Radiotherapy …… 173
Section XVIII Department of Clinical Psychology …… 179
Section XIX Department of Clinical Nutrition …… 181
Chapter 2 Surgery …… 185
Section Ⅰ Department of General Surgery …… 185
Section Ⅱ Department of Gynecology and Obstetrics …… 206
Section Ⅲ Department of Ophthalmology …… 215
Section Ⅳ Department of ENT …… 219
Section Ⅴ Department of Stomatology …… 222
Section Ⅵ Department of Urology …… 228
Section Ⅶ Department of Thoracic Surgery …… 234
Section Ⅷ Department of Cardiac Surgery …… 240
Section Ⅸ Department of Orthopedics …… 242
Section Ⅹ Department of Chinese Traditional Traumatology …… 247
Section Ⅺ Department of Pediatric Surgery …… 253
Section Ⅻ Department of Burns and Plastic Surgery …… 260
Section XIII Department of Neurosurgery …… 270
Section XIV Department of Critical Care Medicine …… 274
Section XV Operating Room and Central Sterile Supply Unit …… 276
Chapter 3 Clinical Support Platform …… 286
Section Ⅰ Department of Radiology …… 286
Section Ⅱ Department of Clinical Laboratory …… 292
Section Ⅲ Department of Pharmacy …… 297
Section Ⅳ Department of Anesthesiology …… 305
Section Ⅴ Department of Pathology …… 311
Section Ⅵ Department of Nuclear Medicine …… 314
Section Ⅶ Department of Ultrasound Diagnosis …… 320
Section Ⅷ Department of Clinical Microbiology …… 322
Section Ⅸ Department of Blood Transfusion …… 324

Part 3 Medical Management …… 327

Introduction ······ 328
Chapter 1 Medical Management System ······ 329
Section Ⅰ *Organization and Mechanism* ······ 329
Section Ⅱ *In-patient Care Management* ······ 338
Section Ⅲ *Out-patient and Emergency Care Management* ······ 342
Section Ⅳ *Nursing Management* ······ 352
Section Ⅴ *Miscellaneous* ······ 357
Chapter 2 Major Medical Activities and Achievements ······ 379
Section Ⅰ *Rescue* ······ 379
Section Ⅱ *Medical Aid* ······ 386
Section Ⅲ *Awards and Achievements* ······ 390

Part 4 Medical Education ······ 395
Introduction ······ 396
Chapter 1 Organization Structure ······ 397
Section Ⅰ *Managerial Evolvement* ······ 397
Section Ⅱ *Teaching and Researching of Medical Education* ······ 404
Chapter 2 Undergraduate Education of Clinical Medicine ······ 409
Section Ⅰ *Reform of the Academic System* ······ 409
Section Ⅱ *Teaching Management* ······ 410
Section Ⅲ *Quality Evaluation* ······ 421
Chapter 3 Education for Medical Laboratory and Nursing ······ 424
Section Ⅰ *Medical Laboratory* ······ 424
Section Ⅱ *Nursing* ······ 427
Chapter 4 Graduate Education ······ 431
Section Ⅰ *Management of Graduate Students* ······ 431
Section Ⅱ *Management of Mentors* ······ 434
Chapter 5 Education after Graduation ······ 438
Section Ⅰ *Residency Programs* ······ 438
Section Ⅱ *Residency Programs for General Practice* ······ 441
Section Ⅲ *Continuing Medical Education* ······ 442

Part 5 Medical Research ······ 445
Introduction ······ 446
Chapter 1 Management System ······ 447
Section Ⅰ *Policies* ······ 447
Section Ⅱ *Scientific Research Institutions* ······ 450
Chapter 2 Scientific Research Projects and Achievements ······ 455
Section Ⅰ *Major Scientific Research Projects* ······ 455

Section Ⅱ Major Achievements and Awards ······ 458
Chapter 3 Overview of Key Disciplines ······ 471
Section Ⅰ Key Disciplines ······ 471
Section Ⅱ Key Laboratories and GCP Certified Sites ······ 472
Chapter 4 Municipal Institute ······ 477
Section Ⅰ Shanghai Institute of Traumatology and Orthopaedics ······ 477
Section Ⅱ Shanghai Institute of Hypertension ······ 481
Section Ⅲ Shanghai Institute of Endocrine and Metabolic Diseases ······ 488
Section Ⅳ Shanghai Institute of Hematology ······ 493
Section Ⅴ Shanghai Institute of Burn ······ 500
Section Ⅵ Shanghai Institute of Digestive Surgery ······ 507
Chapter 5 Library and Academic Publishing ······ 512
Section Ⅰ Library ······ 512
Section Ⅱ Academic Publishing ······ 513

Part 6 Human Resource ······ 517
Introduction ······ 518
Chapter 1 HR System ······ 519
Section Ⅰ Managerial Evolvement ······ 519
Section Ⅱ Functions ······ 519
Chapter 2 Employment ······ 521
Section Ⅰ Recruitment ······ 521
Section Ⅱ Employment Structure ······ 523
Chapter 3 Talent Management ······ 527
Section Ⅰ Team Building ······ 527
Section Ⅱ Achievement ······ 529
Section Ⅲ Training ······ 537
Chapter 4 Staff Management ······ 541
Section Ⅰ Hiring ······ 541
Section Ⅱ Evaluation of Professional and Technical Qualification ······ 543
Section Ⅲ Employment Grading ······ 546
Section Ⅳ Salaries and Benefits ······ 548
Section Ⅴ Retirement Service ······ 549
Section Ⅵ Medical Aid to Africa ······ 552

Part 7 Miscellaneous ······ 559
Introduction ······ 560
Chapter 1 Operational and International Affairs ······ 562
Section Ⅰ Hospital Operation ······ 562

Section Ⅱ *International Academic Affairs* …… 563
Section Ⅲ *Archives* …… 579
Chapter 2 Financial Management …… 582
Section Ⅰ *History* …… 582
Section Ⅱ *Budgetary Finance* …… 583
Section Ⅲ *Finance of Admission and Discharge* …… 586
Section Ⅳ *Finance for Out-patient and Emergency Services* …… 587
Section Ⅴ *Performance and Cost Management* …… 589
Chapter 3 Auditing and Information Management …… 590
Section Ⅰ *Internal Auditing* …… 590
Section Ⅱ *Information Management* …… 595
Chapter 4 Hospital Group and Cooperative Projects …… 601
Section Ⅰ *Ruijin Hospital Group* …… 601
Section Ⅱ *Cooperative Projects* …… 608

Part 8 Infrastructure and Logistics …… 611
Introduction …… 612
Chapter 1 Management System …… 613
Section Ⅰ *History* …… 613
Section Ⅱ *Outsourcing of Logistics Services* …… 615
Chapter 2 Infrastructure Construction …… 618
Section Ⅰ *Overview* …… 618
Section Ⅱ *Medical Architecture* …… 622
Section Ⅲ *Miscellaneous* …… 630
Chapter 3 Logistics …… 633
Section Ⅰ *Administrative Affairs* …… 633
Section Ⅱ *Catering* …… 638
Section Ⅲ *Housing* …… 639
Section Ⅳ *Security* …… 641
Chapter 4 Equipment and Investment Management …… 644
Section Ⅰ *Policies* …… 644
Section Ⅱ *Medical Equipment* …… 644
Section Ⅲ *Medical Supplies* …… 651
Section Ⅳ *Investment* …… 652

Part 9 CPC Party Affairs and Services for People …… 657
Introduction …… 658
Chapter 1 Development of CPC in Hospital …… 659
Section Ⅰ *History* …… 659

Section Ⅱ *Party Members Recruitment and Education* …… 659
Section Ⅲ *Leadership Management* …… 662
Section Ⅳ *Services for United Front and Scholars* …… 665
Section Ⅴ *Major Activities* …… 671
Section Ⅵ *Retirement Services for CPC Leaders* …… 677
Section Ⅶ *People's Armed Force* …… 679
Chapter 2 Disciplining Inspection …… 681
Section Ⅰ *Inspection and Education for Anti-corruption* …… 681
Section Ⅱ *Case Handling* …… 682
Chapter 3 Developing Moral Qualities …… 683
Section Ⅰ *History* …… 683
Section Ⅱ *Model Unit* …… 684
Section Ⅲ *Professional Ethics and Patient Satisfaction* …… 686
Section Ⅳ *Awards and Honors* …… 688
Chapter 4 Publicity …… 694
Section Ⅰ *History* …… 694
Section Ⅱ *Contents* …… 695
Section Ⅲ *Platforms* …… 699
Chapter 5 Labor Union, Communist Youth League and Committee of Women's Affairs …… 702
Section Ⅰ *Labor Union* …… 702
Section Ⅱ *Youth Work* …… 710
Section Ⅲ *Women Rights* …… 718
Chapter 6 Hospital Culture …… 724
Section Ⅰ *Cultural Image* …… 724
Section Ⅱ *Culture Activities* …… 726

Part 10 Significant Figures …… 733
Introduction …… 734
Chapter 1 Historical Biography …… 735
Chapter 2 Biography …… 763

Special Events …… 787
The Origin of Chinese Experiences on Burns …… 789
60-year Evolvement of Endocrinology in Ruijin Hospital …… 793
First Organ Transplantation in China …… 798
Translational Medicine in China …… 804
Development of Tier-1 Player in Scientific Research …… 810
Application and Promotion of Minimally Invasive Principles …… 816

Establishment of French-teaching in Medical Education ······ 822

Index ······ 827
Index of Tables ······ 829
Index of Images ······ 837

Postscripts ······ 841

总述

上海交通大学医学院附属瑞金医院的前身广慈医院，由天主教江南代牧区与法租界公董局合作创办于1907年。1951年，由上海市人民政府征用。1952年，上海第二医学院成立，广慈医院成为其附属医院。1966年，曾更名为上海第二医学院附属东方红医院。1972年，更名为上海第二医学院附属瑞金医院。随着上海第二医学院两次更名，医院名称于1985年和2005年相应变更为上海第二医科大学附属瑞金医院和上海交通大学医学院附属瑞金医院。

医院位于上海市黄浦区(原卢湾区)瑞金二路197号，占地面积12万平方米。东与上海交通大学医学院毗连，西与瑞金宾馆为邻，南与中国预防医学科学院寄生虫病研究所接壤，北为花园坊住宅区。至2010年，拥有编制床位1 693张(实际使用床位1 823张)，卫生专业技术人员2 924人(医生861人、护士1 477人、医技药技586人)，是我国首批三级甲等综合性医院之一。

一

(一) 医院创立与规模扩展

清光绪二十六至三十一年(1900—1904)期间，天主教江南代牧区主教姚宗李(Prosper Paris，1846—1931，法籍)与法租界公董局合作，在金神父路(今瑞金二路)东侧置地10.6公顷(约10.6万平方米)，用于创办医院。1904年开始的首期工程建造4幢2层楼的西式砖木结构房，两幢供病人使用，一幢供修女用，一幢供职工用。其中病房一楼设床位40张，2楼设病床15张。1907年10月13日，举行开院典礼，教会予取名"圣玛利亚医院"，意为"广为慈善"，故中文称作广慈医院。1908年，震旦学院从徐家汇迁至毗邻的吕班路(现重庆南路)，酝酿与医院合作创办医科。1912年，震旦学院开设医学先修课。1914年，开设博物医药科，以广慈医院为其主要教学医院，医院各专科主任大多由医学院的教授兼任。

医院的设立一方面是满足天主教会扩大影响力、布道传教的需求，另一方面也起到在中国推广西方医学、提高医疗水平的作用。发展目标从开业之时即定位"贫富俱收、更求完善"，逐步"把广慈医院建成远东闻名的现代医疗中心，使法国医学理念通过高质量的医学教育、现代化的医疗设备、临床服务特色和对在华洋人及穷苦病患的救济得以传播"。医院收治越来越多的中国贫苦病人。仅1935年，5 869名住院病人中就有4 004名中国人。

在法租界公董局和公益慈善基金会的不断资助下，医院规模继续扩大。1908年，建成贫苦男子病房(圣味增爵楼，Pavillon Ste Vincent)。1910年，建成小型拘留病房。1920年，增设开刀间。1921年，设立X光室。1922年，建成产科和贫困女子病房(圣心楼，Pavillon Saint Coeur)。1925年，建成化验室(巴斯德楼，Pavillon Pasteur)。1930年，建成拘留病房。1930年，建成隔离病房(Pavillon d'Isolement)。1933年，医院拆除圣味增爵楼，新建2幢5层楼病房大楼(即现在的2、3号病房楼)，分别于1935年和1940年投入使用。医院承担起租界内公共卫生、医疗救济方面的责任，通过对病人实施自费、半价和免费不同等级的医疗收费，有效地为不同阶层的就诊病人提供医疗服务。至

1949 年，医院病床数达到 780 张，建筑面积 4 万平方米，临床科室 10 个，医技科室 5 个，管理科室 7 个。职工总数 356 人，其中医师 69 人、护士 74 人（包括修女 21 名）、助产士 8 人、管理人员 28 人。学科较为齐备，成为当时远东地区规模最大的一所教会医院。

（二）医疗业务发展

建院之初，医院仅设内、外两科。有 2 名法籍医生、8 名具有护士资质的法国仁爱会修女和 15 名工人，门诊病人主要由修女施诊给药，法租界公董局的另有 1 名医生不定期来门诊。起先到医院就诊者不多，后因一工人在建造徐家汇天主教堂时从脚手架上跌落，濒临死亡，经法籍医生佛来松（Fresson）手术后康复出院，引起轰动。1916 年，法国医学博士薛佩礼（Sibiril）来校任职并兼任医院内科主任，使内科声誉渐起。到 1932 年，医院分设内科、外科、产科、眼科、耳鼻喉科、皮肤科和电疗科等 7 个科室，但仅有法国医生 9 人，中国医生 3 人，外籍护士 12 人，医护人员严重不足。1933 年，法国巴黎大学医学院内科医学博士邝安堃回国，受聘为震旦大学医学院内科学教授兼医院皮肤科和儿科主任。1935 年，法国里昂大学外科学博士徐宝彝回国，受聘为震旦大学医学院外科学教授兼医院外科主任，当时医院的内、外科医疗水平处于上海领先地位。1936 年，医院年门诊量50 487 人次，住院病人 6 620 人次（其中 2/3 为免费或半价）。1945 年，第二次世界大战结束以后，医院先后聘请司比利特（Spriet）、米雄（Vieron）、魏利沃（Velliot）、载霞、傅培彬、唐士恒、程一雄、刘焘、朱仲刚等一批毕业于法国、比利时著名大学的医学博士到医院工作，带动各临床专科的发展。震旦大学医学院的优秀毕业生聂传贤、徐福燕、董德长、宋祥明、王振义、唐振铎、龚兰生、张传钧、林言箴、陈家伦、许曼音等相继加盟。1949 年 5 月，邝安堃和学生陈家伦、许曼音等一起用嗜酸细胞直接计数来评估肾上腺皮质功能，对许多急性传染病（如伤寒）和外科病人的预后做出准确判断，这是文献中可查的中国肾上腺皮质功能最早的研究。

（三）震旦医学教育

1912 年，李固（Ricou）来华创办震旦学院医科后，课程设置、教学大纲皆参考法国医学专业，所用教材为法国医学院校教材，讲授用法语。1928 年，震旦学院改为震旦大学。震旦大学正式成为近代中国第一所，也是唯一用法语教学的高等学校，医科也逐渐成为震旦大学三大支柱学科之一。医科学生有 1/3 的时间要在广慈医院和安当医院（现卢湾中心医院）进行临床见习、实习，优秀毕业生经选拔后可留任广慈医院做住院医生。1932 年，医科升格为医学院，并增设牙医系。1933 年，广慈医院专门为牙医门诊部建造一栋楼，作为牙医系的临床教学基地。1936 年，医院设立广慈护士学校，因附属震旦大学，故又名为震旦大学附设高级护士学校，校长由震旦大学校长胡文耀兼任。自此以后，医院的医护人员几乎均由震旦大学医学院培养。

（四）从教会医院到迎接解放

在医院管理上，自建院起到 1919 年，对外事务由姚宗李负责，内部事务则委托天主教仁爱会修女负责。1919 年，天主教耶稣会会长万尔典（Joseph Verdier，1877—1971，法籍）兼任医院院长负责行政管理。1931 年，姚宗李逝世。次年，医院成立董事会，作为医院最高组织机构，全部成员均为外籍人士，由法国驻沪领事、法租界公董局负责人以及天主教上海教区代表、社会上热心卫生慈善事业的有关人士组成。院长负责行政事务，掌握医院的财政并负责医师和科主任的聘任，其他总务后勤、病房管理等事务仍由修女担任。

1937 年，抗日战争全面爆发后，医院处于法租界“孤岛”内，由于法国并未对日宣战，医院各项业务得以不受干扰继续开展。教会开始聘请部分具有一定社会地位的中国人与法方共同组成董事会，参与医院事务。1941 年，太平洋战争爆发，侵华日军强行占领医院，将 2 幢 5 层的新病房大楼和 4 舍急诊楼及牙医门诊部辟为日军野战医院。新、老病房楼之间用竹篱笆分隔。医院董事会虽然依旧存在，但医护职工纷纷辞职、百姓有病不敢前来，造成病人稀少、业务萎缩。直至 1945 年，日本无条件投降，这一情况才有所好转。

1947 年，万尔典调任土山湾孤儿工艺院，天主教上海教区总账房才尔孟(Georges Germain，1895—1978，法籍)接任院长，改组董事会。因国民政府规定教会医院如要立案注册，必须由中国人任院长。故此教会先后以赵棣华、陆子冬为名义院长，向政府注册登记，但实际管理工作仍由教会负责，分设医务处、事务处和护校，分别管理医院的医疗业务、后勤保障和护士培训。1948 年，震旦大学医学院学生、中共地下党员田厚生、郑惠黎进院实习，后留院工作，成为广慈医院最早的共产党员。

1949 年，上海解放后，董事会组成结构发生较大变化，以中国人朱增宗为董事长。7 月，田厚生发起成立工会筹备委员会。医院教职工开始积极迎接医院新生。眼科主任聂传贤和内科医生王振义带领数十名医护人员到嘉兴为解放军战士作为期 3 个月的防治血吸虫病服务。1950 年 2 月 6 日，国民党军队空袭上海，造成重大人员伤亡，医院全力参加抢救。为了充实医疗力量，大批震旦大学医学院的应届毕业生留校，并立刻投入与白喉、天花大流行的斗争中。在此过程中，医院党、工、团组织得到迅速发展。1951 年 7 月，由聂传贤任大队长，外科史济湘、林言箴，内科龚兰生、陈家伦等 20 余名医务人员参加上海市第二批抗美援朝医疗队，多人立功。

二

(一) 学科专业调整

1951 年 9 月 24 日，上海市军事管制委员会依据中华人民共和国中央人民政府政务院决定，由陈毅市长签署发布征用广慈医院的命令。10 月 3 日，军代表朱瑞镛带领工作组进驻医院。医院实行军代表负责制，蓝绪彰任院长。随后成立中共广慈医院支部，朱瑞镛任书记。1952 年春，医院进行病房设置调整，撤销等级病房，按科、专业划分病区，扩大医院床位。内科按消化、心血管、内分泌、血液和肾脏 5 个专业分设 4 个病区，由此开始转向学科专业化。是年 11 月，随着全国高校院系调整，医院成为上海第二医学院的附属医院。因医学院专业设置调整，加强人才调整和学科重组，心外科、儿科、口腔科等先后被调整至兄弟医院，医院的外科、骨科、伤科、麻醉科得到加强。从 1952 年到 20 世纪 60 年代末，沪上一批医学专家先后在广慈医院任教任职。他们中有一级教授、中国整形外科鼻祖倪葆春，一级教授、内科学家、医学教育家邝安堃，一级教授、外科学家、医学教育家傅培彬，一级教授、中国儿科学奠基人之一高镜朗，一级教授、上海最早骨科专业病房创始人叶衍庆。还有诸如外科董方中，肺科孙桐年，骨科过邦辅、柴本甫，心外科叶椿秀，内科陶清，传染科杨宜，口腔内科席应忠，口腔外科张锡泽，整形外科张涤生，麻醉科李杏芳，中医伤科魏指薪，中医内科尤学周，神经科徐德隆等。一批响应祖国号召的青年留学人才，包括放射科朱大成、内科董德长、儿科曾畿生、口腔科邱立崇等，冲破重重阻挠回国。他们放弃优裕生活、关闭私人诊所，汇集到广慈医院开创新学科。从 20 世纪 50 年代初期到 60 年代末近 20 年里，医院先后增设 18 个新的学科和部门。

1951 年春，震旦大学由政府接管，教学用语改由汉语替代法语。1952 年秋，震旦大学医学院、同德医学院、圣约翰大学医学院合并，在震旦大学原址建立上海第二医学院，广慈医院也随之划归成为上海第二医学院附属医院，承担临床教学任务。1953 年，广慈护校与仁济护校合并建成上海第二医学院附设护士学校。1955 年，上海第二医学院将口腔系、儿科系均设在广慈医院，新增口腔内、口腔外、口腔矫形、整形等 4 个亚专科。之后由于第二次院系大调整，随着儿科系（1958 年）和口腔系（1965 年）先后迁往新华医院和上海第九人民医院，高镜朗、郭迪、佘亚雄、席应忠、张锡泽、邱立崇、张涤生、邱蔚六等一大批相关科室的医护人员相继调离广慈医院，为新华医院儿科学科和上海第九人民医院口腔学科的蓬勃发展奠定坚实基础。

1964 年，中法建交，为保持和发扬学校法语传统特色，二医开设首届医学专业法语班，广慈医院成为法语班临床教学基地。1966 年“文化大革命”开始，二医停止招生，法语班教学中断，医院以召集人制度取代科主任制，一批老专家受到冲击，正常医疗秩序受到影响。1970 年，医院直接招收工农兵学员，开设培训班和试点班，学制 1—3 年，学员经培训后分配到临床一线。

（二）临床医疗创新成果

解放初期百废待兴，外籍医师纷纷离开中国，以邝安堃和傅培彬为代表的中国医生坚守岗位，医院各学科相互促进，取得了大量创新性成果。1956 年，外科傅培彬在国内首创施行大动脉瘤切除术，并成功使用冷冻干燥人同种血管完成重建。1957 年，内科邝安堃等诊断国内第一例原发性醛固酮增多症。1958 年，外科董方中、史济湘等成功治疗抢救大面积烧伤病人邱财康，打破国际上“烧伤总面积超过 80%无法治愈”的定论，创建著名的“瑞金公式”“冬眠疗法”和“混合移植”等新型治疗模式，提升了医院的学术声誉。1958 年，胸外科叶椿秀等研制上海Ⅱ型人工心肺机并成功应用于临床。1972 年，外科傅培彬提出清除或切除胰腺坏死组织、结合腹腔灌洗引流和肠道外营养联合应用的综合治疗方法，使原本病死率极高的急性坏死性胰腺炎成活率达到 68%，坏死而无感染的病人治愈率达到 85%。1977 年，灼伤科抢救成功烧伤总面积 100%，其中Ⅲ度烧伤面积达 94%的病人杨光明，奠定医院烧伤治疗的国际领先地位；同年外科林言箴成功完成国内第一例同种异体原位肝脏移植术，次年胸外科张世泽又成功完成国内首例同种异体心脏移植术，为中国器官移植专业的发展做出开创性贡献。医院的创新性成果吸引全世界的关注，国内外各专业的学者纷纷来到医院参观访问，交流经验，每年接待来访外宾 100 余人次。

（三）紧密结合临床的医学研究

医院关注社会流行病，并开展针对性研究。解放初期，探索内科与外科协同治疗血吸虫病技术，传染科主任杨宜受聘为全国血吸虫防治研究委员会临床组副组长，外科主任董方中成为中央血吸虫病防治五人小组组员之一，医院组织医疗队到上海松江、青浦等疫区送医下乡，为“送瘟神”做出了重要贡献。20 世纪 50 年代至 70 年代，皮肤科朱仲刚为炼焦、电镀、印染、筑路、制药、稻农诸行业的职业性皮肤病预防和治疗，摸索出一整套行之有效的方法和措施，制成20多种防护油膏及工业洗手剂。

1954—1958年，医院相继成立内科、外科、儿科、传染病科实验室、上海市伤科研究所和上海市高血压研究所等科研机构，以中西医结合的综合治疗为研究方法，用科研成果引领医疗水平的提高。20世纪50年代，检验科徐福燕、内科王振义等开展了凝血功能测试研究，诊断轻型血友病。20世纪60年代，在检验科的协助下，成功施行血友病性关节矫正截骨融合术。同期，上海市高血压研究所从中药中提取有效成分研制“复方降压片”“复方罗布麻片”“常药降压片”“珍菊降压片”等一系列中西药联合复方降压制剂，建立“阴虚”/“阳虚”高血压动物模型，探讨气功治疗高血压的临床功效；董德长在全国最早诊断肾小管酸中毒，并首次在国内自主研制出枸橼酸合剂Ⅰ号方、Ⅱ号方、Ⅲ号方。

（四）巡回医疗及赈灾救援

医院积极履行对贫困落后地区的医疗援助责任。1960年，医院援建蚌埠医学院。1964年，外科组建“切脾医疗队”，在松江巡回医疗。1966年，傅培彬带领15名队员赴皖南山区巡回医疗6个月。1969年起，有163位医院职工分4批到安徽省绩溪县，创建安徽东方红医院(1974年改名为上海后方瑞金医院)。至1975年6月，医院共派出38批下乡巡回医疗队，2 113人次分赴市郊松江农村、安徽、云南山区等，输送50名医务人员支援兄弟省市的医院建设。1973年起，医院2批17名医务人员赴西藏援建4年，帮助当地培训医护人员。

面对严重灾害，医院员工主动报名，奔赴救灾第一线。1954年，淮河决堤，医院组成69人的救灾医疗队在凤台和淮南市为灾民防病治病。1976年，唐山大地震，医院当时即派出30人医疗队赶赴现场，之后2年内共派出3批76人次医护人员、后勤职工等，参加抗震救灾和战地医院建设。

（五）党组织的发展壮大

1948年，两名到医院实习的震旦大学医学院学生成为广慈医院最早的共产党员。1950年，医院成立第一个党小组。此后，医院党组织随着党员人数的增加，逐渐发展壮大。1951年，成立党支部；1956年，升格为党总支；1960年，升格为分党委，下设5个党总支，总支下设24个支部。1964年，撤销党总支建制，下设11个党支部。1968年，医院成立“革命委员会”。1970年，成立中国共产党上海第二医学院附属东方红医院委员会，下设9个党支部。在此时期，医院党组织在上级党委的领导下，着力于医务人员的思想教育及医院管理，尤其是在抢救邱财康事件中，发挥重要的政治核心作用。中国共产党第十一届三中全会以后，党组织工作进入新的时期。

三

（一）恢复正常秩序

1966年开始的“文化大革命”对医院管理秩序造成较大冲击，由“革命委员会”取代了所有党政管理部门的职能，科主任制度也被废除，改为召集人制度，一批老专家老教授被迫离开医教研一线工作岗位。1978 年底，国家实行改革开放政策，为医院创建国内外一流的综合性医院提供良好机遇，正常医疗秩序得以恢复。

在管理上，医院完善“三级查房”等各项规章制度，各学科恢复科主任负责制，邝安堃、傅培彬、叶衍庆、董方中、孙桐年、杨宜等一批老专家重新任科主任，带领学科正常开展医疗诊治工作。在教学方面，医院设置专门的教学管理部门，下设内、外科等 15 个教研室，由各科室主任兼任教研室主任。1978 年改革开放后任命首批硕士生导师，分别是杨之骏、陶清、史济湘、徐家裕、董德长、周锡庚、傅培彬、林言箴、龚兰生、陈大中等。1981 年，邝安堃、叶衍庆、丁霆、陶清、史济湘、杨之骏等成为首批博士生导师。至 2010 年，医院共有博士生导师 123 人、硕士生导师 355 人。培养的研究生毕业后充实到临床和科研岗位上，保持医院学科的持续、快速发展。

（二）学科建设成就

随着学科专科化发展的趋势，一批具有专科特色的亚专业逐步从大内科分化出来，从而形成一些新的学科。尤其是 1988 年，大内科拆分为消化内科、心脏内科、内分泌科、血液内科和肾脏内科，成为内科学专科化发展的标志性事件。

医院各学科迅速发展，许多临床诊治方案被卫生部或中华医学会颁布成为全国标准，在全国学术界形成较大影响。20 世纪 80 年代，普外科傅培彬提出制订“急性胰腺炎的临床诊断及分类标准”；2000 年，血液科王鸿利提出制订“出、凝血时间检验方法操作规程”；2006—2009 年，神经内科陈生弟主持制订“中国帕金森病治疗指南”“原发性震颤的诊断和治疗指南”；2010 年，心脏内科沈卫峰主持制订“中国急性心肌梗死诊治指南”等具有全国指导和推广意义。

改革开放以后，医院保持在大面积烧伤治疗、白血病治疗、多发性内分泌肿瘤、微创外科技术等临床诊疗方面国内领先水平。史济湘、杨之骏领导的灼伤科医护团队形成一整套大面积灼伤创面处理、感染控制、烧伤护理方面的临床成果，大面积烧伤治愈率达到 90%以上。1986 年开始，血液科王振义带领团队应用诱导分化理念治疗急性早幼粒细胞白血病，形成并不断完善该型白血病治疗的“上海方案”，将 5 年存活率从 20 世纪 70 年代的 10%～15%，提高至 90 年代末的 92%，缓解率达到 95%，该成果在全世界引发广泛关注。1992 年，傅培彬、张圣道领衔的普外科重症胰腺炎抢救成功率达到 92.2%，合并 2 脏器功能衰竭的死亡率降至 13.3%，成为全国该领域诊疗观念的引领者。1993 年，郑民华完成国内首例腹腔镜结直肠癌根治术和首例儿童腹腔镜胆囊切除术，将微创技术推向恶性肿瘤治疗和儿科领域。1995 年，高血压研究所龚兰生主持开展国内首个大样本长期降压治疗临床试验（STONE 研究），使脑卒中发病率下降 57%。1998 年，内分泌肿瘤治疗取得阶段性成果，完成嗜铬细胞瘤切除 300 余例，治愈率达 92%，并于 2003 年报道全国最大多发性内分泌腺瘤病家系。2002—2004 年，普外科李宏为、彭承宏共同完成国内首例劈离式肝移植和亚洲首例七脏器联合移植。这些全国领先成果和新技术展现了瑞金医院的临床学术能力和水平。领先的医疗水平吸引全国各地病人到医院求诊。至 2010 年，医院全年门急诊总人数达到 2 706 097 人次，住院总人数 76 547 人次，手术例次 32 160 台，床位使用率 106.76%。这些指标较改革开放初期有着显著的提高。

至 2010 年，医院共获得教育部颁布的国家重点学科 10 个，此外内科整体作为二级学科入选国家重点学科；国家临床重点专科建设项目 23 个、国家临床药理基地 17 个、上海市重点学科 9 个、上海市教委重点学科 3 个、上海市高校一流学科（A 类）1 个/（B 类）2 个、上海市医学重点学科 2 个、上海市公共卫生重点学科 1 个、上海市重中之重学科 2 个、上海市重中之重临床医学中心 2 个。

作为医院临床学科水平的标志，先后有 3 家市级临床中心在瑞金医院挂牌成立：普外科成为上海市微创外科临床医学中心（2001 年）、内分泌代谢病学科成为上海市内分泌代谢病临床医学中心（2002 年）、血液学科成为上海市血液病临床医学中心（2006 年）。同时，有 5 家市级医疗临床质控中心——上海市骨科质控中心和上海市康复治疗质控中心（2002 年）、上海市心脏介入临床质控中心（2003 年）、上海市血液内科临床质控中心（2005 年）以及上海市内分泌代谢病临床质控中心（2008 年）等相继挂牌，协助卫生行政部门提出专科质控标准并监督执行上海市专科医疗质量标准。

医院历来重视人才培养工作，造就一大批高层次优秀学术人才。1994 年，王振义当选为中国工程院医药与卫生工程学部首批院士。1995 年，陈竺当选为中国科学院院士，成为生物学部医药学方面最年轻的院士。2003 年，陈赛娟当选为中国工程院院士，使医院血液科拥有 3 位院士。至 2010 年，史济湘等 9 人次先后任中华医学会各专科分会主任委员。1990—2010 年，医院先后获得 40 项国家级、22 项省部级、307 项局级及 205 项校级人才计划项目，位居上海市医疗机构前列。计有中央千人计划 1 人，长江特聘教授 5 人，国家杰出青年科学基金 8 人，上海市领军人才 9 人，享受国务院特殊津贴 82 人。1998 年医院设立终身教授制度，至 2010 年，医院授予王振义等 38 位学术成就显著的教授为瑞金医院终身教授。医院在加强人才培养的同时，也注重人才引进。至 2010 年，共引进高层次专业技术人才 20 余人，带领学科迅速发展，增强医教研发展的实力。

20 世纪 70 年代以来，医院除了服务于病人之外，承担国家和地区众多的应急救灾任务。1975 年至 2010 年，瑞金医院先后派出龚代贤等 37 批共计 158 人次赴摩洛哥进行医疗援助。1998 年，长江特大洪水暴发，朱正纲率队至湖南澧县完成救灾防病任务，获集体三等功。1998—2010 年，杨伟国等 13 人次作为上海团市委援滇接力扶贫志愿者赴云南偏远山区扶贫。2008 年 5 月汶川地震，医院派出陈尔真等 10 名医务人员紧急奔赴抗震救灾一线。此外，历时 2 年，医院派出赵任等 7 个批次 38 人次赴川援建都江堰人民医院，帮助该院顺利通过国家三级乙等医院评审。2008 年和 2009 年，丁家增和孙福康 2 位医生作为随队医生参加北极、南极科学考察。2010 年，医院开展为期 3 年的对口援建云南省怒江傈僳族自治州人民医院工作，当年有杨秋蒙等 2 批 10 名医护人员赴滇援建。此外，上海历次传染病暴发流行，医院均积极组织抢救并收治重病人，如 1988 年甲型肝炎、1991 年病毒性脑炎、2003 年非典型性肺炎（SARS）、2009 年甲型流感等。此外医院还承担重大活动医疗保障，如 1993 年东亚运动会、2001 年亚太经合组织领导人会议（APEC）、2003—2010 年 F1 中国大奖赛、2006 年上海合作组织峰会、2007 年第十二届夏季特奥会、2010 年世博会等，负责时任美国总统克林顿、英国首相布莱尔、法国总理诺斯潘、以色列总统内塔尼亚胡等贵宾访沪期间的保健工作，并有 16 个团体和 22 位个人获得市级表彰。

（三）医学教育的发展

1980 年，上海第二医学院开始恢复对法交流与合作，瑞金承担全部法语班临床教学任务。医院成为上海第二医学院医学检验系、护理系以及医学影像系的教育基地。1986 年起，医院承担医学专业英语班及医学专业留学生临床教学任务。1994 年，瑞金医院医疗系建制升格为瑞金临床医学院，医学生从专业课到见习、实习安排均纳入医院统一管理，建立起以临床医学专业为重点的多专业、多层次的医学教育体系。在院医学生数每年达到 1 000 人左右，成为医学院各附属医院中专业最全、学生人数最多、教授人数最多的临床教学基地。

法语教学特色 1963 年，卫生部批准上海第二医学院以广慈医院为临床教学基地开设医学法语班。1964 年，上海第二医学院开设首届法文班。"文化大革命"中，中法医学教育中断。1980 年 4 月，上海第二医学院恢复医学法语班，邝安堃、傅培彬、王振义等老一辈医学家亲自法语授课，自编法语教材 *Anatomie Médicale*（《医学解剖》）。1980 年 4 月初，首届中法医学日由邓小平副总理和法国雷蒙·巴尔总理为荣誉委员会主席，邝安堃任学术委员会副主任委员。1982 年起，巴黎第五大学增强法方师资力量为医学生上课。1986 年，组织编写法语讲义及大纲，主编出版《外科学》等法文版教材。1999 年起，挑选法语班学生以法国外籍住院医师（FFI）身份赴法学习一年。2005 年，成立医学法语教研室。2009 年，中法医学教育合作项目获得上海市教学成果一等奖。

临床教学和毕业后教育 1994 年，医院被上海市卫生局指定为住院医师培训基地。至 2007 年，医院成立 25 个卫生部专科医师培训试点基地。2010 年，医院被上海市卫生局认定为第一批住院医师规范化培训医院。作为上海市最早开展住院医生规范化培训的单位之一，医院突出制度建设、管理创新、临床技能和医学人文素质并举，探索开展 PBL 教学、实训教学、人文教学等，加强师资培养、注重改革创新、提高教学质量，整合教育资源建立医学大教育体系，住院医生规范化培训教育模式和教学质量得到肯定，医院逐步形成一个以法语和医学检验为主要教学特色的、融在校教育和毕业后教育为一体的临床医学人才培养管理体系。

2006 年，内科学、神经病学、外科学等先后获得 3 项国家级精品课程和 6 项市级教学成果项目，1 名全国师德先进、1 名上海市教育功臣等一批教学成果和先进。2010 年，医院外科住院医师培训基地经考核，成为爱丁堡皇家外科医学院和香港外科医学院专科医生培训基地。

（四）医学科研成就

国家重大攻关课题 1978—2010 年，经上级批准，陆续设立上海市内分泌研究所、上海血液学研究所、上海市烧伤研究所、上海消化外科研究所等学术研究机构。成立 4 个国家/部级重点实验室——"医学基因组学重点实验室""内分泌代谢病重点实验室""人类基因组研究重点实验室"以及"功能基因组学和人类疾病相关基因研究"。

多项医学研究获国家级科技攻关课题立项资助，如：传染科的重症肝炎治疗系列研究、妇产科避孕药具研究、核医学科的核心脏病学研究、心脏内科的冠脉功能和快速性心律失常药物疗效研究、神经内科和康复医学科的脑卒中危险因素调查和规范治疗、神经内科的帕金森病治疗、呼吸科的慢性阻塞性肺病和肺栓塞规范治疗、肾脏内科的慢性肾病防治等，先后获得国家科技"六五""七五""八五""九五""十一五"攻关课题资助 7 项。此外医院还获得国家重点基础研究发展计划(973)10 项，国家高技术研究发展计划(863)24 项，国家自然基金课题 430 项，科技部重大专项 5 项。1981—2010 年共获各级各类奖项 1 510 项，获得科研经费 43 206.71 万元。截至 2010 年，医院共发表国际 SCI 学术论文 1 248 篇，国内核心期刊论文 15 455 篇。2006—2010 年发表影响因子大于 10 分的论文有 12 篇，居上海市市级医院前茅，在 *NATURE*，*SCIENCE*，*CELL* 等世界顶级杂志上发表论文，研究成果得到全国医疗机构瞩目。

重大科研获奖成果 1978 年，医院"大面积灼伤抢救邱财康成功"等 4 项成果获得全国科学大会成果奖。此后，多个重大研究成果获国家科学技术进步奖和国家自然科学奖，如灼伤治疗重大成果、内分泌激素和内分泌肿瘤方面的系列研究、普外科胃肠肿瘤和器官移植、血液科出凝血疾病和白血病研究等。这些成果达到了国内乃至国际先进水平，体现医院强大的医学科研实力。

至2010年，医院共获国家最高科学技术奖1项，国家自然科学奖3项，国家科技进步二等奖10项、三等奖7项，中华医学科技奖21项；卫生部成果奖25项，教育部成果奖19项，全国高校成果奖10项；上海市自然科学奖6次，上海市科技进步奖102项。王振义、史济湘、陈竺等著名专家学者亦分获中国医学大奖：如美国“凯特林医学奖”、美国烧伤学会“伊文思奖”、法国“卢瓦兹癌症研究大奖”、“何梁何利基金科学与技术奖”等诸多国际国内大奖。

(五) 医院党建和党风廉政建设

医院党委坚持社会主义办院方向，围绕医院中心工作抓党建，支持院长依法履职，切实履行党委的政治核心作用，深化医院各项改革、促进医院内涵建设，医院建设与发展形成强大合力。基层党的建设全面加强，思想政治工作成效卓著，员工综合素质持续提高。进入20世纪80年代以后，医院党员队伍不断壮大，党支部建设日趋规范，至2010年，医院共有党员1 748人，党委下设8个总支53个党支部。

完善党内制度建设 结合不同时期的形势任务，医院党委先后在党员干部中开展“三讲教育”“学习贯彻‘三个代表’重要思想”“保持共产党员先进性教育活动”“深入学习实践科学发展观”等专项党内教育活动。认真贯彻党管干部原则，规范实施干部选拔任用制度，创新干部教育考核，实施青年干部挂职和轮岗等工作方法，提高干部队伍的履职能力和管理水平。积极实施领导班子民主生活会制度、“三重一大”议事决策制度、党风廉政责任制、党建联系人制度、党员民主评议制度等10余项党内制度，认真推进职工代表大会制度、民主管理制度、院务公开制度、委员会制度、审计制度、党外人士季度座谈会制度等数十项，有效推进医院管理的科学化、民主化、规范化。

加强党风廉政建设 医院党委把党风廉政建设和行风建设作为确保医院健康发展的重要保障，持之以恒抓好教育和引导，坚持从思想、制度、监督等环节出发，逐步建立重在标本兼治的反腐倡廉工作思路和工作格局，先后通过开展治理小金库和商业贿赂以及“创双优”等专项工作，为权力的阳光运行、为医院健康发展提供坚实保障。

团结凝聚各方力量 医院党委积极贯彻人才战略和统战政策，关心和关怀终身教授，并发挥他们在学科人才方面的引领作用。重视培养党内外干部和支持民主党派的建设和发展。傅培彬、陈赛娟等6人次当选全国人民代表大会代表，邝安堃、李宏为等9人次当选全国政治协商会议委员，俞卓伟当选中国共产党第十六届、第十七届全国代表大会代表。同时还注重加强对群众工作的领导和指导，支持工青妇组织独立自主开展工作，积极发挥群众组织在服务改革建设和构建和谐医院中的作用。重视离退休老同志的服务工作，建立“高知联”“老年大学”等。此外，武装、信访、稳定、学生、档案等工作在这三十余年里也都得到较大发展。

(六) 医院文化和精神文明建设

医院党委将加强医院文化和精神文明建设作为重要工作，潜心培育和渗透，营造文化氛围，医院文化建设取得丰硕成果。通过开展全面系统的医院文化建设，积极践行“团结、严谨、求实、创新”的院训，确立“质量建院、人才强院、科教兴院、文化立院”的发展理念，形成“广博慈爱、追求卓越”的瑞金精神和核心价值观；明确“数字化医院、人性化服务，创新科技、生态院容”的发展愿景；通过院报、院刊、网站等宣传载体广为宣传;通过建立“瑞金茶室”“瑞金讲坛”等医院文化品牌项目,坚持深入开展爱国主义教育、爱岗敬业教育和医德医风教育;积极开展形式多样、富有成效的精神文明创建活动,开展以窗口服务为主导的“三心工程”“满意度工程”等人文品牌项目,弘扬先进典范,以实际行动承担社会责任,展示瑞金人的精神风貌。

截至2010年,医院连续2次获得全国文明单位,12次获得上海市文明单位称号。1992年,首批通过上海市三级甲等医院的评审,先后荣获爱婴医院、花园式单位、全国百佳医院、全国无烟医院、全国卫生系统先进集体、全国精神文明创建工作先进单位、全国城市医院文化工作先进集体、全国模范职工之家等全国性集体荣誉23次,市级集体荣誉82次。

(七)医院综合管理

改革开放以来,医院不断进行管理创新,通过建立集团化医院管理、加强国际医学交流、推行信息化建设等举措,全面提升医院管理水平、树立医院品牌,为医院的快速发展提供坚实的保障。

集团化管理 1992年,医院与外资合作成立上海广慈医院,为在沪外籍人员及有需求的境内人员提供高端医疗服务,这是上海医疗系统第一家合资医院。此后医院通过品牌和管理等合作方式,相继成立瑞东医院等7家合资医疗机构。1999年,医院实施集团化医院管理模式,组建全国第一家“跨级别、跨行业、跨地区、跨体制”的上海瑞金医院集团,较早推出社区医疗资源纵向整合新模式,通过与卢湾区中心医院、市政工程管理局职工医院、闵行区中心医院、台州市中心医院、远洋医院等多家医院合作,构建突显社会效益、满足多种需求的多元办医、多方合作的新格局。2009年,作为上海市政府5+3+1工程的瑞金医院(嘉定)北院顺利开工,为嘉定及周边地区居民提供三级医院的优质资源服务。至2010年,瑞金医院集团下设有瑞金医院卢湾分院、瑞金医院台州分院、瑞金医院闵行分院、瑞金医院远洋分院等。

国际交流 随着国家对外开放力度的加大,医院国际医学交流日益频繁,国际声誉不断提高。从20世纪80年代后期开始,医院每年接待来访外宾1 000余人次,包括法国总理巴拉迪尔、世界卫生组织总干事马勒等政要贵宾。同时法国、英国等多国卫生部长到访瑞金,探讨开展国家间的医学交流和学术合作。医院每年派往法国、美国等国家学习和访问人员达120人次。同时医院还与法国、美国等世界著名医学(研究)机构有密切联系并建立科研合作项目,与30多个国家和地区有学术合作和交流。医院积极支持并主办各类高质量的国际学术会议,提升学科学术水平和国际影响力。2000年起,医院承办“中美医学论坛”,至2010年已在中美两国交替举办6届,成为中美两国医院管理专家进行高层次交流的重要平台。

截至2010年,先后有邝安堃、王振义、李宏为、陈竺、陈赛娟、陆一鸣6人获法国政府颁发的法兰西共和国骑士勋章,傅培彬获比利时国王颁布的王冠荣誉勋章等殊荣,以表彰他们对医学事业和医学交流所做的杰出贡献。

保障支持 1978年,开始使用国产老计算机(Djs机)进行门诊收费的劳保汇总工作。1985年,成立计算机小组进行日常运行维护,计算机应用范围亦逐步扩大。1997年,成立计算机中心。医院在上海较早开展医院信息管理系统(HIS)的自主开发。1995年,实验室/检验科信息系统(LIS)投入使用。2000年11月,门急诊HIS系统联网运行;2001年12月,住院HIS系统联网运行。2001年,医院成为上海市第一家实施影像归档和通信系统(PACS)建设的三级甲等医院,并开始全面推行电子病历系统(EMR)。2006年7月,启用客户管理系统(CRM),整合客户各项医疗数据，提供个性化医疗保健服务。2009 年，医院将以往自主开发的办公应用系统进行整合，搭建统一的协同办公平台，实现医院、部门、个人三级工作任务和联系人管理功能。2010 年，尝试建立移动办公系统，提高员工办公效率。至 2010 年建立五大数字化平台，共 44 个系统 284 个模块，促进了医院管理信息化建设。

医院十分重视改善医疗环境、营造生态院容。1949 年，医院总建筑面积为 27 010 平方米，至 2010 年扩大到 225 171 平方米；同时规划充足的绿化空间，进行合理的绿化布局，营造优美的空间轮廓线。至 2010 年，医院辟有 4.39 万平方米绿地，绿化覆盖率达 43.36%，被评为“花园医院”。

从 1907 年初创至 2010 年，瑞金医院走过漫长、艰辛而又璀璨辉煌的百余年历程。作为公立大型综合性三级甲等医院，始终遵循服务社会和人民健康的宗旨，将履行社会责任和员工职业道德建设放在医院发展的重要位置，与医学科学的前进同步而行，与百姓的医疗需求高度契合，不遗余力地致力于提高医疗质量和服务水平，以人民群众的健康服务及提高人类健康水平为己任，坚持以病人为中心，以质量为抓手，精心呵护人民的健康，创造出令人瞩目的成绩，获得社会高度认同和群众信赖。至 2010 年，瑞金医院无论在医疗诊治、教学特色、科研成果还是在管理水平方面都取得重大成就，成为国内医教研综合实力最强的医院之一。

春华秋实，传承创新。百余年的历史对于一所医院来说，并非是苍老的符号，医院正不断焕发青春和活力。面对新百年发展愿景，医院正以愈加矫健的身姿，为构筑一个现代化的国家医学中心而继续努力。

大事记

清光绪三十年(1904年)

天主教中国江南代牧区主教、法籍神父姚宗李(Prosper Paris)与法租界公董局合作,在上海法租界南部金神父路东侧购地10.6公顷,开始建造圣玛利亚医院(Hôpital Sainte-Marie)。

光绪三十三年(1907年)

九月初七(10月13日) 举行开院典礼,取“广为慈善”之意,中文称广慈医院,委托法国天主教仁爱会修女管理。

是年 医院建成4幢房子,其中2幢为病房,建筑面积分别为1 444平方米和2 035平方米;2幢为女修士和男职员用房,建筑面积分别为1 743平方米和2 164平方米。设床位55张,其中特等病床15张。分内、外2科;有法籍医师1人;具有看护经验的法籍修女8人,聘用工人15人。

光绪三十三年—宣统二年(1907—1910年)

徐家汇天主教堂建造期间,一福建籍工人从脚手架上跌下生命垂危,经法籍医生佛来松(Fresson)手术后康复。

光绪三十四年(1908年)

是年 建成建筑面积约2 500平方米的圣味增爵楼(Pavillon Ste Vincent),用作贫困男子病房。

宣统二年(1910年)

是年 建成一小型拘留病房。

宣统二年—三年(1910—1911年)

医院住院数2 798人次,门诊数13 833人次。

民国元年(1912年)

1月14日 光复会领导人陶成章在医院遇刺身亡。

民国 3 年(1914 年)

是年　广慈医院成为上海震旦学院医科教学医院并承担学生的见习任务。民国 17 年(1928 年),上海震旦学院扩大为上海震旦大学。

民国 5 年(1916 年)

是年　法籍医学博士薛佩礼(Sibiril)应聘在上海震旦学院医科任教,兼广慈医院内科主任。

民国 8 年(1919 年)

是年　天主教江南代牧区耶稣会会长、法国神父万尔典(Verdier)就任广慈医院院长,1947 年卸任。

民国 9 年(1920 年)

是年　建成建筑面积 845 平方米的外科手术楼,设 2 间开刀间。

民国 10 年(1921 年)

是年　在手术室旁设立 X 光室(放射科),设备为法国政府所赠,成为中国最早具有此类设备的医院之一。医师为李山(Richer),开展中浅度 X 线治疗痈、癌等症。

民国 10 年—11 年(1921—1922 年)

上海震旦学院医科在广慈医院开设眼科。

民国 11 年(1922 年)

是年　建成建筑面积 1 421 平方米的圣心楼(Pavillon Saint Coeur),用作贫困女子病房。建成建筑面积 2 874 平方米的产科病房,次年开始收治病人。由一名专业助产士负责接生。

民国 14 年(1925 年)

是年　建成建筑面积 629 平方米的巴斯德楼(Pavillon Pasteur),上海震旦学院医科在医院设立化验室。

民国 19 年(1930 年)

是年　建成一座两层楼、建筑面积为 983 平方米的拘留病房。建成建筑面积 3 575 平方米的隔离病房(Pavillon d'Isolement),对外称时疫医院。次年成立传染科,法国人魏利沃(Velliot)任科主任。

民国 20 年(1931 年)

5 月 13 日　医院创办人姚宗李主教逝世,享年 85 岁。

民国 21 年(1932 年)

是年　医院成立董事会。董事会成员由天主教上海教区聘任。

是年　上海震旦医科升格为医学院,成立牙医系,次年 10 月在广慈医院南首儿科入口处左侧建造一幢二层小楼,开设牙医系附属门诊部,由学校直接管理。聘请法国医师勒乔爱(Le Goaer)主持教学与医疗工作。

是年　医院床位增至 500 张,其中 302 张免费供穷人所用。有医师 12 人(法籍 9 人),修女 24 人(中国 12 人),外籍助产士 1 人。

是年　出版《南京教区 1907—1932 年广慈医院 25 週纪念》一书。首次对外公布 1932 年的医院建筑平面图,以及医院中轴线两侧自西向东主要建筑的分布情况。

民国 22 年(1933 年)

是年　医院进一步扩建,拆除圣味增爵楼,在其旧址上动工兴建两幢五层楼内、外科病房大楼(2、3 舍)。建成后增加 300 张病床,设开刀间。第一期工程新圣味增爵楼(建筑面积 6 285 平方米)于 1934 年竣工,次年启用,收治平民男病人,其中 100 张为免费床位。第二期工程圣路依士楼(建筑面积 4 298 平方米)于 1940 年竣工。

是年　成立医院顾问委员会,万尔典任主席,成员均为法国人。

是年　开设小儿科和内科皮肤病专业。法国巴黎大学医学博士邝安堃回国,受聘为上海震旦大学医学院内科学教授兼医院小儿科、皮花科(后称皮肤科)主任,次年又兼内科主任。

民国 23 年(1934 年)

是年　陆润之被选派赴越南西贡眼科诊所(La Clinique Ophtalmologique de Cholon)进修。回国后即任眼科主任,后成沪上名医。

民国 24 年(1935 年)

是年　建成建筑面积 1 090 平方米的急诊室,医院床位增至 650 张。

是年　法国里昂大学医学院外科学博士徐宝彝受聘为上海震旦大学医学院外科教授兼广慈医院外科主任,1946 年卸任。任职期间被国际外科学会接纳为会员,当选为上海医学会理事长。

民国 25 年(1936 年)

是年　开办震旦大学附设高级护士学校,由上海震旦大学校长胡文耀兼任校长,药理学教授吴云瑞兼教务主任,修女梁贞德主持日常校务并兼管全院护理工作。

民国 26 年(1937 年)

8 月 14 日　淞沪抗战爆发第二天,下午 2 时许 2 颗炸弹落在大世界附近,炸死 561 人,受伤千余人。100 多名伤员被送到广慈医院,大部分得以救治。

9—12 月　上海震旦大学医学院在大礼堂和操场设立难民所,广慈医院众多医务人员为伤病员提供服务。

民国 26 年—27 年(1937—1938 年)

是年　上海震旦大学医学院将化验室转交医院管理,成立广慈医院化验室,负责人为法国人阿拉利(Allary),后由内科宋才宝负责。

民国 28 年(1939 年)

是年　发生法籍侨民新生儿在产科染天花死亡的“天花事件”。

民国 29 年(1940 年)

是年　医院向上海市政府(伪)登记注册时,床位数为 780 张。

民国 30 年(1941 年)

是年　太平洋战争爆发,侵华日军占领医院并将新建成的两幢内、外科病房大楼(2、3 舍)和 4 舍作为日军野战医院,直至 1945 年日军投降。

民国 31 年(1942 年)

是年　上海震旦大学医学院将眼科转交医院管理,聂传贤主持工作。

民国 34 年(1945 年)

是年　成立皮肤科,从法国圣路易医院归国医生朱仲刚任科主任。

民国 35 年(1946 年)

10 月　比利时鲁汶大学毕业生傅培彬回国,次年受聘为医院外科医生,1950 年起负责外科工作。

民国 36 年(1947 年)

是年　上海震旦大学常务校董法国人才尔孟(Germain)任上海教区司库兼广慈医院院长,改组医院董事会,1952 年回国。

民国 37 年(1948 年)

是年　建成建筑面积 1 902 平方米的门诊楼和建筑面积 888 平方米的修女宿舍。

是年　上海震旦大学医学院学生、中国共产党地下党员田厚生、郑惠黎进医院实习。次年,2 人毕业后留院工作,与中德产院、南洋医院的党员组成联合党支部。1950 年下半年,又 1 名上海震旦大学医学院学生党员毕业留院工作,成立中共广慈医院党小组。

1949 年

5 月　邝安堃和学生陈家伦、许曼音等用嗜酸细胞直接计数来评估肾上腺皮质功能,对许多急性传染病(如伤寒)和外科病人的预后做出准确预测。

6 月　院董事会改组,由上海医师公会理事长朱增宗任董事长,才尔孟任常务董事。汪代玺为院长,蓝绪彰、聂传贤为副院长。

7 月　中国共产党党员田厚生发起成立工会筹备委员会,王琪任主任。

10 月　副院长蓝绪彰组织订立医师晋升简则,组织二次医务委员会扩大会议讨论。

是月　眼科主任聂传贤带领医护人员数十人到嘉兴地区为解放军作为期 3 个月的防治血吸虫病服务,多人立功。

是年　建成建筑面积 193 平方米的实习医生宿舍、410 平方米的临床教室、1 323 平方米的儿科门诊和总建筑面积 2 850 平方米的 6 幢后勤用房。

是年　成立护理部。

1950 年

2 月 6 日　国民党空军"二六"轰炸,打浦桥地段死伤居民 100 余人,其中 50 余人被送医院急救。傅培彬等众多医护人员全力抢救。

3 月　聂传贤、王琪、赵善政被评为首批上海市劳动模范。至 2010 年 12 月,医院共有 24 人次被评为上海市劳动模范/先进工作者。

5 月　蓝绪彰任院长。

7月　上海震旦大学医学院1950届学生毕业，陈家伦、许曼音、张天锡等14名应届毕业生留医院工作，占该班毕业生的三分之二。

9月2日　院董事会召开第7次会议，修正并通过医院组织大纲和董事会章程。陈湘泉任董事长。

是月　组织护院、护产委员会。

是月　白喉流行，医院腾出2、3舍病房大楼收治白喉病人。次月，天花大流行，2、3舍一层开设天花病房收治大量病人。医务人员上街宣传防疫知识并下里弄为居民打防疫针，受上海市卫生局表彰。

10月　中国新民主主义青年团上海广慈医院支部委员会成立，与震旦大学附设高级护士学校团支部合并，何冠雄任团支部书记。

1951年

2月　上海市医务工会任命龚静德为医院工会委员会主席。次年12月，医院选举产生第一届工会委员会，龚静德任主席。

6月　建立护士长制度。

7月　外科史济湘、内科龚兰生等20多位医护人员参加上海市第二批抗美援朝志愿医疗队，为期6个月，聂传贤任大队长。

9月24日　上海市军事管制委员会发布由陈毅、粟裕签署的征用医院命令，委任朱瑞镛为军代表。10月3日进驻医院实施征用。征用后实行军代表负责制，蓝绪彰任院长。

10月　成立中共广慈医院党支部，有党员10名，朱瑞镛任书记，隶属于中共卢湾区委员会。改选医院团支部，燕山任团支部书记。

12月　越南卫生部部长应邀访问医院。

是年　妇科从外科分离，与产科合并为妇产科，唐仕恒任负责人，1955年任科主任。

是年　医院床位数810张。医院职工516人，其中医师68人，护士118人。

1952年

5月　成立病史室。

8月　上海圣约翰大学医学院、上海震旦大学医学院、上海同德医学院3校合并成立上海第二医学院。11月13日，上海市军事管制委员会决定将广慈医院作为上海第二医学院附属医院，由华东卫生部直接领导，广慈医院党支部隶属于中共上海第二医学院委员会。12月31日，华东卫生部决定将广慈医院交由上海第二医学院领导。

10月　上海第二医学院公布第一批学科组负责人，其中内科学组、儿科学组、眼科学组负责人分别由广慈医院的邝安堃、高镜朗、聂传贤担任。

11月22日　上海市军事管制委员会任命上海第二医学院党委第二书记王乐三兼任广慈医院军代表；华东卫生部任命上海第二医学院副院长倪葆春兼任广慈医院第一院长，张曦明任第二院长。

是年　内科进行病房调整，分设4个病区，分别为内一病区：消化专业(唐振铎)；内二病区：心血管专业（王耆龄，后由陶清主管）；内三病区：内分泌专业（邝安堃）；内四病区：血液专业（徐福燕、王振义）和肾脏专业（王耆龄）5 个专业小组。

是年　医院开始接受上海市和国内外医师、医技人员进修任务，并接受卫生部委托举办各种专业进修班。

是年　成立泌尿外科，程一雄任科主任。

1953 年

1 月 7 日　广慈护校与仁济护校合并组建上海第二医学院附属护士学校，划归上海第二医学院领导。

2 月　成立中心供应室。

3 月　成立血库。

5 月 24 日　医院团支部升格为团总支，燕山任团总支书记。

7 月 15 日　上海第二医学院批转华东卫生部决定，任命张精忠为广慈医院军代表，9 月，张精忠任广慈医院党支部书记。12 月 11 日，院务管理委员会成立，张精忠任主任委员。

是年　建成医院图书馆。

是年　建成建筑面积 4 959 平方米的儿科病房大楼和建筑面积 1 585 平方米的护校教学楼。

是年　口腔部改名为口腔科，席应忠任科主任。

是年　化验室改名为检验科，徐福燕任科主任。

是年　创办广慈医院托儿所，招收 56 天至 4 岁的医院职工子女。朱维任所长。

是年　内科邝安堃发表《小剂量促肾上腺皮质激素静脉滴注治疗急性血吸虫病》，陈家伦将这一做法在开展大规模血吸虫病防治中加以推广。

是年　皮肤科朱仲刚把职业性皮肤病防治作为皮肤科重点研究课题，先后制成 20 多种防护油膏及工业洗手剂。1958 年，“常用沥青毒性比较”获卫生部奖。

1954 年

7 月　崔林森任中共广慈医院党支部书记。

8 月　淮河决堤造成严重水灾，医院组成 69 人的救灾医疗队在凤台县和淮南市为灾民防病治病，历时 6 个月。

9 月　医院先后引进尤学周等一批著名中医，成立中医科。尤学周任科副主任主持工作。医院组织开展西医学中医运动。

12 月　医院第一院长倪葆春、泌尿外科程一雄当选为上海市第一届人民代表大会代表。至 2010 年医院陆续有 26 人次当选为上海市人民代表大会代表，4 人次任上海市人民代表大会常务委员会委员。

是年　成立门诊办公室，常茂宽长驻办公。次年成立门诊部，蓝绪彰任门诊部主任。

是年　骨科、小儿外科、胸外科从大外科中分离，独立建科。叶衍庆、佘亚雄、宋祥明分别任科主任。

是年　医院建立内科、外科、儿科 3 个实验室。

是年　外科傅培彬在切除髂总动脉瘤的手术中，应用同种异体动脉移植取得成功，并对 2 名巨大无名动脉瘤病人施行动脉瘤切除及同种异体动脉血管搭桥移植术。

是年　内科邝安堃主编的《实用内科诊疗手册》出版。

是年　内科消化组唐振铎开展硬式胃镜检查、肝穿刺、食管静脉曲张破裂三腔管填压止血和食管硬化剂注射治疗。

1955 年

2 月 21 日　上海第二医学院成立口腔系，系部设在广慈医院，席应忠任系主任。1965 年，口腔系迁往上海第二医学院附属第九人民医院，广慈医院口腔科大部分医护人员随同调动往第九人民医院。

6 月 10 日　上海第二医学院按专业设置实行院、系二级管理体制。口腔系的临床教学任务由广慈医院承担。

9 月 24 日　上海第二医学院儿科系成立，系部设在广慈医院，高镜朗任系主任。1956 年，儿科系迁往上海第二医学院附属第九人民医院，广慈医院保留儿外科教研室。1958 年，儿科系迁往上海第二医学院附属新华医院。

11 月　张曦明任院长。

12 月　儿科高镜朗、骨科叶衍庆当选为上海市第一届政治协商会议委员。至 2010 年医院陆续有 38 人次当选为上海市政治协商会议委员，4 人次任上海市政治协商委员会常务委员会委员。

是年　药房间改名为药剂科。

是年　儿科高镜朗、内科邝安堃、骨科叶衍庆、外科傅培彬、口腔科张锡泽等任上海第二医学院副博士研究生导师，当年招生 3 人。

是年　成立传染病科实验室。

1956 年

1 月　医院抽调医务干部参加上海市郊防治血吸虫工作。

3 月 16 日　上海第二医学院党委转批中共上海市委组织部批复，批准聂传贤、杨宜、程一雄 3 人为中国共产党党员。

4 月 4 日　医院党支部升格为党总支。8 月 26 日，程贤家任党总支书记，下设机关、医疗、口腔、儿科、护校 5 个党支部。

6 月 9 日　高镜朗、邝安堃、叶衍庆 3 人被评为一级教授；傅培彬、聂传贤、杨宜 3 人被评为二级教授。

7 月　开放中医痔科和外科门诊。

是月　传染科杨宜受聘为全国血吸虫病防治研究委员会委员兼临床组副组长、卫生部医学科学委员会血吸虫病专题委员会委员。

8 月 3 日　上海第二医学院决定对医院不再委派军事代表，医院实行院长负责制。

12 月 28 日　上海第二医学院儿科系、医疗系专业设置调整，仁济医院董方中等 30 多名医护人员调入广慈医院。组建医疗系系统外科教研组和外科总论教研组，分别由傅培彬和董方中任主任。

是年　成立肺科、伤科，孙桐年和魏指薪分别任科主任。成立职工保健科。

是年　内科邝安堃、骨科叶衍庆受聘为中央卫生部医学科学研究委员会委员。

是年　外科使用冷冻干燥人同种血管重建施行大动脉瘤切除手术；口腔外科施行颌骨肿瘤切除手术后立即植骨。

是年　内科邝安堃被评为全国劳动模范(先进工作者)。至2010年12月，医院共有13人次被评为全国劳动模范(先进工作者)。

1957年

1月28日　上海第二医学院附设卫校改名为广慈医院护士学校，由广慈医院领导。

3月5日　中央卫生部派遣广慈医院内科邝安堃等医学专家组成治疗小组赴也门为国王阿哈默德治病。3个月后使其恢复健康，也门政府向中国政府表示感谢。

11月　外科周锡庚为一例患直肠腺癌的病人成功实施保留肛门直肠肿瘤切除手术。

是年　成立麻醉科，李杏芳任科主任。

是年　内科邝安堃、陈家伦、许曼音，泌尿外科程一雄等诊断并成功治疗国内首例原发性醛固酮增多症。

是年　口腔科邱立崇成功研究高温铸造铬镍不锈钢代替黄金应用于口腔修复，被卫生部授予“技术跃进先锋”奖状和奖章。

1958年

1—2月　医院组织医疗队赴江苏省昆山县防治血吸虫病。

5月26日　上钢三厂炼钢工人邱财康大面积烧伤(烧伤总面积89.3%，其中Ⅲ度烧伤23%)，经医院各科室3个多月奋力抢救、成功救治，打破国际上“烧伤总面积超过80%无法治愈”的定论。

7月7日　上海市高教局批准在广慈医院成立“上海市伤科研究所”。上海第二医学院党委书记关子展兼任研究所所长。1978年9月20日，更名为上海市伤骨科研究所(简称“伤研所”)。

9月12日　上海市卫生局召开现场会，介绍广慈医院开展“无痛外科”和“无痛医院”的活动经验。

9月22日　上海市科委批准在广慈医院成立“上海市高血压研究所”(简称“高研所”)，上海第二医学院党委副书记章央芬兼任所长。

10月　胸外科叶椿秀等与上海医疗器械厂合作，成功研制上海Ⅱ型人工心肺机。1962年，获卫生部颁发新产品奖。

是月　张明秀任医院党总支书记。

12月8日　伤科魏指薪当选为中国农工民主党第七届中央委员会委员。

是年　成立病理科，上海第二医学院病理解剖教研组每年委派一名人员来医院工作。

是年　口腔科黄培喆开展异体牙移植获得成功。

1959年

1月　西医尝试用气功疗法治疗溃疡病获得良效。药剂室完成从中药柿霜中提取甘露醇的项目,合成预防血吸虫尾蚴的有效药物——双(2-4 硫二氯酚)·硫。

3 月 4 日　医院团总支升格为团委。6 月 12 日选举产生第一届医院团委委员,刘侃任团委书记。

4 月　医院严重灼伤小组编写的《严重灼伤的治疗》出版,为国内首部灼伤专著。

12 月 19 日　洪明贵任院长。

是年　成立理疗科。放射科何维庶兼任科主任。

是年　成立上海第二医学院原子医学教研组,次年 3 月建立核医学专业,在广慈医院开设同位素门诊和病房,徐家裕任主任。

是年　儿外科佘亚雄、杨永康在国内首创空气灌肠治疗小儿肠套叠。

是年　建成建筑面积为 3 017 平方米的烧伤病房及冷暖气机房以及建筑面积为 2 336 平方米的伤骨科大楼。1961 年,伤骨科病房、上海市伤科研究所等迁入。

1960 年

3 月　灼伤护理小组被评为全国三八红旗集体。

4 月　上海第二医学院承担援建安徽蚌埠医学院,广慈医院皮肤科高玉祥、儿外科杨永康、眼科田厚生等调往蚌埠。

5 月 14—18 日　上海市召开文教战线群英大会。院灼伤病房、高血压研究所、伤科研究所、口腔系荣获上海市先进集体称号,傅培彬、董方中、陈宝莹、施瑞庭、李国衡等荣获上海市先进工作者称号,邱立崇、董方中、邝安堃被推选为出席全国群英会的代表。

8 月 27 日　医院党总支升格为上海第二医学院附属广慈医院分党委,张明秀任书记。分党委下设医疗、口腔、科研、机关、学生等 5 个党总支 24 个党支部。

1961 年

1 月　儿外科佘亚雄、吴守义等调往新华医院,支持创建小儿外科和小儿骨科。截至 1963 年 4 月,共有 8 名医生先后调出。

4 月 15 日　上海第二医学院将医疗系一部设在广慈医院,叶衍庆任系主任,洪明贵兼任第二主任。

9 月　医院执行分党委领导下以院长为首的院务委员会负责制。

10 月 3 日　医院分党委召开党员大会,出席大会的正式党员 178 人,选举第二届分党委会。张明秀连任分党委书记。

1962 年

4 月　医院分党委决定,胡曾吉、刘慕贞、何维庶、龚兰生、王德芬、程锦元、王耆煌、黄宗仁、柴本甫、李经庭、李国衡、徐德隆、周光裕、徐家裕 14 人作为第一批骨干教师培养对象。

8 月 3 日　广慈医院胸外科叶椿秀等部分人员调到仁济医院,重点发展心血管外科。

8 月 11 日　骆德三任上海第二医学院副院长兼广慈医院院长。

12 月 23—30 日　医院分党委召开党员大会,正式党员 201 人出席,选举产生第三届院分党委会。骆德三任分党委书记。

是年　外科周光裕调往北京医院任外科主任。

1963 年

3 月　儿科齐家仪、肺科胡曾吉参加中国首批援非国家医疗队赴阿尔及利亚。

是月　成立神经科，徐德隆任副主任主持工作。

8 月 1 日　成立灼伤科，外科董方中兼任主任。

是年　灼伤科陈德昌任中央卫生部外事部翻译，参加《毛泽东选集》法文版翻译工作。

1964 年

1 月 21 日　中央卫生部在北京举行表彰大会。外科、灼伤护理小组、检验科分获荣誉奖状；董方中、杨之骏各记大功一次；傅培彬、史济湘、陈德昌、朱德安、张涤生等各记功一次。

12 月　外科傅培彬当选为第三届全国人大代表，内科邝安堃当选为第四届中国人民政治协商会议委员。至 2010 年医院共有 3 人 6 次当选为全国人民代表大会代表，4 人 9 次当选为中国人民政治协商会议委员。

是年　口腔科张锡泽等实施国内首例双侧根治性颈淋巴结同期清扫术治疗晚期恶性口腔颌面部肿瘤获成功。

是年　上海第二医学院外科基础研究室成立，傅培彬任主任。

1965 年

5 月 30 日　召开医院党员大会，选举产生医院第四届分党委。骆德三连任书记。

是年　高研所研制出小剂量复方降压片。1980 年，"降压新药复降片的研究"获上海市科学大会成功奖。

1966 年

2 月 28 日　为加强农村卫生事业建设输送医疗骨干，医院抽调 9 人支援上海松江、嘉定、川沙、金山等县工作。

3 月 21 日　上海市组建第一批医疗队，赴皖南山区的上海后方基地开展为期 6 个月的巡回医疗。由副院长傅培彬任队长，队员 15 人，受到南京军区司令员许世友、华东局书记韩哲一的接见与赞誉。

10 月 30 日　医院更名为东方红医院。

1968 年

4 月 13 日　成立"东方红医院革命委员会"。骆德三、王长海、赵健生分任第一、第二、第三召集人。

9月　眼科、口腔科、耳鼻喉科合并成立五官科。

1969年

9月　成立以张贵坊为组长的上海后方医院任务筹建组，在安徽省绩溪县雄路创建有200张床位的安徽东方红医院，1970年建成。1972年8月改名为安徽瑞金医院，1974年9月改称为上海后方瑞金医院，1988年撤销。医院先后派出4批163人支援该院建设，其中医师57人，护士68人，管理、技术、后勤38人。

10月12日　伤骨科为一断肢24小时的病人再植成功。

11月　泌尿外科完成一例同种异体肾脏移植手术，病人存活11天。

1970年

3月4日　成立干部病房，由大内科主任兼管。

6月　骨科马元璋等施行不锈钢腰椎人工椎体替代术治疗脊椎巨细胞瘤病人切除后瘫痪症。1980年，获国家卫生部重大科技成果一等奖。

8月29日　成立医院党的核心小组，军宣队负责人于在忠任组长。

12月20日　211人出席全院党员大会，选举产生医院第五届分党委。12月25日，医院分党委升格为院党委。于在忠任党委书记。

70年代初期　成立针灸科，陈大中任科主任。

1971年

12月　妇产科承担的天花粉在人工流产方面应用的研究取得成果。

是年　医院抽调一批中、青年骨干医务人员并调拨大量医疗器械、药品物资，到上海郊区泗泾建立野战医院。

1972年

2月25日　医院团委调整为团总支，温立光任书记。

2月26日　医院更名为瑞金医院。

9月26日　骆德三任医院党委书记。

是年　在儿内科建立白血病病房。1975年又成立儿科血液病专业小组，使急性淋巴细胞性白血病90%以上得以缓解。

1973年

4月　崔林森任安徽瑞金医院党总支书记。

5月　眼科与二医生物物理教研组和上海手术器械二厂协助试制成功“氩激光眼科凝固器”。

1974 年

12 月 10 日　放射科徐开埜与上海电子光学技术研究所一起试制成功中国第一台“钼钯阳乳房 X 线摄影机”，1977 年“钼钯 X 光机诊断乳房肿瘤”获上海市重大科技成果奖，1978 年再获全国科学大会奖。

是年　核医学科研究成功“^{131}I 碘化胆固醇肾上腺显像及彩色扫描机”。

1975 年

3 月 17 日　由钱不凡任队长，10 名医师、多名卫生技术人员和护士组成的赴藏医疗队前往拉萨，帮助培养藏族医务人员，为期两年。

8 月 29 日　召开院第六次党员大会，选举产生医院党委会，宋大章任书记。

9 月 9 日　医院第一批援摩洛哥医疗队出发。截至 2010 年 12 月 31 日，医院陆续派出 37 批 159 人次援摩。

10 月　外科傅培彬在国内率先采用手术治疗急性出血坏死性胰腺炎获得成功。

是年　儿科实验室在黄疸婴儿的尿液中找到包涵体，为确诊包涵体病提供依据。

1976 年

7 月 28 日　河北省唐山地区发生 7.8 级强烈地震，医院派出 30 人救援队赴灾区抢险。截至 1978 年 4 月，医院先后派出 3 批 76 人次医务人员赴唐山市丰润县救治伤员。

1977 年

6 月　灼伤科成功抢救烧伤面积 100%，Ⅲ度烧伤面积 94%的病人杨光明。

10 月 21 日　外科林言箴实施国内首例人体同种异体原位肝移植，病人存活 54 天。1980 年 10 月获卫生部甲级科学技术成果奖。

1978 年

2 月　邝安堃当选为第五届全国政协委员；傅培彬当选为第五届全国人大代表。

4 月 21 日　胸外科张世泽实施国内首例同种异体心脏移植，病人存活 109 天。

是月　儿内科胡庆澧被派往联合国世界卫生组织（WHO）工作，先后任该组织西太平洋地区妇幼卫生顾问、副总干事等职。

8 月 18 日　傅培彬任医院院长，孔庆寿任医院党委书记，叶衍庆任医学系一部主任。

10 月 11 日　杨之骏作为上海工会代表出席中华全国总工会第九次代表大会并当选为执委。

是年　成立党委宣传科和防保科。

是年　眼科与复旦大学等协作研制成功中国第一台“染料激光眼科治疗机”，取代传统的虹膜周边切除术。

是年 灼伤科"大面积灼伤抢救邱财康"、普外科"门脉高压外科治疗成功"、五官科"无麻醉扁桃体挤切术"和妇产科"绒毛膜癌的综合治疗"获全国科学大会成果奖。

是年 高研所《人血浆中血管紧张素Ⅱ放射免疫直接测定法及其临床初步应用》获全国医药卫生科学大会奖。

是年 恢复招收研究生工作，医院首批硕士生导师为杨之骏、陶清、史济湘、徐家裕、董德长、周锡庚、傅培彬、林言箴、龚兰生、陈大中 10 人。

1979 年

1 月 19 日 成立上海市内分泌研究所（简称"内研所"），邝安堃任所长。

6 月 12 日 成立瑞金医院第一届妇女委员会，时朴斋任主任。

是年 建立血液病研究室。

1980 年

4 月 29 日 同位素室研制成功 10 项放射性核素防护器械，在上海市科学会堂展示，并被推荐到全国核医学大会上展览。

是年 传染科成立重症肝炎研究室，承担国家"六五"攻关课题"重症肝炎发病机制及治疗研究"。

是年 灼伤科"烧伤收敛结痂中草药鞣酸质的毒性研究"获卫生部重大医药卫生成果乙级奖。

1981 年

5 月 开工建设门诊大楼，使用面积 11 240 平方米，1985 年 6 月 10 日投入使用。

11 月 3 日 国务院学术委员会批准上海第二医学院获首批博士学位授予权，医院首批博士生导师为：内科心血管专业邝安堃、陶清，外科灼伤专业史济湘、杨之骏，骨科专业叶衍庆，中西医结合临床内分泌专业和心血管专业邝安堃、丁霆。

1982 年

5 月 18 日 灼伤科史济湘当选为中华医学会烧伤外科分会首届主任委员。

11 月 15 日 检验科试制成功胆固醇水溶性标准液，填补国内空白。

12 月 20—30 日 伤研所技术员奈秀琴（中国台湾高山族）当选为共青团第十一次全国代表大会代表。

是年 普外科董方中在国内率先使用国产硬化剂，经内窥镜注射治疗食管曲张静脉硬化出血获得成功。

是年 成立高血压科。高研所所长沈家麒任科主任。

是年 灼伤科杨之骏、许伟石、史济湘合编的《烧伤治疗》出版发行。

是年 外科董方中获国际外科学会荣誉会员。

是年　内研所“血浆18-羟-11-去氧皮质酮放射免疫测定法(不经层析)及其临床应用”“人血浆甲状腺素结合球蛋白(TBG)的提纯、放射免疫测定法的建立及其初步临床应用”“血清游离甲状腺素(FT_3和FT_4)放射免疫测定及其临床应用”“正常人、糖尿病病人和肝病病人共1 085例胰岛β细胞功能的临床研究”获国家卫生部重大科技成果奖甲等奖。

1983年

1月　医院研制的治疗肝昏迷新药“14氨基酸-800针剂”通过鉴定。

4月22日　杨之骏被选为上海市第八届人民代表大会常务委员会委员。

是月　外科傅培彬当选为法国外科科学院外籍院士。

10月19日　院工会副主席沈卓洲出席全国工会十次代表大会并荣获全国优秀工会积极分子称号。

10月26日　高血压科成为第一批卫生部指定、全国抗高血压药物临床药理试验基地和组长单位。

11月25日　伤科李国衡当选为中国农工民主党第九届中央委员会委员,1988年连任。

是年　普外科提出8类胆石分类法被中华医学会胆道外科学组确定为全国胆石症临床调查的分类标准。

是年　骨科钱不凡牵头组建中国关节镜技术专业委员会。

是年　内研所、高研所“性激素在男性冠心病、高血压、糖尿病等疾病中的变化和中医虚证(肾虚)的联系以及应用不同中医治疗方法的效果”获国家卫生部重大科技成果奖应用类甲等奖。

1984年

3月24日　王振义任上海第二医学院院长。

6月16日　陈淑瑾任医院党委书记,徐家裕任医院院长。

8月　后方瑞金医院党总支与仁济医院古田医院党总支合并为后方医院党支部,实行统一领导。

10月　灼伤科“治疗大面积烧伤”和骨科“中西医结合治疗骨折”被列为新中国成立以来全国20项重大医药卫生科研成果。

12月21日　医院成立专家室,傅培彬任主任。

是年　职工保健科和防保科合并成立预防保健科。

1985年

2月12日　医院执行院长全面负责、党委保证监督,群众参与民主管理的领导体制。

3月11日　成立由24人组成的医院学术委员会,普外科傅培彬任主任。

3月30日　上海市级医院第一份油印小报《信息交流》问世。1988年8月6日第171期起更名为《瑞金信息》。

4月　儿内科主办中国第一期“全国儿科内分泌学习班”。

6月15日　随上海第二医学院升格为上海第二医科大学,医院更名为上海第二医科大学附属瑞金医院。

9月30日　内科邝安堃获法国政府授予的法兰西共和国骑士勋章。

10月　内科陈家伦当选为中华医学会内分泌专科学会第二届主任委员，邝安堃为名誉主任委员。1990年陈家伦连任中华医学会内分泌专科学会第三届主任委员。

是年　建立急诊科，蒋健任科副主任主持工作。

是年　灼伤科“大面积Ⅲ度烧伤治疗技术”和传染科“血吸虫病治疗药物研究”获国家科学技术进步奖二等奖。内研所“垂体、甲状腺、肾上腺、性腺激素放射性免疫测定系列配套药盒及临床应用”获国家科学技术进步奖三等奖。“东莨菪碱复合液（中麻）治疗重症血栓闭塞性脉管炎”获卫生部重大医药卫生成果乙级奖。

1986年

1月　内科王振义等应用全反式维甲酸诱导治疗急性早幼粒细胞白血病获成功，缓解率大于84%。

3月3日　党委书记陈淑瑾当选为上海市第五次党代会代表。

4月　上海市人民政府授予医院1985年度上海市文明单位荣誉称号。至2010年共获上海市文明单位12次。

6月25日　成立退休职工管理委员会（简称“退管会”）。

8月　医院成立住房分配领导小组。

9月1日　变更每周五下午停诊政治学习制度，改为照常门诊，保证病人就诊。

10月　成立老干部科。

12月　放射科唐伯荣被评为全国文明先进工作者。

是年　妇产科“15-甲基前列腺素F2G及其衍生物抗早孕研究”获国家科技进步二等奖。

是年　传染科沈耕荣“重症肝炎治疗与机理研究”获“六五”国家科技攻关表彰。

1987年

1月10日　医院升格为副局级单位。

2月27日　陈学桂任后方瑞金医院院长。

3月23日　上海市高等教育局批复同意成立上海血液学研究所（简称“血研所”），王振义任所长。

10月　隆重举行庆祝建院80周年活动。

11月　陶祥龄撰写的《瑞金医院烧伤护理进展》获中华护理学会第二十届代表大会优秀护理论文一等奖。

是年　内分泌科“201例原发性醛固酮增生症诊断和治疗的研究”获卫生部重大医药卫生成果乙级奖。

1988年

1月22日　李宏为任医院副院长（主持工作）。次年7月6日，李宏为任医院院长。

2月　党委办公室、院长办公室、人事科、医务科、护理部、财务科、门诊部、总务科、教学办公室升格为副处级机构。增设监察审计室、科技服务部。

3月25日　美国烧伤学会授予灼伤科史济湘1988年度国际烧伤学术奖——“伊文思”奖。

是月　内科王振义当选为第七届全国人民代表大会代表，外科董方中当选为第七届中国人民政治协商会议委员。

4月　神经科拆分为神经内科和神经外科，余慧贞、张天锡分别任科主任。

6月6日　成立上海市烧伤研究所（简称“烧伤研究所”），史济湘任所长、杨之骏任顾问。

7月18日　外科傅培彬获比利时王国“王冠荣誉勋章”。

11月　成立推拿科，叶晨阳任科主任。

是年　成立消化内科、心脏内科、内分泌科、血液内科、肾脏内科、超声诊断科，吴裕炘、戚文航、罗邦尧、蔡敬仁、陈庆荣、龚新环分别任科主任。

是年　成立瑞金医院思想政治工作研究会（简称“瑞金医院思研会”），党委副书记严肃任理事长。

是年　成立院计算机中心室。1997年成立计算机中心。

是年　内分泌科“201例原发性醛固酮增多症诊断和治疗研究”获国家科学技术进步奖三等奖。

1989年

1月13日　医院成立高级技术职称晋升仲裁委员会。

5月15日　瑞金、九院、新华3所卫校合并，改名为上海第二医科大学附属卫生学校。

6月6日　灼伤科史济湘获意大利“惠特克”国际烧伤奖。

10月26日　外科学家、医学教育家、一级教授傅培彬因病逝世，享年78岁。

是年　医院成立药事管理委员会。

1990年

3月1日　心脏内科沈卫峰在上海市首次采用“非开胸导管球囊扩张术”，成功治疗一单纯性心脏二尖瓣狭窄病人。

3月10日　医院外科学（烧伤、骨科、普外）、内科学（内分泌及代谢病）成为上海市市属高校第二批重点学科。

6月26日　医院开工建造建筑面积6 683平方米的急诊医技楼，1993年1月竣工使用。

7月21日　妇产科“天花粉蛋白注射液”获全国卫生科技成果展览会金杯奖。

11月30日　医院举办首届艺术节。

12月　建筑面积4 375平方米共5层的烧伤病房大楼建成使用。

是年　神经内科在国内首先报道应用甲基苯基四氢吡啶（MPTP）成功建立帕金森病猴、猫和小鼠动物模型。

是年　肾脏内科在全国率先建立诊断系统性血管炎的抗中性粒细胞胞浆抗体（ANCA）的检测方法。

是年　上海第二医科大学医学系一部更名为瑞金临床医学系。1994年，升格为瑞金临床医学院。2005年,再度更名为上海交通大学瑞金临床医学院。

是年　医院开办业余党校,由院党委书记陈淑瑾兼任校长,首期入党积极分子培训班学员10名。至2010年底,共开设26期,培训入党积极分子700余人。

是年　外科周锡庚获得国家教委颁发的高校科技工作成绩显著荣誉证书和高校教育工作"千里马"奖。

1991年

1月　儿内科许春娣应用儿童专用胃镜和肠镜开展儿童内窥镜检查。

2月1日　血研所王振义获法国"突出贡献医师"奖。

7月　放射科安装第一台直线加速器,次年4月成立放射治疗中心,徐开埜负责。

7—9月　上海地区病毒性脑炎流行,传染科开设脑炎临时病房,全力收治重病人,采用医院自行研制的八角莲注射液治疗取得较好的疗效。

8月26日　副院长高恪带领10人救灾医疗队赴安徽巢湖灾区地区开展防病治病。

是月　伤研所应用高压氧治疗急性不完全性截瘫,总有效率达到74.2%。

10月7日　院首届科技节开幕。

10月17日　院中青年知识分子联谊会成立。

12月4日　建筑面积21 735平方米的外、妇、儿科大楼落成,床位数745张。

12月9日　医院成立学位评定委员会分委会。

是年　整形病区自灼伤科中分出建立整形科,施浩然任科主任。

是年　普外科郑民华留法回国,开展华东地区首例腹腔镜胆囊切除术。

是年　灼伤科史济湘"烧伤创面愈合机理的研究"获国家科委重大科研项目。

是年　心脏内科在国内率先开展血管超声检查,采用超声多普勒技术检测和诊断各种血管疾病。

是年　肾脏内科董德长被选为中华医学会肾脏病学会第三届主任委员。

1992年

1月17日　成立老年病科,沈倍倍任科主任。

1月21日　神经内科徐德隆采用新合成肽类药物PLG治疗帕金森病,有效率达85%。

是月　血研所陈竺"应用于基因工程新技术克隆人类15号、17号染色体疾病相关基因的研究"课题获国家科委"863"项目。

是月　医院精神文明建设委员会成立,1996年设立精神文明办公室。

2月　医院执行党委领导下的院长负责制。

是月　灼伤科吴士祥在援助摩洛哥期间,成功救治一名烧伤面积达80%、三度烧伤面积达70%的当地女孩。

是月　烧伤研究所与第三军医大学联合申请的"烧伤早期损害及创面愈合机理研究"获国家自然基金重大项目资助。1997年11月通过验收。

7月　成立康复医学科,陈俊宁任科主任。

是月　放射科朱大成主编医学法语工具书《汉法医学大辞典》完成初稿。

是月　医院全资公司上海广慈医学高科技公司成立。

8月2日　内科学家、医学教育家、一级教授邝安堃逝世，享年90岁。

9月　高研所诊断国内首例“Ⅱ型假性低醛固酮症”。血研所成功制备国内第一种尿激酶单克隆抗体分泌细胞株，建立酶联免疫吸附法测定尿液中微量元素尿激酶的新方法。神经外科应用“线段栓塞术”成功为3名巨大型功能区颅内动静脉畸形病人切除病变。

10月30日　法国科学院授予王振义“外籍通信院士”称号。

12月15日　血研所陈赛娟当选为上海市第六届党代会代表。

是年　成立呼吸科重症监护病房(RICU)、氧疗康复中心和睡眠实验室。

是年　皮肤科采用非化疗方法治疗皮肤T细胞淋巴瘤(CTCL)。

是年　胸外科杭钧彪等在国内第一批尝试胸腔镜的临床应用。

是年　心超室确定中国男女高血压病人左心室肥厚诊断标准。龚兰生成为上海老年硝苯地平降压治疗临床试验(STONE)负责人。

是年　骨科、内分泌与代谢病、烧伤外科和普外科被评为上海市教委重点学科。

1993年

2月　成立放疗科，范可成任科主任。

是月　医院全资公司上海广慈实业总公司成立。

3月20日　血研所陈竺、陈赛娟在白血病研究中发现早幼粒细胞白血病锌指基因。

4月8日　法国巴黎人类多态性研究中心将酵母人工染色体基因文库赠送给陈竺领衔的血液分子生物学实验室，中国成为继法国、美国、日本之后第四个拥有基因库的国家。

是月　院工会创办“瑞金茶室”。2009年“瑞金茶室”获上海市总工会颁发的上海市厂务公开民主管理优秀成果奖。

5月5日　普外科周锡庚当选为国际直肠外科医师学会理事。

5月7日　血研所王振义获“法兰西共和国骑士勋章”。

7月30日　血液科王振义等12名专家联名发起“廉洁行医、拒收红包”倡议，引起较大反响。

9月21日　成立上海市人类基因组研究重点实验室。

9月27日　血研所陈竺与中国医学科学院基础医学研究所强伯勤开展“中华民族基因组汇总若干位点基因结构的研究”，标志着中国人类基因组研究正式启动。1997年9月项目通过验收。

10月6日　香港爱国人士、中国人民政治协商会议委员刘浩清暨夫人孔爱菊投资建造的高级护理培训中心在瑞金医院落成挂牌。同时成立上海高级护理培训中心。

10月25日　外科郑民华成功进行中国第一例儿童腹腔镜胆囊切除手术，开创中国儿童腹腔镜技术的先例。是年郑民华完成中国首例腹腔镜结直肠癌手术和中国首例腹腔镜疝修补术，将微创技术推向恶性肿瘤治疗领域。

12月1日　医院被评为三级甲等医院。

12月18日　成立中外合作上海广慈医院。

是年　血研所“急性早幼粒细胞白血病全反式维甲酸诱导分化治疗的机制研究”获国家自然科学奖三等奖。

1994 年

2月6日　上海龙吴线公交车发生撞裂煤气管道特大事故，37名伤员分五批送至医院抢救，全部脱险。

3月1日　外科学家、一级教授叶衍庆逝世，享年90岁。

3月18日　医院女医师女教师联谊会成立。

是月　急诊科护士鲁慧琴获全国三八红旗手、全国巾帼建功标兵称号。至2010年，医院有3人次获全国三八红旗手称号。

4月9日　法国总理爱德华·巴拉迪尔到医院参观。

4月28日　儿外科免费为“希望工程”复学孩子代表——来自湖南新化县东岭乡的12岁女孩伍艳华矫治小儿麻痹症残腿。

是月　医院每年拨款15万设立医院“精神文明建设专项基金”。

5月4日　成立医院“职工救急济难基金会”。

6月15日　血研所王振义获1994年度“凯特林医学奖”。

6月24日　上海第二医科大学撤销瑞金临床医学系，成立上海第二医科大学瑞金临床医学院，院长由瑞金医院院长李宏为兼任。

是月　伤研所建立国内第一家同种异体骨低温保存库。

7月8日　普外科郑民华和泌尿外科张祖豹成功施行上海地区首例腹腔镜肾脏摘除术。

8月25日　医院被评为上海综合性医院中第一家爱婴医院。

10月17日　卫生部部长陈敏章视察医院。

10月25日　血研所王振义、陈竺获上海市卫生局首次颁发的最高荣誉奖“医学荣誉奖”。

是月　成立医院退离休高知联谊会。

11月17日　人类基因组实验室、内分泌代谢病实验室等通过卫生部重点实验室的评审。

12月　血研所王振义当选为中国工程院医药与卫生工程学部首批院士。

是年　高研所在上海市普陀区建立10万人群防治基地，成立高血压防治中心，开展高血压普查、健康宣教、生活方式干预等。

是年　医院牵头联合14家大型综合医院，向全市卫生系统发出“抵制回扣”的倡议。

是年　血研所陈赛娟获上海市第一届自然科学牡丹奖。

1995 年

1月12日　血研所王振义获首届“何梁何利基金科学与技术进步奖”。

2月18日　国内首例父女间同种异体骨髓移植手术在医院获得成功。

2月20日　《外科理论与实践》创刊，普外科林言箴任主编。

4月14日　院长李宏为获第四届全国医院优秀院长称号。

4月16日　血研所王振义获1994年上海市科技功臣称号。

6月6日　传染科92级硕士研究生陆建春在导师陆志檬指导下在国内首先证实，丙型肝炎病毒存在母婴垂直传播现象。

6月9日　内科龚兰生领衔国家“七五”攻关课题“上海地区硝苯地平治疗老年高血压临床研究”，国际首次报道采用钙拮抗剂显著降低高血压并发症。

6月10日　医院成立爱国卫生委员会创建领导小组。

7月19日　李宣海任医院党委书记。

7月29日　中共中央政治局委员、上海市委书记黄菊等到医院召开现场会议。

8月　撤销总务科、基建科，建立综合管理科。成立院蓝帽子服务队。

9月1日　医院全资公司上海益健医学服务中心成立。

9月15日　成立临床营养科，曹伟新任科主任。

是月　一名心、肝、肺、肾多脏器衰竭的危重病人被抢救成功，打破临床医学抢救3个脏器同时衰竭必死无疑的记录。

11月3日　血研所陈竺当选为中国科学院院士。

11月20日　伤科李国衡、中医科夏翔被评为上海市名中医。

12月5日　普外科完成“急性坏死性胰腺炎外科治疗的系列研究”，对坏死性未感染者通过非手术治疗使其治愈率达到92.8%。

是年　普外科张圣道被评为全国教育系统劳动模范，并获得人民教师奖章。外科重症监护病房被评为上海市模范集体。普外科沈柏用、郑民华，灼伤科章雄、汪新获上海市新长征突击手。普外科郑民华获上海市卫生系统第五届“银蛇奖”二等奖、灼伤科汪新获上海市卫生系统第五届“银蛇奖”三等奖。

是年　血研所“人类白血病分子机制及其临床应用”获国家科学技术进步奖二等奖。

1996年

4月30日　中共中央政治局候补委员、中央书记处书记温家宝视察血研所，听取关于血研所和人类基因组研究重点实验室研究工作汇报。

5月17日　医院建造国内首家护士形体训练室。

5月31日　血研所陈竺当选为中国科技协会第五届常务委员会委员。

6月20日　上海市卫生系统第一张院报《瑞金医院报》创刊。

7月12日　举办魏氏伤科学术流派创始人“魏指薪诞辰百年座谈会”。

8月15日　医院成立上海市医院系统第一个“中青年卫技人员联谊会”。

8月19日　干部病房综合楼开工建造，于1998年9月16日竣工使用，总建筑面积19 523平方米。

8月30日　血研所王振义获“求是杰出科学家奖”。

是月　传染科病毒研究室和血研所上海市人类基因组研究重点实验室研究证实，上海地区存在庚型肝炎。

9月4日　上海市卫生局命名瑞金医院中医科为“示范中医科”。1999年2月通过第一轮建设验收。

9月10日　上海市市长徐匡迪到医院视察。

9月30日　普外科李宏为被法国外科学会授予荣誉会员。

是年　成立消化内镜中心和青少年心理咨询中心。

是年　胸外科为1名来自上海福利院和2名来自贫困地区的重症心脏病病人施行慈善手术。浦东公交公司车祸，44人烧伤，灼伤科收治22名伤势严重病人并获得痊愈。

是年　肺科作为中国首批试验中心参与第一个全球性哮喘研究（START研究）。高血压科与心脏内科联合入选上海市教委重点学科。

是年　血研所陈竺获"何梁何利基金科学与技术进步奖"。神经内科陈生弟获"全国中青年医学科技之星"称号。

是年　上海第二医科大学博士生陈国强在王振义、陈竺指导下和哈尔滨医科大学合作，发现三氧化二砷选择性诱导急性早幼白血病细胞凋亡的作用，被评为1996年上海十大科技新闻。

是年　血研所陈赛娟、陈竺等承担国家自然科学基金重点项目"维甲酸诱导早幼粒白血病细胞分化的生物学研究"。

是年　神经外科"脑水肿（脑缺血、脑外伤、脑瘤）发病机制的实验和临床研究"获国家科学技术进步奖三等奖。

是年　普外科郑民华被评为上海市十大杰出青年。

1997年

1月　医院被评为全国留学工作先进单位。

3月13日　血研所王振义获瑞士"布鲁巴赫癌肿研究奖"。

3月20日　血研所所长陈竺获法国抗癌基金会"卢瓦兹大奖"。

是月　医院成立综合目标管理领导小组。

4月15日　上海天原化工厂聚氯乙烯外溢引起爆炸，7名伤员送院抢救。其中烧伤面积90%以上2名，所有伤员都得到积极救治并痊愈。

5月7日　胸外科陈中元主持施行上海市第一例微创体外循环房间隔缺损修补术。

5月12日　开设魏氏伤科特色手法门诊。

5月17日　法国希拉克总统夫人到医院访问。

6月13日　中组部、上海市教卫党委、上海市科协等先后发出"开展向优秀医学科学家陈竺学习"的通知。

6月30日　国家自然科学基金委员会探索新资助模式，给予以王振义、陈竺、陈赛娟为首的研究集体特别资助费。

9月23日　烧伤研究所史济湘荣获"何梁何利基金科学与技术进步奖"。

9月24日　瑞金医院陈竺、陈赛娟一家获首届全国"五好文明家庭"。

是月　医院实行院长负责制。

是月　《瑞金医院报》举办"我爱医院"——庆祝建院90周年征文活动，诞生医院第一首院歌《再创辉煌》。

10月19日　中共中央总书记、国家主席江泽民为医院90周年院庆题词"救死扶伤，造福社会，为保障人民健康攀登医学新高峰"。

10月23日　医院召开建院90周年庆典大会。

11月1日　严肃任医院党委书记。

是日　医院及血研所与美国Samuel Waxman癌症研究基金会签订协议，合作建立临床癌症分化治疗研究中心。

是月　血研所陈赛娟获上海市"十大科技精英"称号。

12月10日　妇产科为一名在怀孕6个月时诊断为扩散型肺结核病的孕妇施行剖腹产，顺利产下一名女婴。

12月17日　普外科林言箴、李宏为当选为法国外科学院外籍院士。

是年　灼伤科与整形科合并，成立灼伤整形科，廖镇江任科主任。

是年　儿内科组建国内第一个青少年生长发育中心。中法生命科学和基因组研究中心成立。

是年　伤研所被评为上海市科委中西医结合防治骨关节病损重点实验室，杨庆铭任主任。

是年　普外科"急性坏死性胰腺炎外科治疗方案的系列研究"获国家科学技术进步奖三等奖。

是年　血研所陈赛娟获得全国三八红旗手和"上海市共产党员敬业创业先锋"称号。血研所茅矛获得第六届上海市卫生系统银蛇奖三等奖。

1998年

2月27日　成立上海消化外科研究所，李宏为任所长。

是月　胸外科陈中元完成上海市首例微创体外循环心内直视手术。

3月3日　院长李宏为当选为中国人民政治协商会议第九届委员。

3月20日　中日合资上海瑞东医院建成开院。

3月24日　医院档案管理晋升为国家一级资质。

是月　超声诊断科詹维伟赴新疆阿克苏第一人民医院援建，为期三年。

4月27日　上海市卫生系统中第一家离退休职工学校——瑞金医院老年职工学校成立。

6月18日　成立上海市中西医结合骨折医疗协作中心。

是月　医院被全国绿化委员会评为"全国四百佳绿化单位"。

7月　成立"瑞金医院员工艺术团"。2009年10月被列为上海市医务职工十佳文化品牌。

8月30日　血研所陈赛娟参加中国妇女第八次全国代表大会，受到国家主席江泽民、副主席胡锦涛接见。

9月7日　中共中央政治局委员、上海市委书记黄菊视察上海血液学研究所。

9月16日　干部病房综合楼(9号楼)落成，9月18日，老年病科迁入9号楼。

9月25日　中共中央政治局常委，国务院副总理李岚清到医院视察。

9月26日　院长李宏为被授予法兰西共和国荣誉骑士勋章。

是月　神经外科王健作为上海市团市委首批上海青年志愿者赴滇扶贫接力队到云南为当地人民服务。截至2010年共有7人次赴滇支援。

10月13日　副院长朱正纲带队赴湖南澧县完成为期20天的救灾防病任务，被授予"救灾防病先进集体"称号，记集体三等功。

10月27日　血研所王振义获1998年度法国祺诺台尔杜加科学奖。

10月29日　成立国家人类基因组南方研究中心，血研所陈竺任主任。

是月　胸外科成功施行上海市首例左心室减容术加二尖瓣人工瓣膜替换术。

11月3日　国内首家微创外科手术暨科研培训中心成立，普外科李宏为任主任。

11月26日　医院建立终身教授制度，首批授予丁霆、王振义等25位教授"终身教授"，至2010

年，先后共遴选出4批38位。

是月　医院工会获全国总工会颁发的“全国模范职工之家”称号。

12月　医院获1997—1998年度上海市爱国卫生标兵单位。

是年　肾脏内科开展连续性肾脏替代治疗(CRRT)技术。普外科开展术中腹腔内温热化疗治疗胃癌的临床应用。泌尿外科成功完成嗜铬细胞瘤手术治疗300余例，占国内同类手术的30%，治愈率达92%。放疗科开展白血病骨髓移植前全身放射治疗技术，使移植后放射治疗相关致死性间质性肺炎发生率下降到0。康复医学科研制PJ－Ⅰ电脑型人体平衡功能检测仪，获上海市科技成果证书。核医学科研制HTK－981型华科骨密度测量仪(小型便携式^{241}Am跟骨骨密度仪)和^{133}Xe股骨头血流装置。中医科夏翔主持研究百岁方(心康饮、脑心康颗粒剂)治疗心脑血管疾病。

是年　医院编写《瑞金医院基本用药手册》。

是年　瑞金临床医学院在法语班试行“前后期整合，课程体系整体优化”的改革方案。

是年　医院荣获科技成果13项，其中国家级2项、部级6项、市级5项。普外科“直肠癌外科治疗及辅助化疗远期疗效系列研究”、神经内科“帕金森病的发病机制与治疗研究”获国家科学技术进步奖三等奖。检验系“结合医学检验专业特点，培养学生动手能力和自学能力”获国家级教学成果奖二等奖。王鸿利获全国优秀教师称号。

是年　血研所陈竺、黄薇和王鸿利“中华民族基因组的结构和功能研究”“创建多基因疾病组定位与分离的新理论和新方法(基因组多样性)”“凝血、纤溶在重要脏器血栓性疾病中的作用机制研究-APC抵抗现象与血栓形成分子机制研究”获国家自然基金重大项目资助。陈赛娟“恶性肿瘤诱导分化的细胞和分子机制研究”列入国家自然基金重点项目。

是年　实行日间无陪客制度。

1999年

1月19日　血研所陈竺被国家科技部聘为国家重点基础研究项目首席科学家。3月27日当选为国际人类基因组组织(HUGO)第一位中国人理事。

3月30日　国家重点基础研究发展规划之一“‘疾病基因组学’理论和技术体系的建立”启动研究，血研所所长陈竺任首席科学家。8个子课题中血研所、高研所、内研所陈赛娟、朱鼎良、罗敏、黄薇任4个子课题负责人。

3月31日　“医院信息管理系统”上线。

4月2日　血研所陈竺被评为“长江学者成就奖”一等奖，并受聘任“长江学者奖励计划”的首批特聘教授。

4月6日　心脏内科成立上海瑞金心血管介入中心，沈卫峰任主任。

4月15日　医院开始集团化改革探索，成立市场部。

5月24日　药剂科在全市医院中率先推出中药小包装配方新方法。

是月　高研所获评上海市血管生物学重点实验室，朱鼎良任主任。

6月15日　医院获上海市医务工会第五届文化艺术节团体总分第一名。

是月　普外科薛建元赴新疆阿克苏地区阿瓦提县人民医院援建三年。

8月2日　打浦桥香港避风港餐厅发生职工食物中毒事件，共23位病人送至瑞金医院急诊，经抢救治疗，均安全出院。

8月4日　举行与卢湾区中心医院合作、与市政医院合并的签约仪式。10月29日，瑞金医院卢湾分院、瑞金医院分部揭牌仪式在卢湾分院（原卢湾区中心医院）举行。

是月　在瑞金医院分部成立肿瘤科，血液内科张芬琴主持工作。

9月15日　医院获全国“百佳医院”称号。

11月4日　中共中央政治局常委、国务院副总理李岚清到瑞金医院调研，对集团化运作提出重要指示。

12月7日　举行医务处处长俞卓伟先进事迹报告会，上海市卫生局宣布《关于开展向俞卓伟同志学习活动的决定》。

12月29日　上海市教育党委、上海市教委举行庆功会，表彰为抢救同济大学校长吴启迪做出贡献的医务人员。

是月　心脏内科吴立群、沈永初等开展上海市第一例慢性心力衰竭心脏再同步化（CRT）植入术。

是年　骨科龚耀成、梁裕为1名脊柱侧弯大于123°病人进行矫正；另为一位高空坠下齿状突骨折病人实施上海市首例经前路齿状突螺钉固定手术。

是年　医院主治医师、住院医师“三基”培训和考试制度化。

是年　检验系王鸿利任中华医学会医学检验教育分会主任委员、全国高等医学教育学会医学检验教育分会理事长。

是年　院科技教学楼开工。2002年1月21日竣工启用，高14层，建筑面积20 080平方米。

是年　医院荣获科技成果13项，其中国家级2项、部级4项、市级7项。普外科“胃癌外科综合治疗的基础与临床研究”、检验科“血栓与止血的监测与应用”获国家科学技术进步奖三等奖。

是年　烧伤研究所陆树良“创伤修复‘失控’（创伤难愈与瘢痕过度增生）发生机制的研究”获973项目资助。

是年　医院图书馆引入同济图联图书馆计算机集成管理系统（TALLS）。

是年　医院团委获全国五四红旗团委创建单位；灼伤三病区获“全国青年文明号”称号。血研所陈国强获第七届上海市卫生系统“银蛇奖”二等奖。

2000年

1月10日　血研所陈赛娟获联合国教科文组织授予的“世界杰出女科学家提名奖”。

3月20日　开启后勤社会化改革，成立后勤服务中心。

6月　《世界华人消化杂志》上海编辑中心在院成立，消化内科吴云林任主编之一兼上海编辑中心主任。

7月19日　上海瑞金医院集团成立。9月18日，上海市闵行区卫生局和医院合作组建的“上海瑞金医院集团闵行医院”挂牌。12月27日，集团理事会成立，院长李宏为兼任理事长。

8月7日　血研所陈竺、陈赛娟用“长江学者成就奖”奖金设立“红烛奖”，以奖励为培养医学人才做出突出贡献的教育工作者。

9月25日　血研所王振义获美国科学信息研究所（ISI）“经典引文奖”。

10月　中国科学院院士、血研所陈竺被任命为中国科学院副院长。

11月9日　血研所陈赛娟“血液系统恶性肿瘤基因产物靶向疗法的机制研究”获首届“杜邦科

技创新奖”。

11月12日　中共中央政治局常委、国家副主席胡锦涛，中共中央政治局委员、上海市委书记黄菊，上海市市长徐匡迪等视察医院干部病房综合楼并探望上海市原市长汪道涵。

11月23日　医院信息管理系统HIS 1.0建成。

是月　神经外科沈建康在国内首创眶上眉弓“钥匙孔”手术，成功为一名60岁的女性病人切除浅颅窝底中部3厘米×2.5厘米的脑膜瘤。

12月10—16日　首届中美医学论坛在美国休斯敦德州医学中心召开。共200多名中美医学界人士参会，瑞金医院作为主办方和承办方派出多位专家出席。至2010年，该论坛在两国交替举办6届。其中2002年第二届、2004年第三届、2007年第五届在上海举行。

12月29日　血研所陈竺“维甲酸诱导急性早幼粒细胞的白血病细胞分化基因表达调控网络研究”“人下丘脑-垂体-肾上腺轴基因表达谱研究及其新基因全长cDNA的克隆”，入选2000年“中国医药科技十大新闻”。

是月　医院党委书记严肃获“全国卫生系统思想政治工作优秀党委书记”称号。

是年　传染科更名为感染科。

是年　消化内科在国内首次施行内镜下食管曲张静脉穿刺测压。内分泌科建立近1 000例绝经前后妇女数据库，对骨密度和骨质疏松性骨折进行研究。血液科王鸿利提出手术前须测凝血功能的建议，被卫生部采纳并在全国医院推广实施。皮肤科郑捷提出大疱性皮肤病治疗新观念，显著减少并发症、降低死亡率。泌尿外科吴瑜璇完成亲属活体肾移植。

是年　医院成为台湾慈济骨髓库指定移植医院。2004年成为上海市造血干细胞移植医保定点医院和中华骨髓库指定移植医院。

是年　血研所“全反式维甲酸与三氧化二砷治疗恶性血液疾病的分子机制研究”获国家自然科学奖二等奖；烧伤研究所“烧伤创面愈合机理的研究”获国家科学技术进步奖二等奖。

是年　血研所陈竺指导的博士研究生韩泽广撰写的学位论文获首届“全国优秀博士学位论文”。

2001年

3月24日　瑞金医院集团台州市中心医院揭牌。

5月16日　血研所王振义获得美国哥伦比亚大学荣誉科学博士学位。

7月20日　上海市微创外科临床医学中心（简称“微创中心”）在瑞金医院成立，郑民华任主任。

8月　成立瑞金医院集团办公室。

9月30日　内研所罗敏课题组在国际上率先定位中国人2型糖尿病易感基因。

10月25日　血研所陈赛娟获“何梁何利基金科学与技术进步奖”。

11月　国家科技部批准在人类基因组学研究实验室基础上建设医学基因组学国家重点实验室，陈赛娟任主任。

12月　内研所罗敏当选为中华医学会内分泌学分会第6届主任委员。

是月　医院2000年度科技论文、SCI收录论文数居全国医疗机构第一。

是月　高研所朱鼎良课题组历时5年建成中国人高血压遗传资源信息数据库和DNA样本库，首次定位汉族人群原发性高血压易感基因位点。

是年　成立临床微生物科，倪语星任科主任。

是年　医院承担亚太经合组织峰会（APEC）医疗保障任务，获得圆满成功。

是年　科教处改名为科技发展处。

是年　启用助理护士制度。

是年　陈竺获上海市科技功臣奖。

是年　血研所“中国人Ⅱ型糖尿病易感基因位点的定位及血糖调节相关基因的研究”获中华医学科技奖一等奖。

2002 年

2 月 7 日　上海市内分泌代谢病临床医学中心在瑞金医院成立，宁光任主任。

4 月 8 日　临床心理科成立，史以珏任科主任。

5 月 27 日　副院长俞卓伟当选中国共产党第十六次全国代表大会代表。

是月　神经外科孙伯民应用脑深部电刺激治疗一名重症帕金森病妇女，该病人于次年 6 月顺利产下一健康男婴。

6 月　医院工会成立 3 个临时工会，接纳 457 位外来务工人员。

是月　上海市医疗单位第一份医学人文类杂志《瑞音》创刊发行。

7 月 19 日　普外科李宏为、彭承宏领衔肝移植小组完成国内首例劈离式肝移植手术。

10 月 7—11 日　中央电视台《健康之路》栏目摄制组在医院举行“瑞金健康周”现场直播节目。

10 月 18 日　医院举行 95 周年院庆大会。

10 月 25 日　成立瑞金医院生物医学研究院。

10 月 28 日　血研所陈竺获得法兰西共和国总统荣誉骑士勋章。

是月　《瑞金医院专家名医录》出版，收录正高以上专家 166 名。

12 月 27 日　血研所陈国强被聘为国家“973”首席科学家，领衔“基于生物信息学的药物新靶标的发展和功能研究”。

是月　普外科李宏为、彭承宏完成上海首例肝、肾联合移植手术。

是年　放疗科和肿瘤科合并为肿瘤放化疗科，金治宁任科主任。

是年　上海市康复治疗质控中心挂靠瑞金医院，康复医学科杨佩君任主任。上海市骨科质控中心挂靠瑞金医院，骨科杨庆铭任主任。

是年　肾内科“中国人遗传性肾病（Alpoet 综合征）临床病理及分子发病机理研究”获教育部提名国家科技进步奖一等奖。

是年　中法生命科学和基因组研究中心成立。

是年　医院成立义工服务中心。

是年　血研所陈国强被评为第九届上海十大杰出青年。

2003 年

2 月 17 日　成立瑞金医院器官移植中心，普外科李宏为任主任。

3 月 13 日　成立国内首家研究、治疗皮肤淋巴瘤的机构“瑞金—耶鲁皮肤淋巴瘤治疗中心”。

是月　血研所陈赛娟当选为第十届全国人民代表大会代表；院长李宏为当选为第十届中国人民政治协商会议委员。

4月29月　陈竺当选为美国国家科学院外籍院士。

7月8日　医院确诊并及时转送2例"非典型性肺炎"病人，院内实现"零感染"。次月，呼吸科邓伟吾获全国卫生系统抗击非典模范工作者；呼吸内科获上海市卫生系统抗击非典模范集体。

8月1日　器官移植中心护送5位器官移植康复者登顶泰山。

8月18日　开工建造建筑面积7万平方米的医院新门诊大楼，2006年7月17日建成启用。

9月5日　医院与上海交通大学安泰管理学院合作的首期医院中层干部"MBA核心课程研修班"，举行开学典礼。

9月8日　成立临床输血科，王学锋任主任。

9月10日　血研所王振义获"上海市首届教育功臣"称号。

10月29日　院长李宏为获国务院卫生部颁发医院管理最高奖"全国医院管理突出贡献奖"。

12月4日　血研所陈赛娟当选为中国工程院院士。

12月9日　医院SCI论文收录名列全国医疗机构第二位。

是年　上海市心脏介入质控中心挂靠瑞金医院，心脏内科沈卫峰任主任。

是年　血研所王振义获美国血液病学会"哈姆·沃瑟曼"大奖。

2004年

5月31日　血研所陈国强入选首批世纪百千万人才工程国家级人选。

6月26日　"医疗卫生体制改革影响下医院品牌的建设与推广"获2004年中国国际公共关系大会金奖。

8月23—25日　烧伤研究所史济湘、陆树良在全国第十一届创伤学术会议上，首次获颁"中创组织修复医学奖"成就奖和创新奖。

9月16日　普外科彭承宏、沈柏用成功施行腹腔镜肝叶切除术。

10月8日　血研所"多基因复杂性疾病的系统生物学"被列入国家973项目，陈竺为首席科学家。

11月27日　感染科呼吸内科病房大楼落成使用，建筑面积达1.8万平方米，成立感染性疾病和呼吸性疾病研究所，呼吸科邓伟吾任所长。

12月8日　医院首届科技文化节开幕。

12月14日　医院器官移植中心成功为一名38岁的妇女进行亚洲首例肝脏、胰腺、脾脏、胃、十二指肠、全小肠和结肠等7个脏器的整块移植。

是年　上海市血液内科临床医学中心在瑞金医院成立，陈赛娟任主任。

是年　普外科郑民华成功实施国内首例腹腔镜辅助胰十二指肠切除术。骨科施行踝关节镜手术，开展踝关节周围截骨手术治疗局限性踝关节骨关节炎。灼伤整形科治愈2例罕见危重病例：一例为8月龄大面积深度烧伤小儿，另一例为深度烧伤致胸壁全层缺损伴心脏外露病人。

是年　肾脏科在上海市首次自行研制并运行"上海市慢性肾脏病病人登记及并发症报告系统"。

是年　消毒供应中心被中华护理学会授予全国护士实训基地。

是年　血研所“人类造血和内分泌相关细胞/组织基因表达谱和新基因识别研究”获国家自然科学奖二等奖。血研所“重要脏器血栓栓塞的基础与临床研究”获国家科学技术进步奖二等奖。内分泌代谢病临床医学中心“人体重要内分泌器官基因表达谱及新的分泌功能研究”获教育部提名国家自然科学奖一等奖。血液科“三氧化二砷单用或联合全反式维甲酸治疗急性早幼粒细胞白血病临床及作用机制研究”。高研所“高血压遗传资源库的建立与应用”获中华医学科技奖一等奖。

是年　血研所陈国强获第五届自然科学牡丹奖。

2005年

1月11日　微创中心完成国内首例全腹腔镜胰十二指肠切除手术。

是月　副院长俞卓伟调往上海市华东医院任党委书记、院长。

2月28日　完成院内外网门户系统建设并对外发布。

3月1日　血研所陈赛娟获“第五届中国十大女杰”称号。

5月12日　血研所陈竺被法国巴黎大学授予荣誉博士学位。6月，当选为法国科学院外籍院士。

6月8—10日　医院举行“中法医学日”活动。

6月10日　因上海交通大学与上海第二医科大学合并，组建上海交通大学医学院，医院更名为上海交通大学医学院附属瑞金医院。

6月23日　医学基因组学、内分泌代谢病学获上海市重点学科第二期优势学科，肾脏病学为上海市重点学科第二期特色学科。

7月7日　一妊娠期合并急性肝功能衰竭病人经多科联合抢救成功并剖腹产下一健康女婴；7月13日病人成功接受肝移植手术。

8月19—21日　李宏为、朱正纲、陈竺在参加“第四届中美21世纪医学论坛”期间，被旧金山市市长授予“荣誉市民”的称号。

10月　医院首次获得全国文明单位称号。2009年，蝉联全国文明单位。

12月20日　院长李宏为被增补为中国国际公共关系协会第三届理事。

是年　临床输血科开展血友病基因诊断。截至2010年，共计对426个血友病家系（包括血友病A和血友病B）相关成员进行携带者及产前诊断。

是年　上海市血液内科临床质控中心在瑞金医院成立，血液科沈志祥任主任。

是年　血研所“白血病细胞分化和凋亡新机制的提出与发展”获中华医学科技奖一等奖。

是年　血研所陈竺被增补为第十届中国人民政治协商会议委员。次年3月，被增补为第十届中国人民政治协商会议常务委员会委员。

是年　内研所宋怀东被评为第十二届上海十大杰出青年。

2006年

2月9日　医院成为卫生部首批临床药师培训基地。

是月　内分泌科建立全国最大的MEN1/MEN2家系库，在世界上首次发现多种新的基因突变类型。

4月1日　医院信息管理系统 HIS 2.0 系统上线使用。

4月7日　医院被评为全国医院文化建设先进单位。

4月25日　国家主席胡锦涛在摩洛哥首都拉巴特接见瑞金医院灼伤科杨惠忠等赴摩洛哥医疗队队员。

5月25日　中国工程院院士、血研所陈赛娟当选为中国科协副主席。

6月19日　2003级儿科专业硕士研究生须丽清等在浙江抢救成功一名8个月溺水男婴。

是月　医院终身教授、儿内科胡庆澧当选为国际生命伦理委员会唯一中国委员。

7月25日　《内科理论与实践》杂志创刊，血研所王振义、内研所陈家伦任主编。

是月　器官移植中心完成成人间亲体活体肝移植。

10月12日　普外科李宏为获香港外科医学院授予的"荣誉院士"称号。

10月17日　血研所陈竺获法国国家健康和医学研究院颁发"国外学者特殊贡献大奖"。

10月28日　成立上海血液研究所—Samuel Waxman 癌症研究基金会合作研究中心。

12月4日　医院被上海市红十字会冠名"上海市红十字瑞金医院"。

12月13日　医院被评为上海市医院文化建设先进单位，《瑞金医院报》被评为上海市卫生系统优秀医院报刊。

12月22日　普外科彭承宏完成上海市首例含肝中静脉切除活体肝移植术。

是年　普外科"重症急性胰腺炎的基础和临床研究"获中华医学科技奖一等奖。

2007年

2月4日　心胸外科臧旺福等为来自江西瑞金贫困家庭14岁男孩"紫娃"邱李幸分两次进行慈善手术。次年"紫娃"成为奥运火炬手。

4月18日　心胸外科与内分泌科共同完成一例罕见心脏嗜铬细胞瘤病人的诊断和手术治疗。

5月　骨科梁裕等成功为一名外伤后脊柱严重后突畸形的病人施行手术，改变三年多来不能直立的"虾米"样姿势。

6月29日　在第10届全国人民代表大会常务委员会第28次会议上，陈竺被任命为国家卫生部部长。

是月　伤科李飞跃获上海市中医药事业贡献奖。

7月11日　微创中心郑民华、陆爱国完成世界首例腹腔镜下同时切除直肠癌和胃癌两处原发性恶性肿瘤。

8月23日　神经外科成功实施国内首例3枚颅内动脉狭窄支架置入术。

9月24日　中共上海市委副书记、市长韩正到医院视察上海血液学研究所。

10月11日　院史陈列馆开馆，建筑面积为1 024平方米。

10月13日　医院隆重举办建院100周年庆祝大会。中共上海市委书记习近平等领导题写贺词和发来贺信。新院歌《瑞金向着卓越攀登》启用。

11月27日　托管上海远洋医院，宁光任院长兼书记。次年4月8日揭牌。

12月12日　普外科李宏为、彭承宏领衔成功实施一例"两供一受"肝移植手术。

是日　医院入选全国首批数字化示范试点医院。

12月24日　感染科郭思敏参加中国政府第一个援非疟疾防治专家团，赴乍得、布隆迪执行为期 90 天的疟疾防治培训任务。

是年　内分泌科报告多发性内分泌肿瘤最大家系。肾脏内科报道中国第一个、国际第七个胶原Ⅲ肾小球病家系。

是年　神经内科成为教育部“十一五”“211”重点建设学科。心脏内科成为心血管国家重点学科组长单位。感染科建成国家感染科(肝病)专业药物临床研究基地，谢青任基地主任。检验科成为首批国家级检验专科医师规范化培养基地。麻醉科成为首批卫生部专科医师培训试点基地。神经内科入选上海市教委重点学科。骨科被遴选为教育部国家重点学科。

是年　血研所“遗传性出血病的基础与临床研究和临床应用”获国家科学技术进步奖二等奖。

2008 年

1 月 28 日　普外科郑民华当选为上海市政治协商会议常务委员会委员。

2 月　成立瑞金医院血液净化中心。

5 月 12 日　外科彭承宏在福建泉州参加北京 2008 奥林匹克火炬接力活动，5 月 23 日血研所陈赛娟在上海参加此活动。

5 月 18 日—6 月 14 日　医院先后派出 4 批共 10 位医护人员，赶赴汶川地震灾区进行抗震救灾医疗援助。5 月 23 日，医院开辟救灾专用爱心病房，先后收治 27 名灾区伤员。医院职工为四川汶川地震灾区人民捐款 200 余万元。6 月 24 日，医院获得“抗震救灾重建家园工人先锋号”荣誉称号。

5 月　血研所王鸿利获中华医学会检验医学特殊贡献奖。

7 月 11 日　医院首次承担极地考察医疗保障任务。普外科丁家增作为“雪龙号”考察船随队医生赴北极。2009 年 10 月 11 日，泌尿外科孙福康随“雪龙”号出征南极。

7 月 26 日　放射科凌华威作为“上海市第六批援疆干部”，援建新疆阿克苏地区第一人民医院，为期三年。

是月　烧伤科成功救治特大面积(60%Ⅲ度灼伤、重度铬酸盐中毒)病人。

是月　骨科王蕾、陆宸照成功施行国内第一例肘关节锁定系统内固定手术。

8 月　成立功能神经外科中心，神经外科孙伯民任主任。

10 月　急诊大楼改扩建工程完成，总面积 10 210 平方米。

11 月 14 日　医院成为第一批卫生部冠心病介入诊疗培训基地和心律失常介入诊疗(导管消融和植入器械)培训基地。

11 月 26 日　医院举行终身教授制度实施 10 周年纪念座谈会，会上举行《医者大师》纪念文集首发式。

12 月 25 日　医院普通病房综合大楼工程开工建设，设计建筑面积 93 872 平方米。

是月　“急性早幼粒细胞白血病，第一个可治愈的急性髓性白血病”入选“健康上海”十大成果。

是年　上海市内分泌代谢病临床质控中心挂靠瑞金医院，内分泌科宁光任主任。

是年　内分泌科在国际上首次提出 erbB－2 可以作为良恶性肿瘤鉴别的标志物。血液科在国内最早开展大剂量免疫抑制剂＋自体造血干细胞移植。普外科建立流行病学基地，建立国内最完整的胃癌高危人群组织标本库。医院成立“瑞金医院-美国心脏协会心血管急救授权培训中心”。

是年　医院在国内率先使用无菌物品质量跟踪系统(T－DOC)。

是年　呼吸科成为国家教育部重点学科。

是年　临床医学院成立全科医学教研室，次年，开展问题为导向教学实践（PBL）。放射影像学获得国家精品课程。

是年　医院年度获国家自然科学基金资助项目，历史上首次突破50项。

是年　血研所“白血病、红细胞和血小板等血液系统相关疾病研究获整体突破”入选2008年度“中国高等学校十大科技进展”。

是年　普外科“提高胃癌疗效的外科综合治疗基础研究与临床应用”、内分泌科“单基因遗传性内分泌疾病的基础研究和临床应用”获国家科学技术进步奖二等奖。

是年　血研所陈赛娟当选为第十一届全国人民代表大会代表，血研所陈竺当选为第十一届中国人民政治协商会议委员。

2008—2010年　对口支援四川都江堰人民医院，医院先后派出7批40位医护和管理人员组成医疗队承担援建任务。

2009年

1月16日　医院入选首批“全国院务公开示范点”单位。

2月　胸外科拆分为心脏外科和普胸外科，赵强任心脏外科主任，陈中元任普胸外科副主任主持工作。瑞金医院乳腺中心成立，沈坤炜任中心主任。

3月3日　朱正纲任医院院长。

是月　内分泌科宁光当选为中华医学会内分泌学分会第八届主任委员。9月麻醉科主任于布为当选为中华医学会麻醉学分会第十届主任委员。

4月22日　医院在全国最早一批引进“达芬奇（da Vinci）机器人”手术系统。

是月　中心供应室更名为消毒供应中心。

5月4日　医院“彩虹家园”志愿者服务中心成立。

7月　上海市第一台移动式术中放疗加速器在医院安装使用。

8月　皮肤科曹华在国际上首次命名“皮肌炎样皮病”。

是月　内分泌科成为卫生部糖尿病行业标准制定专家组组长单位、卫生部合理用药委员会内分泌组组长单位，以及《卫生部糖皮质激素临床应用指导原则》组长单位。

10月　心脏内科钱剑安获中国心脏监护学科奠基人奖、中国心脏起搏杰出贡献奖和中国心电学终身成就奖；吴立群获“中国CRT十周年（1999—2009）杰出贡献奖”。

11月4—6日　第九届亚太腹腔镜与内镜外科大会首次在中国举办，微创中心主任郑民华当选为亚太腹腔镜与内镜外科医师协会主席。

11月6日　李宏为获2008—2009年度中国最具有影响力的中国医院院长终身成就奖。

11月25日　心脏外科为一名48岁男性病人实施不停跳冠状动脉搭桥术。

12月24日　瑞金医院（嘉定）北院项目开工。

是年　皮肤科在世界上首次证实链球菌DNA成分导致银屑病，建立“瑞金-Cardiff银屑病光疗规范”。

是年　上海交通大学医学院影像医学系成立，放射科陈克敏任系主任。

是年　上海消化外科研究所被批准为上海市胃肿瘤重点实验室，普外科朱正纲任实验室主任。

麻醉科成为国家级和上海市麻醉学住院医师专科规范化培养基地。伤科被国家食品药品监督管理局授予“国家药品临床研究基地”。核医学科成立回旋加速器正电子药物研发中心。

是年　医院“表现不俗的中国论文”排名全国医疗机构第2，SCI收录论文全国医疗机构排名第七，2篇论文入选中国百篇最具影响国际学术论文。

是年　内分泌科主办英文杂志 *Journal of Diabetes*。2010年，被全球权威生物医学文献数据库——Medline收录，成为中国内分泌糖尿病学界的第一本SCI杂志。

是年　急诊科组织开展“迎世博急救技能培训”活动。

是年　医院抗震救灾“爱心病房”护理组获全国卫生系统护理专业“巾帼文明岗”先进集体。

是年　普外科李宏为当选为欧洲科学院院士。

2010年

1月15日　医院召开中共上海交通大学医学院附属瑞金医院第一次代表大会，选举严肃任党委书记。

1月22日　法兰西共和国政府前总理拉法兰(Jean-pierre Raffarin)到医院访问。

1月23日　上海市首台Micro-PET/CT在医院开机。

3月29日　中华医学会麻醉学分会Narcotrend脑麻醉深度监测技术亚洲培训中心在医院成立。

3月30日　位于门诊大楼24层楼的直升机空中救急航道首次试飞成功。11月26日，沪宁高速车祸病人成为医院首例直升机转运的病人。

4月9日　血研所发现抗急性早幼粒细胞白血病药物三氧化二砷的作用靶点，发表在国际权威杂志 *Science* 上。

4月28日　心脏内科吴立群完成上海地区首例应用磁导航技术遥控标测和治疗快速性心律失常病例。

4月30日　前来上海参加世博会的马耳他总统阿贝拉不慎摔伤，送医院救治。5月1日下午，国家主席胡锦涛到医院看望。5月15日，总统阿贝拉和中华人民共和国外交部分别发来感谢函。

5月3日　普外科胃癌研究课题组在 *Oncogene* 发表论文，发现5号染色体短臂上的同源盒基因 *ERX1* 对抑制胃癌细胞具有重要作用。

5月12日　血研所陈赛娟获法兰西共和国国家功绩军官勋章，10月13日又获法国文艺复兴金质勋章。

是月　急诊科青年医生叶静在 *Cell* 发表论文，国际上首次证明保证DNA在复制中不出错的机理。

6月19日　微创外科中心王明亮获2009年全国用户满意服务明星称号。

是月　普外科彭承宏完成世界首例机器人保留十二指肠胰头切除术。

7月8日　在上海医院中第一家成立重症医学科，汤耀卿任科主任。

9月19日　医院成为爱丁堡皇家外科学院专科医生培训基地，这是上海市首家通过英国爱丁堡皇家外科学院和香港外科医学院联合认证的普外专科医师培训基地。

是月　血液科沈志祥当选为中华医学会血液学分会第八届委员会主任委员。

10月13日　医院首批“彩虹家园志愿者”在门诊开展服务。

10 月 21 日　医院建立新闻发言人制度。

是月　烧伤整形科杨之骏获中华医学会第二届“中国烧伤医学终身成就奖”。

11 月 15 日　上海静安高层住宅火灾，15 位受伤者送至医院抢救。

11 月 18 日　瑞典国王卡尔十六世・古斯塔夫到医院访问。

是月　中医药管理局批准成立全国名老中医药专家李国衡教授传承工作室。

是月　内分泌科王曙作为第七批上海援疆干部到达新疆喀什，在喀什地区第二人民医院开展医疗援助工作。

12 月 28 日　医院与上海中医药大学附属曙光医院就组建“科研联合体”举行签约仪式，开拓中西医结合的转化医学研究的新领域。

是年　呼吸科黄绍光参与上海市第一例重症 H1N1 甲流病人的救治，RICU 负压病房收治 15 例重症甲流病人。

是年　医院检验科、临床微生物科、临床输血科、感染科病毒实验室通过国家质量体系 ISO15189 认证。

是年　医院获全国厂务公开民主管理先进单位和 2010 年全国改革创新医院称号。

是年　“临床血液学”“外科学”入选国家级精品课程。

是年　普外科“多模式部分肝移植关键技术研究及其临床应用”获国家科学技术进步奖二等奖。血液科“髓系白血病细胞分化相关信号转导途径及关键基因生物学功能的研究”获中华医学科技奖一等奖。

是年　血研所王振义荣获国家最高科学技术奖。

第一篇 组织管理架构

概　　述

医院初属天主教会管辖。民国 20 年(1931 年),建立医院董事会。在董事会领导下,院长具体负责各项行政事务,修女负责病房管理。1951 年 10 月,医院由上海市军事管制委员会接管。1951—1968 年,历经军代表负责制、院长负责制、分党委领导下院务委员会负责制等多种医院领导体制变化,行政和党务管理体系逐渐完善。1953 年,形成秘书室和医教室管理下的行政体系。1954 年,秘书室改称院长办公室。1956 年,成立医院党总支,设总支办公室管理日常党务。1959 年,医教室、护理部并入院长办公室。1960 年,医院成立分党委后,召开党员代表大会进行换届选举。1966 年,建成院务办公室、人事科、医务科、护理部、财务科、总务科、门诊部办公室、出入院管理科、医疗系一部、教学办公室、膳食科、营养室 12 个行政管理科室。"文化大革命"期间,原有行政和党务管理体系被"革命委员会"取代。虽然 1970 年成立医院党委后实行党的一元化领导制,但实际领导权仍在工宣队。1978 年以后,"革命委员会"撤销,恢复各行政管理科室和党委办公室,党委宣传科(1978 年)、人民武装部(1978 年)、老干部科(1986 年)、精神文明办公室(1996 年)等党务职能部门相继建立。1987 年,医院定为副局级医疗单位,院长办公室、党委办公室等升为副处级,形成行政和党务两条线的组织架构,各部门相互配合,分工明确,对医院发展起到显著的推进作用。同时,工、青、妇等群众组织,各民主党派和群众团体,也在医院发展过程中逐渐壮大,并发挥积极作用。

第一章　行政管理体制

第一节　发 展 沿 革

一、医院的创立和教会管理

20 世纪初，天主教江南代牧区主教姚宗李(Prosper Paris)(法籍)为扩大天主教的影响，在上海法租界南部金神父路(今瑞金二路)东侧购买 10.6 公顷土地，用于开办医院。1904 年开始筹建，首期工程建造四幢两层西式砖木结构房：两幢供病人用，一幢供修女用，一幢供职工用。1907 年 10 月 13 日，开院时名为“广慈医院”，在教会内部则被称为“圣玛利亚医院”。在医院筹建及开办初期，天主教江南代牧区主教姚宗李作为医院的创办人，将医院的日常事务委托天主教仁爱会修女管理。1919 年，法籍神父万尔典(Joseph Verdier)任江南代牧区耶稣会会长，兼广慈医院院长。1932 年，设立医院董事会，成员由天主教上海教区聘任，由当时的法国驻沪领事、文化参赞、法租界公董局等有关人员组成，基本都是法国人，设董事长一人，董事若干人。董事会名义上是医院的最高组织，但一切行政事务皆由教会负责。

图 1-1-1　左：广慈医院创办人姚宗李　右：首任院长万尔典

1937 年，抗日战争全面爆发后，教会聘请具有一定社会地位且热心于卫生慈善事业的中国人加入董事会，由中方和法方 7 人共同组成董事会。1941 年，太平洋战争爆发，侵华日军占领医院新建的两幢病房大楼(2 舍、3 舍)和 4 舍，作为日军野战医院，直至 1945 年抗战胜利。在此期间，董事会进行多次改组，眼科主任陆润之、内科主任邝安堃、交通银行总经理赵棣华、华东煤矿经理陆子冬等人先后任医院董事。因上海市伪政府规定教会医院如要立案注册，必须由中国人任院长，故此教会先后以赵棣华、陆子冬为名义院长，向政府注册登记，但实际管理工作仍由教会负责。

1947 年，因万尔典调任徐家汇土山湾孤儿工艺院院长，震旦大学常务校董、法籍神父才尔孟(Georges Germain)任天主教上海教区总账房兼广慈医院院长，医院董事会改组。此时，在院修女增加至 30 人，多数为法国修女。医师的聘任安排由才尔孟直接负责，医疗工作由各科主任负责，全院各部门、各病房均配备一名外籍修女负责日常管理工作，一名中国修女协助管理。但隔离病院由上海教区另委任天主教卢森堡圣芳济各修会负责管理，行政、经济上完全独立，共有 3 名修女在病房工作。

1949 年 6 月，医院董事会进行改组，并以震旦大学医学院校友、上海医师工会理事长朱增宗为董事长，才尔孟为常务董事，任命汪代玺为院长，蓝绪彰、聂传贤为副院长。蓝、聂两位副院长，一人分管院务，包括行政事务、人事、总务、财务等；另一人分管医务，包括病房、门诊医疗、护理工作。是年7月，中国共产党地下党员田厚生组织成立医院工会筹备委员会，王琪任工会筹备委员会主任。8月，因发生患儿收治过程中死亡的“谭弟弟事件”，汪代玺、蓝绪彰、聂传贤三位院长集体辞职。9月，工会筹备委员会代表全院职工向医院提出“十七条意见”，要求行政独立，经济公开，改革院务，改善职工待遇。汪代玺、蓝绪彰复任，王瑞文接替聂传贤任副院长。

1950年5月，汪代玺辞职，蓝绪彰被任命为院长。是年9月，医院董事会再次改组，董事会成员减少至5人，震旦大学医学院校友、上海防痨协会总干事陈湘泉任董事长。改组后的董事会对医院组织大纲及董事会章程进行修订。10月，医院工会和中国新民主主义青年团上海广慈医院支部委员会相继成立，组织护院、护产委员会。

表1-1-1　1919—1951年医院历任董事会成员、院长、副院长情况表

<table>
<tr><th>年　份</th><th>董事长</th><th>董事会成员</th><th>院　长</th><th>副院长</th></tr>
<tr><td>1919—1932</td><td>无</td><td>无</td><td rowspan="3">万尔典(1919—1947)</td><td rowspan="3">—</td></tr>
<tr><td>1932—1945</td><td>万尔典</td><td>不详</td></tr>
<tr><td>1945—1947</td><td>万尔典</td><td>赵棣华、陆子冬、邝安堃、聂传贤、才尔孟、白刚恒(医院修女大嬷嬷)、法国驻沪领事</td></tr>
<tr><td>1947—1949</td><td>才尔孟</td><td>赵棣华、陆子冬、邝安堃、聂传贤、徐国懋(金城银行经理)、富莱梅(Flaimet，法籍，上海震旦大学医学院院长)、法国领事馆文化参赞</td><td>才尔孟(1947—1949)</td><td>—</td></tr>
<tr><td>1949—1950</td><td>朱增宗</td><td>才尔孟、汪代玺、李文德(嘉定银行、春茂钱庄副总经理)、蓝绪彰(上海震旦大学法学院毕业生、律师)、高博爱(法国驻华使馆文化参赞)、茅若虚(Dumas，法籍，上海震旦大学常务校董)</td><td>汪代玺(1949.6—1950.5)</td><td rowspan="2">蓝绪彰(1949.6—1950.5)
聂传贤(1949.6—1949.9)
王瑞文(1949.9—1951.10)</td></tr>
<tr><td>1950—1951</td><td>陈湘泉</td><td>李文德、蓝绪彰、叶景荀(开业医师)、傅鹤州(上海教区账房神父)</td><td>蓝绪彰(1950.5—1951.10)</td></tr>
</table>

二、医院征用、整顿和发展

【征用】

1951年春，根据中央人民政府政务院命令，上海市军事管制委员会成立外资津贴机构登记处，命令本市所有接受外资津贴有关单位向上海市军事管制委员会进行登记，申报其隶属关系、资金来源、组织机构、人员编制以及财产情况。华东军政委员会卫生部召开华东地区接受外资津贴的医疗机构会议，提出两种处理原则：一是医院由政府接办，二是医院由中国人自办，政府给予补贴，仍属私立性质。会上，广慈医院院方代表表示，愿在人民政府领导下，由中国人组成董事会自办；医院工会代表则反映全院职工强烈要求政府接办。1951年2月，广慈医院向上海市军事管制委员会卫生处进行登记。在登记过程中，医院加强对院方在人员录用、任职、加薪和经费开支等方面的监督与审查，并组织成立清点财产委员会。

1951年9月24日，上海市军事管制委员会发布由陈毅、粟裕签署的征用广慈医院命令。10月

3 日，上海市军事管制委员会委派工作组进驻医院，工作组由朱瑞镛、燕山、关键、李利伯、郭秀林、朱力仓 6 人组成，其中朱瑞镛为军事代表，燕山为军事联络员。当晚，医院召开全院职工大会，军代表在会上宣读上海市军事管制委员会征用令。同时，宣布成立临时院务管理委员会，朱瑞镛总负责，燕山负责人事，李利伯负责护理，关键负责总务，郭秀林负责财务；蓝绪彰继续任院长，各业务科室主任也一律维持原职，有职有权；全院职工包括中外修女均需各按职守，服从调配。上海市军事管制委员会征用令得到广大职工拥护。同月，中共广慈医院支部成立，朱瑞镛任党支部书记，中国新民主主义青年团上海广慈医院支部改选，燕山任团支部书记。

【整顿】

上海市军事管制委员会工作组进驻医院后，废除原上海教区在医院的管理体制，实行军代表负责制。同时，工作组迅速开展调查研究，广泛听取群众意见，了解医院各方面情况。医院被征用后，建立政治学习制度，对医务员工开展时事形势教育和卫生工作方针教育，还组织干部、积极分子学习社会发展史、新民主主义论等。

1951 年 11 月，医院发动群众对医院财产进行全面清点。清点工作中，建立财产账册，制定财产保管、领物、报废等制度，加强医院钱、财、物的管理。1953 年 12 月 11 日，医院院务管理委员会(简称院务委员会)成立，每半月召开一次会议。委员会成员除党、政、工、团负责人外，还有内科邝安堃、外科傅培彬、眼科聂传贤、泌尿外科程一雄、儿科高镜朗、妇产科唐士恒、皮肤科朱仲刚、放射科朱大成以及护理部王惠敏等。随着院务委员会的建立，医院行政管理体制逐步建立健全：行政领导干部进行分工，每天上午集体办公；院务委员会对各项重大工作制订计划，建立行政机构，各行政部门(除医教室外)都委派和设立专职干部，划分各行政科室的职责和工作范围；制订各项管理制度，包括人事管理、医疗业务管理和会议制度等，任命一批护士长，接替修女对病房的管理工作。

图 1-1-2　1951 年 10 月，广慈医院职工拥护军管会征用

表 1-1-2　1951—1956 年医院历任军代表情况表

时　间	姓　名
1951.10—1952.10	朱瑞镛
1952.11—1953.7	王乐三
1953.7—1956.8	张精忠

【发展】

1956 年 6 月，医院党支部升格为党总支，主要负责政治思想领导；行政业务由院长负责，医院的重要事项由院务委员会讨论做出决定，院长组织实施。与此同时，医院还建立起行政会议制度，强化行政的集体领导。是年 8 月，军代表张精忠调往上海第二医学院工作，医院不再设军事代表。由此，医院结束征用期，领导体制转为院长负责制。

1958 年 9 月，中共中央国务院印发《关于教育工作的指示》，要求“在一切高等学校中应实行党委领导下的校务委员会负责制”。上海第二医学院党委要求附属医院参照执行。是年，医院重新调整院务委员会，明确院务委员会是在党总支领导下，建立在民主基础上的行政权力机构。1960 年 8 月，医院党总支升格为中共上海第二医学院附属广慈医院分党委。1961 年 9 月，中央教育部印发《教育部直属高等学校暂行工作条例》(简称“高教六十条”)，条例中规定高等学校的领导体制是“实行党委领导下校长为首的校务委员会负责制”“高等学校设立校务委员会作为学校行政工作的集体领导组织”。根据上海第二医学院党委相关工作部署，医院于 1962 年对原有院务委员会进行充实调整，由正副院长任院务委员会正副主任，院长对外代表医院，对内主持医院院务委员会和医院的日常工作。医院的重大问题由院长提交分党委研究提出初步的意见，再交院务委员会讨论做出决定，然后由院长组织实施。

1966 年“文化大革命”开始后，医院领导体制受到破坏。1968 年 4 月，医院成立“革命委员会”，作为医院临时权力机构。1968 年 9 月，工宣队、军宣队进驻医院，实行“工、军、革”领导。1970 年 12 月 25 日，医院分党委升格为中共上海第二医学院附属东方红医院委员会，提出实行党委一元化领导，但实际领导权仍在工宣队。

1977 年 3 月，上海第二医学院党委派出工作组进驻医院，主持全面工作。是年 8 月，工宣队、军宣队撤离医院。1978 年 10 月，教育部重新修订“高教六十条”，规定高校领导体制是“党委领导下的院长分工负责制”。医院行政重大事项在党政领导联席会议或院长办公会议讨论决定，由分管副院长按分工负责执行。11 月，撤销“革命委员会”，重建党委，恢复医院各行政机构。1979 年 4 月，建立起院职代会等民主管理体系。

1985 年 1 月，上海第二医学院成为实行院长负责制试点单位之一，各附属医院相应转换领导体制，建立起院长全面负责、党委保证监督、职工民主管理的领导体制。实行院长负责制后，医院党政职能分开，党委主要抓党的政治思想工作、党风建设、党的方针政策贯彻落实以及干部培养教育等工作；对医院规划的制定、重大改革措施出台、师资队伍的培养、重点学科建设、干部任用等重大问题，党委参与重大决策，把握政治方向。医院日常工作由院长负责主持实施。是年 6 月，上海第二医学院更名为上海第二医科大学。1987 年 1 月 10 日，经中共上海市委批准，瑞金医院升格为副局级单位。

1991 年 10 月，上海第二医科大学恢复为党委领导下的校长负责制，医院领导体制也转变为党委领导下的院长负责制。医院党委负责研究贯彻党的各项方针政策，对医院工作中的重大问题进行决策并实行统一领导，支持行政领导行使行政职权，重在发挥党委的政治核心作用；院长负责医院行政业务工作，是医院行政最高负责人，对外代表医院，对内全面负责医院的医疗、教学、科研和行政管理等业务工作。

1997 年 9 月，为进一步深化医疗卫生改革，贯彻落实全国卫生工作会议及上海市卫生工作会议精神，上海第二医科大学在各附属医院实行院长负责制。院长全面负责医院行政业务工作，副院长分管、协管部分工作；院党委发挥政治核心作用，加强班子和干部队伍建设，加强对群众组织和各民主党派的领导，充分发挥职工代表大会在医院民主管理和民主监督中的作用，全力支持院长在职权范围内开展工作。至 2010 年，医院实行院长负责制的管理体制。

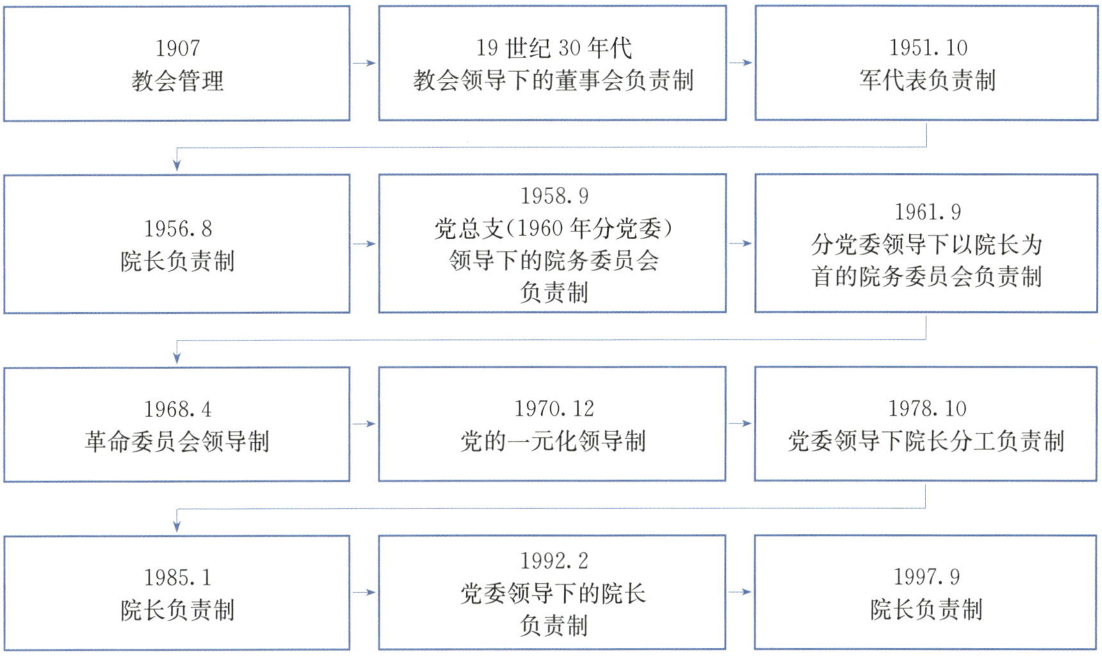

图 1-1-3　1907—2010 年医院管理体制变化示意图

表 1-1-3　1951—2010 年医院历任院长、副院长情况表

任　期	院　长	任　期	副院长
1951.10—1952.10	蓝绪彰	1951.10—1952.11	王瑞文
1952.11—1954.12	倪葆春(第一院长)	1952.11—1955.4	蓝绪彰
1952.11—1958.6	张曦明(第二院长)	1955.3—1958	程贤家
1959.12—1962.8	洪明贵	1959.2—1960	应仁珍
1962.8—1967.1	骆德三	1961.4—1967.1	傅培彬
1978.8—1984.6	傅培彬	1962.2—1967.1	史泽亭
1984.6—1988.1	徐家裕	1962.8—1967.1 1978.8—1984.6	时朴斋
1989.7—2009.3	李宏为	1962.4—1967.1	李　耳

（续表）

任　期	院　长	任　期	副院长
2009.3—	朱正纲	1978.8—1984.6	王国银
		1978.8—1984.6	胡曾吉
		1978.8—1988.10	唐步云
		1981.2—1984.6	曲敬开
		1984.6—1988.1	王鸿利
		1984.6—1995.6	高　恪
		1984.6—1997.12	庄孟虎
		1988.1—1989.7	李宏为(主持工作)
		1988.1—1995.6	席德忠
		1991.11—1998.2	戚文航
		1995.6—2002.9	于金德
		1995.6—2005.1	俞卓伟
		1995.6—2006.6	赵忠涛
		1995.6—2007.7	沈卫峰
		1998.2—2001.8	朱正纲
		1998.2—2005.3	沈翔慧
		2002.1—	郑民华
		2002.9—	宁　光
		2005.2—	袁克俭
		2005.2—	黄　波
		2007.2—	姜昌斌
		2009.7—	胡翊群

说明："文化大革命"中医院革委会成员：革委会主任(第一召集人)，骆德三；革委会副主任(第二召集人)，王长海、赵健生、应顺娣(工宣队)、钟端龙(军宣队)、时朴斋、傅培彬。

第二节　行政隶属关系

作为天主教在华慈善事业的重要组成部分，医院在开办时隶属于天主教会江南代牧区。1914年，医院成为震旦学院医科的教学医院，开始接受医疗专业学生的临床教学与实习任务。1921年，江南代牧区分为江苏、安徽两个教区，医院属于江苏教区管辖。1926年，江苏教区划分为南京教区、海门教区，医院隶属于南京教区。1933年，上海教区从南京教区中独立，广慈医院隶属于上海教区。法租界公董局从医院设立起，从资金、人员配备方面不断给予医院扶持，但并不干涉医院内部工作。医院隶属关系虽几经变动，实际上始终由天主教法国耶稣会委派一位神父为院长，负责管理。

1951 年 9 月，上海市军事管制委员会接管医院，并受上海市人民政府卫生局领导。1952 年 10 月，震旦大学医学院、上海圣约翰大学医学院和同德医学院合并成立上海第二医学院。是年 11 月，经上海市军事管制委员会批准，医院成为上海第二医学院的附属医院，院名由广慈医院改为上海第二医学院附属广慈医院，上海市卫生局将医院移交至华东军政委员会卫生部直接领导。是年 12 月，华东军政委员会卫生部将医院交由上海第二医学院管理，华东军政委员会卫生部负责委派医院领导干部和划拨医院经费。

1954 年，华东军政委员会卫生部撤销，医院经费由上海市卫生局按病床数给予补贴，在医疗业务上受上海市卫生局领导，医院受上海第二医学院和市卫生局的双重领导。

1966 年，医院更名为上海第二医学院附属东方红医院。1972 年，医院更名为上海第二医学院附属瑞金医院。1985 年 6 月，上海第二医学院更名为上海第二医科大学，医院随之改名为上海第二医科大学附属瑞金医院。

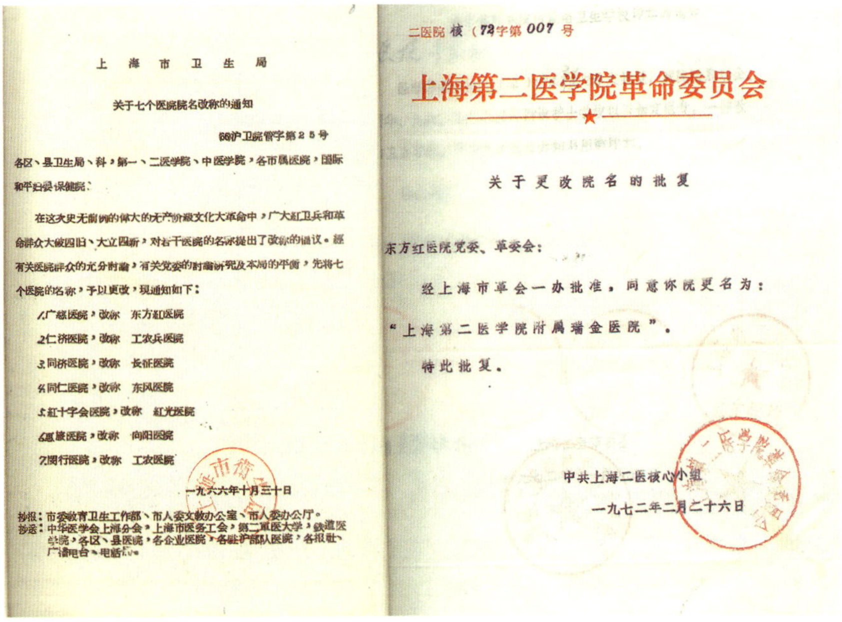

上　海　市　卫　生　局

关于七个医院院名改称的通知

66沪卫院管字第25号

各区、县卫生局、科，第一、二医学院、中医学院，各市属医院，国际和平妇婴保健院：

在这次史无前例的伟大的无产阶级文化大革命中，广大红卫兵和革命群众大破四旧、大立四新，对若干医院的名称提出了改称的倡议。经有关医院群众的充分讨论，有关党委的讨论研究及本局的平衡，先将七个医院的名称，予以更改，现通知如下：

1.广慈医院，改称　东方红医院

2.仁济医院，改称　工农兵医院

3.同济医院，改称　长征医院

4.同仁医院，改称　东风医院

5.红十字会医院，改称　红光医院

6.惠旅医院，改称　向阳医院

7.闵行医院，改称　工农医院

一九六六年十月三十日

抄报：市委教育卫生工作部、市人委文教办公室、市人委办公厅。

抄送：中华医学会上海分会，上海市医务工会，第二军医大学，铁道医学院，各区、县医院，各企业医院，各驻沪部队医院，各报社、广播电台、电话局。

二医院核（72字第007号

上海第二医学院革命委员会

关于更改院名的批复

东方红医院党委、革委会：

经上海市革会一办批准，同意你院更名为：“上海第二医学院附属瑞金医院”。

特此批复。

中共上海二医核心小组

一九七二年二月二十六日

图 1-1-4　医院两次更名

2005 年 7 月，上海第二医科大学与上海交通大学合并，更名为上海交通大学医学院，医院随之更名为上海交通大学医学院附属瑞金医院。2005 年 9 月，上海实施市级医院管办分开改革，上海申康医院发展中心（简称申康中心）成立，医院的预算、资产、规划及院长绩效考核由申康中心管理，上海市卫生局则负责卫生全行业的管理。

第三节　行政职能部门

一、行政管理架构

建院初期，医院只设院长和外籍会计师，秘书室、社会服务组各 1 人。1936 年，医院开设护士学校。

1951 年,医院被上海市军事管制委员会征用前,行政机构设有事务处和医务处。事务处下设立人事组、秘书室、会计组、总务组和社会服务组。1951 年,医院被征用后,人事、财务、社会服务各部门工作得到加强,并均有上海市军事管制委员会成员参加领导。在军代表、院长领导下,设有秘书室、人事科、护理部、总务科、财务科,临床科室由医务副院长直接管理。1953 年,设立医教室,广慈护校与仁济护校合并为上海第二医学院附属护士学校。

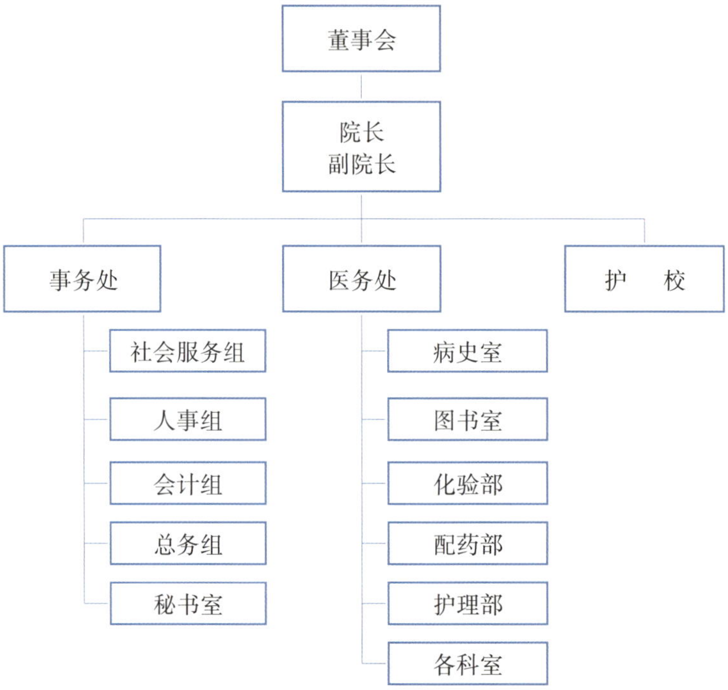

图 1-1-5 1950 年医院行政组织架构图

1954 年,秘书室改称为院部办公室。1955 年,成立门诊部,专管门、急诊工作。1957 年,上海第二医学院附设护士学校管理职能下放,由医院直接管理,并更名为广慈医院护士学校。1958 年,将总务科与财务科合并后成立行政科,负责全院的财务管理和后勤事务。1959 年,医教室、护理部并入院部办公室。1961 年,成立医疗系一部,专门负责医院教学工作,下设系部办公室,行政科重新拆分为总务科、财务科。1964 年,恢复设立护理部,医教室改名为医务科。此后几年科室逐步增加,至 1966 年 6 月,建有院务办公室、人事科、医务科、护理部、财务科、总务科、门诊部办公室、出入院管理科、医疗系一部、教学办公室、膳食科、营养室 12 个行政管理科室的设置。

"文化大革命"期间,先是成立"抓革命、促生产"办公室取代原来的行政管理机构,成立"革命委员会"(以下简称"革委会")后,下设办公室、政宣组、组织组、业务组、后勤组和武保组,分别管理医院的行政、人事、业务、财务、总务等工作。1978 年 8 月,革委会撤销,医院逐步调整、恢复、充实院组织机构,恢复设立院长办公室、人事科、医务科、护理部、财务科、总务科、门诊部及其办公室。科研及研究生管理工作由医务科兼管;设备、基建、膳食、营养从总务科分出;出入院管理工作从财务科分出,保卫工作从人事科分出,并发展成为相应的独立部门。1985 年 10 月,科研科成立。

1987 年 1 月,医院被定为副局级医疗单位。是年 10 月,经上海市编制委员会决定,医院原院长办公室、人事科、医务科、护理部、财务科、门诊部、总务科机构级别升为副处级建制,原由这些部门分出的科室维持科级建制,隶属于相关处室。同时,根据工作需要,成立监察审计室、科技服务部。

1986年6月，成立退管会。1988年2月，门诊部改称为门急诊部。1989年5月，医院护校被合并为上海第二医科大学附属卫生学校，1990年4月，医疗系一部更名为瑞金临床医学系。1991年，科研科升格为副处级建制，更名为科教处。1994年6月，医院临床医学系更名为瑞金临床医学院，成为院内副处级行政职能部门，下设临床医学系、医学检验系、高级护理系，承担上海第二医科大学下达的教学任务和在院学生管理工作。

1997年1月，中共中央、国务院出台《关于卫生改革与发展的决定》，明确提出推进卫生改革的总要求，在医疗领域主要有改革城镇职工医疗保险制度、改革卫生管理体制、积极发展社区卫生服务、改革卫生机构运行机制等。此后，医院于1997年，成立综合目标管理办公室，将门急诊部拆分门诊部和急诊部。1998年，设立医保办公室。1999年，开始医院集团化改革探索，成立市场信息部。2000年，总务处更名为后勤保障处。2001年8月，集团办公室成立，科教处更名为科技发展处。2006年，医院成立社区医疗工作办公室，探索纵向医疗资源整合机制和双向转诊新机制。2007年，原总务处下属设备物资管理科分出成为直属科室，人事处更名为人力资源处。2010年5月，医院将干部保健工作职能从医务处划出，成立医务二处专门负责干部保健各项工作，医务处更名为医务一处；集团办公室、市场信息部、社区专项办公室合并成立对外合作与发展部，负责医院集团管理和对外市场拓展；同时成立绩效与成本管理办公室，对原有综合目标管理办公室职能进行扩展，推进成本核算和绩效管理工作。

二、部门职能

【院长办公室】

院长办公室作为院长直属办事机构，主要职责为协助院长处理各项日常院务工作，协调各职能管理部门、临床科室之间的各类行政事务，确保信息上传下达。20世纪40年代末，设秘书文案员、事务员和助理文案员，负责医院一切规章制定、内外文件往来、报章新闻登载等有关事务。1951年，统管病人服务处、基本建设小组、总务科、财务科和人事科工作。1954年，具体办理全院性的一切秘书行政事务工作，另外还负责信访、问讯处、驻警卫、电话间的工作。1959年，医教室和护理部机构精简，与院部办公室合署办公，设若干副主任分管院务行政、医学、教育、研究、护理工作。1964年，医务、护理管理职能分出，科研工作仍由院部办公室管理，并负责外宾和其他兄弟医院的参观接待和联系工作。"文化大革命"期间，院长办公室的职能全部由革委会办公室统一管理。

1978年，科研工作划归医务科。1988年，院长办公室主要负责医院各项决策贯彻落实、执行与督办；制订医院计划总结和收发往来文件；各种行政会议和全院性大型活动的组织协调；处理群众来信来访；对外联络、国内外交流等工作。20世纪90年代初，院长办公室参与广慈纪念医院筹建工作。1997年起，协同财务处共同负责医院综合目标管理和绩效考核工作。1999年，负责医院市场信息部的筹建工作，并负责九舍管理办公室至2010年。

至2010年，部门设主任1名，副主任2名，设有内勤、机要、信访、外事4个岗位，并负责管理院收发室、文印室和摄影室日常工作。

【医务一处/医务二处】

1951年前，各科住院及门诊化验、药剂、护理、助产等事项均由医务处主管。1953年，医教室负责全院医疗和教学工作。

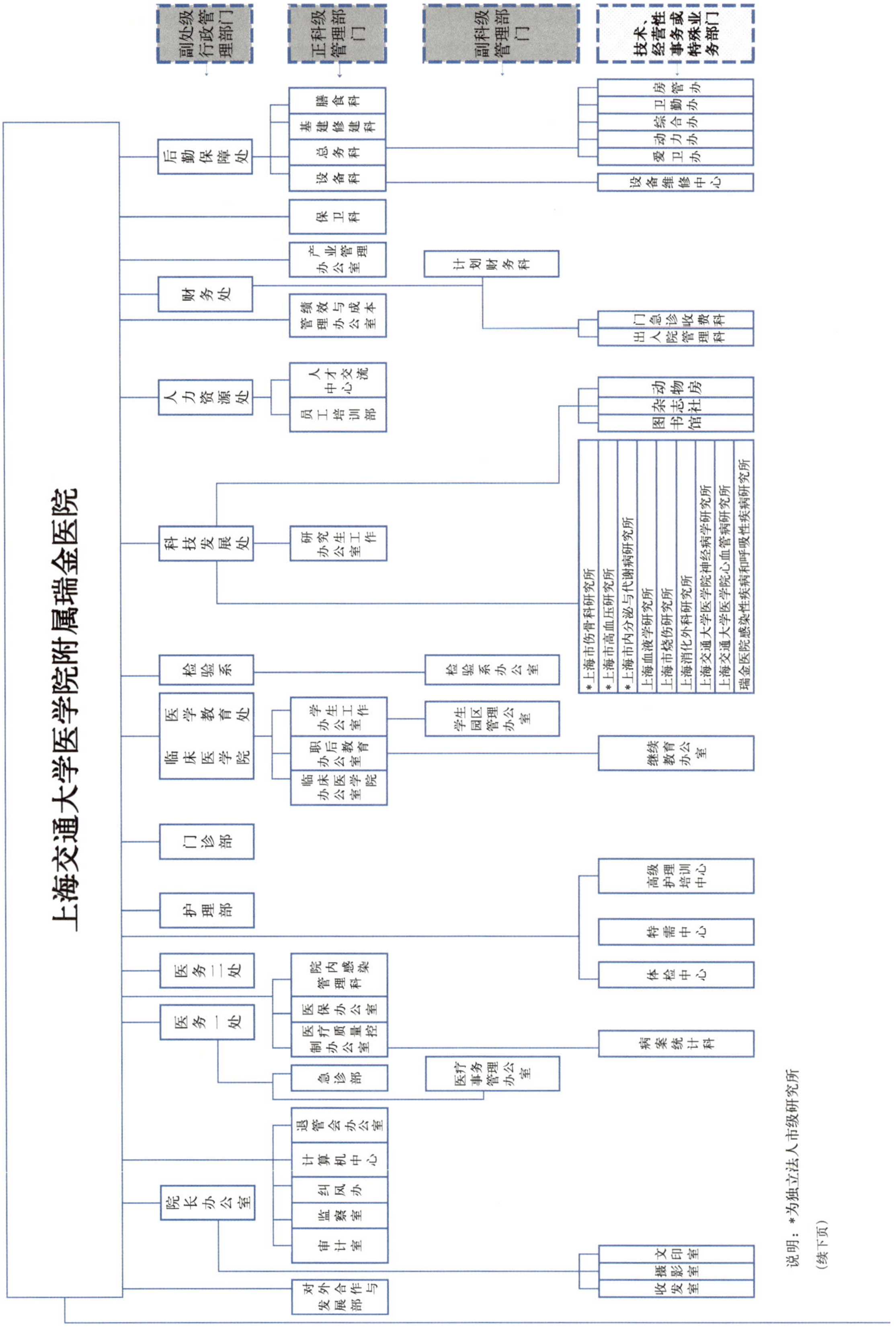

说明：*为独立法人市级研究所

（续下页）

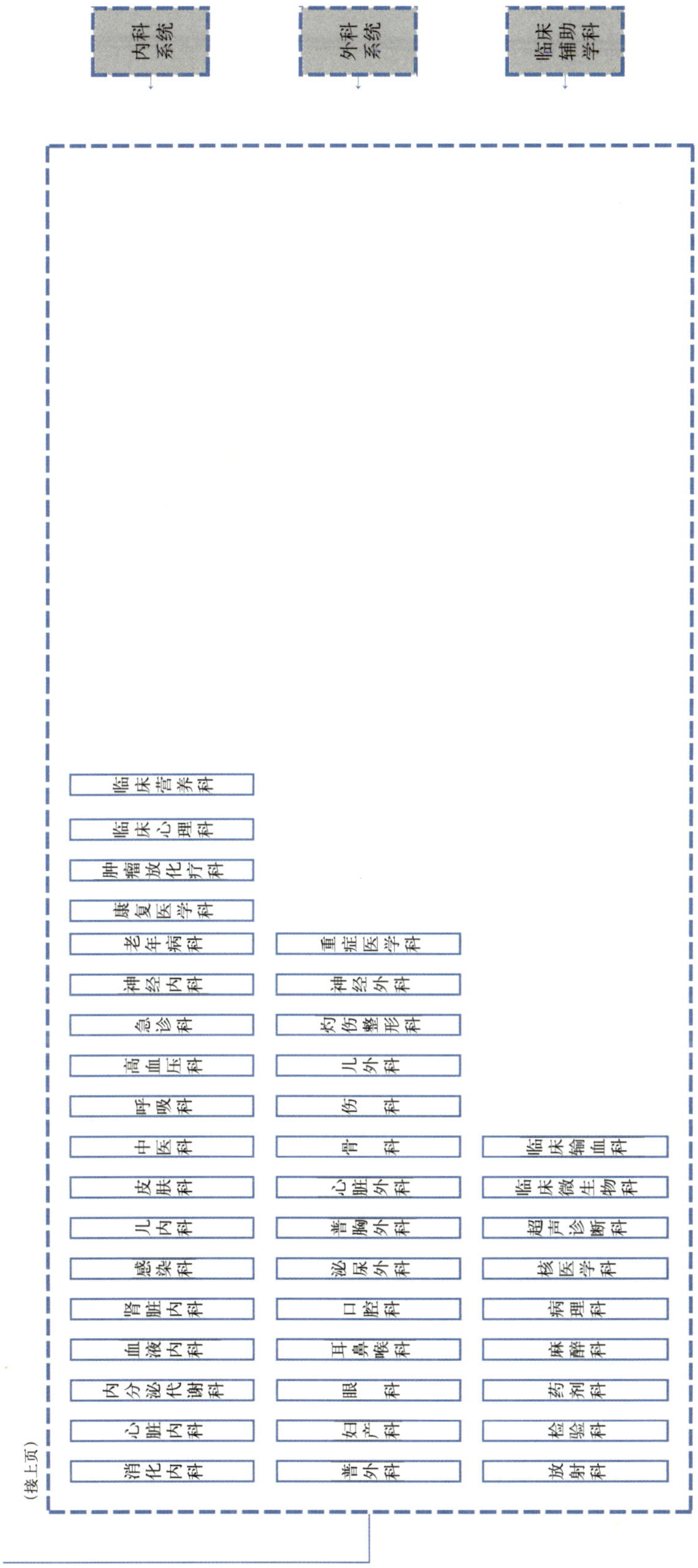

图1-1-6　上海交通大学医学院附属瑞金医院组织机构图(2010年)

1964 年，成立医务科，管理全院医疗工作。1978 年，医务科还兼管科研及研究生工作。1981 年，医院规定病史统计工作由医疗副院长直管，而病案管理工作归医务科。1985 年，科研与研究生管理职能划归新成立的科研科。1988 年，医务科撤科建处，升格为副处级机构。

1992 年，病史统计室更名为统计信息科后由医疗副院长直管，不再由医务处管理。1998 年 6 月，成立九舍管理办公室，由一名医务处副处长专职负责干部保健和特需医疗管理工作。

2002 年 9 月，医务处下设立医疗事务接待办公室，由一名副处长分管，负责处理病人对医疗服务的投诉。2005 年起，医保管理办公室划归医务处管理。2008 年 2 月，医务处设置医疗质量监控办公室，开展各项医疗质量工作的督查。2010 年 5 月，分为医务一处和医务二处，医务一处承担原医务处各项职能，医务二处专门负责干部保健工作。

【护理部】

1907 年，护理工作由仁爱会修女负责。1931 年，隔离病房的护理工作由圣方济各修女负责。1949 年，设立护理部。1951 年，通过调整病房，划分病区，任命护士长，制定护士手册，设定各级护理人员职责及护理常规。1959 年，护理部一度被撤销，1964 年，又重新设立。

20 世纪 60 年代，通过制订护理常规和病室消毒隔离制度，有效降低院内感染。“文化大革命”时期护理部被撤销，由革委会业务组统一管理护理工作。1977 年，恢复护理部，陆续制订各项护理工作制度和护理常规，建立岗位责任制及护理部—科—病区三级护理管理体系。

1986 年，成立院感组，归护理部管理。1991 年，成立医院分级管理护理质量考评小组，对全院护士长进行考核，建立护理质量标准评价及护理质量自查标准体系等。2002 年，成立护理质量评价组。2003 年，成立褥疮护理、呼吸机护理与管理、静脉输液护理、疑难及重危症护理管理“四大会诊中心”；建立院、科二级护理质量评价组，持续改进护理质量。

【门诊部/急诊部】

1949 年前，门急诊管理一直由院长委托各科主任主持。1954 年，门诊部工作组成立，并设置门诊办公室，统管门诊和急诊工作，完善各项规章制度。1956 年，设预防保健科，由门诊办公室管理。1959 年起，由门诊部牵头召开疑难病例讨论，解决疑难病例的诊疗。

1962 年，门诊办公室负责门急诊医疗质量和服务态度，订立各项规章和质量控制制度。1964 年，组织每两周一次的抢救演习。“文化大革命”期间，由“革命委员会”统一管理门急诊工作。1978 年，门诊部恢复工作。

1991 年，提出急诊首诊负责制。1993 年，开设专家门诊部。1993 年 10 月，门诊部下设急诊办公室。1997 年，拆分为门诊部、急诊部。2002 年，成立门诊体检中心，开展健康体检；急诊部制订各类应急预案。2007 年，成立门诊便民服务中心，整合预检、导医、咨询、预约等功能。2008 年，成立门诊健康教育与促进中心。2010 年，门诊部设挂号处、注射治疗室、便民服务中心、专家门诊等部门。急诊部设挂号处、预检台、急诊输液室等部门，设立急诊绿色通道。

【瑞金临床医学院】

1953 年，医院设立医教室，负责全院医疗和教学工作。1955 年，二医成立医疗系，临床教学由广慈医院、仁济医院、宏仁医院分担。1959 年，医院撤销医教室，教学工作由院部办公室管理。

1961 年，医疗系分为一部和二部，其中一部设在广慈医院。“文化大革命”期间，上海第二医学院停止招生。

1990年，医疗系一部更名为上海第二医科大学瑞金临床医学系。1994年，瑞金临床医学系升格为上海第二医科大学瑞金临床医学院，医院院长兼任临床医学院院长，设专职或兼职副院长，下设教学办公室、学生工作办公室。

2005年，随着上海第二医科大学与上海交通大学合并，上海第二医科大学瑞金临床医学院更名为上海交通大学瑞金临床医学院。2009年，医院整合全院教学资源和职能，将继续医学教育办公室、住院医师规范化培训都纳入瑞金临床医学院统一管理，医学教育的规模从毕业前教育扩展到毕业后教育。

至2010年，下设教务办公室、学生工作办公室、毕业后教育办公室和继续教育办公室，承担教学管理、学生管理、师资队伍建设等工作。

【科技发展处】

1956年12月，中共中央、国务院批准执行《1956—1967年科学技术发展远景规划》。据此，医院明确有医学、教育、研究和人才培养四大任务，并确定由业务副院长分管科研工作，日常管理由医教室兼管。1959年，院长办公室专设一名副主任，主管科研工作。

1978年，由医务科统管科研工作，医务科副科长负责科研及研究生管理工作。

1985年10月底，依据《上海教卫办、市卫生局、高教局对瑞金、仁济、新华、九院四所附属医院下达设立科研科并任命科长的通知》，医院成立科研科，具体负责科研计划、科研成果、研究生管理、重点学科、实验基地和药物临床试验基地的建设和管理等工作，并协调管理设于医院内的各研究所。

【人力资源处】

1949年，人事组与秘书室、总务组、会计组、社会服务组共同隶属于医院事务处之下，由院秘书兼任人事组主任，有科员2人。1953年更名为人事科，隶属院秘书室。1968年更改为组织组，隶属院革命委员会。

20世纪50—70年代，人事科职责主要包括选拔和培养干部、考勤、出国政治审查、人员流动、制定组织机构和人员编制、工资福利、人事档案与统计、奖惩。此外，还包括了解干部政策水平和政治思想品质、治安保卫工作、干部劳动事宜，这部分职责随着时代变迁及医院行政机构设置细化而逐步移交或取消。

1986年，人事科调整职责范围，增加技术职称评审、人员培训、师资培养、技术档案管理、外调接待等工作职责。

2000年以后，随着现代化人力资源管理理念的深入，人力资源处进一步增加人力资源战略规划、人才引进、学科发展与人才培养计划、合同管理、人事信息系统建设、员工培训等工作职责范围。2003年，为整合医院员工培训资源，成立员工培训部，隶属于人力资源处。

【财务处】

教会医院时期，由一位外籍会计师办理大账房和急诊间账房账目，医院董事会中设财务董事一职，负责筹划医院财务事项，并经董事会审核通过每会计年度的决策及预算。1949年，院部公布组织规程，院事务处下设会计组。

1952年，会计组更名财务室。1953年，财务室升格为财务科。1958年3月，精简机构，财务科与总务科合并为行政科。

1961年，又拆分为财务、总务两科。1964年，住院部财务工作由财务科中独立，单独成立出入院管理科。“文化大革命”期间，财务科改为财务组。

1978年，恢复财务科建制。1988年，计划财务科成立，由原财务科内部账务组人员组成。同年，财务科升格为财务处，下设3个科室，分别为：计划财务科、出入院管理科、门急诊收费科。

2004年，为加强对院办企业的财务管理，医院成立三产结算中心，隶属于财务处。

【后勤保障处】

20世纪30年代，医院后勤事务主要由修女管理，由信奉天主教的工友协助。1949年，医院设立总务组，负责后勤工作，隶属于事务处。

1953年，医院将总务组拆分为总务科和基本建设小组，隶属于院秘书室，并细化总务科职能，下设总务组、膳食组、物资供应组。1958年3月，总务科与财务科合并、建立行政科。

1961年1月，行政科又拆分为总务科和财务科。“文化大革命”期间，总务科改称后勤组。1978年10月，恢复总务科。

1987年10月，总务科升格为总务处，各管理部门进行整合。1988年2月，总务处下设总务科、设备科、基建科、营养室、膳食科。

2000年3月，瑞金医院后勤服务中心成立，总务处原下属的综合管理科、房屋管理科、膳食科、营养室等取消行政职级，整体转轨，成立8个分中心。总务处更名为后勤保障处，设管理人员代表医院对8个分中心行使管理职能。

第二章　党的组织体系

第一节　党的委员会

20世纪50年代，广慈医院党(总)支部换届改选的程序较为简单，选举前先由党员提名候选人，经支委会研究确定后召开党员大会进行投票选举，并报上级党委审批。1960年，成立分党委，每次召开党员大会换届选举的同时，都结合贯彻中央或市委提出的中心任务、总结工作，提出今后任务，并选举产生医院(分)党委会。医院从1960年至1989年共召开8次党员大会。随党员人数增加，2010年召开医院历史上第一次党员代表大会。

表1-2-1　1960—2010年历届党员(代表)大会召开情况表

时　间	会议名称	(分)党委委员
1960年8月17日	第一次党员大会(分党委)	张明秀　金伯刚　李树林　崔林森　丁文祥　刘　侃　洪明贵　王　铭　叶季平　陈坤扬　龚静德　唐玉智　杨之骏　张世泽　聂传贤　陈瑞琴　张文英　赵光胜　吴邦桀
1961年10月3日	第二次党员大会(分党委)	张明秀　金伯刚　李树林　崔林森　洪明贵　刘　侃　王　铭　叶季平　赵光胜　龚静德　杨之骏　周国钧　倪敏芝　胡曾喆　唐玉智　乔　陆　刘俊民
1962年12月23日	第三次党员大会(分党委)	骆德三　金伯刚　崔林森　刘俊民　龚静德　史泽亭　王　铭　时朴斋　项　映　周全太　刘　侃
1965年5月30日	第四次党员大会(分党委)	骆德三　左筱凡　崔林森　李　耳　时朴斋　史泽亭　周全太　孔宪本　刘俊民　凌　鹤　吴少鹏　顾　洁　沈婵雄
1970年12月24日	第五次党员大会	于在忠　骆德三　应顺娣　等9人(不详)
1975年8月29日	第六次党员大会	宋大章　应顺娣　关子展　赵同祥　陈志龙　戚嘉庚　林诚甫　沈林芳　唐步云　沈　财　方菊芳　徐伯忠　王月华
1986年7月25日	第七次党员大会	陈淑瑾　严　肃　陈正中　王鸿利　朱　桦　沈翔慧　唐步云
1989年8月25日	第八次党员大会	陈淑瑾　陈正中　严　肃　李宏为　席德忠　沈翔慧　吴云林　单友根
2010年1月15日	第一次党员代表大会	严　肃　陈生弟　杨伟国　宁　光　朱正纲　陈晓农　赵　任　姜昌斌　袁克俭

1956年，成立中共上海第二医学院附属广慈医院党总支，由刘万宝、崔林森任组织委员，由总支委员程贤家、王兴华分管统战工作。1960年，成立中共上海第二医学院附属广慈医院分党委，由分党委副书记金伯刚分管组织工作、分党委委员叶季平协助。1961年，由分党委副书记崔林森负责组织工作，由分党委委员龚静德和王铭分管统战工作。1962年，中共上海第二医学院委员会建议新一届广慈医院党委委员的分工统一划分为“组织、监察、宣传、武装、统战、青年”等六方面，由分党委副书记崔林森和分党委委员刘俊民任组织委员，由分党委委员史泽宇、王铭任统战委员。1978

年，统战工作纳入党委办公室的职能。1981 年，为加强党的统一战线工作，由一名党委委员分管这项工作。1984 年，设专职组织员，由肖翠锦担任。1990 年，党委组织员被设置为正科级岗位。1991 年起，由党委书记亲自负责统战工作。2007 年，设置党委统战员岗位，定为副科级。

表 1 - 2 - 2　1951—2010 年医院历任党组织书记、副书记情况表

名　称	任　期	书　记	任　期	副书记
党支部	1951.10—1952.11	朱瑞镛(军代表)	1953—1955.3	刘涌波
	1953.9—1954.7	张精忠(军代表)	1953.11—1954.1	曲　荣
	1954.7—1956.6	崔林森	1955.3—1956.6	于永澄
党总支	1956.8—1958.8	程贤家	1956.6—1957.9	刘万保
	1958.10—1960.8	张明秀	1956.6—1957.10	于永澄
			1957.7—1960.8	金伯刚
			1959.5—1960.8	李树林
分党委	1960.8—1963.5	张明秀	1960.8—1963.5	李树林
	1963.1—1967.1	骆德三	1960.8—1965.5	金伯刚
			1960.8—1967.1	崔林森
			1965.7—1967.1	左筱帆
党的核心小组	1970.8—1970.12	于在忠(军宣队)	1970.8—1970.12	骆德三
			1970.8—1970.12	应顺娣(工宣队)
党　委	1970.12—1972.9	于在忠(军宣队)	1970.12—1972.8	骆德三
	1972.9—1975.8	骆德三	1970.12—1977.8	应顺娣(工宣队)
	1975.9—1978.9	宋大章	1972.9—1975.8	钟端龙(军宣队)
	1978.9—1984.6	孔庆寿	1975.9—1976.10	关子展
	1984.6—1995.7	陈淑瑾	1975.9—1977.8	赵同祥
	1995.7—1997.10	李宣海	1975.9—1978.8	陈志龙
	1997.11—	严　肃	1978.8—1984.6	钟端龙
			1978.9—1984.6	唐步云
			1980.5—1984.6	崔林森
			1982.1—1984.6	陈淑瑾
			1984.6—1991.5	严　肃
			1984.6—1995.8	陈正中
			1992.3—2005.6	沈翔慧
			1998.2—	陈生弟
			2007.7—	杨伟国

第二节　纪律检查委员会

1979年以前，瑞金医院党的纪律检查工作由党委组织委员兼管，不设专门的纪律检查部门。1979年8月，经中共上海第二医学院委员会批复同意成立瑞金医院党的纪律检查小组，崔林森任组长。1984年3月，成立中共上海第二医学院附属瑞金医院纪律检查委员会，是年6月，陈正中任书记。

1984年以后，瑞金医院纪律检查委员会由瑞金医院党员大会或党员代表大会选举产生，在瑞金医院党委和上海第二医学院纪委双重领导下进行工作，每届任期与医院党委相同。1986年8月，经瑞金医院党员大会等额选举，并经中国共产党上海第二医科大学委员会批复同意，陈正中任瑞金医院党委副书记兼纪委书记，杨淑芬任纪委专职副书记。1989年9月，经瑞金医院党员大会差额选举，并经中共上海第二医科大学委员会批复同意，陈正中任瑞金医院党委副书记兼纪委书记，肖翠锦任纪委专职副书记。

1995年9月，经中共上海第二医科大学委员会批复同意，沈翔慧任瑞金医院党委副书记兼纪委书记。1998年4月，经中共上海第二医科大学委员会批复同意，陈生弟任瑞金医院党委副书记兼纪委书记。

2010年1月，经瑞金医院党员代表大会差额选举，并经中共上海交通大学医学院委员会批复同意，陈生弟任瑞金医院党委副书记兼纪委书记，李莉任纪委专职副书记。

表1-2-3　1979—2010年医院纪律检查委员会历任书记、副书记情况表

名　称	任　期	书　记	任　期	副书记
纪律检查小组	1979.8—1984.3	崔林森(组长)	1979.8—1984.3	王　铭(副组长)
纪律检查委员会	1984.6—1995.8	陈正中	1984.6—1989.5	杨淑芬(专职)
	1995.9—1998.4	沈翔慧	1989.11—1992.3	肖翠锦(专职)
	1998.4—	陈生弟	1992.7—1995.9	郑振中
			1995.9—2003.3	陶玲娟
			2003.3—2005.6	李亚东
			2006.11—	李　莉(专职)

第三节　基层党的组织

1948年下半年，震旦大学医学院学生党员田厚生、郑惠黎到医院实习。这是中共上海党史资料中最早的地下党在广慈医院活动记载。1949年9月，二人毕业留院工作后，与中德产院南洋医院的党员组成联合党支部。1950年下半年，震旦大学医学院1951届一名学生党员到院实习，医院中党员人数达到3人，成立党小组。

1951年10月，医院被上海市军事管制委员会征用时已有10名党员，成立党支部，隶属于中国共产党卢湾区委员会。

1956 年 6 月，随着党员队伍壮大，经中共上海第二医学院委员会批准，广慈医院党支部升格为党总支，下设 5 个党支部，分别为行政、医疗、口腔、儿科和学生支部。1957 年，根据中国共产党上海第二医学院委员会组织部的要求及实际需要，将广慈护校党支部归由广慈医院党总支领导。同年，按照党章第四十八条一款规定和具体条件，上海第二医学院党委同意医院党总支有权批准支部关于接收党员的决议，但关于教授、人民代表大会代表、政治协商会议委员、民主党派成员的入党事宜仍由上海第二医学院党委会审批。

1960 年 8 月，为适应工作需要，经中共上海市委教育卫生部批准，广慈医院党总支升格为分党委，下设 5 个党总支(分别是 3 个医疗总支，以及口腔、行政总支)，下设 26 个支部。1964 年，为减少机构层次，更好地发挥基层党组织的作用，撤销党总支建制，下设 11 个党支部。

1970 年 12 月，经上海市革委会文教组批准，东方红医院分党委升格为党委，下设 9 个党支部。进入 20 世纪 80 年代，党员队伍不断壮大。1980 年，设 17 个党支部。1984 年，党支部增至 22 个。1985 年，为了充分发挥老专家、老同志的作用，建立离休干部党支部。1996 年，党支部换届选举，根据形势与任务，对新一届党支部的设置作必要调整。

1984 年，党支部换届后，院党委统一举办党支部书记及委员培训班。1989 年，党委对 22 个党支部进行分析和考评，以促进基层党支部的建设。1991 年，为改进工作作风，建立院领导班子成员联系支部制度；同时在儿科、总务等党支部试行党员责任区，实行支部书记与科主任联席会议制度、建立学习组长制度、建立入党积极分子培养考察表等。1998 年，医院党委以“目标管理”为抓手，与每个党支部书记签订“支部党建目标责任书”，将党建工作与任务具体分解，责任到人，通过定目标、定任务来抓好党建工作。

2002 年，设党总支 6 个，党支部 40 个，支部书记中科室正、副主任的比例占 75%。2007 年，各党支部积极下社区、到学校开展党员志愿服务或组织各种义诊活动，进一步提高党员的先进性意识和服务群众的能力。是年 11 月，上海远洋运输公司与瑞金医院签订托管协议，托管期间远洋医院的党、团组织和其他群众团体等关系挂靠瑞金医院，由瑞金医院按相关规定和相应程序负责管理，副院长宁光兼任上海远洋医院院长、分党委书记。2009 年，本着工作性质相近、党员数量相对平衡且有利于党支部建设的原则，对医院部分党支部设置进行调整。至 2010 年，医院共有党员 1 748 名，党委下设 8 个党总支 53 个党支部。

第四节　党务职能部门

1956 年，设立广慈医院党总支办公室。1960 年，改为分党委办公室。“文化大革命”开始后，分党委办公室停止工作。1963 年 3 月，广慈医院设立文书档案室。1970 年，党的日常工作分别由革委会办公室和工宣队分工负责。1976 年后，党委办公室和院长办公室合署办公。1978 年，医院成立人民武装部，隶属于党委办公室。1980 年 12 月，为贯彻十一届五中全会精神，改变医院领导体制，实行党政分开，党委办公室和院长办公室分开办公。1988 年 2 月，党委办公室升格为副处级建制。2010 年 8 月，文书档案室改名综合档案室，增加实物档案管理。

1978 年，成立医院宣传科。1991 年，依据中共上海第二医科大学委员会文件精神，宣传科更名为党委宣传科，在院党委领导下探索医院思想教育管理体系，挖掘医、教、研和管理各项工作的亮点，加强医院品牌文化的建立，组织策划医院各类公共关系活动。

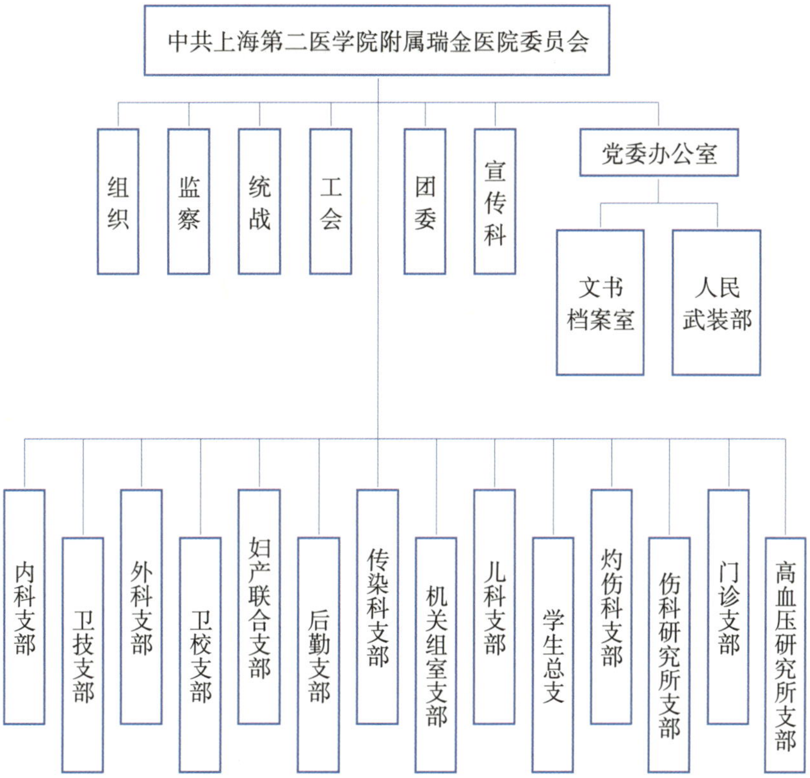

图 1-2-1　1978 年医院党委组织结构图

1982 年，由医院人事科负责离休老干部工作。1986 年，老干部科由党委领导，落实离休老干部政治待遇和生活待遇，组织老干部活动，发挥老干部作用。

1992 年，成立瑞金医院精神文明建设委员会，在党委领导下，系统管理全院的政治思想教育和精神文明建设活动。1996 年，院精神文明建设委员会提出，院党委会讨论决定，设精神文明办公室。

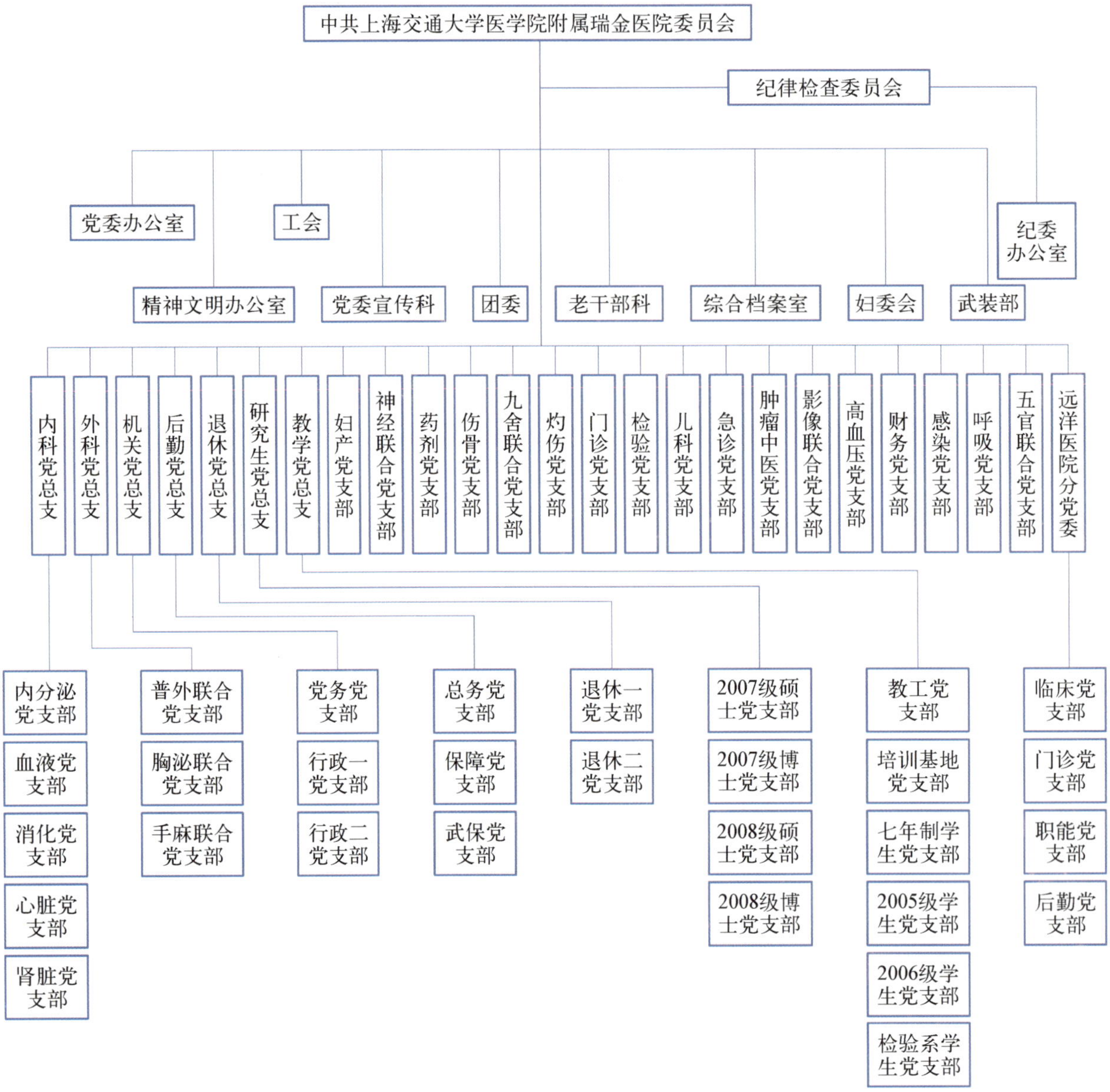

图1-2-2　2010年医院党委组织结构图

第三章 群众组织、民主党派与统战团体

第一节 群众组织

一、工会

1949年6月，在中国共产党地下党员的参与和引导下，成立上海市医务工会筹备会。7月上旬中国共产党地下党员、广慈医院眼科医师田厚生与该会取得联系，并在职工中酝酿推荐代表组成广慈医院工会筹备会，王琪为筹备会主任，龚静德为副主任。经过一年多时间的筹备，于1950年10月选举产生第一届工会委员会，会员数318人。至2010年，医院共选举产生14届工会委员会，有工会会员3 650人，24个部门工会，136个小组，专职工会干部6人，形成医院工会委员会、部门工会委员会、工会小组三级组织。

二、共产主义青年团

1950年10月，中国新民主主义青年团上海广慈医院支部委员会成立，并与广慈医院护校团支部合并，何冠雄任团支部书记，致力于提高团员青年的思想素质和技术水平，发挥党的助手作用。1953年5月，成立中国新民主主义青年团上海第二医学院附属广慈医院团总支，下设4个支部，燕山等8人组成总支委员会，燕山任团总支书记，黄育万、刘云生任团总支副书记。1959年3月，医院团总支升格为广慈医院团委，隶属于中国共产主义青年团上海第二医学院委员会，共有共青团员712人。"文化大革命"期间，医院团组织规模一度缩减。1972年2月，团员人数仅239名，降格为团总支。1973年7月，再次成立中国共产主义青年团上海第二医学院附属瑞金医院委员会。1992年，成立医院青年知识分子联谊会，努力发挥青年知识分子的积极性和主动性。1994年起，积极响应共青团中央创建青年文明号的工作，完善对优秀青年的推荐、输送渠道，加强党团联动。2002年，创办义工服务中心，为病人提供优质服务。2009年，开创瑞金医院"彩虹家园"志愿者服务平台。2010年，医院团员人数达860人。

三、妇女工作委员会

妇女工作委员会是医院党委领导下的妇女群众组织。"文化大革命"前妇女工作由工会女工委员负责，1984年前由副院长时朴斋兼管。1985年4月，成立瑞金医院妇女工作委员会（以下简称"妇委会"），围绕医院"两个文明"建设，发挥广大女职工的作用，依法做好妇女维权工作，积极维护女职工的合法权益，贯彻执行计划生育政策。1991年，成立瑞金医院计划生育协会，把落实计划生育措施纳入到医院管理中。1994年3月18日，成立瑞金医院女医师女教师联谊会。

第二节　民主党派与统战团体

一、民主党派

1964年,医院的民主党派有中国国民党革命委员会(以下简称“民革”)、中国民主同盟(以下简称“民盟”)、中国民主促进会(以下简称“民进”)、中国农工民主党(以下简称“农工党”)、九三学社(以下简称“九三”),共25人。“文化大革命”期间,各民主党派中断活动。1979年3月恢复组织活动时,医院各民主党派成员有18人。1998年医院各民主党派成员170人,其中,民革成员2人、民盟成员42人、中国民主建国会成员(以下简称“民建”)2人、民进成员47人、农工党成员37人、中国致公党成员(以下简称“致公党”)7人、九三学社成员33人。

1987年3月,农工党瑞金医院支部成立,叶庆荣任主委,至2010年共有党员40人。1987年11月,民盟瑞金医院支部成立,宓志均任主委,至2010年共有盟员55人。1990年4月,九三学社瑞金医院支社成立,董德长任主委,至2010年共有社员48位。1992年2月,民进瑞金医院支部成立,储哲芳任主任委员,至2010年共有会员59名。2007年1月,民建瑞金医院支部成立,李军民任主任委员,至2010年共有会员人数23人。至2010年底,民革和致公党瑞金医院支部尚未成立,医院有民革成员4人、致公党党员15人。至2010年,医院有台盟盟员1人,属台盟上海市委员会直属支部。

至2010年底,医院已有8个民主党派组织,成员达223名,在中国共产党领导下参政议政,充分发挥长期共存、互相监督、肝胆相照、荣辱与共的作用。

二、统战团体

20世纪80年代后期开始,医院在上海第二医科大学领导下,建立各类统战团体,团结台胞、少数民族、归侨侨眷、无党派青年知识分子等统战对象,巩固和发展最广泛的统一战线,引导他们更好地为医院发展服务。

1988年10月,瑞金医院台胞台属联络组(简称“台联”)成立,徐平吉任组长,至2010年,瑞金医院台联会会员共有72人。1991年12月,瑞金医院召开全体少数民族会议,成立少数民族联合会(简称“民族联”)瑞金医院联络组,朱建新任组长,有回族、满族、高山族、壮族等;发挥少数民族积极作用,进一步做好民族团结工作,至2010年医院共有民族联成员36人。1993年12月,瑞金医院归侨侨眷联络组(简称“侨联”)成立,傅秀兰、张太锦为组长,至2010年医院侨联共有归侨侨眷38人。2008年12月,上海交通大学医学院中青年知识分子联谊会(简称“知联会”)成立,以医学院无党派中青年知识分子为主体,邓廉夫任会长,至2010年,瑞金医院有知联会会员8人。

第二篇 业务科室

概　述

1907年，广慈医院成立时，设置内、外科，由一名法籍医师承担全部医疗任务。以后从法国招聘许多医生来震旦学院医科任教，并兼任医院各科主任，陆续开创各临床科室。1933年开始，震旦大学医学院毕业生和留法、留比归国的众多中国医师逐渐接管临床工作，邝安堃（1933年内科、皮肤科、儿科）、陆润之（1934年眼科）、徐宝彝（1935年外科）、沈国祚（1938年牙科门诊）、朱仲刚（1945年皮肤科）等先后成为各科科主任。至1949年上海解放时，广慈医院已成为远东第一大医院，是上海医疗科室最齐全的综合性医院，享有较高声望。

1951年，上海市军事管制委员会征用医院。1952年，成立上海第二医学院，广慈医院成为医学院附属医院。1956年，上海第二医学院内部各附属医院进行科室布局调整后，广慈医院的内科、外科、骨科、伤科、麻醉科等都得到加强。随着科室规模不断扩大，内、外、妇、儿等各科亚专业迎来发展机遇。成功抢救大面积烧伤病人邱财康，标志着医院的医疗水平已处于全国领先地位；内科系统成立消化、心脏、内分泌、血液、肾脏等五个专业小组；外科系统的泌尿外科、骨科、胸外科、神经外科、灼伤整形科等纷纷独立建科；1956年，儿科基础和儿科传染病等教研组支援调往上海第九人民医院，1958年，儿科系各教研室陆续迁往新成立的新华医院；口腔科分为口腔内科、口腔颌面外科、口腔矫形外科和整形外科，于1965年迁往九院，为九院口腔和整形学科发展奠定了坚实的基础。医院呈现各学科蓬勃发展的良好局面。

“文化大革命”期间，医疗秩序遭到破坏，但医院各业务科室始终坚持开展医疗工作。“文化大革命”结束后，全国第一例肝移植、亚洲第一例心脏移植的开展，标志着医院医疗业务重新走上高速发展道路。陈竺、陈赛娟、沈卫峰、郑捷、郑民华等一大批留学归国人员响应医院召唤，回院任学科带头人，并推广应用各项新技术。上海市微创外科临床医学中心（2001年）、上海市内分泌代谢病临床医学中心（2002年）、上海市血液病临床医学中心（2006年）先后挂牌成立，成为医学技术的辐射源。至2010年，国家重点学科10个、市重点学科9个、市教委重点学科3个、市医学重点学科2个，充分体现了各学科医教研全面发展的综合实力。

第一章　内 科 系 统

第一节　大内科沿革

广慈医院内科建立于 1907 年。1916 年，法国医学博士薛佩礼（法籍）来震旦大学任教，并兼任广慈医院内科主任，使内科声名渐起。20 世纪 30 年代，头等、二等、三等病房，分布在 7、9、11 号三栋楼内。7 号楼二楼是头、二等女病房，底楼是三等女病房。9 号楼二楼是头、二等男病房，底楼是三等男病房。11 号楼二楼为天主教神职人员患病住院之用，楼梯在中央，楼梯左边为男病员，右边为女病员；底楼是肺结核病房。普通男病房位于 2、3 号楼四楼，普通女病房位于 2、3 号楼底楼。两名法国医生阿拉利（Allary）和马尔物（Malval）负责内科病房。

1933 年，法国巴黎大学医学博士邝安堃回国，任广慈医院内科主任。1952 年，内科撤销等级病房，分设消化（内一病区）、心血管（内二病区）、内分泌（内三病区）、血液（内四病区一半床位）、肾脏（内四病区一半床位）五个专业小组，分别由唐振铎、王耆龄（后由陶清接任）、邝安堃、徐福燕和王振义、王耆龄主管。内科由普内科转向专业化，主管均成为该学科的带头人。1953 年，上海女子医学院教授、西门妇孺医院院长兼内科主任邝翠娥调至广慈医院内科。1956 年，邝安堃，邝翠娥、王耆龄、陶清、孙桐年五人组成第一代内科核心领导。1964 年 11 月 20 日，成立内科党支部，与科主任共同管理内科的行政工作。“文化大革命”中，内科科主任被停职，以“召集人”形式管理内科行政工作。1977 年，恢复设置内科科主任。1988 年，上海第二医科大学正式批准内科 5 个专业组为科室建制，分别为消化科、心血管科、内分泌科、血液科、肾脏科。

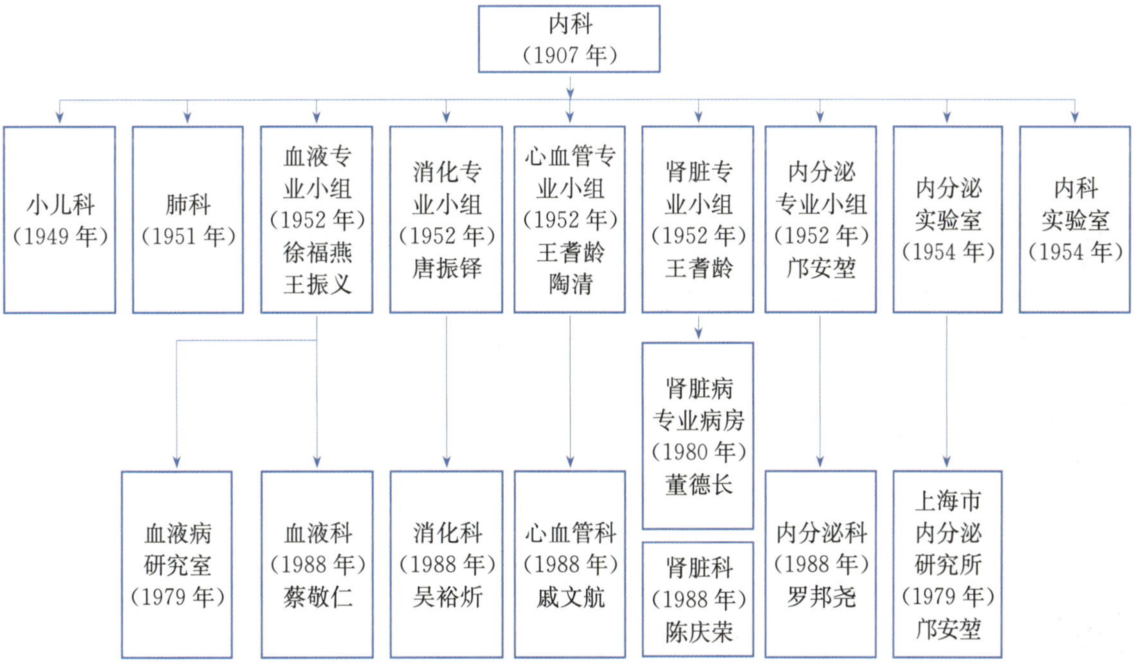

图 2-1-1　1907—1988 年医院内科发展及专业科室设置

表 2-1-1　1916—1997 年医院内科历任主任、副主任情况表

任职年份	主　任	任职年份	副主任
1916—1931	薛佩礼(法籍)	1951—1964	王耆龄
1931—1935	阿拉利(法籍)	1953—1967	邝翠娥
1935—1967、1977—1984	邝安堃	1956—1958、1978—1984	董德长
1956—1967、1978—1984	陶　清(第二主任)	1961—1967、1977—1984	龚兰生
1984—1997	龚兰生	1965—1967	凌　鹤
		1977—1984	王振义　徐家裕
		1978—1984	许曼音　唐振铎　杨　琪 陈淑容　丁怀翌　陆漪玉
		1984—1997	戚文航
		1984—1997	罗邦尧
		1988—1993	吴裕炘

说明："文化大革命"期间，1969—1970 年由陆漪玉任第一召集人、隋兆英任第二召集人、钱剑安任第三召集人，1970—1976 年由钱剑安任召集人，1976 年由丁怀翌任组长，钱剑安、龚兰生、徐家裕、王振义任副组长。

第二节　消化内科

一、发展沿革

1952 年，内科消化病房(内一病区)位于 2 号楼五楼。20 世纪 60 年代，在消化病房内建立了一间内镜操作室。1988 年，消化专业组从内科中分离，成立瑞金医院消化科，病房仍位于 2 号楼五楼，开放床位 46 张。20 世纪 90 年代初，病房搬迁至 2 号楼四楼。1996 年，成立瑞金医院内镜中心(位于老门诊五楼)。1999 年，消化科病房进行整修，病区搬至老 9 号楼(现院史陈列馆)过渡，当年再搬迁回 2 号楼四楼。2000 年，成立内镜外科组，在消化病房开设 10 张专用床位，用于收治特殊内镜治疗及特殊检查病人。2007 年 7 月，瑞金医院新门诊大楼投入使用，设立 800 多平方米门诊消化内镜中心。

图 2-1-2　消化内科唐振铎(左二)带教学生

1952 年，唐振铎任消化组组长。1956 年，邝翠娥与唐振铎共同负责管理消化组。1968 年邝翠娥去世。1972 年，徐家裕主持消化专业工作。1973 年，唐振铎被调至安徽后方瑞金医院。1981 年，唐振铎从安徽调回瑞金医院消化专业组工作。1990 年，吴裕炘任消化科主任，科内成员 23 人。1996 年，吴云林任消化内镜中心负责

人。2008 年，从东方肝胆医院引进龚彪任消化内镜中心副主任。至 2010 年，消化科科内成员 37 人，其中主任医师 9 人，副主任医师 9 人，主治医师 9 人，住院医师 6 人，技术人员 4 人。消化科床位总数 56 张。

通过多年努力，1991 年，消化科成为国家教育部消化内科重点学科组成单位之一。1997 年，成为卫生部国家药品临床研究基地之一，“211 工程”上海第二医科大学消化重点学科组成单位之一。2010 年，获卫生部首批临床重点专科建设项目。

表 2-1-2　1990—2010 年医院消化内科历任主任、副主任情况表

任职年份	主　任	任职年份	副主任
1990—1993	吴裕炘	1993—2000	吴云林
1993—2000	江石湖	2000—	袁耀宗
2000—	吴云林	2008—	龚　彪　诸　琦

二、医疗工作

【基本情况】

1952 年起，内一病房开始收治消化专科疾病。20 世纪 50 年代，医院响应国家号召，将中西医结合综合诊治作为内科尤其是消化组的工作重点。1979 年，消化专业组在病房内加强三级查房制度，确保每周一次主任查房及英文查房。1999 年，年出院病人超过 1 000 人次，组织疑难和危重病例讨论 60 余人次。2009 年，消化科出院病人达 2 073 人次。随着科室的迅速发展，形成早期胃癌诊断、急性胰腺炎的诊治、小肠疾病及不明原因消化道出血的诊治等特色。

1978 年以后，消化专业组在内科门诊内设诊，由各科转诊。1987 年，搬入老门诊大楼，门诊就诊人次逐渐提高。1994—1997 年，消化科的年门诊量约 7 万人次。1998 年，消化科门、急诊总量达 10 万余人次，配有主治、副主任医师出诊。进入 21 世纪，科室年门诊量 10 万余人次，名列全院前茅。

表 2-1-3　1987—2009 年医院消化病房出院人次及平均年门诊人次统计表

年　份	病房出院人次	平均年门诊人次
1987—1990	1 899	—
1991—1995	2 005	109 873
1996—2000	4 946	477 300
2001—2005	6 543	425 801
2006—2009	7 691	443 834

中西医结合诊治　1958 年底，全院号召并组织各位医务人员学习祖国医学以期能提高疾病疗效。1959 年底，内科各病房先后开设中西医混合病房，由一位中医主治医师及一位西医主治医师综合查房。1973 年，以消化组为重点成立中西医综合病房，每周一次中西医综合查房。通过多年的中西医结合诊治，消化科研制出各种经典中药方，对临床治疗有着深远的影响。徐家裕、王冠庭

等人将"清胰汤"用于急性胰腺炎治疗，同时对多种单味制剂组成药物进行严格的动物实验研究，并与常用的一些西药进行对比，确定大黄、丹参、柴胡等药物的疗效，在国内首次肯定白芍对奥狄括约肌的松弛作用。吴裕炘带领的研究小组研发的"免疫1号"和"免疫2号"制剂在当时的风湿病如自身免疫性肝病等疾病中都获得良效。王冠庭采取整体局部兼治的方法，针对消化道肿瘤尤其是胃癌，研制出"扶正抗癌方"，一边扶正以提高免疫力，一边抗癌杀伤肿瘤细胞。经过长期的临床观察，此中药配方疗效佳，胃癌病人的短期及长期生存期较单用化疗药物都有所延长。此外，中西医结合治疗方式还用于溃疡性结肠炎合并下消化道出血、肝硬化大腹水、慢性活动型肝炎等疾病。

危重病例救治　消化科在临床工作中多次成功抢救多种重症病人。1963年，消化组病区收治一例服大剂量异烟肼自杀的病人，入院时存在神志昏迷、尿闭、血压下降、心肾功能衰竭等临床表现，全体医护人员尽力抢救，最终病人痊愈出院。1973年，徐家裕带领抢救小组积极救治一位急性重症胰腺炎病人，虽经80多次的院内外大会诊，6次外科手术，但病人仍于发病87天后死亡。通过这次救治工作总结经验教训，并开始着手对重症急性胰腺炎的临床诊治及发病机制进行深入研究。1977年，普外科完成国内首例同种异体原位肝移植术，江石湖参加围手术期医疗工作。他查阅国内外文献，了解到欧洲有一种名为西咪替丁的H_2受体阻滞剂(1976年刚刚在英国投入市场)可以有效抑制胃酸分泌，可用以防治肝移植术后使用大剂量激素抗排异反应而带来的消化道出血的不良反应。江石湖辗转获得该药，最终攻克这一难关，使得肝移植病人术后生存期大大延长，最长的一例术后存活284天。这对当时的中国乃至全亚洲来说都是一个里程碑式进步。1977年，徐家裕率先在国内诊断一例肠血管活性肽(VIP)瘤，该病人手术治疗获得成功。1997年，唐振铎、袁耀宗和王立夫共同诊断医院第一例艾滋病病人。这是一例以"发热待查"收治住院的中年女性病人，因长期低热、慢性腹泻、口腔霉菌感染、皮肤带状疱疹等不适在上海多家三甲医院反复就诊，曾一度被误诊为克罗恩病。最后，诊断获得艾滋病检测中心、区和市防疫站、传染病总院协同证实。

【医疗特色】

门脉高压治疗　1954年，在国内较早开展食道静脉曲张破裂三腔管填压止血术。1959年，开展金属食道镜直视下硬化剂治疗食管静脉曲张。20世纪60年代，唐振铎借用心导管率先开展肝静脉导管测压术来诊断门静脉高压。1996年起，吴云林先后开展食管静脉曲张连续结扎术、金属钛夹止血术、胃镜下组织黏合剂(D-TH液)止血术等各项新技术治疗门脉高压引起的上消化道出血。2000年，在国内首次施行内镜下食管曲张静脉穿刺测压，并研究血管活性药物(生长抑素和奥曲肽)的降压效应。2001年，在国内首批应用秋田(Akida)结扎器治疗食管静脉曲张及出血。自2003年起，针对各种病因的食管胃静脉曲张症病人，序贯应用黏合剂、皮圈结扎和硬化剂治疗，控制急性出血、消除曲张静脉和预防再出血。2006年，在国内首批开展内镜下食管曲张静脉水平型与双环结扎技术。2008年，在国内首批应用黏合剂联用硬化剂注射消退门脉高压巨大胃曲张静脉。

早期胃癌诊断　1989年，消化科引进电子胃镜、色素染色胃镜和双钳道胃镜等设备，与外科、放射科、病理科联合组织早期胃癌协作专题小组，开展多科协作诊断。2006年，开展固有荧光(IFS)诊断早期胃肠肿瘤。2007年，运用固有荧光(IFS)及电子染色(FICE)技术发现早期胃癌病例60余例，并且均经手术证实。1995—2006年瑞金医院牵头组织3家三级医院、5家二级医院和2家一级医院，在24万病人中筛查早期胃癌，得出胃癌手术中早期病例比例为9.61%，客观反映上海市早期胃癌筛查现状，成为中国早期胃癌研究的基础指数。2009 年，消化内镜中心开展共聚焦激光显微内镜检查，为胃癌诊断提供有力武器。至 2010 年，内外科合作开展早期胃癌诊断与治疗工作，将瑞金医院胃癌手术中早期病例比例提高到 21%。

消化内镜技术　1952 年，唐振铎在无带教、无培训及无经验交流的情况下，完全依靠个人摸索在国内率先掌握硬式胃镜技术。1956 年，唐振铎开展直视腹腔镜检查。1959 年，唐振铎与上海第三钢铁厂合作自制胃黏膜活检钳。1972 年，开展纤维胃镜，包括色素胃镜检查以及一些常规内镜下电凝、电切治疗。1973 年，开展纤维结肠镜检查。1982 年，开展内镜下逆行胰胆管造影(ERCP)检查和放大胃镜检查。1985 年，开展内镜快速冰冻病理追踪检查。1988 年，开展电子胃镜检查和电子全结肠镜检查、双钳道内镜直视下宽基息肉摘除及内镜下胃癌化疗、乳头肌切开、热活检钳治疗、取异物等内镜下治疗。1996 年，吴云林开展结肠大息肉线圈结扎电凝切除术。1995 年下半年，在国内率先开展微探头超声内镜检查(EUS)，作为常规内镜检查手段之一。1998 年，消化科内镜检查人数达到上海市第二，全麻下内镜检查人数上海市第一。2000 年，在国内率先开展内镜氩离子凝固术(APC)，并开展金属夹 MD-850、尼龙圈 Mai-254 结扎切除胃肠大息肉技术。2003 年，钟捷完成国内第一例双气囊小肠镜检查。同年，完成国内最大样本组胶囊内镜 150 例。2005 年，完成小肠腔内超声检查。2006 年，开展内镜下 5-FU 粒子植入新技术，为部分流出道梗阻病人以及术前局部化疗病人提供新的治疗方式。2008 年，借助超声内镜下细针穿刺技术(EUS-FNA)作为胰腺肿瘤术前定性诊断，同年，开展 EUS 介导下对晚期胰腺癌病人进行瘤体组织基因重组腺病毒的植入治疗。2008 年起，内镜室承担全院大部分的 ERCP 治疗。

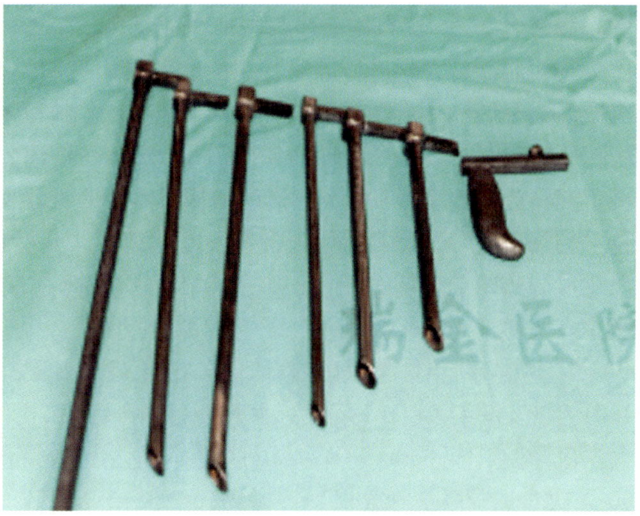

图 2-1-3　20 世纪 50 年代医院内科消化小组唐振铎使用的硬式胃镜

三、教学工作

【医学教育】

1952 年起，消化组由唐振铎主持疑难病例讨论，各级医生、实习医生参与讨论学习。1971 年起，消化专业组于每周三上午作病区疑难病例讨论，每周五上午进行大内科疑难病例讨论。20 世纪 70 年代起，消化科陆续接收来自世界各国的留学生前来实习。20 世纪 80 年代起，每年接收 2 至 3 名国外来访学生开展短期培训。1981 年，唐振铎坚持每周三、五上午在病房里组织医学生进行病例讨论，从问诊、查体到主持讨论，都亲自进行。由于参加病例讨论的医学生有着不同的学制，唐振铎因材施教，采取英语、法语、中文等不同语种授课。2010 年，消化科成为卫生部首批消化专科医师培训试点基地，袁耀宗为基地负责人。

1978 年，消化科成为硕士学位授予点，开始招收硕士研究生。1986 年，消化科获得博士学位授予点，徐家裕为消化科首位博士生导师。至 2010 年，科室有博士生导师 6 人、硕士生导师 11 人。

已培养硕士研究生86人,博士研究生50人。

20世纪60年代,有进修医生来消化专业组学习访问。1980年至2010年,累计接收来自全国各地的进修医师共615人次,部分医师在进修结束后返回当地医院任消化科主任等重要职务。

【学术会议】

1986年起,消化科举办各类全国性高级医师进修班及消化学习班。1995年,举办第三届上海—香港国际胃肠病会。2006—2010年,消化科主办各类学习班及学术会议16次,包括"胰腺疾病新技术""小肠疾病诊治新技术""食管和胃底静脉曲张出血治疗""超声内镜技术"等学习班。2000—2010年,消化科与日本早期胃癌检诊协会共同举办6届中日早期胃肠肿瘤国际研讨会和上海—东京双气囊内镜学术大会等。

【国际交流】

1979年,江石湖参加日本全国胃肠病会议,并就肝移植围手术期间出现的内科问题做专题演讲。1986年6月,江石湖前往美国加州大学医学院胃肠病研究室进修胃肠肿瘤疾病,1988年,又前往美国西北储备大学进行肝癌肿瘤免疫和发病机制方面的研究。1991年回国后,江石湖组织科室成员继续开展消化道肿瘤研究。1988年6月至1989年1月,吴云林赴日本昭和大学附属Toyaso病院研修胃癌早期诊断技能。回国后,吴云林在科内大力开展早期胃癌诊断的研究以期提高消化科早期胃癌诊断率。1997年,诸琦师从日本千叶大学医学院附属医院神津照雄教授进行超声内镜技术的深造,年底回国后,诸琦带领科室超声团队开展超声内镜对消化道隆起性病变的诊断以及上消化道肿瘤术前分期等工作。2004年10月,在捷克布拉格进行的欧洲消化疾病周会议上,诸琦应邀作有关氩离子血浆凝固术(APC)的专题报告。

20世纪80年代起,每年邀请国外消化病学知名学者、教授来访或讲学,平均每年5次左右。1991年起,每年派遣10余名专业人员赴国外考察、讲学。1996年,派送4名骨干医师到美国哈佛大学医学院(Brigham & Woman医院)内镜中心参观进修3~6个月。1991—2010年,消化科共有90人次参加国际学术会议,多人参加论文交流及报告,另有19人次赴国外进行短期、长期培训或进修。

四、科研工作

【科研特色】

20世纪60年代初,消化专业组开展碘标记三酰甘油吸收试验研究并在国内较早应用于临床用以诊断吸收不良综合征。同期,吴裕炘在邝安堃的带领下展开实验动物研究机体平衡模型,并采用现代科学指标验证中草药中"助阳药物"在阳虚动物模型中的确定疗效。1978年,成立上海第二医学院消化病研究二室,位于11号楼3楼,着重于胃泌素、胰腺外分泌激素方面的研究。1982年,瑞金医院内科实验室划分消化、心内、肾内、内分泌4个专业学组。消化病研究室添置电泳仪、分光光度计、低温冰箱等设备仪器及实验场所,并增加全职技术人员。当时未细分研究专业,而是兼容并蓄,研究条件虽简陋,却有很大的自由和研究空间。在江石湖、吴云林的领导下,开展胰腺三联实验、胰腺外分泌功能测定、胃泌素定量、胃癌单克隆抗体制备到免疫组化检测、肝脏清除功能实验(吲哚氰绿清除实验和^{13}C美沙西汀呼气实验)等研究。20世纪80年代起,吴裕炘等人致力于抗人胃癌单克隆抗体的制备及一系列的免疫学特性考核研究、RWS4 系列抗人胃癌单克隆抗体的制备、核素标记物及羟基喜树碱偶合物体内定位诊断及抗肿瘤的导向研究。1986 年，成功制备抗人胃癌单克隆抗体，成为国内最早成功制备单抗的实验室之一。

消化科长期致力于对急性胰腺炎的发病机制、综合治疗、胃癌诊治、食管曲张静脉内镜治疗研究等多方面研究，获得上海市科技进步奖 5 项、教育部科技进步奖 1 项、中华医学科技奖 1 项、上海医学科技奖 3 项、市卫生局中西医结合成果奖 2 项。

【科研成果】

2000—2010 年，消化科共承担国家自然科学基金 15 项、省部级课题共 35 项、局级课题(卫生局、校级)共 12 项，发表统计源期刊论文 513 篇，其中 159 篇发表于中华医学会系列杂志，SCI 收录 83 篇，并且数篇被 *Cell*，*Gastroenterology*，*Gut* 等国际权威杂志收录。

在发明专利方面，诸琦等授权发明专利 2 项：一次性活体多标本存放器(专利号：ZL02265327.9)，一种高频电结扎圈套器(专利号：ZL02265328.7)。

1988—2010 年，主编各类出版物 19 本。2008 年，袁耀宗主编全国高等学校医学研究生规划教材《消化内科学》(人民卫生出版社)；2010 年，袁耀宗主编高等医药院校器官系统医学教材《消化系统》(上海交通大学出版社)；2010 年，袁耀宗主编教育部“十一五”国家规划教材《内科学》(消化系统篇)(人民卫生出版社)。

【学术任职】

江石湖任上海医学会消化病学分会第六届主任委员。

吴云林任中华医学会消化内镜学会常委、上海市消化内镜学会主任委员。

袁耀宗任中华医学会消化病学分会副主任委员及《中华消化杂志》总编辑。上海医学会消化病学分会第七届主任委员。

表 2-1-4　2000—2010 年医院消化内科获得国家级课题情况表

年份	课　题　名　称	来　源	负责人
2001	Survivin 基因转导脐血干-祖细胞重建骨髓造血功能	国家自然科学基金	涂水平
2005	电压门控离子通道在内脏高敏感性发病机制中作用的研究	国家自然科学基金	袁耀宗
2006	肿瘤抑制基因 XAF1 的功能和机制研究	国家自然科学基金	涂水平
	EEF1A2 是胰腺癌爱基因推论论证及其促进基因翻译促癌机制研究	国家自然科学基金	诸　琦
2007	干扰素诱导因子 XAF1 的分子调控机制研究	国家自然科学基金	孙蕴伟
	Smad 基因静默对 Kras 突变小鼠胰腺癌前病变 PanIN 作用机制的研究	国家自然科学基金	王立夫
2008	Vasostatin 抑制胰腺癌血管生成机制研究	国家自然科学基金	袁耀宗
	特异性诱导肿瘤细胞凋亡和抑制肿瘤血管生成双靶性治疗肿瘤的研究	国家自然科学基金	涂水平
	功能性胃肠疾病的诊治规范研究	国家科技支撑计划	诸　琦

（续表）

年份	课　题　名　称	来　源	负责人
2009	联合干扰素及表皮生长因子受体阻断剂治疗胃肠道肿瘤-靶向诱导 XAF1 基因表达过程中相关信号传导通路的研究	国家自然科学基金	孙蕴伟
	肿瘤抑制基因 XAF1 增强 Sulfone 抗肿瘤作用及其调控机制	国家自然科学基金	俞丽芬
2010	肥大细胞-5-HT2AR-神经轴在内脏高敏中作用机制的研究	国家自然科学基金	钱爱华
	Grb2-SOS1-Ras 介导的细胞信号通路在 eEF1A2 促胰腺癌中的角色	国家自然科学基金	诸　琦
	BRCA2 静默对 Kras 突变小鼠胰腺癌前病变细胞的恶性转化作用机制研究	国家自然科学基金	王立夫

五、其他

徐家裕（1998 年）、唐振铎（1998 年）、吴裕炘（2001 年）被评为瑞金医院终身教授。

1992 年，吴云林入选上海市十佳中青年医师。1997 年，袁耀宗入选上海市跨世纪人才百人计划。2004 年，俞丽芬入选上海市优秀青年医学人才。2005 年，王立夫入选上海市浦江人才计划。2007 年，钟捷入选上海市首批卫生局医苑新星。

第三节　心 脏 内 科

一、发展沿革

1952 年，内科心血管专业病房（内二病区）设在 2 号楼和 3 号楼 5 楼中间，床位 48 张，以收治心血管疾病病人为主。1956 年起，陆续成立心电图室、心超室、心脏监护病房。1979 年底，在 16 舍建立上海第一家心脏病监护病房（CCU），床位数 4 张，以后扩至 6 张，主要收治急性心肌梗死、急性心衰、严重心律失常（室速、心脏停搏、阿斯综合征）等危重病人。1985 年，创建心导管室。1988 年成立心脏内科。1993 年 CCU 搬至 3 号楼 5 楼，床位扩至 10 张，心脏内科病房则搬至 3 号楼 5 楼东侧。2000 年，心脏内科病房搬回 3 号楼 5 楼中间病区，CCU 搬至 3 号楼 5 楼东侧。2002 年，心脏内科增设 3 号楼 2 楼病房，固定床位 20 张，主要收治冠脉介入诊疗病人。2010 年，CCU 床位扩至 14 张，心脏内科病房由 2 个病区和 1 个监护病房组成，拥有床位数 100 张。

1952 年，心血管专业组由王耆龄主管。1956 年，改由陶清和龚兰生负责。1988 年建科时，戚文航任科主任。1996 年，心脏内科成为上海市教委重点学科，戚文航为负责人。1998 年，成为卫生部临床药理基地，次年更名为“国家药品临床研究基地”。2003 年，成为上海市心脏介入质量控制中心挂靠单位，沈卫峰任中心主任。2004 年，上海第二医科大学心血管病研究所成立，沈卫峰任所长。2007 年，心脏内科成为心血管国家重点学科组长单位。2010 年，被遴选为上海交通大学“211”工程重点项目组长单位、上海交通大学医学院重点学科、高校创新团队。截至 2010 年，心脏内科医师 61 人（主任医师 9 人，副主任医师 13 人），护士 51 人。

表 2-1-5　1988—2010 年医院心脏内科历任主任、副主任情况表

任职年份	主　任	任职年份	副主任
1988—2000	戚文航	1993—2000	沈卫峰
2000—	沈卫峰	1995—2002、2005—2008	何汝敏
		2000—2002	于金德
		2000—	陆国平
		2002—	吴立群
		2008—	张瑞岩

二、医疗工作

【基本情况】

1952 年，心血管专业组以收治心血管疾病病人为主，每年收治住院病人约 600 余人次，门诊就诊量 1 万余人次。20 世纪 50 年代末至“文化大革命”前，内二病区和胸外科建立联合讨论制度。1988 年独立建科时，收治病种与 1952 年心血管专业组类似。2002 年起，冠脉介入诊疗病人收治进一步增加。截至 2010 年，心脏内科包括心脏导管室、起搏-临床电生理、超声心动图室、心电-心功能检查室。2010 年，心脏内科当年门诊量达 128 880 人次，住院病人 2 940 人次。

【医疗特色】

心导管诊疗　1959 年，龚兰生领导专业组开展风湿性心脏病、先天性心脏病病人右心导管检查，当时条件简陋，需到放射科普通机房做手术。1963 年，开展风心二尖瓣病变病人行穿膈术作左心导管检查，提高二尖瓣病变诊断的正确性。1985 年，沈卫峰从国外引进心血管疾病介入治疗技术，配备专职介入医生、护士和技术人员。1990 年，沈卫峰在上海市首次采用非开胸导管球囊扩张术，治疗一例单纯性心脏二尖瓣狭窄。1992 年，为一名 43 岁男性冠心病、陈旧性前间壁心梗的病人实施经皮冠状动脉内成形术(PTCA)。1994 年，开展冠状动脉扩张术、冠状动脉内支架术、冠状动脉内旋切术、经皮球囊二尖瓣扩张术等手术，累计冠状动脉造影术近 1 000 例、冠状动脉扩张术 67 例，二尖瓣扩张术 362 例，均取得较好疗效。1996 年，对急性心肌梗死的病人在应用溶栓药物后，行急诊冠状动脉造影和急诊冠状动脉腔内球囊成形术、支架放置术。1999 年，采用伞状补片为一名 63 岁先天性房间隔缺损、心功能极其低下的病人实施房间隔封堵术。1999 年，成立上海瑞金心血管介

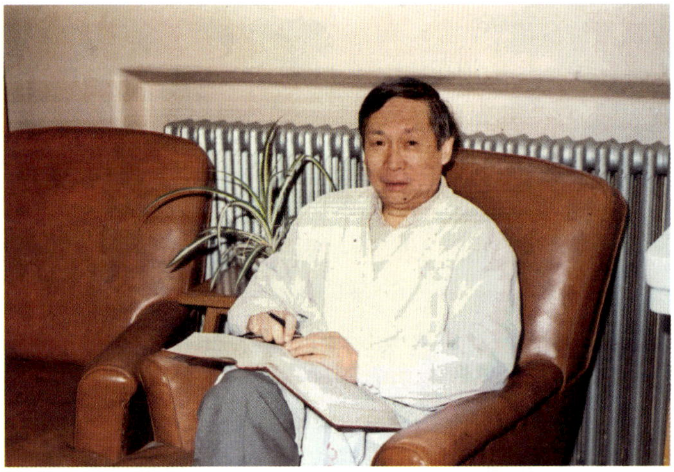

图 2-1-4　心脏内科龚兰生在会议中

入中心，沈卫峰任主任。此中心是上海地区第一家心血管介入中心。2000—2010 年，心导管室开展高危复杂冠心病介入治疗、冠状动脉搭桥术后桥血管病变、完全闭塞病变和急性心肌梗死的急诊介入治疗以及外周血管疾病和先心病的介入治疗，对不稳定斑块及冠脉支架术后再狭窄实施综合干预措施。2010 年，瑞金医院执笔上海市质量技术监督局专科指导性文件《中国急性心肌梗死诊治指南》和《上海市急性心肌梗死再灌注治疗规范》。2010 年，全年完成冠状动脉造影2 591 例，经皮冠状动脉介入治疗(PCI)1 025 例。

起搏-临床电生理 1967 年，陶清在国内首次应用床旁大型除颤仪进行心内插管起搏成功。20 世纪 70 年代初，龚兰生将体外心脏除颤器应用于临床。1972 年，与上海市第一人民医院等 7 家单位组建起搏器协作组，自行设计电路，联合攻关研制心脏起搏器，完成多次动物实验。1973 年 7 月，安装国内第一台按需起搏器。1973—1976 年，先后研制出体外按需式、体内固定频率及按需埋藏式起搏器，设计皮下隧道导线穿刺引出针及起搏导线过搭联结技术，推广到全国应用。1980 年，美国慈善组织赠送中国 5 000 台 Edward 心脏埋藏 R 波抑制型(VVI)锂电池起搏器，其中 4 000 台分配给瑞金医院及其他长江以南地区医院。1999 年，植入体内埋藏式除颤器。1999 年，吴立群、沈永初等开展上海市第一例慢性心力衰竭心脏再同步化(CRT)植入术。2002 年，完成三腔起搏器植入术。

20 世纪 70 年代初，戚文航在国内首先报道“尖端扭转性室速”，发表于《心脏血管疾病》(《中华心血管病杂志》前身)。1977 年，戚文航针对尖端扭转性室速的复极异常机制，应用异丙肾上腺素抢救并获得成功。1978 年，陶清、龚兰生、杨琪、丁怀翌和何冠雄为中国首例心脏移植进行术后内科监测。1980 年，开展远程心电图传输的心脏监护，早期发现心律失常，为治疗获取宝贵时机。

1979 年 CCU 成立后，开展非创伤性心功能测定、心尖搏动图测定射血分数(EF)、创伤性血流动力学 Swan-Ganz 导管、体外反搏治疗缺血性心脏血管病等工作。1985 年，戚文航在国内最早报道“T 波电张性调整”“持续性心房静止”“经室间隔束支内隐匿传导”等电生理现象，并提出新理论“抗心律失常药物的使用依赖性及其临床意义——调节受体假设的应用”。20 世纪 80 年代初期，开展电生理-食道调搏的工作。1988 年，应用异搏定(维拉帕米)抢救短联律间距多形室速成功。1992 年，开展心律失常的电生理检查及射频消融治疗。1995 年，施行右室特发性室性心动过速的射频消融治疗。2004 年，开展三维标测系统指导下房颤射频消融治疗术，此后又进一步推广三维标测系统应用于特发性和器质性室性心律失常消融治疗。2010 年，吴立群在上海地区率先应用磁导航技术遥控标测和治疗快速性心律失常病例；完成全国首例磁导航结合 EnSite 球囊技术治疗室性早搏，当年共完成磁导航手术 50 余例，手术量位居全国之首。截至 2010 年，每年完成射频消融术 300 余例，成功率达 97.5%。并已将 EnSite3000 的 NavX 接触式和 Array 非接触式标测系统应用于房颤、多发室早等复杂心律失常的治疗。

超声心动图室 1983 年，医院委派叶季平、施仲伟和胡厚达筹建心超室。1984 年初，心超室使用美国 Diasonics CV－60 实时相控阵扇形超声诊断仪开展 M 型、二维和脉冲波多普勒超声心脏检查。1985 年，施仲伟采用二维超声技术结合计算机图像分析系统定量评价中国正常成人和冠心病病人的左、右心室收缩功能，填补国内空白。1987 年，开展多巴酚丁胺负荷超声心动图试验。1988 年，开展心脏彩色多普勒血流显像检查。1991 年，在国内率先开展血管超声检查，采用超声多普勒技术检测和诊断各种血管疾病。1996 年，开展经食管超声心动图检查。2000 年，开始应用定量组织速度显像、声学造影、经胸多普勒超声冠状动脉血流显像、超声组织追踪成像和心肌速度向量成像、三维超声等最新超声技术，进一步提高超声诊断和评价心血管疾病的能力和准确性。21 世纪初，开展血管内超声检测技术（IVUS）。2010 年，全年完成心超检查 26 020 人次。

心电-心功能检查室　20 世纪 50 年代，陶清将国外带回的便携式热笔直描式的心电图机运用于临床，定期到几个医院为病人做心电图检查。1959 年，丁怀翌在国内开创心电向量图及心动冲击图等技术。1963 年，开展心动冲击图、心音图、双倍二阶梯运动试验等项目，并完成对心血管手术动物模型的心电图测定、心血管测压等工作。同年，在龚兰生协助下，陶清在国内率先报道向量心电图立方体系的正常标准，次年发表校正 Frank 体系；并在国内首先将心向量图机用于心脏病的诊断。1978 年，上海医疗器械二厂生产的第一台国产平板运动试验测试仪在医院心电图室试用，挑选不同年龄段健康男女志愿者进行平板运动试验。1978 年底，张娟嬴运用试验数据并参照国外文献，制订中国平板运动试验流程和试验的指南，为当时冠心病的诊断提供较为客观的依据。1980 年，引进美国动态心电图仪，开展动态心电图检查。1985 年，运用介入诊治手段深入评判动态心电图中异常变化和平板运动试验的结果。1989 年，研制心肌梗死病例图像系统，对冠心病的研究以及药物对冠状动脉狭窄的作用，为评估经皮冠状动脉腔内成形术的疗效提供重要工具。2010 年，全年完成常规心电图 102 255 人次，动态心电图 6 463 人次，平板运动心电图 61 人次。

【上海市心脏介入质控中心】

2003 年，上海市卫生局成立上海市心脏介入质控中心，挂靠瑞金医院心脏内科，沈卫峰任中心主任。次年开始对上海所有开展心脏介入手术的医院进行调研。2005 年，建立心脏介入手术上海市医保准入制度。2006 年，加强手术规范操作和植入性器材的管理，并制定第一版《质控手册（全国）》。2009 年，成立国家心脏介入质控中心和国家培训基地。2010 年，心脏介入质控中心获得“上海市优秀质控中心”称号。

【获得荣誉】

1996 年，施仲伟获世界心血管超声学会和中华医学会授予的“超声贡献奖”。2005 年，中华医学会授予沈卫峰“中国心血管介入突出贡献专家”。2006 年，中国心电学会授予戚文航“中国心电学终身成就奖”。2009 年，中华医学会心电生理和起搏分会授予吴立群“中国 CRT 十周年（1999—2009）杰出贡献奖”。钱剑安获得中国心脏监护学科奠基人奖、中国心脏起搏杰出贡献奖和中国心电学终身成就奖。

三、教学工作

【医学教育】

20 世纪 50 年代起，陶清、杨琪、张娟嬴先后任内科基础教研室（后改名为诊断学教研室）负责人。1978 年，张娟嬴与上海第二医学院电教科合作，组织内科相关教授、医师自制教具，录制内科基础全部上课内容，供电视大学教学用。

1981 年，心血管专业被遴选为国家首批博士和硕士点之一。截至 2010 年，共遴选产生博士生导师 8 人，硕士生导师 20 人；共培养博士研究生 53 人，硕士研究生 99 人。2009 年，1 人获上海市优秀研究生成果奖。

20 世纪 70 年代后期，开办上海市心电图技士培训班，有系统理论课和读片见习课。20 世纪

70—80 年代，钱剑安指导及协助江、浙、皖约 30 家医院开展心脏起搏工作，并举办约 20 次以上的学习班，推广心脏起搏技术。21 世纪初，吴立群帮助上海及周边地区开展 CRT 植入术。2004 年，心脏内科成为中华医学会电生理和起搏专科医师培训基地。2008 年，心脏内科成为第一批卫生部冠心病介入诊疗培训基地和心律失常介入诊疗(导管消融和植入器械)培训基地。

2003—2010 年，心脏内科每年举办国家级继续教育学习班，包括"心血管疾病新理论、新技术""心力衰竭基础与临床新进展""复杂心律失常的临床与基础新进展""心脏起搏新进展"。组织召开 2003 年、2004 年及 2006 年上海国际心血管病研讨会，2008 年瑞金心脏节律论坛和 2010 年的上海交大心脏论坛，对广大心血管专科医生进行继续教育，提高其临床科研等综合能力。2010 年，心脏内科成为美国心脏病学院(ACC)教育基地，并具有 ACC 教育基地授权铭牌，教育基地举办定期的学术活动。

【教学成果】

1992 年 12 月，"教具改革电化教学"获上海市高校优秀教学成果三等奖。1993 年 3 月，获上海市高教局优秀教学成果奖。

四、科研工作

【科研特色】

1979 年 5 月，上海第二医学院心血管第二研究室成立，陶清任研究室主任，龚兰生、丁怀翌、张世泽、杨琪任副主任，主要研究方向为高血压(详见"上海市高血压研究所")、冠心病以及心律失常。

冠心病 以急性心肌梗死、复杂高危冠心病，糖尿病合并冠心病的临床及基础为主要研究方向。1999 年，完成对治疗急性心肌梗死较先进的两种方法即直接冠状动脉内支架术和溶栓疗法的比较。21 世纪初，开展冠状动脉内支架术治疗冠心病的临床及基础研究；急性心梗治疗的基础和临床研究；基因多态性、血清炎症因子与冠心病、心衰、心律失常发生的关系研究；糖尿病血管病变的发生机制及干预研究；动脉粥样硬化发生的分子机制；模式动物斑马鱼心肌病的发病机制研究；糖尿病心梗后心衰发生发展机制的研究；肾毒性小分子化合物与心肌损伤机制的研究；特发性室速的电生理特点及分子机制研究；固有免疫受体在缺血再灌注损伤中的效应及机制研究。至 2010 年，已建立双重基因缺陷小鼠 HHcy 致动脉粥样硬化模型，深入研究冠脉病变发病机制及干预新靶点。

心律失常 以快速性心律失常的临床及基因研究为主要方向。1991—1992 年，用 Migograf 三导生理心内记录仪，自创多导记录转控开关，开始心内电生理的研究。20 世纪 90 年代，成功研制体外程控起搏终止心动过速的技术与样机，可以在不需麻醉的情况下，向室上速及室速的病人腔室发放程控脉冲可以终止心动过速的发作，有效率在 90%以上。2003 年，钱剑安在日本东京第一次远程心电会议上做报告，介绍中国的应用发展情况。至 2010 年，已建立 Beagle 犬心脏心室颤动的电生理特性数据库，为临床制订防治心室颤动和心源性猝死的策略提供实验依据。

其他基础研究 以心肌病、心力衰竭的临床及基因研究为主要方向。1993 年，应用自制单抗在国内首次建脂蛋白(a)双单抗酶联免疫吸附法(ELISA)测定法。1996 年，提出血管紧张素转化酶(ACE)基因缺失多态性可能是中国人群心肌梗死发病的重要危险因素之一。至 2010 年，已建立斑马鱼人同源基因模型，为以遗传学为背景的药物筛选和个体化治疗打下基础。

【科研成果】

1988—2010 年，在国内核心期刊发表论文 985 篇，SCI 收录的第一（或通信）作者论文 47 篇。1983 年，钱剑安在第一次全国心律失常心电生理会议上发表国内第一篇《宽 QRS 心动过速的心电生理基础与鉴别》学术报告。1993 年，钱剑安与王书成发表国内第一篇关于远程心电监护论文。

2007 年，沈卫峰与中国工程院院士高润霖共同完成课题"一种冠脉药物洗脱支架设计与制造关键技术"，获国家科学技术进步奖二等奖。开发出国内第一个治疗冠心病的冠脉药物洗脱支架产品 FIREBIRD，获 SFDA 批准上市，在国内上百家医院使用，治疗病人超过 10 万人，出口至欧洲及东南亚国家。申报专利 18 项，其中发明专利 11 项，美国专利 2 项，欧洲及日本专利各 1 项。2008 年，沈卫峰完成"危重复杂冠心病介入治疗的临床与实验研究"，获国家科学技术进步奖三等奖。在国内最早系统总结高龄、高危急性心肌梗死（AMI）及冠心病合并糖尿病等危重复杂冠心病病人的 PCI 策略，构建危重复杂冠心病病人 PCI 围术期不良事件的防范体系，提出并最早验证有效的抗血小板治疗方案；国内最早开展对比剂肾病的防治研究、AMI 急诊 PCI 术中抗心动过速起搏治疗快速性心律失常、床旁主动脉内囊反搏治疗心源性休克、药物洗脱支架在危重复杂冠心病 PCI 中的应用；采用国产新器械和新方法治疗危重复杂冠心病；开展冠状动脉支架术后再狭窄防治的系列研究，首次发现并证实人脂肪细胞型脂肪酸结合蛋白（AFABP）在再狭窄形成中的作用并以此为靶点对再狭窄进行干预。

截至 2010 年，心脏内科承担各级各类课题共计 72 项，其中国家级课题 23 项。主编或主译专著 35 本。1991 年起，心内科在高血压性心脏病、急性心肌梗死发生机制与治疗、心脏介入治疗和电生理方面开展的研究，共计获得省部级以上科研奖项 10 项，其中国家级奖项 5 项（3 项为合作）。

表 2-1-6　1986—2010 年医院心脏内科获得国家级课题情况表

起止年份	课　题　名　称	课题类别	负责人
1986—1990	冠心病无创伤性诊断新技术的应用及其冠状动脉选择性造影对比研究	国家"七五"攻关	龚兰生
1986—1990	血小板、前列腺素在动脉粥样斑块和血栓形成中作用的研究	国家"七五"攻关	丁怀翌
1986—1990	急性心肌梗塞病人的左心室功能和冠状动脉形态学的研究——与梗塞后远期预后的关系	国家"七五"攻关	沈卫峰
1991—1995	临床试验再评价常用抗快速性心律失常药物疗效研究	国家"八五"攻关	戚文航
1991—1995	心肌梗塞二级预防	国家"八五"攻关	沈卫峰
1994—1997	肥厚型心肌病心脏 β-肌凝蛋白重链基因点突变型研究	国家自然科学基金	于金德
2006—2008	内源性抗氧化体系基因变异及 SNPs 单倍型与冠心病	国家自然科学基金（青年）	金　玮
2008—	ADAM10 异常增高在糖尿病猪冠脉雷帕霉素支架术后再狭窄发生中的作用和机制研究	国家自然科学基金	沈卫峰
2009—	Rho 促 RKIP 磷酸化在糖尿病猪冠状动脉雷帕霉素支架术后再狭窄发生中的作用和机制研究	国家自然科学基金	陆　林
2010—	浦肯野纤维在长时间心室颤动除颤成功后早期复发的电生理作用机制	国家自然科学基金	金　奇

（续表）

起止年份	课　题　名　称	课题类别	负责人
2010—	中国汉族人群冠心病相关拷贝数变异的鉴定	国家自然科学基金	金　玮
2010—	14-3-3蛋白调节Rho活性促进糖尿病猪冠状动脉雷帕霉素支架术后再狭窄机制的研究	国家自然科学基金	陆　林
2010—	HMGB2经RAGE介导促进糖尿病动脉粥样硬化机制的研究	国家自然科学基金	沈卫峰
2010—	不同S1P受体在HDL相关的缺血心肌保护中的功能研究	国家自然科学基金	陶　蓉
2010—	应用植入式心电信号长期监测技术识别和预测致命性室性心律失常的研究	国家自然科学基金	吴立群
2010—	全反式视黄酸(ATRA)拮抗糖基化终末产物受体(RAGE)通路抑制糖尿病心肌再灌注损伤机制的研究	国家自然科学基金	朱政斌
2010—	哺乳动物雷帕霉素靶蛋白调控胸主动脉瘤形成作用机制研究	国家自然科学基金	陈　颖
2010—	胚胎干细胞向心肌细胞分化中内皮细胞及EphB4/ephrinB2信号通路作用机制研究	国家自然科学基金	陈　康
2010—	斑马鱼模型的HCM相关MYL基因突变型-表型的发生机制研究和药物干预	国家自然科学基金	陈桢玥
2010—	MicroRNA 146a在冠脉粥样斑块发生中的作用及其分子机制研究	国家自然科学基金	何裕嵩
2010—	脂肪细胞型脂肪酸结合蛋白在糖尿病猪冠脉药物支架术后再狭窄过程中的机制研究	国家自然科学基金（青年）	张　奇
2010—	表皮生长因子受体在醛固酮受体介导舒张功能不全中作用机制的研究	国家自然科学基金（青年）	章安迪

【学术任职】

陶清曾任上海市医学会心血管病学会副主任委员，名誉主任委员。

龚兰生曾任中华医学会心血管病委员会常委、上海市医学会常务理事、上海市医学会内科分会主任委员、上海市医学会心血管病学会主任委员；法国心脏病学会委员、法国巴黎第五大学外籍教授、法国大学委员会外籍教授；《国外医学杂志——心血管病分册》《上海医学》主编。

戚文航曾任中华医学会心血管病学会副主任委员、中华医学会心电生理起搏学会副主任委员、上海市医学会内科学会主任委员、上海市医学会心血管病学分会主任委员。

沈卫峰曾任中华医学会心血管病分会副主任委员，中国医师协会常务委员，上海市医学会心血管病学会主任委员。法国心脏病协会会员，香港心脏学会荣誉会士，亚太地区介入心脏学会秘书长，《国际心血管病杂志》主编。

陆国平曾任上海市医学会心血管病专业委员会副主任委员。

吴立群曾任中华医学会心电生理和起搏分会常务委员。

2010年，心脏内科有8人任国内外学术组织专科分会主委、副主委、常委和学术期刊主编、副主编。

五、其他

龚兰生(1998 年)、戚文航(2006 年)先后被评为瑞金医院终身教授。

第四节　内分泌代谢科

一、发展沿革

1952 年,内分泌专业组病房设在广慈医院 3 舍 5 楼。1979 年,上海市内分泌研究所成立,设在瑞金医院内,隶属上海市科学技术委员会。1988 年,内分泌科建立,由 3 舍 5 楼搬至 3 舍 4 楼,床位 40 张。2002 年,上海市内分泌代谢病临床医学中心成立,挂靠瑞金医院,内分泌科随之更名为内分泌代谢病科(简称“内分泌科”)。2007 年,在瑞金医院新门诊大楼 21 楼增设病区,床位 29 张。2009 年 5 月,在远洋医院成立糖尿病足病中心,床位 43 张。至 2010 年底,内分泌代谢科病房核定床位数 44 张。

1952 年,内分泌病房由邝安堃负责,还有陈家伦、许曼音等医生。1988 年,建科时除上述 3 位学科带头人外,还有罗邦尧、张达青等医生。2010 年,内分泌代谢科医护员工 53 人(医师 26 人,其中主任和副主任医师 17 人,主治医师 5 人,住院医师 4 人;护理人员 24 人;行政人员 1 人;技术人员 2 人)。

图 2-1-5　1988 年,内分泌科学术带头人合影(左起:罗敏、陈家伦、邝安堃、丁霆、许曼音)

1981 年,内分泌科为国家首批内分泌和中西医结合内分泌的博士及硕士培养点。1985 年,内分泌科承办中国内分泌代谢病学的权威专业杂志——《中华内分泌代谢杂志》。1989 年,内分泌科成为国内首批国家教委重点学科。同年,由邝安堃总主编的“中国中西医现代研究丛书”——《糖尿病在中国》出版。在该书中,邝安堃指出:“经过了长长的历史进程,西医方开始与中医朝着几乎完全一致的方向前进,这是我们作为中国人值得骄傲的。”1997 年,内分泌科成为“211 工程”重点建设学科。2002 年,成为上海市教委重点学科。2004 年,被评为上海市内分泌肿瘤重点实验室。2008 年,上海市内分泌代谢病临床质控中心挂靠瑞金医院。

表 2-1-7　1952—2010 年医院内分泌学科带头人情况表

任职年份	学科带头人
1952—1984	邝安堃
1984—2002	陈家伦　许曼音　罗邦尧
2002—	宁　光

二、医疗工作

【基本情况】

内分泌科年门诊量从1995年的60 685人次增加到2002年的95 393人次，此后年门诊量逐年增加，截至2010年达到20余万人次。2007年开始，内分泌科除专家门诊外，每天下午还开设了糖尿病、肥胖、垂体-肾上腺疾病、甲状腺疾病、骨代谢疾病、性腺疾病等专病门诊。2010年，甲状腺专病门诊和肥胖专病门诊成为瑞金医院首批特色专病门诊，使病人能够得到最专业的诊断和治疗，确保每个病人能够得到长期、相对固定的随访。

内分泌科年住院人数从1988年不足400人发展到2001年的800多人。2002年起，内分泌科住院病人明显增加，到2010年，年住院人数达到3 100多人，其中外省市病人占61%。收治病种丰富，几乎包括内分泌代谢专业所有亚专科，重点病种病人占60%，罕见病占10%，诊断符合率接近100%。自1988年至2010年，平均住院天数从13.6天缩短至6.96天。

表2-1-8　1987—2010年医院内分泌科住院病人及门诊数量统计表

年　份	住院人次	门诊人次
1987—1990	1 509	—
1991—1995	2 207	60 685
1996—2000	4 067	387 498
2001—2005	6 194	504 780
2006—2010	12 907	788 915

1949年5月，邝安堃和学生陈家伦、许曼音等一起利用一台简单的直视显微镜做嗜酸细胞直接计数，用以评估肾上腺皮质功能，同时，他们用此项技术对许多急性传染病（如伤寒）和外科病人的预后做出准确预测，这是文献中可查的中国肾上腺皮质功能最早的研究。1952年，邝安堃着手建立广慈医院内科实验室（2舍5楼），在国内最早开展类固醇激素测定方法的研究。1955年，在国际上最早发现并报道男性结核病人服用异烟肼后乳房发育并证实与雌激素升高有关。1955年，陈家伦首创应用小剂量促肾上腺皮质激素静脉滴注，用于治疗急性血吸虫病伴发的高热。1956年，广慈医院内分泌专业在国内首次发表醛固酮与肾上腺疾病关系的论文《醛固酮——最新分离出的肾上腺皮质激素》，之后于1957年成功诊治国内第一例原发性醛固酮增多症。1959年，丁霆在邝安堃的邀请下来到广慈医院内科实验室工作，并逐渐将重点放在激素测定的研究上。20世纪50年代，苏联医学代表团来广慈医院考察，著名内科专家米亚斯尼科夫对内分泌实验室所开展的内分泌代谢病研究工作给予了高度评价。1963年，成立上海第二医学院内分泌研究室，面积仅40～50平方米，通过一些基础设备开展内分泌疾病的研究，例如通过火焰法测定钠钾等电解质、通过蛋白结合碘实验评估甲状腺功能等，并在国内推广这一研究成果。20世纪60年代，在邝安堃领导下，创造性地建立可的松阳虚动物模型、阴虚和阳虚高血压动物模型等，首次用现代医学方法证实了中医的阴阳理论。邝安堃将内分泌学比作中西医结合的桥梁，认为激素间的平衡与阴阳学说以及激素的反馈与五行学说极为相似，至今仍为中西医结合研究的经典概念。

1975年起，内分泌专业首先在国内配套建立类固醇激素、甲状腺激素及蛋白多肽激素的放射免疫测定方法系列，先后建立血、尿、唾液的脑垂体激素、性激素、肾上腺皮质激素和甲状腺激素等4个系列20余品种的放免测定方法。20世纪80年代，内分泌科秉承实验室研究与临床结合、临床研究与动物实验结合、内分泌研究与系统性疾病结合、现代医学与祖国传统医学结合、多出成果与培养人才结合的原则，建立60余种激素、自身抗体测定方法，并通过培训班的形式向全国推广。内分泌学科建立的用于糖尿病诊疗的馒头餐试验，成为与标准的75克葡萄糖耐量试验并行的检查胰腺胰岛β细胞功能的方法，这一极具临床应用价值的重要研究结果发表在1982年的《中华医学杂志》上，形成中国糖尿病领域的一大特色。20世纪90年代，疾病谱发生明显改变。陈家伦带领内分泌学科强化临床与基础研究，及时将肥胖、2型糖尿病、代谢综合征、骨质疏松等威胁人民健康的代谢性疾病列为重点，成为国内最早应用分子生物学技术研究内分泌代谢病的单位之一。

2002年，上海市内分泌代谢病临床医学中心成立后，不断创新、优化临床检测技术和试验平台，成立专病小组和内分泌代谢学科群，推广研发临床新技术，解决疑难杂症和危重、罕见病症。先后建立内分代谢病临床表型分析系统和数字化信息采集及储存系统、激素及其代谢产物测试体系、多样本静脉插管采血检测技术、分子显像、遗传基因检测技术及代谢组学和蛋白质组学等，结合“医疗联合体”等新型医学体系，形成完善的内分泌代谢病临床诊治、预防、预警和研发体系。同时，积极推广适宜技术，主持制订临床路径、诊疗指南和共识，参与多项支援项目。

【医疗特色】

2002年起，内分泌学科形成以转化型医学为基础的内分泌代谢病系统生物学研究体系，并凝练为内分泌肿瘤临床诊治和机制研究、常见内分泌代谢病流行病学和防治研究两大方向，临床上几乎涵盖内分泌代谢病领域所有亚专科如肥胖、糖尿病、甲状腺、肾上腺、垂体、骨代谢、性腺、胰腺等。

2003年，开展学科群建设，与神经外科、泌尿外科、内分泌外科、放射科、病理科等学科共同构成“内分泌代谢学科群”，侧重糖、脂、骨代谢性疾病和遗传性代谢性疾病的临床诊治。学科群由相对固定医师组成，制定共同遵守的诊疗规范；每周举行跨学科的大型病例讨论，提供资源共享、学科群内部学习和交流的平台；内、外科和临床辅检科室全程衔接，建立绿色诊治通道；设立学科群专项研究基金，组建联合科研项目。成体系建立临床诊疗规范及技术，提高临床治疗水平，有57项新的诊疗技术用于临床并申请相关专利（2010年前9项已获授权），制定22种内分泌代谢动态实验操作规范并实施。

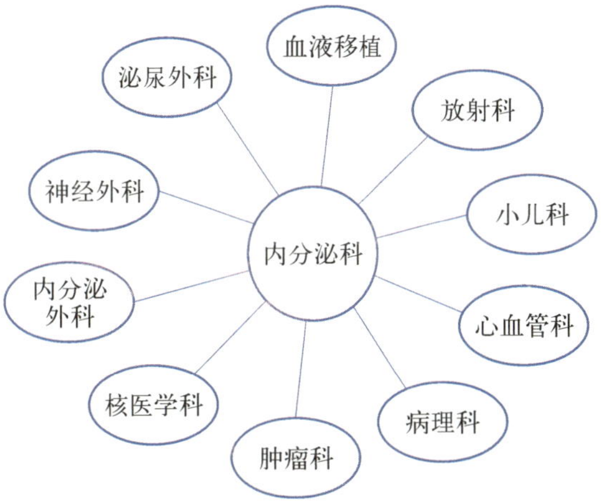

图2-1-6　内分泌代谢病学科群模式图

2009年8月，“卫生部临床路径技术审核专家组成员（内分泌专业）”成立，宁光任组长。内分泌科成为卫生部糖尿病行业标准制定专家组组长单位、卫生部合理用药委员会内分泌组组长单位和“卫生部糖皮质激素临床应用指导原则”组长单位。

能量代谢疾病及其并发症　1997年起，率先提出“糖尿病教员”概念。2002年和2003年，许曼音先后主编《享受健康人生——糖尿病细说与图解》和《糖尿病学》。内分泌科连续举办多期国家级医学继续教育培训班，为全国各地培养近500名专科医生、护士和营养师。2004年，内分泌学科设计并牵头全国15家研究中心共同完成多中心、随机双盲、平均随访5年的临床研究(SPREAD-DIMCAD研究),首次证实与磺脲类相比,二甲双胍可显著降低心血管事件达46%。2006年,创立糖尿病教育专病门诊,其中的"健康厨房门诊"是全国最早开展的以"门诊厨房+营养师+厨师"为特色的糖尿病饮食教育课程,推出近300道适合糖尿病病人食用的健康菜肴和点心,使数千名糖尿病病人在饮食管理中受益。2006年,举办国内首届"让糖尿病病人享受健康美味"烹饪大赛。2009年开始,连续3年举办"用画笔绘出健康人生"青少年和儿童糖尿病绘画大赛。2010年,对医院—社区进行糖尿病一体化管理,有效提高社区糖尿病病人的认知水平以及社区的糖尿病综合防治的能力。内分泌科积极探索适合大规模人群治疗的方法。围绕糖尿病的发生发展相继开展糖尿病专科教育和整体化门诊管理,医院专科与社区合作的糖尿病综合防治模式。在卢湾区、嘉定区建立区域性糖尿病防治网络,由三级医院和二级医院专科、社区医疗机构联合组成。糖尿病防治网络纳入糖尿病病人上万人。

20世纪90年代起,致力于天然药物的降糖调脂和改善代谢的疗效及机制研究。在小檗碱单体及复方中药(含黄连、黄芪和金银花)的研究中,形成由基础到临床的具有特色且较为完善的理论和转化体系,并通过多项多中心、随机、双盲安慰剂对照临床研究,证实上述中药在临床治疗2型糖尿病和血脂异常病人中的重要作用。在20世纪90年代,率先在国内应用Bergman微小模型技术结合静脉葡萄糖耐量试验评估人体的胰岛素抵抗程度和胰岛β细胞功能。2000年,成立肥胖专病小组,开设肥胖专病门诊,年门诊量达1300例。经上海市卫生局批准,2008年3月开展首例造血干细胞移植,发现非清髓自体造血干细胞移植可以恢复初发T1D病人β细胞功能,达到长期脱离胰岛素治疗并维持正常血糖的疗效。2009年5月,在远洋医院成立糖尿病足病中心,开展糖尿病足整体化治疗方案,以独创的趾掌深部组织感染逐步清创与负压引流术为主,结合糖尿病强化治疗、糖尿病护理、中西医内科保守治疗,对糖尿病足进行全方位管理,成功治疗近百例面临截肢的糖尿病足病人。2010年3月10日,在ClinicalTrals.gov登记注册GOCY研究(NCT01084967),启动中国青少年肥胖遗传与环境易患因素分析研究。

下丘脑-垂体疾病 垂体亚专科以各类下丘脑-垂体激素分泌异常疾病为研究对象,研究下丘脑-垂体功能的评估和重建,建立各种相关激素动态激发功能评价试验标准(GnRH兴奋试验、HCG兴奋试验、ITT试验、精氨酸试验、可乐定试验)并开展相应治疗。

甲状腺疾病 20世纪50年代,甲状腺疾病以甲亢和甲状腺结节为主,主要靠临床症状和实验室检查来确诊,无法进行分子生物学检测。1994年,学科在国内较早开始检测TRAb,对Graves病的诊断起到重要作用。2003年,内分泌科在国内首次在基因水平诊断MEN2A病例,经过10多年积累,通过检测血清降钙素测定结合RET基因,发现60个家系136例多发性内分泌腺瘤2型病人,积累国内最大多发性内分泌腺瘤病家系。通过血清降钙素测定、高钙抑制试验以及肿瘤组织降钙素免疫组合分析,规范甲状腺髓样癌的诊疗流程。2009年,内分泌科受卫生部委托开始负责一项为期3年的甲状腺疾病教育培训项目,每年完成30名甲状腺专科医生的培训任务。2010年,建立甲状腺相关眼病(TAO)的标准评估系统和规范化治疗,开展前瞻性临床试验,已诊治300余例TAO病人,开展TRH兴奋试验、T3抑制试验、善宁抑制试验以及TRB基因检测鉴别甲状腺激素抵抗与TSH瘤,积累近70例促甲状腺激素不适当分泌综合征的疑难病例。

肾上腺疾病 1957年,内分泌学科诊治并报道第一例原发性醛固酮增多症。进入21世纪以来,肾上腺小组建立肾上腺静脉插管技术平台,在原发性醛固酮增多症分型诊断和原发性醛固酮增多症中肾上腺腺瘤与增生的鉴别诊断中有极为重要的应用价值,将手术后的复发率从60%下降到了 2010 年的 10%以下。

2003—2004 年，摸索建立间羟肾上腺素类似物（MNs）的高效液相测定方法，提高嗜铬细胞瘤的诊断符合率。2003 年，启动建立嗜铬细胞瘤标本数据库。2008 年，制定并实施嗜铬细胞瘤围手术期管理方案，大大减少病人手术时的血压波动。内分泌科在国际上首次提出 ERBB－2 可以作为良恶性肿瘤鉴别的标志物，从 RNA 和蛋白水平阐述 ERBB2 可能的致病机制。在人群水平建立嗜铬细胞瘤的基因筛查方法并用于临床，证实中国人遗传及散发性嗜铬细胞瘤的发病特点，报告散发性嗜铬细胞瘤的基因突变率 14.5%，在国内首次发现 4 种遗传性嗜铬细胞瘤。

2002 年开始，建设库欣综合征病例库，制定适合中国人群实际可操作的诊断标准和诊断流程。2005 年，在国内首先建立唾液皮质醇的测定方法，并证实此方法可以在筛查试验时用唾液代替血液。分析 300 余例库欣综合征的病史，在前瞻性研究中证实小剂量地塞米松抑制实验的切入点。确定标准化 ACTH 的测定流程和方法，建立大样本的岩下窦采血以及腔静脉分段采血鉴别异位 ACTH 综合征的更特异的确诊方法。积累国际上最大的单组胸腺类癌致异位 ACTH 综合征系列。

规范不能完成手术病人中抗肾上腺皮质药物的使用方法和随访方案。成功建立小结节病人 Carney 复合征的临床筛检方案和随访方案，建立国际较大系列 Carney 复合征病人库。2004 年，建立针对大结节病人的异位激素受体试验，并运用于临床，减少病人的手术次数。

胰腺内分泌肿瘤　2004 年，建立包括胰腺内分泌肿瘤特有血清标志物、以选择性动脉钙刺激静脉采血（ASVS）为代表的功能定位平台、*MEN1* 基因突变检测平台、肿瘤组织 menin 免疫组化检测平台等一系列的诊断平台，大大降低这类罕见疾病的漏诊、误诊率。在明确诊断的基础上，探索集手术、生长抑素、DSA 下动脉介入治疗和分子靶向治疗为一体的多层次治疗方式，根据病人的具体情况提供个体化诊疗方案。

性腺疾病　2004 年，开设性发育异常专病门诊，开展 1 000 余例性发育异常病人的基因检测。2009 年，与上海微创公司合作，在国内率先开展 GnRH 泵治疗 IHH，相关技术获得专利（专利号：201010615266.9）。

甲状旁腺疾病及代谢性骨病　2000 年，内分泌科建立包含近 1 000 例绝经前后妇女数据库，就 20 多个骨质疏松候选基因对骨密度和骨质疏松性骨折进行研究，发现中国人特有的与 BMD 相关基因型组合及其影响因素。2005 年起，将高钙抑制试验用于早期发现原发性甲状旁腺功能亢进症（PHPT），使 PHPT 检出率较前增加 7～8 倍，描述甲旁亢的分阶段演变规律。2009 年，通过临床研究，明确提出超声骨密度（QUS）能优于 DXA 更好地反映 2 型糖尿病病人骨质量的下降。2010 年，在一个近 10 000 人的人群研究中，首次提出 QUS 预报骨质疏松性骨折的阈值。

遗传性内分泌疾病　2003 年，报道国内首例基因诊断明确的多发性内分泌腺瘤病 2 型。在之后的 5 年内，针对特异的表型簇建立程式化基因诊断平台。在基因水平确诊 60 种遗传性内分泌代谢病，积累国内最大 *MEN1*、*MEN2*、甲状腺激素抵抗以及性腺发育异常疾病系列。基因诊断使多发性内分泌腺瘤病 1 型及 2 型等误诊率分别降低 48.5%、50.4%，复发率分别降低 59%、40.3%，死亡率分别降低 15.8%、19.6%，肿瘤预测率分别达到 45.5%、83.9%，并提出 3 类 10 种遗传性内分泌疾病分类方法。线粒体琥珀酸脱氢酶基因突变检测方法和试剂盒在 2008 年获得发明专利。

内分泌激素检测　自 20 世纪 80 年代以来，临床内分泌实验室（33 舍 2 楼）一直承担内分泌代谢病相关的临床项目检验工作。2010 年，实验室开展测定项目 47 项，常规测定项目 38 项，所采用的技术主要包括全自动化学发光免疫测定技术和放射免疫技术等。

临床试验　2008 年，内分泌科获得国家药监局与卫生部共同认可的药物临床试验资质，主持及参加 40 余项创新药物Ⅰ期至Ⅳ期临床研究。作为牵头单位，研究包括：10 项国际多中心临床研究，3 项国家 1 类新药研究，9 项临床药理研究（生物等效性等Ⅰ期临床研究）。另有 10 项研究为内分泌代谢病临床医学中心自行设计并牵头的全国多中心临床干预研究。

三、教学工作

【医学教育】

内分泌代谢科有着传统的教学优势，邝安堃、陈家伦和许曼音以他们严谨的治学态度和渊博知识深深地感染着所有受过他们指导的学生。20 世纪 60 年代初起，许曼音任上海第二医学院医学系一部内科学教研组副主任、诊断学基础教研组主任，分管内科学教学工作。

本科教育课程　实行严格的三级查房。为加强医学生临床训练，内科 4 个病区虽属专科病房，但必须安排一定比例的教学病种，实习生每人分管床位 6～8 张，实行 24 小时负责制，每天有严格的三级查房，每周还安排专门的教学查房。医学生经过 12 周的实习，临床综合分析能力和临床技能都得到很大的提高。

严格出科考核　为坚持对医学生的全面要求、全面锻炼，内科教研组试行了严格的出科考核，即医学生在内科实习结束时，进行自我评价总结（包括业务学习、医德医风），带教老师应逐位考核学生，然后教研组给予全面评定。

毕业临床考试的设计　20 世纪 50—60 年代，医学院校一般不采取学位论文制度，但毕业考试偏于理论测试。1962 年，在许曼音的带领下，设计一种新型的毕业生临床考试方法。考试重点是病史采集是否全面、体检手法是否正规熟练、临床思维是否清晰、论据和鉴别诊断是否正确、治疗和处理方案是否合理。综合分析之后，评定成绩。

多学科联合并重新组合临床课　在交大医学院八年制教学中，联合内分泌、外科和核医学科，共同备课，突破原来老师讲、同学听和记的模式，由 3 个科的老师连贯授课，强调同学与老师、老师与老师的互动和参与，以多媒体、板书、讨论和讲课等多种形式相结合，鼓励同学自己思考、推测发病原因、临床表现和处理原则。

以学生为主体、疾病为中心的教学改革　2006 年，针对即将进入临床课程学习之前的同学，探索新教学模式，分为病史采集、书面作业、拓展讨论 3 个阶段。这一教学模式有利于培养学生临床思维、分析问题、解决问题的能力。

研究生课程建设　1996 年 9 月，内分泌科举办“分子内分泌学的基础与临床”课程，课程负责人为陈家伦。2001 年，此课程通过上海第二医科大学评估，2002 年列入上海第二医科大学研究生课程。2008 年起，课程负责人为宁光。在课程基础上，宁光承担教育部研究生课程用书的主编任务，至 2010 年末主编出版全国统编研究生教材《内分泌内科学》。

【进修医生教学】

内分泌科是国内最主要的内分泌代谢专业医师进修基地之一。1979 年，内分泌科主编出版国内第一部有关内分泌专著《临床内分泌学》。同年，经过试点班之后，卫生部正式委托内分泌科举办全国内分泌进修学习班，每年一届，自 2003 年起改为每半年一届，至 2010 年底，已经成功举办 39 届进修学习班。学员来自全国各地，大多数已成为国内内分泌代谢病领域的重要力量和学科骨干，有 30 余人任各级学会副主委以上职务，100 余人任科主任，成为中国内分泌学界最重要的人才培养基地。

【教学成果】

2003 年 12 月，许曼音等主编《享受健康人生——糖尿病细说与图解》，获第五届上海市优秀科普作品奖科普图书。2004 年 6 月，许曼音主编《糖尿病学》，获第十七届华东地区科技出版社优秀科技图书二等奖。2004 年，陈家伦获得上海市育才奖。2005 年，陈家伦获得上海市第十届银蛇奖特别荣誉奖。2007 年度，内分泌科的“内分泌代谢病”通过交大医学院精品课程项目验收。2010 年，以宁光为首席教师的内科教学团队获得上海交通大学医学院优秀教学团队。2010 年，内分泌科的“内分泌代谢病学”入选上海市教委重点课程项目。

四、科研工作

【科研特色】

主办杂志　1985 年，内分泌科承办《中华内分泌代谢杂志》。至 2010 年底，该杂志已成为权威的中国内分泌代谢病学的专业杂志。2009 年，内分泌科创办 *Journal of Diabetes*。

临床流行病学研究项目　2008 年初，内分泌科成立临床流行病学研究组，创建符合国际标准的内分泌代谢性疾病临床流行病学研究平台，探寻内分泌代谢性疾病的防控策略。其中包括两大项研究：一是上海城镇化进程中代谢性疾病风险研究。自 2008 年起，在上海市卢湾区、宝山区、嘉定区开展社区流行病学研究，共纳入研究对象 5 万余人。二是全国慢病监测项目研究。2010 年，科室携手中国疾病预防与控制中心慢病中心，开展中国慢病监测项目糖尿病专题调查，选取近 10 万名全国代表性调查对象，覆盖中国内地 31 个省、直辖市及自治区。

遗传及环境危险因素在常见代谢性疾病发生发展中的作用及机制研究　2002 年，内分泌科着手对肥胖的临床研究。2007 年，开展“中国青少年肥胖遗传与环境易患因素分析研究”，并于 2010 年完成临床研究的注册（NCT01084967），在 1 000 对 1 000 例（肥胖：对照例数）双“30”人群（年龄 <30 岁，BMI $\geqslant 30$ 公斤/平方米）中，首次发现 *LGR4* 低频变异 A750T 使发生肥胖风险增加 2.3 倍，*LGR4* 敲除促进白色脂肪棕色化，增加能量消耗，为研究肥胖致病机制及干预提供了新的分子靶点。发现 *LGR4* 敲除小鼠出现醛固酮抵抗、血压下降，*LGR4* 通过调控醛固酮受体表达，调节肾脏水盐代谢。

以人群流行病调查和胰岛 β 细胞功能为核心，阐明遗传易感基因（*SLC30A8*、*KCNQ1* 和 *C2CD4A/B*）和环境因素（环境内分泌干扰物双酚 A）在糖尿病及其并发症（蛋白尿）发生发展中的作用及机制。从糖尿病高危人群筛查研究开始，开展中药（金芪降糖片、小檗碱、穿心莲等）治疗初发 2 型糖尿病的临床和相关机制研究，以及糖尿病口服降糖药物对冠心病发生的影响研究（2004 年 SPREAD 研究，NCT00513630），完成糖尿病前期、发生到并发症出现的纵向研究。

以靶向分子为核心的内分泌肿瘤发病机制及生物标记物研究　包括肾上腺相关肿瘤、多发性内分泌腺瘤病、甲状腺癌、甲状腺相关性疾病、代谢性骨病、性腺发育异常疾病等发病机制研究。

肾上腺相关肿瘤的发病机制及标记物研究。首次以基因芯片技术全面研究胸腺类癌致异位 ACTH 综合征。发现 *PAK3* 在神经内分泌肿瘤发生和转移中起重要作用。2005 年，国际上首先证实启动子 CpG 岛去甲基化是其病因，提出 *POMC*（ACTH 前体）转录中 SUMO 化是胸腺类癌出现临床上皮质激素抵抗的始动因素。嗜铬细胞瘤的恶性肿瘤生物标记物及中国人群的遗传特征研究：2008 年，筛选出嗜铬细胞瘤良恶性肿瘤标志物 *ERBB2* 基因并用于临床。在人群水平建立嗜铬细胞瘤基因筛查方法，提出中国人遗传及散发性嗜铬细胞瘤的发病特点。

多发性内分泌腺瘤病(MEN)的致病基因及机制研究。2003年,国内首次在基因水平诊断MEN2A。2008年,通过多中心研究发现中国人*MEN2*的基因型特征,首次报告全国最大的*MEN1*家系系列,发现4个新的基因突变类型。2009年,证明Menin为一新的Wnt/β-catenin信号通路调节因子,揭示*MEN1*和β-catenin在胰岛细胞增殖的角色有重要价值,引领国际Menin调控分子通路研究。

甲状腺癌的分子标记物研究。2009年起,建立常见甲状腺结节以及甲状腺癌样本库,确认已知甲癌分子标记物*BRAF*突变与中国甲状腺乳头状癌病人临床病理特征的相关性。

以临床治疗为目标的自身免疫疾病相关研究。2008年,利用全基因组关联分析技术(GWAS)开展Graves病的易感基因位点研究。2008年,开展甲状腺疾病流行病学调查(N=3 455),建立大规模人群流行病学调查研究基地,开展相关性疾病流行病学调查。

代谢性骨病研究。1995年5月—11月,骨代谢小组进行第一个有关骨质疏松药物的临床研究。1996年,举办国际城市间的骨质疏松学术交流会,介绍性激素对骨密度的影响。2000年,开展骨质疏松的遗传和环境因素研究(GEEB研究),在建立绝经前、后妇女临床资料库、DNA库和血/尿标本库的基础上,对涉及骨质疏松的多种基因、身体测量指标、生化/细胞因素指标等进行全面分析,探讨骨质疏松多种基因、生化指标对骨密度的单独和联合作用。2004年6月,经国家食品药品监督管理局批准,内分泌科作为组长单位,承担为期一年的前瞻性、双盲、安慰剂对照的国际多中心药物Ⅲ期临床试验,在亚洲绝经后骨质疏松妇女中验证抗骨质疏松新药S12911的疗效和安全性。2005年,在中华医学会骨质疏松和骨矿盐疾病学会的支持下,国际临床骨密度测量学会(ISCD)主办、瑞金医院内分泌科承办国际骨密度测量认证课程和考试。2006年,提出亚洲国家防治骨质疏松及其骨折的策略。2008年3月,由内分泌科、骨科、伤科、老年科和妇产科共同组成骨质疏松联合门诊。骨质疏松专病门诊从原先的各科室零星覆盖变为集合各科室特点、资源共享、优势互补,充分体现瑞金医院特色的专病门诊。

性腺发育异常疾病的研究。2006年,开展FSH序贯治疗特发性低促性腺性功能减退(IHH)的多中心随机对照研究。2009年起,在国内率先使用GnRH脉冲泵治疗IHH的临床研究。

【科研成果】

截至2010年底,内分泌科获得国家级重大重点科研课题7项,国家自然科学基金课题61项,部级科研课题6项,市级科研课题39项,局级科研课题7项,院校级科研课题9项,横向合作科研课题8项。发表SCI论文199篇,中文论文675篇。截至2010年底,内分泌科的科研工作获得50个奖项,其中国家级3项,省部级42项,局级3项。

表2-1-9 1997—2010年医院内分泌科获得国家级重大重点课题情况表

年份	名称	来源	负责人
1997—2000	2型糖尿病样本收集	"863"计划子课题	陈家伦
2002—2005	糖尿病相关基因的研究	"863"计划子课题	罗 敏
2005—2009	中国人2型糖尿病的系统生物学研究	"973"计划子课题	罗 敏
2006—2010	脂肪因子、炎症因子与胰岛素抵抗	"973"计划课题	宁 光

（续表）

年　份	名　　称	来　源	负责人
2006—2010	基于分子分型和药物遗传学基础上的2型糖尿病个体化治疗研究	“863”计划子课题	宁　光
2007—2010	人类重要生理功能分泌蛋白的识别及鉴定技术	“863”计划课题	宋怀东
2008—	2型糖尿病预警指标体系与预警模型开发	国家科技支撑计划课题	王卫庆
2008—2010	糖尿病新药临床评价研究技术平台建设	科技部重大新药创制	宁　光

表2-1-10　2005—2010年医院内分泌科获得国家级科研奖项情况表

年　份	项　　目	奖　项	获奖人
2005	人类造血和内分泌相关细胞/组织基因表达谱和新基因识别研究	国家自然科学奖二等奖	陈家伦
2008	单基因遗传性内分泌疾病的基础研究和临床应用	国家科学技术进步奖二等奖	宁　光
2010	游离脂肪酸、乙醇在2型糖尿病发生机制中的作用及临床干预	国家科学技术进步奖二等奖	赵家军

【学术任职】

邝安堃曾任中华医学会内分泌学分会第一届委员会副主任委员（1980年）、中华医学会内分泌学分会第二届委员会名誉主委（1985年）。

陈家伦曾任中华医学会内分泌学分会第二届委员会主任委员（1985年）、中华医学会内分泌学分会第三届委员会主任委员（1990年）。

罗敏曾任中华医学会内分泌学分会第五届委员会副主任委员（1997年）、中华医学会内分泌学分会第六届委员会主任委员（2001年）。

宁光曾任中华医学会内分泌学分会第七届委员会副主任委员（2005年）、中华医学会内分泌学分会第八届委员会主任委员（2009年）。

五、其他

1998年，丁霆、陈家伦、许曼音被评为瑞金医院终身教授。

2009年5月，郁忠勤随上海市对口支援都江堰医疗队赴川，参与灾区医疗体系重建工作。2010年9月，王曙作为第七批上海援疆干部到达新疆喀什，在喀什地区第二人民医院开展医疗援助工作。

第五节　血液内科

一、发展沿革

1952年，血液和肾脏小组共同使用内科四病区，位于2号楼4楼，共有46张床。1988年，成立血液科，仍与肾脏科合用一个病区。1992 年末，血液科和肾脏科正式分离，血液科病区迁至 2 号楼 5 楼，床位数编制为 40 张。1998 年，对病房进行修缮，扩建两间临时输液室，以满足化疗病人的临时输液需求。1999 年，在瑞金医院分部增设病房，床位数 30 张。一年后，由于医院整体规划部署调整，病房设施分布相应调整。2001 年 8 月，分部血液病房调整至卢湾分院 10 楼，床位数改为 28 张。2006 年 9 月，于总院门诊 18 楼增加血液临床中心病区，总床位数 20 张；骨髓移植室调整为骨髓移植病区，骨髓移植仓由原有的 2 个增设至 12 个，成立"上海市血液病临床医学中心"。2008 年，血液科卢湾分院病房关闭。同年 3 月起，在闸北区北站医院建立联合病房，床位 40 张。截至 2010 年，血液科在瑞金医院本部共拥有床位数 96 张，包括内四病区 38 张、血液中心 20 张、骨髓移植病区 12 张及特需血液病房 26 张。

1952 年，徐福燕、王振义为内科血液专业小组主要负责人。傅积祥、陈淑容等先后主持血液专业小组工作。1988 年，血液科成立后蔡敬仁任科主任。2004 年，陈赛娟任上海市血液病临床医学中心主任。

至 2010 年，血液科已成为国家教育部 211 工程重点建设学科，上海市重中之重学科，上海市教委重点学科，上海市医学领先学科，上海市卫生局医学重点学科。

表 2-1-11　1952—2010 年医院血液内科(小组)历任负责人情况表

任职年份	组长/主任	任职年份	副组长/副主任
1952—1960	徐福燕　王振义	1993—2000	孙关林
1960—1988	傅积祥　陈淑容	1995—2008	陈赛娟
1988—1993	蔡敬仁	2000—2005	陈　珏
1993—	沈志祥	2002—	李军民
		2005—	赵维莅
		2008—	糜坚青

二、医疗工作

【基本情况】

20 世纪 50 年代，王振义在国内首先建立血友病的诊断方法，发现轻型血友病。在他领导下，先后提纯 vWF 抗原、β 血小板球蛋白、蛋白 S、凝血酶敏感蛋白，并制成抗血清，应用于临床，阐明蒲黄防治家兔食饵性动脉粥样硬化的机制。1958 年，血液疾病原发性血小板减少性紫癜用传统中医治疗取得一定疗效(一些中医药方时至今日也是原发性血小板减少性紫癜的经典治疗方法)。20 世纪六七十年代，血液科以止凝血疾病的诊断和治疗为主要方向，首创止凝血疾病完整诊断体系。20 世纪 70 年代起，恶性血液病，尤其急性白血病的诊断和治疗逐渐成为血液专业的重要方向。20 世纪 90 年代，在以急性早幼粒细胞白血病(APL)为主的疾病治疗中取得重大突破，使该疾病死亡率急剧下降。21 世纪以来，进一步对包括白血病、淋巴瘤、骨髓瘤等在内的所有血液类疾病进行深入研究和临床实践，并着手发展骨髓移植等治疗。

【医疗特色】

APL 等白血病的诊治和研究　APL 长期以来被公认为白血病中最为凶险的一种亚型。20 世纪 70 年代，王振义以祛邪归正、诱导分化的治疗方法着手。1986 年，王振义团队经过不断筛选实验，发现全反式维甲酸可在体外实验中使 APL 的早幼粒细胞分化、发育为成熟的中性粒细胞，治愈第一例重危病人，标志诱导分化治疗的应用成功。针对部分应用维甲酸的 APL 病人一两年后病情复发的情况，血液科提出新的治疗思路：维甲酸、亚砷酸和化疗联合使用，极大程度上减少 APL 病人复发率，得到国际医学界公认，在美国血液学年会上被国际认可为“上海方案”，并被美国 NNCN 所采用，作为 APL 的一线经典治疗方案。20 世纪 90 年代，法国学者发现随着应用例数增加，少数病人出现严重并发症——维甲酸分化诱导综合征，亚砷酸的应用同样在临床上发生了肝功能异常的情况。血液科对维甲酸应用剂量提出新设想，经临床研究证实，小剂量维甲酸和标准剂量维甲酸在治疗 APL 病人不仅疗效相同，且相应不良反应明显减少，进一步完善维甲酸治疗 APL 的临床方案。一例美国 APL 复发病人，在密切观察下启用小剂量亚砷酸治疗计划，该病人不仅按期治好 APL，而且肝功能在短期内回复正常。

血液科在长期临床实践中，不仅提出“上海方案”总策略，而且在治疗过程中，针对病人情况，不断完善治疗方案，使每一病人都能顺利完成治疗，达到完全缓解。使 APL 的治疗从既往人人畏惧的高危疾病转化为疗效好、并发症少的易治疾病，病人的经济负担也显著减少。5 年存活率从 20 世纪 70 年代的 10%～15%，提高至 20 世纪 90 年代末的 92%，缓解率达到 95%。

除 APL，血液科在其他白血病治疗方面也取得一定成果。例如美罗华治疗 B 细胞淋巴瘤、万珂治疗多发性骨髓瘤、达珂治疗 MDS、TKI 治疗慢性髓细胞白血病，以及治疗中性粒细胞严重缺乏病人各种抗感染新药。积极参与多种疾病的诊治指南和共识的制订、执行，还参加多种临床药物研究，为血液病临床治疗做出积极贡献。

20 世纪 90 年代中期，沈志祥牵头在上海成立预激方案研究小组，开展国内预激方案治疗老年体弱的临床初治急性白血病病人，剂量上进行调整以更适合中国病人的实际情况。临床研究有效率在本属放弃病人中高达 50%～60%以上，此后该方案成为全国血液科医生常规使用的一线方案。

在初治急性髓系细胞白血病病人中，标准方案仅仅使 50%～70%病人缓解。1993 年，血液科提出双诱导概念，即标准方案后再次骨髓检查，在合适病人中再次予以一定剂量化疗，使化疗剂量相对不足病人可在第 2 次诱导治疗中获得缓解。病人缓解率高达 85%。

【出凝血疾病】

20 世纪 50 年代初，王振义发现轻型血友病，成为国内首先建立血友病检测方法的血液病工作者，解决了不明原因出血的诊断和治疗问题。20 世纪 80 年代，王鸿利提出在血液制品充分准备下，对有指征的出血性病均可施行创伤性操作，打破“血友病不能开刀”的局面。首先提出“检验优化组合应用”“在实验室监测下的个体化用药”“DIC 的诊断修正”理念，并在国内范围进行推广。对 10 种血栓病、1 332 例病人和 1 019 例正常对照，作全面、系统、动态检测，得出病人血小板功能和凝血机制亢进、抗凝机制和纤溶活性减低的规律。在国际上首次提出，发现中国汉人不同于高加索人，不存在 FV Leiden 突变；心脑血管病的 12 种基因突变与疾病相关。在该时期，陈竺、陈赛娟开展对血友病诊断、治疗和流行病调查，陈淑蓉开展对血管性血友病的研究等，均达到国内先进水平。1983 年，瑞金医院成为世界血友病联盟（WFH）认可的血友病诊治中心。

20 世纪 90 年代初，提出抗血小板治疗中超小剂量阿司匹林有促血栓倾向，对临床阿司匹林应用有重要的指导意义。1997 年 5 月，医院成立血友病诊治中心。2000 年，卫生部采纳血液科提出的手术前须测 PLT、APTT 和 PT（必要时测 BT）的建议，在全国医院推广和实施，从此基本杜绝围

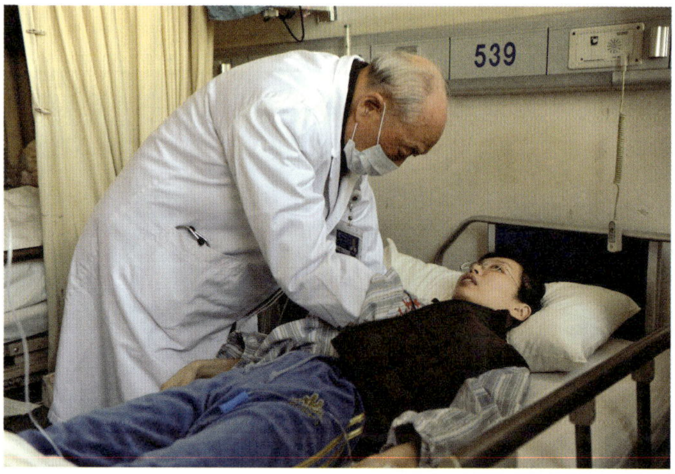

图 2-1-7　血液科王振义在查房

手术期异常出血的漏诊和误诊。提出出血病/血栓前状态的筛选试验，对出血病/血栓病的诊断起到重要指导作用。提出抗凝、溶栓治疗过程中，分别选用相应的实验指标作监测，使治疗过程中出血并发症的安全度和有效率明显增加。协助制订国内特殊疾病 DIC 的诊断标准，使该疾病的诊断率由 62%提高到 84%。

21 世纪初，血液科对 1 146 个血友病 A/B 家系 1 072 例病人，1 067 例携带者进行携带者和产前基因诊断，得到男性患病胎儿 126 例、携带者女性胎儿 70 例，经随访诊断准确率为 100%。这一研究成果为携带者的遗传咨询提供依据，避免患病胎儿出生。对 1 453 例血友病 A 病人进行抑制物筛查，在其中 55 例抑制物阳性病人基因检测发现 38 种基因突变，并且这种变化与抑制物滴度相关，也与 IL－10 基因多态性有关。在国际上首先阐明遗传性出血病和血栓病 29 个新的突变基因的分子病理机制。

【骨髓移植】

骨髓移植是目前治愈急性白血病的重要手段之一，瑞金医院血液科始终致力于骨髓移植的研究和探索，并联合两岸医疗机构积极寻求骨髓供体。

瑞金医院血液科造血干细胞移植亚专业在 1998 年起步，当时在九舍特需病房设立百级层流 2 张，在沈志祥带领下，开展自体和 HLA 同胞全相合异体造血干细胞移植。1999 年 3 月，完成第一例 HLA 全相合非血缘造血干细胞移植。2000 年起，成为台湾慈济骨髓库指定移植医院。2004 年，成为上海市造血干细胞移植医保定点医院和中华骨髓库指定移植医院。2007 年 1 月，成立独立的造血干细胞移植病区，共 12 张百级层流病床，每年完成移植数量达到 60～70 例，常规开展自体移植、异体（HLA 全相合、不全相合和半相合）造血干细胞移植。2008 年起，在国内最早开展“大剂量免疫抑制剂＋自体造血干细胞移植”治疗 1 型糖尿病，申报获得上海市卫生局的临床新技术准入。截至 2010 年已经完成近 30 例，部分病人达到满意疗效，完全停用胰岛素治疗，且治疗中均未发生严重并发症。在 2006—2010 年，骨髓造血干细胞移植 100 天内死亡率在 5%以下，一年生存率达到 90%，长期总生存率达到 60%，与国内外先进水平一致。

【特发性血小板减少性紫癜(ITP)】

20 世纪 70—80 年代起，王振义带领沈志祥、李军民等人开展 ITP 临床治疗。20 世纪 80 年代早期沈志祥建立血小板抗体的检测方法。20 世纪 90 年代初期，血液科与法国血管血液研究所（IVS）合作运用肝素开展对 ITP 病人的治疗。21 世纪以来，血液科应用丙种球蛋白治疗、大剂量胸腺肽治疗、环孢素和长春新碱治疗比较、应用复方环磷酰胺片治疗等，形成中国进行 ITP 疾病的常规治疗方法。

【医疗数据】

1988 年，血液科成立后，住院人数稳步增长，构建完整的病人资料档案库。2002 年，门诊就诊人数每月平均 2 000～2 100 人次，总量达 25 044 人次，收治各种血液病病人 2 698 人次(含卢湾分院)，床位使用率达到 120%，收治初治血液肿瘤病人 348 例，其中急性白血病约占 50%，恶性淋巴瘤占 25%，急性白血病的缓解率达到 75%，恶性淋巴瘤的缓解率达到 85%，治疗效果与国际上同行所报道的疗效基本一致。2004 年，门诊总人数达 37 029 人次，其中专家门诊达 9 924 人次。2007 年起，门诊总人数超过 4 万人次，至 2010 年全年门诊总人数 45 783 人次。2008—2010 年，骨髓移植量分别为 53、60、63 例。

表 2-1-12　1988—2010 年医院(总院)血液内科住院人数统计表

年　份	住院人数	年　份	住院人数
1988—1990	1 519(与肾脏内科合用病区)	2001—2005	8 855
1991—1995	2 718(1992 年前与肾脏内科合用病区)	2006—2010	14 197
1996—2000	6 127		

【上海市血液内科临床质量控制中心】

2004 年，上海市卫生局筹建上海市血液内科临床质量控制中心(以下简称“质控中心”)。血液科于 2005 年 5 月被确定为第一届上海市血液内科临床质量控制中心挂靠单位。

至 2010 年底，瑞金医院血液科主任沈志祥任质控中心主任，成立由上海市各大医院血液科主任参加的专家委员会。2005 年，质控中心成立初期，对全市所有医院进行摸底调查。截至 2010 年，已分别进行淋巴瘤、白血病、红细胞疾病、出凝血疾病等的专项检查，通过检查对提高全市各级医院血液病的诊治水平起到明显促进作用。2010 年被评为上海市优秀医疗质控中心。

三、教学工作

瑞金医院血液科自成立以来，不仅在医疗、科研方面取得重大成果，其对本科教学、继续教育、医生轮转、教材编写等方面也做出突出贡献。

【医学教育】

1958 年起，为提升教育质量、促使医学生学以致用，广慈医院内四病区(血液专业)负责四年级学生的实习任务以及护生的教学任务，将教学任务与重病抢救工作结合起来。20 世纪 80 年代起，除保留原有医疗系两个大班的教学职责外，还增加留学生的本科教学工作。

1981 年，内四病区举办血液病进修学习班。1982 年至 1993 年期间，承担全国及全市专业进修班的教学任务、英国和中国香港地区短期进修生的带教以及二医业余教学任务。2004 年起，瑞金血液科成为国家继续教育委员会的教育基地，血液临床中心成立后主办具有国际性的亚太血液肿瘤临床和基础教育中心。2009 年，血液科完成一项国家级继续教育学习班“恶性血液病现代治疗”。

同时，血液科对职后年轻医生的继续教育非常关注。20世纪60年代起，规定每周二下午为住院医师骨髓片学习时间，每周三晚上开展科内中医理论学习，提升医师的临床经验和医疗水平。20世纪80年代末起，王振义院士每周四在血液科开展教学查房，讲解最新文献、疾病发生发展的相关知识，对科室年轻医生、进修医生、医学生等起到很好的继续教育。

在人才培养方面，1996年，公派李军民、糜坚青等至法国深造。2006年，糜坚青学成回国获浦江人才奖项。2008年赵维莅被评为上海市科教党委系统十佳青年创新人才；2009年，获上海市教委曙光计划；2010年，又获上海市领军人才称号。

【教学成果】

血液科通过多年的教学实践和研究，取得出色成果。血液科开设瑞金医院第一项上海市级精品课程、上海交通大学医学院精品课程——临床血液学。至2010年共撰写书籍8本。1995年至2010年，血液科获得教学奖7项。1995年，沈志祥获上海市育才奖。2002年，李秀松获国家教学先进工作者。

四、科研工作

【科研特色】

特发性血小板减少性紫癜 20世纪80年代后期，李军民发现慢性、病程较长的ITP病人的巨核细胞自身存在缺陷。1987年，胡昌军研究ITP有关抗体的相关血小板膜抗原。

急性早幼粒细胞白血病 1983年，王振义与国内化学专业科研人员合作研制出数种维甲酸类化学合成品。经多次体外研究，与国外应用的顺式维甲酸不同，全反式维甲酸对APL肿瘤细胞有诱导分化作用。1988年，王振义发表在国际学术权威性刊物《血液》(*BLOOD*)的论文《全反式维甲酸治疗急性早幼粒细胞白血病的研究》引起国际医学界广泛重视。1989年，陈竺、陈赛娟从法国留学归来，成功阐明APL发病基础——t(15;17)异常及相应 *PML*-*RARα* 基因，而且从基础研究肯定维甲酸的疗效，以后又对砷剂治疗成功进一步研究，肯定亚砷酸的小剂量诱导分化、大剂量的杀灭作用。

淋巴瘤 20世纪60—70年代，在由医生诊室里开辟出的骨髓细胞培养实验室中，蔡敬仁和李秀松医师将淋巴瘤活检标本冰冻以待后人唤醒细胞并进行分子生物学检测。2008年，李军民、沈杨等通过对125例弥漫大B淋巴瘤病人的追踪研究，验证了国际预后指数(IPI)在其预后中的作用。同时，在赵维莅的带领下，致力于细胞信号通路和淋巴细胞恶性转化的分子机制和靶向治疗研究，发现淋巴细胞表达的凋亡、分化相关基因和微环境血管生成与病人化疗耐药和预后不良密切相关。率先发现 *BCL*-*XL* 表达升高、多发淋巴结外浸润、血清乳酸脱氢酶水平升高和IPI高危等因素与预后不良密切相关。率先发现 *PRDM1* 表达与病人CHOP方案疗效和病人预后密切相关。证实调控上述生物学行为的细胞信号通路是潜在的治疗靶点，并以此为核心开展分子阻遏，兼顾肿瘤细胞和肿瘤微环境，多靶点、多角度、多元化探索靶向恶性淋巴细胞的治疗策略。相关结果在国际血液学权威杂志 *BLOOD* 上发表。

溶血性贫血 20世纪60—70年代，采用四川烙铁头蛇毒代替印度尼西亚进口蝰蛇毒研发蛇毒试剂，诊断溶血性贫血，成为中国对溶血性贫血的诊断试剂模板。1989年，蔡敬仁发表《自身免疫性溶血性贫血100例临床分析》《EVANS溶和征10例报告》，获《实用血液病学》《邓家栋临床血液学》专著引证，进一步揭示溶血性贫血的临床特征。

【科研课题】

瑞金血液科大量开展多中心临床研究，申请获得各项研究课题，学术研究水平始终居于全国前列。自 2004 年起，瑞金血液科多次以牵头单位身份组织国内、华东地区、市内多项多中心临床研究，并连续数年获得多项国际多中心临床研究成果。2010 年，相关研究获 973 课题资助。至 2010 年，获得国家级奖 5 项，省部级奖 15 项。

表 2-1-13　1993—2010 年医院血液科获得国家级奖项情况表

年份	成　　果	奖　　项	完成人
1993	急性早幼粒细胞白血病全反式维甲酸诱导分化治疗的机制研究	国家自然科学奖三等奖	王振义
1999	血栓与止血的检测与应用	国家科学技术进步奖三等奖	王鸿利
2004	重要脏器血栓栓塞的基础与临床研究	国家科学技术进步奖二等奖	王鸿利
2004	三氧化二砷单用或联合全反式维甲酸治疗急性早幼粒细胞白血病临床及作用机制研究	中华医学科技奖一等奖	王振义
2007	遗传性凝血因子缺陷症和抗凝因子缺陷症的基础与临床研究	国家科学技术进步奖二等奖	王鸿利

【学术任职】

王振义、陈竺、陈赛娟、王鸿利、沈志祥学术任职详见第十篇《人物》。

五、其他

王振义（1998 年）、陈竺（2001 年）、陈赛娟（2006 年）先后被评为瑞金医院终身教授。

第六节　肾 脏 内 科

一、发展沿革

1952 年，大内科副主任王耆龄兼管肾脏疾病治疗。1965 年，成立肾脏专业小组，陈庆荣任肾脏组组长。1978 年，董德长任学科带头人。1988 年，成立肾脏科，陈庆荣任科主任。瑞金医院肾脏科下设临床、病理、透析室、实验室 4 个部门，是国内成立最早、配置最完善的肾脏专科之一。

1952 年，肾脏病与血液病合用一个病区，位于内四病区（现 2 号楼 5 楼），有 15～20 张独立床位。1986 年，建立血液透析室（位于 3 号楼底楼）和实验室。1987 年，建立肾脏病理室（位于 3 号楼 1 楼）。1993 年，肾脏科病房与血液科病房分开，与血液透析室一并搬迁至 3 号楼 3 楼，床位数扩大至 34 张，透析机总数扩增至 24 台。2005 年 7 月，肾脏科病房进行改扩建，占地 800 余平方米，固定床位数 46 张。2008 年 2 月，血液透析室扩建，成立血液净化中心，位于门诊 16 楼。2009 年，肾脏科病房再次扩建，固定床位扩大到 60 张。至 2010 年底，科室有医生 26 人，其中 25 人具有博士或者硕士学历，主任医师 5 人，副主任医师 10 人；护士 61 人，其中透析专职护士 31 人。

表 2-1-14 1988—2010 年医院肾脏内科历任主任、副主任情况表

任职年份	主 任	任职年份	副主任
1988—1993	陈庆荣	1993—1997	陈 楠
1993—1997	楼鼎秀	1995—2000	姚 建
1997—	陈 楠	2000—2005	朱 萍
		2005—	张 文 任 红
		2008—	陈晓农

二、医疗工作

1958 年，董德长在国内首次成功诊治并报道第一例肾小管性酸中毒，并首次在国内自主研制出枸橼酸合剂Ⅰ号方、Ⅱ号方、Ⅲ号方，目前仍为国内肾小管酸中毒的主要治疗药物，在全国推广使用。1965 年肾脏专业组成立时，仅有 3 位医生，承担病房、门急诊及院内外会诊任务，在肾病综合征、重症狼疮性肾病、肾小管酸中毒、妊娠相关性肾病等疾病的诊疗方面积累丰富的临床经验，为学科发展奠定基础。此后，肾脏科收治病人数逐年增多，疾病谱逐年多样化，由单一的肾脏病种发展到大内科多病种，形成以原发性肾小球疾病、继发性肾脏损害、急慢性肾衰、遗传性肾脏疾病、间质疾病等为代表的临床特色病种，先后在国内首先报道Ⅰ型肾小管酸中毒（董德长，1958 年）、Ⅳ型肾小管酸中毒（陈庆荣）、Liddle 综合征（陈庆荣，1987 年）、经肾脏病理诊断的高草酸尿症（陈楠，1992 年）和巨球蛋白血症（陈楠，2003 年），较早报道家族性淀粉样变（陈楠，2007 年），并在国际上首次报道中国第 1 个、国际第 7 个胶原Ⅲ肾小球病家系（陈楠，2007 年）。

除了本专业疾病之外，肾脏科还与心血管科、高血压科、血液科、内分泌科、呼吸科、消化内科、感染科等多学科领域加强临床医疗交流与沟通，多次参加上海全市及外地医院的危重、疑难病例会诊及抢救。

截至 2010 年，肾脏科门急诊量近 18 万人次/年，出院 2 200 余人次/年，肾活检约 560 人次/年（外送标本约 160 例/年），常规血液透析＞4 万人次/年，连续性肾脏替代治疗约 1 800 人次/年，血浆置换约 150 人次/年，腹膜透析长访病人 200 余例，其中居家自动化腹膜透析（APD）病人 8 人。

【医疗特色】

血液透析 1973 年起，肾脏组医生参加泌尿外科人工肾室的血液透析和肾移植的相关内科治疗工作。傅秀兰参与肾移植术后急性排异、急性肾功能衰竭的抢救工作。1986 年，成立血液透析室（下文简称“血透室”），由汪关煜负责，配有专业医师 2 人，专业护士 10 人左右，配备 8 台血透机和 1 台水处理机。后法国赠送 30 余台血透机，由陈楠负责运送回国，保证血透室后续工作顺利开展。医护人员们白手起家，自行设计血透室的管道安排、水处理设备、透析液的处方，制订病人的消毒隔离制度，成为当时上海开展血液透析新技术最多的单位之一，覆盖常规血透、单针血透、单纯超滤、序贯透析、碳酸氢盐血透、高盐低钠血透、低温血透、无肝素血透、腹水回收等新技术。在血管通路方面，20 世纪 80 年代，肾脏科在上海市率先开展自体动-静脉内瘘术、人造血管移植术、留置性颈内静脉插管术和腹膜透析术。1993 年，血透室扩大规模并搬迁到 3 号楼 3 楼，透析机总数扩增至

24 台，并成立瑞金医院透析培训中心。1998 年，购入第一台连续性肾脏替代治疗（CRRT）机器，在上海率先成功开展 CRRT 技术。2003 年，购入第一台血浆置换机，在全国率先成功开展血液透析滤过、血液滤过、血液灌流、血浆置换等一系列特殊血液净化技术。2008 年 2 月，血透室再次扩建，成立血液净化中心，位于新门诊大楼 16 楼，面积超过 2 000 平方米，拥有血液透析机 60 台，CRRT 机 8 台，血浆置换/免疫吸附机 2 台，Lauer 双膜双反渗水处理机和移动水处理机各 1 台，治疗了大量急性肾损伤、多脏器功能障碍、药物中毒等急、危重症病人。2010 年，血液净化中心有维持性血液透析病人 300 例左右，全年 24 小时待命床旁抢救；完成中心静脉临时及长期导管置管术 450 例左右、自体动静脉内瘘成形术 90 余次。血液净化中心关爱每一位尿毒症病人，设立血透咨询日与 24 小时热线电话，制作一系列透析相关知识宣教视频，建立血液净化中心网站及短信宣教平台，每年举办肾脏病知识讲座、组织户外活动，大大提高病人的生活质量和社会回归率。

腹膜透析　始于 20 世纪 70 年代，最初采取间歇性腹膜透析模式，治疗时病人需长时间卧床。为改进透析技术，1978 年左右，科室派专人赴广州专门进修连续不卧床腹膜透析（CAPD）技术，并与上海橡胶研究所、上海输液厂联系改良腹透硅胶管及腹透袋，随后在内四病区建立 CAPD 病房，设 3 张床位，是上海第二医学院附属医院中首先开展 CAPD 的单位，先后救治 180 多名晚期尿毒症病人。2005 年 10 月，肾脏科成立腹膜透析中心，配备了第一位腹透专职护士。每年腹透置管术 80 余例，腹膜炎发生率仅 0.19 次/病人·年。2010 年，拥有自动化腹膜透析机 15 台。腹膜透析医护团队为病人进行充分透析前教育、透析后教育，为每个腹膜透析病人制作个人档案，根据病人的不同情况提供个性化的护理；2005 年设立由专职医生及护士共同随访的腹膜透析专病门诊，并开通 24 小时的热线电话及绿色通道。2008 年在上海市率先制订腹膜透析护理的标准操作程序（SOP），多次协助外院相关科室进行腹透置管术。2008 年起，在上海市最早对腹透病人开展家访，定期为腹膜透析病人，尤其是行动不便及老年病人提供家访服务，获得病人们一致好评。

肾脏穿刺和肾脏病理　1986 年，肾脏科开始独立进行肾穿刺工作。最初阶段困难很大，医生们经常在没有任何防护措施的情况下，利用 X 线定位来为病人进行肾穿刺。经过不懈努力，肾穿刺的技术不断提高，对难度较高甚至列入肾穿刺相对禁忌证的特殊病例，如孤立肾、重度腹水、过度肥胖、肾脏位置异常、肾功能中重度不全病人都进行过穿刺，还协助泌尿外科进行移植肾穿刺。1987 年，成立上海市第一个肾脏专科病理室，配有 1 名医师和 2 名技术员，由郝翠兰负责肾脏病理常规工作。具备独立制备各种切片的能力，具有光镜、免疫荧光显微镜、相差显微镜、投影显微镜、冰冻切片机等设备（国外进口），开展 IgA、IgG、IgM、C3、C4、C1q、Fibrinogen 这 7 种常规免疫荧光检测。可独立进行肾脏病理活检、制片及读片，并出具病理报告。病理室不仅负责本院肾活检标本，还接收外院肾活检标本，在全国较早开展多项新的特殊检测项目，包括皮肤及肾组织Ⅳ型胶原不同 α 链检测、肾组织胶原Ⅲ检测、脂蛋白 ApoE/ApoB 检测、淀粉样变 AA 蛋白、κ/λ 轻链、FibrinogenA、Lysozyme、C4d 的检测等。2009 年，建立石蜡免疫荧光检测肾组织免疫球蛋白及补体技术，弥补荧光组织无小球的技术缺憾。完善的病理技术为临床进行诊断、治疗和预后判断提供重要依据，同时也为研究肾脏病的病因、发病机制搭建技术平台。至 2010 年，肾脏病理室已完成近 1.2 万例肾组织病理诊断。

三、教学工作

【本科教学】

1978 年起，董德长建立起定期的主任查房制度，坚持每周两次主任查房，一次临床病理讨论

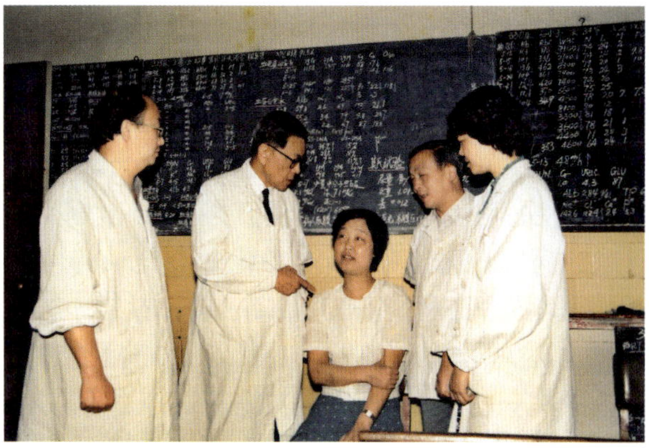
图 2-1-8　1991 年肾脏内科学科带头人董德长（左二）带领教学查房

会，对每一位肾穿刺病人都要进行完善的临床、病理诊断，对实习生、留学生进行中、英、法三语带教，延续至今。不仅让医学生们熟悉掌握常见的教学病种（包括急慢性肾小球肾炎、肾病综合征、肾盂肾炎、急慢性肾功能衰竭），还进行血液透析、腹膜透析、肾穿刺等临床操作技术介绍及学习。1993 年，傅秀兰获上海市优秀教育成果三等奖；1999 年，傅秀兰获上海市育才奖；2004 年，陈楠被评为上海市优秀教育工作者；2009 年，陈楠又入选新中国 60 年上海百位杰出女教师。

【人才培养】

1983 年，肾脏科先后派出楼鼎秀、汪关煜、储谦、姚健、陈楠等医生赴法进行肾脏专业配套培训。1988—2010 年，又陆续派出 15 人次赴英、美、法等国学习急性肾衰竭诊治、肾移植、糖尿病肾病、肾小球疾病与肾脏替代治疗。

1981 年，董德长成为肾脏专业第一位硕士生导师；1986 年，又成为第一位博士生导师。截至 2010 年底，肾脏科有博士生导师 3 人、硕士生导师 6 人，培养博、硕士研究生 100 余人。

【学术会议】

1999 年起，肾脏科每年举办"肾小管间质疾病发病机制及临床诊治进展"全国继续教育学习班；2002 年起，每年举办"继发性肾脏病诊治进展"学习班。至 2010 年，肾脏科先后举办 30 余次国际、国内研讨会，培养学员 1 500 余名。

【教学出版物】

截至 2010 年，肾脏科主编各类出版物 5 本。

表 2-1-15　1986—2010 年医院肾脏专业主编书籍情况表

年　份	出版物名称	主　编	出　版　社
1986	内科疾病的肾脏表现	董德长	人民卫生出版社
1996	内科各系统疾病与肾脏	董德长	人民卫生出版社
1999	实用肾脏病学	董德长	上海科学技术出版社
2002	肾小管间质疾病诊疗新技术	陈　楠	人民军医出版社
2006	专家解答肾炎和代谢性肾病	陈　楠	上海科学技术文献出版社

四、科研工作

【科研特色】

建立肾脏科实验室　1979 年底，在董德长带领下，肾脏科在内科实验室内建立肾脏专科实验室，成为全国三甲医院中少数拥有专科实验室的专业之一。实验室面积约为12平方米，有肾脏专科医生2人，技术员5人。在艰苦的实验条件下，工作人员从订购一根玻璃滴管开始，逐步购置CO_2培养箱、低温冰箱、超净台、倒置显微镜、核酸蛋白测定仪、酸碱度测试仪、低温高速离心机、渗透压仪等检测仪器。1987年，建立独立的肾脏科实验室。在全国率先开展甲状旁腺激素PTH测定、维生素D相关指标测定、前列腺素E2测定、促红细胞生成素测定、尿可滴定酸、Tamm-Hosfall蛋白，还可以完成圆盘电泳、尿结石化学分析、尿红细胞相差显微镜检查、尿渗透压测定、心钠素放射免疫测定、聚乙二醇循环免疫复合物测定、补体C3/C4/CH50测定等项目，为肾小球疾病、肾小管疾病、肾性骨病的诊疗提供重要临床依据。1990年，在全国率先建立抗中性粒细胞胞浆抗体(ANCA)的检测方法，使上海及周边地区的系统性血管炎诊断水平大幅度提高。1999年，在全国率先建立血清Cystatin C检测方法，成为临床肾功能常规检测指标；在全国率先建立Iohexol血浆清除率单点法测定肾功能，较传统的荧光X线法敏感性更高，污染小，所需药物剂量小，无须多点采集尿样，更简便、经济。2006年，在国内率先应用外周血粒细胞及干血片法检测α半乳糖苷酶A活性，大大提高Fabry病的早期诊断，使得瑞金医院肾脏科成为国内唯一同时拥有病理、酶活性、基因检测技术的单位，在国内率先开展细胞黏附分子在肾病发病机制中的研究。1988年初，肾脏科主要开展肾脏内分泌方面的研究。“肾脏内分泌系列测定及其临床意义”“红细胞生成抑制因子研究”“Tamm-Horsfall蛋白的单克隆抗体”“糖尿病肾病早期预测、诊断和治疗的研究”等已达到同期国际研究水平。后历经30余年的发展，在几代人的奋斗和努力下，逐渐形成慢性肾脏病、遗传性肾病、肾小管间质病、急性肾损伤、肾性骨病等下列几大研究方向。

慢性肾脏病(CKD) 2004年，肾脏科在上海市首次自行研制并运行“上海市慢性肾脏病病人登记及并发症报告系统”。至2008年，共登记上海市住院CKD病人5 500余例。2006年起，肾脏科在上海市首次开展社区人群CKD流行病学调查，采用多阶段整群随机抽样法对多个社区、超过4 000名18岁以上常住居民进行CKD发病率及其相关的高危因素调查，发现上海社区CKD患病率为11.8%；同年，肾脏科进行上海市多中心心脑血管CKD患病率调查，提出慢性肾炎、高血压和糖尿病是中国CKD病人前三位病因，并对慢性肾脏病的病因、病理特点、并发症的防治进行了系统研究。陈楠承担的“早中期慢性肾功能衰竭防治的临床和基础研究”于2005年获上海卫生局资助、“慢性肾脏病分子标识物研究及其应用探讨”获得2007年上海市科委重点项目资助、“慢性肾脏病的筛查及生物学标志物的研究”2009年获得上海市科委重大项目资助，研究成果均已发表于多家国际SCI杂志。

慢性肾脏病-矿物质和骨代谢异常(CKD-MBD) 20世纪90年代，在国内首次开展最大组的骨活检(91例)研究及CKD-MBD相关分子生物学研究，其间首次报道肾功能不全病人的骨活检方法及病理结果，逐步建立最大组的骨标本库(>100例)和完整的血清库、病史资料库；率先开展血清铝生化检测、骨组织中铝的同位素染色方法。汪关煜、陈楠多次参与并制订上海市钙、磷代谢和骨病的治疗指南。

遗传性肾脏疾病 肾脏科早在20世纪90年代就开始进行遗传性肾脏病的临床诊断和基础研究，建立了多项遗传性肾脏病的基因诊断指标，使大批病人得到及时准确的诊断。在国内率先搭建遗传性肾脏疾病的临床-实验室-病理-基因筛查、诊断平台，完善Alport综合征“临床-病理-Ⅳ型胶原”、Fabry病“临床-病理-酶活性-基因”、Gitelman综合征、遗传性肾小管酸中毒等多种遗传疾病的诊断体系，建立国内最大的包括临床资料库、肾脏病理库、DNA库、血清库等在内的遗传肾脏病资源库及随访登记系统，多个病种属国内最早或最大组报道；较早开展疾病相关基因的突变检测，建立中国人群遗传性肾脏疾病的基因突变库，并进行高危人群的筛查工作。

肾小管间质疾病 肾小管间质疾病的诊治与基础研究是肾脏科的重点及特色，在20世纪70年代，肾脏组建立并完善一系列肾小管疾病的检查和诊治常规，包括尿可滴定酸、抗集合管抗体、Tamm-Horsfall蛋白、血清抗THP抗体、尿蛋白电泳、血尿渗透压等10余项较完善的小管间质系列检查指标，开展氯化铵负荷试验、碳酸氢钠重吸收试验、氯离子清除试验等一系列特殊检查。对肾小管酸中毒、Liddle综合征家系、Gitelman综合征、Bartter综合征建立完善的随访数据库，相关病种诊治数量在国内均为最大组，已成为国内公认的疑难性肾小管疾病的诊治中心。建立各段肾小管细胞株库，对肾小管间质纤维化做了大量研究。发表相关国内外文章80余篇，获得国家973计划、国家自然科学基金、上海市教委、科委等多项课题。

急性肾损伤(AKI) 2000年，在高危人群中成功开展对ARF病因诊断具重要价值的急诊肾活检工作，制订规范的ARF肾活检指征。2003年，在国内首次开展AKI前瞻性、大组、综合性调查研究，累积AKI病例1 100余例，获得院内AKI发病率、病因构成比、预后转归等临床数据，填补国内相关领域的数据空白，较早建立、推广多种早期肾损伤指标(如血/尿Cystatin C测定、血/尿Clara细胞蛋白测定、血Iohexol检测等)，极大提高AKI早期诊断率。相关研究获国家自然科学基金和上海市科委重大重点基金资助。

【科研成果】

肾脏科的研究成果已发表于多家国际SCI杂志及国内核心期刊，其中外文40余篇，中文600余篇。2002年，“P选择素表位结构、功能及其单克隆抗体抗黏附治疗研究”获教育部提名国家科技进步奖一等奖；2003年，“急性肾功能衰竭病因、临床与实验研究”获中华医学科技奖一等奖。

“抗人P-选择素凝集素-表皮生长因子功能域单克隆抗体及制备方法和应用”“抗人P-选择素凝集素-表皮生长因子功能域人源单克隆抗体及其杂交瘤细胞株”“核磁共振血栓靶向对比剂及其制备方法”“一种短肽及含有其的免疫抑制剂和应用”获得中华人民共和国国家知识产权局发明专利。

表2-1-16 2007—2010年医院肾脏内科获得国家级重大重点科研项目情况表

年 份	项 目	项目类型	负责人
2007	慢性肾脏病预警与防治研究	“十一五”攻关项目分课题	陈 楠
2007	中医综合方案治疗膜性肾病多中心、前瞻性临床研究	“十一五”攻关项目分课题	陈 楠
2010	泌尿系统重大疾病的防治研究	卫生行业科研专项项目	陈 楠

表2-1-17 1999—2010年医院肾脏内科获得国家自然科学基金项目情况表

年 份	项 目	负责人
1999	P选择素表位结构、功能及其单克隆抗体抗黏附治疗研究	周 同
2002	过氧化物酶增殖激活受体γ与肾间质纤维化	王伟铭
2005	选择素介导DC迁移在肾小管间质损害作用及抗黏附干预调节	周 同
2007	特异性阻断IgG-FcrIIa/Ⅲb相互作用的新型短肽研究及其在原发性小血管炎中的保护作用	陈 楠

（续表）

年　份	项　　目	负责人
2007	从基因到功能表达：Gitelman综合征突变基因SLC12A3	任　红
2007	骨成形蛋白-7拮抗TGF-β1诱导的人肾小管上皮细胞凋亡中蛋白泛素化和磷酸化修饰及其相互调控的研究	李　娅
2008	辅调节因子SRC及NCoR在介导肾小管上皮细胞炎症因子分泌中作用及干预研究	王伟铭
2008	树突状细胞C型凝集素DC-SIGN在肾小管间质炎症损伤中作用机制研究	周　同
2009	CD2相关蛋白在足细胞损伤和肾小球硬化中的作用研究	潘晓霞

【学术任职】

董德长曾任上海市医学会肾脏病学会主任委员（1990—1993年）、第三届中华医学会肾脏病学会主任委员（1991—1994年）、中华医学会肾脏病学会荣誉主任委员（1994年）、亚洲太平洋地区肾脏病学会理事（1986—1995年）。

陈楠任中华医学会肾脏病学会副主任委员（2005—）、中国医师协会肾脏病分会副会长（2006—）、上海市医学会肾脏病学会主任委员（2009—）、亚太地区CKD防治委员会委员（2008—）、ISN East Asian Committee委员（2008—）。

五、其他

1998年，董德长被评为瑞金医院终身教授。

1975—1977年，楼鼎秀任上海市首批赴摩洛哥医疗队副队长。

2008年，肾脏科医生陈晓农、史浩及血透室护士陈越华、陈敏参加汶川地震抗震救灾。

2010年，俞海瑾在上海世界博览会期间，参与并出色完成世博医疗队相关工作，获上海市卫生系统“世博工作先进个人”称号。

第七节　感 染 科

一、发展沿革

1931年，医院在东南角建成一幢五层楼大楼，专供传染病病人住院隔离，增设消毒房、焚化炉、病房消毒器、手术室、药房、中西配餐室等自成体系的独立病房。1949年，传染病房床位设置已达100张，其中头等14张，二等24张，三等34张，普通28张。1955年，成立传染科实验室。1957年，病床规模扩大到110张。1973年，传染科第一次大修。1989年，传染科第二次大修，床位数压缩，但日均仍保持收治病人40～60人。2000年，传染科更名为感染科。2001年6月，医院动工开展感染科呼吸内科病房楼改扩建工程。感染科病房由于改造而关闭，与位于上海西区的武警医院建立联合病房，部分医生分流。2002年9月，感染科在江南造船厂职工医院建立40张床位的临时病房。2004年11月27日，瑞金医院感染科呼吸科大楼落成，感染病和呼吸病研究所

图 2-1-9　20 世纪 80 年代,24 舍传染科病房

成立。

1931 年,隔离病房由天主教卢森堡"圣芳济各"修女会负责管理,有护士 10 人,半数为法籍修女,医疗工作由大内科统管。院方聘请震旦大学医学院传染科临床教授、法国爱登堡大学毕业的魏利沃(Velliot)博士为传染科主任。1949 年,传染科有专职住院医师陈国良、王耆煌。1952 年,魏利沃离职回国后,由内科主任邝安堃、儿科主任高镜朗,仁济医院内科主任李丕光每人每周末一个上午指导查房。1954 年,卫生局医疗防疫处处长杨宜兼任传染科主任。

表 2-1-18　1931—2010 年医院感(传)染科历任主任、副主任情况表

任职年份	主　任	任职年份	副主任
1931—1951	魏利沃(法)	1961—1966、1977—1984	王耆煌
1954—1966、1977—1984	杨　宜	1961—1966、1977—1984	梅英石
1970—1974	徐伯忠(第一召集人)　谢美丽(第二召集人)		
1974—1976	徐伯忠(组长)　王耆煌、谢美丽(副组长)		
1976—1977	徐伯忠(组长)　谢美丽(副组长)		
1984—1991	王耆煌	1978—1984	沈耕荣
1991—1995	戴祥章	1984—1991	戴祥章
1995—2002	周霞秋	1988—1995	周霞秋
2002—	谢　青	1991—1993	陆志檬
		1993—1995	高　健
		1995—2005	蔡伊梅
		1995—	张欣欣
		1998—2002	谢　青
		2005—	王　晖

二、医疗工作

【基本情况】

传染科积极调整充实各项规章制度。1961 年,加强三级查房和护士长跟查房制。科主任定期按病区巡回查房,每周五上午全科大查房,疑难病例讨论或典型病例教学示范。认真执行医师值班制度、交接班制度、护士交班制度、医疗事故差错月报制度、护理部核对制度等。1962 年,完善夜值班查房制度,每晚 7:00—8:00,各级值班医师巡查病房,重点检查危重病人和新病人。加强科主任

负责制和病区主治医师负责制。成立科室核心小组，以正副科主任和支部书记组成，每周一中午开会。每周二中午召开科核心小组扩大会议，商讨科内医教研事项。1974 年 4 月，开设肝炎中医门诊。1978 年，星期二设疑难门诊，由科主任轮流参加。

到 1982 年，传染科各病区收治病种各有特色，传一病区收治各种传染病，传二病区收治血吸虫病和乙脑，传三病区集中收治妊娠肝炎，传四病区以收治肝炎为主。2001 年和 2002 年，感染科分别在武警医院和江南造船厂职工医院建立临时病房，科室积极采取措施，抓好门诊工作，把肝炎门诊改为全天制，并坚持以副高级以上医师为主，并开设特色专病门诊。这些措施带动病房病人的收治，吸引外地病人前来就诊。

2004 年，新大楼投入使用，设置单独的门急诊和检验、药房、收费等，并开设传染病特需和特约门诊，在原有普通病区的基础上，又开设一个特需病区。除收治中国内地和台湾、香港、澳门地区病人以外，也收治美国、加拿大、澳大利亚、日本、韩国、新加坡、菲律宾籍病人。2006 年起，为进一步拓展医疗市场，回报社会，每年举办"科学护肝，你我同行"大型爱肝公益活动，邀请沪上知名肝病专家和传染科专家共同参与，反响热烈。为提高急慢性丙肝的筛查率、规范丙型肝炎的抗病毒治疗，感染科在 2009 年开设丙肝专病门诊，并于当年 9 月 26 日下午，针对丙型肝炎病人的筛查、规范化治疗、不良反应的处理、家庭防护等一系列问题举办大型义诊"发现丙肝、防治病肝"，获得良好效果。

【医疗特色】

20 世纪 30 年代，传染病的防治便是内科的工作重点。50—60 年代，传染科收治的病种以白喉、血吸虫、破伤风、麻疹、脑炎等疾病为主，危重病人众多。70—80 年代，传染科病种结构出现变化，肝炎病人逐渐增多。妊娠肝炎和乙脑的收治是传染科病房的工作重点，流行性出血热也是科室的常见病种。90 年代以后，重症病毒性肝炎诊治成为科室医疗特色。

血吸虫病　20 世纪 50 年代响应中央发出"一定要消灭血吸虫病"的号召，传染科以防治血吸虫病为工作重点。1953 年，邝安堃发表《小剂量促肾上腺皮质激素静脉滴注治疗急性血吸虫病》，并在当时大规模开展血吸虫病的防治中加以推广。1956 年，杨宜受聘为全国血吸虫病防治研究委员会委员兼临床组副组长，卫生部医学科委员会血吸虫病专题委员会委员。1958 年，传染科有 4 名医师和 1 名护士支援下乡血吸虫防治，其中梅英石、吴元城、严良玉获得上海市血防先进工作者称号。1960 年上半年，收治丧失劳动能力的晚期血吸虫病人 30 例，治愈率高达 92%。

破伤风　20 世纪 50 年代，开展麻醉插管和冬眠疗法提高严重型破伤风病人治愈率。到 1960 年，新生儿破伤风的死亡率已下降到 20%。1963 年，抢救成功一例新生儿破伤风病人，住院期间窒息达 166 次，医务人员为此付出大量心血。

白喉　1957 年，采用微量红霉素局部喷雾疗法替代重量青霉素疗法治疗顽固白喉带菌病例；以后数年随着白喉病人的增多，科室成立了白喉抢救小组，策划白喉抢救的具体措施，提高了白喉救治的成功率。1960 年上半年，抢救 15 名白喉心肌炎病人，仅死亡 5 例，打破以往认为白喉心肌炎无法治疗的观念。

麻疹　1958 年第四季度，上海麻疹流行，传染科出色地完成收治麻疹病人的任务，探索针灸治疗麻疹喉炎引起的喉梗阻以及破伤风牙关紧闭的治疗。

脑膜炎、脑炎　1964 年在脑炎流行季节，建立一个土冷氮室，解决高热抽搐的降温需要。1973 年，成功救治 1 例从外地转来的乙脑后遗症病人，处于深昏迷、强直状态，全身大小褥疮 6 处，最大的碗口大小，骨骼外露。在病区医护人员半年多的精心治疗和护理下，顺利康复，而且达到能说、能唱、能走，智力完全恢复。1987年，抢救一例霉菌性脑膜炎并发金葡菌败血症病人，入院时自主呼吸消失。经过2个多月的救治，顺利康复出院。

流行性出血热　1973年，收治14例流行性出血热，仅1例死亡，病死率较以往大幅下降。诸葛传德与泌尿外科合作开创腹膜透析疗法抢救出血热肾衰，取得显著救治效果，提高了存活率。

病毒性肝炎　20世纪70年代，致力于病毒性肝炎诊治的临床探索。1972年，采用中药治疗，节省大量葡萄糖，减轻病人长期输液的痛苦。对紫萍糖浆的疗效总结参加上海第二医学院交流，总结干扰素刺激剂对慢性肝炎的疗法。1974年，在一例急性黄疸型肝炎伴下肢脉管炎病人治疗过程中，诸葛传德首先发现小剂量肝素可改善肝炎病人的肝功能，具有退黄作用，此后肝素治疗肝炎的方法获得公认。还尝试左旋多巴治疗肝昏迷，转移因子和免疫抑制剂治疗慢迁肝和慢活肝等。2000年4月，科室从日本引进一台膜型血浆交换机，正式启动人工肝治疗，截至当年底，共做18人70次。为进一步提高对疑难杂症的诊疗技术，感染科大力开展和宣传肝穿刺活检技术。到2008年，全年肝穿刺活检已达239人次，提高了对原因不明肝功能异常的诊断水平。截至2010年，感染科已承担上海市一半丙肝病人的诊治，每月丙肝病人达百余人，在国内率先实现丙肝诊疗一体化的临床实践。2010年6月30日，上海交通大学医学院危重型病毒性肝炎诊治中心在感染科挂牌成立。

妊娠肝炎　妊娠肝炎的收治是传染科的特色，集中收住在传三病区，病区设有婴儿室、产房、抢救室等，由于1982年后儿内科不再接收感染科妊娠肝炎产妇分娩的早产儿和病态婴儿，所以传三病区医护人员独自承担照顾产妇以及婴儿的重任，每年均收治近90多例，最多的1987年，共收治妊娠肝炎175例。1973年1例妊娠肝炎合并DIC的病人，在内科大力配合下，用肝素疗法配合其他治疗抢救成功。

【应对公共卫生事件】

传染科在历次上海市重大公共卫生事件中表现突出。

1950年，上海发生天花大流行，传染病房无法容纳。医院在2、3号病房大楼一层增设天花病房，大量收治天花病人，组织医护人员上街宣传防疫知识并下里弄为居民打防疫针，为此传染科受到上海市卫生局的表彰。

1988年和1991年，上海发生两次传染病流行。先是1988年上半年上海市甲肝大流行，全科全力以赴承担收治甲肝的重任，最高峰时全科住院病人160人，全年住院病人1 516人(1987年仅为884人)，病床使用率达118.94%。除此之外，科室还抽调高年资医师在外开设肝炎病房近400张床位。1991年7—9月，上海地区发生病毒性脑炎流行，传染科全力收治症状较重的病人，并抽调医师支援产科和骨科地下室设的脑炎临时病房。在脑炎病人的治疗中采用医院自行研制的八角莲注射液治疗取得较好的疗效。

2003年，在病房改建的困难时期，感染科完成抗击“非典”的任务，被评为上海第二医科大学抗击非典先进集体，王晖被评为上海第二医科大学优秀共产党员和先进个人。2009年，应对甲型流感大流行，感染科辟出四病区为专用病区收治12例重症甲流病人，无一例死亡，医护人员零感染。

【医疗数据】

新大楼投入使用后，感染科得到快速发展。门急诊就诊人数从2005年的31 435人每年持续增长到2010年的92 872人，门诊人次在上海市感染科中排名第一。出院人数从2005年的1 120人次，大幅增长到2010年的3 139人次。在2010年，危重病人数达139人，是全院收治危重病人最多的科室之一。

三、教学工作

【职前教育】

1956年6月9日，国家对教学卫生人员进行评级评薪，杨宜被评为二级教授。1961年3月，王耆煌、梅英石被任命为上海第二医学院医疗系传染病流行病学教研室副主任。1978年4月，恢复杨宜为传染病流行病学教研组主任，王耆煌和梅英石为副主任。

1958年到"文化大革命"前，传染科致力于传染病学讲义的修改。"文化大革命"期间，尽管受到冲击，科室在教学上仍有建树，每年均完成理论授课、见习和实习带教。

"文化大革命"后恢复对流行病学系统性讲课，教研室较好完成教学任务。

【职后培养】

1958年，派出多名医护人员参加教学走出门活动。1961年，科室提出详细的培养计划，住院医师按第一、第二、第三级分别接受培养，每级升级前由传染科教研组考核，建立住院医师轮训制度和导师制。1986年6—7月举办重症肝炎学习班。

1995年，传染科加强对各级医师的培养，住院医师五年中落实详细的培养计划，主治医师在医教研各方面能独当一面，副主任、主任医师在医疗工作中精益求精。1999年起，连续多年主办国家级医学继续教育项目"肝功能衰竭及其并发症的诊治"，接受来自全国各地的临床医生参加学习，极大推进院际交流和合作。

2006年12月，感染科顺利通过卫生部专科医师培训基地的评估，在管理、设施及师资力量等方面获得高度评价。作为卫生部和上海市住院医师培训基地，也是上海交通大学医学院系统内唯一一个卫生部住院医生培训基地，承担住院医生和专科医生的培训工作，在培训中建立相应制度和教学计划。

【师资培养】

1959年，科室注重师资培养，明确导师职责分工，分别带教年轻医师。1980年，加强师资培养，高健脱产一年到上海第一医学院公共卫生系流行病学教研组学习，陆志檬到上海生物制品研究所进修，沈耕荣到法国巴黎巴斯德研究所学习病毒分子生物学。1996年，加强临床与科研人员交流，重症肝炎研究室谢青到病区轮转一年，谢敬东到血透室学习3个月。1999年，传染科先后2次派人赴杭州和南京学习人工肝治疗。2002年，与美国得克萨斯州医学中心贝勒医学院内科消化系肝脏病实验室建立合作关系，先后选送4名年轻医师赴贝勒医学院进修学习。随后相继与荷兰鹿特丹医学中心、美国密歇根大学、澳大利亚悉尼大学等开展合作交流，选送多名青年医生出国学习交流。

【教学成果】

1981年，传染病流行病学教研室获医学院先进教学集体的荣誉。20世纪80年代初，上海第二医学院应届毕业生参加全国医学生毕业前统考(执业医师资格考前身),传染病专业成绩始终名列前茅,其中1983年为全国第三。2006年,参加卫生部《传染病学》英文版第一版教材、卫生部国家统编教材《传染病学》和配套教材的编写工作。

四、科研工作

20世纪60年代初,传染科实验室分为病毒实验室和血吸虫病实验室。1979年,在原病毒实验室基础上改建成立临床病毒研究室,王耆煌任室主任。1986年,由于传染病病种变迁,传染科血吸虫病实验室出色完成血吸虫防治研究的历史任务,更名为重症肝炎研究室,沈耕荣任室主任。2004年11月,瑞金医院感染病和呼吸病研究所成立,邓伟吾任研究所所长,在同月举行的"感染病和呼吸病国际论坛"上,中国工程院院士钟南山认为这是第一次在全国将感染病和呼吸病进行组合。2010年,感染科临床病毒研究室通过国家质量体系ISO15189认证。

【流行病学调查】

1978年,陆志檬等在流行病学调查后完成乙型肝炎病毒垂直传播的初步研究,填补国内关于乙肝病毒传播方面研究的空白。1981—1982年,高健等完成鼠伤寒杆菌肠炎的流行病学调查、正常医务人员乙肝病毒感染情况调查,完成绒癌的家族史调查研究。

【血吸虫研究】

20世纪60年代初,传染科围绕当时常见、多发的血吸虫病等,承担科研题目十余项。1962年,针对晚期血吸虫病腹水的治疗以及血吸虫病合并伤寒,采用氯霉素合用小剂量锑剂治疗的研究取得成功。1965年,传染科接受两个血吸虫病实验室新药试治血吸虫病的任务,专门抽调两名医师脱产投入这两项科研,初步完成新药的治疗剂量以及不良反应的探索,为今后在农村大规模推广起到一定的作用。1974年,科室开展诸如中西结合研究晚期血吸虫病的治疗、血吸虫病新药S72014毒性临床试验的疗效观察等科研工作。与中国医学科学院协作进行关于吡喹酮的疗效和反应的研究,重点进行针对血吸虫病新药的临床研究。在1978年全国血研会前夕,卫生部长钱信忠亲临传染科血吸虫病病房指导工作,使科室员工大受鼓舞。1979年,沈耕荣等治疗日本血吸虫病新药吡喹酮的研究通过技术鉴定,医院获得上海市血吸虫病防治先进集体。1980年,抗日本血吸虫病新药吡喹酮分别获上海市人民政府颁发的上海市重大科研成果二等奖和中华人民共和国卫生部颁发的部(乙)级科学技术成果荣誉证书。1982年,杨宜、沈耕荣成为上海市寄生虫学会第二届理事会理事。

【重症肝炎研究】

1972年,总结160例晚期妊娠肝炎治疗的经验,病死率明显降低,初步扭转过去认为妊娠肝炎大多预后不佳的观点。分别参加卢湾区和上海市的肝炎协作小组,制订初步中西结合的科研项目,为以后的重症肝炎攻关打下基础。1973年,开展动物实验和肝炎相关抗原、氨基酸等的研究。1980年,与上海第二医学院生化教研室合作开展氨基酸的测定工作,发现严重肝病时氨基酸有特殊变化。1983—1990年,承担国家科技部"六五""七五"攻关课题"重症肝炎治疗及发病机理研究",沈耕荣任课题组组长,为中国重症肝炎的基础研究及临床救治水平的提高做出突出贡献,稳定性同位素工作项目获四部委(科委、计委、经委、财政部)颁发的“六五”国家科技攻关表彰奖。1985年,“血清游离支链氨基酸与芳香氨基酸比值的薄层色谱荧光测定”研究项目和新药14氨基酸800治疗肝昏迷项目分获上海市卫生局科技进步奖三等奖。1995年,完成国家“八五”攻关课题“慢性肝炎与重症肝炎药物治疗的研究”。2000年,国家“九五”攻关课题“慢性肝炎药物治疗对比研究”结题。人工肝的应用研究在2003年通过上海市科委的项目验收。2008年承担国家“十一五”传染病重大专项子课题,重点研究乙型重型病毒性肝炎临床治疗新方案的研究。

【肝炎相关病毒的研究】

1980年,关于非甲非乙型肝炎研究填补国内空白。1982年,与上海塑料制品研究所协作的课题聚苯乙烯珠的研制及应用,通过技术鉴定,为固相抗体测试工具填补国内空白;次年参加全国肝炎试剂评议会评比,与会者认为无论产品外观和质量,均可与美国ABOTT产品媲美。1986年,引进HCMV-DNA-DNA杂交技术、IL-2检测和单克隆抗体等新技术。1987年制备巨细胞病毒DNA探针,建立CMV-DNA杂交试验。1988年,临床病毒研究室的课题“人巨细胞病毒核酸杂交探针的研究和临床应用”通过上海市科委组织的专家验收,认为该项目具有国际水平。1991年承担上海市科研项目丙肝研究任务,初步建立PCR检测HCV-RNA的技术,建立胚肝细胞培养方法,为丙型肝炎的研究提供先进的检测技术。“丙型肝炎病毒多肽C1、C2、NS3、NS4、GOR的合成及其应用的研究”“丙型肝炎病原特异性诊断的研究”以及“丙型肝炎病毒非经血传播途径及其分子生物学研究”等课题陆续通过上海市成果鉴定。2009年张欣欣承担国家“十一五”科技重大专项“艾滋病和病毒性肝炎等重大传染病防治”课题“乙型肝炎病毒表型分析技术和耐药监测网络的建立及应用”,对乙型肝炎病毒基因变异及准种特点、演变规律及其与抗病毒治疗应答、发病机制相关性等进行研究。2010年,感染科作为主要参与单位,研究项目“慢性乙型病毒性肝炎肝纤维化非创伤性诊断和临床干预”获上海市科技进步奖一等奖和教育部科技进步奖二等奖。

【乙型脑炎治疗的研究】

1988年,发现内源性阿片多肽参与乙脑致病,并提出对抗阿片多肽药物纳洛酮为治疗药物,在国内乙脑流行区淮南及淮阴,用此方案合作成功抢救大批病人。1992年,“八角莲治疗乙型脑炎的临床和动物实验研究”通过上海市卫生局中医处的验收。1994年12月,“新的抗病毒药八角莲注射液制剂的药效、药理、毒理的研究”通过上海市科委科学技术成果验收。

【药物临床研究】

20世纪90年代初即开展药物临床研究工作。周霞秋和陆志檬作为国家药物评审中心专家委员会委员,承担新药的评审工作。2007年成立由国家食品与药品监督管理局(CFDA)新药评审中心资格认定的感染科(肝病)专业药物临床研究基地,谢青任基地主任。逐步建立一支完整的、年富力强、临床和科研能力夯实并富有责任心的研究队伍,至2010年,感染科获得国家级GCP证书的共32人,其中中级职称以上医师21人,技师3人,护士8人。多年来承担国际和国内多中心Ⅱ期、Ⅲ期、Ⅳ期慢性乙肝和丙肝抗病毒治疗新药物的临床疗效和安全性评价。2004—2010年,作为主要研究单位已发表与药物临床研究相关的SCI收录论著6篇,其中≥10分的论著3篇,分别发表在*New England Journal Medicine*,*Hepatology*,*Gastroenterology*等高影响因子杂志上,在国际和国内享有一定的声誉。

【科研成果】

1990 年，沈耕荣获得国家科技攻关表彰奖。2006 年，沈怀成获美国肝病研究学会第 57 届年会年轻研究者旅行奖，也是唯一的一位中国获奖者。

2003 年，谢青入选上海市曙光学者。2007 年，研究生张申英入选上海市教委曙光人才计划、孔晓飞入选上海市晨光人才计划。2008 年，孔晓飞入选上海市卫生局青年人才计划、张欣欣入选上海市优秀学科带头人计划。2010 年，谢青被评为上海市医学领军人才。

至 2010 年，连续承担国家"六五""七五""八五""九五""十一五"科技攻关项目。获得上海市科技进步奖 4 项，卫生部科技进步奖 1 项，市卫生局科技进步奖 2 项。

表 2-1-19　1981—2010 年医院感染科获得国家级重大攻关项目情况表

年　份	课　　题	课题来源	负责人
1981—1985	重症肝炎治疗及发病机理研究	国家"六五"攻关	沈耕荣
1986—1990	重症肝炎治疗及发病机理研究	国家"七五"攻关	沈耕荣
1991—1995	慢性肝炎与重症肝炎药物治疗的研究	国家"八五"攻关	谢　青
1995—2000	慢性肝炎药物治疗对比研究	国家"九五"攻关	谢　青
2006—2010	乙型肝炎病毒表型分析技术和耐药监测网络的建立及应用	国家"十一五"科技重大专项	张欣欣

五、其他

1998 年，杨宜被评为瑞金医院终身教授。

1976 年唐山大地震，传染科医生吴元城、秦乃薰、罗振辉等积极报名参加医院组织的医疗队，奔赴灾区救援。20 世纪 80 年代，蔡伊梅、周霞秋两位医师援助广东汕头，参加汕头医学院附属第二医院感染科的医教研工作。

2006 年，中非论坛北京峰会上，中国政府做出在非洲援助 30 个国家设立疟疾防治中心的承诺，感染科郭斯敏医师参加第一个援非疟疾防治专家团，于 2007 年 12 月赴乍得、布隆迪执行为期 90 天的疟疾防治培训任务。

谢青曾获 2005 年上海市"三八"红旗手、上海市"五一"巾帼奖、2010 年全国卫生系统先进工作者。感染科医护组 2010 年获上海市卫生系统迎世博十佳文明班组。

第八节　儿　内　科

一、发展沿革

儿内科建于 1933 年，由内科邝安堃兼任儿内科主任。1951 年，儿内科病房位于 3 舍五楼东端，有床位 40 张。1955 年儿内科搬入儿科病房大楼(现 32、33 舍)，病房扩大至 4 个病区，每个病区有固定床位 30 张，共计 120 张。同时在底楼设有儿科门诊、急诊及儿保组。1958 年，一病区调整为儿科观察室，病区减少至 3 个，共 90 张床位。1960 年 7 月，门诊成立菌痢抢救室。

1969 年病房预留 2 张床位，专门收治各种类型的急性白血病及急性肿瘤。1972 年，建立儿科白血病病房。1973 年 11 月 27 日，儿科抢救室成立。“文化大革命”期间，保留一个病区，床位共 70 张。1976 年，划分为 2 个病区，每个病区 40 张床位，共 80 张。1991 年，儿科病房迁至 6 号楼 10 楼，设 2 个病区，床位仍为 80 张。2003 年 11 月，2 个病区合并为 1 个病区，其中含儿内科抢救室。截至 2010 年，儿内科有医生 21 人，护士 32 人。

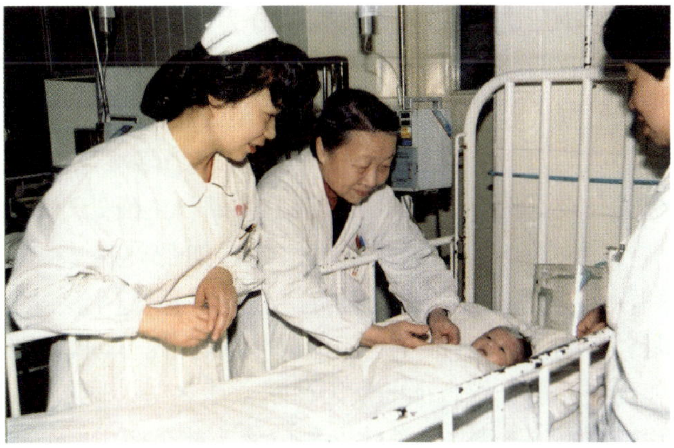

图 2-1-10　1997 年 5 月，儿科曾畿生(左二)查房

表 2-1-20　1933—2010 年医院儿内科历任主任、副主任情况表

任职年份	主　任	任职年份	副主任
1933—1948	邝安堃(兼)	1953—1958	齐家仪
1948—1953	米雄[法]　齐家仪	1953—1959、1974—1977	曾畿生
1952—1953	高镜朗(顾问)	1969—1978	徐淑康(副组长)
1953—1958	高镜朗	1978—1984	王德芬　俞善昌
1958—1959	齐家仪	1981—1984	施竹青
1959—1969、1977—1984	曾畿生	1984—1988	杜敏联
1969—1974	施竹青(召集人)	1984—1988、1991—1993	张影梅
1974—1976	王作美(召集人)	1988—2000	杜玲珍
1976—1977	胡庆澧(召集人)	1993—1995	陈舜年
1984—1988	俞善昌	1995—2000	倪继红
1988—1995	金　烨	1995—2002、2008—	王　伟
1995—2002	陈舜年	2000—2002	王愚珍
2002—2008	王　伟	2002—2008	许春娣
2008—	许春娣	2002—	邱定众
		2005—2008	邵　洁

二、医疗工作

【基本情况】

儿内科各时期收治的主要病种有所不同，20 世纪 50—60 年代，以肺炎、心衰、肾炎并发中毒性脑病，中毒性消化不良及菌痢等常见病为主，各个儿科亚专业小组逐渐成立。20 世纪 70 年代，以新生儿、早产儿、内分泌、遗传代谢等疑难病例为多，尤其以先天性缺陷的患儿为多。呼吸、内分泌、消化、心血管、血液等亚专业小组逐步发展完善。患儿死亡率 1952 年为 16.21%，1963 年为 4.75%，20 世纪 70 年代保持在 5.43%以下，1985 年为 2.9%。20 世纪 80—90 年代，难治性疾病及罕见病在诊疗中所占比例进一步增多，分为小儿内分泌、消化、呼吸、血液 4 个专业小组，其中内分泌及消化专业逐步发展成为国家重点专科。

1958 年，儿内科制订了工作人员要求、陪客制度等。1968 年，为方便患儿就诊，儿科门诊由 8 小时改为 24 小时门诊制。1973 年，取消陪客制度，是全院最早取消陪客的科室。1983 年 3 月起，建立住院总医生 24 小时住院制，协助科主任处理日常医疗工作及医疗纠纷、院内会诊等。

1964 年，儿科创立专病门诊。如低热待查、慢性咳嗽、慢性腹痛、尿路感染、肾病综合征。1974 年，哮喘门诊、血液随访门诊以及疑难门诊、儿童中西医结合随访门诊相继成立。1986 年 5 月，婴儿肝炎综合征专病门诊成立，以国内首创非创伤性检测方法——新鲜尿沉渣找巨细胞包涵体作为婴儿肝炎综合征的病因诊断方法之一。同年，小儿慢支、哮喘、小儿厌食症等疾病增设咨询门诊。2008 年，建立了消化专科门诊。截至 2010 年，调整为呼吸、消化、血液内分泌专病门诊。

【医疗特色】

儿童消化 1958 年菌痢盛行，多是爆发型，病死率极高，科内组织抢救小组，3 个月内把中毒性菌痢死亡率 27.8%下降到 7.7%。50 年代消化专业组成立，提高中草药楝树根皮治疗蛔虫症及剑叶凤尾草(白脚鸡)治疗菌痢的临床疗效及药理探讨。消化组在“文化大革命”开始后取消，70 年代重建。此后，消化专业逐步发展，1991 年 1 月，首次应用 Pentax FG－24X 儿童专用胃镜和肠镜为儿童进行内窥镜检查，改变了既往儿童与成人胃镜、肠镜共享的情况。除常规开展小儿内镜检查外，先后开展儿童消化道出血的急诊胃镜检查与内镜下止血治疗、儿童上消化道取异物术、消化道息肉内镜电切术，开展食管静脉曲张硬化剂内镜注射治疗。2000 年，全年完成消化道内窥镜诊治 700 余人次。2004 年起，儿内科与消化内镜中心合作，在国际上最早开展了儿童双气囊小肠镜检查，提高小肠疾病的检出率，截至 2007 年已成功完成 30 例。2008 年，与内镜中心合作，开展小儿内窥镜逆行胰胆管造影术检查术(ERCP)。

儿童内分泌 1978 年，组建内分泌专业组。1986 年，报道国内首例以细胞酶缺乏确诊溶酶体沉积症。1988 年，确诊国内首例“家族性 GHD－1A 型”基因缺陷，并建立 PCR 诊断技术，开创了基因诊断儿科内分泌疾病的方法。1997 年与国外厂商合作组建了国内第一个青少年生长发育中心。2002 年与医院放射科等合作，在国内最先编程“儿科内分泌及骨龄临床应用软件”。2009 年与医院多科室协作，建立了瑞金儿童—成人性腺、性发育不良诊疗咨询中心，学科群合作。

儿童呼吸病 20 世纪 50 年代呼吸专业小组成立。1959 年，应用毛地黄制剂抗心力衰竭后，肺炎死亡率明显下降。1969 年，总结了 100 例哮喘疫苗临床使用效果。1998 年，开展呼吸道感染病因检测工作(流感、副流感、腺病毒、EB 病毒及呼吸道合胞病毒等)。

儿童心血管 1959 年，儿童心血管专业小组成立，在 20 世纪 60 年代研制中药防治风湿性心脏病，开展右心导管术检查。20 世纪 70 年代，与超声心电图室合作，共同完成各年龄组正常小儿 M 型超声心动图测值 232 例，填补正常值缺乏的空白。20 世纪 80 年代，完成正常小儿左心室收缩时间间期测值、正常小儿心阻抗微分图分析、正常小儿不同年龄期血压测值分析、新生儿血压测量。编写《小儿心电图手册》，自制一套小儿心律失常的幻灯片 230 余张。

新生儿 新生儿专业小组成立于 20 世纪 60 年代。1975 年，摒弃原有换血疗法治疗高胆红素血症，改用光照疗法，降低核黄疸发生率。1997 年，首先报道“新生儿胆红素中毒性脑病(新生儿核黄疸)”的临床研究成果。并在此基础上致力于新生儿高胆红素血症的防治的实验和临床研究，先后获得 2 次有关该研究的国家自然科学基金以及 1 次国家卫生部科学基金的资助。首先报道

“新生儿巨细胞包涵体病(新生儿巨细胞病毒感染)生前诊断”的临床研究。在此基础上开展了新生儿先天性感染—TORCH综合征的研究。并与病毒实验室合作进行了新生儿血液、母亲乳液、父亲精液等的巨细胞病毒DNA检测。在全国最先报道“皮肤黏膜淋巴结综合征(川崎病)”的临床研究。

儿童血液　1975年,血液专业小组成立,采用联合化疗及免疫治疗,辅以中医疗法,使急性淋巴细胞白血病90%以上得以缓解,平均生存达3年以上,最长达7～8年,个别患儿可完全治愈。同时早期发现白血病脑、眼及睾丸浸润,发表了相关系列论文,并于全国儿科年会上进行交流。1995年2月,儿内科为一名8岁患高危急性淋巴细胞白血病的女孩施行骨髓移植,取得成功。这是国内第一例成功的父女间同种异体骨髓移植。

儿童心理　1996年,成立瑞金医院青少年心理咨询中心。在5万多人次临床实践基础上找到青少年问题的因果链,孩子问题—错误家教—学校应试—社会信仰缺失。在吸纳中西方文化精粹的基础上独创“心灵种树”文化信仰体系,让多动的孩子不用药却能专注、能提高成绩,而且让他们有教养、有担当、有使命。2004年,卢湾区政府成立“金武官心理工作室”对社区矫正对象进行心理干预,上海市司法局编印“心灵种树”社区矫正教材下发全市每一个社区。金武官主编的“心灵种树丛书”中的《教子方略》《战略学习法》,被教育部列为“好书进中小学图书馆”。上海电视台“纪录片编辑室”栏目也作报道,“心灵种树”已经正式注册为知识产权。

【医疗数据】

儿科的医疗业务量随20世纪90年代后期医院周边人口迁移和专科儿科医院的建设有所波动。至2010年,全年门诊接诊44 309人次,急诊34 981人次,出入院人数1 594(1—10月)。

表2-1-21　1952—2010年医院儿内科门急诊、住院人数统计表

年　份	门诊人数	急诊人数	住院人数
1952	—	—	908
1953	—	—	1 479
1954	42 789	10 208	3 210
1955	57 250	20 776	4 288
1956	55 130	41 315	3 826
1957	57 260	55 384	3 592
1958	152 493	29 554	3 542
1959	143 433	37 452	2 278
1960	129 196	42 555	2 298
1961	108 365	39 148	1 940
1962	96 911	37 843	1 772
1963	83 616	41 418	1 494
1964	78 451	45 044	1 349
1965	73 385	54 435	1 401

（续表）

年　份	门诊人数	急诊人数	住院人数
1966	74 051	45 537	1 636
1967	91 223	50 567	1 970
1968	75 474	53 035	1 500
1969	129 531	27 215	1 393
1970	139 083	36 773	1 431
1971	138 268	40 150	1 140
1972	136 662	31 182	1 045
1973	104 600	31 484	834
1974	100 215	32 091	1 363
1975	107 151	35 148	1 262
1976	101 481	30 682	1 148
1977	98 630	35 616	1 241
1978	104 811	30 580	1 291
1979	107 295	36 929	1 520
1980	128 841	30 484	1 495
1981	136 649	33 443	1 542
1982	152 678	33 810	1 542
1983	—	—	1 277
1984	131 344	38 963	1 298
1985	152 895	35 089	1 315
1986	171 254	34 079	1 329
1987	176 822	41 903	1 473
1988	153 428	31 178	1 235
1989	168 867	3 820	1 416
1990	183 848	33 529	1 418
1991	167 007	25 149	1 395
1992	134 838	36 238	1 359
1993	110 143	23 624	1 605
1994	90 768	20 862	1 473
1995	78 193	18 833	1 478
1996	68 297	14 083	2 035
1997	65 926	11 000	2 148

（续表）

年份	门诊人数	急诊人数	住院人数
1998	62 894	16 804	2 272
1999	49 823	23 310	2 462
2000	42 549	21 511	2 536
2001	36 440	19 708	2 349
2002	36 052	19 992	2 342
2003	33 501	14 093	1 768
2004	36 606	13 154	1 723
2005	35 276	17 381	—
2006	34 912	18 086	1 730
2007	37 215	22 588	1 748
2008	42 583	2 766	1 795
2009	46 229	40 993	1 421(1—9 月)
2010	44 309	34 981	1 594(1—10 月)

三、教学工作

【教学组织】

1953 年 1 月，高镜朗负责上海第二医学院儿科系筹建工作。1955 年 3 月 25 日，中央卫生部批复上海第二医学院设立儿科系，系部设在广慈医院，临床和教学任务均由广慈医院承担。是年 9 月 24 日，举行上海第二医学院儿科系成立大会。设 3 个教研组和 1 个教学小组，分别为基础儿科教研组、系统儿科教研组、临床儿科教研组和儿科传染病教学小组；加之医疗系儿科教研组，共有 4 个教研组和 1 个教学小组。1956 年 12 月 28 日，上海第二医学院党委决定对儿科系、医疗系专业设置进行调整，儿科基础、儿科传染病等教研组调往上海第九人民医院。1958 年新华医院成立，儿科系各教研室均陆续迁往新华医院。“文化大革命”期间，教学工作一度被停止。1977 年，恢复儿科学教研组。1995 年，成立高护系儿科学护理教研室，主任由科室主任兼任。

表 2-1-22 1955—2005 年医院儿科教研室(组)历任主任、副主任情况表

年份	教研组名称	主任	副主任
1955—1959	儿科教研组	齐家仪	—
1959—1961	儿科教研组	曾畿生	—
1961—1963	儿内科医教研组	曾畿生	吴耀玉
1963—1966	儿科学教研组	曾畿生	
1977—1984	儿科学教研组	曾畿生	王德芬

（续表）

年　份	教研组名称	主　任	副主任
1984—1988	儿科学教研室	俞善昌	王德芬　张影梅
1988—1995		金　烨	杜玲珍　陈舜年(1993—1995)
1995—2000		陈舜年	倪继红
2000—2005		陈舜年	—
2005—		王　伟	徐伟珏

【教学任务】

1955 年前，儿科学讲课每年 40 学时，每位医师主讲一个疾病，并邀请院外专家兼课。1966 年前，儿内科教研室除负责上海第二医学院的学生外，还执教护校的儿科理论课。“文化大革命”期间，教学工作一度被停止，20 世纪 70 年代中期逐步恢复。1983 年起，承担夜大学生的教学任务；并开展英文、法文班授课。20 世纪 90 年代开始承担上海第二医科大学高护系、上海第二医科大学夜大高护系、职工医学院高护系等专业的授课、临床见习和实习任务。2010 年，儿科承担实习教学任务有：医学系实习学生 104 人(包括留学生 36 人)、护理系实习学生 282 人、七年制医学系轮转学生 61 人、全科医生轮转 9 人、住院医生基地培训 3 人、美国交流生 2 名、英国交流生 2 名。全年总授课 565 学时，总带教 770 人次。

【学历教育】

1984 年，曾畿生成为儿内科首位硕士研究生导师，次年招收第一位硕士研究生。1999 年，公派赴法国、中国香港学习 2 人(博士生)。2000 年，聘请法国教授为法文班实习医生授课，申请获得儿科学-儿童心肺疾病多媒体制作的课程建设基金。截至 2010 年，有博士生导师 2 位，硕士研究生导师 8 位，培养博士研究生 8 人，硕士研究生 51 人。

【继续教育】

1985 年 4 月，主办第一期“全国儿科内分泌学习班”，1988、1990 年分别举办第二、三期，每期有 40～60 名学员。1996 年 5 月，承办“第一届儿科消化内镜临床应用专题学术研讨会”。1997 起，每年承办全国性国家级成人继续教育儿科内分泌进展学习班，已举办 14 期。1999 年，举办全国儿科消化内镜学习班，与成人肺科合作成立“哮喘宣教学校”。2000 年，成功举办全国继续教育班 2 期：儿童内分泌遗传代谢疾病的研究进展(性腺轴专题)，儿科消化病新理论、新技术学习班。2005 年起，主办瑞金医院儿童哮喘及变态反应性疾病学术论坛。2007 年，举办儿童哮喘和变态反应性疾病国际论坛会议，至 2010 年已成功举办 6 届。2009 年，举办首届儿科胃肠病国际论坛。科室还曾举办全国新生儿巨细胞病毒感染的临床和实验室诊断学习班 2 期。

四、科研工作

1954 年，儿科实验室成立，这是上海第二医学院最早设立的科研机构之一，也是上海市最早建立的儿科实验室，初建时实验室仅有一名专职技术员。20 世纪 50 年代，儿科实验室自制血清电导率仪器行钠、氯测定，此台机器以后由厂家生产，在市场上出售。1968年儿科实验室关闭。1974年儿科实验室再次修建，添置免疫实验相关仪器。1974年，儿科实验室成功完成“淋巴细胞转化试验”和“花块试验”，为中西医结合治疗白血病找出免疫指标提供有利条件。1979年，儿科实验室设立免疫组与遗传代谢内分泌组。1985年，免疫组并入医院免疫室，儿科实验室以遗传、内分泌、代谢研究为重点。

【科研特色】

儿童消化　20世纪50年代，对菌痢患儿的大便进行细菌吞噬细胞指数测定，加快了菌痢菌种诊断时间，为爆发性菌痢早期诊断提供检测基础。1958—1968年，开展婴幼儿消化生理病理研究，建立氮平衡、脂肪平衡及消化道胃蛋白酶、胰蛋白酶、淀粉酶功能简易检测方法。在婴幼儿慢性肠道功能紊乱菌群失调与双歧杆菌及代乳品研究方面做了白地雷、小球藻系列研究。包括动物实验与婴幼儿喂养，研究其营养价值与合理配方。

儿童内分泌　1958年，进行糖耐量试验，包括肾上腺素激发试验与胰岛素激发试验。完成1 098名3至12足岁正常儿童的血压普查，638名3至12足岁正常儿童的青春期、生长发育的普查工作。参加新华医院儿科协作组，完成164名3至7足岁大年龄组儿童智力测定。配合高血压研究所进行小动脉测压，共测定130例正常小儿（包括新生儿）。完成2 100例正常小儿肤纹调查。1985年，参加世界卫生组织（WHO）青少年生殖卫生合作科研，承担WHO青少年性教育国家重点课题。1987年，正式与社会科学院青少组协作，进行中学生青春期性教育的实施观察，同时进行性激素的放射免疫测定并参加世界卫生组织的有关协作课题研究。

儿童心血管　20世纪60年代，开展预防风湿性心脏病的动物实践研究。20世纪80年代初，用Elisa方法检测临床疑似病毒性心肌炎患儿的血清CoxB病毒IgM、IgG，后被广泛应用于临床，作为诊断病毒性心肌炎的依据。

儿童心理　2003年，金武官应用其独创的“心灵种树”体系，在上海东方小学开展了为期3年的“用上课六字法改变小学生不良学习习惯的实验研究”。2005年，在卢湾司法局开展课题研究：“矫正对象心灵种上一片深义文化林——社区心理矫正的新思路、新探索”。2007年，开展“心灵种树治疗长期用药失眠病人的研究”。2010年，开展“心灵种树提升上海震旦外国语学校学力、素质的研究”。

此外，20世纪60年代开展血氨基酸色层分析。1975年，在黄疸婴儿的尿液中找到包涵体，为确诊巨细胞包涵体病毒感染提供了依据。同年，儿科与有关单位协作，研制成功肛门失禁电刺激器，应用于临床。1988年起，开展分子生物学的实验科研工作，承担国家自然科学基金课题2项，参加卫生部优生学规划课题1项，青年医生科学基金会2项，中西医结合课题1项，WHO科研课题3项。20世纪80年代末到20世纪90年代中期，完成正常儿和单纯性肥胖儿的血脂分析。用多种RFLP连续分析方法，对家族性高脂血症做家系检测，寻找到家族的缺陷基因，从而早期诊断杂合子携带者，如能早期干预其生活方式，可预防或减轻动脉粥样硬化发生。2002年，完成“流感细胞检测Th1/Th2细胞研究”“哮喘规范管理3年回顾性研究”。

【科研成果】

1957年，高镜朗主编《儿科小全》。至2010年底，儿内科共主编各类专业书籍17种。

1994年至2010年，儿内科在儿童青春发育的形态及生理、儿童生长障碍、儿童消化和内分泌等方向共获得省部级科研奖项9项。截至2010年，儿内科共获得国家自然科学基金资助10项，卫生部课题3项，省部级课题35项。

表 2-1-23　1988—2010 年医院儿内科获得国家级课题情况表

年　份	课　　题	来　源	负责人
1988—1990	克隆 cDNA 探针对人类固醇 21 羟化酶基因缺陷及多态性研究	国家自然科学基金	王德芬
1989—1991	锡原卟啉抑制血红加氧酶活力与胆红素代谢实验研究	国家自然科学基金	俞善昌
1991—1997	21-羟化酶缺陷患儿基因缺陷及产前诊断的研究	国家自然科学基金	高雁翎
1992—1994	用聚合酶链式反应方法筛查原发性生长激素缺乏病人的基因缺陷	国家自然科学基金	王德芬
1992—1994	血红素加氧同工酶的实验研究及新生儿黄疸的防治	国家自然科学基金	俞善昌
1996—1998	原发性生长激素缺乏症病人 GH-N 基因缺陷的研究	国家自然科学基金	蒋志戎
1997—1999	血红素加氧酶-1 变异体防治新生期黄疸的研究	国家自然科学基金	夏振炜
2002—2004	人血红素加氧酶-1 变异体结构与作用研究	国家自然科学基金	夏振炜
2005—2007	应用 SiRNA 抑制 HO-1mRNA 表达以降低胆红素水平的研究	国家自然科学基金	夏振炜
2006—2008	血红素加氧酶-1 介导 CD4+CD25+T 调节细胞增殖及抗哮喘气道炎症的机制研究	国家自然科学基金	夏振炜

【学术任职】

曾畿生任中华医学会儿科遗传内分泌学组委员。

王德芬任中华医学会儿科遗传内分泌学组委员、上海市性教育研究会理事，美国 Lawson Wilkins 儿科内分泌学会荣誉会员。

俞善昌任中华医学会儿科学会呼吸学组委员、上海医学会新生儿学组委员、上海围产医学会委员、上海医学会变态反应学会顾问、上海哮喘之家副主任委员。

许春娣任中华医学会儿科学会委员（13—15 届），中华儿科学会消化学组副组长（13—15 届），中华医学会上海儿科学会委员、上海市医学会儿科学会顾问、上海市医学会儿科学会消化学组名誉组长。

王伟任中华医学会儿科分会内分泌遗传学组委员、上海市医学会儿科分会内分泌遗传学组组长。

夏振炜任上海免疫学会第十届理事会理事、上海市免疫学会儿科免疫专业委员会委员、上海市医学会儿科专业分会免疫学组委员。

五、其他

曾畿生（1998 年）、王德芬（1998 年）、胡庆澧（2001 年）先后被评为瑞金医院终身教授。

第九节　皮 肤 科

一、发展沿革

1933 年，医院建立皮肤病专业，由内科邝安堃兼管，越南华侨赵有泰任皮肤病专职医师。

1933—1936 年，阿拉伯裔美国人马海德（1950 年任中央人民政府卫生部顾问）到上海考察热带病，曾在医院开设皮肤科门诊。1945 年初，医院皮肤科独立建科，从法国圣路易医院归国的朱仲刚任科主任。1949 年，在外科病房内设皮肤科床位 10 张；1951 年，医院被政府征用，朱仲刚任院务管理委员会委员；1952 年，于 9 舍建立皮肤科独立病房，20 张床位；1972 年，搬迁至 26 舍，与五官科组建联合病房，各有床位 20 张。1993 年 1 月，皮肤科病房迁至 3 舍 2 楼，床位数增加至 36 张。

截至 2010 年，科室有在职医师 12 人，技术员 6 人，护士 17 人；其中教授 1 人、副教授 1 人，主任医师 2 人、副主任医师 7 人；医师中具有博士学位 7 人，硕士学位 2 人，在职博士生 3 人。作为国家临床重点专科（培育）和校级重点学科、国家住院医师培训基地、中华医学会“大疱性皮肤病研究中心”，以复杂、难治、危重性皮肤病的诊治闻名。郑捷任中华医学会皮肤性病学分会候任主任委员。10 余年来，皮肤科已有 7 位医师入选上海市曙光学者、百人计划、启明星和市、校的优秀青年教师。

表 2-1-24　1945—2010 年医院皮肤科历任科主任、副主任情况表

任职年份	主　任	任职年份	副主任
1945—1967　1978—1984	朱仲刚	1978—1984	陈泽仪
1967—1978	陈淑瑾　毛玲娥（召集人）	1978—1984	高博铎
1984—1988	陈泽仪	1984—1988	吴庆贞
1988—1991	吴庆贞	1988—1993	骆国阮
1991—1997	罗邦国	1993—1997	毛玲娥
1997—2000	毛玲娥	1993—2000	郑　捷
2003—2005	冯信忠	1997—2003	冯信忠
2000—	郑　捷	2000—2005	徐慧珍
		2005—2009	施若非
		2005—	潘　萌

二、医疗工作

【基本情况】

1945 年初，每周开设三个半天门诊，9 月起每天上午门诊，下午一次特约门诊，后改为全天门诊。1949 年起，开设病房并收治重危及疑难病，如天疱疮、重型药疹、皮肤结核病等。从 20 世纪 50 年代起，陆续开设职业病、红斑狼疮等专病门诊。至 1986 年，有 9 个专病门诊，分别是脱发、痤疮、色素病、血管炎、职业病、激光、结缔组织病、银屑病、新药观察。1986 年起，每个医师都有明确的亚专业，有皮肤病理、真菌、皮肤治疗、职业性皮肤病、中西医结合、皮肤免疫、皮肤激光等。2003 年，在医院徐家汇路分部开设性病门诊。2010 年，专病门诊增加至 10 个，分别是皮肤性病，大疱性皮肤病，皮肤淋巴瘤，皮肤变态反应，皮肤外科、瘢痕与甲病，银屑病、光敏性皮肤病，皮肤免疫风湿，皮肤病理会诊、湿疹，痤疮与秃发，皮肤激光美容。

1945 年，朱仲刚建立“治疗室”，治疗各种常见皮肤病和皮肤肿瘤，其中浅度 X 线照射仪于 20 世纪 60 年代归入放射科统一管理。1953 年，建立“皮肤病理室”。1957 年，建立真菌实验室。1970

年,建立激光室。1974 年,建立皮肤科实验室(1984 年易名为"免疫室")。

治疗室 早期开展的项目有梅毒注射 606、914、铋剂,浅度 X 线照射等,进入 20 世纪 60 年代后陆续停止;常规开展皮肤创面与溃疡的治疗、组织病理取材、局部封闭、电灼、光疗、水针、刀扦等。20 世纪 50 年代在"学中医"的热潮下开展中医药治疗,如针灸、穴位治疗、风油膏结合电烘治疗神经性皮炎、慢性湿疹,自血疗法及放血疗法治疗慢性荨麻疹等。20 世纪 60 年代开展 CO_2 干冰治疗仪治疗皮肤血管瘤、瘢痕疙瘩,皮下氧气治疗玫瑰糠疹、瘙痒症,三氯醋酸治疗雀斑等色素增生性疾病;张传钧首创从不同种类鱼、虾等食品中提取蛋白,用于诊断食物过敏性疾病。20 世纪 70 年代开始应用各种灭活细菌菌苗脱敏治疗银屑病及变态反应性皮肤病;液氮冷冻治疗。20 世纪 80 年代治疗室常规开展项目 20 种,初期开展"黑光灯"及 PUVA 治疗,后期开展面膜、冷喷等。1993 年,毛玲娥在张传钧指导下首创"白癜风自体表皮移植术",在上海市中西医结合交流会上作介绍,至 1999 年,移植皮片共计 1 740 片。1994 年,开展寻找食入、吸入过敏原并行脱敏治疗。1993 年,在治疗室内设手术室,建立皮肤外科,手术量逐年递增。2005 年,手术次数为 616 例,2010 年增加为1 456 例。2005 年,在治疗室下成立"光疗室",拥有国内波长最为齐全的各种紫外线光疗仪,选择用于特应性皮炎、银屑病、白癜风、皮肤 T 细胞淋巴瘤、结节性痒疹、硬皮病、硬肿症、黏液性水肿等疾病的治疗。2006 年,研制局部大功率 UVA1 治疗仪。2009 年,制定"瑞金-卡迪夫银屑病光疗规范"。截至 2010 年,皮肤科治疗室是上海乃至全国开展项目最多的皮肤病治疗室。坚持"为病人服务"的原则,基本保留所有传统项目。主要有:刀扦术(鸡眼、胼胝),冷冻术(寻常疣、脂溢性角化等),挑除术(面部粟丘疹等),钳除术(传染性软疣等),局封术(瘢痕疙瘩、肉芽肿、囊肿型痤疮等),水针疗法(酒糟鼻等),冷喷治疗(面部皮肤敏感等),七星针治疗斑秃,皮肤病理活检,微波照射(各种皮肤赘生物、带状疱疹疼痛等),菌苗疗法(银屑病、湿疹、过敏性紫癜等),高频电刀治疗腋臭、寻常疣、化脓性肉芽肿和各种皮肤新生物。建立国内最为齐全的过敏原检测与脱敏治疗方法,根据病情选择过敏原点刺试验、皮内试验、斑贴试验、MORA 生物仪检测等寻找过敏原,并对确定的过敏物质进行脱敏治疗,不但有益于慢性荨麻疹、湿疹、药疹等病的诊断与治疗,还吸引过敏性鼻炎、哮喘和结膜炎等过敏性疾病病人前来就诊。

病理室 1951 年,成立皮肤病理专业。1953 年,建立"皮肤科病理室",姚际唐任室主任。年标本量从 1954 年的 100 余例增长到 2010 年 1 300 余例。

真菌室 1957 年,面向全院开放真菌镜检、培养。之后又开展"白风仙包敷甲治疗甲癣""硫酸锌溶甲疗法",收集深部、浅部致病菌菌种。1974 年初,开展中草药苍术、一枝黄花、银花等对深、浅部真菌的抑菌试验。毛玲娥进行大量真菌培养、筛选,制备"白念珠菌"疫苗进行治疗。1979 年,真菌室利用免疫荧光法对白念珠菌感染进行快速诊断的研究,通过抗原接种、抗体制备、荧光标记抗血清等方法诊断白念珠菌感染。真菌室成功分离鉴定的少见菌种有:阿萨希丝孢酵母、尖端赛多孢子菌、寡孢根霉等。20 世纪 80 年代皮肤科真菌室积累深部、浅部真菌菌种 100 多株。1984 年,诊断一例罕见致死性深部真菌病,通过动物接种、毒力学研究,证实为"着色真菌病",在第一届全国真菌学术会议上作专题报告。1985 年,与上海市农药研究所协作,对"抑霉唑"的抗菌性能作实验室分析及临床观察。1991 年起,承担其他科室各种标本的真菌(除酵母菌外)分离、培养和鉴定工作。2010 年,开展的真菌学检查及皮肤科相关检查项目有:真菌镜检、培养、菌种鉴定、皮肤寄生虫检查、泪腺、唾液腺分泌试验等。

免疫室 1974 年 12 月,陈泽仪在国内第一个对系统性红斑狼疮病人血清的"抗核因子"(即抗核抗体)开展检测,用于临床诊断。1984 年 10 月,成立皮肤科免疫室,陈泽仪任主任,分为"细胞免疫”和“体液免疫”两个实验室，开展用 ELISA 检测自身抗体、以 Hep－2 细胞为底物检测抗核抗体、以小牛胸腺为抗原检测抗可提取性核抗原(ENA)抗体、检测药物性红斑狼疮的抗组蛋白抗体等项目，建立皮肤直接与间接免疫荧光的诊断方法，用于大疱性皮肤病和系统性红斑狼疮的诊断与鉴别诊断。1984 年，通过“免疫吸附”与“血浆置换”疗法在国内率先对系统性红斑狼疮病人进行治疗，到目前仍然是难治性 SLE 的治疗方法之一。1986 年以后，陆续增加变态反应、自身免疫病诊断的新检测项目还向市内外医院供应鼠心肌组织切片，为各医院开展抗心肌抗体的检测。1987 至 1992 年，新增外周血补体(C1q)、血清特异性 IgE 等检测项目。1992 年，增加皮肤盐裂项目，用于大疱性皮肤病的诊断及鉴别诊断。1994 年，在血清特异性 IgE 检测的基础上增加体内试验(变应原皮试)的新项目。2000 年起，增加多个临床急需的实验诊断项目，部分是国内首创。至 2010 年，常规开展的检测项目有(不含性病实验室)：抗核抗体、抗可提取核抗原抗体、总 IgE、嗜酸细胞阳离子蛋白、特异性过敏原(吸入物＋食入物共计 50 项)、皮肤直接免疫荧光、皮肤间接免疫荧光、盐裂皮肤直接免疫荧光与间接免疫荧光、皮肤与外周血 T 细胞受体基因重排、抗 Dsg1 与 Dsg3 抗体、天疱疮抗体亚型(IgG1、IgG4)、抗 BP180 与抗 BP230 抗体(IgG 型与 IgE 型)、抗 MDA5(黑素瘤分化基因 5)抗体等。

激光室　1965 年，吴庆贞负责“红宝石激光治疗皮肤肿瘤的动物实验研究”。1970 年，在国内最早开展医学激光治疗。1974 年，成功定型 CO_2 激光设备并自创中国式激光器的刀头，在国内普遍使用。1980 年，与上海第二医学院生物物理教研室激光组等协作生产光刀手术专用器械，减少光刀手术误伤意外发生，并通过动物模型试验总结 CO_2 激光束特性，制订“光刀手术操作流程”，使光刀手术伤口亦可达到传统手术后一期愈合。激光室在激光医学基础研究尤其是激光诊治皮肤病领域开展大量研究，在国内首次报道各种激光对皮肤的影响和损伤的关系，作为组长单位完成国家科委、国家经委下达课题“国家激光相关防护标准”的制订；率先在国内开展光动力(血卟啉衍生物)诊断和治疗皮肤肿瘤的研究；第一个采用金蒸气激光器应用于临床；首先在国内开展小功率 CO_2 激光凝固治疗鲜红斑痣。1982 年起，开展激光内窥镜经支气管镜诊治支气管肺癌。1986 年起，开展激光关节镜手术。1989 年，在国内首先使用 CO_2 激光凝固治疗浅部血管病变及鲜红斑痣，取得理想效果。1995 年起，激光室开展皮肤美容工作。进入 21 世纪，激光室引进了新型激光治疗仪，凭借技术优势开展了多项皮肤医学美容治疗。2003 年，在医院徐家汇路分部开设性病门诊，还帮助其他临床科室应用激光治疗疾病。2007 年，激光室在国内率先开展光动力疗法治疗复杂性尖锐湿疣(肛管内、尿道内)及预防复发工作，并在此基础上提出治疗尖锐湿疣的三阶段方案，为以后该疗法在全国的推广提供大量临床资料。

【医疗特色】

1945—1984 年，朱仲刚在职业性皮肤病防治领域建树颇丰，是国内首屈一指的专家学者。1984 年，陈泽仪重点在“自身免疫病”的诊断和治疗。2000 年，郑捷任科主任后继续发展临床免疫，并逐渐形成自身免疫病、炎症性皮肤病、肿瘤性皮肤病的临床诊疗优势。

职业性皮肤病　1950 年开始，朱仲刚为炼焦、电镀、印染、筑路、制药、稻农诸行业的职业性皮肤病预防和治疗，摸索出一整套行之有效的方法和措施，制成 20 多种防护油膏及工业洗手剂。之后的 30 余年，又对橡胶、塑料、钢铁、石棉、制药、纺织、香料、染料等工业系统的职业性皮肤病作大量调查，提出防治措施。他研究的第一个职业性皮肤病是沥青皮炎，1958 年获得国家卫生部奖励，是新中国成立后医院的第一个国家级科研成果奖。根据上海近郊的多个大队调查稻田皮炎的发病

图 2-1-11　20 世纪 60 年代，朱仲刚（左七）调研稻田皮炎

情况，研发一种防护油可以防止水渗入皮肤，1977 年获得全国第一届科技大会奖励。20 世纪 50 年代至 60 年代初，针对农民流传的"鸭怪"病，朱仲刚发现主要是鸭子的大便引发的"尾蚴性皮炎"，采取防护措施就可以避免。1960 年，农村流行"大头瘟"，通过调查发现是一种光感性植物"紫云英"造成，于是采取有效措施预防。1973 年，周恩来总理指示卫生部解决演员化妆后面部造成的病痛，卫生部将这一任务交给朱仲刚，他研制出隔离霜来解决这一难题，1983 年，该成果分别获得国务院卫生部、文化部科技进步奖三等奖。1980 年，在对橡胶工业职业病进行调查后，完成工业防护霜的研究，在 1979 年基础上加以改进，将有机硅含量从原先 20%降低至 5%，对防水防油均有良好效果。1987 年，完成卫生部指定任务《职业性皮肤病诊断标准及处理原则（国家标准）》之制定。

大疱性皮肤病　郑捷在 2000 年首次提出"个体化—天疱疮的治疗原则：以尽可能少的糖皮质激素治疗天疱疮"；并在国内首次运用重组天疱疮抗原检测天疱疮抗体。潘萌在国内率先通过免疫印迹、ELISA 检测病人血清 Dsg1 和 Dsg3 抗体，根据抗体水平决定糖皮质激素用量，由此改变过去临床上仅根据病人皮损决定糖皮质激素用量和为追求抗体转阴而过度治疗的状况，显著减少并发症，降低死亡率，2000—2010 年未有死亡病例和严重并发症发生。在临床上尝试使用针对 B 细胞的单抗 Rituximab 治疗天疱疮，结果在国内首次发表。2003 年，开设天疱疮专病门诊，在国内首创外用强效糖皮质激素软膏结合皮肤护理治疗类天疱疮，取代静脉给药。护理人员经过不断总结经验，改进技术，制订擦药方法治疗大疱性皮肤病和银屑病、特应性皮炎等炎症性皮肤病，取得良好效果。10 余年来未有一例病人发生严重感染和致死性并发症，其中不乏大于 90 岁的病人。截至 2010 年成为中华医学会皮肤性病学分会天疱疮研究中心。

银屑病　1969 年罗邦国参与多家医院协作组工作，调查全国各省银屑病发病率，至 2010 年，仍是中国最权威的银屑病流行病学资料。1974 年，张传钧开展"灭活菌苗治疗银屑病"，沿用至今，同时还用于治疗慢性湿疹、慢性荨麻疹、复发性疖病等，被《临床皮肤病学》第一版、第二版引用。1982 年，研制"肤疾宁贴膏"治疗银屑病及其他皮肤病，获得上海市医药局科技成果三等奖，以后又用喜树碱加入原"肤疾宁"配方中，专治银屑病。1984 年，开设银屑病专病门诊，自行设计"抗银 4 号（复方倍他米松氟尿嘧啶）霜"和"特美肤（氯倍他索）搽剂"治疗银屑病，是专治银屑病的医院制剂。2003 年，与上海家化合作研制生产"皮肤屏障修护剂"，辅助治疗银屑病及预防复发。2009 年，与卡迪夫大学医学院合作，建立"瑞金- Cardiff 银屑病光疗规范"。

皮肤淋巴瘤　1992 年，率先采用非化疗方法治疗皮肤 T 细胞淋巴瘤（CTCL），目前推广到全国。2003 年，成立"瑞金-耶鲁皮肤淋巴瘤治疗中心"，召开 CTCL 治疗交流会，对非化疗治疗 CTCL 在全国推广起到至关重要的作用。2007 年，中国工程院院士、瑞金医院血液科王振义肯定了皮肤科的非化疗治疗 CTCL 方案，建议将此类病人归入皮肤科管理，避免过度治疗。2009 年 5 月，设立皮肤淋巴瘤专病门诊，针对不同病人制订个体化治疗方案，长期跟踪随访，提高获得完全缓解比例，降低复发率和死亡率，并拥有国内同行中位居前列的病人标本。专病门诊还联合病理科和放疗科，形成学科群，为病人提供从诊断到治疗的最优化服务，每年要改正多例外院误诊的病例。2009 年 10 月，美国路易斯维尔大学主管医学事务的副校长、James Graham Brown 肿瘤中心主任 Donald M. Miller 教授评价，瑞金医院皮肤科在皮肤肿瘤治疗方面已走在世界前列。

皮肌炎/无肌病性皮肌炎 曹华 2009 年首次提出"皮肌炎样皮病"的命名。在国际上首次报道抗 MDA5 抗体水平与肺间质病变严重程度、皮损特点的相关性及治疗方法，并在国内首次开展抗 MDA5 抗体检测，用于早期诊断皮肌炎与无肌病性皮肌炎合并急进性间质性肺炎，估计预后并指导临床治疗。2009 年，开设免疫专病门诊，建立无肌病性皮肌炎/皮肌炎和其他炎症性肌病病人的标本库。

自制制剂与仪器 1945 年建科初期，在国内外用药物稀缺的状态下，朱仲刚根据法国皮肤科外用药物配方，自行生产具有不同治疗功能的溶液、酊剂、糊剂、霜剂、软膏等外用药。20 世纪 50 年代，陆续自制内服中成药和其他外用制剂。至 20 世纪 80 年代，自制制剂达到 30 余种。在临床上大量使用并沿用至今的外用制剂有"新复霜(氯霉素倍他米松霜)""确炎舒松霜""倍他米松霜""抗银Ⅳ号(复方倍他米松氟尿嘧啶)霜""特美肤(氯倍他索)搽剂""复方薄荷樟脑溶液(新 MRSA)"等外用制剂和"白驳丸(治疗白癜风)""皮Ⅲ号丸(清热养阴丸)"等中成药。20 世纪自行研制、用于防治各种职业性皮肤病的隔离霜及洗手液等，对各种职业性皮炎的预防发挥了重要作用。2003 年始，与上海家化联合研制、开发生产皮肤屏障保护剂"玉泽皮肤屏障修护乳"和专用于面部的"玉泽精华乳"，于 2009 年 12 月 26 日正式上市销售。2006 年，皮肤科与上海希格玛公司联合研制国内首台大功率 UVA1 治疗仪，对难治性皮肤病提供新的治疗方法。

【国内支援交流】

1954 年，姚际唐调往北京协和，创建中国医学科学院皮肤病研究所，建立皮肤病理室。1956 年，周吉士调往仁济医院组建皮肤科，1958 年调往新成立的新华医院组建皮肤科。1959 年，叶仲调往金山县人民医院组建皮肤科。1961 年，高玉祥调往新成立的蚌埠医学院组建皮肤科和皮肤病学教研室。1964 年，倪盛瑛调往吴淞医院组建皮肤科。1965 年，张震至松江县人民医院组建皮肤科，1983 年 6 月，分配到上海第九人民医院皮肤科。1970 年，骆国阮"支内"赴安徽绩溪后方瑞金医院工作至 1981 年回科；同年曹翠芳支援梅山医院，组建皮肤科。1971 年，罗邦国"支内"赴安徽绩溪后方瑞金医院至 1980 年回科。

【医疗数据】

皮肤科以收治疑难危重皮肤病为特色，住院人次逐年增加。

表 2-1-25 1995—2010 年部分年份医院皮肤科门急诊人次和出院人次统计表

项 目	年 份			
	1995	2000	2005	2010
门诊人次	92 190	110 978	70 372	93 221
急 诊 量	9 258	8 243	5 059	7 215
出院人次	420	621	782	1 113

三、教学工作

1952年，成立皮肤性病学教研组(室)，主任朱仲刚，秘书高玉祥。以后张传钧、吴庆贞、罗邦国、毛玲娥、冯信忠、郑捷相继任教研室主任。承担医学系不同学制、检验系、高护系、夜大学的“皮肤性病学”理论课教学与临床见习、实习。1978年，皮肤病学教研室被评为上海市教学先进集体。1994年，郑捷被评为上海市优秀教育工作者。2004年，潘萌被评为上海市优秀青年教师后备人才。2005年，郑捷被评为上海交通大学医学院首批教授。教研室根据皮肤病学的特点在本科教学中增加见习内容，开设选修实习。2010年，皮肤病学入选上海交通大学医学院精品课程。

【研究生教育】

1959年，皮肤科获准成为硕士学位授予学科。1963年，朱仲刚成为硕士研究生导师，招生后因“文化大革命”中止。1978年，皮肤科成为国家首批皮肤病学硕士学位授予学科；1996年，国务院学位评定委员会停止上海第二医科大学招收皮肤性病学硕士学位研究生，1999年，恢复招生。2002年，招收博士学位研究生，郑捷为上海第二医科大学皮肤性病学首位博士生导师。2008年，潘萌的毕业论文入选上海市优秀博士论文。

【职后教育】

1957—1966年，朱仲刚受卫生部委托，连续举办7期全国职业性皮肤病防治学习班，来自全国各地的100余名皮肤科医师受到培训。1959年、1960年，为华东地区举办职业性皮肤病学习班，为期一个月。1980年至1990年，每年承担卫生部举办的“全国激光医学学习班”，为国家培养一大批专业治疗医师。

1983—1995年，受上海市卫生局委托举办12期上海市皮肤科医师进修班，2005年至2010年进修医生共计34人。

2000年起，科内固定每周开展一次文献讲读，每两周一次疑难病例讨论、进修医师临床业务讲座。2005年，制订皮肤科住院医师培养计划，郑捷先后任上海市住院医师规范化培养皮肤性病学组组长、上海市专科医师培训皮肤性病学组组长，《瑞金医院皮肤科住院医师轮转规则》成为上海市住院医师规培的样板。2008年起的每年12月，举办“瑞金皮肤病治疗与病例报告会”，展示创新的临床治疗和最感兴趣的病例，其中不乏在国内乃至国际的首次报道。2010年，成为皮肤性病科住院医师规范化培训基地。

2007年3月13日，在举办“首届国际天疱疮学术交流会”的同时，举办首届全国大疱性皮肤病学习班，尔后每两年举办一届。2007年10月26日，举办“上海交通大学医学院—卡迪夫大学医学院皮肤病学联合教程”，2010年，开始举办远程教育“皮肤病学诊治新进展”。

【人才培养】

“文化大革命”结束后，皮肤科陆续派出陈泽仪等18人次，赴法国、美国、英国、日本等国著名院校进修临床免疫学和风湿病学。其中冯信忠获巴黎医院外籍助理医师证书和法国巴黎第十二大学医学院博士学位，5人完成博士后学业。

四、科研工作

【科研项目】

1999 年，郑捷重组、表达两种天疱疮抗原，用于天疱疮的血清学诊断。2007 年，成为国家临床药理基地。2008 年沈小雁在皮肤淋巴瘤研究中发现当树突状细胞与凋亡细胞接触后，具有诱导异源性 T 细胞增殖和激活同源 CD8 T 细胞的能力，介导 CTCL 细胞的凋亡；潘萌运用免疫佐剂对寻常型天疱疮抗体亚型的转换进行干预，结果铝（Al(OH)3）佐剂联合重组天疱疮抗原（PVA）EC1—2 融合蛋白免疫小鼠产生 IgG4 亚型抗体，成功诱导天疱疮鼠模型。2009 年蔡怡华在国际上首次提出链球菌 DNA 链球及全菌可显著促进银屑病病人的 T 细胞与角质形成细胞增殖，促使 T 细胞产生Ⅰ型干扰素；曹华在国际上首次报道了皮肌炎/无肌病性皮肌炎病人抗 MDA5 抗体水平与肺间质病变严重程度、皮损特点的相关性及治疗方法，在国内首次建立了早期诊断方法，提出“皮肌炎样皮病”的命名。

【人才项目】

1999 年 9 月，郑捷入选上海市教育委员会曙光学者；1998 年 10 月，入选上海市卫生系统“百人计划（上海市卫生系统优秀学科带头人培养计划）”。2004 年，潘萌入选上海市科委科技启明星计划，考评优秀；2008 年，入选上海市科委科技启明星跟踪项目。

【科研成果】

1978 年朱仲刚、卞宗沛主持的“稻田皮炎的病因和防治研究”和参加的“桑毛虫皮炎流行的调查”均获得第一次全国科技大会科技进步奖。20 世纪 80 年代，吴庆贞参与激光安全防护方面的研究获得国家“六五”攻关和卫生部科技进步奖三等奖；钱慕兰参与“肤疾宁贴膏研制和临床观察”获上海市科技进步奖三等奖。至 2010 年皮肤科作为第一负责人累计获得省部级以上科研奖励项目 5 项，其中国家级 1 项；累计获得 12 项省部级以上科研项目，其中国家自然科学基金 7 项。

1958 年，皮肤科集体译著的《职业性皮肤病》，是引入中国的第一部系统介绍职业性皮肤病的经典书籍。1975 年，陈泽仪翻译的《临床免疫学》，是介绍入中国的第一部临床免疫著作。1978 年，朱仲刚负责编写的《皮肤病诊疗常规》连续 3 次再版。1999 年，郑捷主编上海市重点教材《现代免疫学检验与临床实践》。2004 年、2009 年，郑捷分别任教育部、卫生部第六版、第七版全国统编教材《皮肤性病学》编委（人民卫生出版社），负责“大疱性皮肤病”与“皮肤血管炎”章节的编写。至 2010 年底，皮肤科参编《中国医学百科全书——皮肤病学》等重要著作 20 余部。

表 2-1-26　1999—2010 年医院皮肤科获得国家级科研项目情况表

年　份	项　　目	来　源	负责人
1999—2001	寻常型天疱疮噬菌体抗体库的构建与临床应用的研究	国家自然科学基金	郑　捷
2002—2004	寻常型天疱疮抗原表位的精细定位与抗原肽的治疗研究	国家自然科学基金	郑　捷
2004—2007	通过自身抗体转型治疗寻常型天疱疮的实验研究	国家自然科学基金	潘　萌
2005—2007	1 号染色体长臂银屑病易感基因的精细定位和相关基因的研究	国家自然科学基金	郑　捷

（续表）

年 份	项 目	来 源	负责人
2008—2010	不同类别、不同致病性寻常型天疱疮抗体产生机理的研究	国家自然科学基金	潘 萌
2009—	构建 NOG 鼠模型研究 CTCL 肿瘤细胞的侵袭性	国家自然科学基金	沈小雁
2009—	IL-20 启动子多态性与感染在银屑病发病中的机理研究	国家自然科学基金	郑 捷

【学术任职】

朱仲刚和张传钧任法国皮肤性病学学会和意大利皮肤性病学学会通信会员，陈泽仪为法国皮肤性病学学会和意大利皮肤性病学学会会员。郑捷任 *British Journal of Dermatology* 编委和北美皮肤科医师协会荣誉委员。至 2010 年，朱仲刚、张传钧等先后在全国性和上海市学术组织中任职务。

表 2-1-27　1954—2010 年医院皮肤科国内学术任职情况表

姓名	任职年份	学 术 团 体	任 职
朱仲刚	1954—1963	中华医学会上海分会皮肤病专业委员会	副主任委员
	1963—1989	中华医学会上海分会皮肤病专业委员会	主任委员
	1982—1987	中华医学会皮肤病学分会	副主任委员
张传钧	1989—1994	上海市医学会皮肤病专业委员会	副主任委员
罗邦国	1994—1999	上海市医学会皮肤病专业委员会	副主任委员
冯信忠	1998—2002	上海市医学会美学美容专业委员会	主任委员
	2006—2009	上海市医学会变态反应学专业委员会	副主任委员
郑 捷	2000—2006	上海市医学会风湿病学专业委员会	副主任委员
	2006—2009	上海市医学会皮肤病学专业委员会	主任委员
	2006—2009	中华医学会皮肤性病学分会	常务委员兼秘书
	2009—	中华医学会皮肤性病学分会	副主任委员

五、其他

1998 年，朱仲刚被评为瑞金医院终身教授。

第十节　中 医 科

一、发展沿革

1954 年 9 月 22 日，尤学周、顾瑶荪、陈大中、张志英等 10 余名中医师关闭私人诊所，在广慈医院成立中医科，下设中医内科和针灸科。同年10月，开设中医病房，成为当时上海市综合性医院中第一批建立中医病房的单位。11月1日起正式收治病人，共有7个病室，24张病床（男床15张，女床9张）。20世纪70年代初，针灸科独立成科。1988年，推拿科成立。2003年，针灸科、推拿科重新并入中医科。2010年，中医科有医生24人，其中中医内科13人（其中主任医师1人、副主任医师5人）；针灸科5人（其中副主任医师4人）；推拿科6人（其中副主任医师3人），共有护士9人。

图2-1-12　中医科第一位硕士生导师刘德傅

表2-1-28　1954—2010年医院中医科（含针灸科、推拿科）历任主任、副主任情况表

任职年份	主任	任职年份	副主任（科室负责人）
1979—1984	刘德傅（中医科） 陈大中（针灸科）	1954—1959	尤学周
1984—1988	夏　翔（中医科） 徐玉珍（针灸科）	1960—1967	顾瑶荪
1988—1993	夏　翔（中医科） 徐玉珍（针灸科） 叶晨阳（推拿科）	1960—1964	刘德傅
1993—1995	徐玉珍（针灸科） 叶晨阳（推拿科）	1964—1970	张蔼梅（负责人）
1995—2003	夏　翔（中医科） 傅莉萍（针灸科） 叶晨阳（推拿科）	1970—1978	朱庆芳（召集人）
2003—2005	夏　翔	1970—1979	吴贤益（召集人）
2005—	沈小珩	1993—1995	吴贤益（中医科主持工作）

表2-1-29　1954—2010年医院中医科科址及床位数变化情况表

年份	地址	床位数（核定）
1954—1962	现33号楼2楼	24
1962—1986	病房关闭	
1986—1988（1987—1988用作甲肝专用病房）	现38号楼地下室	30
1988—2000	3号楼2楼	27
2000—2002	瑞金分部3楼	25
2002—	瑞金分部3楼	20

二、医疗工作

【基本情况】

中医科成立时仅有中医内科和针灸科，1956 年增设二级学科门诊，有中医外科、中医眼科、中医小儿科、中医喉科、中医妇科、小儿推拿科等。此后，中医科各专业不断发展，形成中医内科、中医外科、针灸科、推拿科、中医五官科、中医小儿科、中医妇科，开设专家、专病门诊。涉及的病种有心脑血管疾病、肿瘤、呼吸道疾病、消化道疾病、内分泌疾病、血液病、肝脏疾患、肾脏疾病、自身免疫性疾病、骨关节病、肥胖、脊柱病变、骨质疏松、代谢病、妇科疾病、儿科疾病、五官科及眼科疾病。

1999 年 2 月，中医科(包括伤科)正式通过上海市卫生局中医处及专家评审，成为全市首批获得上海市综合性医院"示范中医科"的单位，验收评分位于全市榜首，开始第一个周期的示范中医科建设。2001 年起，"示范中医科"进入第二个建设周期，2002 年按达标要求完成建设任务。2004 年起，中医科工作重点放在完成"上海市示范中医科"和"上海市夏翔名老中医工作室"的建设中。2008 年，实行电子病史管理，完成三基培训。2009 年，启动上海市中医临床优势专科建设项目。

此外，从建科起，尤学周、顾瑶荪等便对血液病、肾脏病、内分泌疾病以及肝硬化等病种开展以中医为主，西医为辅的治疗，在院内坚持开展西学中学习班。1973—1979 年，针灸科与骨科合作开展针刺麻醉；中医内科与肺科合作治疗慢性支气管炎；中医小儿科与西医小儿科合作治疗小儿急性呼吸道疾病；与传染科合作治疗肝硬化腹水；中医妇科采取激光配合清热解毒法治疗宫颈糜烂。20 世纪 70 年代，中医外科与口腔科开展合作，治疗慢性腮腺炎。中医喉科与耳鼻喉科合作，开展声带病变和美尼尔症的中西医结合治疗。

【医疗特色】

中医内科　20 世纪 60 年代初，顾瑶荪与邝安堃合作，采用中医治疗库欣综合征。1960—1964 年，形成疑难病集体诊治制度。1964 年，各二级科室诊治疑难病例数：针灸科 22 人次，中医外科 15 人次，中医内科 28 人次。各二级科室也形成各自特色，中医内科采用泻肺气的方法治疗库欣综合征、红斑狼疮、结缔组织疾病等，参与肾炎康复片、双白片、止血尿片等药物的研制。朱宗云、陈惠林分别创制慢咽合剂和琥珀镇心丸。1998—2004 年，夏翔主持研究百岁方(心康饮、脑心康颗粒剂)治疗心脑血管疾病。2004 年，专家门诊增至六个半天/周，同年增设冬令膏方门诊。2007 年，开设糖尿病专病门诊，并于 2010 年评为特色专病门诊。中医科病房主要收治非手术治疗的肿瘤病人、脑血管病变、贫血、慢性肾炎、消化道疾病。以中医中药、化疗、放疗、教授气功等方法治疗肿瘤。1993 年起，以收治各系统癌症病人为主。2009 年，中医病房开始建立中西医结合治疗结肠癌诊疗常规，制订单病种质量控制标准。2010 年，中医病房平均住院天数 8.49 天，病床使用率 103.29%，出院总人数 630 例。中医内科门诊就诊人次 48 119(其中专家门诊 28 890 人次，专病门诊 3 252 人次)，会诊人次 409 例。

针灸科　1957 年，针灸科设计创造万能针灸钳，改进针灸疗法中消毒不严的缺点。1962 年，针灸科开发代针丸，对顽固性失眠及夜尿症取得疗效。1973—1997 年，针灸科在外科病房开设脉管炎病房。1982 年，针灸科开展导气疗法。1986 年，针灸科开展导气治疗肿瘤。1990 年，针灸科开展温疗法及代温灸膏贴敷穴位。1999 年，开设冬病夏治的哮喘敷贴以及丹参穴位注射治疗腰椎退行性变。1973 年，针灸科开设网球肘、瘫痪、眼疾、脉管炎等专科门诊。1974 年，针灸科设立头针及镇痛门诊。1979 年开设夜门诊，设立威灵仙穴位注射治疗颈椎病的专科门诊，增加经络电磁疗法、埋线、子午流注、代针丸等治疗方法。1999 年，针灸科设置多项专病门诊：消化道疾病羊肠线穴位埋线，心血管病丹参穴位注射等。2001 年，针灸科开设特需减肥门诊。2010 年，特色哮喘敷贴专病门诊被评为特色专病门诊。2010 年，针灸科门诊就诊人次为 6 819 例(其中专家门诊 2 841 人次，专病门诊 1 522 人次)，会诊人次 325 例。

推拿科 1956 年，开设小儿推拿门诊。20 世纪 70 年代与小儿科合作治疗小儿先天性斜颈、胃肠功能紊乱等。1993 年，开设推拿科病房，当年收治病人 38 人次，门诊 18 461 人次，会诊 210 人次；并开设颈肩腰腿痛专病门诊，就诊 1 080 人次。1995 年，推拿科设立 4 个诊疗室，即伤骨推拿诊疗室，内妇推拿诊疗室，小儿推拿诊疗室，保健推拿诊疗室。2010 年，推拿科就诊总人次 4 618 例，(其中专家门诊 1 125 人次，专病门诊 66 人次)，会诊人次约 200 例。

三、教学工作

【职前教育】

1960 年，上海第二医学院组建祖国医学教研组，顾瑶荪、刘德傅任副主任，开始承担上海第二医学院本科教学任务。1961 年，撤销原直属祖国医学教研组，各附属医院分别成立祖国医学教研组，魏指薪任广慈医院祖国医学教研组主任，顾瑶荪、刘德傅为教研组副主任。1974 年，带教第一批越南留学生，并完成上海第二医学院、瑞金医院卫校以及上海中医学院学生的多批次实习任务。1977 年开始承担卫校的针灸理论课以及临床实习任务。1980 年始，承担本科教学与临床实习任务。与此同时，针灸科承担卫校教学及一位研究生的临床带教。

1983 年起，针灸科开展国际交流生的带教等。1985 年，针灸科与法国巴黎第五大学建立校际关系，开设针灸教学课程，由陈大中主讲。1990 年，中医内科、推拿科开始接收国内外进修生学习。针灸科与上海中医药大学国际针灸学院形成合作关系，接收国际康复班学生到医院进修实习。

【参编教材】

针灸科参与上海第二医学院的教材编写和制作，1983 年，完成针灸教学录像。1998 年，编写上海第二医学院中医教材、中医针灸教学大纲和教学辅助教材，2002 年，重新修订中医针灸教学大纲。2004 年，完成针灸教学 DVD 的制作；2006 年，重新修订 DVD 内容。2006 年，参编上海第二医学院主编的中医学教材。

【职后教育】

1960 年，举办西学中培训班，共计 14 期。另举办中医基础理论扫盲班以及针灸学习班等。1961 年始，进入各西医科室开展教学任务。“文化大革命”期间正常的教学工作受到破坏。1972—1975 年，中医培训班培养了 3 批工农兵学员，开办医学试点班，解决中医专业后继乏人的问题。1979 年，开始承担上海第二医学院中医教研组举办的中医师资培训班及中医经典著作班的教学任务。

2000 年起，完成上海市中医针灸“希望之星”两年培养工作。选送一名博士研究生至上海第二医科大学挂职锻炼，并赴云南等地支援。同时还承担上海第二医科大学及瑞金医院国际交流和高护中心对外交流及留学生教学工作。

2002年,夏翔作为指导老师,完成上海市中西医结合人才班的带教工作。张守杰作为指导老师,完成上海市中医紧缺人才班的带教工作。2009年,举办"上海中医药学会中医脑病分会"继续教育学习班。

【研究生教育】

1987年,经国务院学位委员会批准,医院中医科成为上海第二医科大学中医学硕士学位授予点,刘德傅为中医科首位硕士生导师,1988年招收首位硕士研究生。2008年12月,沈小珩被遴选为上海中医药大学博士生导师。至2010年,共有硕士生导师3人,博士生导师1人。

【上海市夏翔名老中医工作室】

2004年底,上海市卫生局批准组建上海市夏翔名老中医工作室,医院将其列为重点建设项目,成立领导小组。截至2010年工作室做了如下工作:1. 建立门诊日志。2. 继承人搜集手稿、批注、医案等真迹,完成导师医案、医话200余份,整理完成反映名老中医学术思想和临床经验的论文共计12篇,专病专方9种。录制夏翔专家门诊的就诊影音影像、文字资料。建立计算机问诊模板,与上海市计算机名老中医病案数据资料平台衔接,完成208例病例数据录入。3. 编写出版相关专著6本:2006年出版《上海市名老中医学术经验集》《名医薪传》;2009年,出版《跟名师做临床》《近代名老中医经验集》《草庐医案荟萃》;2010年,出版《杏林秋实发春华——上海市中医药传承学术经验荟萃》。4. 完成上海市科委重点课题——"名老中医夏翔学术思想传承研究"(负责人:沈小珩),纂写3份报告,出版2本专著;2007年,该课题获首届上海市中医药学会科技一等奖。5. 培养人才:上海市老中医药专家学术经验继承高级研修班毕业学员1人(博士研究生)。上海高级西学中研修班结业学员2人、上海中医药大学硕士研究生1人。带教上海市第四届名老中医经验继承班学员。

四、科研工作

【科研成果】

1982年,针灸科陈大中与电子仪器室合作,共同研制"瑞金Ⅰ型""瑞金Ⅱ型"导气仪,该仪器用于白细胞疾病及胃肠系统疾病的治疗。1982年,针灸科研究探讨导气疗法治疗慢性腹泻的临床观察及其机制。1981—2010年,中医科获得省部级以上科研奖项11项。其中1991年,单氏小儿推拿法总结及研究获首届中国青年科技成果博览会金奖。

【学术任职】

夏翔曾任中国中医药学会理事,中国中医药学会内科分会副主任委员,中国中医药学会老年病分会副主任委员。1995年,获"上海市名中医"称号。1999年起,被遴选为全国老中医药专家学术经验继承班导师。

沈小珩任中医药学会全国中医老年病分会委员,中华医学会上海中西医结合学会肿瘤专业委员会委员。

傅莉萍任中华医学会全国针灸学会委员,中华医学会上海针灸学会常务理事。许建中任中华医学会上海中西医结合学会前列腺专业委员会副主任委员、中华医学会中西医结合儿科委员会委员。郭元彪任中国医师学会中西医结合肿瘤分会专家委员会委员。

五、其他

1979—2009年，共有7位医生先后10次在摩洛哥默罕莫迪亚市、梅克内斯市承担援外医疗任务。1981年2月，针灸科沈荣宝为风湿性关节炎急性发作的摩洛哥国王行艾灸疗法，并配合推拿手法治疗，一次而愈。

2008年1月，沈小珩获国家中医药管理局授予的“全国优秀中医临床人才”称号。

第十一节　呼吸科

一、发展沿革

1951年以前，肺科疾病和肺结核并未单独收治。1952年春，医院设立内科五病区(肺部疾病重点病区)及结核病区，位于老11舍底层，总病床数60张，拥有独立的肺科门诊(每周六个半天)，以及肺结核急诊观察床位。1956年，内五病区与结核病区合并成立肺科，成为独立的科室，除教学上属于内科教研组外，医疗和科研工作均独立运行，床位为38张，门、急诊1 000人次左右/月，并有急诊观察床8张，配备病房、门诊、急诊、肺功能室、细菌实验室、防痨流动摄影车、喷雾治疗室等。1960年，肺科迁入老9舍。1967年，肺科迁入老36舍。1976年，成立重症抢救室，设有6张重症监护床，为急危重病人提供24小时医疗。1985年，建立呼吸衰竭抢救治疗室。1992年，成立肺科重症监护病房(RICU)，以及氧疗康复中心和睡眠实验室。1994年，中华医学会批准成立RICU培训中心。2001年，肺科成立睡眠呼吸疾病诊疗中心以及专病门诊。2002年，老36舍拆迁，肺科病房再次迁入老9舍。2004年，感染科呼吸科病房楼(新36号楼)落成，肺科位于新36号楼6至9楼，并更名为呼吸科。同年，瑞金医院感染性疾病和呼吸性疾病研究所成立，位于该大楼的10楼，分为呼吸分子实验室、病毒与细菌实验室以及重肝实验室，第一任所长为邓伟吾。是年，RICU及睡眠中心规模进一步扩大，RICU拥有10张常规床位和2张负压病床，睡眠中心有8张床。同年，呼吸科建立慢性阻塞性气道疾病诊治和免疫治疗中心。2005年，呼吸科成为卫生部住院医师规范化培训基地。2008年，呼吸科成为国家教育部重点学科。2009年，上海交通大学慢性气道疾病诊疗中心成立，开设控烟专病门诊。截至2010年，呼吸科拥有110张床位，其中含有急诊留观床位10张，年门急诊量达11万余人次，外地病人约占25%～30%，疑难危重疾病的收治率达40%左右，拥有4个国家级基地(卫生部内镜培训、临床药理、住院医师规范化培训和国家临床药师培训)，5个诊疗中心(上海交通大学慢性气道疾病诊疗中心、睡眠监测、疑难胸腔疾病会诊、胸腔疾病介入诊疗、呼吸重症病)及6个专病门诊。

1952年春，结核病区由胡曾吉主持日常工作。1956年，由孙桐年任科主任，胡曾吉任副主任。当时共有教授、主任医师2人，副主任医师4人，主治医师3人，住院医师5人。至2010年，科室共有专业技术人员101人，其中医师28人，护士71人，技术人员2人；医师中具有博士学位9人，主任医师和副主任医师15人。

表 2-1-30　1951—2010 年医院呼吸科历任主任、副主任情况表

任职年份	主任/负责人	任职年份	副主任
1951—1956	胡曾吉	1956—1967	胡曾吉
1956—1967	孙桐年	1978—1984	邓伟吾
1967—1977	隋兆英(召集人)	1984—1997	黄绍光/张玮
1978—1984	孙桐年	1997—2005	万欢英
1984—1997	邓伟吾	2000—	李　敏
1997—2005	黄绍光	2008—	时国朝
2005—	万欢英		

二、医疗工作

【医疗特色】

胸腔疑难疾病会诊　1958 年，孙桐年兼任放射科第二主任，在胸部 X 线读片和支气管碘油造影方面积累大量影像资料，在胸部 X 线读片诊断方面形成特色，并在此基础上进一步开展 X 线与组织病理学相结合的多种诊断手段，形成科室医疗特色。1959 年起，由肺科和放射科孙桐年(孙桐年当时兼任两科的科主任)、胸外科宋祥明、病理科陈志让及仁济医院胸外科王一山联合建立了每周一次的疑难病例读片会诊制度，每周三上午由副高以上职称的医生组成专家团队为 10～15 名病人进行读片会诊，该制度坚持超过 50 年，成为医院多学科会诊的雏形，至 2010 年，疑难病例读片会诊的专家团队仍由呼吸科、胸外科、放射科等组成。

结核病　自 20 世纪 50 年代起，广慈医院防痨办公室每年通过防痨流动摄影车为 4 万～5 万工人作防痨拍片检查。通过人工气胸及气腹、电化疗法、热化疗法、液化疗法等方法使结核空洞较早关闭、痰转阴加快，大大提高疗效。1960 年起，因肺科细菌实验室成立，肺科自主开展结核菌的检测、培养及耐药菌检测，血药浓度测定和未分类分枝菌控制检测等工作。此后，邓伟吾、杨家裕在细菌实验室内进一步开展结核菌检测工作，反复进行痰涂片及沉淀法检测结核菌，搜集了各种分枝杆菌标本，包括人型、牛型、鸟型、溃疡型、胃分支型等，并进行了初步的结核药物耐药性测定。20 世纪 60 年代以后，上海市很多综合性三级医院陆续退出结核病诊疗工作，而瑞金医院肺科仍然坚持这方面工作。进入 2000 年以后，瑞金医院成为上海综合性三级医院中仅有的两家结核病定点医院之一。2006 年，呼吸科成立结核专病门诊。

胸腔介入技术和肺部肿瘤治疗　胸腔介入技术在早期用于诊治结核病，后来逐步用于肺癌的临床诊治。1953 年，孙桐年在国内率先开展硬质支气管镜技术，同时开展支气管镜碘油造影检查。1969 年，开展肺癌脱落细胞检查，淋巴细胞转化试验检查，免疫核糖核酸制备以及激光治疗肺癌的动物实验。1976 年，将可弯曲气管镜应用于临床。20 世纪 80 年代末至 90 年代初，肺科先后开展氩激光对支气管癌的诊断系统、支气管动脉造影及动脉内肿瘤化疗项目。1998 年，肺科完成首例纤维支气管镜下取异物术，并相继开展内科胸腔镜检查、纤维支气管镜下球囊扩张术、热凝解除气道狭窄以及静脉麻醉下的气管镜检查。2010 年，纤维支气管镜下 Y 形支架置入术获得成功。

慢性气道疾病　慢性阻塞性肺疾病(COPD)和支气管哮喘是呼吸道的常见病和多发病,也是呼吸科临床工作重点。20世纪70年代起,肺科参加华东区防治四病(肺心病)协作组工作。20世纪80年代起开展纤维支气管镜诊治(包括激光纤维支气管镜诊治)、肺活检诊断、肺灌注和扫描(与同位素室合作)等各项诊断治疗技术。进入20世纪90年代,上海市哮喘之家成立。邓伟吾、黄绍光将国际先进理念引入上海地区开始进行的哮喘防治管理和病人教育工作,受到国际哮喘防治组织(GINA)的认可,邓伟吾任GINA顾问。1993年,黄绍光在国内率先应用保护性肺通气策略救治危重型哮喘病人。1998年,建立瑞金医院哮喘大会诊,由肺科、儿科、五官科、皮肤科、中医科共同参与。2004年,肺科设立慢性气道疾病专病门诊(哮喘专病门诊),并开展皮肤点刺和特异性免疫治疗(SIT),哮喘专病门诊开展哮喘的个体化和规范化治疗,成为瑞金医院首批特色专病门诊之一。2009年,上海交通大学慢性气道疾病诊疗中心成立,主要提供慢性气道疾病的个体化和规范化治疗,以及开展烟草相关呼吸疾病的防控工作。2010年,呼出气一氧化氮测定技术的开展,为慢性气道疾病诊断提供良好手段。

呼吸重症监护室建设/呼吸及危重症诊治　肺科是瑞金医院最早开展重症监护管理的科室之一,并以呼吸机治疗及气道管理为主要特色。1976年,肺科率先成立重症抢救室,为现今RICU的前身。1985年,在全国范围内率先建立呼吸衰竭抢救治疗室,成功救治重症哮喘、呼吸衰竭以及成人呼吸窘迫综合征等危重病例,同步开展了肺动脉灌注治疗支气管癌、慢性阻塞性肺气肿的雾化吸入治疗,应用国产KTH呼吸机抢救重症病人,并成功救治两位在大陆旅游期间发生呼吸衰竭的台湾友人。1986年,肺科实施医院首例经气管镜气管插管,同时开展内源性PEEP测定。1986年底,肺科与上海第六医疗器械厂合作开展纤支镜内外闭式取痰行细菌培养,以防口咽部寄生菌污染,并开展纤支镜清醒状态下气管内插管,用于抢救呼吸衰竭。20世纪90年代初期,成立RICU、氧疗康复中心和睡眠实验室,积极开展电子纤维支气管检查及危重症床边气管镜检查,抢救多名呼吸衰竭、哮喘持续状态、大咯血等危重病人。1993年,肺科在国内率先应用"保护性肺低通气"策略对危重型哮喘进行救治的同时,逐步将无创呼吸机应用于临床治疗。1994年,RICU建立培训中心,专门培养重症医学人才。1995年,应用BICORE测定呼吸动力学参数,指导机械通气及撤机,并对重症病人应用保护性毛刷进行病原学检测。1998年,黄绍光首次报道睡眠呼吸暂停综合征合并急性呼吸衰竭的救治经验,为呼吸睡眠和重症医学领域提供了新的思路。同期,肺科积极参与全院呼吸危重病人的会诊并协助其他学科建立ICU。肺科开展早期低压气囊插管人工呼吸治疗等工作,并作为呼吸器管理小组主要负责科室,指导临床呼吸器的应用。2001年,肺科与美国伟康公司合作成立睡眠呼吸疾病诊疗中心,并成立睡眠呼吸障碍专病门诊。2002年创立睡易网(www.sleepeasy.com)。

【公共卫生事件】

1954年淮河水灾,朱德慧赴淮南参加灾后援建医疗队。1976年唐山大地震后,黄绍光、沈凤妹参加抗震救灾医疗队,投身于灾后大量伤员的救治工作。1971—1979年期间,朱德慧、张玮、周惠英、万欢英先后参与皖南绩溪县瑞金后方医院的援建工作。2003年,非典型肺炎(SARS)暴发,肺科全体医护人员参与防治工作,邓伟吾任上海市SARS专家组副组长,黄绍光任上海市SARS会诊专家,指导上海地区SARS防控工作,并多次获得集体和个人荣誉。2008年,瞿洪平积极参与汶川地震灾后医疗救援工作。2010年,上海地区甲型流感(H1N1/H1N5)大面积流行,呼吸科医师分别任上海市、卢湾区及瑞金医院专家组成员,积极参与甲流病人甄别和抢救,其

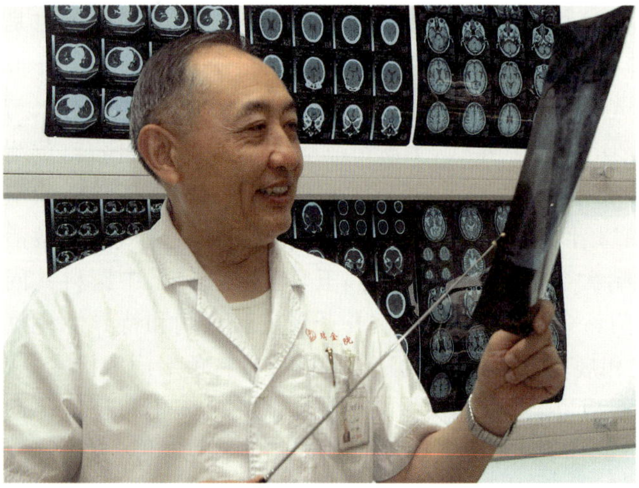

图 2-1-13　呼吸科邓伟吾在查房

中，黄绍光和杨昆参与上海市第一例重症H1N1甲流病人的救治。同年，RICU作为全院重症H1N1甲流病人主要收治病区，负压病房收治15例重症甲流病人。2010年，呼吸科参与救治"11·15"上海胶州路火灾伤员4名，并参与其他科室火灾伤员的会诊。

【对口医疗援建工作】

1996—2000年，万欢英、胡家安积极响应党中央开发西部边疆的号召，先后赴西部和边疆开展医疗工作。2010年，蔡敏作为世界博览会志愿者参与定点医疗支援。同年，周剑平作为第二批援滇医疗队队员参与云南怒江州人民医院医疗帮扶工作。

三、教学工作

20世纪60年代初期，为适应教学任务需要，内科教研组改为内科医、教、研组，下设呼吸科医、教、研组，孙桐年任内科教研组副主任。黄绍光(1983—1985年)、万欢英(2000年)先后被派送至国外进行培养学习，回国后均在科内主持工作。呼吸科注重医学教学质量，中青年医师及RICU护士均能掌握各型人工呼吸器的临床应用、管理及保养。多名医师撰写的论文被选送参加全国中、青年医师优秀论文交流会。2008年，呼吸科成为国家教育部重点学科。2009年，呼吸科成为卫生部内镜(纤维支气管镜)医师培训基地、卫生部临床药师培训基地。

【本科教育】

20世纪50年代起，肺科承担上海第二医学院医疗系本科理论课程。1978年，肺科教学小组分担内科呼吸系统和诊断学部分教学任务，包括医学系中文班、留学生班、英文班理论课和见习实习、医学系三部和宝钢医院大专班等教学任务。80年代，肺科编撰呼吸病英文讲义，见习期间予以英语授课，并要求实习生用英语书写临床病例；同时，由孙桐年亲自负责，针对科内医师，开展每周一次的英语教学。另一方面，肺科长期承担留学生的教学任务。1989年起，针对实习生带教，肺科除了安排门诊实习外，还开展每周两次的实习小讲课；教学查房时由实习同学汇报分析病史，提出治疗方案，并将出科考形式改为结合病区常见病例的分析讨论形式。1996年，在"211"工程预审期间，肺科教学资料、档案获得好评，诊断学见习带教作为内科系统见习带教示范得到专家组认可，教学质量在全国名列前茅。截至2010年，呼吸科一直承担着交大医学院的诊断学、内科学教学工作，包括中文班、英文班、检验系、夜大以及高护校大专班。

【研究生教育】

1978年，全国恢复硕士研究生招生，孙桐年成为肺科首位硕士研究生导师；1996年，邓伟吾成为肺科首位博士研究生导师。20多年来，呼吸科共培养硕士、博士研究生近70人，其中博士研究生占 1/3，硕士研究生占 2/3。截至 2010 年，呼吸科共有博士研究生导师 3 人，硕士研究生导师 5 人。

【职后教育】

20 世纪 70 年代后期起，肺科开设呼吸系统疾病进修班并面向全国招收进修医师，进修班分为一年期学习班和短期学习班。截至 2010 年，共举行 40 期全国呼吸系统疾病进修班，培养进修医师约 1 200 名，这些进修医师多数已成为当地呼吸专业的学术骨干，部分已成为科室负责人甚至院领导。

1990 年起，肺科先后共举行七届全国继续教育培训班“机械通气与监护”，为提高中国医疗界机械通气技术水平做出了贡献。1996 年，肺科申报国家级继续教育项目“呼吸危重症及监护继续教育学习班”。2006 年起，增开“慢性气道疾病继续教育学习班”和“睡眠呼吸障碍继续教育学习班”。2007 年，呼吸科召开全国首届“危重呼吸病急救护理系列学习班”。近千名来自全国各地的医护人员先后接受了继续教育。

呼吸科分别于 2004 年、2007 年及 2010 年先后三次举办了瑞金呼吸疾病国际论坛。

2010 年，呼吸科成为首批上海市住院医师规范化培训基地，当年培训住院医师 30 余人。

四、科研工作

【科研特色】

呼吸生理和睡眠呼吸障碍　1956 年，肺科成立肺功能室，由杨家裕负责，建立包括肺活量、用力呼气肺活量、最大通气量和第一秒时间肺活量的测定，主要用于气管阻塞性疾病的诊断。1980 年，朱德慧捐赠电动肺功能仪，为病人进行流量容积曲线记录，为慢性气道疾病的鉴别提供诊断依据。1985 年，黄绍光赴加拿大进修呼吸生理两年回国后，在邓伟吾、孙济治（耳鼻喉科主任）支持下与复旦大学物理系合作，应用国内自行研发的质谱仪进行中枢通气反应性、呼吸暂停床边检测、夜间睡眠多导生理记录的测定，开始睡眠相关疾病的临床诊治研究。1987 年，黄绍光就流量-容积曲线在阻塞性睡眠呼吸障碍中的应用在呼吸病学术会议上进行了小组交流。1987 年，肺科承担并开展多项上海市科研项目，包括“质谱仪的研制与临床应用”“经皮氧监测仪”。1988 年，肺科承担国家自然科学基金项目“睡眠呼吸障碍和中枢呼吸调节”。1992 年，肺科建立氧疗康复中心和睡眠实验室。1996 年，黄绍光获得卫生部科研基金资助，最早开始国内睡眠呼吸暂停综合征合并糖尿病的流行病学调查。同年，李敏首次归纳国人应用 CPAP 治疗睡眠呼吸障碍的经验公式。2003 年，由肺科牵头，联合上海中山医院、长海医院、第九人民医院、第六人民医院开展国内首次睡眠呼吸暂停低通气综合征的流行病学调查。同年，肺科承担的“阻塞性及中枢性睡眠呼吸障碍基础与临床研究”科研项目成果获上海市科技进步奖二等奖和首届上海市医学科技奖进步奖二等奖。2004 年，肺功能室与睡眠中心规模扩大。2005 年，呼吸科参与开展全国睡眠呼吸障碍合并高血压的流行病学调查，并开展睡眠呼吸障碍合并心血管损伤的临床研究。2007 年，呼吸科参与睡眠呼吸暂停心血管终点事件（SAVE）全球研究。2008 年，呼吸科自行设计制造了慢性间歇低氧动物实验箱，并对睡眠呼吸暂停综合征合并心血管损伤的临床指标和相关机制进行研究。2010 年起，阻塞性睡眠呼吸暂停低通气综合征（OSAHS）相关基础研究获得多项国家自然科学基金项目。

慢性气道疾病 1990年，呼吸科开展“新型抗哮喘药物 Salmeterol 的临床疗效观察”“夜间哮喘状态的生命参数研究”“8C－5型呼吸机的临床应用观察”等科学研究。同年，邓伟吾发表有关雾化吸入支气管扩张剂在哮喘治疗中作用的研究成果，该成果于1990年5月在美国波士顿举行的世界肺健康大会(World Conference on Lung Health)上进行大会论文交流。1992年，肺科组织参加全国第五届肺功能学术交流会、华东哮喘学术交流会议和全国第一届哮喘学术会议，郭雪君的论文《Salmeterol 对哮喘病人黏液纤毛清除工作的作用》在全国第一届哮喘学术会议上作大会报告。1992年12月，邓伟吾作为上海市医学会呼吸病学分会主任委员，组建“上海市哮喘之家”。1993年，邓伟吾作为中华医学会呼吸病学分会副主任委员，参加编写《支气管哮喘的定义、诊断、严重度分级及疗效判断标准》，并在《中华结核和呼吸杂志》上发表。1996年，肺科作为中国首批试验中心参与第一个全球性哮喘研究(START研究)，该研究结果证实吸入糖皮质激素在哮喘治疗中具有重要地位。1998年，肺科关于“危重型哮喘血 CO_2 适度增高性通气治疗和呼吸动力监测研究”研究成果获上海市科技进步奖三等奖。2000年，肺科参与慢性阻塞性肺疾病(COPD)领域具有里程碑意义的国际多中心临床研究 TORCH 研究，并完成多项科研基金项目，包括国家青年自然科学基金“HLA－DR 多态性及 TCRv 基因表达与哮喘的关系”，上海市科委课题“支气管哮喘急性发作后的长期规范化治疗”“COPD 发病的分子生物学机制”等。2002—2004年，黄绍光和万欢英参与钟南山领衔的国家“十五”攻关课题“中国 COPD 流行病学调查和社区干预治疗的研究”，获得国人40岁以上 COPD 的发病率为8.2%的数据，为此后的研究打下良好基础。2008年，万欢英等获得国家“十一五”科技支撑课题“COPD 预警指标体系研究与预警模型开发”。2010年起，COPD 和哮喘相关基础研究获得多项国家自然科学基金项目。

其他科研工作 20世纪50年代，孙桐年发表2篇临床论文《几种类型肺结核支气管造影形态观察》《肺结核、左肺上叶肺不张的X线与支气管形态》；20世纪60年代初期，发表《肺结核不同用药方式的疗效观察》*The Clinical Course and Therapy Results in 185 Cases of Tuberculoma*，*The Results of Different Methods of Chemotherapy in the Treatment of Pulmonary Tuberculosis* 等多篇临床论文。1983年，肺科实验室与激光室合作进行血卟啉激光纤支镜的相关研究，被列入上海市重大科研项目。同年，肺科完成全国协作课题“肺炎球菌分型”的临床总结工作。1985年，肺科与激光室、复旦大学合作开展金蒸气激光-光动力治疗肺癌的探索。1988年，肺科参与第23届欧洲呼吸临床病理生理学会学术会议，第二届亚太地区激光会议，同年氩激光对支气管癌的诊断系统通过上海市高教局鉴定。2001年，黄绍光、时国朝参与全国肺栓塞协作组工作，搜集上海地区肺栓塞的临床资料。

【科研成果】

自1987年至2010年，呼吸科共获得国家级课题10项，局级以上课题25项，发表 SCI 论文60余篇。获得市级以上科技进步奖6项。主编各类专业出版物13本。

【学术任职】

20世纪90年代初期，邓伟吾任上海市医学会肺科学会主任委员和中华医学会呼吸病分会副主任委员，黄绍光任上海市医学会肺科学会主任委员，万欢英任上海市医学会肺科学会副主任委员。

表 2-1-31 1987—2010 年医院呼吸科获国家级科研课题情况表

年 份	项目类型	项目名称
1988	国家自然科学基金	睡眠呼吸障碍和中枢呼吸调节
2000	国家自然科学基金	HLA-DR 多态性及 TCRv 基因表达与哮喘的关系
2001	科技部"十五"攻关项目	肺栓塞规范化诊治方法的研究
2007	科技部"十一五"科技支撑计划	提高肺栓塞诊治水平的研究
	国家"863"攻关项目	常见重症肺部细菌感染的病原学和耐药基因芯片的开发
2008	国家"十一五"科技支撑项目	慢性阻塞性肺疾病预警指标体系研究与预警模型开发
2009	国家科技重大专项	复发性结核病治疗的研究
2010	国家自然科学基金	ACE2-Ang(1-7)-MAS 轴在非小细胞肺癌侵袭转移中的作用及分子机制
	国家自然科学基金	雌激素/TRX/Txnip 通路抗慢性间歇低氧血管损伤的机制研究

五、其他

2003 年，邓伟吾被评为瑞金医院终身教授。

2003 年，肺科荣获上海市先进集体，邓伟吾荣获全国先进个人称号，黄绍光、万欢英和高蓓莉分别荣获上海市先进个人称号。邓伟吾获得上海市优秀共产党员标兵；黄绍光荣获上海市防治非典模范工作者；高蓓莉荣获上海市卫生系统抗击非典先进个人、上海市三八红旗手称号。

第十二节 高 血 压 科

一、发展沿革

1958 年 10 月，上海市高血压研究所(以下简称"高研所")成立。同年 11 月底，迁入 11 号楼(目前 9 号楼)，拥有 10 张病床。1960 年，高研所成立临床组，沈家麒任临床组主任，主要开展高血压中西医结合临床研究，床位增加至 44 张(其中，科研 40 张、医疗 4 张)。1971 年，床位数缩减为 25 张。1981 年，床位数又恢复至 44 张。1982 年，在高研所临床组的基础上，医院成立高血压科。1995 年，高血压科搬迁至 6 号楼 6 楼，床位缩减至 24 张。1998 年，高血压科搬迁至 9 号楼 3 楼，床位增加到 42 张。2005 年，高血压科搬迁至 33 号楼 1 楼，床位再次减少，为 29 张。

1982 年，高研所副所长沈家麒兼任科主任，此后研究所与科室负责人分别任命。直至 2002 年起，高研所所长朱鼎良兼任高血压科科主任，所、科恢复一体化管理。截至 2010 年底，高血压科有医务人员 23 人，其中主任医师 1 人，副主任医师 4 人，主治医师 6 人，住院医师 2 人。博士生导师 1 人，硕士生导师 3 人。

1996 年，高血压科与心脏内科联合获得上海市教委重点学科。2007 年，高血压科再次与心脏内科联合获得教育部重点学科。

表 2-1-32　1982—2010 年医院高血压科历任主任、副主任情况表

任职年份	主　任	任职年份	副主任
1982—1984	沈家麒	1982—1984	王孝铭
1984—1987	王孝铭(代)	1991—1995	郭冀珍
1988—1990	王孝铭	1993—1998	金翠燕
1991—1995	王宪衍	1997—2009	陈绍行
1995—2002	郭冀珍	2000—	初少莉
2002—2008	朱鼎良		
2008—	高平进		

二、医疗工作

【基本情况】

高血压临床组成立后，除开展门诊与病房工作外，还参与其他临床科室的一些高血压急症和亚急症病人的抢救工作，例如脑出血、脑梗死、急性心肌梗死、急性肾功能不全、主动脉夹层等。从 20 世纪 50 年代到 80 年代，病房医疗工作以收治急性脑卒中病人为主；20 世纪 80 年代起，临床工作重点逐渐转向原发性高血压诊治、继发性高血压的筛查、难治性高血压的诊治和高血压病人血压管理及血管功能评估等。1982 年以来，即开设 24 小时的二线班，负责全院高血压急会诊，并派医生参加内科急诊工作。2005 年起，科室在原发性高血压诊治工作的基础上，进一步规范继发性高血压、难治性高血压的筛查及诊治流程，建立临床资料库。2010 年，参与编制中国医师协会高血压专业委员会《高血压临床技术操作规范》。

表 2-1-33　1982—2010 年部分年份医院高血压科门诊、住院人数统计表

年　份	门诊病人数	住院病人数
1982	28 839	172
1995	33 830	248
1997	36 132	316
1998	45 294	434
1999	56 612	552
2000	72 115	780
2002	61 018	873
2003	95 474	900
2004	93 566	1 077
2005	98 273	955
2006	78 907	731

（续表）

年　份	门诊病人数	住院病人数
2007(1—9 月)	101 977	960
2008(1—9 月)	10.2 万	940
2009	16.8 万	1 030
2010	19.5 万	1 062

【医疗特色】

首创小剂量固定复方降压制剂　20 世纪 60 年代初，内科主任邝安堃就借鉴中医药辨证论治的思路和“轻可去实”的观点，提出了小剂量、多种降压药联合应用的“小复方”构想。60 年代至 70 年代，先后研制成功“复方降压片”“复方罗布麻片”“常药降压片”“珍菊降压片”等一系列中西药联合复方降压制剂。（详见高研所记述）。

气功防治高血压和脑卒中　20 世纪 60 年代初，邝安堃亲自去上海市气功研究所学习，肯定气功锻炼确能降低血压、巩固稳压效果和有效预防脑卒中发生；其中“气功预防高血压性脑卒中 204 例、20 年随访对照观察及有关机理初步探讨”获 1986 年国家中医药重大科技成果乙类奖。（详见高研所记述）。

外周血管疾病介入治疗　1983 年，与心脏内科合作，开展肾动脉造影，并开展分侧肾动脉肾素测定，完善肾血管性高血压诊治流程。2010 年起，开展外周血管疾病诊断和治疗，开展对肾动脉狭窄、锁骨上动脉狭窄、下肢动脉狭窄的介入治疗。

诊断高血压相关少见病　1986 年，郭冀珍报道罕见的肾素瘤。1989 年，郭冀珍在 *Journal of Hypertension* 杂志上发表有关 15 例恶性嗜铬细胞瘤诊断与治疗的英文论文，这是高血压科的第一篇英文论文。1994 年，王宪衍等报道国内首例 Gordon 综合征。2001 年，朱鼎良、高平进等较早在国内开展 Liddle 综合征、Ⅱa 型多发性内分泌瘤和 Fabry 病的基因诊断。

原发性醛固酮增多症继发性高血压筛查和诊治　2006 年，开展分侧肾上腺静脉取血（AVS）检测醛固酮，判断有无优势分泌侧并定位，可对原发性醛固酮增多症病人手术效果和预后进行评估，完善了原发性醛固酮增多症的筛查诊治流程，建立了筛查原发性醛固酮增多症的醛固酮/肾素比值，规范了原发性醛固酮增多症的筛查、确诊、定性定位的诊断标准，当年度科内住院病人中，原发性醛固酮增多症检出率从 5.6%提高到 12%以上。在有手术意愿完成 AVS 定位的病人中，约有 36%采用了外科手术治疗，手术后的治愈率和改善率分别达到 44%和 51%。

无创性颅内动脉狭窄筛查　2005 年，对 700 多例无脑卒中史的住院高血压病人进行头颅计算机断层显像血管造影（CTA）检查，检测颅内、颅外血管病变。发现 20%～30%住院高血压病人存在颅内动脉狭窄。在此基础上，2009 年，朱鼎良牵头开展全国大规模颅内外血管病变与缺血性脑卒中关系的多中心前瞻性队列研究（INCREASE）。

睡眠呼吸暂停综合征研究　2007 年，高血压科对难治性高血压、隐匿性高血压、晨起高血压，或血压节律呈“非杓形”或“反杓形”的高血压病人进行睡眠呼吸监测，监测原发性高血压伴阻塞性睡眠呼吸暂停低通气综合征病人靶器官损害，并进行随访。

难治性高血压诊治　2010 年，开设难治性高血压专病门诊，由专人对难治性高血压病人开展继发性原因筛查、危险因素控制、药物调整、家庭血压监测和网络传输等工作。由于就诊人数较多，该专病门诊次数从初期的每周半天，增加到每周2个半天。通过筛查出真正的难治性高血压病人，开展肾神经射频消融等手术治疗。

【临床资料库的建立和完善】

从2004年开始，科室组织把每一个高血压科出院病人的临床资料输入电脑数据库。2008年起，科室与计算机中心合作在电子病例中插入数据库输入内容，逐渐完善临床数据库的电子输入导出管理等工作，为进一步开展各项临床研究打下基础。

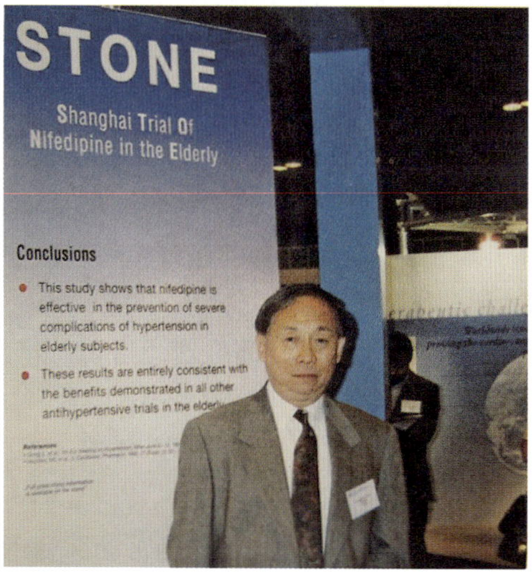

Original article 1237

Shanghai trial of nifedipine in the elderly (STONE)

Lansheng Gong, Weizhong Zhang, Yijun Zhu, Junren Zhu*, 11 collaborating centres in the Shanghai area, Dewen Kong†, Véronique Pagé†, Parviz Ghadirian†, Jacques LeLorier† and Pavel Hamet†

Objective To assess the effectiveness of nifedipine treatment in elderly hypertensives.

Methods A single-blind trial was conducted under the direction of the Shanghai Institute of Hypertension in 1632 subjects aged 60–79 years alternatively allocated to either nifedipine or placebo after a 4-week placebo run-in period between 1987 and 1990 with a mean follow-up of 30 months. Clinical events and risk modification were analysed in collaboration with the University of Montréal. Seventy-four patients with severe hypertension were reallocated to active nifedipine treatment after placebo run-in.

Results Cox's proportional hazards model accounting for covariates demonstrated a highly significant decrease in the probability of events: 'original treatment assignment' analysis indicated that 77 events occurred in the placebo and 32 in the nifedipine group. Similar significances were achieved with 'actual treatment' or 'changes excluded' (excluding reallocated subjects) analyses. A significant reduction in relative risk was observed for strokes and severe arrhythmia with an overall decrease from 1.0 to 0.41 (95% confidence interval 0.27–0.61).

Conclusion Nifedipine treatment diminished the number of severe clinical outcomes in elderly hypertensives significantly.

Journal of Hypertension 1996, 14:1237–1245

Keywords: hypertension, elderly, nifedipine, placebo-controlled trial, stroke

From the Shanghai Institute of Hypertension, Rui Jin Hospital of Shanghai, Shanghai Second Medical University, Shanghai, People's Republic of China, the *Zhong Shan Hospital, Shanghai Medical University, Shanghai, People's Republic of China, and the †Centre de Recherche Hôtel-Dieu de Montréal, Université de Montréal, Montreal, Québec, Canada.

Sponsorship: The main study was performed with a grant from the Ministry of Health of the People's Republic of China. Global analysis was performed with a grant from Bayer Canada.

Requests for reprints to Pavel Hamet, Laboratory of Molecular Pathophysiology, Centre de Recherche de l'Hôtel-Dieu de Montreal, 3850 St Urbain Street, Montreal, Quebec, Canada H2W 1T8.

Received 13 June 1996 Accepted 16 July 1996

© Rapid Science Publishers ISSN 0263-6352

Introduction

Hypertension in the elderly remains an important clinical and socio-economic problem that is treated inadequately [1]. It has been demonstrated that, even in this population, hypertension is a risk factor for strokes, congestive heart failure, myocardial infarction and sudden death [1–4]. Several recent trials have shown that death can be effectively prevented with β-blockers and diuretics, as summarized by the National High Blood Pressure Education Program Working Group [1], which established that 1 000 000 heart attacks and 500 000 heart attack deaths occur annually in the USA with 500 000 strokes and 150 000 stroke deaths. This report, an update of the 1985 Working Group Report on Hypertension in the Elderly, was clearly aimed at physicians in order to emphasize the need for treatment of hypertension in aged subjects. Although all classes of antihypertensive therapies available at present are effective in blood pressure reduction, the report emphasized that only diuretics or diuretics combined with β-blockers have been used in large controlled trials documenting decreased cardiovascular morbidity and mortality. A significant reduction in number of events was observed in the European Working Party on High Blood Pressure in the Elderly (EWPHE) trial [5,6], the Systolic Hypertension in the Elderly Program (SHEP) [7], the Swedish Trial in Old Patients with Hypertension (STOP-Hypertension) [8] and the Medical Research Council (MRC) trial [9]. However, all of these showed a significant incidence of unwanted side effects.

Calcium antagonists are among the agents used a lot in elderly subjects [3,10–12] since they are well tolerated [13] and effective, but there is a lack of data demonstrating their efficacy in decreasing the incidence of severe events in long-term clinical trials. The present study was designed as a single-blind controlled trial of nifedipine versus placebo with alternate allocation and prospective follow-up of 36 months (30 ± 5 months) in a large cohort of patients in the Shanghai area, performed between 1987 and 1990. The primary hypothesis tested in this trial, established prior to its initiation, was whether there is a difference between nifedipine and placebo in the number of cardiovascular events among patients receiving either of these treatments. A study protocol was established in 1985, distributed and discussed by 11 participating centres. It was written by Dr L. Gong and Dr W. Zhang. In 1986, the protocol was submitted for approval to the Minister of Health of the People's Republic of China. The study

图2-1-14 1995年高研所龚兰生开展大规模临床试验STONE（上：龚兰生在意大利报告研究结果；下：*Journal of Hypertension*杂志刊登STONE研究报告）

【临床药理基地工作】

1983年10月26日，经卫生部批准，高血压科成为第一批卫生部指定、全国抗高血压药物临床药理试验基地和组长单位。1985年，和上海医药工业研究院合作开展药代动力学Ⅰ期临床试验（硝苯地平缓释片、地尔硫卓缓释片、尼群地平片等），参与多种降压药物的Ⅱ期、Ⅲ期临床试验（苯磺酸氨氯地平、氯沙坦、吲哒帕胺缓释片、替米沙坦、多沙唑嗪缓释片等合资药品及卡维地洛、缬沙坦、左旋氨氯地平等国产降压药物），围绕新药开展了各种降压药的心脑肾血管保护作用的临床及实验室研究。

20世纪90年代，龚兰生在上海地区开展上海老年硝苯地平降压治疗临床试验研究（STONE），对老年高血压病人进行随机、单盲、安慰剂对照多中心研究。这是国内较早的大样本长期降压治疗临床试验。1995年7月，龚兰生在意大利米兰举行的第7届欧洲高血压会议上报告该项研究成果，国外同行对此的评价是：“这是继利尿剂、β受体阻滞剂之后，全球范围内首次报道采用钙拮抗剂显著降低高血压并发症的大规模临床试验，对高血压治疗策略具有重要意义。”该研究证明使用钙拮抗剂硝苯地平，不但能达到降压的效果，而且还能使脑卒中的发生率降低57%，特别是心脑血管并发症的危险因素——左心室肥厚的逆转率可达68%，研究结果发表在1996年*Journal of Hypertension*杂志上，为高血压治疗预防卒中提供临床依据，推动国内降压治疗临床试验研究的开展。

1991年起，科室又参加多项大规模国际多中心临床试验研究，包括脑卒中后降压治疗临床试验（PATS），预防高血压脑卒中后再发国际多中心研究

(PROGRESS),缬沙坦抗高血压长期应用评价研究(VALUE),以及高血压合并糖尿病国际多中心合作研究(ADVANCE STUDY)等。2004 年起设立专职护士,经过药物临床试验质量管理规范(GCP)培训,配合临床医生完成了尼群地平的Ⅰ期临床研究工作。

【电子血压计验证】

2004 年起,按照英国电子血压计国际认证标准(BHS)/欧洲高血压协会(ESH)/美国医疗仪器促进协会(AAMI)标准,开展电子血压计的临床验证工作。至 2010 年,完成电子血压计验证项目 6 项。

【高血压健康教育及社区高血压管理】

1994 年,配合高研所在上海市普陀区建立 10 万人群防治基地,成立高血压防治中心,开展高血压普查、健康宣教、生活方式干预等。

1998 年 10 月,“瑞金医院高血压健康教育中心”成立。对门诊和住院高血压病人进行健康教育的同时,还开展社区高血压病人健康教育。2004 年 10 月,“中国健康教育协会高血压健康教育(上海)中心”在医院成立,郭冀珍任中心主任。中心组织开设高血压健康教育大课堂;组织演讲比赛、学术交流、知识竞赛以及医患互动的小品比赛;对全市 19 个区(县)基层医生进行培训;开展基层医生远程教育;组织长三角地区高血压健康教育行动等。

2001 年,郭冀珍、王崇行获卫生部疾病控制司授予的“高血压健康教育卓越贡献奖”。2005 年,“瑞金医院高血压健康教育中心”获卫生部“中国健康知识传播激励计划”健康知识传播一等奖。同年,由郭冀珍参与编写的科普系列丛书《控制高血压　享受美好人生》获国家科学技术进步奖二等奖。

2005 年,朱鼎良等下社区做试点、探索慢病管理模式。在原卢湾区淮海、半淞园,普陀区白玉、石泉、甘泉、长寿等社区开展以健康管理专员为主导的社区高血压管理模式。在普陀社区,管理前后高血压的治疗率从 66.7%提高到 73.6%,高血压控制率从 41.3%提高到 61.8%,分别增加了 6.9%和 20.5%。与基线调查时相比,1 级高血压病人减少 22.8%,2 级高血压病人减少 4.3%,3 级高血压病人减少 0.3%。在重新评估的心血管危险因素分层状况中,低危病人人数增加 0.2%,中危病人人数减 0.6%,高危病人人数增加 1.2%,极高危病人人数减少 0.8%。吸烟者、超重者、缺少运动者分别减少 0.8%、0.4%、2.0%,血脂异常者减少 4.9%。

2010 年,“中国健康促进与教育协会高血压健康教育(上海)中心”获全国健康促进与教育示范基地称号。

三、教学工作

2007 年起,每年平均有 6 位来自全国各地二、三级医院的进修医师到高血压科进行为期 3 至 6 个月的进修,帮助兄弟医院成立高血压专科或专业组。

高血压科自 1982 年成立以来,一直参与心血管内科《高血压》章节的教学工作。多次组织国家级继续教育学习班,包括 2002—2004 年《临床高血压进展》学习班,2006—2009 年“东方高血压学术会议”和 2010 年“高血压临床新进展、新技术”学习班,每期学习班参加人数 30～50 人。2006 年,高血压科护理组成功申办了上海市级学习班“高血压护理新进展”,参加人数 50 余人。

四、科研工作

1985—2010 年，高血压科以高研所为依托，结合临床开展科研工作，共获得国家自然基金 2 项，获得上海市科技进步奖 4 项，发表中英文论著 100 多篇，主编学术出版物 6 本。

王宪衍曾任中国高血压联盟副秘书长；朱鼎良曾任中国高血压联盟第四届理事会、中国医师协会高血压专业委员会第一届委员会副主任委员；郭冀珍曾任中国医师协会高血压专业委员会第一届委员会副主任委员；王继光曾任中国医师协会高血压分会第一届委员会常务委员兼副总干事；高平进曾任中国医师协会高血压专业委员会第一届委员会副主任委员、中国高血压教育与管理计划专家委员会副主任委员、中国医药教育协会专家委员会高血压专业委员会副主任委员、中国高血压联盟第四届理事会常务理事。其余 28 人次任国内外主要学术团体重要职务。

表 2-1-34　1992—2010 年医院高血压科获国家级科研项目情况表

年　份	项目来源	课　题　名　称	第一负责人
1992—1994	国家自然科学基金	降压药转换酶抑制剂对肾脏保护作用及其机理的探讨	郭冀珍
2009—	国家自然科学基金	平滑肌肌球蛋白重链突变在大动脉硬化中的作用	朱理敏

五、其他

1998 年，赵光胜被评为瑞金医院终身教授。

1999 年，高血压科获上海市示范病区一等奖。2006 年，郭冀珍获全国卫生进社区——“相约健康社区行”活动中获得卫生部颁布的特殊贡献奖和上海市医务职工“双十佳”(热心社区健康教育的好大夫)。

第十三节　急　诊　科

一、发展沿革

自 1907 年医院建院起，便有临床急诊业务，但尚未形成科室建制。1949 年之前，医院的急诊设在当时的 4 舍底层；之后随着急诊病人日益增多，迁至 3 舍后面的一排平房，并沿路搭建一排简易房屋，面积约 1 500 平方米，但仍不能满足急诊的需要。为了适应急诊业务的发展，1953 年 11 月，成立急诊室。1954 年，急诊室迁至当时的 6 舍底层。1955 年，迁至当时的 1 舍。1958 年，急诊室设有 7 张观察床位用于需要留院观察的重症病人(其中内科 4 张，肺科 3 张)。1962 年增加为 13 张，1966 年为 20 张。1966—1969 年，医院将 4 舍底层、6 舍底层及室外简易房、棚均改作急诊用房。1973 年，随着观察床位数量增长，急诊室分为诊察室和观察室两个功能区域。“文化大革命”后期，急诊室在原有基础上先后扩建 3 次、改造 2 次。1983 年，对重新改造的急诊观察室进行流程再造并改善相关的设施。

1985 年 4 月，急诊核心小组成立。1985 年 6 月 7 日，急诊科成立，隶属门诊部管理，下设办公室。急诊观察床位增加至 65 张。1986 年 5 月，6 舍底层用于行政办公，急诊室迁回沿瑞金二路的一排简易房。1986 年 12 月，急诊科建立急诊重症监护室(EICU)，设置 3 张床位。1987 年 3 月，急诊监护病房的床位数增加至 6 张，其中 3 张为康复床位。1990 年，6 张床全部改为监护床位。1991 年，医院开始筹建急诊医技楼(部分为医技科室用房)。1993 年 1 月建成并投入使用，急诊用房占用两层楼面，底层用于多科诊疗、抢救，二层用于观察一病区、观察二病区和急诊重症监护室。1993 年 11 月，正式设立并命名急诊办公室。2003 年 4 月急诊再次进行改扩建，搭建临时用房。2003 年 11 月，改扩建后的急诊楼投入使用，实现抢救和 EICU 一体化管理模式，EICU 床位增加至 12 张，观察一病区主要收治外科系统需留观病人，以及呼吸科和神经内科留观病人等；观察二病区主要收治内科系统需留观病人，两个观察病区实行病房化管理，以确保医疗质量与安全。2006 年 12 月，急诊医技楼在原址上再次改扩建，临床整体工作均搬迁至老门诊楼内开展。2008 年 10 月，急诊大楼所有改扩建工程圆满完成，总面积达 10 210 平方米，区域重新划分，布局合理，各项功能齐全，分别设有各专科急诊诊室、儿科急诊区域、急诊抢救室、临时留观室、急诊补液室，急诊检验、放射、心电图、B 超、CT 和急诊手术室，以及急症内科病房和急诊监护病房；同时设有上海医疗急救中心瑞金分站，为各种危急重病人的一体化救治提供了迅速而通畅的绿色通道。同年 11 月，改扩建后的全新急诊医技楼正式启用，急诊在未停诊的情况下整体从老门诊搬迁回新大楼内。2009 年 10 月，在 4 楼设立急诊创伤外科病房，设 36 张床位。2010 年 3 月，正式启用直升机救护专用停机坪(位于新门诊大楼 24 楼楼顶)。至此，瑞金医院初步建立了快捷、高效、合理的全方位的急诊急救体系。至 2010 年底，急诊医技楼 1 楼急诊抢救室内共设 8 张抢救床位及 2 间负压复苏室，急诊补液室输液座位 100 张，2 楼急诊临时观察室床位 70 张(内科 32 张，神经内科 9 张，肺科 10 张，普外科 9 张，其他科室综合床位 10 张)，3 楼 EICU 设置多功能监护床位 18 张，内科急症病房床位 35 张。

1985 年 4 月，蒋健任急诊科副主任(主持工作)，配有专职医师 5 名。以后史以珏、陆一鸣等相继任急诊科主任，人员编制逐步扩大。至 2010 年，瑞金医院急诊科已拥有急诊医学(含创伤外科)专科医生 41 人和护士 165 人，其中主任医师 3 人，副主任医师 10 人，主治医师 16 人，住院医师 12 人；33 人具有硕士以上学位。

表 2-1-35　1985—2010 年医院急诊科历任主任、副主任情况表

任职年份	主　任	任职年份	副主任
1993—1997	史以珏	1985—1988	蒋　健
1997—	陆一鸣	1988—1993	史以珏
		1993—1997	陆一鸣
		1995—2005	喻中城
		2002—2010	陈尔真
		2005—	童建菁

二、医疗工作

【医疗制度】

1953 年 11 月，医院医教室发布《广慈医院急诊室工作规则》。1956 年 7 月，发布《急诊室工作制度》。1985 年，建立“急诊科工作制度”“科缘疾病处理方案”。1989 年 12 月，建立护送病人制度，规定重病人住院，概由医生、护士护送，以保证病人安全。1994 年 8 月，急诊大厅设立导医制度，方便指导病人分流就医。1998 年 11 月，急诊挂号开始使用计算机操作。2002 年，制订《临床各科急诊 24 小时收治入院标准》《急诊各部门考核标准》《瑞金医院急救绿色通道运作办法》《突发事件院内急诊救护管理办法》《突发性食物中毒医疗救护应急预案》，与卢湾交警合作建立“上海市交通事故快速抢救机制”绿色通道，编写《瑞金医院急诊工作规章制度》，实现急诊室和病房 PACS 系统的联网和使用。2005 年，设立 24 小时急诊行政值班制，以维护急诊的诊疗工作和就诊环境；急诊专科医师常驻急诊临时观察室；实行临时留观病人登记制度；实行急诊病人 X 线摄片、CT、B 超优先制度，减少急诊病人等待；急诊病房步入一日清阶段。2006 年，修改急诊大批伤员紧急预案、充实完善工勤队伍（蓝帽子服务队），服务病人。2008 年，制订 EICU 各种规章制度，包括：《EICU 输液泵、推泵管理制度》《EICU 质量监控制度》《EICU 文件书写质量管理制度》，完善《健康宣教本》《专科疾病护理常规》《EICU 管理制度》，并采用表格式护理记录单进行医疗文书的记录。

【基本情况】

1907 年建院初期，急诊仅设内、外两科，白天由内、外科门诊医师兼看急诊，夜间则由内、外科值班医师兼看急诊。1953 年 11 月，医院正式设立急诊室，设置专职内科、外科、儿科急诊值班医生，并实行三班制，同时各科派驻高年资医师进行定期轮换值班。1960 年，添置心电图设备。20 世纪 80 年代初，急诊神经科从急诊内科脱离，单独派专科医生出诊。1987 年 3 月，开设体外反搏室，治疗心肌缺血、心肌梗死、缺血性脑卒中，至 2005 年关闭。1988 年，成立无创心功能测定室，能够在器质性病变发生之前检测出心功能异常，从而达到预防心血管不良突发事件的目的。2000 年 9 月，高压氧舱归属急诊科管理，主要用于有毒气体中毒的救治。2004 年 4 月，开设特色伤科急诊。2005 年 4 月，成立外宾急诊，由急诊行政值班负责接待。

急诊抢救室　自 1953 年急诊室成立起便设有抢救室，由急诊各科医师分管各自专业的病人。2001 年，实行内科主班负责抢救室，护士三班制。2005 年加强急救通道的管理，增设急救专用电话（669999）。2009 年起，主要抢救各种生命体征不稳定的急症，如急性心肌梗死、急性呼吸衰竭、急性心力衰竭、上消化道大出血、失血性休克、感染性休克、急性中毒、多发伤等，由具有副主任医师资格的急诊专科医生负责，带领下级医生完成各项急救，每个医生都具备熟练操作急救技术，能独立处理常见急危重症。仅 2010 年，全年抢救 37 915 人次，抢救成功率达 94%。

急诊观察室　1956 年 7 月，医院规定需要住院进一步治疗的急诊病人，因暂无床位，可于观察室先行治疗。1964 年，共有 1 989 人次接受观察。1973 年起，将急诊室正式分为诊察室和观察室两个功能区域。观察室入住病种多以内科疾病为主，且多不稳定，需要密切观察。1992 年，为加强急诊病人分流，急诊科设置上门静脉注射及外科换药等服务（2002 年后，该项工作交由社区医院继续实施）。1993 年 8 月，观察室引入住院管理模式。2005 年，实行临时留观病人登记制度，由急诊科负责一楼大厅临时观察室的查房工作。2009 年，急诊临时观察室开始运作电脑床位管理程序，通过此系统的后台管理、查询及数据统计功能，临观信息一目了然，便于合理规范急诊流程，改善临观病人爆满滞留的情况。至 2010 年，全年急诊观察室收治人次已上升至 4 379 人次。

急诊重症监护室　建立后主要收治多脏器功能衰竭、有较多夹杂症、涉及多学科的急危重症、中毒和多发伤的病人，如急性重症胰腺炎、急性呼吸衰竭、急性心力衰竭、急性肾功能衰竭、多脏器功能衰竭、消化道大出血失血性休克、感染性休克、脑出血、多发伤、急性中毒等。严格开展三级查房制度，每月至少一次疑难病例讨论，对入院15天诊断不明确的，随时组织相关科室医生进行会诊。1986年12月16日，成功抢救一位心脏骤停十多次及反复发作阿斯综合征的病人，这案例成为当时ICU教学的示范病例。1987年，医疗设施不断完善，备有心肺复苏机、电动呼吸器、心电图机及超声波诊断仪等一系列医疗仪器。2002年，开展床边血液净化。2003年，急诊大楼改建后，增加6张康复床位。2005年，采用封闭式管理模式以减少交叉感染。2005年，EICU缩短家属探视时间至每天1小时。2006年，实行医护集体大交班；加强院内感染的环节管理，设立"一床一听诊器"；开展新技术，包括PICC及胃造瘘术；同年8月，组织全科护士进行能级病房培训、考核、竞聘，详细制订能级护士岗位和工作范畴。2008年，重点开展肠内营养治疗。2009年，开展CT引导下的三腔喂养管置入术、CT引导下腹腔穿刺术、亚低温技术、PICC监测。2010年，改良护理用具(新型气管切开固定带、新型气管插管固定带)。

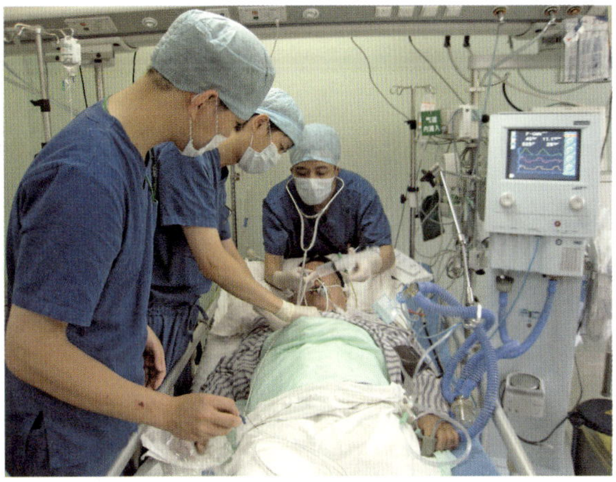
图2-1-15　2009年，EICU抢救重危病人

【公共卫生事件处置】

1988年1月，上海甲型肝炎大爆发，医院立刻成立"肝炎领导小组"。急诊科派出护士许宏芳参与临时肝炎病房(全脱产)筹建，派出医生朱铭、护士金建青和黄如妍支援甲肝病人的诊治及护理工作，并暂时将EICU改为临时隔离病房运作。2003年，重症急性呼吸综合征(SARS)爆发，急诊科将儿科急诊改为发热诊室。同年4月20日，开辟SARS专用急诊诊疗区；5月3日，陈尔真亲自护送一名SARS重症病人转运至上海市传染病总院接受进一步治疗。2009年，从年初的禽流感到年中的甲型(H1N1)流感，发热门急诊始终承担了大量的传染病诊疗工作，克服人手紧张、工作量骤增等困难，严格按照规范，全力保障24小时运作。

2008年5月12日，汶川发生8.0级特大地震，造成重大伤亡。5月16日，急诊科护士陈敏参加团市委组建的抗震救灾医疗队，赴四川德阳地区参加抗震救灾。5月18日，陈尔真作为上海市卫生局抗震救灾医疗队成员赴四川德阳执行医疗救护任务。5月21日，急诊开设"抗震救灾爱心病房"。5月26日，第一批19名地震伤员到达爱心病房，28日第二批8名伤员到达，急诊科承担了汶川地震伤员到院后紧急处理并安全转运至病房的任务。

【医疗数据】

1954年，急诊总人次仅为31 009；1984年，已达194 694人次。2010年就诊人数递增至269 320人次，其中救治救护车运送的危重病人达6 500余人次；年抢救危急重病人3.8万人次，成功率达94%。急症内科病房年收治病人1 200余名，急诊创伤外科年手术1 000人，EICU年收治急危重及多发伤病人600余人。

表 2-1-36　1987—2010 年医院急诊科参与抢救部分重大事故情况表

日　期	事　件
1987 年 8 月 4 日	109 路公交车翻车事故，抢救成功 27 人
1987 年	上海工业锅炉厂爆炸事故，3 人重伤，经抢救 2 人脱险，1 人死亡
1987 年 10 月	东风饭店、锦江饭店食物中毒，数十名病人经抢救全部治愈出院
1991 年 7 月 18 日	上钢三厂操作工人污水中毒，5 名中毒病人被送至急诊科，得到及时抢救
1991 年 9 月 3 日	某建筑工程队遇煤气管漏气，4 名煤气中毒病人全部救治成功
1991 年 9 月	市建四公司两起共 8 人高空坠楼事件，急诊科全力救治
1991 年 10 月	居民因施工而造成集体煤气中毒，13 名病人得到紧急治疗和安排
1991 年 11 月	因买股票拥挤而造成不同程度挤压伤 7 名病人得到顺利救治
1991 年底	天气骤冷，路石结冰，急诊伤骨科一下子爆满，最多一天达 135 人次，在医院协调下，急诊科派出工务员分批运输伤病员拍片，按病情的轻重缓急，使病人都得到治疗
1992 年 4 月 7 日	上钢三厂发生煤气中毒事件，25 名病人入院急诊，其中 3 名病人入院时已死亡，8 名已陷入昏迷，经急诊、高压氧舱、内科等医务人员密切配合，经过三天三夜抢救和治疗，所有病人均获得成功救治
1994 年 2 月 6 日	急诊科抢救 33 名因公交车失控撞断煤气管引起的煤气中毒事件，其中有武警 16 人
1994 年 7 月	鸡毛菜中毒事件，最多一天收治 25 名病人
1994 年 7 月 27 日	西藏中路房屋倒塌，2 名老太送院急诊
1995 年	西藏中路简易房倒塌，成功抢救 4 名复合伤民工
1996 年	救治 5 名康定路煤气爆炸伤员
1997 年 9 月 10 日	上钢三厂送来 6 名急性有毒气体中毒病人，其中 1 人到医院时心跳呼吸已停止，后通过心肺复苏抢救成功脱险
1997 年 10 月	成功抢救 3 名江南造船厂二甲苯中毒工人
1999 年 8 月 2 日	打浦桥香港避风港餐厅发生职工食物中毒事件，共 23 名病人送急诊，经抢救治疗，均安全出院
2004 年 4 月 3 日	救治嘉定公路重大车祸的 7 名伤员
2005 年 4 月 29 日	黄浦区中山南路江南造船厂旧工房发生火灾，成功救治 8 名伤员。
2006 年 6 月 30 日	938 路公交车事故，24 名伤员在同一时间到急诊
2006 年 8 月 31 日	宝庆路“千秋膳房”集体食物中毒，5 名病人送急诊治疗
2006 年 10 月 14 日	“二百永新”脚手架倒塌，6 名重伤病人送急诊抢救
2007 年	抢救包括沪杭高速公路车祸、火锅店食物中毒、煤气中毒三起重大突发事件，总人数达 36 人
2010 年 11 月 15 日	上海市静安区“11·15”火灾事故，急诊科负责收治抢救 15 名伤员，保持“零死亡”纪录

三、教学工作

1995 年，上海第二医科大学瑞金临床医学院急诊医学教研组成立，蒋健和陆一鸣分别任教研室正、副主任，教学师资以急诊科中青年骨干医师为主。1997 年，陆一鸣任教研组主任，惠小平任副主任。

【学历教育】

1990 年 9 月，国家教委批准瑞金医院急诊科为急诊医学硕士研究生招生点，蒋健、史以珏获硕士研究生导师资格。1992 年，招收第一名急诊医学研究生。1995 年起，开始为医学生讲授“急诊医学”的选修课，组织医学生到急诊科见实习，并编写《急诊医学》教材。至 2010 年，急诊教研室承担医疗系英文班、法文班、中文班和夜大学以及检验系、诊断学、医学营养系、高级护理系等多个教学任务。

【职后教育】

1962 年起，急诊室坚持每两周一次的业务学习，由医师或护士轮流准备，结合急诊室的具体情况进行学习，例如内科急腹痛的鉴别、急救药物应用、心脏按压、气管切开等。1986 年，总结归纳了长期积累的急救经验和步骤，并制定抢救程序图，为后续医护人员学习提供帮助。1999 年，急诊科完成上海市全科医师急诊医学培训大纲和教材编写、培训和普及教育。2001 年，获得日本国家无偿援助(JICA 项目)急救监护设备和器材近 20 万美元，完成卫生部院前急救培训中心临床实训基地建设，并成为上海市急救护士实训基地。2010 年，急诊科成为上海市急诊医学住院医师、专科医师培训基地和组长单位，负责制订和指导上海 15 家医院急诊基地的遴选、培训细则、考试考核(包括补考)题目及方案。

【学习班】

1986 年 10 月，全国首届急诊医学学术交流会在瑞金医院召开，会议期间，举办全国急诊医学学习班，编印急诊医学教材。1988—1989 年，参加上海第二医科大学举办的全市急救医学学习班(共两届)和上海医学会举办的全国心肺脑复苏师资培训班授课。1993 年 10 月，举办“危重病医学学习班”。1999 年，完成国家级继续教育项目“急诊医学”(连续 2 期)、国家级继续教育学习班“急诊医学新进展”“急性中毒防治新进展”(连续 6 期)。2004 年，举办了“危重病急救与临床护理新概念”学习班。2004 年 5 月 27 日，成立上海市第一家急诊医学沙龙，成为在上海从事急诊和危重病救治工作的学术交流平台。2005 年，联合美国 HOPE 基金会、洛杉矶国际急救医学中心成功举办“急诊高级生命支持”培训班。2006 年 5 月，举办“急诊监护室新护士重症监护培训班”。2009 年 2 月，开设第一届上海—鹿特丹 Erasmus 急救创伤医疗培训课程(国家级继续教育课程)。

【对外交流】

1994 年 6 月，法国斯特拉斯堡医学院一行 4 人来到瑞金医院急诊科进行为期两周的学术交流与指导。此后，瑞金医院急诊科的医生、护士也陆续前往斯特拉斯堡医学院 ICU 进修，每批时长一年。至 2010 年，急诊科共有 10 名医生在法国接受急诊医学专业和 ICU 专业的专科培训，17 人至法国、荷兰、美国、日本和以色列等国短期进修学习。接受100多名法国、荷兰、德国、奥地利等国和港台地区的医学生和住院医师前来学习进修与交流。

【心肺复苏培训】

2005年起，急诊科对医院的数百名医护人员以及医院所在的社区医生进行心肺复苏培训，此后，逐步推广到对社会各机构大量非医护人员进行徒手心肺复苏培训，取得良好的社会反响和社会效益。2000年，陆一鸣受卫生部委派作为中方专家参加美国心脏协会（AHA）心肺复苏国际标准指南的制订，自2000年、2005年、2010年，连续三次参加并被指定为向全球发布指南中文版的审稿人。2008年8月，瑞金医院与中国医师协会和AHA合作成立“瑞金医院—美国心脏协会心血管急救授权培训中心”。培训教材采用全球统一教材，由持有AHA的急救医学专业背景的医护人员作为师资，按全球统一标准进行考核，学员培训合格后在AHA登记备案，发放全球统一认可的证书。从2008年10月开始至2010年12月，颁发证书230余份。培训对象除医护人员外，还包括相关行业工作人员和普通社会公众等。其中，2009年组织开展的“迎世博、各级人员急救技能培训”活动，在上海乃至全国产生很大的影响。

四、科研工作

2008年起，建立急性中毒流行病学数据库，收集现时期急性中毒人群的年龄、职业特征、毒物种类、中毒途径、原因及病死率等流行病学特征，为指导临床快速救治和预防控制提供依据。至2010年，共入库中毒病例142例。自1985年起，急诊科获得市级、局级课题共5项。1998年1月，史以珏的课题项目“脑缺血监测、机理、早期诊断的实验和临床研究及应用推广”获得国家教育委员会科学技术进步奖三等奖。1999年，陆一鸣获得“上海一百名跨世纪优秀学科带头人培养计划”项目资助。2008年，陆一鸣被评为上海市公共卫生医学优秀学科带头人和上海市公共卫生重点学科急诊医学科的学科带头人，获培养科研经费合计75万元。至2010年12月，科室共发表论文60篇，SCI收录4篇。1988年，出版《心肺脑复苏》《急诊医学原理和实践》及心肺复苏录像带等著作用作教学参考。1995年，科室成员参与编写大型专业书籍《现代急诊医学》。1999年起，编写出版专著10本，其中2008年《急诊医学》被纳入“十一五”规划教材。2007—2010年，发表教学论文2篇。

【学术任职】

蒋健任中华医学会急诊学会筹委会秘书长、中华医学会急诊医学会常务委员（1985年）、上海市医学会急诊学分会主任委员（1987年），中华医学会急诊学会常委兼学术组副组长及全国心肺脑复苏专题组副组长（1987年5月），全国急诊医学专家组7人成员之一（1989年）。

陆一鸣曾任上海市医学会急诊医学专科学会主任委员（2006年—）。

五、其他

1993年7月，鲁慧琴获得上海市十佳护士称号。1995年，急诊科获得上海市三八红旗集体。2002年4月3日，陆一鸣被授予由法国总统希拉克亲自签署的法国国家功勋骑士勋章，还获得“全国卫生系统青年岗位能手”称号。

第十四节　神 经 内 科

一、发展沿革

1963年以前，医院未设神经内、外科，学生的神经病学教学需到仁济医院学习。1963年3月，徐德隆从新华医院调入医院后开创神经科，神经外科从外科分离并入神经科。20世纪70年代初，神经科分为神经内科和神经外科两个专业组，业务相对独立。1988年，神经外科单独建科，神经科更名为神经内科，病房仍设在一起。1991年，神经外科病房迁出，两科完全分开。

1963年，神经科病房设在26舍3楼(现33号楼)，共20张床位。1971年，建立脑电图室。20世纪70年代初，病房扩大到40张床位。1981年，结束急诊神经科会诊制，单独设立神经科急诊(包括神经内科和神经外科)，由神经科专科医生坐诊，同时在急诊室备观察床10张。1991年底，神经科病房搬迁到2号楼3楼，床位45张。

1963年3月建科时，只有徐德隆、张天锡(神经外科)、汪道新(神经外科)等6人，形成神经科最早的医师团队。至2010年，神经内科共有医师23人，其中主任医师和副主任医师6人，具有博士学位12人，具有硕士学位10人，护士20人。

2006年，神经内科成为教育部"十一五""211"重点建设学科，2007年成为上海市教委重点学科、教育部国家重点(培育)学科。

表2-1-37　1963—2010年医院神经内科历任主任、副主任情况表

任职年份	主　任	任职年份	副主任
1978—1984	徐德隆	1963—1978	徐德隆
1984—1988	张天锡	1966—1978	赵　瑜
1988—1995	余慧贞	1978—1981	汪道新
1995—1997	胡大萌	1978—1988	余慧贞
1997—	陈生弟	1981—1983	张天锡
		1988—1992	陈俊宁
		1988—1995	胡大萌
		1993—1997	陈生弟
		1999—2008	宋永建
		1997—	刘建荣
		2008—	肖　勤　乐卫东

二、医疗工作

【基本情况】

20世纪60年代，神经科着重开展帕金森病和运动障碍疾病的诊断和治疗、癫痫的诊断和治疗。

1971年，开展脑电图和肌电图检查。20世纪70年代后期开展散发性脑炎治疗。20世纪80年代初，徐德隆在国内首先发现猫抓脑病。1986年，卫国华与上海第二医科大学生物医学工程系合作，成功研制脑电地形图仪并用于临床。1994年，开展动态脑电图检查。1994年，开展诱发电位的检测；同年开展一系列生物标记物的检测，如谷胱甘肽(GSH)、谷胱甘肽过氧化物酶(CSH－PX)、超氧化物歧化酶(SOD)、丙二醛(MDA)等，用于神经系统疾病氧化应激水平的评估。2006年，在上海地区进行多发性硬化的流行病学调查，首次获得多发性硬化在中国人群中的患病率为1.39人/10万，与其他亚洲国家相近，填补多发性硬化流行病学在国内的空白。

【医疗特色】

帕金森病(PD)及运动障碍疾病 1963年，在国内较早应用铜螯合剂二巯基丁二酸钠治疗肝豆状核变性。1978年，成立全国锥体外系疾病协作组，徐德隆为主要成员之一，参与帕金森病的临床新药试验，将单胺氧化酶B型抑制剂以及培高利特应用于帕金森病的治疗。同年开设帕金森病专病门诊，并与华山医院合作开展国产多巴丝肼的临床疗效观察。1997年成立帕金森病诊疗与研究中心。2006年和2009年，陈生弟先后主持制订或修订《中国帕金森病治疗指南》《原发性震颤的诊断和治疗指南》《帕金森病痴呆的诊断与治疗指南》《中国帕金森病抑郁、焦虑及精神病学障碍的诊断及治疗指南》《帕金森病脑深部电刺激治疗专家共识》等，首次提出符合中国人特点的PD药物治疗和手术治疗策略。2008年，成立帕金森病友俱乐部，定期举办医患交流会和科普讲座，并创办帕金森病科普杂志，创立系统化、综合化、个体化帕金森病诊疗体系。自2008年起，推行帕金森病多学科综合诊治的模式，成立神经-影像-康复的多学科诊疗组，采用神经电生理、影像学等检查方式作为帕金森病早期筛查和鉴别诊断的方法，提高帕金森病临床诊断的敏感性和特异性。

阿尔茨海默病及记忆障碍疾病 1999年，成立上海阿尔茨海默病中心。2003年参与阿尔茨海默病治疗药物——美金刚的国际多中心药物临床试验。2004年，参与安理申治疗阿尔茨海默病的多中心开放性临床试验。2005年，与青浦疾病预防控制中心合作，进行60岁及以上老年人阿尔茨海默病及认知障碍的流行病学调查。2009年联合基层医院和疾控中心在黄浦区五里桥街道逐步推进上海社区人群轻度认知功能障碍/阿尔茨海默病一体化防治网络，专家定期走进社区，对每一位有轻度认知功能障碍者都登记入册，定期随访，针对每一病人施行系统化防治，同时也提高了基层医院的防治水平。

脑血管病 脑血管病作为神经内科的常见病，一直是临床上诊治的重点。1988年前，神经科医生能够参与颅内血管畸形和脑出血开颅等手术，在抢救室多次抢救气管切开的危重脑血管病病人获得成功。1997年开展了医院第一例脑梗死急性静脉溶栓治疗。2007年起，傅毅到卢湾医联体社区(淮海中路街道社区卫生服务中心、五里桥街道社区卫生服务中心、瑞金二路街道社区卫生服务中心和打浦桥街道社区卫生服务中心)多次与居民面对面科普宣教，讲授高血压合并脑卒中治疗及现场抢救。2008年，傅毅参与上海市卫生局课题研究项目，进行卢湾区社区万人调查脑梗死病人基本情况，开展社区脑梗死等慢性病的流调工作。2010年治疗重心转向静脉溶栓治疗。

肌病 从20世纪90年代末开始与法国合作建立肌病中心，进行肌肉病理的检测和基因诊断分析，借助国外的基因检测资源对面肩肱型肌营养不良(FSHD)和肌强直性肌病(MD)等肌病进行基因诊断以及家系遗传学分析，建立肌病病人临床资料库、结合神经电生理以及病理学诊断，给予遗传咨询。

【联合医疗】

1988年，建立陈家桥地段医院联合病房，开设病床30张，每周四由瑞金医院神经内科主任医师查房一次，每周六瑞金医院派出医师参加病房查房、值班一次。1996年，神经内科与远洋医院开展医疗合作，成立脑血管病房，设床位20张，每周由瑞金医院神经内科主任医师查房一次，不定期讲课，提高内科医生对神经科疾病的诊疗水平。1999年，在卢湾区中心医院组建神经内科病房，床位48张，陈生弟兼任科主任，宋永建任执行主任。2000年，与台州市中心医院神经内科开始医疗合作，定期派瑞金医院专家至台州市中心医院神经内科查房。2001年，开展与瑞东医院医疗合作；2004年，开展与金华市人民医院、温岭市第一人民医院、淮安市第三人民医院医疗合作；2007年，开展与阜宁县人民医院的医疗合作，每月派一名瑞金医院神经内科副主任医师至当地医院进行门诊、查房、教学及科研等方面的指导。这些联合病房和合作医院传播了瑞金医院神经内科的学术影响力，也缓解了瑞金医院神经内科病房住院压力。

【医疗制度】

1963年开始，神经科住院病人由科主任定期查房（每周三次），新病人入院后均由科主任查房，并提出诊治方案，必要时进行科内病案分析讨论，定期与放射科进行读片讨论会（每2周一次）。1964年值班制度作了调整，值班医师早晚查房二次。实行死亡病例讨论会（每月一次）。1986年重新确定神经科住院总医师制，为期一年。创科之初实行每周五上午疑难总查房制度，至1998年时间改为每周四上午，一直坚持至今。

图2-1-16 神经内科徐德隆诊治病人

【门急诊工作】

普通门诊 1963年，每周二下午巡回辅导住院医师翻门诊。后逐渐增加普通门诊应诊次数，至2010年已开设周一至周六全天普通门诊。

专病门诊 1980年，首先开设帕金森病和偏头痛专病门诊。20世纪90年代，开设肌病、痴呆、睡眠障碍、癫痫专病门诊。1999年6月，开设阿尔茨海默病及记忆障碍专病门诊。2004年，开设脑血管病专病门诊，由高年资脑血管病亚专业医师出诊。

专家门诊 1985年3月1日，开设专家门诊，由余慧贞、胡大萌及王增应诊。至2010年，周一至周六每天均设有专家门诊，同时开设了特需专家门诊、特约专家门诊。

急诊工作 1981年起根据医院规定，开设神经内科独立急诊，派一名主治医生承担日常急诊工作，主要诊治对象为脑卒中病人及其神经系统疾病病人。1983年开始设立重病观察室，实行24小时负责制。

【医疗数据】

1963年，一年收治住院病人约260人次。1991年，因神经内外科分科，神经内科收治病人数略有下降。20世纪90年代初，随着病房扩大，收治病人数也逐年提升，至2010年出院人次达1 831人次，门诊业务量也从1963年的3 198人次升至2010年的102 948人。1980年11月，神经内科急诊设立后，当年11—12月共诊治急诊病人441人次。从1986—2010年，年诊治人次逐渐上升，由5 763人上升至21 812人。

三、教学工作

【学历教育】

1963年，上海第二医学院医疗系一、二部精神神经病学教研室成立，周孝达（仁济医院）、徐德隆分别任教研室主任和副主任。1978年，上海第二医学院附属瑞金医院神经病学教研室成立，徐德隆任主任，汪道新任副主任。

表2-1-38　1963—2010年医院神经内科教研室历任主任、副主任情况表

教研室名称	任职年份	主任	副主任
精神神经病学教研室	1963—1966	周孝达	徐德隆
神经病学教研室	1978—1984	徐德隆	汪道新
	1984—1988	汪道新	余慧贞
	1988—1995	余慧贞	胡大萌　陈俊宁
	1995—1997	胡大萌	沈建康
	1997—	陈生弟	沈建康（1997—2005） 王　瑛（2005—2009） 傅　毅（2009—）

教研室承担医疗系英文班、法文班、中文班和夜大学以及检验系、诊断学教研室、医学营养系、高级护理系等多个系的教学任务。

1979年，成为神经病学硕士点，第一位硕士研究生导师为徐德隆。1996年，成为神经病学博士点，第一位博士研究生导师为陈生弟。2000年，成为神经病学博士后流动站。至2010年，科内拥有硕士研究生导师13人，博士研究生导师3人，招收硕士研究生67人、博士研究生56人和博士后5人。

【职后教育】

1978年，瑞金医院神经内科成为首批举办卫生部“全国神经科医师进修班”的单位，此后每年举办一届，为全国20多个省市培养神经内科专业人才达500余人。2006年，成为卫生部临床专科医师培训基地。

【教学成果】

1978年1月，史以珏、胡大萌与上海第一医学院华山医院等共同编写《实用神经病学》；2005年

2月，陈生弟主编五年制本科教材《神经病学》。

2008年，陈生弟获得上海市教育科学研究重点项目，《神经病学》入选上海交通大学年度院级精品课程。2009年，《神经病学》又入选上海市教委重点课程项目。2007—2010年，神经内科总共发表教学论文6篇。2010年教研室获上海交通大学教学成果二等奖。

【人才培养】

1991年和1993年，陈生弟两次被评为上海市高校优秀青年教师。2008年，王刚被评为上海交通大学晨星青年学者奖励计划优秀青年教师后备人才一等奖。2009年，陈生弟获全国宝钢教育奖优秀教师奖。

从2001—2010年，神经内科共选送青年骨干14人，分别赴美国、法国、澳大利亚、加拿大等发达国家学习深造，带回国外先进的科研技术和临床技能。2002年起，每年举办瑞金国际神经疾病学术会议（每次参会约150人），请国外知名教授参会做学术报告，开展合作交流。

四、科研工作

【平台建设】

1963年建科后，一直秉承科研工作立足解决临床问题的原则，建立神经电生理室和神经生化实验室。"文化大革命"期间科研平台建设一度有所停顿。

1980年，进一步加强神经电生理平台建设，开展医工交叉合作研究，完成上海医用电子厂新产品16线脑电图仪的试用和临床鉴定；1989年，完成上海市高教局课题"脑电地形图的研究和应用"；1991年，与浦江电表厂合作完成肢体瘫痪程度电脑检测仪改进型的生产。2000年12月，成立瑞金医院神经病学研究中心，陈生弟任主任、沈建康任副主任。2003年12月，成立上海第二医科大学神经病学研究所，陈生弟和乐卫东任所长，地点在瑞金医院35号楼4楼，采取科所共建模式。2006年年底，科室从美国斯坦福大学医学院神经科学系引进丁健青任神经病学研究所副所长，加强平台建设和科研能力。2007年，上海交通大学医学院神经病学研究所任职调整，陈生弟、乐卫东任所长，沈建康、丁健青、赵卫国任副所长。2007年，重点建设分子影像学研究平台和模式动物研究平台。2009年，购置共聚焦显微镜系统，科学研究平台日趋成熟。科研平台从1992年仅20多平方米的实验室，发展至2010年，包括上海交通大学医学院神经病学研究所、中国科学院上海生命科学研究院/上海交通大学医学院健康科学研究所神经变性疾病研究组在内的实验研究基地，占地面积合计近600平方米；拥有分子生化、细胞培养、分子影像、免疫病理、蛋白质组学、动物行为学等研究平台，以及果蝇动物房等。

【科研特色】

1963年，重点聚焦神经系统先天性代谢疾病的生化研究。1978年，确立帕金森病研究方向。1979年，开展脑炎及神经系统炎症疾病的免疫学研究。1981年，新增脑血管病研究方向。1993年，新增阿尔茨海默病研究方向。2008年，新增神经遗传病、神经免疫病、癫痫为研究方向。

帕金森病及运动障碍疾病　1981—1984年，应用与上海药物研究所合作研制的脯氨酸-亮氨酸-甘氨酸（PLG）三肽药物建立治疗帕金森病的动物实验模型，并进行临床疗效观察。1986—1990

年，在国内首先报道应用甲基苯基四氢吡啶（MPTP）建立帕金森病猴、猫和小鼠动物模型。1991年，帕金森病研究获首届中国青年科技博览会“新星奖”。20世纪90年代起，致力于PD发病机制和治疗的研究，在PD脑细胞移植及基因治疗方面取得进展；国际上首次利用免疫学方法成功研制出黑质多巴胺能神经元选择性损伤的PD动物模型，为后续研究提供新的动物模型。1990年，应用SPECT技术研究PD猴模型脑内多巴胺受体活性及局部脑血流和脑糖代谢，为PD早期诊断、疾病进展和药物疗效评价提供新模型和新方法。2007年，开展PD基因诊断，建立PD病人的临床资料和生物样本库。截至2010年，神经内科为中华医学会神经病学分会帕金森病及运动障碍学组组长单位，在帕金森病的研究领域发表SCI论著91篇。

阿尔茨海默病及记忆障碍疾病 2005年，发现神经免疫学证据表明AD的发病机制中炎性反应的进展与Aβ斑块的形成相关，研究白介素1β（IL-1β）调节神经胶质细胞瘤细胞U251中APP的机制。2007年，研究阿尔茨海默病核心病理标志物Aβ、tau蛋白异常积聚的分子机制，在国际上首次揭示PKC激动剂TPPB对APP代谢的影响，为治疗开辟新思路和新方法；在国内率先研究新型胆碱酯酶抑制剂（PMS777）对AD小鼠的治疗作用，开始多靶向配体治疗AD及相关认知障碍探索。2008年，率先对中国AD病人疾病经济负担进行研究，为后续制订干预策略奠定基础；对康奈尔痴呆抑郁量表及ZARIT照料者负担量表中文版进行信效度检测；系统研究适合中国人群使用的以神经心理学评估、神经影像学及神经生化为主的早期诊断平台和手段。2010年，探讨细胞自噬、凋亡机制在AD及相关认知障碍发病中的作用；研究了中药及某些新型化合物对AD及相关认知障碍的保护治疗作用，在国际上首次报道中药单体姜黄素、红景天甙治疗作用；研究了AD及相关认知障碍的高危因素及预防策略，率先采用回顾性分析，对中国老年人群中认知功能障碍患病率及相关危险因素进行研究，揭示饮食、性别的作用。截至2010年，在AD的研究领域共发表SCI论著17篇。

脑血管病 参与国家“七五”（脑卒中危险因素流行病学调查）、“八五”（缺血性脑卒中人群监测及机制研究）、“九五”（急性脑卒中早期康复治疗、缺血性脑卒中的溶栓治疗、缺血性中风规范化治疗）攻关项目的研究。1989年，完成上海市科委“脑血管病流行病学前瞻性研究”。1998年，与上海市多家医院神经内科合作，建立脑血管病病人的临床资料库和基因库。2006年，在国内首次报道β-纤维蛋白原（Fg）等位基因单倍型、肝脂酶（HL）基因启动子514C/T和250G/A、丝氨酸蛋白酶抑制蛋白3（SERPINA3）基因多态性与脑梗死（CI）的发生相关；MTHFR C677T和载脂蛋白E（ApoE）ε2-4与成人早发CI有明显的关联；血浆同型半胱氨酸（Hcy）、Fg和血栓素A2（TXA2）是CI的危险因素之一；进一步阐明CI的病因及发病机制。2007年，采用ABCD评分能够预测短暂性脑缺血发作（TIA）短期进展。

【科研成果】

学科建科以来至2010年，基础与临床研究方面取得一系列研究成果，神经变性疾病尤其是帕金森病成为在国内外颇具影响力的特色与优势，共获得国家、教育部、卫生部、中华医学、上海市及上海医学奖一、二、三等奖共28项；此外在阿尔茨海默病、脑血管病和多发性硬化分别获得了5项、2项和2项科技进步奖；主持或参与国家科技部“973”“863”“新药创制重大项目”“十二五”支撑计划，国家自然科学基金，教育部及上海市科研项目等各项基金共63项；在国外杂志发表SCI论文119篇；在国内建立一定的亚专业优势，科室多位学术骨干在全国以及上海市相关专业的学术团体任职。11人次入选市级以上人才项目。

表 2-1-39 1998—2010 年医院神经内科国家级科研获奖情况表

年 份	项 目	奖 项
1998	帕金森病的发病机制与治疗研究	国家科学技术进步奖三等奖
2001	帕金森病发病机制功能显像诊断及基因治疗的实验研究	中华医学科技奖三等奖
2002	细胞因子、β-淀粉样蛋白与老年性痴呆发病机制的相关性研究	中华医学科技奖三等奖
2008	中脑多巴胺系统发育及神经元变性在帕金森病中的基因调控和分子机制	中华医学科技奖二等奖

表 2-1-40 1996—2010 年医院神经内科获国家级重大重点科研课题情况表

年 份	负责人	项目来源	项 目 名 称
1996—2000	陈生弟	国家科委"九五"攻关项目	帕金森病的综合治疗方案研究
1996—2000	陈生弟	国家高技术研究发展计划("863"计划)	帕金森病模型猴基因治疗实验研究
2000—2004	陈生弟	国家重点基础研究规划	脑功能和脑重大疾病的基础研究——帕金森病的发病机制和防治基础
2006—2010	陈生弟	国家重点基础研究规划	神经变性病的机制和防治的基础研究——阿尔茨海默病、帕金森病防治新策略的应用基础研究
2006—2010	陈生弟	"863"项目分课题	老年神经变性疾病的分子分型和个体化诊疗
2007—2009	陈生弟	"863"项目分课题	帕金森病早期诊断的生物标记及其靶向治疗研究
2007—2009	乐卫东	"973"项目分课题	胚胎干细胞定向分化过程中关键科学问题的研究
2008—2010	乐卫东	国家自然科学基金重点项目	帕金森氏病早期诊断生物学标记及基因靶向治疗研究
2008—2010	陈生弟	"十一五"国家科技支撑计划	恩必普治疗缺血性脑血管病伴有认知功能障碍临床研究方案
2010—	乐卫东	"973"项目分课题	基于诱导多能干细胞技术的若干重大疾病模型与机理研究

表 2-1-41 2002—2010 年医院神经内科国内外学术任职情况表

姓 名	任职年份	学 术 团 体	任 职
徐德隆		上海医学会老年医学分会	副主任委员
陈生弟	2002—	世界神经病学联盟帕金森病及相关疾病研究委员会	委 员
	2006—	国际运动障碍学会亚太地区	执 委
	2006—	国际运动障碍学会	委 员
	2000—2006	上海市医学会神经内科专业委员会	副主任委员

（续表）

姓　名	任职年份	学　术　团　体	任　职
陈生弟	2003—	中国神经科学学会	常务理事
	2003—	上海市医学会老年医学专业委员会	副主任委员
	2006—2009	上海市医学会神经内科专业委员会	主任委员
	2007—	中国神经科学学会神经病学基础与临床分会	主任委员
	2005—	中国医师协会神经内科医师分会	副主任委员
	2005—	上海市神经科学学会	副理事长
	2007—	中华医学会神经病学分会	副主任委员
	2009	中华医学会老年医学学会	常务委员
刘建荣	2008—	上海中医药学会第二届神经科分会	常务委员

表 2-1-42　1993—2010 年医院神经内科入选人才项目情况表

获奖年份	项　　目	人　员
1993	第四届上海市卫生系统“银蛇奖”二等奖	陈生弟
1996	第二届全国中青年医学科技奖之星	陈生弟
1998	第三届上海市科委“十佳优秀启明星”	陈生弟
1998	国家有突出贡献中青年专家	陈生弟
1999	国家人事部“全国百千万人才工程”第一、二层次	陈生弟
1999	第六届上海市“科技精英”提名奖	陈生弟
2003	第八届上海市“科技精英”提名奖	陈生弟
2006	上海市领军人才	陈生弟
2008	上海市浦江人才	丁健青
2009	上海市浦江人才	刘　军
2009	上海市浦江人才	乐卫东

五、其他

1998 年，徐德隆被评为瑞金医院终身教授。

1987 年，陈生弟被评为上海市受表扬青年医生。1993 年，寿文华参加援摩洛哥医疗队；2009 年，傅毅参加援建都江堰医疗队工作。

第十五节　老 年 病 科

一、发展沿革

老年病科的前身是设立于1970年3月4日的干部病房，由院党委及院长直接管理。干部病房医疗保健对象为上海市局级以上、外省市省委常委以上、部队军级以上干部，均执上海市卫生局干部保健处规定凭证到医院就诊。1980年起，扩大为具有正高职称的高级知识分子，以及民主党派人士等。1992年1月17日，瑞金医院在干部病房基础上成立老年病科，除负责干部的体检及医疗保障工作外，还承担常见老年疾病的临床诊治。

图2－1－17　20世纪70年代干部病房

1970年，干部病房位于老9舍（现院史陈列馆）2楼，设病床10张，医务人员共9人，其中医师4人、护士5人。1988年，病房进行扩建，分为上下2个楼面，病床增加至36张，配备副主任医师2人，主治医师1人，住院医师1人，内科每月安排3名医师（住院与主治医师）来病房轮转；护理组共12名护士，设1名护士长，2名组长（均为主管护师）。1998年9月16日，9号楼（干部病房综合楼）落成，9月18日，老年病科迁入9号楼4～6楼。1999年，在5楼建立老年病科心脏监护（CCU）病房；2000年，在9号楼2楼成立老年病科内镜室。2002年，先后开出8楼、7楼、3楼病区。2010年，在4楼病房内新辟出重症监护病房（ICU），共8张床位。至2010年，老年病科拥有核定床位数139张，门诊诊间4间，在2楼设有独立的急诊和补液室。有固定编制医生28人，其中主任医师3人，副主任医师6人；拥有博士学位6人，硕士学位12人。

成立老年病科之前，干部病房由大内科主任兼管。1992年建科后，沈倍倍任科主任，龚兰生任顾问。2005年起，赵咏桔任科主任。

二、医疗工作

【基本情况】

医疗制度　1970—1991年，干部病房除遵守上海市干部保健委员会制定的《上海市干部医疗工作制度（试行）》外，还严格执行医院的各项规章制度和医疗常规，保证医疗质量，加强病区规范化服务。1970—1991年，住院干部的医疗，包括日常医疗、病程记录、诊疗操作、组织会诊等均由干部病房医师负责，内外科每周会各委派一位主任医师前来查房1～2次，并组织疑难病例讨论，组织抢救及死亡病例讨论等。1992年，老年病科成立后，除继续执行上述制度外，病房的日常医疗、查房、疑难危重等讨论、门急诊均由老年病科医师负责。2006年，增加网络平台，设立“瑞金医院老年病科网页”,提供高级职称医师以及护士长简介,建立和维护“健康天地”和具有双向互动的“寻医问药”BBS 板块。

门诊 1970—1978 年,根据就诊需求不固定开设干部门诊。1979 年起,开设 4 个下午的固定门诊。1990 年,门诊时间调整为周一至周四、周六全天和周五上午。2007 年,在新门诊大楼 5 楼,面对社会普通老年病人,开设了老年病专病门诊。至 2010 年,在 9 号楼 1 楼,周一至周五全天和周六上午开设普内科门诊,并开设呼吸病、心血管病、高血压、内分泌、骨质疏松、消化病、血液肿瘤、肾脏病、中医、骨科和外科等专病门诊。

急诊 1970 年,干部病房不设专门急诊,待就诊干部到急诊室后,由急诊室医师与干部病房联系收入病房或暂借相关科室病房收治,待病情稳定后转入干部病房。老年病科建科并迁入 9 号楼后,急诊病人可直接至 9 号楼 2 楼就诊,并由老年病科医师直接诊治。

住院 1970—1992 年,干部病房不以收治病种划分病区。1992 年以后,老年病科划分为 5 个专业组,包括老年心血管专业、老年消化病专业、老年呼吸病专业、老年肿瘤血液病专业和老年代谢病专业,以老年认知功能障碍、老年血栓性疾病的防治为专业特色。1998—2002 年,病区先后根据不同专业进行设置,3 楼病区主要为呼吸系统疾病,4 楼病区为内分泌系统疾病,5 楼病区为心血管疾病,6 楼病区为消化系统疾病,7 楼病区为血液及肿瘤疾病,8 楼为副部级以上干部病区。

【医疗特色】

心血管专业 主要包括对冠心病、高血压、心功能不全、心律失常等老年常见心血管疾病的临床管理,同时加强医师专科能力的培训,包括心脏起搏器安装及调试、动态血压检测、食道调搏技术及心脏超声检查等专业技能。

呼吸专业 主要包括对肺部感染、COPD、肺癌、睡眠呼吸障碍等老年常见呼吸疾病的临床管理,同时完善老年呼吸病的诊疗常规,定期对全科医生、护士进行呼吸机应用的培训,提高对老年呼吸衰竭抢救的成功率。

内分泌代谢专业 主要包括老年糖尿病、代谢综合征、骨质疏松、甲状腺疾病等老年常见疾病的管理,完善诊疗常规,扩大保健宣教。

消化专业 主要包括对慢性胃炎、消化道肿瘤等老年常见消化道疾病的临床管理,并加强医师胃肠镜操作等专业能力的培训。

其他 逐步完善对脑卒中的病后康复,以及对老年性痴呆、老年血栓病开展临床诊治及研究,并完善诊疗常规。

【干部保健】

1970—1991 年,干部保健工作包括医疗保健和体检。以书面、电话、短信等多种途径通知保健对象体检的具体时间,在体检后阶段,门诊各级医师做好体检反馈工作,安排体检异常指标的复查或对可疑问题进行进一步检查,对体检中发现的肿瘤、糖尿病、高血压、心血管等疾病,及时联系病人到医院诊治,同时对原有疾病治疗方案进行调整,提高体检的内在质量。

1992 年起,老年病科除继续承担干部的日常医疗保健和每年体检,还承担多项 VIP 重大医疗保障任务。2001 年,承担亚太经合组织(APEC)第九次领导人非正式会议医疗保障任务。2005 年和 2009 年,两次承担上海赴西藏考察团随队医疗保障任务。2010 年,老年病科接受世博会 VIP 的医疗保障任务，组建 4 个医疗保健小组。全体 VIP 随队医护人员多次组织和开展实战演练，完善各项医疗保障预案，完成世博会开幕式、闭幕式、中国国家馆日以及整个世博会期间 VIP 随队医疗保障任务。科室被评为“上海市卫生局世博优秀工作班组”。2010 年，参加上海世博会 VIP 医疗保障。2010 年 4 月 30 日，前来上海参加世博会的马耳他总统阿贝拉不慎摔伤，送至瑞金医院老年科住院接受治疗，科室医护人员组成医疗保障小组，为总统住院期间提供医疗服务。

【医疗数据】

1970—1990 年，干部病房的住院病人、门诊病人以及健康体检的病人数逐年增加。1990 年，病房共收治病员 177 人，门诊人次 10 790 人，完成干部体检 761 人。2010 年病房出院人数 1 467 人，平均年龄为 83.6 岁，平均住院天数 23.83 天，平均床位使用率 94.34%，抢救危重病人 41 人；门诊人次达 48 564 人次；完成体检 1 728 人次。至 2010 年，老年病科建立完整的保健对象体检数据库，保健对象共 2 640 人。

三、教学工作

【学历教育】

2003 年，开始承担医疗系夜大学的教学任务。2005 年，成立临床医学教研室，主要承担检验系和交通大学非医学专业的诊断学和内科学教学任务。2006—2007 年，每年承担教学任务共 318 学时，包括临床检验系“临床医学概要”(96 学时)、夜大“临床医学概要”(96 学时)、检验系专升本夜大“临床医学概要”(96 学时)、夜大医学系老年病课程(30 学时)，同时，也承担了高护系学生的临床实习。2008—2010 年，每年承担教学任务共 240 学时，包括临床检验系“临床医学概要”(96 学时)、全科基地全科医师教学授课 144 学时，以及承担高护系学生的临床实习。

2010 年，老年病科拥有博士研究生导师 1 名，硕士研究生导师 5 名。2006—2010 年累计招收博士生 4 名，三年制科研型硕士生 15 名，七年制专业型硕士生 8 名。

【职后教育】

2006 年，老年病科通过卫生部全科医师培养基地的评审。2007 年，通过上海市卫生局全科医师培养基地评审。2008 年，成立全科医学教研室，以老年病科为依托，承担上海市全科医师的培训任务。同期，成立以科主任为组长的住院医师培训核心小组，按照住院医师培训细则的要求培养基地医师。2008—2010 年，共招收全科医师学员 40 人。

2008—2010 年科内每周四安排科室业务学习，介绍医学诊治的新进展；每周一英文文献学习，以提高医师的英文阅读和口头表达能力。

【继续教育学习班】

2004 年至 2010 年，老年病科举办老年病护理方面的全国继续教育学习班 8 次。其中 2004 年，举办老年疾病临床诊治和护理新进展学习班。2005—2006 年，2 次举办老年住院病人安全维护的意义及护理新对策学习班。2005—2007 年，3 次举办现代重症护理发展趋势及重症护理临床应用学习班。2009 年，举办老年重症护理发展趋势及临床应用学习班。2010 年，举办预见性护理在老年住院病人安全维护中的应用学习班。

四、科研工作

【科研特色】

老年病科成立后，在老年心血管疾病、老年内分泌代谢疾病的机制研究和以衰老群体疾病风险基因为主要研究对象方面开展系列研究。

1995 年，万秀琴主持的“生命最后阶段的管理”获上海市卫生局科研基金。这是上海市第一项护理科研基金项目，主要研究老年病科的临终关怀，减轻临终病人的痛苦和家属的悲哀，使临终病人在温馨的气氛中走完人生旅途的终点站。

【科研成果】

1994—2010 年，老年病科共承担课题 24 项，其中 2009 年，庞小芬负责的“利用 OPG 基因剔除小鼠模型研究抗骨质疏松症中药的作用及机制”获上海市科委重点科技攻关课题，朱圆负责的“提高老年慢性阻塞性肺病病人疾病管理能力的研究”获世界健康基金会课题；发表论文 256 篇，其中 SCI 收录论文 6 篇；著书 4 本，参编书籍 1 本。在全国会议上交流发言 21 次。2008 年，科护士长余小萍、病区护士长朱圆和顾燕红的项目“六西格玛在老年科病房人性化管理中的应用”获得上海市护理质控中心的护理工作改进成果奖。

五、其他

1989 年，获上海市干部保健委员会表彰。1994 年和 2000 年，两次被评为上海市卫生局先进集体。2002 年，被评为上海市三八红旗集体。2010 年，获上海卫生系统世博医疗卫生保障工作先进班组称号。

第十六节　康 复 医 学 科

一、发展沿革

1959 年 7 月，理疗科成立，由放射科主任何维庶兼任科主任。1991 年 10 月，上海市卫生局发出通知，决定在瑞金医院等 4 所综合性医院设立康复医学试点。1992 年 7 月，医院抽调神经内科、骨科、理疗科部分工作人员组建康复医学科，陈俊宁任主任。1993 年下半年，理疗科并入康复医学科。

理疗科初创时地点设在 9 舍底楼，共有 9 间诊疗室，面积 270 平方米，开设蜡疗室、高频电疗室、直流电疗室、光疗室、体疗室、蒸汽疗法室（1962 年停办）。1986 年，理疗科迁至老门诊楼地下室。1992 年 7 月，康复医学科在 6 号楼地下室筹建运动疗法室、作业治疗室、言语治疗室、心理治疗室。1993 年 8 月，康复医学科在 3 号楼 2 楼设立病房（2000 年关闭），门诊地点设在门诊楼地下室，同年下半年门诊迁至门诊楼 2 楼，治疗室设在急诊楼 3 楼。2002 年，上海市康复治疗质量控制中心挂靠瑞金医院，杨佩君任中心主任。2003 年，康复医学科借用卢湾分院场地设立康复病房，设床位 20 张。2006 年 7 月，康复医学科迁至新门诊大楼，设有运动作业治疗室、理疗室、传统治疗室、言语治疗室、康复评定室。

1956 年，有 1 名专职理疗技术员，1958 年工作人员增加 3 人。1959 年，理疗科有医师 2 人、技术员 4 人。1992 年 7 月，康复医学科有医师 3 人，针灸治疗师 1 人。2004 年，有工作人员 17 人(其中医师 7 人、治疗师 10 人)。截至 2010 年，卢湾分院病房共有核定床位 37 张，开放床位43～45 张，治疗面积约 300 平方米，有医师 9 人(其中卢湾分院 4 人)，治疗师 19 人(其中卢湾分院 10 人)。

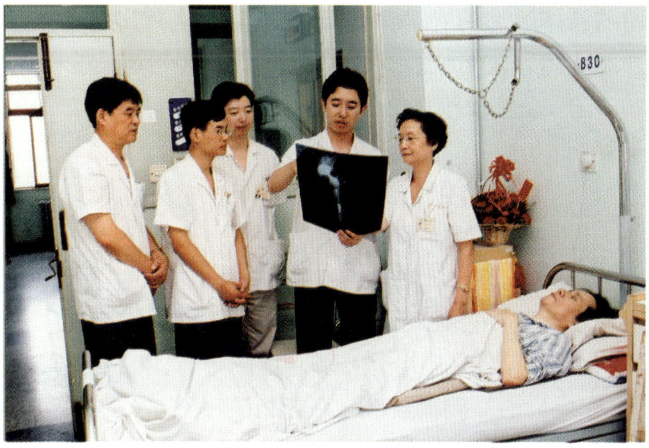

图 2－1－18　2003 年康复医学科杨佩君(右一)到骨科查房指导早期康复

表 2－1－43　1959—2010 年医院康复医学科(含原理疗科)历任主任、副主任情况表

任职年份	主　任	任职年份	副主任
1959—1963	何维庶(兼)	1978—1988	龚新环
1988—1992	龚新环	2008—	谢青(主持工作)
1992—1995	陈俊宁		
1995—2002	杨佩君		
2002—2008	陆廷仁		

二、医疗工作

【基本情况】

20 世纪 50 年代初，医院是国内首批开展理疗工作的医院之一。1951 年，医院在放射科设置一台短波治疗仪，用于治疗急慢性炎症。1958 年，增加超短波、红外线治疗仪和蜡疗。1959 年，理疗科开展光浴、蜡疗等理疗项目及气功、太极拳等体疗项目。截至 1960 年底，在急性阑尾炎、消化性溃疡、烧伤粘连、哮喘急性发作等病例中应用理疗技术达 140 余例。1963 年，理疗科开展超声导入治疗、紫外线理疗等项目，在促进窦道愈合等方面取得较好疗效。1982 年 11 月，一名病人右髋部窦道愈合不良 5 年余，经理疗科治疗后窦道愈合良好。1986 年，科室开展骨折术后及骨质增生的物理因子(含中药离子导入)的治疗。2004 年，康复科在全市 69 家医院质控检查评比中，获得并列第一。2008 年，康复科开展“肉毒素的注射技术”及“矫形支具的制作技术”等新项目。2010 年，康复医学科获 2010 年度上海市康复质控督查优秀荣誉证书。

门诊工作　1993 年上半年，康复医学科每周开设 2 个半天门诊；下半年起，周一至周六全天开设门诊，并设神经康复(脑卒中康复专病门诊)、骨科康复(颈椎病、腰椎病专病门诊)等特色门诊。2010 年，颈椎病康复专病门诊被评为医院特色专病门诊。

病房工作　1993 年 8 月，康复医学科病房主要收治脑卒中后、脊髓损伤后、骨科术后等疾病遗留的肢体运动功能障碍病人。2003年,在卢湾分院设立病房初期,因场地紧张科室人员进入病房,开展床边康复治疗。瑞金医院卢湾分院康复医学科在2004年被认定为卢湾区残疾人康复中心;2007年,获上海市残疾人康复中心康复服务评比二等奖;2008年,获上海市康复医学科规范建设进步奖。

【医疗特色】

功能评定 康复医学科与各学科协作,制订康复评价项目:肌肉功能测评;关节活动度测评、运动稳定度测评;步态分析;电诊断(脑电图、神经电图、脑诱发电位、脑电地形图、神经传导速度、时值测定,与脑电图室合作);肺功能测定与代谢当量测定(与肺科合作);作业疗法评价;言语功能评价(完成失语症测试表格);心理测试(完成智能和部分神经心理学量表)。康复医师和康复治疗师开始参与骨科和神经科等病房的查房。1992年,科室与上海一家科技公司联合研制PJ-I电脑型人体平衡功能检测仪,首创动摇角度和动摇能耗二项新检测指标,可以消除被测者身高、体重对测检结果的影响,使检测结果更客观。截至1998年,已收集500余例正常人群的检测结果,建立国产平衡仪的正常值范围。

康复治疗 1993年,使用神经—肌肉治疗仪对病人开展肌力训练;引进体疗设备,如划船器、功率车、攀墙器、按摩器、持续被动活动训练器(CPM)等关节功能训练器以及自动颈、腰椎牵引器、三维立体脑电地形图仪、脑电生物反馈仪等,建立设备的操作规范、适应证及禁忌证。开展高频、中频、光疗、蜡疗等物理因子治疗。1994年,科室采用合作形式引进生命信息治疗仪。1995年开始,开展骨科疾病术后早期康复和脑卒中病人的早期床边康复治疗。1998年,科室购买Cybex7000等速测试训练系统,优化诊断并治疗骨骼肌肉系统疾病的功能障碍。2005年,建立和完善专病康复治疗常规6项:脑卒中康复治疗常规,脊髓损伤康复治疗常规,脑瘫儿童肌张力诱发运动及肌张力训练治疗常规,颈椎病康复治疗常规,骨关节疾病康复治疗常规,关节置换术后康复治疗常规。2007年,排球运动员汤淼意外受伤,后被确诊为第六颈椎爆裂性骨折伴完全性脊髓损伤。康复医学科委派陆建春、张宏两名治疗师承担他在上海期间的康复治疗。同年,陈凯敏参加2007年第十二届世界夏季特殊奥林匹克运动会智障运动员的评估和康复工作。2008年9月,康复医学科与骨科合作开展肩关节疾病专病治疗,制订了肩关节置换术后、肩袖损伤、肩关节镜术后的康复治疗常规。2009年,康复医学科购入悬吊运动系统(S-E-T),辅助运用S-E-T技术可改善骨骼肌肉系统疾病病人和脑卒中疾病病人的运动功能。2010年,在颈椎病的分型诊断及相应康复治疗上建立诊疗技术常规。

三、教学工作

【教学任务】

1960年,龚新环、陈琇君在铁道医学院讲授“物理治疗学”及“运动医学”两门课程。1992年,成立康复医学科教研室,此后先后承担上海第二医科大学临床医学系本科中文班、英文班及法文班的康复医学教学。1994年,康复医学科承担瑞金临床医学系90级中文班本科生教学及临床见习,共计187人。同年,康复医学科陆续成为多家卫生院校康复类专业的实习基地。1995年,承担英文班及高级护理系教学。1998年开始,康复医学科每年有3～5名教师完成至少100课时的教学任务。1992年以来,康复医学科共有硕士研究生导师2人,共招收研究生3人。

表 2-1-44　1994—2009 年医院康复医学科承担教学工作情况表

开始年份	单　　位
1994	上海市卫生学校中专康复医士班
1995	上海第二医科大学瑞金临床医学系医本班
1995	上海市体育学院运动保健康复专业
1995	上海第二医科大学瑞金临床医学系英文班
1995	上海第二医科大学高级护理系
1998	上海第二医科大学瑞金夜大班
1998	上海第二医科大学瑞金临床医学系法文班
1999	上海第二医科大学九院临床医学系医本班
2006	上海交通大学医学院护理学院护理专业
2006	上海交通大学九院临床医学院七年制班
2009	上海交通大学瑞金临床医学院八年制班

表 2-1-45　1995—2009 年医院康复医学科承担实习工作情况表

开始年份	单　　位
1995	上海市卫生学校中专康复医士班
1995	上海市体育学院运动保健康复专业
2006	中山大学中山医学院康复治疗专业
2006	湖北职业技术学院医学分院
2009	南通大学医学院
2009	苏州职业技术学院
2009	上海欧华职业学院

【职后教育】

1995 年，承办全国神经康复研讨班并成为神经康复进修基地。2006 年，成为卫生部住院医师规范化培训基地，陆廷仁任主任。2009 年开始正式启动并招收康复专业的住院医生，谢青任基地负责人。

2000 年，科室举办“社区康复新进展——实用康复治疗技术”国家级继续教育学习班；2005 年，主办全国“颈椎病及相关疾病康复治疗”继续教育学习班。

四、科研工作

1964 年起，理疗科开始在公开刊物上发表科研论文，其中题为“超声波治疗创面”的论文发表在《理疗与营养》杂志。此后康复医学科陆续承担上海市科委重点课题、卫生部课题等项目。

2006 年，康复医学科主持卢湾区卫生局重点专科项目“颈椎病康复功能评估信息系统”，将信息化设备应用到康复临床及科研中。至 2010 年，康复医学科承担国家“八五”攻关课题 1 项，参与“九五”攻关课题和国家自然科学基金课题各 1 项，承担和参与国际合作课题 1 项，省部级以上重大重点课题 3 项。

表 2-1-46　1995—2010 年医院康复医学科参与国家级课题情况表

年　份	项　　目	来　　源	负责人
1995	脑血管病的脑电图、脑电地形图、诱发电位、TCD 与 CT 的对比研究	“八五”国家攻关课题(合作项目)	陈俊宁
2000	脑卒中早期康复	“九五”国家攻关课题(合作项目)	杨佩君
2010	基于中枢模式发生器的功能性电刺激康复系统研究	国家自然科学基金(参与)	谢　青
2010	面向医疗康复基于功能接口引擎的网络化多机器人系统	国际科技合作项目	谢　青

【科研成果】

1963 年，超声波导入呋喃西林溶液促进创面愈合技术在全国超声诊断会议上作交流。1995 年，脑缺血的实验、监测和治疗研究获得上海市科技进步奖二等奖。1998 年，电脑型人体平衡功能检测仪的设计原理和应用研究获得上海市科技成果证书。

1960 年 2 月，龚新环参与编写教材《物理治疗学》，1964 年重编再版。1999 年，参编上海普通高校“九五”重点教材《现代病原学检验与临床实践》。2002 年，参编中国康复治疗学专业第一套教材《作业疗法》《运动治疗学》，同年参编七年制教材《康复医学》。2004 年，参编 3 本全国高等医学院校规划教材：全国高等学校医学规划教材《康复医学》(第一版)，卫生部规划教材《康复医学》(第三版)，高等医学院校康复治疗学专业教材《运动疗法技术学》。2004 年，杨佩君参编《矫形外科学》。2007 年，杨佩君参编《现代关节外科学》。2007 年，陆廷仁主编《骨科康复医学》。同年，参编卫生部规划教材《康复医学》(第四版)。

【学术交流】

1994 年 7 月，接待美国民间友好使者协会理疗访华代表团；11 月接待日本光电富岗株式会社脑电技术专家，交流了脑电技术工作经验，并观摩国产无笔描记定性脑电图仪。科室还积极拓展对外学术交流，先后与国际性《康复医学杂志》主编 Stam 教授、欧洲神经病学会主席 Rondot 教授、欧洲康复医师联合会主席 Bardot 教授建立学术联系。1995 年 9 月，接待法国医学代表团，主持中法医学日上海神经科学术界的讲学活动。1997 年，科室公派 1 名医生和 1 名治疗师到日本进修，2002 年再次公派 1 名医生赴日本进修，主要内容为骨科康复。2006 年 10 月，科室 1 名医生赴日本参观考察康复科等；2007 年 9—11 月，1 名医生在美国进修物理医学与康复。2010 年，科室邀请美国纽约大学医学中心物理与康复专业住院医生培训部主任等，举行中美康复医学学科发展及治疗技术交流会。2010 年，科室先后与美国纽约大学医学中心、美国纽约州立大学等建立交流合作关系。

五、其他

2006 年 12 月 23 日，陈凯敏获上海市第二次全国残疾人抽样调查先进个人。2007 年 5 月，谢青获上海市扶残助残先进个人称号。

2008 年汶川大地震时期，张伟明到成都市、都江堰、德阳市三地参加医疗援助。

第十七节　肿瘤放化疗科

一、发展沿革

1992 年 4 月，放射科建立放射治疗中心，位于 7 号楼，占地 588 平方米。1993 年 2 月，放射治疗中心从放射科划分出去，成立放疗科。1999 年 8 月，成立肿瘤科，位于徐家汇路 573 号瑞金医院分部 1 号楼 3 楼，设床位数 32 张，其中血液科借用 12 张。2001 年，血液科撤离，恢复病房床位数为 32 张。2002 年 5 月，肿瘤科与放疗科合并，成立肿瘤放化疗科，成为上海市综合医院中第一个集肿瘤放疗、化疗、靶向治疗、免疫治疗等治疗手段于一体的科室。与江南造船厂职工医院协作，建立合作病房，每天有两次班车可接送病人。2007 年 10 月，放射治疗区域搬入新门诊大楼地下二层，占地扩大至 955.3 平方米，放疗设备也全部更新。2009 年 1 月，瑞金医院在门诊 22 楼乳腺疾病诊治中心内设立乳腺肿瘤放化疗病区（又称为乳腺诊治中心 2 病区），拥有核定床位 10 张。

1992 年，放射治疗中心负责人为徐开埜。1993 年建科时，医院从上海市肿瘤医院及上海市第一人民医院引进范可成、车锦凤，抽调 4 名放射科医生和 5 名技术员，共同开展放射治疗工作。1999 年 8 月，肿瘤科成立之初，抽调血液科张芬琴主持肿瘤科医疗工作。2000 年 8 月，叶正宝由第一人民医院肿瘤科调入瑞金医院任肿瘤科科主任。2002 年 5 月，由金冶宁任新成立的肿瘤放化疗科科主任。2009 年 1 月，任命许赪兼任乳腺疾病诊治中心行政副主任。

图 2-1-19　2002 年 7 舍放射治疗中心

截至 2010 年底，肿瘤放化疗科在职人员共 41 人，其中主任医师 1 人、副主任医师 1 人、主治医师 8 人、住院医师 4 人、物理师 3 人、工程师 1 人、技术人员 8 人、护理人员 15 人。

表 2-1-47　1993—2010 年医院肿瘤放化疗科（放疗科、肿瘤科）历任主任、副主任情况表

名　称	任职年份	科主任	任职年份	副主任
放疗科	1993—2002	范可成	1994—2002	车锦凤
肿瘤科	1999—2000	张芬琴（负责人）	2000—2001	张芬琴
	2000—2002	叶正宝		
肿瘤放化疗科	2002—	金冶宁	2002—2005	叶正宝
			2002—2008	车锦凤
			2005—	曹卫国
			2008—	张　俊　许　赪

二、医疗工作

【制度保障】

1993 年建科时，建立各项管理制度，以安全有序开展各项工作。

安全制度 物理师和医生必须对治疗单上的照射能量、剂量共同确认。病人的首次治疗必须经主管医生再次确认治疗体位与计划后方可执行。技术员有定期的摆位技术考核。有设备故障及辐射事故的应急预案，如设备故障后病人的安排、设备的应急处理、发生辐射安全事故后病人的疏散、隔离区域的划分等。

设备管理制度 包括设备维护保养制度和设备仪器质控质检制度。技术员负责每日激光定位器检测，维修人员负责对治疗设备运行期间可能会出现的机械精度误差进行周检、月检并校正。物理师负责每周对治疗设备射线束的质量如能量、剂量、均称性、平坦度进行检测校正；另外还负责检测仪器自身的年检工作。

医疗制度 包括放射医疗安全管理制度、各级医师及技术员岗位职责、疑难病例讨论制度。主要体现在医生对放疗指征的把握、放疗部位及处方剂量的确定。各级人员都有自己的岗位职责，上级医生对下级医生开出的病人治疗单需进行确认，主管技师每周对所有治疗病人的治疗单进行剂量叠加核查。对疑难病例每周定期进行讨论，确定治疗方案。

【配置设备】

由于放射治疗的特殊性，放射治疗水平的发展需伴随医疗设备的更新。1993—2010 年，科室先后引进多台放射治疗设备，为肿瘤病人提供放射治疗。

2005 年，科室引进美国拓能三维治疗计划系统（TPS），完成放射治疗技术从二维到三维的转化，使得照射剂量更加精确、信息资料更加完整。2007 年，从瑞典引进全数字化直线加速器，开展调强适形放射治疗（IMRT），是当时肿瘤放射治疗最先进的技术，能更好地保护正常组织。同时从荷兰引进放射治疗网络及治疗计划系统、模拟定位机和后装近距离治疗机，具有强大的病人信息管理功能，可以输入病人信息、制订三维治疗计划、建立处方、设置疗程，和治疗设备之间进行全数字化的信息传输，并且能实时监控治疗信息，使放射治疗的管理达到计算机化的层次，智能化程度和安全性在行业当中首屈一指；采用铱- 192 放射源，近距离放射治疗可单独应用于肿瘤的治疗，又可以配合外照射进行计量补充，而且均在无麻醉下进行。这一系列设备的引进和使用实现了肿瘤病人放疗精确定位、精确计划、精确治疗。2009 年，购买术中放射治疗专用直线加速器，成为上海市第一家可开展移动式术中放射治疗技术的综合性医院。

表 2 - 1 - 48 1993—2010 年医院肿瘤放化疗科配置重要设备情况表

年份	设备名称	型号
1993	德国西门子医用直线加速器（原放射科转入）	MEVATRON MD67 - 7745
1993	天津理疗仪器厂模拟定位机	FM - 11
1993	市卫生局国产钴 60 固转式远距离治疗机（上海医用核子仪器厂钴源）	FYC - 50H 3 000 居里钴源
1998	美国 GE 直线加速器	SATURNE 43

（续表）

年 份	设 备 名 称	型 号
2000	日本东芝模拟定位机	LX-40A
2005	美国拓能三维治疗计划系统	TOPSLANE
2007	瑞典医科达全数字化直线加速器	Precise+MLC+iviewGT
2007	荷兰核通模拟定位机	Simulix-HQ
2007	荷兰核通放射治疗网络治疗计划系统	PLATO
2007	荷兰核通18通道后装治疗机	MicroSelectron-HDR
2009	移动式术中放射治疗机	MOBITRON

【整合前(1993—2002年)医疗特色】

基本医疗工作 1993年，放疗科成立后，每周开设1～2个半天的普通门诊，开展等中心多野治疗。同时，科室与本院其他科室或外院(如市一医院、长征医院)加强横向联系以增加病源。1994年起，科室除了普通门诊及常规放射治疗外，还与普外科、神经外科、胸外科、五官科、泌尿科等兄弟科室合作，开展乳腺癌、直肠癌、晚期胰腺癌、晚期食管癌、肺癌、鼻咽癌、上颌窦癌、喉癌、鼻腔癌、肾癌等疾病的综合治疗。

自主研究并改善设备 1996年起，聘请肿瘤医院许福熙为客座教授，协助科室的医疗技术工作。修复已经损坏的模具切割机，开展手工铅模制作，提高了治疗靶区的适形度；研究放疗时固定装置，提高病人摆位的稳定性。经过3年攻关，历经上百次失败，终于在改进暗盒装置等设备后，使高能的射线得到有效吸收，拍摄出清晰的放射治疗校正片。

全身放射治疗 1998年，潘琼赴法留学归国后，带回白血病骨髓移植前的全身放射治疗技术，使移植后发生的与放射治疗相关的致死性间质性肺炎的发生率从5%～10%下降到0，且不影响移植成功率。1999年，与血液科合作，利用热释光剂量仪完成了瑞金医院首例骨髓移植前的全身X线放射治疗和剂量监测工作。1999年共全身放射治疗9位病人，成为瑞金医院放疗科的特色项目。同时，与眼科合作开展老年性黄斑变性放射治疗；与皮肤科合作开展皮肤T细胞淋巴瘤(蕈样霉菌病)全身电子线照射技术。这些特色项目一直延续至今。1999年，完善了直肠癌、胰腺癌、白血病、恶性淋巴瘤、乳腺癌等放射治疗常规。

肿瘤科的医疗工作 1999年，肿瘤科成立后，每周请原放射科主任唐敖荣进行读片指导，以提高医生的整体读片能力。2000年8月，健全科室各项规章制度，严格遵循三级查房制度，规范病史撰写，病房收治的病种均为各系统的实体瘤。肿瘤科与普外科临床合作，开展消化道肿瘤术前新辅助化疗和术后辅助化疗。

【整合后(2002—2010年)医疗特色】

基本医疗工作 2002年5月起，科主任每周查房1～2次，组织全科每周召开2次学术讨论会，1次疑难病例讨论会，以促进科室放化疗整体水平的进步与发展。安排高年资医生负责江南造船厂医院合作病房的医疗和教学工作，配合医院集团化管理，扶植台州中心医院放疗科的工作，并且多次派出高年资医生及护士长去当地参与并指导门诊和病房的医疗教学护理管理工作。普通门诊调整为每周5个全天，2002年至2010年，陆续开出食管癌专病门诊、消化道肿瘤放化疗专病门诊、头颈部肿瘤放化疗专病门诊、鼻咽癌专病门诊、肛管直肠癌专病门诊。2008年12月，开展首例宫颈癌近距离后装放射治疗。不仅为科室妇科肿瘤的治疗开辟了一条新的途径，还应用于鼻咽癌复发的治疗，乳腺癌胸壁复发的贴敷治疗、乳腺癌插植及宫颈癌插植治疗等，使瑞金医院成为上海市为数不多能开展近距离放射治疗的医院，也是唯一一家能开展三维影像引导下近距离放射治疗的医院。

探索诱导化疗-放化疗同步-辅助化疗综合治疗模式 2008年末，开展放射治疗前的2次诱导化疗，明显减少肿瘤体积，使肿瘤靶区（GTV）更小，降低放射治疗的风险。探索中逐渐形成的“化疗＋外照射＋1次/周腔内高剂量率后装放射治疗”的治疗模式，已成为宫颈癌和鼻咽癌放化疗固定模式，并被纳入国内外肿瘤治疗方针中。在消化道肿瘤的综合治疗中，将美国同步放化疗作为胃癌术后辅助治疗的标准方案。至2008年底，有20例中晚期胃癌病人接受了该治疗方案，5年生存率从34％提高到41％。除了常规放化疗外，还对部分胃肠道肿瘤的病人采用内分泌治疗、靶向治疗及免疫调节等多种治疗方法，形成科室胃癌治疗的特色。

乳腺癌的放化疗 2009年1月，乳腺肿瘤放化疗病区，由楼谷音负责病床的日常管理。同年7月，开设每周5个半天的乳腺专病门诊，参加乳腺疾病诊治中心每周一次的多学科讨论。2009年4月，开展乳腺癌保乳术后的三维适形放射治疗及调强放射治疗，形成科室的乳腺癌放射治疗亚专业。2009年9—12月收治局部晚期、复发转移乳腺癌122例，2010年收治443例。2008年，乳腺癌放射治疗病例数106例，2009年为148例，2010年达到219例。

术中放射治疗 2009年4月，由普外科、手术室及肿瘤放化疗科组成的学习团赴美国学习术中放射治疗技术。学习归来后，开展以实体肿瘤为主要病种的术中放射治疗，物理师配合测量术中放射治疗加速器的物理数据，并进行防护测量，为术中放射治疗的开展做好准备。

对难治性疾病的探索 2005年，科室采用闭式引流联合腹腔化疗、免疫治疗、全身化疗等多种手段治疗胃肠道肿瘤引起的难治性腹水，有效率达到67％，推迟肿瘤进展2～3个月。同年，在国内率先开展多通道编程泵对肿瘤实施时辰化疗新技术，明显提高化疗疗效，提高无疾病生存率2％～3％；对于低位直肠癌、肛管癌等部分因肿块大而不能达到手术R0切除的病人，采用术前大剂量放疗—保肛手术—术后辅助放疗的“三明治”治疗方案。

【护理特色】

2002年，率先在医院开展经外周静脉穿刺的中心静脉置管术（PICC），同时制定了PICC穿刺的操作规范、导管维护流程和考核制度，克服了感染、阻塞、破裂、回缩等一系列的护理问题。2006年，在全院首先开出每周2个半天的PICC维护门诊，由肿瘤放化疗科护士坐诊，接受来自全院各病区出院后的PICC留置病人的导管维护。仅2006年全年，完成PICC穿刺术共计150人次，PICC维护门诊量1 768人次，并为38例问题导管做及时处理。

三、教学工作

【临床教学】

1993年，为上海第二医科大学大专班开设放射治疗学专业课程和实习带教，带领学生参观放射治疗科的各个部门，介绍放射治疗的环节和要点。2000年起，放疗科为上海第二医科大学医学系本科开设放射治疗选修课。2000年起，肿瘤科承担上海第二医科大学临床轮转医师的带教任务，并于2001年及2002年先后接受河北省三院、江苏如东县中医医院二位医师来科学习，叶正宝还承担外科教研组肿瘤化学治疗的讲课。2004年，肿瘤放化疗科承担瑞金临床医学院法语班和中文班外科肿瘤理论课的教学任务。2006年，科室又承担徐州医学院、泰山医学院的本科实习教育；此外，分别接受来自新西兰、英国的各一名留学生来科室实习。2008年，科室接受2位进修医生为期1年的培养，完成2位来自美国的医学生的带教工作。

2006年，金冶宁、曹卫国、许赪及赵胜光等为上海交通大学医院影像专业编写了新教材大纲的放射治疗学部分。

【研究生培养】

2002年，肿瘤放化疗科成为硕士及博士学位授予点。2003年，科室招收首位硕士研究生，2004年招收首位博士研究生。2003—2010年，共培养硕士研究生9人，博士研究生3人。

【职后教育及人才引进】

业务学习　1993年建科不久，开设"放射治疗在治疗癌症上的地位"讲座，用于全院普及放射治疗学基本治疗。安排青年医师和技术员每周1—2次的业务讲座及经验交流，内容包括肿瘤疾病治疗常规、国内外文献解读、国内肿瘤会议论文介绍以及和放射治疗有关的放射生物、放射物理、临床放射学基础以及放射技术的介绍。多次邀请外院肿瘤放射治疗方面的专家来科内进行授课。1998年底，科室与法国放疗专家进行学术交流。2002年起，先后有5位医生进行为期3个月的放化疗专业科内轮转。

学历资质的提升　1993年建科时，技术员除一人为大专学历外，其余均为中专学历，专业人才的配备并不完善，缺乏具有资质的物理师，物理质控工作由医师兼任，技术员配合完成。至2000年底，技术员经过夜大或自学考均达到大专及以上水平。2003年，2名技术员参加了全国LA物理师的考试，并于2004年获得物理师上岗证，使得科室的人才结构趋于合理。2007年，科室引进具有高级职称的物理师，逐步完善物理质控、质保流程，弥补了科室此前在放射物理方面的不足。

【交流学习】

1993年后，先后派出3名医师至上海市肿瘤医院放射治疗科各进行为期一年的进修。1996年起，与法国巴黎第十二大学附属Henri MONDOR放射治疗专家进行多次业务交流，拟定人才培养计划，派送医师和技术员参加国外的学习班，输送青年医师和技术员到国外进修学习。1998年，派陈石磊至北京进修放射物理。2002年，顺利承办一次市内学术讨论会和一次国际交流会。2008年，科内多位医生参加中美医学论坛、亚洲临床肿瘤学会（ASCO）年会等国际学术会议，同年6月，护士长杨月华前往新加坡进行短期培训。2010年，科室派蔡嵘至北京医科院肿瘤医院乳腺化疗科进修学习3个月。至2010年先后派遣15名医师和技师到法国、美国、日本、新加坡进修。

四、科研工作

【科研特色】

1993年成立放射治疗科时，科室主要科研工作是对肿瘤病人放射治疗的临床资料进行回顾性分析。1999年，科室与普外科合作并申请上海市科研基金"直肠癌的保肛治疗""胰腺癌的综合治疗"，发现肿瘤术前放射治疗可使病灶缩小，减少癌性粘连而增加手术成功率。2000年，与普外科合作针对胃肠道实体瘤进行新辅助化疗的研究，作为课题组成员参加“胃癌新辅助化疗及其机理的临床与基础研究”“胃肠道肿瘤病人化疗前后免疫状态的监测”等课题研究并发表论文。

1999 年，范可成等 3 人参加全国放射治疗会议，交流淋巴瘤治疗等 3 篇论文。2000 年，放疗科有 3 篇论文在全国及国际放射治疗会议上交流探讨，1 名医生参加了全国现代肿瘤学研讨会。

【临床试验】

2000 年开始，肿瘤科参与药物临床试验。2004 年，5 名成员获得国家药物临床试验(GCP)培训合格证书。2005 年，经国家食品药品监督管理局批准为国家临床药理基地。2007 年，参与多项国际和国内的多中心临床试验，例如，赫赛汀联合 5-氟尿嘧啶+顺铂与单用化疗用于 HER2 阳性进展期胃癌病人的一线治疗的Ⅲ期临床研究、致敏树突状细胞联合奥正南(FLP)方案治疗晚期结直肠癌的Ⅲ期临床研究等。与中科院神经所首席科学家王以政共同开展了胃癌放射增敏的基础研究。2010 年，参加全国性随机双盲临床试验，证实国产靶向治疗新药艾克替尼治疗国人肺腺癌有效。

表 2-1-49　2000—2009 年医院肿瘤科及肿瘤放化疗科参与临床试验情况表

试验药物	申办单位	负责人
盐酸托烷司琼	上海二医爱尔药物研究和临床药理中心有限公司	叶正宝
唑来膦酸	华瑞制药有限公司	叶正宝
盐酸雷莫司琼	山三内制药(中国)有限公司	叶正宝
雷替曲塞	南京正大天晴制药有限公司	叶正宝
AZD2171(D8480C00051)	阿里斯康(无锡)贸易有限公司	金治宁
恩度	吴阶平医药基金会	曹卫国　金治宁
B018255(赫赛汀)	上海罗氏制药有限公司	金治宁
特比澳(TG0802TP0)	沈阳三生制药股份有限公司；CRO：杭州泰格医药科技有限公司	金治宁
盐酸埃克替尼	浙江贝达药业有限公司；泰格医药	金治宁
利妥昔单抗	北京默克药业咨询有限公司	金治宁
依诺肝素(ENOXA C 01249)	赛诺菲安万特(中国)投资有限公司	金治宁
西妥昔单抗	北京默克药业咨询有限公司	金治宁

【科研成果】

截至 2010 年底，肿瘤放化疗科共计发表论文 95 篇，其中 SCI 收录论文 4 篇。获得上海市卫生局课题项目 2 项。1996—2010 年，主编出版物 4 本。2004 年，金治宁入选上海市跨世纪学科带头人计划。

金治宁曾任全军首届放射肿瘤治疗学专业委员会副主任委员。徐开堃曾任《法国放射杂志》的国际科学委员会委员。

五、其他

1999 年，放射治疗科被授予“上海市共青团号”。车锦凤等被评为上海市卫生系统文明职工

(2001 年)、杨月华被评为上海市用户满意服务明星(2008 年)和上海市卫生系统先进工作者(2009 年)称号。2008 年 5 月 25 日,肿瘤放化疗科潘燕英成为青年志愿者,奔赴汶川地震抗震救灾第一线开展心理援助工作。

表 2-1-50　1999—2010 年医院肿瘤放化疗科获个人或集体荣誉情况表

年　份	获　奖　者	荣　　誉
1999	放射治疗科(号长:许桢　蒋清)	上海市共青团号
2001	车锦凤	上海市卫生系统文明职工
2008	杨月华	上海市用户满意服务明星个人称号
2009	杨月华	上海市卫生系统先进工作者

第十八节　临床心理科

一、发展沿革

1987 年,上海市卫生局要求在综合性医院开设心理咨询门诊。急诊科主任史以珏参加上海市医学心理学首期培训班,取得精神卫生专业资质。是年 6 月,瑞金医院开设心理咨询门诊,成为全市最早开设心理门诊的综合性医院之一。

2002 年 3 月,医院成立临床心理科筹备小组。2002 年 4 月 8 日,临床心理科成立,史以珏任科主任。2002 年 9 月 1 日,正式对外挂牌,地点设在老门诊六楼。2007 年 8 月,科室迁至新门诊大楼 5 楼 A 区。2005—2010 年沈翔慧任科副主任(主持工作)。截至 2010 年底,共有医生 3 人,技术员 1 人。

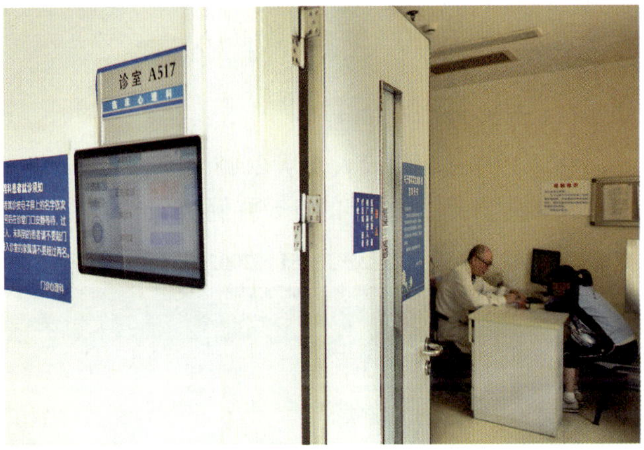

图 2-1-20　临床心理科医生诊治病人中

二、医疗工作

【基本情况】

1987 年,史以珏、上海第二医科大学心理教研室和上海精神卫生中心派出的专家团队共同开设心理咨询门诊。每周开诊半天,每次 2～4 位专家,诊治范围包括心理因素引起的各种疾病,器质性疾病伴发心理疾病,各种神经症(焦虑症、强迫症、疑病症、创伤后应激障碍)、抑郁症、睡眠障碍、青少年学习困难等。主要辅助治疗手段有心理治疗、生物反馈仪,采用纸质版心理测试方式,每次门诊有 70～180 人次。1993 年,开诊时间增加为每周 4～5 个半天。2002 年后,门诊时间增加为每周 12 个半天,包括普通、专病、专家和特约门诊。使用电脑版的心理测试软件,内容包括智力、个性人格、心理健康综合筛查以及精神科常用量表等，通过计算机统计分析出具报告。同时开展个体精神分析、认知行为、家庭治疗、团体治疗等心理治疗手段。对青少年的学习困难、适应障碍、冲动控制障碍、抑郁、焦虑给予医学、心理、教育相结合的综合干预。2007 年 8 月起，院外专家不再参与咨询工作，全部由科内医生接诊。

【医疗特色】

协助治疗身心疾病 1987 年起，心理咨询门诊开始承担院内各临床科室病人的会诊工作，协助处理器质性疾病伴有心理障碍或因心理障碍而出现的躯体疾病。会诊过程中通过心理干预和适当的药物辅助，帮助病人缓解症状，配合各科开展临床治疗。

灾难事件中的心理危机干预 发生重大灾难事件时，临床心理科会成立危机干预小组，与抢救医生同时到位，判断受伤者是否发生心理问题，开展心理援助，建立心理治疗随访记录。2003 年 4 月非典期间，全院职工有 29 人进行隔离监测，先后出现紧张、焦虑、担心、睡眠障碍等心理问题。心理科医生采用动态心理观察，每天给予电话咨询，及时疏导，并配合药物治疗，隔离结束后无一人出现心理障碍。2008 年 5 月汶川地震时医院收治 19 位病人，其中 1/3 出现严重心理障碍，科内医生对创伤后应激障碍的病人采用心理干预，受难者一月后相继康复出院。2010 年 11 月上海静安高层住宅火灾，心理科对 15 位受伤者进行心理干预，出院后均无心理问题。

学习障碍 2004 年 7 月起，对存在学习障碍的青少年进行心理干预。2008 年 5 月 23 日，联合上海市第一人民医院、上海市心理卫生中心举行了“迎中、高考心理咨询义诊”，专门辅导有考前心理紧张综合征的学生，参加人数 45 人。

【医疗数据】

临床心理科年门诊人次从 2002 年的 4 600 例上升至 2010 年的 18 650 例；会诊人次从 2002 年的 210 例上升至 2010 年的近 800 例。

表 2-1-51 2002—2010 年医院临床心理科门诊及会诊人次统计表

年 份	门诊人次	会诊人次
2002	4 600	210
2003	6 140	—
2004	7 533	444
2005	8 203	486
2006	10 803	640
2007	13 868	555
2008	16 811	717
2009	16 642	758
2010	18 650	786

三、教学工作

1987 至 2004 年，科内 4 位医生先后参加上海市精神卫生中心举办的医学心理咨询培训，获得资格证书，并成功注册精神卫生专业资格。2002 年，科内 1 名技术员到上海心理咨询中心培训病史管理、心理量表测试。2006—2008 年，科内 2 名医生分别参加中美认知行为培训班及欧盟 Asia-Link 心身医学培训项目、“中德班”精神分析培训班。

2004 年，开始为大学生、轮转医生、进修生、中华医学会护理人员及精神卫生系统的医护人员进行继续教育授课。2006 年 8 月 24 日，举办青少年心理特点及亲子沟通技巧的心理讲座。2008—2010 年，举办心理教育讲座、工作人群的心理压力及调适讲座等 6 次，医院各科室和上海交通大学职工 300 余人参加听讲。

四、科研工作

2007 年，获卫生局市级课题“学习困难学生心理特征及综合干预实证研究”；参与上海精神卫生中心的上海市级课题子课题“焦虑障碍早期识别与治疗方案优化研究”。2002 年至 2010 年，发表专业相关论著 6 篇。2004 年史以珏主编《现代急诊内科学》，由人民军医出版社出版，参编《神经科危重症检测治疗学》《脑死亡——现代死亡学》。2008 年，史以珏、沈翔慧、林国珍参编《急诊医学》(第三版)。

第十九节　临床营养科

一、发展沿革

瑞金医院的临床营养工作最早始于普外科的肠外营养支持。1984—1987 年肠外营养液的配置场所设在外科一病区，由外科研究生曹伟新完成配置，一名护士协助。1988—1995 年，在 22 号楼病理科楼梯下搭建一间专用房间作为肠外营养配置室，由外科营养支持小组负责完成配置。1995 年 9 月 15 日，临床营养科成立，为上海第一家在医院设立的临床营养科，曹伟新任科主任。肠

图 2-1-21　1995 年临床营养科成立

外营养配置室迁入瑞金医院16号楼1楼，由临床营养科护士完成配置。2001年，肠外营养配置室搬迁至6号楼10楼，配有风淋房、二次更衣室及10万级层流室。2004年，又重新搬回16号楼1楼。2005年3月，肠外营养配置归并入静脉药物配置中心，肠外营养液的配置不再属于临床营养科的工作范畴。

1995年科室成立初期，有成员7人，其中4名医师。截至2010年，全科共有医师5人，其中主任医师和副主任医师2人，含博士生导师1人。

二、医疗工作

【管理制度】

1995年，规定所有会诊尽量在当天完成，最晚2天内完成，遇特殊病人则于会诊当天加配营养液。1998年，增设科主任助理，加强科室管理，并制订业务学习、疑难病例讨论等制度，以提高科室成员业务水平。2007年，设立门诊组长，负责营养门诊各项工作，保证门诊工作的连续性和稳定性。

【基本情况】

1984—1987年，肠外营养的输注方式由最原始的单瓶输注逐步完善为串联输注，再到部分混合输注；输注途径从单纯的外周静脉途径扩展到中心静脉途径；营养支持的对象从最初的普外科一病区的胃癌病人，逐渐扩展到外科重症监护病房(SICU)的重症胰腺炎病人。1988年，医院引进专用的层流台和静脉营养输液袋，肠外营养输注开始正式采用"全合一"方式。1988—1995年，成立专门的营养支持小组，成员包括2名医师和1名专职护士；营养支持对象扩展到整个普外科病人；营养支持的形式虽仍以肠外营养为主，但肠内营养亦逐渐开展起来，最初的肠内营养液均是由自然食物制成，如巧克力牛奶、菜汤、匀浆膳等。1990年，引入首个肠内营养制剂。

1995年，建科初期医疗工作主要是以会诊的形式，面向全院各科，开展肠内、肠外营养支持，为病人制订合理营养支持方案，同时配置"全合一"肠外营养液和肠内营养液。打破以普外科病人为主的局面，增加内科系统病人比例同时，会诊形式采用合分结合的形式，即在全科室医师分散(按病区分组)会诊的基础上，遇到疑难病例，由科主任带队查房，与病区医师共同讨论制订营养治疗方案，确保医疗安全和质量。至1995年底，临床营养科会诊的科室达到20多个，除普外科外，还包括消化、血液、肾内、骨科、胸外、中医、口腔、肺科、皮肤、五官、神内、神外、泌尿外科、急诊重症监护病房(EICU)、老年病科、外宾病房等。1996年3月起，开展小儿营养，积极配合儿内科，将肠外营养支持应用于重危新生儿，使其体重增长情况大为改善。其中，一位胎龄仅31周、体重不足1 000克、反复肺部感染、不会吸吮的新生儿，在应用肠外营养支持70多天后体重增加到1 360克，各种反应与同龄孩子相差无几，这样的极低体重新生儿救治成功在院内尚属首例。1996年，积极配合骨髓移植小组，对首例骨髓移植病人给予合理的肠内、肠外营养支持，使病人顺利渡过化疗关；配合传染科，对一例出生3天即患破伤风的婴儿给予及时、合理、有效的肠外营养支持，创造医院婴儿破伤风首例存活的佳绩。至1996年底，科室工作范围再次扩大，接受肠内、外营养会诊的科室逐渐扩展至妇科、儿内外科及传染科。针对临床各科的会诊病人进行定期的营养评估、提出营养干预方案，会诊后加强跟踪随访。

1996年4月，正式设立营养门诊，范围包括小儿营养失衡的治疗和咨询指导、糖尿病的饮食咨询、心肌炎后遗症及胃癌前期病变的营养调理、肿瘤病人尤其是消化道肿瘤等手术前后的营养支持处理与饮食咨询指导。2008年，营养门诊时间按门诊部要求，调整为每周一、二、四开设，门诊副主任医师以上出诊率占67%。2010年，营养门诊每周开设5个专家门诊2个普通门诊，同时，为方便乳腺中心病人的营养咨询需求，临床营养科与乳腺中心合作，增设乳腺疾病的营养专病门诊。

至2010年，“营养支持”的概念已深入28个临床科室。通过会诊予以肠外、肠内营养支持的住院病人约3万人次（配置的肠内外营养液约8万袋/瓶），其中年龄最小的是一名仅31周胎龄的早产儿，最长者为百岁老人。

【健康宣教】

1995—1996年，与外宾病房和内分泌病房合作，对糖尿病病人进行饮食指导，并指定专人参加糖尿病中心的门诊，协助指导糖尿病病人的饮食；不定期针对糖尿病病人开展不同形式的饮食宣教工作；至1996年底，开展糖尿病宣教20余场，共计500人次。

1998—2010年，拓宽宣教范围，增加饮食咨询，对病人、家属及体检病人积极开展形式多样的营养宣教和健康教育，包括一对一指导、小组宣教、健康讲座和书面形式等。先后在各种场合举办10余次公益性讲座，如“吃出营养、吃出健康”“糖尿病病人如何吃”“慢性肾衰病人的饮食和烹调”“糖尿病肾病病人营养知识讲座”“儿童、青少年营养和健康饮食”“高脂血症的饮食干预”等。

2006年，曹伟新首次接受电视台采访，做客上海电视台生活时尚频道《每周健康报告》栏目专访。2010年，又先后做客中央电视台《健康之路》，上海电视台生活频道和教育频道的“饮食与健康”类节目，将合理营养与健康饮食的理念通过电视屏幕传递给大众。同时，各级医师还在《大众医学》《家庭医药》《解放日报》等各类报纸杂志发表有关营养饮食健康的科普文章20余篇，为大众普及营养知识。

三、教学工作

【职前教育】

建科以来，一直承担上海交通大学医学院（原上海第二医科大学）的教学任务及临床见、实习带教工作。建科初时，教学工作由曹伟新独自承担，理论课时数不足20课时，教学对象也仅限于临床医疗系、医学营养专业全日制本科生，1996年，开始承担高护系大专班临床营养见习带教工作。1998—2007年，先后增加医学营养辅修专业、高护系本科、夜大护理本科、法文班、七年制英文班、七年制法文班、检验系专升本、营养系专升本、八年制硕博连读班的营养相关教学任务。2010年，科室主治医师以上均参与理论课的授课，全年科室总课时数达到120课时。

【职后教育】

继续教育工作始于1995年，与高级护理培训中心联合举办第一期临床营养学习班；1998年起，主办国家级继续教育学习班，至2010年共13期，参加者共计300余人次。先后接受全国各地的10余名进修医生前来学习和交流，并经常为外科、儿科、内科等临床科室的医师、护士、进修医师讲授营养专业知识，为院内外其他继续教育学习班授课。

【研究生教育】

曹伟新1993年被遴选为硕士研究生导师、1998年被遴选为博士研究生导师。至2010年，先后共培养 10 名硕士研究生、8 名博士研究生;协助其他导师共同培养博士研究生 1 名。

【教学成果】

2002 年和 2006 年,曹伟新主编全国高等学校教材《外科护理学》第三版和第四版,及配套教材《外科护理学学习指导及习题集》。2009 年,曹伟新受聘任卫生部主管的《医学参考报——营养学频道》副主编,定期承担营养频道专栏的编写工作。

四、科研工作

临床营养科主要围绕胃癌病人的围手术期营养治疗、肿瘤营养干预、危重症病人的营养支持和肠外肠内营养的临床应用等方向,开展科研工作。

1995—2010 年,承担并先后完成包括国家自然科学基金项目、卫生部科研基金资助项目、上海市科委科研项目在内的课题共 5 项。其中,国家自然科学基金项目"甲硫氨酸在肿瘤细胞代谢中的意义"是曹伟新作为普外科医师时申报的,在建立临床营养科后继续负责完成该项研究。截至 2010 年,科室共发表学术论文 130 余篇,其中 SCI 收录 2 篇,获各级各类科技进步奖 9 项,其中 2004 年曹伟新作为第一完成人的课题"肠外营养联合化疗对提高胃癌疗效的临床与基础研究"获上海市科学技术成果奖。

【学术任职】

曹伟新任中华医学会肠外肠内营养学分会常委(2004—2010 年),上海市营养学会第五届、第六届、第七届理事会理事(2001—2010 年)。2010 年,被确定为上海市医学会肠外肠内营养学专科分会候任主任委员。

五、其他

曹伟新曾获 1999—2000 年度上海市三八红旗手荣誉称号。

第二章　外 科 系 统

第一节　普 外 科

一、发展沿革

1907 年 10 月，广慈医院设内、外科，由 1 位法籍医生管理。1914 年，医院成为震旦学院医科的教学医院，医科生可临诊实习，外科开始承担带教任务。

至解放时，外科并无明确分科，但外科手术种类已涵盖普外、骨科、泌尿、胸外、妇科等专业。1951 年医院征用后，妇科从外科分离，与产科合并成立妇产科。外科中专长于妇科的沈锡元医师转入妇产科，负责妇科业务。但外科仍然协助开展复杂的妇产科手术。直到 1952 年成立泌尿外科，也是全国最早之一，开启外科亚专科分科的先河。1953 年，外科结合中华医学会对外科学发展的倡议，对外科总论及外科各论的发展确定明确方向，外科专业化发展初露端倪。原来的大外科开始酝酿分科，即分为普外、骨、脑外、心胸、血管、妇科、小儿、麻醉等专业。从 1954 年至 1957 年，骨科、胸外、小儿外科，麻醉科先后从外科分离出去，成为独立业务科室。1956 年底，上海第二医学院进行专业设置调整，在广慈医院外科（法比系）的基础上，陆续调入仁济医院外科（英美系）部分骨干，进行强强组合，使外科迅速发展壮大。1958 年 5 月，外科成功救治大面积烧伤病人邱财康后，引发灼伤、整复、重症监护等外科学分支萌出。1963 年 8 月，成立灼伤科，神经外科也从外科划出，归入神经科，大外科只保留普外科。1972 年，自主设计筹建高压氧舱，并投入使用。1984 年，成立外科重症监护室（SICU）。1995 年 2 月，创办上海地区第一本外科专业学术期刊《外科理论与实践》；同年 9 月，创立国内综合性医院首个临床营养科。1998 年 2 月，成立上海消化外科研究所；同年 11 月，成立国内首家微创外科手术暨科研培训中心，这也是世界卫生组织（WHO）在亚洲的一个内镜外科培训点。2001 年 10 月，上海市微创外科临床医学中心在瑞金医院成立，成为上海市首批 12 个临床医学中心之一。2002 年，在浙江台州市成立上海市微创外科临床医学中心台州分中心，将微创外科的学科优势向周边省市拓展。2003 年 2 月，瑞金医院器官移植中心成立；同年上海市微创外科临床医学中心成为亚洲腹腔镜与内镜外科医学协会（ELSA）指定认可的微创外科培训中心。2009 年 2 月，瑞金医院乳腺中心成立；同年 8 月，通过竞聘，上海市胃肿瘤重点实验室落户瑞金医院。2010 年 7 月，在 SICU 基础上，瑞金医院成立上海市三级医院中首个重症医学科。

建院初期，内外科共用 55 张病床，外科并无独立病房。1940 年，医院建 5 层病房大楼（现 2、3 号楼），开设外科病房及手术室，床位 100 余张。1949 年，外科床位数为 149 张。1959 年，外科已拥有 156 张床位，其中普外科 126 张、脑外科 10 张、灼伤科 20 张。20 世纪 80 年代初，普外科有 150 张病床，分成外一、外三、外四 3 个病区，分别以肝胃、门脉高压甲状腺、胆胰肠为专业特色（外二是泌尿外科）。1984 年，上海市卫生局投资 700 万元建造烧伤楼和外科大楼（6 号楼），同年在 3 舍辟两张床位的 SICU。1991 年，外科大楼正式投入使用，原外科一、三、四病区随之迁入，普外科床位扩充至 200 余张，并将原来 3 个病区重新分为外科一、二、三、四病区，SICU 仍留在 3 舍，床位增为 3 张。1992 年 SICU 也迁入 6 号楼 1 楼，床位扩充为 6 张。1998 年，在瑞金医院分部（原市政医院)设腹腔镜微创外科病区,设29张床位。1999年,SICU迁至6号楼6楼,床位扩至12张。2001年获准建立上海市微创外科临床医学中心,微创外科病区扩大为3个病区,包括微创普外2个病区49张床位,微创妇科1个病区20张床位。2004年,在6号楼7楼设移植一病区,34张床位(包括肾移植)。2005年,在36号楼设移植三病区,26张床位。2007年,在5号楼(老门诊楼)设外科八病区,20张床位,主要定位为消化道肿瘤的规范化学治疗及靶向治疗。2009年2月,乳腺中心病区在门诊大楼(1号楼)19楼成立,同年9月迁至22楼,设有床位58张。同年在分部增加微创外科三病区,设日间床位16张。至2010年,瑞金医院普外科共有11个病区,床位数达300余张。

表2-2-1 1951—2010年医院外科各分支/中心分科及首任主任情况表

建立年份	科室名称	首任主任
1951	妇产科	唐士恒
1952	泌尿外科	程一雄
1954	骨　科	叶衍庆
1954	胸外科	宋祥明
1954	小儿外科	佘亚雄
1954	外科动物实验室	傅培彬
1957	麻醉科	李杏芳
1963	灼伤科	董方中
1963	外科实验室	林言箴
1963	神经外科(归入神经科,1988年成立神经外科)	张天锡　汪道新(均任神经科副主任)
1972	高压氧舱(2000年并入急诊科)	沈卓洲
1995	临床营养科	曹伟新
1998	上海消化外科研究所	李宏为
1998	微创外科手术暨科研中心	郑民华
2001	上海市微创外科临床医学中心	郑民华
2003	瑞金医院器官移植中心	李宏为
2009	瑞金医院乳腺中心	沈坤炜
2009	上海市胃肿瘤重点实验室	朱正纲
2010	重症医学科	汤耀卿

表2-2-2 1991—2010年医院普外科各病区主要收治病种分布情况表

病　区	主要收治病种	地　点
外科一	门脉高压、内分泌、血管	6号楼4楼东
外科二	胆道胰腺	6号楼4楼西
外科三	胃疾病	6号楼5楼东

（续表）

病　区	主要收治病种	地　　点
外科四	结直肠	6号楼5楼西
微创一	微创肝胆、胃肠、甲状腺、疝与腹壁疾病	瑞金医院分部5楼
微创二	微创肝胆、胃肠、甲状腺、疝与腹壁疾病	瑞金医院分部6楼
微创日间	微创胆道、内镜手术	瑞金医院分部4楼
移植一	肝、肾移植	6号楼7楼西
移植三	肝、胰、机器人手术	36号楼5楼
外科八	消化道肿瘤化学及靶向治疗	5号楼3楼
乳腺中心	乳腺疾病	1号楼22楼

1907年建院初，法国人佛来松(Fresson)负责医院医疗工作。1926年佛来松回国。后由法籍医生桑德里(Santelli)负责外科工作。1935年，毕业于法国里昂大学的徐宝彝回国受聘为首任外科主任。1946年，由桑德里和震旦大学医学院1932年毕业的中国医生沈永康临时主持外科工作，后由毕业于法国巴黎大学的震旦大学医学院外科学教授史比利特(Spriet)兼任广慈医院外科主任，沈永康任副主任。1947年，毕业于比利时鲁汶大学的傅培彬回国受聘外科。1949年后，史比利特等法籍医生回国，傅培彬、沈永康、佘亚雄、沈锡元、史济湘、宋祥明、张传钧、顾成裕、杨永康、林言箴等10名中国外科医生毅然留守，后都成为各专业的领军人物。1951年，广慈医院被征用，留有外科医生12人，傅培彬接任大外科主任。

1956年，国家对教学卫生人员进行评级评薪，傅培彬被评为二级教授。在“文化大革命”期间，外科架构遭到破坏。1969年，取消科主任，科负责人改称召集人，1974年，又改称为组长。直到1977年，医院才恢复科主任职务。至2010年，傅培彬、董方中、林言箴、张圣道、李宏为、朱正纲、彭承宏先后任普外科主任，主执各时期科内管理工作。

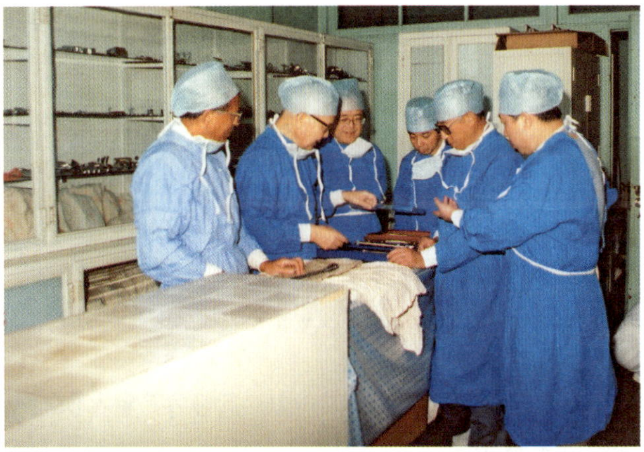

图2-2-1　外科学科带头人做实验(左起史济湘、傅培彬、蒋吕品、李宏为、林言箴、张圣道)

至2010年，瑞金医院普外科形成以胃肠肿瘤、微创外科、胰腺肿瘤、器官移植、机器人外科为特色的综合学科，学科集医、教、研为一体，年门诊量12万余，年住院人数1.6万余，年手术量过万，并每年保持10%以上的增长。成为国家“九五”“十五”期间“211工程”重点学科，上海市教委第二期重点建设学科，第一、二周期上海市医学领先专业重点学科，上海市医学重点学科(胃肠肿瘤)。科室拥有上海市微创外科临床医学中心、上海消化外科研究所、上海市胃肿瘤重点实验室、瑞金医院器官移植中心和乳腺中心，也是外科硕士、博士培养点和博士后流动站，每年科研经费超过千万。

表 2-2-3 1935—2010 年医院外科历任主任、副主任情况表

任职年份	主任	任职年份	副主任
1935—1945	徐宝彝	1946—1967	沈永康
1946—1947	桑德里(法)	1953—1955	佘亚雄
1947—1949	史比利特(法)	1955—1961	程一雄
1950—1956	傅培彬	1956—1966	史济湘
1956—1967	傅培彬 董方中	1961—1967	宋祥明
1967—1974	张世泽 薛永寿(召集人)	1966—1967、1977—1984	林言箴
1974—1977	傅培彬(组长)	1974—1978	张世泽 薛永寿
1977—1984	傅培彬 董方中	1974—1984	唐步云
1984—1988	林言箴	1977—1984	周锡庚
1988—1993	张圣道	1978—1988	蒋吕品
1993—2005	李宏为	1978—1995	李宏为
2005—2006	朱正纲	1993—1995	郁宝铭
2006—	彭承宏	1988—2002	尹浩然 朱上林
		1993—1995	蔡伟耀
		1995—2005	朱正纲 王天翔
		1995—2008	郑民华
		1998—2001	韩天权
		2002—2006	彭承宏
		2005—	尹 路
		2008—	沈柏用 赵 任 王明亮

二、医疗工作

【基本情况】

1907 年建科时，医生为法国“远征军”随军医师兼之，外科仅施诊发药，治疗疮疤等小伤小病。后院方不惜用重金从法国聘请名医到医院执教，招募留法医师归来任职，同时开始从震旦大学医科的优秀毕业生中选拔留用。20 世纪 30 年代，开展胃肠、胆、甲状腺疾病等大手术，名声大起。此后更汇聚了一大批著名专家学者，包括法国巴黎大学医学院外科学博士史比利特；留学比利时的外科学专家傅培彬、小儿外科学专家佘亚雄；留学美国的外科学专家董方中、麻醉学专家李杏芳；毕业于圣约翰大学医学院的肛肠外科学专家周锡庚等。20 世纪 50 年代至 60 年代，修订了外科诊疗常规，并将血吸虫病外科治疗作为重点方向。“文化大革命”以后，70 年代末至 80 年代初逐渐形成胃肠、胆胰、肝脏、器官移植、门脉、乳腺、内分泌外科、高压氧等专业特色。20 世纪 90 年代，大力开展胃肠肿瘤、微创外科技术和器官移植。至 2010 年，瑞金医院普外科拥有世界先进的达芬奇机器辅助腹

腔镜等先进仪器设备，亚学科齐全，设有胃肠道癌肿、胆胰疾病、肝脏、门脉疾病、器官移植、微创外科、血管外科、外科重症监护、乳腺和内分泌外科等亚专科。在消化外科的临床和基础研究上处上海和全国同类院校的领先地位，胃肠肿瘤和微创外科处于国内领先水平，复杂器官移植处于国内先进水平。

【大外科医疗工作】

建院初，上海正在建造徐家汇天主教堂，一工人从脚手架上跌下，昏迷不醒，送来后由法籍医师佛来松给予手术后康复出院，此事名扬沪上，成为最早有记载的手术抢救记录。抗战时期，医院成为战地医院，外科处理较多战伤而闻名沪上，徐宝彝被任命为广慈战地医院院长。1937 年 8 月 14 日，淞沪会战爆发次日下午，两颗炸弹落在上海大世界附近，当场炸死 500 多人，受伤 1 000 余人，100 余名重伤者被送来医院，经抢救大部分得以救治。至 1940 年，外科累计手术千余例，其中大手术占三分之二以上，外科医疗水平在沪上已处于领先。1946 年，法籍主任史比利特擅长骨科，带来一套最新骨科器械，在国内较早开展金属钉内固定手术，也使外科的骨科手术名震沪上。至 1948 年的统计，广慈医院外科手术人次累计达 5 467 例。

1950 年 2 月，国民党空军轰炸杨浦、南市发电厂及卢家湾水厂，仅打浦桥地段死伤居民已 100 余人，其中半数以上送广慈医院急救。外科傅培彬、沈永康、史济湘、宋祥明、张传钧等以及其他科的许多医护人员都积极投入抢救。1950 年底，外科积极响应国家抗美援朝的号召，组织战伤外科学习和医疗手术队。1951 年，史济湘、林言箴、杨永康等人分批赴朝参加抗美援朝志愿医疗手术队，并获集体立功。1957 年，外科在傅培彬的领导下，确定科内工作计划和目标：编写《外科常规手册》，统一诊疗方案，提高常见病、多发病的诊治水平；面对长江中下游地区的血吸虫病流行，寻找外科治疗晚期血吸虫病的方法，董方中成为中央血吸虫病防治五人小组组员之一；开展血管外科的实验研究；探索手术治疗胃肠肿瘤的方法；倡议开展“无痛外科”；鼓励西医学习中医，发掘传统医学的精华。1959 年，沈永康、郁宝铭等首先开展了中医针刺对于内脏功能变化的实验，为当时外科中西医结合的先例。1963 年，沈永康、郁宝铭、林言箴、洪鹤群等在针刺功能学实验的基础上，开展了传统灸法在防治休克中的作用及临床应用。1966 年，经过 3 年的动物实验，外科独创的消化道一层吻合技术正式用于临床，因其操作易、并发症少，而作为闻名全国的广慈手术标志之一。

“文化大革命”时期，外科开展针刺麻醉或针药复合麻醉下的甲状腺摘除、胃大部切除等手术；带领工农兵学员下工厂，去农村，搞普查，优化常见病的防治；成立切脾医疗队，董方中、李宏为为首批成员，在上海松江等周边地区开展医疗工作，为农村地区的大量巨脾病人解除病痛，1970 年，蔡伟耀赴松江人民医院指导开展晚期血吸虫病的脾切除工作；看文献，查资料，学习外科前沿技术，准备开展移植工作；筹建高压氧舱，以治疗各种中毒、外科厌氧菌感染，开展心脏手术等。1976 年 7 月，河北唐山地区发生强烈地震，唐步云带领瑞金医院 30 名医务人员组成抢险队，震后第二天即到达灾区，救治大批伤员。

20 世纪 80 年代，逐渐以病区为基础形成专业特色。外一病区主要收治肝癌和胃癌，外三病区负责门静脉高压，外四病区专业是肛肠外科和胰腺胆道外科。3 个病区医疗工作虽然各有所侧重，但不截然分开，每个病区都收治各种病种，以利于青年医师的培养以及学生实习的需要。各病区每周五停止手术，讨论下周手术病人的术前准备情况和安排下周手术；同时全科医师集中，学习讨论有关业务，如新知和新手术方法的介绍、死亡病例和疑难病例的讨论等。20 世纪 80 年代外科每年开展的选择性手术 1 500 次左右，急诊手术约 1 000 次左右，手术数量及难度均列上海前列。

1986 年，对《外科常规手册》进行修订，第三次重版，深得医学生和进修医生的喜爱。1991 年底，郑民华回国，并与蒋渝一起成功进行了华东地区首例腹腔镜胆囊切除术，开创了医院微创外科技术。1995 年 9 月，一心、肝、肺、肾多脏器衰竭的危重病人被送到普外科观察室，经过一个月各科协同抢救脱离危险，打破了临床医学抢救 3 个脏器同时衰竭必死无疑的记录。1997 年 2 月，因一氧化碳中毒而深昏迷的日本籍病人，经外科高压氧治疗后苏醒并康复。2004 年 9 月，完成腹腔镜肝叶切除术。2009 年，完成 2 例联合下腔静脉切除的后腹膜复杂肿瘤手术。2009 年 4 月，瑞金医院成为全国率先引进“达芬奇机器人”手术系统的单位之一；次年 3 月普外科正式开始使用机器人系统，开展的多种普外科高难度手术均获成功。

【创新性临床医疗成果】

1955 年，傅培彬等在动物实验的基础上，在国内率先行无名动脉瘤切除并人同种血管移植，开创中国动脉瘤外科的先河。1956 年，傅培彬等在国内首创施行大动脉瘤切除术，并使用冷冻干燥人同种血管重建而成功。1958 年 5 月，外科在全院协作下，历经 3 个多月，成功救治大面积烧伤病人邱财康，打破当时国际上“烧伤总面积超过 80％无法治愈”的定论。1977 年 10 月，林言箴等完成国内首例人同种异体原位肝移植手术。1981 年，薛永寿等在院内率先开展纤维胆道镜技术。1993 年，郑民华等完成国内首例腹腔镜结直肠癌手术和首例儿童腹腔镜胆囊切除术，将微创技术推广至恶性肿瘤治疗和儿科领域。同年，郑民华等完成国内首例腹腔镜腹股沟疝修补术。2002 年，李宏为、彭承宏等完成国内首例劈离式肝移植。2004 年郑民华成功实施国内首例全腹腔镜胰十二指肠切除术，世界范围内该手术例数不足百例，标志着中国腹腔镜手术已跻身于世界先进行列。2004 年 12 月，李宏为、彭承宏、尹路率领的团队成功为一例 38 岁的妇女进行亚洲首例肝脏、胰腺、脾脏、胃、十二指肠、全小肠和结肠等 7 个脏器的整块移植，这样的多器官簇联合移植全世界不足百例，包括结肠在内的仅有约 20 例。2006 年 3 月，普外科与心胸外科联手为 1 名 59 岁病人切除心脏和大血管内罕见的联体血栓（长达 33 厘米，白色、菜花样），该类病例国内外均未见报道。2007 年 7 月，郑民华和陆爱国为一名 55 岁的病人进行了世界首例腹腔镜下同时切除直肠癌和胃癌两处原发性恶性肿瘤。2010 年 7 月，彭承宏又完成世界首例机器人保留十二指肠胰头切除术。

三、医疗特色

【胃肠外科】

胃良性溃疡 1953 年，傅培彬在国内最早主张尽可能多施行胃部分切除术治疗溃疡急性穿孔。1958 年，报道国内最大组十二指肠瘘（1952—1956 年间 15 例）治疗体会，指出预防的重要性。1960 年，沈永康等应用中药白芨治疗胃、十二指肠溃疡急性穿孔，被国内专家称为“保守治疗法中的一个新发现”。

胃癌 1956 年，开始对胃癌病人施行胃癌根治手术。1965 年，傅培彬等通过对胃癌淋巴结转移规律的研究，在国内首次提出胃癌扩大根治手术的理念与范围。1972 年，傅培彬提出胃溃疡术后残胃癌治疗原则。1978 年，通过随访比较全胃切除超根治术与胃次全切除超根治术治疗胃癌的疗效，总结全胃切除术后双腔空肠顺逆蠕动代胃的疗效，在国内推广全胃切除术。1981 年，傅培彬、林言箴领导的胃癌课题组耗时半年，对 1958 年起由瑞金医院外科施行的 1 881 例胃癌病人进行全面随访，重点对 685 例胃癌扩大根治术病人的疗效进行分析，并完善该手术的适应证，提出根据肿瘤部位和分期设计合理的手术方案，对早期胃癌只需作附加有关区域性淋巴结清扫的胃次全切除术，Ⅱ、Ⅲ期病人作扩大根治术，Ⅳ期病人则酌情作相应的较简单手术。1983年，按照国际胃癌临床病理分期标准，再次对55例胃癌进行淋巴结转移规律的系统研究，进一步明确对不同分期应进行不同范围淋巴结清扫的观点。1984年开始，林言箴、尹浩然、曹伟新、燕敏等先后开展胃癌围手术期营养支持研究。至1987年12月，共收治胃癌2 722例，手术率88.6%，随访率90.4%，切除者术后总5年生存率为34.8%，接近日本国立癌症中心的同期数据，达到国际先进水平。1988年起，朱正纲在傅培彬、林言箴教授的指导下，在国内率先开展进展期胃癌脾脏免疫功能的系列性动物与临床研究，提出晚期胃癌能削弱宿主脾脏免疫功能，为合理开展胃癌综合治疗提供重要依据。1995年，朱正纲指导研究生杨秋蒙、李琛等在国内较早开展术中腹腔内温热化疗治疗胃癌的基础与临床研究，先后完成动物实验、热灌注机研发与临床应用，研究成果在国内获得推广。同年，林言箴和朱正纲对胃癌临床病例资料进行数据化汇总与研究，提出胃癌数据库和计算机预测胃癌预后的概念。2000年，朱正纲、燕敏、严超等开展应用内镜超声和多层螺旋CT用于胃癌术前分期的系列性研究，为术前合理选择胃癌综合治疗方案提供可靠保证。2004年3月，郑民华等施行上海首例腹腔镜胃癌根治术。2008年以来，在上海市闵行区、松江区以及卢湾区建立流行病学基地，利用社区医疗资源，进行人群普查，从中获得胃癌高危人群，对高危人群重点随访、建立标准的标本库，是国内最完整的组织标本库。

肠癌　1957年11月，周锡庚为一例直肠腺癌病人施行保留肛门的直肠癌切除术。1963年，郁宝铭探索结直肠癌的综合诊疗和中西医联合诊疗模式。1964年，总结301例直肠癌的外科治疗情况，其中直肠癌手术切除率为73.5%，保留排便功能占23.9%，根治切除的5年生存率为64%，优于国外同期报道(52.5%)。1978年起，提出一系列结直肠癌治疗新观念，在国内率先开展改良Bacon直肠癌根治术，低位直肠癌保肛手术的成功率和局部复发率国内始终保持领先地位。1981年，傅培彬、周锡庚等对右半结肠癌根治术的手术操作进行改进，提出直视下清扫血管根部淋巴，使根治手术更彻底。1982年，周锡庚、郁宝铭等对提高大肠癌疗效开展全面总结。1988年，郁宝铭通过检测大肠癌相关抗原对大肠癌手术病人进行预后评估，引导全国大肠癌预后评估和随访工作。在国内首先采用双吻合器进行低位和超低位吻合术；创导开展全直肠系膜切除(TME)进行直肠癌的手术治疗；提出低位直肠癌宜行术前新辅助性放化疗；提出直肠癌术前经肛门栓剂辅助化疗，能提高术后生存；开展术后辅助化疗；建立当时国内最完整的大肠癌资料库。2003年，尹路在国内首先采用带血管蒂的全层肠片以及直肠推进瓣技术成功治愈复发性直肠阴道瘘。2007年，尹路完成上海首例经肛门内镜显微手术。至2010年，瑞金医院外科年度收治结直肠癌过千例，约1/3为外地病人，其中伴随各种夹杂症、复发性、再次手术和较晚期疑难病例约占一半，5年生存率接近西方发达国家，成为全国结直肠癌诊疗中心和华东地区疑难会诊中心。

【胆胰外科】

胆道疾病　1952年，在国内较早开展术中胆道造影检查、胆总管十二指肠吻合术和经十二指肠Oddi括约肌成形术。1960年，傅培彬、沈永康在国内率先提出急诊手术胆道减压的治疗方案，成功救治大量危重病例，使该方案迅速在全国推广。1962年，开展经腹膜外肝穿刺胆道造影术。1976年，瑞金医院外科胆道小组成立，傅培彬任组长。1981年，薛永寿等使用纤维胆道镜经T管窦道取残留结石，并开展术中胆道镜取石。1982年，开设胆道专科门诊，派吴卫泽去天津进修学习经内镜逆行胰胆管造影(ERCP)，瑞金医院成为全国第一家由外科医师开展ERCP临床诊治的单位，成为瑞金医院胆道外科的一大特色。1983 年开始，傅培彬开展胆石成分分析及胆石成因的研究，制订的 8 类胆石分类法被中华医学会胆道外科学组确定为全国胆石症临床调查的分类标准，成为胆道结石分类的“金标准”。1984 年，蒋渝将胆道测压技术应用于胆总管下端疾病的诊断。1991 年，瑞金医院增设腹腔镜专题研究小组，全年开展腹腔镜胆囊切除术 200 余例。2009 年 9 月，彭承宏完成机器人胆囊切除术。

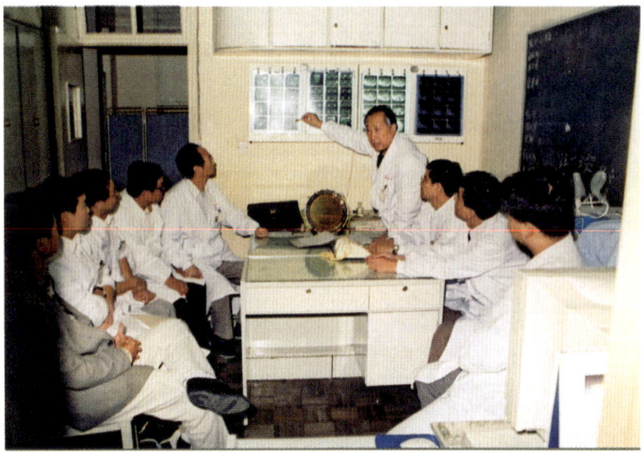

图 2-2-2　21 世纪初张圣道主持重症胰腺炎会诊

胰腺炎　1974 年，成立外科胰腺小组，由傅培彬负责，开展坏死性胰腺炎坏死组织清除及灌洗术，当年治疗的 7 例病人，3 例完全治愈，2 例死于其他疾病，尸检报告胰腺坏死病变已愈合，打破“坏死性胰腺炎必死”的传统观念。1981 年，提出急性坏死性胰腺炎的手术治疗时间越早越好，手术做规则性切除比做坏死清除要彻底的新治疗理念。1987 年，将营养支持应用在急性胰腺炎治疗。20 世纪 80 年代末，发现早期手术的坏死性胰腺炎病人术后并发症较多，术后糖尿病后遗症较严重，特别是发现规则性胰腺切除的标本中周围虽已坏死，而其核心部分的胰腺组织仍有活力。1988 年，张圣道等提出“个体化治疗方案”，不提倡早期手术，只有证明坏死已感染后才手术。采取这一方案后，急性坏死性胰腺炎的治愈率由 20 世纪 80 年代的 57.1%提高到 90 年代的 76.9%。20 世纪 90 年代末回顾分析外科 243 例急性坏死性胰腺炎的治疗经过，提出急性胰腺炎病程序贯分为急性反应期、全身感染期、残余感染期 3 个时期，在急性反应期不宜手术，重点在全身支持，在第二期全身感染期应及时手术治疗的治疗对策。1999 年下半年，成功救治一名多器官功能衰竭、心跳骤停 8 次的极高危胰腺炎病例，病人痊愈出院。张圣道先后领导全国胰腺学组执笔起草 4 个指导性文件：《急性胰腺炎的临床诊断及分类标准（1991 年）》《急性胰腺炎的临床诊断及分级标准（第二次方案）（1996 年）》《重症急性胰腺炎治疗原则草案（2001 年）》和《重症急性胰腺炎诊治指南（2006 年）》。这些文件经中华医学会外科分会胰腺外科学组大会讨论通过，向全国推广，对中国急性胰腺炎的治疗发展起了重要作用。2005 年，张圣道提出暴发性胰腺炎的概念，使中国急性胰腺炎的治疗工作又上了一个新台阶。

微创胰腺肿瘤　2004 年开始，依托微创优势，外科大量开展腹腔镜辅助或全腹腔镜胰腺肿瘤规范切除术。每年完成胰十二指肠切除术 100 例以上。2010 年 3 月，彭承宏完成机器人保留脾脏的胰体尾切除术。至 2010 年底，彭承宏共完成 120 例机器人胰十二指肠切除术，成为全世界完成该手术最多的外科医生之一，沈柏用获第三届世界机器人大会论文一等奖。

【器官移植和肝脏外科】

器官移植　1977 年 10 月，林言箴等完成国内首例人体同种异体原位肝移植手术。1978 年 4 月，外科配合胸外科完成了国内首例同种异体心脏移植手术。这两项重大医学成果填补了中国器官移植的空白。1981 年，开展同种异体原位胰腺移植。由此，瑞金医院的移植外科引起国际移植界的关注。但限于当时客观条件的变化，移植手术无法继续开展。2001 年 11 月，瑞金医院外科恢复中断24年的肝脏移植术，李宏为成功实施新时期首例肝移植术。2002年，完成国内首例劈离式肝移植手术，及医院首例肝—肾联合移植。2003年2月17日，整合医学院基础、临床、免疫、病理、心理等学科，成立瑞金医院器官移植中心，李宏为任主任，尹路、王祥慧任器官移植实验室主任，于颖彦任移植病理研究室主任。2004年末，亚洲首例"腹腔多器官簇联合移植"入选2004年中国医药科技十大新闻。2005年起，实施辅助原位肝移植治疗多种先天性、代谢性疾病，缓解了供体短缺的矛盾，又增加了手术的安全性。2005年5月，与新华医院小儿外科合作，完成2例儿童亲体活体肝移植。2006年7月，完成成人间亲体活体肝移植；同年12月，完成上海首例含肝中静脉切除活体肝移植，切肝比例接近医学极限。2007年12月，实施上海首例"两供一受"活体肝移植。

微创肝切除 2004年起，开展腹腔镜肝叶切除。2010年起，开展机器人规则肝切除及单孔腹腔镜下肝切除，每年开展微创肝切除手术数300～400例。

【门脉高压外科】

1954年，开展预防性脾肾静脉分流术治疗门静脉高压症。1955年，应用肝动脉结扎术治疗肝内阻塞性门静脉高压症。1956年，开展门腔静脉侧侧吻合术。20世纪70年代，开展断流术的同时，寻找其他治疗方法。1982年，董方中在国内率先使用国产硬化剂，经内窥镜注射治疗食管曲张静脉硬化出血而获得成功，改变以往硬化剂依赖进口的状况。1984年，蒋吕品用自制不锈钢丝螺圈进行经皮经肝穿刺食管曲张静脉栓塞术取得成功。1986年，开展脾动脉部分栓塞治疗脾功能亢进。1992年起，采用非创伤性多普勒超声检查获得门静脉系统主要血管的直径、血流量和流速等数据，提出根据不同病人术前门静脉血液动力学参数预测分流口直径的个体化方案，开展临床小口径门体静脉分流术。在开展门体静脉分流术的同时，从贲门周围血管离断术逐渐转向选择性断流术，并取得良好的临床疗效。1993年，开展经颈内静脉肝内门体支架分流术治疗食管曲张静脉破裂出血和顽固性腹水。至2009年5月为止，瑞金医院长期随访的门脉高压病例中，复发出血率仅4.4%，肝性脑病率3.3%，5年存活率达到82%，10年存活率达到71%，达到国内领先水平。

【乳腺外科】

1958年，陈荣明、连肖莪完成医院首例乳腺癌根治手术。1962年，成立外科乳腺专业组，由连肖莪负责。1978年4月，曹德生完成乳腺癌改良根治术。1980年，开设乳腺癌随访门诊，1982年，开设乳腺癌专病门诊，开展乳腺疾病的诊断、治疗、随访和临床科研工作。1991年10月，李亚芬赴法国里昂针对"乳腺癌的综合治疗"进行为期一年的访问学习。1997年，完成保留乳房的乳腺癌手术，并开始探索乳腺癌的新辅助化疗；同年6月，朱建新、李亚芬、郑民华等开展乳腺癌腋腔镜腋窝淋巴结清扫术。2005年，开展乳腺癌前哨淋巴结活检术。2009年2月，瑞金医院乳腺疾病诊治中心成立，沈坤炜任中心主任，中心联合影像科、超声科、放疗科、肿瘤内科、病理科、检验科的力量开展并推广多学科联合门诊，为术后病人制订综合治疗方案，为疑难病人提供更好的诊治平台。2009年11月，第二届上海乳腺癌论坛在瑞金医院举行，李亚芬任主席，专家们对中心的多学科治疗模式表示了高度肯定。2010年5月，长三角地区乳腺疾病协作交流会暨上海交通大学乳腺疾病诊治中心授牌仪式在瑞金医院举行。2010年6月，引进国内首台乳房专用磁共振成像仪。2010年9月，乳腺疾病诊治中心开始分阶段启用，整个楼面共设乳腺病房、乳腺门诊和门诊补液区3个功能区，为病人提供一站式服务。同年11月，上海瑞金医院、上海市慈善基金会以及上海市慈善癌症研究中心共同发起成立的"瑞金—哈根达斯乳腺癌慈善救助基金"正式启动，专门帮助经济上有困难的乳腺癌病人，完成基础治疗以挽救生命。

【内分泌外科】

1956年，开展对原发性甲状旁腺功能亢进(PHPT)病人的治疗，至2001年共搜集90例，属国内大组病例。1966年，开展胰岛素瘤切除术，并通过对74例胰岛素瘤术前术后观察及处理，总结出一系列临床诊治经验。1974年，开展多发性内分泌肿瘤(MEN)的诊治工作。1979年，蔡伟耀首先将神经内分泌细胞瘤(APUD瘤)概念引入中国。1989年，成立内分泌外科专业组，林言箴兼任组长，主要专业内容是甲状腺、甲状旁腺、胰腺内分泌和多发性内分泌肿瘤等。1994年，与内分泌科合作开展多发性内分泌肿瘤的筛查和诊治工作，对符合手术指征的病人进行积极和适度外科治疗。2003年，微创中心开展全腔镜下甲状腺、甲状旁腺手术；李宏为提出低领大弧形切口来代替“L”形切口行甲状腺癌颈淋巴廓清术，获得良好治疗效果，并成为甲状腺癌淋巴结廓清术的常规术式。2006年，开展继发性甲状旁腺癌的手术治疗取得良好疗效，并且报道国内最大组甲状旁腺癌病例。同年开展甲状腺癌同期双侧颈淋巴廓清术。

图2-2-3　1972年投入使用的高压氧舱

【高压氧治疗】

1969年，傅培彬、张世泽筹建高压氧舱。1972年，上海市最大、具有“3舱(过渡舱、治疗舱、手术舱)7门”的高压氧舱在16舍正式投入使用，在以后许多突发事件抢救中，发挥了作用，赢得了声誉。高压氧舱建立初期以抢救煤气中毒病人为主。20世纪90年代开始，拓展高压氧治疗的适应证，对急性脊椎损伤、脑外伤、脑血管疾病、植皮、断肢再植、突发性耳聋、顽固性慢性骨髓炎等进行高压氧配合药物治疗。1991年，对35例急性脊髓损伤病人进行高压氧治疗，74.2%病人得以部分或完全恢复。高压氧舱参与20世纪90年代以后一系列重大煤气中毒事故抢救，如1990年上海造船厂煤气中毒事故、1991年上钢五厂煤气中毒事故、1992年上钢三厂铸钢分厂煤气中毒事故、1993年上海燃气公司煤气中毒事故、1994年广东路塌方煤气中毒事故、1995年龙吴路煤气中毒事故、1996年露露餐厅煤气中毒事故、1997年日本游客煤气中毒等。为了更便捷地在应急救治方面发挥作用，2000年高压氧舱归入急诊部统一管理。

四、教学工作

【教学组织】

1914年，广慈医院成为震旦学院医科的教学医院以来，外科就承担起教学任务。1952年10月，上海第二医学院公布外科学组负责人为叶衍庆。1956年上海第二医学院进行专业设置调整，董方中、李杏芳、周锡庚等组建医疗系外科总论教研组；傅培彬、沈永康、程一雄等组建医疗系外科系统教研组。1962 年傅培彬任医疗系系统外科学教研组主任；董方中任医疗系外科学总论教研组主任。广慈医院成立外科学教研组，下设外总、普外、专科 3 个教学小组（包括伤骨、麻醉、泌尿、胸外、口腔、医体）。1963 年，两教研组合并为医疗系一部外科学教研组。1967—1977 年，“文化大革命”期间，外科教学组织受到严重冲击，直至 1978 年才恢复成立上海第二医学院附属瑞金医院外科学教研组。1985 年，上海第二医学院护理系（后改为高护系）单独成立外科护理学教研室，张圣道任外科护理学教研室主任。1993 年，设骨科、神外、心胸外科、泌尿外科、麻醉教研组，为专科教学工作的精细化发展做出重要贡献。

表 2-2-4　1962—2010 年医院外科教研室历任负责人情况表

<table>
<tr><th>年　份</th><th>教研室名称</th><th>负责人</th></tr>
<tr><td rowspan="2">1962—1963</td><td>上海第二医学院医疗系系统外科学教研室</td><td>傅培彬</td></tr>
<tr><td>上海第二医学院医疗系外科学总论教研室</td><td>董方中</td></tr>
<tr><td>1963—1966</td><td>上海第二医学院医疗系一部外科学教研组</td><td>傅培彬第一主任
董方中第二主任</td></tr>
<tr><td>1966—1977</td><td>受“文化大革命”冲击，教研组未开展工作</td><td></td></tr>
<tr><td>1977—1984</td><td>上海第二医学院附属瑞金医院外科学教研组</td><td>傅培彬第一主任
董方中第二主任</td></tr>
<tr><td>1984—1988</td><td>上海第二医学院附属瑞金医院外科学教研组</td><td>史济湘</td></tr>
<tr><td>1988—1993</td><td>上海第二医科大学医疗系一部外科学教研室</td><td>林言箴</td></tr>
<tr><td>1993—1995</td><td>上海第二医科大学附属瑞金医院临床医学系外科学教研室
骨科教学小组
神外教学小组
胸外教学小组
泌尿外科教学小组</td><td>尹浩然
杨庆铭　张沪生
胡秉诚
邱维诚
陈其智　吴瑜璇</td></tr>
<tr><td>1995—2000</td><td>上海第二医科大学附属瑞金医院临床医学系外科学教研室
骨科教学小组
胸外教学小组
泌尿外科教学小组</td><td>尹浩然　郑民华
杨庆铭　龚耀成
陈中元
张祖豹</td></tr>
<tr><td>2000—2005</td><td>上海第二医科大学附属瑞金医院临床医学系外科学教研室
骨科教学组
泌尿外科教学组
心胸外科教学组
麻醉学教学组</td><td>朱正纲　郑民华
杨庆铭　梁　裕
刘定益　吴瑜璇
陈中元
于布为</td></tr>
<tr><td>2005—</td><td>上海第二医科大学瑞金临床医学院外科学教研室
骨科教学组
泌尿外科教学组
心胸外科教学组
麻醉学教学组
神经外科教学组</td><td>朱正纲
梁　裕
吴瑜璇
臧旺福
于布为
沈健康</td></tr>
</table>

【本科教育】

教学任务 作为医学院最大的教研室之一，每年外科教研室承担包括中、英、法文班和八年制、教改班、成人教育班共计6大班级300余学生的教学任务。授课任务包括：外科学总论、外科学各论、外科选修课的理论授课，另包含外科见习授课、动物手术学课等总计1000余课时数。对英文班和法文班增加外教授课。同时充分发挥法语教学的传统，积极探索法语教学的特点和方法，承担医学院所有法语教学任务。在授课师资安排方面，兼顾师资培养和教学质量的提高，提高授课教师高级职称比例；加强多媒体应用，改进授课方式，在后期教学成果检验中取得不俗的效果。

教学改革 2008年起，增添以问题为导向教学(PBL)及客观机构化临床考试(OSCE)项目，参加交大医学院的PBL培训课程，并选派6位老师参加交大医学院的赴港台学习团，为时一周，系统学习香港、台湾大学的PBL教学模式。派出教师参与医学院OSCE考试的技能培训和监考工作。

教学措施 通过教研室常规例会，进行见习集体备课，统一见习教案，保证不同小组的见习内容相同。在带教方式上，强调互动和床边教学，注意启发学生的思考，强化临床思维能力的训练。每周三下午固定为实习小讲课时间，所有实习同学必须参加。各病区各自安排病区小讲课，注意解决临床常见问题和难点。与瑞金临床医学院协作，设立外科优秀实习医师的评奖制度，每个病区每个轮转原则上评选一名优秀实习医师，由各个病区提交候选人名单交与医学院公示，如无异议则由教研室张榜公布，由医学院予以表彰和奖励。2008年起，协同瑞金临床医学院及学生会共同主办“外科节”的比赛、开展以培养医患沟通能力为目的的“融冰大赛”。至2010年，在核心期刊杂志上发表教学论文6篇。

【研究生教育】

1955年6月，傅培彬任医院的研究生导师，当年即招生3名。“文化大革命”期间，研究生教育中断。1981年恢复研究生招生。至2010年先后有18名博士生导师，41名硕士生导师，累计培养博士171人，硕士253人。

【人才交流】

外科的医疗发展，既大力支援兄弟医院，也吸收全国各地的专家参与。1956年，专业设置调整，仁济医院外科董方中(普外)、周锡庚(肛肠)、李杏芳(麻醉)、周光裕(普外)、汪道新(神外)、杨之骏(烧伤)等医师调入广慈医院，使学科建设更趋完善。1960年，上海第二医学院承担援建蚌埠医学院，外科派杨永康前往任职，后成为淮北地区外科的领军人物；佘亚雄调任新华医院小儿外科主任，成为中国小儿外科奠基者之一。1962年，擅长人工心肺机研究的叶椿秀等调到仁济医院，重点发展心血管外科；周光裕调往北京医院、杨达生调往北京解放军医院，后都任外科主任，他们曾是国家领导人的医疗组成员之一。1963年，陈德昌任卫生部外事翻译，参加《毛泽东选集》法文版翻译工作，后在北京协和医院创建国内首个重症监护病房。2002年，袁祖荣调任上海华东医院任外科主任；从浙医大附二院引进彭承宏，开展器官移植工作。2003年，从南京军区总医院引进尹路。2009年，从上海肿瘤医院引进沈坤炜，建设瑞金医院乳腺中心。

进入20世纪80年代，瑞金医院外科积极争取派中青年医师出国留学、进修，掌握高新技术、提高医教研水平，先后通过公派出国或去香港、台湾地区学习进修，其中赴美国20余人次，法国25人次，日本8人次，德国4人次，瑞典4人次，比利时3人次，加拿大1人次，意大利1人次，韩国1人次，卢森堡1人次，中国香港12人次，中国台湾1人次。高年资医师主要通过出国考察参加国际学术会议掌握科技发展信息，更新知识，把握学科发展的方向。各专业学科带头人在出国交流时会邀请国外医学界专家来医院进行学术交流，让更多的医生学到先进的医疗知识和技术，快速提高医学水平。

【书籍编写】

自编教材　20世纪50年代，在瑞金医院外科奠基人傅培彬、董方中、周锡庚等人的带领下，编写指导普外科临床诊治工作的第一版《外科常规手册》。20世纪70年代后期、90年代初期与2002年，林言箴、张圣道、李宏为等相继组织修订工作，《外科常规手册》先后3次再版。21世纪初，为更好地了解实习同学在普外科见、实习期间的实习状况，规范化临床实践，教研组编写《外科临床见习手册》《外科临床实习手册》。

出版专著　1944年，徐宝彝编写出版《外科大手术图解》，刊图百余幅，且附有详解，为当时国内外科界的巨著。1957年1月，卫生部聘请上海第二医学院16位教师参加编写和评阅医科院校教科书。其中广慈医院外科教师有叶衍庆、董方中、佘亚雄、过邦辅。他们编写和评阅的教材包括《系统外科学》《外科总论》《小儿外科学》。1959年，外科灼伤专题小组编写的《严重灼伤的治疗》出版，为国内首部灼伤专著。1963年，傅培彬、董方中、兰锡纯主编出版国内首部《血管外科学》。1970年，参编上海第二医学院《常用手术图解》，成为基层外科医生身边必备。1978年，外科学教研组参加《全国高等医药院校试用教材：外科学》(武汉医学院、上海第二医学院主编)的编写工作，这也是“文化大革命”后首本全国高等医药院校外科学的试用教材。1979年，林言箴、楼观庭、沈福特、李宏为编写《甲状腺病外科治疗》，这是国内第一本甲状腺外科的专著。21世纪以来，外科主编各类专著10种。2001年，李宏为、郑民华、李健文主编全国法文班统编教材 *Pathologie Chirurgicale*(《外科学》)。20009年，郑民华、臧潞与 R. Carles 主编《外科学》(法文版)。

【法语特色】

利用定期或不定期的外籍教师和各类合作或外籍访问教授，将外语应用能力与专业知识教育、临床技能训练、临床实验研究、人文思想文化背景学习相结合，培养学生具备走向国际医疗服务市场、参与世界化竞争和尖端科研的能力。2005年，李宏为任瑞金临床医学院成立的法语医学教研室首任主任。每年聘请一名法国教授进行为期3周共60学时的外科学理论课授课。2006年始，承担法国暑期交流生项目，系交大医学院与法国交流项目，外科每年接受近10位来自法国各地医学院的学生为期1～2个月不等的临床见习，并安排外科法语师资带教。

【教学成果】

“浸入型双语教学模式在法文班外科教学中的探索与应用”“打造医学教育品牌，培育高端医学人才——基于国际标准构建中法医学教育教学体系”分别获得上海交通大学优秀教学成果奖一等奖(2008年)和上海市教学成果奖一等奖(2009年)。2008年来，在上海交通大学医学院开展PBL等创新教学模式的探索。在临床医学五、七、八年制开展“以培养临床综合思维能力为导向的临床PBL教学实践与探索”获上海交通大学2010年度教学成果奖一等奖(2010年)。

外科学教研室有1人获得上海交通大学师德标兵，1人获得上海高校教学名师奖，1次获得上海市级外科学教学团队。“外科学”分别于2006年、2009年、2010年获评院级、市级和国家级精品课程。2010年，瑞金医院外科正式成为英国爱丁堡皇家外科学院和香港外科医学院联合认证的培训基地，这是上海市首家获得上述两院联合认证的普外专科医师培训基地。外科教研室承担上海市教委Ⅰ、Ⅱ、Ⅲ、Ⅳ教学高地建设项目，2009年获得上海市教委重点课程，2010年获得国家级精品课程，有上海市全英语课程两门。胡伟国、张圣道、邓漾、费健分获第三届、第四届、第五届及第六届“红烛奖”。

五、科研工作

广慈医院建立之初，外科无科研工作记载。1938年，徐宝彝在《震旦医刊》21期上，发表论文《综述八一三沪战时所见之腹腔伤九十一例》，为查证到的首篇外科学术论文。随1954年外科动物实验室的建立，外科逐渐形成成规模的科研基地，结合临床工作开展相应科学研究。1998年2月，成立上海消化外科研究所后，科研重点转向胃肠、胆胰、移植方向。

【科研机构】

1954年，为适应外科研究发展的需要，建立外科动物实验室，这也是上海第二医学院最早设立的临床科研机构之一，为以后的外科创新发展提供实验基地。1963年，成立外科实验室，由林言箴负责。1964年，改称为上海第二医学院外科基础研究室，傅培彬任主任。1982年，改称成腹部外科研究室，当时已拥有300余平方米研究场地、200平方米标准动物房和手术室，购置200余万元实验仪器，成为上海第二医学院外科基础与临床研究基地，并分为实验室与临床两部分。20世纪90年代，随着外科科研项目以及与各科室协作研究项目的增加，在原来动物房和动物手术室的基础上成立瑞金医院动物实验室，除保证外科的动物实验外，面向全院开放，从而为各科室的动物实验提供方便。

【基本情况】

1954年，主要开展同种血管保存和移植的研究，进行异种动脉移植、体外循环的动物实验、低温下心房中隔缺损的制造及修补手术的动物实验。1958年，对烧伤的病理变化进行动物实验。同时，上海第二医学院成立心血管小组(以广慈、仁济为主)，叶椿秀、傅培彬等与上海医疗器械厂共同研发人工心肺机，制成横制转盘式氧合器(上海Ⅱ型)，进行56次动物实验研究；同时设计制造血液变温器。1961年4月，在仁济医院兰锡纯主持下该设备正式应用于临床，为一位室间隔缺损病人成功实施体外循环下直视修补手术。1958年，傅培彬在《中华外科杂志》发表重要文章，呼吁“应该重视与外科有关的基础科学的研究”，使得外科各专业的基础研究在国内先行一步。1963年开展门脉高压不同类型的动物模型制造及处理方法；门体循环间人造血管移植的动物实验；肠一层与双层吻合术比较的动物实验等，均属国内首创性工作。1964年，开展胆石形成机制和胆石症的防治；急性胰腺炎的综合治疗；胃、直肠、结肠癌的防治；门脉高压症的外科治疗；肝细胞再生刺激因子研究；细胞和器官移植研究等；围手术期的基础研究等。1973年，开展中西医结合治疗急腹症的研究，用中药治疗阑尾炎、胆石症等；对十余年来胃癌根治术手术病例进行随访；进行体外过滤门静脉血吸虫的研究；协助麻醉科，开展针刺麻醉的研究。1978年，对3万人进行肝癌普查，以寻找中药中有效的抗癌基本方。20世纪90年代，与感染科、泌尿外科、神经外科、神经内科、内分泌科等合作，成功建立大鼠肝硬化模型、重症肝炎模型、肝缺血再灌注损伤模型、肾缺血再灌注损伤模型、颈内动脉结扎脑缺血模型、帕金森病模型、糖尿病模型、血管内皮损伤血栓模型、腹主动脉支架置入模型、输尿管结扎急性肾功能衰竭模型、肾动脉结扎慢性肾功能衰竭模型、急性坏死性胰腺炎改良模型以及急慢胃炎模型等。建立了大鼠大脑立体定位注射、门静脉测压、结肠造瘘、手术麻醉时生命体征监测、肝移植血管重建后B超监测、颈动脉插管给药、胆汁引流等动物实验方法，及肿瘤分子生物学研究。

【科研特色】

胃肠外科　1956年起，与上海第二医学院病理教研室合作，从临床特征、组织病理学、细胞学乃至分子生物学等多个角度，开始开展了胃肠道肿瘤生物学行为及预后的系列研究。1984—1990年，曹伟新、燕敏、尹浩然等围绕术前营养支持-蛋白质代谢-免疫功能-肿瘤生长进行前瞻性研究。1988年，林言箴、蒋廷鑫、朱寿柱等开展胃手术后再发胃癌的实验研究。20世纪90年代，应用计算机多因素逐步回归分析方法分析了影响胃癌预后的病理因素，探讨了各种胃癌生物学特性与淋巴结转移规律之间的关系及其术前预测淋巴结转移情况的价值，证实Maruyama系统术前预测胃癌淋巴结具有一定可靠性；应用流式细胞技术（FCM）对胃癌组织进行DNA含量分析，发现其中仅DNA倍体、分化程度和TNM分期可作为独立的预后因素；对胃癌浸润转移机制作较为深入的研究，采用免疫组织化学方法研究整合蛋白6亚基及其配体层黏素（LN）、Ⅳ型胶原酶、ras p21及纤黏蛋白（FN）以及C－erbB2癌基因在胃癌组织中的表达及其在浸润转移中的作用；研究胃癌组织中微血管数量（MVC）与胃癌预后的关系，证实血管密度与术后5年生存率有明显相关性。根据这一系列研究提出胃癌生物学特性是决定预后和选择治疗方法重要依据的理论，即胃癌治疗的“个体化方案”。1995年，证实胃癌围手术期肠外营养支持（TPN）同时应用化疗可抑制肿瘤细胞增殖。1998年，开始胃肠道肿瘤、乳腺癌、肝癌体外药敏的研究，以及腹腔化疗对胃癌细胞腹腔种植的影响，开展胃癌癌肿微转移的研究，同时提出现代分子生物学在胃癌研究中的作用。21世纪初，开展肿瘤细胞凋亡、肿瘤基因治疗及肿瘤疫苗研究。绘制出胃癌发生发展各阶段基因表达谱，找出胃癌发生发展过程中结构改变的基因，阐明胃癌发生发展的分子机理，为胃癌早期诊断、治疗及预后提供候选靶基因。2002年开展HG－1/IL－2基因工程化胃癌细胞瘤苗治疗晚期胃癌的研究。2010年，国际癌症研究权威刊物*Oncogene*（《癌基因》）在线发表瑞金医院外科胃癌研究课题组原创性研究成果，该研究不仅首次提出IRX1基因在胃癌发生发展中的抑癌基因作用，还发现在胃癌病人的外周血游离DNA中也可以检测到IRX1基因的高甲基化，为今后将IRX1基因甲基化分析作为胃癌诊断中的新型分子标志物提供了一个重要线索。

1963年，林言箴和张圣道开展胃冰冻术的动物实验。20世纪90年代，用自行合成N－甲基-N'－硝基－N－亚硝基胍（MNNG）喂养大鼠，胃癌诱发率高达80％，远高于国内外文献报道，且诱癌发生周期短，与人胃癌组织学相近，是研究胃癌的理想模型。20世纪90年代中期，应用多种药品喂养化学诱导胃癌前病变模型大鼠，发现能阻断胃癌的发生过程，降低胃癌诱发率。尤其是富胃冲剂（FWCJ）对阻抑胃癌前病变发展、降低胃癌发生率具有一定前景，并对开发中医药具有很大价值。1995年，朱正纲等开始胃肠道肿瘤术中腹腔内温热化疗（IPHC）的体外和动物实验。尤其是探明IPHC的临床适应证，通过动物实验证实腹腔给药的腹腔液和门静脉浓度比静脉给药高出167倍，且持续时间长，有利于对局部病灶的治疗，证明IPHC对机体安全性；与上海交通大学合作开展设备研发，自行设计改良中国自己的IPHC治疗仪。1998年，IPHC开始应用于临床研究。

在周锡庚带领下，围绕结直肠癌的诊治，重点进行发病原因、淋巴结清扫范围、结直肠肠吻合口重建、围手术期辅助治疗以及综合提高结直肠癌病人5年生存率等方面的临床科研工作。“文化大革命”结束后周锡庚、郁宝铭等开展肠腔内5-FU化疗后直肠癌细胞形态、超微结构和组织化学改变研究;结肠造口排便功能控制方面研究。1989年,就合理选择胃癌化疗药物、改革给药途径和调整化疗时机、围手术期静脉营养对胃癌病人蛋白代谢影响等课题开展系列研究。1992年,开展监测进展期胃癌病人免疫状态,及进展期胃癌病人脾脏的免疫状态及手术治疗的研究,研究结果确立了胃癌根治术联合脾脏切除的适应证,直接影响胃癌标准根治术范围的变化。1995年,测定人胃癌细胞株对表阿霉素敏感性,发现药敏变化影响因素,提出了合理用药的必要性。2003年,尹路主持开展直肠肛管周围疾病保肛治疗的系列研究、高效硅纳米线外周循环血肿瘤细胞富集芯片的研制、新型抗结肠癌棉酚衍生物的临床前研究等。

胆胰外科 1973年,开展中药胆石症研究和胆石分析。1980年,采集上海地区及浙江普陀县一年中手术取出的168例胆石标本进行胆石成分测定和扫描电镜检查,开展胆石成分分析及胆石成因的研究,以探讨胆石形成机制,创立以结石剖面图像为基础的胆石分类法,并引起中华医学会全国胆道学组的关注,后在全国推广指导普查。1984年,蒋渝与上海医疗器械研究所合作,自主研制成DYL-1型胆道压力流量测定仪,填补国内该设备的空白并应用于临床。1985年,开展胆固醇类胆结石的溶石实验研究,并于同年发表国内第1篇溶石研究文章。“胆囊胆汁、血清、尿液和胆石中胆汁酸——四配对研究”获得瑞金医院外科首项国家自然科学基金。1987年,发现胆固醇磷脂泡和单水结晶现象。1988年,韩天权建立胆固醇结石和胆色素结石的动物模型,为研究胆石形成及溶解建立稳定可靠的实验平台。1989年,开展胆固醇结石成核机制的研究,发表国内首篇胆汁蛋白成核文章。1989年,发现成核因子及抗成核因子。1990年,开展体外冲击波碎石联合乙基叔丁醚溶石治疗胆石症的实验研究,并逐步应用于临床。1991年,观察到成核因子作用于泡的全部成核过程,该成果国外亦未见报道。1996年和2003年,派出2名博士研究生,与瑞典Karolinska大学Huddinge医院Einarsson等国际著名学者合作研究胆石症的发病机制。2002年,对胆石症高危人群的预测准确率接近80%,同时从肝胆肠循环途径开展较系统综合研究,进一步深入认识胆石症的发病机制,并对易感人群及危险因素进行预测和防治。2005年,发表胆固醇结石病全基因组扫描研究以及胆石症遗传性研究结果,得到国内外广泛关注。

20世纪80年代,建立急性坏死性胰腺炎大动物(犬)手术模型。临床科研主要集中在重症急性胰腺炎外科治疗的合理性、重症急性胰腺炎的诊断及严重程度分类、奥曲肽对急性胰腺炎的治疗价值、急性胰腺炎的全病程分期及个体化治疗方案、重症急性胰腺炎的真菌感染及脑病的防治;开展重症胰腺炎促感染因素的研究,治疗方案的改进,早期采用短时血滤治疗重症胰腺炎的实验研究。基础研究主要集中在肿瘤坏死因子在急性胰腺炎并发多器官功能障碍的作用、并深入至重症胰腺炎致病的分子学基础、多形核粒细胞弹力蛋白酶在急性胰腺炎病情演变的作用、促炎和抗炎细胞因子在急性胰腺炎发病机制的作用、聚合酶链反应技术对细菌感染诊断的研究、干扰素α对急性胰腺炎治疗的研究,以及SIRS和PMN弹力蛋白酶在急性胰腺炎的临床意义。有关胰腺癌的临床及实验工作,套入空肠段黏膜破坏对胰肠吻合口的影响,及556例胰腺癌外科治疗总结。2001年以后,在胰腺手术器械改进、手术技巧方面开展多项研究。

器官移植 1958年,开始肝脏外科解剖的研究。1963年,林言箴开始血容量、血管保藏等肝移植准备实验研究,因“文化大革命”干扰,直至1977年,在董方中指导下,重新复习文献,进行组织及物质准备,恢复肝移植的研究工作。1981年,林言箴、董方中、傅培彬等在国内最先发表《肝脏的灌洗和冷保存的动物实验》《肝脏的灌洗和冷保存的临床应用》论文,将成果与国内同道分享,推动中国早期移植医学的发展。20世纪80年代初,建立猪急性暴发性肝功能衰竭模型以及肝缺血再灌注损伤模型，为胎肝细胞移植的实验和临床应用奠定基础。1982年，成功建立大鼠肝脏移植模型，并进行大鼠尸肝移植手术。随后成功建立大鼠肾脏、小肠移植模型。1983年，开展同种肝移植的动物实验。2001年，严佶祺在导师李宏为指导下发表《大鼠心脏停搏供体肝脏移植的研究》，获2000年度《香港外科医学院杂志》最佳论文奖，首次提出移植肝脏热缺血耐受极限为45分钟。开展原位辅助部分肝移植的临床应用、肝移植受者药效学临床研究及预防活体肝移植小体积综合征的临床研究等。

门脉高压外科　1982年，董方中等开展门静脉动脉化的实验研究。1983年，在国内率先对食道曲张静脉注射硬化剂治疗肝硬化引起的上消化道出血进行动物实验研究和临床观察，取得比较满意的效果。为降低分流手术导致的肝性脑病、肝功能衰竭的发生率，20世纪90年代，开展一系列研究，希望通过缩小分流口直径，最大限度地保留向肝性门静脉血流以营养肝脏、防止肝性脑病的发生，同时使门静脉压下降至足以防止食管、胃底曲张静脉破裂出血。1991年，杨卫平首先通过经皮肝穿刺门脉造影(PTP)对门静脉直径、游离门脉压力及侧枝静脉直径关系进行研究，通过PTP所得的数据，可在分流前确定合适的分流口口径。1993年，陈皓在肝硬化门脉高压动物模型中施行各种分流口大小的门体静脉分流术，证实分流口直径为门静脉直径的67%时能保持较高的门-腔压力梯度和向肝性门静脉血流，为临床开展小口径门体静脉分流术的工作提供理论依据。

内分泌外科　1978年，开展经静脉滴注美兰使甲状旁腺显色，以防甲状旁腺损伤的研究。1983年，曹德生等通过100条神经的尸解和术中喉返神经损伤病例的分析，对甲状腺术中喉返神经损伤和防治进行的探讨，引起国内同道的关注。2003年，报道选择性动脉钙刺激静脉采血检测胰岛素定位胰岛素瘤的技术(Asvs)。Asvs准确定位率为90%，优于B超、超声内镜、CT、MR及选择性血管造影。2006—2010年，在《中华普通外科杂志》《中华外科杂志》上发表系列论文，报道瑞金医院外科收治的多发性内分泌肿瘤Ⅰ型和Ⅱ型的病例。

【科研成果】

截至2010年12月，普外科共获得各类科研基金107项，国际、国家级重大重点课题共6项。1980—2010年，普外科获省部级一等奖以上项目共15项，其中国家科学技术进步奖5项。

表2-2-5　2002—2010年医院普外科获国际、国家级重大重点课题情况表

起止年份	项 目 名 称	项 目 来 源	负责人
2002—2005	调控细胞增殖重要蛋白作用网络的研究	973	朱正纲
2002—2005	生物芯片的开发与应用	863	朱正纲
2002—2005	胃、肺癌相关基因的克隆与研究	863	刘炳亚
2007—2009	胆石病发病分子机制与脂质代谢关系研究	瑞典 Ruth and Richard Julin's Foundation	蒋兆彦
2007—2010	胃癌规范化标本库的建立及预后判断分子标志谱的鉴定	863	朱正纲
2007—2010	微粒生物人工肝反应器构建的研究	863(专题)	彭承宏

表 2-2-6 1997—2010 年医院普外科获国家级科研奖项情况表

年份	名　　称	奖　　项
1997	急性坏死性胰腺炎治疗方案的系列研究	国家科学技术进步奖三等奖
1998	直肠癌外科治疗及辅助化疗远期疗效系列研究	国家科学技术进步奖三等奖
1999	胃癌外科综合治疗的基础与临床研究	国家科学技术进步奖三等奖
2006	重症急性胰腺炎的基础和临床研究——病情加重因素及脑功能障碍并发症的研究	中华医学科技奖一等奖
2008	提高胃癌疗效的外科综合治疗基础研究和临床研究	国家科学技术进步奖二等奖
2008	腹腔镜结直肠癌肿瘤微创手术的技术规范与临床应用	中华医学科技奖三等奖
2009	胆石病发病机制及高危人群的预测	中华医学科技奖三等奖
2010	多模式部分肝移植关键技术研究及其临床应用	国家科学技术进步奖二等奖

【学术任职】

普外科拥有一批国内外著名的外科学专家教授。有十余人先后任中华医学会外科学分会或上海市医学会外科学分会主任、副主任委员，全国胃肠、肛肠、胃肠肿瘤、胆道、胰腺、门脉高压、腹腔镜、器官移植、疝与腹壁及内分泌乳腺外科学会（或学组）的正、副主任委员，上海市普外科学会主任委员等职，并有欧洲科学院院士 1 人、美国外科学院院士 3 人，不少人在国际外科组织中任要职。曾两次获评《中国医学论坛报》国内医学十大新闻。院内为支持普外科临床工作也投入巨大，购入机器人手术系统、高清腹腔镜系统、等离子手术显示系统、各项实验室设备器械等。优质的人员配备和硬件条件以及医院政策上的扶持更史无前例地吸引了国外公司提供最新一体化手术室，以供本院以及来自全国各地的医生进行外科操作学习以及参观交流。

表 2-2-7 医院外科在国内外历届学术团体中部分重要任职情况表

姓　名	任　　职
徐宝彝	国际外科学会会员 上海医学会理事长
傅培彬	上海市医学会副主任委员 上海市医学会外科学会主任委员
董方中	国际外科学会永久名誉委员 中华医学会理事
周锡庚	国际直肠外科医师学会理事
林言箴	WHO 器官移植工作组成员 国际消化医师协会上海分部外科主席 中国抗癌协会胃癌专业委员会副主任委员 上海市医学会外科学会主任委员
张圣道	国际肝胆胰外科学会会员

（续表）

姓 名	任 职
李宏为	中华医学会外科学会副主任委员 上海市医学会外科学会主任委员 上海市医学会普外科学会主任委员
朱正纲	国际胃癌研究会理事 中国抗癌协会常务理事兼胃癌专业委员会主任委员 中国医师协会常务理事兼外科医师分会副会长 上海市医学会副会长、外科学分会主任委员 上海市抗癌协会副理事长兼胃肠道肿瘤专业委员会主任委员
彭承宏	中国抗癌协会胆道肿瘤专业委员会候任主任委员 中国医师协会机器人手术学组副主任委员 上海市医学会普外科学会主任委员
尹 路	国际结直肠癌协会中国分会主席
燕 敏	中国抗癌协会胃癌专业委员会常务委员 上海市医学会创伤外科专业委员会副主任委员
郑民华	世界内镜外科联盟（IFSES）常务理事 亚洲腹腔镜与内镜外科医师协会（ELSA）主席 亚太疝学会（APHS）创始委员、常务理事 中国抗癌协会大肠癌专业委员会常务委员 中国医师协会外科分会微创外科专业委员会副主任委员
沈柏用	中国抗癌协会肿瘤微创治疗委员会胰腺癌微创与综合治疗分会副主任委员 中国医师协会机器人外科医师分会常务委员 中国医师协会胰腺病专业委员会常务委员 上海市医学会普外科专科分会副主任委员 上海市医师协会普外科医师分会副会长
刘炳亚	中国抗癌协会胃癌专业委员会副主任委员 上海市医学会外科学会常务委员 上海市抗癌协会理事
沈坤炜	中国抗癌协会乳腺癌专业委员会常务委员 上海市抗癌协会乳腺癌专业委员会副主任委员
李亚芬	上海市抗癌协会乳腺癌专业委员会副主任委员
陆爱国	亚洲内镜与腹腔镜外科医师学会（ELSA）委员
李健文	亚太疝协会（APHS）委员 亚洲内镜与腹腔镜外科医师学会（ELSA）委员

六、其他

董方中（1998 年）、周锡庚（1998 年）、林言箴（1998 年）、张圣道（1998 年）、李宏为（2003 年）先后被评为瑞金医院终身教授。

【援外医疗】

1951 年，外科组织多人分批赴朝参加抗美援朝志愿医疗手术队。1966 年，上海市组建第一批

图2-2-4　2008年丁家增参加北极科考

医疗队赴皖南山区的上海后方基地，开展巡回医疗，傅培彬亲任队长。1975年3月，尹浩然参加赴藏医疗队，在藏区援建2年。同年起瑞金医院组建定期援摩医疗队，外科分批派人赴摩洛哥。1998年10月，长江流域特大洪水，以朱正纲为队长的瑞金医院医疗队赴湖南澧县完成为期20天的救灾防病任务，并被授予"救灾防病先进集体"荣誉称号，记集体三等功一次。2000年和2010年，杨伟国等作为上海团市委援滇接力扶贫志愿者赴云南贫困地州援建。2008年5月，汶川特大地震，赵任作为首批医疗队队长，带队赴灾区开展医疗救援。以后陆续派出七批医疗队，外科先后5人参加。2008年7月，丁家增作为"雪龙"号随队医生参加3个月的中国第三次北极科考工作。2010年，瑞金医院与云南省怒江傈僳族自治州人民医院签署对口援建协议，杨秋蒙作为首批医疗队队长赴滇援建半年。

表2-2-8　1951—2010年医院外科参加的部分国内外援助医疗队情况表

时　间	地　点	姓　名
1951	抗美援朝	史济湘　林言箴　杨永康
1975—1977	西藏拉萨	尹浩然
1977年7月—1979年3月	河北唐山	方立德　郑振中
1977年9月—1979年10月	摩洛哥赛达特	李宏为
1981年11月—1983年12月	摩洛哥赛达特	唐步云
1983年11月—1985年12月	摩洛哥赛达特	张臣烈
1985年11月—1987年11月	摩洛哥赛达特	尹浩然
1989年3月—1991年4月	摩洛哥梅内克斯	施晓群
1989年11月—1991年11月	摩洛哥赛达特	沈耀祥
1991年11月—1993年11月	摩洛哥赛达特	袁祖荣
1998年10月—1998年11月	湖南澧县	朱正纲
1998年11月—2000年11月	摩洛哥马拉喀什	冯国光
1999年6月—2002年6月	新疆阿克苏	薛建元
2000年8月—2001年2月	云南文山	杨伟国
2003年11月—2004年4月	老挝万象	何永刚
2008年6月—2008年9月	四川都江堰	赵　任　张世瑜

（续表）

时　　间	地　　点	姓　　名
2008 年 9 月—2008 年 12 月	四川都江堰	王建承
2009 年 3 月—2009 年 6 月	四川都江堰	毛志海
2009 年 12 月—2010 年 3 月	四川都江堰	严佶祺
2008 年 7 月—2008 年 10 月	北极科考雪龙号	丁家增
2010 年 4 月—2010 年 10 月	云南怒江	杨秋蒙
2010 年 9 月—	云南红河	潘睿俊

【获得荣誉】

1956 年以来，傅培彬先后 8 次被评为上海市劳动模范。

1982 年，傅培彬被比利时皇家医学会授予外籍荣誉院士。董方中获得国际外科学会荣誉学位。

1983 年，傅培彬被法国外科学会吸收为荣誉会员，并被法国外科学院聘为通信院士。

1988 年，傅培彬被比利时国王授予荣誉勋章。

1990 年，周锡庚获得国家教委颁发的高校科技工作成绩显著荣誉证书和高校教育工作千里马奖。

1993 年，汤耀卿被评为上海市劳动模范。

1995 年，张圣道被评为全国教育系统劳动模范，并获得人民教师奖章。朱正纲获上海市“育才奖”。郑民华被评为上海市卫生系统第五届“银蛇奖”、第三届上海市十大杰出青年。

1996 年，李宏为被法国外科学院聘为通信院士。

1997 年，郑民华被授予上海市回国留学人员先进个人荣誉称号。

1998 年，李宏为被法国政府授予法国荣誉骑士勋章。朱正纲获卫生部“抗洪抢险、救灾防病先进个人”。

2000 年，张圣道荣获上海市“我喜爱的好老师”金奖。

2001 年，张圣道被评为全国师德先进个人。

2002 年，郑民华荣获上海市卫生系统第三届“高尚医德奖”。

2005 年，李宏为被美国外科学院授予外籍院士。李宏为、朱正纲获美国旧金山市荣誉市民。

2006 年，李宏为被香港外科医学院授予荣誉院士。

2007 年，朱正纲被选为美国外科医师学院院士（FACS）。彭承宏荣获 2004—2006 年度上海市劳动模范称号。

2008 年，朱正纲、郑民华入选 2008 年上海领军人才。朱正纲获卫生部有突出贡献的中青年专家荣誉称号；郑民华获上海高校教学名师奖。

2010 年，李宏为被欧洲科学院授予欧洲科学院院士。

2010 年，朱正纲获全国优秀科技工作者荣誉称号。郑民华被授予 2008 年裘法祖普通外科医学青年奖和上海市优秀学科带头人（A 类）。王明亮获 2009 年全国用户满意服务明星称号。

第二节 妇产科

一、发展沿革

1922年,医院开设产科病房,位于25舍(现8号楼),病房分头、二、三等和普通床位4个等级(其中头、二等床位约10张,三、四等床位约20张),隶属于外科,由一名助产士负责接生。1935年,医院聘请一名法籍产科医生到医院工作后,产科从外科独立。1946年,妇科自外科独立后,病房选址于3号楼2楼。1951年,妇科与产科合并,妇产科成立。专设的妇科病房,位于3号楼2楼,并建立妇科及产科门诊。1952年,科室核定床位81张。1991年妇产科搬入6号楼11楼和12楼。2000年,成立微创妇科病区,位于分部2号楼4楼,2001年迁至分部1号楼4楼。至2010年,核定床位数82张。

1951年,有工作人员7人,其中主任医师1人,特约医师2人。1953年,有工作人员47人,其中主任医师3人。截至2010年,妇产科主任医师2人,副主任医师15人,新生儿室专职医生2人。有硕士生导师2人。

表2-2-9 1955—2010年医院妇产科历任主任、副主任情况表

任职年份	科主任	任职年份	副主任
1955—1967	唐士恒	1955—1956	刘慕贞(代理)
1978—1984	刘慕贞	1956—1961	姚永葆
1984—1988	何其久	1956—1967、1977—1978	刘慕贞
1988—1991	费冲	1956—1967、1977—1981	刘德傅
1991—2000	华祖德	1961—1967、1977—1978	吴一鹗
2000—2005	侍庆	1978—1984	金毓翠 佟慕光
2005—	喇端端	1981—1984	何其久
		1984—1988	费冲
		1984—1991	华祖德
		1988—1994	李慧芳
		1991—1994	陆培新
		1994—2005	喇端端
		1994—1997	刘晓瑗
		1994—2008	胡烈薇
		1997—2000	侍庆(主持工作)
		2002—2008	朱钟治
		2002—	冯云
		2005—	龙雯晴
		2008—	刘延

二、医疗工作

【医疗特色】

产科　1922—1950年，主要工作是经阴道分娩的助产技术，包括顺产接生和难产时产钳助产，但尚未开展剖宫产手术。产前检查在产房中进行，不设门诊。1939年，因发生“天花事件”，医院聘请法籍助产士到医院工作。1952年，产科开展“无痛分娩”。1957年，上海市卫生局推行区域定点医疗，产科开始负责卢湾区及徐汇区等二级医院的产科会诊工作。1959年，率先开展围手术期的镇痛工作，提高无痛分娩的效果。1958—1962年，在西医学习中医过程中，运用中西医结合方法，处理产后镇痛，倒转臀位，新生儿硬皮症，红臀、先兆流产及习惯性流产等疾病。1963年，结合专科门诊的情况，治疗不孕不育疑难病例。通过门诊、院内广播及黑板报的形式开展孕期卫生、无痛分娩、计划生育宣教。同时产科改进保护会阴的方法，会阴破裂率由48%降低至28%。1968年，产科将过去只限瑞金打浦地段的服务范围扩大至整个卢湾区。

70年代起，产科将工作重心落到危重孕产妇诊疗中。引进新型B超，使异位妊娠、畸形胎儿得到早期诊断和治疗。开始尝试米非司酮＋米索前列醇用于中期引产。1973年，产科将羊膜腔内注射天花粉的方法用于大月份引产，提高引产效果，减少天花粉的不良反应。80年代末至90年代初，建立天花粉引产诊疗常规，在全国推广应用。1994年起，产科开设母婴同室并通过卫生部验收。2000年，母婴同室获上海市三甲综合医院评比第一名。

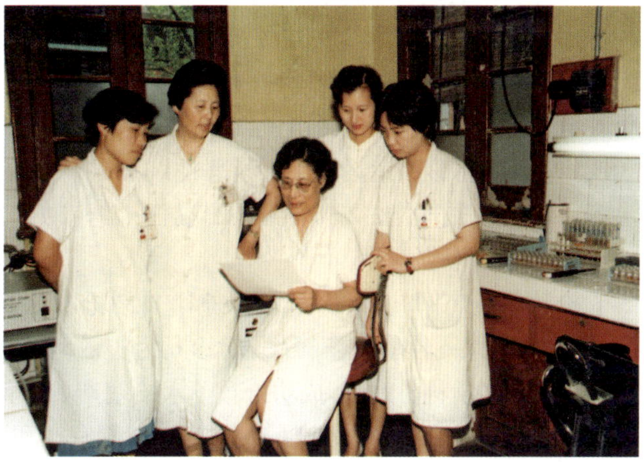

图2-2-5　妇产科金毓翠(右三)研究天花粉作用机制

2000年，产科开设高危、遗传、营养门诊，进一步提升产科综合服务质量，同时开展和完善新的产前诊断项目如孕早期唐氏综合征，18三体和神经管畸形的筛查。产科被评为上海市质量免检单位。2000—2006年，产科以收治高危孕产妇为特色，其中2002年开设特需产科，制订早产儿分娩预案，加强与上海早产儿中心的联系，使早产儿的成活率明显上升。2006年由其他医院转入院比例高达1/3。

新生儿室　1957年，成功抢救一名体重仅600克的超低体重儿。1964年，引进专职新生儿医生，成立新生儿室。这在当时的综合性医院尚不多见，提高新生儿窒息复苏成功率。新生儿死亡率由8.4%降到7.2%。专设新生儿病房减少交叉感染，早产儿成活率提高。产科新生儿室成立后，进行多次母婴血型不合Rh溶血病的换血疗法，挽救多名重症高胆红素血症患儿。1972年，再次成功抢救一例体重仅600克的超低体重儿，当时正值美国总统尼克松访华，上海市政府将该成功案例作为总统访华时准备参观的项目之一。20世纪90年代初，科室成功救治3名体重在900～1 000克的早产儿。

妇科肿瘤　1959年，妇科设立恶性肿瘤、痛经及习惯性流产的专病门诊。20世纪60年代末，开展卵巢癌，外阴癌等妇科恶性肿瘤的根治性手术。20世纪70年代初，总结20世纪50年代对妊娠滋养细胞疾病绒癌和侵蚀性葡萄胎的防治经验，创造性地将天花粉用于治疗妊娠滋养细胞疾病，将恶性葡萄胎的治愈率提高至98%；绒癌的5年生存率明显提高，治愈率从20%提高到80%。20世纪80年代初，开始用顺铂、中药联合化疗治疗卵巢癌的临床研究。对晚期卵巢癌无法切除者，将阿霉素等化疗药物通过腹腔检查镜进行腹腔化疗后再行手术治疗，治愈率达90%。尤其恶性程度高的内胚窦癌，从原来生存期6个月提高到可以长期生存。1980年起，运用手术加化疗等综合治疗晚期卵巢癌。将短小棒状杆菌和腹腔气芥注射用于卵巢癌的治疗，对晚期绒癌采用多药物联合化疗，获得较好效果。2002年，开设更年期门诊。2008年与麻醉科合作，开展门诊无痛人流。2008年，开设宫颈专病、阴道镜门诊，开展HPV检查，结合宫颈细胞学筛查提高早期宫颈疾病的检出率。2009年，规范了妇科恶性肿瘤诊疗常规，同时全面开展妇科恶性肿瘤的广泛全子宫＋盆腔淋巴清扫、腹腔镜盆腔淋巴清扫等复杂手术。

微创妇科 20世纪80年代初，开展腹腔镜检查技术。20世纪90年代初，在普外科微创外科小组的引领下，将电视腹腔镜技术广泛运用于妇科常见疾病的诊断及治疗，开展宫外孕探查术及卵巢囊肿手术。1994年，开展经阴道子宫内膜异位症无水酒精局部注射。1994年起，开展腹腔镜下附件囊肿剥离、腹腔镜辅助阴式子宫切除术，在当时国内处于领先地位。1998年，开始将腹腔镜技术运用于根治性子宫切除＋盆腔淋巴结清扫和张力性尿失禁修补术。2000年，科室成立腹腔镜小组，设立微创妇科病区，由腹腔镜小组成员参与临床工作，逐步开展由简单到复杂的各级宫腔镜和腹腔镜手术。2001年，上海市微创外科临床医学中心成立，微创妇科作为重要组成部分参与工作。2002年，开始将腹腔镜运用于妇科恶性肿瘤的广泛子宫切除术，提高宫、腹腔镜联合应用水平，在上海市保持领先地位。2009年，喇端端任上海市妇产科腔镜学组的组长，进一步巩固微创妇科在上海市的学术地位。

抢救危重病例 1983年，与普外科共同抢救妊娠合并急性坏死性胰腺炎产妇1名。1997年12月10日，为一名在怀孕6个月时诊断为扩散型肺结核病的孕妇施行剖腹产，顺利产下一名女婴。2000年，在多学科协助下，成功抢救羊水栓塞产妇1例。2005年，成功抢救妊娠合并急性脂肪肝并发肝功能衰竭产妇1例，为该病人成功实施剖宫产和肝移植手术，母女平安。2008年，成功抢救Rh阴性血前置胎盘失血性休克的产妇1名。

【医疗数据】

1931—1932年，产科年分娩量为560例。1952—2010年妇科、产科门急诊及住院人数及手术人数相关数据如表2-2-10。

表2-2-10 1952—2010年医院妇产科门急诊、住院人数及手术统计表

年份	门诊人数	急诊人数	住院人数	住院手术数
1952	—	—	520	—
1953	—	—	887	—
1954	14 226	1 273	1 163	—
1955	17 774	1 695	1 361	—
1956	18 369	1 740	1 119	—
1957	23 707	1 901	1 214	—

（续表）

年　份	门诊人数	急诊人数	住院人数	住院手术数
1958	39 425	1 481	1 922	—
1959	45 014	1 395	1 162	—
1960	37 303	1 114	960	—
1961	31 536	913	778	—
1962	29 796	742	739	—
1963	34 866	793	955	—
1964	32 828	738	873	—
1965	31 200	754	870	—
1966	28 176	733	948	—
1967	38 749	911	767	—
1968	33 465	1 078	801	—
1969	30 355	1 046	842	—
1970	23 462	1 138	828	—
1971	21 845	917	833	—
1972	21 130	1 195	818	—
1973	23 037	1 299	746	—
1974	23 682	1 068	720	—
1975	25 670	1 205	779	—
1976	24 813	1 196	832	—
1977	26 596	1 085	822	—
1978	26 086	1 114	502	260
1979	30 776	1 034	563	262
1980	35 680	1 195	648	263
1981	39 606	1 494	645	278
1982	45 937	1 774	708	231
1983	49 147	—	752	273
1984	48 741	1 991	654	312
1985	45 827	2 291	783	299
1986	49 001	2 323	704	341
1987	52 346	2 099	736	337
1988	54 176	1 649	989	369

（续表）

年份	门诊人数	急诊人数	住院人数	住院手术数
1989	65 500	1 501	829	423
1990	66 682	1 374	736	382
1991	68 023	1 207	791	467
1992	63 752	1 125	659	—
1993	58 788	1 289	799	—
1994	56 237	1 203	842	—
1995	58 864	1 288	938	—
1996	63 445	1 303	925	—
1997	70 563	1 593	1 054	727
1998	75 823	1 358	1 032	688
1999	82 040	1 417	1 115	761
2000	10 195	1 791	1 120	671
2001	71 895	1 430	1 150	594
2002	73 842	1 651	709	517
2003	67 230	1 410	958	449
2004	78 278	1 836	1 053	567
2005	75 576	1 736	1 255	666
2006	76 686	1 668	1 594	861
2007	89 766	1 930	1 776	987
2008	91 999	1 912	1 817	1 030
2009	90 303	1 810	1 350	760
2010	90 748	2 163	1 243	781

三、教学工作

【教学任务】

1922 年，产科病房建立后便承担临床带教任务，震旦学院医科学生轮流到产科实习。1959 年 2 月，成立医教研小组后，有专人负责带教，修订临床系和口腔系的妇产科学大纲，成立妇产科教学人员架构网，在上海第二医学院教学经验交流大会上得到好评。1963 年，妇产科教研室成立。1979 年开始，妇产科各病区开始由固定的临床医生带教，定期开展小讲课，让实习生参与会阴缝合和会阴切开手术。同年，科室承担非洲留学生的教学任务。1989 年，科室认真规范三级查房，制作教学录像，提高实习生的临床能力和病史书写水平。

表 2-2-11　1961—2005 年医院妇产科教研室历任主任、副主任情况表

任职年份	主　任	任职年份	副主任
1961—1966	唐士恒	1963—1984	刘慕贞　吴一鹗
1976—1984	刘慕贞	1976—1984	金毓翠
1984—1995	金毓翠	1984—1995	费　冲　华祖德
1995—2000	华祖德	1995—2005	喇端端
2000—2005	侍　庆	2005—	龙雯晴
2005—	喇端端		

【教学成果】

20 世纪 50 年代起，科室编写《农村妇女卫生》《青年婚姻指导》《妇产科常规手册》等十余本学习教材，自制各类教学用具及手术幻灯图谱供学生使用。2008 年，参与编写《妇产科手术解剖图谱》法文版并出版。2010 年，参与交大医学院举办的 PBL 培训，在交大医学院举办的 PBL 案例的评选活动中，沈育红撰写的案例《青春永驻》被评为三等奖。教研室在原有的基础上，根据新的教学大纲要求和新的理论教材，更新临床教学视频、手术录像、临床操作模拟人等教具。为完善标准化试题的建设，科室参与完成标准病人剧本、病例分析、胎监、产程图图例等题库的建设。采用 OSCE 考试及试卷分析，新增临床实习病例讨论。截至 2010 年，共培养硕士研究生 45 人。

【继续教育】

1999 年起，妇产科开始举办国家级腹腔镜学习班，规范腔镜技术在妇科手术中的运用，接受全国各地的医生参加培训。2007 年起，妇产科举办国家级继续教育项目“微创外科新进展——妇科腔镜学习班”，该培训班每年举办 1 期。

四、科研工作

【科研特色】

1956 年，妇产科实验室成立。开展 HCG 羊红血球凝集抑制实验诊断早孕。提出稀释半定量及浓缩半定量法来诊断早孕和作为诊治绒癌、葡萄胎的观察随访指标，并在国内推广。1961 年，分析 1 013 例产褥期输卵管绝育近期及远期的观察以及上海市 35 例产科死亡病例。1963 年，产科门诊搜集近千例过期产阴道图片，进行 526 例输卵管结扎术后的随访工作。60 年代进行绒毛膜激素免疫法测定在临床上的研究，用免疫法代替生物法进行妊娠诊断。血浆雌三醇放射免疫测定也填补国内空白。

1979 年，成立上海第二医学院女子计划生育研究二室，开展外周血染色体常规培养，完成论文《滋养细胞肿瘤染色体变化》《天花粉、前列腺素用于抗早孕的研究》，在全国人类遗传学年会上宣读，并参加 1980 年全国计划生育大会交流。1981 年起，在上海第二医学院生殖医学研究培训中心安排下，接受南南协作课题，由金毓翠医师负责，完成“垂体 PRL 腺瘤治疗前后血清 PRL 值的变化”“正常妇女月经周期七种女性激素的变化”“皮下埋植剂与高血脂的关系”“NorpLomt(R)上市后的监测”等WHO的科研项目,建立一整套女性激素放射免疫测定的科研,为“引产机制探讨”等科研课题的开展奠定基础,对妊娠的鉴别诊断、早孕人流者及妊娠滋养细胞病人的治疗与随访有较大的实用价值。1983年起,科室承担与WHO挂钩的“中国正常妇女月经周期五种激素测定”科研项目,建立的各种激素测定的高、中、低“内部度量控制”符合WHO的要求。1988年,天花粉除应用于治疗妊娠滋养细胞疾病、宫外孕等,在引产方面也建立诊疗常规,在全国推广应用。2004年末,妇产科成为药物临床基地。

【科研成果】

截至2010年底,妇产科共获国家计划生育委员会项目4项,上海市计划生育委员会项目11项,上海市科委项目6项,上海市教委项目1项,上海市卫生局项目2项,上海市慈善基金会项目1项,协作完成“六五”国家科技攻关项目“金属单环支撑力与脱落的关系的研究”。1988年,天花粉蛋白的临床运用及相关机理研究获得国上海市计划生育委员会科技进步奖三等奖。至2010年底,共获国家计生委科技进步奖6项(1项协作),上海市计生委科技进步奖2项,上海市科技进步奖7项。

表2-2-12 1986—2010年医院妇产科获国家级科研奖情况表

年份	获奖课题	奖项名称
1986	天花粉蛋白引产原理的进一步研究	国家计生委科技进步奖三等奖
1986	家用检孕卡制备与应用	国家计生委科技进步奖二等奖
1990	天花粉蛋白注射液	全国医药卫生科技成果展览会金杯奖
1991	速释避孕栓剂研究	“七五”科技攻关成果奖三等奖
1993	正常孕妇和妊高征病人凝血、抗凝和纤溶的研究	国家计生委科技进步奖三等奖

【对外交流】

1998年2月起,上海第二医科大学聘请法国斯特拉斯堡医科大学妇产科教授BRETTE为客座教授,每年来瑞金医院妇产科参与双语教学,教学内容包括教学查房、病案讨论和专题讲座。1998年10月,法国马赛第二大学妇产科教授BLANC到医院访问,开展3次专题讲座。2000年11月,法国尼斯大学附属医院妇产科TRAN教授到医院开展学术交流与访问,并为科室全体医生讲解显微手术进展。科室先后派遣各级医生赴法国、瑞士妇产科医院进修。

五、生殖医学中心

2001年8月,瑞金医院人才引进冯云,开始筹建生殖医学中心(简称“生殖中心”)。同年11月,瑞金医院不孕不育门诊正式开启,门诊位于老门诊楼2楼。2002年1月,中心落成。在瑞东医院设立辅助生育技术(ART)实验室,专用面积约1 000平方米,仪器设备投资500万元。2002年3月,生殖中心正式开展辅助生育诊疗服务。2008年1月,生殖中心由瑞东医院迁入瑞金医院,专用面积约2 000平方米。2008年2月起,生殖中心陆续在瑞金医疗集团各分院(台州中心医院、卢湾医院)开设不孕不育门诊,并逐步形成如图2-2-6的布局。

2002年3月，冯云任生殖中心主任，兼任妇产科副主任。2002年底，医疗团队有在编医生4人，技师2人，护士4人。截至2010年，中心共有在编医生9人，技师4人，护士9人。

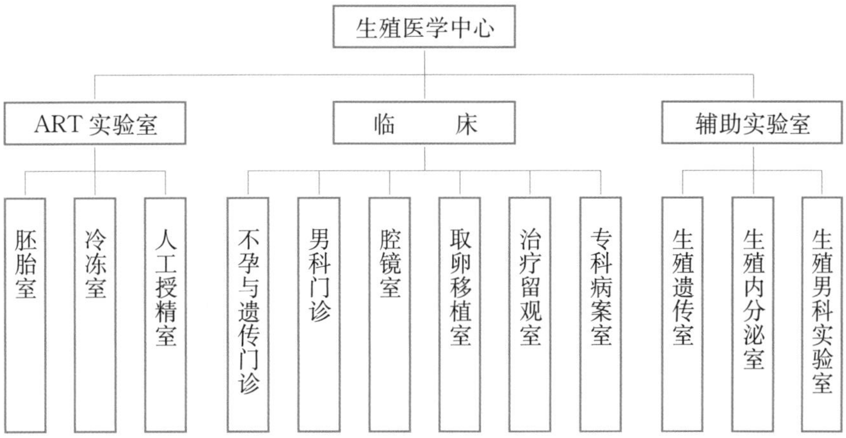

图2-2-6　2010年医院生殖中心布局结构图

【医疗工作】

2002年起，中心根据社会需求和主管部门审批情况，分步骤开展体外受精-胚胎移植(IVF-ET)、卵母细胞浆内单精子注射(ICSI)、冻融胚胎移植(FET)、受卵、多胎妊娠早期选择性减胎术、夫精人工授精(AIH)、供精人工授精(AID)等辅助生育技术。

2002年3月21日，中心实施首批取卵术，与麻醉科合作，国内率先尝试异丙酚加小剂量芬太尼静脉全身麻醉下取卵术，获得满意效果。2002年11月，瑞金医院首例试管婴儿健康出生。2003年12月18日，瑞金医院首例冻融胚胎试管婴儿健康出生。2003—2005年，开展"B超引导下胚胎移植术"，在国内早期开展宫腔镜技术应用于胚胎移植前诊治，极大提高体外受精临床妊娠率。张爱军等依托课题研究搭建荧光原位杂交(FISH)及胚胎植入前遗传学诊断(PGD)技术平台，于2008年8月7日出生瑞金医院首例PGD婴儿。2004年，中心获批准开展IVF-ET、ICSI及AIH助孕技术。2005年始，中心开展卵子冻融技术。2008年起，中心采用全胚冻存后超长降调-激素替代冻胚移植，使这类病人的妊娠率显著提高。2008年6月，生殖中心为一名精子纤毛不动症导致的"死精症"病人，采用ICSI受精，喜获双胎健康婴儿出生。2009年9月，获得开展AID试运行项目。2010年8月，为一名取卵日无可用精子的病人行卵子冻存，12月复苏卵子后ICSI受精，行鲜胚移植后获得临床妊娠，随访子代健康，出生上海市首例玻璃化冻卵复苏试管宝宝。2010年12月，获得正式运行AID项目资质。

检验项目　2002年起，逐步建立生殖内分泌实验室、生殖遗传实验室、生殖男科实验室，开展相关检查，有效配合临床诊疗。2005—2006年，增设抑制素B、Y染色体微缺失、中孕唐氏筛查检测。

护理管理　2002年起，辅助生育诊疗实施门诊式服务、病房式管理，生殖护理承担病房工作中的执行诊疗、术前准备，面对门诊病人流、咨询分诊，兼具ART手术室的手术辅助和设备维护，同时还承担助孕宣教、知情告知、术后随访、数据统计及病案管理等多项工作。

医疗数据　2002—2010年，中心共实施体外授精取卵2 960个周期，出生"试管宝宝"1 338人；共实施人工授精(含夫精及供精)1 255个周期，出生宝宝166人。

表 2-2-13　2002—2010 年医院生殖医学中心体外受精-胚胎移植工作统计表

年　份	取卵周期(n)	胚胎移植周期(n)			临床妊娠率(%)			子代(n)	
		新鲜胚胎	冻融胚胎	总　数	新鲜胚胎	冷冻复苏胚胎	总　率	总　数	其中缺陷
2002—2004	286	277	45	322	42.2	24.4	39.8	152	4
2005	201	183	45	228	45.9	31.1	43.0	109	3
2006	316	248	95	343	29.4	38.9	32.1	114	2
2007	406	347	176	523	38.3	42.0	39.6	198	2
2008	375	308	154	462	30.2	35.7	35.9	146	2
2009	535	364	281	645	35.2	42.0	38.1	248	3
2010	841	385	597	982	30.2	40.4	36.4	371	3
合　计	2 960	2 112	1 393	3 505	35.23	39.48	36.9	1 338	19

表 2-2-14　2002—2010 年医院生殖医学中心人工授精工作统计表

年　份	夫精人工授精		供精人工授精		子　代	
	周期(n)	妊娠率(%)	周期(n)	妊娠率(%)	出生总数(n)	缺陷数(n)
2002—2004	34	14.7	50	34.0	20	0
2005	27	14.8	2	—	3	0
2006	61	13.1	—	—	3	0
2007	104	12.5	—	—	11	0
2008	212	11.3	—	—	22	0
2009	275	12.4	19	15.8	36	0
2010	296	12.2	175	20.6	71	1
合　计	1 009	12.3	246	22.8	166	1

生殖医学伦理委员会　2001 年 10 月 30 日，成立瑞金医院伦理委员会生殖医学分委会，医院党委书记严肃任主任。分委会每年定期会议讨论疑难伦理病例，予以临床工作监督和指导。

【教学工作】

2002—2010 年，冯云培养上海交通大学医学院(原上海第二医科大学)硕士研究生 18 名，博士研究生 2 名。

2002—2010 年，冯云一直任五年制、法文班、英文班“不孕症、多囊卵巢综合征、闭经”等内容授课，任生殖生物学理论与技术(国家教育部精品教学课程)中“辅助生殖技术现状与进展”课程的授课。2010 年 9—12 月，中心负责完成 2007 级中文班妇产科学 89 位学生，160 课时的见习带教。

【科研工作】

中心主要围绕胚胎干细胞、配子生成、生殖资源保存与再利用等研究方向，结合临床开展科研工作。截至2010年，中心共承担各级各类课题计13项，其中2003年，"体细胞与未成熟卵母细胞质重组卵受体及发育潜能研究"获国家自然科学基金，冯云为课题第一负责人；2006年，冯云参加中南大学承担的国家科技部"863"计划课题"中国人类(疾病)胚胎干细胞库的建立与应用"，任上海交通大学课题组长。发表论文80余篇，其中SCI 4篇。

六、其他

1998年，金毓翠、吴一鹗被评为瑞金医院终身教授。

1975—1977年，陈静坤参与上海第二医学院教学医疗小分队，支援西藏建设。1976年7月，华祖德、陆培新到唐山大地震灾区，完成为期2个月的支援救治任务。1983—2007年，妇产科共有11人参加9批援摩洛哥医疗队。2008—2010年，妇产科共有7人参加5批医院援建都江堰人民医院医疗队。2010年10月，妇产科郑敏参加医院第二批援滇医疗队。

第三节　眼　　科

一、发展沿革

眼科创建于1921—1922年。1954年，眼科病房和门诊位于瑞金医院2号楼1楼，有床位25张。1985年，眼科门诊搬到门诊楼，病房迁至2号楼2楼，床位36张(1995年增至38张)。2008年，眼科门诊迁至新门诊大楼11楼，病房从2号楼2楼搬迁到新门诊大楼19楼，床位35张。

1934年，震旦大学医学院选派陆润之赴越南西贡法国眼科研究所进修，回国后任医院眼科主任。1942年，震旦大学将眼科交广慈医院管理，由聂传贤主持眼科工作。1952年，聂传贤继续担任眼科主任。

1954年，眼科有医师9人。1986年，眼科有医师20人。2010年底，眼科有医师21人(其中主任医师2人，副主任医师5人)。

表2-2-15　1937—2010年医院眼科历任主任、副主任情况表

任职年份	主　任	任职年份	副主任
1937—1942	陆润之	1955—1956	王永龄(代理副主任)
1942—1967	聂传贤	1956—1961	王永龄　沈天裕
1978—1984	李经庭	1961—1964	唐忆年
1984—1988	陈彬福	1961—1967	李经庭
1988—2000	王康孙	1978—1984	陈彬福　魏月华
2000—2002	叶　纹	1981—1984	汪汉泉
2002—2009	王　玲	1984—1988	王康孙

（续表）

任职年份	科主任	任职年份	副主任
		1995—2000	杨亚芸
		2000—2002	王　玲
		2005—	廉井财
		2009—	沈　玺（主持工作）

二、医疗工作

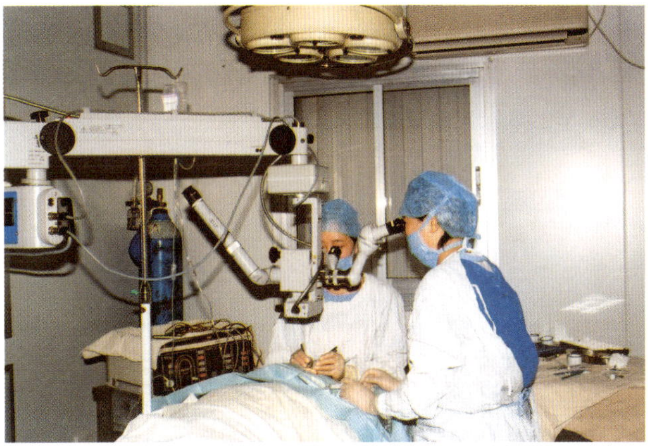

图 2-2-7　1998 年眼科手术室

眼科建科初期主要处理眼外伤，以后逐渐扩大业务范围。1958 年起，在视网膜脱离手术中应用电透热和巩膜缩短，提高手术效果。运用环钻施行鼻泪道吻合术，缩短手术时间，减少病人痛苦。1963 年，眼科在角膜真菌病的诊治方面取得成就，开展视网膜脱离黄斑裂孔手术、眼部整形等手术。1977 年以后，又以眼外伤为重点专业，并开展验光配镜、角膜病、眼部免疫性疾病、眼内出血等检查、诊断和治疗。1987 年，开展眼部整形手术，应用注气术治疗黄斑裂孔。1992 年，眼科有激光、眼外伤、整形、人工晶体、荧光造影、中西医结合、鼻泪道和 B 超等 8 个亚专业组。1994 年，购置准分子激光仪，成立眼科激光中心。1995 年，开展准分子激光手术。1996 年，瑞金医院成立中美合作眼科中心，原眼科激光中心相关治疗转归眼科中心，眼科相应的部分检查和治疗在眼科中心进行。2002 年，开展激光对于眼底病的治疗及荧光造影和视觉电生理检查对眼科疾病的诊断。2005 年，在中美眼科中心基础上成立瑞视眼科。

【医疗特色】

白内障治疗　1958 年起，对于治疗白内障病人的手术方法由囊内摘除逐渐转为囊外摘除。1996 年，开展超声乳化白内障摘除术，提高手术疗效，缩短手术时间。2009 年，开展光动力学疗法。

青光眼治疗　1958 年起，使用电子眼压计和前房角镜早期诊断青光眼病人，开展虹膜周切术预防青光眼的急性发作。1963 年，在青光眼的早期诊断方面取得成绩，根据视野进行分型和分期。2008 年，开展引流阀植入术治疗青光眼。

玻璃体手术　“文化大革命”结束后，以玻璃体手术为重点专业。1986 年，购置 1 台手术显微镜，翌年，初步应用显微镜开展玻璃体切割术。1988 年，在美国芝加哥大学的 Morse 教授的指导下，提高玻璃体切割手术的水平。1990 年，成立玻璃体切割小组和人工晶体植入小组。2009 年，开展微创玻璃体手术。

金属异物取出　“文化大革命”结束后，眼科与新跃仪表厂共同研制发明水平泡金属异物定位器、磁性金属异物探测定位器、磁性金属异物吸出器等。1986 年，研制成磁性金属异物探测定位器，完成动物实验后在临床应用。

【医疗数据】

1980 年，眼科治愈率 86.09%，病床使用率 92.34%，应用氩激光和染料激光共治疗各类眼病 1 261例。1994 年，完成白内障手术 335 例，人工晶体植入术 267 例，青光眼手术 203 例，视网膜剥脱手术 183 例，玻璃体切除手术 56 例。

表 2-2-16　1954—2010 年部分年份医院眼科门急诊、住院人数及手术统计表

年　份	门诊人数	急诊人数	门诊手术数	住院人数	住院手术数
1954	150 人/天	45 人/周	15/周	255	—
1958	125 人/天	45 人/周	15/周	367	—
1962(1—11 月)	36 695	1 594	—	334	248
1963	41 840	—	824	322	248
1980	51 193	8 151	617	380	—
1983	59 452	—	775	—	495
1986	81 861	3 236	1 200	543	1 018
1987	72 284	6 944	—	—	—
1988	65 251	6 203	—	—	—
1989	69 796	5 292	—	542	—
1990	75 520	5 616	—	547	—
1991	80 371	4 498	—	576	—
1992	73 164	3 753	—	632	—
1993	61 258	3 956	—	687	—
1994	64 813	4 379	—	—	—
1995	71 413	3 596	—	—	—
1996	76 409	3 764	—	872	—
1997	75 060	3 675	—	1 023	929
1998	63 812	3 045	—	1 189	1 113
1999	73 482	3 173	—	1 405	1 325
2000	84 038	3 528	—	1 463	1 384
2001	59 153	2 926	—	1 399	1 323
2002	56 439	3 526	—	1 092	961
2003	48 023	1 392	—	909	832
2004	48 202	1 573	—	1 282	1 160

（续表）

年　份	门诊人数	急诊人数	门诊手术数	住院人数	住院手术数
2005	47 885	2 683	—	1 766	1 475
2006	49 237	2 609	—	1 768	1 489
2007	54 278	2 702	660	1 765	1 508
2008	61 367	2 559	662	1 934	1 366
2009	63 991	2 476	633	1 986	1 849
2010	68 251	2 862	736	2 007	1 863

三、教学工作

【教学组织】

1963 年，聂传贤兼任医疗系一部眼科学教研组主任。1978 年，恢复聂传贤为眼科学教研组主任，李经庭、魏月华为眼科学教研组副主任。1984 年，李经庭任眼科学教研室主任，陈彬福为副主任。期间，完成上海第二医学院的教学任务，包括医学生的上课见习，夜大、电大进修教学等各项工作。1988 年，陈彬福任眼科学教研室主任，王康孙任教研室副主任。此后教研室主任均由科主任兼任。

【教育任务】

1995—2010 年，每年完成中文班、法文班、高护和夜大的教学任务。1980 年，聂传贤开始招收硕士研究生。1992 年，王康孙开始招收博士研究生。1995 年至 2010 年，每年有 3～10 名在读博士、硕士研究生。

【职后教育】

1984 年，科室接受进修医生 7～8 人，并安排科内医师出国进修。1988 年，开展英语查房和业务学习，并与其他医院共同举办玻璃体视网膜病学习班。1998—2008 年，每年完成国家级继续教育学习班“激光在眼科的应用”。2004 年，与大连眼科医院共同主办了 Green 2000 大连国际眼科大会，参与协办第一届欧亚眼科大会。

四、科研工作

眼科的科研工作起步于 20 世纪 80 年代，各型眼内异物探测仪先后获上海市卫生局颁发的重大科技奖（1982 年）、国防科学技术工业委员会二等奖和三等奖（1983 年）、上海市科学技术进步二等奖（1985 年）等。

20 世纪 90 年代，科研主要方向为激光在眼科的应用。1992 年，“中红外激光对角膜组织的作用”获上海自然科学基金项目。1995 年，完成上海自然科学基金项目“铒激光对灵长类生物角膜生物效应的研究”。1995 年，“激光角膜手术治疗近视眼的系列基础研究”获得上海市科技进步奖三等奖；1996 年，“染料激光眼科治疗机”获国家技术发明奖三等奖。2003 年，“人羊膜对眼前部病变的临床治疗及机制研究”项目获上海市科学技术进步奖三等奖。

2002—2010 年，眼科共发表 SCI 收录论文 24 篇。至 2010 年，共获国家自然科学基金 8 项。1998—2000 年，每年都有在研的上海市科委项目。

表 2-2-17　1992—2010 年医院眼科获国家自然科学基金项目情况表

起止时间	课 题 名 称	负责人
1992—1994	激光角膜切开深度、方法和矫正层光度数关系的研究	王康孙
1995—1997	PRK 术后屈光度回退和上皮下混浊的实验研究	王康孙
2000—2002	2000 年国际局限性光探索与发展论坛	王康孙
2003—2005	半导体激光经瞳孔温热疗法的细胞效应和分子机制	王　玲
2004—2006	准分子激光屈光手术后干眼症发病的分子和解剖学机制的研究	廉井财
2009—	阈值下预照射的半导体激光治疗 CNV 的基础和临床研究	王　玲
2010—	RhoA/ROCK 通路在 EPO 促视网膜神经细胞轴突生长中的作用	钟一声
2010—	整合素在实验性青光眼视网膜和视神经小胶质细胞激活中的表达情况	刘小红

【学术任职】

王康孙曾任中华医学会上海分会激光医学学会委员会主任委员(1994 年)。2002 年，王康孙被中国光学学会激光医学分科学会授予荣誉委员。

第四节　耳 鼻 喉 科

一、发展沿革

耳鼻喉科的前身是 1932 年由法籍医生创立的喉科。后科室业务逐步完善，对耳、鼻、咽喉等各专业均具一定水平的诊疗能力，更名为耳鼻喉科。1952 年，耳鼻喉科开放床位数为 27 张，病房位于 2、3 舍。1961 年，耳鼻喉科病房搬入 26 舍(现 33 号楼)，与皮肤科病房同处一个病区。1991 年 11 月，耳鼻喉科病房搬入 6 号楼。2002 年，耳鼻喉科病房搬迁至灼伤大楼。2006 年，耳鼻喉科门诊迁至新门诊大楼 11 楼。2008 年底，耳鼻喉科病房搬迁进入老门诊 2 楼。至 2010 年，开放床位数为 33 张。

耳鼻喉科开创初期，由法籍医生主持工作。1936 年，震旦大学医学院毕业的医师刘焘、胡名亨等相继进入科室工作。1952 年，入院病例数为 235 人，在职人员 15 人(其中主任医师 1 人，主治医师 2 人，住院医师 1 人，工友 11 人)。1990 年在职人员共 23 人。至 2010 年在职人员共 32 人，其中主任医师 3 人，副主任医师 4 人，主治医师 6 人，住院医师 2 人，有硕士研究生导师 3 人。

表 2-2-18　1949—2010 年医院耳鼻喉科历任主任、副主任情况表

任职年份	主　任	任职年份	副 主 任
1949—1956	刘　焘	1956—1966	程锦元(主持工作)
1978—1984	程锦元	1961—1966	胡名亨

（续表）

任职年份	主　任	任职年份	副主任
1984—1993	江　敏	1978—1984	孙济治　江　敏
1995—1997	程容荃	1984—1993	程容荃
1997—2005	陈学明	1993—1995	陈学明(主持工作)
		1995—1997	陈学明
		1993—2008	叶燕芬
		2005—	蔡昌枰(主持工作)　王士礼

二、医疗工作

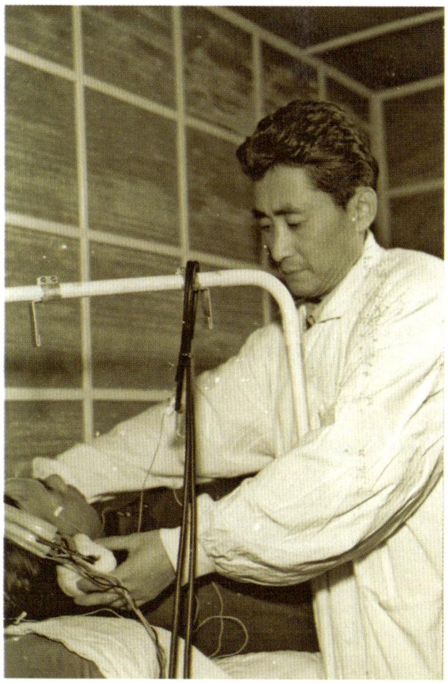

图 2-2-8　1985 年耳鼻喉科江敏给病人做听力测试

【医疗特色】

耳部疾病　1955 年，建立耳功能检测和听力重建系统，引进电测听计，成为本市较早拥有此设备的医院之一，并建造纯音测听室；用放大眼镜检查中耳并施行手术，开展镫骨撼动术和鼓膜成形术。1959 年，应用国产显微镜开展鼓室成形术、镫骨手术及内耳开窗术。1962 年，开设传导性耳聋专病门诊，对听力减退病人进行鼓膜人工装置、圆窗阻塞试验、咽鼓管测压及电测听等检查，开展各种类型鼓室成形术。1964 年，应用言语测听，增加鼓室成形术病人术前听力检查的准确性，并排除部分不宜手术的病例。1979 年，在上海无线电一厂的协作下制成能精确控温的冷热气刺激仪，解决鼓膜穿孔病人的测试问题。1983 年，开展内淋巴囊引流术治疗眩晕症，形成既有检测又有治疗恢复耳功能的手术体系。20 世纪 90 年代，通过施行面神经全程减压术治疗周围性面瘫、行小耳郭畸形再造术，打下耳整形手术的基础。2003 年，开展耳郭假性囊肿切除术，提高该疾病的临床治愈率。

鼻部疾病　20 世纪 50 年代初，针对慢性鼻窦炎开展经上颌窦进入筛窦和蝶窦的手术方法（即 De-Lima 术），成为治疗慢性鼻窦炎的经典术式，并沿用至 20 世纪 90 年代末期。同时期，将医用塑料置于下鼻甲黏膜下，“埋藏法”治疗萎缩性鼻炎。20 世纪 70 年代，开展翼管神经切断术治疗变应性鼻炎。1986 年，开展经鼻径路脑垂体肿瘤切除术。20 世纪 90 年代中期，鼻内镜下行鼻息肉摘除术等术式。2002 年，全面开展功能性鼻内镜手术治疗慢性鼻窦炎，并在此基础上开展包括鼻内镜下脑脊液鼻漏修补术、鼻内镜眶减压术、鼻内镜下鼻腔泪囊吻合术等难度较高的鼻内镜手术。

咽部疾病　1958 年，采用中西医结合的止痛措施，耳鼻喉科推行无痛扁桃体手术，提高扁桃体手术后无痛率，同时推行门诊扁桃体手术。1965 年，改良扁桃体挤切术，改全身麻醉为无麻醉操作，消除了当时儿童扁桃体手术病例的大量积压，杜绝全身麻醉的并发症，将住院手术改为门诊手术。至1973年底，无麻醉扁桃体挤切术已累计施行1.3万余例，术后随访4 000余例。1973年6月，无麻醉扁桃体挤切术由上海科教电影制片厂拍摄成科普新闻电影公开放映。6月25日，在松江县人民医院召开上海市郊县无麻醉扁桃体挤切术推广交流会，并两次在贫下中农家开展手术。此方法经推广普及，于1987年获中央卫生部科技成果奖。

1985年，开展悬雍垂腭咽成形术(即鼾症手术)，治疗阻塞性睡眠呼吸暂停综合征，并拍摄成科教电影《夜间公害》在国内公开放映。1989年12月，上海市卫生局对鼾症诊治工作进行成果鉴定；1992年1月，"鼾症手术治疗分析"项目获得1991年度上海市科学技术进步奖三等奖。2009年，作为对经典手术方式的一种补充，开展舌骨悬吊术治疗阻塞性睡眠呼吸暂停综合征，对于具备适应证的病人起到了较好的术后疗效。

喉部疾病　1963年，对声带息肉病人的治疗由直接喉镜改为间接喉镜手术，减轻病人手术痛苦的同时，提高治愈率。1983年，开展支撑喉镜下喉显微手术，同时配备纤维喉镜及电子动态喉镜检查，根据病变范围，可选择性地进行喉部分切除、全喉切除或加颈淋巴结廓清术。1990年，开展喉部分切除的一期重建手术及显微镜下的声带黏膜剥脱术，采用各种方法治疗声带麻痹，包括声带外展固定术、神经肌瓣移植术治疗等。采用的内置扩张法治疗喉瘢痕狭窄。1993年，开展环状软骨舌骨会厌软骨融合术(CHEP)治疗喉恶性肿瘤。同时期，与胸外科合作，施行全喉全食管切除+胃上提代食管术治疗下咽癌合并食道上段癌，获得成功。此外，耳鼻喉科通过与九院整复外科合作，施行全喉全下咽切除加胸大肌皮瓣一期修复术治疗下咽癌。

三、教学工作

1952年起，负责带教上海第二医学院全日制本科和夜大学的理论及见实习教学。1966—1976年，教学任务受严重影响。1977年后，教学秩序逐步恢复，增加英语班、法语班的教学任务。1960—2010年，参编书籍20余种。

1979年，经国务院学位委员会批准，获耳鼻喉科硕士学位授予点，耳鼻喉科程锦元成为首位硕士生导师，开始招收硕士研究生。1979—2010年，共招收硕士研究生16人。

四、科研工作

1962年，程锦元等与电信研究所、唱片公司、上海师范学院等单位合作，着手研究言语测听问题，成为国内最早开展此项研究工作的单位之一。1965年，完成上海话言语测听的唱片设计与灌制，同时开始畸变语言的研究工作，探索对中枢性病变的诊断。1981年，完成宽波语言的唱片录制。

1965年，江敏等成功设计人耳蜗的引导电极。1977年，引导出人的耳蜗电位，为耳鼻喉科的听觉生理实验室打下基础。1979年，引导出豚鼠的脑干电位和人的颅顶慢电位。1980年，引导出脑干电位，为临床正确测试听觉功能提供了新的手段。1981年，脑干电位被列入上海市科研成果汇编，同年，完成"脑干电位颅顶分布"的研究。1982年，采用国产叠加仪及自制仪器引导出良好的脑干电位应用于临床，课题"脑干电位的引导及其临床应用"于同年8月获得上海市重大医学科技成果奖。2006年，耳鼻喉科与上海交通大学系统其他附属医院联合成立"上海交通大学(医学院)耳鼻咽喉科研究所"，瑞金医院耳鼻喉科任副所长单位，并下设"鼻内镜微创外科研究室"和"鼾症研究二室"。

至2010年共获得上海市科委课题1项、上海市教委课题5项。

【学术交流】

20世纪80年代起开始国际的学术交往。1983年6月，日本耳鼻喉科教授访华团到医院参观访问，对耳鼻喉科无麻扁桃体挤切术做出较高评价。1985年，举办无麻醉扁桃体挤切术国际学习班，先后接受日本等国八批专家到医院参观。1986年，接待日本耳科专家访华代表团。1987年10月，程锦元应邀参加在日本举行的第一届扁桃体手术国际交流会。1987年，耳鼻喉科程容荃赴法国里昂医科大学附属医院进修1年。1992年，耳鼻喉科王士礼赴法国波尔多进行为期1年的进修学习。1999年4月，医院与丹麦奥迪康公司合作成立"瑞金奥迪康听力中心"中心，并与该公司听力研究所合作进行"发展中国家药物致聋研究"的科研项目。1999年10—12月，耳鼻喉科科主任陈学明赴香港大学医学中心玛丽医院进行学术访问交流，之后又分批派出多名医师赴香港学习深造。2002年，蔡昌枰赴新加坡任外籍住院医师2年。2003年10月，吴继昌赴法国马赛进行为期10个月的进修学习。

【学术任职】

1957年，刘焘被选为上海市医学会耳鼻喉科专科分会第六届主任委员。

五、其他

1986年，程容荃参加援摩洛哥医疗队，为期2年。2003年，叶燕芬参加援摩洛哥医疗队，任医疗队队长，为期2年。2009年10—12月，吴继昌参加上海市医疗卫生系统(第六批)对口支援都江堰市灾后重建医疗队。

第五节　口 腔 科

一、发展沿革

1932年，震旦大学医学院牙医系成立。1933年10月，牙医系在广慈医院南面儿科入口处南侧建造一幢二层小楼，开设牙医系附属门诊部，由学校直接管理。门诊部有牙椅5台，脚机6台，电机1台，X光机1台。1935年初，牙医系门诊部迁入4舍3楼，面积约为150平方米。1941年，日军占领法租界，广慈医院2、3、4舍被征用，牙医系门诊部临时迁往院内巴斯德研究所(现为预防医学科学院寄生虫研究所)。1945年迁回原址。1950年9月10日和1951年6月19日，广慈医院与震旦大学医学院两次签订协议，分别就双方相互间关系和劳保工作做出认定，确认名称为广慈医院口腔部，仍由学校负责管理。1952年8月，华东地区高等学校院系调整，门诊部与学校脱离关系，转入广慈医院。1953年1月，广慈医院口腔部正式更名为广慈医院口腔科，又增加4舍2楼，共两个层面用于口腔科门诊工作。1953年，在2舍3楼开设口腔颌面外科病房(是当时全国开创的第二家口腔颌面外科病房)，有病床10张。1954年8月，口腔科门诊扩展手术椅及综合性治疗椅共40台。1956年，病房内增设整形外科专业，病床扩张至35张。1961年，正式增设整形外科为独立专科。1962年11月，为使口腔各专业得到更好的发展，在口腔科下设口腔内科、口腔外科、口腔修复矫形科和整形外科4个专科。1963年口腔外科更名为口腔颌面外科，口腔修复矫形科更名为口腔矫形科。1965年12月，口腔医学系教学实习基地从广慈医院迁至上海第九人民医院(以下简称"九

图 2-2-9　1957 年接待苏联口腔颌面外科专家(前排左二张锡泽,左三柯什赫,左四张涤生,二排左三邱蔚六)

院”),广慈医院口腔科大部分医务人员及设备从广慈医院调至九院,仅设综合性的口腔科门诊,保留牙椅 10 把,综合治疗台 4 台。1968 年,原址恢复口腔颌面外科病房,设 5 张病床,并在急诊室内设观察床。1973 年恢复了口腔矫形科,并重新开设口腔技工间。1974 年,病床数扩展到 10 张。1991 年 12 月 30 日,口腔病房搬入 6 号楼 1 楼东侧,病床数扩大为 14 张床位,另加 3 张观察床。2001 年 12 月 7 日,因科室改造,口腔科搬至门诊地下室过渡,设牙椅 10 台。2002 年 5 月,口腔科病房关闭,所有科内医务人员至门诊工作。2002 年 12 月,口腔科门诊部迁至门诊 4 楼,设牙椅 15 台并增添了新的多功能全景 X 线摄片机及自动洗片机,共有口腔综合治疗椅 10 台。至 2010 年,口腔科有综合治疗椅 16 台、X 线牙片仪 1 台、全景 X 线机 1 台、烤瓷炉 2 台等。

1965 年 12 月口腔系迁至九院之前,口腔科有医师 75 人,护士 18 人,技术人员 20 人。迁往九院后仅保留 7 名医师和 4 名护士。截至 2010 年,口腔科有医师 14 名(其中博士 3 名、硕士 4 名)、护士 7 名、技术人员 4 名。

表 2-2-19　1933—2010 年医院口腔科历任主任、副主任情况表

名　称	任职年份	主　任	任职年份	副主任
牙医系附属门诊部	1933—1938	勒乔爱[法]		
	1938—1952	沈国祚		
口腔部	1952—1953	席应忠		
口腔科	1953—1965	席应忠	1954—1962	邱立崇
口腔内科			1962—1965	许国祺　乌爱菊
口腔外科	1962—1965	张锡泽		
整形外科	1962—1965	张涤生		
口腔修复矫形科	1963—1965	邱立崇	1962—1965	周鲸渊
口腔科	1988—1993	黄晓梅	1979—1988	黄培喆
	1993—1997	储琪东	1982—1988	黄晓梅
			1984—1993	储琪东
			1997—1997	郭大锁
			1997—2002	张慧玲(主持工作)　林朝生
			2002—	高益鸣(主持工作)
			2005—	张慧玲

二、医疗工作

牙医系门诊部主要针对口腔内科病以及口腔外科病的治疗。1960年以后，口腔科门诊分别开展口腔外科、口腔内科、口腔矫形、牙周病、口腔黏膜病、口腔儿童等专病门诊。口腔科病房成立后开展各类口腔颌面部肿瘤手术和整形外科手术。1965年，大部分工作人员迁往九院后，口腔科业务一度萎缩，病房关闭，每天只开半天门诊，仅做口内修复和齿槽外科。1968年，恢复做一些颌面部小型手术。1974年，开展一些大、中型口腔手术，包括口腔恶性肿瘤扩大根治术和联合根治术等。1979年，基本恢复全部口腔诊疗项目。2007年，口腔科在上海市口腔临床质量控制中心的检查中，名列全市第一，并成为上海市第一批口腔质控样板单位。2010年，科室已经发展成为能够承担牙体牙髓、牙周病、口腔黏膜病、口腔修复、口腔外科、口腔正畸、口腔儿童、口腔放射影像等所有口腔亚专科的综合性口腔科室。

【医疗特色】

口腔颌面外科　1956年，黄培喆开展阻生智齿劈牙拔除法，利用双面骨凿置于牙冠中纵劈牙体并分块取出，在全国广泛推广应用。1956年，张锡泽在国内首次系统报道下颌骨肿瘤切除后立即进行植骨，避免肿瘤切除术后组织移位、畸形及二期植骨的困难，缩短手术固定时间及手术次数。1964年，施行根治性双侧颈淋巴结清扫术，提高双侧颈淋巴结转移或转移率较高的颌面部恶性肿瘤病人的治疗效果。20世纪60年代初期，建立以外科为主的口腔颌面部恶性肿瘤的综合序列治疗模式，开展全额隧道皮瓣转移法，为晚期颌面恶性肿瘤病例开辟一条治愈途径。1981—1994年，与血液科等多学科相互协作，先后完成5例颌骨血友病性假瘤病人手术治疗，其中1例病人病变范围累及上颌骨、颧骨，波及颅前、中窝区。1982年，开展液体硅橡胶在鼻口整复的应用。1991年起，逐步开展胸大肌带蒂皮瓣、肩胛肌皮瓣等多种皮瓣修复术，修复肿瘤病人缺失部位。1992年，完成1例右舌根鳞癌病人的右舌、颌、颈联合根治＋颈前带状肌皮瓣修复术。1994年，完成巨大颈动脉体瘤切除＋人造血管颈总动脉移植手术。1999年，对巨大颊癌侵犯上颌骨与下颌骨的病人，行颊颌颈联合根治术＋游离前臂皮瓣移植缺损修复术＋对侧颈外静脉移植皮瓣血管蒂延长术＋腹部全厚皮片游离移植前臂缺损修复术。2000年，完成口腔恶性肿瘤切除后前臂皮瓣游离移植即刻修复术，应用显微技术将病人自身的一块前臂皮瓣，移植、修补病人缺损近1/2的舌和口底，再用腹部游离皮片修补前臂。病人愈后，发音清晰，进食吞咽未受影响。2002年后，因口腔颌面外科病房关闭，门诊主要以齿槽外科的工作为主，部分需要手术的特殊病例通过借用其他科室病房完成。

整形外科　1958年，张涤生参加大面积烧伤病员邱财康的抢救工作，通过国内尚未有过临床实践的"邮票状"植皮技术记载，使病人创面全部愈合。抢救成功后，张涤生随抢救小组获得了中央卫生部颁发的二等奖。1964年，张涤生受烘疗法的启发，亲自设计安全、方便的电热烘箱并收治第一例应用电辐射热烘烤下肢"象皮腿"的病人，疗效巩固。烘绑疗法被国际淋巴学会所承认，认为是世界上治疗肢体"象皮肿"最好的保守疗法之一，在不少国家推广应用，创立"烘绑疗法"新概念。

口腔修复矫形　1954年，邱立崇在国内首先以高温铸造铬镍不锈钢替代黄金应用于口腔修复，并以此推动水胶体印模材料、自凝塑料、黏性充填材料、硅橡胶印模材料等口腔材料研究的进一步展开。1960年，开始研究不锈钢的铸造，利用电影放映机的电弧枪加上离心机制成，并投入临床使用。至2010年，可以开展各类联合修复、种植修复及口腔正畸治疗等业务。

异体牙移植、口腔种植牙　1958年，黄培喆在国内率先开展人异体牙移植，通过200多例同种异体牙移植的临床实践，植入牙最长成活时间已长达6年以上。截至1981年，在400多例病例中，移植牙最长的存活病例为24年，3年成活率达到80.34%，超过当时国际水平。1990年11月，提出植入的异体牙不排异，牙根吸收不是来自异体免疫反应，而是创口愈合的自体免疫现象，介绍植入异体牙后存活32年的病例，引起全国关注。2002年，异体牙移植成功病例突破1 650例，最长存活时间为34年，异体牙移植后能在牙槽窝内形成骨性愈合，5年内成活率达81.5%。2004年，开展口腔种植技术，设立专病门诊。

三叉神经痛和面瘫治疗　1986年，开展地塞米松局部注射治疗原发性三叉神经痛，363例病人应用地塞米松加2%利多卡因局封治疗后效果较好。在此基础上，1994年，用地塞米松局封治疗急性周围性面瘫，急性面瘫病人经过2周左右治疗，治疗成果显著。2002年，采用复方倍他米松等局部注射于患侧神经干周围以治疗面瘫，急性期病人经过2周左右的4次局封治疗，轻度面瘫治愈率为100%，中、重度病人也有部分完全恢复、部分症状改善。

技术创新　1960年，以缩短疗程、技术革新为主要目标，推广应用成品化生产技术革新，如无缝冠油泥锤造机、卡环的机械化生产，咀嚼功能测量仪，颌面生长测量仪，还提出全口托牙两次完成工作，大大改善了病人积压持久的问题。1960年4月，院党委召开现场会，推广口腔科开展技术革新经验，5月，获上海市文教战线先进集体称号，邱立崇等3人被推选出席全国群英会。1972年，在口外手术中开展钢刀、电刀、激光刀三者对比，用CO_2、Ag、氦氖激光治疗血管瘤、小型肿瘤及面瘫、三叉神经痛、颞颌关节综合征等效果颇佳。1980年，与安徽器械厂合作研发全景X线摄片机成功，并在瑞金医院和九院投入使用。1983年，与五七〇三厂共同合作制成大型空气压缩喷砂抛光器并投入生产，填补了口腔矫形组由于设备缺乏而一直无法开展不锈钢铸造技术的空白。1986年，应用自攻螺纹钉修复大面积牙体缺损；应用紫外线灯照射治疗口腔黏膜病、颞下颌关节病等恢复效果颇佳。1987年，临床开展激光治疗四环素染色牙及应用塑料贴面修复严重的四环素染色牙；使用激光气化治疗肥大性龈炎等。

中西医结合　1959年，贯彻中西医合流方法，大力发展针刺麻醉、无痛医疗。1973年，口腔科与中医科首次合作开设了黏膜病专科、唾液腺专科、口腔颌面部肿瘤、颞颌关节等中医治疗的专科门诊，为复发性口疮等西医疗效不佳病人增加了治疗选择方案。

表2-2-20　1959—2010年医院口腔科门诊及病房工作量统计表

年　份	门诊量(人次)	出院病人(人次)
1959	—	447(7—12月、床位使用率95.88%)
1960	—	519(1—6月、床位使用率98.75%)
1962	49 514	—
1963	31 120	—
1964	86 987	414
1973	—	54(1—7月)

（续表）

年　份	门诊量(人次)	出院病人(人次)
1983	月均 4 000	—
2002	月均 3 100	口腔病房关闭
2005	33 624	
2006	34 616	
2007	38 602	
2008	39 497	
2009	38 165	
2010	36 868	

三、教学工作

【教学组织】

1932 年初，震旦大学常务董事、院长才尔孟决定在医学院内增设牙医医学系（是国内最早设立的口腔医学院校之一），聘请法国人勒乔爱筹备并主持牙医学系工作。后又聘请颜遂良（牙体牙髓学）、叶景甫（托牙学）、卢佳（矫形学）、方连珍（儿童牙科学）、梁北和（冠桥学）、贾维霖（牙周学）和徐少明（局部托牙学）等，基本上达到各分科有专门教师。1948 年春，聘请陈绍周（口腔外科）、沈鹤臣（冠桥学）、周继林（托牙学）等十余名教员任教。1951 年，根据华东高教处指示，司徒博主办的私立上海牙医专科学校并入震旦大学医学院牙医系，原牙专师资司徒学、黄宗仁、王德昭医师入震旦工作，牙专学生 30 名一起进入牙医系学习。1952 年 9 月，随着上海第二医学院的成立，牙医系更名为上海第二医学院口腔医学系，参加教学工作的专职教师有 12 人。1955 年 2 月 21 日，上海第二医学院调整院系结构为基础医学部、医疗系和口腔系。是年 9 月 6 日，学校公布调整教研组设置方案，口腔专业后期课程由口腔内科学、口腔颌面外科学、口腔矫治学 3 个教研组承担。1957 年，成立口腔基础教研室，由口腔病理、牙体解剖等组成。1959 年，口腔系将原有的口腔内科学和口腔颌面外科学两个教研组合并为口腔防治教研组。1965 年，口腔系迁离广慈医院。以后广慈医院口腔科不设单独教研室。

表 2-2-21　1932—1964 年医院口腔系历任主任情况表

任　　期	名　　称	系 主 任
1932—1938	震旦大学医学院牙医系	勒乔爱[法]
1940—1948	震旦大学医学院牙医系	沈国祚
1948—1950	震旦大学牙医学院	
1950—1952	震旦大学医学院牙医系	
1952—1955	上海第二医学院口腔医学系	席应忠
1955—1964	上海第二医学院口腔系	

【学制与招生】

1932 年，牙医系成立后学制为 4 年，从 1936 年首届毕业生至 1945 年牙医系毕业总人数为 32 人（其中 1939 年、1940 年无毕业生，实为 8 届）。1948 年春，牙医系将学制改为 6 年。但 1950 年春，因新中国成立后急需医生，又将学制改回至 4 年，历届毕业生不满 100 人。1952 年 9 月招生 23 名。1956 年，苏联口腔专家柯什赫教授 2 次来口腔医学系进行学术讲座，全系按苏联模式进行医学教学改革，学制改为 5 年，学科归纳成 3 门即口腔内科学、口腔颌面外科学、口腔矫治学。

【医学生培养】

1932 年，广慈医院作为口腔系实习基地承担每一届毕业生的临床实习工作。1952 年，口腔医学系学生除在广慈医院口腔科实习外，部分学生还送往南京、杭州等地实习。1958 年，口腔系学生轮流安排至上海各县医院口腔科实习。1965 年口腔系迁往九院后广慈医院口腔科停止接收上海第二医学院口腔系实习生。1982 年，恢复承担上海第二医学院口腔医学院实习。1987 年开始接收电大实习生。1991 年，承担上海铁道医学院口腔系学生的临床实习。2002 年，承担同济大学口腔医学院临床实习。至 2010 年，每年接受各类实习生 70 人左右。

【职后教育】

1970 年，口腔科邀请九院邱蔚六每周一次指导科室医生进行口腔外科手术学习。1970—2003 年，选派部分医生和技术员轮流前往九院、上海市牙防所和华东医院进行短期进修，学习口腔外科、口腔矫形、正畸专业、口腔修复、牙周病、黏膜病、牙髓病、不锈钢铸造、烤瓷工艺技术等，提高临床工作能力。

1979 年，口腔科接受各单位进修学生，包括卢湾区牙防所、卢湾区中心医院口腔科进修医师和工农兵大学进修生。至 2010 年，口腔科共接受各类进修医生 200 多人。

1986 年，由上海第二医科大学及上海新四军研究会组织的第一届口腔医师提高班在瑞金医院举办，口腔科提供师资、教材以及见习工作等，反响较好，并于次年成功举办第二期。1990 年，口腔科在上海市委党校首次举办了为期 10 天的齿槽外科学习班，参加的学生聚集了全国各地的口腔科医师共 48 人。1993 年 12 月，口腔科与美国茂泰股份有限公司、南加州大学共同开办了烤瓷学习班；1995 年卢湾区科协举办口腔科培训班一学年；2004 年，开展了口腔种植培训班一学年。

【教材编写】

1960 年，编写《口腔材料学》。1961 年，编写《口腔疾病防治学》。1981 年，编写《口腔颌面外科手术学》。

四、科研工作

【科研特色】

异体牙移植　1958 年初，在国内率先开展异体牙移植动物实验。1963 年，黄培喆在中华口腔科杂志发表《异体牙移植（附动物实验及 50 例远期疗效观察）》。1973 年，就异体牙移植研究再次开展动物实验。1978 年，对异体牙牙根吸收机理、临床与动物实验的对比开展研究工作。1995 年，杨晓梅在口腔医学杂志上发表《异体牙移植牙根吸收的临床与动物研究》。

颌面外科　1959 年，组建咀嚼功能实验室，以整体观念从咀嚼肌的协同和拮抗结合祖国医学学说，为早期防治颞颌关节病提供理论依据，形成学术体系。1960年，口腔正畸学亚专业组对120名小学生进行儿童颌面生长发育的研究，明确颞下颌关节紊乱的发病机制。1963年，自制下颌运动轨迹描绘仪，开展手法复位颞下颌关节盘治疗颞下颌关节病的研究。1964年，口腔颌面外科开始对口腔颌面恶性肿瘤的各构成比例以及先天性唇腭裂的发病率及病因等多项项目进行研究。1979年，研究利用曲面断层摄影机提高对口腔颌面部疾病诊断的准确率。2010年，总结了发育性下颌骨不对称畸形的类型、诊断方法、治疗手段及疗效，发现发育性下颌骨不对称畸形的正颌外科治疗，在完善面部外形时，术前正畸可保证术后良好的口腔咬合功能。

其他 1960年，在口腔整形外科林熙等带领下的团队，研究制作烧伤暂时保护膜的材料，为当时烧伤病人解除了极大痛苦；龋病防治组以消灭龋齿为中心，通过使用不同材料的临床试验研究，减少龋病发病率。1963年，还参加和平利用原子能石墨组件接合的研究，对高温材料和在材料结构分子水平的设计方面作进一步的探索。1964年，张涤生开展做吻合小血管游离皮瓣动物实验，是中国第一个应用显微外科技术用于科学实验。2002年，开展了糖尿病与口腔疾病内在关系的探讨研究。2005年，参与TNF－α基因修饰的人舌癌Tca8113细胞体外诱导DNL的细胞毒活性的研究。

【科研成果】

1957年，邱立崇研究发现利用18－8不锈钢的良好耐腐蚀性和适宜力学性能，并将这一新技术应用于口腔义齿的铸造，获卫生部授予的“技术革命跃进先锋”奖状和奖章。1983年，在黄培喆的带领下杨晓梅等在异体牙移植的研究成果获得上海市卫生局科学成果奖三等奖。1998年，杨晓梅发表的《异体牙移植排异问题的研究》获得中华医学优秀论文金杯奖一等奖。2003年，高益鸣参与研究的上海市重点学科项目、上海市科委项目“严重上、下颌骨畸形病人牵引成骨治疗及评价研究”获上海市科学技术进步三等奖。

第六节　泌 尿 外 科

一、发展沿革

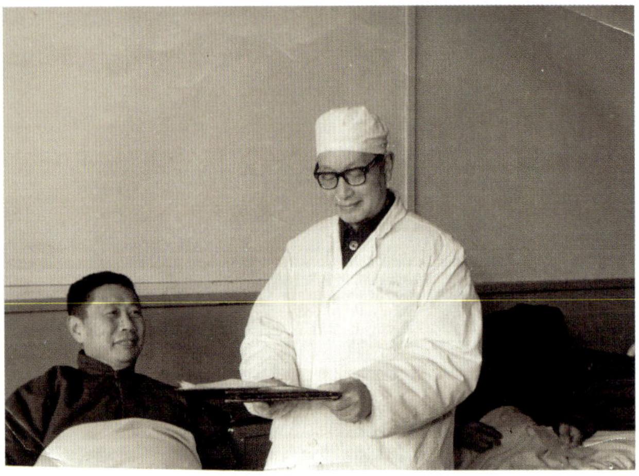

图2－2－10　泌尿科创始人程一雄查房

1949年，医院泌尿外科作为外科的分支学科诞生，当时仅有2位专科医师，没有固定床位，住院病人收治在外科病房，由程一雄负责。1952年，成立泌尿外科，在3舍2楼专设泌尿外科病区，共有42张床位，由程一雄任科主任。1993年，病房搬迁至6号楼6楼。2003年2月，成立瑞金医院器官移植中心，李宏为兼任中心主任，徐达任中心副主任；王祥慧任器官移植实验室主任。2004年，瑞金医院卢湾分院成立泌尿外科，委派周文龙兼任分院泌尿外科主任。2005年9月从浙江医科大学附属第一医院引进沈周俊，任泌尿外科科主任。

2008 年 5 月，医院泌尿外科被遴选为上海交通大学医学院重点学科；同年泌尿外科被遴选为“211”工程重点学科。截至 2010 年，泌尿外科共有床位 42 张，医生 21 人（主任医师 7 人、副主任医师 3 人），其中博导 2 人、硕导 4 人；护士 12 人。

表 2-2-22　1952—2010 年医院泌尿外科历任主任、副主任情况表

任职年份	主　任	任职年份	副主任
1952—1984	程一雄	1984—1990	陈其智
1984—1990	郑崇达	1991—2005	吴瑜璇
1990—1995	陈其智	2000—2005	吴瑜璇（主持工作）
1995—2000	张祖豹	2000—	徐　达
2005—	沈周俊	2005—	吴瑜璇

二、医疗工作

泌尿外科建科初期，主要开展结石、结核、前列腺等常规手术，自 1957 年第一例肾上腺手术起，肾上腺疾病的外科治疗成为科室的最大特色。60 年代起开始肾移植手术，80 年代起开展经尿道内窥镜手术，90 年代将腹腔镜手术技术应用到泌尿外科领域，到了 2010 年开展更为先进的达芬奇机器人手术。

【医疗特色】

肾上腺疾病　1957 年 12 月 3 日，程一雄为病人吴杏初成功施行右肾上腺切除术，这是国内第一例原发性醛固酮增多症的手术。1963 年，针对逐渐增多的肾上腺外科手术，泌尿外科构思设想并首先开展第 11 肋间胸腹膜外切口（改良型 Presmen 切口）。20 世纪 60 年代末泌尿外科与放射科合作，应用经骶前腹膜充气摄片进行肾上腺肿瘤定位诊断，提高肿瘤检出率。至 1998 年，成功完成嗜铬细胞瘤的手术治疗 300 余例，占国内同类手术的 30%，治愈率达 92%，无一例死亡，所切除的肿瘤最大的达 2 500 克。1998 年，为一位年仅 7 岁的库欣综合征患儿，成功地切除了重 17.7 克（正常为 2～3 克）、外形似一串葡萄的右肾上腺，术后一周，康复出院。2005 年，泌尿外科开始开展腹腔镜肾上腺手术，半年内先后开展了 30 余例肾上腺腹腔镜手术，均取得成功，其中包括手术风险较大的嗜铬细胞瘤，以及原发性醛固酮增多症、髓样细胞瘤、肾上腺无功能腺瘤等。

透析技术　在尿毒症治疗方面，1957 年，医院率先引进 Hambengen 滚动式人工肾，由泌尿外科负责，主要用于急性肾功能衰竭及农药中毒的治疗。1961 年，国内较早开展腹膜透析治疗肾衰病人。1973 年 4 月，泌尿外科于 3 号楼 2 楼创建人工肾室（现在为血透室），瑞金医院也成为上海市最早成立血透室的 5 家单位之一。当时由 1 名专职医师、2 名专职护士以及 1 名专职技术员，组成人工肾小组。人工肾室配备 1 台国产透析机（TX23，后改为 TX25），1 台日产透析机（BN2000），1 台国产水处理机（该水处理机是与杨树浦发电厂合作研制）。透析机为大平板型透析器，需要人工铺膜。透析主要用于治疗晚期重症尿毒症、需做肾移植的病人和抢救急性肾功能衰竭病人。1986 年，因医院体制改革，血透室划归肾脏内科。

肾移植　1969 年，程一雄开展医院首例同种异体肾移植手术，病人术后存活 9 天。泌尿外科是医院开展器官移植的第一个科室。1974年，人工肾室成立后为一名19岁男性紫癜性肾炎、尿毒症病人任坚石进行肾移植手术，病人术后存活16年并结婚育子。2000年，吴瑜璇成功完成医院首例亲属活体肾移植手术。2001年，引进徐达加强泌尿外科的肾移植力量。至2010年12月，累计完成肾移植手术404例。其中，尸体肾移植349例，活体亲属肾移植55例。移植肾1、3、5年累计存活率分别为90%、88.5%和84.7%，受者累计存活率分别为93.8%、92.6%、91.0%。移植肾功能恢复延迟的累计发生率为3.5%(14/404)，活检证实的急性排斥反应累计发生率为7.2%(29/404)。

微创技术 1988年6月，开展经尿道前列腺切除术(TURP)和经尿道膀胱肿瘤电切(TURBT)。1989年，开展输尿管镜手术。1993年，张祖豹在普外科协助下，率先将电视腹腔镜技术应用到泌尿外科领域，开展经腹腹腔镜肾囊肿切除术、肾上腺切除术等，成功完成腹腔镜肾上腺嗜铬细胞瘤切除术。1994年，成功地为一位21岁的姑娘做了腹腔镜肾脏切除术，首开上海市不剖腹摘除病变肾脏的先例。2005年10月起，全面开展后腹腔镜肾上腺病变(原醛、柯兴、嗜铬细胞瘤等)手术和腹腔镜下肾脏根治性切除术、肾脏部分切除术、肾盂整形、切开取石术、输尿管取石等手术。2009年，购置德国2 μm激光手术系统，使经尿道手术进入一个新的阶段。2009年，医院购置新一代达芬奇机器人手术系统，沈周俊、何威赴香港威尔士亲王医院学习机器人手术，获国际证书。2010年3月起，正式开展达芬奇机器人手术，由沈周俊主刀，成功实施了肾癌根治术、离断性肾盂成形术等多项高难度达芬奇机器人微创手术。

其他医疗 1988年，与普外科合作，建立体外震波碎石室，开展体外震波碎石治疗肾、输尿管结石。1989年，开展足背淋巴管造影术。1990年，与高血压科合作开展经皮肾动脉扩张术。1992年，开展尿流动力学测定工作，同年张祖豹在国内较早应用尿道内记忆合金支架治疗高危老年前列腺增生症。1993年，开展前列腺射频治疗。2003年初，成功地为一位97岁的老人切除了膀胱肿瘤，这是医院历史上同类手术者中年龄最大的病人。2008年，泌尿外科成为中国慈善总会肾癌援助计划定点医院、科室。

【医疗数据】

泌尿外科年门诊人次从20世纪50—60年代的千余人次上升至2010年的88 295人次；年住院人次及住院手术例数也从20世纪50—60年代的百余例上升至2010年的1 000余例。

表2-2-23 1952—2010年医院泌尿外科门诊、住院及手术例数统计表

年 份	门诊人次	住院人次	住院手术例数
1952	—	213	—
1953	—	267	—
1954	6 266	300	—
1955	7 264	398	—
1956	6 513	534	—
1957	12 330	557	—
1958	7 562	450	—
1959	8 675	389	—

（续表）

年　份	门诊人次	住院人次	住院手术例数
1960	13 068	532	—
1961	8 015	267	—
1962	3 015	138	—
1963	6 537	275	—
1964	9 159	341	—
1965	6 277	415	—
1966	—	427	—
1967	—	445	—
1968—1976		无数据	
1977	5 152	—	—
1978	12 611	329	251
1979	13 514	435	288
1980	16 948	424	271
1981	19 708	393	287
1982	21 433	402	294
1983	21 989	361	270
1984	21 871	321	245
1985	21 340	378	304
1986	25 473	422	336
1987	25 169	419	318
1988	24 046	408	305
1989	26 206	538	296
1990	28 977	509	340
1991	30 330	443	339
1992	30 113	394	—
1993	26 002	394	—
1994	27 434	492	—
1995	29 983	561	—
1996	35 685	652	—
1997	43 187	704	561
1998	54 403	750	567
1999	62 161	717	578

（续表）

年　份	门诊人次	住院人次	住院手术例数
2000	73 704	762	628
2001	54 189	765	589
2002	60 607	855	593
2003	61 484	836	704
2004	63 105	890	777
2005	54 807	930	824
2006	60 415	995	854
2007	65 838	1 089	951
2008	73 362	1 151	1 008
2009	78 913	1 228	1 064
2010	88 295	1 557	1 294

三、教学工作

【研究生教育】

1979年，泌尿外科开始硕士生招生，导师程一雄。之后研究生培养工作一度中断。直到2002年开始恢复招收硕士研究生。2004年，泌尿外科被遴选为博士学位授予点，第一位博士生导师为王祥慧。截至2010年，共培养研究生35人，其中博士生10人、硕士生25人。

【职后教育】

泌尿外科自20世纪六七十年代起接受全国各地医师前来进修，从1990年有统计以来，截至2010年，共有190余名医生在瑞金医院泌尿外科进修临床业务后返回当地医院，其中部分医师返回当地医院后任科室主任等重要职务。

此外，泌尿外科还主办、承办各类会议和教育培训班，20世纪80年代初期，上海受卫生部委托创办全国泌尿外科医师进修班，是泌尿外科创办和承接单位之一，参与教学培训和接受学员临床进修，持续近15年。

2006年9月，举办上海瑞金医院泌尿外科论坛。2007年4月，与北京协和医院举办“泌尿外科南北对话”学术研讨会。同年9月，举办2007年国家级继续医学教育项目“肾上腺及泌尿系肿瘤诊断治疗新技术”学习班暨第二届“瑞金泌尿外科论坛”。2010年11月，举办国家级继续教育项目——第三届瑞金医院“肾上腺及泌尿系肿瘤诊断治疗新技术”学习班暨“泌尿外科机器人、射频、冷冻技术研讨会”。

【对外交流】

外出学习　1985年周文龙赴美国南加州大学医学院学习TUR技术。1989年8月吴瑜璇前往广州学习输尿管镜技术。1998年6月至1999年6月，刘定益以客座教授身份在加拿大蒙特利尔Note-Dame医院学习。2000年9月至2001年2月，邵远在香港玛丽医院进修学习。2005年4月至2005年9月，祝宇在日本山形大学访问学习。2008年6—9月黄欣前往广州学习经皮肾镜(PCNL)技术。

国(境)内外交流 1964年程一雄作为中国代表团团长，率领外科代表团赴罗马尼亚参加国际外科学术会议，报告3例原发性醛固酮增多症的治疗，并作“原醛症诊治”的学术报告，获得与会代表的关注和好评。程一雄还针对国内泌尿外科现状，主编《急性肾功能衰竭》一书，主译《病毒学》《小儿泌尿外科学》《肾移植》等著作。他也是《中华泌尿外科杂志》第一届编委委员。1978年郑崇达到访意大利，在罗马医学院作“原发性醛固酮增多症120例报告”讲课。1991年，张祖豹赴日本东京讲授“ESWL治疗尿路结石”。1996年，张祖豹参加大陆首批泌尿外科专家访问台湾，在台北阳明大学介绍腹腔镜治疗肾囊肿、肾上腺肿瘤，并同彼岸同行交流经验。2007年10月第25届世界腔内泌尿外科会议在墨西哥召开，沈周俊等的手术录像《后腹腔镜下肾上腺微小肿瘤切除的经验》及《避免腹腔镜下肾切除术中大出血的有效方法》的视频演示在会上受到国际泌尿外科界的关注与好评。2008年6月瑞金泌尿外科与连续16年排名世界第一的美国Johns Hopkins医院泌尿外科建立交流合作。2009年6月瑞金泌尿外科与美国哈佛大学医学院附属麻省总院泌尿外科进行学术交流；同年8月体外冲击波碎石(ESWL)鼻祖、德国碎石协会主席、慕尼黑大学Klinikum Harlaching医院泌尿外科主任Christian Chaussy莅临瑞金医院进行学术交流。2010年8月，何威荣获2010 CSCO-辉瑞“学术成就未来”全国青年医师演讲赛(肾癌专场)的冠军。

四、科研工作

【科研特色】

20世纪80年代初，体外冲击波治疗尿路结石期间，采用酶联免疫法检测病人治疗前后尿内微量蛋白的系列变化，指出冲击波治疗尿路结石对肾功能发生损害，并建议碎石复震的间隔时间不应短于3周，提出体外碎石的适应证和禁忌证。1988年7月，郑崇达参与的“201例原发性醛固酮增多症诊断和治疗的研究”项目荣获国家科学技术进步奖三等奖。1995年，凌建煜等用酶联免疫法发现尿中微量蛋白含量与血清肌酐相关，与肾小球滤过率负相关，可作为移植肾功能监测的常规方法；1995—1996年，周文龙等人对上海地区中老年男性进行区域性尿流率调查并发表论文。王祥慧等人在国内较早进行免疫抑制剂药物浓度的研究。2001年，应用环孢素峰值浓度监测药效；2004年，开展霉酚酸酯药物浓度检测；2005年，开展肾移植术后BK病毒感染的诊治。2010年，沈周俊联合上海师范大学纳米生物技术实验室主任沈鹤柏，发明一种通过尿液检查膀胱癌的试纸，能安全、便捷、无创伤地进行膀胱癌检测。

【科研成果】

截至2010年，泌尿外科共发表学术论文200余篇，其中SCI收录约22篇；获得各级各类课题共18项，其中国家自然科学基金4项。共获动物代谢实验方面国家实用新型专利4项。2009年1月，孙福康、祝宇参与的“嗜铬细胞瘤的早期诊断与治疗”项目获得国家科学技术进步奖二等奖。

表 2-2-24　2004—2010 年医院泌尿外科获得国家级课题情况表

起止年份	课　　题	课题来源	负责人
2004—2007	免疫无能细胞在抗原特异性免疫低反应状态诱导和维持中的作用	国家自然科学基金	周佩军
2006—2008	过继性回输体外培养供受者骨髓嵌合体诱导免疫耐受	国家自然科学基金	周佩军
2006—2008	纤维连接蛋白介导膀胱癌多药抵抗信号通道的研究	国家自然科学基金	沈周俊
2009—	勃起神经递质血管活性肠多肽的雄激素调控研究	国家自然科学基金	沈周俊

表 2-2-25　2010 年医院泌尿外科获得专利情况表

名　　称	类　　别	专利权人	专　利　号
用于动物代谢实验的喂食器	实用新型专利	钟　山　沈周俊	ZL 2010 2 0033321.9
用于动物代谢实验的笼体	实用新型专利	沈周俊　钟　山	ZL 2010 2 0033322.3
用于动物代谢实验的饮水器	实用新型专利	钟　山　沈周俊	ZL 2010 2 0033320.4
动物代谢实验设备	实用新型专利	钟　山　沈周俊	ZL 2010 2 0033319.1

【学术任职】

2010 年 11 月，沈周俊当选为上海市医学会泌尿外科专科分会第七届委员会副主任委员。

五、其他

1998 年，程一雄被评为瑞金医院终身教授。

1954 年 8 月—1964 年 9 月，泌尿外科程一雄连续当选上海市第一届至第五届人民代表大会代表。1976 年，护士吴彩琴参加唐山大地震的救援工作。2009 年张翀宇赴澳门仁伯爵医院医疗支援，为期 2 年。2009 年 10 月，孙福康作为第 26 次南极科学考察队随队医生，登上“雪龙”号，是上海卫生系统奔赴南极医疗援助第一人。

第七节　普胸外科

图 2-2-11　医院胸外科创始人宋祥明

一、发展沿革

1954 年春，胸外科成立，床位设立在普外科病房内。以后病人数量逐渐增多，床位数达到 36 张。1959 年，胸外科形成一个独立病区。随着学科的发展，至 2006 年形成 2 个病区。到 2009 年 2 月，胸外科分为普胸外科与心脏外科。

胸外科刚成立时，由宋祥明主持日常工作。1986 年，医院从仁济医院调来姚培炎任科主任。1993 年 8 月，又从仁济医院引进陈中元。2005 年，从哈尔滨医科大学附属二院引进臧旺福。是年，科室工作人员中医师人数达到 20 人，其中主任医师 4 人、副主任医师 5 人、主治医师

5 人、住院医师 6 人，还有 2 名专业技术人员。2009 年，从中山医院引进赵强、胸外科分科后赵强被聘任为心脏外科主任，陈中元被聘任为普胸外科副主任（主持工作）。至 2010 年，普胸外科床位 39 张，医师 11 人，其中主任医师 3 人、副主任医师 3 人、主治医师 3 人、住院医师 2 人。

表 2-2-26　1954—2010 年医院胸外科历任主任、副主任情况表

任职年份	主　任	任职年份	副主任
1979—1985	宋祥明	1954—1979	宋祥明（主持工作）
1986—1988	姚培炎	1982—1985	张世泽
1997—2005	陈中元	1985、1988—1993	周思伯（主持工作）
2005—2009	臧旺福	1993—1997	陈中元（主持工作）
		1997—2002	邱维诚
		2002—2009	孔　烨
		2005—2009	陈中元
		2009—	陈中元（普胸外科主持工作）

二、医疗工作

在建科以前，大外科曾开展过一些普胸手术。1950 年，曾聘请仁济医院邱少陵为特邀顾问，协助开展食管癌等手术。1953 年，外科主任傅培彬曾开展胸膜外气胸术和肺切除术治疗肺结核与肺脓疡等疾病。1954 年，逐步开展心脏手术。20 世纪 80 年代初期，心脏手术一度停止，至 20 世纪 80 年代后期逐渐恢复。

【医疗特色】

全国第一例心脏移植手术　1977 年 11 月 21 日至 1978 年 3 月 21 日，胸外科心脏移植小组在吸取国外经验的基础上，经过心脏移植动物实验和离体供心长期保存的研究，取得了满意的结果，积累了技术经验，做好了心脏移植的临床应用准备。1977 年 12 月起，先后收治 6 例终末期心脏病病人，除 2 例不愿接受心脏移植，其余 4 例中的 3 例，均在住院等待供心的 3～4 个月期间先后死亡。

1978 年 4 月 21 日，中国第一例人类同种原位心脏移植手术由瑞金医院胸外科张世泽主刀施行，存活 109 天死亡。1978 年 6 月，又收治终末期心脏病病人 1 例，准备做第二例心脏移植，但入住等待仅 5 天即死亡。

1979 年 2 月，上海第二医学院附属瑞金医院、上海市卫生局及中央卫生部分别通过科学技术研究成果汇报和技术鉴定，一致认为国内第一例人类同种原位心脏移植获得成功，效果明显优于国外早期临床心脏移植的结果，为终末期心脏病人提供一种可供选择的治疗手段，填补国内脏器移植方面的一项空白。

心血管手术　1958 年，施行房间隔手术 3 例，其中 2 例完全成功。同年，施行主动脉瓣狭窄直视手术 1 例，获得成功。1960 年成功完成体外循环心脏直视手术。至 1975 年，最多时可在一个月内完成 8 例先天性心脏病手术。完成心脏移植手术后，1982 年，胸外科和心血管内科健全了心血管疾病讨论会制度，加强了科室间的合作。1982 年 11 月，由美国 Hanna 基金会赞助，美国心血管手术代表团来胸外科交流、示范手术。医护人员做了大量准备工作，配合代表团手术组开展冠脉搭桥术1例、主动脉瓣换瓣术1例、二尖瓣换瓣术1例，手术由Hanna医师主刀，但每一例病人术后都遇到严重并发症而不幸死亡。为更好地总结经验教训，1983年起，医院暂停胸外科心血管手术。所以1983年一年中除抢救进行心包剥脱术和心包开窗引流术，未开展包括动脉导管未闭、风心二狭闭式扩张术等常见疾病的手术，体外循环手术也完全停止。

1986年，医院开始恢复胸外科的心血管手术，从仁济医院调来姚培炎，聘请仁济医院王一山为顾问，建立心脏术后监护病室，配备专业的监护室护士，安排专业的监护医师。为了加强心血管疾病的术前诊断，胸外科和心脏内科开设了联合门诊，又建立了每周一次的心内科、心外科、心超室、放射科的临床讨论会。此外，每逢心脏手术，还常规增加医生值班。停顿多年的心脏外科及体外循环手术终于重新开展起来。从1989年起，胸外科能够在不依赖外院协助的条件下独立自主开展体外循环手术。

1994年，陈中元完成建科后多项首例手术，包括三房心纠治术、第二次换瓣术、3个瓣膜置换术，还成功开展巨大心脏换瓣手术以及法洛四联症纠治术。1995年，完成第二医科大学附属医院中首例马方综合征手术（主动脉瓣人工瓣膜置换＋升主动脉人工血管移植＋冠状动脉开口移植）。1996年，重新开展中断近30年的动脉瘤切除手术，共做3例，成功2例。从1997年起，科室大力发展微创心内直视手术，完成上海第一例微创体外循环心脏手术。至2000年，微创心内直视手术成为科室的创新特色，微创技术下可施行先天性心脏病纠治术、人工瓣膜置换术、动脉导管未闭钳闭、冠脉搭桥术。1998年和1999年，开展左心室减容术（Batista手术），为国内首次。2001年，开展心脏不停跳冠脉搭桥术。2005年后，冠脉手术及心脏手术数量更进一步增加。

此外，科室还开展爱心手术，并和基层医院开展协作手术。1996年上半年，收治1位来自上海福利院的先天性心脏病孤儿，该病孩为重症法洛四联症，在心内科、麻醉科、手术室的密切配合下，成功地为他进行了手术。术后又经过大力抢救，使其渡过术后低心排、心包填塞等难关，最后痊愈出院。住院期间院领导、胸外科科主任带头捐款，为小孩解决生活费用。1996年中还有2位来自贫困地区的心脏病病人，胸外科四处募集捐款，为2位病人解决了住院费用，并顺利地成功施行了人工瓣膜置换术。2007年2月4日，臧旺福为来自江西瑞金贫困家庭的患法洛四联症的14岁男孩“紫娃”邱李幸进行手术。当年由上海电视台“蓝天下的至爱——爱心全天大放送”节目跟踪采访并播出。5月20日，“紫娃”在院接受第二次手术。中央电视台等近50家媒体对这次慈善手术作了报道。8月30日，“紫娃”被提名成为2008年北京奥运会火炬手，次年1月25日，完全康复的“紫娃”与北京奥组委正式签署文件成为奥运火炬手。

普胸手术 1982年，胸外科和肺科健全胸腔疾病讨论会制度，解决疑难病例的诊断。1989年，在肺外科方面开展精细电灼肿瘤切除、肺上沟癌整大块清除术等。1994年起，开展支气管肺袖状切除成形术。1995年，逐步全面掌握消化道吻合器的使用。2000年起，开展气管肿瘤切除气管对端吻合手术。2002年，胸腺瘤合并重症肌无力的手术治疗完全成熟，疗效显著，已连续9年未发生术后重症肌无力危象。2009年，全喉全食管切除术累计达3例。2008年，开始在食管、贲门癌手术中应用管状胃技术，至2010年已经常规应用。

自1992年起，杭钧彪等在国内第一批开始尝试胸腔镜的临床应用，当年11月至12月完成3例胸腔镜手术（气胸、纵隔肿瘤、自发性血气胸）。1994年，胸腔镜胸腺瘤摘除术及纵隔肿瘤摘除术成为常规手术。1999年开始做胸腔镜肺叶切除术，并获得成功。2000年，胸腔镜手术例数明显增加，并运用到做食管裂孔疝修补和动脉导管未闭钳闭。至2009年，胸腔镜下可完成肺叶切除、肺肿块楔形切除、肺大疱切除、纵隔肿瘤摘除、胸腺瘤摘除、脓胸纤维板剥除、胸膜肿块切除、手汗症治疗等。

中西医结合　1958 年至 20 世纪 70 年代末科室开展中西医结合治疗的工作。1958 年起，对治疗食管癌、肺癌的中草药方和西药方建立协定处方。1960 年，安排 3 位主治医师脱产学习中医，还让全科人员基本了解中医学概论中的辨证论治及四诊八纲、治法、病因及部分本草。

【医疗数据】

病房每年收治人数从 1980 年 349 人增至 2006 年 1 790 人，门诊人数从 1993 年的 70～80 人次/月增至 2006 年的 6 288 人次/年(524 人次/月)。手术数量也逐年上升。

表 2-2-27　1980—2006 年医院胸外科手术统计表

年　份	手术总数	普胸手术	心血管手术
1980	239	186	53
1981	222	—	—
1982	140	101	39
1983	212	—	—
1984	—	—	—
1985	156	156	0
1986	237	177	60
1987	261	194	67
1988	220	185	35
1989	278	260	18
1990	229	192	37
1991	235	189	46
1992	250	240	10
1993	325	300	25
1994	387	321	66
1995	308	238	70
1996	339	259	80
1997	368	288	80
1998	436	305	131
1999	463	352	111
2000	461	356	105
2001	494	380	114
2002	544	333	211
2003	567	328	239
2004	586	391	195
2005	733	460	273
2006	896	559	337

三、教学工作

【学历教育】

1960年4月,胸外科承担广慈医院医疗系五年级全部同学约300人以及口腔系三年级试点班教学工作,主要由3位主治医师带教,进修医师及护士任一部分讲解。同学每组5～6人,每次2周,如此终年轮转。教材主要采取自编的系统外科中的胸腔外科讲义,并结合最新资料,同时还参考上海第一医学院的胸腔外科讲义。此外,还接受了兰锡纯教授主编的《心脏外科学》《血管外科》某些章节的编写任务,以及《百科全书》及胸科医院顾恺时院长主编的《心血管外科学》的编写任务。

1995年,给上海第二医科大学瑞金临床医学院本科生(包括英文班、法文班)进行大讲课;2000年,首次教学改革,胸外科教学组主任参与法文班按系统上课的教学试点,效果良好。2005年,引进臧旺福医师后建立博士生点。2006年招收博士生2名、硕士生2名、七年制研究生1名、八年制研究生1名。

【职后教育】

1980年,承担中央卫生部举办的胸外科进修班讲课,作心脏移植和贲门癌的外科治疗的专题讲座。以后还不定期完成各种全国心胸外科进修班的教学任务。

2006年,成功申报卫生部专科医师培训基地(心血管外科专业和普胸外科专业2个培训基地)。在"好医生"网站举办专题继续教育,其中"心脏移植临床应用技术新进展"为省级二类学分,"肺外科的微创外科治疗"还获得2006年"好医生"网站专题立项。

四、科研工作

【科研方向】

心血管外科 胸外科成立后即开展科研工作,有7人参加上海第二医学院心血管外科专题小组,3人参加上海市心血管外科小组。

建科后至1958年,完成了一系列研究工作:(1) 自1956年底至1958年底,进行低温下心房间隔手术及心室纤维颤动之预防与治疗的研究,共做动物实验42次,取得一定的经验。(2) 血管的保藏与移植,共做动物实验69次,其中冷冻干燥血管移植24例,新鲜血管移植14例,酒精保藏血管移植22例,异种血管移植9例。(3) 低温及心跳控制下心内直视手术,1958年,共做动物实验20次,其中6例为主动脉瓣直视手术,12例为房间隔直视手术,另2例为非心内操作,心跳停止时间平均12～15分钟,最长者22分钟。另外1958年自制冷冻干燥机一架,其功能不亚于进口货,价格仅及其三十分之一。

1958年,以叶椿秀为主要负责人开始研究制造人工心肺机,广慈医院与仁济医院合作,在人工心肺机方面共做了动物实验114次,1960年上半年完成上海Ⅱ型人工心肺机的制造,1961年成功应用于临床,为今后各地研究体外循环开拓途径。

为配合市科研计划,科室计划以心血管外科为重点。1960年,与仁济医院心血管小组合作施行动物实验,包括鉴定自制的横卧转幕式人工肺的动物实验,以及应用体外循环做主动脉弓移植的动物实验。1963年,研究高压手术室的建设、冠状动脉疾病的研究(包括造影、动脉粥样化模型的建立、深低温下贴补片的应用等)、血液变温机器(冷热交换机)的制造。

心脏移植实验　胸外科心脏移植小组在吸取国外经验的基础上,经过充分准备,制订出心脏移植实验的阶段计划。实验包括:(1)动物实验研究,第一阶段(1977年11月21日—11月27日)在受体犬上做移植心并列联结,实验共2次,第一次移植心未能复跳,第二次能复跳。还包括一次人尸体解剖,实践原位心脏移植的操作步骤。第二阶段(1977年11月28日—1978年1月25日)在犬身上做体外循环异体原位心脏移植,实验共19次,移植心脏均能复跳,复跳最短1.5小时,最长6小时。第三阶段(1978年1月26日—3月21日)将供心用冷保养液保存4～6小时后,做并列左心移植,实验共4次,最长生存33小时。(2)离体供心长期保存的研究,供心冷藏保存最长达7小时,复跳后亦能恢复窦性心律,光学和电子显微镜检查心肌结构均显示正常。(3)离体供心灌洗液配方的研究,改革配方共5次,根据心脏复跳情况、复跳后心电图变化、复跳后循环情况以及心肌组织学变化来调整配方。应用该灌洗液,供心能保存3小时15分。这些系列实验结果满意,为1978年4月21日中国第一例人类同种原位心脏移植手术的成功实施打下坚实的基础。

1978年,大外科系统开始建立器官移植研究室与外科实验室。有关各临床脏器移植工作,仍由普外科各病区、泌尿外科、胸外科各自分头进行。有关移植免疫的各项化验指标测定也仍由二医免疫室、市医学化验所、瑞金医院检验科及儿科实验室分散进行。

1980年,继续进行心脏移植动物实验,包括小白鼠同种心脏异位移植16次,最长存活24小时;犬同种心脏异位移植共9次,最长存活2周。撰写论文的内容包括主动脉食管瘘、左室右房通道、心包原发性急性间皮瘤、主动脉瘤手术疗效、经右胸食管中段癌、血液稀释法体外循环。1993年,与血液科合作共同进行"体外循环中凝血因子变化""抑肽酶在体外循环中止血机理"的研究。

2006年,筹备并建立心胸外科实验室。

【科研成果】

1991年,在全国第三届ECT会议上报告"核素肺灌注断层显像预测肺切除术后肺功能"。在鞍山第三届全国肺结核肺癌外科学术研讨会、杭州华东六省一市胸心血管外科会议、北京的第五届全国胸心血管外科会议上大会宣读《术后置管肋间神经持续阻滞》《胸腺切除治疗重症肌无力》等临床研究。在北京第五届全国胸心血管外科会议、烟台第三届全国食管癌会议上大会宣读《进展期贲门癌脾脏免疫功能的研究》。

截至2010年,与上海交通大学仪器科学与工程系联合申报国家自然科学基金课题1项,教育部博士点基金课题1项,国家863课题子项目1项,参与卫生部微创冠心病外科多中心的研究。

五、其他

【对外交流】

1980年,接待法国医学代表团和美籍医师黄令南等外宾。1982年11月,由美国Hanna基金会赞助,美国心血管手术代表团来交流作示范手术。1994年10月,接待芬兰赫尔辛基大学中心医院心胸外科主任医师。1998年12月11日,接待巴西医师Batista来医院演讲,该医师是左心室减容手术的创始人。1999年6月和10月,邀请澳大利亚医师Esmore教授先后2次来医院协助施行冠状动脉旁路搭桥术。2000年,邀请来自美国和澳洲的医师做示范性手术6例。2002年,接待来自美国波士顿马萨诸塞州大学医院以及La Jolla医院2批美国医师到医院做冠心示范手术,开展学术交流。2006年,胸外科成功参与举办上海国际心血管病学术研讨会(主持心血管外科部分),邀请美国心脏外科医生来医院讲学交流。同年邀请德国慕尼黑心脏中心主任来医院讲学,还邀请新加坡心脏中心主任来心胸外科讲学,并建立友好协作关系。

1999年,科主任陈中元先后赴美国参加美国心胸外科年会以及赴英国参加欧洲心胸外科年会。1999至2000年来,胸外科先后有3人派往发达国家进修学习。

【获得荣誉】

邱维诚获1990—1991年度上海市"十佳"中青年医师提名奖、1991年度上海市卫生系统精神文明十佳好事嘉奖。

第八节　心脏外科

一、发展沿革

1954年春,医院开设胸外科,兼做普胸和心脏手术。1958年,施行房间隔手术。同年,施行主动脉瓣狭窄直视手术。1960年,成功完成体外循环心脏直视手术。1978年4月21日,张世泽完成中国第一例人类同种原位心脏移植手术。1995年,完成马方综合征主动脉瓣人工瓣膜置换+升主动脉人工血管移植+冠状动脉开口移植。1997年起,大力发展微创心内直视手术,完成上海第一例微创体外循环心脏手术。1998年,开展左心室减容术(Batista手术)。2001年,开展心脏不停跳冠脉搭桥术。

2009年2月,为学科专业化发展,医院将胸外科拆分为心脏外科和普胸外科,引进上海中山医院心脏外科赵强及其团队,赵强任科主任,陈安清、孔烨任副主任。同年6月,心脏外科专科新病房正式启用,位于6号楼9楼一病区、二病区,以及10楼ICU病房。普通床位72张,ICU床位16张。9楼病房每张床位均配备遥测监护。截至2010年,心脏外科共有医生20名,其中主任医师2名,副主任医师4名;护士63名。

二、医疗工作

【医疗特色】

心脏外科以冠状动脉搭桥术、微创心脏手术和处理危重心脏病为主要特色。开展一系列复杂手术。2009年2月6日,开展小切口房缺封堵术;2月11日开展升主动脉置换,全主动脉弓置换,远端降主动脉支架置入术;5月12日开展保留主动脉瓣的主动脉根部替换术(David手术);7月1日开展杂交冠脉搭桥术。2010年9月1日,开展机器人冠状动脉搭桥术,均取得较好的临床效果。

冠脉外科　2009年,开展冠脉搭桥病例年龄最大病人91岁,年龄最小的川崎病患儿仅5岁。常规开展传统体外循环冠状动脉搭桥术(CABG)、非体外循环心脏不停跳冠状动脉搭桥术(OPCAB)、微创小切口冠状动脉搭桥术(MIDCAB)、机器人辅助冠状动脉搭桥术、冠状动脉杂交手术(Hybrid技术)、全动脉化冠状动脉搭桥术等。OPCAB年手术量超400台;机器人辅助冠状动脉搭桥术为国内最早开展的单位之一。对于危重冠心病、心肌梗死合并症病人,积极开展室壁瘤切除术、左室成形术、缺血性二尖瓣成形术、室间隔穿孔修补术等危重手术。2009 年 11 月，心脏外科为一名 48 岁男性病人成功实施了不停跳全动脉化冠脉搭桥术。病人有陈旧性心梗史和冠状动脉支架植入史，而且支架植入术后一年出现了支架内狭窄，手术后病人恢复良好出院。2010 年 8 月，一名 72 岁的病人因 CABG 术后再次出现静脉桥血管狭窄入住瑞金医院心脏外科，该病人静脉桥血管中段 90%狭窄，已行 PCI 植入支架，血管条件很不理想。科室反复会诊讨论后，决定用达芬奇机器人辅助腔镜下行微创不停跳冠脉搭桥术。手术后病人仅过 5 天就顺利出院。这是瑞金医院第一次使用智能机器人辅助腔镜行冠脉搭桥术，为微创冠脉外科开辟新的道路。

瓣膜、大血管外科新技术 2009 年，心脏瓣膜修补术，特别是二尖瓣的修补成形手术，成为心脏外科的另一技术优势和特色，应用多种修复技术治疗多节段脱垂复杂的二尖瓣关闭不全，修补成功率达 98%；还开展主动脉瓣成形术治疗主动脉瓣脱垂、关闭不全以及先天畸形。开展主动脉瘤和夹层分离、主动脉缩窄等大血管疾病的外科手术，包括主动脉带瓣管道替换术(Bentall 术)、David 术、主动脉及主动脉弓替换术、胸腹主动脉替换术，应用先进的外科手术技术、脑保护技术和脑氧监测、主动脉支架术、杂交技术，大大提高了手术成功率和预后，成功抢救主动脉夹层破裂的危急重症病人。2009 年 5 月，一名因活动后心悸乏力半年的病人前来就诊，考虑病人术后的生活质量，采取 David 手术保留病人的主动脉瓣，只将主动脉根部换成人工血管。术后病人免除了长期服用抗凝药物的痛苦，提高了生活质量。同时科室开展微创心血管技术，应用于各种心脏病的外科治疗，包括微创小切口冠状动脉搭桥术、机器人辅助冠状动脉搭桥术、微创心脏瓣膜修补术和替换术、微创先天性心脏病纠治术、微创房颤消融术等，冠状动脉杂交手术、先天性心脏病杂交手术、大血管杂交手术等。

【医疗数据】

2009 年，心脏外科成立第一年，门诊人次即达到 4 656 人次，其中专家门诊 2 595 人次，普通门诊 2 061 人次，住院病人 1 073 人次，累计完成手术 819 例。2010 年，医疗工作量继续稳步上升。1—11 月，累计门诊量 9 002 人次，住院病人 1 374 人次，手术 933 例，全年手术死亡率稳定控制在 2%左右，达到国际先进水平。

【仪器设备】

心脏外科拥有完善的各类重症监护设备如呼吸机、连续心排量仪、主动脉内球囊反搏装置、血透仪等，设有独立心脏外科手术室 3 间以及专业的专科护士团队，配备先进的达芬奇手术机器人、体外循环机、体外膜肺机、心脏彩超仪、冠状动脉血流量仪、心导管监测等先进仪器和设备。

三、教学工作

截至 2010 年，拥有博士生导师 2 人，硕士生导师 2 人。在读博士研究生 4 人，硕士研究生 8 人。

2009 年起，开始负责上海交通大学医学院本科生以及八年制英文班、法文班的临床见习、实习带教，以及硕、博士生的教学工作、专科授课。

2009 年起，作为上海市住院医师规范化培训及首批心脏外科专科医师规范化培训基地，承担轮转医师及专科医师的临床带教和培训任务。2009 年，主办上海市胸心血管外科季会；参与主办上海交通大学心血管病论坛。2009 年,开办“瑞金—强生冠心病外科学习班”,吸引 100 名左右全国各地心脏外科骨干前来学习与交流。截至 2010 年,已成功开办 2 期。

四、科研工作

在终末期心力衰竭病理机制、组织工程以及心肌干细胞、冠心病相关临床应用基础等方面开展科研工作。2009 年,赵强获 MED-X 基金重点项目“增强现实导航技术对心脏介入植入物的示踪定位作用”,臧旺福获上海市科委重点科技攻关项目“微创液压搏动性循环辅助装置的研制”。2010 年,叶晓峰获国家自然科学基金青年基金“原始瓣膜间质细胞重构 SDF-1α/CD90 抗体修饰脱细胞带瓣管道的机制研究”。

截至 2010 年,心脏外科承担各级各类科研基金共 6 项,其中国家自然科学基金 1 项。发表学术论文 20 余篇,其中 SCI 收录论文 6 篇。

【学术任职】

赵强任美国胸外科医师协会会员(1998—2010 年)、国际微创心脏协会委员(2008—2010 年),中国医师协会心血管外科分会常务委员(2005—2010 年)、中国医师协会冠心病分会主任委员(2005—2010 年)。

第九节 骨 科

一、发展沿革

骨科最初从属于外科。1952 年院系调整,在上海仁济医院任职的叶衍庆被任命为上海第二医学院外科学教研室负责人。骨科遂于 1954 年正式从外科分离出来而独立建科,叶衍庆兼任骨科主任,病房设在医院 3 舍 3 楼最西端,病床约 50 张。1956 年,叶衍庆、柴本甫从仁济医院正式调到广慈医院。1958 年,上海市伤科研究所成立,叶衍庆和伤科主任魏指薪均任副所长。伤科和骨科合并成为伤科研究所的科研基地,伤骨科的称谓开始沿用。1961 年,伤骨科病房大楼竣工,位于医院东南部(38 舍)。伤骨科大楼共 3 层,底层东面为实验室,西面为骨科急诊室;2 楼为骨科病房,分东西二区;3 楼西为手术室,东为手外科及中医伤科。1962 年,伤骨科开始划分为中医伤科和西医骨科两个科室。1966—1978 年,伤科、骨科又合并为伤骨科。1979 年,骨科与伤科再次分为两个独立科室,分设各自独立的病区,骨科床位设 68 张。1991 年,医院外科大楼(6 舍)竣工,骨科搬入 6 舍 8 楼,分设骨一、骨二两个病区,床位 70 张。1999 年,骨科在瑞金医院分部(原市政医院)开设骨科三病区,设床位 30 张。2004 年,骨科手术室划入医院大手术室统一管理。2007 年,骨科四病区在新门诊大楼 19 楼启用,床位 11 张,主要收治一些小病种和非手术病人。2008 年,骨科三病区搬回总院与骨科四病区合并,病区位于老门诊 3 楼。

1992 年 3 月,骨科被批准为上海市第二批重点学科。2001 年,被上海市教委评为(第四期)重点学科。2004 年,被国家食品药品监督管理局授予国家药品临床研究基地。2007 年,骨科被遴选为教育部国家重点学科。2008 年,被遴选为教育部“211”工程重点建设学科。2010 年,被遴选为全国骨科首批临床重点专科。截至 2010 年,骨科拥有核定床位 112 张,下设关节、脊柱、创伤、骨肿瘤、运动医学和手足外科6个亚学科。医生32人，其中主任医师8人、副主任医师10人(含博士生导师3人，硕士生导师6人)；护士42人。

表2-2-28　1954—2010年医院骨科历任主任、副主任情况表

任职年份	主任	任职年份	副主任
1954—1967	叶衍庆	1956	周连圻
1967—1977	负责人： 顾　洁　孙玉玲　陈正中	1961—1967 1977—1978	过邦辅
1977—1984	叶衍庆(第一主任) 过邦辅(第二主任)	1978—1984	柴本甫　陶锦淳　马元璋
1984—1991	柴本甫	1981—1988	蔡体栋
1991—1993	钱不凡	1981—1984 1988—1991	钱不凡
1993—2005	杨庆铭	1988—1993	杨庆铭
		1991—1993	何国础
		1993—2000	张沪生
		1995—2000	龚耀成
		1995—	张伟滨(2008年后主持工作)
		2000—	冯建民(2005—2008主持工作)
		2000—	梁　裕
		2008—	徐向阳

二、医疗工作

20世纪50年代末至60年代初，以中西医结合理论为指导，对四肢骨与关节损伤进行治疗。20世纪80至90年代，逐步形成创伤、手足外科、骨肿瘤、血友病骨科治疗、关节外科、脊柱外科等专业特色。

【医疗特色】

中西医结合　自1958年伤科研究所成立以后，临床工作的重点主要为骨折、软组织损伤及关节脱臼。20世纪60—70年代，主要是运用中医传统夹板技术，固定关节内或关节周围骨折，进行闭合复位治疗；运用推拿手法治疗肩关节脱位、腰椎间盘突出、腰肌劳损等，减少并发症的发生；采用针刺麻醉施行半月板摘除手术，使用中药“八正散”控制截瘫病人的尿路感染等。

手足外科　20世纪60年代初，开设手外伤门诊及手外伤床位13张，工作重点起先为手外伤的急诊处理，后开展拇指再造和血管神经带蒂皮瓣移植工作。1963年，叶衍庆、过邦辅参与上海市第六人民医院陈中伟实施的中国首例断臂再植手术，为中国显微外科在国际上处于领先地位做出贡献，因而受到周恩来总理、陈毅市长的接见。

图 2-2-12　1963 年叶衍庆(中)、过邦辅(右)担任断肢再植医疗组顾问(左为六院骨科陈中伟)

1966 年 2 月,钱不凡等成功完成 1 例中指近节指骨平面完全离断的再植工作。20 世纪 70—90 年代,手外伤工作主要围绕手足部创伤、皮瓣修复及矫形手术而开展。2001 年,成立手足外科组。同年,施行前锯肌肌瓣移植修复足踝部软组织缺损手术及前锯肌肌瓣—背阔肌皮瓣—肋骨复合组织联合移植修复下肢严重骨与软组织缺损手术。2004 年,开始施行踝关节镜手术,是国内较早开展踝关节周围截骨手术治疗局限性踝关节骨关节炎的单位。2009 年,开展自体软骨移植治疗距骨骨软骨损伤手术、距下关节制动术治疗成人获得性扁平足畸形手术、踝关节牵开成形术治疗终末期踝关节炎、肌腱移植重建踝关节外侧韧带治疗踝关节慢性不稳定等手术。

骨肿瘤　20 世纪 60 年代起对骨肿瘤诊断治疗采取临床、病理及放射三结合方法。在国内最早探索恶性骨肿瘤 HD-MTX 大剂量化疗,取得良好效果。1959 年,柴本甫等为一位患软骨肉瘤的病人施行上海地区首例骨盆 1/4 解脱手术。20 世纪 80 年代,以手术切除+大剂量化疗治疗骨肿瘤。1994 年,率先在国内建立同种异体骨组织深低温保存库,不但满足本学科科研及临床的需要,还提供给外单位使用。20 世纪 90 年代,采用新辅助化疗方法治疗骨肉瘤病人 30 余例,5 年生存率达到 50%;积极开展青少年恶性骨肿瘤的保肢手术。2001 年,采取瘤体刮除+高速磨钻清除瘤壁+骨水泥填充术治疗初发及复发的骨巨细胞瘤。2004 年,成功进行巨大骶骨肿瘤切除术。在新辅助化疗推行的基础上,2004 年,推出优化瑞金化疗方案,使骨肉瘤病人的 5 年生存率达到 67%。2005 年,成功进行全股骨肿瘤假体置换术。2010 年,开展自主假体设计,对病人实施骨盆肿瘤假体置换术。

血友病骨科治疗　20 世纪 60 年代,在检验科的协助下,尝试探索血友病性关节病的治疗,成功施行血友病性关节矫正截骨融合术,打破该病手术治疗禁区,为科室开展此项工作打下扎实基础。1999 年,骨科与血液科联手,为 1 名遗传性血友病病人成功施行截肢手术;同年,骨科与普外科合作对腹腔后腹膜盆腔内巨大血友病性假瘤作切除手术,获得成功。

脊柱　1967 年,对脊柱结核病人施行脊柱椎体前外侧病灶清除减压术。1970 年,马元璋等在国内率先施行腰椎巨细胞瘤切除和人工椎体替代术。20 世纪 80 年代,汤华丰在国内最早开展应用胶原酶髓核溶解术治疗腰椎间盘突出。1986 年,在脊柱侧弯手术中应用 Harrington 棒和 Luque 棒,进行脊柱侧弯矫形手术。1999 年,龚耀成、梁裕为 2 名脊柱病人成功施行手术。1 名病人脊柱侧弯大于 123°,为病人进行矫正至 70°,术后病人心肺功能明显改善;又 1 例病人为 10 米高空坠下齿状突骨折,脊柱组为病人设计经前路齿状突螺钉固定手术,在上海市尚属首例。2000 年起,以老年性退变性疾病为主要治疗重点、以微创技术为治疗手段的发展战略。2001 年,在国内较早开展胸腰椎椎体成形术。2002 年,开展上颈椎创伤和退变性疾病的手术治疗。2007 年 5 月,梁裕等成功为 1 名外伤后脊柱严重后突畸形的病人施行手术,改变他 3 年多来不能直立的"虾米"样站立姿势和一系列神经症状。2008 年,在国内较早开展颈椎人工椎间盘置换术。2009 年,开展脊柱创伤退变和畸形的微创手术治疗，并逐渐形成本专业的发展特色之一。

创伤　20世纪70年代，马元璋自行设计研制加压髓内钉用于骨折内固定，并在中西医结合治疗骨折基础上国内首创关节内骨折经皮撬拨复位疗法，使病人能避免较大的手术。80年代初，马元璋自行设计带锁加压髓内钉治疗长管状骨骨折，为临床广泛采用。20世纪80年代末至90年代初，马元璋自行研制空心自攻加压螺丝钉、桥式支持钢板及搭扣式皮肤牵引，被广泛应用于临床治疗。90年代中、后期，陆宸照开展肘、膝、腕、踝关节陈旧损伤手术治疗，对四肢长管状骨骨折髓内钉固定骨不连病人，更换更大号髓内钉仅扩髓不植骨治疗技术，获得骨折优良愈合；在国内首先提出保持腓骨下1/3完整对踝关节稳定作用的重要性。2000年，运用交锁髓内钉手术治疗方法，治愈骨折并恢复功能。2003年，实施肩关节镜辅助小切口治疗肩袖损伤。2005年，实施肩镜下的肩袖修补术。2007年底，成立运动损伤专业组。

关节外科　1980年，骨科从德国购进上海地区首台WALF关节镜，钱不凡率先在国内开展关节镜手术。由最初的膝关节镜检查，发展到镜下开展膝关节损伤半月板成形修补、交叉韧带重建、受损软骨修复、关节内骨折复位等微创手术。1983年，钱不凡牵头组建中国关节镜技术专业委员会，负责推广中国关节镜外科工作。1989年，成立以髋膝关节为主要诊治对象的关节外科组，开展关节置换技术，成为国内最早开展人工髋膝关节置换术的单位之一。90年代后期，开始进行髋膝关节翻修手术及血友病关节置换手术。2001年1月，杨庆铭、冯建民利用计算机辅助设计/计算机辅助制造（CAD/CAM）及3D打印建模技术定制髋臼重置钢板，为1名髋关节置换术后松动、髋臼严重骨溶解、骨缺损病人成功施行翻修手术。同年，还应用记忆合金钢板成功治愈髋关节假体周围骨折病人。2003年，进行微创髋关节置换术。2005年，进行髋关节表面置换术。2008年，利用三相同位素骨扫描技术对人工关节术后感染进行鉴别诊断。2009年，开始进行膝关节单髁置换术。

【骨科医疗质量控制中心】

2002年，上海市骨科临床质量控制中心（简称“质控中心”）成立，挂靠上海第二医科大学附属瑞金医院骨科。杨庆铭任中心主任，同时设立15人专家委员会。

2004年，质控中心首次对本市各级医院骨科开展督察检查，对督察中存在的各项问题，质控专家及时反馈给各家医院，同时对普遍存在的问题，及时汇总后上报卫生行政部门后督促各医院进行整改。

2007年，完成《上海市骨科质控手册》编写，并以此为标准进行上海市骨科临床的质控管理，2008年完成医保约定服务项目检查，2009年配合完成卫生部“质量万里行”专项检查。

三、教学工作

1952年，骨科是上海第二医学院医疗系教学点，隶属于外科学教研室。1993年，成立骨科教学小组。教学工作一直由科副主任负责，截至2010年，杨庆铭、张沪生、梁裕先后负责教学小组工作。

【研究生教育】

1978年，医院骨科被国家教委遴选为硕士点，1981年被遴选为博士点。截至2010年，骨科共培养博士生43名，硕士生85名。研究生具体招录工作由上海市伤骨科研究所实施办理。

【职后教育】

1958年始,骨科就对医技人员按不同职别进行分级培养,对高年资医师,要求在工作中加强修炼,遇到问题请专家指导,结合分工及科研,阅读文献,撰写论文。对中级医师,要求在上级医师指导下,结合专题研究进行培养,制订七年培养规范,提高系统理论及操作水平。对低年资医师,重点是专业补课,送外科、内科轮训,接受系统授课,同时要求学习外语,提高文献阅读能力。定期进行考核。科内规定每周五上午总查房结束后举行读书会,阅读文献传授新知识。20世纪80年代,骨科对住院医师制订科外轮转计划(普外、整形、灼伤、麻醉、儿外、神经等),加强基础理论及基本操作培养。2009年,结合医院住院医师规范化培训制度改革,建立骨科住院医师学习目标培训及考核体系。

1958年,骨科开始接受来自全国各地的进修人员,截至2010年,接受进修人员共计930人。20世纪70年代始,先后接受来自越南、索马里、朝鲜等国家的医务人员及留学生的进修学习。1982年开始,每年举办全国性骨科医师进修班,骨科医师人人参与业务讲座、手术示范和病例讨论,编写骨科进修班讲义。2006年开始,举办国家级继续教育学习班;2007年起,举办3个国家级继续教育学习班(关节外科、脊柱外科、创伤骨科);2006—2010年,接受培训人数880人。

表2-2-29　2006—2010年医院骨科举办国家级继续教育学习班情况表

年　份	名　称	负责人	地　点	人　数
2006	中华骨科病学2006年度讲坛	杨庆铭	上　海	200
2007	脊柱外科新进展	梁　裕	瑞金医院	40
	关节内骨折新进展	陆宸照	瑞金医院	40
	人工关节置换手术新进展	杨庆铭	瑞金医院	50
2008	脊柱外科新进展	梁　裕	瑞金医院	50
	关节内骨折新进展	陆宸照	瑞金医院	60
	人工关节置换手术新进展	杨庆铭	瑞金医院	50
2009	脊柱外科新进展	梁　裕	瑞金医院	40
	关节内骨折新进展	陆宸照	瑞金医院	50
	人工关节置换手术新进展	杨庆铭	瑞金医院	50
2010	脊柱外科新进展	梁　裕	瑞金医院	100
	关节内骨折新进展	陆宸照	瑞金医院	100
	人工关节置换手术新进展	杨庆铭	瑞金医院	50

四、科研工作

配合上海市伤骨科研究所开展临床研究,主要围绕创伤、足踝、骨肿瘤、关节外科、脊柱外科等方向开展科研工作。

2006年,冯建民"促血管生成素-VEGF系统在骨坏死区新血管形成及血管内皮细胞/成骨细胞偶联中的调控作用"获国家自然科学基金。2009年,徐向阳"本体感受器在功能性踝关节不稳中作用机理的基础与应用研究”获国家自然科学基金主任基金。截至2010年，骨科承担局级以上（含局级）课题27项，发表论文共计219篇（其中SCI收录论文30篇），主编学术专著25部。

【学术任职】

叶衍庆曾任卫生部医学科学委员会委员、中华医学会理事、中华医学会骨科学分会第一届名誉主任委员、上海市医学会外科学会副主任委员、《医学百科全书》骨科分册主编。

过邦辅曾任中华医学会骨科学分会第一、第二、第三届副主任委员，《中华骨科杂志》第二届总编辑，第三、第四届名誉总编辑。

柴本甫曾任中华医学会名誉理事、上海市医学会理事、中华医学会创伤学分会副主任委员、《国外医学・创伤与外科基本问题分册》主编。国际外科学会委员。

马元璋曾任中国中西医结合学会骨伤科分会副主任委员、上海中西医结合学会骨伤科分会名誉主任委员、《骨与关节损伤杂志》名誉主编。国际骨折修复学会会员。

杨庆铭曾任中华医学会骨科学分会第六、第七届副主任委员，上海市医学会骨科学分会主任委员、上海市骨科临床质量控制中心主任。

1985年4月，经国务院批准，过邦辅、柴本甫相继成为国务院学位委员会委员，第二届学科评议医学评议组成员。

五、其他

柴本甫（1998年）、杨庆铭（2006年）先后被评为瑞金医院终身教授。

1955年，叶衍庆获上海市先进工作者称号；1964年，柴本甫、周宠曼获上海市文教方面先进工作者称号；1979年，叶衍庆获上海市先进科技工作者称号；1988年，陈正中获卫生部优秀援外医疗队员称号；1979年，周宠曼获上海市“三八红旗手”称号；1996年，高颖获上海市“三八红旗手”称号。

1954年，钱不凡参加援助淮河水灾医疗队，赴江苏救援2个月。1976年唐山地震，骨科在第一时间派出杨庆铭、沈才伟飞赴灾区第一线。骨科先后派出8名医护人员参与三支医疗队，工作在唐山抗震救灾第一线。1965年，蔡体栋医师赴皖，参加医院支援三线建设工作。后陈学贵、吴揭地医师在皖后方瑞金医院工作近10年。1977年，钱不凡参加第二批上海援藏医疗队，赴拉萨支援西藏地区人民医院工作。1981年，骨科委派医务人员参加医院援摩洛哥医疗队，截至2010年连续委派15批次。2008年汶川地震及对西藏、新疆、云南等少数民族地区的医疗援助等，骨科都在第一时间派驻医护人员工作在赈灾第一线。

2010年上海举行世博会，骨科派出2位医师和护士全程参与医疗救助工作。世博会开幕期间，马耳他总统意外摔伤，张伟滨全程参与对总统的会诊及治疗工作，得到赞扬。

第十节　伤　　科

一、发展沿革

1956年，全国著名中医骨伤科流派之一，魏氏伤科奠基人魏指薪关闭私人诊所，带着家人一起加入上海第二医学院，任中医教研组组长，并在广慈医院成立中医伤科，魏指薪任科主任。除门诊

图 2-2-13　1961 年竣工的伤骨科病房大楼

外,设立 11 张床位的伤科病房和中西医结合病房。

1958 年 7 月,上海市伤科研究所挂牌成立,魏指薪任副所长,正式开启中医伤科和西医骨科的合作,中西医共同研究、继承发展的历程。其间,魏指薪毫无保留地向研究所提供所有家传秘方及验方,供同道研究推广。

1961 年,伤骨科病房大楼竣工,共 3 层,3 楼东为手外科及中医伤科,伤科病房床位调整为 16 张。1962 年,伤骨科开始划分为中医伤科和西医骨科两部门。1964 年,伤科门诊与骨科门诊合并。1966—1978 年,取消中医病房及中西医结合病房,伤科、骨科合并为伤骨科。1978 年,恢复中医伤科门诊,重设中医、中西医结合病房,后来又明确为中医病房,床位数扩大为 32 张。1979 年,骨科与伤科成为两个独立科室,分设各自独立病区,伤科病房床位数增加到 33 张。1991 年,医院外科大楼竣工,伤科病房搬入外科大楼(6 舍)7 楼,床位数调整为 39 张。同年 9 月,伤科急诊与骨科急诊合并就诊。2004 年 3 月,伤科急诊独立。2009 年,伤科病房搬至 2 号楼 2 楼,床位数调整为 38 张。

1996 年,伤科入选上海市第一批综合性医院示范中医科。1997 年 9 月,成为“上海市中西医结合骨折医疗协作中心”。2009 年,伤科被国家食品药品监督管理局授予“国家药品临床研究基地”。2010 年,成为上海市住院医师规范化培训基地(中医骨伤科专业)。

截至 2010 年,伤科有床位数 38 张,医生 15 人,其中主任医师 2 人、副主任医师 8 人;护士 10 人。硕士研究生导师 1 人。

表 2-2-30　1956—2010 年医院伤科历任主任、副主任情况表

任职年份	主　任	任职年份	副主任
1956—1966、1979—1984	魏指薪	1956—1966、1979—1984	施家忠
1984—1993	李国衡	1962—1966、1979—1984	李国衡
1993—1997	曲克服	1984—1993	曲克服
1997—2005	杜　宁	1991—1993	祝　波
2005—	李飞跃	1993—1997	杜　宁(1995—1997 年主持工作)
		1995—2002	徐敏新
		1997—2005	李飞跃
		2002—	胡大佑
		2005—	施荣庭

二、医疗工作

自建科之初,伤科坚持练功制度,全科医生每天早晨练习少林功夫半小时。这项制度一直持续

到 20 世纪 80 年代。以上海市伤科研究所为依托，在中国率先开展中西医结合临床诊疗工作，经过半个多世纪的积累，逐步形成以急慢性软组织损伤、骨折、脊柱相关疾病、骨关节病的中医、中西医结合诊疗为其临床特色。

【传统伤科特色治疗】

软组织损伤和脊柱疾病的手法治疗　20 世纪 50 年代后期起，对于急性软组织损伤，尤其是腰部、膝部、踝部的损伤，应用魏氏伤科手法治疗，疗效快速显著。魏氏伤科特色的“督脉经手法”“掯法”“肩关节周围炎的治疗手法”等，对于脊柱相关疾病，如颈椎及腰椎疾患有较好效果。20 世纪 70 年代，开创“二步八法”手法治疗腰椎间盘突出症、应用“掯法”治疗腰椎小关节功能紊乱，即使病史已有 1～2 年，掯后立即能得到缓解或痊愈，疗效显著。1985 年，李国衡在全国范围提出“骨错缝、筋出槽”的诊断，并提出魏氏伤科特色治疗手法，广泛运用于急慢性软组织损伤、骨折、关节脱位、脊柱相关疾病、骨关节病等骨伤科疾病的诊治中。

骨折的手法复位及夹板固定　20 世纪 60 年代开始，在吸收现代医学原理基础上，对于长骨骨折的夹板固定方式在原中医固定基础上进行创新，如对前臂骨折及股骨骨折，采用三点固定原理对骨折部进行固定，这样可不固定上下关节，并通过 X 线透视进行固定确定，很大程度上避免关节的僵硬，促进骨折的恢复及肢体功能的康复。不追求一次复位，而是主张逐步复位，但必须在受伤后 2 周以内，在助手牵引下揣摩进行，这也是魏氏对于骨折复位的独特经验。吸取祖国医学对骨折诊治的各家经验，结合骨折的病理解剖，制订一套新的复位固定方法，以及固定后的处理方法。在固定方面主张软硬板相结合，无移位骨折用单纯软板；有移位骨折，软板之外再加硬板，这样固定不但牢靠，而且可避免损伤皮肉。对稳定型压缩性骨折、颈椎半脱位、肋骨骨折、肘后血肿等疾病的治疗，临床上开展魏氏手法、导引及药物内服外敷等综合疗法，不仅可使病人早期活动，而且后期功能恢复好，且疗程缩短。

关节脱位的手法治疗　魏氏伤科对于几乎全身各关节的脱位均有独特治疗复位手法，如对于骶髂关节半脱位，下颌骨脱臼、肩关节脱臼、肘关节脱臼、手腕骨脱臼、手指关节脱臼、膝关节脱臼、足踝关节脱臼、脊肋关节脱臼、腰椎关节脱臼、盆骨关节脱臼等。20 世纪 50 年代后期，不使用麻醉情况下用手法对髋关节前脱位一次复位。复位后沙袋固定二周即下地行走，经过随访疗效优于用石膏固定、卧床 3 个月的治疗方法，无一例发生股骨头无菌性坏死。

导引　20 世纪 50 年代末起，经过几代人的实践，对人体不同部位、不同疾病、疾病的不同阶段，设计一系列不同形式导引方法，包括活动肢体、动摇筋骨、自身按摩、擎手引气等多种形式，对促进骨伤科疾病的痊愈具有很好的协同作用。导引分部位进行，包括颌部、颈部、背部、腰部、上肢、下肢导引等多种，均临床疗效显著。魏氏伤科强调，在适当的时机，对于急性和慢性损伤都应进行导引锻炼，能更好地促进损伤的恢复。比如腰部疾患，对于常见的腰椎间盘突出者，要求病人坚持行撑弓导引、蹬足错胯导引等；对于稳定型腰椎压缩性骨折，也强调早期进行撑弓导引。

中药内服与外用相结合　魏氏伤科认为，“肢体损于外，则气血伤于内，营卫有所不贯，脏腑由之不和”，强调“内外并重，气血兼顾”。创立“气血为先、固摄脾胃、兼顾肝肾”的用药理念。临床用药，以局部症状为主者以外治为主，全身症状为明显者以内治为主；局部与全身症状并重者则多内外兼治。在方药应用上重视辨证施治，强调方证相应。1958 年，魏指薪参与抢救严重烧伤病人邱财康，研制的中药药膏（水火烫伤膏）发挥很大作用。20 世纪 80 年代开始，研制风湿 1 号、风湿 2 号、风湿 3 号等相关药物，用于治疗风湿病。

【中西医结合诊疗】

伤科建科伊始，就积极吸收西医手术特色，开展中西医结合治疗。1971—1980 年，先后开展针刺麻醉下腰椎手术、半月板摘除术、股骨颈骨折三刃钉手术、四肢长骨骨折切复内固定术、腰椎间盘突出症经骶管局部神经根管封闭术等，效果良好，获得中外好评。伤科病房收治的腰腿痛、上肢骨折、下肢骨折、类风湿性关节炎、软组织损伤等病种，均采用中西医结合方法进行诊治。这期间中、西医之间形成良好的信任与协作。1976 年夏末，李国衡与叶衍庆一起研究为 1 名病人诊治腿疾。两人共同检查诊断，决定采用中医治疗方案，内服中药并配合中药外洗及手法。经过 1 个多月的治疗，病人腿疾症状明显好转，步履改善。

1981—1990 年，伤科继续积极推进中西医结合，开展硬膜外麻醉下的“三步八法”重手法治疗腰椎间盘突出，此疗法对于改善腰突症病人腰部功能疗效显著。对于腰痛、慢性腰痛、软组织陈旧性损伤等，结合中药外敷和西医热疗，开展红外线、超声波、蒸汽疗法，设计能控制和调节温度的中药热敷床进行治疗，疗效显著。

20 世纪 90 年代开始，伤科开展腰椎间盘突出髓核摘除术、腰椎椎管狭窄扩大术、腰椎压缩性骨折切复内固定术、腰椎间盘突出髓核摘除及人工髓核植入术等。临床上开展诸多新的治疗方法，包括俯卧位大剂量过伸牵引加低频振荡治疗胸腰椎压缩性骨折、置管滴入胶原酶治疗腰椎间盘突出症、胶原酶治疗颈椎间盘突出症等。

【特色门诊】

20 世纪 70 年代，为发扬魏氏伤科特色，开设一系列专病门诊。如手法治疗门诊和辨证施治门诊，其中手法治疗门诊主要接诊肩关节周围炎、腰痛、颈椎病等疾病。辨证施治门诊主要接诊膝关节滑膜炎、脑外伤综合征等种疾病。对于长期慢性腰痛病人，开展搽药疗法，该疗法主要是通过头发编结成的发结，在病人腰部进行摩擦，之后在病人腰部敷上自制的药膏，疗效显著。90 年代，进行中西医结合特色专病门诊的探索及建设，仅在 1994 年，就开设骨质疏松、正脊疗法、骨关节病、类风湿关节炎、手法、中西医结合骨折治疗等特色专病门诊。2000 年新增腰椎间盘突出症专病门诊。

【技术推广】

为对外推广魏氏伤科的诊疗经验，与多家医院开设联合病房。20 世纪 80 年代初，与河南商丘中医院建立联合病房。1986 年，与青浦风溪卫生院联合开设伤科门诊，在松江新桥开设伤骨科门诊，与打浦地段医院联合开设康复病房。1994—1996 年及 1998—2004 年，两次和汕头中医医院建立合作关系，开设联合病房。2003 年开始，与上海海员医院开设联合病房。

三、教学工作

1987 年，经国务院学位委员会批准，医院伤科被遴选为中医骨伤医学硕士学位授予点。截至 2010 年，共招收硕士生 15 人。

自 20 世纪 80 年代中期开始，承担上海中医学院医疗系及针推系学生教学及临床带教工作。2005 年开始，承担上海中医药大学针推学院骨伤专业第四年本科“中医骨病学”的授课，以及临床带教工作；并承担香港大学暑期医学研修班及日本福冈柔道整复专门学校临床学习的带教。

自 20 世纪 70 年代以来，接受来自全国各地的进修医生近 50 人。1986 年，承担由卫生部委托上海举办的“华东六省一市高年资住院医师培训班”，为期1年，共2批12人。1999年，举办国家级学习班“魏氏伤科及中西医结合治疗骨折与关节疾病”。2000年，举办国家级学习班“胶原酶治疗腰椎间盘突出症”。2003年，举办国家级学习班“魏氏伤科及中西医结合治疗骨折与关节疾病”。

1960年，举办上海市关节复位学术交流会。1996年1月，召开魏指薪诞辰100周年纪念会。2003年10月，承办2003年上海国际手法医学和传统疗法暨中西医结合骨伤科学术研讨会。

四、科研工作

【科研特色】

从伤科建科开始，魏指薪就与叶衍庆一起，开展中医、中西医结合研究。1958年，上海市伤科研究所成立后，在手法、软组织损伤、中药加速骨折愈合等方面展开合作。

手法研究　伤科建科后，即对手法进行深入研究。1958年，交流魏氏伤科手法治疗软组织损伤，特别是腰、膝、踝部损伤的经验。1978年，发表《祖国医学治疗软组织损伤理论体系的探索》一文，研究证明，魏氏手法治疗髌上区滑囊血肿与踝关节扭伤可以立即消肿，并可使关节周围组织恢复正常位置和张力平衡，降低组织间隙之内的张力，改善局部循环和减少渗出。1986年，完成手法治疗“肘后血肿”机理与疗效的研究。1994—1999年间，开展手法治疗膝关节关节病的临床研究及分子机理研究。2009年，开始进行“二步七法”及外用蒸敷方治疗腰突症研究。

骨折治疗研究　1960年，魏指薪和柴本甫一起进行活血化瘀和理气药整体施治骨折愈合过程的定量研究，为祖国医学理论研究骨折愈合机制提供科学数据。1964年，李国衡发表《辨证施治在骨折内治法中的初步临床体会》，总结以活血化瘀、和血生新、固本培元的三期分治为基础，结合全身“辨素质、辨气血、辨证状”等治疗方法，在天津中西医结合座谈会上宣读。1972年，开展中西医结合骨折、软组织损伤研究。1975年，总结塑料夹板治疗骨折的情况，并在天津召开的中西医结合治疗骨折经验交流会上进行交流。1977年，完成中西医结合治疗骨折的实验研究，包括“活血化瘀”及“动静结合”两部分内容，总结完成《祖国医学治疗骨折体系的理论探索》一文。1982年，完成理气活血剂在骨折愈合中的生化生物力学测定研究，证实理气活血中药可促进骨折早期的愈合。1986年，完成股骨粗隆间骨折外固定的生物力学原理研究，在北京举办的全国骨伤科外固定学术会议上大会发言，并获“华佗奖”。1994—1999年，进行踝关节骨折中西医结合治疗质量控制标准研究，以及股骨粗隆间骨折中西医结合治疗质量控制标准研究。2007年，完成髋部骨折和踝关节骨折诊疗常规的编写。2008年，开展断骨丹促进骨质疏松骨折愈合的机制研究。

中药剂型改良研究　20世纪60年代起，研究魏指薪带来的魏氏伤科传统验方并研究开发新剂型，以方便用药、减少不良反应、提高疗效。1982年，投产“伤痛舒”橡皮膏型膏药。1994—1999年，将原来内服的饴糖剂型魏氏断骨丹开发为巴布剂型外用药；将丹皮酚注射液改变剂型，研制丹皮酚止痛消肿贴膏。2000年，新开发2个院内制剂——健骨颗粒和丹参接骨胶囊。2007年，开展“健骨颗粒新药开发”及“李国衡教授经验方衡氏黄白软膏(乳胶剂)预临床研究”。

中药治疗机制研究　20世纪90年代起，开展“木芙蓉叶抗炎有效成分研究及中药二类新药木芙蓉叶片的研制”“魏氏伤科热敷治疗床方不同提取法制剂设备及其消肿止痛作用研究”“新剂型断骨膏治疗骨折建立骨痂组织原位杂交联合TUNEL法的研究观察方法研究”“魏氏伤科补肾剂治疗老年性骨质疏松症的临床和实验研究”“魏氏秘方健骨冲剂治疗绝经后骨质疏松研究”等。

其他 20世纪70年代，开展针刺麻醉和损伤性截瘫研究、经络学说在脑外伤综合征内治法中的应用研究和“肾主骨”理论在骨折治疗中的指导作用研究。

【科研成果】

自20世纪70年代至2010年，伤科共获得各级各类课题30项，其中国家级课题5项(合作1项)，获得省部级以上奖励5项。其中1978年，“祖国医学治疗软组织损伤理论体系的探索”获卫生部科研成果奖，1990年，“魏氏伤科手法治疗肘后血肿的疗效与机理研究”获国家中医药管理局中医科技进步奖三等奖。发表论文46篇，其中SCI收录论文1篇、中文核心期刊论文45篇。出版论文集或专著14本。2010年，共获专利2项，分别为：(1) 医用可塑性外固定组件(新塑小夹板)，专利权人奚小冰；(2) 消肿散(改良方)巴布膏，专利权人李飞跃。

2003年10月，出版“2003年上海国际手法医学和传统疗法暨中西医结合骨伤学术研讨会手法专集”影像资料。2009年，完成颈椎常规手法及腰部督脉经手法录像录制。

表2-2-31 1997—2010年医院伤科获得国家级课题情况表

起止时间	课题名称	课题来源	负责人
1997—1999	丹参促进骨折愈合的机理研究	国家自然科学基金	杜 宁
1998—2000	手法治疗骨关节炎的分子机理研究	国家自然科学基金	杜 宁
2005—2006	李国衡教授学术思想及临证经验研究	国家中医药管理局	李飞跃
2009—	衰老对树突细胞向破骨细胞转分化的影响及健脾补肾方的干预	国家自然科学基金(青年基金)	许 勇
2009—	膝骨关节炎中医药治疗方案优化研究(分中心)	国家中医药管理局	奚小冰

五、魏氏伤科传承

“结合武术和内家功底，内服药和外敷药相结合、手法与导引相辅佐”，是魏氏伤科的特色。伤科建科时，就对很多病种展开诊治工作，如急慢性软组织损伤、骨折、陈旧性骨折或不愈合、骨髓炎、半月板疾患、先天性斜颈、关节粘连、习惯性肩关节脱位、椎间盘突出症等。魏指薪曾提出“轻摸皮、重摸骨、不轻不重摸肌筋”的著名论点，同时强调将伤科手法应用于疾病诊断与治疗的全过程中。

1958年，总结了魏氏关节复位的临床经验，将魏氏伤科无麻下用手法对髋关节前脱位一次复位过程由上海第二医学院电教室拍成电影，运用现代医学研究中医关节复位手法的机理开展研究，作为研究资料保存并在全市关节复位手法经验交流大会上进行介绍，这一方法得到领导和骨科同道的重视。1959年，李国衡总结魏氏手法治疗腰椎间盘突出症，在上海第二医学院第三次学术论文交流大会上宣读。1962年，叶衍庆全面阐述魏氏手法应用指征及疗效机制，对魏氏伤科“掯法”治疗腰椎小关节功能紊乱、魏氏手法治疗骶髂关节半脱位的手法作用机理作探讨和推广。

20世纪70年代，成立3人小组专门整理魏指薪老医师的推拿手法，完成手法治疗肩关节周围炎研究，以及手法掯法治疗小关节紊乱引起腰痛的研究。

20 世纪 80 年代初，李国衡系统总结魏氏治疗软组织损伤的手法及导引锻炼疗法等宝贵经验，对其中操作步骤和要点进行电视录像，并在全国手法经验交流会、上海中医学会伤科年会等会议上进行播放，受到高度评价。1982 年，整理出版《魏指薪治伤手法与导引》一书，使“魏氏伤科”学术进一步继承发扬。与药剂科合作，通过长期的临床实践经验积累，抢救和改良众多内服和外用验方。外用药物代表方有：三圣散（消肿散）、断骨丹、伤膏药、四肢洗方、蒸敷方；内服药物代表方有：扶气丹、脑震伤散（菖麻安神片）、壮筋片、养血壮筋汤、川芎钩藤汤、二陈舒肺汤、柏子养心汤、行气通滞汤、伸筋活血汤、地龙汤、杜仲散、疲劳身痛汤、疏肝降气汤、化瘀汤、续骨汤、黑虎丹等一系列名方和验方，临床疗效显著。

2010 年 11 月，经国家中医药管理局批准，成立全国名老中医药专家李国衡教授传承工作室，负责魏氏伤科的总结与传承。

六、其他

1998 年，李国衡被评为瑞金医院终身教授。

第十一节　儿 外 科

一、发展沿革

1951 年，医院外科成立儿外科专业小组，在儿科病房划出 20 张床位收治小儿外科病种，是全国最早成立的两个儿外科专业之一。1954 年 1 月，成立儿外科，佘亚雄任主任，在 32 号楼 3 楼设床位 40 张。1957 年，床位数达到 50 张。1958 年，增加到 65 张床位，其中 40 张为小儿普外、胸外、泌尿、骨科；另 25 张是与中医科病房合成一个病区，收治小儿疝气等常见病。

1958 年 9 月 29 日，上海第二医学院附属新华医院建成。为了帮助该院创建以儿科为特色的新型医院，上海第二医学院（以下简称二医）决定从各附属医院中抽调儿科专家及骨干力量支援。截至 1963 年 4 月，广慈医院儿外科沈玉成、张树江、佘亚雄、吴守义、丁文祥、汪肇国、宋连城、汪寿英等多名医生分批调出，成立由佘亚雄、吴守义为主任的新华医院小儿外科和小儿骨科，为新华医院儿科特色的形成起到奠基作用。

至 1963 年，儿外科只保留 10 张床位，收治不能转院的急诊病人。由于医院地处中心区域，人口密集，患儿较多，根据医院“儿外科要进行第二次创业”的指示精神，1964 年，儿外科床位数增加到 40 张。1979 年，儿外科床位数增至 47 张，医疗业务有较大发展。1991 年 10 月，儿外科从建科时所在的 32 号楼 3 楼搬迁至外科大楼（6 号楼）9 楼，床位调整为 40 张。1994 年至 2002 年，床位周转率加快，出院病人数增加。20 世纪末，由于上海城市发展以及卢湾区旧屋拆迁、改造等原因，导致辖区内儿童人数逐步减少。2004 年，儿外病区从外科大楼 9 楼调整至 10 楼，床位数压缩为 27 张。2009 年 1 月，随着上海市综合性医院儿外科萎缩加剧，医院儿外科病房临时关闭，急诊停诊，医生只在门诊上班。

1951 年，儿外科专业小组由外科主任傅培彬兼管、住院总医师宋祥明负责，住院医师则由大外科轮转。1954 年建科时，有主治医师、住院医师共 3 人，其他住院医师仍由外科轮转。1963 年，由于大批骨干力量的输出，儿外科只保留 3 名医生，不设科主任。1965 年，医生人数为 7 人。1984 年后医生增加至 16 人。至 2010 年 12 月，儿外科共有医生 8 人，护士 3 人。

表 2-2-32　1954—2010 年医院儿外科历任主任、副主任情况表

任职年份	主　任	任职年份	副主任(主持工作)
1954—1961	佘亚雄	1978—1984	吕丽娟
1961—1964，由张树江代理负责		1993—1995	龚代贤
1964—1966	董方中(兼)	2002—2009	徐伟珏
“文化大革命”期间，吕丽娟任召集人		2009—	沈丽萍
1984—1993	宋连城		
1995—2002	龚代贤		

二、医疗工作

1951 年，儿外科专业组成立之初，主要收治小儿疝气、阑尾炎、骨折等常见病病种。1954 年 1 月，儿外科建科后，临床医疗业务发展很快，到第三季度病床使用率即达到 92.59%，病床周转率 2.2 次/张/月，医疗指标在全院处于中上水平。1955 年，由成人骨科过邦辅负责兼管小儿骨科，儿外科开始收治部分骨科病种。病区逐渐分为骨科和外科 2 个医疗小组，小儿普外、泌尿、新生儿和心胸外科归属于外科组。20 世纪 50—60 年代，开展小儿外科疾病中西医结合治疗，尤其在淋巴结炎、皮肤感染、功能性肠梗阻、骨折等方面疗效显著。1985—1989 年，小儿外科开设了星期天手术门诊，手术的范围有疝气、包茎、小肿块切除等。

【基本情况】

1958 年起，儿外科开始推行 24 小时值班制和 24 小时门诊，建立三级医师负责制、护士执行医嘱五对制、手术制度、三级查房和交接班制度，以及加强请示报告制度等。1960 年起，开始健全消毒隔离制度，降低患儿感染率。1961 年，因主要医疗力量调往新华医院，科室由主治医师及护士长加各级医师和护士代表组成核心小组，每周开会 1 次，每 2 周开科务会 1 次。同年起开始加强门诊力量，高级医师每周 3 次门诊。同时科室开始每月举办 1 次学术专题会，由广慈医院和新华医院儿外科轮流负责。此外每月 1 次死亡病例讨论会，定期举行疑难病例讨论会；每周六举行中西医文献文摘报告会，每周 1 次护理学术活动。1962 年起，科室建立病史统一归口检查制度和手术前讨论制度。“文化大革命”结束后，1979 年起，为缓解病人住院难问题，门诊由半天开放至全天。1982 年起，恢复并建立三级查房制度，疑难、死亡、出院、新入院等病例“四讨论”制度，会诊制度以及住院医师 24 小时负责等各项医疗常规制度，规范医疗行为，提高临床水平。

【医疗特色】

小儿肠套叠　1958 年，儿外科开始采用钡剂灌肠治疗小儿肠套叠，有效率达 75%，死亡率小于 2%(当时国际报道死亡率为 3%)。1959 年，儿外科佘亚雄、杨永康医师在国内首次使用自动控制空气灌肠在荧光下复位治疗小儿肠套叠方法获成功，1960 年，开始大量使用这一新技术，大大降低小儿肠套叠手术率，只有 20%左右的患儿需要手术。之后成为医疗特色，收治众多患儿。

先天性巨结肠　手术治疗先天性巨结肠是科室早期开展的较复杂手术的病种之一。1960 年前后，佘亚雄探索先天性巨结肠 Duhamel 改良手术获得成功，之后成为引领全国效仿的且影响较大的手术项目之一。2004年,科室又采用经肛门拖出Soave改良术的新技术,用以治疗新生儿巨结肠病人。

先天性尿道下裂　1983年,儿外科对先天性尿道下裂手术的治疗,开始由原来分期手术改变为采用膀胱黏膜代替尿道的一期尿道成形术,提高尿道下裂手术成功率。全年门诊尿道下裂患儿达1.3万人次。1984年,开始采用Mollaid法治疗小儿尿道下裂和尿道上裂、阴茎伸直延长治疗方法,使尿道成形的矫治得以一次完成。

小儿心胸外科方面疾病　1963年之前,儿外科在佘亚雄、丁文祥医生带领下开始开展小儿心胸外科病种的治疗。之后随着主要医疗技术骨干力量支援新华医院之后,此项手术一度停止。1978年,中国第一例心脏移植手术在医院胸外科获得成功,儿外科吕丽娟、龚代贤参加该手术。之后,医院购置小儿体外循环人工心肺机,在成人胸外科协助下,儿外科重新开展小儿心胸外科的相关手术,如动脉导管未闭、先天性房/室缺损、"法洛四联症"等,先后收治8例患先天性心脏病患儿。

先天性小儿髋关节脱位　1958年,儿外科开始收治各种先天性骨骼畸形等疾病手术,之后开始开展先天性髋脱位Zahradnicek改良手术,成为科室收治的常见病种之一。1990年,先天性小儿髋关节脱位Salter术式创始人Salter教授到医院交流和参观科室,赞赏儿外科在先天性小儿髋关节脱位外科治疗方面的工作规范。

小儿膝关节镜　1990年,在医院成人骨科的帮助下,儿外科建立儿童膝关节镜检查技术,并成为上海医疗机构小儿骨科领域最早开展的医疗项目,以至当时上海市做小儿关节镜术的患儿几乎都集中在瑞金医院儿外科。

小儿骨科　1958年起,开始与兄弟科室合作成功开展腓骨带血管移植,治疗先天性胫骨假关节等小儿骨科疾病。1984年开始,对臀肌挛缩症进行逐步研究,至20世纪90年代中后期总结出一整套治疗的病理基础解剖、具体操作步骤以及功能锻炼。提出臀大肌髂胫束下间隙,为手术提供了更安全且简便、创伤小、疗效好、恢复快的优点,并在全国会议以及兄弟院校进行介绍。

此外,对肱骨髁上骨折、肘内翻、伏克曼缺血性挛缩等常见的骨折性疾病提出一整套预防措施及其理论基础。其中包括纠正远端骨片内侧倾倒的重要性,复位后前臂位置固定方法,复位后如何摄片及评估等。还将伏克曼缺血性挛缩早期手术时间提前到发现病症后的1～2个月内,同时探查松解神经,由此被医学同道广泛应用。

医疗器械研发　1961年,试制成功的小儿电动万能手术床已批量生产供应浙江、广东及江西等省份;国内首次由儿外科设计试制初生婴儿手术台、自动降温保暖设备在临床试用。1962年,儿外科设计小儿胸腔、腹腔等专用医疗器械,将原有材料改为不锈钢制造(材质),在有关厂家协作下,全年完成2万件供应任务。

创新手术　1985年4月,与普外科合作为一名三岁半急性坏死性胰腺炎患儿进行长达6小时的手术抢救获成功,康复出院。1987年,引进法国Mollaid方法行前会阴切口矫治先天性肛门直肠畸形方法取得成效。1987年,开展肾多发性结石取出术和重复肾伴巨输尿管、肾上腺嗜铬细胞瘤等高难度手术,并开展采用自体髂骨带骨骺软骨游离移植方法治疗指骨巨细胞瘤术后复发取得成功。1993年,与普外科郑民华合作成功进行全国第一例小儿腹腔镜胆囊切除术,之后还开展小儿纤维结肠镜技术。与儿内科合作开展小儿门脉高压合并食管静脉曲张出血硬化剂注射治疗。1994年起,开展小儿胰腺巨大肿瘤切除、先天性胆总管囊肿、肝总管狭窄Champeau手术、漏斗胸矫治等复杂手术。1995年,开展小儿肝脏肿瘤、肛门结直肠畸形等外科手术治疗。2002年,开展对儿童肢体恶性骨肿瘤进行保肢手术及化疗治疗。2002年,在消化科帮助下开展了对小儿急性胰、胆管合流异常所致胆总管扩张症的患儿行 ERCP 下放置支架的治疗，在小儿消化道出血 DSA 血管造影检查、儿童严重烧伤合并 curling 溃疡，上消化道出血的外科手术方面取得较好治疗结果。2004 年，开展小儿长干骨骨折弹性髓内钉内固定治疗的新技术。

【医疗数据】

儿外科门急诊及住院人数在 20 世纪 50 年代末期、20 世纪 80 年代末至 90 年代初达到高峰，以后受床位数和患儿来源影响有一定波动。

表 2-2-33　1954—2010 年医院儿外科门急诊及住院人次统计表

年　份	门、急诊人次	住院人次
1954	248	1 073
1955	8 181	1 456
1956	11 615	1 406
1957	12 173	1 595
1958	18 966	2 006
1959	33 410	1 886
1960	32 719	1 414
1961	28 418	938
1962	23 036	929
1963	11 385	270
1964	7 359	422
1965	5 215	574
1966	—	729
1967	—	702
1968	—	716
1969	—	642
1970	—	692
1971	—	592
1972	—	577
1973	—	502
1974	—	498
1975	—	492
1976	—	463
1977	4 443	461
1978	5 808	472
1979	7 492	585

（续表）

年　份	门、急诊人次	住院人次
1980	10 115	649
1981	12 201	623
1982	12 491	686
1983	16 000	730
1984	15 379	696
1985	20 938	831
1986	25 402	753
1987	27 396	750
1988	25 974	771
1989	27 036	784
1990	26 354	935
1991	20 268	771
1992	24 528	777
1993	20 597	794
1994	23 125	903
1995	18 609	921
1996	13 550	1 046
1997	12 946	1 172
1998	12 205	1 220
1999	11 787	1 256
2000	10 258	1 310
2001	9 864	1 298
2002	9 499	1 055
2003	7 910	851
2004	8 017	904
2005	7 595	875
2006	7 534	788
2007	—	749
2009	4 809	—
2010	3 398	—

三、教学工作

【教学组织】

1955年9月24日，上海第二医学院儿科系成立，系部设在广慈医院。之后，儿科系成立临床儿科、儿外科等5个教研组，其中儿外科教研组主任由上海市儿童医院儿外科专家马安权兼任。1956年2月7日，二医任命佘亚雄为儿外科教研组副主任。1957年下半年起，儿外科开始制订儿科系小儿外科的实习计划、编写全国小儿外科统一教材。1962年，儿外科主要医护人员陆续调往新华医院，教学安排调整为与新华医院儿外科的教研组合并，教学人员统一安排，同时两院协商设立儿外科小专业小组。1963年4月，广慈医院儿外科的教学任务归属外科教研组领导直至“文化大革命”之后。1979年5月，儿外科开始负责临床医学系见习带教任务。2000年3月，二医临床医学院的学生进病房实习，儿内、儿外科联合成立教学领导小组，由儿内科人员任教研组主任、儿外科人员任副主任，直至2009年1月。

【职前教育】

1958年9月起，每周举行实习生讲座，采取小班上课，开始着手编写小儿外科学讲义。1960年起，每周1次安排科主任教育总查房，结合科研推动教学工作，每月举行8～10次学术讲座，内容包括基础、实习讲座、专题讨论会以及新知识、新技术介绍等。1979年5月，科室在负责二医临床医学系学生实习带教任务中开始采用由1位高年资住院医师负责安排带教任务，学生每8人1组，每6周轮转1次，每周1次小讲课带教方式。1995年，完成医学影像学专业“小儿急腹症”大班的讲课。1999年，完成上海第二医科大学七年制法文班、五年制临床医学以及夜大学生大班的讲课与见习课。2000年，与儿内科联合在教研组中安排专任的教学干事负责进科实习生的各项教学工作。2002年起儿外科有英语班、法语班学生来科见习，逐步开展英语及法语查房；制作阑尾炎、腹股沟疝、肠套叠、先天性巨结肠等病例的多媒体临床教学课件；开始每两周青年医师读书会。2009年1月，儿外科因病房关闭而中止教学任务。参与上海高护中心讲课及编写讲义《小儿骨科进展及护理》。

【职后教育】

20世纪50—60年代，儿外科建科初期就承办了卫生部指定科室举办的小儿外科师资培训班，为全国各地培养了众多儿外科学科带头人，还编写了国内第一部小儿外科和小儿矫形外科学的全国统一教材。1958年起科室开始承担培养进修医生的任务。1986年10月3—8日，科室主办“全国小儿骨科医师进修班”，邀请外籍教授3人，国内教授5人，副教授及副主任4人，进行授课25讲，手术示范5例，全国有78名各类医师参加了学习班，开展了胎儿髋关节测量和隐睾患儿术前免疫测定。1989年，主办上海市儿外科学术年会。2000年1月17日，夏毓华在“第六届上海—香港外科进展国际学术研讨会”小儿外科专题讲座中任执行主席之一，徐伟珏做“LHRH微泵脉冲注射治疗小儿隐睾”的专题报告。

2006年6月，硕士生导师严肃招收2名在职硕士生，2人毕业并获硕士学位，另与儿内科共同培养1名硕士研究生。参与骨科医师进修班讲课及编写讲义。

【外出学习】

1983年起，儿外科陆续派遣5名医师出国赴法国、美国、日本等国进修，学习小儿外科和小儿骨科先进技术。1985年，龚代贤被接纳为法国里昂外科学会外籍会员。

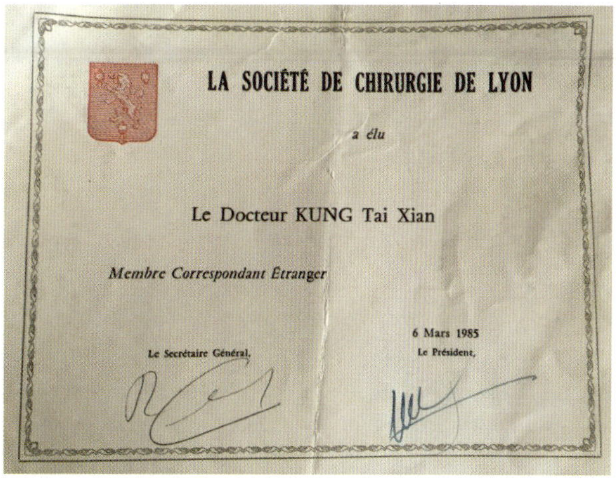

图2-2-14　1985年儿外科龚代贤里昂外科学会外籍会员证书

四、科研工作

【科研特色】

小儿普外和泌尿外科　1986年，与上海有机化学研究所合作，就硅弹性泡沫阴茎包扎材料研制和临床应用进行研究。1995年，对小儿隐睾症LHRH性激素治疗开展研究。1996年，与上海市内分泌研究所合作开展LHRH脉冲型输泵对小儿隐睾症性激素释放的激活治疗，并对小儿隐睾症性激素释放的激活进行研究。对8例隐睾患儿进行LHR泵脉冲式注射戈那瑞林，在术后复发的隐睾中有50%的隐睾下降至阴囊下部，另有50%的隐睾位置有所下降。未经手术的隐睾患儿43%的隐睾降至阴囊下部，43%的隐睾位置有所下降，14%的隐睾位置无变化。2006年10月，开展环境内分泌干扰物对睾丸Leydig细胞系的影响及作用的研究。

小儿骨科　20世纪80—90年代，儿外科在治疗儿童股骨头无菌性坏死(Perthes病)方面，提出“在包容下负重”的新概念，取代了国内一直维持的“长期负重的固定”的旧概念。该新概念于1991—1992年多次在全国会议发表交流。1993年，进行小儿骨科领域的“小儿步态研究及生物力学的研究”。1995年开展小儿步态分析。

【科研成果】

儿外科1959—2010年在全国各类杂志上发表论文94篇、参编著作18本、参译论文10篇。1957年，佘亚雄编著《小儿外科诊疗手册》，由人民卫生出版社出版发行。1961年，佘亚雄编著《肠套叠》，由上海科学技术出版社出版。

至2010年，儿外科共获得国家发明专利1项，国家自然科学基金1项，上海市科委课题1项，上海市医疗成果三等奖1次。

1993年，儿外科俞辉国(第一完成人)同其他单位合作设计完成了“小儿多功能蛙式手术石膏床”获得国家发明专利。(申请专利号：CN93225822；公告专利号：CN2164273Y)

1998年，陈建雯等撰写的《儿童罕见的胰腺乳头状上皮瘤2例》论文，获亚太国际学术交流会优秀论文二等奖。龚代贤参与血液科课题“血友病手术的检测及围手术期处理”，获1999年上海市医疗成果奖三等奖。“小儿隐睾发生与苗勒氏抑制物质的关系及微量注射脉冲泵治疗研究”，获2000年上海市科委资助基金项目(科室历史上首次)。刘德鸿承担的“应用基因剔除小鼠研究两种环境内分泌干扰物对雄性性分化的作用及其影响”课题，于2007年9月获国家自然科学基金项目(是科室首次获得的国家级项目)。

五、其他

【对外援助】

1975年9月—1977年9月，龚代贤参加上海市赴摩洛哥援外医疗队，这是中国首次派出的援助摩洛哥王国的国家医疗队。2007—2009年，张建林、李雯珏再次代表瑞金医院参加赴摩洛哥援外医疗队。

【慈善手术】

1994年4月28日，小儿外科免费为来自湖南新化县东岭乡12岁女孩伍艳华矫治小儿麻痹症残腿。患儿因严重的小儿麻痹症致左马蹄足畸形、左股四头肌瘫痪，不能站立行走，两腿长度相差7厘米。儿外科多次组织讨论制订治疗计划，最终患儿得以顺利手术康复出院。1996年，为上海福利会3名孤残儿童分别行实施两性畸形矫治术、马蹄内翻足矫治术。2001年，为1名婴幼儿骶尾部巨大畸胎瘤作了完整切除，并为中央电视教育台拍摄一部有关畸胎瘤的科教片，全国不定期播放。

【所获荣誉】

1960年，丁文祥获上海市文教系统先进工作者，儿外科获上海市文教方面先进单位。

第十二节　灼伤整形科

一、发展沿革

1958年，医院外科成功救治烧伤面积89%、三度烧伤面积23%的严重烧伤病人邱财康，突破当时国际烧伤治疗的极限，并由此建立中国第一个烧伤专业病房，设立严重灼伤治疗小组和灼伤护理组。1959年，上海市人民政府拨专款建造广慈医院烧伤病房大楼，并于1960年9月正式启用。1962年，外科烧伤病区主任由外科主任董方中兼任，设置25张严重烧伤病人床位和5张较轻病人床位。

1963年8月1日成立灼伤科，由外科主任董方中兼主任，史济湘为副主任。同年8月，轻病区开始收治整形病人。同年，组建烧伤研究室，史济湘任研究室主任。1964年，建立灼伤门诊和急诊。1981年，上海市人民政府拨专款建造瑞金医院35舍，底楼与2楼为约800平方米的皮库和烧伤研究室。1991年1月，灼伤科迁入瑞金医院10号楼即烧伤病房大楼。同年，整形病区自灼伤科分出建立整形科，同年底迁入瑞金医院病房大楼(6号楼)6楼。1997年，整形科复归灼伤科，灼伤科更名为灼伤整形科，床位54张。1998年，科室发展至床位60张，医生近30人，护士50余人，年收治病例数达900人次左右。2005年，上海市卫生局批准在瑞金医院组建上海市烧伤急救中心。2008年，灼伤整形科被遴选为上海交通大学医学院重点学科。2009年6月，原烧伤病房大楼(10舍)拆迁，灼伤整形科病房、急诊和手术室整体迁至医院原门诊楼，烧伤门诊独立设于医院新门诊大楼4楼。至2010年底，科室在编医生25人，其中主任医师5人，副主任医师10人，拥有博士学位6人，拥有硕士学位9人，护士50余人，床位60张，年收治病人逾1 200例。

表 2-2-34 1963—2010 年医院灼伤科、整形科和灼伤整形科历任主任、副主任情况表

名　称	任职年份	主　任	任职年份	副主任
灼伤科	1963—1967	董方中(兼)	1963—1967	史济湘
	1978—1993	史济湘	1966—1967	杨之骏　钱绍昌
	1978—1988	杨之骏(第二主任)	1978—1982	杨增年
	1993—1997	徐惠贞	1978—1988	许伟石
			1988—1993	吴士祥
			1988—1997	肖玉瑞
			1993—1997	廖镇江
整形科	1993—1997	施浩然		
灼伤整形科	1997—2008	廖镇江	1997—2008	施浩然
	2008—	郇京宁	1997—	方培耀
			2008—	张　勤

二、医疗工作

【基本情况】

1958 年，外科烧伤病区收治严重烧伤病人 50 例，治愈率达 66%；其中 80%以上灼伤面积病人 12 例，存活 8 例。1958 年 11 月，国家卫生部在上海召开“全国烧伤防治经验交流会”，董方中、杨之骏等在会上介绍广慈医院救治严重烧伤的临床经验。1960 年，外科烧伤病区收治烧伤病人 106 例，治愈率达到 79.4%。1961 年，收治烧伤病人 241 例，治愈率进一步提升至 88.8%。1963 年建科后，在半个多世纪的临床实践中，灼伤科创造和发展独具特色的大面积深度烧伤治疗技术，形成了包括三度烧伤创面早期分期分批切痂、大张异体皮打洞嵌植自体小皮片混合移植覆盖创面、烧伤早期液体复苏的“瑞金公式”和“冬眠疗法”等关键技术。2003 年，中华医学会烧伤外科分会在成立 20 周年的大会上，充分肯定瑞金医院烧伤科在抢救严重烧伤中创立的“瑞金公式”“冬眠疗法”“皮肤混合移植方法”等烧伤治疗技术和“烧伤创面愈合机理”的研究，会议认为这些成果是对中国烧伤学科达到国际先进水平的重大贡献。

【医疗特色】

大面积深度烧伤创面治疗　1963 年，开展大面积深度烧伤创面早期分期分批切痂的治疗技术，针对创面覆盖时大面积烧伤病人自体皮匮乏的问题，开展异体皮和自体皮“砌砖式”间隔移植的方法，在此基础上建立大张异体皮打洞嵌植小片自体皮的混合移植方法，该方法科研成果获国家卫生部嘉奖。同年收治严重烧伤病人 218 例，治愈率提高到 93.6%，成功救治烧伤面积达 98%的病人 1 例、烧伤面积超过 80%的儿童 2 例，在此之前烧伤面积超过 80%的儿童还未见生存记录。1966 年 5 月，运用早期分期分批切痂、皮肤“混合移植”和以头皮为供皮区的大面积深度烧伤治疗技术，抢救成功一例烧伤面积 98%、三度 90%的病人，当时在国内外还未见对如此严重烧伤病人抢救成功的报道。1966—1976 年，灼伤科治愈烧伤面积超过 80%、三度面积超过 50%的病人 21 例，其

中总面积超过98%、三度烧伤面积超过90%的病人4例，治愈率超过1974年美国10个烧伤中心的临床统计结果。1977年6月，成功救治烧伤总面积100%、三度面积94%的上海炼油厂技术员杨光明，这是当时国内外治愈的烧伤总面积和三度面积最大的病例，再次创造烧伤医疗史上的新纪录。1978年，在"文化大革命"之后的第一次全国科技大会上，大面积深度烧伤治疗技术荣获大会科技奖。至1984年，灼伤科累计收治烧伤病人6 500余例，应用大面积深度烧伤治疗技术，治愈率稳定在90%以上，先后救治成功三度烧伤面积90%以上的病人5例。2004年，治愈两例罕见危重病例：一例为8月龄大面积深度烧伤小儿，另一例为深度烧伤致胸壁全层缺损伴心脏外露病人。2006年，对历年收治的烧伤病人作了分阶段分析比较。结果显示，自1958年至2003年，收治烧伤病人16 455例，烧伤半数致死面积（LA50）从1958—1965年的72%提高到1997—2003年的100%，三度烧伤LA50从31%提高到83%。1997—2003年收治的4 171例烧伤病人治愈率达99%，烧伤病人LA50达到106%体表面积（即烧伤面积100%时病死率已低于50%）；三度烧伤LA50已达到83%体表面积。1966—1988年救治成功三度烧伤面积在90%以上的病人6例，其中1例烧伤面积100%、三度烧伤面积达94%。这些成绩标志着瑞金医院灼伤科当时处于烧伤医学的国际先进水平。2008—2010年，又收治上海及周边地区突发事件的烧伤伤员40余批近200人次。

瑞金公式　1958年前，烧伤早期液体复苏公式主要应用美国Evans公式和Brooke公式。广慈医院在长期临床工作基础上，对这些公式进行了反思和改良。1965年，分析总结600例无呼吸道烧伤或其他合并症烧伤病人的早期液体复苏，提出适合中国烧伤病人液体需要量的补液公式，并在临床实践中得到较广泛的应用，成为提高危重烧伤生存率的关键之一，后被国内外烧伤医学界称为"瑞金公式"。

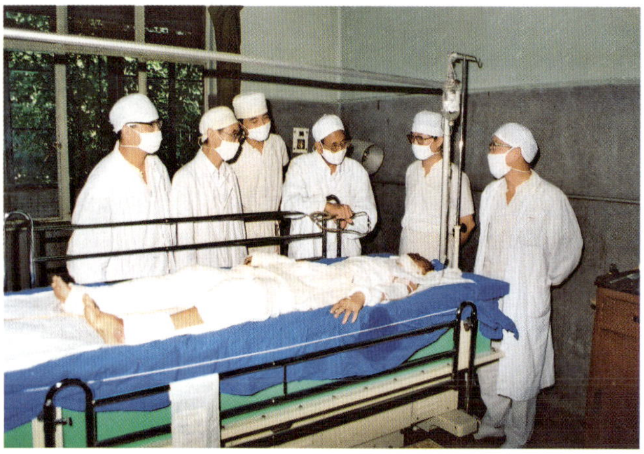

图2-2-15　1987年10月，灼伤科史济湘（左四）指导青年医生治疗大面积烧伤病人

冬眠疗法　"冬眠疗法"在国内最早由史济湘引入烧伤治疗领域。1958年对邱财康治疗过程中，发现烧伤早期液体复苏同时应用冬眠药物辅助治疗，可以抑制中枢神经的过度兴奋，减弱交感神经的反应强度。1958年后，"冬眠合剂"因可减轻应激反应而成为严重烧伤病人早期综合治疗的一项常规措施。1959年，在豚鼠烧伤模型观察到"冬眠合剂"改善肾脏皮质区和小肠黏膜血液循环，显著减少肾小管坏死和胃肠黏膜溃疡的发生。经过数十年的临床应用和不断完善，1991年，许伟石证实应激反应与烧伤后早期损害有密切关系，在烧伤早期液体复苏的同时应用"冬眠合剂"，可以减少应激激素水平和显著减轻脏器病理损害程度，改善微循环的同时降低呼吸肌做功，减少组织代谢和组织耗氧，能减少应激性溃疡发生和减轻全身炎症反应，形成了"早期液体复苏同时应用降低应激反应的措施以减轻烧伤早期脏器损害"的学术观点。冬眠疗法成为病人平稳度过烧伤休克期的重要手段。这一方法还被用于烧伤创面脓毒症病人脓毒性休克的治疗。临床应用和动物实验研究均表明"冬眠疗法"在抗休克治疗中的有效性。此治疗方法受到国内外烧伤学者的一致好评。美国烧伤学会在授予史济湘"伊文思"奖的颁奖评论中，将"冬眠疗法"列为中国大面积烧伤治疗的成就之一。

【医疗器械革新改进与其他工作】

设备研发　1958年抢救邱财康临床过程中，医院技术组配合临床需求，设计制作出国内第一台翻身床，有效解决大面积烧伤病人后侧创面受压感染的难题。20世纪60—70年代，制作专门用于皮肤混合移植技术中的“打洞剪刀”，使手术时间大大缩短；并研制多功能轧皮机，可适用于制作网状皮片、邮票状皮片、异体皮U形打洞等任务，明显提高手术效率。1989年，研制成功滚动式异体皮劈皮机，可制作大张同种异体皮，并批量生产，供应市场。

皮肤保存　1970年，杨之骏主持创办中国第一家皮库，储存各类皮肤以备临床随时需求，同时开展对于皮肤储存方法的研究，被国内广泛学习和应用。1973年，总结临床上应用异种皮（小猪皮）覆盖烧伤切痂创面和与自体皮混合移植的经验。1985年3月，杨之骏主持的异种猪皮与人自体皮混合移植治疗大面积深度烧伤工作，一定程度上解决异体皮来源困难的问题，被全国治疗烧伤单位推广应用。1986年，在医护人员自行制备新鲜猪皮基础上，与中国科学院原子能研究所合作开展辐射灭菌猪皮的研制和临床应用，为国内最早开展该领域研究的烧伤学科之一。1989年，冷冻异体皮保存方法和辐射灭菌猪皮研制及临床使用均通过上海市卫生局鉴定。

创新理念　1958年开始，在国内最早提出应用酪蛋白、匀浆、GIKC等改善烧伤病人营养问题，并在全国推广应用。20世纪60年代，实施早期焦痂切除保留浅筋膜延期植皮手术，经随访证明这种方法在保留严重烧伤病人肢体功能方面效果良好。1972年，和上海中药三厂协作，研制成功“愈创膏”；总结使用“水火烫伤膏”（由伤科名医魏指薪提供药方，医院制剂）处理绿脓杆菌坏死斑的临床经验；许伟石在国内首先开始痂下组织菌量与创面脓毒症关系的临床研究，提出烧伤脓毒症临床诊断标准。1983年，在国内最早应用压力疗法治疗烧伤后增生性瘢痕并报道临床效果；在国内最早采用高频喷射呼吸机治疗吸入性损伤；最早应用远红外线加热器维持烧伤创面干燥，促进创面愈合；较早掌握采用游离皮瓣覆盖局限性深度烧伤创面等多项临床新技术。1990年，灼伤科应用热塑夹板固定和穿戴弹力套等方法治疗灼伤后增生性瘢痕疗效显著。1998年，开展计算机对烧伤休克复苏仿真技术及临床应用。

【会诊工作与援外医疗】

1958年，史济湘、陶祥龄等医护人员至沈阳鞍山会诊治疗成批烧伤病人。此后史济湘、张涤生、杨之骏、朱德安、钱绍昌等医师先后参加全国各地危重烧伤病人的救治工作，提高救治成功率。1964年，至外地会诊9次，救治人数60余人，地点远至锦州、济南、青岛、天津、包头等。1968年，共派出四批医师外出会诊，抢救17名病人均获成功。1978年，至山西、广东、福建等外省市会诊9次。几乎每年均有大批市外会诊医疗任务。

灼伤科建科后至2010年，科室内多次接收和外出抢救上海及全国重大突发事件中群体烧伤病人。其中有1969年“上海文化广场大火”事件；1977年“上海炼油厂事故（9名大面积严重烧伤病员）”；1987年“交大学生事件”；1990年“松江汽车事故”（17名成批烧伤伤员）；1994年“9·28松江氢气球爆炸”（80多人受伤，科室收治8名重伤员）；1996年“浦东公交公司车祸”（44人烧伤，科室收治22名伤势严重病人并获得痊愈）；2008年“江苏钢厂、山东钢厂事故”“上海闵行化学火焰烧伤事件”（收治14名烧伤病人）；2010年“上海胶州路11—15火灾”（收治12名伤员）等。

1981年，灼伤科接受国家援外任务，派出医生护士援助发展中国家的烧伤专业建设。医生吴士祥、董鹤亮，护士李建珍等受国家卫生部和瑞金医院委派，参加中国首批援摩医疗队赴非洲摩洛哥梅内克斯援助当地开展烧伤治疗工作，此后瑞金医院烧伤科每2年指派2名医生和1～2名护士赴摩洛哥援助烧伤医疗工作，至2010年，累计14批共医生30人次、护士19人次。1992年2月，吴士祥在援助摩洛哥期间，应用野猪皮嵌植自体小皮片混合移植技术救治成功一名烧伤面积达80%、三度面积70%的当地女孩，摩洛哥卫生大臣亲笔签署信函表示祝贺。1990—1994年，受卫生部国际医疗中心委托，先后派出刘耀亮、杨丽英和方培耀赴非洲利比亚的黎波里烧伤整形中心参加援助工作。

【灼伤整形】

1963年，在灼伤轻病区分出5张床位，开始收治灼伤后期瘢痕整复病人，整形床位逐渐增加至30张，并开始收治其他整形外科疑难病例，开展下肢淋巴管造影和同位素测定皮管血运等诊断方法。将下肢象皮肿的治疗方法由传统的手术治疗改为热辐射治疗，使复发率下降。1963年，整形病房收治人数272人。

1965年，病区应用自制电烘炉治疗100多例下肢象皮肿。完成全鼻再造术1例。1979年，开始应用塑料夹板矫正烧伤早期畸形，应用胸背游离皮瓣修复烧伤后畸形。1981年，整形科开展一些国内外尚未普及的新型手术方法，如前臂岛状皮瓣修复手虎口畸形；保留皮下血管网全厚皮移植；上臂内侧皮瓣游离移植等。1982—1993年，整形病房整形外科专业医生达7名，陆续开展一些新手术，如利用颞浅筋膜岛状转移加游离植皮行全耳一次再造；利用前臂游离皮瓣一次再造阴茎；巨乳症的修复等。采用游离皮瓣等改进局限性深度烧伤创面的覆盖方法。设立整形专科门诊，开设瘢痕专病门诊。还开展美容手术，如重睑术、隆鼻术、乳房成形术、皮肤软组织扩张器应用及皮肤肿瘤的治疗，取得良好效果，使该科业务范围不断扩大。

1993年，整形科摸索出一套包括瘢痕早期非手术治疗的经验。1994—1995年，每年均收治病人200余例，包括巨大血管瘤6例、严重颏颈胸瘢痕粘连、开放性骨折、严重骨髓炎、软组织缺损等复杂病例。开展面部除皱术和表皮摩擦术。1996年，开展多种美容手术，如巨乳症缩乳术等；软组织缺损修复和功能重建手术，如术后瘫痪病人实施筋膜悬吊术。

三、教学工作

【本科生教学】

1963年，灼伤科建科后，即承担医学院本科和专科生外科学总论以及烧伤部分的教学，后来承担医学院外科学总论烧伤的教学工作。在1977年恢复高考制度至今的几十年里，烧伤科一直承担医学院医疗系一部本科生、留学生、自费走读生、夜大学学生、八年制、英文班、法文班、营养系和检验系医学生的烧伤学教学和烧伤病房见习，还接受过上海市卫生进修学院护师班和医学班的烧伤课程。1958年至今，共接受进修护士400余名。承担交大护理学院"烧伤护理"的讲课。完成专科医生进修基地申报工作及临床研究生的培训工作。

【学习班】

1959年，受国家卫生部委托举办第一次全国烧伤学习班，许多学员在学习班结束后创建各自医院的灼伤科。1972年，受国家卫生部委托，举办全国第一期烧伤学习班，各地8名医生和护士参加。1981年至2000年，受国家卫生部委托共举办21期全国灼伤专业学习班，分别开设烧伤专业基础、烧伤专业课程，学员200余人，成为全国主要灼伤进修基地之一。2004年举办第一届"慢性难治性伤口护理进展”国家级继续教育学习班，将慢性难治性伤口的治疗理念在全国推广，并受到学员的好评。

【研究生培养】

1978年，灼伤科成为恢复研究生教育制度后第一批研究生学位授予单位，史济湘、杨之骏为首批硕士研究生导师。自1978年至2010年，烧伤科共招收硕士研究生45人。1981年，烧伤科被遴选为博士生培养点，史济湘、杨之骏为首批博士研究生导师，自1981年至2010年，科室招收博士研究生26人。

四、科研工作

【科研特色】

1963年，筹建烧伤研究室，提出10年科研规划。1964年，将原烧伤科病房3楼的部分改建成烧伤研究室基地。烧伤研究室坚持紧密结合临床的研究方向。初建早期与麻醉科合作，进行了出血性休克的实验研究。以后又从3个专业方向展开研究工作，即烧伤创面修复、烧伤感染、全身支持。

混合移植　20世纪70年代，杨之骏对“皮肤混合移植”展开研究，发现自体皮包容异体真皮的“夹心现象”，并作移植免疫学研究。在异体皮来源困难的背景下，用猪皮作为异种皮替代异体皮做混合移植取得类似的临床效果，并发现类似的“夹心现象”。1997年，混合皮肤移植的免疫学机理在国内外学者的共同努力下被揭示，为这项自创立以来已有30多年的移植技术提供理论依据。

烧伤感染　1972年，着手研究在中国传统医学中用于烧伤创面3种中草药的鞣酸含量、收敛作用、对10种细菌的杀菌力及其毒性，这项研究获1981年卫生部乙级科技成果荣誉证书。1978年，设立细菌组、病理组和细胞培养组：细菌组开展常规细菌培养与药敏、烧伤创面焦痂下组织细菌计数、研究厌氧菌培养方；病理组主要研究混合移植机理、配合细胞培养组作体外皮肤细胞培养的镜下观察；细胞培养组开展了当时世界上尚在探索阶段的皮肤细胞体外培养，主要是皮肤成纤维细胞和皮肤表皮细胞的培养。1985年研究达到表皮细胞培养成片的水平，并在临床试用。

全身支持　1983年，开展烧伤营养的研究，主要研究适合于严重烧伤病人的食谱，全身营养支持的途径、方法和作用。

1988年，在烧伤科和烧伤研究室的基础上，成立上海市烧伤研究所，史济湘为所长。研究所设临床研究室、基础研究室和皮库。科研工作继续以紧密结合临床为宗旨，同时加强创面愈合方面的基础研究。与上海市血液病研究所共同承担灼伤后出凝血变化的研究。与上海生物制品研究所合作研究外用血液凝血复合物。基础研究室细胞培养研究人员完成有关人体表皮细胞培养膜的冷冻保存研究工作。

1991年，烧伤学科参与国家自然科学基金临床重大科研项目“烧伤创面愈合机理的研究”。1997年11月通过结题验收，验收专家组一致认为项目成果达到国际先进水平。

1994—2002年期间，研究血尿肌红蛋白的测定、凝血机制、代谢营养、化学脱痂药和烧伤瘢痕防治等。2003—2007年，逐渐形成以创面愈合研究为特色和优势的学科。2008—2010年开展烧伤病人创面细菌生物膜形成、烧伤脓毒症内皮细胞损伤和修复、脓毒症免疫调控、烧伤后内毒素变化、细菌同源性分析等方面的临床研究。

【立项课题】

1988—2010年，灼伤科共获得省部级以上课题16项，其中国家自然科学基金项目4项。

表2-2-35　1988—2010年医院灼伤整形科获得国家级科研课题情况表

起止年份	专题名称	项目类别	负责人
1992	烧伤早期损害发病机理和烧伤创面愈合机理的研究	国家自然科学基金重大项目	史济湘
2006—2009	糖尿病合并创面难愈机制研究——生长因子的糖基化及其后续效应改变	国家自然科学基金(青年)	牛轶雯
2009—	双向适度——胰岛素对炎症反应的调节在创面愈合中的作用	国家自然科学基金	刘　琰
2010—	GEF-H1介导TLR4信号通路在内毒素损伤血管内皮细胞中的作用	国家自然科学基金	郇京宁

【重要著作与文献】

1959—2006年，灼伤科主编诸多具有深远影响力和学术价值的专著，并在国内外重要学术刊物和国际会议上发表数十篇学术论文。1959年4月，医院严重灼伤治疗小组根据临床救治经验，编写出版《严重灼伤的治疗》一书，这是中国第一部烧伤专著，为制定严重烧伤的临床治疗方法提供科学依据。1982年，杨之骏、许伟石、史济湘主编，系统阐述瑞金医院烧伤科烧伤治疗理论与实践的英文专著 *Treatment of Burns*（Springer 出版），这本专著对国际烧伤学术界产生较广的影响。1985年，杨之骏、许伟石、史济湘主编的《烧伤治疗》（第2版）被认为是烧伤临床"高级教科书"式的著作。1989年，史济湘主编出版《烧伤医学在中国》，获1991年全国优秀科技图书二等奖。1991年，陶祥龄参编《中国百科全书》中烧伤的章节。2006年，汪新参编由人民军医出版社出版的《临床护理备忘录》中烧伤的章节。2008年，张寅参编人民卫生出版社出版的《危重症护理学》中危重烧伤的章节。

1980年，杨之骏在国际烧伤杂志 *Burns* 上发表《自体异体皮混合移植治疗严重烧伤》，这篇文献是皮肤混合移植方法临床实践和理论研究的阶段性总结，引起国际烧伤学术界广泛关注，后来成为国外移植免疫学者研究皮肤混合移植机理引用的重要文献之一。1982年，杨之骏在国际上发表《大面积三度烧伤治疗的中国理念》，指出烧伤液体复苏的"瑞金公式"和冬眠药物应用是形成治疗烧伤早期损害的核心技术，自体皮-同种异体皮混合移植为核心的三度烧伤创面处理技术是大面积深度烧伤治愈的关键，这一治疗系统被国际烧伤医学界称为"中国模式"。2006年和2010年，灼伤护理组在国际烧伤杂志 *Burns* 上分别发表儿童与老年烧伤护理论文，受广泛关注。

【国内外学术交流】

1979—1983年，接待来自美国等14个国家的110余批次共计1 300人次国外医师来烧伤科访问，主要介绍大面积深度烧伤的治疗方法和基础理论研究工作。1985—1990年，先后接受日本、西德、法国、加拿大等国外医师6名参观学习。

1987年10月，刘耀亮代表史济湘、杨之骏在欧洲烧伤协会（EBA）第二次大会上宣读《大面积Ⅲ度烧伤治疗中的皮肤混合移植》论文。1988年，史济湘在该年度美国烧伤协会大会上作了《混合皮肤移植治疗严重大面积三度烧伤》的报告。

【承办重要学术会议】

1978年接受卫生部及中华护理学会的委托，在医院召开"烧伤护理现场学术会议"，这次学术交流会是"文革"学术团体复苏的标志性会议。1981年，受中央卫生部委托，灼伤科在上海举办第一届全国烧伤学术会议暨首届中美国际烧伤研讨会，会上国内外烧伤学术界给予瑞金烧伤科高度的学术评价，进一步提高中国烧伤学科的国际地位。1987年，承办中华医学会烧伤分会第一届全国烧伤学术会议。1988年10月，承办并主持首届全国化学烧伤学术交流会，会议为中国制订化学烧伤临床治疗标准作了学术理论准备。次年，与上海化工局职防所共同负责制订国家级项目"化学灼伤标准研究"，于11月由国家定标准会全票通过。2009年5月，举办"全国烧伤感染高层论坛"；倡议并主办上海市青年烧伤医师沙龙。2010年10月，烧伤科承办全国第十届烧伤年会和2010年上海国际烧伤研讨会。

【科研获奖】

1984年10月，瑞金医院灼伤科"大面积烧伤治疗"经中华医学会等部门共同评审，被列为新中国成立以来20项重大医药卫生科研成果。史济湘率领灼伤科团队两次获国家科技进步奖二等奖："大面积深度烧伤的治疗技术"（1985年）、"烧伤创面愈合机理的研究"（2001年）。

1988年，史济湘被美国烧伤协会授予"伊文思"奖，该奖授予对烧伤专业有突出贡献的非美国籍医师，史济湘是获得这项荣誉的第一位中国医师。在大会上，史教授作了《混合皮肤移植治疗严重大面积三度烧伤》的获奖报告。1989年，史济湘教授再获意大利惠特克基金会世界烧伤医学奖，该奖项表彰在发展中国家做出国际瞩目成就的烧伤医师。

1991年，"大张异体皮打洞嵌入自体皮治疗大面积三度烧伤技术"获首届上海科技博览会银奖。2010年10月，中国烧伤学科创始人之一、瑞金医院烧伤整形科创始人杨之骏被授予中华医学会第二届"中国烧伤医学终身成就奖"。

五、灼伤护理进展

1958年，广慈医院因抢救钢铁工人邱财康获得成功后，组建烧伤治疗中心，烧伤护理专业也逐渐发展为独立的护理专科。当时老一辈护理专家既秉承着解放思想，努力创新走自己发展之路，同时亦遵循"洋为中用"的方针，吸收各国的先进理念，使烧伤护理专科得到蓬勃发展。1960年，总结并撰写论文《烧伤病房细菌调查和消毒隔离》，参加中国首届护理学术会议，会议期间受到周恩来总理、罗瑞卿副总理、邓颖超等领导的接见和鼓励。1962年，制订第一版烧伤护理常规包括休克期的护理、病室的消毒隔离、工作人员及病员的消毒隔离制度、创面的护理、换药的准备、浸浴、应用冬眠药物的注意点、翻身床的使用、大小便的护理等。以后在烧伤护理实践中得到不断补充与完善。1987年，陶祥龄、邹仲贞撰写的《灼伤护理进展》一文，荣获全国首届优秀护理论文一等奖。1992

年,《灼伤护理进展》录制成中英文版的录像,和《烧伤护理》专著一起荣获首届护理科技进步奖二等奖。2004年,汪新提出烧伤预防工作的重要性,建立由医院为中心,结合社区和学校的小儿烧伤预防策略体系。2006年,“建立以医院为中心的小儿烧伤预防策略体系”,获得上海市护理科技进步奖鼓励奖。

休克复苏阶段临床护理技术改进 熟悉休克复苏的补液公式,抗休克补液阶段护理人员必须严密监测病人的尿量及其色泽、心率、神志、末梢循环、血压等,作为调整输注溶液的性质和速度的依据,以及电解质液和胶体液宜交替输入这一原则。这项休克期的护理常规一直沿用至今。

烧伤病房院内感染控制举措 1960年,分析同源性耐药性金葡菌蔓延原因,证明引起交叉感染的主要途径是由已感染的病人通过与工作人员的手和污染的环境(空气、物品)的接触而发生。并认为消毒隔离的重点是:严格做好病室的终末消毒,特别是床单位的用物、呼吸机、雾化器等的消毒灭菌,建立换药制度。参考国外资料,用环氧乙烷气体对床单位用物及各种呼吸治疗仪等进行灭菌处理。开创环氧乙烷气体对不耐热的医疗器械和物品消毒的先例,联合医疗器械厂共同设计消毒容器,建立消毒方法,为环氧乙烷消毒方法广泛使用奠定了基础。1975年,发现中央空调是黄曲霉菌主要宿主,申报卫生部拨款40万元拆除原管道,改造空气盘管,建立院感控制SOP。改进灭菌油纱布的制作方法。

烧伤护理相关器具性能改进 1958年,开始使用翻身床,不断探索翻身次数和时间的规律性,并先后4次改革翻身床及3次改进翻身床床单和安全护身带,最后完整地总结出如何正确准备床垫、正确使用铺床方法,并制订翻身床护理常规,总结出翻身护理的要领“一铺、二去、三合、四松、五翻转”,这一要领成为如今护士在实施翻身床操作时的口诀。1972年,开始应用电热鼓风机,与技术人员紧密配合设计制造出能升降、调节风速、自动控温的热风机,提高功效,防止烫伤意外事件发生。1981年后,使用空气流动床(液化床),经实践证明,使用该床时要监护病人的血清钠,酌情增加补液量以补偿额外丢失的水分。

烧伤病人静脉穿刺与固定技术改进 建立大面积烧伤病人静脉插管和静脉穿刺的适应证及方法,在全国推广。提出大面积烧伤病人的静脉穿刺部位应首选头皮静脉,其次为躯干静脉,并通过实践论证在愈合创面下、已成活的皮片下以及瘢痕组织下进行静脉穿刺是可行的。总结浅静脉的穿刺法、大静脉的穿刺法及穿刺后的各种固定方法,通过临床实践总结用指压、推行法来探索对肉眼无法察见的静脉进行穿刺的方法。

烧伤吸入性损伤护理技术改进 1980年后,改进呼吸道的护理和高频机械通气等方面的技术操作。总结273例烧伤后气管切开护理的经验和教训,建议烧伤病人使用特殊长度的套管,以减少套管脱出的机会。根据烧伤吸入性损伤的特点,研究雾化吸入导管距气管切开套管有效距离,从而健全对吸入性损伤病人护理的观察和操作常规。

烧伤病人鼻饲护理技术改进 总结硅胶胃管正确插入和固定方法,尤其采用不锈钢丝作管芯,既减轻病人痛苦又提高了工作效率。

【学会任职】

史济湘1986年当选为中华医学会烧伤外科学分会首任主任委员,以后多人任中华医学会和上海市医学会烧伤外科专科分会主委、副主委、委员等。

表 2-2-36　1986—2010 年医院灼伤整形科学术任职一览表

姓　名	年　份	学　术　任　职
史济湘	1986—1991	中华医学会烧伤外科学分会第一届主任委员
	1987—1994	上海市医学会烧伤外科专科分会副主任委员
	1991—1994	中华医学会烧伤外科学分会第二届名誉主任委员
许伟石	1994—1998	上海市医学会烧伤外科专科分会副主任委员
	1998—2002	上海市医学会烧伤外科专科分会主任委员
	2002—2006	上海市医学会烧伤外科专科分会名誉主任委员
廖镇江	1997—	中华医学会烧伤外科分会第四、五、六、七届副主任委员
	1998—2002	上海市医学会烧伤外科专科分会副主任委员
	2002—	上海市医学会烧伤外科专科分会主任委员
陆树良	2002—2006	上海市医学会烧伤外科专科分会副主任委员
袁克俭	2006—	上海市医学会烧伤外科专科分会副主任委员
郇京宁	2002—	上海市医学会烧伤外科专科分会副主任委员

六、其他

史济湘(1998 年)、杨之骏(1998 年)、陶祥龄(2001 年)先后被评为瑞金医院终身教授。

表 2-2-37　1964—2010 年医院灼伤整形科获国家级个人与集体荣誉情况表

获奖年份	奖　项　名　称	获　奖　者
1964	卫生部集体奖	外科
		灼伤护理组
	卫生部个人记大功	董方中　杨之骏
	卫生部个人记功	傅培彬　戴自英　史济湘　陈德昌　朱德安　张涤生
1978	全国医学药学卫生科技大会红旗单位	灼伤科
	全国科学技术大会奖	灼伤科
1988	美国烧伤协会授予“伊文思”奖	史济湘
1989	意大利惠特克基金会世界烧伤医学奖	史济湘
1997	香港“何梁何利基金科学与技术进步奖”	史济湘
2010	中国烧伤医学终身成就奖	杨之骏

第十三节 神 经 外 科

一、发展沿革

图 2-2-16 医院神经外科创始人张天锡(右)与恩师傅培彬(左)在法国尼斯参加国际学术会议

1963 年以前,神经外科是外科的一个亚专业。1963 年 3 月,神经科成立,设床位 20 张,兼收神经内、外科病人。1982 年起,神经外科与神经内科学组在业务上相互独立,分别有 20 张床位。1988 年 4 月,成立神经外科,病房仍与神经内科共用。1991 年 10 月,神经外科自 32 号楼 3 楼迁至 6 号楼 9 楼,额定床位 40 张(含 6 张术后监护床位)。2002 年 9 月,医院在神经外科内设功能神经外科组,床位 3 张。2007 年 4 月,功能神经外科组从神经外科病区搬到老门诊楼,与外八合用一个病区,床位 10 张,加床 2 张。2008 年 8 月,功能神经外科中心成立。2009 年 5 月,开设神经外科二病区,位于 32 号楼 1 楼,床位 20 张,监护病床 2 张。科室总床位增至 64 张。

1963 年,神经科有 3 名神经外科医生(张天锡、汪道新、胡秉诚)。1984 年,张天锡任神经科主任,汪道新任神经病学教研室主任。2002 年,从华山医院引进孙伯民。截至 2010 年,神经外科共有医护人员 69 人,其中主任医师 7 人、副主任医师 10 人,护理人员 36 人。

表 2-2-38 1988—2010 年医院神经外科历任主任、副主任情况表

任职年份	主　任	任职年份	副主任
1988—1993	张大锡	1989—1993	胡秉诚
1993—2000	胡秉诚	1995—2000	沈建康
2000—2008	沈建康	2000—	赵卫国(2008 年后主持工作)
		2008—	卞留贯　孙伯民

二、医疗工作

【基本情况】

1958 年,张天锡采用脑垂体摘除术治疗晚期乳癌。20 世纪六七十年代,以脑外伤手术居多,订立神经科诊疗常规,与仁济医院神经科建立共同查房制度。20 世纪 80 年代,开展颅脑肿瘤治疗,修订神经外科诊疗常规。1986 年起,开展严重脑外伤昏迷病人脑干反射监测工作,提出脑干损伤昏迷病人的预测预后指标,提高救治质量。20 世纪 90 年代,脑血管疾病治疗逐渐增多。1992 年,设立术后重症监护室。2000 年,完成医疗资料和科室工作的计算机管理,建立科内医疗图书室。1994 年,开始邀请国际国内专家到医院学术交流,指导新颖手术。2003 年 1 月,在老门诊 5 楼开设

一间咨询室，建立一门咨询热线，设专人接听功能神经外科方面咨询。2008 年，逐渐完善功能神经外科电子病历系统，制作帕金森病、癫痫、强迫症、厌食症等多个病例模板。同年，采购并安装 2 台采样频率为 512 的脑电信号放大器，可完成 32 导视频脑电记录。截至 2008 年，科室逐步形成以颅神经疾病、脑血管病介入治疗、功能性垂体腺瘤和功能神经外科治疗为临床特色的格局。仅 2010 年一年，神经外科就完成各类手术 2 078 例，其中脑血管介入治疗 500 例，颅神经微血管减压(MVD)手术 317 例，颅内肿瘤切除 204 例，功能神经外科手术 824 例。

【医疗特色】

脑外伤、卒中及其他相关手术　1964 年，开展前路颈椎间盘突出症手术治疗。1984 年，在国内首先报道采用脑室-腹腔分流术治疗严重脑外伤后交通性脑积水。1993 年开始，开展内窥镜清除颅内血肿手术。1999 年，开展立体定向下脑血肿清除术、大骨瓣开颅减压手术治疗大面积脑梗死、小骨窗血肿清除超早期治疗高血压脑出血等技术。2000 年起，开展神经内窥镜三脑室底造瘘治疗脑积水。

神经肿瘤　1983 年，张天锡开展经蝶窦垂体微腺瘤显微手术，是国内较早开展此项手术的专家之一。同年，在国内首先引进使用替尼泊苷治疗恶性胶质瘤，获得显著效果。1994 年，探索颅底和颅颈交界肿瘤手术，开展经迷路颞下入路听神经瘤切除术和经额下扩大前颅凹入路切除鼻、蝶、斜坡巨大腺瘤。1999 年，开展立体定向技术，实现深部肿瘤活检和肿瘤术中定位。2000 年，开展神经内窥镜脑室内肿瘤切除术。2000 年起，沈建康在国内首次开展锁孔入路手术治疗前颅底肿瘤。还开展了远外侧入路治疗颅颈交界部肿瘤手术，以及椎管成形手术等一系列脊柱外科手术项目。2001 年，赵卫国利用神经电生理辅助成功切除一例直径大于 5 厘米巨大听神经瘤，同时完整保护了面神经。2006 年 12 月，沈建康、卞留贯与麻醉科合作，首次采用坐位手术切除小脑天幕脑膜瘤，取得良好效果。2007 年开始，积极参与内分泌代谢学科群建设并开展垂体瘤经蝶手术、功能性垂体腺瘤手术。

颅神经根疾病及功能性神经系统疾病　1983 年，科室开展经皮射频热电凝疗法治疗原发性三叉神经痛。1994 年，开展显微功能神经外科手术治疗原发性癫痫，开展面肌痉挛、三叉神经痛显微血管减压手术。2000 年，开展术中电生理和诱发电位监护技术，保障功能神经外科手术的安全，提高疗效。同年，微血管减压(MVD)手术量突破 100 例。2008 年，MVD 手术总量超过 200 例，成为科室临床特色，手术治愈率高，并发症少。2009 年，MVD 手术量为 300 例。2002 年，开展帕金森病脑深部电刺激治疗，强迫症，厌食症和精神分裂症的内囊前肢毁损手术等。2003 年，采用丘脑底核电刺激治疗难治性肌张力障碍获得成功。2003 年 5 月，孙伯民在美国功能神经外科大会上报道脑深部刺激治疗原理。2006 年 11 月，在北美神经调控大会上报道手术治疗神经性厌食症。2009 年 6 月，在世界神经外科学会联合会(WFNS)上报道脑深部电刺激治疗戒毒技术。2010 年 9—11 月，功能神经外科中心负责的新技术获得准入资格后，陆续开展 306 通道脑磁图临床使用、脊髓电刺激治疗顽固性疼痛、鞘内药物输注治疗疼痛及严重痉挛、伽马刀设备临床使用等新技术。

癫痫手术治疗　2002 年，开展癫痫手术治疗。2008 年 8 月，建立癫痫视频脑电监护中心。2010 年 11 月，脑磁图设备投入临床使用。通过引入癫痫灶定位技术，手术治疗癫痫发作的类型增加，手术例数增多。至 2010 年底，手术治疗癫痫共计 335 例。

帕金森病治疗　2003 年 5 月，经丘脑底核电刺激成功治疗一例帕金森病病人，病人术后恢复正常工作，并怀孕生育，这一病例首次在世界上从脑葡萄糖代谢方面揭示脑深部刺激治疗原理。至 2010 年底，通过脑起搏器(DBS)治疗帕金森病共计 354 例。

肌张力障碍治疗　2006 年 7 月，在世界功能神经外科大会期间，孙伯民与来自加拿大、法国、日本、美国和英国的6位神经外科领域专家一起对来自河南的肌张力障碍患儿会诊。同年9月，功能神经外科组为这位7岁男孩进行DBS植入手术，这是国内植入脑起搏器年龄最小的病人。至2010年底，运用DBS治疗肌张力障碍共计115例。

强迫症治疗 2004年6月30日，为强迫症病人刘某植入脑深部电刺激器实施内囊前肢毁损术，术后病人自觉强迫症状及暴力倾向消失。至2010年底，功能神经外科中心治疗强迫症共计554例。

脑血管病 1991年，神经外科引进经颅多普勒超声（TCD）机诊断脑血管病，成立TCD室，后由神经内科管理。1993年，开展脑血管畸形和脑动脉瘤的手术治疗。1996年，在上海较早为动脉瘤病人行超选栓塞治疗。1996年，采用3D-CTA作为常规检查，快速明确诊断动脉瘤，在超早期行动脉瘤腔的超选栓塞治疗。1999年，神经外科加入上海市脑血管病治疗协作组，开展电解可脱性弹簧圈（GDC）栓塞治疗脑动脉瘤及脑血管畸形栓塞治疗，同时也开展脑缺血血管内溶栓、脑肿瘤血管内栓塞等介入治疗。2000年，科室成立脑血管介入专职小组。2001年，沈建康、李国文成功切除一例直径大于5厘米的大脑中动脉瘤并重建血管。2002年，林东和胡锦清带领神经介入团队采用弹簧圈栓塞联合枕大池置管引流治疗脑动脉瘤破裂，有效防治术后的脑血管痉挛。2007年，成功完成国内第一例颅内动脉狭窄的串联支架血管成形术。2008年以来，科室开展的颅内动脉狭窄支架治疗技术水平已处于全市先进水平。

三、教学工作

【基础教学与研究生教育】

1987年以来，科室承担医学院医疗系神经病学有关神经外科的教学任务，内容包括颅脑损伤、脑内占位性病变、颅内压增高和脑疝。每年教授两届法文班和一届英文班学生，并编写神经外科法文教材。1999年，增加护理夜大、大专及高护系本科授课。2002年，重编中英文、法文教材，并编写配套多媒体教材。2009年，接待2名来自日本东京女子医科大学的交流生。

1985年起，神经外科招收硕士研究生。1992年起，招收博士研究生。2008年，尚寒冰（导师：赵卫国）获“上海市优秀研究生”称号。截至2010年，科室有博士生导师3名，硕士生导师2名。招收硕士研究生25名，博士研究生4名。

【继续教育】

1987年起，陆续派遣沈建康、卞留贯、赵卫国、林东等10名医生到法国、日本、德国、美国等著名院校进修，回国后成立显微神经外科、神经介入等相关专业小组。1994年起，与神经内科共同举办全国神经科高级进修班，授课24学时，每年招收进修医生4～8名。2002年，举办国家级继续教育学习班：颅神经显微外科新进展和帕金森病的外科治疗，共8学时。2006年，举办显微外科新进展学习班、卫生部神经介入进修班和立体定向学习班。之后每年举办一期国家级继续教育学习班。2008年5月，举办国家级显微神经外科新进展学习班。

四、科研工作

【科研特色】

神经外科的科研涉及脑血管病、颅脑肿瘤、功能性神经系统疾病等方向。2000年前，科研项目及论文主要集中在脑血管病(缺血或出血)生理、解剖领域。2001 年起,脑肿瘤成为研究对象,同时继续开展血管病相关研究,科研内容扩展至细胞、分子水平。2009 年起,功能神经外科相关疾病的研究获得肯定。

【科研成果】

1991 年,张天锡主编《神经外科基础与临床》。2008 年,赵卫国主编《医学试题精编丛书——神经内外科学》。科室还参编《法汉医学词汇》《汉法医学大词典》《黄家驷外科学》《实用神经外科手术图解》《实用神经病学》*Textbook of Stereotactic and Functional Neurosurgery* 等 30 余本专业书籍。

1994 年,卞留贯在 *Neuroscice Letters* 上发表 *Increased endothelin - 1 in the rabbit model of middle cerebral artery occlusion* 实现神经外科 SCI 论文零的突破。至 2010 年,神经外科共发表论文 205 篇,其中 SCI 收录论文 22 篇。

1989 年,张天锡获"七五"重点攻关课题"脑缺血、脑水肿实验研究"。1994 年,完成"八五"攻关课题"脑缺血发病机理"。1996 年,沈建康获"九五"攻关课题"脑血管溶栓治疗的研究"。2002 年,完成"经血管电解脱弹簧圈(GDC)栓塞颅内动脉瘤的应用研究"。2003 年,完成"通过脑代谢的变化阐明脑起搏器的治疗原理"课题,获得国家自然科学基金项目"b -榄香烯抗血管生成的实验研究",协助完成上海市内分泌临床代谢中心"脑垂体瘤的临床生物学研究"课题。2004 年,获得卫生部"脑卒中规范化外科治疗技术推广应用研究"一级协作单位。2007 年,赵卫国获国家自然科学基金项目"脑胶质瘤术中实时显像的基础研究"。

1996 年神经外科张天锡主持"脑水肿(脑缺血、脑外伤、脑瘤)发病机制的实验和临床研究"获得国家科学技术进步奖三等奖 1 项。截至 2010 年,神经外科获省部级以上科研奖项 9 项。

【国际论坛】

2006 年 7 月,与世界立体定向及功能神经外科学会共同主办"2006 年上海世界功能神经外科大会"。2008 年 5 月 30 日,在医院主办"瑞金国际垂体瘤新进展研讨会"。2009 年 6 月,在世界神经外科学会联合会(WFNS)上,孙伯民被邀请成为 2 个分会的主席,并作 2 项专题发言。此后美国《洛杉矶时报》报道了神经外科在手术治疗神经性厌食症及手术治疗戒毒方面的工作。2009 年 12 月 18 日,主办"瑞金颅神经根疾病微血管减压术高峰论坛"。2010 年 4 月 9—10 日,主办"上海国际神经外科论坛(中日友好神经外科论坛)"。

【学术任职】

张天锡曾任中华医学会神经外科分会常务委员,世界神经外科联合会(WFNS)会员,法中科技促进协会中方委员。

胡秉诚曾任中国超声医学会工程学会经颅超声医学会常务委员。

沈建康曾任中华医学会神经外科分会常务委员,上海市医学会神经外科分会副主任委员;世界神经外科学会会员,美国神经外科医师学会(CNS)会员,欧美同学会医务分会理事。

赵卫国曾任上海医学会神经外科分会副主任委员、上海神经科学学会理事;世界华人神经外科学会委员,世界神经外科联合会会员,美国神经外科医师学会(CNS)国际会员,亚洲神经外科学会(ACNS)副主席、执行委员,欧美同学会医务分会理事。

五、其他

2001 年，张天锡被评为瑞金医院终身教授。

1999 年，王健被共青团上海市委授予“上海市杰出青年志愿者”称号。2000 年，孙青芳被上海市医务工会评为年度上海市卫生系统文明职工。

第十四节　重症医学科

一、发展沿革

在中国，重症医学学科作为一个独立专科的发展是近几年的事。瑞金医院外科重症监护病房(SICU)汤耀卿多方呼吁并致信相关领导人，陈述重症医学的学科理念和学科建设的重要性。2008 年 7 月，国家批准重症医学为临床医学下属的二级学科，学科代码 320.58。2009 年 1 月 19 日，卫生部颁布《关于在〈医疗机构诊疗科目情况表〉中增加“重症医学科”诊疗科目的通知》，对开展“重症医学科”诊疗科目诊疗服务的医院、医师等问题作出规定。2010 年 7 月 8 日，瑞金医院成立重症医学科，成为上海市第一家成立重症医学科的三级医院，汤耀卿任科主任，瞿洪平任副主任。同年，重症医学科入选第一批国家临床重点专科建设科室。

20 世纪 50 年代，外科在各病区中分别建立“小病房”，救治梗阻性化脓性胆管炎、胃穿孔及肠漏等外科危重疾病，这是重症医学病房的雏形。20 世纪 70 年代末至 80 年代初，傅培彬等受越南战争战伤救治启发，提出把分散的“小病房”集中起来，建立专门的监护病房，解决外科危重病人救治难度大的问题。1984 年，正式创建 SICU，设在 3 号楼，2 张床位，由外科傅培彬、李宏为、张圣道、孙国武及麻醉科王志增等人负责。1991 年增加 1 张加床，引进汤耀卿主持 SICU 工作。1992 年，SICU 搬到 6 号楼 1 楼，床位数也增加到 6 张。1999 年又搬到 6 号楼 6 楼，床位数增加到 12 张。截至 2010 年，重症医学科共有医生 9 名，护士 30 名。

图 2-2-17　普外科张圣道(右)等讨论急性重症胰腺炎病人的治疗

二、医疗工作

重症医学学科建立以前，危重病人救治由各专科自行承担。1958 年，外科、麻醉科、检验科、药剂科等多学科协作，成功抢救大面积烧伤病人邱财康，引入重症监护的理念。60—70 年代，器官移植、严重复合伤、危重胆道疾病和急性坏死性胰腺炎救治等都需要重症监护配合。1984 年 SICU 成立后，以收治严重颅脑外伤、梗阻性化脓性胆管炎及消化道漏等危重病人为主。1985 年 1 月，成功抢救一名患急性坏死性胰腺炎并发肺、心、肝、肾等多器官衰竭的病人。1985年，抢救并发呼吸衰竭的病人，存活率60%以上，达到当时国际先进水平。至1992年底，重症急性胰腺炎存活率从1981年的57.1%提高到76.9%，坏死性胰腺炎合并2个脏器衰竭死亡率下降为13.3%，抢救成功率达92.2%。1995年，瑞金医院坏死性胰腺炎的治疗生存率大于80%，处于全国领先。1999年12月，一名8次心脏骤停的暴发性重症胰腺炎病人被抢救成功，痊愈出院。2001年8月，收治一例7处肠瘘的感染性休克、并发多脏器功能衰竭病例，经全力抢救，病人最终转危为安。2006—2010年，重症急性胰腺炎的救治成功率维持在91%～93%。2008年5月，四川汶川发生大地震，瞿洪平作为首批援川医疗队队员，奔赴绵阳灾区为灾民提供医疗救助。

1984年，用麻醉机来完成呼吸衰竭的病人呼吸支持。1991年，购买第一台呼吸机。2000年，在上海率先开展床旁血液净化治疗(CRRT)技术，顾秋莹等成为国内第一批CRRT护士。

三、教学工作

1984年以后，承担瑞金临床医学院外科总论部分章节理论授课；水电解质及酸碱紊乱、休克、肠梗阻等章节的PBL授课。承担法文班、本科班、八年制班、外科进修班、护理系夜大等授课。2000年，SICU被评为ICU护理实训教育基地。参与国家级继续教育项目“重症急性胰腺炎基础与临床进展学习班”授课。

2010年，开始临床住院医师规范化培养，承担外科学、麻醉学及急诊医学等学科的住院医师带教。

四、科研工作

重症医学科建科以前，一直参加外科重症急性胰腺炎的治疗和研究方面科研项目。1998年，汤耀卿的“短时血滤和干扰素－α联合治疗重症急性胰腺炎实验研究”项目获得卫生部资助。2003年起，从事血管内皮细胞和脓毒症方面的基础研究及急性重症胰腺炎的发病机制认识及临床治疗策略研究。2010年科室成立后，汤耀卿获得科室第一项国家自然科学基金面上项目资助——“金属蛋白酶介导的VE-cadherin变化在炎症因子TNF－α所致内皮通透性增高中的机制研究”。

1997年，汤耀卿参与的“急性坏死性胰腺炎治疗方案的系列研究”荣获国家科学技术进步奖三等奖。1999年，“短时血液滤过在重症胰腺炎治疗中的应用”获上海市临床医疗成果奖三等奖。2001年，“暴发性胰腺炎8次心脏骤停抢救成功”获上海市临床医疗成果奖二等奖。2006年，“重症急性胰腺炎的基础与临床研究——病情加重因素与脑功能障碍并发症的研究”获得中华医学科技奖进步奖一等奖、教育部科技进步奖二等奖、上海市科技进步奖二等奖和上海医学科技奖进步一等奖。2005—2010年，发表重症医学方向论文93篇，其中SCI收录11篇。

五、其他

危重病人救治率的增加，给SICU团队带来医院和社会的广泛关注。20世纪90年代以后，《文汇报》《健康报》《上海大众卫生报》《报刊文摘》《现代医院》等媒体都刊登过宣传瑞金医院SICU的文章。

1993—2010年，SICU和重症医学科共获得“上海市劳动模范”等个人荣誉2项，“上海市共青团号”等集体荣誉5项。

第十五节　手术室和消毒供应中心

一、发展沿革

【手术室】

1918年,广慈医院建立手术室。至1932年,有6间手术间。1940年,建成3舍手术室。1954年,手术室集中至外科病房楼(3舍2楼),配备必要的设备投入使用,并建立门诊小手术室。1962年,外科手术室增至11间,包括外科3舍2楼7间、耳鼻喉科2间、儿科1间、神经外科1间。1984年,门诊大楼建成使用,设2间手术间。1993年,新建急诊大楼,设急诊手术间2间。1991年,外科手术室搬迁至6号楼2楼,共14间。1998年,成立9号楼高干手术室,拥有3间手术间,2000年,新增分部手术室3间。2002年,建成分部微创中心手术室,新增1间手术间。2004年5月,外科手术室与骨科手术室合并为大手术室。2005年,改建后新增7间手术间。2006年,门诊新大楼建成,设手术间4间,住院病人手术间7间,具备直升机直送手术室救援能力。2007年,急诊大楼改建后,设急诊手术间4间。至2010年,瑞金医院共设有43间手术室,其中门诊手术室和急诊手术室各4间。

1960年,手术室护士共27人。2000年,手术室护士37人。2010年,手术室护士共计98人,硕士占1%、本科27%、大专65%、中专7%;副主任护师占3%、主管护师27%、护师49%、护士21%。进入21世纪以来,拥有上海交通大学医学院临床护理骨干师资2名、瑞金医院优秀青年教师4名、护理部骨干15名,共26名护士获得上海市护理学会手术室专科护理适任证书。

表2-2-39　1956—2010年医院手术室历任护士长、副护士长情况表

任职年份	护士长	任职年份	副护士长
大手术室			
1956—1984	曹育贞	1956—1965	梁慧珍
1984—1986	林雅静	1956—1965、1978—1984	沈秋云
1986—1988	孙智光	1965—1978	遇慧芳
1990—	钱蒨健	1984—1986	陈亚仙
2000—2002	冯　原	1984—1992	顾浩美
2005—2010	王　维	1988—1990	钱蒨健
2005—	沈洁芳　王晓宁	1992—2000	冯　原
		2002—2005	王　维　沈洁芳
		2008—	龚茹洁　周　双
门诊手术室			
1984—1986	遇慧芳		
1994—2000	孙智光		
2004—	冯　原		

（续表）

任职年份	护士长	任职年份	副护士长
急诊手术室			
2000—2004	唐梅英	1994—2000	唐梅英
2004—	冯　原		

【消毒供应中心】

消毒供应中心的前身是中心供应室，成立于 1953 年。初建时地址位于 2、3 舍底楼，总面积 781 平方米，隶属于医院的医教室。1958 年后，隶属于护理部。1987 年，搬迁至被服间对面（原 27 舍后面）。1991 年，迁址至 6 号楼 1 楼，面积约 300 平方米。2001 年，供应室原址改扩建后，面积扩大至 600 平方米，引进全自动病毒清洗消毒系统等国际先进设备设施及管理理念，率先在国内建立先进、有效的管理模式以及合理的建筑布局与区域分布流程。2009 年 4 月，根据中华人民共和国卫生部颁发《中华人民共和国卫生行业标准——医院消毒供应中心规范》，更名为消毒供应中心。

1953 年，科室成立时共 21 人。1979 年，工作人员 28 人。1991 年，工作人员 30 余人。2000 年，工作人员 20 人，在全院公开招聘操作压力蒸汽灭菌器的消毒员，对入聘后的消毒员进行在职人科教育和专业知识的系统培训，持证上岗。2010 年，消毒供应中心总人数为 28 人，其中护士 16 人，工人 8 人，消毒员 4 人。

表 2-2-40　1953—2010 年医院消毒供应中心历任护士长、副护士长情况表

任职年份	护士长	任职年份	副护士长
1953—1969	严逸青	1953—1969	唐桂兰
1969—1978	朱珊琴	1978—1984	王继红
1978—1984	朱锦芳	1988—1992	包云娣
1984—1992	王继红	1992—1994	潘清深
1994—2000	潘清深	2002—2005	钱黎明
2000—2002	马梦丹		
2005—	钱黎明		

二、手术管理

【手术种类与专科化发展】

1918 年，手术室成立初期配备金属手术台、蒸馏消毒器等基本设备，手术种类相对简单，无护士分组，主要由嬷嬷配合医生完成手术。20 世纪 50 年代，复杂手术增加，开展头颈、消化道、乳房等癌症的手术，心血管外科手术及神经外科手术。20 世纪 60 年代，参与制造革新器械及仪器，如吸引器导管化、开展红外线应用、将土超声波用于治疗炎症和洗涤器等。1961 年，手术室分成三个专科小组，分别为(1) 整形、口腔、齿外科组；(2) 普外科组；(3) 胸外、泌尿、妇产科组。专科组护士每6个月轮转一次。1962年，新增心血管小组，参与设计转碟式人工心肺机，并配合完成体外循环下心脏直视手术。20世纪70至90年代，手术种类新增人体原位同种肾、肝、心脏移植术，微创体外循环下各种心脏手术等。2003年，进一步细分为心胸外科组、肝胆外科组、普外科胃肠组、神外五官妇产科组、内镜泌外组、供应室、柜台、计算机管理等8个专科组。2004年，外科和骨科手术室合并，新增关节、骨病、损伤、脊柱等手术，致力于病人的术中保暖工作，设计保暖肩垫，于2007年获得第二十一届上海市优秀发明选拔赛优秀发明三等奖，在中央电视台报道，并于2008年获得国家专利证书。2009年，医院在全国率先引进"达芬奇机器人"手术系统(da Vinci S)，手术室参与配合心脏外科、肝胆胰外科、泌尿外科开展"达芬奇机器人"手术；引进代表目前国际术中放疗最高水平、上海市第一台移动式术中放疗加速器，手术室参与配合外科开展联合术中放疗手术。手术量从2001年11 024例增至2010年30 505例，为了配合业务发展，添置并更新一系列仪器设备。

表2-2-41　1954—2010年医院手术室参与配合的各级各类首创性手术统计表

年　份	级　别	名　　称	科　室
1954	国内首例	髂总动脉瘤切除及同种异体动脉移植术	外　科
1954	国内首例	巨大无名动脉瘤切除及同种异体动脉血管搭桥移植术	外　科
1956	国内首例	使用冷冻干燥同种血管重建，施行大动脉瘤切除术	外　科
1958	世界首例	救治大面积烧伤病人邱财康(总面积89.3%，Ⅲ度烧伤23%)	外　科
1970	国内首例	腰椎巨细胞瘤切除和人工椎体替代术	骨　科
1975	国内首例	急性出血坏死性胰腺炎清创引流术	外　科
1977	国内首例	人体原位同种肝移植术	外　科
1978	国内首例	同种异体心脏移植术	心胸外科
1997	上海首例	微创体外循环下房间隔缺损修补术	心胸外科
1998	上海首例	左心室减容加二尖瓣人工瓣膜替换术	心胸外科
1999	上海首例	经前路齿状突螺钉固定手术	骨　科
2000	国内首例	智能声控腹腔镜手术宽带网上直播	外　科
2000	国内首例	眶上眉弓"钥匙孔"手术	神经外科
2002	国内首例	劈离式肝移植术	外　科
2002	上海首例	肝肾联合移植术	外　科
2002	世界首例	脑深部刺激手术治疗重症帕金森病	功能神经外科
2003	世界首例	丘脑底核手术治疗难治性肌张力障碍	功能神经外科
2004	亚洲首例	腹腔多器官簇联合移植术	移植中心
2005	国内首例	全腹腔镜胰十二指肠切除术	微创外科
2006	国内首例	脑起搏器植入手术(最小年龄)	功能神经外科
2006	世界首例	手术治疗神经性厌食症	功能神经外科

【质量控制】

成立初期，主要由嬷嬷配合医生施行手术，无护士长制度。1956 年，由院长下属的院长办公室医务组直接领导，建立护士长制度。1957 年，护理部领导手术室，外科指导工作。以后与外科临床工作密切配合，探索手术配合与无菌管理模式。2000 年，在全国率先推行手术室与消毒供应中心一体化管理模式，手术器械纳入消毒供应中心清洗，切实保证清洗消毒灭菌质量，有助于进一步降低手术相关的院内感染率，同时增加护士直接护理时间、提高服务质量、促进科室的整体发展。2001 年，启用 HIS 系统手术室管理子系统，收费、统计实行电子化。2002 年，开展整体护理模式，修订各项规章制度、护理文件，统一包括手术室、消毒供应中心及门急诊手术室在内的手术室系统质控检查标准等。2003 年，由专业组组长制订并负责实施本组的年度计划，由护士长完成评估。开展手术病人术前访视工作。2006 年，制作"瑞金医院手术病人访视单"，并在科内开展对外籍病人访视内容的英语口语培训考核。至 2010 年，术前访视率达 100%。2007 年在国内首创骨科外来器械与植入物备货的标准化管理。

三、消毒供应工作

【布局设计】

1953 年，内部布局以东西走廊为界，朝南是清洁区、无菌区，朝北是污染区。1962 年，无菌储藏室和分类、消毒的清洁室相对封闭独立并与外界隔离，有效地阻断与污染洗涤室之间因空气对流而造成的对环境物品和人员的危害，并将无菌储藏室发放清洁物品的途径由敞开式直接发放改为开小窗口发放。1987 年，在污染区和包装区之间用纱布门隔离，无菌区为独立房间。1991 年，从外向内划分为污染区、清洁区、无菌区，各区域之间人员流动设有缓冲间或专用通道。2001 年，依据先进的管理理念划分为 4 个区域：去污区、检查包装区、无菌物品存放区和生活区。各区域间设立了物理屏障使之独立并互相隔离，区域间人员的流动必须通过缓冲间。

【流程改进】

消毒供应中心主要负责全院复用医疗器械物品的再处理以及一次性无菌医疗物品的供应工作。包括器械物品的回收、清洗、消毒、包装、灭菌、监测和发放；一次性无菌医疗物品库管和发放。

回收　1953 年，建科时供应室负责临床 12 个科室的复用物品回收工作，在医院内设置两个回收点，分别在儿科和 2 舍、3 舍，各临床科室工作人员将使用后的污染物品送去回收点。1958 年回收的主要物品包括输液器、滴管、注射器、针头、手套。到 1959 年，回收范围增加到 32 个科室，为减少临床科室的工作量，中心供应室定时主动去临床科室回收污染物品，并将清洁物品同步送至临床科室。20 世纪 60 年代中期，回收范围逐步发展到全院，回收物品包括临床使用的治疗包、引流管、胃管。1976 年，回收工作采用洁污分开的方式，收发工作由两人完成，即一名工人收取使用后污染的器械物品，一名护士发放无菌的器械物品。2001 年，开展手术器械回收工作。2003 年，开始回收呼吸机管道及配件，以及承担卢湾分院复用物品的回收工作。2010 年 8 月，承担远洋医院手术器械的回收工作。2010 年，为避免使用后器械物品的污染扩散，消毒供应中心规范下收物品清点接收流程，所有清点工作都在中心去污区进行。

输液器及医疗物品消毒　1953 年，供应室所有物品都是采用手工清洗消毒法，用肥皂水浸泡后再用刷子刷洗，自来水冲洗。1979 年，将输液器清洗消毒方法改用氢氧化钠浸泡后刷洗，再进行煮沸消毒,既提高清洗质量,又延长使用寿命。1982年,将输液器冲洗水由自来水改为钠离子水,保证水质的清洁和清洗质量。2001年,对所有耐高温、耐湿的物品采用全自动机械清洗消毒。2003年,为避免化学消毒剂对环境、工作人员及病人的危害,将原来呼吸机管路及配件采用化学消毒剂浸泡消毒的方法改为用机械清洗热力消毒方法。

手套消毒 20世纪90年代,复用医用手套的再处理以人工手洗、上粉为主。2001年,采用机械清洗上粉。2004年,推广一次性医用手套取代复用手套。2007年开始,骨科外来器械由手工清洗改为机械清洗消毒,并纳入消毒供应中心日常管理,保证外来器械的清洗消毒质量。

包装 1953年,所有器械物品的包装材料以棉布和储槽为主,棉布包装材料使用后由被服间负责统一处理。1979年,包装材料是普通塑料袋。1998年,改为符合行业规范要求的医用纸塑包装袋。2008年,使用过氧化氢低温等离子专用包装材料。临床治疗包和手术单包器械使用一次性医用无纺布包装材料。2009年,呼吸机管路及配件由棉布包装改用一次性清洁自封袋包装。2010年,消毒供应中心取消储槽作为包装材料,取消绳子十字捆扎封包法,改用专用胶带封包的方法。同时通过成本核算,启用硬质灭菌容器包装手术器械,引领国内手术器械包装的新理念。

灭菌监测 1953年,无菌物品的灭菌方式全部采用压力蒸汽灭菌,有2台压力蒸汽灭菌器以供需求。1958年,为保证灭菌质量,设立专职人员负责每周一次的压力蒸汽灭菌器细菌监测,以便于在工作中能及时发现问题。1962年,每日进行输液器处理室、清洁室、洗涤室紫外线空气消毒,并制订器械物品的灭菌有效期限,无菌物品超过7天未使用均视为过期物品,应重新进行处理。1976年,2台压力蒸汽灭菌器纳入全院集中供热系统。1979年,对无菌物品进行定期随机抽查并实施细菌监测,同时将手套灭菌由原来压力蒸汽灭菌改用低温环氧乙烷灭菌,使用率提高了3倍以上。1987年,压力蒸汽灭菌器由原来的2台增加至3台,刀片、剪刀等锐利器械改用低温环氧乙烷灭菌,延长使用寿命。1990年,胸引瓶改用干热灭菌法,使得年平均耗损率下降20%~30%。1992年,改用打孔铝制饭盒取代无孔铝制饭盒包装以利于蒸汽的穿透,针筒灭菌合格率从62.3%提高到100%。1999年,压力蒸汽灭菌器每日晨做空锅B-D测试,以检查灭菌器的冷空气排出效果,每月进行嗜热脂肪杆菌生物监测。2005年开展手术器械除锈保养工作,针对问题器械进行重点的对症处理。另外,通过专业抛光的方法对器械、器具进行改造,延长了使用寿命,降低了医疗成本。2007年,规定骨科植入物每批次灭菌必须有生物监测并记录。2008年,将部分低温环氧乙烷灭菌的物品改用过氧化氢等离子低温灭菌。2009年,将压力蒸汽灭菌每月一次生物监测改为每周一次,每半年对工作环境进行环氧乙烷浓度检测并存档记录。2010年,使用性价比较高的成品灭菌敷料,既能满足临床科室日常使用需求又能节省操作时间。

库管发放 1953—1958年,由各临床科室工作人员在原来的回收点领取无菌物品。1959年,为减少临床科室的工作量,供应室定时上门发送临床科室的无菌物品。1987年,供应室负责输液器、注射器、换药碗、镊子等部分一次性无菌医疗物品的库管和发放工作,以一次性逐步取代复用。2000年,以单台手术为单位负责每天的手术器械物品的配置、发放工作。2003—2010年,定时发送一次性无菌医疗物品至临床科室。

【管理措施】

消毒供应中心主要的管理工作分为质量管理、物流管理和仪器设备管理。

一体化管理 2002年,开展手术室供应室一体化管理模式,将手术器械的清洗消毒灭菌纳入供应室日常工作管理,有效减少手术相关性院内感染的发生。

质量管理　1979 年之前，质量管理主要为经验管理。从 1979 年开始，科室的 14 个岗位实施责任制管理，建立一人一卡制，责任落实到人。2002 年，为配合手术室工作，供应室工作时间延长至 17:30。2005 年，设立质检员岗位，负责检查每一件器械物品的质量。2007 年，实施区域分组的管理方式，在科内设立 3 个区域组及 1 个专职岗位，分别为清洗组、包装组、灭菌组以及质检岗位。通过自荐和民主投票的方式，选举出 4 名组长，由护士长按需每组分配 2～3 名组员，形成三级管理模式。2008 年 7 月，随着手术量的增长和手术时间的延长，为确保手术器械的清洗消毒质量，供应室增设中、夜班，并使之常态化，24 小时接受手术器械的处理工作，做到手术后的器械能得到及时处理。2009 年，增设灭菌质量检查复核岗位，确保了整个工作流程环节质量都得到有效控制。随着工作范围的扩大，质检岗位逐步形成质检组。

物流管理　20 世纪 50 年代到 70 年代，无菌物品的物流管理信息传递靠人工手写记录单据的方式完成；90 年代，通过电话与人工手写记录单据相结合的方式完成。2003 年 8 月，供应室与计算机中心联合，在医院物资管理系统 1.0 版本平台下，开发适合日常运作管理与信息需求的软件管理系统，将无菌物品的物流管理纳入该系统中，使得无菌物品的生产、申请、领用、回收发放等各环节间衔接更紧密、精准，彻底切断了因记录单据传递而可能造成的医院感染途径，并使临床科室物资领用信息全院共享。2008 年，引进国际先进的无菌物品全程质量追溯管理系统（T－DOC 系统），采用条形码的方式将无菌物品组合、生产过程、器械采购信息、成本价格以及病人使用信息等所有资料全程记录到信息系统，大大提升无菌物品的各个环节的质量监控，以及院内感染的控制信息追溯水准。

【医疗数据】

1979 年之前没有进行工作量的统计，2001 年逐步接收了手术器械、呼吸机管道、外来器械以及外院物品的处理，每年工作量统计如表 2－2－42。

表 2－2－42　2001—2010 年医院消毒供应中心主要供应物品及工作量统计表

物品	年份									
	2001	2002	2003	2004	2005	2006	2007	2008	2009	2010
引流瓶	39 207	15 854	23 687	27 266	30 208	33 695	33 799	50 813	26 284	35 861
治疗包	200 283	113 205	162 395	159 233	160 724	173 990	187 190	197 746	133 906	134 710
一次性物品	1 646 096	3 404 948	3 042 643	3 551 707	4 202 481	4 487 662	4 778 489	5 053 920	4 731 169	5 458 281
敷　料	27 666	21 265	30 757	113 907	102 042	97 950	95 734	171 460	97 271	109 676
呼吸机	0	0	19 076	34 624	31 319	31 334	32 859	30 061	18 342	16 983
手术器械	0	7 370	7 871	11 666	12 668	13 101	15 209	16 259	16 444	19 509
清洗消毒	0	0	6 704	7 668	9 645	9 406	9 114	10 920	8 417	12 069
压力蒸汽	7 986	11 503	13 542	13 427	13 529	14 313	15 253	16 343	13 913	14 980
环氧乙烷	147	285	391	394	420	461	494	532	484	527
等离子	0	0	0	0	0	0	0	0	213	397
合　计	1 921 385	3 574 430	3 307 066	3 919 892	4 563 036	4 861 912	5 168 141	5 548 054	5 046 443	5 802 993

四、教学工作

【职后教育】

图 2－2－18　20 世纪 80 年代手术室护士长曹育贞(中)带教手术室护士

1918 年至“文化大革命”前，主要通过高年资护士的手把手带教模式。20 世纪 70 年代起，开始实行师徒一对一带教，秉承传、帮、带的理念将手术配合经验传授于新护士，并且承担了外科医生本科实习生的无菌技术操作规范带教。2000 年起，开始手术室带教教学改革；2001 年，制订新职工带教计划，开展专科轮转及考核；2002 年，制订 2～3 年及 3、5、8 年护士培养计划；2006 年，制订新职工专科操作考核项目及专科出科评价表；2007 年，制订 2～3 年护士专科出科操作考核项目及专科轮转计划并实施；2008 年起，开展新职工及 2～3 年职工各专科组的 PBL 授课；2010 年，将客观结构化临床考试模式(OSCE)应用于新职工一年考核。

除了技术教育外，21 世纪初，手术室还开展医学人文教育。2002 年起，开展每年一次审美服务理念探讨活动，致力于为手术病人解决各项实际问题。2005 年起，开展每两月一次的疑难病例讨论，分享各类疑难手术配合经验。2006 年起，开展每 3 月 1 期的人文培训，旨在提升手术室护士的人文素养，更好地为手术病人服务。

20 世纪 80 年代起，手术室开始接待来自全国各地的进修护士，至 2010 年，共带教进修护士 354 名，拍摄教学录像片 4 部，分别为：《外科手术各种体位》(1981 年)，《手术规范化体位安置》(2002 年)，《无影灯下的白衣天使》、《消毒供应中心日常操作流程》(2005 年)。

供应室建科时没有教学任务，主要是通过手把手、一传一的方法传承下来。1983 年，采取专人负责的方式带教护校生，并做到在职员工人人关心，接待 150 名来参观、学习、交流的同行。2001 年改建以来至 2010 年，共带教医疗系、护理系、卫生学校见实习本科生、中专生 1 507 人；内外科、手术室新职工轮转 85 人；接受进修护士 63 人；接待国内外同行参观学习交流 3 671 人。

【学习班】

2002 年之前，手术室主要参与医院及科室内部组织的各类学习班。2002 年举办手术室、供应室市级继续教育学习班。2004 年，举办市级继续教育学习班“微创技术进展与护理配合”。2004 年 11 月 30 日，中华护理学会与瑞金医院在瑞金医院举行“消毒供应培训基地”的签约和挂牌仪式，并举办上海市市级继续教育项目“当代医院消毒供应中心的管理服务模式”的第一期学习班。2005 年，举办国家级继续教育项目“当代医院消毒供应中心的管理服务模式”学习班和市级继续教育项目“全国手术室护士长学习班”。2006 年，举办“华东六省一市手术室会议(国家级)”；主办全国消毒供应中心研讨会、消毒供应中心管理论坛及消毒供应中心高峰管理论坛。2007 年，举办

“AO 手术室人员创伤基础学习班”，成功申报上海市护理学会手术室适任证书实训基地，制订“手术室适任证书培训大纲”，配合上海市护理学会手术室适任证书培训；2008 年至 2010 年，共完成 4 批 31 人次的实训基地培训工作。2010 年，举办瑞金医院“骨科专科手术配合与管理理念培训班（国家级）”。至 2010 年，共举办 8 期国家级继续教育项目“当代医院消毒供应中心的管理服务模式”学习班，学员共达 392 人。

【人才培养】

2005 年选派 2 名护士参加全国消毒供应中心研讨班；2 名护士参加为期 2 周的北大医院消毒供应中心培训班。2006 年选派 4 名骨干参加消毒供应中心管理论坛，1 名骨干参加全国消毒供应中心研讨班，3 名护士参加全国消毒供应中心学习班。2009 年选派 2 名护士参加消毒供应专业年会，1 名护士参加华东六省一市手术室会议，2 名护士参加上海国际护理会议，6 名护士参加国家级消毒供应中心继续教育学习班。

五、科研工作

20 世纪 50 年代，在技工组协作下，供应室制作一台 2 人用针筒清洗机和一台针头卷冲机。20 世纪 60 年代，试制成功手拉式农村补液皮带洗涤器，基本实现了机械化和半机械化，不仅降低了劳动强度，工作效率也提高了 12 倍。20 世纪 70 年代，制成超声波洗针筒和洗针头机器、磨针头机，这一革新不仅减少劳动力，还提高 2～3 倍的工作效率。20 世纪 80 年代，仿制扎皮带机和搓皮带机，把两道工序改为一道工序，使用更为方便，填补护理机械化的又一空白点，并向全国推广并技术转让。

2000 年之前，手术室主要配合各临床科室医生开展医疗科研。2000 年起，独立开展护理科研。2003 年，吴蓓雯、李和姐、钱黎明撰写的《降低手术切口感染的护理对策探讨》获上海市护理学会第五届优秀护理论文。2004 年，获得中华护理学会课题“无菌包运送车及运送人员手的细菌学调查”。2005 年，成功申报第二医科大学科研课题——“无菌包运送车及运送病人手的细菌学调查”。2006 年，“改善手术病人舒适和安全护理的系列措施”荣获第一届上海市临床护理成果奖三等奖。此外与手术室一起继续自主创新开发研制 U 型器械支撑架，撑开所有手术器械的关节，确保器械每个面都能接触到灭菌媒介，保证手术器械的灭菌质量，又使器械排列整齐、美观，该设计获得国家两项专利。2007 年，供应室成功申报上海交通大学医学院科技基金项目“医疗器械沾染血迹后的保存方式对清洗效果的影响分析”。2000—2010 年成功申报课题 23 项，发表论文共 163 篇，获得专利 4 项。主编书籍 2 册：2005 年主编《实用手术室护理》（钱蒨健）；2007 年参编 21 世纪全国高校教材《医院感染监控与管理》。主编论文集 4 册，主编科内杂志《追求》《魅!!》。

表 2-2-43　2006—2010 年医院手术室和消毒供应中心获专利项目情况表

年　份	名　称	类　型	发明人
2006	U 形器械支撑架	发明专利	钱蒨健　钱黎明
		实用新型	
2008	手术用保暖肩垫	外观设计	钱蒨健
2008	幕帘式铺巾架	实用新型	王晓宁　钱蒨健

表 2-2-44　1957—2008 年医院消毒供应中心技术革新成果情况表

年　份	名　称
1957	针筒清洗机、针头卷冲机
1960	切纱布机、摺纱布机
1965	双人磨针头机、手拉式农村补液皮带洗涤器
1979	超声波洗针筒、洗针头机器、磨针头机
1981	全自动纱布折叠机
1982	手套烘箱、扎皮带机、制动卷棉签机和棉球机
1984	搓皮带机
1986	全自动针头冲洗机、药物振荡器
2008	无菌物品信息跟踪管理系统

六、其他

【社会责任】

20 世纪 50 年代，曹育贞参加抗美援朝志愿医疗队。70 年代，董巧云参加西藏援建工作 2 年。至 2000 年，手术室护士赴摩洛哥、安徽、都江堰等地多次参加援建工作。2004 年，参与“蓝天下的至爱”慈善手术。2006 年起，参与每年一次的 Terry Fox 慈善长跑。2007 年起，利用双休日到徐汇区社会福利院及奉贤区儿福院参加义工活动。2007 年，为先心病人“紫娃”实施法洛四联症纠治术。2007 年 5 月，爱心义卖 1.6 万元全部捐给“紫娃”二期手术。2008 年，汶川发生强烈地震，科室为抗震救灾捐款 11 万元，为灾民完成四肢内固定、脊柱内固定、清创等 12 例手术。2010 年，科室为青海玉树地震捐款 4.3 万元，并参与援建都江堰市灾后重建工作。

【学术任职】

2007 年钱蓓健任上海市护理学会手术室专业委员会主任委员、华东六省一市手术室专业委员会副主任委员。

钱黎明 2003 年任上海市护理学会医院感染专业委员会供应室学组组长；2005 年被聘为中华护理学会第 24 届消毒供应中心护理专业委员会委员。2006 年被聘为卫生行业消毒员国家职业专家委员会委员。2007 年被上海市护理学会第九届理事会聘任为院内感染专业委员会委员兼消毒供应室学组组长。

【所获荣誉】

1981 年手曹育贞、王继红获首届上海市优秀护士奖。2004 年、2005 年钱蓓健、沈洁芳分别获得上海市卫生系统“十佳护士”和上海市第六届优秀护士。2010 年，沈洁芳获上海市卫生系统对口支援都江堰市灾后重建优秀援建队员称号。手术室还多次荣获上海市妇联、上海市总工会、上海市医务工会和团市委的表彰。

表 2-2-45　1981—2010 年医院手术室和消毒供应中心获省部级个人及集体荣誉情况表

年　份	获奖人	奖项名称
1981	曹育贞　王继红	上海市优秀护士奖
2001	手术室	上海市三八红旗集体
2003	手术室	上海市文明班组
2004	手术室	上海市文明班组
2005	手术室	上海市文明班组
2005	手术室	上海市共青团号
2005	手术室	全国卫生系统护理专业巾帼文明岗
2006	中心供应室	上海市用户满意服务明星班组称号
2008	手术室	上海市五一巾帼奖
2008	手术室	上海市工人先锋号
2008	手术室	上海市医务工会迎世博窗口服务示范岗
2009	消毒供应中心	上海市教育系统巾帼文明示范岗
2010	手术室	上海市教育系统巾帼文明岗
2010	消毒供应中心	上海市巾帼文明岗

第三章　临床辅助学科

第一节　放 射 科

一、发展沿革

图 2-3-1　20 世纪 70 年代 10 舍放射科

1921 年，广慈医院设立放射科，在原 10 舍东首设立 X 光室（电光间），使用的设备为中国最初的影像设备之一。1938 年，获得 150 毫克镭锭，开展肿瘤放射治疗相关业务，是当时上海首个拥有镭锭的放射科。1948 年，国际善后救济总署由第二次世界大战剩余物资调拨，提供给广慈医院放射科两台美制 X 线诊断机（放置于 3 舍），一台接触治疗机，另添置镭锭 500 毫克。1951 年，上海市军事管制委员会征用广慈医院，保留放射科。1954 年，分别于儿科大楼（现 26 舍）和成人门诊部（2 舍）内设 X 光室。1964 年在 10 舍建造 3 间镭锭病房，配备 6 张床位。1985 年，医院成立急诊科，设急诊 X 光室。1988 年 8 月，于 2、3 舍修建 CT 室。同年 11 月 28 日，安装医院第一台全身 CT 扫描仪。1991 年 7 月，安装第一台直线加速器，并成立放射治疗中心。1992 年，磁共振楼建成。1995 年在 2 舍安装医院第一台数字减影式血管造影（DSA）设备和医院第一台磁共振仪（MR）。1998 年 9 月 16 日，干部病房综合大楼竣工，将地下 1 楼划归放射科。2006 年 7 月 17 日，医院新门诊大楼启用，门诊 3 楼规划为放射科。

20 世纪 20 年代初期，放射科工作人员仅 4 人，其中医师 1 人（法籍），法籍嬷嬷、技术员和工务员各 1 人。1927 年，法国外科医学学会会员、放射学专家李山（Richer）任震旦大学医学院 X 光学教授兼广慈医院放射科主任。至 1951 年 11 月 30 日，科室人员有 X 光技术员 3 人，放射科兼职主任医师 1 名，兼职主治医师 1 人。1955 年，朱大成任科主任，为第一位华人放射科主任。截至 2010 年，放射科在职医师 32 人，包括终身教授 1 人，主任医师、副主任医师及主治医师 26 人。拥有大型医疗设备和 X 线机共 32 台，其中包括 2 台 DSA、2 台 MRI、3 台多层和螺旋 CT、4 台数字平板钼靶机，21 台数字胃肠机及 DR、CR。

表 2-3-1　1927—2010 年医院放射科历任主任、副主任情况表

任职年份	主　任	任职年份	副主任
1927—1937	Richer[法]	1937—1950	张友梅
1937—1945	Genin[法]	1956—1963	何维庶

（续表）

任职年份	主　任	任职年份	副主任
1945—1950	Taillaid[法]	1966—1967，1977—1982	郑溱元
1955—1967、1977—1984	朱大成	1978—1982	唐伯荣
1958—1967	孙桐年(第二主任)	1982—1988	唐敖荣
1984—1988	王汝德	1989—1995	何国祥
1988—1995	唐敖荣	1991—2000	江　浩
1995—2000	何国祥	1995—2009	吴达明
2000—	陈克敏	2002—	潘自来
		2005—	凌华威
		2009—	汪登斌　丁晓毅

二、医疗工作

【医疗服务】

1921—1951 年，仅开展简单的放射诊断和治疗项目，日摄片量约 20～30 份。1955 年后，诊疗项目逐渐多样化、复杂化，工作量开始显著增加。20 世纪 70 年代，取消过去摄片、造影限额分配的办法，使病人拍片难、造影难、预约时间长等“老大难”问题得到解决，放射检查量随之大幅增加。20 世纪 80—90 年代，引进 CT、MRI，广泛开展多项具有特色的诊疗技术，工作量比 50 年代增加近 10 倍。2005 年，一年放射检查达 11.8 万余人次。2010 年，引进拥有 64 排探测器的高清 CT 扫描仪宝石能谱 CT(Discovery CT750 HD)，应用于对小病灶的检测、定性分析及疾病的早期诊断等，全年放射检查超过 40 万人次。

【诊断技术】

1921 年建科初期，放射诊断项目主要涉及普通透视、摄片、胃肠道钡餐摄片、支气管造影和子宫输卵管造影。1952 年，与外科合作，国内较先开展一系列复杂的造影项目，包括脑血管造影，人工气腹造影，纵隔充气造影、后腹膜充气造影、盆腔充气造影等。1954 年，新增儿科门急诊和住院病人的透视、摄片及多种造影摄片。1972 年，随着国内第一台乳腺钼靶机的研发，开展乳腺钼靶摄片。1979 年，江浩开始采用双对比剂造影剂，为胃肠道病变影像检查奠定基础。2010 年，开展小肠插管造影新技术。

1988 年起，陆续开展各种 CT 血管造影(CTA)、灌注成像(胰腺、肝脏等)、肿瘤分期(胰腺癌、胃癌、结肠癌等)、CT 仿真内窥镜(小肠、结肠)、心脏冠状动脉成像等项目。1995 年，科室应用 DSA 开展血管介入，进行多种实质器官恶性肿瘤(肝癌、胰腺癌、肺癌等)的化疗及栓塞，肠系膜及门静脉血管造影、内分泌静脉分段采血测量激素水平、胰岛细胞瘤触发试验等。1995 年起，开展多种 MR 血管造影(MRA)检查，在血管与颅脑神经关系 MR 成像检查(MRTA，针对面肌痉挛、三叉神经痛等颅脑神经症状病人)方面尤其具有特色。1999 年 5 月，凌华威采用计算机辅助处理 CTA 及 CT 仿真内窥镜检查技术，对人体血管、空腔脏器等进行全方位三维观察。逐步形成一套层次分明、手段齐全、技术先进、设备完善的影像诊断体系。

【专家门诊】

20 世纪 80 年代起，设读片门诊。20 世纪 90 年代初，开设放射科专家门诊。20 世纪 90 年代末，开设联合门诊治疗腰椎间盘突出（每周一上午，由放射科、骨科、推拿科及康复科组成的专家联合门诊），常规进行各部位穿刺活检、椎管造影、关节造影、下背部及坐骨神经痛介入治疗（神经根封闭、椎间盘修补）、椎体成形术（针对椎体压缩性骨折及椎体转移等）。

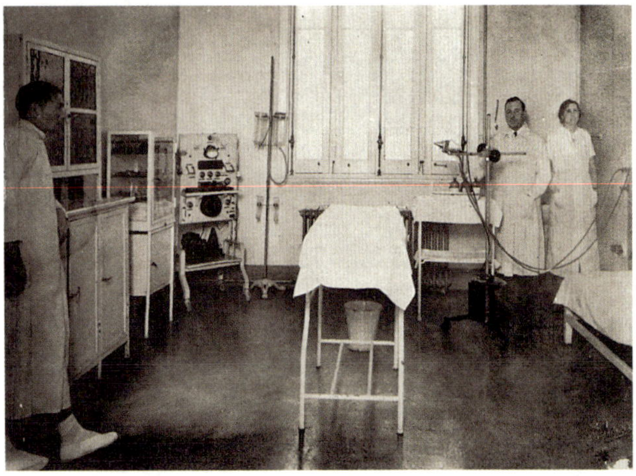

图 2-3-2　20 世纪 30 年代放射治疗室

【放射治疗】

1921 年，放射科仅开展中浅度 X 线治疗。自 1938 年获得镭锭后，科室开展鼻咽癌、舌癌、口腔颌面部肿瘤、子宫颈癌等的放射治疗相关业务。1964 年，徐开埜、罗擎乡分管镭锭病房，同时派驻专职放射治疗的医务人员。1992 年，医院成立放射治疗中心，徐开埜任主任。1993 年，设立放疗科，放射治疗不再由放射科管理。

20 世纪 90 年代初，开展多种非血管介入治疗，是国内最早开展脊柱介入治疗的单位之一。1993 年，开展 CT 导引介入治疗腰椎间盘出，打破椎间盘突出、椎管狭窄、椎体滑脱等必须手术的传统观念，开展至今已治愈数万例的病人。后陆续开展 CT 引导下的穿刺活检（肝、肺、软组织及骨骼），CT 引导下肝脓肿，胸腔积液穿刺、导管引流，CT 引导下肝、肾囊肿穿刺，引流治疗等。1998 年，童国海从法国进修带回具有国际先进水平的腰突症治疗技术——CT 和 C 形臂联合引导下椎体成形术，治疗中老年骨质疏松椎体压缩性骨折和椎体肿瘤（包括原发、转移性，骨髓瘤、血管瘤）。1999 年，开展半导体激光介入治疗骨样骨瘤、肝癌、肾上腺肿瘤、椎间盘突出。2000 年初期，开展温控椎间盘修补、椎间盘造影和 CT 引导下腹腔神经丛阻滞术治疗胰腺癌性及其他消化道引起的腹痛。

【多学科合作】

1952 年，放射科与外科开展日常读片活动，每周六 8:00—9:00，两科医生在傅培彬和朱大成带领下共同读片。1956 年，肺科主任孙桐年兼任放射科第二主任，倡导建立会诊读片交流，两科和胸外科主任都坚持参加，是医院最早的 MDT 雏形，至 2010 年已坚持 54 年。1963 年，神经科成立后与放射科开展常规读片活动，每两周开展一次，一次 2 小时。1995 年起，放射科与内分泌科建立多学科讨论，共同读片，分析相关病例。随着两科之间多学科的合作，放射科发展一系列如内分泌静脉分段采血测量激素水平等检查技术，同时也帮助内分泌科建立起亚专业学组。

【数字化及信息化建设】

20 世纪 90 年代后期，何国祥提出医院内部影像数字化概念，并与上海岱嘉医学信息系统有限公司合作研发软件。2000 年，陈克敏大力推动科室的信息化建设。2001 年，瑞金医院实现图像存档与传输系统（PACS）全院联网，成为上海首家全院性使用 PACS 系统的医院，运用该系统可实现历史图像的保存、检索与对比。2002 年，PACS 二期建设工程通过验收，实现放射科信息管理系统(RIS)和 PACS 集成，使放射科的影像系统与门急诊各诊室联网。通过数字化图像传输，所有资料能在摄片完成后立刻反馈至诊间，使接诊医师能直接通过电脑网络阅览图像，并能通过缩放、测量、灰度调节等功能细致读片，初步给出诊断或建议，提高接诊效率。此举为上海市卫生系统首创，实现"无胶片化"管理。2006 年，放射科的 PACS 和 RIS 系统经过反复优化，功能更趋强大。

2004 年，陈克敏与《中华放射学》杂志社共同主办第三届全国数字化影像及 PACS 应用与进展研讨会。来自国内十多个省市、自治区、香港特别行政区、台湾地区及日本、韩国、美国等国家的会议代表近 200 名参加了会议，共收到论文 63 篇，内容涵盖数字化影像和 PACS 建设的各个方面。

2007 年，放射科开始应用信息化手段实施对检查人数和报告人数监控，合理调整人力资源和设备资源。

三、教学工作

1921—1955 年，教学工作基本靠言传身教，医师基本通过传、帮、带、文献学习等来提高业务，没有完整的体系。1955 年，朱大成开始推进放射学教学改革。历经 50 年发展，瑞金医院放射教研室已成为上海市教委重点学科，上海交通大学医学院重点学科。

【学历教育】

1955 年，上海第二医学院医疗系设立放射学教研组和儿科学系放射学教研组，朱大成任儿科学系放射学教研组主任。1963 年，朱大成任医疗系一部放射学教研组主任，何维庶任儿科学系放射学教研组主任，后调往新华医院。1966—1976 年，教学工作一度中断。至 1978 年，全校恢复教学组织，放射学教研组改名为放射学教研室。

表 2-3-2　1963—2010 年医院放射学教研室历任主任、副主任情况表

任职年份	主　任	任职年份	副主任
1963—1966、1978—1984	朱大成	1978—1984	郑溱元
1984—1988	郑溱元	1978—1984	唐伯荣
1988—1995	唐敖荣	1984—1988	王汝德
1995—2000	何国祥	1988—1993，1995—2000	江　浩
2000—	陈克敏	1993—1995	何国祥
		2005—	方文强

临床放射学　1958—1963 年承担上海第二医科大学医学系本科生两个大班、口腔系以及法文班的放射诊断学的教学任务，每班 36 个学时，儿科系放射医学课程 20 学时；另有支援新华医院儿科系教学任务；同时举办实习医生放射学读片讲座。教学工作由青年住院医师和技术员参与，尤其是技术员正式参加中级师资在当时尚属创举。1963 年，建立教学实验室，添置必要的教具和教学设备。2009 年，上海交通大学医学院建立医学影像学系，陈克敏任系主任。

研究生培养　1966 年，获医学硕士学位授予点，但"文化大革命"时期中断招收。1991 年，徐开埜招收硕士研究生。2000 年，获影像医学与核医学博士学位授予点，陈克敏获博士生导师资格，同时承担博士后流动站点的工作。至2010年,科室拥有硕士生导师6名,博士生导师4名,共招收硕士研究生53人,博士研究生27人。

【职后教育】

1963年,接收第一位进修医生,自此之后在上海第二医科大学统一安排下联合开办了放射影像医师进修班,截至1997年已培养进修医师256名,为各地临床放射医学的发展和人才培养做出贡献。2004年,"胃肠道影像诊断及介入治疗新技术"(国家级:编号20040901010)入选医院第一批国家级、市级继续医学教育项目。2004年至2010年间,放射科举办21次国家级继续教育项目,吸引全国各地大量的放射科医生前来学习进修。

表2-3-3 2004—2010年医院放射科主办国家级继续教育项目情况表

开办时间	项 目 名 称	开办时间	项 目 名 称
2004—2010	胃肠道影像诊断及介入治疗新技术	2007—2009	内分泌影像学新进展
2006—2009	骨与关节MR诊断	2009	急腹症影像学新进展
2006—2010	非血管性介入放射学治疗新技术	2010	乳腺影像诊断学规范与进展

住院医师培训基地 2009年,瑞金医院成立上海市住院医师规范化培训考核基地,放射科组建放射影像基地团队,成为培训其他临床基地住院医师的公共技能平台之一,2009年至2010年共招收3名基地学员。2010年6月8日,由上海市医学会放射学专业委员会、放射科和GE公司联合主办的"上海影像医学管理和住院医师培训论坛"召开,来自上海和全国各地的100余名代表参加了会议,来自台湾长庚大学医学院医学影像及放射科主任、林口长庚医院影像诊疗部主任万永亮作了相关专题演讲。

人才培养 1955年起,科室每两周组织一次小讲课,住院医师每周上交读书笔记。针对轮转住院医师、进修医生及科内医生进行每天晨读片及定期疑难读片,每月病例讨论。为培养新一代医学放射学专业人才,1996年起,成立专业书刊阅览室,拥有中外专业书籍153部,中外杂志16种200余册。

【教学成果】

1963年,朱大成主译美国《儿科X线诊断学》,为国内第一部儿科放射学专著。至2010年底,放射科陆续主编医学书籍9种。2003年,参与卫生部视听教材《磁共振胰胆管造影》的编写,2006—2008年上海市教委《放射诊断学》,参编八年制教材《医学影像学》,2010年参编八年制教材《医学影像学》(第三版)。1998年至2010年底,共获得省部级以上教学成果奖5项。2008年,《医学影像学》入选国家级精品课程。

【国际互访与交流】

1952—1966年,开始公派放射科医师出国进修。1984年,唐敖荣成为第一位赴法进修的放射科医师,在法国ULB ERASME医院神经放射科完成进修学习,与Baleriaux教授共同建立双方交流合作的基础。1989年5月,放射科接待90余位学者组成的欧洲放射科专业学术访问团,与欧洲放射学会订立相关进修培养合同,拟定11个欧洲进修名额,涉及法国、德国、意大利、荷兰、摩纳哥、比利时，需要经过相关语言考试选拔，要求严格。1995 年，签订上海第二医科大学与 ULB 大学的校际合作文件。自此放射科与国外的互访交流学习逐步走上正轨，与比利时、法国、美国等国的大学教学医院建立长期合作关系，定期派送科内医生出国进修、培训。

四、科研工作

科室发展早期，在设备及资源条件不足的情况下，科研工作的开展并不顺利。20 世纪 70 年代起，放射科结合临床医疗业务开展研究工作。20 世纪 80—90 年代，随着科室业务、仪器设备的发展，以及 CT、MR、数字减影式血管造影仪(DSA)的启用，带动科研工作的蒸蒸日上。1995 年，在血管介入方面开展较多工作。2005 年，放射科获准成为国家药物临床药理基地。

【科研成果】

朱大成在国内首先进行女性生殖器盆腔气腹造影的 X 线研究，发现人类左右卵巢功能呈交替性。1979 年，放射科开始研究胃肠道气钡双重对比造影技术，江浩研制成造影所需产气粉。

1997 年，王毅翔在 *The British Journal of Radiology* 上发表 *Effects of radiographic contrast media on the tensions of isolated small pulmonary arteries*，是瑞金放射科发表的第一篇 SCI 论文。2003 年，汪登斌"乳腺癌 VEGF 基因表达的磁共振活体分子成像实验研究"获国家自然科学基金，实现放射科国家级课题申报零的突破。至 2010 年，瑞金医院放射科共发表 SCI 文章 32 篇，总影响因子 70.049。承担国家自然科学基金 3 项，上海市重大课题项目 2 项，市科委、市教委、市卫生局及其他各类基金近 40 项。承担国家"973"子课题一项，"863"副组长课题一项，30 余项国家级及省部级课题。获上海市科学技术进步三等奖 2 项、上海市医学科技奖三等奖 2 项。

1973 年，徐开埜与上海新跃仪表厂(电子光学技术研究所)协作研制国产第一台钼靶机器(距法国发明世界首台钼靶机器进行乳腺软组织成像仅 4 年)，继之开展乳腺疾病的大范围普查工作。1979 年，徐开埜发表国内第一篇针对乳腺影像学检查的相关论文《4 500 例钼靶 X 线乳腺摄影总结》，并于 1977—1978 年先后获得上海市重大科技成果奖和全国科学大会奖。

【学术会议】

1998 年 10 月 17 日至 18 日，瑞金医院放射科与英国谢菲尔德放射学会共同主办首届中英医学影像学术交流会，张华、方文强医师在会上作关于胰胆等 MR 造影及血液病 MR 表现的报告。

2004 年，陈克敏教授等在血管与颅脑神经关系 MR 成像检查(MRTA)方面基于大数据检查的研究结果被 RSNA 收录为大会发言。2004 年，世界顶级的医学磁共振学术会议首次落户中国，瑞金放射科受国际医学磁共振学会和中华放射学会委托，举办国际医学磁共振学术大会上海专题讲座(ISMRM Shanghai Workshop)，来自国内外的 300 余名代表参加本次会议。

2007 年 11 月 9—13 日，瑞金医院放射科协办 2007 年中法放射医师学术大会，此次大会由中国医师协会、法国放射协会等主办。2008 年，凌华威针对阿尔兹海默病的神经系统功能成像方面的研究结果被 RSNA 接收为大会交流发言。

2009 年 4 月 10 日至 13 日，中国医学影像技术研究会第二十三次全国学术大会在医院召开，来自海内外近 300 位专家参会。

表 2-3-4　2003—2010 年医院放射科获得国家级科研项目情况表

年　份	专　题　名　称	项　目　类　别	负责人
2003—2005	乳腺癌 VEGF 基因表达的磁共振活体分子成像实验研究	国家自然科学基金	汪登斌
2010—	^{125}I 粒子组织间植入在胰腺癌综合治疗中协同增敏作用的机理研究	国家自然科学基金	陈克敏
2010—	Notch 通路调节在 GCTb 骨质破坏机制中的作用研究	国家自然科学基金	丁晓毅

五、其他

1998 年，朱大成被评为瑞金医院终身教授。

【援建帮扶】

1965 年，放射科委派周文华前往金山县张掖公社卫生院支援。20 世纪 70 年代，又分别委派黄淑民、沈鑫元两位技术员前往进行两年支边工作。

2000 年 7 月，陈克敏作为科主任扶持瑞金医院卢湾分院。同年 8 月，张蓓作为科主任前往闵行分院进行临床扶持工作。2008 年 7 月，凌华威作为上海市第六批援疆干部援疆工作 3 年，在新疆阿克苏地区第一人民医院任影像中心主任一职，并获得了"新疆阿克苏地区优秀援疆干部"称号。

2008 年 9 月至 2009 年 9 月，放射科唐永华、颜凌、陆勇先后作为瑞金医院援助四川成都都江堰市人民医院。2010 年 4 月起，放射科杜联军、颜凌先后参加瑞金医院对口帮扶云南省怒江傈僳族自治州人民医院医疗队。

【获得荣誉】

1986 年 5 月，上海市人民政府授予唐伯荣上海市劳动模范称号。同年 12 月，唐伯荣获得卫生部评选的全国文明先进工作者、全国卫生战线先进工作者。2004 年，汪登斌被评为上海市优秀青年医学人才。

第二节　检 验 科

一、发展沿革

1907 年，广慈医院临床检验标本送至法租界公董局公共卫生救济处医学化验所(1938 年改名为上海巴斯德研究院)。1937 年，2 舍 3 楼内科病房设立化验室，以折账形式独立经营，先由法国人阿拉利负责，后由内科宋才宝负责。1941 年，徐福燕兼化验室负责人。1947 年，2 舍底层划出 5 间房间归化验室，当时的设备仅有几架显微镜，电热培养箱、高压消毒锅和煤气干消毒器各一台。"三大常规"等基本检验由化验室自行检测，血糖、胆固醇、血培养以及病毒等仍送巴斯德研究院检测。

1951 年开始，广慈医院所有检测均由自己的化验室完成。1953 年，化验室正式更名检验科，徐福燕任科主任。其间先后建立临床检验室、生化室、细菌室和血库，实行专业分工，分别由徐福燕、赵善政、蓝鸿泰和徐家善负责。1954 年，建立血液细胞室，徐福燕负责。增添 18 架显微镜、5 台培养箱、1台电热干燥箱、1台水温箱、1台振荡器、5架小型离心机、2台光电比色计、2台G比色计和2台电冰箱。当时有工作人员15名。1987年，血液细胞室分为血栓与止血室、骨髓细胞室、细胞病理室3部分。1996年，骨髓细胞室划归上海血液学研究所。2001年，细菌室独立为临床微生物科，倪语星任科主任。2003年，血库独立为临床输血科，王学锋任科主任。2004年，血栓与止血室划归临床输血科。

图2-3-3　20世纪30年代巴斯德楼实验室

1985年，检验科搬至老门诊5楼。1992年，搬至急诊4楼。2006年7月，搬至门诊楼6楼，用房面积扩展为1 500平方米，添置大量先进的检验仪器和重要设施。至2010年，工作人员增至59人，包括医师2人、技术员54人、护士2人，其中正高职称共3人。

在60年的发展过程中检验科已由过去仅提供简单检测服务发展为管理规范化、仪器自动化、试剂配套化、方法标准化、结果信息化的公共学科。检验学科（检验科、临床输血科、临床微生物科）是卫生部首批国家临床重点专科、卫生部检验专科医师培训基地、上海交通大学医学院重点学科，于2010年4月通过ISO 15189认可。

表2-3-5　1951—2010年医院检验科历任主任、副主任情况表

任职年份	主任	任职年份	副主任
1951—1967，1977—1978	徐福燕	1978—1978	陈聚华（主持工作）　王鸿利
1969—1970	凌　鹤	1978—1984	蓝鸿泰　赵善政
1970—1977	刘静华	1979—1982	王鸿利（主持工作）
1982—1991	王鸿利	1983—1988	刘静华
1991—2002	杨伟宗	1984—1991	杨伟宗
2002—	樊绮诗	1988—2008	董永勤
		1991—2001	倪语星
		1997—2002	樊绮诗
		2002—2008	季育华
		2007—	顾志冬
		2008—	彭奕冰

二、医疗工作

【基本情况】

20世纪50年代，检验科仅能做些简单的常规化验、输血配型、细菌涂片检查和痰找结核菌。20世纪50至70年代间，开展新项目，改良部分检测方法，但多为手工检测，发展相对较慢。1977年，瑞金医院完成中国第一例肝移植手术，检验科在供血、止凝血指标检测、生化指标检测方面及细菌检测方面全力配合，使病人安渡出血关及感染关。生化组工作人员连续奋战五十余天，每天清晨6点为肝移植病人检测肝功能相关指标，及时监测病情，为调整治疗方案提供指导。

20世纪80年代后，检验科陆续更新检测方法，引进先进设备。由过去根据临床开单提供检测报告的辅助科室发展为与临床紧密结合的公共学科。不断更新流程、提高检测速度，注重与临床沟通，根据临床需求不断推出新项目。2008年，检验科自行编写临床化学自动复检规则和血细胞自动复片规则程序，使检测结果由软件自动复核，提高检测速度和质量，减少了差错。1980—2010年，检验科的工作量呈稳步增长趋势，至2010年，检测项目已达350项。

临床检验 1951年，仅开展三大常规及华氏试验等项目。1962年，为提高寄生虫检验水平，检验科派员工参加市内短期学术讲座，粪便虫卵及原虫的检出率大大提高。1981年，引进美国库尔特血球分析仪。1999年，引进雅培1 600全自动血液计数仪及BM尿液分析仪。至2010年，临床检验项目由1951年的4项增至28项。

生化检验 1951年，生化检验仅测血尿素氮。1958年开始，成为上海首家采用火焰光度法测定电解质钠钾的实验室，并开展蛋白质电泳分析及酶学分析测定酶活性，包括转氨酶、乳酸脱氢酶及脂肪酶等10多种酶。1962年，开展血氨测定、血pH测定。20世纪80年代，部分项目的检测方法由酶法代替化学法，以速率法代替终点法，以仪器自动化检测代替手工法。1981年，引进3台进口血气分析仪。1994年，在国内首次引进Beckman CX-7全自动生化分析仪，采用当时国际上最先进的条形码—原始管技术。至2010年，生化检验已增至57项。

血液细胞检验 1954年，开展血栓与止血检验、骨髓细胞学及细胞病理学等工作。1973年，开展食道球的细胞病理检查，并通过瑞氏染色及HE染色的比较，探索肿瘤的细胞学分型诊断。20世纪90年代，血栓与止血室开展的止凝血项目数近50项，建立完整血栓与止血的实验室诊断体系。骨髓细胞室开展骨髓细胞形态学检查、骨髓细胞化学检查、骨髓细胞免疫学检查、骨髓细胞遗传学检查及骨髓分子生物学检查。细胞病理室开展细针穿刺细胞学检查与诊断、脱落细胞学检查与诊断、免疫组织化学染色诊断及特殊染色及酶组织化学染色诊断等。

血库 20世纪50年代中期，开始自行采血工作，部分满足临床工作。1958年，为抢救烧伤病人邱财康克服重重困难保证血液与血浆的充分供应。1977年，开展自体输血工作。20世纪80年代初，开展溶血性贫血检验。1981年，开始供应冷冻血浆、白细胞及血小板等新鲜血液制品。1988年，血库在临床治疗上积极开展各类成分输血，包括血浆、少浆全血、血小板、三洗红细胞及冷沉淀物等。

微生物检验 1951年，只能做细菌涂片检查和找结核菌。1952年起，逐步开展各种微生物标本培养。1958年起，为了配合抢救邱财康等烧伤病人的需要，进行细菌快速培养和药物敏感试验，大便培养、结核分枝杆菌培养及血培养时间均相应缩短，对白喉毒力试验进行了改进。20世纪60年代，进行肠道菌检测，初步建立医源性感染的监控。1964年，开展金黄色葡萄球菌噬菌体分型，对金黄色葡萄球菌院内感染监控起重要作用。1979年，细菌室采用标准菌株进行药敏试验质控，自制鲎试剂并用于临床上内毒素的检测。1980年，开展霍乱弧菌的鉴定及链球菌分型工作。1981年开展葡萄球菌A蛋白协同凝集试验，用于细菌性痢疾的诊断。

免疫检验 1977年，皮肤科临床免疫室开展免疫球蛋白G、免疫球蛋白A、免疫球蛋白M、抗核因子检测等项目。1978年，开展补体C3测定。1996年，临床免疫室划归检验科。至2010年，免疫检验项目已增至123项，成为开展临床检测项目最多的专业组，涉及肿瘤标志物、激素、药物浓度、体液免疫、自身免疫、感染免疫等指标。

分子与遗传检验　1994 年，检验科成立基因诊断中心。2000 年，更名为分子诊断室，开展淋球菌、衣原体等检测，同时发展先天性肌病及血友病Ⅷ因子的 PCR 检测。2006 年，建立移植后 BK 病毒感染监测的方法。

【医疗特色】

止血与血栓检验　1954 年，徐福燕、王振义带领开展凝血酶原消耗试验及纠正试验，凝血酶原时间测定，Biggs 凝血活酶生成试验，用人脑浸液及红细胞素代替血小板进行凝血活酶生成试验，简易凝血活酶生成试验，白陶土部分凝血活酶时间测定等。1963 年，当时采用的凝血活酶试验操作烦琐，需 3 位技术员费时 1 天多，用血量 50 毫升，徐福燕将该试验改进为简易凝血活酶试验，1 位技术员一个半小时即完成检测，仅需新鲜血 10 毫升。20 世纪 70 年代，开展优球蛋白溶解试验，建立血小板功能测定和血小板聚集试验方法。1977 年，王鸿利配合常州市第一人民医院肿瘤血液科开展遗传性出血性毛细血管扩张症的家系调查，共 3 个家系，329 个成员，其中 98 位成员有出血症状。1980 年，开展因子Ⅷc、ⅧRCF、ⅧRAg 测定，因子 Ⅸc 测定，FDP 纤维蛋白(原)降解产物测定，血小板聚集和抗凝血酶Ⅲ活性测定等。1981 年，与生物所和上海第二医学院病生教研室合作创立Ⅷ RAg 测定方法。1982 年，开展摸索建立血小板抗体的检测方法。20 世纪 90 年代，建立 D－二聚体测定、相关凝血因子的活性检测、相关凝血因子的抗原检测、血小板相关检测、体外凝血酶生成试验和血栓弹力图检测等系列新技术。1996—2004 年，建立“临床诊断—家系调查—表型检测—基因诊断—功能研究”的系列技术平台。

临床指南制订　2000 年，王鸿利代表中华医学会检验分会和血液分会，向卫生部建议对手术前的病人常规组合检测活化部分凝血活酶时间(APTT)、凝血酶原时间(PT)和血小板计数(PLT)3 项试验，以对病人的止、凝血功能做出评价，检验结果正常方可进行手术。该建议以卫生部文件《出、凝血时间检验方法操作规程的通知》形式发布至全国执行，成为术前常规检测，从制度上杜绝由于手术异常出血而造成的医疗事故，社会效益显著，沿用至今。2003 年，提出组合检测 PLT、PT、APTT、纤维蛋白原(Fg)和 FDPs/D－D 作为弥漫性血管内凝血(DIC)的实验诊断依据，被国内外《DIC 诊治指南》所采纳。针对抗凝或溶栓治疗过程中药物剂量调整问题，王鸿利提出，对普通肝素选用 APTT 或抗活化因子 X(AFXa)试验，对华法林选用国际正常化比值(INR)或凝血因子 X(FX：C)测定，对溶栓药物选用 Fg、FDPs 和凝血酶时间(TT)作为监测试验，特别强调适合国人的监测安全范围，还提出血栓前状态和动(静)脉血栓实验诊断的参考指标。

【医疗数据】

检验科工作量逐年递增，1980 年 84 万余件，1990 年已有 134 万余件，2000 年增加至 440 万余件，2010 年达到 1 545 万余件，达到 80 年代平均水平的 15 倍多。

表 2－3－6　1980—2010 年医院检验科年均工作量统计表

年　份	检验年均工作量(件)
1980—1989	908 426
1990—1999	1 734 785
2000—2010	9 384 117

三、教学工作

【学历教育】

1952年起，徐福燕开始承担实验诊断学的教学工作。1958年，上海第二医学院夜大学设检验专业，徐福燕负责教授血液细胞学，共培养3届学生。1972年，上海第二医学院附属卫校设检验班，专业教学由瑞金医院检验科任，共培养3届学生。1983年，上海第二医学院创办医学检验系，瑞金医院为检验系基地。王鸿利兼检验系副主任。承担检验系理论授课每年约200学时。每年来科轮转实习的检验专业本科实习生有8～12名。承担上海交通大学医学院检验系本科生毕业论文指导工作，每年度指导10～12名。2008年起，每年接受上海医药高等专科学校4名检验专业学生实习。到2010年止，共接受实习学生705名。2008年，检验系与瑞典卡尔斯塔德大学科学技术系建立合作交流关系，2009至2010年，已有3名检验系本科生前往该校进行为期半年的毕业论文的科研工作，同时3名来自该大学的学生在瑞金微生物科及检验科进行为期3个月的实习。

1987年，成为检验专业硕士培养点，王鸿利、赵善政及蓝鸿泰成为检验科第一批硕导。1994年，成为检验专业博士培养点，王鸿利为检验科第一位博导。检验科获硕士研究生培养资格的导师共11人，获博士研究生培养资格的导师共4人，共培养博士研究生38名、硕士研究生71名。

【职后教育】

20世纪50年代，检验科内部培养的检验员成为各专业组室的骨干力量。1958年，培养进修人员26名，到2010年止，共接受进修生629名。

1958年，开办中级与高级检验业余进修班，各招收学员60名。1978年，与上海市检验学会联合举办“上海市血液病学习班”，举办全国血液细胞学习班等。1978年，举办止凝血技术学习班，之后每年举办共计10多次。1999年至2010年，每年举办国家级继续教育学习班“出血病与血栓性疾病研究进展”一次。2007年，成为首批国家级检验专科医师规范化培养基地，至2010年有2名检验医师在培。

四、科研工作

1978年，开展研究遗传病的生化诊断方法，用酶学方法检出肝豆状核变性和1对孪生姐妹的先天性高铁血红蛋白血症，并对后者进行家系调查。1979年，细菌室培养短小棒状杆菌治疗肺癌胸水有一定疗效。20世纪90年代以后，检验科的科研方向逐渐聚焦至遗传性出血病和血栓病的基因诊断和分子发病机制研究、血友病A/B的携带者产前基因诊断研究、临床微生物研究、遗传病及肿瘤研究和巨细胞病毒感染研究。

1990—2010年，共获国家自然科学基金5项，部市级课题19项，其他课题10项。发表SCI收录论文14篇，发表中文核心期刊论文42篇，主编专著8部，“在遗传性出血病和血栓病的基因诊断和分子发病机制研究”获省部级一等奖以上科技奖项6项。

1998年起，王鸿利任卫生部医学检验专业教材编审委员会主任委员。1999年，王鸿利当选为中华医学会检验教育分会主任委员、全国高等医学教育学会医学检验教育分会理事长和全国高等医学院校医学检验专业校际会议理事长。

表 2-3-7　1990—2010 年医院检验科获得国家自然科学基金课题情况表

年　份	项　目　名　称	项目来源	负责人
1990—1992	神奈川现象阴性付溶血弧菌致病性研究	国家自然科学基金	倪语星
1993—1995	麦糖醇抗红细胞衰老的机理研究和应用	国家自然科学基金	杨伟宗
1996—1998	革兰氏阴性杆菌 β-内酰胺酶介导的耐药性检测和基因分型	国家自然科学基金	倪语星
2010—	Rab5a 基于过量表达在卵巢癌转移中的作用	国家自然科学基金	樊绮诗
2010—	IL-10 调节滤泡辅助 T 细胞抑制类风湿性关节炎高亲合力自身抗体分泌的实验研究	国家自然科学基金(青年)	蔡　刚

表 2-3-8　2002—2010 年检验科获得国家级科研奖项一览表

年份	项　目　名　称	奖项来源
2002	急性白血病出血的基础与临床研究	中华医学科技奖二等奖
2003	重要脏器血栓栓塞的基础与临床研究	中华医学科技奖二等奖
2004		国家科学技术进步奖二等奖
2004	遗传性凝血与抗凝因子缺陷症的基础与临床研究	中华医学科技奖二等奖

五、其他

2003 年，王鸿利被评为瑞金医院终身教授。

第三节　药 剂 科

一、发展沿革

新中国成立前，医院设药房间，由法国修女施药，唯有一间 40 平方米的配方间。1949 年开始，陆续有药剂人员参与药品调配，修女逐渐退出日常工作。1950 年，成立药剂室，由院长室管理。1953 年，隶属于门诊部，调剂配方部门分为门诊配方部和病房配方部，并增设制剂室。1954 年，药库由总务科领导改为由药剂室领导。1955 年，药剂科成立，第二季度起增设儿科配方部，并成立中药配方部。1956 年下半年，增设分析室。20 世纪 60 年代以后，分工日益细化，药剂科下属有：儿科门急诊药房，成人门诊西药和中药药房，成人急诊药房，中药组(包括中药库、中药病房配方组)，药检室，临床药学组，西药库，南北两个病房药房(专配住院病人处方)和制剂组(包括灭菌、大输液、普通制剂及中草药制剂组)。1972 年，医院高干门诊和高干病房药品实行专门管理。1988 年，开设中药房，收回原外流的饮片和中成药处方。1997年，创建内科病区中心药房，药剂科的用房面积达到2 200平方米，比解放初增加了50倍。1998年，药剂科组织架构包括：瑞东医院药剂科，广慈医院药房，分析室，临床药理室，制剂室（中草药制剂室、普通制剂室、小灭菌制剂室、大输液制剂室），中药病房药房，门诊中药房，中药库，急诊药房，2、3舍中心药房（内科病房药房），6舍中心药房（外科），高干药房，门诊西药房，西药库。1999年，瑞金医院分部（徐家汇路573号）开设药房。2003年，中、西药库合并，由原来的700～800平方米缩减至300平方米。2003年下半年，开设静脉药物配置中心（PIVA）。2004年，新增专家门诊药房和传肺药房。2006年，门诊药房合并，搬迁至新门诊大楼2楼，新门诊药房由门诊中西药房和门诊草药房组成，门诊中西药房由原来的西药房门诊药房和中成药门诊药房合并组成，7月正式开始调剂工作。至2010年，药剂科设有门诊中西药房、门诊中草药房、急诊药房、高干药房、病房药房、传肺药房、分部药房、中心药库、制剂室、药检室、公药室、静脉药物调配中心、临床药学/药理室等多个部门。

1949年，药房间仅有工作人员4人，1个嬷嬷、2个行政人员、1个药剂士负责配方。1950年后，药剂人员不断扩充，1952—1953年，上海市卫生局先后分配数人进入药剂室；1955年，从上海市公私合营药房陆续调入药剂人员10余人，全面建立药剂室的规章管理制度。在“文化大革命”期间开始实施领导小组负责制。1980年，建立药剂科主任负责制。1990年，药剂科工作人员中具有药师以上职称的43人，药剂师26人，中药师以上职称8人，中药师8人，工人15人，合同工16人，共116人。至2010年，共有药学技术人员109人，具有高级职称的药师6名（其中有2名为硕士研究生导师），主管药师26名。

表2-3-9　1950—2010年医院药剂科（室）历任主任、副主任情况表

任职年份	主　任	任职年份	副　主　任
1950—1970	钱　漪	1980—1984	徐生济　蒋正方
1980—1984	刘勋异	1984—1994	何霓霞　李伟元　郁人海
1984—1994	张定水	1994—1997	李伟元（主持工作）
2003—2007	蔡卫民	1996—1999	卢　恕
		1997—2002	邵云弟（主持工作）
		1997—2002、2003—	徐　斌
		2000—2003	翟　青
		2002—2003	徐　斌（主持工作）
		2003—2007	杨婉花
		2007—	杨婉花（主持工作）　杨　莉

二、医疗工作

【基本情况】

药剂科负责全院有关的药事管理、药学技术服务以及科研和教学等工作，负有监督与推进相关药事法规落实的职责。20 世纪 50—60 年代基本以保障供应、合理调剂为主。20 世纪 70 年代以后，药剂科逐渐在合理用药过程中扮演重要作用。20 世纪 80 年代以后，推行优质服务。20 世纪 90 年代以后，推行全面质量管理。

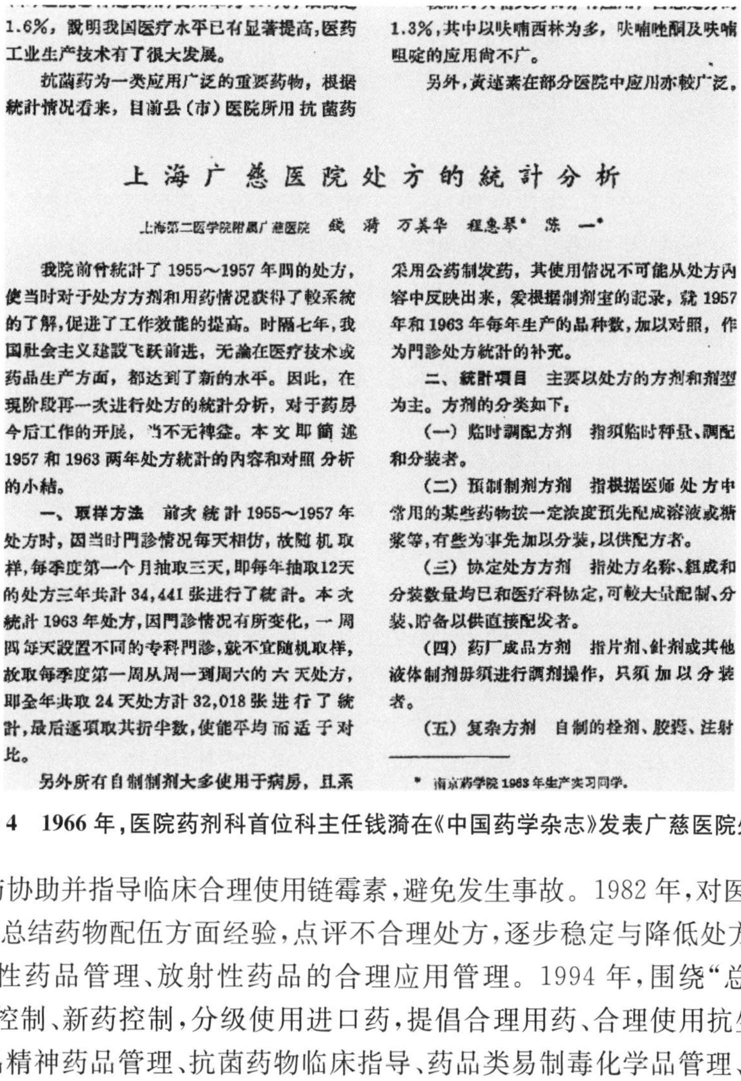

1.6%，說明我国医疗水平已有显著提高，医药工业生产技术有了很大发展。

抗菌药为一类应用广泛的重要药物，根据統計情况看来，目前县（市）医院所用抗菌药

1.3%，其中以呋喃西林为多，呋喃唑酮及呋喃咀啶的应用尚不广。

另外，黄連素在部分医院中应用亦較广泛。

上海广慈医院处方的統計分析

上海第二医学院附属广慈医院　錢　漪　万美华　程惠琴*　陈　一*

我院前曾統計了 1955～1957 年间的处方，使当时对于处方方剂和用药情况获得了較系統的了解，促进了工作效能的提高。时隔七年，我国社会主义建設飞跃前进，无論在医疗技术或药品生产方面，都达到了新的水平。因此，在现阶段再一次进行处方的統計分析，对于药房今后工作的开展，当不无裨益。本文即簡述 1957 和 1963 两年处方統計的内容和对照分析的小結。

一、取样方法　前次統計 1955～1957 年处方时，因当时門診情况每天相仿，故随机取样，每季度第一个月抽取三天，即每年抽取12天的处方三年共計 34,441 张进行了統計。本次統計 1963 年处方，因門診情况有所变化，一周四每天設置不同的专科門診，就不宜随机取样，故取每季度第一周从周一到周六的六天处方，即全年共取 24 天处方計 32,018 张进行了統計，最后逐項取其折半数，使能平均而适于对比。

另外所有自制制剂大多使用于病房，且系采用公药制发药，其使用情况不可能从处方内容中反映出来，爰根据制剂室的記录，就 1957 年和 1963 年每年生产的品种数，加以对照，作为門診处方統計的补充。

二、統計項目　主要以处方的方剂和剂型为主。方剂的分类如下：

（一）临时調配方剂　指须临时秤量、調配和分装者。

（二）预制制剂方剂　指根据医师处方中常用的某些药物按一定浓度预先配成溶液或糖浆等，有些为事先加以分装，以供配方者。

（三）协定处方方剂　指处方名称、組成和分装数量均已和医疗科协定，可較大量配制、分装、贮备以供直接配发者。

（四）药厂成品方剂　指片剂、針剂或其他液体制剂毋须进行調剂操作，只須加以分装者。

（五）复杂方剂　自制的栓剂、胶蓉、注射

* 南京药学院 1963 年生产实习同学。

图 2-3-4　1966 年，医院药剂科首位科主任钱漪在《中国药学杂志》发表广慈医院处方分析

1970 年，参与协助并指导临床合理使用链霉素，避免发生事故。1982 年，对医院各科医生进行了合理用药介绍，总结药物配伍方面经验，点评不合理处方，逐步稳定与降低处方单价。1989 年，加强对医疗用毒性药品管理、放射性药品的合理应用管理。1994 年，围绕“总量控制，结构调整”，推行进货量控制、新药控制，分级使用进口药，提倡合理用药、合理使用抗生素。2000 年以后，推进麻醉药品精神药品管理、抗菌药物临床指导、药品类易制毒化学品管理、静脉用药集中调配管理等。

1984 年，围绕打破大锅饭采用承包等办法改变服务态度，奖勤罚懒，奖优罚劣的考核办法。1996 年，急诊药房开展 24 小时电话咨询服务。2000 年，门诊药房开设咨询窗口，为病人提供药物咨询、缺药登记、失物招领等服务项目。2000 年以后，每月考核窗口满意度，每季度、每年评选优质服务窗口和窗口服务明星。

1984 年 8 月，成立改革小组，健全和修订岗位责任制，分块实行药品全额管理，实行配方计分制，坚持复核校对制，保证病人的用药安全；成立药品经济核标小组，实行药品分组金额管理（分成儿科、门诊、中药、病房、急诊、普通、灭菌制剂 7 块），建立药品一物一卡制，把以往 3 个月清点 1 次明确建立为月月盘点制度。1989 年，落实全面质量管理措施，初步实行全面质量管理与奖金分配挂钩。1999 年，建立核心小组，实行科、组二级管理模式，建成核心小组考核组长、组长考核职工的

二级考核制度。

1998年，根据上海市医保药品目录开始编写《瑞金医院基本用药手册》。2000年以后，认真贯彻执行《中华人民共和国药品管理法》等有关法律、法规。到2010年编辑完成《瑞金医院基本药品目录手册》(2010版)，编制《瑞金医院基本用药处方集》，方便临床的查阅，编制《瑞金医院药剂科制度汇编》(简称《制度汇编》)和《瑞金医院药剂科岗位职责汇编》，其中《制度汇编》囊括了药事管理、流通部门、制剂部门、药品检验部门、临床药学/临床药理、药学教学6个部分共222个管理制度。

【调剂工作】

新中国成立前至20世纪50年代中期，调剂工作是药剂科工作的重要内容。1956年前后，编写了《处方手册》，并开始制剂工作。到20世纪90年代之前，工作内容以药品管理、配发为主。1995年以后，工作模式向多样化、现代化转型，开展临床药学工作。2003年，开设静脉用药调配中心规范静脉配置流程。制剂检验项目由部分制剂仅开展纯化学检验项目逐渐发展为全部制剂均需经过化学检验、微生物检验合格后方可使用，检验方法亦不断更新提升。

处方数量 新中国成立前，平均每年处方量仅约3.65万张左右。20世纪50年代初，每年处方量约7.3万张以内，而到20世纪60年代，每年处方量已达73万张。20世纪70年代每年处方量为109.5万张。到1989年，处方量已达167.9万余张。1995年，仅门急诊药房全年完成处方量即达136万张，解答咨询问题1.5万次，发放咨询信件1 348件。2010年，全年门急诊处方量达到210万张。

中药配发 1989年前，采取医生处方、社会中药房配发的形式。1989年，中药配方实行小承包，全部收回过去外流的配方业务。1998年，中药饮片袋装化，引进中药煎药及包装，为病人提供代煎药服务。2001年，在全市第一家实行中药小包装，接待北京、上海、杭州等多家医院参观。

信息化建设 2000年开始，逐步将信息化技术引入调剂工作中，提高工作效率。2000年，在医院计算机中心的协助下，完成上海市中草药代码和价格核算系统的开发工作。2003年，对全院40多个病区采用电脑处方，科室内部采用电脑申领、调拨、盘点工作，部分药房达到了完全采用电脑进行贵重药品、自费药品的盘点，大大减少药品的损耗。2006年，实行药品通用名开具处方，促使规范用药。2006年4月，药物咨询及用药安全监测系统随医院门急诊信息管理系统(HIS)2.0版同时上线启用。2010年，实施药房信息化和自动化管理，优化工作流程，提高工作质量和效率，实现门诊处方点评数据采集信息化、特殊类药物处方在线申请和审核、日最大处方量限量、草药库零库存等重要功能。2010年，在上海首家应用门诊药房快速发药系统、病房药房智能储药机、中心排药台的全自动单剂量口服排药机、PIVA智能储药机和自动取药柜等，有效缓解工作量增长与人员不足的矛盾。

【自制制剂】

医院自制制剂经历小规模手工操作到大规模现代化发展过程。1956年，整理制剂配方和配制方法，设立西药制剂室，位于医院东北老25舍。1963年，制剂室分为普通制剂室、灭菌制剂室。20世纪70年代成立中药制剂室。1992年，西药制剂室迁入39号楼，占地面积共2 500平方米。1994年，顺利通过市药监办及卫生局对制剂室及合格药房的验收。2001年，按照国家规定换发“医疗机构制剂许可证”。是年，39号楼拆除，制剂室搬到瑞金医院卢湾分院急诊4楼、5楼过渡。2002年，卢湾分院原急诊楼拆除，医院在26号楼改建制剂室并通过GPP验收。2006年底，制剂楼内办公室、药检室及制剂仓库局部搬迁至26号楼东侧三层小楼，经验收合格后于2007年1月恢复生产。2008年11月，26号楼拆除，制剂室整体搬至院内南侧新制剂楼(新25号楼)，整栋楼建筑面积925.53平方米。2009年2月，顺利通过验收获得“医疗机构制剂许可证”。因场地限制，不再设立灭菌制剂和中药制剂间，中药制剂委托经GMP认证中药厂加工。

制剂品种从被接管后不久的10余种陆续发展到20世纪50年代末已有几十种。20世纪60年代，品种近250种。20世纪80年代初，自制制剂范围扩展至中药合剂、口服液、注射剂。20世纪80年代末，自制制剂品种一度达392种。1992年，自制制剂涉及20种剂型共200多个品种。1994年，经上海市卫生局备案的内服制剂15种，五官科19种，皮肤科和外科85种，片剂为11种，注射剂22种，眼科24种，中药制剂64种，其他11种，临时制剂42种，共计293种。2001年以后，随着《医疗机构制剂配制质量管理规范》(GPP)颁布，医院自制制剂规模大幅瘦身但规范化、现代化程度进一步提高。2010年，根据上海市食品药品监督管理局要求，对原有71个制剂品种进行整理，通过征求临床科室意见后保留60个品种进行再注册，其中委托生产26个品种，制剂室生产34个品种。

中药伤科制剂　1955年，魏指薪来广慈医院工作后，引进一批伤科的丸、散、膏、丹方剂，经过二三十年的临床应用筛选逐步形成有特色的自制制剂系列，配合石膏、夹板及手法推拿、手术等已形成伤科治疗疾病的特色。

皮肤科制剂　20世纪50年代，在朱仲刚等医师精心研究下，不断提出和改进治疗皮肤病的各种制剂，使主药筛选日益合理，软膏基质不断创新，改变过去皮肤科制剂中的黑、油、黏状况，质量稳定，病人乐意接受。

【制剂检验】

1956年下半年，药检室成立后即开展对医院制剂的质量检验工作。初始的质检方法以化学检验为主，仅少量制剂进行含量测定。1985年，增设菌检室，对医院生产的大输液、注射剂、眼用制剂进行无菌检查及微生物限度检查。逐步开展外用制剂、外加工制剂的微生物限度检查。至2010年，已配置有紫外分光光度计、高效液相色谱仪等先进仪器，纯化学滴定逐步由仪器设备检验替代，基本建立全部药物含量测定方法。

【药品供应】

20世纪90年代之前，中、西药库负责全院的药品、原料、试剂等采购、储存、管理及配发工作，所有药品、试剂等全部进药库入账，各药房凭手工填具一式三联的药品领料单至药库领取，公药亦直接从药库领取。1995年后，药库管理模式开始改变，部分药品直接进入各药房，由各药房验收后将发票交至药库入账，公药划出药库单独管理。1997年，药库管理工作开始电脑化。2007年，药库加强药品的科学化、信息化管理，有效提高药品实物验收效率和验收数据的准确性，并实行了药品网上采购。2010年，药占比下降为44%，医院业务量上升而药品采购金额不增反降，较2009年同期相比下降约1%。

【临床药学】

1988年，临床药学组成立，由于缺乏仪器设备，只做一些合理用药调查及配合有关业务科室作一些科研课题。1991年，着手对瑞金医院300种制剂重新全面评审，增加质检方法并上报市卫生局审批，制订多种医院制剂质量标准的含量测定方法。1995年，增添高效液相色谱仪(HPLC)及其他设备,逐步开展临床药学各项工作。2002 年,开始药师下临床工作模式。2004 年,开发肾移植术后抗排异药物骁悉血药浓度的常规监测项目,实现个体化给药,提高病人药物治疗的安全性和有效性。次年,该测定方法被定为国家标准。

2005 年,瑞金医院药剂科被卫生部批准为全国临床药师培训基地。2007 年,在临床药师培训试点的基础上,开展临床药师制的试点工作。2010 年,增设临床药师的门诊合理用药咨询,咨询量达 450 人次;加强药品不良反应(ADR)监测和抗菌药物监测工作,上报 ADR 167 例,其中新的严重 ADR 共计 60 例,占 36%。

【药物临床试验和监测】

2005 年,申报Ⅰ期药物临床试验研究室,顺利通过国家药品监督管理局的实地检查,成为全国抗菌药物临床应用监测网成员单位之一,同时在上海市卫生局的支持下建立有 20 家二、三级医院参加的市级监测网。进行两次全院抗菌药物使用情况和耐药菌监测工作,并将监测结果及时向卫生部和全院通报。有关工作取得的数据在上海药学会年会中作大会报告,引起大家的高度重视。2010 年,完成国家级、市级抗菌药物监测网数据上报;积极参加院抗菌药物监测小组工作,按时保质保量完成抗菌药物监测网数据收集及分析工作。经过有效控制,年抗菌药物占全院药品比率下降为 16%。2008—2010 年,年抗菌药物占全院药品比重下降 2%。

【静脉药物调配】

2003 年下半年,静脉药物配置中心正式运行,在 5 个月的时间内先后开设 20 个病区近 600 个床位的静脉药物调配,输液调配量达 4.8 万多袋/月。2006 年,静脉药物配置中心,增开感染科、呼吸科、CCU、肾脏内科、心脏科病区输液调配服务,1—10 月调配输液量达 97 856 袋/月。至 2007 年 9 月,全院纳入调配范围的科室达到 44 个,调配量增至平均 12 万袋/月,1—9 月调配血液透析液共计 6 339 袋。2010 年,全年调配输液量 123.9 万袋。

三、药事管理委员会

1989 年,成立以主管院长为主任、药剂科主任为副主任的药事管理委员会,定期召开例会通报工作情况,解决有关药事问题,研究解决医院医疗用药的重大问题以及监督检查医院贯彻执行药政法规的执行情况。2010 年,药事委员会的工作内容大大拓宽,定期召开全体会议,建立药品不良反应检测网,抵制药品"回扣"、开单提成等不正之风,制订医疗事故、用药差错预防和处理预案。2007 年,药事管理委员会下设瑞金医院抗菌药物管理小组、瑞金医院药品质量管理小组、不良反应监测工作小组及麻醉、精神药品管理小组。2007—2010 年,全院药品收入占医疗收入比重下降约 6%。

四、教学工作

【实习进修】

20 世纪 50 年代后期,举办药剂专业夜大学,除科内药师任课外,还请上海第二医学院卫生学校化学教研组教师讲课,前后共 3 年。20 世纪 60 年代开始,为上海第二医学院卫生学校实习生讲授"临床处方学",内容为处方规范和基本要求,以及分析错误处方。1966 年前,接受上海医学院药学系和南京药学院同学前来实习，每批2～6名。20世纪70年代开始，接受上海医学院、南京药学院、上海中医学院及上海第二医学院卫生学校药剂班学生来科实习。20世纪80年代后，接受全国药剂专业学生和进修人员来科实习。20世纪90年代以后，实习生、进修人员逐渐增多，其中2003年至2010年间共培养实习生243名。至2010年，药剂科既是上海交通大学医学院药理学兼药学专业学位的硕士生培养点，同时也是复旦大学、上海交通大学、上海中医药大学、上海药剂学校、上海医药职工大学、上海医药高等专科学校、江苏省徐州医学院等药学学生的实习基地，承担硕士生、本科生、中专生的带教任务。

【人才培养】

1958年，选送4人进上海医学院夜大学药学系学习。2008年，1人入选交大医学院"百人计划"，1人获国家留学基金委资助任公派访问学者，1人被选派赴台湾高雄义大医院参加临床药师培训，还有2人攻读上海交通大学医学院博士学位。2010年，1名临床药师进入卫生部临床药师培训基地；1名到台湾义守大学附属义守医院和长庚纪念医院作短期培训。

【交流平台】

"文化大革命"前，药剂室不定期举行业务讲座，邀请院外专家讲课，还编制印发专业资料。20世纪70年代，举办药剂员培训班1期。2004年，瑞金药学网上线，为药剂科的对外宣传和交流起到桥梁作用。同年，创办《药学理论与实践》和《瑞金药讯》杂志，为院内外药学知识交流提供场所，对提高瑞金医院药学学术地位发挥重要作用。截至2010年底，《药学理论与实践》共发行18期、《瑞金药讯》共发行72期。

2005年，由上海市药学会主办、瑞金医院承办的"国内外医院药学服务发展"学术研讨会隆重召开。2005年和2006年，举办两届瑞金药学论坛，每年参加会议的有上海各高校、科研院所，医院的研究生和医生、药师50多人，邀请国内外专家到医院讲课，以期提高医院药学的整体水平。

2010年10月，举办第一届两岸医院药学临床实践工作交流会。特邀台湾义守大学附属义守医院与长庚纪念医院资深临床药师与上海临床药师，共同研讨两岸医院药学进展。2010年，成立国内首个临床药师协会——上海市卢湾区临床药师协会(ACP)。

【继续教育】

2007年开始，每年举办国家级继续教育学习班"临床药学服务理念与创新实践"。2008年开始，每年举办国家级继续教育学习班"静脉药物配置中心的进展及护理管理"。2010年起，举办上海市级继续教育学习班"新时期医院制剂管理的提升和发展"。3个学习班共培养学员600余名。

五、科研工作

【制剂研发及临床试验】

20世纪60年代，中草药制剂室研究生产静脉注射用的丹参注射液，西药制剂室研究从藜豆中提取左旋多巴应用于帕金森病，此外对次氯酸盐制剂、对鲎试剂和八角莲制备以及对中药淫羊霍注射液制备等进行了研究。1970年，进行灼伤气雾剂4号、洗必泰临床试验。1977年，试制甲磺灭脓粉、氟胞嘧啶，满足院内用药需求。1980年，配合血液科生产制备治疗早幼粒细胞白血病的全反式维甲酸胶囊，从手工填装胶囊逐步发展到采用机器灌装并沿用至今。1982年，配合外科成功研制治疗直肠肿瘤的5－Fu栓剂。1996年，与上海第二医学院卫生学校合作，建立中药八角莲根茎中主要有效成分鬼臼毒素含量测定方法；与传染科合作，对乙酰半胱氨酸注射液用于中毒性肝损害、急性重型肝炎进行疗效观察；开展制剂新方法的研究，用细菌内毒素法进行甲硝唑注射液的热原检查、用分光光度法直接测定酮替芬滴鼻液中主药的含量。1998年，开发制剂新产品消疖软膏、创面霜、A.V口服液、复方酮康唑霜、酮康唑洗剂、断骨丹巴布剂、硒卡拉胶囊、替硝唑胶囊。2000年，开发降脂利肝颗粒、脑心康颗粒等自制制剂。2008年，参与完成新药临床试验项目两项；与上海市血液学研究所和上海市内分泌研究所合作申报“创新药物研究开发(候选药物研究)专题研究”和“创新药物研究开发技术平台建设(新药临床评价技术平台)”。

【科研成果】

20世纪90年代以前，获得基金课题不多，2000年以后科研力度加大，无论是基金项目及经费都逐步上升。1993年，“八角莲注射液有效成分分离及药效研究”获国家科技部重大课题。2005年，“霉酚酸酯药动学和药效学个体差异的遗传机制研究”获国家自然科学基金青年基金资助。2006年，“降脂利肝颗粒治疗脂肪性肝病相关病变的机理研究”获上海市科委重点基金资助。至2010年间，共计获得21项基金课题，其中国家级2项，省部级重大重点课题1项。

从1962年到2010年间公开发表论文总计140余篇，其中SCI收录13篇，论文参加学术交流、获奖共计36项。药剂科SCI论文零的突破始于2006年，由蔡卫民等撰写的*Frequency of CYP2D6 *10 and *14 alleles and their influence on the metabolic activity of CYP2D6 in a healthy Chinese population*发表于影响因子为7.526的*Clinical Pharmacology & Therapeutics*，该杂志是药理学领域学术水平最高的杂志。

至2010年，共计主编学术专著3本，参编学术专著6本。

六、其他

【社会公益】

1951年7月，药剂员汪文绮等人编入抗美援朝医疗队第四大队并胜利完成任务，为期6个月。1954年，安徽淮河发生严重水灾，药剂室张定水携带大量药品配合广慈医疗队奔赴淮南市灾区。1958年，广慈医院抢救严重灼伤病人上钢三厂邱财康，病人出现了罕见的绿脓杆菌败血症，急需用多黏菌素B，当时的广慈医院并无有效药物以控制感染，药剂科在寻找药物中多方奔走并及时提供药物。1965年，抗美援越战争爆发，药剂科张定水参加广慈医院组建的“赴越战备医疗队”。1969年至1981年期间，药剂科为上海“小三线”后方瑞金医院的建设输送了药学业务骨干，并筹建门诊中、西药房，病房中、西药房，建立较为完善的普通、灭菌制剂室。1975年，药剂人员郑海龙参与医院援藏医疗队。1976年，药剂科先后派遣俞东英、陈惠芳、曹素珍参加唐山大地震抗震救灾。1978—1983年，张定水受命先后参加安徽后方瑞金医院、上海宝钢医院、瑞金医院门诊大楼(老)的筹建工作。1987年，丁勤官、李桦受命协助浙江鄞县人民医院皮肤科制剂的带教和配制，历时半年余。1991年8月，李伟元参加上海市赴安徽抗洪救灾医疗队。

2010年，世博会期间药剂科积极做好药品保障和药学窗口有关工作，制订《瑞金医院中心药库世博药品目录》《突发事件应急救援药品目录》《中心药库世博药品储备及应急预案》等；完善医院药品信息资料如搜集整理瑞金医院使用药品（中成药除外）的中英文说明书，以备服务外籍人士；完成世博药品的配置和及时补充、调配急救用临时制剂、开设世博专用药品调配窗口，确保5分钟内药品调配完成。

【获得荣誉】

1978年，邵云弟被评为上海市卫生系统先进工作者。1979年，徐生济被评为上海市三八红旗手。2009年和2010年，连续两年获得上海市临床药事管理先进单位。2010年，获中国医院协会颁发的医院药事管理优秀奖。

第四节　麻 醉 科

一、发展沿革

1953年前，医院并没有麻醉科和专职的麻醉医生，手术麻醉主要由嬷嬷或是外科医生自己完成。随着外科学科的发展，对专业麻醉人员的需求愈加急迫。20世纪50年代初，医院派遣外科主治医生史济湘到中山医院进行为期一年的麻醉专科学习，师从吴珏教授。学成后史济湘回院负责麻醉工作，并与2名手术室护士一起组建麻醉组。1955年，为进一步配合外科发展，又从全院护士中选拔8名优秀人员培养成为麻醉护士，广慈医院成为当时上海各大医院中麻醉护士最多的一家。1957年，从仁济医院抽调李杏芳、王鞠武到广慈医院。同年10月31日，广慈医院麻醉科成立，李杏芳兼麻醉科主任，史济湘任副主任。1990年，科室医护人员共39名，其中主任医师3人、主治医师3人、住院医师7人、主管技师5人、技师13人、技士6人。1998年，全科共40人。2005年，麻醉科挂牌卫生部临床药物试验基地。2008年，入选上海交通大学医学院重点学科。2010年12月，成为首批国家临床重点建设专科。2010年底，科室共有53名工作人员，其中正高1人、博士生导师1人、硕士生导师2人，研究生学历比例达66%，博士学历比例达17%。

表2-3-10　1957—2010年医院麻醉科历任主任、副主任情况表

任职年份	主　任	任职年份	副主任
1957—1984	李杏芳	1957—1978	史济湘
1984—1989	王志增	1978—1984	王鞠武
1989—1993	黄宗明	1984—1984	王志增
1997—	于布为	1984—1988	席德忠
		1984—1989	黄宗明
		1989—1997	蔡惠敏（1993—1997年主持工作）
		2002—2009	彭章龙
		2005—	张富军
		2009—	薛庆生

二、医疗工作

【医疗设备】

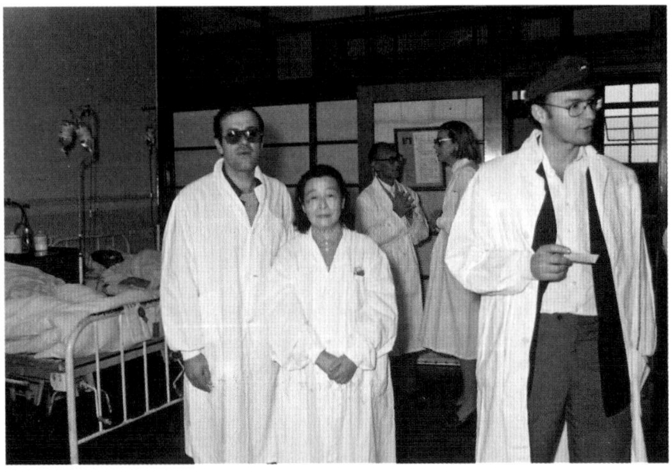

图 2-3-5　麻醉科李杏芳(左二)在接待外宾

20 世纪 50 年代,除 3 舍 2 楼的 6 间手术室外,另有儿外科、神经外科手术室 2 间,耳鼻喉科手术室 1 间,眼科手术室 2 间,灼伤科手术室 6 间,伤骨科手术室 4 间,分散在各科室。部分手术室内摆放两张床,供两个病人同时进行麻醉和手术。麻醉科仅有一台“陶根记”麻醉机,可以做心脏等大手术时使用,其余是比较简易的上海 103 麻醉机,监护也几乎全部依赖手工测量。体外循环降温依赖人工浇冰进行,条件十分艰苦。到 1990 年底,麻醉科拥有麻醉机 5 台,心电监测仪 4 台,氧饱和度测定仪 1 台,呼吸机 6 台。直至 1991 年底,6 号楼建成手术室搬迁之后,上海 103 麻醉机才逐渐被淘汰,引进 Drager 麻醉机和 Ohmeda 110 麻醉机。自 1996 年起,基本每年均会新添置麻醉机,监测项目日益全面。2004 年,6 号楼手术室进行装修,整合 2 楼、3 楼两个楼面,形成了相通的 2 楼 12 间、3 楼 9 间,共 21 间手术室的局面。2007 年后,每年新进 5～6 台新型麻醉机及各类设备以配合临床业务拓展的加速和手术量的增长。

截至 2010 年,麻醉科共有麻醉机 39 台,监护仪 50 台,呼吸机 15 台,还有可视喉镜、神经刺激仪、疼痛治疗仪、超声引导系统、自体血回输机、心排量监护仪、脑氧饱和度监测仪、Narcotrend 电脑监测仪等各类先进仪器,硬件配置达国际先进水平。

【麻醉技术发展】

1948—1950 年,以氯仿、乙醚开放麻醉为主,间有局麻、硫苯妥钠静脉麻醉。1951 年,购置联邦德国气管插管器械,开展气管内麻醉。从建立麻醉组起,即逐步建立病人术前随访、术中观察监测、术后随访及疑难麻醉讨论、重危病人抢救和院内外会诊制度,并开展单剂量硬膜外麻醉和人工冬眠静脉麻醉。1956 年,开始采用连续脊麻、连续硬膜外麻醉;应用肌肉松弛剂琥珀胆碱用于气管插管术;开展各种神经阻滞、神经封闭术,如颈丛、臂丛(锁骨上穿刺法)交感神经阻滞,颈神经封闭术,肾周围封闭等麻醉配合手术;为配合科研发展,科室参与大量实验动物的手术麻醉。1957 年,开展静脉强化麻醉、低温麻醉,开始体外循环动物实验并于 1958 年应用于临床。1958 年,用硫苯妥纳、r-羟基丁酸钠、冬眠灵静脉三结合麻醉。1959 年,首次采用针刺麻醉。1960 年,开展氟烷麻醉。1979 年,将吗啡、芬太尼麻醉用于心血管体外循环手术,同年完成首例胰腺移植手术的麻醉。1983 年,用安氟醚、异氟醚使心血管麻醉的手术安全性提高。1987 年,开展颈内静脉穿刺术、动脉穿刺术,进行有创性直接动脉血压测定。至 1994 年,麻醉科在麻醉机和监护仪等设备缺乏、药品有限的情况下克服困难,成功完成多个重大复杂手术的麻醉。1997 年,于布为任麻醉科主任之后,瑞金医院麻醉科开始逐渐形成以诱导期急性高容量血液填充技术、“三明治”麻醉技术、全凭吸入麻醉技术、深麻醉拔管技术、围术期脑功能评估及认知情感功能障碍的风险防范等为核心的临床麻醉特色。1998 年，全科普及深静脉置管、创伤性血流动力学监测和喉罩使用技术，开展术后病人自控镇痛技术。同年，开通干部病房手术室（10 月）和瑞东医院手术室，开展麻醉监护下内镜检查治疗、无痛人流和无痛分娩、神外科的脑血管介入治疗，并协助心胸外科开展心脏瓣膜微创手术等工作。1999 年，引进纤维支气管镜引导下困难气管插管、喉罩麻醉、自体血回输、血液保护和体外循环心内直视手术不输异体血、靶控输注麻醉等新技术。是年 5 月，开设麻醉后苏醒室，启动术后镇痛治疗。2001 年，新增微创中心手术室。2002 年，开展不停跳心脏冠状动脉搭桥手术麻醉。是年 10 月，开设疼痛门诊。2003 年，瑞金医院器官移植中心建立，麻醉科积极参与支撑、保障医院多个全国乃至亚洲首例的器官移植麻醉（劈裂式肝移植、腹腔全脏器联合移植等）的成功实施。2006 年，困难气管插管新技术——视可尼的培训和应用使临床麻醉安全性进一步提升。新门诊大楼启用后，疼痛门诊发展到每周 5 天开放，新开门诊手术室。2009 年，开展困难气道优化处理、与心超室合作的术中 TEE 监测、脑氧饱和度和无创心排量的新型监测、神经阻滞复合全麻技术等项目。于布为主任倡导的“麻醉无禁忌”和“理想麻醉状态”成为科内临床工作的主要指导思想和麻醉管理标准。2009 年起，胃肠镜、门诊胃肠镜和 ERCP 的麻醉成为麻醉科的常规内容。2010 年，引进 Narcotrend 脑电镇静麻醉深度监测仪，使麻醉深度监测成为临床常规监测项目，发展并确立了精确麻醉的理念和临床实施规范，并据此主持、制订多项由中华医学会麻醉学分会编撰颁发的临床麻醉管理和操作指南，在学界树立特色鲜明的临床优势。

【医疗数据】

与科室发展相匹配的是麻醉例数的增加。手术室麻醉例数由 1978 年的 4 163 例，增至 2010 年的逾 3 万例。1999 年，全身麻醉的比例达到 59%，为上海市综合性医院中全身麻醉比例最高的医院之一，接近国外同期 70%的比例。麻醉例数不断增长的同时，麻醉并发症和手术室死亡率则在降低。2007 年起，保持手术室零死亡率。

表 2-3-11　1973—2010 年部分年份医院麻醉科麻醉例数统计表

年　份	麻醉例数	全麻例数	静脉麻醉例数
1973	3 258	—	—
1978	4 163	1 500	—
1985	6 329	—	—
1989	7 840	—	—
1999	10 993	6 486	—
2005	18 208	10 905	2 374
2006	19 281	11 564	3 248
2007	23 145	12 815	4 824
2008	26 932	14 613	6 992
2009	28 028	16 683	7 083
2010	30 330	18 409	7 436

【特色麻醉】

针灸麻醉和中药麻醉 1959年，广慈医院麻醉科首次采用针刺麻醉。1965年，成立医院针麻组，成为上海针麻上腹部麻醉组组长单位，通过自身实验的方法在实践中不断摸索总结，不仅增进技术，扩大针刺麻醉适应证，还原创电针仪等设备。在为贫下中农服务的过程中，医院针刺麻醉小组在设备条件极其简陋的农村，采用针刺麻醉对患有晚期血吸虫病“巨脾症”的病人进行手术。在实践和反复自身实验后，成功地为130多名贫下中农运用针刺麻醉进行手术。

1969年，麻醉科开展中药麻醉，在此前后，完成大量动物实验。医院成为上海市中药麻醉研究协作组的组长单位，并在1970年起将中药麻醉应用于临床，并拓展到体外循环心内直视手术和食管裂孔疝修补等大手术的麻醉。1971年，李杏芳与上海市中药麻醉研究协作组成员上海曙光医院在临床上同时将毒扁豆碱用于中药麻醉催醒并获得成功，属国内首创。王鞠武在《解放日报》发表文章《谈针麻对人体机能的调整作用》。1974年，《文汇报》载文专题介绍医院中药麻醉心脏手术的成功病例。20世纪70年代前后，针麻成为国际交流的重点，时常有国内外友人前来参观学习。

嗜铬细胞瘤切除术的麻醉 嗜铬细胞瘤在手术切除过程中，对瘤体的挤压会造成儿茶酚胺的大量释放，引起循环剧烈波动，对病人造成严重甚至恶性的影响。麻醉科在1958年就开始了嗜铬细胞瘤手术的麻醉，完成全国首例嗜铬细胞瘤手术。之后依托内分泌科和泌尿外科的经验和实力，嗜铬细胞瘤切除术成为医院的特色手术之一。

20世纪60年代前，设备有限，监测依赖手工操作，术中生命体征调控基本依赖人工调控静脉滴注和推注的速度来维持，除加用血管活性药物之外，未对容量进行特别干预。1997年起，应用高容量液体填充策略：麻醉开始时输液以纠正病人因长期高儿茶酚胺激素造成的低血容量状态，同时补充麻醉后血管扩张导致的循环血容量相对不足，将术中肿瘤摘除后发生低血压甚至休克的可能性降到最低；术中选用起效更快且半衰期更短的酚妥拉明和硝酸甘油通过微泵注射来调节血管张力，最终使扩容效果保持在可控范围内；优化α受体阻滞剂，通过药物治疗有效控制儿茶酚胺类激素分泌水平，配合有效的术中管理，使得嗜铬细胞切除术成为医院常规手术。据资料统计，仅2007年1月—2008年9月，76名病人接受嗜铬细胞瘤切除术，绝大多数病人在术后一小时内停用血管活性药物，且循环保持稳定，恢复机体自我调节功能。麻醉科发展建立的“麻醉治疗学”理论和实践使得疑难危重病例及所有手术病人能在围术期受益于科室的积极治疗管理，保证了他们的手术安全和术后良好转归。

【重大高难度麻醉】

1957年，完成全国第一例原发性醛固酮增多症手术麻醉。1958年，参与国际上首例大面积烧伤抢救成功病例——钢铁工人邱财康的救治。1964年，完成体外循环下直视室间隔缺损修补手术麻醉。1969年，完成异体肾脏移植手术麻醉。1977年，完成国内首例肝脏移植手术麻醉。1978年，国内首例同种异体原位心脏移植。1994年，完成心功能Ⅳ级病人主动脉瓣、二尖瓣和三尖瓣置换术麻醉。1999年，参与8脏器功能衰竭重症胰腺炎病人抢救，完成多次手术清创麻醉。2002年，完成肝肾联合移植手术麻醉。2004年，完成国内首例全腹腔脏器移植手术麻醉。2005年，一周内为妊娠合并急性肝衰病人成功实施剖宫产和肝移植两次手术麻醉。2005年，完成血甲氧基去甲肾上腺素（NMN）和甲氧基肾上腺素（MN）双过万（>10 000 pg/ml）病人手术麻醉。2008年，完成法洛四联症病人异位嗜铬细胞瘤切除术麻醉。2009年，完成“两供一受”肝移植手术麻醉。2010年，参与抢救直升机转运伤员。

三、教学工作

【学历教育】

1955 年，麻醉科开始为医学系学生教授麻醉学，并接受临床带教任务。2003 年，顺利通过国家教委对临床医学院教学工作的检查。2006—2007 年，范秋维编辑完成全英文教学光盘。2010 年，于布为任医院麻醉与危重病教研室主任，罗艳任副主任，参与编写麻醉与危重病学教学书籍。

1965 年，李杏芳招收麻醉科第一位硕士研究生。以后研究生招生工作停顿。1998 年，于布为招收硕士研究生。2004 年，麻醉科获上海第二医科大学博士学位授予点。2005 年 12 月，举办麻醉科首次研究生学术报告会，随后该项活动每周举办一次，成为重要的学习交流平台。2008 年，招收第一位博士后。

【职后教育】

1983 年，麻醉科首次派遣医生出国学习。1998 年起，每年派遣 1～2 位医师出国进修。2007 年，麻醉科成为首批卫生部专科医师培训试点基地。2009 年，科室成为国家级和上海市麻醉学住院医师专科规范化培养基地，参与制订麻醉学住院医师规范化培养的内容要求和考核指标。于布为任上海市麻醉学专科医师规范化培养基地专家组组长。

1955 年，建科后开始招收进修医师。“文化大革命”期间，越南留学生阮福禄前来进修两年，主要进行针刺麻醉、中医麻醉等方面的学习。之后，来自美国、澳大利亚的医生陆续来进修临床麻醉，美国麻醉医师 Awada 于 2002 年秋季在麻醉科进修 3 个月，而后在美国从事 ICU 工作。至 2010 年，麻醉科累计接受来自全国各地的进修医师 400 余名(包括高级访问学者)。

麻醉科主办“临床麻醉新技术”学习班、“麻醉监测新进展及临床应用”国家级继续教育学习班、“特殊病人麻醉及检测新知识”国家级继续教育项目学习班等。2009 年，在瑞金医院建立中华医学会麻醉学分会脑电监测麻醉镇静深度、外周神经阻滞技术、吸入麻醉药培训中心、靶控输注技术等临床专项技术培训中心。2010 年 7 月，承办中华医学会麻醉学分会的“临床研究设计与国际 SCI 期刊写作及发表精品课程第一站”。2010 年 3 月 29 日，“中华医学会麻醉学分会 Narcotrend 脑麻醉深度监测技术亚洲培训中心”在医院挂牌成立，中华麻醉学分会的专家们及卫生界领导出席，国内多家媒体报道，介绍“瑞金医院率先实行全手术室精确麻醉，安全系数大幅提高”。

【教学成果】

2006 年，麻醉科获博士点导师基金一项，多人获得上海麻醉学会论文竞赛一等奖和中华麻醉学分会优秀 SCI 论文评比一等奖，上海麻醉学会优秀论文竞赛一等奖。2009 年，顾卫东获上海市研究生优秀成果奖，任瑜获上海交通大学“求是”奖学金，2 人次获上海高校选拔培养优秀青年教师科研专项基金。2010 年，任瑜获评上海市优秀博士论文，刘学胜获“全国麻醉学术年会中青年优秀论文竞赛特等奖”。

四、科研工作

1957 年，李杏芳对肌肉松弛剂导致呼吸抑制的论著被刊登在《中华外科杂志》首页。1964 年 8

月，李杏芳率领的麻醉科医师在南京召开的第一届全国麻醉学术会议上提交宣读了9篇原创性论文，获得全国同道一致好评。1965年，王鞠武在《中华外科杂志》发表《大量输血与心脏机能紊乱——动物实验观察》。1973年，王鞠武组织编写《中药麻醉的临床应用与探讨》（上海人民出版社）。1980年，在《上海医学》发表《心脏移植麻醉3例的初步体会》《肝移植术的麻醉（初步报告）》。1984年，医院麻醉科与上海第二医学院基础部药理学教研室、电生理技术研究室合作研制成功微电脑控制肌肉松弛给药装置，使微电脑进入手术麻醉领域。20世纪80年代起，医院麻醉科配合外科进行大量动物实验，包括心脏手术、血管手术、中药麻醉、肝移植、腹腔热灌注化疗和局部区域灌注化疗等。

2002年，许海芳发表麻醉科第一篇SCI文章。2004年，薛庆生获麻醉科第一项国家自然科学基金（青年基金）。2006年10月，“围术期镇静和麻醉深度监测与调控的临床系列研究”获广州市科学技术进步奖二等奖。2008年，*Anesthesiology*刊登任瑜博士的论著，这是科室首次在影响因子大于5分的国际权威期刊发表文章，也是中国大陆地区在该麻醉学界顶级期刊发表的首篇配发专家述评的原创性论著。2009年，逐步建立完善麻醉学专科实验室建设工作，建立认知行为学和疼痛行为学实验方法，以及部分分子生物学研究手段，多位研究生在相关实验室接受培训及从事科研实验。临床科研围绕“理想麻醉状态”的方向，开展术后认知功能障碍的预测指标评价，术后谵妄的临床观察，围术期心、肺、脑、肾功能的保护和评价，同时完成了多项多中心临床药物试验工作。

2009年，于布为当选为中华医学会麻醉学分会第十届全国委员会主任委员。

【学术交流】

1998年，于布为等参加在日本举行的第18届国际麻醉与计算机技术讨论会并宣读论文。2001年，罗艳代表瑞金医院麻醉科在第3届IARS壁报发言并获奖。2001年，英国麻醉学教授John Eric Smith夫妇接受上海第二医科大学客座教授的称号。2002年，举办“庆祝瑞金医院麻醉科成立50周年学术活动”。2006年，建立拥有高级域名的瑞金麻醉科门户网站“瑞金麻醉网”和BBS论坛。2007年，中加心血管麻醉学会议和沪台港新麻醉学术研讨会在瑞金医院召开。2008年9月，国内首份麻醉学专业报刊《医学参考报麻醉学频道》创刊，于布为任主编。2009年，于布为在IARS年会主持壁报讨论，并在美国、日本、韩国、澳大利亚等国举办的国际性、区域性麻醉学术会议上多次做会议主席或大会发言。2010年4月，IARS副主席、加拿大麻醉学教授Davy C.H. Cheng在瑞金医院学术交流。2010年9月，组织首次中美麻醉学术辩论会。

【科研成果】

1964年，卫生部为成功抢救邱财康在北京召开表彰授奖大会，麻醉科史济湘记功一次，李杏芳获奖励。1978年，“中药麻醉”获全国科学大会奖。

截至2010年，麻醉科共获得国家自然科学基金资助8项，上海市级基金4项，校自然科学基金1项，校百人计划基金2项，校优秀青年教师2项，广州市科学技术进步奖1项。发表论文300余篇，其中SCI论文18篇；编写、编译各类图书10余本，主编杂志1本，报刊1份。2010年，“气管插管槽”获实用新型专利证书1份。

表 2-3-12　2005—2010 年医院麻醉科获得国家级科研项目情况表

年　份	名　　称	项　　目	负责人
2005—2007	全麻药物对学习记忆功能影响的实验研究	国家自然科学基金(青年)	薛庆生
2006—2008	RU486 可诱导式 β-内啡肽基因空壳腺病毒治疗癌痛的研究	国家自然科学基金(青年)	尤圣武
2007—2009	脊髓背角神经细胞钾氯共转运体和碳酸酐酶在阿片类药物痛觉过敏机制中作用的研究	国家自然科学基金	于布为
2007—2009	GIRK2 参与雄激素调节痛觉信息传递调制的机理研究	国家自然科学基金(青年)	赵　欣
2007—2009	蛛网膜下腔注射 VEGF 转染骨髓间充质干细胞治疗脊髓缺血	国家自然科学基金	顾卫东
2010—	Ghrelin 调节 Rip2/NF-kB 途径的脓毒症全身炎症反应及机理研究	国家自然科学基金(青年)	封小美
2010—	前扣带皮层星形胶质细胞在神经病理性疼痛发生中的作用	国家自然科学基金(青年)	刘　健
2010—	吸入期麻醉药对发育期中枢神经系统不同细胞源 NR2B 受体的影响	国家自然科学基金(青年)	罗　艳

五、其他

1976 年 7 月唐山大地震时，麻醉科派遣蔡凤娣、金凤英两人到一线灾区完成为期两个月的支援救治任务。1977—2008 年的 30 余年间，科室共有约 15 位医生先后承担援助摩洛哥任务，为当地麻醉学发展做出重要贡献。2004 年，《解放日报》等多家媒体报道麻醉科医生孟友梅参加援助摩洛哥医疗队期间在摩洛哥北部地震救灾中做出的非凡成绩。2010 年 4 月至 10 月，贾辰飞作为医疗队队员支援云南怒江地区的麻醉医学发展。2010 年 5 月 7 日，张富军赶赴汶川地震重灾区都江堰市人民医院麻醉科指导重建工作。从上海第一届 F1、房车赛以及摩托 GP 比赛至今，每年麻醉科都会派遣高年资医师参与此类活动的安全保障任务；重大会议如 APEC、世博会等的安保工作也有麻醉科的积极参与。每年有 4 人次参与组建医院的应急医疗队及时应对各类突发事件。

第五节　病 理 科

一、发展沿革

1958 年 6 月，病理科成立，位于广慈医院 22 号楼 2 楼西侧。1999 年，病理科原址曾全面整修。2008 年，病理科再次装修与翻建，历时近一年，在此期间医疗业务继续开展。由于外科实验室搬迁，病理科面积得以增加，22 号楼 2 楼全层均作为业务发展的场所，底层还设有病理解剖室。

1958—1962 年病理科业务属上海第二医学院病理解剖教研组领导，每年委派一名人员定期轮流来医院病理科工作。1962 年以后，为促进科室建设，医院决定将委派人员固定在医院，陈志让任病理科负责人。1964 年，病理科仅 3 名医生，1 名技术员。1998 年后，从德国、日本、法国留学归来的病理科医生先后加入瑞金医院病理科，又委派 5 位医生出国进修，医生数量和结构趋于合理。2007年，病理科被授予国家重点学科。至2010年，有医生12人(其中主任医师、副主任医师6人)。

表2-3-13　1962—2010年医院病理科历任主任、副主任情况表

任职年份	主　任	任职年份	副主任
1962—1988	陈志让	1984—1993	丁长囡
1988—1993	储　谦	1993—2000	杨　践
1993—2000	丁长囡	1996—2002	金晓龙
2000—2002	杨　践	2008—	吴华成
2002—	金晓龙		

二、医疗工作

【基本情况】

1958—1981年，病理科承担全院各科手术标本和尸解的病理检查(包括冰冻和石蜡切片检查)以及科研标本的病理检查，病理大体标本的摄影和显微摄影工作由上海第二医科大学摄影室和医院摄影室完成。1982年，医院自己开展大体标本摄影和显微摄影工作，为病理资料的保存和医、教、研工作的开展提供方便。1986年，在肾脏科创立肾脏病理室，培养肾脏病理专业人才。同年，建立免疫组化室，提高病例鉴别诊断水平，开展乳房雌激素受体测定。1987年，至上海第二医科大学电镜室学习电镜技术及超薄切片技术，独立完成电镜标本制作、观察及摄影等工作，并协助外单位鉴定自动染片机设计。1992年，病理科进行切片操作的规范化，使用二甲苯切片透明程序；整理储存数十年的切片及蜡块，同时清理近年的档案。1998年，建立分子病理实验室，逐步开展淋巴瘤基因重排、乳腺癌Her-2检测及肺癌的分子诊断工作。1999年，与检验科、神经内科合作，建立肌病实验室，检测诊断各类肌病210例。2002年，在科内成立管理委员会，确定科室重点为：消化外科病理、内分泌病理、血液病理、骨肿瘤病理。2004年，主攻消化外科肿瘤病理、内分泌病理及血液骨髓活检和淋巴瘤病理。2008年，增加软组织病理方向。2009年，开展液基膜式薄层细胞学(TCT)的诊断工作。2010年，科室有免疫组化抗体135种，完成3 220例免疫组化检测，免疫组化已经成为常规工作之一。

【医疗管理制度】

1962年，实行病理报告层层负责制，每一病例皆由初级医生初检，再由上级医师复核，如有疑难问题，则提交申请教研组主任或请院外病理科专家会诊。1963年起，与其他科室联合开展病理讨论会。1964年，改进医生复核模式，由之前的主治医师单独复片改为住院医师、进修医师一同进行，并结合大体标本讨论，提高诊断与鉴别能力。1994年，冰冻切片室搬入手术室内，加强手术医师与病理医师的联系，缩短冰冻报告时间。1995年10月，在原诊断基础上，每一例报告均附简要的大体及镜下描写。1998年，切片质量被上海市质控小组评定为优等，平均发报告时间，由1996年的2.9天缩短到2.2～2.3天(三级甲等医院平均为5天)，冰冻报告发出时间为15分钟(三级甲等医院平均为半小时)，由原来的口头电话报告改成书面临时报告。1999年，在两次上海市质控检查中

均被评为“优秀”,外检诊断的误诊、漏诊率均小于1%,获2000年“免检”殊荣。2002年,病理科制定、完善各项规章制度,“冰冻—外检—会诊”负责医师轮转,避免冰冻病理诊断与外检诊断相脱离的情况。

【医疗业务量】

病理科的工作量从20世纪60年代仅外检和冰冻2类技术,全年不到6 000例,发展至二十世纪七八十年代达到9 000例以上。至2010年,增加到五大类技术4.5万余例,业务量增加非常显著。

表2-3-14　1961—2010年部分年份医院病理科工作量统计表

年份	总例数	外检例数	冰冻例数	尸检例数	会诊例数	免疫组化例数	骨髓活检例数
1961	3 707	3 608	99	0	0	0	0
1964	5 913	5 669	244	—	0	0	0
1978	9 549	7 900	900	49	700	0	0
1980	9 270	7 321	762	35	1 152	0	0
1988	9 904	8 587	668	19	592	38	0
1989	11 926	10 250	782	38	735	121	0
1999	24 970	22000	1 800	5	500	665	0
2000	28 425	25 093	1 933	9	540	850	0
2002	22 499	17 100	1 909	—	220	1 689	1 581
2004	24 507	18 419	2 566	—	561	1 552	1 409
2009	43 810	31 516	7 106	—	891	2 682	1 615
2010	45 146	31 521	7 805	—	939	3 220	1 661

三、教学工作

【职前教育】

病理科医生至少要安排去教研室执教一年。1980年,郑师禹、丁长囡参加上海第二医学院病理教学。1983年,陈志让及杨践参与、负责上海第二医学院病理解剖学教学工作。1988年上半年,完成上海第二医科大学法语病理学教学,指导及协助研究生制作切片及读片共5个题目。1998年,参加上海第二医科大学本科生病理教学“现代病理学进展”及研究生的病理教学。2000年,成功申请硕士及博士点,招收全职硕士生7名、在职硕士生8名、博士生4名,联合其他科室(外科、内分泌科、呼吸科、妇产科、超声科、放射科等)共同培养硕士生、博士生20余名。

【职后教育】

1977年起,病理科接纳上海本市及外省市进修医生,通过病理实际工作、带教医生的小讲课及疑难病例讨论,提高诊断及鉴别水平,至2010年已累计283名。1999年,病理科申报国家级成人继续教育学习班两项(内分泌病理、骨髓病理)。2000年起,连续举办3届国家级继续教学学习班。

2007年，卫生部推行住院医师培训基地的申报选点工作，被授予卫生部临床病理住院医师培训基地。至2010年，共培养基地住院医师2名。

四、科研工作

1963—1964年，与医院其他科室协作完成科研项目19项，如超声波诊断对动物胚胎的影响（产科）；磷酸铬在治疗上应用（同位素）；麻醉药对静脉炎的机制研究（麻醉科）；冬眠药物在灼伤治疗上的估价（灼伤病房）；胃癌的转移、直肠癌、冰胃、胆囊癌（外科）；胰腺囊腺瘤、实验性甲状腺炎的自身免疫（内科）；牙龈癌、皮下填充止血、塑料在人体中引起的病变（口腔科）；晚期血吸虫病脾功能亢进的研究（传染病科）及制剂的成分和配制的疗效（药剂科）等。1992年，以内分泌病理为重点题目，与上海第二医科大学电镜室协作，共同开展内分泌病理的系统性研究工作，包括光镜免疫组化及电镜等技术的应用。1993年，参加科研项目"内分泌科肿瘤的电镜观察及免疫酶标研究""肝炎八五攻关题"及全国大肠癌协作组中病理分组的科研工作。1998年，"人类肝癌和肝硬化组织小上皮细胞的研究"获国家自然科学基金。2000年，杨践主编出版《内分泌病理学》。2005年，"人乙肝病毒相关肝病卵圆细胞发生和增殖的分子调控机制研究"获国家自然科学基金。至2010年，病理科参与编写各类专著10余本，发表文章200余篇。

第六节　核 医 学 科

一、发展沿革

1958年9月，广慈医院内科医师朱承谟参加卫生部在上海第一医学院举办的同位素临床应用训练班。回院后在原9舍（现院史陈列馆）底层西侧图书馆后20平方米的小间内开展放射性同位素临床应用。1960年3月，迁至广慈医院儿科大楼底层西侧病区，面积扩大至600平方米。1960—1962年，设立同位素专科门诊和病房。1993年，迁入医院急诊大楼5楼，占地1 000平方米。2006年，急诊大楼拆除重建，核医学科迁回儿科大楼原址过渡。2007年，增加瑞金医院2号楼底楼，总面积达1 000平方米。2009年，迁回急诊大楼5楼，并增加4号楼作为正电子发射计算机断层扫描/同机融合CT扫描（PET/CT）用房，面积扩大至2 400平方米，拥有核素治疗病房、小动物PET/CT联合中心、回旋加速器和分子核医学实验室，成为放射药物临床药理基地、上海交通大学医学院重点学科、上海市教委重点学科和住院医师规范化培训放射影像基地、放射药物临床研究许可单位等，已建设成为集医教研师资培养为一体的核医学专业学科。2010年，科室在职人员共25人，包括主任医师3人、副主任医师2人、工程师1人、护理人员2人。

表2-3-15　1959—2010年医院核医学科（同位素室）历任主任、副主任情况表

任职年份	主　任	任职年份	副主任
1959—1961	徐家裕	1961—1978	郑惠黎
1988—1993	朱承谟	1961—1978	徐家裕
1993—1997	张冀先	1978—1988	朱承谟

（续表）

任职年份	主　任	任职年份	副主任
2000—2002	李培勇	1988—1993	张冀先
2004—	李　彪	1993—1997	史爱兰
		1997—2000	王　辉
		1997—2000	李培勇
		2000—2002、2004—	管　梁
		2002—2004	李　彪

二、医疗工作

【同位素诊断】

1958 年，开展甲状腺吸^{131}I 率和尿排^{131}I 率测定。1960—1964 年，开展甲状腺吸摄碘试验、肝脏扫描、放射性肾图、碘化脂肪试验、^{51}Cr 红血球寿命测定、血浆 PBI^{131} 测定和转换率等项目。“文化大革命”期间，正常秩序被破坏，仅开展甲状腺吸^{131}I 率测定、放射性肾图、甲状腺扫描和肝脏扫描 4 种常规检查项目。“文化大革命”结束后，陆续开展放射免疫测定甲状腺功能、肿瘤标志物、胃泌素等项目，利用 γ 照相机开展的肾动态检查、肾血流，肝胆放射性核素造影等功能检查。1988—2000 年，先后引进单光子发射计算机断层扫描（SPECT）仪和正电子发射计算机断层扫描（C－PET）仪，建立 ECT 和 C－PET 显像中心，开展脑、甲状腺、甲状旁腺、心肌、肺、消化系统、肾、肾上腺、骨等脏器显像和 C－PET 全身肿瘤显像；开展化学发光检测项目作为非放射免疫检测技术；引进骨密度仪并开展骨密度检测；新增^{13}C 呼气幽门螺旋杆菌测定。2004 年，大量放免检测项目被归并到临床检验中心，仅保留甲状腺功能、肿瘤标志物等放免分析，主导方向调整为 SPECT 和 PET 的临床应用。2007 年，引进 PET/CT 仪置换 C－PET。2009 年，开展 PET/CT 全身融合显像、脑和心脏局部显像。2009 年，购置回旋加速器，可自行生产 PET/CT 的示踪剂，告别去外单位买放射性药物的局面。2010 年，C12 肿瘤标志物蛋白芯片正式进入临床使用。

【同位素治疗】

20 世纪 80 年代，开展核素治疗甲亢、癌骨转移灶、关节滑膜炎疾病等。1990—2008 年，开展“云克”治疗甲状腺突眼和癌症骨转移、运动磁室空间治疗，引进放射性粒子近距离治疗肿瘤，为病人提供新的治疗途径。

【开展新技术】

1960—1964 年，成功自制各种临床常用放射性标记化合物，如胶体 32 磷酸铬、^{131}I－碘化孟加拉红和^{131}I－邻碘马尿酸。1973 年，研制成功甲种胎儿蛋白的放射免疫药盒，建立放射免疫测定肝癌指标的方法。1974 年起，研究癌胚胎性抗原、胃泌素和胰泌素放射免疫方法，为肿瘤诊断、普查和筛选做出贡献。1974—1976 年，创建^{131}I－碘化胆固醇肾上腺皮质显像和^{131}I－间碘苄胍肾上腺髓质显像方法。1976 年，将自行研发的国产 γ 照相机与国产 DJS－131 小型计算机相结合，开展动态

γ照相、心功能动态测定和核心脏病学图像处理。1989 年，开发肾、甲状腺和心功能等定量指标的计算机自动计算。

【门诊与病房】

1960 年，开设同位素和放射病的专科门诊和病房，收治甲状腺功能亢进症、心脏病和放射病病人，健全各级医师查房制和病例讨论，提高门诊和病房质量，并参与内分泌科和皮肤科敷贴协作门诊。“文化大革命”期间，门诊以甲状腺疾病为主。1968 年，采取大剂量^{198}Ag 治疗一例胃癌广泛转移病人，使病人情况好转。1990 年起，调整同位素专科门诊，开设专病门诊，与其他医院建立横向联系，设立“核素肿瘤治疗”的热线电话、开通网站扩大病人的来源。2002 年，帮助闵行分院筹建核医学科。至 2008 年，瑞金医院核医学科门诊量名列全市第一。2009 年 9 月，医院获得辐射安全许可证后核素治疗病房开始运营。2010 年全年，核医学科门诊 14 181 人次，SPECT 检查 9 662 人次，骨密度检查 8 483 人次，^{13}C 呼气幽门螺旋杆菌测定 6 116 人次，PET/CT 检查 3 655 人次，甲状腺吸摄碘试验 2 016 人次，完成 C12 蛋白芯片检测 41 511 例次。

表 2-3-16　1958—2010 年医院核医学科(同位素室)新开展项目情况表

年　份	新　增　项　目
1958—1970	甲状腺吸^{131}I 率、肝脏扫描、肝血流量测定、放射性肾图、^{131}碘化脂肪试验、^{51}Cr 红血球寿命测定、循环血容量测定、血浆 PBI^{131}转换率、72 小时 PBI^{131}测定
1971—1980	T3 红细胞吸收试验、T2 炭末吸收试验、AFP、肾血流图、T3、T4、地高辛(急诊)、肌红蛋白、胃泌素、^{131}I-邻碘马尿酸钠肾动态检查、^{131}I-MAA 甲状腺功能试验
1981—1990	苯妥英钠、心功能测定、射血分数、CEA、心脏室壁运动测定、肝胆放射性核素造影、TSH、液体闪烁检测项目、rT3、β_2-MG、胆酸、铁蛋白、甲状腺、肝、肾、肾上腺、肝胆、消化道出血、骨、心肌、心功能、肺、肝血池等 11 种显像、肝、心肌和肺三种断层显像、肾血流、脑血流、shTSH、FT3、FT4、TGAb、TMAb、VitB$_{12}$、叶酸、脑显像、^{99m}Tc-MIBI 心肌显像、肺通气、睾丸血流显像
1991—2000	胰岛素、潘生丁试验、骨断层显像、股骨头血流、TRAb、α-MG、胃泌素、^{99m}Tc-IgG 骨关节感染骨显像、鼻泪道显像、^{99m}Tc-MIBI 甲状旁腺显像、门静脉、肝动脉、肝总血流量测定、TRH 兴奋试验、Mg(胃癌)、α_1-MG、CA199、CA125、脑动态显像、纵隔淋巴结显像、^{67}Ga 乳腺癌显像、fPSA、ICTP、降钙素、甲状旁腺显像、脾脏显像、肺灌注—通气显像、下肢静脉栓塞显像、甲状旁腺腺瘤核素显像、C-PET 显像、骨密度测量、化学发光测量、^{13}C 呼气幽门螺旋杆菌测定
2001—	ECT、PET-CT

三、教学工作

【教研组构成】

1959 年 11 月，上海第二医学院成立原子医学教研组，直属上海第二医学院院长领导。1960 年，迁入广慈医院，更名为放射医学教研组，下设放射医学新专业，分为放射病、放射防护和同位素三个亚专业，分别由徐家裕(仁济医院调来)、吴继琮(新华医院调来)和朱承谟负责。1962—1963 年，进行专业调整，停办放射病和放射防护两个小专业，将同位素临床应用作为重点，大量教师调整到基础和临床各科室开展一些慢性放射病的临床工作。1979 年，上海第二医学院成立核医学教研室。2009 年，上海交通大学医学院影像医学系成立，科主任李彪兼任影像医学系核医学教研室主任，陈刚任影像医学系教学督导专家。

【学历教育】

1960 年，从上海第二医学院抽调 1960 届实习同学 22 名为实习师资。1960—1962 年，为上海第二医学院医疗系一部、口腔系和儿科系同学开设专业课程并安排实习。1961 年，招收放射病专业、放射防护专业和同位素专业学生共 29 名作为专业培养，培训期为二年。1963 年，春季毕业全国分配。1963—1964 年，教研组主要任务是为医学院本科生讲解放射医学课程，另承担广慈护校放射科技术人员训练班的教学。“文化大革命”期间，教学任务停止，仅进行培训班同学的理论课以及实际操作。“文化大革命”结束后教学秩序恢复。1979 年，教学任务扩大至医疗系、检验系、影像班、生物医学工程、高护系本专科及夜大学等 10 余个班级。制作完成了近 2 000 片的教学幻灯片，并组织学生参观同位素室，加强对同位素工作的感性认识。此外还完成护士提高班、电视大学、宝钢走读生的教学任务，承担留学生、全国儿科医师进修班的授课，完成宝钢临床医学院、九院和江西医学院核医学教研室委托的核医学师资班的临床实习任务，外出讲课共 7 次。1987 年，承担“三好”职业中学开办的核医学技术专业的教学任务。2000 年，教学教案及备课材料全部进行计算机储存。2004 年，承担瑞金临床医学院五年制、七年制、八年一贯制、4+4 八年制及护理夜大、影像专业专升本夜大等教学任务，年教学课时数达 271 学时。首届八年制内外科、核医学科联合授课中获得了良好的课堂效果。

【职后教育】

20 世纪 60 年代初，接受院内医师 4 位(伤科、口腔科、内科、外科)、护士 1 位(灼伤科)和外地医师 2 人进修培训；通过 6 次讲座完成广慈医院各科室实习医师以上的各级医师原子医学“扫盲工作”，并且印刷一套讲义；同时协助其他附属医院建立独立的同位素室以及开展和宣讲同位素在临床上的应用。1960—1964 年，加强数、理、统计学等的学习，有计划地派遣科内各级医师到基础部教研组和临床相关科室轮转进修。通过定期业务讲座，交流经验，提高技术水平。1979—1998 年，派遣医师和技术员参加国内外学习班，包括 1990 年上海市原子核协会举办的 ECT 学习班、1991 年亚太地区肝炎学习班和 ECT 质量控制学习班。1991 年起，输送青年医师 10 人次到美国、法国、意大利、奥地利进修学习；定期由主任带领进行英语读片。2010 年，作为上海市住院医师规范化培训放射影像基地的科室之一，负责影像科轮转医师的学习。

【研究生教育】

1981 年，经国务院学位委员会批准，获核医学硕士学位授予点，招收首位硕士研究生，1991 年，被评为核医学博士授予点，招收首位博士研究生。至 2010 年，共招收硕士研究生 29 名，博士研究生 17 名。

【教学成果】

培养青年医师和技术员参与上大课和带教见习。2008—2009 年，与放射诊断科及超声诊断科合作，取得医院第一个国家级精品课程，并逐年更新维护精品课程网站。至 2010 年，承担 5 项上海第二医科大学及上海交通大学医学院课程建设基金项目，1 项上海第二医科大学教学科研基金，1 项上海交通大学医学院的课程建设基金课题，2 项上海交通大学医学院教学课题，1 项院学科带头人攀登计划和 4 项人才计划(上海交通大学晨星青年学者奖励计划、上海青年医师培养计划、上海市高校优秀青年教师培训专项基金及上海市教育委员会出国访学计划)。

四、科研工作

1960 年,成立同位素实验室。20 世纪 60 年代,配合高血压科、伤科、口腔科、灼伤科、妇产科、内科、外科和眼科等 8 个科室的重点专题进行同位素的研究工作。20 世纪 70 至 90 年代,完成多种核医学设备的设计和制造。1985 年,上海第二医科大学成立临床核医学研究室,依托瑞金医院核医学科。1998—2002 年,建立细胞实验室、生化实验室和动物房,成立分子核医学实验室,并经国家药品监督管理局批准,成立放射药物临床药理基地,为分子核医学的基础研究和新药的研制提供研究平台。2005 年,列入国家放射药物临床研究许可单位。2007 年,确立 PET/CT 的临床应用研究为科研重点。2008 年,与上海交通大学 MED-X 研究院合作成立小动物 PET/CT 联合中心。2009 年,与上海原子科兴药业有限公司协作成立加速器正电子药物研发中心。

【设备研发】

“文化大革命”期间,承担显像仪器的研究项目,1970 年,研制成功国产 FTS-101 型黑白扫描机。1974 年,研制成功 FTS-203 型彩色扫描机,获得 1973 年上海市医疗器械成果奖和 1974 年国家科委医学成果表彰奖。1976 年,研制成功国产 γ 照相机。1981 年,研制成功自动化井型 γ 计数器,投入生产供全国推广应用。1979—1980 年,研制成多向拼接铅砖和成套铅罐、可调式定量加液器、吸碘试验分药器、钨钢间接读液装置,以及各种防护车、防护屏等设备,在 1980 年石家庄全国第一次核医学年会展出。1981 年,研制超声波洗涤仪。1985—1988 年,研制肾功能仪和脑血流仪,获得了中国科学院科技进步奖三等奖和中科院二等奖。1990 年,研制成功四探头多功能仪和多探头局部脑血流测定仪,为局部脑血流定量计算提供新方法。1998 年,研制 HTK-981 型华科骨密度测量仪(小型便携式^{241}Am 跟骨骨密度仪)和^{133}Xe 股骨头血流装置,为临床提供了新的检测手段。

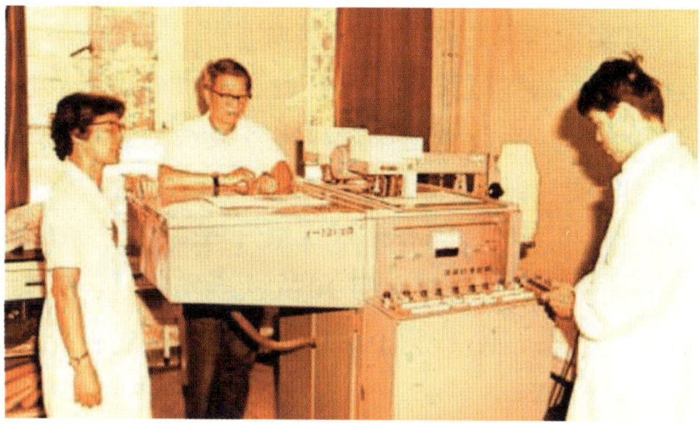

图 2-3-6　20 世纪 70 年代核医学科朱承谟(左二)研制成功国产彩色扫描机

【分子核医学】

1985—1998 年,科室承担 2 项核素显像设备研制及 5 项分子显像及分子探针研究的课题,是分子核医学研究的开端。1998—2005 年,建立分子核医学实验室,包括细胞培养室、分子生物学实验室、核素标记室和动物房。并经国家食品药品监督管理局批准,列入放射药物临床药理基地,为分子核医学基础研究和新药临床试验提供了研究平台。2007 年 9 月 1 日,召开“全国分子影像高级临床应用研讨会”,确立 PET/CT 在诊断早期胃癌、小肠肿瘤、冠心病以及功能神经方面的临床应用研究为科研重点。2008 年,上海交通大学 MED-X 研究院与瑞金医院成立小动物 PET/CT 联合中心,承担 4 项上海交通大学“医工(理)交叉研究基金”小动物 PET/CT 平台专项项目,开展“转化医学"的研究。2009 年，医院与上海原子科兴药业有限公司协作成立回旋加速器正电子药物研发中心，并举办"核素分子探针高峰论坛暨中心揭幕仪式"。2010 年 1 月 24 日，在医院举办"临床前分子影像论坛暨首台 Inveon micro PET/CT 开机庆典"。

【学术交流】

1978 年，美国核医学专家 Wagner 来访，并作核心脏病学报告，促进中国核心脏病学研究。1984 年，诺贝尔奖得主 Yallow 博士来访中国，并和瑞金医院进行交流，推进国内放免技术的研究和发展。2007 年 9 月，召开全国分子影像高级临床应用研讨会。朱承谟在第八届亚洲和大洋洲核医学和生物学会议上应邀作大会总结报告。至 2010 年，青年医师参加国内外会议达 40 余人次，有 50 余篇论文收入会议汇编。顺利承办 1 次全国放射免疫会议、3 次上海市的学术交流活动和 1 次全国核医学质量控制研讨会。

【科研项目与成果】

1969—1998 年，参与其他科室和单位的合作项目达 18 项，1983—1985 年，承担国家科委"六五"攻关项目"核心脏病学"。1986—1990 年，合作完成 2 项国家"七五"攻关项目——"放射性核素时相分析""心脏断层显像"。2007 年，承担 4 项上海交通大学"医工(理)交叉研究基金"小动物 PET/CT 平台专项项目。截至 2010 年，承担国家级课题 10 项，省部级课题 30 项，美国国防部博士后基金 1 项。发表论文 388 篇，其中 SCI 为 53 篇。获得国家级奖项 3 项，省部级奖项 11 项，并获得 2 项专利。主编核医学相关专著 4 本，参编 33 本。

表 2-3-17　1983—2010 年医院核医学科获得国家级课题情况表

年　份	名　　称	来　源	负责人
1983—1985	核心脏病学	国家科学技术委员会六五攻关	朱承谟
1993—1996	核医学和放射治疗的基础研究——核医学战略研究	国家科委重大项目	朱承谟
1997—2000	放射免疫显像和治疗的剂量学研究	国家自然科学基金	管　梁
1998—2000	^{153}Sm 癌胚抗原基因工程抗体在放免显像和治疗中的基础研究	国家自然科学基金	李　彪
2005—2007	^{188}Re 标记纤溶酶原 Kringle5 在肿瘤显像和治疗中的实验研究	国家自然科学基金	李　彪
2005—2007	调控 PDS 基因介导肿瘤基因治疗的实验研究	国家自然科学基金	张一帆
2009—	分子显像无创监测 MLC-2v 为启动子的双基因重组腺病毒靶向治疗心肌缺血的实验研究	国家自然科学基金	张　森

表 2-3-18　1974—1986 年医院核医学科获得国家级科研奖项情况表

年　份	名　　称	奖　　项	完成人
1974 年	γ 相机的研制和应用	国家科委医学成果表彰奖	朱承谟
1986 年	稳定同位素的医学应用 核心脏病学研究	国家科技"六五"攻关项目表彰奖	朱承谟

五、其他

2001年，朱承谟被评为瑞金医院终身教授。

第七节　超声诊断科

一、发展沿革

1958年末，广慈医院外科医师汪道新与上海市第六人民医院摄影室技术员安适等人受江南造船厂工业探伤Ⅰ型超声波技术启发，开始摸索超声探测人体脏器。1959年4月，“上海市超声波医学诊断研究小组”在上海市第六人民医院成立，广慈医院作为主要成员参加，是上海最早开始超声诊断研究的单位之一。20世纪60年代初，A型超声诊断的摸索工作初期由妇产科医师费冲兼任。1962年，由理疗科医师龚新环负责开展工作。1962—1986年，超声波工作在老9舍1楼理疗科内开展，1986年，迁至老门诊大楼5楼。

1988年，超声波工作从理疗科独立，成立超声诊断科。20世纪90年代，心脏内科、妇产科以及传染科分别建立超声波室，负责各自科室的超声检查。2007年，科室搬迁至新门诊大楼3楼D区，在全院共设立9个工作点，除常规门诊、住院病人外，还承担高干、特需、乳腺疾病中心、市政分部和体检中心的日常超声工作。

1988年，科室只有医师1名、技师1名。至2010年，发展为医师14名（主任4名，主治医师4名，住院医师6名）、技术人员4名（主任技师1名，技师3名）。

表2-3-19　1988—2010年医院超声诊断科历任主任、副主任情况表

任职年份	主任	任职年份	副主任
1988—2000	龚新环	2000—2002	乙　芳（主持工作）
2005—	詹维伟	2002—2005	詹维伟（主持工作）
		2002—	乙　芳
		2005—	陈　曼

二、医疗工作

【基本情况】

20世纪50年代末，根据上海市超声波医学诊断研究小组的分工，广慈医院主攻颅脑，兼顾眼和乳腺超声。20世纪60年代初，A型超声仪用于胸、腹水的诊断及穿刺定位，肝脏占位的定位、定性，胆囊结石诊断，胎心、胎动监测，脑中线波检测等。1964年，购置第一台B型超声诊断仪，开展B型超声探测。1978年，运用国产亚光M型超声诊断仪，开展心脏超声检查。1980年，购置上海市第一台日本岛津SDU-100相控阵实时超声诊断仪，开展心脏超声加双氧水造影检查。1983—1984年，开展糖尿病患儿肾脏测量以及小儿生长迟缓的超声肾上腺扫查。1987年，制订超声随访制度，结合临床随访，不断提高诊断水平。1992年，科室在肾上腺肿瘤的诊断方面已积累多年经验，能探及最大径仅为8毫米的肿瘤，与国外文献报道水平接近。20世纪90年代起，与医院各临床科室合作，开展门静脉血流检测、肝/肾囊肿穿刺和酒精治疗、心包积液穿刺、肾穿刺活检、超声引导胆道穿刺、超声内镜检查及术中超声等。1994年起，开展腔内超声、门静脉以及肾动脉等腹部大血管的彩色多普勒检查。1995年，超声诊断与病理结果对照，符合率达93%。2000年起，开展外周血管多普勒超声检查、超声引导下前列腺穿刺，协助外科开展甲状腺穿刺。2002年，开展肝移植围手术期彩色多普勒门静脉、肝动脉检测，移植肾及肾动脉评价移植肾功能。2003年起，科室购置多种先进设备，为临床服务并开展急诊24小时值班、床边出诊等医疗工作。2008年，瑞金医院超声科获上海超声诊断50周年庆典组委会颁发的上海超声医学贡献奖。

【医疗特色】

1988年起，采取手工单预约登记、手写报告、热敏纸打印图像，逐步发展为电子化登记、报告、图像采集卡储存影像资料。2004年，随着医院电子信息平台搭建完成，超声诊断科建立完善的工作站，启用网络超声图文工作站和PACS系统，通过多机联网，实现图文资料即时存储、处理，病例查询、统计以及分时段预约登记。

2004年下半年，开展肝脏、肾脏、胰腺、肾上腺以及浅表器官的超声造影，重点研究甲状腺、乳腺和淋巴结的超声诊断。2007年，开展介入性超声诊断及治疗，每年业务量增长保持在10%以上。2009年，乳腺疾病中心开诊后，常规参加联合门诊和乳腺疑难病例讨论，每年会诊病例达100余例。2010年，开展超声引导下甲状腺细针穿刺细胞学检查，乳腺肿块、淋巴结以及浅表肿块细针和粗针穿刺活检。2010年，完成超声检查30余万人次，完成超声引导下甲状腺、淋巴结及浅表肿块穿刺800余例。

三、教学工作

【学历教育】

1962年起，龚新环开始负责上海第二医学院的超声波诊断课程。20世纪80年代开始，在医学系、检验系、高级医师进修班及上海第二医学院夜大学开设超声诊断学课程，根据各系班的不同要求，编写各种教材。2003年，“超声诊断学”被评为上海市西南片大学研究生联合办学选修课，科室成为影像实习基地。2006—2010年，每年承担医学院本科生、研究生、护理系以及专升本学生的教学工作，年累计超过80个学时。至2010年，培养硕士20名，科室医护人员研究生比例达到2/3。承担八年制博士班、研究生及本科生的教学工作。接受越南、法国、尼泊尔、苏丹等留学生进修，专为他们编写教材，每次学习期限为3～6个月。

【职后教育】

1973年起，超声诊断科开始接收进修人员，不仅有来自江浙、长三角地区邻近省市的，还有青海、宁夏、广西、内蒙古等全国各地的进修医师，每年完成10余位医务人员的培养工作。1979年起，定期参与卫生局、中华医学会等举办的学习班进行授课。2005年起，科室每年举办全国浅表器官超声学习班，吸引大批全国各地的超声医师前来学习交流。2009年，成为上海交通大学医学院第一批临床住院医师规范化医学影像科培训基地，接收住院医师培训。至2010年，先后承担教学课题4项。

四、科研工作

1978年，探索肝占位的超声诊断。1980年，配合内科开展各种内分泌疾病的心功能测定，完成双氧水心脏超声造影400多例，在早期诊断小儿先心以及疑难病例中起到重要作用。

1978—1990年在国内核心期刊发表论文28篇。1998年，“超声成像原理及腹部诊断”获上海市科技成果奖。2002—2005年开展肝脏及肾脏移植的超声研究、术中超声研究、第二代声学造影剂超声造影研究、浅表器官超声诊断的系列研究、肝纤维化超声评估的研究以及甲亢^{131}I治疗的超声评估研究，并协助内分泌科完成与日本大阪大学合作的糖尿病研究。2003—2010年申请各类课题10项，其中上海市教委课题4项，上海市卫生局课题2项，上海市科委课题1项，上海市卫生和计划生育委员会重点项目1项，交通大学医工交叉基金课题1项。2000—2010年，在核心期刊发表论文50余篇，SCI收录3篇。

2004—2010年，主编《甲状腺与甲状旁腺超声影像学》《浅表器官超声诊断》《内分泌疾病超声诊断》《浅表器官超声诊断学图解》等。2009年，詹维伟被聘为全国《甲状腺超声检查指南》起草组组长。

五、其他

1998年3月，詹维伟赴新疆阿克苏第一人民医院工作，为期3年，是瑞金医院第一位援疆干部。援疆期间詹维伟连续3年被评为先进科主任，还被评为“阿克苏地区优秀援疆干部”。2009年，陈曼作为上海市第四批医疗卫生队副队长兼党总支部书记，对口支援四川都江堰，参加灾后重建工作，并获得先进个人称号。

第八节　临床微生物科

一、发展沿革

临床微生物科起源于检验科的细菌室。1951年成立，由蓝鸿泰负责。最初只做细菌涂片和痰找结核菌。1952年起，逐步开展其他标本培养。1958年起，开展细菌快速培养和药物敏感性试验。2001年12月，成立临床微生物科。成立初期位于老门诊楼4楼，占地面积约70平方米，倪语星为首任科主任。科室编制7人，其中1人为教授、博导，2人拥有硕士学位。2006年，移至新门诊大楼6楼B区，面积约200平方米。发展至2010年，科室拥有1名博导和2名硕士生导师。

二、医疗工作

【基本情况】

2001年，主要承担临床病原微生物检验工作。2002年起，开始编制并完成细菌耐药监测统计分析资料。倪语星作为医院抗菌药物管理委员会成员，参与编写瑞金医院《抗菌药物管理规范》，负责统计分析上一年度分离病原菌的种类、标本类型分布、各科室分离细菌的耐药情况，参与下一年度管理规范制订。除日常工作外，也参与临床会诊工作，协助制订临床疑难复杂细菌感染及病毒感染的治疗方案。

【医疗特色】

耐药监测 2004年起，血培养采用分级报告制度，对培养阳性者立即涂片染色，并电话报告给临床科室，以便及时处理和抢救病人。对临床意义较大的耐药现象如耐甲氧西林金黄色葡萄球菌(MRSA)、超广谱β内酰胺酶肠杆菌(ESBL)、泛耐药铜绿假单胞菌和鲍曼不动杆菌等在报告上加盖耐药菌印章，提醒临床医生注意洗手和消毒隔离。对泛耐药铜绿假单胞菌和鲍曼不动杆菌加做多黏菌素B的药敏实验。定期对临床科室进行采样培养，负责血液透析室透析液进出口细菌内的毒素含量测定。怀疑有院内感染时进行病原菌同源性分析；怀疑有食物中毒时进行相关病原菌的培养鉴定及同源性分析等。

仪器设备 科室成立后为提高标本中致病菌的分离率、细菌的鉴定准确性以及新项目的开展，先后购买了一些先进的仪器设备，包括梅里埃血培养仪、BD血培养仪、梅里埃Vitek-2 compact细菌鉴定及药敏仪。发展至2010年，临床微生物科拥有的设备包括生物安全柜、二氧化碳孵箱、恒温温箱、高速离心机、梅里埃血培养仪、BD血培养仪、梅里埃Vitek-2 compact细菌鉴定及药敏仪、ATB细菌鉴定仪、高压灭菌器和冰箱。

检测项目 2001年，开展新型隐球菌涂片检查、支原体培养及药敏、结核菌培养、隐球菌乳胶凝集试验等。2002年，开展一般细菌、真菌、隐球菌、结核分枝杆菌、淋球菌等特殊细菌涂片检查，一般细菌、真菌培养，支原体培养及药敏检测，结核菌、淋球菌、沙门菌及志贺菌、大肠埃希菌O157、霍乱弧菌、副溶血弧菌培养鉴定，隐球菌乳胶凝集试验等。2006年起，开展细菌内毒素检测和真菌抗原的检测，为细菌及真菌等感染性疾病的快速诊断提供依据。

三、教学工作

【学历教育】

2001年，临床微生物科获上海第二医科大学检验系本科、专科培训基地的资格。承担检验大专班实习生、检验中专班实习生、检验本科生及检验医师的带教工作，每年接收来科轮转的检验专业本科实习生有8～12名，上海医药高等专科学校4名学生实习。2005年起，在上海第二医科大学夜大医学检验专业、上海交通大学医学检验专业的相关课程中讲述临床微生物的相关内容。

2001—2010年，倪语星共招收研究生21名，其中硕士研究生12人、博士研究生9人。每年均负责指导1至3名检验系本科生和临床医学系七年制硕士的论文设计及实验开展工作。

2009—2010年，接受3名来自瑞典卡尔斯塔德大学科学技术系的学生进行为期3个月的实习。

【继续教育】

1996年起，每年举办国家继续教育学习班——“细菌耐药性监测和微生物规范化操作”。每次邀请约10位国内外著名临床感染界及微生物界专家进行授课，学员人数平均每次约50位。2007年，成为首批国家检验专科医师规范化培养基地。至2010年，已有2名检验医师在培。

【人才培养】

2003年6月至2010年底，科室选派优秀青年骨干共5人次赴港，在香港中文大学附属威尔斯亲王医院和香港大学微生物学系短期进修，回国后均在科室内发挥重要作用。

四、科研工作

微生物科在病原菌分析、细菌鉴定方法、细菌耐药监测、耐药机制研究、抗菌药物评估方面开展研究。至2010年共计获得省部级以上课题4项。

第九节　临床输血科

一、发展沿革

1954年，医院成立血库，隶属于检验科，由徐家善负责，地址在2号楼1楼和3楼。2003年9月8日，成立临床输血科，王学锋任科主任，邹纬任副主任，地址位于2、3号楼1楼，包括储血室、配血室、实验室、单采治疗室等。至2010年，科室共有主任医师1人，副主任医师1人，主管技师3人，技师8人。

二、医疗工作

【基本情况】

临床输血科成立前，瑞金医院所有常规输血工作由血库承担，主要负责配血、发血、采血以及血液成分的分离和制备。20世纪80年代，上海市规定由中心血站统一采血，医院结束30多年自行采血的历史。所有临床工作按照卫生部公布的《医疗机构临床用血管理办法（试行）》执行，以加强医疗机构临床用血管理，推进临床科学合理用血，保护血液资源，保障临床用血安全和医疗质量。2008年以前，主要的输血业务全由手工操作。血液从入库、病人血型鉴定及交叉配血等资料的保存、临床用血申请手续等，全部依靠工作人员抄写。血液的发放也是人工核对，不仅工作量大，而且容易产生差错，输血安全存在较大隐患。2008年，科室完成信息化建设，从输血申请到血液的出库，完全实现信息化和电子化。关键步骤均由电脑实施自动审核结果，大大提高工作效率和临床输血的安全性。

2003—2010年，临床输血科配置血细胞单采分离机、－80℃低温冰箱、SANYO系列血库专用贮血冰箱、血小板振荡仪、凝胶半自动血型鉴定装置、PCR仪、凝胶成像仪、高速离心机、自动血浆融化装置等主要的临床输血诊断、治疗仪器设备，为血液制剂的保存和临床科研工作的开展提供基本保障。

截至2010年，开展的诊断项目包括ABO/Rh血型鉴定、交叉配血、抗体筛选、抗体鉴定及效价检测、稀有血型鉴定、产前诊断、新生儿溶血病检测、溶血全套检查、冷凝集试验、血小板相关抗体检查、不良输血反应检测、移植配型及群体淋巴细胞抗体检测、凝血与抗凝因子缺陷症的诊断、遗传性出血与易栓症的产前诊断、携带者诊断。

临床输血科积极参与临床大手术的围手术期输血工作，通过调节病人的止凝血机制，有效地减少病人的出血量，保障手术的成功。参与2003—2010年，300余例原位肝脏移植等特大手术保障，包括2004年亚洲首例7脏器联合移植、骨科术前自体输血等。2006年起，与血液科合作开展治疗性白细胞、红细胞、血小板去除，开展全血、红细胞、血小板的白细胞去除服务。探索血友病外科手术治疗的临床输血干预程序和措施，通过应用血浆凝血因子制品，使病人的出血量及输血量与正常人接受同类手术无异。配合相关临床科室进行血友病手术治疗逾600余例，包括高滴度凝血因子抗体91例手术。提出“在检验检测下的个体化用药模式”，改良国外治疗血友病按公式计算用药的常规方法，手术全部获得成功。

2006年，一名B型Rh阴性的产妇产后大出血，实施全子宫切除术后病人表现为休克状态和弥漫性血管内凝血。该病人此前有多次生产史，体内已有抗D抗体，按照常规需要输入同型的Rh阴性血。血液中心配送的同型血液需要在6个小时后才能送达。经过多科协调，在与家属充分沟通后，输血科决定打破常规，使用Rh阳性B型血液对其进行救治，同时配合药物治疗，最终成功拯救病人的生命。

表2-3-20　2003—2010年医院临床输血科年度工作量统计表

年份	血型鉴定	交叉配血(次)	抗体筛查(次)	红细胞(U)	血浆(U)	单采血小板(U)	血细胞单采(次)
2003	6 421	6 629	3 205	19 188	37 222	4 702	0
2004	18 750	26 586	11 896	98 458	38 853	5 314	0
2005	19 157	29 098	11 857	114 227	36 902	5 174	0
2006	19 263	28 887	11989	1 20077	35 512	4 825	5
2007	19632	28 776	12 304	125 709	25 571	4 830	12
2008	19474	29 099	12 398	126 023	25 902	4 099	33
2009	19745	29 368	12 783	122 750	38 947	5 018	42
2010	19820	29 616	13 572	138 036	40 216	5 435	45

【医疗特色】

血友病诊断治疗中心　2005年，开展血友病基因诊断。截至2010年，以内含子22倒位及内含子1倒位检测，F8/F9基因直接测序，F8/F9基因拷贝数检测及联合多个多态性位点进行家系遗传连锁分析的方法，共计对426个血友病家系(包括血友病A和血友病B)相关成员进行携带者及产前诊断。2009年，世界血友病联盟(WFH)授予瑞金医院“中国血友病诊断治疗中心”，WFH派遣专家来瑞金医院进行讲学及进行业务指导。

表2-3-21　2005—2010年医院临床输血科开展血友病基因家系诊断情况表

年　份	血友病A(家系)	血友病B(家系)
2005—2007	54	13
2008	62	17
2009	111	15
2010	124	30

ISO15189认证　2009年，制定质量管理体系、文件控制等一系列规章制度。2010年，作为检验专业的一部分，成功通过中国合格评定国家认可委员会的认可，成为上海市输血界首家通过ISO15189认可的科室。

三、教学工作

2003 年起，临床输血科参与上海交通大学医学院检验系“临床输血学”“血液学和血液学检验”和医学系“内科学”课程的教学工作。2005 年起，王学锋任上海交通大学医学院瑞金临床医学院输血教研室主任，王学锋、丁秋兰等参加大课教学，邹纬、王勤等参与实验带教。2003 年起，每年主办国家级继续教育项目“血栓形成与血栓性疾病研究进展”学习班。该继续医学教育项目以各级医疗单位主治医师和主管检验师以上的医务人员为教学对象，讲授血栓与止血领域基础和临床研究的最新进展。邀请全国血液学、血栓与止血、临床检验诊断学教授讲课，主要内容有血栓与止血检测的进展、血友病的携带者与产前分子诊断分子、出血性疾病的基因诊断、止凝血分子标志物的检测、抗凝药物和溶栓药物的临床应用和实验监测等。同时还安排实验操作的部分，加深学员对所学内容的印象。

2003—2010 年，派遣 8 位职工赴上海血液中心进行免疫血液学的进修，参加为期 3 个月的免疫血液学学习班。2009 年 10 月—2010 年 9 月，派遣职工赴美国圣路易斯医科大学，进行凝血系统疾病的发病机制研究。

四、科研工作

【科研特色】

科研集中在出血病和血栓病的诊断与治疗，建立血友病基因诊断体系并不断改进和完善，逐步将其实现从科研向一般常规项目的转化。对其他常见的出血病进行基因诊断。与放射科合作，建立 P-选择素为靶标的磁共振活体分子成像系统，为血栓病的早期诊断提供重要手段。创建临床诊断—家系调查—表型检测—基因检测—突变基因异常蛋白功能研究的系列技术平台。阐明 20 种新突变基因分子发病机制。联合应用多个 STR 位点作基因连锁分析，随访诊断准确率均为 100%。

【科研成果】

截至 2010 年，临床输血科承担各级各类科研课题 5 项。2008 年，丁秋兰获国家自然科学基金项目“凝血因子 IX R327I 突变蛋白结构与功能的研究”。2009 年，王学锋获国家自然科学基金项目“凝血因子Ⅷ His99Arg 突变蛋白的分子发病机制研究”。发表论文共 58 篇，其中 SCI 收录论文 8 篇。获得医疗成果奖、科技进步奖共计 13 项，其中获国家科学技术进步奖 4 项。王学锋任中国医师协会输血科医师分会第一、第二届副会长（2007—）。

表 2-3-22　2003—2010 年医院输血科获得国家级科研奖项情况表

年份	名　称	奖　项	完成人
2003	重要脏器血栓栓塞的基础与临床研究	中华医学科技奖进步奖二等奖	王鸿利
2004		国家科学技术进步奖二等奖	王鸿利
2005	遗传性凝血因子缺陷症和抗凝因子缺陷症基础与临床研究	中华医学科技奖二等奖	王鸿利
2005		教育部提名国家科技进步奖二等奖	王鸿利
2007	遗传性出血病的基础研究和临床应用	国家科学技术进步奖二等奖	王鸿利

第三篇
医疗管理

概　述

医疗工作是医院最核心的职能，承担着保证医疗质量、创造临床成果、确保医疗安全的重任。医院医疗管理模式逐步发展为精细分工、科学管理。

1907 年，广慈医院建院时，医护管理工作均由天主教仁爱会修女负责。1932 年，成立医院董事会，由一名副院长分管医务工作。20 世纪 40 年代末至 50 年代，护理部(1949 年)、病史室(1952 年)、医教室(1953 年)、急诊室(1953 年)、门诊部工作组(1954 年)、图书病史室(1958 年)等专门医疗管理部门依次建立并开始规范日常医疗管理工作。“文化大革命”期间，医疗秩序遭到破坏，医疗管理部门被撤销。“文化大革命”之后，原先的医疗管理机构恢复职能并重新整合规划，先后成立医务处(1988 年)、统计信息科(1992 年)、门诊部(1997 年)、急诊部(1997 年)、医保管理办公室(1998 年)、医院感染管理科(2007 年)、医疗质量监控办公室(2008 年)、医务一处(2010 年)、医务二处(2010 年)。其中，医务处、门诊部、急诊部分别主管住院部、门急诊的医疗管理，制订具体医疗制度。医保办、院感科、质控办、统计信息科、防保科等部门履行各自职能，从医疗数据管理、院内感染控制、医疗质量监控、病案资料统计、职工保健等方面完善医疗管理工作。护理部则独立担负起护理质量管理、护理教学、护理科研工作。除普通医疗之外，干部保健、健康体检、特需医疗亦构成日常医疗工作的重要部分。在临床工作中，医院不断开展新技术的申报和审批，2004—2010 年，医院共审批通过 40 项新技术。1995—2006 年，医院有 12 个项目获得上海市临床医疗成果奖。逐步形成并完善医疗急救体系，参与多起重大危急重症的抢救，投入多起突发事件和公共卫生事件的救援工作中，为多项重大活动做好医疗保障，在国内外开展医疗援助。

第一章　医疗管理体系

第一节　管理部门与制度

一、发展沿革

【医务处】

1950年，在董事会和院长、副院长以下，设医务部门管理各科住院、门诊、急诊、化验、药剂、护理、助产等事项。1952年5月，成立病史室，开始规范管理出院病案。1953年，设立医教室，主管医疗、教学工作。1958年，病史室和图书馆合并成立"图书病史室"。1959年，医教室和护理部并入院部办公室。

1964年，医教室撤销建立医务科。"文化大革命"时期各医疗管理部门被撤销，由"革委会"业务组统一管理医护工作。1977年，医院"革委会"被撤销，恢复设立医务科、护理部、门诊部等医疗管理机构。1981年，成立病史统计室。1986年，成立控制院内感染小组（简称"院感组"），隶属于护理部。1988年2月，医务科撤科建处，升格为副处级机构。1992年，病史统计室更名为统计信息科。1998年6月，成立9舍管理办公室，由一名医务处副处长专职负责干部保健和特需医疗管理工作。1998年，成立医保管理办公室（简称"医保办"），隶属院长办公室，2005—2010年归医务处管理。2002年2月，在控制院内感染委员会下设立办公室（简称"院感办"）。同年9月，成立医疗事务接待办公室，由一名医务处副处长分管。

2007年8月，医院感染管理科成立，由医疗副院长管理。2008年2月，医疗质量控制办公室（简称"质控办"）成立，开展各项医疗质量工作的督查。2009年4月，医疗质控与护理质控分开督查，医疗质控由质控办负责，护理质控由护理部负责。2010年5月，原医务处负责的干部保健工作划出，成立医务二处专门负责。医务处更名为医务一处。

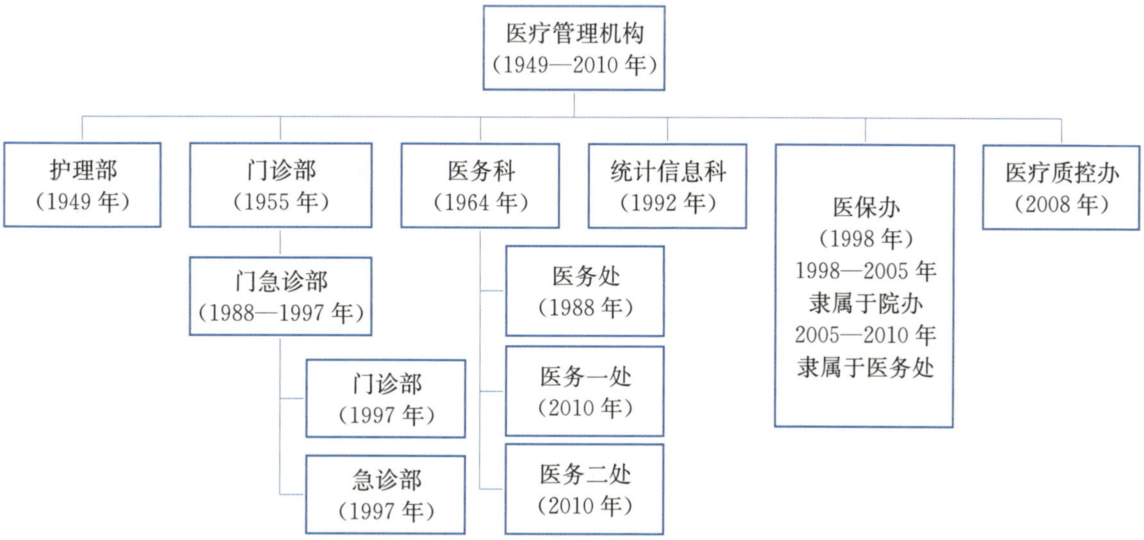

图3-1-1　1949—2010年医院医疗管理架构

表 3-1-1 1964—2010 年医务处历任处(科)长、副处(科)长情况表

名　称	任职年份	科长(处长)	任职年份	副科长(副处长)
医务科	1964—1967	符荣卿		
	1978—1979	何冠雄		
	1979—1984	沈婵雄		
	1984—1988	沈卓洲		
医务处	1988—1993	沈卓洲	1988—1989	杨秀英
	1993—1996	俞卓伟	1988—1990	乔贵全
	1996—2002	袁克俭	1990—1991	于金德
	2004—2005	章　雄	1993—2001	蔡　锋
	2007—2010	朱　铭	1993—1995	孙胜伟
			1995—1996	袁克俭
			1998—1999	郑　涛
			1998—2003	苏静英
			2000—2004	杜玲珍
			2001—2007	王思珍
			2002—2002	邵炳荣
			2002—2004	章　雄
			2002—2007	张旦琪
			2003—2010	滕霞娟
			2004—2009	潘自来
			2005—2007	陈晓农
			2007—2010	金筱泰
			2007—2010	高卫益
			2009—2010	陆　勇
医务一处	2010—	陈尔真	2010—	陆　勇
			2010—	高卫益
			2010—	金筱泰
医务二处			2010—	丁晓毅(主持工作)

【门诊部】

1954 年 7 月,成立门诊部工作组,并设置门诊办公室。1955 年 4 月,门诊部成立。1988 年 2 月,门诊部改称为门急诊部。1993 年 10 月,门急诊部下设立急诊办公室。1997 年 8 月,门急诊部拆分为门诊部和急诊部。

表 3-1-2 1954—2010 年医院门诊部历任主任、副主任情况表

名称	任职年份	主任	任职年份	副主任
门诊部工作组	1954—1955	蓝绪彰 崔林森 符荣卿 王振义		
门诊部	1955—1955	蓝绪彰	1955—1956	刘万保
	1962—1967、1978—1984	倪敬兰(1962—1967 年第一主任)	1956—1959	魏武卫
	1962—1967	张曦明(第二主任)	1959—1962	乔 陆 符荣卿
			1978—1988	胡霞君
			1978—1984	朱秀娥
			1984—1997	费爱莲
门急诊部	1988—1992	陈志龙	1993—1995	周孝行
	1993—1997	史锁洪	1995—1997	史以珏 丁家佩
门诊部	1997—1999	丁家佩	1997—2003	滕霞娟
	1999—2001	倪继红	1998—2002	邵炳荣
	2001—2006	孙胜伟	2004—	吴瑞春
	2007—	汪 新	2006—2007	汪 新
			2006—	吕安康

【急诊部】

1993 年 10 月,成立急诊办公室。1997 年,成立急诊部,由医疗副院长直接领导,全面负责和管理各项急诊工作。

表 3-1-3 1993—2010 年医院急诊办公室和急诊部历任主任、副主任情况表

名称	任职年份	主任	任职年份	副主任
急诊办公室	1993—1997	史以珏	1993—1995	赵建生 曹亚男
			1995—2001	陆一鸣
			1997—2001	惠小平
			2001—2002	朱 铭
			2002—2009	邵炳荣
急诊部	1997—2001	史以珏	1997—2001	陆一鸣 惠小平
	2001—	陆一鸣	2001—2002	朱 铭
			2002—2009	邵炳荣
			2009—2010	陈尔真
			2009—	韩 铮

【护理部】

1907年，医院创立之时，护理工作主要由法籍修女负责。1936年，开设广慈医院护士学校，医院护理工作开始由护士从事，由修女梁贞德任医院护理工作主管。1949年，成立护理部，由王惠敏任护理部副主任。“文化大革命”时期，护理部被撤销，由革委会业务组统一管理医院护理工作。1977年，恢复护理部，建立护理部—科室—病区三级护理管理体系。

表3-1-4　1949—2010年医院护理部历任主任、副主任情况表

任职年份	主　任	任职年份	副主任
1951—1957	王惠敏	1949—1951	王惠敏
1957—1959	杨顺英	1953—1954	文履新
1959—1961	陈坤惕	1957—1961	李利伯
1961—1964	乔　陆	1961—1967	孙爱德
1984—1988	陶祥龄	1978—1983	朱庆芳
1988—1993	江春燕	1978—1984	费爱莲
1993—1995	高　颖	1982—1987	陈雨珍
1995—2001	潘乃林	1984—1988	江春燕
2001—2010	钱培芬	1989—1993	高　颖
2010—	吴蓓雯	1989—1995	潘乃林
		1993—2001	钱培芬
		1995—2006	汪　新
		2001—2007	吴蓓雯
		2002—2007	王　健
		2007—	沈贻萍　李贤华
		2009—	王　维

二、医疗管理核心制度

【三级查房制度】

解放前，广慈医院对医生查房做出具体规定：科主任必须先去普通病房查房，然后去头等、二等病房查房；住院医师需住在医院中，查房结束后直接去看门诊。1964年，除要求医护人员通过查房及时了解病人的病情变化和思想情况，及时确定诊断和治疗原则，同时要带教下级医师以提高业务水平。1965年，指出查房目的是解决病人医疗问题，并在实践中培养实习医生，查房可留一定的时间对实习医生结合实际医疗作临床讲解。1977年9月，修订《查房制度》。1979年，要求严格执行由主任医师、主治医师、(经治)住院医师组成的三级查房制度。以后三级查房制度经多次修订，被确认为医疗管理核心制度。

【会诊、外出管理制度】

1964年9月，广慈医院制定会诊制度，若病情涉及他科而非本科所能解决的病例，则可请求他科会诊。1977年9月，修订《会诊、转诊、转院制度》。1982—1988年，制定《各级医师外出管理制度》《外出会诊收费分配制度》。1989年，修订《关于医务人员外出管理条例的征求意见稿》《医务人员外出兼职管理规定》，明确《医务人员外出审批制度》。1996年，修订《医务人员外出管理条例》。2003年，制定《受聘外院医学技术顾问管理制度》。2004年，制定《高级职称人员外出行医管理条例》《高级职称人员外出行医处罚条例》。2005年，要求各临床科室把在其他医院担任医疗顾问、开联合病房或医疗协作单位等名单上报医院医务处，由医务处统一审核管理。2006年，医院对科内有重大医疗任务、医疗纠纷，有正副主任同时外出等情况提出明确规定，严格管理各级医师外出，增强各级医师遵守医疗规章制度的自觉性。2007年，制定《医师外出会诊管理条例》，对临床医师的医疗性外出进行审核、登记，规范医师的外出执业行为。2009年，医院重新制定和修订《瑞金医院会诊管理制度》《瑞金医院医师外出会诊管理制度》，细化考核和奖惩的标准和要求。

【危重病人抢救制度】

1977年9月，医院修订《重危病人抢救制度》，指出："遇严重复合伤时，对其中危及病人生命、残废或带来严重后果之主要伤势，有关科室应主动及时收治抢救，其他科应主动协助抢救。不得互相推诿，以影响抢救工作。在抢救中要紧密配合，有困难时要边研究边抢救。严密观察，详细记录，抢救结束后要认真总结经验教训。"2009年，医院重新制定和修订一系列危重病人救治相关的管理制度，包括《瑞金医院突发事件院内批量病人救治应急预案》《瑞金医院危重病人外出检查陪护制度》《瑞金医院关于病员转运时使用呼吸机的管理规定》《瑞金医院重症监护病房管理制度》《瑞金医院重症监护病房质量监管制度》，细化相关工作的考核和奖惩标准与要求。

【特殊病例讨论制度】

1982年，医院制定《手术科室执行术前讨论制度》。1983年，制定《死亡病例讨论制度》。1990年，医院要求各病区抓好"四讨论"，即新病例讨论、疑难病例讨论、术前讨论、死亡病例讨论。1996年，医院专门成立"查房质量考核小组"，重点加强对"三级查房"和"四讨论"的督促和检查。2005年，医务处制定重大手术病人申报和审核制度，组织科内或院内术前讨论，参与术前谈话和风险告知。

【临床核对制度】

1964年10月起，广慈医院即有规定：为提高医疗、护理、技术质量，在正确执行正规操作同时，加强核对制度，消灭差错事故苗子，特别就医嘱、发药、注射、手术、输血、检验等环节制订核对制度，并要求各科认真执行。1977年9月，医院修订《医嘱书写及执行核对》制度。2010年，医院加强围手术期中的核对制度，推行手术部位标识、手术安全核查和手术风险评估工作，防止术式、手术部位等发生差错，保证手术安全。截至2010年底，医院医疗核对制度覆盖临床各科室以及手术室、药房、注射室、血库、检验科、病理科、放射科等各部门，严格要求各部门确保医疗安全。

【病史书写规范制度】

1965年9月，广慈医院修订《病史制度》。1977年9月，瑞金医院业务组修订《病史书写管理制度》《医疗文件的应用及管理》。2006年,医院建立《瑞金医院样板病史》,统一各科室病史撰写的规范要求,同时加大对病史质量的考核力度。2007年,重新修订《病史质量考核标准》及与之相配套的《病史质量奖惩条例》。2009—2010年,修订《瑞金医院病历管理制度》《瑞金医院住院病历质量考核奖惩条例》,细化考核和奖惩标准和要求。

【准入分级管理制度】

2003年,医院制定《骨科内植入物取出处理制度》《瑞金医院内植入物管理制度》《内植入物使用知情告知书》《瑞金医院临床新技术、新操作、新检查准入制》。2006年,制定部分技术的"操作准入制",规范科室操作流程,既提高医疗质量,又降低医疗隐患。2007—2009年,制定修订《瑞金医院手术及有创操作准入制管理办法》《普外科手术人员准入试行方案》《瑞金医院手术审批制度》等一系列制度,细化考核和奖惩的标准与要求,为逐步推行医务人员的技术准入做好前期准备工作。

【医疗安全防范相关制度】

2002年,为促进医患沟通,减少医疗纠纷,医院以相关法律、法规为依据,协助各科室制定《医疗事故防范和处置预案》,增加"病人医疗风险知情同意书"和"病人授权委托书"。2003年,制定《瑞金医院风险基金管理条例》《瑞金医院关于医疗过失、事故处罚条例》《保护性医疗制度和保护病人隐私制度》。2005年,执行每季度全院医疗护理质量讲评制度,剖析各医疗环节质量中存在的问题。2006年,建立快速处置医疗纠纷机制,健全各科室医疗事务责任人联系网络,明确职责,并做出"新的投诉,必须在7个工作日内接待"的承诺。2009年,制定《瑞金医院关于手术中相关检查检验必须出具书面报告的规定》。2010年,制定《医疗不良事件主动申报制度》《非计划再次手术管理办法》,要求科室积极查找原因,提出持续改进意见,尽量减少或杜绝人为导致的术后并发症,确保病人围手术期安全。对医技部门和临床科室制定"危急值"管理规定,加强对"危急值"及时处理的督查,确保病人安全。

三、医师管理制度

1956年,制定《住院医师职责》。1961年,制定《主治医师职责》《值班交接班制度》。1964年,根据国家卫生部颁布的《综合医院工作人员职责》,医院对该两项职责做出进一步修订。1977年9月,修订《医生交接班制度》《护士交接班制度》《进修人员制度》《处方制度》。1983年,修订《住院医师工作职责》,严格执行24小时住院制。1985年,实行《住院总医师制度》。1988年,修订《各级医师职责》,推出"瑞金医院廉洁行医的规定"及"告病员书"。1991—1993年,修订《住院医师培养计划及住院总医师制度》、《进修医师制度》、《各级医师职责》、《各种医疗规章制度》(152项)、《住院医师培养实施考评办法》和《进修工作管理条例》等,并要求各临床及医技科室结合本科室实际情况,制定各级人员职责。2000—2005年,陆续制定《进修医师管理方法细则》《进修医师管理条例》《进修人员须知》《进修医师管理制度》《各级医师职责》《住院医师规范化培养》《医师执业证书复印件存档制度》等,强化《住院医师轮转制度》,规范住院医师和进修医师在临床工作中的医疗行为。2007年,制定《瑞金医院医师处方权管理办法》《进修医师处方权管理办法》《病区值班医师的资质规定》。2008年,制定《瑞金医院临床医(技)师"三基"培训和考核管理办法》。2009年,制定《瑞金医院医疗考核实施办法》(细则)和《瑞金医院科主任考核条例》(医务处部分)。

四、门诊管理制度

【门诊医疗制度】

病历(处方)书写及管理 1963年,统一门诊病史书写要求。1964年,订立门诊病史缮写内容、要求以及定期检查的质量控制制度。1977年4月,建立门诊处方制度。1979年,恢复门诊病史定期检查制度,制定《门诊病人次登记制度》。1989年,制定《瑞金医院门急诊合理用药和合理化验检查的具体要求》。2007年,修订《瑞金医院门急诊处方管理条例》。

门诊疑难病例讨论制度 1959年,门诊各科通过召开疑难病例讨论会或开展疑难门诊,解决疑难病例的诊疗。1964年,制定门诊会诊制度。1965年,修订门急诊会诊制度,明确规定凡会诊科室未明确接受病人之前,病人的一切观察、处理工作应由请求会诊科室负责。2003年,修订《门诊疑难病例讨论制度》并每月检查讨论质量。2007年,制定门诊疑难病例会诊中心管理条例及工作流程。

【门诊工作制度与流程】

工作制度 1977年,制定《门诊工作制度》,修订门诊组长职责、挂号就诊制度、转诊制度、门诊病人请假制度、外地病人就诊办法、优先就诊范围、提高门诊质量和服务态度7个方面制度。1988年,发布《瑞金医院门诊管理条例》,明确规定门诊出诊,本院医师不得少于60%,主治以上医师不得少于25%。1989年,制定《瑞金医院门急诊临床科室、医技行政科室考核检查内容和评分标准》(讨论稿)。1990年,制定《门急诊范围文明服务公约》《门急诊范围廉洁行医守则》《门急诊范围方便病人措施》。1991年,制定《门急诊就诊和挂号制度》《门诊转诊制度》《门急诊消毒隔离制度》《门急诊疾病报告(肿瘤、传染病、职业病、性病)制度》,修订《门急诊病假制度与各科常见病病假标准》。2001年,建立来信来访反馈制度。2002年,完成《门诊部规章制度》《门诊部医疗事故防范预案》《门诊医师岗前培训手册》《门诊医师岗前培训手册附件》。2003年,制定《门诊部差错、事故报告制度及处理办法(试行)》,修订《门诊科室消毒隔离制度》《代配药操作细则》。2005年,制订《门诊辅助检查相互认可制度》《预约检查警戒线制度》。2005年和2007年,两次修订《门诊部规章制度》。2007年4月,制定《瑞金医院社区定向转诊病人诊查费减免办法》。2008年,修订完善门诊接待投诉管理制度与流程,设立门诊部工作人员大楼巡回制度,尽可能在第一时间和第一现场了解和解决各类问题和纠纷。2009年,建立门诊抗生素分级管理审批流程及超权限使用提示。

会议制度 1959年7月,建立门诊核心组和门诊各科组长联席会议制度。1962年5月,制定门诊部办公室职责。2001年,建立与分管科主任联系制度和科主任例会制度。2005年,建立《科主任联系手册》。

岗位责任 1963年,制定医师、护士和工务员等各级人员职责。1978年,围绕岗位责任制建立上班签到、离岗登记制度,规定上午十点前不准接私人电话、不会客、不离开工作岗位的"三不"制度。2002年,制定《门诊医师岗前培训手册》《门诊医师岗前培训手册附件》。2003年,修订《门诊医疗技术力量配备规定》。2007年,制定《瑞金医院门诊部有关医师执业资质的规定》,落实医师执业资质的规定。2008年,修订《门诊医师上岗培训管理条例》,实施门诊医师上岗准入制。

专家门诊管理 1989年,制定《瑞金医院开设专家咨询门诊的具体规定》。1998年,修订特约专家门诊、专家门诊管理制度。2001年,制定《专家门诊管理条例》和《专家门诊考核手册》。

2006年，建立专家门诊资格审核小组，对专家资格进行两年一次的审定。2010年，制定预约诊疗工作制度及流程。

门诊应急预案 2003年，制定防SARS预案。2007年，制定《门诊楼内病区危重病人随访流程》《门诊楼内病区医疗纠纷突发事件处理预案》。2008年，完善水、电、电梯、消防等大楼运行与安全应急预案，并组织与参与3次较大规模演练。2010年，修订各项门诊医疗保障应急预案，启动色系预警方案，并通过组织演练，完善、提高处置各类突发事件的能力。

五、急诊管理制度

1956年，建立《急诊室工作制度》。1976年，颁发《有关医院门急诊改善服务态度和提高医疗质量问题》(征求意见稿)。1984年，制订《门急诊离岗登记》《工作流程表和考核指标》《便民措施》《文明医院建设》等。1986年，完善并健全急诊管理制度、病史制度、护理制度，制订《科缘疾病处理》(草案)，使各科之间相互协作有章可循。1988年，制订《瑞金医院急诊管理条例》《瑞金医院急诊医生须知》《瑞金医院急诊抢救标准》《瑞金医院急诊科缘疾病处理暂行条例》。1990年，制订《门急诊范围各科室部门考核检查与奖惩办法》(讨论稿)。1993年，制订《急诊就诊范围》《急诊便民措施》《急诊医师须知》等。1998年，修订《急诊考核标准》《各科急诊24小时收住院标准》。

表3-1-5 1976—1998年医院急诊管理制度一览表

年份	制定部门	名称
1976	门诊部	《有关医院门急诊改善服务态度和提高医疗质量问题》(征求意见稿)
1984	门诊部	《门急诊离岗登记制度》
		《工作流程表和考核指标》
		《便民措施》
		《文明医院建设》
1986	门急诊部	《科缘疾病处理》(草案)
1988	门急诊部	《瑞金医院急诊管理条例》
		《瑞金医院急诊医生须知》
		《瑞金医院急诊抢救标准》
		《瑞金医院急诊科缘疾病处理暂行条例》
1989	门急诊部	《瑞金医院急诊科缘疾病处理暂行条例》
		《门急诊合理用药指导》
1990	门急诊部	《门急诊范围各科室部门考核检查与奖惩办法(讨论稿)》
1991	门急诊部	《门急诊就诊和挂号制度》
		《门急诊消毒隔离制度》
		《门急诊疫情报告制度》
		《急诊首诊负责制与转院制度》

（续表）

年 份	制定部门	名　　称
1993	门急诊部	《瑞金医院急诊医生须知》
		《急诊就诊范围》
		《急诊便民措施》
1998	急诊部	《瑞金医院急诊考核标准》
		《瑞金医院各科急诊24小时收住院标准》

六、护理管理制度

历任护理管理者在不同历史条件下均重视护理制度的建设。截至2010年，护理部已制订各项制度50项，内容涵盖护理管理制度、护理工作核心制度、部门管理制度、护理人员岗位职责和护理质量标准等。

1951年，制订《护士手册》，设定各级护理人员职责及护理常规。1954年起，建立护理工作规章制度，先后制订交接班制度、查房制度、财产管理制度、护理常规、护理差错登记制度以及各级护理人员职责等。20世纪60年代，制订各种查对制度、教学制度等。“文化大革命”时期，这些制度遭到废除。“文化大革命”结束后，建立“护理部—科室—病区护士长”三级管理制度、岗位责任制、病人住院制度、临床分级护理制度、护理部与护士长管理制度等。20世纪80年代，制订并实施护士晋升制度、科护士长会议制度等。21世纪初，启用护士“降级使用”机制，修订《瑞金医院护理管理制度》《瑞金医院临床教学管理制度》《瑞金医院临床护生实习大纲及计划》《瑞金医院进修护士培养计划及管理制度》，设立护理部主任接待护士日制度，制订《瑞金医院计算机医嘱信息管理差错防范制度》，规范《进修护士管理制度》；梳理和规范助理护士及护工的管理工作，建立系统的考核体系等。2004年，建立《专科护理差错定性及防范预案》。2005年，建立护理部、科护士长公开查房制度，护理人员进阶制度，夜间护理行政值班制度，制订和完善突发事件应急预案、护理缺陷月度剖析会制度等。2006年，参与卫生部消毒供应中心规范及静脉输液规范制定，制订《上海市静脉输液标准》等。2007年，制订《瑞金医院护理管理制度实施细则》《PICC操作资格审核制度》等。2008年，修订《瑞金医院护理差错奖惩条例》。2009年，完善意外事件报告登记跟踪制度、危重护理常规、护理文书制度等相关制度27项。2010年，实践护士能级管理工作，完善护士能级档案管理制度、晋升制度、能级考核评价标准等。

七、其他医疗管理制度

1964年1月，制订《病理解剖制度》（实行草案）。1970年，制订《探望病人制度》《本院职工诊病制度》。1977年，制订《职工献血管理规则》《传染病（肿瘤）报告制度》等。1981年，订立统计室规章制度。1993年，制订各临床科室及医技科室综合目标管理要求及检查、考核、评分标准，规范各项医务管理工作流程。1999年，试行医务处、护理部行政查房管理制度。2002年，将28项医疗管理制度汇编成集。2009年，细化考核和奖惩标准。

第二节 住 院 管 理

一、病房设置

【病房楼宇和床位数变迁】

1907年创办广慈医院时，共有四幢建筑：两幢收治病人，一幢供女修士使用，一幢供职员使用。病房楼的一层共有30—40张病床，分布各室；二层则为15间“特别室”。1908年，广慈医院增建圣味增爵楼，与其他病房楼布局相似，仅二层分为数间大室，未做房间分隔。该楼主要收治贫苦病人，约90张床位。1910年，专为患病拘押犯建造一幢小病房楼。1922年，建造两幢女病房楼，一幢为产科楼，得到法租界公董局的资助；另一幢为圣心楼，专门收治贫苦女病人。1932年，随着医院规模的发展，床位数由100张增至500张，其中80张床位是隔离病房。1935年2月，由法租界公董局出资，在拆除的老病房原址上建造新圣味增爵楼，五层高，能容纳300张病床，同时还造了一所附属的小病房。

1940—1949年期间，医院病房分为四个等级，头等病房是有专用卫生设备的单人病房，主要收治传教士、法国在沪军政要员和外国巨商，二等病房大多收治“高等华人”，三等病房收治的多为中产阶级人士，四等病房即普通病房，主要是中国平民百姓。除此之外，还有设在医院中的拘押病房。到上海解放时，广慈医院已有房屋近30幢，建筑面积约40 000平方米，拥有病床780张。直至1952年春，广慈医院进行病房设置调整，撤销等级病房，按科、按专业划分病区。

1964年，广慈医院在编床位数为1 100张，其中设在传染科内的肠道住院床位32张，包括24张普通床、8张外宾床，还设肠道临时观察床6张。1966年7月起，口腔内外科与整形外科等全部搬迁至上海第九人民医院。1966年10月6日，上海第二医学院颁布有关调整口腔系教学基地的指示，广慈医院经调整后，计划总编制床位数暂定1 059张。

1982年5月3日，上海市卫生局同意瑞金医院增加产科床位20张，全院核定病床数为1 140张。1992年5月11日，上海市卫生局同意瑞金医院增加床位41张，医院核定床位总数变更为1 181张。1993年6月21日，由于房屋修缮及搬迁，确定全院正式床位数为1 254张(不包括外宾病房床位数)。同年12月28日，上海市卫生局同意瑞金医院的外宾病房床位由原来的10张增加至38张。2000年4月，上海市卫生局同意瑞金医院增加干部床位97张，医院核定床位总数变更为1 358张。2006年5月和10月，医院向上海市卫生局及上海市卫生监督所分别提出关于增加核定床位数的请示。2007年3月2日，上海市卫生局同意瑞金医院核定床位总数变更为1 693张。

表3-1-6 1907—2010年医院床位数变更情况表

年 份	床位数(张)	年 份	床位数(张)
1907—1931	130—140	1992	1 181
1932—1939	500	1993—1998	1 254
1940—1963	780	1999	1 261
1964—1965	1 100	2000—2003	1 358
1966—1981	1 059	2004—2006	1 383
1982—1991	1 140	2007—2010	1 693

二、住院医疗质量控制

【住院医疗管理】

医院从医疗政策、医疗质量、医疗安全三个方面开展全院住院病人的医疗管理工作。制订一系列医政管理制度来规范全院医师的行医资格。组织应对突发公共卫生事件和各类医疗保障工作，落实上级部门指派的各项指令性医疗任务。

医务处根据医院住院部临床科室分布情况，采取以大楼为单元，由专人分管各自区域科室的医疗质量控制和医疗安全保障工作：负责组织分管区域科室的重大会诊；协调重大抢救工作；对分管科室和病区的交班记录、查房记录、疑难病例和死亡病例讨论记录进行督导；做好危重病例随访工作以及医疗争议的接待工作；监控运行病历和台账的书写质量；做好手术安全核查、严格管理抗生素的使用、合理正规开具医嘱处方等医疗质量管理工作。

医务处由专人负责临床医(技)师资质准入(含注册)和处方章处方权的维护；安排医师培训和进修管理工作；组织安排全院业务学习；医疗事务接待(2002 年 9 月之后由医疗事务接待办公室负责)；住院医保的监管(2005—2010 年)；新技术申报；联系对外医疗业务；对各类医疗业务数据进行统计汇总分析以制定及指导下一步的工作计划。

【医疗质量督查】

1996 年 5 月，成立医疗护理质量管理委员会，由院长亲任主任，医疗副院长、内科主任和外科主任任副主任，医务处处长、护理部主任和部分临床科室主任任委员。

1997 年 8 月，医院成立医疗质量管理办公室(简称质管办)，医疗副院长兼任主任，主要任务是对全院医疗和护理质量进行调研、分析和评估。原医务处、护理部等医疗管理部门的工作职责范围不变，通过制度建设与行政管理来规范医疗行为，而质管办则更关注在宏观上医疗质量管理的研究和运用。质管办成立后，开展多项专题研究。1997 年，提出“单病种管理”的理念，通过调阅大量病史，提出医疗质量改进方案，以供医院管理部门参考。2002 年，医院完善病史检查方法，强化病史质量评价及其管理体系。2006 年，建立科室医疗质量控制小组以保证医疗质量。2007 年，依托院专家组的力量，加强对全院病史质量和三级查房的督查，并加大奖惩力度，将查实的问题与科室和个人的奖金挂钩，特别是与科主任考核挂钩。

2008 年 2 月，医院设立医疗质量监控办公室(简称质控办)，在医疗副院长和医务处处长的领导下开展各项医疗质量工作的督查，倪继红任主任。以《上海市综合医药管理评估标准》(SHAS-2007 版)为蓝本，依据医院特点，制定医疗质量管理和持续改进方案并组织实施，督查医疗质量和医疗安全的核心制度执行情况，涵盖医生和护士所进行的医疗活动，包括：参加病区晨交班、夜查房及三级医师查房，参加病区疑难病例讨论、死亡病例讨论，督查运行病史和终末病史，督查护士分级护理制度、查对制度等。同年 10 月起，电子病历在医院全面铺开，医院辅助决策支持系统中加入质控督查项目。专家在督查时，只需勾选出相关问题，系统会进行自动打分，同时科室也可以及时了解督查结果。质控办组织各科室业务骨干参与质控办的日常督查工作，根据《病历书写基本规范与管理制度》检查病史书写质量。同时，聘请 10 位退休专家，进行运行病史和终末病史的抽查工作。

2009 年，质控办参与医院血透、ICU、胃镜、导管室等重点专科的专业质控督查工作。2009 年

4 月，医疗质控与护理质控分开督查，医疗质控由质控办负责，护理质控由护理部负责。2009 年下半年，上海市成立病历质控管理委员会，统一上海市各医院的病历书写要求，病历书写标准发生较大改变。质控办邀请专家每月对运行、出院、死亡病历进行检查。加强网上检查，及时与临床各科室主任、住院总、当事者沟通，有选择地安排科室重点讲解不合格病史，整理下发病历考核标准。检查结果定期在院周会上公示，加强临床医学院学生、新职工和进修医生培训。至 2009 年 12 月，医院甲级病史率提升到 90%左右。

2010 年，在住院管理系统 2.0 的平台中，完善电子病历系统的设定，增加时间限定、内容限定、拷贝字数限定等方法，提高病历书写质量。

【医疗投诉接待】

2002 年，医院成立医疗缺陷委员会，制订《瑞金医院医疗缺陷委员会工作制度》。2002 年 9 月 1 日，根据国务院颁布《医疗事故处理条例》要求，瑞金医院成立医疗事务接待办公室，挂靠于医务处下，由一名医务处副处长分管办公室工作，设办公室主任主持日常工作，为住院病人及出院病人的重大医疗纠纷提供接待。至 2010 年，医疗事务接待办公室编制 4 人。

2002 年 9 月，制订《医疗事务接待办公室工作指导书》以及一系列工作流程及制度，包括《医疗事故防范和处置预案》《病史复印流程》《病史封存流程》《尸解流程》《疑似输液、输血、注射、药物等不良反应实物封存流程》《瑞金医院投诉处理流程》《人民来信、来函处理流程》《重大医疗纠纷紧急情况处置流程》《瑞金医院医患矛盾举措》《医疗质量考核方法》等。2004 年 6 月，制订《瑞金医院关于医疗过失、事故的处罚条例》。2005 年，医院要求晋升高级职称前，医务人员必须到医疗事务办公室挂职锻炼，学习复印病史和病史封存的流程，参与医疗争议接待和处理的全过程，熟悉医疗纠纷的协调途径和处理方法等。

2010 年 7 月，修订《重大医疗过失行为和医疗事故报告制度》《重大医疗过失行为和医疗事故防范预案》《重大医疗过失和医疗事故应急处置预案》。制订《医患纠纷人民调解制度及工作程序》，积极配合医患纠纷人民调解工作。2010 年 9 月，制订《〈上海市医疗事故行政处罚的若干规定(试行)〉实施细则》(修订稿)。2010 年，建立司法诉讼一人一册，做到每个事件有档可查。

表 3-1-7　2002—2010 年医疗事务接待办公室历任主任情况表

任职年份	主　任	任职年份	主　任
2002—2005	张旦琪	2005—2010	张建华
2005—2006	刘晓天	2010—	刘西英

医疗事务接待办公室认真执行《信访条例》和《上海市信访条例》，逐步实现办公室资料、统计电脑化管理。2003 年 1 月起，在接待医疗争议时，科室负责人和医疗管理人全面负责并全程参与，医疗事务接待办公室协同参与调解。每年两次定期召开“医疗事件专家剖析会”，由专家帮助分析事件发生的原因、提出杜绝这些“致病因素”的方法，从而对当事人及科室起到了很好的防范医疗纠纷和事故并提高医疗安全的作用。

三、“三基”培训考核

1998 年，组织基本知识、基本理论、基本技能(简称“三基”)培训。1999 年，通过全院性学术讲座，对主治医师和住院医师进行“三基”培训和考试；通过质量竞赛来分析“医疗纠纷”的原因；总结住院医师轮转培养工作经验，使之制度化。2007年，对全院1 200多名临床医师注册情况和处方权授予情况进行全面梳理，规定每年开展3—4次全院业务讲座，采用客观结构化临床考试（OSCE）模式，对全院晋升正高职称3年以下的800多名医（技）师进行操作技能考试。2009年，对临床医务人员开展高级生命支持（CPR）的技能培训（小班制）；制作近30个全院性业务讲课的视频课件，实现院内网上在线培训；收集各科诊疗常规考核试题库、组织医技科室人员开展急救技能培训。

图3-1-2 2007年医务处组织临床医师“三基”考试

四、进修医技人员管理

1952年起，医院开始接受医师及各级医技人员进修任务，并接受卫生部委托举办各种专业的进修学习班。医院对进修医师的培养，主要是在实践中培养，有关临床科室一名科主任分管，由副主任医师以上人员任临床负责导师，由高年主治医师任辅导老师。科室每周安排3个学时理论学习。1978年起，医院主办内分泌进修班并接收学员。20世纪80年代起，医院连续举办各种临床专科进修班。1984年，瑞金医院成为卫生部审定的全国医学进修教育基地之一。至1991年，医院主办7个全国进修班，包括灼伤、内分泌、普外、骨科、神经科、肺科、皮肤科专业。安排系统专业理论教学，以及结合理论课的教学、手术示范、查房等。学习结束，经考试成绩合格者，由上海市卫生局发给结业证书。从1953年到2010年间，瑞金医院累计接收各类进修人员共14 250名。

1971年，阿尔巴尼亚派进修人员来瑞金医院学习灭菌制剂以及放射影像技术。1976—1977年，马里的两位进修人员前来针灸科学习。至2010年，国外进修人员分别来自阿尔巴尼亚、越南、法国、坦桑尼亚、索马里、尼泊尔、英国、斯里兰卡、朝鲜、巴基斯坦、柬埔寨等。

表3-1-8 1953—2010年医院接收进修医师人数统计表

年份	人数	个别进修	主办进修班		协办进修班	
			班数	人数	班数	人数
1953—1954	11	—	—	—	—	—
1956—1960	286	—	—	—	—	—
1961—1965	377	—	—	—	—	—
1966—1976	1 094	—	—	—	—	—
1977—1980	887	851	1	8	6	28
1981—1985	1 658	1 359	15	191	22	108
1986—1990	1 662	1 188	26	370	22	104
1991—1995	1 811	1 021	35	692	23	98

（续表）

年　份	人　数	个别进修	主办进修班		协办进修班	
			班　数	人　数	班　数	人　数
1996—2000	1 848	1 206	30	602	12	40
2001—2005	2 249	1 442	33	807	—	—
2006—2010	2 367	1 824	35	543	—	—

1979 年，修订接收进修医师的条件：临床医师须有大专以上学历，且在地区以上医院或驻军医院工作 5 年以上；医技人员须中专毕业，且工作 3 年以上；各科室制定教学计划举办定期讲座；进修结束后由科室考核鉴定。1981 年，要求各临床科室严格把关，审查进修医师的资质，提高对进修医师授课质量。1991 年，开展进修医师上岗前教育，对进修医师实行考勤考核制度。1993 年，举办进修医师“三学”知识竞赛，参加者约 250 人。2000—2001 年，落实处室和各科负责进修医师的管理人员。2006 年 12 月，加强进修人员劳动纪律等方面教育，提高进修医师生活待遇。2007 年，规范进修医师的处方权授予程序，加强对进修医师开具处方的后台监控，加强进修医师门诊、急诊的上岗培训，对进修人员实行信息化管理。

第三节　门急诊管理

一、门诊布局

1949 年，门诊有诊室 10 间，包括普通门诊、急诊、特约门诊。1952 年，门诊划分为 3 个区域：眼科和产科分别占一个区域，内科、外科、儿科、皮肤科、耳鼻喉科、泌尿科和保健科共用一个区域。1954 年，建立门诊小手术室，改变门诊手术也需要到病房手术室的状况。随着门诊部的建立，门诊管理由各科室自治逐步走向医院统一管理。1963 年 9 月，急性传染性肝炎至儿科隔离门诊就诊。1964 年春季，传染门诊转往儿科隔离门诊独立就诊。1966 年 2 月，口腔系迁往上海第九人民医院，病员也随之去九院口腔科就诊。1984 年，预防工作、职业病防护以及卫生宣教职能由防保科负责。

图 3-1-3　20 世纪 50 年代门诊

1985 年 6 月 10 日，新门诊大楼正式启用，成为上海市最大的门诊大楼。1993 年，开设疑难杂症会诊中心和专家门诊部，实行集中管理和配套服务。此后为方便病人就诊，门诊大厅、儿科门诊、门诊手术室、抽血室、内分泌门诊、门诊 B 超室等分别进行改建或搬迁。

2003 年 9 月 26 日，作为“十五”期间市卫生系统基本建设重点项目，医院门诊医技楼改扩建工程正式启动。2006 年 7 月

17日，新门诊医技楼正式启用。2007年，成立便民服务中心，将门诊预检、导医、咨询、预约等功能整合，同时修订便民服务中心岗位职责、服务规范。2008年1月，开设生殖医学中心门诊。2008年3月，成立门诊健康教育与促进中心，健康教育的职能再次回归门诊部。截至2010年底，门诊部形成由门诊办公室、挂号处、注射治疗室、便民服务中心（预检、预约、咨询、导医）、专家门诊等部门组成的完善布局。

图3-1-4　20世纪90年代门诊

二、门诊流程

门诊是医院的第一窗口，门诊流程的改善和门诊服务质量的提高始终是门诊管理中的重要内容。1999年，门诊从挂号、收费开始逐步跨入信息化时代。2006年4月1日起，HIS 2.0门诊信息管理系统全面试运行。

【挂号及预约诊疗】

1952年，门诊改进挂号方式，实行初复诊定额制、挂号四联单制度，集挂号、候诊次序、病卡归档和复诊取卡于一体，减少病人在窗口等候的时间。1955年起，推行复诊预先挂号制与电话预约挂号制。1959年，取消门诊限额，减少复诊预先挂号，发放专家预约券，建立转诊分档挂号，分班就诊制，并与各劳保工厂和挂钩医院建立转诊制度。1999年3月31日，“医院信息管理系统”与门急诊部的挂号、收费开通联网，开启电子挂号信息化时代。

2001年4月起，推出实名制挂号、网上预约挂号，当年预约697人次。2002年，专家门诊采用手工登记的方式，提前两周进行预约。2003年，HIS2.0门诊信息管理系统增设预约挂号功能。2005年，在特约专家门诊内试运行电子预约挂号模式。2006年，医院推出“到医院预约、电话预约、网上预约和医生诊间预约”4种专家门诊预约方式，同时还增设专家门诊诊间加号功能。2007年，医院根据高峰时段实行弹性工作制，及时调整岗位设置，增设挂号窗口，以缩短排队等候时间。2008年，推进部分专病门诊、普通门诊预约挂号。2009年6月，开设初诊自费病人预约功能，10月取消与中介机构合作收费预约专家项目，同时开放住院系统专家门诊预约功能，并对所有成功预约的病人给予短信确认通知服务。2010年8月，医院门诊启用自助挂号系统。至2010年底，自助挂号人次约占门诊挂号总人次12%～15%。截至2010年底，医院已经开展6种预约诊疗途径（网上预约、电话预约、便民服务中心预约、相关护士站预约、医生诊间预约以及出院前住院系统预约），38个门诊临床科室全部进入预约诊疗系统，年预约数量超过11万人次。

【病卡管理】

1958年以前，门诊病历卡由医院保管。1958年，试行由病人自行管理。1959年，逐步收回仍由医院保管。“文化大革命”期间，病史卡由病人带回保管。1980年6月，开始实行劳保制度，病史卡回收医院保管。1981年，改进门诊病历索引卡管理，按劳保、转诊、自由就诊三类分档，实行专人插卡，定期全面复查，提高查卡效率。2002 年 7 月 8 日起，医院不再保管病人门急诊病历卡。2002 年，成立门诊医疗质量监控小组，每月抽查门诊病史、处方质量，并在医师组长会讲评公示。

2000 年，门诊 4 个科室试行无纸化处方。2001 年，逐渐推广到所有临床科室。至 2001 年底，无纸化处方使用率为 65.2%。2002 年，达到 97%。2002 年，专家门诊启用电子叫号系统。2003 年，增加自费药品电子处方。2006 年，医院推出就诊、药房、检查等多个排队叫号系统。2007 年 5 月，医院配置 234 台打印机，成为上海市第一家实施门诊电子处方纸质打印工作的医院。

【化验和检查】

1952 年，成立门诊化验部。同年 7 月，放射科增加一台 X 线机，从而使当日需化验或 X 线透视的门诊病人不受人数和时间限制，劳保病人可直接由厂医申请检查，无须再经过医院内科门诊。2002 年，医学影像系统(PACS 系统)在门诊试运行，门诊化验查询与生化室联网，门诊实现无胶片化，PACS 系统与 HIS 系统高度集成。2003 年 8 月，门诊 7 个科室试行抽血化验的电子申请，9 月在全门诊推广。2006 年，开始推行检查项目电子预约。2007 年，开展 B 超等医技类项目电子申请。

【收费和药房】

1997 年，挂号和收费窗口在高峰时间段数量互相变换，扩大服务窗口，每个配药窗口增加一名药剂员。2001 年第四季度，中草药实行小包装分装，以保证每剂中草药分量的同时缩短发药时间。2006 年起，收费窗口在特定时间兼开挂号功能。2007 年起，门诊 4 楼和 7 楼增设周六门诊挂号收费窗口。2008 年，实行收费窗口限时挂号—收费通柜服务。2009 年，收费窗口全天通柜服务。

【信息公开】

1990 年，公示主要医疗收费标准。1991 年，预检、挂号、收费、配药、化验等窗口人员实行挂牌服务。1997 年，门诊大厅提前一日张贴专家出诊信息。1998 年医保新政出台，医院及时发放新的就诊流程图及医保病员就诊须知，并在门诊大厅搭建“医保信息输入处”。2003 年，门诊增设楼房分布、就医指南图。2004 年，医院制作网上预约专用网页，并且在专病门诊预约券加印就诊地点、门诊类型。2006 年，就诊、检查、取药采用排队叫号系统，做到候诊信息公开。2007 年，门诊挂号处增设各临床科室候诊情况信息公示屏，门诊各楼层制作告示栏，及时公布就诊相关信息。同时，增设各科室布局图、门诊就诊流程图、超声和放射检查流程图、医院内各辅助检查部门位置导向平面图等，方便病人就诊。

2008 年，挂号窗口设立各科室实时就诊情况信息屏；抽血中心设立取报告时间地点信息公示屏，并且在抽血后出具化验报告完成时间和领取地点的告知单；便民服务中心对检查或门诊小手术预约成功的病人提供短信提示服务；门诊“医疗服务信息一点通”系统增加“门诊药品供应信息”查询栏，为配药病人提供相关信息；门诊各主要区域张贴辅助检查项目预约、检查地点，指导病人快捷地进入下一流程。2010 年，推出病人自助打印化验报告服务；每月更新专家出诊信息册，多途径公告专家出诊时间变更信息。

【门诊信息管理】

1999 年，药房前后台联网，实现门诊处方单价数字化监控。2002 年，在 HIS 系统医生工作站内增加青霉素皮试提示；增加药品缺货、可拆零标示和别名查询、模糊查询功能，以及医生本人挂号人次、就诊人次、历史处方等数据查询等功能；在 HIS 系统后台管理中修订了各科室挂号报表并对普通医保和大病医保加以区分，增加各科室门诊费用查询和药房后台药品不可发监控功能。2003 年，实现门诊医保处方查询、各临床科室就诊人数统计以及限制单张磁卡日挂号次数的功能。2006 年，门诊部开通内外网主页。2007 年，建立应诊医生资质、到岗到位、就诊状态后台即时查询及资料数据汇总信息库。2008 年，医师工作站内设置门诊医保处方量限制功能、建立"门诊抗生素分级管理系统"，限制抗生素单次处方用量及重复开启；在后台管理中，则完善大处方汇总查询功能、增设各种医保次均与费用汇总查询功能，对门诊医保动态管理提供及时的科学数据。2009 年 2 月 15 日，率先在上海市级医院范围内实施"医联卡"和"医联就医册"，同年建立门诊抗生素分级管理审批流程及超权限使用提示。2010 年，医院实施部分慢性病单次就诊处方药量控制、门诊医师个人当月门诊实时次均提示以及各科门诊医保限控指标执行情况等功能。

三、门诊类型

【普通门诊】

1949 年，医院设有内科、外科、传染病科、皮肤科、儿科、眼科、耳鼻喉科、泌尿科、产妇科门诊。1952 年，设有保健科门诊。当时耳鼻喉科、儿科、皮肤科、眼科和保健科全天门诊，其他都是半天门诊。1953 年，开设口腔门诊。1954 年，开设中医科门诊。1955 年，成立小儿科门诊部。1958 年时，门诊科室包括：内科、外科、泌尿科、皮肤科、妇科、耳鼻喉科、口腔科、儿内科、儿外科、眼科、骨科、产科、中医内科、中医外科、中医伤科、中医痔科、中医骨科、中医儿科、肺科、胸外科、针灸科。1961 年，伤科和骨科门诊合并。1964 年，成立独立的灼伤门、急诊。1965 年 9 月，撤销 13 个门诊和专科，扩大 5 个门诊的诊治范围，分别为：外科（包括泌尿科、胸外科、神经外科）、伤骨科（包括伤科、骨科、点穴推拿）、中医内科（包括中医儿科）、中医外科（包括中医痔科、一指禅推拿）、内科（包括内分泌、肠胃、心血管、血液、寄生虫、神经内科）。1987 年，瑞金医院、上海第二医学院医学心理教研室及上海市精神卫生中心联合开设医学心理咨询门诊。1993 年，增设康复医学科门诊。2007 年，开设内科便民门诊。2008 年，开设感染科便民门诊。

【专科专病门诊】

1959 年，肺科开设职业病门诊。1960 年，口腔内科建立牙周病专科门诊。1961 年，妇科建立盆腔炎、月经失调、不孕、子宫颈癌、闭经专科门诊，疑难门诊和小手术门诊；皮肤科湿疹、神经性皮炎、荨麻疹专病门诊；伤骨科成立腰痛、手外伤、骨折随访、点穴推拿四个专科门诊。1963 年，增设肾脏专科、胶原病专科、神经内科、传导性耳聋、鼻副窦炎专科门诊。1964 年，增设儿科营养门诊、儿科慢性病预约门诊、皮肤科神经性皮炎、皮肤科夏季疖子门诊 4 个专科门诊。1979 年，麻醉科设止痛门诊。1985 年 6 月，中医伤科魏氏手法专科门诊恢复开诊，1986 年，再次停诊，直到 1997 年 5 月，恢复门诊。1988 年，开设儿科营养专科门诊。至 1994 年 12 月，已建立 60 个专科专病门诊。

2000 年，成立临床心理专科门诊。2001 年，成立生殖医学中心并开设不孕不育门诊。2001 年，新增专病门诊 27 个。2002 年，新增专病门诊 19 项。2006 年，推出糖尿病中心特色专病门诊。同年 11 月，中医科开设膏方门诊。2007 年 3 月，开设上海市第一个血栓病与出血病专病门诊。2007 年，专病门诊数达到 134 个。2008 年 3 月，成立医院第一个护理专科门诊——外周静脉置入中心静脉导管门诊。2010 年 12 月，门诊部推出医院首批 12 个科室的 14 个专病门诊组成的"特色专病门诊"。

表 3-1-9　2010 年医院首批特色专病门诊一览表

科　室	专病名称	门诊时间
中医内科	糖尿病中医	周四上午
生殖医学中心	多囊卵巢与不孕	周四、五下午
推拿科	颈性眩晕推拿、单氏小儿	周四上午
针灸科	哮喘敷贴(穴位敷贴)	周四上午
伤　科	魏氏手法专病	周一、三下午
内分泌科	肥胖症	周五下午
	甲状腺疾病	周二下午
肾脏内科	遗传+IgA 专病	周四下午
血液内科	慢性粒细胞性白血病	周三下午/每月最后一周周三上午
康复科	颈椎病康复	周一上午
儿内科	内分泌专病	周四上午
呼吸内科	慢性阻塞性气道疾病	周三下午
核医学科	"骨痛"核素治疗	周三上午

图 3-1-5　1985 年朱仲刚(右一)在专家门诊为病人服务

【专家门诊】

1985 年 3 月 1 日起，医院开设专家门诊，每周三下午开诊，科室有普外、内科消化、皮肤科、伤科、中医科等。1988 年 4 月 18 日起，专家门诊增加到每周 7 个半天，应诊专家从原来的 40 余人增加到 128 人，全年专家门诊人次 37 780。1989 年 5 月，为确保专家门诊的医疗质量，要求必须是有副高及以上职称的医师，确保每周一次普通门诊基础上开设专家门诊，且必须限制挂号人数。1993 年，增设特约专家门诊，采取专家门诊集中管理模式。1994 年，建立专家咨询热线电话。1999 年 8 月，瑞金医院市政分部开设专家门诊，引导部分病人去分部就医。截至 2010 年，共有 439 名专家出诊，其中主任医师 187 人，副主任医师 252 人。

【门诊疑难会诊】

1961 年，皮肤科每两周开展一次疑难门诊，参加的医师除广慈医院皮肤科医师外，还有上海市第十人民医院、上海市第二人民医院、上海市皮肤病医院(性病防治所)、上海市南阳医院(卢湾区中心医院)、仁济医院等兄弟医院参加，着重讨论各单位的疑难病例，为病人提出诊断和治疗。1963 年，涉及 2 科及以上的会诊有 619 例。1991 年，建立门诊疑难病例讨论登记簿。1993 年，门诊成立疑难杂症会诊中心。2007年，制定门诊疑难病例会诊中心管理条例和工作流程。2010年，门诊疑难会诊共98例，共有364名专家参与会诊。

【便民措施】

1963年，建立老弱重病、职工眷属、外侨、外地、高干病人等优先就诊制度。1964年和1977年，两次做相应调整。1984年，实行老年病人、病重病人提前就诊，优先照顾。1986年，门诊部重新修订便民措施，对70岁以上老人实行优先挂号、优先收费、优先取药的举措。1990年，门诊大厅增设咨询台，解答病人各种问题，在门诊挂号、收费记账和中西药房等区域，对70岁以上老人设立专门窗口，给予优先照顾。1994年，建立专家咨询热线，医疗保健、收费和药物咨询窗口。1998年，门诊补液室开设周日补液。2002年，设立涵盖预约登记、疑难化验查询、预检、审核四大综合功能的服务总台。2003年，设立门诊大厅总值班，协调、处理大厅各项工作。2006年，挂号、抽血及专家药房窗口敞开式服务，增进与病人交流；同时，门诊部制定并发放新《门诊就诊指南》，方便病人就诊。2007年，大厅服务总台增设为残疾或行动不便的病人服务的挂号窗口，开放专家在专科区域内加号功能。2010年，设置弹性、流动挂号窗口，已扩展到在5个楼层8个时间段开展流动挂号。

延长门诊时间 1958年1月20日起，开设18:00—20:00的夜门诊。1959年，延长挂号时间，代替夜门诊，肺科和产科增加星期日上午门诊。1970年12月26日起，试行门急诊合并，开放24小时门诊的工作。1987年夏季，儿内科开设业余门诊。1989年5月，在急诊室增设皮肤科、口腔科业余门诊，12月份起，又开设眼科、耳鼻喉科业余门诊，全年共诊治病人6 467人次。1990年，业余门诊67 511人次，其中儿内科占绝大多数。1992年10月份开始，全面开放周日上午业余门诊。1994年，部分科室推行连续门诊服务制。2001年3月，医院全面推出连续门诊制度。2003年9月起，开设中午连续门诊及夜门诊，至年底夜门诊共诊治3 060人次。

延伸服务内容 1988年8月起，为解决年老体弱及行动不便的病人就诊看病难的问题，在门急诊范围开展业余上门服务，项目有出诊、换药、拆线、拆石膏、皮肤牵引、肌肉注射、静脉注射、静脉输液(包括化疗)、针灸推拿等10余项，深受病人及其家属的欢迎。1994年，试行“全优服务制”。1995年上门服务达4.09万人次之多。2008年3月，成立门诊健康教育与促进中心，向社会宣传预防保健的重要意义，开展各类义诊和每月的“专家月月讲”，对门诊各楼层环境进行具有医院文化氛围和专科特色的布置，维护印发电子健康教育宣传屏、楼层健康教育专栏、门诊健康资料与门诊就医指南小册子。2009年，“专家月月讲”改为“专家周周讲”。

表3-1-10 2008—2010年医院门诊大型义诊和健康讲座情况表

年 份	义 诊	讲座数(场)
2008	大型义诊共10场，涉及临床17个科室、医师120人次，惠及1 831名病人	专家月月讲18场，涉及临床13个科室，主讲专家21人，惠及1 030名病人或家属
2009	大型义诊共15场，涉及临床25个科室、医师200人次，惠及3 070名病人	专家周周讲53场，涉及临床20个科室，主讲专家65人，惠及3 820名病人或家属
2010	大型义诊共7场，涉及临床11个科室、医师80人次，惠及1 300名病人	专家月月讲51场，涉及主讲专家98人，惠及3 100名病人或家属

邵炳荣曾任中国医院管理协会门诊管理专业委员会首届副主任委员(1999年)。孙胜伟曾任中国医院管理协会门急诊管理专业委员会副主任委员(2006年)和上海市医院协会第一届门急诊

管理专业委员会主任委员(2008 年)。至 2010 年,门诊部获上海市文明规范服务窗口等市级奖项 10 项。

表 3-1-11　1992—2010 年医院门诊部获得上海市级奖项一览表

年份	奖　　项	部　　门
1992	上海市青年文明服务竞赛优胜窗口	门诊挂号室
1996	上海市文明规范服务先进门急诊	门诊办公室
1996	上海市文明规范服务窗口	门诊挂号室
1996	上海市医院文明规范服务规范窗口	专家门诊
1996	上海市文明规范服务窗口	门诊预检、便民服务中心
1998	上海市卫生系统女职工文明示范岗	门诊预检、便民服务中心
2000	上海市卫生系统文明班组创建特色成果发布二等奖	门诊挂号室
2001	上海市卫生系统红旗文明岗	门诊挂号室
2010	上海市卫生系统迎世博服务品牌奖“人性化候诊模式”	门诊部
2010	上海市卫生系统迎世博红旗文明岗	专家门诊

四、急诊医疗服务

【落实急诊首诊责任制】

1953 年 11 月,医院指出急诊室指定值班医务人员日夜为病员服务,每次急诊需将病人处理完善后方可离去。1956 年,明确接诊时,先由值班护士询问病情,然后通知急诊值班医生。1991 年,医院提出急诊首诊负责制。1992 年,落实科主任责任制,保证门急诊高级医师工作量。1995 年,推出“首问、首接、首诊”负责制,要求副主任以上医师参加 18:00—22:00 副主任医师加强班,加强抢救医疗力量。2003 年,急诊部与大内科合作,于每周二进行联合查房,以解决急诊疑难病的诊断、治疗和住院分流问题。2006 年 2 月起,急诊部组织实行行政查房。

【加强急诊医师培训】

1964 年,急诊室组织每两周一次的抢救演习。1994 年起,急诊部对每月轮到急诊工作的各科室院内医生、进修医生开展上岗前培训,让即将到岗的医生快速熟悉急诊环境、制度、流程。1995 年,制订急诊住院医师培训计划,从专业角度有秩序地培养急诊医学的专业医师。1998 年,强化培训各科医生急救规范操作和心电图读片技能;每月检查病史、完善三级查房。2000 年,为加强急诊医疗力量,内科各专科派出组长,神经内科及呼吸科派出主治以上的医师参加日班和中班,并协助急诊科组织各类查房和讲座提高青年医生业务水平。

【改进急诊管理】

1963 年,由门诊办公室督查急诊工作。1990 年,医院开展各科室每月或隔月自查、每季度一次各科间的互查活动、门急诊病人的满意度调查。1994 年起,急诊部每月对病史质量、处方以及各科的应急能力等进行考核。2001 年，修订及完善急诊各部门考核标准。2006 年 5 月，在大厅增设保安、导医岗位。2007 年，急诊部督查急会诊医生到场时间、专业设置、急救病人抢救成功率、急救物品的准备、抗生素的规范使用。2009 年，急诊部先后配合医院完成“医院医疗质量管理年”“医院质量万里行”督查活动，开展“医疗百日专项”检查工作，优化急诊流程，推选窗口服务明星和服务窗口。2009 年，根据急诊工作特点增补完善麻醉镇痛药物管理、调整完善工作流程，并开始独立承担医疗争议事件接待处理工作。2010 年 2 月起，急诊办公室负责审核血制品申请。2010 年 5 月起，补液室移动输液系统开始运行。2010 年 6 月起，急诊取消手工处方。2010 年，急诊部在多次协调会及调研基础上核定相关科室的医保考核指标、每月定期考核落实奖惩措施，相对于 2009 年全年接诊人次增加 4.71%、均次费用下降 7.98%、药占比下降 5.66%。

【完善急诊布局】

1995 年，成立“蓝帽子服务队”，为无家属、老年、行动不便者提供帮助；设立“临终关怀室”，让家属有个独立的告别空间。2000 年 5 月，开设急诊 B 超。2001 年，急诊部完善急诊新大楼改扩建方案、开展定向转诊工作、创伤急救大比武、医疗行政查房。高压氧归属急诊科，急诊部协助高压氧改造。2004 年 4 月，开设伤科急诊，成为医院的特色急诊品牌。2008 年 11 月 18 日，急诊科整体搬迁入新急诊医技大楼，设立急诊和急救两个区域，辟有急救绿色通道、辅助检查和儿科急诊区域。2009 年 5 月，在急诊抢救室安装“急诊小助手”，及时完善救护车或警方送来的身份不明病人的就医信息。2009 年 10 月，创建急诊创伤外科病房。

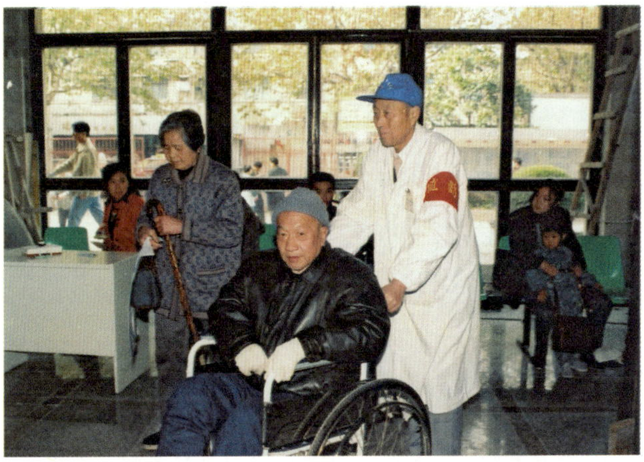

图 3-1-6　1996 年蓝帽子服务队在为病人服务

五、门急诊医疗业务量

【门急诊业务量变化】

1932 年，医院年门诊量 32 450 人次。至 1951 年被接管时，已上升至 271 973 人次/年。1958—1960 年，年门诊量大幅上升，突破 100 万人次。“文化大革命”期间医疗业务虽然受到影响，年门诊量仍维持在 80 万人次左右。20 世纪 80 年代以后，门诊量稳步上升，至 2010 年突破 240 万人次/年。

表 3-1-12　1932—2010 年部分年份医院门急诊人次统计表

年　份	门诊总人次	急诊总人次	门急诊总人次
1932	32 450	—	—
1942	94 789	—	—
1951	2 71973	—	—

（续表）

年　份	门诊总人次	急诊总人次	门急诊总人次
1952	307 076	10 250	317 326
1953	207 007	—	—
1954	358 586	31 009	389 595
1955	484 875	46 451	531 326
1956	999 589	74 369	1 073 958
1957	599 823	93 152	692 975
1958	909 080	71 841	980 921
1959	1 063 997	89 466	1 153 463
1960	1 024 650	97 948	1 122 598
1961	894 234	89 608	983 842
1962	748 038	84 391	832 429
1963	743 349	84 505	827 854
1964	783 339	91 916	875 255
1965	751 882	108 110	859 992
1966	740 995	122 902	863 897
1967	873 089	150 668	1 023 777
1968 年上半年	385 007	70 993	456 000
1971	782 823	158 674	941 497
1972	753 023	160 252	913 275
1973	786 641	167 599	954 240
1974	809 059	176 550	985 609
1975	867 248	189 231	1 056 479
1976	858 063	178 113	1 036 176
1977	849 942	185 250	1 035 192
1978	820 586	159 556	980 142
1979	867 017	167 076	1 034 093
1980	1 012 091	175 595	1 187 686
1981	1 076 169	198 607	1 274 776

（续表）

年　份	门诊总人次	急诊总人次	门急诊总人次
1982	1 128 425	184 592	1 313 017
1983	1 125 415	208 806	1 334 221
1984	1 088 980	194 694	1 283 674
1985	1 108 910	200109	1 309 019
1986	1 229 276	197 494	1 426 770
1987	1 266 131	190 565	1 456 696
1988	1 165 890	167 113	1 333 003
1989	1 296 295	145 508	1 441 803
1990	1 408 391	160 400	1 568 791
1991	1 432 934	136 495	1 569 429
1992	1 320 636	133 956	1 454 592
1993	1 153 970	132 201	1 286 171
1994	1 153 135	121 364	1 274 499
1995	1 175 156	127 759	1 302 915
1996	1 271 903	126 393	1 398 296
1997	1 328 970	123 308	1 452 278
1998	1 450 409	124 748	1 575 157
1999	1 576 156	144 862	1 721 018
2000	1 929 208	157 069	2 086 277
2001	1 450 920	136 216	1 587 136
2002	1 520 163	151 434	1 671 597
2003	1 496 862	145 008	1 641 870
2004	1 543 509	157 899	1 701 408
2005	1 543 086	174 251	1 717 337
2006	1 639 586	182 408	18 21994
2007	1 823 924	214 133	2 038 057
2008	2 063 531	233 767	2 297 298
2009	2 234 370	279 641	2 514 011
2010	2 436 777	269 320	2 706 097

第四节 护 理 管 理

一、护理模式

医院初创时，修女负责施诊给药，兼行传教工作，护理的性质从属于医疗；护士协助医生完成治疗工作，主要工作内容是执行医嘱、病情观察和护理操作，该种模式被称为“功能制护理模式”，即以工作为中心，以执行医嘱和落实基础护理为核心的工作方式。护理工作重点关注的是疾病，护理工作的任务仅体现于对疾病的治疗，即以“疾病为中心”的护理模式，该模式一直持续至20世纪80年代之前。

20世纪80年代至90年代前期，护理模式逐步转变为“责任制护理模式”，以护理程序为理论核心，以点带面逐步有序全面推广。1984年，实行管理岗位三级考核制。1989年，统一责任制护理书写规范，并开展护理书写交流会。

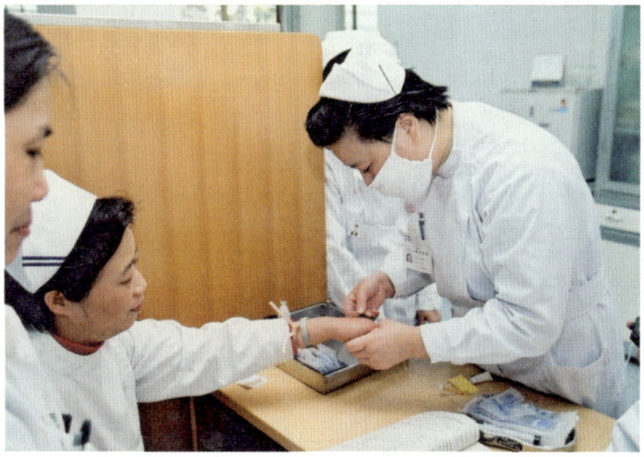

图3-1-7 2002年11月护士注射比赛

20世纪90年代后期，开展“系统化整体护理模式”，以护理理念为指导，以护理程序为核心，将临床护理业务和护理管理的各个环节系统化成工作模式。1996年，初探“以病人为中心”建设模式病房，为病人提供优质服务，不断提高护理教学水平，促进护士整体素质提高。1999年，实施护理健康教育。2000年，在青年护士中成立“天使志愿队”，开展“俞卓伟式优质服务病区”竞赛活动，评选优胜护理单元和先进个人；改革“病人满意率”的传统测评方法，采用“穿便衣检查”“分院对口检查”“出院病人调查”等，满意率考核结果与奖惩挂钩。2001年，开展“星级护士”评选的试点工作，10名护士成为医院首批的星级护士。

2010年，开展“优质护理服务”示范工程。紧紧围绕病人的需求，提高服务质量，制定便民措施，优化工作流程，为病人提供“优质、高效、满意、放心”的医疗护理服务。

二、护理质量

20世纪50年代，修改护理常规和操作流程，设立病区护士长岗位，组织护理人员学习规范。20世纪60年代，通过制定护理常规和病室消毒隔离制度，有效降低院内感染。20世纪80年代，定期分析护理质量和隐患。1991年，成立医院分级管理护理质量考评小组，对全院护士长进行考核，建立护理质量标准评价及护理质量自查标准体系。1992年，健全医院质控网络，建设院内感染监控网络。1999年，制定《瑞金护士必读》手册，抓质量管理，强化质量意识；聘任“院感兼职护士”，健全监控网络；参与瑞金集团医院的护理管理工作。

进入21世纪后，实施全面质量管理，一方面以病人安全为目标，注重护理质量管理，不断提升护理内涵质量；另一方面注重护理人员“三基”培训，搭建护理人员培养平台，护理质控成绩在多项检查中名列前茅。2000年，强化质量管理体系，完善各项管理制度，成立质量考核综合测评组，运用激励与制约机制，量化考核。

2002年，引入ISO9000管理理念，成立护理质量评价组，创办《瑞金护理质控简讯》(内容包括：质控检查信息反馈、护理质量评价、护理质量管理论坛、护理花絮、专科护理信息等)。2003年，建立院、科二级护理质量评价组，以项目管理形式，监控高危环节和因素；通过监控—培训—考核相结合的管理模式，持续改进护理质量；强化基础质量管理和护理文件书写信息化管理，编写护理操作手册，统一操作流程；规范护士服务行为，提高护理服务整体质量。同年，积极投入防SARS工作，如参与建立全院预防SARS院内感染的消毒隔离制度，并进行督查；对全院医护人员、行政、后勤人员实施培训等。2005年，改编《瑞金医院质控简讯》，出版《瑞金护理》季刊。2006年，建立科学化护理管理体系，在上海市护理质量检查工作中取得第一名。2010年，护理部进一步完善临床护理质量管理；借助护理信息化平台，探索建立各类信息系统，包括意外事件电子上报系统、电子排班系统、动态床护比系统等。

三、专科护理

1958年，瑞金医院成功抢救特大面积灼伤病人邱财康。此后，烧伤护理在注重烧伤基础护理质量同时，结合护理科研，烧伤护理专科发展迅速。1963年，陶祥龄主编国内第一部烧伤护理专著《严重灼伤的护理》，由人民卫生出版社出版。后经20年临床护理的经验总结，主编《烧伤护理》专著，由上海科技出版社出版。1978年，瑞金医院召开“烧伤护理现场学术会议”，被卫生部、中华护理学会评价为“文化大革命”后学术团体复苏的标志性会议。1987年，陶祥龄、邹仲贞撰写的《医院烧伤护理进展》一文，荣获全国首届优秀护理论文一等奖。1992年，录制中英文版《灼伤护理进展》录像和出版《烧伤护理》专著，获首届中华护理学会护理科技进步奖二等奖。

2000年，外科重症监护室被上海市护理学会确定为首批“上海市SICU护士实训基地”，共计培养47名学员。2001年，手术室供应室在国内率先推出手术室供应室一体化管理运作模式，实行手术室组长竞聘责任制。2004年，消毒供应中心被中华护理学会授予消毒供应培训基地。2006年，手术室成功举办华东六省一市手术室会议。2008年，手术室成为上海市首批手术室护士实训基地。

20世纪90年代末，骨科注重对护士专业理论及技能的培训和考核，运用独特的专科护士培养计划，建立住院总护士制度，编写科学实用的健康指导手册，获评“上海市整体护理样板病区”。2004年，申请PICC导管穿刺维护项目。2008年，申请PORT导管维护项目。

2003年，成立4个护理会诊中心，即褥疮护理会诊中心、呼吸机护理及管理会诊中心、静脉护理会诊中心、疑难及重危护理管理会诊中心。通过自荐、推荐和组织公开竞聘后，选拔来自各临床专科的优秀护士分别加入4个会诊中心。

褥疮护理会诊中心　工作内容主要包括：组织成员培训、强化褥疮预防和监控力度、落实褥疮治疗、实施护理会诊、组织全院性褥疮防治知识讲座、申报和完成市级继续教育项目“慢性难治性伤口护理进展”等。2007年，随访病人达1 700余人次。

呼吸机护理及管理会诊中心　工作内容主要包括：组织成员培训、组织全院性呼吸机应用规范培训及护理沙龙、建立呼吸机使用记录表、建立呼吸机使用护理监控计划与记录单、编写《瑞金医院临床呼吸机护理实用手册》等。2007年，进一步完善口插管护理操作，简化并规范随访表格，设计护患沟通图板，年随访达数百人次。

静脉护理会诊中心 工作内容主要包括：组织成员培训、制定深静脉护理管理制度、建立PICC置管术护理管理规范等。2007年，对PICC穿刺护士开展培训；2008年，开设PICC维护门诊。

疑难及重危护理管理会诊中心 工作内容主要包括：组织成员培训、建立危重病人申报与访视制度、建立"住院病人意外事件相关因素评估表"、对高危病人张贴提示标志、开展各科危重疑难病例讨论与访视、对临床重危病人护理提出建议与整改措施，并在每月护士长会议上发布情况等。2007年，修订疑难危重护理会诊程序，年随访病人达900余人次。

四、护理教学和科研

【护理职前教育】

1936年，震旦大学附设高级护士学校在广慈医院设立，学制3年，学生毕业后多数留在医院工作，其余主要供职于各地天主教会医院。由于当时病房中护士奇缺，临床实习缺乏指导老师，导致护生技术操作欠缺规范。解放后通过整顿，制定护理常规，统一操作规程，加强技术培训，护理工作正规化。20世纪50年代，卫生部明确护理工作是科学技术工作，护士是技术人员和知识分子，于是护理人员教育工作得到重视。1957年，上海第二医学院将护士学校交由广慈医院领导，更名为广慈医院护士学校。

1985年，上海第二医科大学增设高级护理系，医院承担上海第二医科大学及其他医学院校护理专业教学及生产实习任务。护理部由一名副主任负责护理教学管理，各科室设专职带教老师，负责不同层次学生的教学及教学管理工作，建立各级护理教学人员岗位职责、护生教学管理制度、各级护士培训和业务考核制度以及进修护士管理制度。1998年，参与上海第二医科大学高护系教学课程，配合学校撰写并完成各类护理讲课及实习的教学大纲，参与教学课程，更好地提高学生的临床护理能力，完成教学任务。2001年，成立医院临床护理教研室，制定临床护理教学管理制度，规范临床教学评价标准，设立一名专职教师，负责对全院临床护理教学的安排和教学质量的监控工作；加大临床教学师资培养力度，完善对临床带教师资教学质量评价，完成护生及进修护士带教任务，推行护理教学干事"竞聘上岗"制度，使一批优秀青年骨干脱颖而出。

2002年，开展临床护士带教资格认定工作。2003年，开设系统的教学能力培养性讲座，严格执行护生临床实习准入制。2006年，建立"以小组带教制为模式的示范病区"，并组织教学干事公开小讲课，提高教学干事临床小讲课的教学质量。2007年，完成网络学员的注册工作，完成护生教学与培训工作。2010年，制订《瑞金医院新进护理人员规范化培训计划》，加强临床教学管理，完成护生实习带教任务，设立在线考核系统、实习护生考试成绩上传系统、护士招聘网上报名系统。

【护理继续教育】

20世纪70年代后期，全院加强护理业务学习，每两周一次各专科业务课，由各科室护士长或指定专人负责，并定期考核。1978年，陶祥龄在医院召集第一次全国性学术会议，吸引来自全国各地的护理同仁积极参与。1981年，组织形式多样、不同类型护理人员的培训进修学习班，推荐护理人

图 3-1-8　护士在关爱病人

员参加各类专业培训班和外文进修班，提高护士队伍的技术业务素质。1984 年，烧伤科、神经科为全国学习班承担护理专业共 24 个课时。1986 年，开展护理专业的自学考试，鼓励自学成才。1989 年，开展全院性护理知识竞赛、鼓励护士业余学习语言，选拔护理骨干外出学习及出国深造等。

1992 年，每月一次对全院护士进行操作考试，组织全院护士分层次参加考核。1993 年，组织护士进行上岗培训，进行职业道德规范教育，授课内容包括护士行为规范、职业道德、护士守则。1994 年，举办护士长学习班、护理技术学习班、新护士强化培养，全院进行"三基"理论复习和考试。1995 年，建立护士业务考核手册，加强新职工上岗前教育。1996 年，按不同职称开展基础理论培训和考核。1998 年，举办急诊科、重症监护室护士徒手心肺复苏操作、电击除颤配合培训与考核，提高护士急救技能。举办上海市级护理继续教育项目"呼吸科重症监护新技术"，并承担国家级继续教育项目"血管内介入治疗的护理"。

2000 年，开展医疗安全防范教育，举办全院护士急救技能比赛。2003 年，每季度召开教学质量讲评会。汇编常用检查、治疗的健康教育宣传册，指导临床护士工作。汇编各专科操作目的、注意事项、流程及评分标准，以规范各项专科操作技能。开展青年护士"导师制"擂台赛，聘请具有一定科研能力的青年医师任护士科研导师。2004 年，护理部成功申报硕士生导师，修订《瑞金医院各级护理人员培养计划》《监护室护士上岗标准及培训计划》。主办"国际护理管理学术会议"，邀请来自美国、瑞典、日本等国及香港、台湾等地区的嘉宾，共同围绕"护理管理、护理教育、院内感染监控与管理、现代手术室管理"等主题进行学术交流。2007 年，制定《临床护理教学管理制度》。2010 年，加强实训基地建设，加强在职护士培训和考核。

【护理科研工作】

1963 年，烧伤科陶祥龄进行烧伤病房的消毒隔离调查研究，撰写《灼伤病房的消毒隔离与无菌技术的调查研究》刊登在第一期《中华护理杂志》，并被录用为中华护理学会第一届护理学术会议交流论文。1979—1989 年，全院护士撰写并发表科研论文 66 篇，增设多项护理新技术，护理论文参加会议交流并屡获嘉奖。1989 年，护理部成立科研写作小组。1993 年，陶祥龄任卢湾区科协护理学会第一任理事长。

21 世纪后，组建院级护理科研小组，采取优秀青年护士"一对一"导师制，充分发挥了医疗重点学科的优势，以组织强化培训的方式，优化科研写作组成员，充实护理科研的力量。定期进行有针对性的组稿，开展论文写作培训及交流活动，建立科研管理信息档案，申报完成多项护理课题。2000 年，召开首届瑞金集团医院护理学术交流会。2001 年，成功举办瑞金医院首届护理科研课题申报会。至 2006 年，医院有 5 名护士担任上海市护理学会副理事长、上海市护理学会专业委员会主任委员、副主任委员。2010 年，护理部组织科研小组成员对科研方法学、科研设计进行相关培训。2010 年，护理部获卫生部首批临床护理重点专科项目资助。

图 3-1-9　2004 年陶祥龄(左三)参加国际护理管理学术会议

【护理教研成果】

2001 年,陶祥龄获瑞金医院终身教授。2006 年,被选为首批上海市急诊急救护士实训基地和重症监护护士实训基地。2008 年,获得首批中国上海国际造口治疗师学校临床教学医院。

1999 年,“癌症病人生命最后阶段的整体护理”获第四届全国护理科技进步奖二等奖。2005 年,“医院感染监控与管理系列研究”获中华护理学会第七届全国护理科技进步奖三等奖。截至 2010 年,瑞金医院获得省部级护理科研奖项 6 项,主编护理书籍 9 种。

表 3-1-13　1964—2006 年医院护理部主编书籍一览表

年　份	书名/丛书名	主　　编
1964	严重灼伤的护理	陶祥龄
1980	严重烧伤护理	陶祥龄
1988	无翅天使——护理工作一瞥(录像)	陶祥龄
1999	上海市卫生局《护理常规》	陶祥龄、戴宝珍
2004	临床护理手册系列丛书	护理部
	实用手术室护理	钱蒨健、周颖
2006	疾病健康读本系列丛书	护理部
	医院感染控制与管理	钱培芬
	重症监护	钱培芬

五、护理服务

【参与公共卫生及突发事件救治任务】

历年来,医院护理团队积极参与各类重大公共卫生突发事件的抢救和援建任务,尤其在 1976 年唐山地震、1988 年甲肝流行、2003 年非典、2008 年汶川地震等的援建过程,医院组织护理骨干支援灾区重建、筹建爱心病房等。

【护理人文关怀】

2003 年,护理部设立“委屈奖”,慰问在工作中因顾全大局、自觉维护医院及护士形象而受到病患言语和行为伤害的护士;成立“癌症俱乐部”并定期开展活动,关心在职护士群体中的特殊人群;成立“青年护士长联谊会”,为青年护士长搭建交流管理经验的平台。2006 年,护理部成立“护士之家”,每月为护士提供丰富业余生活的平台;并通过建立“护理部主任信箱”,加强与广大护士的联系与交流。

【健康教育】

早期，护理人员采用口头宣教配合板报的形式实施健康教育。20世纪90年代，整体护理开展后，护理部运用集体教育和个体教育相结合的形式为病人提供健康宣教，逐步形成体系。进入21世纪后，护理部将“以病人为中心”的护理理念和人文关怀融入对病人的护理服务中，在为病人提供基础护理服务和专业技术服务的同时，注重与病人的沟通交流，不仅制订完整的健康教育手册和具有专科疾病特色的健康教育宣传单，还不断拓展临床健康教育的形式与途径，使教育形式趋于多样化（如病人周周讲、床边示教指导、实物演示等）；探索护理健康教育量化和考核方法。

至2010年，护理部获全国三八红旗集体（2008年），上海市级先进集体、三八红旗集体称号23项；“全国卫生系统年度青年岗位能手”（吴蓓雯，2005年）和上海市三八红旗手等先进个人荣誉44人次。

第五节　其他医疗管理

一、医疗保险管理与服务

1951年7月，广慈医院与107个企业单位订立劳保特约医疗合同，职工人数为280 215人，连同家属计约100万人。1983年，医院对70个特约劳保单位进行梳理。1988年，劳保记账单位达到209个。1989年，达到230家。1996年起，先后实行上海市城镇企业职工住院、门急诊部分项目医疗保险和城镇企业退休人员门急诊医疗保险。1998年，医院成立医保管理办公室（简称“医保办”），由传染科彭星亮任负责人，隶属于院长办公室，负责医保工作的统筹协调、医保数据整理和综合分析，配合完成上级部门的医保监督检查工作。2005年，医保办隶属于医务处，直属副院长领导。

表3-1-14　1998—2010年医院医保办历任主任情况表

任职年份	主　　任
1998—2008	彭星亮
2008—2010	倪继红
2010—	孙　木

2000年11月13日，成立医保工作领导小组，由院长任组长，分管副院长、副书记负责，分析医保改革前后情况，提出相应措施。2010年5月10日，成立瑞金医院医保管理委员会，由院长任领导，下设医保领导小组和工作小组，形成医院管理委员会＋医保办＋科室医保专管员三级管理网络。

1998年，完成门急诊系统医保信息工作任务。2000年11月23日，全市医保实行联网后，瑞金医院计算机中心自行开发门急诊HIS系统，通过联网，在医院完成医疗费用支付、结构拆分、账户资金划扣等程序只需数秒钟。《文汇报》《解放日报》等报刊和电视台都作了相关报道——《增开医保专用窗口，开通电脑实时结算，各医院为医保改革“护航”》。2002年5月，实现住院和门诊医保共同监管。2008年1月，实现医院医保网络信息化。2009年，对执业医师相关信息进行网上维护，严格按照市医保信息中心统一编制的唯一代码上传，做好执业医师医保服务管理。

医保办及时了解医保政策的新动态，与计算机中心沟通，保证电脑编程符合医保流程。每年接待上海市医保局和上海市少儿住院基金办的大检查。对高额费用病史的医嘱、各类检查化验、相关报告、收费进行核实，发现问题及时与相关人员沟通联系并做必要的整改。回答病人、家属和医院内部人员的政策咨询。

医保办定期参加由门诊医疗组长培训会议、协调会、医保政策通气会等。设立专职处方审核窗口，严格执行医保药品的使用范围，清理各类收费项目，落实"总量控制"精神。不定期对门诊处方、均次费用及门诊病史书写情况进行抽查，发出书面整改通知。协助医院在保证参保人员合理医疗需求的基础上，对重复挂号、超量配药等违规情况进行跟踪警示，做好骗保贩药防范工作。

医保办每月自查出院病史及急诊观察室病史，对住院病人的用药、检查、收费等情况进行督查，并将自查情况统计后报送区医保办。对不合理用药、治疗、检查、收费，住院指征不严、单病种费用超标等问题，及时发医保整改通知单并监督反馈。

1996年起，医保办贯彻"总量控制、结构调整"的政策。根据各科业务的实际情况，制定定量控制业务收入指标，实施增收节支的调控政策。1997年5月，出台"门诊分病种"及"急诊观察病人"的医保政策。2003年，医院实施"总额预算、按月预付、按季结算、风险分担"办法。2004年，对部分住院病种实行按病种付费的试点工作，建立多元化的医保支付体系。2005—2008年，完善成本核算系统，建立健全预算制度以及相关实施办法，完善预算信息系统，达到增收节支、避免资源浪费的效果。根据上海市医保政策改变及时调整策略，保证医保结算费用有序稳定增长。

二、医疗指标管理

1965年，病史室根据临床医师在出院病史封面上"主要诊断"中的第一诊断进行手工统计，逐日积累统计《有关几种常见住院病种的医疗质量统计情况汇报》。该份汇报将1963年与1964年各科同种疾病进行对比，对比治愈率、死亡率、平均住院天数与平均住院费用等指标，提出影响治愈率、死亡率、平均住院天数和费用的因素。

1974年，医院按照上海市卫生局的要求上报住院病人疾病分类报表，内容有：疾病名称和出院病人数，包括合计人数、治愈人数、好转人数、未愈人数、死亡人数和出院病人占用床日数。1986年底，医院对全年的妇婴卫生工作、计划生育手术质量、住院病人疾病分类、住院病人动态及病床使用、工作质量等进行年底统计分析报告。1987年2月，根据上海市卫生局下发《关于试行医院医疗工作考核指标》的通知，考核4个方面13项指标，即门急诊工作效率、住院工作效率、诊断质量、治疗和手术质量，包含诊疗次数与职工人数之比、收治住院人数与职工人数之比、实际病床使用率、病床周转率、门诊与出院诊断符合率、门诊待查率、入院与出院诊断符合率、入院待查率、手术前后诊断符合率、治疗有效率、无菌手术化脓率、手术并发症发生率、医疗事故发生次数。

1991年起，按照上海市卫生局的要求，医院制定《医院工作质量分析表审核提纲》，主要指标包括：诊疗总次数、急诊观察室工作情况、门急诊分科诊疗次数、手术质量情况、诊断质量情况、住院病人动态及病床使用情况、门急诊医疗费用、住院病人医疗费用。

表 3-1-15　1991—2010 年医院医疗总人次情况表

年　份	诊疗总次数	门急诊次数			出诊次数
		门　诊	急　诊	总　计	
1991	1 569 429	1 432 934	136 495	1 569 429	—
1992	1 464 239	1 320 636	133 956	1 454 592	9 647
1993	1 326 926	1 153 970	132 201	1 286 171	40 755
1994	1 306 249	1 153 135	121 364	1 274 499	31 750
1995	1 321 628	1 175 156	127 759	1 302 915	18 713
1996	1 411 346	1 271 903	126 393	1 398 296	13 050
1997	1 462 288	1 328 970	123 308	1 452 278	10 010
1998	1 578 157	1 450 409	124 748	1 575 157	3 000
1999	1 724 615	1 576 156	144 862	1 721 018	3 597
2000	2 089 939	1 929 208	157 069	2 086 277	3 662
2001	1 590 049	1 450 920	136 216	1 587 136	2 913
2002	1 674 581	1 520 163	151 434	1 671 597	2 984
2003	1 643 927	1 496 862	145 008	1 641 870	2 057
2004	1 703 071	1 543 509	157 899	1 701 408	1 663
2005	1 718 310	1 543 086	174 251	1 717 337	973
2006	1 821 994	1 639 586	182 408	1 821 994	—
2007	2 038 057	1 823 924	214 133	2 038 057	—
2008	2 297 298	2 063 531	233 767	2 297 298	—
2009	2 514 011	2 234 370	279 641	2 514 011	—
2010	2 706 097	2 436 777	269 320	2 706 097	—

表 3-1-16　1991—2010 年医院手术质量情况表

年　份	手术病人数	手术前后诊断符合率(%)	无菌手术化脓率(%)
1991	6 785	—	—
1992	7 284	99.17	0.05
1993	7 800	99.44	0.24
1994	8 301	99.18	0.14
1995	8 166	99.54	0.14
1996	10 864	99.66	0.11

（续表）

年　份	手术病人数	手术前后诊断符合率(%)	无菌手术化脓率(%)
1997	11 174	99.94	0.09
1998	11 664	99.99	0.18
1999	13 332	99.99	0.2
2000	14 909	99.99	0.17
2001	14 773	99.9	0.21
2002	13 581	99.95	0.16
2003	14 318	99.87	0.07
2004	17 104	99.75	0.05
2005	18 118	99.85	—
2006	19 169	99.92	0.04
2007	23 418	—	—
2008	24 491	99.99	0.05
2009	27 954	99.98	0.03
2010	32 160	—	—

表 3-1-17　1992—2010 年医院住院病人临床诊断质量情况表

年　份	出院病人数	门诊与出院诊断对照符合率(%)	入院与出院诊断对照符合率(%)	门诊待查率(%)	入院待查率(%)	出院待查率(%)	入院三日确诊率(%)
1992	13 934	97.85	98.86	11.86	6.46	0.3	94.5
1993	15 701	98.48	99.2	11.5	5.91	0.31	94.82
1994	17 583	98.59	99.27	10.29	5.64	0.29	95.47
1995	15 373	99.00	99.44	7.33	4.49	0.11	96.31
1996	19 537	99.23	99.52	4.05	2.72	0.11	95.28
1997	21 558	99.83	99.89	3.68	2.53	0.07	96.65
1998	23 104	99.97	99.99	1.81	1.44	0.03	99.16
1999	26 055	99.96	99.98	1.72	1.41	0.03	99.74
2000	28 362	99.97	99.98	0.65	0.58	0.08	99.36
2001	28 930	99.78	99.82	1.57	1.37	0.2	98.74
2002	26 105	99.92	99.92	1.56	1.51	0.38	98.43
2003	25 367	99.46	99.6	4.31	3.71	0.41	96.03
2004	28 029	98.97	99.31	7.63	6.6	0.35	95.55

（续表）

年 份	出院病人数	门诊与出院诊断对照符合率(%)	入院与出院诊断对照符合率(%)	门诊待查率(%)	入院待查率(%)	出院待查率(%)	入院三日确诊率(%)
2005	31 835	99.35	99.48	6.77	6.33	0.49	95.87
2006	34 506	99.67	99.72	5.93	5.65	0.65	95.79
2007	39 239	99.87	99.89	4.67	4.54	0.51	91.93
2008	41 849	99.90	99.91	3.51	3.44	0.32	92.6
2009	45 880	99.88	99.89	2.56	2.47	0.27	92.13
2010	50 894	99.93	99.94	1.13	1.1	0.07	97.32

表 3-1-18　1991—2010 年医院住院病人动态及病床使用情况表

年 份	床 位 数	住院总人数	床位使用率(%)	周转次数
1991	1 140	15 827	102.06	12.54
1992	1 181	16 132	100.81	12.86
1993	1 254	18 251	103.09	14.2
1994	1 254	20 341	103.04	15.33
1995	1 254	21 211	101.04	16.08
1996	1 254	26 032	100.76	20.49
1997	1 254	28 341	100.83	22.65
1998	1 254	29 870	101.79	23.71
1999	1 261	34 478	105.07	25.7
2000	1 358	38 240	102.64	26.43
2001	1 358	37 545	101.42	26.28
2002	1 358	36 371	103.87	25.03
2003	1 358	36 301	101.98	25.47
2004	1 383	41 920	108.36	29.78
2005	1 383	47 979	105.61	31.49
2006	1 383	52 181	101.65	33.97
2007	1 600	59 980	105.12	37.13
2008	1 600	65 411	103.94	39.14
2009	1 600	70 347	105.24	42.8
2010	1 600	76 547	106.76	43.52

表 3-1-19 1907—2010 年医院医疗业务主要数据情况表

年份	床位数	住院总人数	床位使用率(%)	周转次数	门诊总人数	急诊总人数	手术病人数	出院人数
1907	55	—	—	—	—	—	—	—
1910	—	2 798	—	—	—	—	—	—
1920	—	3 600	—	—	—	—	—	—
1925	—	4 600	—	—	—	—	—	—
1930	—	6 100	—	—	—	—	—	—
1932	500	708	—	—	32 450	—	1 124	—
1939	—	10 034	—	—	—	—	—	—
1942	780	7 698	—	—	94 789	—	1 428	—
1951	—	10 340	—	—	271 973	—	1 770	—
1952	810	8 833	82. 91	10. 13	307 076	10 250	—	—
1953	810	13 783	80. 05	16. 29	207 007	—	—	13 155
1954	923	18 704	81. 09	20. 35	358 586	31 009	—	17 968
1955	903	21 724	87. 46	22. 91	484 875	46 451	—	20 958
1956	941	20 624	90. 71	21. 51	999 589	74 369	—	19 762
1957	1 025	20 795	90. 99	19. 75	599 823	93 152	—	19 885
1958	1 025	25 523	93. 98	22. 72	909 080	71 841	—	24 470
1959	1 116	19 718	92. 22	17. 86	1 063 997	89 466	—	19 815
1960	1 072	18 624	89. 08	16. 28	1 024 650	97 948	—	17 735
1961	1 097	16 287	84. 74	14. 14	894 234	89 608	—	15 413
1962	1 100	15 063	76. 97	12. 98	748 038	84 391	—	14 277
1963	1 100	15 107	79. 22	12. 99	743 349	84 505	—	14 294
1964	1 100	14 921	81. 86	12. 73	783 339	91916	—	14 007
1965	1 100	16 490	83. 00	14. 22	751 882	108 110	—	15 674
1966	1 100	17 499	81. 54	15. 22	740 995	122 902	—	16 583
1967	1 100	16 092	87. 56	14. 36	873 089	150 668	—	15 210
1968 上半年	1 059	8 920	80. 70	8. 42	385 007	70 993	—	7 254
1971	1 100	12 654	95. 42	10. 75	782 823	158 674	—	1 971
1972	1 100	12 301	89. 86	10. 41	753 023	160 252	—	1 972
1973	1 100	11 928	87. 76	10. 09	786 641	167 599	—	10 949
1974	1 115	12 017	90. 41	9. 80	809 059	176 550	—	10 927

（续表）

年份	床位数	住院总人数	床位使用率(%)	周转次数	门诊总人数	急诊总人数	手术病人数	出院人数
1975	1 115	13 232	93. 83	10. 96	867 248	189 231	—	12 227
1976	1 115	12 654	88. 95	10. 47	858 063	178 113	—	11 675
1977	1 115	12 993	89. 96	10. 80	849 942	185 250	—	12 048
1978	1 115	13 256	87. 13	11. 09	820 586	159 556	—	12 366
1979	1 120	14 217	87. 19	11. 82	867 017	167 076	—	13 241
1980	1 120	14 713	91. 31	12. 23	1 012 091	175 595	5 077	13 701
1981	1 120	15 475	95. 85	12. 87	1 076 169	198 607	5 190	14 029
1982	1 140	16 210	96. 18	13. 35	1 128 425	184 592	5 028	15 135
1983	1 140	16 206	93. 59	13. 32	1 125 415	208 806	5 603	15 187
1984	1 140	15 854	92. 33	13. 00	1 088 980	194 694	5 553	14 820
1985	1 140	16 332	96. 88	13. 38	1 108 910	200 109	6 268	15 251
1986	1 140	16 257	100. 31	13. 40	1 229 296	197 494	6 489	15 139
1987	1 140	16 336	101. 08	13. 62	1 266 131	190 565	6 374	15 257
1988	1 140	15 963	103. 46	13. 66	1 165 890	167 113	6 348	14 879
1989	1 140	16 529	101. 69	13. 69	1 296 295	145 508	6 975	15 412
1990	1 140	16 372	102. 72	13. 22	1 408 391	160 400	6 955	15 199
1991	1 140	15 827	102. 06	12. 54	1 432 934	136 495	6 785	14 676
1992	1 181	16 132	100. 81	12. 86	1 320 636	133 956	7 284	15 009
1993	1 254	18 251	103. 09	14. 20	1 153 970	132 201	7 800	16 945
1994	1 254	20 341	103. 04	15. 33	1 153 135	121 364	8 301	19 134
1995	1 254	21 211	101. 04	16. 08	1 175 156	127 759	8 166	20 056
1996	1 254	26 032	100. 76	20. 49	1 271 903	126 393	10 864	24 854
1997	1 254	28 341	100. 83	22. 65	1 328 970	123 308	11 174	27 225
1998	1 254	29 870	101. 79	23. 71	1 450 409	124 748	11 664	28 662
1999	1 261	34 478	105. 07	25. 70	1 576 156	144 862	13 332	33 306
2000	1 358	38 240	102. 64	26. 43	1 929 208	157 069	14 909	36 928
2001	1 358	37 545	101. 42	26. 28	1 450 920	136 216	14 773	36 243
2002	1 358	36 371	103. 87	25. 03	1 520 163	151 434	13 581	35 010
2003	1 358	36 301	101. 98	25. 47	1 496 862	145 008	14 318	34 919
2004	1 383	41920	108. 36	29. 78	1 543 509	157 899	17 104	40 492
2005	1 383	47 979	105. 61	31. 49	1 543 086	174 251	18 118	46 756

（续表）

年份	床位数	住院总人数	床位使用率(%)	周转次数	门诊总人数	急诊总人数	手术病人数	出院人数
2006	1 383	52 181	101.65	33.97	1 639 586	182 408	19 169	50 767
2007	1 600	59 980	105.12	37.13	1 823 924	214 133	23 418	59 891
2008	1 600	65 411	103.94	39.14	2 063 531	233 767	24 491	65 378
2009	1 600	70 347	105.24	42.80	2 234 370	279 641	27 954	70 326
2010	1 600	76 547	106.76	43.52	2 436 777	269 320	32 160	76 476

三、医院感染控制管理

1985年，医院成为中国最早一批建立医院感染监测体系的单位。1986年，医院成立院感组，属护理部管理，专职成员2人，并有一名传染科医生兼职指导参与院感监控工作。当时院感组的工作职责以医院感染发病率监测、护理部消毒隔离检查为主。1986年11月22日，医院成立医院感染管理委员会。

1992年，医院要求每个临床科室的病区内指定一名护士兼职院感工作。1996年，医院感染管理委员会更名为控制院内感染委员会。2002年2月28日，医院在控制院内感染委员会下设立办公室（简称"院感办"），倪语星兼任办公室主任，陶祥龄任顾问。2007年6月，控制院内感染委员会复名为医院感染管理委员会。同年8月29日，院感办更名为医院感染管理科（简称"院感科"），由分管医疗副院长领导，倪语星兼任院感科主任，形成医院感染管理三级网络：医院感染管理委员会—医院感染管理科—临床医院感染管理小组（医疗科主任、兼职医生、护士长、兼职护士）。

2009年，院感科承担卫生部《手术切口医院感染控制标准》的起草和制定工作。2010年，医院感染管理科成员增加至7人。工作职责由定期监测调查，逐渐扩大到全面回顾性监测、现患率监测、ICU目标性监测、围术期预防性抗菌药物监测、耐药菌监测、血培养监测、环境微生物学监测、紫外线强度监测，消毒隔离检查，临床协调，开展不同层次工作人员与学生的培训等，做到全院全程监控。

2001—2010年，院感科收到与医院感染监控有关的卫生部发文约40件，涉及医院感染管理、消毒指南、抗菌药物及耐药菌管理、医疗废物管理、传染病及特殊病原体处置、重大院感事件、医院督查、重点科室管理等领域。院感科遵照上级发文要求制定相关政策与制度，并逐一加以落实。

【医院感染监测】

全面综合性监测 1990年，间断进行现患率调查，对全院紫外线强度监测，对重点科室进行系统监测，对存在问题的物体表面进行采样逐渐过渡到对医院环境定期进行常规采样。1992年，扩大到对全院各科室进行全面监测，按卫生部新要求，监测数据按时上报至卫生部、上海市卫生局、上海市第二医科大学。1992年10月起，每月上报卫生部院内感染监测资料。2000年，按卫生部颁布新版标准，空气采样方法将普通营养琼脂平皿改为营养琼脂血平皿；孵箱培养由24小时延长至48小时。2005年起，院感专职人员进行出院病例查阅与监测数据统计，由原来的每月统计一次改为每季度一次。2008年起，改为每半年统计一次，参加上海市现患率调查并上报数据。2009年，停止向上海市院感质控中心、全国医院感染监控基地上报回顾性全面综合性监测数据。

目标性监测　2000年起，开展目标性监测，监测项目涉及消毒灭菌、降低医院感染发生率等方面。2004年9月起，每月进行ICU目标性监测，并把监测数据反馈临床，数据上报上海市院感质控中心。2005年起，开展围术期抗菌药物监测至今，在监测数据反馈基础上进行干预。2007年起，进行耐药菌监测，并在监测基础上采取一系列预防控制措施。2007年3月起，在医院各种场合进行规范血培养送检次数的培训，合格率从2007年3月的8.53%逐步上升至2007年7月的61.83%。2008年起，参加上海市疾病预防控制中心MRSA监测项目，每季度反馈科室手卫生用品使用情况，促进手卫生工作，在外科四病区、外科七病区尝试外科手术部位感染监测(SSI)。

【院感制度与消毒管理】

1990—2010年，院感科在制度建设、消毒灭菌效果干预、提高手卫生依从性、抗菌药物管理、耐药菌管理、医疗废物管理等诸多领域进行医院感染重点干预与控制。不定期接受卫生部、市和区卫生监督所、市和区疾病控制中心、上海市院内感染质量控制中心、上海市护理质量控制中心、上海市传染病质量控制中心、上海第二医科大学医管处等部门检查。2005—2010年，医院制定和修订《上海交通大学医学院附属瑞金医院管理制度——医院感染分册》《医院感染控制相关制度和标准操作规程(SOP)》等院感管理制度，规范全院各项医院感染监控相关工作。

1990年，改进妇产科检查器械的消毒法为四步消毒法(浸泡—煮沸—清洗—高压消毒)；对内外科导管室导管采用环氧乙烷进行灭菌；对中心供应室所有的无菌容器用化学指示片分批分类进行灭菌效果的监控。1992年，在无洞的铝制饭盒上打洞，使针筒灭菌合格率从62.3%上升至100%。1999年，对心导管室导管改用高效消毒剂戊二醛，并对全院使用戊二醛消毒液的48个科室进行检测，合格率为84.8%；将全院52个临床科室抢救车内备用的气管切开包、V切开包等急救物品，改用国际标准的一次性医用包装袋；对全院死亡、重症易感病人床被褥严格消毒并配备床被套。2001年，改进油纱布的消毒灭菌方法，取消刀剪液、采用干燥持物钳或一次性持物钳，减少因湿持物钳引起的交叉感染。2008年，使用一次性针灸针。

2001年，建立分区明确的消毒供应中心，加强全院复用医疗器械的消毒灭菌工作，实现手术室与消毒供应室一体化管理。2003年起，使用酸性氧化电位水进行物体表面消毒，常规对消毒前消毒包开包检查，包括：被消毒物品的规范放置、被消毒物品的清洁程度、包外化学指示胶带的规范书写等。至2005年，消毒包合格率从40.2%上升到85%。

2001年，医院制定《瑞金医院医疗废物管理制度》。一次性使用的医疗卫生用品废弃物(针筒、输液器、药碗，其他一次性难毁形医疗用品、针头等)在病房由医务人员毁形、分类、浸泡消毒处理。2003年，医院使用预真空高压蒸汽锅对使用后的一次性医疗用品进行无害化处理，以减少含氯制剂对工作人员的危害，保证废弃一次性医疗用品的消毒质量。2005年，医疗废物由专人上门收集，并面对面交接。2006年，医院分类处理医疗废弃物：感染性医疗废物放入专用黄色医疗废物袋内集中处置；生活垃圾入黑色医疗废物袋内；启用专用黄色一次性锐器盒装针头、刀片等锐器；加强对一次性废弃物的暂存及交接管理。2008年，后勤大组长、保洁公司负责人定期对医疗废弃物自查的基础上，院感科和后勤负责人联合抽查，以保证医疗废弃物管理工作规范化。

2003年，医院建立发热门急诊，并加强对特殊发热病人的管理。2004年，感染科呼吸科病房楼(新36号楼)落成，医院加强对传染科和呼吸科病人的管理。2007年7月，改善内镜清洗设施，加强对消化内镜的清洗和消毒。2007年，严格执行口腔器械的消毒灭菌。

2005年，住院信息管理系统中增加院感病例上报与数据导出、手卫生用品用量导出、围术期抗菌药物用量导出、紫外线强度检监测等一系列与医院感染监测有关的功能模块。2006年，完成临床微生物科数据的导出、转换、存档。

【手卫生与耐药菌检测】

1990年，医院对缠绕纱布的水龙头进行采样，微生物培养结果阳性率达100%，因此改用防溅水龙头并制定消毒常规。2000年10月，对内科、外科30个病区擦手毛巾及皂液缸进行改进，杜绝由于医务人员手清洁不彻底而引发的医院感染。2003年，对全院所有科室逐步改善洗手设施，取消大毛巾，改用一次性手巾纸；取消肥皂盒，改用皂液；取消手动式水龙头，改用长柄水龙头或感应式水龙头。2005年，医院制定《瑞金医院手卫生指征》并培训、督查医生、护士、工勤等人员，督查结果在院周会上公布。2008年，完成手卫生用品导出软件的设计、使用。2009年4月1日，医院执行卫生部发布《医务人员手卫生规范》。2010年，医院设计手卫生六步洗手法图示，应用于临床。

2001年，医院筹建抗生素专家委员会，制定抗生素用药指征、停药指征方案，重点讨论抗生素"分级"使用、按疾病种类使用原则，建议提高微生物培养送检率。2002年，医院编印《药物应用手册》，协助指导临床医生合理使用抗菌药物。2008年，门诊信息管理系统中增加"围术期预防抗菌药物的使用情况"功能。2010年，医院对住院病人抗菌药物使用状况进行督查，并现场指导、现场干预、现场反馈，设计特殊抗菌药物电子申请与审核单。

2005年，医院派专家现场督导，加强手卫生与污物的处理，对耐万古霉素肠球菌和鲍曼不动杆菌进行监测。2006年，医院制定《特殊耐药菌感染消毒隔离对策》并实施。2007年，医院对耐甲氧西林金黄色葡萄球菌(MRSA)、耐万古霉素肠球菌(VRE)、泛耐药鲍曼不动杆菌、泛耐药铜绿假单胞菌实施"实时监控指导"：细菌学培养发现有此四种耐药菌之一，登记在案，并在化验报告单上盖"耐药菌"红色字样图章；院感办专职人员电话随访指导耐药菌的隔离措施，并协助病区做好耐药菌控制工作。2010年6月起，医院对亚胺培南耐药的鲍曼不动杆菌检出多的科室进行环境微生物采样，提出整改要求。

【突发公共卫生事件处置】

2003年，瑞金医院颁发《上海市第二医科大学附属瑞金医院关于进一步做好消毒隔离工作的通知》，包括对收费处、财务处人民币的消毒等。5月2日，医院发现2例SARS病人，各部门立即按要求进行终末消毒并记录，隔离相关接触人员，医务人员SARS感染率为0。2004年，医院完成全院职工禽流感防治知识培训。2005年，对呼吸道传染病与禽流感消毒隔离进行指导与预防。2008年，参加上海市卫生局组建的医疗队感染控制组，赶赴四川汶川地震后的防控工作；做好迎奥运和奥运期间医疗保障工作，制定奥运期间医院感染应急处理预案并完成自查；针对手足口病暴发事件和西安新生儿医院感染事件，进行紧急检查反馈、落实跟踪。2009年，制定《瑞金医院甲型H1N1流感医院感染控制技术指南》，进行多次甲流防控培训，加强对发热门诊及各个窗口部门的甲流防控工作督查协调，提供充足的防控用具。

【院感研究与宣教】

1992年，与上海市卫生检疫所、第二军医大学等合作，对臭氧、紫外线空气消毒、二氧化氯消毒液的临床应用进行测试。2004年，瑞金医院成为全国手消毒测试网络医院之一。2005年，医院参与卫生部医政司与亚太地区感染学会(APSIC)预防与控制促进计划，完成医院感染病例现患率调查和相关干预工作。2008年，参加卫生部项目《MRSA携带情况调查(SICU，RICU，EICU)》，参与医院感染控制标准的制定和审核工作。2010年，医院参与上海市疾病控制中心世博保障性军团菌监测、环境微生物监测、MRSA监测等工作。

2003年起，在上海第二医科大学护理专业、检验专业（夜大）设置"医院内感染"和"细菌耐药性监测与医院感染"课程。2008年起，在上海交通大学医学检验专业讲授"细菌耐药性监测与医院感染"。至2010年，培养院感控制方向病原学硕士1人、护理学硕士3人。

2007年，医院和法国Lyon大学医院合作举办"医院感染控制学习班"，为期两周。2008年，在瑞金医院内网中建立医院感染网页，发布各类通知、国家政策法规、瑞金医院各项院感制度，进行监测数据反馈、教育培训等工作。2006—2008年，医院连续3年举办"医院感染控制宣传周"活动，对医护人员展开医院感染预防和控制的知识普及，"三基培训"中加入院感防控相关知识。2010年，参与翻译亚太地区感染控制协会的《消除多重耐药鲍曼不动杆菌感染传播指南》。

2003—2010年医院感染发生率自12.28%下降至3.00%。2005—2010年，围术期预防性抗菌药物平均天数自5.91天下降至2.52天。

2006年，倪语星获全国医院感染管理先进个人。2008年，钱培芬、倪语星主编21世纪全国高校创新型人才培养规划教材《医院感染监控与管理》。2009年9月，倪语星主编的教材《临床微生物学与检验》获得上海交通大学优秀教材一等奖。截至2010年，获得局级以上课题6项，各级科技进步奖5项，发表SCI论文6篇，核心期刊论文98篇。2010年12月，瑞金医院获得卫生部全国医院感染监测网颁发的全国医院感染横断面调查先进单位。

1999年起，陶祥龄成为上海市院内感染质量控制中心专家委员会委员。2004年，陶祥龄成为中国手部卫生指南和标准委员会特约专家委员。2008年，倪语星成为卫生部医院感染控制标准委员会委员。

四、预防保健管理与服务

1951年，医院成立职工保健室，有全职医师3人、护士2人，另有各科支援医师5人、护士4人，魏武卫任室主任。1956年，改名为职工保健科。1978年，医院调整体制和整顿办事机构，设立防保科，负责工厂职业病防治工作。1984年，职工保健科与防保科合并，改名为预防保健科（后仍简称防保科）。同年，上海市职业病防治所成立后，医院的职业病防治工作撤销。至2010年，防保科共有职工11人。

表3-1-20　1951—2010年医院预防保健科历任主任、副主任情况表

名　称	任职年份	主　任	任职年份	副主任
职工保健室	1951—1956	魏武卫	—	—
职工保健科	1956—1958	魏武卫（兼）	—	—
	1959—1962	符伯刚	—	—
	1963—1983	蔡景松	—	—
防保科	1978—1983	张文英　项伯华	—	—
预防保健科	1984—1987	蔡景松	1984—2000	邹宪平　张文英
	1988—1992	张利年（兼）	2001—	邹宪平（主持工作）
	1993—2000	张利年	—	—

预防保健科既有业务职能，又有行政管理职能。1951年，负责全院职工的内科保健门诊，职工病历卡管理、全院公费医疗管理，开办基层医疗工作单位医师培训班。1959年起，负责统计职工门诊。1964年，负责传染病、肿瘤病、职业病报告工作，组织职工体检，开展计划生育、职工职业防护等工作。1976年起，组织职工献血。1977年起，设专人负责医院公共卫生工作。2001年，职工门诊纳入医疗保险范畴。2003年，开展非典型性肺炎(SARS)防控。2007年，防保科职工门诊开设便民门诊，方便病人配药。

【指导基层卫生工作】

20世纪50年代起，保健科下工厂、农村、社区开展基层卫生指导工作，培养里弄基层卫生员，建立一人一卡健康档案。1977年后，保健科指导工厂保健及疾病防治工作，组织定期学习。1978年，在江南造船厂、太平洋织造厂等开展防控硅肺病的工作，对有毒有害环境的职业病防治进行指导和环境检测，并指导工厂食堂饮食卫生。开展卢湾区劳保单位保健站协作，定期检查保健站工作质量，协助卢湾区卫生局对保健站进行年度验收。1995年，成为卢湾区工厂企事业保健协会理事单位，协助上海市卫生局进行业务讲座、组织培训和指导保健站等。2001年，因公费医疗改革，下厂卫生工作结束。

1983年9月—1989年7月，受上海市卫生局委托，防保科组织医院和卢湾区中心医院的医师，开办上海市基层医疗工作单位医师培训班。对上钢三厂、江南造船厂等单位的医疗室、卫生室医师进行培训，共举办4期，230余人次参加。1983年举办的第一期，为期6个月，培训后由医士转为医师职称。1986—1988年期间每年举办一期，为期一年，学习结束经考试合格者，由上海市卫生局发主管医师结业证书。

【职工医疗保健】

1963年11月，建立公费医疗管理制度。1963—1965年，全院职工中普遍出现白血球降低、肝肿大、浮肿情况，职工保健科开设一个专门病区收治，联系各科对疑难病例进行会诊。1977年，根据全市公费医疗统一规定要求，保健科门诊独立挂号并审核费用，控制公费医疗支出。1978年底，保健科医师由内科医师轮流任转为固定编制，3名内科医生承担周一至周六全天门诊工作。流感大流行时期，保健科根据中医师处方手煎中药送到职工手中，每日达300份。

1963年起，保健科门诊负责献血体检、入托/入学、毕业/入职体检等各项定期体检。1975年起，保健科负责组织院内45岁以上职工和托儿所、炊事员、急诊等重点科室职工的体检，同时负责对外体检。1984年，承担上海市劳动模范、先进工作者的体检。1997年，院内职工体检范围扩展到全院在职和离退休职工。2002年瑞金医院体检中心成立，与防保科合作进行职工体检；2003年后体检的具体工作由体检中心负责，保健科主要负责职工体检的组织协调工作。

1976年起，科室组织职工前往血站献血，每年都按计划完成献血任务。2008年，奥运会期间，防保科组织500名应急献血队及稀有血型人员做好应急献血准备，受到上海市和卢湾区血液管理办公室的表彰。2010年，为保障世博会期间血液供应，防保科组织稀有血型者献血，并成立由40名职工组成的瑞金医院迎世博应急献血队，获上海市献血办表彰。

【职工职业防护】

放射防护 1964年，保健科对同位素、放射科、内科实验室以及各科接触放射线与镭锭工作人员定期进行血液检查，做好早期预防工作。并为接触镭锭和放射线的工作人员添置隔离铅屏和铅围裙。1977年，设专人负责放射防护工作。为放射科X光机操作人员配置防辐射眼镜。1988年，成立医院放射性同位素管理领导小组，由院长直接领导，定期召开辐射安全会议，建立放射防护管理体系，建立放射工作人员外照射个人剂量档案，并为医院使用的医用诊断X线机注册“上海市医用诊断X线卫生防护合格证”。扩建医院放射性废物贮存室，购置数十只盛放核废物塑料筒与盛放液体的不锈钢锅，由专人负责，使全院的放射性废弃物得到统一贮存和管理。防保科对有关科室工作人员举办放射性同位素防护学习班。2005年，医院放射性同位素管理领导小组协调各科室对放射工作人员的防护、放射设备和放射工作场所的年检、突发事件应急预案、同位素使用和贮藏等规章制度进行修订。

1988年，被评为上海市放射性同位素处理先进单位称号。1989年，被评为上海市放射性同位素安全防护先进集体。

医务人员锐器暴露防护　2004年，在院感科的牵头下开始对医护人员操作中的锐器暴露进行管理，防保科由一人兼管该项工作。2008年初，改为专人负责。是年8月27日，实施《医务人员锐器损伤处置的标准操作规程》。2009年，根据医院的要求积极开展研究，完成《不同等级医院护士职业暴露安全防护相关情况的调查》。2010年，修订《医务人员锐器损伤处置的标准操作规程》，规范乙肝免疫球蛋白的使用和用药剂量。

疫苗接种　1976年起，从卢湾区防疫站领取乙脑疫苗，组织急诊、隔离病房、传染科等科室职工接种。2008年，组织检验科、感染科全体职工进行肝功能、乙肝表面抗原血清学指标检测和疫苗接种。2008年起，每年组织感染科、呼吸科、急诊科等重点科室职工接种麻疹疫苗。2009年，有377位职工进行乙肝疫苗补种。2010年，组织重点科室开展甲流疫苗接种工作，分5批共有236职工接受甲流疫苗接种。

环境保护　1982年，设专人分管医院的环境保护工作，包括医院的一般污水及放射性污水的监测、废气排放及院内噪声问题，提出改进锅炉房烟囱排放废气超标措施，更换新的除尘设备。1987年，治理2舍真空泵噪声问题。1991年，牵头完成新投入使用的北区污水消毒站的验收工作以及引进15T锅炉的预审工作。1992年，医院被授予环境保护市级先进集体。1993年，通过卫生防疫部门的评审，取得“公共场所许可证”。

【职工计划生育】

组织领导　1979年，计划生育领导小组由院党委委员，妇女委员会副主任，团委、保健科、妇产科等负责人组成，具体工作由保健科负责。1981年，各病区成立计划生育小组。1992年6月，医院成立计划生育协会，由院长任会长。修订和补充计划生育制度和具体措施，加强对单位外来人员计划生育综合管理，做好流动人口的婚育证明查验工作。2007年，院计划生育分会成为全市五个基层计生协会示范点之一，采取电脑管理全院女职工的婚育信息，并及时对信息更新和补充。2008年后，建立第二胎登记制度。将上海市再生子女条件、咨询热线电话等内容印发给各科室。召开志愿者会议，发挥志愿者作用，杜绝计划外生育。

计划生育宣传　1978年，利用黑板报、广播台宣传，使每位职工都能知晓计划生育的精神和政策。1991年起，为计生干部及全院职工开展计划生育知识讲座，并通过黑板报、画廊等形式宣传。医院历年计划生育率均达到100%。1999年被评为上海市流动人口管理先进集体。2002、2004年被评为计划生育工作免检单位。保健科分管人员获1991—1992、1993—1994、1995—1996、2007—

2008 年度的上海市计划生育先进工作者称号。

【特殊疾病报告】

传染病传报 1958 年，建立《上海第二医学院附属广慈医院传染病报告制度》，由保健科指定专人负责各科室指定传染病的统计、传报、专册登记并检查漏报。1963 年，对传染病报告制度进行修订，每月组织儿内、急诊、门诊进行对口检查。1978 年，重新制定《上海第二医学院附属瑞金医院传染病报告制度》，明确传染病科各病区传报卡的传报流程，首次将性病列入报告范围。1986 年，取消性病的保密限制，并开展性病防治的宣传工作。2003 年，将结核病列入定点监测范围，建立专病病史和专病门诊。2004 年起，通过中国疾病预防控制信息系统平台传送传染病报告。2006 年，开展传染病网络直报。2009 年，医院成立传染病报告管理小组，由院长任组长，防保科主任任副组长，防保科落实监督传染病报告工作。

肿瘤报告 1964 年起，肿瘤病报告工作纳入保健科工作职责。1978 年，制定《上海第二医学院附属瑞金医院肿瘤病报告制度》，进一步规范科室责任、报告卡填写和报告流程，负责将全院报出的病例专册登记后将报告卡寄往上海肿瘤研究所。2002 年，成立院内肿瘤报告登记工作领导小组，由院长统筹负责，防保科负责主要工作，设专人负责肿瘤传报卡的核对、检查漏报工作，肿瘤报告方式向电子化录入方式发展。2008 年，病房正式使用电子肿瘤报告，通过医院信息系统直接上传至防保科，经统一审核后上报，提高肿瘤报告的效率和准确性。

职业病报告 1957 年，保健科开始职业病报告工作，对医护人员开展职业病宣传、培训工作。2004 年，建立职业病报告网络，各科由专人负责，明确报告职责，减少漏报病例。

非典型性肺炎(SARS)报告 2003 年，医院 24 小时监测报告非典疫情，将每日疫情、零报告、重要情况报告等信息及时报告卢湾区疾控中心和中国疾病预防控制信息系统，共报告病例 12 例，其中确诊 2 例，3 例由市专家组确定为疑似病例。由一名医生和一名护士每天对 28 位隔离医务人员进行临床观察和医疗保健，对 60 名医院职工(包括进修人员)来沪、返沪进行一般医学观察，保证医务人员零感染率。2004 年，非典疫情趋于缓和，防保科结束每日零报告，改为病例报告。医院继续保留发热门诊。2005 年，医院作为不明原因肺炎监测点医院，成立呼吸道传染病防病工作领导小组，院长任组长，对不明原因肺炎持续监测。结合非典防控经验，制定呼吸道传染病病人就诊及上报流程，防保科负责疑似病例传报和专册登记工作。

【健康教育】

20 世纪 60—70 年代，通过宣传画廊、黑板报、张贴宣传画、口头宣教配合板报等形式开展健康教育。1992 年，成立健康教育领导小组，开展院内健康教育工作。通过在门诊大厅设立防病咨询台、分发健康教育材料和闭路电视等方式进行视听宣传。1996 年，结合门诊大楼改建，各楼层增加闭路电视机 16 台，扩大宣传范围。2006 年，防保科向相关部门提供防病资料，协助宣传。2008 年 3 月，成立门诊健康教育与促进中心，健康教育由门诊部负责。

五、病案统计管理与服务

1952 年之前，出院病案一部分由各临床科室保管，一部分由病人保管。是年 5 月，医院成立病史室(位于 8 号楼)，设 3 名工作人员，开始规范管理出院病案和统计报表。1958 年，病史室和图书馆合并成立图书病史室，业务相互独立。半年后两科室重新分开办公。1968年，随着病案数量不断增加，为扩大病案库房面积，搬迁至34号楼，并于1994年进行原地房屋改扩建。

1981年，成立病史统计室，统计工作归医疗副院长领导，病案管理工作归医务科领导。1992年，更名为统计信息科，归医疗副院长领导，主要为病案管理、诊断和手术编码编制和审核、历史病案电子化拍摄、卫生统计分析、科研辅助工作以及对外服务。2008年9月，统计信息科搬迁至思南路111号，办公和库房面积787.67平方米，全部为移动密集架，增设病史质控室和病史查阅室，库房安装空调、除湿、监控等安全设施。截至2010年底，统计信息科共有职工11人。

【病案管理、编码编制】

1952年5月，由病史室负责住院病案的收取、整理、装订，按出院科室、住院号对出院病案进行排列、上架归档。从最初的手工按四角号码索引填写住院病人姓名卡转换为汉语拼音顺序编排及填写“出院病人分科登记本”。

1961年，医院开始实行住院一号制，使每位病人病史能集中保管，资料完整。新生儿与其母亲合用一个住院号，不再另给新号，并将新生儿病历装订在母亲病历后面。1962年，医院建立疾病索引卡，使统计资料集中完整。疾病编码采用《疾病和手术名称分类》标准。在疾病分类中按解剖部位排列，做交叉索引，每一种疾病建立一张索引卡，以颜色和记号区分主要诊断或次要诊断；手术分类按系统按解剖部位的第一个字母排列，将部位编在前面，手术方式写在后面。应用这一套疾病交叉索引卡和手术索引卡，在医疗、科研或教学上，医护人员可通过疾病（甚至罕见病）或合并症或并发症或手术名称，病史室人员就能准确地提供病案。

1996年，医院实现电子化病案管理，人工摘录病案首页信息录入到计算机DOS系统中，取消沿用30多年手工填写疾病索引卡，资料查询通过计算机DOS系统，统计报表大部分可以自动生成。

2000年，系统更换为病案首页信息采集软件。2003年，更换为上海市卫生局统一下发的《上海市医院病案管理系统4.0》，使用国际疾病编码ICD-10和ICD-9-CM-3。2009年，使用电子病历系统采集病案首页数据，保证数据采集的及时性和准确性。在医院HIS系统上开发“病案交接”“病案出库”“病案入库”“病案到库”模块，病案首页上加印条码，购置4台PDA、6个条码扫描枪，实现病案示踪电子化。2010年，完成病案首页打印程序，电子病历在生成首页时，自动提取病程记录相关信息，统一基础编码，不需要医生再填写重复内容，同时锁定所有必填项目，确保病案首页填写质量，实现首页信息自动导入病案管理系统。

【卫生统计分析】

1953年1月，病史室完成医院第一张住院情况年报表《1952年各科出入院、转出入、死亡、留院住院天数汇集及一般统计》、第一张手术年报表《1952年病房各科手术》报表、第一张疾病分类汇总报表《1952年住院病人疾病分类》报表。1953年4月，完成第一张《医院季报表》。1954年第四季度，完成第一张《妇幼卫生工作季报表》。1955年1月，完成第一张《1954年上海第二医学院附属广慈医院门诊部挂号汇总月报表》（年报）。1957年3月，完成第一张《上海市人工流产及绝育手术月报表》。

1982年7月，病史统计室完成《1954—1981年瑞金医院剖腹产调查分析》，详细分析产次、年龄、手术指征、胎儿体重与剖腹产关系，提出不宜过晚的结婚或生育，加强对高年孕妇的产前检查和产妇的围产期保健工作。1994 年，配合医院各科室实施总量控制、结构调整，进行住院病人费用统计。1998 年 1 月，第一次编写年度全院有关医疗指标完成情况报告《1997 年全院平均住院日及有关指标完成情况分析》。

1987 年 1 月，完成第一次有电子版的报表《上海市第二医科大学附属瑞金医院病床使用情况及病人动态表》。1988 年 7 月，完成第一张干部保健情况报表《干部门诊、病房医疗质量、管理统计表》。统计信息科根据病案首页信息，按月、按年汇总统计全院住院动态报表。根据门急诊数据，按月、按年汇总统计全院门急诊动态报表。及时为医院各科室绩效考核提供信息数据，为医院正确决策提供动态信息。医院定期向国家卫生部、上海市卫生局、申康医院发展中心、上海市疾控中心等部门上传明细数据及报表。1998 年，上海市卫生局予以医院病史统计质量免检的决定。

1998 年，配合上海市医保局和卢湾区医保局，抽调各科大量病案，进行常态化检查。2010 年，统计信息科参与医保单病种管理，在 HIS 系统中实时进行手术编码准确性审核。为解决库房不足、病人复印、科研查询等问题，对历史病案进行电子化翻拍。通过公开招标，确认由“上海联众网络信息有限公司”实施此项工作。统计信息科加强质控管理，对已翻拍病案的清晰度和漏页情况进行督查。对拍摄后的病案资料进行装箱和保存。

【教研交流】

1992 年，完成上海第二医科大学管理专业班的“医院信息管理”“医用写作”授课，完成上海市卫生局组织的病案撰写规范与上等级评审标准的制定工作，负责编写《上海市医院病案撰写规则》。

2010 年，在医院内网上开设统计信息科网页，辅导和协助各科室用好诊断和手术名称库。协助病案质控，积极组织和参与各类病案书写培训。承担进修医生病案书写及电子病历操作培训任务，对每一批进修医生进行入职前系统性的培训。对于本科没有编码资质的人员轮流参加中国医院管理协会组织的编码培训。

1980 年，《病案管理的关键必须管好“二个号”》一文被收入《第一届全国医院管理学术会议论文汇编》。1993 年，参加全国性病案管理学术会议、中华医学会第三届全国病案工作会议。1994 年，参加中华医学会召开的全国学术会议。1996 年，论文分别发表在《上海统计杂志》《中国医院统计杂志》与《中国卫生统计杂志》上，并在中华医学会组织的全国病案管理学术会议上进行大会交流。1998 年，5 篇论文分别在全国病案管理学术会议上发表或刊登在有关杂志上。1999 年，在《中国医院管理杂志》上发表一篇文章，在全国病案学术会议上发表两篇文章。

截至 2010 年底，统计信息科共承担三项省部级以上课题，其中 2007 年“基于 IHE 规范的大型城市医疗信息共享服务及示范工程”获得国家科技支撑计划课题。

六、健康体检管理与服务

1955 年 5 月，广慈医院医生赴江南造船厂为工人做体检。1988 年 3 月 22 日，成立瑞金医学科技公司体检中心。由门急诊部主任陈志龙兼任主任，工作人员 8 人(均为兼职人员)。体检工作由门诊办公室和保健科共同合作、业余时间(门诊开诊之前及周末时间)完成。1993 年，体检纳入医院统一财务管理，由门诊部主任兼管。2002 年 5 月 17 日，体检中心挂牌成立。

1988—2003 年底前，体检中心没有专门的办公场所，在各科室诊间完成体检。1993 年开始，体检安排在门诊 5 楼专家门诊内进行。下基层体检由对方单位派车，将瑞金医院参检医生、仪器设备、X线流动摄片车送到现场。2003年，金文宾馆作为体检中心过渡性体检用房(现已拆除)。当年10月，体检中心迁至32舍底楼，面积约400平方米，有独立的检查室、B超室、心电图室、X线摄片室，开设独立的接待及用餐区域。2006年10月，体检中心搬迁至新门诊大楼8楼，总面积2 300平方米，露台上进行绿化布置，铺设木地板，设置大小两个用餐场所，是上海市大型公立性医院面积最大、功能最全的体检中心。2010年，上海市健康体检质量控制检查，瑞金医院体检中心总分第一。截至2010年，体检中心共有专职人员17人。

表3-1-21　1988—2010年体检中心历任主任、副主任情况表

任职年份	主　任	任职年份	副主任
1988—1992	陈志龙(兼)	1988—1997	费爱莲(兼)
1993—1997	史锁红(兼)	1993—1995	周孝行(兼)
1997—1998	丁家佩(兼)	1995—1997	史以珏(兼)
1999—2001	倪继红(兼)	1995—1997	丁家佩
2001—	孙胜伟(兼)	1997—2003	藤霞娟
		1998—2002	邵炳荣

【体检人次】

医院对内健康检查对象是本院离休老干部、退休职工和本院职工。对外健康检查对象是劳保、公费单位的职工。1984年后，医院承担劳动模范、先进工作者体检工作。1988年医院采用组织医务人员上门体检的方式进行，每年平均为100余家单位1.5万名左右的职工进行健康检查，包括职业病普查和妇科疾病等。

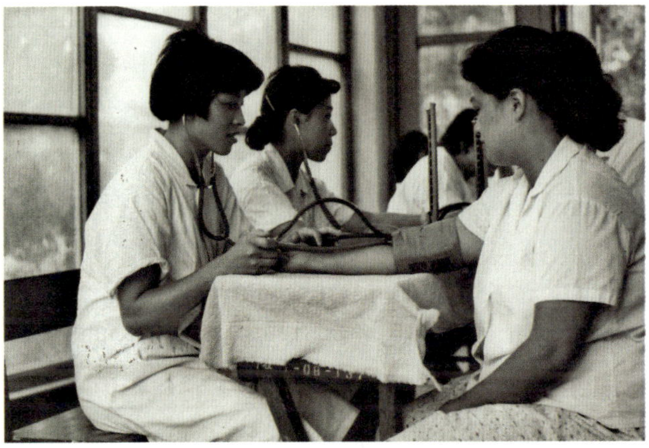

图3-1-10　1983年医院去上海舞蹈学校体检

1979—2010年，到医院参加体检的人员逐年增加；体检单位数由2001年的137家增加至2010年的506家。2006年8月，体检种类有集团员工体检、个人健康体检、入职体检、申报户口体检、学生入学体检、机动车审证体检、旅游体检、教师资格认证体检等。2010年，增加公务员录用体检，共计9类。

表3-1-22　1979—2010年医院体检中心历年健康检查年度人次统计表

年　份	体检人次	年　份	体检人次
1979	3 389	1991—1995	75 814
1980	2 518	1996—2000	47 313
1981—1985	21 383	2001—2005	164 007
1986—1990	77 239	2006—2010	410 586

【体检服务与制度】

1988年，检查时间安排在工作日的6:30—8:00，周日上午7:00开始。2003年9月开始，检查时间安排在周一至周六6:30—11:00，周日上午7:00开始。有离退休老同志时，体检中心时间提前至6:00。

20世纪90年代，体检中心按照门诊办公室的规章制度开展工作。2002年，开始细化岗位设置，明确分工，补充危机值处理、质控自查、检后走访等规章制度，2005年5月，孙胜伟作为卫生部《体检服务与管理办法》专家委员会专家参与制订《体检服务与管理办法》。截至2010年，制定完善各类规章制度共28项。

1988年，开展三大常规、血液生活、基础肿瘤指标（CEA、AFP）、心电图、腹部B超、胸片，以及内科、外科、耳鼻喉科、眼科检查。大规模开展出国人员体检，小规模开展个人健康体检、入职体检、申报户口体检等。1993年，体检套餐内容由体检单位医务室和瑞金门诊办公室协商制订，分5个层次确定内容。2003年9月，增加眼压、颈椎、腰椎、特殊肿瘤指标（CA199、CA125、CA724、CA153、PSA、f-PSA）等项目；教师资格认证增加心理测试项目（SCL-90）。组建的健康套餐根据不同需求分为9种。

20世纪60年代，检后给予针对性建议。20世纪70年代，体检之后进行咨询、解答，发现异常及时通知，安排进一步检查和住院诊治等。20世纪80年代，增加处方及宣传资料。1993年，下单位开展主题健康讲座，实施体检、咨询、医疗一条龙服务，按各类病情需要安排门诊或住院治疗。

2000年，健康体检信息档案建立，设计“集体健康体检小结表”纸质版，主检医生意见由手工书写。2001年，逐步完善各种形式的健康教育方式和内容，摆放纸质文字、PPT滚动版块；同时建立并印制高血压病等20多种健康处方；单位健康检查后予以总检意见的反馈。2006年开始，每年体检中心网上公布当年健康教育讲座内容，每月以“健康教育讲座”的形式，参与健康教育讲座的科室有营养科等10余个科室。2006年，体检中心成立信息化工作小组，与医院计算机中心密切合作，对体检中心需要应用的项目进行梳理后，结合实际情况分门别类实施。2007年，根据体检手册内容直接输录成电子版保存。2008年，体检中心为部分单位建立干部健康档案。

2008年，每天有内科系统的专家在体检中心提供咨询。2010年，开设放射科专科咨询至2010年底，开展健康教育课程共计35次，参加人次约千人。2004—2010年，体检中心发现各种肿瘤共计194例。

七、特需医疗管理与服务

1998年9月，依据上海市卫生局、上海市物价局发文《关于同意上海第二医科大学附属瑞金医院开设特需病房的批复》，在医院9号楼（干部病房综合楼）增加特需服务床位和编制，2002年2月，正式命名为特需医疗保健中心（以下简称“特需中心”）。

1998年成立之初，特需中心由院长直接领导，医疗副院长负责业务管理，九舍综合管理办公室兼管特需中心工作。1999年，成立健康俱乐部，负责客户管理。2005年，引入医疗文员，协助临床处理文案工作。2010年，张晨莉任特需中心主任。截至2010年，特需中心工作人员共107人，其中医生26人、护士68人、文员9人，行政4人。

表 3-1-23 1998—2010 年医院特需医疗保健中心历任主任情况表

任职年份	姓 名	职 务
1998—2000	苏静英	医务处副处长兼
2001—2003	邱力萍	院长办公室副主任兼
2003—2010	俞郁萍	院长办公室副主任兼
2010—	张晨莉	—

1998 年,特需中心建立一支专职医护队伍,由相关专业临床能力强、服务水平高的副主任医师、医生和护士组成,建立高质量的会诊制度。护理人员经面试从不同专科招收,并到专科病房轮转,从力量配备上符合全科医疗特色的需求。2003—2007 年,注重以素质培训为重点,提高医护人员业务能力和服务水准。2007—2010 年,逐步完善特需医疗制度和服务规范。

【业务开展】

特需病房 1998 年,于 9 号楼 9 楼和 12 楼分别设特需血液病区和特需外科病区,配备进口医疗设备和宽敞温馨的医疗环境,床位数 44 张。1999—2002 年,11 楼内科病区、10 楼体检病区、2 楼门急诊相继开出。2001 年,于 38 号楼 3 楼设特需妇产科。2006 年 11 月 18 日,特需 9 病区病房结构调整,将骨髓移植层流室移至门诊 18 楼,原骨髓移植层流室改建为 2 间标准病房及 VIP 接待诊疗室,床位数增加至 97 张。每个病区均有病区主任负责日常查房诊治,医疗上的疑难问题组织专科的专家会诊,以保证高品质的医疗质量。

特需外科除完成本病区日常工作,还承担高干及特需其他病区的外科会诊工作。特需外科重症监护室接受特需和干部病房手术病人的术后监护工作。同时,为提高床位利用率,在功能定位前提下,适当收治一些跨科室病人:外科病区除收治普外科疾病病人,还收治骨科、泌尿外科、妇科病人;内科病区同时收治肿瘤化疗、产科、骨科、泌尿外科、眼科、五官科等病人;特需血液科病房包括特需病房、骨髓移植室,并于同楼层设实验室,病房部分血液标本可直接送实验室化验,实现病房与实验室检查一体化,与维克斯曼癌症基金会联合建立了血液肿瘤病房。特需病房设施齐全,可选择两人一间或一人一间的舒适就医环境,病房管理方面注重安静,可满足一对一的护工需求。

特需门诊 2002 年,特需门诊设立后,由全院各科室专家以预约的方式出诊。2010 年,为各科专家设固定特需专家门诊,按固定时间坐诊。特需门诊包括特需医生及全院的副主任及以上级别的医生出诊。

特需体检 2002 年,特需体检病区和特需门诊建立后可提供住院体检和门诊体检,由主诊医师制定个性化体检项目,汇总体检报告,并预约时间提供免费讲解咨询;体检发现专科疾病者,尽快联系专科医师为其提供后续治疗等。

保障工作 1998 年,承担部分干部保健、政府对外高峰会议(如上海 APEC、六国首脑会议等)的医疗保障任务。特需外科病区监护室承担干部病房术后病人的监护和护理工作,至 2010 年干部病房监护室建立后,才改由干部病房自行监护。2002 年特需急诊成立后,干部保健急诊均由特需急诊接待处理。

特需门诊量从 2002 年的 9 019 人次增至 2010 年的 28 675 人次,住院由 2002 年的 1966 人次增至 2010 年的 2 915 人次(其中手术达到 749 人次),体检由 2002 年的 167 人次增至 2010 年的

2 915人次。

【特需服务特色】

温馨服务 1998年,特需中心病人的所有外出检查,均由护理人员一对一全程陪同宣教,楼外检查并配有院内专车接送。护士长随同医生查房,关心病人需求,了解病人及家属的想法,能在第一时间为其解决。2002年,特需门诊设立后,病人可电话或现场预约单个或多个相关专科医师就诊。2005年起,招收社会工作专业、心理系的文员,为病人提供心理咨询服务。随门诊量的增加,2010年规范预约制度,扩大预约量,增加院内其他专家预约出诊。

一站式设计 9号楼设独立的药房、收费处和部分辅助检查室(胃肠镜室、心超室、心电图室、B超室、CT室、MRI室、X摄片等),配药、收费、绝大部分检查可在一幢楼内完成。部分检查医生开单后即可完成并由主诊医生进行诊疗,避免烦琐的等候报告再约就诊的流程,大大方便了病人。为VIP病人开通辅助检查绿色通道,快速完成检查后组织各科专家会诊,积极安排治疗。病房配有配餐员,住院病人提供免费且丰厚的早餐,手术病人会有营养师至病房根据病情制定营养食谱。香港爱国企业家刘浩清夫妇因对特需的医疗服务非常认可,在2007年医院百年院庆时为医院捐款1 000万元,建立刘浩清人才培养基金。

精细化服务 2007年,制作《特需住院服务指南》,发放于特需病区每个病房内,使病人能更详细地了解出入院流程及相关检查的注意事项。2009年起,检查时提供私密性到位的诊疗服务,注意保护病人隐私;邀请专家录制视频授课,上传网站,提供宣教。为特需老客户邮寄院刊院报。每年春节为忠实客户邮寄新年贺卡;提升员工的素养,开展业务培训、素质培养、关怀凝聚,制作特需服务规范视频;举行特需高端客户座谈会,提高客户满意度;与协作科室进行交流、学习与联谊,加强沟通,促进合作。

延伸服务 1998—2006年,特需门诊病人和住院病人完成相关检查后,由护理人员或医疗文员电话通知结果和建议。2006年,中心参与研发并启用医院客户管理系统(CRM)。2007年1月,开通网上医疗信息查询,病人可自行上网查询检查结果和建议。同时,对出院病人定期随访,以短信形式将出院小结建议发送至个人。2008年,增设CRM互动模块,设管理员负责病人的"专家咨询"项目,沟通相关医师后回馈病人。

健康团队管理 为改善健康体检客户体验,满足客户个体化需求,中心由科室医生、护士、文员组成团队,为特需客户做好后续服务,包括建立健康管理知识库,完善健康档案,储存和归档病人资料(包括所有影像资料),并交由病人保存,有不适等医疗咨询问题可直接与团队负责人联系。2010年,对客户进行"健康团队管理"项目试点,提供专业性、独特性服务。

健康储值卡 2004年,中心推出非实名制的"健康储值卡",解决便捷支付、押金保障、流程优化、密码安全设置的问题。2010年,推出特需"健康卡"项目,简化付费流程。

【特需团队服务】

中国浦东干部学院学员体检任务 2004年起,医院接受中国浦东干部学院学员们的体检任务。中心建立了完善的"中浦院"体检模式,实现检查"零等候"、组织专家会诊、上门体检反馈和健康宣教等措施,确保学员有高质量的体检服务水平;2004年至2010年共接待132批次,学员3 861人次,其中20批省部级班学员、7批国家驻外大使班学员等,得到上海市委领导充分肯定和中浦院学员们的高度好评,扩大了瑞金医院品牌影响力。

团队体检　2006—2010 年，团队住院体检逐渐增多。许多重要客户团队选择长期在特需中心体检，中心均采取一整套规范流程，包括详尽安排、全程陪同、专家反馈等流程，得到广泛好评。

【特需病人满意率】

特需的医疗质量和服务举措得到病人及家属的认可，各病区和特需门诊的满意率在医院历次评选中始终名列前茅，很好扩大了医院影响力和辐射面。

八、干部保健医疗管理与服务

干部保健医疗服务对象为上海市干部保健局指定在瑞金医院就医的，主要包括参加过抗日战争的离休干部、院士等高级知识分子等。在医院领导的直接指导下，"以人为本，规范服务"的干部保健理念指导工作，依托医院的学科优势、综合实力以及深厚文化，打造并形成一支优秀的专家，医、技、护和管理人员的干部保健队伍，圆满完成干部保健局下达的保障任务。除做好瑞金医院定点保健对象的日常医疗工作外，认真完成干保局下达的医疗保健任务，及国内、国际重要会议、重大活动的保障任务等。负责建立健全相关干保制度、流程、预案；组织重大、重要病人的院内外会诊和抢救；参与重大、重要手术前谈话、特殊保健对象手术的现场协调；负责院内外、科与科、临床与医技等部门间的沟通和协调，保障医疗工作有序开展和规范执行；负责干部病人转诊事宜和特别用药的审批及报批工作；负责干部保健的医疗接待及协调处理信访和投诉；对医疗各环节质量（包括病史、处方质量）进行督查；组织安排一年一度的干部门诊体检等。

1970 年开始，按上海市卫生局干部保健处的政策开展干部保健工作。1998 年起，结合医务处对临床科室的考核，制定一系列规章制度，包括：干部保健门急诊管理制度、干部保健门诊体检制度、干部保健病房管理制度、干部保健用药制度、干部保健手术审批制度、干部保健行政查房（暨干保工作例会）制度、干部保健赴外院检查审批制度、干部保健转科、转诊（转院）制度、干部保健重要信息报告制度、干部保健大会诊、重要会诊流程及预案、干部保健安全保密制度、干部保健信息网络管理制度等。1998 年，建立干部门诊、体检、部级干部病案管理模式，严格执行病案借还制度，加强病史档案管理。2004 年，完善手术申报流程、大型检查审批制度、自费用药制度、病房扩增预案、各级医师岗位职责，强化落实院、科两级管理制度，实行新技术、新项目申报制度。2005 年，建立干保领导小组。2006 年，建立病案管理、出院随访等相关制度。

【医疗业务管理】

1999 年，针对干部病区病人年龄大、一人多病、住院天数长等特点，9 舍管理办公室完成调研，分析、查找出住院时间长等难点问题的原因，积极协助老年病科在保证医疗质量的前提下努力缩短平均住院天数。

2002—2003 年，重点抓医疗安全教育，制订医疗事故预防及处置预案，强化规范病案书写，严格操作常规，及时搜集证据，妥善管理病史，详细做好记录。配合医院 HIS、PACS 系统上线使用，将首次病程记录、出院小结等均用电脑录入、贮存。2003 年，根据市卫生局干部保健处的要求，制定干保对象发热门诊就诊流程和预防"SARS"预案；对干保病人外出请假制度进行修订；做好干部门诊与病区的各项宣传、督察、协调等管理工作；做好医务人员的培训。

2005—2007 年，围绕医院质量管理年这一主题认真做好各项工作。开展每月一次干保工作例会，对干保工作进行专题讨论，发现问题及时提出整改。强化管理人员的服务意识，重视与临床和医技部门的沟通。加强病房一线巡视，尤其是对新病人、手术病人、危重病人的访视，增强医患沟通。加强对医疗质量的督查、病史质量的检查，对存在的问题做到及时反馈，坚持合理用药，做好宣传解释工作。强化工作制度，重视执行力度，同时开展多层次、多形式的培训，包括：三基培训和考核，服务理念、沟通技巧、计算机操作等，提高医务人员的整体素质。加强护理质量和安全管理，建立完善护理管理制度和流程，建设护理梯队，完善、调整科内的护理管理网络体系并进行不断延伸，形成四大板块共 14 个小组。

2008—2010 年，以上海主办世博会及医疗质量万里行、三甲医院等级复评审为契机，强化院科二级管理，明确科主任为医疗质量第一责任人，每个病区主任为病区质量责任人。临床科室对病史质量进行自查，九舍管理办公室每月对病史质量进行督查。通过对临床医师合理用药的宣传，加强沟通，坚持严格落实药品审核、审批制度，基本做到合理规范用药，有效控制医疗费用增长。通过持续改进工作，进一步提高了病员满意度。

【完善干保就医流程】

1998 年，调整门诊布局，根据老年病的特点积极增设骨质疏松、出血与血栓等专科、专病门诊；改进病员收治流程，并逐步形成分专科收治病员；重视信息管理工作，为干部病员提供网上咨询服务；建立干部健康档案信息库。1999 年开始，干部门诊体检由 9 舍管理办公室及老年科组织，充分利用 9 舍综合楼 1 楼、2 楼诊室，为体检创造良好环境。门诊体检时间从开始的每年秋季调整为春、秋两季。体检汇总结果最后由科专家小组把关、审核，确保体检质量。

【重大会议及活动的保障任务】

2001 年，瑞金医院被指定为 APEC 会议的干保医疗定点医院，组建培训 6 支干保随队医疗保障小组，参与随队保障外国元首的医疗任务。2004 年，完成法国总统、美国副总统访问时的医疗保障工作。2005 年，完成上海市党政领导进藏考察医疗保障任务。2006 年，组建 3 支医疗保障队伍，完成上海六国合作组织峰会期间的医疗保障工作任务。2010 年，完成上海世博会 VIP 医疗保障工作。

第二章　重大医疗活动与成果

第一节　医 疗 急 救

一、应急反应体系建设

【基础应急保障体系】

院内应急保障体系的基础是急诊科。1986 年成立急诊重症监护病房。2009 年，医院建成并投入使用新急诊大楼，面积近 1 万平方米，设有急诊抢救室、重症复苏室、各专科急诊诊室、临时留观室，同时配有急诊检验、急诊放射、心电图、B 超、CT 和 MRI 等独立辅助诊断体系，还具有独立急诊手术室（5 间）、急诊 ICU（床位 18 张）和创伤外科病房（床位 36 张），设有上海医疗急救中心瑞金分站（设 8 辆救护车），是上海市最大最繁忙的危急重伤病员救治医学中心之一。

急诊科还承担培训应急救援人员的职责。2008 年，急诊科成为美国心脏学会（AHA）授权的心肺复苏和急救技术培训中心（颁发国际通用 AHA 授予的 BLS 和 ACLS 学员和导师证书）。2009 年 2 月，急诊科开设的每年一届的“上海—鹿特丹 ERASMUS 急救创伤医疗培训课程”，为全国和上海市培养超过百名急诊医学（含创伤）的专业人才和学科带头人。

【应急救援模式】

在医院的发展过程中，应急医疗多以临时成立救护班子的形式存在，即在医院统一调度下，多学科团队协同参与危急重症救治的临床模式。这种模式在 1958 年抢救大面积烧伤病人邱财康、1970 年文化广场火灾事故抢救成批烧伤病人等事件中获成功，以后逐步发展为多学科联动、院前院内急救紧密衔接的模式。医院成为上海市 120 急救网络成员单位后，与上海医疗急救中心建立联动协调机制，对危急重症病人能够做到伤员到达前预报病情，被列为上海市院前院内急救紧密衔接试点模范单位。

1988 年，为应对突发事件，医院组织两支救护队，具战备应急能力。1989 年，按上海市红十字会要求，瑞金医院组织急救医疗队和一套院内重危病人抢救团队，以外科重症监护病房（SICU）和心脏监护病房（CCU）为基础，开展危重病人抢救。2003 年 4—6 月，抗击“非典”期间（SARS），医院多次组织医护人员进行应急知识培训、应急技能培训、应急演练。应急培训人数达到 1 500 人次。同年 10 月，根据上海市卫生局文件《关于在本市二级以上医疗机构组建应急救治医疗队的通知》，医院组建 SARS 应急救治医疗队，制订 SARS 防病工作预案，修订 SARS 防治工作预案和发热病人就诊流程，组织 SARS 防治工作医疗队，开展相关人员上岗前培训。

2008 年 5 月，四川汶川发生地震，医院组织抗震救灾医疗队专赴灾区开展医疗救援工作。2010 年 5—10 月，在上海举办中国 2010 年上海世界博览会，医院成立世博保障医疗队在世博园区驻守医疗工作。

至 2010 年底，危急重症学科发展成熟。应急医疗队成员来自各专业科室。遇到紧急突发事件时，由医疗副院长发出指令，医务处、门诊部、急诊部等多个行政职能部门统一指挥部署并负责协调，立即召集应急医疗队成员组队，并有相应专科主任共同组成专家小组参与急救诊治，整体投入到各种急救或保障工作，展现医院的危急重症救治团队建设的理念——危急重症整体救治。

【航空救援模式探索】

2004年起，医院和美国威斯康星大学医学院附属Fordert医院航空医疗救援中心合作，建立航空医疗救援工作制度和流程，并于2005年和2008年开始分别与以色列海法Ramban医学中心和荷兰鹿特丹Erasmus医学中心合作，学习航空救援基地医院设置，进一步完善应急预案和工作流程。2007年7月，医院新门诊大楼投入使用，在24层楼顶设置直升机停机坪，为钢结构，呈矩形，高出大楼层面约4.5米，绘有大型升降标志，可供直升机起降。一旦病人从这个"空中门户"进入瑞金医院，通过与停机坪相连的专用升降电梯，直接进入位于楼内第15层急救中心手术室，立即接受救治。

2009年，门诊大楼顶楼的直升机救护专用停机坪及其医疗辅助设施通过航空管理部门验收。2010年3月30日上午11:22，首次起降试飞成功。2010年5月，正式启用直升机救护专用停机坪，同时制定医院直升机停机坪管理和维护条例。至此，瑞金医院初步建立快捷、高效、合理的全方位的急诊急救体系。

【制订应急预案】

2002年，制订各种紧急事件处理和重大突发公共事件救治预案，包括《瑞金医院急救绿色通道运作办法》《突发事件院内急诊救护管理办法》《突发性食物中毒医疗救护应急预案》，与卢湾交警合作建立"上海市交通事故快速抢救机制"的绿色通道，配合上海市急救中心完成首批院前急救通信网络的建设并且使其运行良好。2005—2010年，先后制订《突发公共卫生事件应急预案》《"人感染猪链球菌病防治工作"应急预案》《夏季"急性胃肠炎""肠道传染病"相应应急预案》《"禽流感防治"应急预案》《禽流感上报流程》《瑞金医院医院感染暴发及突发事件应急处理预案》《上海交通大学医学院附属瑞金医院应对甲型H1N1流感大流行应急预案》《瑞金医院医院感染暴发应急处置流程》《瑞金医院医院感染暴发上报流程》等。2010年6月，为贯彻落实上海市卫生应急工作会议精神，结合医院的实际情况，制订《瑞金医院突发事件批量病人院内救治应急预案》，成立应急救治工作的组织体系(由领导小组、应急办公室成员、应急处置医护工作小组成员、应急处置专家小组4个部分组成)，建立应急医疗救治流程，组织开展院内收治或转院救治，并总结评估突发事件的救治经验和教训。2010年9月28日，设立医院统一的急救绿色通道。

二、重大危急重症抢救事件

1958年5月28日，上钢三厂炼钢工人邱财康大面积烧伤(总面积89.3%，其中Ⅲ度烧伤23%)，经医院外科、麻醉科、检验科、血库、护理部、手术室和上海第二医学院免疫学教研室3个多月抢救，得以成功救治，打破国际上"烧伤总面积超过80%无法治愈"的定论。

1977年6月2日，上海炼油厂发生事故，大批灼伤病人亟待抢救。下午4:00左右，医院成立抢救灼伤领导小组，灼伤科医生、护士、实验室工作人员等33人集中待命，分为7个抢救组。晚7:00起，陆续收治9名伤员。其中病人杨光明烧伤面积达100%、Ⅲ度烧伤面积达94%。对该病人的抢救成功创造世界烧伤医疗上的新纪录。

1985年1月，一名急性坏死性胰腺炎病人经外院手术十多天后病情恶化，送来瑞金医院外科再次手术,切除坏死的胰腺,行胆囊、空肠、胃造瘘及腹腔多管道引流,并及时转运至 SICU。因病人 1959 年左肾切除、1968 年右肾患肾炎,术后发生急性成人呼吸困难综合征,出现呼吸停止、昏迷、血压升高、脑血管痉挛、黄疸、上消化道出血、腹腔肿块等危重现象,终在外科、SICU、肺科、消化科等医护人员共同努力下一一克服,痊愈出院。同年,外科监护病房抢救并发呼吸衰竭的病人共 22 例, 14 例抢救成功,存活率达 60%以上,已达到当时的国际先进水平。

1986 年 1 月 22 日上午,25 岁女青年杨丽华在瑞金医院皮肤科门诊就诊时,突然昏倒,四肢抽搐,立即被送至急诊抢救室。病人 9 年前因患严重心脏病曾做过手术,该次被确诊为急性脑缺氧综合征,死亡率很高。经过 4 个多小时的抢救,暂时稳定病情。心脏科医师石镭在胸外科和放射科的配合下,仅用 5 分钟的时间将 61 厘米的起搏导管准确地从颈静脉血管插到心脏合适部位。手术临近结束时,病人再次发生脑缺氧综合征,使用常规电击量显示无效。医学工程技术员潘懋在 6 秒钟左右的时间内,果断地使用最高能量电击,同时加用高频强刺激,终于控制病人心率,使病人很快苏醒过来。

1988 年,一名霉菌性脑膜炎病人从下肢到颈部所有肌肉完全瘫痪、呼吸衰竭导致严重缺氧,同时并发肝脏、肾脏、心脏功能损伤。传染科制订严密抢救治疗方案,除用两性霉素 B 来治疗霉菌性脑膜炎,用呼吸机辅助呼吸外,还同时治疗严重的合并症(尿路感染、肺部感染、金黄色葡萄球菌感染、败血症等)。护士加强病人的呼吸机护理、褥疮护理等措施。经过 87 天精心治疗和护理,病人所有瘫痪的肌肉全部恢复功能,经针灸和推拿,出院时没有发生褥疮或留任何后遗症,智力正常,可迈开步子,在平地上自如行走 50 多米。

1990 年 2 月 18 日,9 个月婴儿陈某吞入一把钥匙。五官科医师及时施行手术将其取出,婴儿转危为安。1990 年 5 月 16 日,黑龙江省 10 岁儿童赵某,因左眼崩入飞起的铁屑,在哈尔滨与上海两家三级教学医院医治,手术均无效。转来瑞金医院后,眼科为其手术,成功地取出深埋于其左眼角膜后、贴近视神经的 24 毫米铁屑异物。专程来沪的阿城市和哈尔滨市团市委代表向瑞金医院医务人员及上海人民表示感谢。

1999 年,一名重症急性坏死性胰腺炎女病人,心、肺、肝、肾等脏器功能严重障碍,8 次心脏停搏,经过瑞金医院医护人员 148 个日日夜夜的抢救,转危为安。国务院副总理李岚清称其为继 1958 年成功抢救大面积烧伤病人邱财康之后的又一奇迹。

2001 年,一位 53 岁的男性病人被诊断为主动脉夹层动脉瘤(De Bakey Ⅱ型)、高血压性心脏病,动脉瘤破口直径达 2 厘米,而且夹层范围广,病情凶险。胸外科主任陈中元做好周密的术前准备,在麻醉科和手术室积极配合、深低温体外循环下为病人实施升主动脉、主动脉弓替换术、人造血管移植术,病人顺利度过手术关。

2005 年 7 月 7 日,妊娠期合并急性肝功能衰竭病人金某经多学科联合抢救成功并剖腹产一个 2 890 克健康女婴。6 天后,普外科又为小金成功进行肝移植手术。8 月 9 日,孩子满月,父母为其取名“袁恩”以纪念医院依托综合学科优势挽救的两条生命。

2006 年 6 月 19 日,2003 级儿科硕士研究生须丽清、普外科博士研究生冯波等 43 名研究生在浙江仙居,没有任何药物、器械的情况下,完全依靠人工急救措施,使一名溺水 20 分钟、已瞳孔放大、没有心跳呼吸的 8 个月大男婴,奇迹般恢复心跳,挽回生命。

三、重大突发事件与公共卫生事件

从 1950 年起,瑞金医院便组织、参与各种自然灾害或人为因素所危及人民群众生命安全或造成人员伤亡的重大突发事件的抢救。积极应对各类传染病的防控工作，包括甲型肝炎流行、SARS、手足口病、肠道传染病及甲型H1N1流感。规范发热门急诊、手足口病急诊、肠道急诊的消毒隔离流程，合理调配医务人员，保障各类传染病防治工作的正常开展。

表3-2-1 1950—2010年医院组织参与抢救的部分重大突发事件情况表

时间	突发事件
1950年2月6日	国民党空军轰炸杨浦、南市发电厂及卢家湾水厂，仅打浦桥地段死伤居民100余人，其中50余人送广慈医院急救。外科傅培彬、沈永康、史济湘、宋祥明、张传钧等医护人员投入抢救
1964年7月	灼伤科原定30张床位上收治45个病人，其中生产性灼伤17人，生活性灼伤28人
1976年8月	医院组织30名医务人员参加第一批救援医疗队赴唐山抗震救灾，又动员70多名医务人员参加建立丰润抗震救灾临时医院
1986年	抢救严重煤气中毒、硫化氢中毒等重大突发事件病人20余人次
1987年	上海交通大学军训发生交通事故致大批学生烧伤，瑞金医院抢救6名受伤学生
	109路车辆翻车事故，瑞金医院抢救4名伤员
	上海锅炉厂发生意外工伤，致一死两伤，2名伤员送瑞金医院，抢救成功，痊愈出院
1988年	高桥炼油厂火灾事件致10余人灼伤，瑞金医院派出史济湘指导上海市第七人民医院抢救，派出副主任医师长驻七院指导抢救，同时派护士长配合抢救
1988年	如皋爆炸事件后由飞机送来瑞金医院3名重度灼伤病人，其中2名病员经抢救后稳定
1990年1月22日	上海船厂突发二氧化碳外溢而致4名工人中毒，送瑞金医院抢救成功
1991年夏	江浙皖发生特大洪水灾难。医务处接到组织医疗队的命令后，在最短的时间内组织两支医疗队整装待发，并且备好急救包、药品等物资
1991年	发生了9次突发事件，如上钢五厂发生煤气中毒事故、沪淞公路上发生交通事故、大批伤员被送到瑞金医院。瑞金医院医务处及时有效地组织各科进行抢救
1992年4月7日	上钢三厂铸钢分厂发生二氧化碳和一氧化碳混合气体中毒事故，22人被送至瑞金医院抢救。急诊、高压氧舱、内科等各科密切配合，经过三天三夜抢救，病人相继出院
1993年3月8日	南市区文庙小学发生意外事故，7名学生严重挤压伤。瑞金医院参与抢救，完成任务
1993年9月22日	嘉定高压锅炉厂发生爆炸，12名伤员送来瑞金医院抢救，获得成功
1993年12月15日	煤气公司7名职工发生煤气中毒。瑞金医院参与抢救，完成任务
1994年2月6日	上海龙吴线公交车发生撞裂路边大口径煤气管道的特大事故，37名伤员被分成5批送至瑞金医院抢救。经过一夜的观察和第二天再度压舱，37名伤员全部脱险，其中27名于次日出院
1994年	淮海中路塌墙事件、广东路塌方煤气中毒事件等。瑞金医院参与抢救，均获成功，得到市领导及社会各界的一致好评
1995年	瑞金医院参加多起突发事件的抢救，如龙吴路交通事故致35人煤气中毒、八仙桥塌方伤员、灼伤科抢救30多名瓦斯爆炸严重灼伤病人、抢救石门路火灾救火英雄等
1996年	周浦县公交车车祸，油箱起火，45名灼伤病人送瑞金医院抢救，无一死亡
	静安区露露餐厅煤气中毒，6人送来瑞金医院，均抢救成活
	静安区煤气管道施工，一氧化碳泄露，中毒6人送来瑞金医院，均康复出院

（续表）

时　间	突 发 事 件
1996 年	上海福利院 4 名儿童疑难杂症检查与质量，均得到满意的诊治
	闵行申利化工厂爆炸，3 人送瑞金医院灼伤科救治，并康复出院
	四川中路 401 号着火，4 人送来瑞金医院，均康复
1997 年 2 月 27 日	两位一氧化碳中毒的日本人被送到急诊室，一位因送来时已停止心跳呼吸而死亡，另一位男病人深度昏迷。深昏迷病人因抢救及时，最后康复出院。该抢救工作受到包括日本领事馆、市公安局及外事处的重视，并对瑞金医院医务人员表示感谢
1997 年 2 月 28 日	立丰船厂发生爆炸，5 人当场死亡，4 人火焰吸入性损伤由浦南医院转入瑞金医院灼伤科，均转危为安
1997 年 4 月 15 日	上海天原化工厂爆炸，10 名伤员被送至瑞金医院抢救，其中 9 名为灼伤病人，另一名为氯气中毒。除 1 人外，其余 9 名均康复
1997 年 9 月 10 日	上钢三厂送来 6 名有害气体中毒病人，其中 5 名送来时已死亡，另一名昏迷。抢救及时，该昏迷病人转危为安
2005 年 4 月 29 日	“4.29 重大火灾”事件中的大批灼伤病人被送至瑞金医院抢救。在分管院长积极组织协调下，分流抢救工作，救治工作圆满完成
2008 年	突发反恐事件。医务处作为牵头部门，在分管院长的指导下，协同相关部门积极做好各项应对工作，较为圆满地完成了各项任务
	“5·12”四川汶川地震，瑞金医院派遣医护人员参加抗震救灾医疗队
2010 年	上海市静安区火灾，医院收治 15 名伤员，无一死亡

【抗击“非典”战役】

2003 年 3 月，严重急性呼吸系统综合征（SARS，又名“非典型肺炎”）席卷中国大地，瑞金医院被列入上海市监测点医疗机构。同月 25 日，医院制订《门诊发现不明原因传染性非典型性肺炎上报流程》《急诊发现不明原因传染性非典型性肺炎上报流程》。

2003 年初，急诊部设立“非典专用诊室”，之后将儿科急诊、皮肤科、眼科、口腔科、耳鼻喉科停诊，将这些诊室用房按照消毒隔离制度改建成“发热门诊”“发热门诊观察室”。由于流程便捷、消毒隔离措施规范获得各级领导的好评。

4 月 16 日，医院向全院职工颁发《全院职工须知》，告知职工 SARS 诊断标准、病人分类（可疑病例、疑似病例及临床证实病例）。对上述 3 类病例采取相应的强制性隔离治疗措施。同时，告知临床医师在接诊疑似 SARS 病人时，除询问病史、症状和进行相应检查外，还必须围绕流行病学史询问。各科室医务人员必须熟悉掌握 SARS 流行病学特点、临床表现、实验室表现、影像学检查表现以及治疗原则，必须熟悉了解消毒隔离标准，做好自身的防范工作。门急诊医务人员上岗必须戴口罩。并公布可疑病例上报流程。

4 月 17 日起，医院将发热门诊、急诊及留观病房统一放在 28 舍 1 楼，24 小时安排医务人员值班。特需、外宾病房预检时凡是就诊病人符合条件者均需转至发热门诊或急诊。

4 月 26 日，医院制定《关于本院职工预防“非典”的八项规定》。

4 月 28 日，重点布置五一节期间防治“非典”的工作及其他医疗工作。

4月28日—5月2日，医院接诊两位SARS“疑似病人”。

5月3日，急诊科副主任陈尔真护送其中一名SARS重症病人转运至传染病总院接受进一步治疗。

2003年5月期间，成功转运上海市第3名、第4名SARS病人。

5月8日，医院颁发《上海第二医科大学附属瑞金医院关于SARS工作的预案》，该预案设立防病领导小组及各级专家组，医院院长和党委书记亲自任领导小组组长，制订应急措施和SARS病人就诊流程，并安排SARS医务人员及SARS援外医疗队。

5月9日，医院使用上海市抗“非典”专项援助资金为发热门急诊购置专用床边摄片机。医务处和放射科共同制定SARS摄片岗位职责，内容包括时限要求、技术要求、消毒要求、传报要求和相关通信电话。召开抗击“非典”一线人员动员大会。时任院长李宏为在大会上作重要讲话，时任党委书记严肃传达上海市卫生局关于抗击“非典”防治工作会议的精神。在发热门急诊、28舍发热留观病房以及援外医疗队的医护人员到会参加。呼吸科时国朝、急诊科陈尔真等领衔第一批医疗队。

表3-2-2　医院SARS防病小组人员情况表

防病领导小组	姓　　名
组长	李宏为　严　肃
副组长	俞卓伟　赵忠涛
成员	朱文娟　邱力萍　章　雄　孙胜伟　钱培芬　陆一鸣　刘国忠　朱　铭　邹宪平
专家组	
上海市专家组	邓伟吾　黄绍光　陆志檬　李　敏　谢　青
校专家组	陶祥龄　万欢英　周霞秋　汤耀卿　李　敏　谢　青　陆一鸣
院专家组	万欢英　周霞秋　汤耀卿　钱培芬　倪语星　陆一鸣　高倍莉　张欣欣
防病办公室主任	章　雄　邱力萍
秘书	赵列宾
联络员	许　琰(医务处)　沈怡萍(护理部)　阎爱军(急诊科)　孙　昕(门诊办公室)　姬　骏(防保科)
28舍负责人	王愚珍　邹宪平
发热门急诊负责人	陆一鸣　孙胜伟　邵炳荣
39舍负责人	汪　新　邹宪平

在抗击“非典”期间，瑞金医院先后共召开28次例会，学习并传达上海市卫生局文件精神，布置防治“非典”各个条口的工作人员及相关工作安排，发布每日发热门急诊的就诊情况，规范发热门急诊流程，加强全院职工的强化培训，做好消毒隔离工作等。

结合疫情，医务处对全院职工进行分期分批强化培训。特邀请上海市SARS专家组成员感染科陆志檬主讲“SARS流行病学、病原学和诊断标准”，呼吸科黄绍光主讲“SARS治疗与重症抢救”，请院专家组成员SICU汤耀卿主讲“SARS危重病人的监测”，护理部钱培芬主讲“医院消毒隔离工作”。并开展SARS一线医务人员上岗前培训，针对各临床科室开展“呼吸机的应用”“心电监护仪的应用”“深静脉穿刺技术培训”这3项专业技能培训。

2003年7月，疫情结束，医院重新调整，将隔离留观室搬迁至扩建后的急诊2楼(8月起)，病室数为3张床位，发热门诊设置点不作变动。

2004 年，“抗击非典”工作进入长效常态管理，发热门诊暂时关闭。

2004 年 11 月，接上海市卫生局通知后 22 个小时，重新启动发热门诊。

非典疫情结束后，邓伟吾被评为“全国卫生系统抗击非典模范工作者”，4 个团体和 15 名个人获得省部级和校级荣誉。

2009 年年初和年末，甲型流感流行。2009 年中，手足口病流行，急诊部补充完善医院的防控处置流程、改建发热门诊，开展疑似病人筛查和重症病人医疗救治工作，做好数据采集和专项总结报告，关心员工，做好疫苗接种。

四、重大活动医疗保障

在一些重大的社会活动中，诸如大型城市运动会、大型比赛、大型会议等，瑞金医院承担重要的医疗保障任务，均顺利完成。

表 3-2-3　1993—2010 年医院组织并完成部分重大活动保障情况表

时　间	重大保障任务
1993 年	完成东亚运动会保障任务
2001 年	完成 APEC 会议期间医疗保障及突发事件医务人员的调配和协调
2003—2010 年	完成 F1 中国大奖赛上海站医疗保障任务
2006 年 5 月 12—14 日	完成国际摩托车联合会组织的“国际摩联世界摩托车锦标赛”医疗保障工作
2006 年 6 月	成立瑞金医院上海合作组织峰会(APEC)医疗保障领导小组、瑞金医院峰会医疗保障工作小组。顺利完成上海合作组织峰会的医疗保障工作
2006 年	康复科陈凯敏任第十二届世界夏季特殊奥运会预赛运动员健康计划趣味健身项目的医疗官
2007 年	完成第十二届世界夏季特奥会等各类重大活动、赛事的医疗保障 21 次
2010 年	完成世博会医疗保障任务

【世博会医疗保障】

2009 年 6 月，开展迎世博系列筹备工作，完善包括直升机救援在内的处置预案、购置防护服、设置冲淋房、完善防控措施、接诊病人、建立相应的数据库。并根据高干驻点医疗任务，协调其他科室安排人手，保证世博医疗保障工作顺利开展。

2010 年 1 月 29 日，瑞金医院召开世博园区医疗站医疗队队员动员会，成立世博应急医疗队，明确世博园区中各医疗队队长的责任、医疗点队员任务及后勤保障等方面要求。

3 月 30 日，医院对院党政领导、职能部门负责人、科主任、党支部书记等离沪外出做出相关规定。

世博会期间，医院组建 2 支重大活动医疗保障组、4 支园区医疗队和 6 支 VIP 医疗保障组，并在急诊大厅和世博园区分别开展不同场景的演练和队伍紧急召集演练。

医疗保障工作组每月两次召开工作例会，由分管院长牵头，各部门汇报工作、落实情况，做到责任到人，并先后制订《突发事件现场应急救治预案》《空中垂直救援应急预案》等 10 余项应急保障预案，及门急诊、基本住院、外宾、特需、干保医疗等部门的就诊流程和应急预案。

世博会期间，世博园区瑞金医疗站共接诊 7 406 位病人，转诊至医院 187 人。医院共收到 1 面锦旗和 6 封表扬信。完成世博会医疗保障任务后，有 16 个团体和 22 位个人获得市级表彰。

2010 年 4 月 30 日上午 9 点，前来上海参观世博会的马耳他总统阿贝拉在世博会 1 号门不慎跌倒摔伤，被送入瑞金医院治疗。2010 年 5 月 1 日下午，时任国家主席胡锦涛到医院看望，两天后阿贝拉总统由专机护送回国，瑞金医院组织医疗小组陪同护送。回国后，马耳他总统阿贝拉先生和中华人民共和国外交部分别向瑞金医院发来感谢函，称赞瑞金医院是中国医学科学的重要推动力，代表中国的先进医疗水准。

第二节　医 疗 援 助

瑞金医院作为一家三级甲等综合医院，在完成繁重的医教研任务的同时，以承担社会责任、体现公立医院的公益性为己任。自 20 世纪 60 年代以来，根据中央及上海市关于对口支援工作的部署，医院积极组建及委派医护人员和医疗团队，承担各项社会医疗援助任务。

一、下乡巡回医疗

1949 年 12 月，华东卫生部号召医务人员为解放军防治血吸虫病。广慈医院组织一支由 40 多人参加的血防医疗队，在眼科聂传贤带领下到第三野战军某部为指战员开展血吸虫病治疗工作。经过 4 个多月紧张工作完成治疗任务。此后，派医务人员到松江、青浦等县参加血吸虫病防治工作。1964 年，医院专门派出外科切脾手术队，由董方中、蒋吕品带队在松江等地为晚期血吸虫病门静脉高压病人进行手术治疗。多年来蒋吕品经常抽时间下乡指导手术，治疗一大批血吸虫病人，受到卫生部表彰。1960 年 4 月，上海第二医学院承担援建蚌埠医学院的重任。广慈医院皮肤科高玉祥、儿外科杨永康、眼科田厚生等一批资深医师以及妇产科、耳鼻喉科、传染病科、普外科、胸外科等一批主治医师前往蚌埠医学院创立科室并成为学科带头人。至 1975 年 6 月 26 日，医院共派出 38 批下乡巡回医疗队，2 113 人次，分赴市郊松江农村、安徽、云南山区以及西藏高原，输送 50 名医务人员支援兄弟省市的卫生队伍的建设。进入 20 世纪 90 年代后，瑞金医院的国内支援工作逐渐由外地转向周边区域。1992 年 3 月 18 日，为做好市区医疗机构支援郊县农村卫生事业建设的工作，上海市市级医院与郊县医院医疗业务挂钩。根据上海市卫生局的安排，上海市第二医科大学附属瑞金医院与松江县人民医院挂钩，主要挂钩专业为儿科和神经科。

二、上海后方瑞金医院

上海后方瑞金医院是在“文化大革命”的特定历史条件下，根据上海后方“小三线”的建设需要，依照 1969 年上海市革命委员会文教组提出的《关于加强后方卫生建设的请示报告》，由上海第二医学院附属东方红医院负责筹建，1971 年，正式开院。为当地开办内、外、妇、儿、眼、放射、检验、中医等专科进修班，进行各科专业讲座 45 次，培训当地医务人员和赤脚医生 221 人，为高中学生任医学专科教学任务。1976 年瑞金医院党委表扬皖南医疗队及徐淑廉、杨庆铭等 26 名医护人员。1986 年，后方瑞金医院移交安徽省当地使用。

【后方医院筹建经过】

1969 年 9 月 22 日，上海第二医学院附属东方红医院派出张贵坊、周全太等 8 人来到皖南山区着手筹建，经南京军区、国防工办、八一二指挥部、安徽省徽州军分区等有关部门和筹建组的共同会商，确定医院的院址、规模和任务。院址设于安徽省绩溪县临溪公社雄路大队蛤蟆坑，设床位 240 张，定编人员 390 人，是一所平战结合的综合性备战医院，平时为三线工人和当地群众服务，战时负担起接收前线伤员的任务，医院暂名为“安徽东方红医院”。

1970 年 6 月 26 日，39 名医务人员在环境十分艰苦、设备十分简陋情况下，正式开出门诊，开始为三线工人和当地群众诊治疾病。同年 11 月 29 日，《文汇报》以“扎根山区炼红心，救死扶伤为人民”为题，报道医务人员在山区艰苦创业的情况。

1971 年 10 月 1 日正式开出病房。至 1974 年底，240 张床位全部开出。1974 年 9 月，改名为“上海后方瑞金医院”。1984 年 8 月，又改名为“上海第二医学院附属后方瑞金医院”。

医院自建院至 1984 年底，共诊治门急诊病人 110 万多人次，收治住院病人 32 500 多人次。

【后方医院规模和设置】

1969 年 11 月 16 日，由张贵坊、周全太等组成后方医院筹建组。1970 年 6 月，成立临时党支部。1971 年 5 月成立党支部，崔林森任支部书记。同年 6 月，成立后方瑞金医院革命委员会，崔林森任主任。1973 年，支部改为党总支，崔林森任总支书记。1975 年 7 月，院革委会进行充实调整，增补章增和为革委会副主任。

医院业务科室设：内科（含传染病科）、外科（含胸外科）、妇产科、儿科、口腔科、中医科、眼科、五官科、皮肤科、伤科和骨科。辅助科室设：药剂科、放射科、检验科、病理科、理疗科、同位素室、心电图室、脑电图室和中心供应室。行政科室设：办公室、医务科、财务科、人事科、保卫科、护理部、总务科和驻沪办事处。

1978 年，进行医院体制改革，撤销革委会，实行院长负责制，崔林森为党总支书记，周全太任医院院长兼党总支副书记。业务科室实行科主任负责制，经上级批准，任命张天锡、陈宝禔为外科副主任，施家忠为伤科副主任，宋祥明为胸外科副主任，唐振铎为内科副主任，吴元城为传染科副主任，施竹青为儿科副主任，陈德永为妇产科副主任，汪汉泉为眼科副主任，张美玲为护理部总护士长。

1984 年 8 月，上海第二医学院党委为便于对后方两所医院的集中领导，将后方瑞金、古田两所医院统一组成党政领导班子，改称上海第二医学院附属后方医院。任命周全太为党总支书记，陈学宝为院长。

1985 年，国务院办公厅批发关于上海小三线进行调整的指示，小三线工厂陆续迁走，大批职工调沪。根据两省市领导小组会议精神，上海市劳动局和安徽省劳动局于 1986 年 7 月 13 日就上海在皖南小三线单位交接事宜进行具体磋商。1986 年年底，后方医院全部移交安徽省当地使用，瑞金医院外派职工一部分由二医系统分配工作，一部分分配在浦东洋泾、潍坊等街道医院工作。

三、救灾支援

【唐山地震医疗救援】

1976 年 7 月 28 日，河北省唐山市发生 7.8 级地震，造成 24 万人死亡、16 万多人伤残。医院立即派出两批医疗队奔赴灾区参加救灾。灾后一年（1977 年 7 月初），由医院外科、内科、肺科、伤骨科、儿外科、传染科、妇科、麻醉科等科室的医护人员共计19人出发，帮助当地进行灾后重建。

图3-2-1　瑞金医院医疗队在唐山

表3-2-4　1977年医院赴唐山医疗队情况表

科　别	姓　名	性　别	备　注	科　别	姓　名	性　别	备　注
行　政	单友根	男	领队	内　科	李亚东	女	护士
外　科	方立德	男	医生	胸外科	王玲玲	女	护士
内　科	戚文航	男	医生	麻醉科	常凤英	女	护士
肺　科	黄绍光	男	医生	五官科	沈凤鸣	女	护士
伤骨科	沈才伟	男	医生	伤骨科	班秋云	女	护士
伤骨科	周　萍	女	医生	职防门诊	田瑞芳	女	
儿外科	郑振中	男	医生	检验科	钮妙珍	女	
传染科	秦乃薰	女	医生	药　库	俞东英	男	
妇　科	周菊珍	女	医生	心电图	严亚明	女	
麻醉科	蔡惠敏	女	麻醉师				

【汶川地震医疗救援】

2008年5月12日，四川省阿坝藏族羌族自治州汶川县发生里氏8.0级地震，地震造成69 227人遇难，374 643人受伤，17 923人失踪。瑞金医院积极做出响应，向全院职工发出倡议进行捐款，并积极响应中组部号召，组织党员交纳特殊党费，先后向红十字会、慈善基金会捐款共计200余万元(含特殊党费412 144元)。同时，第一时间在院内开设“爱心病房”，收治了27位地震灾区伤员及家属，经过精心治疗，所有伤员平安出院，受到灾区人民和上级的肯定。

5 月 15 日—5 月 29 日，来自瑞金医院急诊抢救室、急诊 ICU、肺科 ICU、肾脏科、临床微生物科、肿瘤放化疗科等科室的 10 名医务人员，冒着余震的危险，响应祖国号召，毅然奔赴抗震救灾一线。6 月起，医院积极响应上级部门号召，专门组队参加上海对口都江堰灾后重建工作，重点负责对都江堰人民医院的重建，先后共派出 7 个批次 38 人次赴川援建，历时 2 年，使都江堰人民医院顺利通过国家卫生部三级乙等的验收。

图 3－2－2　2008 年 6 月首批援助都江堰医疗队合影

2008 年 5 月，急诊部配合医院为汶川地震开展紧急抗震救灾行动，EICU 腾出 5 张床位备用，各病区协助分流急诊病人，急诊 4 楼改作“抗震救灾爱心病房”，并做好充足的物资准备。

表 3－2－5　2008 年 5 月医院援川人员情况表

日　期	地　点	科　室	姓　名	性别	援建时期职称
5 月 15—26 日	德阳市	急诊抢救室	陈　敏	女	护　师
5 月 18—31 日	德阳市	肾脏内科	陈晓农	女	副主任医师
5 月 18—31 日	德阳市	肾脏内科	史　浩	男	副主任医师
5 月 18 日—6 月 4 日	双流县	临床微生物科	倪语星	男	主任医师
5 月 18 日—6 月 4 日	双流县	医院感染管理科	杨　莉	女	护　师
5 月 18 日—6 月 7 日	四川省人民医院	肺科 ICU	瞿洪平	男	主任医师
5 月 18 日—6 月 14 日	华西医院	急诊 ICU	陈尔真	男	主任医师
5 月 25 日—6 月 3 日	德阳市	肿瘤放化疗科	潘燕英	女	主管技师
5 月 29 日—6 月 7 日	华西医院	肾脏内科	陈越华	女	主管护师
5 月 29 日—6 月 7 日	华西医院	肾脏内科	陈　敏	女	主管护师

四、援滇医疗服务

2010 年 3 月 7 日，“上海市医院对口支援云南省县级医院”项目全面启动。根据卫生部《城乡医院对口支援工作管理办法（试行）》《关于东西部地区医院省际对口支援工作有关问题的通知》等要求，上海 19 家综合性医院分别与云南 19 家地、县级医院签订为期 3 年的《沪滇医院间对口支援协议书》。医院与云南省怒江傈僳族自治州人民医院签订对口支援协议。根据协议，在 2010—

2012 年，以半年为周期，瑞金医院向怒江州人民医院派驻医疗队，开展培训讲座、示范查房、继续教育学习等实地指导，同时每年接收怒江州人民医院医护人员来瑞金医院进修，提高其业务水平和服务能力。

至 2010 年底，医院共派出 2 批援滇医疗队，第一批于 2010 年 4 月 9 日抵达云南，在怒江州人民医院开展为期半年的对口帮扶工作。医疗队由普外科、放射科、骨科、麻醉科以及眼科的医护人员 5 人组成。第二批于 2010 年 10 月 18 日启程，由骨科、妇产科、呼吸科、检验科以及特需病房的医护人员 5 人组成。

医疗队完成怒江州人民医院历史上首例胃癌 D2 根治术和鼻腔泪囊吻合术。2010 年 7 月，瑞金医院援滇医疗队在怒江傈僳族自治州医院开展瑞金学术周活动，连续召开 5 场学术讲座。至 2010 年 12 月，完成门诊 4 510 人次，急诊 1 081 人次；施行手术 268 例；会诊及疑难病例讨论 151 次。

2010 年 8 月 18 日凌晨 1:30，云南省怒江傈僳族自治州贡山独龙族怒族自治县普拉底乡东月各村发生特大泥石流灾害，瑞金医院第一批援滇医疗队在州人民医院随时待命，承担为救援队提供医疗保障和及时处理从灾区转运下来重伤员的任务。是年 8 月 19 日，医疗队协助诊治因过度疲惫而从第一线撤下的救援人员 6 人，经过及时的对症处理和密切观察，并于第二天再次返回灾区投入救援工作。

第三节　医 疗 成 果

一、临床医疗新技术管理

2009 年，卫生部组织制订《医疗技术临床应用管理办法》，该办法将医疗技术分为三类。医院将其中第二类、第三类医疗技术及在上海市首次开展（未纳入卫生部规定的第三类医疗技术目录）的医疗技术定义为“临床医疗新技术”并规范管理。医院明确由医务处专门负责医院临床医疗技术的临床应用管理工作，设置临床医学技术委员会，建立相关管理规章制度及临床新技术档案，对临床新技术定期进行安全性、有效性和合理应用情况的评估，并在开展临床新技术 2 年内，每年向批准该项新技术临床应用的卫生行政部门报告临床应用情况，包括诊疗病例数、适应证掌握情况、临床应用效果、并发症、合并症、不良反应、随访情况等。如在日常监管过程中发现某项医疗技术临床应用效果不确切，或存在医疗质量和医疗安全隐患，医务处将立即停止该项医疗技术的临床应用，并向上级卫生行政部门报告，确保医疗安全。

2009 年，医院规定临床医疗新技术须由科室项目负责人填写申请表，经科室讨论审核、科主任签字同意后，报送医务处，经瑞金医院伦理委员会及临床医学技术委员会论证通过后向上海市医学会科技评估部提出技术审核申请，经市医学会科技评估部组织专家审核同意，报送上海市卫计委办理技术审定，经市卫计委依法审定同意，并收到医疗技术临床应用准入通知书后可在医院内开展临床应用。其中第三类医疗技术的临床应用能力技术审核还应由卫生部批准。

【申报审批新技术】

2004—2008 年，医院共审批通过 12 项新技术。2009 年，审批通过新技术 8 项。2010 年，审批通过新技术 20 项，其中新开展技术 6 项，二类技术 13 项，三类技术 1 项。

表 3-2-6　2004—2008 年医院申报并获批的新技术情况表

项 目 名 称	开展科室	项目负责人	准入时间	批 准 文 号
小肠移植技术	普外科	尹　路	2004.6.28	沪卫新技准字(2004)第 5 号
降钙素原(PCT)检测技术	检验科	樊绮诗	2004.7.8	沪卫新技准字(2004)第 9 号
内窥镜大隐静脉获取技术	胸外科	朱良纲	2004.9.27	沪卫新技准字(2004)第 14 号
药物负荷超声心动图技术	心内科	施仲伟 孙寅光	2004.9.27	沪卫新技准字(2004)第 14 号
脑深部电刺激治疗帕金森及肌张力障碍技术	功能神经外科	孙伯民	2004.9.27	沪卫新技准字(2004)第 14 号
B 型钠尿肽(Triage BNP)检测心衰	心内科	张凤如	2005.4.26	沪卫新技准字(2005)第 13 号
夹层杯液基结核菌制片技术	临床微生物科	倪语星	2007.12.24	沪卫新技准字(2007)第 115 号
自体非清髓造血干细胞移植治疗新 I 型糖尿病	内分泌科	宁　光	2008.2.14	沪卫新技准字(2008)第 14 号
血管内热交换温控技术	急诊科	陆一鸣	2008.5.12	沪卫新技准字(2008)第 43 号
新柏氏膜式液基薄层细胞检测技术	病理科	金晓龙	2008.5.12	沪卫新技准字(2008)第 45 号
多肿瘤标志物蛋白芯片检测系统	核医学科	李　彪	2008.7.1	沪卫新技准字(2008)第 56 号
KF-3000 脑循环分析仪检测	脑电图	卫国华	2008.8.20	沪卫新技准字(2008)第 71 号

表 3-2-7　2009 年医院申报并获批的新技术情况表

项 目 名 称	申报科室	通过时间	技术准入通知	技术类型
人类辅助生殖技术	妇产科/冯云	2009.1.24 通过 2010.12.22 复审	沪卫专技准字(2009)6 号 沪卫医辅生字(2010)5 号 沪卫疾妇(2010)104 号	二类技术
微波快速组织处理仪临床应用	病理科/金晓龙	2009.4.30	沪卫新技准字(2009)70 号	临床新技术
胎儿纤维连接蛋白(fFN)检测预测早产	妇产科/喇端端	2009.2.25	沪卫新技准字(2009)14 号	临床新技术
计算机导航系统辅助全膝关节置换术	骨科/冯建民	2009.4.30	沪卫专技准字(2009)69 号	临床新技术
RevoLix 2 微米激光手术系统	泌尿外科/沈周俊	2009.4.30	沪卫新技准字(2009)71 号	临床新技术
共聚焦显微胃肠镜临床应用	消化科/吴云林	2009.4.30 通过 2012.1.16 复审	沪卫新技准字(2009)68 号 沪卫技准字(2012)66 号	临床新技术
数字平板磁导航血管造影系统临床应用	心脏内科/吴立群	2009.4.30	沪卫新技准字(2009)72 号	临床新技术
Mobetron 移动式术中放疗电子束直线加速器临床应用	肿瘤科/金治宁	2009.4.30	沪卫新技准字(2009)73 号	临床新技术

表 3-2-8　2010 年医院申报并获批的新技术情况表

项目名称	申报科室	通过时间	技术准入通知	技术类型
人类辅助生殖技术	妇产科/冯云	2009.1.24 通过 2010.12.22 复审	沪卫专技准字(2009)6 号 沪卫医辅生字(2010)5 号 沪卫疾妇(2010)104 号	二类技术
妇科内镜诊疗技术	妇产科/喇端端	2010.5.19	沪卫技准字(2010)196 号 沪医会技审 2013-03-0036 号	二类技术
四级妇科内镜诊疗技术	妇产科/喇端端	2010.5.19	沪卫技准字(2010)243 号 沪医会技审 2013-03-0125 号	二类技术
髋膝关节置换术	骨科/张伟滨	2010.5.31	沪卫技准字(2010)270 号	二类技术
基因扩增检验技术	检验科/樊绮诗 病毒室/张欣欣	2007.7.7 通过 2010.10.15 复审	沪卫专技准字(2008)386 号 沪卫技准字(2010)0477 号	二类技术
口腔种植技术	口腔科/高一鸣	2010.9.19	沪卫技准字(2010)420 号	二类技术
输尿管镜技术/气压弹道碎石技术	泌尿外科/沈周俊	2010.6.11	沪卫技准字(2010)319 号	二类技术
血液透析技术	肾脏内科/陈楠	2007.9.24 通过 2010.11.16 复审	沪卫专技准字(2007)66 号 沪卫质血透登字(2010)32 号	二类技术
胰腺癌根治术	普外科/彭承宏	2010.12.28	沪卫技准字(2010)562 号	二类技术
先天性心脏病介入技术	心脏内科/胡健	2010.5.5	沪卫技准字(2010)54 号 沪医会技审 2013-03-0222 号	二类技术
心脏导管消融	心脏内科/吴立群	2010.5.5	沪卫技准字(2010)67 号 沪医会技审 2013-03-0238 号	二类技术
起搏器介入技术	心脏内科/吴立群	2010.5.5	沪卫技准字(2010)80 号 沪医会技审 2013-03-0266 号	二类技术
冠心病介入技术	心脏内科沈卫峰	2010.5.5	沪卫技准字(2010)40 号 沪医会技审 2013-03-0181 号	二类技术
肝肾移植	普外科/彭承宏 泌尿外科/沈周俊	2010.3.5 再登记	沪卫医管(2010)8 号	三类技术
脉搏波传导速度、踝臂指数检测	高血压科/高平进	2010.10.15	沪卫技准字(2010)473 号	临床新技术
306 脑磁图临床应用	功能神经外科/孙伯民	2010.9.19	沪卫技准字(2010)421 号	临床新技术
脊髓电刺激治疗顽固性疼痛	功能神经外科/孙伯民	2010.10.15	沪卫技准字(2010)476 号	临床新技术
鞘内药物输注治疗疼痛及严重痉挛	功能神经外科/孙伯民	2010.10.15	沪卫技准字(2010)472 号	临床新技术
多肿瘤标志物蛋白芯片检测技术	核医学科/李彪	2010.11.24	沪卫技准字(2010)528 号	临床新技术
降钙素原检测(免疫色谱检测法)	检验科/樊绮诗	2010.11.24	沪卫技准字(2010)522 号	临床新技术

二、临床医疗成果

为表彰和奖励在临床医疗工作中有突出成绩的集体和个人，以充分调动和发挥全市广大医务工作者的积极性和创造性，促进上海市临床医学总体水平的提高，1995 年起，上海市两年一届评选临床医疗成果奖，至 2005 年共颁发 6 届，医院共有 12 项成果获奖。1996 年起，上海第二医科大学评选临床医疗成果奖，并于次年与上海市临床医疗成果奖同年同届评选。至 2005 年，医院共有 14 项成果获奖。

表 3-2-9 1995—2005 年医院获上海市临床医疗成果奖情况表

年份	项　目	科　室	类　型
1995	经迷路—小脑幕入路切除大型听神经瘤	神经外科	二等奖
1997	急性心肌梗死的溶栓及介入治疗	心脏科	三等奖
	三氧化二砷注射液治疗复发急性早幼粒细胞白血病疗效和药代动力学研究	血液科	三等奖
1999	短时血液滤过在重症胰腺炎治疗中的应用	普外科、肾脏科	三等奖
	血友病病人围手术期的临床监测与处理	骨科、血液科	三等奖
2001	爆发性胰腺炎 8 次心脏骤停抢救成功	外科	二等奖
	高危复杂冠心病介入治疗临床研究	心脏科	二等奖
	小剂量 As_2O_3 治疗复发性急性早幼粒细胞白血病	血液科	三等奖
2003	血栓与止血的检测与应用	检验科	二等奖
	ATRA 联合 As_2O_3 治疗初发 APL 的临床疗效观察	血液科	三等奖
2005	电击伤及热力灼伤后胸壁全层缺损心脏完全外露的治疗	灼伤科	二等奖
	遗传、家族性肾脏疾病的筛查与诊断	肾脏科	三等奖

表 3-2-10 1996—2005 年医院获上海第二医科大学临床医疗成果奖情况表

年份	项　目	科　室	类　型
1996	腹腔镜手术的临床应用	普外科	二等奖
1997	激光原位角膜磨镶术(LASIK)治疗近视	眼科	获奖
	手术治疗嗜铬细胞瘤	泌尿外科	获奖
1999	血友病病人围手术期的临床监测与处理	检验科	一等奖
	短时血液滤过在重症胰腺炎治疗中的应用	普外科、血透室	二等奖
2001	成功抢救爆发性胰腺炎病人吴启迪	普外科	一等奖
	高危复杂冠心病介入治疗临床研究	心脏科	二等奖
	小剂量 AS_2O_3 治疗复发性急性早幼粒细胞白血病	血液科	二等奖

（续表）

年份	项　目	科　室	类　型
2003	血栓与止血的检测与应用	检验科	一等奖
	劈离式肝移植的临床应用	器官移植中心	二等奖
	ATRA 联合 As_2O_3 治疗初发 APL 的临床疗效观察	血液科	三等奖
	锁孔微创手术治疗颅神经疾病	神经外科	三等奖
2005	遗传性肾脏疾病的筛查与诊断	肾脏科	三等奖
	胸壁全层严重烧伤后缺损致全心脏外露的救治	灼伤整形科	三等奖

第四篇 医学教育

概　述

医学教育是医院发展中的重要组成部分。1914年，震旦学院成立医科，从法国招聘多名教师来中国任教，并兼任广慈医院各科室临床工作。医院作为震旦大学最重要的教学医院，在医学生和住院医生培养方面发挥了不可替代的作用，同时也为医院自身发展提供了优秀医师的来源。

1952年，医院成为上海第二医学院附属医院，建立了教研室等教学建制。虽然“文化大革命”使医学教育一度受到严重破坏，但很快国家的医学教育制度得以重新建立，医教研齐抓并举成为医院工作的重要内容。进入20世纪后，教学改革、教师队伍建设取得突出成果，依托瑞金医院百年文化底蕴，秉承“质量建院，人才立院，科教兴院”的治院方针，凭借雄厚的师资力量和强大的医疗实力，瑞金临床医学院培养了一批又一批优秀的医学生。

医院的教学工作与医院的发展同步。医学教育在医院成立之初仅涉及临床医学教育和护士学校，发展至2010年，已成为上海交通大学医学院下属规模最大、学生数最多的附属医院，承担临床医学系、医学检验系、高级护理系、高职高专护理专业的教学任务，并接受来自20多个国家和地区的留学生教学任务，是国家级创新实验区、国家级大学生校外实践基地和上海市教委外科教学高地，也是上海市教委授牌的留学生实践教学基地。同时，法语医学教学作为医院医学教育的传统特色，培养了一大批优秀的医学人才，是中法两国在科技、文化、卫生和教育等多领域交流不断深化的历史见证。

瑞金临床医学院作为院内的专门教学管理部门，承担教学管理、学生管理、师资队伍建设等工作。学院下设教务办公室、学生工作办公室、毕业后教育办公室和继续教育办公室，截至2010年，临床医学院有临床教师894人，其中教授、主任医师190人，副教授、副主任医师316人。

2009年，医院积极贯彻和落实住院医师规范化培训精神，进行制度创新和大胆实践，整合毕业前教育和毕业后教育的资源，建立医学大教育体系，打破传统的住院医师规范化培训框架，将为本单位培养住院医师改变成为社会培养住院医师。2009年，首批住院医师61人以“行业人”身份进入瑞金医院住院医师规范化培训基地，接受2～3年的培训，制定相应的轮转制度和考核制度。2010年，上海市在瑞金医院先试先行的基础上总结经验，出台全市性政策，全面推行由政府主导的“行业人”方式的住院医师规范化培训，为住院医师规范化培训国家制度的建立做出贡献。

第一章 机构设置

第一节 管理机构

一、发展沿革

1912年，震旦学院开设医学先修课，由法籍医师李固和佛来松任指导教师。1914年，震旦正式设立博物医药科，其课程设置、教学大纲皆参考法国医学专业，所用教材为法国医学院校教材，讲授用法语，广慈医院也正式成为震旦的教学医院。1915年，博物医药科改名为医科。1916年，法国政府委派薛佩礼博士到震旦主持医科工作，并兼任广慈医院内科主任，很好地推动了震旦医科的建设。1928年，依据国民政府章程，震旦学院改为震旦大学，震旦大学正式成为近代中国第一所也是唯一用法语教学的高等学校，震旦医科也逐渐成为震旦大学三大支柱学科之一。随着震旦医科的创立与发展，近代上海用法国医学教育模式培养中国医学生的序幕就此拉开。

图 4-1-1 1917年，震旦学院医科第一批毕业生(左一朱增宗、左二薛佩礼、右一汪振时)

震旦医学教育注重临床实践的特色，直接吸收了以“医院医学”为特征的“法国学派”的长处。这种扎根于医院、注重临床教学传统的法国医学教育体制，逐渐移植并融入从医学生到医师的塑造过程中，广慈医院成为实现这一构建过程的关键环节。震旦医科的学生有1/3的时间要在广慈医院和安当医院(现卢湾区中心医院)进行临床见、实习，优秀毕业生经选拔后可留任广慈医院做实习医生。因有着很高的培养标准和丰富的临床诊治经验，震旦医科的毕业生得到当时社会的广泛认可，1930年法国总领事署公布的界内行医章程中就有专门规定：“凡持有震旦大学所给之医学博士文凭者，得有在法租界内行医之权”。1932年，震旦医科升格为医学院，并增设牙医系。1933年，广慈医院专门建造了一幢牙医门诊部作为牙医系的临床教学基地。

早期在震旦医科任教的大多是法国海军医学院毕业的外籍军医，之后震旦常务校董才尔孟不惜花费重金从法国招聘有真才实学的教授来校任教，同时也吸收从法国名牌大学留学回来的中国医师，凡任震旦教学的教授基本上都兼任广慈医院临床学科主任。1933年，法国巴黎大学内科医学博士邝安堃回国，受聘为震旦大学医学院内科学教授，兼任广慈医院小儿科、皮肤科主任，1935年又任内科主任。1935年，法国里昂大学外科学博士徐宝彝回国，受聘为震旦大学医学院外科学教授，兼任广慈医院外科主任。他们的到来，使广慈医院的内、外科得以迅速发展，医院医疗水平跃居上海领先地位。此后，法国巴黎大学医学院外科学博士司比利特、儿科学博士米

图 4-1-2　1930 年震旦大学全景图(图片最左侧为广慈医院)

雄、法国资深传染病专家魏利沃、放射学专家载霞、留学比利时的外科学专家傅培彬、妇产科专家唐士恒、泌尿外科专家程一雄、耳鼻喉科专家刘泰、留学法国的皮肤科专家朱仲刚等专家陆续加入广慈医院,为医院日后的发展奠定了坚厚的基础。

1936 年,医院设立广慈护士学校,因附属震旦大学,故又名为震旦大学附设高级护士学校,校长由震旦大学校长胡文耀兼任。1937 年起,护士学校开始面向社会招生,毕业后多数留在医院内工作,其余主要供职于各地天主教会医院。

20 世纪 30 年代后期起,震旦医学院的师资主要从本校医科毕业生中选拔。高标准的培养机制及其严格的淘汰制度,使得震旦平均每年仅有十几名医学生毕业。这些与法国医学背景本就有渊源的震旦学生,毕业后选择赴欧洲继续接受国际水准的训练,这使得他们能够迅速成为医学新领域的专家、专业精英。震旦医学院毕业生学成后“反哺”医学教育所形成的良性循环,也为广慈医院提供了优质、稳定的医生来源,有不少医学生先后留校任教或在广慈医院任医师,他们中大部分都成了广慈医院各主要临床科室的开创者和奠基人,或在中国其他 40 余所医院中工作。这些医学人才使得法国医学教育的传统得以传承、延续、再造,更对新中国医学事业的发展发挥着不可估量的作用。

新中国建立后,1951 年春中央教育部召开了接受外国津贴的高等学校会议,震旦大学由政府接管,并进行了初步改革,教学用语以汉语替代法语。1952 年秋,根据华东高等学校院系调整委员会的决定,震旦大学医学院、同德医学院、圣约翰大学医学院合并,在震旦大学原址建立上海第二医学院(简称“二医”),震旦大学医学院先进的教育模式、管理模式和临床医学经验被完整继承下来,广慈医院也随之划归成为上海第二医学院附属医院,承担临床教学任务。1953 年,广慈护校与仁济护校合并建成上海第二医学院附设护士学校。

1955 年,二医成立医疗系、儿科系和口腔系 3 个医学专业,其中医疗系教学由广慈医院、仁济医院、宏仁医院分担,儿科系和口腔系均设在广慈医院内。之后由于第二次院系大调整,儿科系和口腔系先后于 1956、1965 年迁至上海市第九人民医院,医院儿科的高镜朗、郭迪,口腔科的张涤生、邱蔚六等多位专家也随之调离参加新院系的建设。

1961 年,二医实行教学管理体制改革,将医疗系分为两部,一部设在广慈医院,承担 200 名左右学生的临床教学任务;二部设在仁济医院,实行院系结合,把教学、医疗、科研、师资培养及学生工作统一起来。系部各自建立教研组,各教研室(组)主任均由临床著名专家兼任,另有教研室副主任、教学干事、教辅等设置。在贯彻《高校工作 60 条》中,医院注意发挥专家教授的作用,傅培彬、邝安堃等医学专家工作在临床和科研一线的同时,还担任专业课和临床带教的授课任务,并对基础好、肯钻研的青年教师,进行重点培养。1964 年中法建交不久,为保持和发扬学校法语传统特色，二医开出首届医学专业法语班，广慈医院成为法语班临床教学基地，众多的法语师资参与教学。

“文化大革命”期间，二医停止招生，医学教育和护理教育都受到影响，法语班教学也一度中断。1970 年，医院直接招生办大学，招收工农兵学员，开设试点班和培训班，学制 1～3 年，抽调临床科室教学骨干承担教学任务。在特殊的历史时期，医学教师们因地制宜，完成教学计划规定的理论和实践内容，培养的学生在临床各科室发挥了一定的作用。

1977 年，“文化大革命”结束，全国高考恢复，医学系一部重新恢复教学工作，各项教学工作逐步走向正轨。特别是 1978 年党的十一届三中全会召开后，医学教学工作得到高度重视，二医调整医学专业结构，重点建设以附属医院为主体、教学医院为协作的临床教学体系，医院建立起完善的教学管理体系，设有专门的教学管理部门，并将教研组改成教研室，设有内科、内科基础、外科、妇产科、小儿内科、中医、皮肤、眼科、传染病与流行病、耳鼻咽喉、放射、神经、口腔、肺科、伤骨科 15 个教研室。

1980 年，二医恢复对法交流与合作，第一届“中法医学日”互访活动举行，国务院副总理邓小平和法国总理雷蒙·巴尔(Remond Barre)为此活动委员会的荣誉主席，邝安堃教授任学术委员会副主任。傅培彬、董德长、王振义、龚兰生、唐振铎等教授们在法国巴黎的演讲轰动一时，他们流利的法语更是获得法国方面的高度欣赏，中法医学日活动把中法两国在医学教育领域的合作推向了高潮，也重启了中国高校与法国高校合作的大门。是年 4 月，二医恢复医学法语班招生，法语班临床教学任务全部由瑞金医院承担，邝安堃、傅培彬、王振义等医学专家亲自用法语上课。

图 4－1－3　1986 年第一届法文班毕业合影

1984 年，二医成立医学检验系，医院成为检验系的教学基地，医院检验科主任王鸿利兼检验系副主任。1985 年，二医增设高级护理系，医院烧伤科医师刘国椽任首任系主任，并派出教学管理人员和师资参与高护系建设。1986 年，医疗系一部开始承担医学专业英语班的教学任务，医学专业留学生临床教学也集中于瑞金医院。

1990 年，医疗系一部更名为瑞金临床医学系，1994 年瑞金临床医学系升格为瑞金临床医学院，办学层次上既有长学制研究生，又有本科、专科、中专，医学生从专业课到见、实习均由医院统一管理，医教结合。凭借着齐全的临床医技科室、先进的医疗设备设施、雄厚的技术力量优势，逐步建立起以临床医学专业为重点的多专业、多层次的医学教育体系，为学生临床教学提供了良好的条件。全日制在院学生数每年达到1 000人左右，成为二医各附属医院中专业最全、学生人数最多、教授人数最多的临床教学基地。医院授课带教的教师50%以上为高级职称，诸多重点学科带头人成为优秀的教学师资，一批培养起来的中青年教师也脱颖而出，成为学术接班人。陈竺是他们中的优秀代表，也是学校中最年轻的博士生导师。

1990年起，检验系划归瑞金临床医学系代管。1991年二医成立全国第一个法语培训中心，更被世界法语联盟(AUF)接纳为会员，成为中国在此国际组织中的第一所高等院校。由瑞金临床医学院培养的早期赴法留学的医学生，将法国先进的医疗技术和理念带回中国。是年，首届医学法语班的毕业生郑民华，在完成中法政府交流项目学成归国后，将腹腔镜技术引入中国并向全国推广。

1996年，瑞金医院与法国巴黎卫生局签署人员培训和学术交流协议。1998年，临床医学法语班项目正式纳入中法两国政府文化教育合作框架，教育合作项目覆盖临床医学、医学检验和护理专业，并在血液学、高血压、肾脏、骨科、外科、医学急救、妇产科等医学领域进行了深入的合作和交流。1997年，法国希拉克总统夫人专门来到瑞金医院参观访问，二医正式增设七年制医学法文班，临床教学任务继续由瑞金临床医学院承担。瑞金临床医学院借助于优秀法语功底及丰富临床经验的师资力量，精心培育法语班学生，王振义院士、陈竺院士等一批著名专家教授，深入教学第一线，为学生上课。不少教研室的教师，结合临床实践，编写法语讲义及大纲，还主编出版了《外科学》等法文版教材。为表彰瑞金医院在中法交流和合作中的卓著贡献，医院先后有邝安堃、王振义、李宏为、陈竺、陈赛娟、陆一鸣等教授获得法国政府颁发的法兰西共和国骑士勋章，林言箴、李宏为被遴选为法国外科学院外籍院士。

进入21世纪后，医院教育得到进一步重视和发展，医院内科学、神经病学、外科学、放射影像学、皮肤病学先后荣获国家级和市级教学成果项目，王振义、张圣道、王鸿利、朱正纲、陈楠等荣获国家级和市级先进教师称号。

2009年4月，医院在住院医师规范化培训上进行制度创新和大胆实践，整合毕业前教育和毕业后教育的资源，建立医学大教育体系，成立毕业后教育办公室，打破传统的住院医师规范化培训框架，将为医院培养住院医师改变为为社会培养住院医师，2009年，首批住院医师53人以“行业人”身份进入瑞金医院住院医师规范化培训基地。2010年，上海市在瑞金医院先试先行的基础上总结经验，出台全市性政策，全面推行由政府主导的“行业人”方式的住院医师规范化培训，为住院医师规范化培训国家制度的建立做出了贡献。

二、临床医学系

【医疗系与瑞金临床医学院】

1953年，医院设立医教室，负责全院医疗和教学工作。1959年，医院医教室撤销，教学工作由院部办公室管理。1961年，二医将医疗系一部设在广慈医院。“文化大革命”期间，二医一度停止招生，至1977年医疗系一部才重新恢复正常教学工作。

1990年，医疗系一部更名为瑞金临床医学系。1994年，瑞金临床医学系升格为上海第二医科大学瑞金临床医学院,为医院内的一个副处级专职教学管理的行政部门,医院院长兼任临床医学院院长,设一名医院副院长专管教育,王年英、薛建元、朱文娟、胡翊群、邵洁先后担任临床医学院专职副院长,并有教学办公室、学生工作办公室。2005 年,随着上海第二医科大学与上海交通大学合并,再度更名为上海交通大学瑞金临床医学院(以下简称"临床医学院")。2009 年,医院将继续医学教育办公室、住院医师规范化培训都纳入瑞金临床医学院统一管理,医学教育的规模从毕业前教育扩展到毕业后教育。

至 2010 年,临床医学院下设教务办公室、学生工作办公室、毕业后教育办公室和继续教育办公室,承担教学管理、学生管理、住院医师规范化培训、继续医学教育,以及全院的师资队伍建设等工作。

【儿科系】

1955 年,上海第二医学院成立儿科系,系部设在广慈医院,高镜朗任系主任,郭迪任系副主任。同年开始招生,并安排已进入临床学习阶段的医疗系 53 届至 59 届学生重点进入医院儿科实习。1956 年,儿科系迁至上海第九人民医院,儿科专业的儿基、系统儿科、临床儿科、儿外 4 个教研组设在广慈医院,其余教研组设在九院。1958 年,儿科系又从九院迁至新华医院,广慈医院仅保留医疗系儿科教研组。

【医学影像学系】

2009 年,交通大学医学院成立医学影像学系,这是以统筹和优化交大医学院所属各附属医院影像教学资源为目的而设立的非行政教学机构,系部设在瑞金医院,首届系主任为放射影像科陈克敏,任期 3 年。

【口腔医学系】

1932 年,震旦大学医学院增设牙医系,学制 4 年。1933 年广慈医院开设牙医系附设的门诊部。1948 年,牙医系改组为震旦牙医学院,学制为 6 年制本科。1950 年因新中国成立后急需医生,学制又改回 4 年,并改回震旦大学医学院牙医系。1951 年,私立上海牙医专科学校并入。1952 年,上海第二医学院建校后,改称为口腔医学专业,开设了 4 年制本科和 2 年制专科(仅一届学生)。1955 年,上海第二医学院成立口腔系,系部设在广慈医院,席应忠任系主任,邵明辉任系副主任。1965 年,口腔系迁至上海第九人民医院。

三、护士学校与高级护理系

【护士学校】

1927 年医院开始筹建护士学校,1936 年正式设立,因附属震旦大学,故又名为震旦大学附设高级护士学校,校长由震旦大学校长胡文耀兼任,教务主任为震旦医学院药理学教授吴云瑞,日常工作由天主教仁爱会中国修女梁贞德主持。1937 年起,护士学校开始面向社会招生,学制 3 年,毕业后多数留在医院内工作,其余主要供职于各地天主教会医院。1951 年,更名为广慈医院护士学校(简称"广慈护校")。1953 年,广慈护校与仁济护校合并,建成上海第二医学院附设护士学校。1957 年,上海第二医学院将护士学校交由广慈医院领导,重新更名为广慈医院护士学校。1966 年护士学校改为卫生学校，除护士专业外还设检验、放射和中医专业。“文化大革命”时期护理教学一度停滞不前，1977年国家恢复高考制度，通过高考，瑞金护校招收护理中专生。1985年，上海第二医科大学增设高级护理系，由瑞金医院灼伤科医生刘国掾任首任系主任，教学管理人员和师资主要来自仁济医院和瑞金医院。1989年，上海市教育卫生委员会批准同意将瑞金护校、九院护校、新华卫校合并，改名为上海第二医科大学附属卫生学校。

【高级护理系与高护中心】

1985年，二医增设高级护理系(以下简称“高护系”)，1986年开始招生，学制5年，连续招生3年，教学管理人员和师资主要来自瑞金医院和仁济医院。1989年上海第二医科大学附属卫生学校成立后，高护系在1989—1992年停止招生，并于1990年划归仁济临床医学系领导。1992年，瑞金医院在香港爱国人士刘浩清、孔爱菊夫妇捐赠下成立上海高级护理培训中心(简称“高护中心”，又名“爱菊护理培训中心”)。1993年高护系划归瑞金临床医学系管理并恢复招收三年制大专，上海高级护理培训中心同时挂牌上海第二医科大学高级护理系，设有高护系系主任、副主任以及系教学办公室，医院也成为高护系临床实习基地。1994年，瑞金临床医学院成立，高护系继续由瑞金临床医学院管理，并恢复护理本科生的招生。1996年，郭安娜(郭沫若前妻)的子女捐赠给高护中心500多万日元，在院内建造全国首家护士形体训练室。

经过多年的实践和探索，护理系不断健全和完善教学管理组织机构，至21世纪初，已初步形成两个三级教学管理网络，即“专业理论课教学管理由临床医学院—护理系—各教研室负责制”和“临床实践教学管理由临床医学院—护理系—实习基地护理部负责制”。2002年，高护系成为护理学硕士学位授予点。2004年，上海第二医科大学成立护理学院，高护系迁回校本部，高护中心仍由瑞金管理。2005年，医院护理部成为上海第二医科大学网络学院(护理专业)瑞金学习中心。

四、医学检验系

20世纪80年代前，国内医学检验专业主要是中等教育。1983年，教育部批准二医在医疗系下组建医学检验专业，学制四年(医学士)，成为国内第一批五家设立全日制本科医学检验专业的高校之一。1984年经教育部批准成立医学检验系(以下简称检验系)，学制改为五年(医学士)，瑞金医院成为检验系的教学基地。仁济医院检验科主任潘瑞彭兼检验系系主任，瑞金医院检验科主任王鸿利兼检验系副主任(历任系主任见临床医学院列表)。检验系设有系部办公室和各专业教研室。系部办公室有专职的办公室主任及教学、行政管理人员，各教研室由教研室正副主任、专兼职教师、技术员等组成。1986年，检验系在国内第一批获得临床检验诊断学硕士学位授予点，是年，医学检验系与上海市临床检验中心、上海市医学会合办的《上海检验医学杂志》创刊，2004年更名为《检验医学》杂志，作为协办单位的上海交通大学医学院检验系始终为副主编单位之一。1988年新增招收检验专业三年制专科生。

1990年起，检验系划归瑞金临床医学系代管，设有检验系主任、副主任及教学办公室，下设教研室。1998年，检验系成为临床检验诊断学博士学位授予点。2002年，三年制专科生停招。2003年，二医和检验系经重新评估及参照国际医学教育标准和国内学科专业发展的需求，在国内率先进行了医学检验本科学制调整，学制从5年改为4年，改授理学士学位。医学检验专业2007

年获教育部一类学科"特色专业"，2008 年获上海市第三期本科教育高地建设项目，同年，"医学检验技术与应用"获上海市教委重点课程建设项目。2009 年，获上海市第四期本科教育高地建设项目"临床检验诊断学学生开放实验室"。

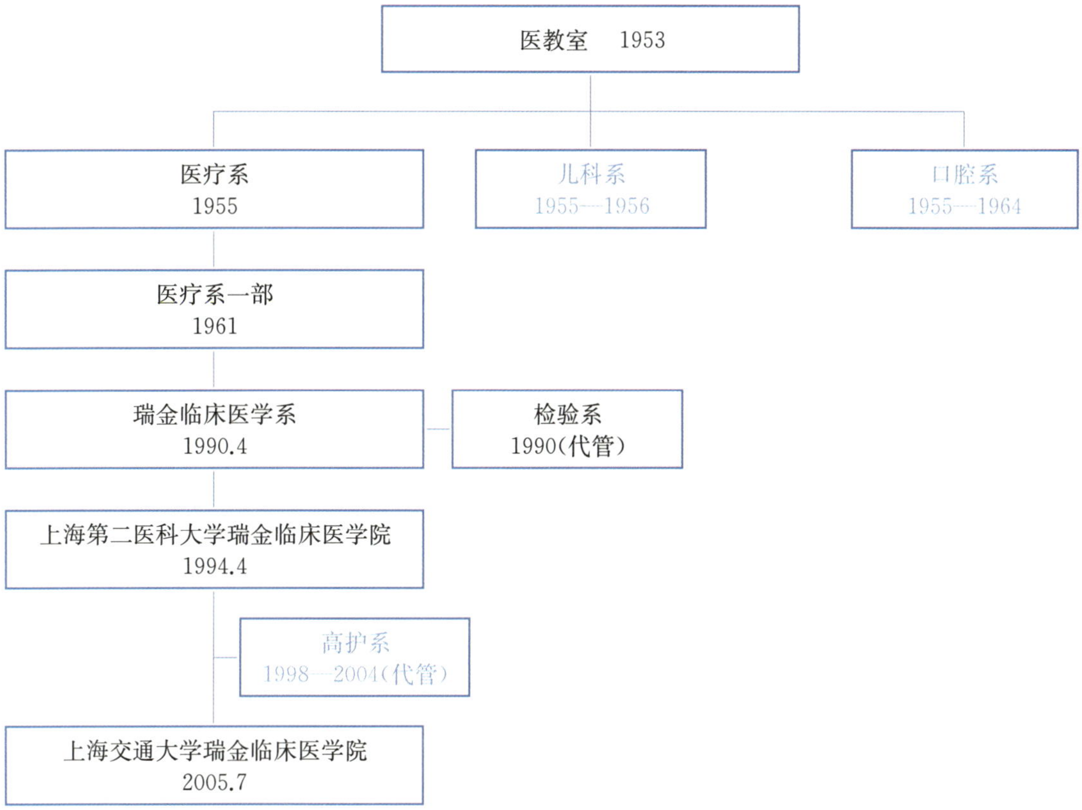

图 4-1-4　1953—2010 年医院教学管理架构图(浅蓝色为迁离医院)

表 4-1-1　1955—2010 年医疗系/医学系/临床医学院历任负责人情况表

	任职年份	系主任/院长
医疗系/医学系	1955—1966	叶衍庆
	1955—1961	聂传贤(第二主任)
	1961—1962	洪明贵(第二主任)
	1973—1975	钟端龙
	1976—1980	赵同祥
	1981—1987	徐家裕
	1988—1994	李宏为
临床医学院	1994—2007	李宏为
	2008—	朱正纲

表 4-1-2 1955—2010 年学校各系部设于医院期间历任系主任情况表

系部	任职年份	系主任	备注
儿科系	1955—1956	高镜朗	1956 年迁出
口腔系	1955—1964	席应忠	1965 年迁出
高护系	1985—1993	刘国掾	2004 年迁出
	1997 2004	曹伟新(兼)	
高护中心	1993—1995	陶祥龄	—
	1995—2002	高 颖	—
	2002—2010	曹伟新	—
检验系	1984—1988	潘瑞彭(仁济)	—
	1988—2002	王鸿利	—
	2002—2009	樊绮诗	—
	2009—	张欣欣	—
放射影像系	2009—	陈克敏	—

第二节 教研室设置

一、临床医学教研室(组)设置

1952 年,二医设立内外科教研室。1956 年,医学院按课程设置组建教研组,内科学分内科基础教研组、系统内科教研组和临床内科教研组,其中,内科基础教研组和系统内科教研组设在广慈医院,临床内科教研组设在仁济;外科学分外科总论教研组、系统外科教研组,以及临床外科教研组。外科总论教研组和系统外科教研组设在广慈,临床外科教研组设在仁济医院。妇产科、儿科、眼科、耳鼻咽喉科、皮肤科、放射影像等学科教研组由广慈、仁济讲师以上职称人员组成。

1961 年,二医医疗系分瑞金、仁济两个系部后,各系部各自建立教研组,内科基础教研组、系统内科教研组和临床内科教研组合并成为内科教研组,外科总论教研组、系统外科教研组以及临床外科教研组合并成为外科教研组。

20 世纪 50—60 年代,各教研室(组)主任均由临床著名专家兼任,另有教研室副主任、教学干事、教辅等设置。

"文化大革命"期间,教研组的设置和教学活动受到影响。1977 年,医院恢复并调整教研组,并改成教研室,重新设立的教研室有内科学基础教研室、内科学教研室、外科学教研室、妇产科学教研室、小儿内科学教研室、中医学教研室、皮肤科学教研室、眼科学教研室、传染病与流行病学教研室、耳鼻咽喉科学教研室、放射科学教研室、神经科学教研室、口腔科学教研室、肺科学教研室、伤骨科学教研室。内科基础学教研室后更名为诊断学教研室。

此后,根据教学的需要,1992 年,成立康复医学教研室;2005 年,成立医学法语教研室;2008 年,成立全科医学教研室。截至 2010 年,全院共有 21 个教研室。

【内科学教研室】

内科教研组成立于1962年。在此之前，上海第二医学院于1952年成立内科学组。1956年，第二医学院将内科学组分为内科学基础教研组、系统内科学教研组和临床内科学教研组，其中，内科学基础教研组和系统内科学教研组设在广慈医院。1962年，上海第二医学院附属广慈医院成立内科学教研组，"文化大革命"期间，内科教学组织受到冲击，1977年恢复内科学教研组，并改称内科学教研室。1998年8月，内科学教研室分成6个教研组：消化科教研组、心血管教研组、血液科教研组、内分泌科教研组、肾脏科教研组、呼吸科教研组。内科学教研室的主要任务是负责医学院临床医学专业内科学的理论教学及见习和实习的临床教学任务。

内科学教研室主持和参加了多本教材的编写，1998年，龚兰生、陈家伦参编人民卫生出版社出版的规划教材《内科学》第四版的编写；陈家伦、戚文航参加了《内科学》第五版的编写；2006年、2008年陈家伦、张维忠参加了《内科学》第六、七版的编写。1991年1月王振义主编的《临床医学概要》作为全国高等医药院校教材出版。2002年9月，龚兰生主编的《内科手册》（第四版）由上海科学技术出版社出版发行。内科学教研室的"血液病学"2010年被列为国家级精品课程。

2010年，内科学教研室有主任医师19名，副主任医师34名，主治医师53名。

【外科学教研室】

外科学教研室成立于1962年。在此之前，上海第二医学院于1952年成立有外科学组，医院叶衍庆任第一批学组——外科学学组负责人。1956年，上海第二医学院再次进行专业设置调整，组建外科总论教研组和系统外科教研组。1962年，上海第二医学院附属广慈医院成立外科学教研组，下设外总、普外、专科（包括骨科、麻醉、泌尿、胸外、口腔、医体）3个教学小组。1963年，外科总论教研组、系统外科学教研组以及临床外科学教研组合并为外科学教研组。"文化大革命"期间，外科教学组织受到冲击，1977年恢复外科学教研组，并改称为外科学教研室，教研室包括普外科及骨科、泌尿外科、神经外科、心胸外科麻醉等教学组。

外科学教研室的主要任务是负责临床医学专业外科总论、实验动物学、外科学各论的理论教学任务，以及见习和实习的临床教学任务。

20世纪70年代以来，外科学教研室主持和参加了多本教材的编写，包括1979年参加了《全国高等医药院校试用教材：外科学》（武汉医学院、上海第二医学院主编）的编写工作，这是"文化大革命"后首本全国高等医药院校外科学的试用教材。2002和2005年，郑民华、张圣道分别参与人民卫生出版社规划教材《外科学》的编写。2009年，主编高等院校法语医学教材 *Pathologie Chirurgicale*（《外科学》）。2007年起，外科学教研室承担上海市教委Ⅰ、Ⅱ、Ⅲ、Ⅳ教学高地建设项目。2010年9月，瑞金医院成为英国爱丁堡皇家外科学院和香港外科医学院培训基地，成为上海市首家获得上述两院联合认证的普外专科医师培训基地。

统计至2010年，外科学教研室有现职教授9名、副教授8名，主任医师46名，副主任医师74名人，主治医师111名。法语师资19名。

【妇产科学教研室】

妇产科学教研室成立于1963年。教研室的主要任务是负责医学院临床医学专业妇产科学的理论教学及见习和实习的临床教学任务。1979年开始，妇产科各病区开始有固定的临床医生带教，定期开展小讲课，让实习生参与会阴切开和会阴缝合手术。同年，教研室承担非洲留学生的教学任务。

20世纪50年代起，教研室编写《农村妇女卫生》《青年婚姻指导》《妇产科常规手册》等10余本学习教材，自制各类教学用具及手术幻灯图谱供学生使用。2008年，参与编写《妇产科手术解剖图谱》法文版，于2008年出版。2010年，参与交大医学院举办的PBL培训，在交大医学院举办的PBL案例的评选活动中，沈育红撰写的案例《青春永驻》被评为三等奖。教研室在原有的基础上，根据新的教学大纲和新的理论教材要求，更新了临床教学视频、手术录像、临床操作模拟人等教具。为完善标准化试题的建设，科室参与完成了标准病人剧本、病例分析、胎监、产程图图例等题库的建设。采用了OSCE考试及试卷分析，新增了临床实习病例讨论。

2010年，妇产科学教研室有主任医师2名，副主任医师15名，主治医师11名。

【儿科学教研室】

儿科学教研室成立于1955年。在此之前，1955年3月25日，中央卫生部指定二医增设儿科系，儿科系即设在广慈医院，临床和教学任务均由广慈医院承担，儿科泰斗高镜朗参加了广慈医院的二医儿科系筹建工作。儿科系设有3个教研组和1个教学小组，加之医疗系儿科学教研组，共有4个教研组和1个教学小组，其中医疗系儿科学教研组即瑞金儿科学教研室前身。1958年9月29日新华医院建成后，高镜朗随儿科系调往该院。广慈医院仅保留医疗系儿科学教研组。“文化大革命”期间，儿科学教研组的教学工作一度被停止。1977年，恢复小儿内科学教研组，后更名为“儿科学教研室”一直延续至今。1984年起曾畿生、王德芬、俞善昌、金烨、张影梅等教授成为首批硕士研究生导师，并先后招收硕士研究生。1988年以来，儿科学教研室坚持每周教学查房和外语教学查房以及各种形式教学病例讨论。对青年医师实行培养性讲课，在集体备课的基础上进行试讲，由高年资医师针对问题个别帮助。科主任听课、培养性讲课等教学方法一直延续传承至今。传承中不断改进教学手段，启发式互动教学，融入PBL教学形式，学生分组讨论学习，后由老师点评汇总。2010年参编的高等教材儿内科学教科书（第四版）出版。目前儿科学教研室的主要任务是负责医学系临床医学、高护系护理专业和夜大学儿科部分的理论教学任务，以及见习和实习的临床教学任务，其中包括英、美等地交流生见习，还有全科医师轮转和住院医师基地的培养工作。

统计至2010年，儿科学教研室有现职教授1人，主任医师2人，副主任医师3人，主治医师7人。法语师资1人。

【医学法语教研室】

医学法语教研室成立于2005年，首任教研室主任为李宏为。法语医学教研室的主要任务是负责法语班法语教学规划、安排公共法语课程和专业法语课程、协助法方专业课教师安排课程以及协助教务管理等工作。

教研室定期召开教学会议，开展集体备课和法语课程建设，制定法语课程标准，规定医院法语师资必须全法语授课，并定期接受考评。教研室与法方教师共同制订课程计划，要求法方教师授课前提供大纲和相应参考教材，授课时安排院内教师听课。内外妇儿等主干课程法教授课时数不少于30个学时。课程结束后，法语教研室和法教共同命题对学生进行考核。

法语教研室每年安排法国专家教授举办学术讲座，涉及内科、外科、妇产科、儿科、感染等多个学科。每年接待多批法国政府、高校、企业/社会团体代表团来访。2006 年开始接受法国暑期交流生项目，每年有近 30 位来自法国各地医学院的学生在瑞金医院各个学科进行为期 1～2 个月不等的临床见习。

2008 年，郑民华、臧潞等“浸入型双语教学模式在法文班外科教学中的探索与应用”获得上海市教学二等奖。李宏为等“打造医学教育品牌，培育高端医学人才——基于国际标准构建中法医学教育教学体系”获上海市教学成果奖一等奖。

统计至 2010 年，全院有医学法语师资 100 人。

【全科医学教研室】

全科医学教研室成立于 2008 年，设立在瑞金医院老年病科，主要开展全科医学选修课教学和全科医师规范化培训。2006 年全科教研室通过卫生部全科医师培养基地的考评，次年接受上海市卫生局全科医师培训基地的评估并通过考核，成为上海市全科医师规范化培训基地。自 2008 年起受上海市卫生局委托，接收全科医师进行规范化培训。2008 年接收委培全科医师 9 名，2009 年接收卫生局委培全科医师 11 名，自 2010 年开始自行招录全科医师，当年招录 20 名进行规范化培训。全科教研室注重基础医学知识的储备和实战临床能力的培养两方面。除了平日的主任查房外，每周安排一次教学查房，包括全科医师在内各级医师发言参与讨论。每月进行一次疑难病例、危重病例以及死亡病例的讨论，紧贴临床工作进行学习和培训。除此以外，教研室每周安排一次中、英文双语文献汇报，养成住院医师阅读文献的好习惯，每周安排一次业务学习，由高年资医师传授相关领域最新的指南和进展。教研室成立前后，为更好地为全科基地提供优质的师资，教研室非常重视师资的培训，委派多名医师参加各级全科医学的师资力量，并在社区卫生服务中心建立教学基地，共同培养全科医师。

至 2010 年，全科教研室有在职主任医师 5 人，副主任医师 10 人，主治医师 7 人。

表 4-1-3　2005—2010 年医院各教研室课程建设和教材建设情况表

教研室	课程名称	教材名称	负责人	获奖年份	立项单位
内科学教研室	国家级精品课程	临床血液学	陈赛娟	2010	教育部
神经病学教研室	上海市教委重点课程	神经学	陈生弟	2009	上海市教委
	上海市教委全英语示范课程	神经系统疾病	肖　勤	2009	上海市教委
外科学教研室	上海市精品课程	外科学	朱正纲	2009	上海市教委
	国家级精品课程	外科学	朱正纲	2010	上海市教委
	上海市教委重点课程	外科学	郑民华	2009	上海市教委
放射影像学教研室	国家级精品课程	放射影像学	陈克敏	2005	教育部高等学校教学指导委员会
	上海市教委全英语示范课程	放射影像	汪登斌	2009	上海市教委
皮肤病学	上海市教委重点课程	皮肤病学	郑　捷	2010	上海市教委

二、检验系教研室

1983年随着医学检验专业的建立，学校筹建临床检验、临床血液学、临床微生物学、临床生物化学和临床免疫学共5个教研室，借助基础医学院相关教研室开展教学工作，除临床免疫学教研室外，附属医院检验科主任和部分工作人员均有任教研室的主任或副主任，并与检验系专职教师一起承担课堂教学工作，同时检验科也为实验课提供实验所需标本、菌种等。1990年初，瑞金临床医学系代管医学检验系后，对专业教研室进行了增设和调整：1990年设置了临床输血学教研室，同年设立生化技术教研室（1996年与临床生物化学教研室合并），2002年设立分子生物学教研室和实验诊断学教研室，2003年临床检验与临床血液学教研室合并为临床血液学教研室，2005年又成立了临床医学教研室。至2010年，经过不断调整优化，医学检验系共有8个专业教研室。

表4-1-4　1984—2010年医院检验系教研室主任、副主任任职情况表

教研室名称	主　任	副　主　任
临床微生物学教研室	蓝鸿泰（1984—1990年） 倪语星（1990—）	彭辉云（1984—1988年） 吴建和（1988—1990年） 洪秀华（1996—2006年）
临床生物化学教研室	李立群（1984—1986年） 杨伟宗（1986—2002年） 倪培华（2003—）	赵善政（1984—1986年） 高祁珍（1986—1990年） 陈铭生（1996—2001年） 倪培华（2001—2003年）
临床血液学教研室	潘瑞彭（1984—1988年） 王鸿利（1988—1992年） 顾荣泉（1992—1995年） 胡翊群（1996—）	顾荣泉（1984—1992年） 熊树民（1997—2003年） 倪　麟（2003—）
临床免疫学教研室	朱云凤（1983—1990年） 沈　霞（1996—2002年） 李伟毅（2003—2007年） 季育华（2007—）	吴忠一（1985—1989年） 陈松涛（1989—1998年）
临床输血学教研室	张钦辉（1990—2001年） 高　峰（2001—2003年） 王学锋（2004—）	
分子生物学教研室	樊绮诗（2002—）	
实验诊断学教研室	熊立凡（2002—2003年） 丁　磊（2003—）	
临床医学教研室	赵咏桔（2005—）	吴　方（2005—）

第二章　临床医学本科教育

第一节　学　　制

一、学制演变

1914年，震旦大学正式设立医科时，学制为4年。1918年，学制改为6年，学生经修业期满、毕业考试合格后，可得医学博士学位。

1952年上海第二医学院成立后，按卫生部编订的医本科五年制教学计划对医学系旧学制进行一系列调整，并于1954年起执行中央教育部、卫生部颁发的医本科五年制统一的教学计划。1960年医疗专业学制改为六年制。1966年"文化大革命"开始，二医停止招生。1970年医院直接从工厂和农村招生，办医生试点班，学制两年。1972—1976年连续5年招收工农兵大学生，学制3年。1977年恢复高考，全国统招医疗专业五年制学生。1981年临床医学部改为六年制。1988年，临床医学六年制调整为五年制，同时试办临床医学七年制，获临床医学硕士专业学位。

2002年上海第二医科大学招收首届"4+4"八年制学生，从已经完成4年非临床医学专业本科学习的应届毕业且获得硕士推免资格的学生中招生，进入医学院完成4年的医学课程，获得临床医学博士专业学位，即4年非临床医学本科+4年临床医学硕博连读，简称4+4八年制硕博班。4+4八年制的临床教学工作由瑞金临床医学院和仁济临床医学院隔届承担。

2005年学校试办临床医学八年一贯制，是临床医学博士专业学位，首届八年一贯制在临床医学七年制学生中遴选。2006年，八年制办学资质获得教育部正式批准，当年临床医学八年一贯制招生，包括八年一贯制和八年一贯制法语班，硕博连读七年制随之取消。至2010年，瑞金临床医学院承担的医学院临床医学全日制在校教育的学制是五年制、八年一贯制、4+4本博连读八年制。

二、办学规模

1912年，震旦大学招收第一届医学生两名，1917年授予首届医学博士学位。新中国成立以前，震旦平均每年仅有十几名医学生毕业。到1947年，医学院毕业生在约40所中国医院中取得了支配地位，其中不少医学生先后留校任教或在广慈医院任医师。他们中大部分日后都成了主要临床科室的开创者和奠基人。

20世纪50—60年代，广慈医院接受医疗系一部的学生，平均每年200名左右。1966年"文化大革命"开始后，66、67、68、69四届学生没有读完全部课程，也没有经过正规的生产实习和毕业考试，后予以毕业分配工作。1969年，学校开始复课。1970年，医院从工厂和农村的知识青年中招收学生，这些学生被称为"工农兵学员"。"文化大革命"结束后，这些已经进入临床工作的学生又分期分批地回校补课，提高医学基础理论和专业理论。1972至1976年，每年招收工农兵学员180名左右。

1978年恢复全国高考，当年2月和10月分别有两批新生入学，根据毕业年度分别命名为82届和83届。进入20世纪90年代,全日制在院学生数每年达到1 000人左右。进入21世纪,临床医学专业在院学生500人左右,还包括60多名外国留学生。

第二节 教 学 管 理

一、教务管理

1955年以前,医教室负责教务管理,指导各业务部门进行教学工作,督促实施二医规定的教学计划,在实施中经常与二医及各科系主任联系了解其执行情况,负责对实习医生之管理、教育及领导。

1955年二医成立系一级教学行政组织,医疗系一部设在广慈医院,专门负责教学管理工作,配有专职教学管理人员。系部接受医学院下达的教学任务,由教务员编制教学日历、安排实习轮转计划,并把教学任务分配给教研室,领导各个教研组开展教学工作。"文化大革命"开始后系部解体。"文化大革命"后系部重新建立组织架构,全面开展教学管理工作。直至1994年更名为瑞金临床医学院,实质上仍是二医下属的,医院内的教学管理机构。教研室接收到教学任务后,负责安排授课老师,具体落实教学计划。教务员按照医学院教务处的规定对五年制、七年制、八年一贯制以及八年一贯制法语班学生实施教务管理。各学制的教学计划和教学大纲是教务管理的基本依据。

教学质量管理通过制度建设得以落实。1953年7月,医院执行《上海第二医学院生产实习暂行简则(草案)》,实习医生进入临床后,由各临床学科制订临床实习计划,由教师分工负责指导实习,做好实习鉴定。"文化大革命"期间,教学制度遭到破坏,教学质量也受到影响。"文化大革命"结束后,从1979届学生开始,教学制度得到逐步恢复,建立考试或考查制度、考勤制度和请假制度,制定学生守则,定期召开教研室主任或教学干事会议,有听课制度和系部班主任联席会议制度。

20世纪90年代,教学质量管理进一步深入,有备课制度、听课制度、考核命题保密制度、教研室的教学质量考核制度、主干教研室教学查房制度。教学管理部门按教学工作条例和规章制度进行定期检查,以杜绝责任事故,减少差错。组织有丰富教学经验的专家教授分别对教学工作的各环节,如理论授课、教学查房、临床技能培训、青年教师培养等进行考评,以发现问题,提出整改措施。听取学生对教学工作的反馈意见,组织好学生评教评学,以帮助教师改进教学方法,提高教学质量。

进入21世纪,教学制度建设成为常规工作,学院编制《教学管理制度汇编》,共25项教学管理制度,涉及学院各级、各类行政人员工作职责,教研室、带教老师职责,实习医生管理等,每三年修订一次。2003年,瑞金临床医学院顺利通过国家教育部对七年制高等医学教育教学工作评估和本科教学工作水平评估。2005年建立临床医学院网站,实现了教学信息的及时发布。2008年教学日历在线提交,实现了教学安排的移动办公和上课信息的手机短信提醒。2008年制定了《七年制二级学科轮转暂行规定》,2010年修订了《关于教学事故、差错认定及处理的规定》《七年制学生学位论文、评改工作》《七年制学生临床技能考试的若干规定》等制度。同时,进一步规范了教学工作的会议制度,加强教学过程的督导,根据学院对长学制临床理论教学的要求,提高临床教师的英语授课能力。

二、临床教学

1914年,震旦大学医科正式设立后,课程设置、教学大纲皆参考法国医学专业,所用教材为法国医学院校教材，用法语授课。前2年专习博物，后4年学医科，课程共40余门。

上海第二医学院建立后，医学生的临床理论教学使用国家统一的教学计划、教材以及专业教科书，每项教学计划都包含某专业设置的一系列课程，每门课程都有一个详细的教学大纲，不仅规定课程的具体目标，还规定该学年或该学期所讲授的各项内容，具体分配了每项内容的时间，注明了每一课时内所使用的教材，在教学方法和内容上实现了标准化和统一化。1956年起中医课列入教学计划，1958年，党中央提出了“教育为无产阶级政治服务，教育与生产劳动相结合”的教育方针，组织大批师生“出门办学”；学校对当时的教学计划作了较大调整，增加了政治教育的比重，把生产劳动列为正式课程，并对专业课程设置进行压缩精简，合并、减少讲课时数，增加临床基本技能、基本操作的训练，缓解了建国初期医生缺乏的矛盾。但是，片面强调学生参加生产劳动，也一定程度上忽视了基础理论的学习，影响了教学质量。

1961年5月，中共中央批准试行《教育部直属高等学校暂行工作条例》(简称《条例》)，强调为国家培养合格人才的重要性，医院贯彻《条例》精神，采取措施，稳定教学秩序，教学工作走上正确轨道，教学质量得到了提高。1962年，为贯彻党的“调整、巩固、充实、提高”八字方针和《高校工作60条》，医院随学校调整教学计划，充实基础理论教学内容，巩固教学改革成果，纠正了在教改中提出的不适当的口号和违反教学规律的措施，克服形而上学。

1966至1976年“文化大革命”期间，学校发展遭到严重挫折，教学机构时建时散，医院的教学活动也基本停止。1977年，“文化大革命”结束后，国家恢复了高考制度，学校重新建立起教学秩序，逐步开展了教师队伍建设、教材编写。有一定临床经验和教学经验的教师参与理论授课，并且相对固定，给教师一定时间备课，任课教师予以假期，配备教辅人员。

进入20世纪90年代后，教学工作得到进一步重视，医学院教务处编制教学计划，下达教学任务，临床医学专业开设内科学、外科学、妇产科学、儿科学、诊断学、神经病学、眼科学、耳鼻喉科学、皮肤病学、康复医学、传染病学、中医学、针灸学、医学伦理学等必修课程，并开设医患沟通、急救医学等选修课程。理论授课采取主讲教师制度，教师取得教师资格证书后方能授课，每门课程授课教师的职称50%以上具有高级职称。第一次参加理论授课的老师必须在教研室进行培养性讲课，由教研室主任及资深教师对其进行辅导和点评，培养性讲课合格的教师方能进行授课。教研室在开课前举行集体备课，凡承担该学期大课讲授和见习带教的教师都要参加。授课教师必须预先完成教案的撰写并经主任签名，开学前一周教研室(组)集中交系部。

【系统整合模块教学】

从1998年起，开始在法语班试行“前后期整合，课程体系整体优化”的改革方案，该方案的特点是以器官系统为主线，淡化学科，融形态和功能、基础与临床为一体的立体式教学，使学生对人体各重要器官的正常与否、疾病的诊断与治疗有一个整体概念。在教学内容方面注重知识结构的内在联系，强调知识的纵向综合和横向联系，力求使知识结构的整体优化。消化系统教学实现基础与临床的整合、临床各专科之间的整合。2006年，交大医学教改班开展系统整合模块教学改革，强调系统模块内各学科的相互交叉与渗透，基础学科之间及基础与临床学科之间的双向渗透与重组，改变了传统医学教学三段式模式(基础—临床基础—临床)，实现了基础与临床教学一体化贯通。瑞金临床医学院参与了所有教学改革班的系统整合教学项目，并负责其中的血液系统、消化系统和内分泌系统的教学内容，制订了教学计划、教学大纲、教学讲义和各种教案。

【PBL 教学】

2008 年，瑞金医院教师参加基础医学院问题为导向（PBL）教学。PBL 医学教学是以问题为基础，以学生为主体，在辅导教师的参与下，围绕某一具体病例的诊治等涉及基础医学和临床医学问题进行研究性学习的过程。医院外科教研室首先于 2009 年上半年在五年制本科外科总论教学中开设了 12 课时的 PBL 课程，受到了学生欢迎，并在交大医学院范围内开设公开课，来自仁济、新华、九院、基础、护理等各学院的教师进行了交流学习。下半年又在外科各论及三级学科开展 24 学时的 PBL 教学，共有 249 名学生参加了新的教学方法与实践。随后，内科、妇产科、儿科陆续开展 PBL 教学。2010 年，外科教研室“以培养临床综合思维能力为导向的临床 PBL 教学实践与探索”获上海交通大学年度教学成果奖一等奖。

【临床见习】

震旦医科正式设立之际，见习教学就是医学生实践教学的重要课程。见习医师分班任普通病房及时疫病房进院病人的诊察，对夜间急病进院者施行紧急治疗，遇有必要时必须辅助产科接生等事，每晨指导学生作病情报告，随主任医师诊察病人。

20 世纪 50 年代，实践教学同生产劳动结合，开展“出门办学”，在工厂、农村开展巡回医疗和卫生宣教，帮助建立基层卫生组织，结合农村常见病、多发病进行医学教学，增加工农感情，培养学生独立工作的能力，并与学习中医中药结合起来。

1966 至 1976 年“文化大革命”期间，以生产劳动代替了临床见实习。

1977 年后，医院重新建立起教学秩序，规范了见习教学。见习是医学生进入三年级后，与临床理论授课同步进行的课程，是医学生系统接触临床的第一阶段实践教学；学生 6～8 人为一个见习小组，每组由一名高年资住院医师或主治医师带教，开展床边教学，巩固和深入了解课堂教学内容，并将理论教学与实践教学紧密结合。

至 2010 年，安排每个学生到内科、外科、妇产科、儿科见习。其他理论课程也均安排有相应的见习课。

见习教学由专人负责，确保时数与质量，教研室主任或主讲教师组织见习带教老师制订带教方案。见习带教老师参加相应理论课的听课活动，同时根据带教实际需要，研究准备临床见习病例、安排见习教学内容。

【临床实习】

在震旦医科正式设立后，“长时间之临床实习”也成为震旦医学教育的一大特色和优势，学生每周一、二、六到医院临床实习。震旦的医学生有 4 年的临床实习期，每日上午学生在广慈、安当两医院中，在教授指导之下有两三小时的诊病实习。震旦医科之所以在中外负有盛名，不仅因为课程设置优良，更重要的是广慈医院为医学生的充分实习，提供了非常优越的实习环境与设备条件。据 1938 年的统计，广慈医院可容 700 位病人，其中 488 床专供学生实习。

1952 年二医建立后，仍然延续了广慈医院重视临床实习的传统。“文化大革命”期间，以生产劳动代替了临床见实习。1977 年，医院重新建立起教学秩序，规范了实习教学，建立了实习教学计划，医学生第五年进入实习，按照实习计划进行通科轮转。学生 6～8 人为一个实习小组，实习医生在上级医生指导下进行临床实践，分管 5～8 张病床，24 小时内完成一般入院病人病史，12 小时内完成一般入院记录，及时完成重危病人病史以及病程记录、手术记录等医疗文件。实习结束前一周左右进行考核，各大科实习结束进行考试，各小科结束时进行考查一次，毕业时进行一次毕业考试。病事假超过全年 1/3 毕业后需补实习半年。

自 20 世纪 80 年代以来，每一届学生的实习教学安排基本固定，内、外、妇、儿科是四大主要实习内容，辅以神经内科、急诊科、放射科、感染科等。1987 年，医疗系一部在读学生数多达 750 多人，为保证学生的实习教学质量，医疗系一部与上海纺织局第一医院、上海纺织局第二医院及卢湾区中心医院横向联系挂钩，建立实习教学基地。

2010 年，实习教学安排中全部实习时间为 56 周：内科 13 周，普外科 9 周，妇产科和儿科各 7 周，基层实习 4 周，泌尿外科、骨科、精神科、感染科、神经内科、急诊、社区卫生服务中心各 2 周，心电图和放射科各 1 周。

【早期接触临床实践教学】

2006 年起，瑞金临床医学院开展早期接触临床实践教学，目的是让刚进入医学院的一年级学生尽早接触临床，培养临床思维，养成医生素质。时间安排在一年级暑期，共 30 个学时，设有 1 个学分。教学内容包括专题讲座导医实践、门诊观摩、教学查房或病例讨论观摩、医学教育座谈会、临床技能实验示范中心观摩、医德医风教育等。

【科研训练课程】

2009 年 6 月，交大医学院制订“临床医学八年制学生科研训练课程”方案，为即将进入后期研究生阶段培养的八年制学生开设科研训练，旨在强化学生的科研意识和技能，加强学生的科研素质与创新能力。医院实验室课题组长或若干中级或以上职称的带教教师，负责科研训练课程的指导工作，每位带教教师指导 5～6 名学生，按每两周 1 学分(17 学时)、为期 4 周的科研训练课程。课程以该学科基本理论为指导，结合实验技术的观摩、操作，体验科研过程，初步掌握生物医学基础研究的基本程序和基本方法，涵盖细胞生物和分子生物相关技术。训练内容包括：实验室科研汇报会、文献报告会、基础医学院学术报告会、见习大型仪器设备的操作和实验技术等。

【留学生教育】

1967 年起，上海第二医学院开始接受国家留学基金委推荐的公费留学生，是国家教育部/教委接受外国留学生的重点院校之一，其中临床医学本科留学生的临床教学和临床见实习全部由医院承担。

1977 年，医院设立外国留学生教学用常见病门诊，并抽调内科医生 2 人，外科医生 2 人，针灸医生 2 人，化验员 1 人，护理人员 1 人，在医院外宾接待室放置针灸、医疗器械、化学设备、护理等用具，用于留学生带教。1979 年，医院成立留学生办公室，负责留学生的教学管理和涉外工作。1984 年起实行外国留学生与中国学生合并上课，同时取消留学生办公室，由系部办公室统一安排教学。系部成立以系主任为主的留学生工作领导小组，包括负责分管留学生工作的系副主任、办公室副主任和具体教学管理人员共 5 人。1988 年起接受攻读硕士学位的外国留学生。1990 年起，根据国家教委《关于改革招收和培养第三世界来华留学生办法的意见》，医院重点为第三世界国家培养包括博士在内的高层次医学人才。1972—1990 年，共接受本科生 212 名，包括扎伊尔(9 人)、多哥(6 人)、刚果(6 人)、巴基斯坦(7 人)、也门(4 人)、加蓬(3 人)、坦桑尼亚(4 人)、斯里兰卡(6 人)、喀麦隆(1 人)、苏丹(8 人)、马里(5 人)、乍得(3 人)、索马里(3 人)、黎巴嫩(2 人)、孟加拉国(1 人)、

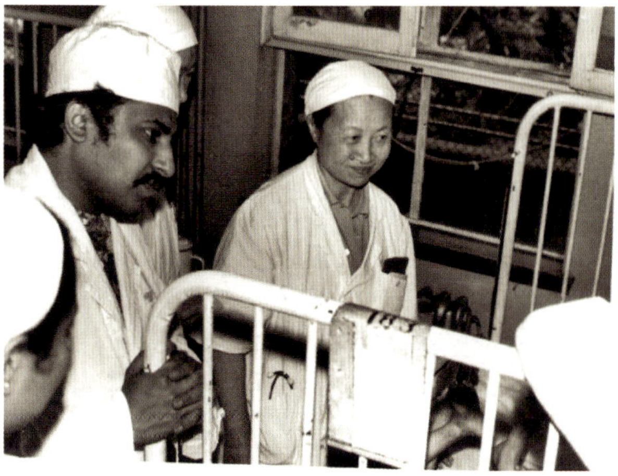

图 4-2-1　20 世纪 80 年代儿科曾畿生指导外国留学生

柬埔寨(14 人)、乌干达(2 人)、赞比亚(1 人)、塞浦路斯(1 人)、尼泊尔(2 人)、毛里塔尼亚(1 人)、塞拉利昂(2 人)、叙利亚(3 人)、埃塞俄比亚(2 人)、马达加斯加(2 人)、摩洛哥(1 人)、伊朗(3 人)、赤道几内亚(1 人)、肯尼亚(1 人)、贝宁(1 人)、利比里亚(2 人)、圣多美与普林西比(2 人)、约旦(1 人)、津巴布韦(1 人)、巴勒斯坦(1 人)、突尼斯(1 人)、几内亚(3 人)。

20 世纪 90 年代后，留学生的生源结构发生变化，除了公费留学生以外，还有来自韩国、日本、马来西亚、印度尼西亚以及持第三国护照的台湾地区自费留学生。2000 年起，每年暑期医院接受法国医学院校留学生 30 人左右，到医院临床见习 4～6 周。另有来自美国、加拿大、比利时、瑞士、瑞典等短期交流的留学生。

1997 年，法国与中国政府签署《卫生合作协议书》，其中包括支持临床医学法语班计划，瑞金临床医学法语班中法合作项目纳入中法两国政府文化教育合作框架。此后，法国里昂第一大学、斯特拉斯堡大学、格勒诺布尔第三大学、巴黎笛卡尔大学等 10 多所法国高校与瑞金临床医学院签署合作交流协议，定期派遣基础和临床专业及法语专业授课教授，同时开展学生互换项目。1998 年起，上海第二医科大学面向全国招收临床医学七年制法语班学生，每年 30 名，长学制阶段经选拔赴法国进行外籍住院医师培训一年，主要在巴黎、里昂、马赛、斯特拉斯堡等大学医学院。1999—2010 年，由医院派出的赴法住院医师共计 257 名。

三、教师队伍

自震旦医科成立，广慈医院的各科医师专任或兼任学校教师，外籍医师特别是法国医生为震旦大学医科的创建打下了坚实的基础。同时，震旦大学常务校董才尔孟不惜重金从法国招聘有真才实学的教授任教，同时也吸收从法国名牌大学留学回来的中国医师任教，凡任震旦大学临床学科教授基本上都兼广慈医院科主任。20 世纪 30 年代后期起，多位震旦医科毕业生先后留校任教或在广慈医院任医师，他们中的大部分日后都成了医院主要临床科室的开创者和奠基人。如邝安堃教授，早年在震旦读理科，1919 年赴法国里昂大学攻读化学，1923 年转入巴黎大学攻读医科，1929 年毕业后顺利通过巴黎大学医院住院医师的严格考试，成为考上这个职务的第一个中国人。1933 年回国，任震旦大学医学院内科、小儿科教授并兼任广慈医院小儿科、皮肤科主任。

表 4-2-1　广慈医院部分外籍医师任震旦医学院教师情况表

姓　名	简　历	在沪时间	科　室	在震旦医学院任科目
Allary.Ch.(安纳礼)	波尔多大学医学士、 法殖民地军医官	1925—1935	内科	临床实习、内科
Brugeas(蒲鲁塞)	波尔多大学医学博士、 步来斯海军医校解剖学教授	1924—1938	外科	解剖学、妇科、外科手术

（续表）

姓　名	简　历	在沪时间	科　室	在震旦医学院任科目
Richer(李山)	波尔多大学医学博士、 法殖民地军医官	1927—1938	放射科	X光学
Santelli(桑德理)	巴黎大学医学博士、 马赛医学院外科实习主任、 又理学院生理学助教	1927—1962	外科	外科
Calame	瑞士日内瓦大学医学博士	1929—1937	眼科	耳鼻喉眼科
Le Goaer(勒乔爱)	巴黎牙医学院医学博士	1933—1938	口腔科	口腔学及牙科
Malval(马尔物)	波尔多大学医学博士	1934—1946	产科	卫生学、产科学
Genin(芮南)	波尔多大学医学博士、 巴黎大学X光学专家	1935—1946	放射科	X光、镭锭学、电疗学

表4-2-2　震旦大学医学院部分毕业生任职母校及服务广慈医院情况表

姓　名	院系、届别	职　务
吴冠英	医学院1928	震旦医学院内科病理学教授、广慈医院内科主任
吴云瑞	医学院1930	震旦生理学教授、广慈医院电心动学兼代谢机能研究室主任
沈锡元	医学院1931	广慈医院外科主任
程一雄	医学院1935	广慈医院泌尿科主任
沈国祚	牙医系1936	震旦牙科主任、广慈医院牙科主任
刘　焘	医学院1936	震旦耳鼻咽喉科教授、广慈医院耳鼻咽喉科主任
王耆龄	医学院1936	广慈医院内科副主任
徐福燕	医学院1937	广慈医院检验科主任

1949年新中国成立后，大部分外籍医生回国，邝安堃、齐家仪、高镜朗、傅培彬、沈永康、佘亚雄、沈锡元、史济湘、宋祥明、张传钧、顾成裕、杨永康、董方中、林言箴等中国医生毅然留守，为新中国的医疗卫生和医学教育事业的发展做出了重要贡献。同时，新组建的上海第二医学院全面开展教师队伍建设，一大批优秀的年轻医生加入临床教师队伍，得到前所未有的锻炼和培养，日后成为医学大家同时又是医学教育家，如1948年自震旦大学医学系毕业的内科血液学专家、中国血栓与止血专业的开创者之一、享有“癌症诱导分化之父”之誉的王振义，于1984—1988年任上海第二医学院院长，恢复了医学法语教育，开启了中法医学交流的大门。同辈还有唐振铎、龚兰生、董德长、陈家伦、曾畿生、孙桐年、胡曾吉、徐德隆、陈志让等都是医学教育专家。

进入20世纪80年代，教育事业蓬勃发展，徐家裕、张圣道、邓伟吾、王德芬、李宏为等专家又开创了医学教育的新局面。以双师型（临床医师和教师）队伍建设为目标，自1982年开始，医院重新开始了教授职称晋升，教学考核成为医师职称晋升的考核内容之一，也纳入学科带头人目标考核，当年全院聘有教授26名，副教授45名。

20世纪90年代，为进一步提高教学质量，医院又出台了一系列有关教学工作的条例，年轻教师经培养性讲课合格后方能承担理论授课任务。规定晋升副高职称必须任过教学干事或脱产带教；晋升副主任医师和主任医师必须完成规定的教学时数(每年12学时)；申报研究生导师必须具备优良的本科教学业绩等。授课质量接受学生、专家、管理部门等多方考评，教师定期听取学生对教学工作的反馈意见。2001年，学院对兼聘正、副教授的标准再次进行规定，规定了兼聘正、副教授必须完成的理论教学时数、主讲教师任务、病区小讲课、国家或市级继续教育项目的学时数、全院住院医师培训授课学时数等。1992年制定了《教学差错、事故处罚条例》，并于2010年进行了修订。

2010年，瑞金临床医学院有临床教师894人(兼职)，其中教授、主任医师190人，副教授、副主任医师316人。

1961年成立系部后，根据"高校60条"中关于学生指导员的要求，医院遴选了符合条件的同志任学生指导员，后改称学生辅导员。学生指导员的工作内容主要是开展学生政治思想教育、学生党建、班级活动、学生评优、生活管理和就业分配等工作。1964年9月，二医党委对加强学生政治思想工作做出决定：要求每个年级配备指导员5人(后期每个班级均配备一名指导员)，要求指导员跟班到毕业。根据规定，医院党委又多次从临床遴选了优秀同志任学生指导员。学生指导员在带班结束后，听从党委统一安排，有的继续留任，有的考研继续深造，有的回临床从事专业工作，有的转岗医院行政管理等。至20世纪80年代，学生指导员在专业业务上受二医社科部和思政教研室的双重领导，参与"医学伦理学"和思政教育课程授课，职务晋升走思政讲师系列条线，这一阶段，学生指导员又称为班主任。

20世纪90年代瑞金临床医学院成立后，曾经短期试行过学生辅导员和教务员二岗合一的模式，由学生辅导员兼任所带班级的教务员工作。1998年9月，二医党政联合发布了《关于进一步加强学生政治辅导员队伍建设的若干意见》，对学生辅导员的管理、职称评审、职务晋升、待遇等做出具体规定。2000年起，学院根据学校的规定，恢复了专职学生辅导员，学生辅导员不再兼任教务员工作。同时，党委从临床上遴选优秀的年轻医生任医学系的兼职学生辅导员。

2004年10月，中央国务院发布了《关于进一步加强和改进大学生思想政治教育的意见》，根据文件和学校配套文件精神，为加强学生思政工作，学院设立了学生工作办公室，并在应届毕业生中遴选优秀毕业生留校任专职学生辅导员，为期2～3年，学生辅导员工作结束后，转到临床岗位工作。

2006年9月，国家教育部颁发《普通高等学校辅导员队伍建设规定》，明确辅导员是高等学校教师队伍和管理队伍的重要组成部分，具有教师和干部的双重身份。辅导员是开展大学生思想政治教育的骨干力量，是高校学生日常思想政治教育和管理工作的组织者、实施者和指导者。同时文件也明确规定了辅导员的工作要求和职责、配备和选聘、培养和发展以及管理与考核等若干问题。在此后的辅导员队伍建设中，开始强调辅导员的专业化发展、职业化建设，鼓励辅导员参加心理咨询师、职业咨询师的培训，辅导员队伍向专业化道路上更进一步。2010年，在院学生辅导员共6人，其中专职辅导员5人，兼职辅导员1人，他们已经成为大学生健康成长的指导者和引路人，在整个教育教学工作中发挥着重要的作用。

四、德育教育

震旦医科从一开始就注重医生道德教育，在课程纲要上规定开设医业伦理学，内容有医师人格、医师道德、医业秘密等，学生须于毕业典礼中领受宣誓词当众宣读。

医院学生的德育教育接受上海第二医学院党委的领导，是在医院党委的直接指导下开展的。1962年，医院党委成立系部党总支，负责医疗系一部的本科生学生德育教育工作。教学总支书记由医院党委直接任命。1964年9月8日，二医党委对加强学生政治思想工作做出决定，要求各医院、系部党总支有一名副书记专管学生政治思想工作。医院学生思想政治工作在系部党总支书记的带领下开展，各班级设有专职政治辅导员负责政治思想工作，根据学校德育教育的部署，开展爱国主义教育、共产主义理想教育、道德品质教育、形势政策教育和职业道德教育。

医院在办学过程中，紧随学校开展学生德育教育，根据不同时期的形势任务和学生的思想实际，学生德育教育内容各不相同。学校建校初期，着重抓爱国主义和阶级教育；1958年后，主要进行党的教育方针、形势政策教育和艰苦奋斗的优良传统教育；1961年后，主要进行社会主义思想和共产主义道德品质教育。“文化大革命”期间对学生的德育教育主要是学《毛主席语录》，一度又以“革命大批判”所代替。1978年以后，在新的历史条件下，对德育教育在内容方法上进行了改革与探索。20世纪80年代起，德育教育突出坚持四项基本原则和献身于社会主义现代化建设事业的教育。开设医学伦理学课程，为指定选修课，36学时，安排在第八、九学期进行，作为学生思想政治教育的一个组成部分。1981年改为医德学，寓医德教育于五讲四美之中，提倡救死扶伤、对伤病员态度和蔼、诊断工作谨慎细心等职业道德。随着医学模式由生物医学向生物—心理—社会—医学模式的转变，对医学生的职业道德教育也注入了新的内涵。20世纪90年代起，学校加大对学生职业道德教育，特别对进入后期临床实习的医学生加强职业道德教育。20世纪90年代后，在“医学伦理课”“医德课”的基础上，又结合专业特色，突出开展职业道德教育。针对即将进入临床实习的医学系医学生，就职业理想和医德医风的内容安排专门的集中教育，称为实习生岗前教育。学院邀请医院院长或分管学生工作的党委副书记等领导做医德医风专题报告，强调在临床工作中医务人员必须遵守的行为规范、树立起医务人员的职业道德和良好的医风；安排医务处管理人员讲解医疗规范和医政法规，加强医学生对病人负责的医疗安全意识，教育医学生规范行医。进入21世纪，学校坚持以理想信念教育为核心，深入进行正确的世界观、人生观、价值观教育；以爱国主义教育为重点，深入进行民族精神教育；以基本道德规范为基础，深入进行公民道德教育；以大学生全面发展为目标，深入进行基本素质教育。根据临床工作的实际需求，学院不断调整和充实教学内容，创新教学形式，在医德医风教育和医疗规范、医政法规教育之外，增加了医患沟通技巧、案例分析讨论等内容，更加强调医学人文教育；引入朋辈教育模式，请高年级学生做经验分享，以他们的实际工作体会来教育和引导低年级医学生。由此，医院传统的实习生岗前培训教育成功转型为“医学生职业素质养成”课程。

针对护理系专业的学生，护理系始终坚持以护理先辈南丁格尔的奉献精神、医学楷模的感人故事去教育和鞭策学生，强化职业道德建设，牢记白衣天使的使命和圣洁。护理系还结合临床实习特点，在学生进入临床实习前强化职业道德教育和“上岗前培训”，利用返校时间定期举办各类有关职业道德、文化素养和专业培训等系列讲座，对树立良好学风起到了很好的促进作用。在校护理系学生在完成繁重学习任务的同时，还能积极参加校内和社会各项公益活动：如到社区为孤老服务，到动物园认领大熊猫，去白血病病区为小患儿补课，为居委会编写健康教育黑板报及参与无偿献血等，用自己无私的行动展现新时代大学生的风貌，并多次荣获文明班级和文明寝室的嘉奖。

五、学生党建与团学活动

【学生党建】

1962年,医院党委组建系部党总支,设专职党总支书记1人,负责本科生的学生党建工作。本科生学生党建工作主要在学校党委组织部和医院党委的直接领导下,由系部党总支书记负责落实和指导各学生支部书记具体开展工作。进入20世纪90年代,为严格、规范地做好学生党建工作,医院党委在临床医学系特别设置了"党委兼职组织员"一职,任命了兼职组织员1人,主要负责系部的学生党建工作。兼职组织员和专职学生辅导员享受科级干部政治待遇,参加医院干部大会、政治学习等活动,以保持较高的思想觉悟和理论水平,保证学生党建工作的开展。

系部的学生党支部在早期是以系部为单位成立的,随着党建工作的开展,现在基本是以年级为单位成立学生党支部。学生党支部书记原则上由班级的学生辅导员担任,学生党员任支部委员。在党员发展工作中,始终把政治标准放在首位,严格按照学校党委组织部和医院党委的党员发展流程操作,坚持"成熟一个发展一个"的基本原则,多年来为党组织培养了一大批合格的医学生党员。

党章学习小组 医院从建立系部党总支开始,就开展党章学习小组工作。党章学习小组最初是以系部为单位成立党章学习小组,随着党建工作的深入开展,后来发展到以年级为单位,现在基本以班级为单位建立,接受各党支部的指导。党章学习小组通常由班级团支部书记任组长,组员可以是递交过入党申请书的积极分子,也可以是有意愿了解党组织的普通同学。活动内容主要是组织大家学习党章、学习党的基本理论和基本知识、参观考察、小组讨论等。

二级党校 1994年起,为健全分层培养、分步衔接的入党积极分子教育体系,学院党总支开设了二级党校,至2006年共举办了13期。由各支部推荐入党积极分子参加,每年举办一次,目的在于帮助入党积极分子坚定理想信念,增强党性修养,端正入党动机。二级党校的教学内容是在党章学习小组的基础上,进一步对积极分子加强党章的学习、党的基本理论及基本知识的学习,教学形式为专题党课、小组讨论和参观考察。经过二级党校培训考核合格,才有机会进一步参加学校三级党校的学习。自2007年起,随着前期党建工作的深入开展,转入后期学习的入党积极分子都已完成二级党校的培训。至此,医院停办了学生二级党校的学习培训。

共青团推优 共青团推优工作即共青团组织积极向党组织推荐优秀团员青年作为党的发展对象。学院自2001年起,根据学校团委的推优工作流程,由各班级团支部负责组织推优工作。推优对象可以是组织推荐,也可以是个人自荐。团支部召开全体团员大会,讨论产生推优对象,填写"优秀团员作党的发展对象推荐表",报上一级团组织审核,同时递交同级党组织,听取党组织意见。同级党组织在推优对象中选取符合条件的列入发展计划,进行培养考察。

研究生的党建工作跟随研究生教学管理一直归属于科教处,2005年前,由科教处的副处长兼任研究生党支部书记。2005年6月瑞金医院党委发文批复,同意成立研究生党总支,下设两个党支部,由一名科教处副处长任研究生党总支书记,负责研究生思想政治教育和党建工作。研究生党支部基本上按硕士和博士分别以年级为单位建立,支部书记和支部委员均由研究生任。研究生党总支坚持学生干部培训制度,1个月召开1次支部书记例会。

【团学活动】

自系部党总支成立后,同时成立学生团总支,设专职团总支书记1人。团总支书记同时兼任医院团委副书记或团委委员，团总支委员是由各班级学生团员推荐，经党总支审核后产生的。系部团总支负责在院学生的团工作，指导各班级团支部开展团员教育、社会实践、文体活动、优秀团员和团组织的评比等工作。

1995 年，成立瑞金临床医学院后，加强团总支的组织建设。于 1999 年 4 月 22 日召开团总支第二届代表大会，明确团总支每 2～3 年召开一次团代会，进行改选工作。自第二届团总支开始，设总支书记 1 人、副书记 1 人、团总支委员 5 人，均通过选举产生，成员组成人数根据学生总数进行调整。总支书记由学院的学生辅导员任，同时兼任医院团委委员。

至 2010 年，瑞金临床医学院团总支已是第八届，设团总支书记 1 人、副书记 2 人，其中书记和 1 人副书记由学生辅导员任，另一名副书记由学生任，团总支委员 5 人。在学院党总支的带领下，完成各项团工作。

系部党总支成立后，同时成立瑞金学生分会，也是上海第二医科大学学生会的分会。学生分会由各班级学生推荐优秀学生代表产生，经党总支审核后上报上海第二医科大学学生会成立，负责组织在院学生开展各项寓教于乐的文体活动，丰富学生的业余生活，并配合校学生会的工作，组织本院学生代表参加校学生会的各项活动。

1995 年，学生分会正式更名为上海交通大学瑞金临床医学院学生会。在瑞金临床医学院党总支领导，团总支指导下的全院学生群众性组织，是全院学生合法权益与利益的忠实代表。瑞金临床医学院学生会工作的宗旨为：坚持正确思想指导，本着全心全意为同学服务的原则，为广大同学打造优良的学习生活环境，帮助同学提高自身综合素质。

为加强学生会的组织建设，自 1999 年召开第二届学代会后，明确学生会每 2～3 年召开一次学代会，进行改选工作。学生会设主席 1 人，副主席 2 人，若干个学生会部长。

2010 年，瑞金临床医学院学生会设主席 1 人、副主席 2 人，设勤助部、秘书部、学科部、宣传外联部、志愿者部等部门，各班班委会也是学生会的重要组成部分。

《橘井》　瑞金临床医学院学生院刊《橘井》是学生自行编印、内部交流的刊物。始创于 1996 年，由当时在读临床医学专业学生谢冰与一群爱好文学的学生创建。其名取自“苏医以橘叶井水愈天下大疫”的传世功德，记录瑞金临床医学院这一方医学天地里的真知微感。创刊初期为季刊，后改为年刊，2015 年已出版至第 22 期。

《橘井》编辑部由临床医学院学生组成，设主编 1 人，副主编 2 人，以及数位文字编辑负责征校稿件，一位美术编辑负责排版配图。编辑部负责组稿、编辑、排版，临床医学院团总支负责审核后，在医院内和交大医学院内出刊，免费赠阅。

国家大学生创新性实验计划　国家大学生创新性实验计划是高等学校本科教学“质量工程”的重要组成部分，旨在探索并建立以问题和课题为核心的教学模式，倡导以本科学生为主体的创新性实验改革，调动学生的主动性、积极性和创造性，激发学生的创新思维和创新意识，在校园内形成创新教育氛围，建设创新教育文化，全面提升学生的创新实验能力。

该计划自 2007 年启动，由交大医学院学生工作部负责全校的大学生创新性实验计划工作。瑞金临床医学院由学生工作办公室对口负责落实该计划具体实施和过程管理工作，包括计划动员、立项申报、中期考核、项目验收、资料汇总等。自 2007 年开展该项计划至 2010 年，共获得国家级项目 7 个、市级项目 17 项、校级项目 3 项。

研究生暑期“三下乡”社会实践活动　积极组织研究生参与研究生院组织的各项学生活动。截至 2010 年，先后选派 20 多名研究生参加医学院研究生暑期“三下乡”社会实践活动，为老区人民送医、送药，进行健康咨询，举办专题学术讲座，传播医学前沿科学，与同行开展业务交流，并利用当地资源进行革命传统教育，从而增强了研究生爱国意识和献身社会、为民服务的意识。

【帮困资助】

2004年国家加强了对经济困难大学生的资助工作，以政府投入为主，多方筹措资金，不断完善资助政策和措施，形成以国家助学贷款为主体，包括助学奖学金、勤工助学基金、特殊困难补助和学费减免在内的助学体系，帮助经济困难大学生完成学业。医院的帮困资助工作受学校学生工作部的领导，根据学校的规定，严格工作制度，规范工作程序，公平、公正、合理地分配资助资源，切实保证各项资助政策和措施落实到家庭经济困难学生。

交大医学院于2008年和2010年，分别颁布了《家庭经济困难学生认定实施办法(试行)2008》和《上海交通大学医学院家庭经济困难学生认定实施办法(修订)》，根据学校的文件规定，学院坚持实事求是的原则，开展经济困难学生认定工作。一般由学生本人提出申请，学院在了解掌握学生家庭经济情况的基础上，实行民主评议和学院评定相结合的原则。

学院成立了认定工作组，由分管学生工作的院领导为组长、学生辅导员任成员，具体负责组织与审核本学院困难学生的认定工作。各班级成立了认定评议小组，由学生辅导员任组长，辅导员、学生党员、学生干部等学生代表任成员，具体负责认定民主评议工作。认定评议小组成员中，学生代表人数一般为班级总人数的10%，申请学生原则上不参加认定评议小组。认定评议小组成员名单经过本班级范围内公示，并上报医学院学生资助管理中心。

家庭经济困难学生认定工作每学年进行一次，于当年度9月完成。申请学生填写“上海市高等学校家庭经济困难学生认定申请表”，由班级评议小组民主评议，民主评议以申请学生家庭人均收入为基础，结合学生日常生活消费水平，参考导致其家庭经济困难的因素。评议小组将评议结果上报认定工作组，认定工作组审核通过初评名单后，以适当方式、在适当范围内，将家庭经济困难学生初审名单公示，无异议后上报学生资助管理中心。

经过认定的经济困难学生被纳入当年度的学校家庭经济困难学生库，可以参与各类国家和社会的助学金的申请，并获得相应的资助，必要时还可以申请特殊困难补助。部分符合条件的家庭经济困难学生可以申请学校的学费减免。学院还开设了部分勤工助学的岗位提供给经济困难学生，让他们利用业余时间，通过力所能及的劳动，获得一定的经济收入。

【就业指导】

在1988年前，毕业分配工作由系部办公室负责，学校没有统一的毕业生成绩排名，依靠学生辅导员的家访，根据学生不同的家庭情况和学习情况，结合学生的在校表现，根据分配指标，直接将学生分配到指定的地区、医院和岗位。

1988年起，上海第二医科大学根据毕业生在校各年度的综合测评成绩进行排名，由高到低，按序进行推荐免试直升研究生和毕业分配。毕业分配是在上级下达的分配指标范围内，由学生根据自己综合测评名次依次进行选择就业单位和专业，并接受辅导员协调与指导。

1995年起，毕业分配工作也逐渐市场化，学院不再接受分配指标任务，毕业生直接进入人才市场，与就业单位进行双向选择。

1999年1月，大学生就业工作发生新变化：由原来的学校、学生和用人单位三方签署《就业协议书》的方式，改为由毕业生和用人单位双方签约，学校则作为见证人，对协议书进行鉴证，保护学生和用人单位的利益。学生辅导员给予学生就业指导，包括就业政策形势分析、就业面试技巧、简历制作等内容，还有针对个人特殊情况的个性化指导。

第三节 教学评估

一、教学质量和教师评估

2005年成立教学专家督导组，由部分老专家、教研室主任、骨干教师组成，对教学理论教学、临床教学的各个环节进行督导，并参与教研室年度考核。定期召开专家督导工作会议，督导意见或反馈或通报，发现问题的责令整改。

教研室考核始于2005年，是教研室管理的重要内容。自2005年起，每年的12月至次年的1月临床医学院管理人员和教学督导组专家一起对全院的教研室进行考核，考核内容包括教研室的制度建设和落实情况、教学资料收集情况、临床教学记录、教研室主任听课记录、教研室教学会议记录、集体备课记录、培养性讲课记录等，考核结果全院公开排序。

1995年，上海市教育发展基金会设立育才奖，鼓励上海市长期从事高教事业，并在高教事业中做出突出贡献的教师、专业技术人员和管理人员。沈志祥(1995)、王鸿利(1997)、傅秀兰(1999)、杨秀英(2001)、朱正纲(2001)，陈家伦(2004)、陈赛娟(2007)、吴平(2009)先后获得育才奖。

2002年，上海市设立“上海市教育功臣”荣誉称号制度，旨在促进教育事业发展，表彰在教育教学、教育科研和教育管理中做出突出贡献的优秀教育工作者。希望全市广大教师和教育工作者向获得“上海市教育功臣”荣誉称号的同志学习，学习他们忠诚于党和人民教育事业，坚持教育教学创新，勇攀科学高峰的敬业精神和学高为师、身正为范、敬业爱生、乐于奉献的高尚品质，为上海实现教育现代化做出更大的贡献。2003年王振义教授获得上海市教育功臣光荣称号。

2000年，陈竺将其荣获的“长江学者成就奖”100万元奖金捐出，设立“红烛奖”教学奖励基金，旨在奖励在培养医学人才的工作中做出显著成绩的优秀医学教育工作者。红烛奖每两年评选一次，每次奖励3名教师，其中上海第二医科大学基础医学院教师1名，瑞金临床医学院教师2名。至2010年，医院共有12位精于教学、勤于育人的临床带教医师获此奖励。

表4-2-3 2000—2010年历届“红烛奖”获奖情况表

年 份	获 奖 人
2000	薛纯良(基础医学院) 高 颖 翁中芳
2002	周光炎(基础医学院) 陈 楠 李 敏
2004	刘远谋(基础医学院) 朱承谟 胡伟国
2006	华仲乐(基础医学院) 张圣道 张娟赢
2008	卢 健(基础医学院) 万欢英 邓 漾
2010	陈红专(基础医学院) 陈 珏 费 健

表 4-2-4 1987—2009 年医院获国家级或市级教学个人奖情况表

年份	奖项	姓名
1987	上海市先进教育工作者	史济湘 张圣道
1993	上海市高校优秀青年教师	朱正纲 陈生弟 倪语星 陈 竺
1997	上海市高校优秀青年教师	郑民华 茅 矛 陈国强
2000	上海市“我喜爱的好老师”金奖	张圣道
2001	全国师德先进个人	张圣道
2002	国家教学先进工作者	李秀松
2002—2003	上海市高校优秀学生辅导员	吴 平
2004	上海市优秀教育工作者	陈 楠
2006	上海市高校教学名师奖	王鸿利
2009	上海市高校教学名师奖	郑民华

二、学生评估

【德育评定】

德育分评定工作是对在校学生的思想道德进行评分，是学生辅导员工作内容之一。德育分是学生综合测评的重要组成部分，综合测评用于评选学生奖学金和毕业分配之用。

1987 年 9 月起，上海第二医科大学的学生奖学金发放采用新办法，建立学生综合测评指标体系，对学生德、智、体进行综合测评，三者的比例为 12%、80%、8%。德育成绩按优、良、中、差的百分制记分，优占 20%左右。其中，德育分评定是由学生辅导员负责组织评定。具体评分方法为：先由学生自评、再由小组内同学互评。在自评、互评的基础上，最后由辅导员老师组织班干部和学生代表经过民主评议产生最终的评分。德育分的测评结果计入当年度的学生综合测评内。

自 2010 年 9 月起，学校对 2010 级起的在校本科、长学制学生中实行新的学生综合素质测评实施办法，综合测评成绩由思想道德与职业素养分(15%)、基础与专业知识技能分(70%)和综合能力与素质拓展分(15%)以及附加奖励分(10%)一起构成。各班级在辅导员指导下成立综合素质测评小组，按学生人数的 30%产生本班测评小组成员，成员由班委会、团支部干部和其他学生代表组成，班干部代表中推选组长 1 名，学生代表中推选副组长 1 名。辅导员为测评小组当然成员。小组成员名单经过班级公示。测评小组根据相关的指标和观测点的要求，采取量化标准，按照百分制记分，完成思想道德与职业素养分和附加奖励分的评定，经过公示和学生签字确认，递交学生工作部，最后计入学生综合测评。

【学生评优】

学生评优是对在校学生开展各类优秀学生奖项的评比工作。学生评优奖项包括市级、校级三好学生，优秀学生干部，优秀毕业生以及学校和社会各类奖学金。

学生评优工作根据不同奖项的评比规则，采用不同的评优方案。有的是按人数比例在班级内评优，有的是在学院内评优，还有的是由学院推荐、在学校层面的评优。该项工作由党总支负责，坚持公开、公平、公正的原则，由学生辅导员在班级里具体开展评选工作。各级各类评选结果均须经过班级和学院内公示后，由党总支报学校主管部门。

第三章　医学检验和护理教育

第一节　医学检验教育

一、教学管理

1998年，医学检验系的培养目标是“具有基础医学、临床医学、医学检验等方面的基本理论知识和基本能力，能在各级医院、血站及防疫等部门从事医学检验及医学类实验室工作的医学高级专门人才”。2001年，将培养目标定位于“培养具有一定科研发展潜能的应用型医学检验专门人才”。

从1983年至2010年，医学检验专业共有24届1 016名本科生毕业(其中2003年至2010年共有4届210名本科理学士毕业生)；1988年至2004年，共有14届421名专科学生毕业。

医学检验系各专业教研室除承担医学检验专业全日制和成人教育的教学外，还承担上海交通大学医学院临床医学专业和护理专业的实验诊断学教学任务、临床输血学选修课和医学院研究生的生化技术选修课的教学。授课对象涵盖本科、长学制、法文班、留学生、研究生等不同层次、不同学制和不同专业的学生，2010年检验系年授课学生数为1 770名，年授课时数共3 434学时。

二、教学特色

医学检验系是全校一体化的系，成立之初，所有课程均由医学检验系系部直接负责安排。1990年划归瑞金临床医学系管理后，教学管理上分为前后期两段制进行，前期有人文社会科学课程、公共基础课程、医学基础课程，教学安排由基础医学院负责；后期专业教学分为专业课程教学、临床实习和毕业论文设计与撰写三个部分，由医学检验系直接负责安排与管理。专业课程教学主要由检验系各专业教研室承担；临床实习安排在瑞金医院等全市医学院校附属15家医院检验科进行，毕业论文则主要在三级医院检验科、市级医疗单位、研究所(实验室)及医学院等完成。

自1988年起，检验系采用原版英语教材，在国内本专业率先开设了专业英语课程，并将其作为主要专业课程之一，为学生在学习或工作中能及时了解国内外专业技术发展信息打下基础。2009年，检验系在全国医学检验专业课程教学中率先实施PBL教学，并覆盖了临床检验基础、临床血液学、微生物学与微生物学检验和临床生物化学专业课程；同年，专业英语课程开始在教学形式和方法上改变了以往教师满堂讲课的形式，每个学生围绕教师给出的题目自己查资料、准备PPT，并在课堂上作8～15分钟的介绍，学生和老师都可当场提问；考试形式也作了改革：课件制作、上台介绍占50%，笔试成绩占50%。这样的尝试，增加了学生的口语训练，也激发了学生的学习兴趣和动力。

为满足就业市场对医学院检验专业毕业生的需求，1999—2001年医学检验本科生实行专业分流，安排学生到上海市血液中心及一些生物医药公司进行为期3个月的实习。2010年起，为更好地开展校企合作、充分利用企业的优势资源，“检验仪器分析技术与应用”课程的实验教学部分内容安排在贝克曼库尔特商贸(中国)有限公司进行；同年起增设了临床实践选修课，学生在完成大学第二学年的学习后，自主选择去医院检验科(包括微生物科、输血与出凝血检验)、医院相关实验室以及某些与检验专业相关的公司和研发机构等进行为期4～8周的实践训练，使学生可以开阔眼界，提前接触临床，加深对本专业的了解，为进一步的专业学习和临床实习打下基础，同时有利于学生尽早做好自己的职业规划。

2007年起，原来按照上海第二医科大学的要求进行的医学检验专业本科生的毕业论文撰写标准改为按照上海交通大学理科标准进行。

2008年，检验系与瑞典卡尔斯塔德大学生命科学与技术系建立教学交流项目，开创了本科生与国外学生交流互换（每年2～3名）进行系统的毕业论文训练或临床实习的机制，双方每年选派1～2名青年教师进行互访及教学交流。

三、教学条件

1983年，检验专业建立之初，教学人员主要来自瑞金、仁济、新华、九院、基础医学院和检验系专职人员。20世纪90年代初检验系开始聘请外院著名专家教授为学生讲课，其中包括上海临床检验中心临床检验专业的金大鸣教授、上海临床检验中心临床生物化学专业的冯仁丰教授、第二军医大学附属长征医院临床免疫学的孔宪涛教授、解放军总医院临床检验专业的丛玉隆教授及卫生部临床检验中心临床生物化学专业的杨振华教授等。至2010年，检验系专职教师为29人（其中博士学历7人、硕士学位10人），承担了主要教学任务；兼职教师约10人，除临床输血课程来源于市血液中心外，其余主要来源于瑞金医院。检验系还选送教师赴美国、日本、法国和中国香港去深造和培训。

进入21世纪，医学检验系逐步加大了对专职青年教师的培养，鼓励支持专职青年教师提升自身学历，从2004年至2010年，选送14名青年教师赴英国、瑞典、中国香港、中国台湾医学院学习新技术，进行教学交流、参加PBL培训等，共有4名教师获得硕士学位、2名教师获得博士学位，为该专业全面开展PBL教学做好准备。

医学检验系开办之初，除临床血液学、临床检验教研室外，其他教研室均借用基础医学院相关教研室开展教学工作。1996年8月，检验系搬至上海第二医科大学西校园老红楼，拥有了检验系专用的教学实验室。2002年初，检验系搬迁至瑞金医院科教楼五楼，拥有建筑面积近1 400平方米的教学场所。

1988年检验系建立了中心实验室，2004年与瑞金临床医学院实训中心共同组成临床技能中心，2007年被评为上海交通大学示范实验室，2009年作为上海交通大学医学院临床技能实验中心的分中心之一，共同成为上海市和国家级实验教学示范中心。

通过获得“211工程”三期建设和上海市教委本科教育高地三、四期的建设项目支持，至2010年，检验系已初步建成在互动形态学技术上的模拟操作平台、在图像分析技术上的细胞生物学平台、在临床生化为基础的临床检验技术平台及蛋白分析技术上的分子和蛋白组学平台，学生开放性实验室同期建成并投入使用。

四、教学成果

【教材建设】

1986年卫生部聘请检验系副主任陶义训为医学检验专业教材编审委员会主任，1998年检验系主任王鸿利接任编审委员会主任，检验系作为卫生部医学检验专业教材编审委员会主任委员单位，在教材建设上，从自编、协编到统编、规划教材，已在各主干学科中建立了国家级规划教材主（副）编地位和从实验指导、题库到教材全面配套的体系。1989年至2010年，检验系主编出版全国规划教材27本，参与副主编出版教材5本。

1997年，检验系“加强配套教材建设，全面提高教学质量”获得了国家级教学成果奖二等奖。2001年，《现代检验医学与临床实践》（教材）获上海市教学成果二等奖。

表4-3-1　1989—2010年医院检验系主编教材一览表

年份	教材名称	出版社	主编	获奖
1989	免疫学和免疫学检验（第一版）	人民卫生出版社	陶义训	第二届普通高等学校优秀教材全国优秀奖（1992年）
1990	血液学和血液学检验（第一版）	人民卫生出版社	王鸿利	—
1997	免疫学和免疫学检验（第二版）	人民卫生出版社	陶义训	—
1997	血液学和血液学检验（第二版）	人民卫生出版社	王鸿利	上海市普通高校优秀教材二等奖（2000年）
1999	微生物学和微生物学检验实验指导	人民卫生出版社	倪语星	—
2001	实验诊断学（七年制）	人民卫生出版社	王鸿利	上海市教委优秀教材二等奖（2004年）
2002	血液学和血液学检验	人民卫生出版社	胡翊群	—
2003	临床微生物学和微生物学检验实验指导（第二版）	人民卫生出版社	洪秀华	—
2003	临床检验基础（第3版）	人民卫生出版社	熊立凡	全国高等学校医药优秀教材二等奖（卫生部）（2005年）
2003	新技术在医学检验中的应用——现代医学检验仪器的分析技术	人民卫生出版社	胡翊群	—
2003	临床微生物学和微生物学检验（第三版）	人民卫生出版社	倪语星	—
2004	临床微生物学检验	中国医药科技出版社	洪秀华	—
2004	临床微生物学检验——医学检验专业必修课考试辅导教材	中国医药科技出版社	洪秀华	—
2004	临床血液学检验	中国医药科技出版社	胡翊群	—
2005	实验诊断学	人民卫生出版社	王鸿利	上海交通大学优秀教材奖特等奖（2009年）
2006	临床基础检验学实验指导	高等教育出版社	丁　磊	—
2007	临床检验仪器	人民卫生出版社	洪秀华	—
2007	临床检验仪器习题集	人民卫生出版社	洪秀华	—
2007	实验诊断学（英文版）	人民卫生出版社	王鸿利 洪秀华	—
2007	实验诊断学（英文版）课件	人民卫生出版社	洪秀华 胡翊群	—

（续表）

年份	教材名称	出版社	主编	获奖
2007	分子生物学检验技术习题集	人民卫生出版社	樊绮诗	—
2007	分子生物学检验技术(第二版)	人民卫生出版社	樊绮诗	上海交通大学优秀教材奖二等奖(2009年)
2007	临床微生物与微生物检验(第四版)	人民卫生出版社	倪语星	上海交通大学优秀教材奖一等奖(2009年)
2007	临床免疫检验学实验指导	高等教育出版社	季育华	—
2010	临床血液学检验(第二版)	中国医药科技出版社	胡翊群	—
2010	临床微生物学检验(第二版)	中国医药科技出版社	洪秀华	—
2010	实验诊断学(第二版长学制用)	人民卫生出版社	王鸿利	—

【获奖荣誉】

1998年,“结合医学检验专业特点,培养学生动手能力和自学能力”获国家级教学成果奖二等奖。1999年,“实验诊断教学改革”获上海市教学成果奖二等奖。

1999—2002年王鸿利任中华医学会医学检验教育分会主任委员、全国高等医学教育学会医学检验教育分会理事长和全国高等医学院校医学检验专业校际协作会议理事长。

2007年起,樊绮诗任教育部高等学校医学技术类教学指导委员会主任委员,倪培华为秘书长。

第二节　护理教育

一、教学管理

从广慈护士学校到高级护理培训中心的成立,医院临床护理教学工作不断经历革新,护理教学规模不断扩展,教学实力显著提高,从而促进了医院护理队伍的建设。

1936年,由于当时护士奇缺,医院将护士学生当护士使用,护生的临床实习缺乏指导,技术操作也欠缺规范。20世纪50年代,卫生部明确护理工作是科学技术工作,护士是技术人员和知识分子,于是护理人员教育工作得到重视。通过整顿,医院制订护理常规,统一操作规程,加强技术培训,护理的教学工作也开始逐渐规范。

20世纪80年代,护理教学工作有了质的飞跃。医院护理部由一名副主任负责教学工作,各科室设专职带教老师,负责不同层次的护理教学工作,建立各级护理教学人员岗位职责、各年级护生教学管理制度、各级护士培训和业务考核制度以及进修护士管理制度。加强护士在职教育,包括新护士上岗前教育和试用期内轮转培养教育,开设各类进修培训班,为上海本市及外省市培养护理骨干。

20世纪90年代,为适应医学模式的转变,护理学历教育全面开展。先后完成山西太原护理系、铁医卫校的生产实习,完成上海第二医科大学护理系外科、妇产科的讲课及实习的教学大纲,完成护校的教学及生产实习。1998年,配合上海第二医科大学撰写并完成各类护理讲课及实习的教学大纲。

图 4-3-1　1952 年第一届广慈护训班结业师生合影

进入 21 世纪后，护理系不断完善和强化教学管理的科学化、制度化和规范化，健全护理学生的学籍管理、成绩考核管理、实验室管理及教学档案管理等教学工作制度，建立规范、详尽的教学计划、教学大纲、课程表、教学日历等教学管理文件。同时，也逐步建立起了健全、完善的护理教学质量监控体系，制定和不断完善三次综合考试制度、系部教师听课制度、临床实习管理制度、临床实习质量监控制度、学生评教制度等，以全面正确评价各类教学效果。还定期对毕业生进行问卷及实地调查，听取用人单位对本系毕业生的反馈意见，以不断改进教学工作。2006 年，改革临床教学模式，建立以"小组带教制"为模式的示范病区，为提高教学干事临床小讲课的质量，组织教学干事公开小讲课。2010 年，制订《瑞金医院新进护理人员规范化培训计划》，加强临床教学管理，学校、学院和系所设立了各类奖学金，如人民奖学金、宝钢奖、联邦奖、爱菊奖及通过推荐优秀毕业生免试直升硕士研究生等措施，激发学生学习的积极性和主动性。

二、教学形式

【理论教学】

为适应和满足社会及医疗卫生人才市场的需求，本着"拓宽专业口径，注重培养素质高、能力强，适应社会需求的护理专业人才"的原则，经多层次社会调查和专家论证，自 2000 年起高护系适度扩大招收规模，开始在上海市大胆尝试招收男性学生，以满足临床 ICU、急诊、骨科对该类专业人才的渴望和需求。2002 年起，将护理教学前后期课程从二段式转变为交错式，缩短学制，淡化学科，以器官和系统为主线，融形态和功能、基础和临床、诊疗和护理、预防和保健为一体，让护理专业学生在早期接触临床实践的过程中，巩固和升华基本理论知识，熟悉和强化基础操作技能。在 2003 年获批建立护理硕士点后，探索和实践集研究生、本科、专科教育于一体的符合高等护理教育发展方向、具备护理专业特色的办学道路和模式。

课程建设　护理系根据学校《教材建设基金使用办法》，有规划、有措施地逐项落实教材建设的各项工作，踊跃申报各类主干课程的建设项目。2000—2003年，共获上海市教委课程建设项目4项，上海第二医科大学校级课程建设项目8项(课题经费16.5万元)。护理系还积极鼓励教师参加国家级规划教材、校际协编或自编教材的编写。参加护理专业教材编写共27本，达百余万字；其中卫生部护理专业规划教材6本(主编2本)，全国高等教育自学考试指定教材5本(主审2本，副主编1本)。

为适应临床护理模式的转变，历年来护理系已从纯粹依附于医学的教学模式，逐渐转变成以护理程序为框架的整体护理的教学模式，在课程设置中新增如"社会学""生长发育""健康评估""社区护理""老年护理"等课程，使学生深入基层、关注社会、熟悉三级预防保健网络，了解人体生命周期各阶段的生理特点。护理系还调整了必修课与选修课的比例，增开了交叉、边缘及人文社会等学科的选修课程。护理系还积极尝试推进双语教学，逐步引进原版英语护理教材，并特聘外籍教师和留美归国的临床护理人员参与学生的护理英语教学，使学生的英语水平获得普遍提高。2000～2003届103个学生中，英语四级考试的合格率平均为98.06%，2001～2003届学生中六级考试的合格率平均为46.43%。

教学改革　护理系教师采用启发式、讨论式、开放式等灵活多样的教学方法，激发学生主动参与教学活动的积极性，提高课堂教学效果。在基础理论课的教学中减少了课堂教学的学时数，增加了自学、讨论、辅导的学时数，以发挥教师的主导作用和学生的主体意识。在临床专科理论的教学过程中，采用床边教学、病例分析、情景模拟等方法，增加学生的感性认识，增强学生综合分析问题的能力。护理系也非常重视将现代化教学技术引入课堂，投入专项经费改造教室。同时，积极鼓励各教研室自行研制和开发多媒体课件。经过几年的不懈努力，该系专职教师90%以上采用多媒体课件进行教学，且课件的制作能力日趋提高。1997年，护理系获得上海市普通高校优秀教学成果奖二等奖1项，2001和2004年分别获得上海市护理科技奖三等奖1项和四等奖1项。

【实践教学】

护理学是一门实践性很强的应用性学科。护理一贯注重护理临床实践教学，制定了一系列实习教学管理制度。如"实习规章制度""实习护生护理差错、事故防范管理制度""临床实习护生实习成绩管理制度"等。在教学大纲的基础上制定了临床各科实习大纲。同时规定了实习要求及出科考试制度等。临床各带教病区则根据护理系的相关制度，落实好各项教学管理制度。护理系主要实习基地瑞金医院教学条件良好，带教师资力量雄厚，根据大纲要求及实习生在各科实习时进行的操作项目统计，该系95%以上的毕业实习学生能完成内、外、妇、儿、急诊、手术室、SICU等各科实习大纲所规定的临床技术操作项目，每名学生实际管理床位平均达6张。针对学生动手能力相对薄弱的现状，一方面增加实验课时数的比例和辅导，利用课余时间开放实验室，同时安排专职教师进行辅导，增加学生操作练习的机会；另一方面建立教学实习病房，提供学生临床实训的场所和机会，确保学生技能训练保质、保量地完成。

2000～2003届毕业的103名学生在校期间三阶段综合考试的合格率均为100%，临床实习质量均达到优良水平，学生一次就业签约率高，现主要分布于本市各综合性医院中，承担着临床护理、护理管理和护理教学的重任，正逐渐成为推动临床护理专业发展的主体力量。

进入21世纪，加强护士的在职教育，包括新护士上岗前教育和试用期内轮转培养教育，严格执行护生临床实习准入制。护理系将学生参与社区卫生服务作为该专业临床教学的重要组成部分。

学生在最后一年毕业实习过程中进入上海市精神卫生中心、打浦桥社区卫生服务中心进行为期5周的实习轮转，参与社区各项卫生服务工作。

【培养科研意识】

护理系在教学过程中还重视学生科研意识的开发和培养。1994年起尝试在护理本科生课程设置中增设护理科研课程及毕业实习论文的撰写。通过在护理本科生课程设置中增设护理科研课程及毕业实习论文的撰写，启发和引导学生在实践过程中发现问题和提出问题，尝试科研设计和调查研究，以不断激发和提高学生从事科研工作的潜能。2000～2003届毕业的103个学生撰写的毕业论文中有7篇发表于正式杂志。学生论文汇报中所涉及的临床护理、教育和管理方面的困惑和问题引起了相关部门和专业人士的重视，取得较好的社会效果。

三、教师队伍

依照管理育人的要求，护理系十分重视教学管理队伍的建设，一批具有较高学历的专业人才开始进入护理教学管理的岗位，逐渐形成一支结构趋于合理、管理水平较高、业务技能熟练、工作效率颇高、服务意识较强的教学管理队伍。2001年，加大临床教学师资培养力度，全院范围内推行教学干事"竞聘上岗"制度，使一批优秀青年骨干脱颖而出。护理部成立医院临床护理教研室，设立一名专职教师，负责对全院临床护理教学的安排和教学质量的监控工作。制订临床护理教学管理制度，规范临床教学评价标准，完善临床带教师资质量评价体系，完成护生及进修护士带教任务。2002年，开展临床护士带教资格认定工作。2003年，加大临床教学师资培养力度，引入教学竞争机制，开设系统的教学能力培养性讲座。

第四章　研究生教育

第一节　研究生管理

一、研究生招生

1978年，医务科设专人负责研究生工作，当年招收硕士研究生12人。1981年，经国务院学位委员审定，上海第二医学院成为首批博士、硕士学位授予单位之一，下设6个博士点、23个硕士点，其中瑞金医院有2个博士点(内科学、外科学)、11个硕士点(内科学、外科学、妇产科学、皮肤病学、耳鼻喉科学、神经病学、传染病学、放射诊断学、病理生理学、眼科学、中西医结合临床)，当年招收博士研究生3人。之后研究生队伍逐渐扩大。1994年，招收硕士研究生31人，博士研究生14人。2000年以后，招生人数急速递增。至2010年，招生人数为硕士159人，博士73人，3年在院研究生超过650人。

图4-4-1　1981年"文化大革命"后第一批恢复招生研究生毕业

截至2010年，瑞金医院拥有生物学、基础医学、临床医学3个一级学科博士学位授权点，14个二级学科博士学位授权点(遗传学、生物化学与分子生物学、病理学与病理生理学、内科学、儿科学、神经病学、皮肤病与性病学、影像医学与核医学、临床检验诊断学、外科学、妇产科学、眼科学、肿瘤学、麻醉学)，24个二级学科硕士学位授权点(遗传学、生物化学与分子生物学、免疫学、病理学与病理生理学、内科学、儿科学、老年医学、神经病学、皮肤病与性病学、影像医学与核医学、临床检验诊断学、外科学、妇产科学、眼科学、耳鼻咽喉科学、肿瘤学、康复医学与理疗学、麻醉学、急诊医学、口腔临床医学、中医基础理论、中医骨伤科学、药理学、社会医学与卫生事业管理)。

20世纪80年代,医院研究生招生工作是在医院党委领导下、分管副院长负责制,研究生招生人数不多,大多分散在各专业。20世纪90年代,继续抓好研究生招生环节,重点考虑有国家级课题的学科,同时兼顾需要扶植的科室;加强导师培养,特别是博士生导师后备力量的培养,通过学科调查确定学术梯队,为学术带头人、接班人迅速成长创造良好的环境。为进一步深化研究生招生改革,规范研究生录取程序,以确保满足各学科的培养需要和入学质量,体现公平公正,2005年,成立研究生复试工作领导小组。2005年6月,瑞金医院党委发文批复,同意成立研究生党总支,下设两个党支部,由一名科教处副处长任研究生党总支书记,负责研究生思想政治教育和党建工作。2006年,继续加大研究生招生改革力度,加大硕博连读(五年一贯制)研究生的培养力度,承担国家重大科研项目的博士生导师可招收硕博连读研究生,继续扩大医学专业学位硕士研究生的招生比例,在招生计划中安排30%的名额用于招收医学专业学位(临床型)研究生,坚持科学选拔、公平公正、全面考察、突出重点、客观评价。2007年,对研究生招生计划分配方案进行改革,建立以导师科研贡献度为主导的新方案,招生名额分配和导师在研的科研项目与科研经费挂钩,优先考虑重点学科、领先学科、承担国家重大科研项目,以及科研成果显著的学科,并对研究生导师年龄加以限定,保证研究生培养质量。截至2010年,医院科技发展处负责研究生招生、培养、学位申请、导师遴选、思政教育等各项工作。

二、研究生培养

20世纪80年代,研究生基本上都跟着导师按照培养计划完成研究任务,充分发挥了研究生在研究中的骨干作用,将阶段性科研任务与研究课题紧密结合,保证了课题的顺利进行,并弥补了研究人员不足的困难。

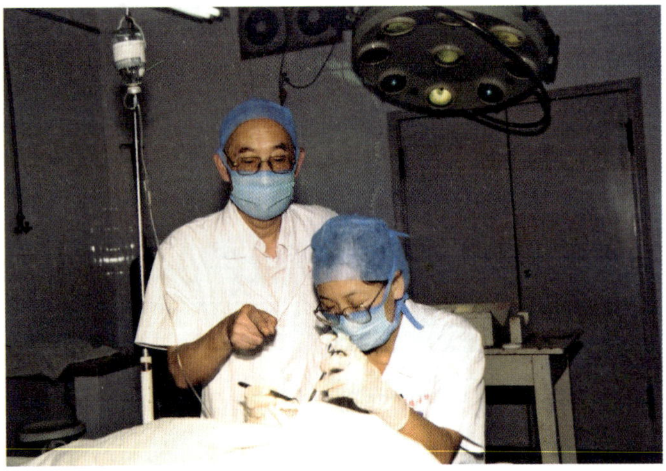

图4-4-2 1997年张天锡指导研究生做动物实验

20世纪90年代,医院为了确保研究生论文质量,强化导师指导和集体培养,加强实验基地的建设,配置科研设备和仪器,重视课程建设和教材建设,如内分泌学科编写内分泌分子生物学讲义、典型病例录像等。另外为加强对研究生临床技能的培养,各科室配备相应指导教师安排好研究生临床轮转,实验型研究生在毕业前,必须安排6～8个月的时间参与临床工作。在管理方面,1996年医院规范研究生管理制度,从政治思想教育、研究生培养计划的实施工作、研究生经费的管理、研究生在院期间的生活待遇、考勤考核都做了明文规定,并对发表SCI论文、参加申报国家课题申报、中标的研究生进行奖励。

2000—2010年,医院重视研究生创新意识和科研能力的培养。在上海第二医科大学(后更名为上海交通大学医学院)的统一部署下,开展多项研究生培养计划的实施。

【特色项目】

博士学科点建设基金项目　2003年11月,为了更好地推进博士学科点建设,加强高层次创新人才的培养工作,鼓励科研创新精神,上海第二医科大学设立"博士学科点建设基金"项目,申报工作一年一次。采取公开招标、公平竞争、公正评审的方式,通过研究生本人申请、导师和单位推荐、专家评审、综合测评后确立入选项目。2004年上海第二医科大学有27名研究生通过专家评审,申请到"博士学科点建设基金"项目,医院有7名博士榜上有名。2004—2010年,医院共有50名博士生获得该项目资助。

临床能力培养　1999年,上海第二医科大学实施临床医学专业学位工作,先后成立临床医学院专业学位教育指导委员会。2000年,对专业学位研究生进行临床能力考核,考核每年进行一次,实施跨医院本学科专业的临床能力考核为主,兼顾考核轮转学科,要求专业学位硕士研究生达到本学科专业的高年住院医师水平。2001年,医院加强对专业学位硕士研究生的临床轮转,对培养计划严格把关,要求专业学位研究生管理床位5～8张,轮转16～18个月,掌握本科常见病与多发病的病因、发病机理、临床表现、诊断和鉴别诊断及处理方法等,学会门急诊处理、危重病人抢救、病历书写、临床教学等技能。2004年,医学院投入20万元建设了瑞金医院超声影像学培训和考核基地。

培养过程管理　2007年,为了进一步加强研究生培养过程管理、加强研究生科研诚信建设,按照研究生人数的10%进行科研记录簿抽查,专家组根据《科研记录簿使用须知》对科研记录簿进行评分,以此促进研究生树立严谨的科学作风,养成良好的科学研究习惯。2009年再次规范研究生科研记录簿使用须知,导师或导师小组成员对科研记录内容进行每三个月一次的审核。

名师讲坛　2006年,瑞金医院为研究生推出学术报告类课程"名师讲坛",论坛内容涉及学科发展的前沿和热点问题,目的是让学生了解生命科学研究前沿和国际最新研究动态。通过这样一种交互式的开放环境和学科发展动向窗口,以期开拓研究生的科研思路和科学创新能力。名师讲坛每两个月举办一次,邀请如樊代明、顾健人等院士举办名师讲坛18次,讲课内容涉及医学、生物学、人文科学、管理学等各领域,超过3 000人次研究生听讲。

全国优秀博士学位论文　2000年,医院由陈竺指导的博士研究生韩泽广撰写的学位论文《造血组织表达的krüppel样锌指基因结构和功能研究》荣获"全国优秀博士学位论文"(简称"全国百篇")。2003年,王振义指导的博士研究生蔡循获得首届"上海市研究生优秀成果(学位论文)"。截至2010年医院共获得"全国优秀博士学位论文"3篇,"全国优秀博士学位论文"提名5篇,上海市研究生优秀成果(学位论文)31篇。

表4-4-1　2000—2010年医院获"全国优秀博士学位论文"("全国百篇")情况表

年份	学　科	研究生	指导老师	论　文　题　目
2000	临床医学	韩泽广	陈　竺	造血组织表达的krüppel样锌指基因结构和功能研究
2004	生物学	许相儒	陈　竺	转录组技术平台建立及在树突状细胞和肝癌研究中的应用
2006	临床医学	顾柏炜	陈赛娟	白血病相关融合基因的克隆和功能研究

表 4-4-2　2003—2010 年医院获"全国优秀博士学位论文提名"情况表

年份	学　科	研究生	指导老师	论　文　题　目
2003	临床医学	蔡　循	王振义	三氧化二砷诱导 APL 细胞凋亡和分化机制研究
2008	生物学	王月英	陈　竺	M2b 型急性髓系白血病多步骤发病机制和靶向治疗研究
2009	临床医学	刘艳艳	沈志祥	PRDM1 基因在恶性淋巴瘤中的表达及其临床意义
2009	临床医学	张翼飞	宁　光	代谢综合征及其相关疾病的病因探讨及治疗研究
2010	临床医学	苏晓瑜	陈赛娟	血小板整合素 β3 胞浆段序列调控信号转导的分子机制

三、学位管理

1998 年，完善临床医学专业学位的管理工作。1999 年，为保证学位授予质量，鼓励优秀的在职人员做出更多的创造性成果，制定授予具有研究生毕业同等学力人员硕士、博士学位的实施细则。2000 年，对研究生学位工作审核内容进行细化，从学制、课程与学分、开题报告、论文撰写及在校期间发表文章情况这 5 个方面进行明确的要求。2002 年，为进一步完善研究生教育管理制度，提高研究生的培养质量，对研究生的外语水平也提出更高要求。2005 年 3 月起，凡申请博士、硕士学位者均按学校要求进行双盲抽检，进一步完善学位授予质量的监控和保证体系，提高研究生培养质量，历年来瑞金医院研究生"双盲"抽检结果良好。

第二节　导 师 管 理

一、导师遴选

1987 年，医院为保证研究生的学位质量，改善研究生导师队伍老化的状况，不断更新完善导师遴选工作的实施办法。1991 年，重点放在被破格晋升为副教授以上的中青年骨干。1993 年，优先遴选科研成绩突出或有较重要的科技成果、发明创造，或获得国家级、省市级或局级科进步奖的中青年骨干成为硕士生导师。1996 年，制定符合医院博士生指导教师的实施细则和办法，与制订博士生招生计划密切结合，有利于调整学科结构，有利于发挥指导教师集体作用。2007 年，为充分发挥教授专家的作用，对导师遴选的基本条件进行了补充说明，强调博士生指导教师必须有较高的学术造诣和丰富的科研工作经验。

1993 年，根据上海第二医科大学《关于做好遴选第六批硕士指导教师工作的通知》中第一次对硕士指导教师制定了相关的遴选条件，对职称层次（副教授、副研究员以上或相当人员担任）、科研项目（需承担局级以上的科研项目，在公开发行的学术刊物上发表过较高水平的论文）提出明确要求。1995 年，在上海第二医科大学《关于做好遴选第七批硕士指导教师工作的通知》中对硕士指导教师遴选条件进行修改，科研成绩认定时限明确必须在 5 年内。另外，还增加了对硕士指导教师外语水平的要求，同时项目的立项时间设定为 1994 年以后。1998 年，在上海第二医科大学《关于做好遴选第九批硕士指导教师工作的通知》中对遴选范围、遴选条件做了进一步的完善，如近 5 年内主编 1 本以上或参加编写 2 本以上专著或高等医学院校教材，在国内外期刊上公开发表较高水平的论著 5 篇以上，其中第一作者的论著至少3篇；至少获1项局级以上的科研成果或专利。2007年，《上海交通大学医学院关于研究生指导教师遴选基本条件的规定》中提高了对硕士指导教师选聘的要求，遴选的支撑材料从原先5年缩减到3年，并对可支配科研经费进行了要求，如近3年内有以第一作者名义在国际学术刊物、全国性学术刊物上发表过的学术论著2篇以上；3年内以第一负责人主持或完成过局级以上科研项目等。

2007年1月，上海交通大学医学院在《上海交通大学医学院关于研究生指导教师遴选基本条件的规定》的通知中，第一次提出了对于医学专业学位硕士研究生指导教师的基本条件，必须具有副主任医师或相当专业技术职务，申报者应具有硕士或博士学位，责任心强，年龄在55周岁以下，具有丰富的临床经验和较强的临床能力，并具有一定的学术水平，近3年内以第一作者在国际学术刊物、全国性学术刊物上发表过学术论著2篇以上，以第一负责人主持过局级（不含校级）以上科研项目，进一步提高了相关遴选标准。

二、导师考核

2006年10月，根据《上海交通大学医学院研究生导师考核暂行办法》，对研究生指导教师的工作进行了首次全面考核，瑞金医院共有48名博士研究生导师、56名硕士研究生导师参加此次考核，导师考核优秀率为70%，排名位于医学院前列。2010年，为深入推进研究生培养机制改革，进一步完善和落实以科学研究为主导的导师负责制，促进医学院导师队伍的建设和创新人才培养，根据《上海交通大学医学院研究生导师考核动态管理办法》和《上海交通大学医学院2007—2009年度导师考核评分细则》，确定了以定量评价与定性评价相结合、书面评价与网络评价相结合的方式，从发表文章、主持科研项目、指导研究生培养质量等各方面对研究生导师进行综合考核。医院共有69名博士研究生导师和83名硕士研究生导师参加此次考核，合格率分别为84.06%和72.29%。其中博士研究生导师特优16人，优秀26人；硕士研究生导师特优15人，优秀25人。

三、硕士生导师

1978年起，瑞金医院陶清、史济湘、徐家裕等成为上海第二医学院“文化大革命”以后首批招收硕士研究生的导师。至2010年，一共有355人被遴选为硕士生导师。

表4-4-3　1978—2010年医院遴选硕士生导师情况表

授予年份	批次	硕士生导师									
1978		杨之骏	陶　清	史济湘	徐家裕	董德长	周锡庚	傅培彬	林言箴	龚兰生	陈大中
1981	第一批	王振义	吴一鹗	朱仲刚	陈志让	杨　琪	孙桐年	唐振铎	王德芬	曾幾生	俞善昌
		徐德隆	张传钧	王耆煌	杨　宜	董方中	程一雄	刘慕贞	李经庭	聂传贤	程锦元
		孙济治	朱大成	李杏芳	蒋吕品	郑溱元					
1984	第二批	赵　瑜	沈耕荣	朱承谟	张圣道	江　敏					
1987	第三批	储　谦	金毓翠	张天锡	陈淑蓉	余慧贞	许伟石	尹浩然	丁怀翌	王康孙	郁宝铭
		邓伟吾	刘德付	陈俊宁	李宏为	华祖德	朱上林	许曼音	吴裕炘	戚文航	王鸿利
		王冠庭	费　冲	汪道新	金　烨	张影梅	陆志檬	徐开埜	宋连成	洪鹤群	唐伯荣
		章琴韵	黄培吉	罗邦尧	夏　翔	陈泽仪	王汝德	朱宗云	唐淑君	何其久	赵善政
		兰鸿泰	陈庆荣	陶嘉泳	王志增						

（续表）

授予年份	批次	硕士生导师
1990	第四批	钱剑安 沈卫峰 石镭 孙关林 黄绍光 罗邦国 黄抗初 朱寿柱 史以珏
1991	第五批	陈竺 沈志祥 姚建 杨伟宗 倪语星 于金德 陈赛娟 汪关煜 楼鼎秀 吴云林 蔡伟耀 蒋瑜 江浩 张冀先 史爱兰 陈舜年 胡秉诚 周霞秋 冯信忠 陈生弟
1993	第六批	李云珠 曹伟新 韩天权 朱正纲 史锁洪 陈楠 徐涛 陈凤生 汤耀卿
1996	第七批	蔡伟菁 袁耀宗 王玲 李宣海 巫向前 刘晓瑗 江石湖
1996	第八批	樊绮诗
1998	第九批	茅矛 何汝敏 陆国平 张欣欣 谢青 周同 万欢英 陆树良 胡晓波 杜宁 许春娣 刘振国 季育华 陈国强 郑民华 王辉
1999	增列	郑捷
2000	第十批	童建华 黄薇 肖家诚 青春 刘炳亚 顾琴龙 赵卫国 张伟滨 宁光 赵咏桔 郭雪君 施仲伟 王伟 夏振炜 廉井财 叶纹 钟一声 李培勇 王学锋 喇端端 沈小衍 廖 镇江 侍庆 周文达 郑佐娅
2002	第11批	张庆华 韩泽广 强卫国 李军民 宋怀东 汤正义 王卫庆 诸琦 涂水平 钟捷 胡梅洁 严肃 乐卫东 缪飞 詹维伟 李彪 王天翔 燕敏 赵任 于颖彦 杨卫平 雷若庆 卞留贯 孙青芳 姚敏 袁克俭 方培耀 徐达 冯云 陈学明 李稻
2003	增列	杜萱 龚艳春 刘建民 王伟铭 吴立群 毛恩强 倪继红 邵洁 高益鸣
2004	增列	蔡卫民 王侃侃 金晓龙 周光文 李健文 王明亮 陆爱国 沈柏用 周佩军 谢玉才 吕安康 张凤如 汪登斌 管梁 彭章龙 谭志明 王士礼 时国朝 朱萍
2004	第12批	李小英 洪洁 程琦 奚晓东 钱培芬
2004	第13批	黄秋花 丁晓毅 张蓓 张瑞岩 潘晓霞 陶婷 陈皓 项明 陈曦 庞小芬 孙伯民
2006		李庆云 瞿洪平 李敏 王立夫 夏璐 陆林 赵维莅 陈钰 董治亚 吴方 潘萌 张一帆 张欢 丁秋兰 吴蓓雯 章雄 何建蓉 黄晓燕 蔡昌枰 翟青
2007		王立顺 崔斌 糜坚青 陆一鸣 陈尔真 张富军 王曙 杨义生 陈宇红 顾卫琼 毕宇芳 任红 俞丽芬 马天乐 孙蕴伟 金玮 胡炯 阎骅 周励 刘建荣 丁健青 祝宇 张俊 邱伟华 胡伟国 姜昌斌
2008		彭奕冰 蔡循 王晖 刘军 杨秋蒙 陈冰 卞晓岚 潘自来 孙福康 邓侠兴 傅毅 孙璟 赵红燕 龚彪
2009		刘艳 陶蓉 周敏 蔡伟 肖勤 汤荟冬 陆勇 项明洁 韩立中 严佶祺 刘琰 沈玺 张琼 谢冰 谢青 杨婉花 袁青 赵列宾 李飞跃
2010		薛庆生 罗艳 张翼飞 张文 朱理敏 陈桢玥 马建芳 蒙国宇 韩宝三 蒋兆彦 苏丽萍 陈拥军 张勤 陈曼 宋琦
2010	增补	张小伟 周隽 李琛 顾刚

四、博士生导师

1981年，瑞金医院邝安堃、叶衍庆、丁霆、陶清、史济湘、杨之骏成为首批博士生导师。1994年，瑞金医院尹浩然、周霞秋、邓伟吾成为上海第二医科大学被国务院学位委员会批准为自行审定博士生导师的试点单位后第一批博士生导师。至2010年一共有123人被遴选为博士生导师。

表4-4-4　1981—2010年医院遴选博士生导师情况表

授予年份	批　次	博 士 生 导 师
1981	第一批	邝安堃　叶衍庆　丁霆　陶　清　史济湘　杨之骏
1984	第二批	王振义　龚兰生　周锡庚　傅培彬
1986	第三批	董德长　徐家裕　林言箴　许曼音
1990	第四批	吴裕炘　朱承谟　王康孙　沈耕荣
1994	第五批	戚文航　沈卫峰　王鸿利　陈　竺　郁宝铭　许伟石
1994年11月	首次自行审定增列	尹浩然　周霞秋　邓伟吾
1996	第七批	李宏为　孙关林　陈赛娟　陈生弟
1998	第八批	倪语星　朱正纲　曹伟新　沈志祥　于金德　陈　楠　黄绍光
1999	增　列	江石湖　韩天权
2000	第九批	吴云林　袁耀宗　汤耀卿
2001	增　列	陆树良　陈克敏
2002	第十批	陈国强　陆国平　胡仁明　宁　光　郑　捷　许春娣　刘振国　金治宁 樊琦诗　彭承宏　王祥慧　沈建康　王　玲　成国祥
2003	增　列	张　济　谢　青　叶　纹
2004	第11批	韩泽广　童建华　黄　薇　李培勇　缪　飞　李　彪　顾琴龙　郑民华 尹　路　于布为　赵咏桔　万欢英　张欣欣　乐卫东
2005	第12批	肖家诚　蔡卫民　张庆华　诸　琦　宋怀东　廉井财　臧旺福
2005	增　列	夏振炜　钟一声　刘炳亚
2006		诸　江　李小英　奚晓东　沈周俊　于颖彦　郇京宁　程　琦　季育华 刘廷析
2007		刘建民　王卫庆　赵维莅　朱　军　卞留贯
2008		钟　捷　沈坤炜　丁晓毅　丁健青　冯　云　张瑞岩　王侃侃
2009		洪　洁　王伟铭　王立夫　李军民　毛恩强　沈柏用　赵卫国　陶　然 赵　强　黄秋花　杨国源　汪登斌　周光文
2010		王学锋　陆　林　潘　萌
2010	增　补	任瑞宝　王立顺　严福华

说明：内分泌、伤骨科、高血压为独立编制研究所，未统计在内。

第五章 毕业后教育

第一节 住院医师规范化培训

一、发展沿革

医院住院医师规范化培训始于1977年。20世纪70—80年代，由医院医务处负责对低年资住院医师培训工作。1994年，医院被市卫生局指定为住院医师培训基地，第一批负责黄浦区中心医院的14名住院医师培训任务，并于1995年修订了住院医师培养计划。1996年，改变过去定科培养的方式，变为只定大专业，不定具体科室，3年轮转后进行双向选择。1997年制订明确的住院医师轮转工作计划，并实施每月业务学习和考核，每次考试和每次科室的轮转都进行反馈，逐步形成了医院住院医师管理工作的特色。1998年医院医务处首次与医学院联合组织专家教授对主治、住院医师的基本知识、基本理论、基本技能(三基)进行培训。1999年，进一步总结、提高住院医师轮转培养工作，将主治医师、住院医师的"三基"培训和考试制度化。

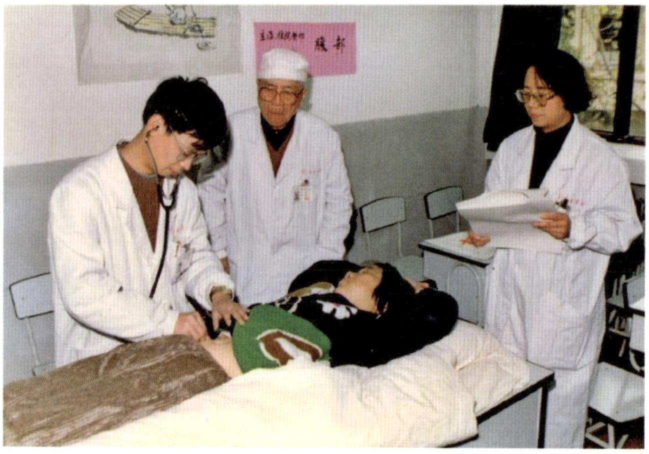

图4-5-1 20世纪90年代，医院对医师进行考核

2005年，根据上海交通大学医学院关于住院医师培养细则，医院医务处、人事处、科教处共同制定《瑞金医院住院医师培养规范》，将住院医师规范化培训分两个阶段进行：前3年为第一阶段，主要在二级学科范围内进行轮转，旨在扩大临床知识面，强化临床技能和急救处理能力，为下一阶段进行专科医师培训做好准备；后2至5年为第二阶段，在三级学科进行专科医师培养，成为低年资的专科医师，为专业发展奠定一个坚实的基础。培训对象为新入院的五年制、七年制、八年制临床医学专业毕业生和新入院的三年制(硕士、博士)研究生，若有部分工作经验者，需参加相应水平考核，并根据考核成绩分别纳入不同的住院医师培训阶段。外单位调入的住院医师，需参加相应水平考核，并根据考核成绩分别纳入不同的住院医师培训阶段。临床内、外科住院医师进院，先分内、外科大类，不定具体科室进行轮转，第一阶段培养结束再进入第二阶段进行专科培养，其余科室如儿科、妇产科、超声科、放射科、五官科、眼科等科室则一开始就按照专科医师培养要求进行相应的轮转培养。通过参加全面、规范、系统的临床住院医师培训，使其在完成全科和专科医师的培训项目后，能够达到卫生部《住院医师规范化培训》要求和《卫生技术人员职务试行条例》规定的主治医师的水平，并能用以指导实际工作。

2008年，教育部和卫生部联合召开全国医学教育工作会议，提出关于开展专科医师培训试点工作的指导意见，将住院医师规范化培训分为普通专科阶段培训和亚专科阶段培训。普通专科培训是指以往的第一阶段，亚专科培训是指以往的第二阶段。医院据此酝酿新一轮的住院医师规范化培训的改革，整合毕业前和毕业后教育资源，构建大教育体系，将住院医师规范化培训、专科医师规范化培训、医学继续教育全部归口于临床医学院，在临床医学院内成立职后教育办公室，专门负责住院医师和专科医师规范化培训工作，在全市率先开展住院医师规范化培训改革试点，提出为行业培训合格的住院医师是大型公立医院的社会责任，第一个提出变原有的住院医师"单位人"身份为"行业人"身份，应与"单位人"同工同酬。

2009 年 3 月，在前期反复征询意见的基础上，医院制定完成了《瑞金医院普通专科医师规范化培训招生和管理办法》。是年，卫生部将"普通专科医师规范化培训"的提法又改为"住院医师规范化培训"，特指住院医师规范化培训第一阶段。"亚专科培训"改称为"专科医师培训"，医院的管理制度文件中的名称也做了相应修改。

2009 年 4 月 6 日，中共中央、国务院发布《中共中央、国务院关于深化医药卫生体制改革的意见》，提出要"建立住院医师规范化培训制度"，上海市把建立住院医师规范化培训制度作为贯彻落实国家医改方案的基础性工作之一加以重点推进。在市医改领导小组统一组织下，市卫生局、市人力资源社会保障局、市财政局、市发展改革委、市教委和市机构编制委员会办公室共同研究起草了《上海市住院医师规范化培训实施办法(试行)》，和人事管理、经费管理、考核管理、学位衔接等若干操作性文件，医院于是年 8 月先试先行首批招录 61 名住院医师。

二、基地建设

2002 年 11 月，医院成为"上海市住院医师规范化培养(放射诊断)考核基地"。2005 年，医院心内科(含高血压科)、呼吸内科、消化科、血液科、肾内科、内分泌科、感染科、神内科、普外科、骨科、泌尿外科、心脏外科、灼伤科、神外科、儿外科、儿内科、妇产科共 17 个科室成为上海第二医科大学住院医师规范化首批培训基地。2006 年，又有急诊科、皮肤科、眼科、耳鼻喉科、康复科、麻醉科、检验科、病理科、影像(放射，超声波，核医学)9 个科室成为学校第二批培养基地。

2007 年，医院获得了 25 个卫生部专科医师培训试点基地。

2010 年，医院被上海市卫生局认定为第一批住院医师规范化培训医院，设有内科、外科、妇产科、儿科、急诊科、神经内科、皮肤科、眼科、耳鼻咽喉科、康复医学科、麻醉科、医学影像科、医学检验科、临床病理科、全科医学科共 15 个基地。2010 年起，放射影像、心电图、麻醉科进行 3 个公共平台建设的实践。

三、住院医师招录

2009 年以前，住院医师招录为"单位人"招录，由人事部门根据医院的岗位编制和用人标准招收录用，一经录用即与瑞金医院签订"聘用合同"，成为瑞金医院的职工。2009 年，住院医师的招录首次改为"行业人"招录，由人事部门和临床医学院根据医院各培训基地的培训能力招收基地学员，学员录用后与上海市卫生人才交流中心签订培训暨劳动合同，培训合格后瑞金医院二次选拔录用。2010 年起，上海市全市统一开展住院医师规范化培训，由上海市卫生局制订培训计划和招录工作。

表 4-5-1　2009—2010 年医院招录住院医师规范化培训人数情况表

年　份	招录人数	本　科	硕　士	博　士
2009	61	0	52	9
2010	99	26	53	20

四、管理架构与师资队伍

医院于 2005 年成立住院医师规范化培养领导小组，由医疗、人事副院长任组长，医务处处长、人力资源处处长、科技发展处处长任副组长共同参与管理。为了保证培养质量，要求每个培训基地都成立专门的住院医师培训核心小组，由科主任作为第一负责人，配备培训基地兼职管理人员，同时推荐主治医师以上职称，工作责任心强，有丰富临床经验和带教经验的医师作为指导老师具体负责该项工作。为了保证带教质量，每位指导老师每次最多带教两名医生。为了提高指导老师的工作积极性，给予一定的带教津贴，做到责权利的统一；带教效果好的，在以后的职称评聘中给予一定的倾斜政策。2010 年，医院成立专家考核小组，聘请院内、院外专家任住院医师技能考核专家，对住院医师临床技能进行不定期的考核。

2008 年住院医师规范培训工作归口临床医学院后，对管理架构进行了部分调整，实行部门负责、院/科两级管理，成立领导小组、工作小组、专家督导小组，并由临床医学院职后教育办公室负责住院医师规范化培训的日常工作。领导小组由院领导、职能处室负责人以及主要专科培训基地主任组成。工作小组由教学管理人员和带教老师组成，带教老师由各基地推荐的高年资主治医师或副主任医师兼任，落实各项规章制度，对教与学进行双向考核和评估，负责解决和协调全院住院医师规范化培训工作中出现的问题。培训基地主任作为各科室住院医师规范化培训工作的第一负责人，有效管理、协调本基地培训工作，学员在基地科室接受科室的全面管理。医院成立专家督导小组，聘请各科资深专家、教授和临床医师组成专家督导小组，定期督查各培训基地规章制度落实情况、计划实施情况，教与学的双向评估和考核。

根据《上海市住院医师规范化培训医院和师资管理办法（试行）》师资队伍建设和管理要求，各学科带教医师与住院医师比例不低于 1∶2。2010 年，医院遴选了第一批 65 名住院医师规范化培训带教老师，获聘的带教老师除了承担日常的带教工作以外，还参与全院的住院医师考核组织、督导、授课等。

五、住院医师培训的管理

【轮转年限】

2000 年以前，本科学历住院医师参加规范化培训为期 3 年。2000 年后，本科培训年限为 3 年，硕士培训年限为 1 年，博士培训年限为半年。2005 年后，本科培训年限为 3 年，硕士培训年限为 2 年，博士培训年限为 1 年。2010 年 5 月，医院根据《上海市卫生局关于医学专业毕业研究生参加住院医师规范化培训年限问题的通知》及本院实际情况规定各学制毕业生参加住院医师规范化培训的年限，将临床医学本科毕业生、（4+4）八年制临床医学专业博士毕业生纳入住院医师规范化培训第一年。八年一贯制临床型博士须参加临床综合能力测评，通过测评者进入住院医师规范化培训第三年，未通过者则进入住院医师规范化培训第二年。科学型硕士须参加临床综合能力测评，测评通过进入住院医师规范化培训第二年，未通过则进入住院医师规范化培训第一年。其他有工作经历或研究生期间从事专业与规培基地不同的住院医师均须参加临床综合能力测评。

【管理制度】

2009 年，编写第一版《上海交通大学医学院附属瑞金医院住院医师规范化培训管理办法》，管理办法的内容包括培训目标、培训方案、考核方案、考勤制度、奖惩制度等，成为瑞金医院住院医师规范化培训指导性文件。住院医生的考核贯穿在整个培训之中，通过严格的考核，保障和促进培训质量。在培训及考核的过程，给予每一个参与培训的住院医生平等受训、平等考核的机会，从日常考核、出科考核、年度考核、阶段考核进行住院医师规范化培训的全面考核管理，培训期间公休、婚产假、探亲假、病事假等管理办法根据医院相关政策执行，建立起"督导—反馈—通报"的管理机制。

2010 年，在上海市医改领导小组统一组织下，市卫生局、市人力资源社会保障局、市财政局、市发展改革委、市教委和市机构编制委员会办公室共同推进上海市住院医师规范化培训工作，出台了"上海市住院医师规范化培训实施办法"的一系列配套文件。临床医学院对《上海交通大学医学院附属瑞金医院住院医师规范化培训管理办法》进行了相应修订，并逐步建立起封闭式评教评学互动平台和个性化在线考试平台，体现住院医师规范化培训高效与专业。

第二节　全科医师规范化培训

一、发展沿革

全科医学又称家庭医学(General Practice/Family Medicine)，成立于 20 世纪 60 年代，是一个面向社区与家庭，整合临床医学、预防医学、康复医学以及人文社会学科相关内容于一体的综合性临床二级专业学科；其范围涵盖了各种年龄、性别，各个器官系统的各类健康问题/疾病。2008 年，医院接受市卫生局全科医师培养的任务，接收第一批 15 名全科医师的培养任务。2010 年起，全科医师规范化培训正式纳入毕业后医学教育阶段，成为住院医师培养范畴。

全科医师培养时间为 3 年，全科医师规范化培训基地是为了培训学员掌握本学科及相关学科的基础知识、基本理论和基本技能；具有较系统的专业知识，了解本专业的新进展，并能用以指导实际工作。培训学员具有较强的临床思维能力，较熟练地掌握本专业临床技能，能独立从事常见病、多发病及某些疑难病症的诊断与治疗。培训内容分 3 个部分，即全科医学相关理论学习、临床科室轮转、社区实习。全科医学相关理论学习，时间为 2 个月；采取集中与分散、讲座与自学相结合的方法进行。临床科室轮转时间为 26 个月，主要临床三级科室和相关科室的医疗工作，进行临床基本技能训练，同时学习相关专业理论知识。此外，在医院轮转期间，每周安排不少于半天的集中学习，以讲座、教学研讨会与案例讨论等方式，学习全科医学相关问题与相关学科新进展。社区卫生服务中心(含服务站点)实习时间为 8 个月。要求学员在社区培训基地工作，并在导师的指导下开展全科医疗和社区卫生服务工作。社区教学基地指定专门教师实行一对一带教。经过该专业培训出来的全科医生主要工作在社区，为社区居民提供以人为中心、以家庭为单位、以整体健康的维护与促进为方向的长期负责式照顾，并将个体与群体健康照顾融为一体。

二、组织架构

2008 年，瑞金临床医学院职后教育办公室设专人任全科基地班主任，对全科学员的招生、培训、考核、人事及社区、疾控中心、精神卫生中心的轮转学习进行全面管理。并设立全科教研室，负责和指导全科医师规范化培训基地的轮转计划、教学工作，各轮转科室负责培训基地教学计划和培养目标的实施、临床医学院和轮转科室共同负责和出科考核和年度考核。

2010 年起，全科基地主任由医院住院医师规范化培训基地分管副院长担任，临床医学院副院长任全科基地副主任，全科教研室主任任组长，并配备教学干事和教学秘书。全科教研室有主任医师 4 人、副主任医师 11 人、博士 7 人、硕士 8 人。师资队伍中副高级及以上专业技术职称比例超过 1/3，先后有 7 人参加了全科医学培训中心的师资培训，并获得师资培训证书。

三、实践基地

全科医师培养方案中社区卫生服务中心培训是重要内容，全科医师培训的 3 年中有 8 个月在社区卫生服务中心培训。瑞金医院全科基地在打浦桥街道社区卫生服务中心、瑞金二路街道社区卫生服务中心、老西门街道社区卫生服务中心、豫园街道社区卫生服务中心建立基层教学实践基地，开展教学互动、师资培训，开设教学门诊。

四、全科医师管理

2008 年，瑞金临床医学院根据《上海市全科医师规范化培养细则》的要求，制定了《上海交通大学医学院附属瑞金医院全科医师规范化培训基地管理制度》。临床培训、题库建设、教师团队建设和出科考核管理，有全科医生培养计划与大纲、培养基地管理制度、全科医生考核管理等。

全科住院医师规范化培训医师每年 8 月起入基地，先进行 2 个月脱产理论学习后，再进入临床各科为期 34 个月的临床实践能力培训，要求参加科内日常的医疗活动及业务学习，在上级医师的指导下管理 2～4 张病床，缮写所管床位的完整病史、首次病程录、病程录和出院小结等医疗文件。培训期间公休、婚产假、探亲假、病、事假等管理办法参照住院医师管理办法，全科医师请假制度参照轮转住院医师管理办法。完成培训计划规定的全部教学环节，三次理论考核合格，临床实践及社区实习考核合格，毕业(结业)综合考试合格，论文通过评审和答辩合格。

2008 年第一届培训基地招录学员人数为 9 人，2009 年招录学员人数为 11 人，2010 年招录学员人数为 20 人。

第三节　继续医学教育

一、发展沿革

1996 年以前，医院主要针对内部职工开展业余教育和文化教育，有效提升员工的学历层次、专业技术、外语或计算机水平。1978 年，医院成立职工业余教育组，归属医学系部，负责开展业余教育工作。1982年，医院成立医院职工业余教育委员会，1988年，委员会下设办公室，归属医教处。

1996年，国家卫生部成立医学继续教育(CME)委员会，并将继续医学教育作为晋升职称的必备条件，继续医学教育得到广大医务人员的普遍重视，医院业余教育委员会办公室开始负责国家级、市级的继续医学教育项目申报和举办。

1997年至2010年，医院继续医学教育举办项目总计603项，其中国家级项目563项，学员人数总计26 965名。无论在数量上还是在质量上，均居医学院各附属医院前列。继续医学教育项目不仅传播与交流了先进医疗科学技术，也进一步促进了医院学科的发展，更增强了与上海市及长三角地区兄弟医院的交流。有不少外省市医院的医师在参加继续医学教育培训后，申请来医院进行深层次进修学习。兄弟医院的医护人员通过继续医学教育学习班，学到了新知识、新技能，能更好地在当地医院为病人疑难杂症进行诊治。对于仍无法解决的疑难杂症，瑞金医院为其开放会诊平台。2000年以来，继续医学教育班探索"开门办学"，先后赴浙江台州、福建厦门、黑龙江哈尔滨等地开办学习班。

表4-5-2　1997—2010年医院举办国家级继续医学教育项目数统计表

年　份	总　数	国家级	市　级
1997	20	20	0
1998	18	16	2
1999	34	27	7
2000	49	36	13
2001	47	39	8
2002	47	37	10
2003	39	39	0
2004	53	53	0
2005	52	52	0
2006	47	47	0
2007	59	59	0
2008	33	33	0
2009	53	53	0
2010	52	52	0

二、教学管理

职工教育非常重视组织管理工作，严格要求师生。教师需要定期制定教学计划、教学进度；学生必须遵守学习纪律，参加期中、期末考试，学习成绩通知本人并报送相应部门，成绩优良者给以物质和精神鼓励。健全了学员学籍管理制度，实行一人一卡制。职工学工结合十分不易，因此必须精选师资，兼课教师均系骨干教师，教学经验丰富，是全院职工业余教育能顺利开展的重要因素。1999年，医院为贯彻国家各部委文件精神，制订了《关于加强瑞金医院继续医学教育的管理办法》，对继续医学教育的内容及相关管理方法进行了详细规定，将年度和阶段所得学分作为等级和考核方式，卫生技术人员参加继续教育所得的学分成为职务续聘和职称晋升的一个必备条件。

1997年以来，瑞金医院在举办国家级继续医学教育项目过程中，由于没有现成的继续医学教育教材，医院的专家、教授结合自身丰富的临床经验、扎实的理论知识以及到国外进修交流学到的新技术，编写成册，和人民军医出版社联合陆续出版了"医学继续教育丛书"26套。时任院长李宏为和副院长朱正纲亲自为丛书作序，对继续医学教育的发展和前景进行了展望。该系列丛书既有白血病、内分泌疾病、胃肠道肿瘤、骨关节疾病等瑞金医院传统优势学科；又纳入了基因诊断、营养支持、微创外科和放射诊断学等呈现蓬勃发展之势的新兴学科；既有手术操作和专科(专病)诊疗规范临床经验介绍，又有分子生物学和免疫学介绍等高新科技的实践经验和前景展望，内容全面，知识属科技前沿，为众学子提供了更加便捷的学习路径。

表4-5-3 2002—2005年医院主编国家级继续教育参考用书情况表

出版年份	书　　名	主　　编	出 版 社
2002	高血压临床新技术	朱鼎良	人民军医出版社
2002	内分泌代谢病临床新技术	胡仁明	人民军医出版社
2002	消化系疾病临床新技术	袁耀宗	人民军医出版社
2002	临床营养新概念与新技术	曹伟新	人民军医出版社
2002	内分泌病理学	杨　践	人民军医出版社
2002	眼科激光新技术	王康孙	人民军医出版社
2002	重症急性胰腺炎临床新技术	张圣道	人民军医出版社
2002	恶性血液病现代治疗	沈志祥	人民军医出版社
2002	儿科内分泌遗传代谢疾病临床新技术	陈凤生　王　伟	人民军医出版社
2002	肾小管间质疾病诊疗新技术	陈　楠	人民军医出版社
2002	胃肠道肿瘤外科综合治疗新技术	朱正纲	人民军医出版社
2002	细菌耐药性监测与抗感染治疗	倪语星　洪秀华	人民军医出版社
2002	重型肝炎治疗新技术	周霞秋	人民军医出版社
2002	儿科消化病临床新技术	陈舜年　许春娣	人民军医出版社
2002	临床免疫学与免疫学检验新技术	沈　霞	人民军医出版社
2002	帕金森病临床新技术	陈生弟	人民军医出版社
2002	人类基因组研究基本技术	陈赛娟	人民军医出版社
2002	白血病 MICM 分型诊断	熊树民	人民军医出版社
2002	骨关节损伤魏氏伤科与中西医结合治疗	李国衡	人民军医出版社
2002	呼吸机治疗与监护新技术	黄绍光	人民军医出版社
2002	病毒性疾病诊疗新技术	陆志檬	人民军医出版社
2003	分子内分泌学基础与临床	罗　敏	人民军医出版社
2003	烧伤创面愈合机制与新技术	陆树良	人民军医出版社
2003	血栓病临床新技术	王鸿利　王学锋	人民军医出版社
2003	微创伤外科临床新技术	李宏为　郑民华　李健文	人民军医出版社
2005	心血管疾病新理论新技术	沈卫峰	人民军医出版社

第五篇
医学科研

概　　述

新中国成立前，瑞金医院内并没有专门的医学科学研究设施。新中国成立以后，随着上海第二医学院的成立，作为学校的附属医院，医院开始为提高医学教育和医疗质量而开展科学研究。1954年，医院建立内科、外科、儿科实验室，开展临床和基础研究，这是国内最早建立的一批临床实验室。1958年，上海市伤科研究所和上海市高血压研究所两个市级研究所成立，医院的科学研究工作得以进一步开展。“文化大革命”期间科研工作一度停顿。1977年医院开始重建科研队伍、更新设备后，科研工作得到逐步恢复。1978年，上海市内分泌研究所成立。20世纪80年代以后，医院积极创造条件开展实验医学和基础理论的研究，建立科研制度和规范，加大科研经费的投入和管理力度，加强国内外学术交流，陆续建立了一批研究机构和重点学科，不断提高医疗质量和发展医学科学。

各学科依托科研所带来的各级各类成果及其学术影响力，截至2010年，已先后在院内设有9个从事基础与应用基础研究的研究所(独立法人研究所3个，非独立法人市级研究所3个，校级研究所2个，院级研究所1个)和9个重点实验室(国家/部级重点实验室4个、市级重点实验室5个)，获得了一批国家和地方的重点学科，18个专业成为国家药品临床研究基地，具备了开展医学基因组学、蛋白质组学、代谢组学、干细胞研究、生物信息分析、医学统计学处理等重要技术平台，为开展基础与应用基础研究提供了可靠的技术平台。1958年，医院成功抢救邱财康，打破了“烧伤面积大于80%无法治愈”的国际定论；王振义、陈竺等创用全反式维甲酸诱导分化治疗急性早幼粒细胞白血病获得成功等，更是中国医学界公认的骄傲。这些具有原创性的、经过反复科学研究的里程碑式的成果，影响深远而广泛，更是推动了中国乃至世界医学的进步。

医院在1996年、2002年和2006年创办《外科理论与实践》《诊断学理论与实践》和《内科理论与实践》3本学术期刊，为临床和基础研究人员提供了新的学术交流平台，并成为中国科技论文统计源期刊、中国科技核心期刊。3本杂志负责人都由医院以及国内相关领域顶尖专家担任，3本杂志的出版有力地推动了医院科研整体水平的提升。进入21世纪后，医院不仅在各级科研项目或课题申请方面获资助数逐年增长，更在科研成果评定中，多项成果达到国际、国内领先水平，多项科研成果申请并获得国家专利，在国际性刊物发表SCI论文逐年增加。1981年至2010年，医院共获得各级各类科研项目1 510项，科研经费达43 206.71万元；1978年至2010年，获得各级各类科技成果奖357项；1952年至2010年，发表国际SCI学术论文1 248篇，国内核心期刊论文15 455篇。这些科研项目和成果，无论是在数量上还是质量上，一直位居上海市各级医疗机构前茅。

第一章　科研管理体制

第一节　科　研　管　理

一、发展沿革

1953年，医院设立图书馆，收集国内外医学文献和图书供医教研人员借阅。1954年，建立内科、外科和儿科实验室，主要配合临床诊断、治疗进行相关检查。1956年7月，血吸虫病的防治和研究成为工作重点，建立了寄生虫病实验室。杨宜受聘为全国血吸虫病防治研究委员会委员兼临床组副组长、卫生部医学科学委员会血吸虫病专题委员会委员。是年，为系统地引导科学研究为国家建设服务，国家开始着手制订新中国第一个中长期科技规划《1956—1967年科学技术发展远景规划》(简称“十二年科技规划”)。国务院成立科学规划委员会，医院邝安堃、叶衍庆等参加了卫生部医学科研规划的讨论，并受聘为卫生部科学研究委员会委员。在几经讨论修改后，“十二年科技规划”于1956年12月由中共中央、国务院批准后执行，对科学技术工作体制、科学研究机构的合理设置、科技干部的使用、培养及国际合作，年度科学技术的制定等做出规定。据此，医院明确有医、教、研和人才培养四大任务，并确定由业务副院长分管科研工作，日常管理由医教室兼管。1958年，中央发出了“向科学进军”的号召，医院把科研工作置于重要位置，积极组织各学科开展技术革新，制定科研规划。是年，上海市伤科研究所和上海市高血压研究所两个市级研究所相继在院内成立，科研工作得到蓬勃发展。1959年，医院院长办公室专设一名副主任，联系科研工作。

1977年，医院重建科研队伍，确定课题，更新设备，使科研工作得到逐步恢复。为加强院内外医学科研信息交流，医院成立医学情报资料室，与国内215个医疗及科研单位建立了交流关系，仅一年就收到交流书刊1 200余册。1978年，为贯彻和落实全国科学大会精神，医院明确了“以临床应用研究为主，抓重点、带一般”的科研指导思想，确定以烧伤、病毒性肝炎、血液病、心血管疾病(冠心病)、消化道肿瘤、女子计划生育、中医及中西医结合、内分泌研究、激光治疗等作为医院研究重点，并积极组织相关科研项目和课题进行投标。医院开始大量增订国内外医学杂志和图书，并由医务科统管科研工作，医务科副科长负责科研及研究生管理工作，主编《科技动态小报》，报道国内外医学科技动态和院内信息。1980年，医院扩充科研基金，由医院事业发展基金每年拨出一定经费资助院基金课题，进一步促进了医院科技工作的发展。1985年10月底，依据《上海教卫办、市卫生局、高教局对瑞金、仁济、新华、九院四所附属医院设立科研科并任命科长的通知》，医院成立科研科。

20世纪90年代，医院进一步重视科研工作，加大了科研经费的投入和管理力度，提出了“以项目为抓手、以人才为核心、以学科为依托、以高新技术平台为载体”的科研管理思路，陆续建立了一批研究机构和重点学科，通过“临床科室—研究所”和“临床工作—基础研究”的紧密合作，使得医院的科研工作得到蓬勃发展，医院在各级各类科研项目或课题申请方面获资助数逐年增长，同时也实现了“科研成果—人才培养—学科发展”的良性循环，并在临床研究领域取得了重要进展。在此期间，科研课题、科研成果及获奖无论是在数量，还是在质量上，均列上海第二医科大学各附属医院前茅。1991年，科研科更名为科教处。在抓好临床研究的同时，为了进一步夯实研究基础，鼓励研究创新，医院相继在1996年、2002年和2006年创办《外科理论与实践》《诊断学理论与实践》和《内科理论与实践》3本"理论与实践"系列学术期刊，为临床和基础研究人员提供了新的学术交流平台。3本杂志主编都由医院及国内相关领域顶尖专家担任，在专家、教授们的积极参与和编辑人员的努力下，刊物的影响力逐年提升，3本刊物均在获准公开发行2年后成为中国科技论文统计源期刊、中国科技核心期刊。

进入21世纪，医院提出"质量建院、人才强院、科教兴院、文化立院"的办院宗旨，以"夯实科研基础、打造一流学科、提升医院品牌"为工作思路，提出以"学科、人才、项目、成果"四位一体为抓手，努力创建研究型医院。2001年科教处更名为科技发展处。具体负责科研计划、科研成果、研究生管理、重点学科、实验基地以及药物临床试验基地的建设和管理等工作，并协调管理设于医院内的各研究所。2002年1月，医院科技大楼落成，专属用于研究与教学功能。医院注重人才培养，为在国际、国内有良好声誉或知名度的学科带头人积极创造机会和平台。各学科依托科研所带来的各级各类成果及其学术影响力，截至2010年，先后设立9个从事基础与应用基础研究的研究所(其中独立法人研究所3个、市级研究所3个、校级研究所2个，院级研究所1个)和9个重点实验室(国家/部级重点实验室4个、市级重点实验室5个)，获得了一批国家和地方的重点学科，18个专业成为国家药品临床研究基地，具备了开展医学基因组学、蛋白质组学、代谢组学、干细胞研究、生物信息分析、医学统计学处理等重要技术平台，为开展基础与应用基础研究提供了可靠的技术平台。2010年，医院的重点学科涵盖内、外、影像等众多学科，其中二级学科——内科学成为教育部国家重点学科；获资助国家自然科学基金项目数一年达83项，位居上海市各医疗机构之首；发表的SCI论文数达263篇；国家科技奖(二、三等奖)10项；王振义获2010年度国家最高科学技术奖。

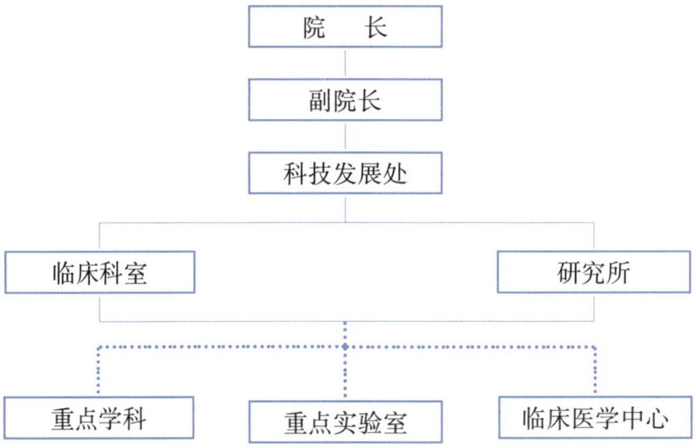

图5-1-1　医院科研机构设置框架

表5-1-1　1985—2010年科教科/科技发展处历任处(科)长、副处(科)长情况表

名　称	任职年份	处(科)长	任职年份	副处(科)长
科教科			1985—1988	高　恪(兼)
			1988—1991	乔贵全(兼)
科技发展处	1991—1996	于金德	1991—1995	张美玲
	1996—2007	姜昌斌	1995—1996	姜昌斌
	2007—	夏振炜	1996—1997	顾琴龙
			1998—2004	赵咏桔

（续表）

名　称	任职年份	处(科)长	任职年份	副处(科)长
科技发展处			1998—2000	邵　钧
			2000—2007	夏振炜 (2007.08—2007.11 主持工作)
			2004—2009	丁晓毅
			2007—	徐懿萍
			2009—	徐勤毅
			2010—	金　玮

二、制度建设

科研科成立之前，医院科研管理分属在医教室、院长办公室、医务科(处)等部门，1981 年 8 月，医院拟定《科研工作规章制度》。1982 年，医院开展科技档案管理工作，完成了多年积压的科研档案的整理，并要求各研究室、实验室严格保管好有关科研工作的原始资料。

1985 年，科研科成立后，继续组织科研队伍、申请科研项目、预算科研经费。除研究所设有专职科研人员，从事基础研究或应用基础研究外，医院科研主体力量是从事临床工作的医生。医院的科研任务最初由高年资临床医师来承担；青年医师在临床工作中按各自专业参与有关课题的研究，通过科研提高临床医师队伍的学术水平。扩充贵重仪器设备专管公用制度，做到物尽其用，以达到节约资金推动科研工作进展，如烧伤研究室当年拥有全院唯一的万能显微镜、超低温冰库，内科实验室的原子吸收分光光度计等诸多仪器设备均向全院开放。

1985 年至 20 世纪 90 年代末，为医院科研管理的完善阶段。医院科研管理以制度为保障，逐年加大对学科建设与人才培养的力度。在医院科研管理“制度化、程序化、标准化”的基础上，管理部门完善了有关研究室和实验室各级人员职责管理、科研开题或成果鉴定管理、科研经费管理、实验室管理、动物房管理等 10 项规章制度；并扩充以岗位责任制度为中心的考勤考核办法，定期进行科室及医院两级核查、评比。在科研道德建设上，开展社会主义科研道德宣传教育，树立崇高科研道德新风尚。在学术交流上，组织开展全院每月 1～2 次学术讲座。

20 世纪 90 年代，先后制定并出台了一系列相关规章制度，包括 1994 年《科教处各级人员岗位职责》，1995 年《院级重点学科和专业特色发展基金管理条例》《中青年医学科技奖人才培养基金》，1997 年《关于医院对中标课题经费配套的通知》《关于增加院级科研基金投入的决定》《院级科研基金管理条例》等。

21 世纪初至 2010 年，为科研管理的规范阶段。根据国家、上海市、上海交通大学以及医学院的相关规定，进一步完善修订医院科研管理制度，先后于 2003 年下发《关于重新调整科研奖励的通知》《关于重新调整中标学科及项目经费配套的通知》，2004 年《医院科研奖励条例》、2006 年《关于调整学科及项目经费配套与科研奖励的决定》，2008 年《关于调整科研奖励的决定》《瑞金医院科研经费管理办法》，2010 年《关于调整在编人员科研奖励的决定》，加大对重点学科和各级各类人才配套与奖励，有效保障医院科研活动开展。

第二节　科研机构设置

一、院级与校级研究室

【院级实验室】

1954年建立的内科实验室、外科实验室和儿科实验室，是国内最早建立的内科实验室之一。1990年，医院直属实验室包括内科实验室、外科实验室、血吸虫病实验室（后改为重症肝炎研究室）、病毒实验室、妇产科实验室、灼伤实验室、小儿科实验室、免疫实验室（皮肤科）、肾脏科实验室、肺科实验室、霉菌实验室、激光实验室（皮肤科、肺科）、眼科激光实验室及听力实验室。至2010年，除外科、灼伤、心内科（心血管第二研究室）、肺科等升格为研究所外，医院现存内科实验室、妇产科实验室、小儿科实验室、肾脏科实验室、皮肤科实验室、病毒实验室和重症肝炎研究室。

图5-1-2　20世纪80年代内科实验室

图5-1-3　20世纪80年代外科实验室

【校级直属研究室】

依托于医院的特色学科与技术力量，从1963年至2010年，上海第二医科大学先后共有14个校级研究室设在医院内。

表5-1-2　1963—2010年医院设置的校级研究室情况表

设立年份	名　称	首任负责人	备　注
1963	上海第二医学院烧伤研究室	史济湘　杨之骏	1988年成立上海市烧伤研究所
1964	上海第二医学院外科基础研究室	傅培彬	1984年并入上海第二医学院腹腔外科研究室
1978	上海第二医学院临床病毒研究室	杨　宜　王耆煌	前身为医院传染科病毒实验室（1960年成立）
	上海第二医学院器官移植研究室	董方中	1984年并入上海第二医学院腹腔外科研究室

（续表）

设立年份	名 称	首任负责人	备 注
1979	上海第二医学院血吸虫病第二研究室	杨 宜 沈耕荣	前身为医院传染科血吸虫病实验室。1986年改名为重症肝炎研究室
	上海第二医学院肿瘤研究室	傅培彬 周锡庚	1984年并入上海第二医学院腹腔外科研究室
	上海第二医学院心血管第二研究室	龚兰生 陶 清	2004年成立上海第二医科大学心血管病研究所
	上海第二医学院消化病第二研究室	徐家裕 唐振铎	—
	上海第二医学院血液病研究室	王振义	1987年成立上海血液学研究所
	上海第二医学院女子计划生育第二研究室	刘慕珍 吴一鄂 何其九 金毓翠	—
1984	上海第二医学院腹腔外科研究室	傅培彬 林言箴	合并肿瘤、外科基础、器官移植三个研究室而成，1988年成立上海消化外科研究所
1986	上海第二医学院核医学研究室	朱承谟	—
	上海第二医学院重症肝炎研究室	沈耕荣 周霞秋	前身为上海第二医学院血吸虫病第二研究室
	上海第二医学院第二眼科研究室	陈彬福 王康孙	—

二、研究所设置

1958—2010年，医院内设有6个市级研究所、2个校级研究所。6个市级研究所中，上海市伤骨科研究所、上海市高血压研究所和上海市内分泌代谢病研究所在行政、经费、人事等方面为独立单位，其医疗、教学和兼职研究人员等由医院统一管理。上海血液学研究所、上海市烧伤研究所和上海消化外科研究所归属医院统一管理。

表5-1-3 1958—2010年医院建设的市级和校级研究所情况表

研究所级别	成立年份	名 称
具有独立法人资格的市级研究所	1958	上海市伤骨科研究所
	1958	上海市高血压研究所
	1979	上海市内分泌研究所（2004年更名为上海市内分泌代谢病研究所）
市级研究所	1987	上海血液学研究所
	1988	上海市烧伤研究所
	1998	上海消化外科研究所
校级研究所	2002	上海第二医科大学神经病学研究所（2005年更名为上海交通大学医学院神经病学研究所）
	2004	上海第二医科大学心血管病研究所（2005年更名为上海交通大学医学院心血管病研究所）

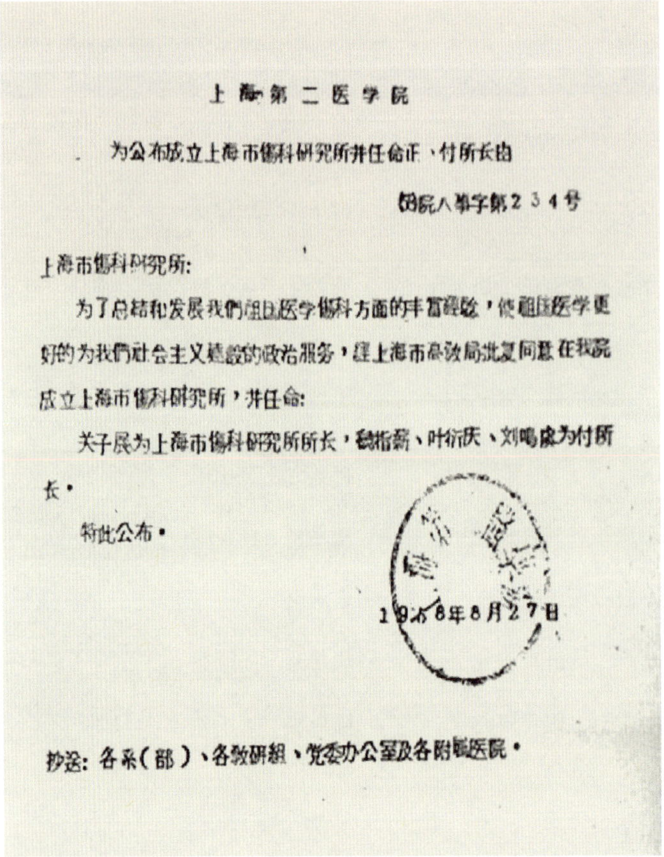

上海第二医学院

为公布成立上海市伤科研究所并任命正、付所长由

(58)院人事字第234号

上海市伤科研究所：

为了总结和发展我们祖国医学伤科方面的丰富经验，使祖国医学更好的为我们社会主义建设的政治服务，经上海市高教局批复同意在我院成立上海市伤科研究所，并任命：

关子展为上海市伤科研究所所长，魏指薪、叶衍庆、刘鸣虞为付所长。

特此公布。

1958年8月27日

抄送：各系(部)、各教研组、党委办公室及各附属医院。

图 5-1-4　1958 年上海市高教局批复成立上海市伤科研究所

三、重点实验室

结合各研究所的建设和发展，医院聚焦推动研究领域的重大突破。1993 年，经上海市科学技术委员会同意，医院建立"上海市人类基因组研究重点实验室"，作为组织高水平基础研究和应用基础研究、聚集和培养优秀科学家、开展高层次学术交流的重要基地。作为与研究所相辅相成的研究单位，重点实验室对于学科的支撑作用非常明显，有力地推动了医院整体科研水平的进步，也逐渐明确医院重点学科的发展方向。

表 5-1-4　2001—2010 年医院建设的市级以上重点实验室情况表

级　别	授 予 部 门	成立年份	名　　称
国家级	科技部	2001	医学基因组学国家重点实验室
部　级	卫生部	1994	卫生部内分泌代谢病重点实验室
	卫生部	1994	卫生部人类基因组研究重点实验室
	教育部	2000	教育部功能基因组学和人类疾病相关基因研究重点实验室

（续表）

级　别	授予部门	成立年份	名　　称
市　级	上海市科学技术委员会	1993	上海市人类基因组研究重点实验室
	上海市科学技术委员会	1997	上海市中西医结合防治骨关节病损重点实验室
	上海市科学技术委员会	1999	上海市血管生物学重点实验室
	上海市科学技术委员会	2004	上海市内分泌肿瘤重点实验室
	上海市科学技术委员会	2009	上海市胃肿瘤重点实验室

四、学术委员会

为提高医院整体学术水平，1981 年 5 月医院成立首届学术委员会，叶衍庆任主任委员，傅培彬任第二主任委员，各临床学科主任任副主任委员。每年召开一至两次学术委员会会议，主要负责审议医院重点学科、重点专业建设规划方案；从学术角度审定医院的专业设置、调整、发展规划，为医院的决策提供学术依据；审议医院重点学科、重点专业建设，进行年度检查和指导；对医院医师、科研人员等提出的年度或阶段性的科学研究计划方案，就可行性和学术价值进行审议，以决定该方案可否列入医院科学研究规划，并给予指导；评定医院内申报的年度或阶段性科学研究成果，对其学术水平与价值做出判断，决定成果的等级、层次，并向更高级别的学术评议机构申报等。

五、伦理委员会

【组织架构】

瑞金医院伦理委员会成立于 1996 年，是全国最早成立伦理委员会的医疗机构之一。伦理委员会由 11 人组成，时任院长李宏为任主任委员，李宣海、于金德任副主任委员。

2000 年，按照药物临床试验质量管理规范（good clinic practice，GCP）的要求，医院对伦理委员会进行调整，委员组成由原来的 11 人调整为 15 人，增加了法务人员和社区人员，由李宏为任主任委员，于金德、严肃任副主任委员。

2003 年，为了配合生殖医学工作的开展以及相关伦理规范要求，医院对伦理委员会人员进行调整补充，形成第三届瑞金医院伦理委员会，增设生殖医学和药物临床试验两个分委会。医院伦理委员会由 23 人组成，由前 WHO 副总干事胡庆澧任主任委员，严肃任副主任委员。生殖医学分委会由 10 人组成，主任委员为严肃，主要负责医院辅助生殖技术相关的伦理审查。药物临床试验伦理分委会由 8 人组成，主任委员为严肃，主要负责医院各项药物临床试验及医疗器械临床试验的伦理审查工作。

2004 年，因 GCP 要求伦理委员会委员中须保证一定的女性成员比例，增加王伟任药物临床试验分委会委员。

2005 年，为了更有利于伦理委员会运行及各项工作的开展，对第三届委员进行调整，增设袁克俭为伦理委员会副主任委员，并将委员人数调整至 19 人；增设王愚珍为生殖医学分委会副主任委员，委员人数调整至 9 人；增设姜昌斌为药物临床试验分委会副主任委员，委员人数调整至 10 人。

2008 年，因临床研究逐步受到重视，涉及人体研究也日益规范，同时也因国家对于器官移植技术的管理日趋规范，医院对伦理委员会进行架构调整，由原先的两个分委会调整为科研项目、药物临床试验、器官移植与伦理、辅助生殖技术4个分委会，基本覆盖了医院所有涉及人体研究及诊疗新技术新方法的伦理审查。此次委员会成员调整，标志着医院医学伦理工作进入一个新的高度。

【管理运行】

2008年伦理委员会的结构调整，标志着医院的医学伦理研究、伦理委员会建设、伦理审查能力和水平进入了一个新的起点。2008年，血液、内分泌两个GCP平台进入科技部重大科技专项——重大新药创制专项的资助，其中伦理委员会建设是最为重要的平台建设之一。

2009年12月医院举办"中国生命伦理委员会框架与构建"国际高层论坛，围绕中国"机构伦理委员会的建设与评估"及"临床医疗工作中的伦理问题"两个议题，就中国目前伦理委员会运行现状、伦理委员会如何按照国际标准进行操作流程的规范化建设等问题进行了广泛而深入的交流和研讨。此次国际高层论坛有效地推动了中国伦理学的发展，为伦理学家搭建了交流、学习的平台，并为2010年举办的伦理高峰论坛、上海市医学会医学研究伦理专科分会的成立，以及伦理委员会评估体系的建立与推广奠定了良好的基础，使上海乃至全国的医学伦理学得到有序的发展。同时也为有效地平衡生物技术价值和人文社会价值，保护病人和受试者的权益，规范临床试验的管理，保证机构伦理委员会的伦理审查质量，提高科学研究的行为准则，贯彻临床试验透明化的策略，从而推进生物医学研究，对中国伦理委员会的建设和运作工作起到切实有力的推动作用。

表5-1-5　1996—2010年医院伦理委员会历任主任、副主任委员情况表

届次(年份)	主任、副主任委员
第一届(1996—2000)	主任委员：李宏为 副主任委员：李宣海　于金德
第二届(2000—2003)	主任委员：李宏为 副主任委员：严　肃　于金德
第三届(2003—2005)	伦理委员会　主任委员：胡庆澧 副主任委员：严　肃 生殖医学分委会　主任委员：严　肃 药物临床试验分委会　主任委员：严　肃
第四届(2005—2008)	伦理委员会　主任委员：胡庆澧 副主任委员：严　肃　袁克俭 生殖医学分委会　主任委员：严　肃 副主任委员：王愚珍 药物临床试验分委会　主任委员：严　肃 副主任委员：姜昌斌
第五届(2008—)	伦理委员会　主任委员：胡庆澧 副主任委员：严　肃　袁克俭 生殖医学伦理分委会　主任委员：胡庆澧 副主任委员：严　肃 涉及人体的临床与科研项目伦理分委会　主任委员：杨伟国 副主任委员：夏振炜 药物临床试验伦理分委会　主任委员：严　肃 器官移植技术伦理分委会　主任委员：袁克俭

第二章　科研项目与成果

第一节　重大科研项目

一、国家级项目

【申报国家自然科学基金】

1986 年 2 月 14 日，国务院批准成立国家自然科学基金委员会(简称“自然科学基金委”)。瑞金医院陈泽仪、黄绍光、许曼音、周锡庚等教授申报的项目，成为国家自然科学基金委成立后首批获得资助的项目。1992 年，史济湘教授领衔的团队申请的“烧伤早期损害发病机理及创面愈合机理研究”项目获得批准，成为医院获得的首个国家自然科学基金重大项目。该项目研究从烧伤动物模型的建立、烧伤创面炎性反应与其细胞活化增殖机制、细胞因子和生长因子的调控规律及自异体皮混合移植自体皮诱导局部免疫耐受的机制进行探讨。研究成果先后荣获 1999 年卫生部科技进步奖三等奖、上海市科技进步奖二等奖、2000 年国家科学技术进步奖二等奖。

2001 年至 2004 年，医院每年获得的国家自然科学基金项目数维持在 12 项左右，在医学院各附属医院中始终排位第一。随着国家财政对基础研究的投入不断增长，以及医院领导对国家自然科学基金项目的高度重视，2005 年获得国家自然科学基金项目数首次达到了 40 项，不仅数量超过了前 3 年的总和，且获得项目的类别也较之以往有突破。其中重点项目 2 项、创新群体 1 项、杰出青年 2 项、基地项目 1 项，在上海市各市级医院中名列首位，项目经费达 1 183.5 万元。

自 2007 年开始，医院在每年年底举行国家自然科学基金动员申报动员会，组织 2～3 次专题讲座，为全院科主任和专家们解读国家自然科学基金指南精神，指导撰写申请标书，组织专家对科室所申报的项目进行现场评审和指导，在项目的研究方案、研究内容等方面提出专业意见，使得医院项目的中标率始终高于全国平均中标率。

2009 年 10 月，国家自然科学基金委员会正式设立了医学科学部，在医学部成立后的第一年(2010 年)，医院获得国家自然科学基金项目数升至 83 项，较前一年 44 项翻了近 1 倍，科研经费达 2 479 万元，承担国家自然科学基金项目的科室也从一开始集中在个别科室扩展到全院近 30 个科室。自国家自然科学基金设立项目资助以来，每年医院都有项目立项，且立项数逐年稳步增长，项目经费也随之增加。从 1986 年至 2010 年，医院共获得各类自然科学基金项目 430 项，科研经费达 13.55 亿元。

【承担国家“973”计划】

1999 年，陈竺院士作为国家首批“973”计划的首席科学家，开展“疾病基因组学”理论和技术体系建立，在人类基因组 DNA 大规模测序、单核苷酸变异检测、疾病基因定位、克隆与功能测定等方面做了大量研究。2004 年，陈竺院士再次作为首席科学家联合上海第二医科大学、瑞金医院共同承担了项目“多基因复杂性状疾病的系统生物学研究”。该项目以白血病为研究模型，利用高通量的组学技术、先进的生物信息学和计算生物学，全面地剖析了不同类型白血病的发生发展机制、药物逆转过程中所潜藏的动态调控模式，以及所涉及的表观遗传调控异常机制。在两个“973”计划的基础上，2009 年由韩泽广领衔的科研团队第三次获得该计划的资助，深入开展了“基于系统生物医学基础的白血病临床转化研究”科学研究，总结了 20 多年来上海血液学研究所成功治疗 APL 的经验，制订出了具有中国特色、原创性的治疗方案供国内外同行参考，并建立了基于系统生物医学和发病机制的药物发现、评价和机制研究的方法体系和白血病诊断、预后相关的新兴分子分型体系。

自 1998 年国家“973”计划实施以来，医院 3 人次以首席科学家承担项目，8 人次作为负责人承担子课题。

二、省部级、市局级项目

在医院承担的所有科研项目中，省部级和市局级项目占了一半以上的比例，为进一步申报国家级项目打下了扎实的前期基础。1985 年，国家对科技管理体制进行改革，鼓励竞争。为此，医院鼓励科室在各类项目发布申请指南后积极申报，并采取全透明公开受理项目。若上级部门对项目有限项规定，医院则会组织专家对项目进行统一评审，通过评审的项目再上报相关上级部门。项目获得资助，由财务处统一设立科研经费账户，课题组负责人组织实施。医院科技发展处负责督促检查，包括科研项目立项材料、工作进展、经费使用的管理等。

在各类项目中，医院获得的上海市科委项目设立的项目类型、数量和经费数额最多，从 1981 年到 2010 年之间，共立项 492 项，科研经费达 1.173 亿元，项目类别包括重大/重点项目、上海市自然科学基金、医学引导项目、国际合作项目、实验动物专项、纳米专项、白玉兰及启明星计划、浦江人才计划、优秀学科带头人计划等。此外，从 1981 年到 2010 年之间获得立项的市局级项目还包括上海市教委项目 152 项，科研经费 865.26 万元，项目类别包括重点项目、科技创新项目、曙光计划和晨光计划；上海市卫生局项目 182 项，科研经费 1 424.68 万元，包括重点项目、面上项目、青年项目、中医项目及各类人才项目。

作为科研项目成果产出，省部级和市局级项目在各类奖项申报时，也是重要的项目来源。从 1990 年开始，医院获得的各级各类科技奖项中，有 169 项获资助项目来自上海市科委、上海市教委和上海市卫生局，几乎全面覆盖了各级获奖项目，从获得上海市医学奖到上海市科技进步奖，获得国家科学技术进步奖二等奖等，都离不开省部级和市局级科研项目的支撑。

表 5-2-1　1981—2010 年医院获科研项目数统计表

时间	国家级				省部级			市局级			校级	总计
	国家攻关	973	863	国家自然科学基金	科技部重大专项	卫生部	教育部	市科委	教委	卫生局	交大及医学院	
“六五”(1981—1985)	2	0	0	0				9	5	8	0	24
“七五”(1986—1990)	2	—	—	22		6		28	15	14	7	94
“八五”(1991—1995)	2	—	1	29		24	3	28	30	13	7	137

（续表）

时　间	国家级					省部级			市局级		校级	总计
	国家攻关	973	863	国家自然科学基金	科技部重大专项	卫生部	教育部	市科委	教委	卫生局	交大及医学院	
“九五”（1996—2000）	1	2	7	43		26	14	66	29	40	5	233
“十五”（2001—2005）	0	0	4	88			3	121	27	42	23	308
“十一五”（2006—2010）	0	8	12	248	5		16	240	46	65	74	714
合　计	7	10	24	430	5	56	36	492	152	182	116	1 510

表 5－2－2　1981—2010 年医院获科研项目经费统计表　　（单位：万元）

时　间	国家级					省部级			市局级		校级	总计
	国家攻关	973	863	国家自然科学基金	科技部重大专项	卫生部	教育部	市科委	教委	卫生局	交大及医学院	
“六五”（1981—1985）	63	0	0	0				46.63	22.56	25.03	0	157.2
“七五”（1986—1990）	62	—	—	63.2		33.3		111.8	52.6	32.05	2.31	357.3
“八五”（1991—1995）	80	—	76.2	744.2		88.6	15	476	80.1	32.6	3.55	1 596.2
“九五”（1996—2000）	50	1 200	465	1 681.7		70.5	189.5	1 204	120	480	9.5	5 470.2
“十五”（2001—2005）	0	0	228	2 759			34.5	2 688	159	623	61.5	6 553
“十一五”（2006—2010）	0	4 540.7	3 781.8	8 302	3 775.6		451.2	7 205	431	232	353.5	29 072.7
合　计	255	5 740.7	4 551	13 550.1	3 775.6	192.4	690.2	11 731.4	865.3	1 424.7	430.4	43 206.7

说明：时间以立项时间为准。

三、科研项目和经费管理

科研项目的实施需有经费保障，科研经费实行专款专用。凡国家下达的项目或课题，由科技部、卫生部、教育部、国家自然科学基金委员会等部门拨款；上海市下达的计划任务，由市有关部门拨款；学校、医院自选课题，由学校、医院拨款。

1985年，国家对科技管理体制进行改革，在科研经费管理上，改单纯的拨款制为招标制。医院积极鼓励各研究所、室争取向国家自然科学基金会、国家教委、卫生部以及上海市科委等公布的招标项目进行投标。投标程序由课题组负责人选题设计，提出申请报医院组织有关专家对项目的科学性、先进性、实用性进行论证，经管理部门审定后上报。若中标或审定通过，就可获得科研经费，由课题组负责人组织实施。医院科教处负责督促检查，包括工作进展、经费使用、科技资料的管理等。项目完成后，由医院邀请专家进行成果鉴定，上报审定。在科研、学会学术、进修等活动的出差经费管理上，实行各科室定额包干制，打破了各科可以任意出差报销的"大锅饭"。

进入21世纪之后，随着国家对于科研经费管理的规范化，医院开始实行预决算制经费管理。在各项目编制预算时，予以具体指导同时严格管控不必要的经费支出申请；在报销各类科研经费时，参照预算进行核对，保证了科研经费的合理使用。

第二节　重要科研成果与获奖

一、重要科研成果

1954年，外科傅培彬主任在前期大量动物实验基础上，将同种异体动脉移植应用到临床，在切除髂总动脉瘤手术中，该移植方法取得成功，并对两名巨大无名动脉瘤病人施行动脉瘤切除及同种异体动脉血管搭桥移植术，也获得成功。20世纪50年代后期起，邝安堃等致力于研究中医虚证理论，初步阐明阴阳学说的病理生理机制及体内物质代谢的变化规律，并用于防治神经内分泌及代谢性疾病取得成效。1958年，在董方中、史济湘、杨之骏等医师主持下，成功抢救烧伤面积达89%、三度烧伤达23%，后被称为"钢人"的钢铁工人邱财康，为世界上首次成功抢救大面积烧伤病人，打破了当时国外宣称"烧伤总面积超过80%无法治愈"的看法，引起国内外医务界的关注。20世纪60年代初，骨科柴本甫等在活血化瘀和理气药整体施治骨折愈合过程中进行定量研究，为祖国医学理论研究骨折愈合机制提供科学数据。1965年，医院根据高血压发病系机体平衡失调引起的设想，研制了小剂量复方降压片（即"复降片"），具有不良反应小、有一定降压效果、服用方便的特点，获上海市科学大会成果奖。1977—1978年，完成中国首例肝脏移植手术和首例心脏移植手术。

进入20世纪80年代，邝安堃、陈家伦等采用中西医结合方法进行内分泌的基础与临床研究取得了重要成果；王振义等率先开展因子相关抗原及血小板放射免疫测定研究并应用于临床。1984年9月，中华医学会、中华全国中医学会、中国中西医结合研究会、中国医药学会及健康报社联合组织首都医学界75位专家，共同推荐建国35年来20项重大医学卫生科研成果，其中两项为上海第二医科大学附属瑞金医院的大面积烧伤治疗和中西医结合治疗骨折。1986年，王振义等在国际上率先应用全反式维甲酸诱导分化治疗急性早幼粒细胞白血病，完全缓解达85%；外科傅培彬、张圣道等对急性坏死性胰腺炎治疗进行科学总结，创立一整套合理实用的临床方案。20世纪90年代，血液学研究所陈竺、陈赛娟潜心探索急性早幼粒细胞白血病中(15;17)染色体易位的分子生物学，发现早幼粒细胞白血病的特异标志物，建立检测这一标志的逆转录—聚合酶链反应技术。1994年，血液学研究团队在国际上首先证实应用三氧化二砷可以特异诱导急性早幼粒细胞白血病细胞凋亡，使得复发难治白血病治疗取得突破，王振义教授也于当年当选中国工程院院士，陈竺教授于1995年当选中国科学院院士。2003年，成功实施了亚洲首例成人胰岛细胞肝内移植。

2003 年，陈赛娟当选为中国工程院院士。2004 年，成功完成亚洲首例腹腔七器官联合移植（入选当年中国医药科技十大新闻）。

1985 年，国家正式设置科技成果奖项，范围涉及国民经济的各个行业。为充分发挥科技奖励的激励和引导作用，医院积极推荐申报不同渠道的国家级、省部级、局级及其他各类奖项。尤其重点聚焦于国家奖的推荐和申报，从项目的筛选、学科的均衡布局，加强学科间、院内外的合作，统筹安排，有效集成资源组织申报，突出项目在同行领域国际国内的领先水平和学术地位。

尤为突出的是，王振义院士获得 2010 年度国家最高科学技术奖。从该奖项设置以来，全国仅有 16 位科学家获此荣誉，王振义院士是中国医学类获此殊荣的第三人，内科学领域的第一人。1978 年至 2010 年，医院共获得各级各类科技成果奖 349 项，获奖总数和质量始终位居上海市各医院前列。

表 5-2-3 1978—2010 年医院获各级科技奖项一览表

年份	项目数					
	国家级	省部级	局级	校级	其他	总计
“五五”期间（1978—1980）	4	2	4	0	0	10
“六五”期间（1981—1985）	2	2	6	7	0	17
“七五”期间（1986—1990）	2	15	23	9	4	53
“八五”期间（1991—1995）	2	35	3	0	2	42
“九五”期间（1996—2000）	8	46	4	0	1	59
“十五”期间（2001—2005）	2	54	34	0	2	92
“十一五”期间（2006—2010）	5	43	28	0	0	76
总计	25	197	102	16	9	349

二、各级各类成果奖

1978 年，医院 4 项成果获得全国科学大会成果奖。至 2010 年，共获国家最高科学技术奖 1 项，国家自然科学奖 3 项，国家科学技术进步奖 17 项。史济湘、王振义、陈竺等还多次获得国外学术组织颁发的各类科技奖项。2010 年，王振义获国家最高科学技术奖。

1980—2010 年，医院获得卫生部成果奖 24 项，教育部成果奖 19 项，国家卫计委成果奖 1 项，全国高校成果奖 10 项，上海市科技进步奖 102 项，上海市自然科学奖 6 项。

2001—2010 年，医院获得中华医学科技奖 21 项。

1994 年王振义、1996 年陈竺、1997 年史济湘、2001 年陈赛娟先后获得“何梁何利基金科学与技术进步奖”。

2002 年首届上海医学科技奖共评选产生了 8 项一等奖，医院占 2 项。2009 年陈楠领衔的“急性肾功能衰竭临床病理及基础研究的推广应用”的项目获得上海医学科技奖成果推广奖。

1994 年，王振义获上海市科技功臣奖。

1994年，陈赛娟获第一届上海市自然科学牡丹奖；1998年，陈生弟获第三届自然科学牡丹奖提名奖；2004年，陈国强获第五届自然科学牡丹奖。

1995年，陈竺被评为第四届上海市科技精英；1997年，陈赛娟被评为第五届上海市科技精英；2005年，陈楠被评为第九届上海市科技精英。

表5-2-4 1988—2010年医院部分国际科研获奖一览表

获奖年份	获奖人	获奖名称
1988	史济湘	美国烧伤学会授予的国际烧伤学术奖——“伊文思”奖
1989	史济湘	意大利“惠特克”国际烧伤奖
1994	王振义	美国通用汽车癌症研究基金会颁发的“凯特林医学奖”
1997	王振义	瑞士“布鲁巴赫肿瘤研究奖”
1997	陈　竺	法国抗癌基金会“卢瓦兹”大奖
1998	王振义	法国“祺诺台尔杜加科学”奖
2003	王振义	美国血液病学会“哈姆·沃瑟曼”大奖
2006	陈　竺	法国国家健康和科学研究院颁发的“国外学者特殊贡献”大奖

表5-2-5 1978—2010年医院获国家科技奖一览表

获奖年份	获奖项目(第一负责人)	获奖名称
1978	大面积灼伤抢救邱财康成功(史济湘)	全国科学大会成果奖
1978	门脉高压外科治疗(普外科)	全国科学大会成果奖
1978	无麻醉扁桃体挤切术(程锦元)	全国科学大会成果奖
1978	绒毛膜癌的综合治疗(妇产科)	全国科学大会成果奖
1985	大面积三度烧伤治疗技术(史济湘)	国家科学技术进步奖二等奖
1985	血吸虫病治疗药物研究(沈耕荣)	国家科学技术进步奖二等奖
1985	垂体、甲状腺、肾上腺、性腺激素放射性免疫测定系列配套药盒及临床应用(内研所)	国家科学技术进步奖三等奖
1986	15-甲基前列腺素F2G及其衍生物抗早孕研究(妇产科)(参与)	国家科学技术进步奖二等奖
1988	201例原发性醛固酮增生症诊断和治疗的研究(许曼音)	国家科学技术进步奖三等奖
1993	急性早幼粒细胞白血病全反式维甲酸诱导分化治疗的机制研究(王振义)	国家自然科学奖三等奖
1995	人类白血病分子机制研究及其临床应用(陈竺)	国家科学技术进步奖二等奖
1996	脑水肿发病机制的实验和临床研究(张天锡)	国家科学技术进步奖三等奖
1997	急性坏死性胰腺炎治疗方案的系列研究(张圣道)	国家科学技术进步奖三等奖

（续表）

获奖年份	获奖项目(第一负责人)	获 奖 名 称
1998	直肠癌外科治疗及辅助化疗远期疗效系列研究(周锡庚)	国家科学技术进步奖三等奖
1998	帕金森病的发病机制与治疗研究(陈生弟)	国家科学技术进步奖三等奖
1999	胃癌外科综合治疗的基础与临床研究(林言箴)	国家科学技术进步奖三等奖
1999	血栓与止血的检测与应用(王鸿利)	国家科学技术进步奖三等奖
2000	烧伤创面愈合机理的研究(史济湘)	国家科学技术进步奖二等奖
2000	全反式维甲酸与三氧化二砷治疗恶性血液疾病的分子机制研究(陈赛娟)	国家自然科学奖二等奖
2004	人类造血和内分泌相关细胞/组织基因表达谱和新基因识别研究(陈竺)	国家自然科学奖二等奖
2004	重要脏器血栓栓塞的基础与临床研究(王鸿利)	国家科学技术进步奖二等奖
2007	遗传性出血病的基础研究和临床应用(王鸿利)	国家科学技术进步奖二等奖
2008	提高胃癌疗效的外科综合治疗基础与临床应用(朱正纲)	国家科学技术进步奖二等奖
2008	单基因遗传内分泌疾病的基础研究和临床应用(宁光)	国家科学技术进步奖二等奖
2010	多模式部分肝移植关键技术研究及其临床应用(李宏为)	国家科学技术进步奖二等奖

表 5-2-6 1980—2010 年医院获卫生部、教育部科技进步奖一览表

获奖年份	获奖项目(第一负责人)	获 奖 名 称
1980	烧伤收敛结痂中草药鞣酸质的毒性研究(冯世杰)	卫生部重大医药卫生成果乙级奖
1981	因子Ⅷ相关抗原基础和临床研究(王振义)	卫生部重大医药卫生成果乙级奖
1985	东莨菪碱复合液(中麻)治疗重症血栓闭塞性脉管炎(郑萍)	卫生部重大医药卫生成果乙级奖
1987	201 例原发性醛固酮增生症诊断和治疗的研究(许曼音)	卫生部重大医药卫生成果乙级奖
1987	201 例原发性醛固酮增生症诊断和治疗的研究(许曼音)	卫生部科技进步奖二等奖
1989	全反式维甲酸诱导分化治疗急性早幼粒细胞白血病的研究(王振义)	卫生部科技进步奖三等奖
1991	急性心肌梗死病人的左心室功能和冠状 A 形态学的研究(沈卫峰)	卫生部科技进步奖三等奖
1991	重症肝炎治疗及疗效机理研究(沈耕荣)	卫生部科技进步奖三等奖
1992	利用急性脑缺血、缺氧实验模型进行发病机理及新药对脑缺血的实验治疗研究(张天锡)	卫生部科技进步奖三等奖
1992	肾脏内分泌系列测定及临床应用的研究(董德长)	卫生部科技进步奖三等奖
1992	急性早幼粒细胞白血病维甲酸诱导分化治疗机制的研究(王振义)	国家教委科技进步奖二等奖

（续表）

获奖年份	获奖项目(第一负责人)	获奖名称
1992	肾脏激素在肾脏疾病中变化机理的研究(董德长)	国家教委科技进步奖三等奖
1992	急性脑缺血脑细胞生化代谢障碍的实验模型和药物筛选研究项目(张天锡)	国家教委科技进步奖三等奖
1993	急性早幼粒细胞白血病中t(15;17)染色体易位的分子生物学研究(陈竺)	卫生部科技进步奖一等奖
1993	帕金森病的基础与临床研究(徐德隆)	卫生部科技进步奖二等奖
1994	脑水肿(脑缺血、脑外伤)的基础和临床系列研究(张天锡)	卫生部科技进步奖三等奖
1994	青春发育的形态及生理研究(王德芬)	卫生部科技进步奖三等奖
1994	直肠癌外科治疗及远期疗效系列研究(周锡庚)	卫生部科技进步奖三等奖
1994	Ph1染色体相关白血病细胞和分子生物学研究(陈赛娟)	国家教委科技进步奖一等奖
1995	直肠癌外科治疗及远期疗效系列研究(周锡庚)	国家教委科技进步奖三等奖
1995	青春发育的形态及生理研究(王德芬)	国家教委科技进步奖二等奖
1996	胆石症基础系列研究(张圣道)	国家教委科技进步奖二等奖
1996	帕金森病发病机制和治疗的实验性研究(徐德隆)	国家教委科技进步奖三等奖
1996	天花粉安全性与治疗宫外孕疗效评价的临床研究(金毓翠)	国家计生委科技进步奖三等奖
1997	脑缺血监测、机理、诊治的实验和临床研究及应用推广(张天锡)	国家教委科技进步奖三等奖
1997	帕金森病脑细胞移植及基因治疗的实验研究(陈生弟)	卫生部科技进步奖三等奖
1997	胆石症基础系列研究(胆结石分类、成因及易患人群预测)(张圣道)	卫生部科技进步奖三等奖
1997	急性白血病诱导分化疗法的临床与实验研究(孙关林)	卫生部科技进步奖三等奖
1998	血栓与止血的检测与应用(王鸿利)	卫生部科技进步奖二等奖
1998	胃癌外科综合治疗的基础与临床研究(林言箴)	卫生部科技进步奖二等奖
1998	《内科各系统疾病与肾脏》专著(董德长)	卫生部科技进步奖三等奖
1998	白血病诱导分化治疗的作用机制研究及意义(孙关林)	教育部科技进步奖二等奖
1998	胃癌的外科基础研究(林言箴)	教育部科技进步奖三等奖
1999	急性坏死性胰腺炎治疗方案的系列研究及应用推广(张圣道)	教育部科技进步奖二等奖
1999	烧伤创面愈合机理的研究(史济湘)	卫生部科技进步奖二等奖
1999	肾小管间质病变的临床及基础研究(董德长)	卫生部科技进步奖三等奖
1999	《血液学和血液学检验》(王鸿利)	卫生部科技进步奖三等奖
2000	血友病和血管性血友病的基础(王鸿利)	中国高校自然科学二等奖
2001	帕金森病发病机制、功能显像诊断及基因治疗的实验研究(陈生弟)	中国高校自然科学二等奖

（续表）

获奖年份	获奖项目(第一负责人)	获 奖 名 称
2002	中国人遗传性肾炎(Alport 综合征)临床病理和分子发病机制研究(陈楠)	教育部提名国家科技奖科技进步奖一等奖
2003	三氧化二砷治疗急性早幼粒细胞白血病基础及临床研究(沈志祥)	教育部提名自然科学二等奖
2003	阿尔茨海默病的细胞损伤机制研究(陈生弟)	教育部提名自然科学二等奖
2004	人体重要内分泌器官基因表达谱及新的分泌功能研究(宋怀东)	教育部提名自然科学一等奖
2004	帕金森病左旋多巴治疗毒性评价及基因保护与治疗研究(陈生弟)	教育部提名自然科学二等奖
2004	遗传性凝血因子缺乏所致出血病与抗凝因子缺乏所致血栓病的研究(王鸿利)	教育部提名科技进步奖二等奖
2005	提高胃癌疗效的综合治疗系列研究(朱正纲)	教育部提名科技进步奖二等奖
2006	重症急性胰腺炎病情加重因素及脑功能障碍并发症的基础与临床研究(张圣道)	教育部高等学校科技进步奖二等奖
2006	免疫/炎性机制在帕金森病及阿尔茨海默病发病中的作用(陈生弟)	教育部高等学校自然科学二等奖
2007	腹腔镜结直肠癌手术的临床推广应用(郑民华)	教育部高等学校科技进步奖推广类一等奖
2007	应用高通量组学技术研究重大疾病发生及治疗的分子结构(张济)	教育部高等学校科技奖自然科学一等奖
2008	髓系白血病细胞分化相关信号转导途径及关键基因生物学功能的研究(童建华)	教育部高等学校科学研究优秀成果奖自然科学一等奖
2008	嗜铬细胞瘤的早期诊断与治疗(王卫庆)	教育部高等学校科学研究优秀成果奖科学技术进步二等奖
2010	帕金森病发病机制及治疗的基础研究(陈生弟)	教育部高等学校科学研究优秀成果(自然科学)一等奖
2010	急性心肌梗死直接冠状动脉介入治疗的基础与临床(沈卫峰)	教育部高等学校科学研究优秀成果(科技进步奖)二等奖

表 5-2-7 2001—2010 年医院获中华医学科技奖一览表

获奖年份	获奖项目(第一负责人)	获 奖 名 称
2001	血友病基础与临床研究(王鸿利)	中华医学科技奖三等奖
2001	帕金森病发病机制、功能显像诊断及基因治疗的实验研究(陈生弟)	中华医学科技奖三等奖
2003	重要脏器血栓栓塞的基础与临床研究(王鸿利)	中华医学科技奖二等奖
2003	急性肾功能衰竭的病因、临床与试验研究(陈楠)	中华医学科技奖二等奖
2004	三氧化二砷单用或联合全反式维甲酸治疗急性早幼粒细胞白血病临床及作用机制研究(沈志祥)	中华医学科技奖一等奖
2004	高血压遗传资源库的建立和应用(朱鼎良)	中华医学科技奖一等奖

（续表）

获奖年份	获奖项目(第一负责人)	获 奖 名 称
2004	遗传性凝血因子缺陷症和抗凝因子缺陷症的基础与临床研究(王鸿利)	中华医学科技奖二等奖
2005	白血病细胞分化和凋亡新机制的提出与发展(陈国强)	中华医学科技奖一等奖
2005	成纤维细胞表达成骨表型及其定向调控(邓廉夫)	中华医学科技奖二等奖
2005	脂肪细胞因子在代谢综合征发生发展中的临床及实验研究(宁光)	中华医学科技奖三等奖
2006	重症急性胰腺炎的基础与临床研究(张圣道)	中华医学科技奖一等奖
2006	遗传性内分泌代谢性疾病的基因和临床研究(宁光)	中华医学科技奖二等奖
2006	整合高通量技术平台及计算生物学方法研究重大疾病发生及治疗的分子网络(张济)	中华医学科技奖二等奖
2006	骨关节炎发生发展的病理机制及其相关的防治策略(邓廉夫)	中华医学科技奖三等奖
2007	提高胃癌疗效的外科综合治疗基础与临床应用(朱正纲)	中华医学科技奖二等奖
2007	急性胰腺炎发病机制及综合治疗研究(袁耀宗)	中华医学科技奖三等奖
2008	中脑多巴胺系统发育及神经元变性在帕金森病中的基因调控和分子机制(乐卫东)	中华医学科技奖二等奖
2008	腹腔镜结直肠癌手术的技术规范与临床应用(郑民华)	中华医学科技奖三等奖
2008	嗜铬细胞瘤的早期诊断与治疗(王卫庆)	中华医学科技奖三等奖
2009	胆石症发病机制及高危人群的预测(张圣道)	中华医学科技奖三等奖
2010	髓系白血病细胞分化相关信号转导途径及关键基因生物学功能的研究(童建华)	中华医学科技奖一等奖

表 5-2-8　1980—2010 年医院获上海市科技奖项一览表

获奖年份	获奖项目(第一负责人)	获 奖 名 称
1980	染料激光眼科治疗机研制及临床应用(王康孙)	上海市科技进步奖三等奖
1986	癌胚抗原放免分析技术及其临床应用(朱承谟)	上海市科技进步奖二等奖
1986	染料激光眼科治疗机(Ⅱ型)(王康孙)	上海市科技进步奖二等奖
1986	抗人 U 链单克隆抗体制备及其临床应用研究(吴裕炘)	上海市科技进步奖三等奖
1986	经内窥镜注射硬化剂治疗曲张静脉破裂出血(蒋吕品)	上海市科技进步奖三等奖
1986	以胆结石剖面结构及化学成分为基础的胆结石分类法(傅培彬)	上海市科技进步奖三等奖
1987	新药 14 氨基酸-800 治疗肝昏迷应用和推广(沈耕荣)	上海市科技进步奖三等奖
1987	201 例原发性醛固酮增生症诊断和治疗的研究(许曼音)	上海市科技进步奖二等奖
1987	重症肝炎治疗和机理研究(沈耕荣)	上海市科技进步奖二等奖
1992	肾脏内分泌系列测定及临床应用的研究(董德长)	上海市科技进步奖二等奖

（续表）

获奖年份	获奖项目(第一负责人)	获 奖 名 称
1992	妊娠期弓形虫感染筛查与诊治(费冲)	上海市科技进步奖三等奖
1993	帕金森病的基础与临床研究(徐德隆)	上海市科技进步奖二等奖
1993	肾性骨病组织学、激素、生化、骨扫描的变化及其发病机理探讨(董德长)	上海市科技进步奖三等奖
1993	高血压性左心室肥厚临床诊断和治疗研究(龚兰生)	上海市科技进步奖三等奖
1993	正常孕妇和妊高征病人凝血、抗凝和纤溶的研究(费冲)	上海市科技进步奖三等奖
1994	Ph1 染色体相关白血病细胞和分子生物学研究(陈赛娟)	上海市科技进步奖一等奖
1994	急性脑细胞膜代谢障碍的实验和临床系列研究(张天锡)	上海市科技进步奖二等奖
1994	直肠癌外科治疗及远期疗效系列研究(周锡庚)	上海市科技进步奖二等奖
1994	胆固醇结石成因及临床应用的研究(张圣道)	上海市科技进步奖三等奖
1994	青春发育的形态及生理研究(王德芬)	上海市科技进步奖三等奖
1995	AM1 溶栓治疗前后纤溶、GMP－140、ET 变化的临床研究(戚文航)	上海市科技进步奖二等奖
1995	脑缺血监测、机理、诊治的实验和临床研究(张天锡)	上海市科技进步奖二等奖
1995	激光角膜手术治疗近视眼的系列基础研究(王康孙)	上海市科技进步奖三等奖
1995	天花粉安全性与治疗宫外孕疗效评价的临床研究(金毓翠)	上海市科技进步奖三等奖
1995	急性淋巴细胞白血病的免疫学、细胞遗传学和肿瘤相关基因研究(陈竺)	上海市科技进步奖三等奖
1996	急性坏死性胰腺炎外科治疗的系列研究(张圣道)	上海市科技进步奖二等奖
1996	肠外营养支持在胃癌围手术期的应用——实验与临床研究(曹伟新)	上海市科技进步奖三等奖
1997	人类白血病诱导分化和凋亡的细胞及分子机制研究(陈赛娟)	上海市科技进步奖一等奖
1997	糖尿病肾病的早期预测、诊断和治疗的研究(罗邦尧)	上海市科技进步奖三等奖
1997	一氧化氮、内皮素及离子泵在脑缺血性脑水肿发病机制中作用的实验和临床研究(赵卫国)	上海市科技进步奖二等奖
1998	胃癌外科综合治疗的基础与临床研究(林言箴)	上海市科技进步奖二等奖
1998	血栓与止血的检测与应用(王鸿利)	上海市科技进步奖二等奖
1998	细胞黏附分子在肾脏疾病中作用的研究(周同)	上海市科技进步奖三等奖
1998	肝素对巨核—血小板系统生成调控的研究(沈志祥)	上海市科技进步奖三等奖
1998	危重型哮喘时控制性低通气辅助呼吸治疗和呼吸动力监测研究(黄绍光)	上海市科技进步奖三等奖
1999	烧伤创面愈合机理的研究(史济湘)	上海市科技进步奖二等奖
1999	丙型肝炎病毒分子生物学与非经血传播途径研究(陆志檬)	上海市科技进步奖二等奖
1999	肾小管间质病变的临床及基础研究(董德长)	上海市科技进步奖二等奖

（续表）

获奖年份	获奖项目（第一负责人）	获 奖 名 称
1999	小儿幽门螺杆菌感染与消化内镜在儿科临床应用（许春娣）	上海市科技进步奖三等奖
1999	腹腔镜新技术的基础与临床研究（郑民华）	上海市科技进步奖三等奖
1999	癌胚抗原放免分析放免显像和治疗的基础研究（朱承漠）	上海市科技进步奖三等奖
1999	《肾上腺疾病诊断与治疗学》（罗邦尧）	上海市科技进步奖三等奖
2000	胆石症的基础与防治研究（张圣道）	上海市科技进步奖二等奖
2000	急性心肌梗死再灌注治疗和二级预防临床研究（沈卫峰）	上海市科技进步奖二等奖
2000	儿童生长障碍基础与临床研究（王德芬）	上海市科技进步奖三等奖
2000	新生儿高胆红素血症与胆红素神经毒性系列研究（俞善昌）	上海市科技进步奖三等奖
2000	准分子激光治疗屈光不正的基础与临床（廉井才）	上海市科技进步奖三等奖
2000	急性重症胰腺炎发病机制及中西医治疗实验研究（徐家裕）	上海市科技进步奖三等奖
2000	慢性肾衰肾性骨病和铝中毒的发病机理的诊治（汪关煜）	上海市科技进步奖三等奖
2000	局灶脑缺血后一氧化氮代谢及影响因素的研究（张天锡）	上海市科技进步奖三等奖
2001	血友病的基础与临床研究（王鸿利）	上海市科技进步奖二等奖
2001	胰岛素抵抗的基础和临床研究（宁光）	上海市科技进步奖二等奖
2001	帕金森病发病机制、功能显像诊断及基因治疗的实验研究（陈生弟）	上海市科技进步奖二等奖
2001	中国人群若干冠心病后候选基因研究（于金德）	上海市科技进步奖三等奖
2002	造血相关基因表达谱、新基因克隆和染色体定位图谱的建立和研究（陈竺）	上海市科技进步奖一等奖
2002	下丘脑-垂体-肾上腺轴组织基因表达谱的研究及新基因的全长CDNA克隆（胡仁明）	上海市科技进步奖二等奖
2002	Beta-淀粉样蛋白和炎症机制在老年性痴呆症发病机制中作用（陈生弟）	上海市科技进步奖二等奖
2002	人羊膜对眼前部病变的临床治疗及机制研究（叶纹）	上海市科技进步奖三等奖
2002	原发性生长激素缺乏伴低促进行发育不良治疗策略研究（王伟）	上海市科技进步奖三等奖
2002	高血压病人脑部小血管病变危险因素对药物干预反应研究（郭冀珍）	上海市科技进步奖三等奖
2002	小剂量化疗药物诱导胃癌细胞凋亡的机制研究及初步临床研究（江石湖）	上海市科技进步奖三等奖
2002	急性白血病出血的基础与临床研究（王鸿利）	上海市科技进步奖三等奖
2003	急性肾功能衰竭病因、临床与试验研究（陈楠）	上海市科技进步奖一等奖
2003	重要脏器血栓栓塞的基础与临床研究（王鸿利）	上海市科技进步奖一等奖
2003	寻常性天疱疮抗原表位的重组、致病性与临床应用的研究（郑捷）	上海市科技进步奖二等奖

（续表）

获奖年份	获奖项目（第一负责人）	获奖名称
2003	腹腔镜结直肠癌手术的基础与临床研究（郑民华）	上海市科技进步奖二等奖
2003	阻塞性睡眠呼吸暂停低通气综合征临床和流行病学研究（黄绍光）	上海市科技进步奖二等奖
2003	干预高血压和糖尿病病人的肾素—血管紧张素系统对肾保护作用临床及机理研究（郭冀珍）	上海市科技进步奖三等奖
2003	重组抗癌胚抗原抗体放免显像及治疗的基础研究（李彪）	上海市科技进步奖三等奖
2003	高危复杂冠心病介入治疗临床研究（沈卫峰）	上海市科技进步奖三等奖
2004	遗传性凝血因子缺陷症的基础与临床研究（王鸿利）	上海市科技进步奖一等奖
2004	早期削痂防治深二度烧伤创面进行加深的基础与临床研究（陆树良）	上海市科技进步奖二等奖
2004	乳腺疾病影像学系列研究（汪登斌）	上海市科技进步奖三等奖
2004	肝细胞凋亡的发生机制及干预的研究（谢青）	上海市科技进步奖三等奖
2004	细菌耐药机制、检测方法及流行病学研究（倪语星）	上海市科技进步奖三等奖
2004	百岁方治疗老年血管性痴呆的临床观察和实验研究（夏翔）	上海市科技进步奖三等奖
2005	改善胃癌疗效的外科综合治疗的基础与临床研究（朱正纲）	上海市科技进步奖一等奖
2005	白血病细胞分化和凋亡新机制的提出与发展（陈国强）	上海市科技进步奖一等奖
2005	脂肪细胞因子在代谢综合征发生发展中的临床及实验研究（宁光）	上海市科技进步奖二等奖
2005	急性胰腺炎发病机制及药物治疗研究（袁耀宗）	上海市科技进步奖二等奖
2005	药物和基因治疗对黑质多巴胺神经元的保护、损伤修复和安全性评价（陈生弟）	上海市科技进步奖二等奖
2005	血栓与止血新方法的建立及临床应用（王学峰）	上海市科技进步奖二等奖
2006	氧化砷单用或联合维甲酸治疗急性早幼粒细胞白血病的临床及机制研究（沈志祥）	上海市科技进步奖一等奖
2006	遗传性内分泌代谢性疾病的基因和临床研究（宁光）	上海市科技进步奖一等奖
2006	重症急性胰腺炎的基础与临床研究（张圣道）	上海市科技进步奖二等奖
2006	胃癌术前影像学研究在临床应用中价值（潘自来）	上海市科技进步奖三等奖
2007	高通量组学技术在挖掘重大疾病发生及治疗分子网络中的应用（张济）	上海市科技进步奖一等奖
2007	药物洗脱支架治疗高危复杂冠心病临床研究（沈卫峰）	上海市科技进步奖二等奖
2007	原发性骨质疏松症的多因素临床研究（刘建民）	上海市科技进步奖二等奖
2007	原位辅助部分肝移植的临床应用和基础研究（彭承宏）	上海市科技进步奖三等奖
2008	白血病细胞生命活动规律的新发现（陈国强）	上海市自然科学奖一等奖
2008	嗜铬细胞瘤的早期诊断与治疗（王卫庆）	上海市科技进步奖一等奖

（续表）

获奖年份	获奖项目(第一负责人)	获 奖 名 称
2008	结直肠肿瘤微创手术的技术规范与临床应用(郑民华)	上海市科技进步奖一等奖
2008	神经免疫性疾病的流行病学及多发性硬化的免疫机制(程琦)	上海市科技进步奖三等奖
2008	中脑多巴胺系统发育及神经元变性在帕金森病中的基因调控和分子机制(乐卫东)	上海市科技进步奖三等奖
2008	勃起功能障碍致病机理研究和人造器官研制应用(沈周俊)	上海市科技进步奖三等奖
2008	外膜在心血管疾病血管重塑中的作用机制(朱鼎良)	上海市自然科学三等奖
2009	部分肝移植的基础研究与临床应用(李宏为)	上海市科技进步奖一等奖
2009	白血病细胞分化相关信号转导途径及关键基因生物学功能的研究(童建华)	上海市自然科学奖一等奖
2009	2 型糖尿病的双重缺陷及天然药物干预(宁光)	上海市科技进步奖三等奖
2009	胆石症发病机制及高危人群的预测(张圣道)	上海市科技进步奖三等奖
2009	急性心肌梗死直接冠状动脉介入治疗基础研究和临床应用(沈卫峰)	上海市科技进步奖一等奖
2010	遗传性肾脏疾病相关基因功能研究和诊断平台构建(陈楠)	上海市科技进步奖二等奖
2010	急性脑梗死发病机制、治疗与预后(陈生弟)	上海市科技进步奖三等奖
2010	大型医院运营与管理信息系统(索仲良)	上海市科技进步奖三等奖
2010	影响慢性乙型肝炎抗病毒治疗应答的病毒及宿主遗传因素(张欣欣)	上海市科技进步奖三等奖

三、发表学术论文和著作

20 世纪 50 年代，医院医师们开始在全国和地方性的学术期刊上发表有关于临床观察、病例分析、科研结果方面的研究论文。80 年代起，随着医院在医学研究领域方面的成果不断涌现，各学科和研究所开始在国际学术期刊上发表学术论文。自此，医院发表的中、英文论文数不断增加。进入 21 世纪以后，不仅在发表数量上取得突破，医院也更为重视论文的发表质量。2000 年起中国科学技术信息研究所(中信所)每年发布医疗机构前一年度 SCI 收录论文数及排名，医院居上海市市级医院前茅。

1952—2010 年，医院共发表国际 SCI 学术论文 1 248 篇，国内核心期刊论文 15 455 篇。近年来更在 *Nature*，*Science*，*Cell* 等世界顶级杂志上发表论文，2006—2010 年发表影响影子大于 10 的论文有 12 篇。

1991—2010 年，瑞金医院编辑出版专著 670 余种。涵盖众多基础和临床医学领域，内容广博、论述系统，是医学科学理论研究成果的体现，也是临床实践的总结，不但体现了瑞金医院的学术水平和专业特色，也充分反映国内外医学科学的新进展，突出了基础理论和临床实践知识并重的特点，适合医学不同专业不同层次人员的需求，具有很高的学术参考价值。如：陈竺主编的《基因组科学与人类疾病》(“863”生物高技术丛书)(2001 年)，王振义主编的《血栓与止血的基础与临床》第一版

(1988年)、第二版(1996年)、第三版(2004年),陈赛娟主编的《人类基因组研究基本技术》(2002年)等学科经典著作,成为从事临床医疗、教学、科研工作者的案头必备参考书。

表5-2-9　1952—2010年医院在国际和国内期刊发表学术论文统计表

年　份	国际期刊		国内期刊
	SCI收录论文数	全国医疗机构排名	
1952	—	—	14
1953	—	—	8
1954	—	—	9
1955	—	—	20
1956	—	—	30
1957	—	—	32
1958	—	—	55
1959	—	—	52
1960	—	—	26
1961	—	—	15
1962	—	—	26
1963	—	—	46
1964	—	—	40
1965	—	—	39
1966	—	—	11
1972	—	—	4
1973	—	—	11
1974	—	—	15
1975	—	—	29
1976	—	—	36
1977	—	—	27
1978	—	—	58
1979	—	—	78
1980	—	—	71
1981	—	—	122
1982	—	—	141
1983	—	—	187
1984	—	—	211
1985	11	—	231

（续表）

年份	国际期刊		国内期刊
	SCI 收录论文数	全国医疗机构排名	
1986	—	—	194
1987	—	—	218
1988	7	—	251
1989	—	—	261
1990	—	—	293
1991	19	—	289
1992	—	—	291
1993	27	—	351
1994	9	—	401
1995	7	—	469
1996	16	—	545
1997	9	—	504
1998	4	—	529
1999	26	2	448
2000	32	1	509
2001	42	2	535
2002	46	2	501
2003	43	9	545
2004	19	17	649
2005	67	4	931
2006	80	5	1 038
2007	116	4	1 000
2008	169/22	2	1 020
2009	237/27	3	1 007
2010	262/57	2	1 032

说明：1984 年之前未统计 SCI 收录论文数；1998 年之前无全国医疗机构排名；2008 年起 SCI 收录论文数列以“SCI 收录论文总数/表现不俗论文数”表示。

表 5-2-10　1991—2010 年医院出版专著统计表

年份	编写专著数(册)	年份	编写专著数(册)
“八五”期间(1991—1995 年)	78	“十五”期间(2001—2005 年)	226
“九五”期间(1996—2000 年)	168	“十一五”期间(2006—2010 年)	198
总计			670

第三章　重点学科建设

第一节　重 点 学 科

国家重点学科是国家根据发展战略与重大需求，择优确定并重点建设的培养创新人才、开展科学研究的重要基地，在高等教育学科体系中居于骨干和引领地位，充分体现全国各高校及其附属机构(医院)科学研究和人才培养的实力和水平。

2001年，国家重点学科第二次评选工作启动。根据《教育部关于开展高等学校重点学科评选工作的通知》规定，开展新一轮高等学校重点学科评选工作。在此次评选中，医院内分泌与代谢病学科以及血液学科正式入选，学科带头人分别为宁光和陈赛娟，这也是医院学科首次获得国家级重点学科。

2006年，根据《教育部关于加强国家重点学科建设的意见》精神，在"服务国家目标，提高建设效益，完善制度机制，建设一流学科"指导思想下，明确二级学科国家重点学科的建设是突出特色和优势，在重点方向上取得突破。在此次评选中，医院心血管病学作为牵头单位入选，学科带头人沈卫峰、神经内科获得国家重点学科(培育)资助，学科带头人陈生弟。至此，医院以血液学科、内分泌与代谢病学科、心血管病学科为代表的内科学全部进入国家重点学科建设行列。

至2010年，医院获教育部颁布的国家重点学科10个，同时内科整体作为二级学科入选国家重点学科。获上海市教委颁布的上海市重点学科9个、上海市教委重点学科3个(共建设5期)、上海市高校一流学科(A类)1个、上海市高校一流学科(B类)2个；上海市卫生局颁布的上海市医学重点学科2个，上海市公共卫生重点学科1个。上海市重中之重学科2个，上海市重点之重临床医学中心2个。在注重重点学科建设的同时，培养了众多的领军人才，使得瑞金学科在国内外始终保有良好声誉。2008年，美国《读者文摘》在全亚洲范围内评选最具品牌价值的医院，中国大陆地区仅上海瑞金医院和北京协和医院名列榜中。

表5-3-1　2002—2010年医院获国家级重点学科一览表

年　份	学　　科	批准部门	负　责　人
2002	内科学(内分泌与代谢病)	教育部	宁　光
2002	内科学(血液病)	教育部	陈赛娟
2002	内科学(消化内科)(参加)	教育部	房静远(仁济医院)
2007	内科学(心血管病)	教育部	沈卫峰　朱鼎良
2007	神经病学(培育)	教育部	陈生弟
2007	内科学(肾脏病学)	教育部	陈　楠
2007	内科学(呼吸系病)	教育部	万欢英
2007	内科学(传染病)	教育部	谢　青
2007	外科学(骨外)(参加)	教育部	戴尅戎(第九人民医院)
2007	病理学与病理生理学(参加)	教育部	陈国强(上海交通大学医学院)

表 5-3-2　1984—2008 年医院获上海市级重点学科一览表

年　份	学　科	批准部门	分　　类	负责人
1984	血液学	上海市高教局	上海市高教局重点学科	王振义
2000	医学基因组学	上海市教育委员会	上海市重点学科(第一期)重中之重学科	陈　竺
2001	普外科学	上海市教育委员会	上海市重点学科(第一期)	李宏为　朱正纲
2005	医学基因组学	上海市教育委员会	上海市重点学科(第二期)优势学科	陈　竺
2005	内分泌与代谢病学	上海市教育委员会	上海市重点学科(第二期)优势学科	宁　光
2005	肾脏病学	上海市教育委员会	上海市重点学科(第二期)特色学科	陈　楠
2008	神经病学	上海市教育委员会	上海市重点学科(第三期)	陈生弟
2008	外科学(普外)	上海市教育委员会	上海市重点学科(第三期)	朱正纲
2008	眼科学(参加)	上海市教育委员会	上海市重点学科(第三期)	范先群(第九人民医院)
2008	影像医学和核医学(参加)	上海市教育委员会	上海市重点学科(第三期)	黄　钢(上海交通大学医学院)

第二节　重点实验室和药物临床试验基地

一、国家级重点实验室

1993 年,上海血液学研究所分子生物学实验室成为上海市人类基因组研究重点实验室。1994 年,成为卫生部人类基因组研究重点实验室;2000 年,成为教育部功能基因组和人类疾病相关基因研究重点实验室。在此基础上实验室联合上海市内分泌与代谢病研究所、上海市高血压研究所和瑞金医院分子医学中心等单位优势力量,组建医学基因组学国家重点实验室。2001 年 11 月,科技部正式批准医学基因组学国家重点实验室建设,陈赛娟任实验室主任,朱鼎良、王铸钢、张济任副主任。2003 年 8 月,通过国家重点实验室验收,并于 2001、2006 年连续两次获国家自然科学基金优秀国家重点实验室研究项目资助。至 2010 年,实验室有固定人员 95 人,客座教授 2 人,博士后 4 人,其中高级职称的科研人员 55 人。

实验室的研究方向是通过理工医多学科交叉,将基因组学的最新科技成果与医学实践紧密结合,加强疾病基因组解剖学计划,整合化学基因组学计划、表观遗传学、蛋白质组和蛋白结构生物学等医学科技奖创新平台的建设,以白血病等恶性肿瘤、原发性高血压、2 型糖尿病及遗传性疾病等人类重要疾病为对象,定位、识别人类疾病相关基因,研究其蛋白产物的调节通路和网络,发展基于分子机制的疾病预防、诊断和治疗新途径。

医学基因组学国家重点实验室在 *Nature*,*Nature Genetics*,*Science*,*JAMA* 等国际知名学术期刊发表论文近 400 篇,受到国内外学术界的广泛引证,总引证数达 2.1 万次以上,同时受邀为 *NEJM*,*Nature Genetics* 撰写 News & Views 和 Editorials 等。获得了国家最高科学技术奖、国家自然科学奖4项、国家科学技术进步奖7项、美国癌症研究凯特林奖、全美癌症研究基金会第七届圣捷尔吉癌症研究进展大奖等多项国内外著名奖项。

二、卫生部内分泌代谢病重点实验室

1994年10月，经卫生部科教司验收，成立卫生部内分泌代谢病重点实验室，陈家伦任实验室主任，依托上海交通大学医学院附属瑞金医院(原上海第二医科大学附属瑞金医院)。实验室面积1 500平方米，由医院内分泌科的临床科研人员和上海市内分泌代谢病研究所的科学研究人员共同组成。1994年成立时实验室人员11人。2008年，宁光接任实验室主任。2010年12月实验室人员42人。

实验室本着以转化型医学理念的内分泌代谢病系统生物学研究为指导思想，已形成较为先进完善的研究体系，其中生物样本库初成规模，已有40万人份的血、尿及唾液等样本入库。该重点实验室的临床检测实验室可检测近百种激素及代谢产物，是国内测定指标最全、质量最可靠的内分泌临床检测实验室。同时也是《中华内分泌代谢杂志》和英文*Journal of Diabetes*两本杂志的编辑出版单位，共获得国家自然科学二等奖1次、国家科学技术进步奖二等奖2次，论文在包括*Nature Genetics*和*Annals of Internal Medicine*等杂志上发表，承担国家科技部“新药创制重大专项”、科技支撑计划、973课题、863课题、国家卫生部行业基金、国家杰出青年科学基金、国家自然科学基金重点/重大、国际合作及面上项目等国家级科研课题93项。

三、上海市内分泌肿瘤重点实验室

上海市内分泌肿瘤重点实验室经上海市科委批准于2004年12月开始筹建，于2007年9月验收成立，宁光任实验室主任。2010年10月经上海市科委组织重点实验室评估，确定为优秀。实验室面积1 500平方米，成员由医院内分泌科的临床科研人员和上海市内分泌代谢病研究所的科学研究人员共同组成。2004年成立时实验室人员11人，2010年12月实验室固定成员13人，客座研究人员3人。

实验室的研究方向为内分泌肿瘤的基础与临床研究，包括“内分泌肿瘤研究平台的建设”和“2型糖尿病与肿瘤的研究”两个研究方向，以系统生物医学为理念，旨在建立先进完善的内分泌肿瘤研究平台，开展内分泌相关肿瘤的应用基础研究。实验室探索一套有效的实验室管理和运行机制，已成为国内最为完善、先进的内分泌肿瘤实验室，在内分泌肿瘤研究和临床诊治方面培养了一支高水平的科研队伍，聚焦内分泌肿瘤展开了一系列工作。

实验室在运行机制、思维方式及观念、临床诊疗技术和科研思路和方法等方面按照国际通行的方式运作，为国际最大的多发性内分泌腺瘤病、异位ACTH分泌综合征、17羟化酶分泌缺陷症、肾上腺淋巴瘤、遗传性嗜铬细胞瘤等样本队列，为研究内分泌肿瘤发生机制奠定了很好的基础。对多内分泌腺瘤病、嗜铬细胞瘤、原发性醛固酮增多症和库欣综合征，尤其是异位ACTH综合征的临床特点和发生机制进行深入研究，用表观遗传学手段首次发现POMC基因在垂体外肿瘤中的表达与其启动子区的甲基化程度降低有关，已经成为中国内分泌肿瘤诊治最规范、规模最大的中心。同时，该实验室还建立了4个万人以上的社区研究基地，开展代谢性异常与肿瘤之间关系的研究，通过全基因组多态相关比较研究，筛选出多个与中国人群糖尿病以及肿瘤发生发展密切相关的遗传危险因素。

四、上海市中西医结合防治骨关节病损重点实验室

1997 年，上海市伤骨科研究所被遴选为上海市中西医结合防治骨关节病损重点实验室，杨庆铭任实验室主任。2009 年，邓廉夫接任实验室主任。2010 年有研究人员 25 人，实验技术人员 13 人，其中高级职称 17 人。

长期以来，围绕骨与关节疾病防治的主题，形成了稳定、系统的研究方向，主要研究内容包括骨关节病(骨质疏松、骨关节炎、骨肿瘤等)发生机制及其防治、骨与关节修复与功能重建、生物医学工程与康复、骨系细胞诱导分化 4 个方面。专职研究人才梯队和临床与基础结合、中西医理念相互渗透的研究团队逐步得以完善，对学科发展起着支撑与促进作用，已建立起从硬组织形态学、影像学、运动功能评估到细胞分子生物学的技术体系。2002 年，实验室与香港大学联合成立"骨科基础研究中心"；2003 年被遴选为国家中医药管理局三级实验室。每年培养博、硕士研究生 10 余人，接受上海市和国内外研究生和相关研究人员进修学习 10 余人次，每年承接海内外标本制备和检测 3 000 余件。

五、上海市血管生物学重点实验室

1999 年 5 月，成立上海市血管生物学重点实验室，朱鼎良任实验室主任。

朱鼎良团队开展血管外膜研究和高血压基因研究，成为国际上少数几个以血管外膜为研究特色的小组之一，取得一批科研成果，"外膜在心血管疾病血管重塑中的作用机制"获 2008 年上海市自然科学三等奖。

2002 年，高平进团队进一步将研究扩展到血管外周微环境，包括外周脂肪组织，发现血管外周产生的炎症与免疫因子在高血压血管重塑中起重要作用；在非肥胖型的高血压动物模型中，证实血管外周脂肪细胞形态发生显著改变，管周脂肪来源的补体 C3 参与血管外膜成纤维细胞的生物学活性的调控。至 2010 年，在外膜成纤维细胞、巨噬细胞、免疫细胞及血管外周脂肪组织间复杂相互作用方面发表了一系列研究论著，利用多种高血压动物模型证实动脉损伤以外膜组织重塑为显著特征，证实血管炎症起始于血管外膜并能导致各种血管疾病。

六、上海市胃肿瘤重点实验室

2009 年，开始建设上海市胃肿瘤重点实验室，朱正纲任实验室主任。

以上海消化外科研究所为基地，集中上海优势力量，进行大规模多中心研究，着眼胃肿瘤的早期诊断、综合治疗及其分子机制，分别从分子流行病、血清标志物和先进内镜技术进行大宗病例的多中心研究，以形成临床实用的胃肿瘤早期诊断方法、流程与标准。将高通量"组学"分析发现的有前景分子标识回归到胃癌临床病理标本，进行多中心、大样本验证，并取得一系列成果，使得瑞金医院所治胃癌的总体疗效居国际先进、国内领先之列。

七、临床药理基地建设

医院于 20 世纪 80 年代初开展各项临床研究，包括新药临床试验，由医务科(处)负责药物临床

试验的日常管理。1983 年,为了促进中国的临床药理事业的发展和新药的临床研究,卫生部设立第一批临床药理基地,医院被认定为“卫生部临床药理基地”,8 个专业科室获得批准,是全国首批获得卫生部认可的药物临床试验基地。获得批准的 8 个专业是:心血管、血液、高血压、骨科、烧伤、同位素、内分泌、消化内科。1985 年,科研科成立后,全面负责“卫生部临床药理基地”的日常管理。1997 年,药物临床试验基地由分管科研的于金德副院长负责,科教处处长姜昌斌负责日常运行及管理。1998 年,卫生部对于首批获批准的临床药理基地进行确认。1999 年,国家食品药品监督管理局对卫生部临床药理基地进行重新确认,并更名为“国家药品临床研究基地”。2004 年,按照国家食品药品监督管理局颁布的《药物临床试验机构资格认定办法(试行)》的规定要求,对“国家药品临床研究基地”进行重新认定,并更名为“国家药物临床试验机构”,由分管科研的宁光副院长任药物临床试验机构主任。医院按照认定办法的要求,成立药物临床试验机构办公室负责药物临床试验的日常管理,挂靠于科技发展处,科教处姜昌斌处长任机构办公室主任。2007 年 11 月,原高血压专业与原心内科专业合并为心血管专业,核医学专业与新批准的放射影像专业合并为医学影像(诊断、治疗、核医学)专业,医院共有 17 个专业获得国家药物临床试验机构资格认定证书:消化、心血管、内分泌、血液、烧伤、骨科、医学影像(诊断、治疗、核医学)、呼吸、感染(肝病)、肾病、神经内科、泌尿、皮肤、肿瘤、妇产、麻醉及中医骨伤专业。2009 年,药物临床试验机构管理人员变更,由分管科研的宁光副院长任药物临床试验机构主任,科教处夏振炜处长任机构副主任,科教处徐懿萍副处长任机构副主任兼任机构办公室主任。

2005 年,感染科承担的派罗欣(Pegasys)国际多中心药物临床试验项目顺利通过 FDA 视察。2009 年,骨科承担的“利伐沙班”国际多中心临床研究,以及血液科承担的艾曲泊帕(Eltromobopag)国际多中心临床研究均顺利通过 FDA 视察,标志着医院新药临床研究的实施质量与研究水平获得国际认可。

表 5-3-3　2004—2010 年国家药物临床试验机构各专业历任负责人情况表

专业名称	任职年份	主　任
心内科	2004—	陆国平
	2004—2009	朱鼎良
	2009—	高平进
血　液	2004—	沈志祥
骨　科	2004—	杨庆铭
	2009—	张伟滨
烧　伤	2004—2009	廖镇江
	2009—	郇京宁
内分泌	2004—2009	赵咏桔
	2009—	王卫庆
消化内科	2004—	袁耀宗
医学影像(诊断、治疗、核医学)	2004—	陈克敏
	2004—	李　彪

（续表）

专业名称	任职年份	主　任
呼　吸	2004—	万欢英
感染（肝病）	2004—	谢　青
肾病	2004—	陈　楠
神经内科	2004—	陈生弟
泌　尿	2004—2009	王祥慧
	2009—	沈周俊
皮　肤	2004—	郑　捷
肿　瘤	2004—	金冶宁
	2009—	张　俊
妇　产	2004—	喇端端
麻　醉	2004—	于布为
中医骨伤	2004—2009	杜　宁
	2009—	李飞跃

2004 年，医院成立Ⅰ期药物临床实验室与Ⅰ期药物临床研究病房。Ⅰ期药物临床病房位于感染科呼吸科病房大楼 8 楼，拥有床位数 8 张。同时，与上海第二医科大学药理教研室签订Ⅰ期药物浓度检测分析合作协议。

2009 年，Ⅰ期药物临床实验室更名为Ⅰ期临床研究中心，由Ⅰ期病房、样本预处理室、测定分析室 3 个部门组成。Ⅰ期病房和样本预处理室迁入新落成的门诊大楼 21 楼，病房面积增至 300 平方米，床位数增至 24 张。测定分析室仍设于上海交通大学医学院药理教研室。

第四章 市级研究所

第一节 上海市伤骨科研究所

一、发展沿革

1958年7月31日,上海市伤科研究所挂牌成立,为中国第一个省市级伤科研究所。1978年9月20日,经上海市科学技术委员会同意,更名为上海市伤骨科研究所(以下简称为"伤研所"),隶属于上海市教委和科委双重领导。伤研所第一任所长由上海第二医学院党委书记、院长关子展兼任,中国骨科奠基人叶衍庆和中医魏氏伤科创始人魏指薪任副所长,张明秀任行政副所长。

1958年研究所成立时,位于广慈医院22号楼(现医院病理科)2楼。所内职工共21人,包括研究人员18人,行政人员3人,其中2人兼任技术员。1961年,研究所迁址至广慈医院伤骨科大楼(38号楼)。1964年,成立上海市全市唯一以临床为中心的中试车间。1966—1976年"文化大革命"期间,研究所被摘牌,但科研工作没有停止。1978年,伤研所成立损伤、腰背、手外、骨病4个研究室。1991年,伤研所搬迁至瑞金医院33号楼3楼和35号楼3楼。1997年,下设组织形态学、免疫组织化学、组织细胞图像处理、细胞生物学、生物化学、分子生物学、同位素示踪、运动功能测试8个研究室,并配有动物手术室、动物房等配套设施。截至2010年,全所共有职工39人,其中高级职称9人(含博士研究生导师1人,硕士研究生导师1人)。

图5-4-1 20世纪60年代伤骨科大楼(38号楼)

表5-4-1 1958—2010年上海市伤骨科研究所历任所长、副所长情况表

任职年份	所长	任职年份	副所长
1958—1964	关子展(兼)	1958—1967	叶衍庆 魏指薪
1964—1978	骆德三	1958—1964	张明秀
1978—1984	叶衍庆	1962—1963	项 秧
1984—1991	柴本甫	1962—1967	过邦辅
1991—1995	钱不凡	1964—1967	顾 洁

（续表）

任职年份	所长	任职年份	副所长
1995—2009	杨庆铭	1978—1984	魏指薪　过邦辅
2009—	邓廉夫	1978—1984	曲敬开
		1978—1995	李国衡
		1984—1991	冯德炎　钱不凡
		1991—1995	张光瑾　杨庆铭
		1995—2001	孙胜伟
		2002—2008	杜　宁
		2002—2009	邓廉夫
		2009—	张伟滨　李飞跃

二、研究特色

【中西医结合骨伤治疗】

1962年，初步形成以小夹板外固定动静结合治疗骨折的研究机制和理论方法。1964年，开展中西医结合治疗股骨粗隆的研究，打破这类骨折需长期卧床的常规。1973年，确立以伤科的气血理论为研究指导，通过骨折愈合的加速来阐述气血的物质基础及其作用原理。1975年，针对丹参的活血化瘀作用进行临床研究探索。运用同位素标记红细胞，观察使用丹参后的血容量变化。1976年，腰背组大力开展以重手法推拿为主治疗腰椎间盘突出症。1977年，对各类骨折病人进行尿羟脯氨酸测定，观察骨折病人愈合过程中，特别是愈合后期的尿羟脯氨酸变化。1979年，电镜观察骨痂细胞演变和归缩，首次发现成纤维细胞的两种演变以及成软骨细胞的详细演变过程。1984年，开展"丹参治疗骨折的研究"，包括丹参对骨折愈合过程中骨骼内钙再吸收影响的研究，丹参对骨折愈合过程中黏多糖形成影响的研究，丹参对骨折愈合过程中组织化学观察研究、丹参对骨折愈合过程中血循环影响的研究，以及骨折、骨病的微量元素分析及中医的影响，电动骨折复位床的研制，中医治疗骨折内治法的基本理论实验及外用药的研究。

1986—1989年，主要开展踝部软组织损伤及中医中药研究，魏指薪手法治疗关节血肿的机制和疗效研究，腰椎间盘突出症逐步回归病因、诊断、疗效分析，人工关节研究，脊柱侧突研究，腰椎间盘胶原酶注射治疗研究，神经卡压综合征研究，完整胫腓骨及腓骨部分切除后的生物力学研究，微量元素在骨折骨病史中的研究，绝经期后骨质疏松症研究，人工全髋关节金属材料实验研究，人工骨与人工关节陶瓷涂层材料的研究，补肾药对骨质疏松症影响的研究。

【成纤维细胞在骨愈合作用机理研究】

1979年，国内首次采用大剂量化疗治疗骨肉瘤及骨转移性肿瘤。1992年，柴本甫通过超微结构、放射自显影等技术从八方面系统地对骨折创伤愈合过程中细胞谱系，成纤维细胞在骨愈合中的作用机理进行阐明。1994年1月，伤研所在国内率先成立管理和操作系统化的"同种异体骨库"（简称"骨库"），其工作程序和各项技术指标均符合国际上公认的美国组织库协会制定的标准。该骨库提供的同种异体骨安全、可靠，有力地促进矫形外科医疗水平的提高，同时也很好地带动上海乃至国内关于同种异体骨制备与应用的研究。1997 年，伤研所在柴本甫研究“成纤维细胞成骨功能及其应用”的工作基础上，增加骨关节炎、骨质疏松发病机理及其防治，促进骨折愈合药物的作用机理与开发等研究内容。

三、科研工作

自 1958 年成立至 2010 年底，伤研所共承担包括国家和上海市重大(点)科研项目在内的课题共计 121 项，其中国家自然科学基金 13 项，市科委课题 45 项、市教委课题 19 项、市卫生局课题 18 项，校级课题 17 项以及其他各类课题 9 项。截至 2010 年，共发表学术论文 714 篇，其中 SCI 收录论文 69 篇。

截至 2010 年，研究所获得局级以上科研奖项 26 项，其中 1987 年以“治疗骨折用等离子体注入 F46 驻极体薄膜(骨愈膜)”获国家科学技术进步奖 1 项(合作)，省部级重大科研成果及一等奖 7 项，出版学术专著 27 部。1995 年，柴本甫课题“髋、膝关节骨关节炎的细胞生物学研究”，获国家教委科技进步奖二等奖。杜宁研制的“消肿止痛贴膏”获国家发明专利。1996 年，止痛消肿贴膏获上海市优秀产学研项目三等奖。2004 年，“成纤维细胞表达成骨表型及其定向调控”项目获上海市科学技术进步奖三等奖。“成纤维细胞成骨潜能的诱导分化及其应用”项目获上海医学科技奖一等奖。2005 年，“成纤维细胞表达成骨表型及其定向调控”项目获中华医学科技奖二等奖。2006 年，“骨关节炎发生发展的病理机制及其相关的防治策略”项目获上海医学科技奖二等奖。“骨关节炎发生发展的病理机制及其相关的防治策略”项目获中华医学科技奖三等奖。

表 5-4-2　1997—2010 年上海市伤骨科研究所获国家自然科学基金课题情况表

年份	课题名称	课题来源	负责人
1997	丹参促进骨折愈合机理的研究	国家自然科学基金	杜　宁
1997	成骨生长肽对成骨细胞样细胞表型表达的调控研究	国家自然科学基金	王智兴
1998	手法治疗骨关节炎的分子机理研究	国家自然科学基金	杜　宁
1998	成纤维细胞成骨表型表达的定向调控研究	国家自然科学基金	邓廉夫
2001	调节成纤维细胞表达成骨表型的信息传导和相关基因研究	国家自然科学基金	邓廉夫
2002	退变软骨细胞 Smards 表达与 COMP 分泌的分子机制研究(第二合作单位)	国家自然科学基金	冯　伟
2006	促血管生成素- VEGF 系统在骨坏死区新血管形成及血管内皮细胞/成骨细胞偶联中的调控作用	国家自然科学基金	冯建民
2007	低氧/VHL/HIF-1a 通过骨修复中成骨细胞生物学行为的调控	国家自然科学基金	邓廉夫
2009	一种新型亲骨性低氧诱导因子 α(HIFα)激活剂促进骨修复优势性能的研究	国家自然科学基金	邓廉夫
2009	高效表达 HIF-1α 和 roponin Ⅰ基因的脂肪源性干细胞定向软骨分化的研究	国家自然科学基金	魏义勇

（续表）

年份	课题名称	课题来源	负责人
2009	衰老对树突状细胞向破骨细胞转分化的影响及健脾补肾方的干预作用	国家自然科学基金	许　勇
2009	本体感受器在功能性踝关节不稳中作用机理的基础与应用研究	国家自然科学基金（主任基金）	徐向阳
2010	ATP6v1c1 在破骨细胞相关疾病中的作用及分子机制	国家自然科学基金（青年基金）	丰盛梅

表 5-4-3　1958—2010 年上海市伤骨科研究所主编专著情况表

年份	书籍名称	主编	出版社
1958	伤科论文汇编（第一辑）	伤研所	科技卫生出版社
1959	伤科论文汇编（第二辑）	伤研所	上海科学技术出版社
1959	伤科锦方汇编	伤研所	上海市伤科研究所
1960	伤科论文汇编（第三辑）	伤研所	上海科学技术出版社
1965	小儿骨折及其他损伤	过邦辅	上海科学技术出版社
1970	伤科常见疾病治疗法	李国衡	上海人民出版社
1978	伤骨科论文汇编（第四辑上、下册）	伤研所	上海市伤骨科研究所
1980	伤骨科论文汇编（第五辑）	伤研所	上海市伤骨科研究所
1980	骨关节肿瘤	过邦辅	上海科学技术出版社
1982	关节骨折：经皮撬拨复位、内固定和缝合	马元璋	上海科学技术出版社
1982	魏指薪治伤手法与导引	魏指薪　李国衡	上海科学技术出版社
1984	骨折与关节损伤	过邦辅　编译	上海科学技术出版社
1984	临床创伤外科	寇用礼	煤炭工业出版社
1984	伤骨科论文汇编（第六辑）	伤研所	上海市伤骨科研究所
1984	伤骨科论文汇编（第七辑）	伤研所	上海市伤骨科研究所
1989	踝关节损伤和治疗	陆宸照	上海科学技术文献出版社
1990	实用脊柱外科学	汤华丰	上海科学技术出版社
1991	坎贝尔骨科手术大全（上下册）	过邦辅　蔡体栋　编译	上海翻译出版公司
1992	常见外科并发症的预防与处理	陶锦淳	上海远东出版社
1992	临床骨科康复学	过邦辅	重庆出版社
1996	魏指薪诞辰一百周年学术讨论集	李国衡	上海科学教育出版社
1997	颈肩腰腿痛病问答	冯德炎	上海科学技术出版社
1999	临床骨内固定学	马元璋	安徽科学技术出版社

（续表）

年份	书 籍 名 称	主　编	出 版 社
2003	下背痛综合征的诊断和治疗	过邦辅　张言凤	上海科学技术文献出版社
2004	矫形外科学	过邦辅	科学技术文献出版社
2005	全髋全膝关节置换术——病人读物	杨庆铭	上海科技教育出版社
2007	国家级继续医学教育项目教材：骨科学	杨庆铭	中国协和医科大学出版社

四、教学工作

1978年，骨科学遴选为硕士点，伤研所开始硕士生招生，叶衍庆为首批导师。1981年，骨科学专业被遴选为博士点，叶衍庆任博士生导师。1983年，开始第一届博士生招生。截至2010年，研究所共培养硕士生85人，博士生43人。

第二节　上海市高血压研究所

一、发展沿革

1958年10月4日，经中共上海市委员会教育卫生工作部同意，上海市高血压研究所（以下简称“高研所”）成立，借用重庆南路上海第二医学院一间办公室，由上海第二医学院副院长章央芬兼任所长，广慈医院内科主任邝安堃、副院长应仁珍任副所长。1960年研究所成为市科委直属的地方性研究机构，所址迁至广慈医院11舍，设44张临床研究专科床位。1960—1965年，创建流行病学、临床、心血管生理、生化、病理和气功研究室和相应配套实验室。“文化大革命”期间，专科病房变成内科普通病房，实验室也被关停。1978年高研所恢复和完善科学管理机制，分别建立了6个直属研究室：流行病学、临床、心血管生理、生化、药理和气功研究室。1982年，在高血压病房基础上，成立瑞金医院高血压科，高研所副所长、临床研究室主任沈家麒兼任科主任。1983年10月，经卫生部批准，高研所成为第一批卫生部指定、全国抗高血压药物临床药理试验基地之一。1995年12月，高研所搬迁至瑞金医院32号楼底楼。1996年，成立细胞与分子生物学研究室。1999年5月，经上海市科委批准，以高研所为依托单位，成立了上海市血管生物学重点实验室，朱鼎良任实验室主任。2001年6月，上海市血管生物学重点实验室通过验收。2007年，高研所与心内科一起成功申报为教育部国家重点学科（心血管内科学）。截至2010年，高

图5-4-2　20世纪80年代上海市高血压研究所

研所已设有细胞与分子生物研究室、流行病学研究室、临床测试室、血管检测中心、自发性高血压大鼠实验动物房、上海市血管生物学重点实验室，是医学基因组学国家重点实验室、中科院上海生命科学研究院健康科学研究所、中法生命科学与基因组研究中心的课题组成员单位。拥有在编职工41 人，其中正高 4 人，副高 11 人。

表 5-4-4　1958—2010 年上海市高血压研究所历任所长、副所长情况表

任职年份	所　长	任职年份	副 所 长
1958—1960	章央芬	1958—1960	应仁珍
1961—1964	刘涌波	1958—1964	邝安堃
1965—1984	邝安堃	1965—1978	李　耳
1984—1991	龚兰生	1978—1984	王　铭　沈家麒
1991—1998	赵光胜	1978—1991	赵光胜
1998—	朱鼎良	1984—1990	周国钧
		1990—1998	乔贵全
		1991—1998	王崇行
		1997—1998	朱鼎良
		1998—2006	袁玉燕
		2002—	高平进
		2007—	王继光

二、研究特色

1958 年研究所成立之后，立即投入上海市人群血压流行病学调查与防治。20 世纪 60—70 年代，从中医药辨证论治、气功、饮食营养、家族遗传等因素着手开展特色研究。80 年代，开展原发性高血压家族遗传性生化机制研究。90 年代，开展药物降压治疗大规模临床试验。90 年代后期，开始建立高血压遗传资料库。20 世纪 90 年代末至 21 世纪初，开展高血压人群研究。至 2010 年，研究重点主要包括高血压流行病学研究、社区防治、高血压相关基因、血管重塑机制、继发性高血压与难治性高血压诊治等。

【高血压人群研究】

流行病学调查　1958、1973—1974、1979、1991 年，高研所组织实施多次上海市城乡大规模人群血压抽样比较分析。1959 年 1 月，高研所参加由上海市各中西医学院校、中国科学院药物研究所、生理研究所、医药工业研究所等 34 家单位共同协作的流行病学调查，总结提出“防治结合”“中西结合”“药物与非药物结合”“降压处理”“纠正机体平衡失调巩固疗效并举”的高血压防治方针，包括 9 个职业共 12 余万人的血压调查，于当年完成并发表调查报告，奠定了中国高血压防治研究核心单位的地位。1973 年，高研所组织上海市 100 多个单位，完成了城乡 153 418 人的血压普查，获得了上海城乡人群高血压患病资料。1975 年在上海市宝山县罗店、顾村开展高血压防治合作研究。1977 年，在上海市杨浦区成立高血压协作组，以同卵、异卵双生模型和数理统计法，探索高血

压遗传、遗传环境关系，发现了高血压患病率的城乡、工种、民族、地区差异的特性。根据前后30年的患病率变迁，提出高血压防治重点应放在农村、低发病地区和民族、青年、脑力劳动和多危险因子聚集者、遗传易感人群的结论。1978年，由高研所牵头，在广州召开由高血压研究全国重点地区、单位和专家参加的"高血压工作专题研讨会"，推动次年在统一方案下进行全国高血压的抽样普查。1988年，高研所已拥有两个(虹口、宝山)共20万人群的城、乡流行病学防治研究基地。1994年，上海市心脑血管疾病防治研究办公室组建，高研所参与制定社区人群高血压分级管理方案，并在上海市20个区县、84万人群中开展心脑血管疾病综合防治。在上海市普陀区建立10万人群防治基地，成立高血压防治中心，开展高血压普查、健康宣教、生活方式干预等措施。21世纪初王继光团队在上海市青浦区赵巷镇进行前瞻性的高血压人群研究发现，饮食钠盐摄入与肾近端小管排泄钠盐的能力及水盐代谢相关基因相互作用，影响血压水平；同时关注到"四肢血压测量""计算踝臂血压指数及双臂""双踝间血压差值"等因素对老年人心血管风险评估有重要意义。

信息库与样本库建设　1996年，朱鼎良牵头组织并建成中国人大规模高血压遗传资源信息库和DNA样本库，收集包括隔离人群、大家系以及特殊病例在内的数万例临床数据和DNA样本，首次将中国南方汉族人群的原发性高血压易感基因定位在2号染色体2q14－q23区域内，并完成100多个高血压候选基因的SNP检测，其研究成果被《中国医学论坛报》评为2002年度国内医学十大新闻。

建立景宁研究基地　2001年5月，朱鼎良、高平进团队在浙江省西南部山区的景宁畲族自治县建立了一个研究基地，该少数民族居住在山腰，且生活贫困，人群相对孤立，高血压患病率为30%左右，是进行遗传学研究不可多得的人群对象。2003年起，在景宁鹤溪、东坑、澄照、大均4个乡镇，21个行政村，对3 500多人进行高血压及心血管相关疾病调查，并进行了平均长达5～7年的随访。调查研究发现，景宁地区高血压患病率高可能与高盐低钾饮食及饮酒习惯有关。在国际上首先发现一种特殊类型的隐匿性高血压，称为单纯夜间高血压，患病率将近10%左右，白天血压正常，必须做24小时血压监测才能诊断出来，但靶器官损伤及心血管风险明显增高。此调查报告，路透社曾进行了专访和报道。高研所在调查随访的同时，还对群众及高血压病人进行相关的健康教育与咨询，对需要治疗的高血压病人给予免费起始药物治疗。至2010年，景宁系列研究结果在国际上发表20多篇英文文章，在国际和国内会议上发言报告20余次，在国际学术界产生一定的影响。

【中西医结合防治高血压】

首创小剂量固定复方降压制剂　20世纪60年代初，邝安堃借鉴中医药辨证论治的思路和"轻可去实"的论点，提出了小剂量、多种降压药联合应用的"小复方"构想，1964年研制成功"复方降压片"，这是中国特有的治疗高血压的制剂，具有疗效肯定、不良反应少、价格便宜的优点。经过40多年的广泛临床应用，在中国高血压控制中发挥了重要作用，开创了降压药物小剂量固定复方制剂的先河。20世纪70年代，沈家麒、王宪衍、王崇行等又在此基础上，先后推出中西药联合复方降压制剂"复方罗布麻片""常药降压片""珍菊降压片"等，造福广大病人。

气功防治高血压和预防脑卒中研究　20世纪60年代初，邝安堃亲自去气功研究所学习，总结整理出一套行之有效的锻炼功法——气功强身法，在国内外推广应用；运用现代科学方法对气功防治高血压、预防脑卒中的临床疗效和作用机制进行了系列研究，曾受邀在国际高血压大会上报告，主编了《高血压病的预防和治疗》《气功防治老年病》等专著。

中医虚证动物的实验研究　20世纪60年代起，邝安堃主持运用现代医学方法，建立了多种中医"阴虚"和"阳虚"的高血压动物模型，以验证中医虚证的实质。

【高血压机制研究】

肾素-血管紧张素系统 1963 年，高研所提出高血压发病为“肾脏-神经轴心平衡失调”的假设。1974 年，开展肾素-血管紧张素系统与高血压研究。1978 年，建立血管紧张素Ⅱ的放免法测定方法，完成血管紧张素Ⅱ正常值的测定，建立肾素-血管紧张素测定、舒缓激肽放免测定和人血浆亮氨酸-脑啡肽样物质测定方法，在全国推广应用。1979 年 1 月，成功研发出放免测定肾素活性和血管紧张素试剂盒，并提出中国以低肾素为主的特征。

营养病因学研究 20 世纪 70 年代，开展“盐与高血压关系”研究。赵光胜领衔全国 13 个地区 15 个人群开展研究，涵盖新疆、贵州、舟山、石家庄等 8 个代表性地区以及 4 个民族在内，研究内容包括 67 种血、尿营养性参数，以及与血压、血脂等的多因子相关分析，从而首次提供了中国南北、城乡、不同民族的营养性实测数据，发现“高钠低钾”是国人饮食结构重要特征、营养素对血压具有双向调节作用、低蛋白引起脑出血、血苯丙氨酸与血压负相关等相关论点。在此基础上提出，“降低钠的摄入、增加钾的摄入”是中国一级预防高血压和卒中的重要防治举措，因此培育了具有中国特色的“高血压营养病因学”。

卒中家族遗传性生化机制研究 1979 年起，开展血细胞膜阳离子转运功能和包括血小板、交感神经功能升降压调控激素、氨基酸代谢动力学遗传机制的系列研究，为探索高血压临床“表现型”和“早期预测标记”研究提供了良好开端；发现苯丙氨酸在高血压发病和血管“重塑”中起重要作用。

血管外膜研究 1999 年 5 月，开展血管外膜研究和高血压基因研究，成为国际上少数几个以血管外膜为研究特色的小组之一，形成了以血管外膜为研究特色的高血压血管重塑的血管生物学研究。2002 年，研究扩展到血管外周微环境，发现血管外周产生的炎症与免疫因子在高血压血管重塑中起重要作用，在非肥胖型的高血压动物模型中，证实补体 C3 参与血管外膜成纤维细胞的生物学活性的调控。至 2010 年，利用多种高血压动物模型证实大动脉重塑主要局限于外膜层，证实血管炎症起始于血管外膜并能导致各种血管疾病。

【血液动力学研究】

脉图 1980 年高研所与复旦大学合作，通过临床和动物实验开展脉图与心输出量、外周阻力、动脉顺应性等血液动力学关系研究，为高血压动脉硬化检测建立了一种无创性方法。

24 小时动态血压和动脉功能研究 开展心脏和动脉功能研究，制定动态血压的正常参考值，探讨动态血压与左心室肥厚的关系。与比利时鲁汶大学高血压研究中心合作，开展 24 小时动态血压检测的国际多中心合作研究。2006 年，利用浙江景宁人群 24 小时动态血压监测数据，研发出一种新的反映动脉硬化程度的指数，称为“动态的动脉硬化指数(AASI)”，受到了国内外学术界的重视。2009 年起，研究所组织全国多中心动态血压及家庭血压登记研究，对动态血压临床应用有重要指导意义。

无创血管检测研究 2008 年，开展血压监测及心血管结构与功能研究，发现青中年单纯舒张期高血压病人靶器官损伤及心血管风险增加。2010 年，开展四肢血压测量及脉搏波传导速度检测新技术。

【上海老年硝苯地平降压治疗临床试验(STONE)】

20 世纪 90 年代，龚兰生在上海地区开展老年高血压病人随机、单盲、安慰剂对照多中心研究，这是国内较早的大样本长期降压治疗临床试验。该研究证明使用钙拮抗剂硝苯地平，不但能达到降压的效果，而且还能使脑卒中的发生率降低57%，特别是心脑血管并发症的危险因素——左心室肥厚的逆转率可达68%。

三、科研工作

【科研合作】

1968年，高研所与解放军总后勤部装备研究院、上海医疗器械厂等合作，研制G6 805系列治疗仪，用于刺激呼吸停止病人恢复生理性呼吸。1983年4月，与日本岛根医科大学签署院所合作协议，参加WHO“营养与心血管病(CARDIAC)协作”，引进第一批“自发性高血压大鼠(SHR)”的两种模型：易卒中大鼠(SHR-SP)和抗卒中大鼠(SHR-SR)；建立了自发性高血压大鼠模型实验动物房，培育日本纯种自发性高血压大鼠(SHR)及Wistar-京都种大鼠(WKY)。1984年7月，引进“易卒中自发性高血压大鼠(SHR-SP)”。1985年1月，与上海市虹口区合作的10万自然人群心脑血管病监测及发病危险因素抽样调查。同年12月，研制成功全自动大鼠测压仪，改变了以往靠人工测压的方法，向外单位提供MRS-Ⅲ型大鼠心率血压仪及操作培训和技术咨询。1995年起，先后参加“降压治疗预防脑卒中后再发国际多中心研究(PROGRESS)”“高血压合并糖尿病国际多中心合作研究(ADVANCE)”等多项大规模国际合作的临床试验。

【学术活动】

2004年3月6—7日，由中国高血压联盟、日本高血压学会主办，高研所承办的“第六届中日高血压研讨会暨2004上海高血压学术会议”在医院召开。2005年10月11—12日，召开首届东方高血压学术会议，由高研所与华山医院、仁济医院、浙江医院、南京医科大学第一附属医院、福建医科大学第一附属医院共同举办。2006年10月11—12日，“2006东方高血压学术会议”在医院举办，来自全国204位代表出席。2006年10月13—14日，由高研所组织的第21届国际高血压大会(ISH)上海卫星会议在医院召开，这是ISH首次在中国举办卫星会。2006年11月9日—11日，由意大利意中基金会与中华医学会共同举办，高研所承办的“2007年中意高血压新的诊断与治疗策略论坛”在医院召开。

【科研成果】

1958—2010年，高研所获得国家、部委和上海市的科研立项资助项目数众多，包括国家攻关项目8项、科技部重大专项1项、国家“863”计划5项、“973”计划子课题4项，参加“973”计划“863”计划各1项；承担国家自然基金28项，卫生部科技项目5项，国家中医药管理局项目1项，教育部项目3项，上海市科委基础重点4项、市科委重点攻关项目1项，市科委自然基金21项，上海市科委基础重点与创新基地各1项，市科委启明星2项，白玉兰基金3项，国际合作15项，人才类资助包括浦江2项、曙光2项、晨光1项、高校优青1项；其他地方局级项目75项。获得了40项奖励，其中国家级3项，省部级25项，地方级12项。

近20多年来，在高血压学科领域国际权威学术杂志*Circulation*，*Hypertension*，*Journal of Hypertension*，*Am J Hypertens*等发表论文，此外还与国内外学者合作共同在*New England Journal of Medicine*，*Science*，*Lancet*，*Nat Genet*等杂志上发表论文。至2010年，已发表SCI论文167篇，中文论文351篇，出版专著12本。

表 5-4-5　1978—2010 年上海市高血压研究所获省部级一等奖以上成果情况表

年份	项目名称	奖项
1981	用现代科学方法在高血压病中对气功临床疗效和作用原理研究的初步探讨	中医、中西医结合科研研成果一等奖
1982	用现代科学方法在高血压病中对气功临床疗效和作用原理研究的初步探讨	上海市重大科技成果二等奖
1982	弹性腔理论在脉图中的临床应用	上海市重大科技成果三等奖
1983	人血浆亮氨酸—脑啡肽样物质的放射免疫测定法	卫生部甲级科技成果奖
1986	气功预防高血压性脑卒中 204 例、20 年随访对照观察及有关机理初步探讨	国家中医药重大科技成果乙类奖
1995	收缩期高血压多中心药物治疗长期随访和中风后高血压治疗	国家科学技术进步奖三等奖
2002	高血压遗传资源库的建立和应用	首届上海医学奖
2004	高血压遗传资源库的建立和应用	中华医学奖一等奖
2005	“控制高血压享受美好人生”系列科普丛书	国家科学技术进步奖二等奖

表 5-4-6　1986—2010 年上海市高血压研究所获国家级科研项目情况表

年份	项目名称	任务来源	负责人
	国家级重大重点科研项目		
1986—1990	硝苯啶治疗老年高血压对预防其并发症作用前瞻性研究	“七五”攻关	龚兰生
1986—1990	收缩期高血压多中心药物治疗长期随访和中风后高血压治疗	“七五”攻关	龚兰生
1986—1990	中枢神经系统在高血压病因学中的作用研究	“七五”攻关	王　洪
1986—1990	营养成分与高血压、脑卒中关系研究	“七五”攻关	赵光胜
1986—1990	少年儿童高血压易病人的识别与一级预防	“七五”攻关	赵光胜
1991—1995	抗高血压药物治疗的长期临床试验评价	“八五”攻关	龚兰生
1991—1995	成人高血压一级预防	“八五”攻关	王崇行
1996—1998	高血压、糖尿病、冠心病相关基因的定位和克隆	国家“863”计划	朱鼎良
1997—2000	原发性高血压样本的收集	国家“863”计划	朱鼎良
1998—2003	原发性高血压相关基因的结构与功能研究及信息数据库	国家“973”计划	朱鼎良
1999—2001	高血压、糖尿病、冠心病相关基因的定位和克隆	国家“973”计划	朱鼎良
2000—2005	心血管细胞分化、表型转化及在心脑血管重塑中作用	国家“973”计划	高平进
2001—2003	高血压病大家系与隔离人群 DNA 样本信息库建立	国家“973”计划	高平进
2002—2004	心血管病、高血压、代谢疾病相关基因的研究	科技部重大专项	朱鼎良
2006—2009	高血压相关基因的发掘、识别与功能研究	国家“863”计划(子项目)	高平进
2006—	心血管疾病中血管重构的细胞及分子机制	国家“973”计划(子项目)	高平进
2008—	高血压综合治疗	国家“十一五”子项目	朱鼎良

（续表）

年　份	项　目　名　称	任务来源	负责人
2008—	大动脉硬度研究	国家“十一五”子项目	初少莉
2008—	颅内动脉狭窄的临床研究	国家“十一五”子项目	朱鼎良
2008—	高血压前期靶器官研究	国家“十一五”子项目	王继光
2008—	中国人各型脑卒中和颅内动脉狭窄的易感基因研究	国家973项目子课题	朱鼎良
2009—	高血压全基因组关联分析和药物基因组学研究	国家863	朱鼎良
	国家自然科学基金项目		
1979—1982	人血浆亮氨酸—脑啡肽样物质的放射免疫测定法	国家自然科学基金	邱喜盛
1988—1990	5-羟色胺单克隆抗体制备及在血压调节中与脑多肽的相互关系	国家自然科学基金	黄　申
1992—1993	苯丙氨酸与中枢遗传性交感性升压机制关系的探索	国家自然科学基金	赵光胜
1993—1996	降压药对细胞内空间分布及膜钙电流互与高血压关系研究	国家自然科学基金	黄明知
1995—1997	苯丙氨酸逆转遗传性心血管肥大—级预防高血压	国家自然科学基金	赵光胜
1996—1998	肾素系与高血压分子遗传学的流行病学研究	国家自然科学基金	赵光胜
1997—1999	蛋白激酶C和高血压血管重塑关系的研究	国家自然科学基金	朱鼎良
1997—1999	巨噬细胞集落刺激因子与高血压血管重塑关系研究	国家自然科学基金	朱鼎良
2001—2003	血管外膜细胞分化及相互作用与高血压血管重塑关系研究	国家自然科学基金	朱鼎良
2003—2005	犬尿氨酸酶基因变异与高血压关系的研究	国家自然科学基金	朱鼎良
2003—2005	骨桥蛋白在血管重塑中的作用	国家自然科学基金	高平进
2003—2005	脉安肽抗再狭窄机理研究	国家自然科学基金	沈心一
2005—2007	血管外膜成纤维细胞VEGF-1型受体的表达及功能研究	国家自然科学基金	高平进
2006—2008	磷酸二酯酶亚型在血管重塑中的功能研究	国家自然科学基金	高平进
2006—2008	鸟苷素系统基因变异与人类高血压及水盐代谢关系的研究	国家自然科学基金	王继光
2007—2009	脂联素受体在血管外膜成纤维细胞的表达及功能研究	国家自然科学基金	高平进
2007—2009	WNK3及其家族与原发性高血压相关性系统研究	国家自然青年基金	吴胜男
2007—2009	KYNU基因参与血压调节的机制研究	国家自然青年基金	张　怡
2008—2010	高血压糖代谢异常的遗传标记和风险因素前瞻性研究	国家自然科学基金	朱鼎良
2009—	VEGF-1型受体介导血管外膜炎性细胞反应的机制研究	国家自然科学基金	高平进
2009—	中国汉族高血压定位区域基因拷贝数变异的识别研究	国家自然科学基金	张　怡
2009—	抵抗素对高血压及血管功能的影响及其机制研究	国家自然科学基金	李　燕
2009—	水盐代谢在高血压发病中作用的前瞻性遗传研究	国家自然科学基金	王继光
2009—	平滑肌肌球蛋白重链突变在大动脉硬化中的作用	国家自然科学基金	朱理敏
2010—	VEGF-1型受体介导血管外膜炎性细胞反应的机制研究	国家自然科学基金	牛文全

表 5-4-7　1960—2010 年上海市高血压研究所出版专著情况表

年份	书　　名	主　　编	出 版 社
1960	高血压病预防和治疗	高研所	上海科学技术出版社
1978	高血压病	高研所	上海科学技术出版社
1980	气功强身法	蒋敏达	上海教育出版社
1987	气功防治老年病	邝安堃	人民卫生出版社
1989	高血压在中国	邝安堃、龚兰生	湖南科学技术出版社
1990	气功防治心血管疾病	王崇行	华夏出版社
1991	高血压——发病机理与防治	赵光胜	上海科学技术文献出版社
1995	气功治疗高血压——祛病养身功	王崇行　徐定海　钱岳晟　石　文	上海科学技术出版社
1999	现代高血压学	赵光胜	人民军医出版社
2006	高血压科疾病诊疗规范	朱鼎良	科学出版社
2010	高血压诊治疗新进展	朱鼎良(副主编)	中国协和医科大学出版社
2010	高血压学科丛书——中国高血压防治历史	朱鼎良	科学出版社
2010	高血压学科丛书——社区高血压防治	朱鼎良	科学出版社

四、教学工作

1961 年 1 月 16 日，高研所首次举办“华东协作区心血管疾病训练班”。1980 年 8 月，举办首届“肾素-血管紧张素放免测定和应用”学习班，来自全国 30 多个单位 50 人参加培训，学习班向全国供应测定血浆肾素活性、血管紧张素Ⅱ、脑啡肽、缓激肽等放射免疫测定药盒。1998 年 10 月，瑞金医院高血压健康教育中心成立，组织基层医生培训，出版《高血压防治通信》。1978—2010 年，高研所共有博士生导师 6 人，硕士生导师 15 人，共培养了博士生 59 人、硕士生 89 人、七年制学生 18 人；其中 2 位研究生毕业论文获上海市优秀学位论文，有 4 位青年医生获得上海市人才类培养计划资助。

1960 年 5 月，高研所在上海市文教卫生战线群英会上，荣获先进集体称号。1991 年 3 月，国家教委、科委授予邝安堃全国高等学校先进科技工作者称号。2007 年，朱鼎良获上海交通大学医学院“院长奖”。

第三节　上海市内分泌代谢病研究所

一、发展沿革

1954 年，成立广慈医院内科实验室(位于 3 舍 5 楼)，在国内最早开展用生化方法进行内分泌代谢功能的测定。1959 年，丁霆加入内分泌专业组，重点开展关于内分泌激素测定的研究工作。20 世纪 60 年代起，邝安堃用现代医学方法研究中医阴阳学说和虚症理论。1964 年，上海第二医学院内分泌研究室成立，位于当时广慈医院4舍3、4楼。1978年10月13日，成立上海市内分泌研究所。1991年，内研所搬迁至33号楼2楼。1994年11月17日，卫生部内分泌代谢病重点实验室通过评审成立，陈家伦为主任。实验室重点开展内分泌代谢性疾病的基础与临床研究。2004年2月，研究所更名为上海市内分泌代谢病研究所。同年成立上海市内分泌肿瘤重点实验室。

1985年，受中华医学会委托，创办《中华内分泌代谢杂志》，邝安堃为首任总编辑。1989年，以内研所和卫生部重点实验室为依托单位，内分泌科成为国家教委重点学科。1997年成为“211”工程重点建设学科。2002年，成为上海市教委重点学科。

图5-4-3　1979年1月上海市内分泌研究所挂牌(右一邝安堃)

表5-4-8　1978—2010年上海市内分泌(代谢病)研究所历任所长、副所长情况表

任职年份	所　长	任职年份	副所长
1978—1984	邝安堃	1978—1984	丁　霆
1984—1998	陈家伦	1978—1984	陈家伦
1998—2007	罗　敏	1984—1990，1998—2007	李　果
2007—	宁　光	1987—1998	李德泉
		1989—1998	杨秀英
		1990—1998	罗　敏
		2002—2007	胡仁明
		2002—2007	宁　光
		2007—	李小英
		2007—2010	宋怀东
		2007—2010	赵咏桔

二、研究特色

内分泌研究所自1978年成立以来，开展内分泌代谢病的基础与临床研究，重点是影响人民健康且发病率较高的疾病，如肾上腺、甲状腺、性腺疾病、糖尿病、骨质疏松和肥胖等。20世纪80年代开始，内研所重点开展甲状腺疾病、糖尿病、骨质疏松三类疾病的发病机制、临床诊断和诊疗的研究。至20世纪90年代，内研所逐步将研究重点聚焦到糖尿病的遗传发病机制和临床诊治研究。进入21世纪以来，内研所在糖尿病的相关基因研究、下丘脑-垂体-肾上腺轴的基础研究方面取得一系列重要成果,居国内领先地位。2007年11月13日,在卫生部重点实验室评估总结会上,内研所的卫生部内分泌代谢病重点实验室作为优秀重点实验室做了交流发言,这是卫生部首次对其所属的重点实验室进行全面的评估、总结,专家组认为内分泌代谢病重点实验室以内分泌代谢病的临床及基础研究为主要方向,在遗传内分泌代谢病的发病机制、某些内分泌器官基因表达谱分析、糖代谢紊乱的分子病理和若干天然药物有效组分在细胞水平的降糖作用研究等方面,取得了创新性的学术成果。

【内分泌激素检测】

20世纪70—80年代,内研所着重研发各类放射免疫测定试剂盒,为诊断和治疗内分泌代谢疾病而服务。1979年,内研所成功研制出"放射免疫激素测定试剂盒",用放射免疫方法检测内分泌激素,期间建立尿皮质醇与尿醛固酮等测定法,此项研究填补了国内空白。1982年,研究所建立游离T3、游离T4、人甲状腺刺激素、18羟脱氧皮质酮和血浆糖化蛋白测定法,还建立了血醛固酮、二氢睾酮、血17-羟孕酮等测定法,为原发性醛固酮增多症、二性畸形和先天性肾上腺皮质增生等内分泌疾病的诊断提供了检测方法,全年完成标本数18 051例。同年,内研所还完成了其他内分泌激素的测定和临床应用,例如游离T3、游离T4、人甲状腺刺激素、甲状腺结合球蛋白、泌乳素、18羟脱氧皮质酮、血浆糖化蛋白、正常人及糖尿病和肝病病人胰岛β细胞的功能研究。1982年7月起,内研所对血浆睾酮、雌二醇、皮质酮三种激素的放射免疫测定方法开展研究并推广应用。

【代谢性疾病研究】

1996年,完成科研成果"原发性骨质疏松的发生机理研究",在社区人群研究中,寻找既变化出现得最早,又具备一定的区分正常骨密度和骨质疏松的生化指标,为早期发现骨质疏松高危人群提供简单、实用的方法。

糖尿病　1999年3月,内研所作为子课题承担单位,参加国家重点基础研究发展规划项目"'疾病基因组学'理论和技术体系的建立"(陈竺任首席科学家),该课题对华东地区汉族2型糖尿病家系进行全基因组扫描,进一步精确定位2型糖尿病易感位点。2001年,在国际上第一次完成了中国汉族2型糖尿病家系的全基因组扫描和连锁分析,通过对102个2型糖尿病家系的全基因组扫描分析,在9号染色体9p21区域发现中国人2型糖尿病特有的易感基因位点,另外,对20号染色体上的阳性区域又进行精细定位,从而进一步证实了20号染色体长臂上20q13.3区域存在2型糖尿病易感基因位点。

甲状腺疾病　2000年,内研所发现甲状腺激素可以调节神经元及星形胶质细胞多种基因的表达,还发现一些未知基因也受到甲状腺激素水平的影响。该研究论文《用RT-PCR和原位杂交组化方法研究甲状腺激素缺乏对新生大鼠脑发育期Goa基因表达的影响》发表在2000年的*Brain Research*上。

【遗传性内分泌疾病研究】

2000年,内研所阐明"下丘脑-垂体-肾上腺轴"组织的基因表达谱(共测ESTs3万余条),克隆到200余条新全长cDNA,并确定染色体定位。该研究论文《下丘脑-垂体-肾上腺轴基因表达谱及新基因的克隆》,发表于美国科学院院报(PNAS),被评为2000年中国医药科技十大新闻之一及2000年中国基础研究十大新闻之一。

2008 年 12 月，宁光“单基因遗传性内分泌疾病的基础研究和临床应用”课题研究获国家科学技术进步奖二等奖，建立国内最大的遗传性内分泌代谢病家系库、临床资料库、组织库、DNA 库和血清库，并打造了完整的基因诊断以及分子生物学研究平台，在基因水平诊断 21 种遗传性内分泌代谢病，共发现 19 种基因突变，其中：在 5 种遗传性内分泌代谢病中发现的 14 种基因突变在国际上尚未见报道；在国际上首次报道非 AVP－NPII 基因突变的垂体性尿崩症家系，成功运用全基因组扫描及精确定位，将致病基因定位于 D20S199 和 D20S849 之间；报道国际最大的 17α－羟化酶缺陷家系系列之一，共发现 5 个新的基因突变位点，在国际上首次运用生物进化以及蛋白三维结构重组，分析了基因型和表现型之间的相关性；报道 6 例胸腺类癌致异源 ACTH 综合征，并用表观遗传学手段首次发现 POMC 基因在垂体外肿瘤中的表达与其启动子区的甲基化程度降低有关；在课题组研究基础上，提出遗传性内分泌代谢病的分类方法。

三、科研工作

2006 年 11 月，内研所成功举办“瑞金医院国际内分泌论坛——胰岛 β 细胞功能紊乱”研讨会，有来自国外的 5 位教授和国内的 5 位教授作大会专题报告，来自全国的 200 余名内分泌学者参加此次会议。2008 年 10 月内研所举办了主题为“糖尿病与心血管疾病”的第三届瑞金内分泌论坛，参会专家达 200 余人。2010 年 10 月，内研所举办第四届瑞金国际内分泌论坛，专题研讨“胰岛素、胰岛 β 细胞与肿瘤”，来自美国、比利时、英国和中国的 8 位专家做了专题报告，参会人数有 150 余名。

截至 2010 年底，内研所共有 30 项科研项目获得国家级、省部级、市级、局级奖项；共发表 SCI 论文 157 篇（其中影响因子大于 5 分的为 68 篇），中文论文 675 篇；主编并出版 9 本专著。

表 5－4－9　1997—2010 年上海市内分泌（代谢病）研究所承担国家级重大重点课题情况表

年　份	课 题 名 称	类　别	负 责 人
1997—2000	2 型糖尿病样本收集	“863”计划（子课题）	陈家伦
2002—2005	糖尿病相关基因的研究	“863”计划（子课题）	罗　敏
2005—2009	中国人 2 型糖尿病的系统生物学研究	“973”计划（子课题）	罗　敏

表 5－4－10　1980—2010 年上海市内分泌（代谢病）研究所获省部级一等奖以上情况表

年份	项 目 名 称	奖　项
	国　家　级	
1985	垂体、甲状腺、肾上腺、性腺激素放射性免疫测定系列配套药盒及临床应用	国家科学技术进步奖三等奖
1988	201 例原发性醛固酮增多症的诊断和治疗的研究	国家科学技术进步奖三等奖
2008	单基因遗传性内分泌疾病的基础研究和临床应用	国家科学技术进步奖二等奖
	省部级一等奖	
1980	用现代科学方法研究中医阴阳学说的初步结果	卫生部甲级科学技术成果

（续表）

年份	项 目 名 称	奖 项
1980	中医虚证理论的初步探讨	上海市重大科研成果奖
1982	血浆睾酮、雌二醇、皮质酮三种激素放射免疫测定方法及临床应用	上海市重大科技成果奖
1983	放射免疫测定法及其临床应用：血浆18-羟-11-去氧皮质酮放射免疫测定法（不经层析）及其临床应用	卫生部甲级科学技术成果
1983	放射免疫测定法及其临床应用——血清游离甲状腺激素（FT3和FT4）放射免疫测定及其临床应用	卫生部甲级科学技术成果
1983	正常人、糖尿病人和肝脏病人共1 085例的胰岛B细胞功能的临床研究	卫生部甲级科学技术成果
1983	放射免疫测定法及其临床应用：人血浆甲状腺素结合球蛋白（TBG）的提纯、放射免疫测定法的建立及其初步临床应用	卫生部甲级科学技术成果
1984	性激素在男性冠心病、高血压、糖尿病等疾病中的变化和中医虚证（肾虚）的联系以及应用不同的中医治疗方法的效果	卫生部甲级科学技术成果

表5-4-11 1979—2010年上海市内分泌（代谢病）研究所主编出版物情况表

出版年份	专 著 名 称	主 编	出 版 单 位
1979	临床内分泌学（上）	邝安堃	上海科学技术出版社
1989	糖尿病在中国	邝安堃	湖南科学技术出版社
2002	享受健康人生——糖尿病细说与图解	许曼音	上海科学技术文献出版社
2003	分子内分泌学基础与临床	罗 敏	人民军医出版社
2003	内分泌代谢病临床新技术	胡仁明	人民军医出版社
2003	糖尿病学	许曼音	上海科学技术出版社
2005	临床诊疗指南·内分泌及代谢性疾病分册	罗 敏	人民卫生出版社
2009	内分泌内科学	宁 光	人民卫生出版社
2010	糖尿病学（第2版）	许曼音	上海科学技术出版社

四、教学工作

1979年开始，受国家卫生部委托，内研所协助内分泌科共同举办内分泌进修医师培训班，内分泌研究所提供了进修医师培训班开展实验室工作，课时300个学时。1982年开始，内研所举办了全国性类固醇放免试剂盒学习班，学员共计220多人，前来瑞金医院内分泌专业进修的学员遍及全国各地。

至2010年底，内研所共培养了67名硕士和70名博士。

2001年7月，内研所宋怀东论文《垂体及垂体瘤组织基因表达谱的建立并从中克隆新基因》，获得

2001 年全国优秀博士学位论文。2003 年 8 月，内研所骆天红获得 2003 年全国优秀博士学位论文，论文题为《2 型糖尿病相关基因定位研究》，该论文还于 2004 年 5 月获得上海市研究生优秀成果。

第四节　上海血液学研究所

一、发展沿革

1979 年，医院成立由内科和儿科共建的血液病研究室，王振义任主任。随着血液病研究方面的深入，王振义等认识到有必要整合上海第二医科大学各附属医院血液科的资源，形成学校系统的血液学研究机构，共同推动血液学研究。1987 年 3 月 23 日，上海血液学研究所经上海市高等教育局批准成立，包括瑞金、仁济、新华、九院的血液科和上海第二医科大学基础医学院病理生理教研室共 5 家单位。上海血液学研究所成立宗旨是“通过对血液学和相关学科领域基础和应用基础研究，为解决临床重大科学问题，消除病人疾苦服务”，坚持基础与临床紧密结合的医学研究，首任所长为王振义。1998 年 6 月，上海儿童医学中心成立，该中心血液科随之成为上海血液学研究所成员单位。2005 年 7 月，上海第二医科大学与上海交通大学合并，上海血液学研究所新增市一、市六、儿童医院血液科 3 家成员单位。2010 年研究所有中国科学院院士 1 人，中国工程院院士 2 人，国家杰出青年科学基金获得者 8 人。

上海血液学研究所成立成立之初位于医院老门诊楼，面积仅 10 平方米，条件简陋。1991 年 7 月，根据医院整体规划，搬入医院 33 号楼 3 楼，面积扩大至 400 多平方米。1993 年 9 月 21 日，由上海血液学研究所牵头申报的上海市人类基因组研究重点实验室，经上海市科学技术委员会批复成立，陈竺任主任。1994 年 10 月 13 日，卫生部批复同意成立“卫生部人类基因组研究重点实验室”，陈竺任主任。2001 年 11 月，根据专家论证意见，科技部批准在人类基因组研究实验室的基础上，建设医学基因组学国家重点实验室，陈赛娟任主任。2002 年 1 月，上海血液学研究所搬入现代化的瑞金医院科教大楼，面积达 3 600 平方米，实验条件达到国际一流水平。

表 5-4-12　1987—2010 年上海血液学研究所历任所长、副所长情况表

任职年份	所　长	任职年份	副　所　长
1987—1995	王振义	1987—1995	潘瑞彭
1995—2007	陈　竺	1987—2003	王鸿利
2007—	陈赛娟	1995—2007	陈赛娟(2004.01—2007.07 执行所长)
		1995—2003	欧阳仁荣
		1995—2007	沈志祥
		2004—2010	陈芳源
		2004—2007	陈国强
		2004—	顾龙君
		2004—	胡　炯

（续表）

任职年份	所　长	任职年份	副　所　长
		2004—	胡钧培
		2004—	梁　辉
		2007—	蒋　慧
		2007—	李　晓
		2007—	王　椿
		2007—	赵维莅

二、研究特色

自1987年成立以来，上海血液学研究所主要研究方向为恶性血液病的基础与临床研究。1987—2000年重点对急性早幼粒细胞白血病（APL）的发病原理与靶向治疗进行了研究。从2000年起，在APL研究取得重大突破的基础上，将靶向治疗的理念逐步拓展至其他类型白血病，对M2b型急性髓细胞白血病的发展原理和靶向治疗进行了探索。除白血病研究外，上海血液学研究所还开展了血栓与止血的基础研究与临床诊治。

【白血病治疗研究】

1988年，王振义课题组总结全反式维甲酸治疗24例急性早幼粒细胞白血病的结果，其中23例完全缓解。论文在*Blood*杂志上发表，引起国际医学界广泛重视，先后被*Nature*，*Science*，*Cell*，*EMBO*，*Proc Natl Acad Sci USA*等国际前沿学术期刊引证，是中国被国外引用次数最多的论文之一，获得了美国科学信息研究所引文经典奖。全反式维甲酸诱导分化治疗APL成为肿瘤诱导分化疗法的第一个成功典范。全反式维甲酸治疗存在的问题是早幼粒细胞白血病常在1～2年内复发，为解决这一问题，20世纪90年代中期，陈竺课题组开始对三氧化二砷治疗APL分子机制的研究。1996年，研究取得重大突破，相关论文在1996年8月1日出版的*Blood*期刊上发表，研究图片还被选为当期期刊封面图片。次日出版的*Science*杂志发表“Ancient Remedy Performs New Tricks”的专题评论，提出“这是用ATRA使人感到震撼的小组又一令人震惊的发现”。2010年，上海血液学研究所研究揭示癌蛋白PML-RARα是三氧化二砷治疗急性早幼粒细胞白血病的直接药物靶点，论文于2010年4月9日在*Science*上发表。在机制研究取得了突破后，上海血液学研究所开始在临床应用全反式维甲酸和三氧化二砷联合靶向治疗初发APL，7年随访的临床研究表明5年无复发生存率达到94.8%±2.5%，总生存率达97.4%±1.8%，5年无事件生存率达89.2%±3.4%，总生存率达91.7%±3%，使其成为第一个可被治愈的急性髓系白血病。2009年相关论文发表于*Proc Natl Acad Sci USA*。

继急性早幼粒细胞白血病诱导分化治疗获得成功之后，2003年开始，上海血液学研究所将基因产物靶向治疗进一步拓展到M2型白血病。研究发现中药提取物冬凌草甲素可能使M2型白血病的致病蛋白发生降解，获得比目前化疗方法更好的疗效，动物实验中取得重要进展。2007年10月26日，上海血液学研究所与江苏恒瑞医药股份有限公司签订了冬凌草甲素临床试验合作协议。

1991 年，陈赛娟首先发现 APL 变异型染色体易位 t(11;17)(q23;q21)，继而克隆 11 号染色体的 PLZF(早幼粒细胞白血病锌指)基因及 PLZF－RARα 融合基因，实现了中国在人类肿瘤致病基因克隆领域内“零”的突破。与具有经典 t(15;17)染色体易位和 PML－RARα 融合基因的 APL 病人不同，该型病人对全反式维甲酸(ATRA)治疗无效，因此 PLZF－RARα 融合基因的发现为 APL 发病原理以及 ATRA 诱导分化机制的研究提供了新的模式。2008 年，陈赛娟课题组在国际上率先提出白血病基因组解剖学计划。基于这一计划，该课题组从分子水平研究了慢性粒细胞白血病急变和 M2 型急性髓细胞白血病的多步骤发病原理，丰富了白血病发病理论，在国际上率先发现了一批新的白血病发病相关基因，揭示了白血病发病的新的遗传学机制，为临床诊断与预后判断提供了一系列新的生物分子标志和靶标。

【血栓与止血的基础研究与临床诊治】

20 世纪 50 年代，王振义在国内首先建立凝血活酶生成试验等检测方法，并制定血友病 A、B 的分型及其轻型的国内诊断标准，解决血友病的临床诊断和治疗基本问题。1979 年起，王振义在国内首先提纯因子Ⅷ相关抗原，建立中国血管性血友病的诊断标准，进一步完善中国血友病的分型体系。提纯的 β 血小板球蛋白、蛋白 C、蛋白 S、凝血酶敏感蛋白制成抗血清应用于科学研究和临床，构建了血栓与止血的系统性研究体系。1982 年，陈竺在国内首次将血友病甲、血友病乙按凝血因子Ⅷ、Ⅸ水平进行分型，随后开展血友病甲携带者的遗传咨询和血管性假血友病变异研究。上海血液学研究所成立后，血栓与止血的研究工作继续深入。1978—1997 年，王鸿利课题组创建凝血酶调节蛋白、血管性血友病因子抗原和活性等 40 余项血栓与止血检测方法，并利用这些检测方法对 1 332 例心、脑、肾等重要脏器血栓栓塞进行了检测与观察，在国内外首先提出血栓前状态的筛查指标，动(静)脉血栓形成的实验诊断指标以及抗凝和溶栓治疗的实验检测指标。1996—2006 年，该团队建立遗传性出血病与血栓病的“临床诊断、家系调查、表型检测、基因诊断和功能研究”的完整诊断体系，使瑞金医院成为国内唯一常规进行以血友病为主的出血血栓病基因诊断的医疗机构。1996 年起，该团队还对血友病 A 基因治疗进行了初步探索。从 2005 年开始，在继续扩大研究遗传性出血病的基础上，该团队深入研究血友病 A/B 的携带者和产前诊断，有效地切断了血友病的遗传连锁。对止血及血栓形成的分子机制研究也取得多项重要发现，如 2008 年发现整合素 β3 细胞黏附分子是血栓形成的关键“控制点”。

上海血液学研究所还在儿童急性淋巴细胞白血病治疗及恶性淋巴瘤疾病的研究等领域取得一系列重要成果。此外，上海血液学研究所还参与血吸虫、包虫病等传染病病原体基因组学研究，为病原体基因组测序和功能解析做出了重要贡献。

三、科研工作

截至 2010 年底，上海血液学研究所共发表 SCI 论文 244 篇，被引用率超过 1.8 万次；承担国家级课题 144 项，省部级课题 84 项，包括国家自然科学基金重点/重大项目和科技部 863、973 计划项目数十项。获得国家和省部级重要科技奖项 16 项，其中，国家自然科学二等奖 1 项，国家科学技术进步奖二等奖 2 项，上海市科技进步奖一等奖 7 项。

表 5-4-13　1986—2010 年上海血液学研究所获科研项目数统计表

年　份	国家攻关	973	863	攀登计划	国家自然科学基金	重大新药创制	科技部	教育部	卫生部	上海市
"七五"(1986—1990)	—	—	—	—	1	—	—	—	—	1
"八五"(1991—1995)	1	—	1	1	13	—	1	1	7	7
"九五"(1996—2000)	1	2	5	1	29	—	—	3	5	10
"十五"(2001—2005)	—	1	3	—	31	—	1	1	—	18
"十一五"(2006—2010)	—	5	5	—	36	2	1	1	—	15

表 5-4-14　1992—2009 年上海血液学研究所获国家级重大重点科研项目情况表

年份	项 目 名 称	负责人	项 目 级 别
1992	癌肿(急性白血病、肝癌)诱导分化疗法临床及实验研究	孙关林	国家"八五"攻关
1993	白血病分化诱导和人基因组研究	陈　竺	国家自然科学基金(优秀中青年)
1993	中华民族基因组中若干位点基因结构的研究	陈　竺	国家自然科学基金(重大)
1993	维甲酸诱导早幼粒白血病细胞分化的生物学研究	陈赛娟	国家自然科学基金(重点)
1994	应用差异显示方法分离和鉴定维甲酸受体的靶基因	陈　竺	国家自然科学基金(杰出青年)
1994	人类组项目"中法合作 YAG 筛选中心""人类遗传疾病相关染色体区域"研究	陈　竺	科技部欧共体合作
1995	白血病诱导分化和促凋亡治疗机制的研究	陈赛娟	国家自然科学基金(杰出青年)
1995	科研协作费	陈　竺	攀登计划
1996	恶性肿瘤的综合防治研究——白血病分化疗法的继续开发及其作用机理的研究	孙关林	国家"九五"攻关
1996	正常和白血病造血调控蛋白及细胞因子相关基因的克隆	茅　矛	"863"计划
1996	基因组后研究中的生物医学问题	陈　竺	攀登计划
1996	白血病相关基因分离与克隆	茅　矛	"863"计划
1997	实验室经费	陈　竺	国家自然科学基金(重点)
1997	分子遗传学——氧化砷治疗白血病的机制研究	陈国强	国家自然科学基金(杰出青年)
1997	系统性红斑狼疮遗传资源样品的采集	黄　薇	"863"计划
1997	肿瘤细胞凋亡机制的研究	王振义	国家自然科学基金(重点)
1998	中华民族基因组的结构和功能研究	陈　竺	国家自然科学基金(重大)
1998	创建多基因疾病组定位与分离的新理论和新方法(基因组多样性)	黄　薇	国家自然科学基金(重大)

（续表）

年份	项　目　名　称	负责人	项目级别
1998	凝血、纤溶在重要脏器血栓性疾病中的作用机制研究——APC抵抗现象与血栓形成分子机制研究	王鸿利	国家自然科学基金（重大）
1998	“疾病基因组学”理论和技术体系的建立	陈　竺	国家重点基础规划研究
1998	恶性肿瘤诱导分化的细胞和分子机制研究	陈赛娟	国家自然科学基金（重点）
1998	白血病相关基因	陈赛娟	国家重点基础规划研究
1999	重大疾病相关基因	陈　竺	“863”计划
1999	模式生物体系的建立及基因功能研究	王铸钢	国家自然科学基金（杰出青年）
1999	上海地区（包括苏州、杭州）白血病集资收集、保存和研究	陈赛娟	“863”计划
2000	分子遗传学（杰出青年配套）	陈　竺	国家自然科学基金（杰出青年）
2000	分子遗传学（杰出青年配套）	陈赛娟	国家自然科学基金（杰出青年）
2001	白血病资源的收集、保存与利用	童建华	“863”计划
2001	利用转基因技术和基因剔除技术研制人类疾病的动物模型	王铸钢	“863”计划
2002	白血病相关新基因的识别和鉴定及基因产物靶向治疗研究	陈赛娟	“863”计划
2002	规模化白血病相关基因的结构功能鉴定和靶向治疗研究	陈赛娟	科技部（科技攻关）
2002	基因组多样性	黄　薇	国家自然科学基金（重大）
2002	硫化砷与青黛联合治疗白血病的分子机理研究	陈　竺	国家自然科学基金（中医专项重点）
2002	恶性肿瘤诱导分化的细胞和分子机制研究	陈赛娟	国家自然科学基金（重点）
2003	应用基因芯片技术研究白血病发生及诱导分化的分子机制	张　济	国家自然科学基金（杰出青年）
2004	多基因复杂性状疾病的系统生物学研究	陈　竺	“973”计划
2005	白血病的系统生物学与靶向治疗研究	陈赛娟	国家自然科学基金（创新群体）
2005	正常造血干细胞疾病状态生物学特性的研究	刘廷析	国家自然科学基金（杰出青年）
2005	蛋白质类泛素化修饰与其功能研究	朱　军	国家自然科学基金（杰出青年）
2006	造血细胞分化、白血病发生发展以及有效治疗中的转录组研究	张　济	“973”计划（子课题）
2006	Rig－G基因在髓系白血病细胞分化中的功能研究	童建华	“863”计划（专题—目标导向）
2006	重大疾病转录调控网络的系统生物学研究	王侃侃	“863”计划（专题—探索）
2006	蛋白质类泛素（sumo）化修饰机制及其在模式生物体中生物学意义的研究	朱　军	“863”计划（专题—探索）
2006	白血病系统生物学研究	陈赛娟	国家自然科学基金（优秀重点实验室专项）
2007	急性白血病的分子分型和个体化诊疗	陈赛娟	“863”计划（重大项目）
2007	干细胞在体内环境增殖和分化过程中表面分子的鉴定和功能研究	诸　江	“973”计划（子课题）
2007	开发基于信息整合的多元化“组学”数据综合分析系统	张　济	“863”计划（专题）

（续表）

年份	项目名称	负责人	项目级别
2008	染色质修饰鉴定分析的方法学研究	王侃侃	“973”计划（子课题）
2008	染色质修饰异化在血液肿瘤中的作用机制	黄秋花	“973”计划（子课题）
2008	全基因组水平结核分枝杆菌的菌株差异性与宿主相互关系的研究	张　济	科技部“欧盟框架”
2008	白血病的系统生物学与靶向治疗研究	陈赛娟	国家自然科学基金（创新群体）
2008	硫化砷、丹参酮IIA及靛玉红对急性早幼粒白血病细胞的诱导分化作用及其机制研究	陈　竺	国家自然科学基金（重大）
2008	冬凌草甲素和毛萼乙素靶向治疗AML-M2b型白血病作用机制及最佳联合靶向治疗方案的研究	陈赛娟	国家自然科学基金（重点）
2008	应用斑马鱼前向遗传学策略筛选和识别正常和白血病肿瘤干细胞自我更新的信号转导路径	刘廷析	国家自然科学基金（重点）
2009	基于系统生物医学基础的白血病临床转化研究	韩泽广	“973”计划
2009	应用ChIP-Seq技术进行白血病细胞异常转录因子及表观遗传学研究	张　济	国家自然科学基金（重大）

2001年4月，上海市人类基因组研究重点实验室获全国五一劳动奖状。医学基因组学国家重点实验室自2001年起连续三次被科技部评为优秀国家重点实验室。上海血液学研究所的研究团队2005年和2006年，先后被评为国家教育部和国家自然科学基金委员会的优秀创新群体。血液学科被列为上海市“重中之重”重点学科、“211”工程重点建设学科和国家重点学科。2009年8月，上海血液学研究所被中央组织部、中央宣传部、人力资源和社会保障部和科技部联合授予全国专业技术人才先进集体。

表5-4-15　1993—2010年上海血液学研究所获国家级和省部级一等奖情况表

年份	项目名称	获奖名称
	国家级奖	
1993	急性早幼粒细胞白血病全反式维甲酸诱导分化治疗的机制研究	国家自然科学奖三等奖
1995	人类白血病分子机制研究及其临床应用	国家科学技术进步奖二等奖
1999	血栓与止血的检测与应用	国家科学技术进步三等奖
2001	全反式维甲酸与三氧化二砷治疗恶性血液疾病的分子机制研究	国家自然科学奖二等奖
2004	人类造血和内分泌相关细胞/组织基因表达谱和新基因识别研究	国家自然科学奖二等奖
2004	重要脏器血栓栓塞的基础与临床研究	国家科学技术进步奖二等奖
2007	遗传性出血病的基础研究和临床应用	国家科学技术进步奖二等奖
2010	揭示三氧化二砷和全反式维甲酸联合治疗急性早幼粒白血病的分子机制	2010年度“中国科学十大进展”
	省部级一等奖	
1993	急性早幼粒细胞白血病中t(15;17)染色体异位的分子生物学研究	卫生部科学技术进步一等奖

（续表）

年份	项　目　名　称	获 奖 名 称
	省部级一等奖	
1994	Ph1 染色体相关白血病细胞和分子生物学研究	上海市科技进步奖一等奖
1995	Ph1 染色体相关白血病细胞和分子生物学研究	国家教委一等奖
1997	人类白血病诱导分化和凋亡的细胞和分子机制研究	上海市科技进步奖一等奖
2003	造血相关基因表达谱、新基因克隆和染色体定位图谱的建立和研究	上海市科技进步奖一等奖
2003	重要脏器血栓栓塞的基础与临床研究	上海市科技进步奖一等奖
2004	遗传性凝血因子缺陷症和抗凝因子缺陷症的基础和临床研究	上海市科技进步奖一等奖
2006	氧化砷单用或联合全反式维甲酸治疗急性早幼粒细胞白血病临床及机制研究	上海市科技进步奖一等奖
2007	高通量组学技术在挖掘重大疾病发生及治疗分子网络中的应用	上海市科技进步奖一等奖
2007	应用高通量组学技术研究重大疾病发生及治疗的分子网络	教育部自然科学奖一等奖
2008	髓系白血病细胞分化相关信号转导途径及关键基因生物学功能的研究	教育部自然科学奖一等奖
2009	白血病、红细胞和血小板等血液系统相关疾病研究获整体突破	中国高等学校十大科技进展

表 5-4-16　1990—2008 年上海血液学研究所获科技个人奖项情况表

年份	获　奖　名　称	获奖人
1990	上海市卫生系统青年人才奖励基金会“银蛇奖”特别荣誉奖	王振义
1994	首届上海市医学荣誉奖	王振义
1994	上海市自然科学牡丹奖	陈赛娟
1994	首届上海市科技功臣	王振义
1994	首届何梁何利基金科学与技术进步奖	王振义
1995	上海市科技精英	陈　竺
1995	人事部中青年有突出贡献专家	陈赛娟
1996	求是科技基金会“杰出科学家奖”	王振义
1996	何梁何利基金科学与技术进步奖	陈　竺
1997	上海市科技精英	陈赛娟
1999	长江学者成就奖一等奖	陈　竺
2001	何梁何利基金科学与技术进步奖	陈赛娟
2008	中华医学会检验医学特殊贡献奖	王鸿利

表 5-4-17　1988—2010 年上海血液学研究所学术任职表

姓　名	任职年份	职　　务
王振义	1988—1996	中华医学会血液学分会副主任委员
陈赛娟	2006—	中国科学技术协会副主席
陈　竺	2007—	中国病理生理学会实验血液学主任委员
陈赛娟	2007—	中国病理生理学会实验血液学副主任委员
陈赛娟	2008—	上海市医学会理事会副会长
陈　竺	2010—	中华医学会会长

四、教学工作

上海血液学研究所重视人才梯队建设，注重人才引进和人才培养工作。近年来先后从法、美、加等国引进 10 多位中青年人才，成为研究所的主力军，其中包括国家中组部千人计划、国家自然科学基金杰出青年基金和上海市东方学者获得者。

截至 2010 年底，上海血液学研究所培养硕士生 229 人，博士生 173 人。培养的博士生中 4 人的学位论文入选全国优秀博士学位论文。上海血液学研究所毕业培养的博士生有多位已成为中国医学研究领域的领军人才，成为国家科技部 863 和 973 项目的课题负责人或首席科学家，或者担任国家级研究机构的负责人和一流高等院校医学院的院长。

五、国际合作

上海血液学研究所开展广泛的国际合作，与英国、法国、美国等国家的知名研究机构在白血病研究领域进行了紧密合作，其中与美国塞缪尔维克斯曼(Samuel Waxman)癌症研究基金会的合作成为典范。1992 年 10 月 29 日，瑞金医院、上海血液学研究所与美国 Samuel Waxman 癌症研究基金会建立的联合实验室正式挂牌，合作从事诱导分化治疗肿瘤的高科技研究。为进一步将白血病诱导分化治疗的实验室研究成果推向临床实践，并将这一新兴的治疗方法推广到其他类型白血病或实体肿瘤。1997 年 11 月 1 日，瑞金医院、上海血液学研究所与美国 Samuel Waxman 癌症研究基金会签订协议，建立合作临床癌症分化治疗研究中心。另外，上海血液学研究所与法国科学界的长期友好合作，也推动了中法生命科学和基因组研究中心的成立。

第五节　上海市烧伤研究所

一、发展沿革

1962 年，国家制订 1963—1972 年国家科学发展十年规划，医院被指定为研究灼伤课题的全国负责单位。1963 年，为配合科研工作的开展，医院成立灼伤研究室，并将灼伤科病房 3 楼改建后作为灼伤研究室之用，建筑面积 60 平方米，根据需要配备仪器，并从荷兰进口一台血气分析仪(当时全院只此一台)，以便监测大面积烧伤病人的血 pH、血氧饱和度等。1977 年 10 月，经原市革会综合计划统计组批准，投资拟建400平方米的皮库（低温冷库），后因烧伤、伤骨科、高血压急需科研实验用房。1979年2月，经上海市科委批复，同意在皮库基建工程基础上加建3层科研实验用房。1982年11月，灼伤研究室搬迁至瑞金医院35号楼底楼及2楼，底层为皮库，2楼为烧伤实验室，面积800平方米，主要设施有低温冷库、细菌室、无菌室、手术室、洗皮复温室等。该低温冷库是国内首个专门为皮肤低温贮存而修建的冷库。

1988年6月，经上海市卫生局批准成立上海市烧伤研究所（简称“烧伤所”），史济湘任所长。所址位于35号楼底楼及2楼。1999年上半年，由瑞金医院拨款对实验用房进行大修，并装修符合实验要求的细胞培养室。2002年，瑞金医院科教大楼启用，烧伤所部分搬迁至科教大楼（11号楼）10楼，在国家973项目及211工程资助下，添置相应仪器，建立具有开展组织学、细胞生物学和分子生物学等研究的实验平台，改善实验条件；35舍仍保留底楼，作为烧伤所部分工作人员办公室及实验用手术室等。

灼伤研究室成立时只有4人，由临床医师直接参与。1988年烧伤研究所成立时，共有专、兼职研究人员21人。1998年根据医院有关改革的精神，对人员进行分流，由24人减少至17人。在人事安排上进一步密切研究所与灼伤科的关系，由灼伤科主任廖镇江兼任烧伤研究所副所长，将烧伤研究所的方培耀调到灼伤科任副主任，定期召开所科联席会议，讨论烧伤学科发展问题。截至2010年，烧伤研究所共有14人，其中正高3人，含博导1人、硕导2人。

表5-4-18　1988—2010年上海市烧伤研究所历任所长、副所长情况表

任职年份	所　长	任 职 年 份	副　所　长
1988—1998	史济湘	1988—1998	朱德安
2002—2010	廖镇江	1988—2002	许伟石（1998—2002年主持工作）
		1992—2002	陈志龙
		1998—2002	廖镇江
		1998—2010	陆树良

二、研究特色

烧伤研究是烧伤临床工作的一部分，早期科研无申请项目，只是根据临床需要而为之。如烧伤病人的高代谢、高消耗，需增加高蛋白、高脂、高能量饮食，研究室根据病人需要自行研制营养牛奶、酪蛋白、静脉高能合剂及GIKC（葡萄糖、胰岛素、氯化钾、维生素C）等。20世纪60年代至80年代，烧伤研究逐步形成以提高大面积和特大面积深度烧伤治愈率、加强烧伤后期的康复治疗，以及烧伤移植、感染、营养、代谢及皮肤保存等为主的研究方向。20世纪90年代后，以国家自然科学基金重大项目、国家973项目、211工程、国家自然科学基金等多项国家级项目为依托，逐步形成以创面愈合为特色的学科发展方向和平台。

【皮肤“混合移植”方法的探索及机制研究】

1958年，在烧伤治疗中，皮肤混合移植法开始形成雏形，当时目的是为了减少在撕去异体皮时的出血，因此开孔很大，自体皮用量亦多。1960年底，灼伤科开始采用Mowlem及Jackson的自体、

图 5-4-4　20 世纪 80 年代末上海市烧伤研究所皮库

异体皮条状间隔移植法。在此基础上，1963—1965 年开展应用大张异体皮等距离嵌植自体小皮片的方法，进行自体和异体皮混合移植植皮方式的系列临床研究，主要摸索解决 3 个问题：自体皮的最小限度、自体皮间的最大距离、该方法的应用范围。1966 年 5 月，在国际上首先应用分期切痂移植大张打洞的同种异体皮，嵌值自体小皮片，以头皮为供皮区的治疗方法，治愈一例烧伤总面积 98%、三度烧伤面积 90%的病人，该方法使大面积三度烧伤的治疗成为可能。应用这种治疗方法后，烧伤总面积超过 80%、三度面积超过 50%病人的生存率，由 6.8%增加到 42.1%，三度烧伤的 LA50（半致死率）由 30.92%提高到 51.20%。1972 年开始研究用猪皮代替同种异体皮，至 1984 年取得成效，使烧伤总面积 80%、三度烧伤约 50%的病例完全可用新鲜猪皮取代异体皮，这一技术在中国被广泛推广。

1972—1979 年，开展“异体、自体皮混合移植后异体皮排异规律研究”，探讨自体、异体皮混合移植治疗三度大面积烧伤的理论依据。该研究阐明异体、自体皮肤混合移植后的“夹心现象”“排异高潮”及“异体真皮去向”3 个问题；1992—1997 年，作为国家自然科学基金重大项目“烧伤早期损害及创面愈合机理研究”中的子课题之一，探索“混合移植”成功覆盖创面的免疫学机制，揭示混合移植的成功机制在于“自体皮岛效应”所诱导的局部免疫耐受，深化“混合移植”的基础理论。

1984 年，瑞金医院的“治疗大面积烧伤”被列为新中国成立以来全国 20 项重大医药卫生科研成果。1985 年，瑞金医院“大面积三度烧伤治疗技术”获国家科学技术进步奖二等奖。1991 年“大张异体皮打洞嵌入自体皮治疗大面积三度烧伤技术”获首届上海科学技术博览会银奖。

【烧伤创面愈合机制的研究】

1992 年，烧研所与第三军医大学联合申请的“烧伤早期损害及创面愈合机理研究”通过专家论证，这是国家自然科学基金会生命医学部在“八五”期间唯一的重大项目。烧伤创面愈合机制的研究内容涉及分子生物学、免疫学和病理学等学科，该课题由第三军医大学黎鳌和史济湘主持，烧伤研究所为主要负责单位，联合上海第二医科大学病理教研室、上海市免疫学研究所以及长海医院烧伤研究所等协作完成。该项目探索浅二度烧伤创面愈合规律和深二度烧伤创面进行性加深的机制，以及中国首创的皮肤“混合移植”成功覆盖创面的免疫学机制。1997 年 11 月，该项目在重庆第三军医大学通过结题验收。1998 年 11 月“烧伤创面愈合机理的研究”通过科技成果鉴定。1999 年，“烧伤创面愈合机理的研究”获上海市科技进步奖二等奖和卫生部科技进步奖二等奖，2001 年获国家科学技术进步奖二等奖。

在了解深二度创面进行性加深机制的研究基础上，1998—2002 年，烧伤所开展“深二度烧伤创面进行性加深防治手段的研究”，提出“伤后 24 小时内削痂防治深二度创面进行性加深”的手术新方案，使深二度创面平均愈合时间提前10天(19.08 VS 29.36天)。2002年12月30日，"早期削痂防治深Ⅱ度烧伤创面进行性加深的基础与临床研究"通过科技成果鉴定，2004年获上海市科技进步奖二等奖及上海医学科技奖三等奖。

1999—2010年，陆树良主持2项国家"973"项目子课题，研究工作向创面愈合"失控"的发生机制延伸，探索糖尿病合并烧伤创面难愈的机制及瘢痕过度增生的形成机制，提出糖尿病皮肤组织"隐性损害"的概念及糖尿病合并创面难愈"微环境污染"学说。同时，基于糖尿病皮肤"微环境污染"学说所进行的干预手段研究，发现增加精氨酸的摄入可以改善糖尿病皮肤组织的"隐性损害"，氨基胍对难愈创面具有一定的防治作用，并获得2项发明专利。针对增生性瘢痕形成机制，提出"真皮模板缺损"学说，分获发明专利及3项实用新型专利。2005年12月，"创伤修复失控——瘢痕过度增生发生机制的研究"通过科技成果鉴定。2007年，"真皮模板缺损与瘢痕形成关系的基础与临床研究"获上海医学科技奖三等奖。2004—2010年，研究工作在"973"项目的研究基础上继续深入，先后申请了9项国家自然科学基金(面上项目6项，青年基金3项)。

【皮肤的低温贮存技术】

1958年，抢救大面积烧伤病人邱财康成功后，瑞金医院烧伤科开始着手进行皮肤贮存的实验研究和临床效果的观察，当时只限于贮存术后多余的自体皮，贮存条件为4℃冰箱。从20世纪60年代起，开始转向对异体皮和异种皮的贮存研究。当时所采用的贮存保养液为血浆、葡萄糖液和平衡液等，贮存条件仍为4℃冰箱。该种方法贮存，一般只能保持7天，不能满足临床需要。后改用低温或液氮贮存，使皮肤贮存时间明显延长。由于受当时条件限制，只是将皮肤贮存于盛有液氮或二氧化碳的大口冰瓶内。至20世纪70年代初，杨之骏成立国内第一家皮库，设置常年保持4℃的大型冷藏库，容量为500立升和150立升大型液氮罐。1982年，搬迁至35号楼后，成立医用生物材料低温保存中心，添置了低温保存必需的仪器设备。在此基础上，冯世杰、李映月等系统地研究皮肤的低温贮存方法、贮存皮肤活力的测定方法、影响低温贮存皮肤活力的因素等。1985年3月，杨之骏总结异种猪皮与人自体皮混合移植治疗大面积深度烧伤。1986年，与中国科学院原子能研究所合作开展辐射灭菌猪皮的研制。1990年7月，"皮肤低温保存的生物学变化"获上海市科技成果证书。

【冬眠疗法的作用机制研究】

1958年后，"冬眠合剂"因可减轻应激反应而成为严重烧伤病人早期综合治疗的一项常规措施。1959年，在豚鼠烧伤模型观察到"冬眠合剂"改善肾脏皮质区和小肠黏膜血液循环，显著减少肾小管坏死和胃肠黏膜溃疡的发生。1991年，获卫生部资助，许伟石等开展"冬眠疗法在烧伤休克综合治疗中作用的研究"，证实应激反应与烧伤后早期损害有密切关系。1998年，开展"抑制神经内分泌超常反应，对减轻烧伤早期损害的研究"；2004年，青春等开展"严重烫伤后冬眠疗法调节糖皮质激素及其受体水平及其信号转导通路的实验研究"。

【烧伤代谢和营养】

20世纪80年代初，烧伤所开始研究烧伤病人代谢、营养和免疫功能的关系，并着手口服营养配方的研制(课题列表)；着重研究蛋白质代谢特点，应用稳定性同位素15N-氨基酸示踪技术研究应激状态下蛋白质代谢动力学，并对有关代谢调节机理方面亦作相应探讨。

通过对烧伤病人尿3-甲基组氨酸测定，研究烧伤程度和营养条件对肌肉蛋白质更新速度的影响，发现蛋白质代谢的变化与摄入蛋白量有关，进一步通过L-[1-^{13}C]-亮氨酸体内示踪法测定烫伤兔总体蛋白质更新率，分析摄入蛋白量对总体蛋白质代谢的作用。

1996—1999年，开展“烧伤后胃肠道营养支持配方的研究”，所开发的“烧伤病人胃肠道营养支持配方”经无形资产评估，该无形资产折合100万元人民币作为2.5%的股份投资于上海通用药业股份有限公司，后转让于正大集团；1994年，开发复方精氨酸合剂，用于促进烧伤创面愈合和改善病人的免疫功能；1999年，开发谷氨酰胺颗粒剂，用于改善创(烧)伤、大手术后病人的肠道屏障功能，均作为瑞金医院自制制剂应用于临床。

【皮肤修复细胞的分离培养和移植研究】

1978年，烧伤研究所开展皮肤培养工作，初步获得成功。1979年，开展表皮细胞、纤维细胞与同种淋巴细胞混合培养；1985年起，开展体外混合皮肤培养和移植研究及表皮细胞移植的实验研究。1999年，开展“表皮干细胞的分离培养及其应用”研究。

【烧伤感染】

1972年，初步建立烧伤焦痂下组织内细菌定量方法，为烧伤创面脓毒症诊断标准的提出奠定基础。1972年起，与上海医药工业研究院及上海中药三厂合作开展“烧伤收敛结痂中草药鞣质的毒性研究”，着手研究在中国传统医学中用于烧伤创面3种中草药的鞣酸含量、收敛作用及对10种细菌的杀菌力及其毒性。1980年，该外用药的研究通过科技成果鉴定。1981年获得卫生部乙级科技证书。

1978年，灼伤研究室设立细菌组后，购置诊断仪器开展烧伤创面常规细菌培养和药敏，以研究烧伤创面细菌生态学的改变，指导临床用药。张琪等还开展厌氧菌培养的研究，初步建立厌氧菌培养条件，填补国内空白；1979年成功分离厌氧菌10余种。

1987年，完成“人抗绿脓杆菌内毒素蛋白超免疫血浆的研制及其对烧伤后绿脓杆菌创面脓毒症”的防治；1988年，许伟石开展“高价人抗绿脓杆菌免疫血浆对烧伤感染治疗研究”。1989年，开展人抗EP超免疫血浆防治烧伤后绿脓杆菌创面脓毒症机制的探索。1989年，观察SD-Zn及SD-Ag抗感染作用。1998年，开展“抗生素的应用与阴性杆菌内毒素释放的关系”研究。

【烧伤免疫】

自1978起开展烧伤后免疫功能改变的相关研究，由于严重烧伤后细胞介导的免疫所受影响较非特异性体液免疫更为显著，故烧伤免疫的研究主要集中于细胞免疫方面，主要包括烧伤后中性粒细胞、T淋巴细胞、单核-巨噬细胞、自然杀伤细胞功能的改变，及免疫抑制的机理。

三、科研工作

【合作科研】

1973年，为配合大面积烧伤治疗中对异体、异种皮的需要，烧伤所与医疗器械七厂协作，研制了异体皮制备机。1989年，与上海市四三〇六厂联合研究的滚动式异体皮劈皮机完成试用，并组织批量生产；同年肖玉瑞等研制一台灼伤病人专用精密磅秤，精密度1/3 000，可称重150千克。

1981年与苏州丝织试样厂合作，开展口径2毫米以下人造小血管的研究，已试制出第四代D型，对人造血管游离端的纤维脱散性及管壁致密度、柔软性进行了较大改进。1989年，与上海血液学研究所共同开展有关灼伤后出凝血变化研究；并与上海生物制品研究所合作开展外用血液凝血复合物的研究。1998年，开展卫生部课题"皮肤免疫排斥反应抑制剂的研究"(乙类课题)。1999年，开展"烧伤后心理问题干预措施的研究"，与江苏省启东市医疗用品研究所协作项目"无细胞猪真皮基质动物实验研究与临床疗效观察"。

【科研成果】

1963—2010年发表学术论文共240余篇，其中SCI收录论文15篇。1975—2003年，出版专著7本。1983—2010年共获得国家及省部级课题37项，其中承担国家自然科学基金重大项目1项，国家973项目2项，国家自然科学基金面上项目9项，卫生部项目3项，教育部骨干教师资助计划1项，市科委项目9项，市教委项目9项，卫生局项目4项。"大面积三度烧伤治疗技术"(1985年)和"烧伤创面愈合机理的研究"(2001年)分别获国家科技进步奖二等奖。至2010年，还获得省部级科技奖项11项。2000—2010年烧伤所共获得专利授权9项，其中发明专利3项，实用新型6项。

表5-4-19　1985—2010年上海市烧伤研究所国家级课题情况表

年份	专题名称	项目类别	负责人
1985	体外混合皮肤培养和移植研究	国家自然科学基金	史济湘
1989	人抗EP超免疫血浆防治烧伤后绿脓杆菌创面脓毒症的机制(超免疫蛋白)	国家自然科学基金	许伟石
1992	烧伤早期损害发病机理及创面愈合机理研究	国家自然科学基金(重大)	史济湘
1999	创伤修复"失控"(创伤难愈与瘢痕过度增生)发生机制的研究	国家"973"项目	陆树良
2002	严重创伤早期全身性损害与组织修复的基础研究	国家"973"项目	陆树良
2004	糖尿病合并创面难愈机制研究—皮肤组织"隐性损害"现象	国家自然科学基金	陆树良
2005	严重创伤救治与损伤组织修复的基础研究	国家"973"项目	陆树良
2005	创面修复中表皮角质形成细胞增殖调控模式的差异性研究	国家自然科学基金	陆树良
2007	糖尿病创面"炎症带"形成障碍与创面难愈的关系	国家自然科学基金(青年)	田　鸣
2008	真皮组织结构微观化重建对皮肤创伤愈合后组织重塑的影响	国家自然科学基金	姜育智
2008	增生性瘢痕自然成熟规律的机制研究——微血管内皮功能障碍对成纤维细胞生物学功能的影响	国家自然科学基金	王西樵
2010	真皮及脂肪组织创伤与瘢痕形成的关系及两种组织纤维化差异性的研究	国家自然科学基金	陆树良
2010	瘢痕形成机制的研究——组织结构变化对"ECM成分-细胞生物效应"的影响	国家自然科学基金	刘英开

表 5-4-20　1975—2003 年上海市烧伤研究所主编专著情况表

出版年份	名　　称	主　　编	出版社
1975	烧伤治疗(第 1 版)	医院烧伤科	上海人民出版社
1982	Treatment of Burns	杨之骏、许伟石、史济湘	Springer-Verlag 出版社
1985	烧伤治疗(第 2 版)	杨之骏、许伟石、史济湘	上海科学技术出版社
1989	烧伤治疗在中国	史济湘	湖南科学技术出版社
1995	现代烧伤治疗	许伟石	北京科学技术出版社
2000	烧伤创面修复	许伟石、乐嘉芬	湖北科学技术出版社
2003	烧伤创面愈合机制与新技术	陆树良	人民军医出版社

表 5-4-21　2000—2010 年上海市烧伤研究所获得专利情况表

年　份	专　利　名　称	专利类型	发明人
2001	皮肤瘢痕比色卡和由其制成的皮肤瘢痕比色具和比色盘	实用新型	陆树良
2006	活性无细胞真皮基质	发明	陆树良
2006	精氨酸对糖尿病皮肤组织“隐性损害”的改善作用	发明	陆树良
2007	糖尿病足部保健袜	实用新型	田　鸣
2008	氨基胍对难愈创面的防治作用	发明	陆树良
2009	糖尿病足保健袜	实用新型	田　鸣
2009	生物力学细胞培养仪	实用新型	姜育智
2009	皮肤组织硬度测量仪	实用新型	刘英开
2010	三维测量尺	实用新型	綦盛健

【学术任职】

史济湘曾任中华医学会外科学会常委(1978—1988 年),《国外医学·创伤和外科基本问题分册》主编(1982 年),《中华整形烧伤杂志》副主编(1985 年),中华医学会烧伤外科学分会第一届主任委员(1986—1991 年)、名誉主任委员(1991—1994 年),上海市医学会烧伤外科学分会副主任委员(1987—1994 年)。

许伟石为国际烧伤学会会员,曾任上海市医学会烧伤外科专科分会副主任委员(1994—1998 年)、主任委员(1998—2002 年)、名誉主任委员(2002—2006 年)。曾任上海市医学会理事,上海市医学会感染化疗专科委员会副主任委员,上海市医学会外科分会常务委员,《中华烧伤杂志》副总编辑,《中国抗感染化疗杂志》常务编委等。

廖镇江曾任上海市医学会烧伤外科专科分会副主任委员(1998—2002 年)。任中华医学会烧伤外科分会第四、五、六、七届副主任委员(1997—),上海市医学会烧伤外科专科分会主任委员(2002—)。

陆树良曾任上海市医学会烧伤外科专科分会副主任委员(2002—2006 年),中华医学会创伤学分会第四、五届常务委员(2003—2010 年),任《中华烧伤杂志》常务编委(2009—),中华医学会创伤学分会第六届副主任委员(2010—)。

四、教学工作

烧伤学科于 1978 年被授予硕士学位培养专业点,史济湘、杨之骏成为第一批硕士生导师;1981 年被授予博士学位培养专业点,史济湘、杨之骏成为第一批博士生导师。1978—2010 年共招收硕士研究生 45 人,取得硕士学位 39 人,1981—2010 年共招收博士研究生 26 人,取得博士学位 21 人。1988 年,史济湘当选上海第二医科大学研究生学位评定委员会医疗系一部委员会委员,被任命为瑞金医院学术委员会副主任。1998 年史济湘、杨之骏被聘为瑞金医院终身教授。1990 年,烧伤学科被遴选为上海市教委重点学科。1997 年烧伤外科被遴选为上海第二医科大学 211 工程重点建设学科。1998—2003 年,共举办"烧伤创面愈合机理研究的进展"国家级继续教育学习班 7 期,参加学员近 170 人。

第六节 上海消化外科研究所

一、发展沿革

1954 年,成立外科动物实验室。1963 年成立外科实验室,林言箴负责。1964 年,改称上海第二医学院外科基础研究室,傅培彬任主任。1982 年,改建成腹部外科研究室,当时已拥有 300 余平方米研究场地、200 平方米标准动物房和手术室,配备有 200 余万元的各类实验仪器,同时成为上海第二医学院外科基础与临床研究基地,并分为实验室与临床两部分。步入 20 世纪 90 年代,随着外科科研项目以及与各科室协作研究项目的增加,在原来动物房和动物手术室的基础上成立瑞金医院动物实验室,除保证外科的动物实验外,面向全院开放,从而为各科室的动物实验提供了方便。1998 年 2 月,经上海市科学技术委员会批准,上海消化外科研究所成立,依托于瑞金医院,隶属于医院普外科。成立之初,研究所名誉所长是林言箴和张圣道,顾问是董方中和周锡庚,李宏为任所长,朱正纲、韩天权和顾琴龙任副所长。随着医院筹建动物实验中心,即"瑞金医院实验医学研究中心",外研所动物实验室逐步独立,2010 年后归属医院科研处管理。2002 年 10 月,外研所迁移到科教大楼 10 楼,面积扩展至达 1 500 平方米。基础实验室设有器官移植研究室、消化病理研究室、细胞分子生物学研究室、外科免疫学研究室、色谱室和组织标本库等,配有专职技术员十余人;临床设有胃肠肿瘤组、器官移植组、胆道胰腺组、微创外科组和外科危重病组等。

表 5-4-22 1998—2010 年上海消化外科研究所历任所长、副所长情况表

任职年份	所　长	任职年份	副　所　长
1998—	李宏为	1998—2007	顾琴龙
2007—	朱正纲	1998—2007	朱正纲(2002—2007 年常务副所长)
		1998—	韩天权
		2002—	彭承宏
		2007—	刘炳亚

图 5-4-5　2000 年上海消化外科研究所所长李宏为(右)、朱正纲(左)讨论工作

二、研究特色

1954 年起，外科基础研究主要开展同种血管保存和移植的研究，进行异种动脉移植、体外循环的动物实验、心脏缺损的制造及修补手术的动物实验，以及对烧伤的病理变化进行动物实验。1963 年，开展门脉高压不同类型的动物模型制造、门体循环间人造血管移植的动物实验；肠一层与双层吻合术比较的动物实验等。“文化大革命”期间，科研搁浅，动物实验工作暂停。至 20 世纪 70 年代末及 80 年代初，随着国外器官移植研究的兴起，外科开展大动物(犬)肝脏和心脏移植手术研究、猪急性暴发性肝功能衰竭模型以及肝缺血再灌注损伤的研究。后与国外合作开展猪急性暴发性肝衰人工肝血液透析的实验研究等。1982 年，外科研究方向分别为胆石形成机制和胆石症的防治，急性胰腺炎的综合治疗，胃、直肠、结肠癌的防治，门脉高压症的外科治疗，肝细胞再生刺激因子研究，细胞和器官移植研究等、围手术期的基础研究等。实验动物开始拓展到小动物。为深入了解器官移植免疫排斥机制，成功开展大鼠心脏异位移植手术，在此基础上，成功建立大鼠肝脏移植模型，并进行大鼠尸肝移植手术。随后成功建立大鼠肾脏、小肠移植模型。同时开展胃癌热化疗的大动物(猪)实验研究，急性坏死性胰腺炎大动物(犬)手术模型的建立。20 世纪 90 年代，成功开展大鼠肝硬化模型、重症肝炎模型、肝缺血再灌注损伤模型、肾缺血再灌注损伤模型、颈内动脉结扎脑缺血模型、帕金森病模型、糖尿病模型、血管内皮损伤血栓模型、腹主动脉支架置入模型、输尿管结扎急性肾功能衰竭模型、肾动脉结扎慢性肾功能衰竭模型、急性坏死性胰腺炎改良模型以及急慢胃炎模型等。同时建立了大鼠大脑立体定位注射、门静脉测压、结肠造瘘、手术麻醉时生命体征监测、肝移植血管重建后 B 超监测、颈动脉插管给药、胆汁引流等动物实验方法。

【胃肠道肿瘤研究】

随着人们对肿瘤生物学特性认识的不断深入，发现胃癌生物学特性对早期诊断、手术方法的选择以及预后的判断均有重要意义。由于临床上胃癌病人多为中晚期，为进一步提高早期诊断率，在胃切除之前即能确定胃癌的生物学特性，把胃癌外科治疗真正建立在解剖学与生物学基础之上，并能更精确地判断胃癌的预后。20 世纪 90 年代，应用计算机多因素逐步回归分析方法分析影响胃癌预后的病理因素，应用流式细胞技术(FCM)对胃癌组织进行 DNA 含量分析，发现其中仅 DNA 倍体、分化程度和 TNM 分期可作为独立的预后因素；后又对胃癌浸润转移机制作较为深入的研究，采用免疫组织化学方法研究整合蛋白 6 亚基及其配体层黏素(LN)、IV 型胶原酶、ras p21 及纤黏蛋白(FN)以及 C-erbB2 癌基因在胃癌组织中的表达及其在浸润转移中的作用。同时研究胃癌组织中微血管数量(MVC)与胃癌预后的关系。结果表明，血管密度与有无及 5 年生存率有明显相关性。这些研究的创新点：① 提出胃癌生物学特性是决定预后的重要因素的理论；② 找出决定预后的一系列相关因素；③ 提出胃癌生物学特性是指导选择治疗方法的理论依据，即胃癌治疗“个体化方案”。为取得更为合理化的手术根治方案，探讨各种胃癌生物学特性与淋巴结转移规律之间的关系，及其术前预测淋巴结转移情况的价值；证实 Maruyama 系统术前预测胃癌淋巴结具有一定可靠性。术前根据胃癌生物学特性，预测淋巴结转移情况有利于尽早制定合理的手术方案，避免了手术的盲目性，对提高中国胃癌治疗总体水平有着非常重要的意义。随后进行胃癌前病变阻抑治疗的研究，用自行合成 N-甲基-N′-硝基-N-亚硝基胍(MNNG)喂养大鼠，结果胃癌诱发率高达 80%，远高于国内外文献报道，且诱癌发生周期也短。同时在电镜下观察了其超微结构，进一步证实此胃癌模型与人胃癌组织学相近，是研究胃癌的理想模型。自行配制富胃冲剂(FWCJ)、硒酵母(YSe)、胃酶素(WMS)、全反式维甲酸(ATRA)等多种药品喂养，结果发现能阻断胃癌的发生过程，降低胃癌诱发率，尤其是 FWCJ 对阻抑胃癌前病变发展、降低胃癌发生率具有一定前景，并对开发中医药具有很大价值。另一方面研究综合性辅助治疗的新技术，如腹腔内温热化疗、区域性动脉内化疗、生物免疫治疗、免疫化疗、营养化疗等，尤其是探明腹腔内温热灌注化疗(IPHC)的临床适应证，证明 IPHC 对机体是安全的，成功地设计并改良中国 IPHC 治疗仪，并投入临床应用，取得满意效果。以 MTT 方法测定 MKN-45、MKN-28 及 SGC-7 901 人胃癌细胞株对表阿霉素敏感性，发现因肿瘤细胞分化程度、药物作用时间不同而敏感性不同，提出合理用药的必要性；用表阿霉素作为术后早期腹腔内化疗药物，研究其对大鼠空肠吻合口的影响及药代动力学变化，结果表明其不增加任何并发症，为术后早期腹腔内化疗的推广应用提供了依据；腹腔给药的腹腔液和门静脉浓度比静脉给药高出 167 倍，且持续时间长，有利于对局部病灶的治疗。经胃癌围手术期肠外营养支持(TPN)研究提示，肠外营养能促进病人蛋白质合成，改善全身营养状况，增强病人免疫功能，但同时也可刺激胃癌细胞增殖，而同时应用化疗既可改善病人全身状况，又可抑制肿瘤细胞增殖。该疗法已在本院常规应用，并在上海、哈尔滨及江苏等多家医院推广应用。同时积极探索癌前病变演变至癌肿的机制，研究癌肿发生发展及其浸润转移机制。

20 世纪 90 年代至 21 世纪初，实验室开展肿瘤细胞凋亡、肿瘤基因治疗及肿瘤疫苗研究。绘制出胃癌发生发展各阶段基因表达谱，找出胃癌发生发展过程中结构改变的基因，阐明胃癌发生发展的分子机理，为胃癌早期诊断、治疗及预后提供候选靶基因。2009 年，经上海市科学技术委员会批准，建设“上海市胃肿瘤重点实验室”，以上海消化外科研究所为基地，集中上海优势力量，进行大规模多中心研究，着眼胃肿瘤的早期诊断、综合治疗及其分子机制，分别从分子流行病、血清标志物和先进内镜技术进行大宗病例的多中心研究，以形成临床实用的胃肿瘤早期诊断方法、流程与标准。将高通量“组学”分析发现的有前景分子标识回归到胃癌临床病理标本，进行多中心、大样本验证，并取得一系列成果，使得瑞金医院所治胃癌的总体疗效居国际先进、国内领先之列。

【大肠癌综合治疗】

开展低位直肠癌保肛系列相关研究：大肠癌者硒与免疫功能关系的研究；对肠腔内 5-氟尿嘧啶(5-FU)化疗后直肠癌细胞形态、超微结构和组织化学改变的研究；对直肠癌术前栓剂化疗的研究；开展检测大肠癌相关抗原、对大肠癌手术病人的预后进行评估；以及对结肠造口排便功能控制方面的研究，都走在国内前列。随后又进一步开展直肠肛管周围疾病保肛治疗系列研究；进行高效硅纳米线外周循环血肿瘤细胞富集芯片的研制；新型抗结肠癌棉酚衍生物的临床前研究；直肠癌术前精确分期下腹腔镜与开腹手术的比较，以及相关预后标志物的筛选；结肠癌肝转移细胞增殖能力的研究；裸鼠原位种植大肠癌肝转移 3 种建模方法的比较；皮层肌动蛋白的差异表达与结肠癌转移的相关性研究；靶向干预 N-WASP 功能区对大肠癌细胞侵袭转移能力影响的研究；Cortactin 差异表达与大肠癌转移的相关性研究；皮层蛋白氨基端同源性多肽分子对大肠癌细胞迁移、内吞能力及侵袭性抑制的研究；探讨血浆网素在结直肠癌诊断中的意义和淋巴细胞胞质蛋白在结肠直肠肿瘤中的表达及临床意义；用体内连续筛选法建立人结肠癌肝转移阶梯细胞模型等。

【胆道与胰腺疾病】

坚持胆石症预防研究的长期战略方针，以达到一级预防胆石症的目标。在国内率先开展胆石成分分析及胆石成因的研究，随后着重在胆固醇结石病易感基因及其与肝胆固醇代谢基因表达研究。开展收集胆石症家系资料；建立胆石症家系的基因库；全基因组扫描，定位胆石症易感基因；建设胆石症易患人群预测的基地；建立以易感基因为基础的胆石症预测模型，提高预测的准确性；人为干预调控危险因素以及设计有效预防药物预防疾病发生。加强对胆道肿瘤的早期诊断和治疗的研究，努力提高切除率、根治率以及生存率，并进行胆道肿瘤与胆石的关系研究。对手术损伤所致胆道高位狭窄的手术治疗进行研究。胰腺疾病方面，重点研究急性坏死性胰腺炎并发重症胰腺炎的机理及防治，进一步提高疗效。研究有关细胞因子在重症胰腺炎病因、转归及治疗方面的意义，并深入至重症胰腺炎致病的分子学基础。开展重症胰腺炎促感染因素的研究，治疗方案的改进，早期采用血液过滤治疗重症胰腺炎的探讨。胆石症的基础研究基本与国外同步。1987 年，在国内首先发现“胆固醇磷脂泡和羊水结晶现象”；1989 年，在国内首先发现“成核因子及抗成核因子”；1991 年，观察到成核因子作用于泡的全部成核过程，该成果国外亦未见报道。探明急性坏死性胰腺炎（ANP）的部分发病机理，研究坏死感染的早期诊断方法，提出“个体化治疗方案”，使 ANP 的疗效达国际先进水平。

【肝脏和门脉疾病】

建立超声多普勒测定门脉系血流量的准确方法；门体分流术最佳口径的实验性研究及经颈静脉肝内门体支架分流术（TIPSS）手术的临床研究。开展肝移植的系列性实验研究，着重于排异机制及抗排异治疗、缺血与再灌注损伤的预防等；肝细胞再生刺激因子、表皮生长因子对肝再生协同调控作用的研究；表皮生长因子抑制肝癌生长的机制；开展肝移植治疗终末期肝病的临床研究；肝癌的介入免疫与化疗。2003 年，重点研究：1. 原位辅助部分肝移植的基础研究。2. 肝移植受者 MPA 药效学基础研究。3. 预防活体肝移植小体积综合征的基础研究。4. 小体积肝移植后肝再生障碍及 MSC 干预作用的研究。

【微创外科】

重点研究人工气腹对肿瘤细胞切口及脏器转移的影响；不同气体对肿瘤细胞的影响；肿瘤热化疗；腹腔镜电击穿化疗治疗直、结肠癌肝转移、腹腔镜超声在临床扩大应用等。同时把关注重点放在高、新、难、精、尖手术的动物试验，先后开展了腹腔镜甲状腺及甲状旁腺手术、腹腔镜乳房癌腋窝淋巴清扫手术、腹腔镜胃大部切除术、腹腔镜盆腔淋巴结清扫术等，而且在腹腔镜直、结肠手术方面达到国内第一，国际先进。

三、科研工作

先后承担或参与国家级课题 30 项，曾获得国家、教育部、卫生部、中华医学、上海市科技进步奖等奖项；2006 年荣获上海交通大学 2005—2006 学年先进实验室称号。

表 5-4-23　2002—2010 年上海消化外科研究所承担国家级重大课题情况表

年　份	项　目　名　称	类　别	负责人
2002—2005	调控细胞增殖重要蛋白作用网络的研究	973	朱正纲
2002—2005	生物芯片的开发与应用	863	朱正纲
2002—2005	胃、肺癌相关基因的克隆与研究	863	刘炳亚
2007—2010	胃癌规范化标本库的建立及预后判断分子标志谱的鉴定	863	朱正纲
2007—2010	微粒生物人工肝反应器构建的研究	863(专题)	彭承宏

第五章　图书馆与医院期刊

第一节　图　书　馆

一、馆舍、馆藏与图书管理

1953年，医院在九舍西侧开设图书馆，设阅览室、书库和医学科技奖情报室，有阅览座位48座。1984年10月，图书馆旧刊书库搬迁到门诊大楼地下室。1986年图书馆先后搬迁至原儿科门诊候诊大厅、32号楼五官科病房临时过渡。1993年7月，图书馆搬迁到爱菊楼底楼和地下室，设专家阅览室、参考阅览室、普通阅览室、办公室、采编室、医学科技奖情报室、书库和储藏室，面积700平方米，设座位90座。除常规外文打字机外，购入四通英文打字机1台，并增添了打印机1台、复印机1台。

1999年，引入同济图联图书馆计算机集成管理系统（TALLS），运行前对所有馆藏书刊书目进行数字化录入作前期准备并试运行。2002年1月图书馆搬迁到科技楼14楼和13楼部分（书库），700平方米。图书馆设普通阅览室、参考阅览室、采编室、医学情报室、期刊整理室、办公室、书库、机房和储藏室，实用面积880平方米，设座位116座，并正式开始使用图书馆业务工作的计算机集成管理，链接上海第二医科大学信息资源中心。

2005年下半年，建立万方医药信息数据库瑞金镜像站。2007年4月，开通图书馆门户网站，为读者提供一体化服务平台，网站设置了本馆沿革、读者服务、数字化资源、书目查询、常见问题、常见参考数据、参考咨询、最新医学信息等栏目，通过内网向全院开放并可链接交大医学院信息资源中心数字化资源，并可以在网站查看或下载常用数据库利用方法的课件。

2008年10月，上海交通大学医学院及附属12家医院图书馆资源共建共享联盟成立。联盟馆在数字化资源评估、采购、继续教育、资源共建共享等方面合作，以联盟形式与供应商签约，较好地解决了附属医院图书馆合法使用医学院信息资源中的知识产权合法化的问题。通过与上海交通大学医学院信息资源中心协商，医院发展了第一批网络用户，多为重点学科带头人。

图书馆有账册记录始于1952年12月。图书馆藏书包括中文图书、外文图书、中文期刊合订本和外文期刊合订本，馆藏特色为中外文医学类书刊，尤其以临床医学书刊为主。至1989年累计藏书量为33 713册，以后逐年增加。2002年链接医学院信息资源中心数字化资源。2005年下半年图书馆建立了万方医药信息数据库瑞金镜像站。2006年，清理报损书刊24 128册。至2010年12月图书馆藏书量55 790册。

二、管理和服务

1977年，为加强科技情报交流，由医院业务组牵头组建医学科技奖情报资料室，设于图书馆内。图书馆隶属业务处、医务处、科研处直接分管，并由分管院长领导。图书馆现由科技发展处领导。

图书馆原设图书馆和医学科技奖情报室两部分。1985年图书情报一体化后两部分人员统归图书馆，但工作方向各有侧重。根据图书馆工作流程，分为采购、分类编目、流通、典藏、期刊、信息服务等主要工作岗位。

20 世纪 70—80 年代，图书馆设专职人员 5 人，医学科技奖情报资料室 3 人。人员多为院内医护等人员调配或转岗。1981 年起改革开放后第一批大学毕业生进入，图书馆专职人员 7 人。1987 年图书馆工作人员进行专业职称评定。至 2010 年图书馆工作人员全部为图书馆专业或相关专业人员。有研究馆员 1 人、副研究馆员 1 人、馆员 2 人、助理馆员 3 人。

1977—1985 年医学科技奖情报资料室负责院内外医学情报资料交流，与全国 200 余所医院图书馆或情报资料室建立医学资料和出版物的内部交流。编写“科技动态”报道国内外和院内外医学科技奖新闻。并与上海科技情报研究所联系定期为医院员工播放科技电影。

1985 年后随图书情报一体化趋势，图书馆开展与医学院图书馆及与市内各大医院图书馆的馆际合作和文献资源共享。1992 年底，搜集馆藏期刊信息，编撰《瑞金科研动态》，每月出版一期。1992 年 11 月起围绕重点科研课题进行定题情报服务，搜集馆藏外文期刊中与胃癌诊断治疗的有关信息，编撰 *Gastric Cancer Update*，逢双月出版，至 1998 年 6 月起，直接从 medline 检索后下载编辑，改为每月出版一期。图书馆的情报功能信息服务能力不断加强，图书馆也逐渐从传统的书刊流通向信息服务转化。

2002 年始实体馆周开放时间 65 小时，数字图书馆 365 天 24 小时通过医院内网向全院职工开放。由于计算机技术和通信技术的逐渐普及推广，图书馆间的馆际互借和资源共享多通过电子文档形式传递，读者咨询和指导工作成为图书馆的日常工作，绝大多数的咨询由流通值班人员解答。2006 年，随着数字化资源的增加或数据库检索界面的改版，读者可以根据各自信息需求定制个性化的信息服务。2008 年 10 月，上海交通大学医学院及附属医院图书馆资源共建共享联盟成立。2009 年，医院图书馆开始为学科专业提供个性化信息服务和学科服务。2010 年新增对职称晋升、职务聘用所需的 SCI 期刊收录状况及影响因子、统计源收录期刊的认证工作，也为提升图书馆的综合水平奠定了良好的基础。

据 2004 年统计，年阅览人次为 10 659 人次，书刊流通 6 602 人次，联机检索读者 11 285 人次。2010 年到馆阅览读者 27 928 人次，书刊流通 2 922 人次，联机检索读者 10 822 人次。馆藏书刊全部实行开架式。医院图书馆荣获 2006—2007 年度中国图书馆学会医院图书馆委员会先进集体。

第二节　医 院 期 刊

一、《外科理论与实践》

1996 年 5 月，由林言箴、李宏为和张圣道等倡议，《外科理论与实践》创刊，是医院主办的第一本刊物。办刊宗旨：加强全国外科界的交流和联系，为学界同道提供一个的学术讲坛和争鸣园地；介绍和传递国际医学科学前沿的新发展和新动向；帮助各级医院的外科医师更新知识，充实理论基础，改进诊疗技术，提高教学科研质量。以普通外科和肿瘤外科学的基础和临床研究为重点。试刊时为季刊，设有述评、专家论坛、论著、研究报道、病例报告、综述、讲座、专题讨论、技术方法及国内外学术动态等栏目。

1998 年，获准国内外公开发行，国内统一连续出版物号：CN 31 - 1758/R；国际标准连续出版物号：ISSN 1007 - 9610。邮发代码：4 - 607。主办单位为上海第二医科大学及上海第二医科大学附属瑞金医院。2000年起，被评定为中国科技论文统计源期刊（中国科技核心期刊），并被国家科技部中国科技论文与引文数据库（CSTPC）收录。2001年，改为双月刊。2006年1月，主办单位改为上海交通大学医学院，承办单位为上海交通大学医学院附属瑞金医院。2008年12月，主办单位改为上海交通大学医学院附属瑞金医院。编委会由全国各地普通外科学界的学术权威和知名专家组成。编辑部设在瑞金医院科教大楼。每期18万多字，印数2 000册以上。2005年，该刊获上海市期刊装帧设计检查评比优秀设计三等奖。2010年，编辑部主任成乃昌被评为首届华东地区期刊优秀工作者和第三届上海市期刊优秀工作者。

表5-5-1 1996—2010年《外科理论与实践》编辑委员会历任主编、副主编情况表

届次	年份	主编	副主编
内刊	1996—1998	林言箴	李宏为 张圣道 郁宝铭 尹浩然 吴肇汉 张一楚 陈治平 华积德
第一届	1998—2001	林言箴	李宏为 张圣道 吴肇汉 张延龄 华积德 张一楚 郁宝铭 尹浩然 陈治平
第二届	2002—2008	林言箴	李宏为（常务） 尹浩然 朱正纲 严律南 张一楚 张圣道 张延龄 陈汉 陈治平 吴肇汉 何三光 邹声泉 郁宝铭 赵玉沛 郝希山
第三届	2009—	林言箴 李宏为	刘永锋 朱正纲 严律南 冷希圣 吴志勇 汪建平 陈孝平 陈规划 郑民华 秦新裕 彭承宏 景在平 董家鸿 赵玉沛

二、《诊断学理论与实践》

2002年3月，《诊断学理论与实践》杂志创刊。办刊宗旨：提高读者的诊断理论水平、诊断技能和拓宽诊断循证思路，提高综合分析能力，为疾病的诊断、鉴别诊断、病情观察和预后判断提供依据。内容侧重综合诊断，包含实验诊断、物理诊断、影像学诊断、病理诊断，较少涉及治疗，重点突出。具有以下几个特点：刊出诊断学内容综合性强；主编参与度高，坚持组稿工作以争取优秀稿源，综合临床诊断手段为临床医师提供诊断思路，并开设医学教育栏目。

《诊断学理论与实践》国内统一连续出版物号：CN 31-1876/R；国际标准连续出版物号：ISSN 1671-2870。邮发代码：4-687。主办单位为上海第二医科大学。初创时为季刊。2004年，改为双月刊，被评定为中国科技论文统计源期刊（中国科技核心期刊），被国家科技部中国科技论文与引文数据库（CSTPC）收录。2006年1月，主办单位改为上海交通大学医学院，承办单位为上海交通大学医学院附属瑞金医院。2006年，该刊在上海科技期刊编辑编校质量检查中获优良奖。2008年12月，主办单位改为上海交通大学医学院附属瑞金医院。编委会由全国各地检验、影像、病理及临床医学学术权威和知名专家组成。每期18万多字，印数2 000册以上，编辑部设在瑞金医院科教大楼。

表5-5-2 2002—2010年《诊断学理论与实践》编辑委员会历任主编、副主编情况表

届次	年份	主编	副主编
第一届	2002—2006	王鸿利 于金德	朱明德 陈克敏 陈生弟 丛玉隆 樊绮诗 吴靖川
第二届	2007—	王鸿利	于金德（常务） 丛玉隆 吴靖川 陈生弟 陈克敏 樊绮诗

三、《内科理论与实践》

2006年7月，《内科理论与实践》杂志创刊。办刊宗旨：提高临床内科医师的理论水平和诊治技能，拓宽临床诊断思维，丰富诊治经验，综合提高其对内科疾病分析、诊断、鉴别诊断、治疗、病情观察和预后判断的能力。以提高诊断、辨别和分析能力为目的，突出基础理论与临床实践相结合，重点报道和介绍内科跨专业或交叉性疾病，提高和拓展药理知识，系统介绍随时代发展要求临床内科医师需掌握的新知识。

《内科理论与实践》国内统一连续出版物号：CN 31－1978/R；国际标准连续出版物号：ISSN 1673－6087。邮发代码：4－797。主办单位为上海交通大学医学院附属瑞金医院。双月刊。2008年，被评定为中国科技论文统计源期刊（中国科技核心期刊），被国家科技部中国科技论文与引文数据库（CSTPC）收录。编委会由全国内科学术权威和知名专家组成。第一届编辑委员会（2006—）由王振义、陈家伦任主编，邓伟吾、刘志红、吕传真、宋善俊、陈顺乐、钟南山、高润霖、翁心华、樊代明任副主编。每期15万多字，印数2 000册以上。编辑部设在瑞金医院科教大楼。获2008年度上海市新闻出版（版权）业"迎世博600天行动计划—期刊编校质量检查"优秀奖，2010年上海市科技期刊审读优秀奖。

ISTIC

中国科技论文统计源期刊

（中国科技核心期刊）

收录证书

CERTIFICATE OF SOURCE JOURNAL FOR CHINESE SCIENTIFIC AND TECHNICAL PAPERS AND CITATIONS

内科理论与实践

经过多项学术指标综合评定及同行专家评议推荐，贵刊被收录为"中国科技论文统计源期刊"（中国科技核心期刊）。

特颁发此证书。

中国科学技术信息研究所

Institute of Scientific and Technical Information of China

北京复兴路15号 100038 http://www.istic.ac.cn

2008年6月

有效期至：2010年12月

图5－5－1　2008年《内科理论与实践》杂志被收录为中国科技核心期刊

第六篇 医务员工

概　述

广慈医院建院初期，仅有2名医生，8名修女，15名助理员。以后医院规模逐渐扩大，20世纪30年代起，一批留学法国的医学博士回国至震旦大学任教，并兼任广慈医院医生。1945年，抗日战争胜利后，医院先后聘请一批外籍著名专家和留学法国、比利时的中国学者到医院任职。至1949年，在职员工已达356人，其中医师69人，护士82人，行政人员28人，工勤人员177人。2010年，在职员工人数达到3 661人。

1949年，医院在事务处下设人事组管理医务员工。1953年，成立人事科。1987年，改称为人事处。2003年，成立员工培训部。2007年，人事处更名为人力资源处，负责对医务员工的定编录用、教育培训、人才培养、职称评聘、工资福利、人力资源战略规划、人才引进、学科发展与人才培养计划、合同管理、人事信息系统建设、员工培训等工作。

20世纪50年代后，医院加强员工教育，采取多项措施对各类人员进行培训。对重点师资、青年医师分别制订培养提高计划。1956年，国家对教学卫生人员进行评级评薪，高镜朗(1958年调新华医院)、邝安堃、叶衍庆3人被评为一级教授；聂传贤、杨宜、傅培彬3人被评为二级教授。1998年，医院实行终身教授制度，至2010年，王振义等38人被遴选为瑞金医院终身教授。2002年，医院设立引进人才专项奖励，以吸引、鼓励人才在新的环境、新的岗位上发挥专长。至2010年，医院先后获得40项国家级、22项省部级、307项局级及205项校级人才计划项目，引进国内外高层次专业技术人才26人。

1963年3月，齐家仪、胡曾吉作为广慈医院首批援非医疗队员参加赴阿尔及利亚医疗队。1975年至2010年，瑞金医院先后派出37批共计158人次赴摩洛哥进行医疗援助。1988年，陈正中获"优秀援外医疗队员"称号。2000年，瑞金医院被评为援摩洛哥医疗队先进单位。

1986年，医院成立退休员工管理委员会，负责对退休员工的服务。委员会依托部门工会，通过"院、科"两级管理方式，围绕着"老有所养、老有所医、老有所学、老有所教、老有所为、老有所乐"的方针，开展为老服务工作。1994年，成立离退休高级知识分子联谊会。1998年初，医院开办了老年员工学校；2001年，提升为老年员工大学。1988—2010年，共计9次被评为"上海市卫生系统退休员工管理服务先进集体"。

第一章 人事管理体系

第一节 管 理 机 构

1949年,人事组与秘书室、总务组、会计组、社会服务组共同隶属于医院事务处,由院秘书兼任人事组主任,有科员2人。1953年,更名为人事科,隶属院秘书室。1968年,更改为组织组,隶属院革命委员会。1978年,恢复为人事科。1987年,改称为人事处。2003年,为整合医院员工培训资源,成立员工培训部,隶属于人事处。2007年,人事处更名为人力资源处。

表6-1-1 1951—2010年人力资源处、人事处(科)历任处(科)长、副处(科)长情况表

名 称	任职年份	处(科)长	任职年份	副处(科)长
人事科	1953—1954	刘湧波	1951—	燕 山
	1956—1961	崔林森	1953—1955	刘玉成
	1962—1965	周全太		
	1978—1984	尹月桂		
	1984—1988	席德忠		
人事处	1988—1990	席德忠	1988—1990	张光瑾
	1991—1995	王年英	1988—1991	王年英
	1995—1998	郑振中	1990—1993	蔡 锋
	1998—1999	徐树声	1993—1996	徐树声
	1999—2001	姜昌斌	1996—2004	高正仪(2002.10—2004.5主持工作)
			1997—2007	徐 娟
			2001—2002	杜玲珍(主持工作)
			2003—2007	袁 青(2004.5起主持工作)
			2004—2010	陈立今
人力资源处	2007—	袁 青	2007—	王敏怡
			2010—	费 健

第二节 管 理 职 能

20世纪50—70年代,人事科职责主要包括选拔和培养干部、考勤、出国政治审查、人员流动、制订组织机构和人员编制、工资福利、人事档案与统计、奖惩。此外,还包括了解干部政策水平和政治思想品质、治安保卫工作、干部劳动事宜,这部分职责随着时代变迁及医院行政机构设置细化而逐步移交或取消。

1985年，医院管理制度改革，人事科于1986年重新修订职责范围，主要增加技术职称评审、人员培训、师资培养、技术档案管理、外调接待等工作职责。

2000年以后，随着现代化人力资源管理理念的深入，人事处进一步增加人力资源战略规划、人才引进、学科发展与人才培养计划、合同管理、人事信息系统建设、员工培训等工作职责范围。

第二章　员工来源与结构

第一节　来　源

一、医生

1907年，仅有一名法籍医学博士，名为佛来松(Fresson)。1912年，应震旦学院院长、法籍传教士孔道明(De Lapprent)之邀，法籍医师李固(Ricou)开设医学先修课并任临床指导教师。1914年，震旦学院正式开设医科，广慈医院成为医科教学基地，医科学生可在广慈医院进行临诊实习，优秀的毕业生被选拔到医院做实习医生。是年，佛来松、李固两位医生开办佛来松医疗公司(Firme Fresson)，这一医疗机构聚集早期来沪的相当部分法籍医师，其中有些就是法租界公董局医生，大多兼任早期广慈医院的各科医师，在广慈医院的创建中发挥相当重要的作用。1916年，法国医学博士薛佩礼(Sibiril)到震旦学院任教并兼任广慈医院内科主任，之后震旦大学开始从法国陆续招聘教师来中国任教，应聘的大多是一次大战后复员的军医，还有一部分法国驻上海远征军中的随队医生到医院兼职。

20世纪30年代起，一批留学法国的医学博士回国至震旦大学任教，并兼任广慈医院医生，其中包括邝安堃(1933年回国，兼任广慈医院皮肤科、小儿科主任)、徐宝彝(1935年回国，兼任广慈医院外科主任)。抗日战争时期，由于医院病房楼被占领作为日军野战医院，一些医生离职到其他地方谋生。1945年，抗日战争胜利后，医院先后聘请一批外籍著名专家和留学法国、比利时的中国学者到医院任职，其中有法国巴黎大学医学院外科学博士司比利特、儿科学博士米雄、传染病专家魏利沃、放射学专家载霞、留学归国的外科傅培彬、妇产科唐士恒、泌尿外科程一雄、耳鼻喉科刘㤞、皮肤科朱仲刚等，同时陆续增加一批年轻医生。

每年震旦医学院只有最优秀的几名毕业生才能留在瑞金医院工作，如1947届的宋祥明、史济湘等，1948届的王振义、龚兰生、唐振铎等，1949届的林言箴等。新中国成立后，为充实医疗力量，医院开始大量留任震旦大学医学院学生，1950届毕业班总人数的三分之二留院，包括陈家伦、张天锡、王德芬、许曼音等14人。至1956年，沪上一批著名的专家学者先后在广慈医院任职，他们中有儿科专家高镜朗、骨科专家叶衍庆、外科专家董方中、肺科专家孙桐年、心脏病专家陶清、传染病专家杨宜、口腔内科专家席应忠、口腔外科专家张锡泽、整形外科专家张涤生、麻醉专家李杏芳、中医伤科专家魏指薪等。还有一大批响应祖国号召，冲破重重阻挠回国的青年留学人才，包括朱大成、董德长、曾畿生、邱立崇等，他们中的大部分承担了上海第二医学院的教学工作，为医院持续培养年轻医学人才。除吸收上海第二医学院本校毕业生外，医院尚有来自上海第一医学院、同济医学院、浙江医学院以及华西医学院、北京医学院、四川医学院口腔专业的毕业生，不同的学术体系奠定了医院各学术流派的基础，因而学术思想较为活跃。

20世纪60年代起，医院补充的医科毕业生基本上都来自上海第二医学院。“文化大革命”中，医院的医教研工作一度中断，20世纪70年代后逐步恢复。20世纪80年代起，医院高度重视医学人才的培育，通过从学校到临床、理论到实践的连贯性培养，医院各学术流派和学术思想在医学前辈的言传身教中得到传承与发扬，涌现出一批年轻的学科带头人和专业技术骨干。直到20世纪90年代中后期，随着党中央和国务院正式提出改革高等学校毕业生统包统分的就业制度，实行毕业生自主择业的就业制度，医院开始执行双向就业、公开招聘，毕业生来源日益丰富。2000年后，除应届毕业生招聘，同时根据各学科发展的需要适时进行社会招聘与人才引进。

二、护士

广慈医院成立时共有8位修女，她们大半来自法国，均有看护经验，主要承担医院管理工作及门诊施诊给药。至1932年，医院共有7名外籍护士、24名修女(其中14人有护士执照)从事护理工作。1936年，广慈医院开设护士学校，因医院附属于震旦大学，故又名为震旦大学附设高级护士学校(简称"震旦护士学校")，此后，医院护士主要来源为震旦护士学校和圣心护士学校毕业生。抗日战争时期，由于医院病房楼被占领作为日军野战医院，一些年轻的修女因此撤离广慈医院。抗战胜利后，病房楼归还医院，护士学校开设在院内。新中国成立后，为充实医疗力量，震旦护士学校1950届毕业生大部分留院工作。

1952年后，护士来源以上级调配为主，除震旦护士学校毕业生外，还有中山护校等毕业生分配到医院。20世纪60年代，医院基本都从广慈护校毕业生中留院补充护理人员。1979年，为解决护理人员较为缺乏的状况，医院向上级单位报批公开招考社会人士、医院青工任助理护士，经自愿报名、文化考试、全面考核后录取，再经6个月半脱产专业培训、考试合格后分配至各科任助理护士。直到20世纪90年代中后期，随着毕业生自主择业的就业制度的施行，毕业生来源日益丰富，此后，医院主要从上海交通大学医学院、上海中医药大学、上海医药高等专科学校、上海健康职业技术学院、上海建峰职业技术学院、上海杉达学院、上海欧华职业技术学院、上海思博职业技术学院、上海立达技术学院、上海济光职业技术学院、上海东海职业技术学院等高校录取毕业生。

三、医技人员

新中国成立以前，化验、影像等医技部门的工作基本由医生承担，无专门的医技人员。1950年，为充实医疗力量，医院开始录用医技、药技人员。1952年后，医技人员来源以毕业生分配和上级调配为主。1956年，因化验、药剂、口腔技术员等医技人员来源紧张，广慈医院吸收部分初中毕业生进行短期培训，培训合格予以录用。20世纪60—80年代，医技人员保持较为稳定的来源及增长速度，直到20世纪90年代中后期，通过双向就业、公开招聘，医、药技毕业生来源日益丰富。

四、行政人员

医院成立初期主要由修女承担医院的日常管理工作。20世纪30—40年代，包括24名修女在内，共有28名管理人员。20世纪50年代，医院党政管理人员主要是由上级机关调入和军队转业干部，以及从党的积极分子中培养提拔。20世纪60年代起，从医师中挑选适合做行政管理工作的同志充实管理队伍。20世纪70年代起，行政队伍中开始补充非卫生系列专技人员(如财会、统计等)。到20世纪70年代末，因行政队伍人员缺乏，在医院66届以后的青工范围内公开招考财会、行政人员，录取后经6个月实习期考核合格正式分配工作。20世纪80年代之后，根据中央关于干部队伍

“革命化、年轻化、知识化、专业化”的要求，大批年富力强、懂专业的管理人员接替任医院各行政管理部门的负责人岗位，形成正常的新老交替制度。到20世纪90年代中后期，医院开始补充医学管理等相关专业背景的毕业生，管理队伍逐步实现专业化发展。2000年之后，随着管理职能的不断扩大，为应对新时期下的发展要求，医院管理人员的招录不再局限于医学管理专业，吸纳更多其他管理专业的人才，管理队伍逐步专业化、精细化、科学化。

五、工勤人员

1907年，医院成立时有15名工勤人员，之后补充的工勤人员几乎都是天主教信徒。新中国成立后，在医院征用初期，主要由劳动局介绍失业工人和失业知识分子到医院工作，也有少量私人介绍，主要是照顾员工家属参加工作。1958年以后工勤人员由上级从其他行业的富余人员中调剂补充。20世纪70年代后期，由于员工子女上山下乡需安排顶替、照顾夫妻关系、社会青年求业和征地农民参加工作等政策性安排因素，导致当时医院非专业人员编制大幅膨胀，后通过退休，压缩非专业人员编制，使工勤人员编制渐趋合理。2000年之后，随着后勤社会化改革，医院实行后勤服务外包，仅录用按国家政策性安排人员，原有工勤人员逐步自然减员。

第二节　规模与结构

一、概况

医院成立初期，设内、外两个科，仅有2名法籍医师8位修女负责医院的医疗工作，另有15名助理员。至1932年，医院设7个科室，共有12名医生(9名法国医生、3名中国医生)、7名外籍护士、24名修女(其中14人有护士执照)、工人177人，合计220人。1949年建国时，医院在职员工合计356人，其中医师69人，护士82人，行政人员28人，工勤人员177人。1951年，上海市军事管制委员会征用医院时，全院在职员工人数共516人，其中医师68人，护士118人，医技、药技18人，行政人员64人，工勤人员248人。1952年之后，随着医院规模扩大和医教研事业的发展，员工队伍也相应壮大。1955年员工人数首次超过千人，达到1 067人；1965年增加至1 507人；1975年增加至1 617人；1985年增加至2 204人；1995年增加为2 655人；2005年增加至3 432人；2010年在职员工人数达到3 661人。

表6-2-1　1949—2010年医院员工人数统计表

年　份	合计人数	医　师	护　士	医　技	药　技	其他专技	行政人员	工勤人员
1949	356	69	82	—	—	—	28	177
1950	540	98	167	9	2	—	39	225
1951	516	68	118	11	7	0	64	248
1952	670	59	187	46	14	0	92	272
1953	843	107	295	36	17	0	119	269
1954	998	146	355	72	—	0	144	271

（续表）

年 份	合计人数	医 师	护 士	医 技	药 技	其他专技	行政人员	工勤人员
1955	1 067	171	410	54	34	0	152	246
1956	1 139	203	404	75	36	0	127	294
1957	1 310	234	470	95	41	0	127	343
1958	1 219	261	403	98	41	0	121	295
1959	1 280	247	454	95	47	0	120	317
1960	1 231	225	437	92	47	0	118	295
1961	1 324	254	468	109	52	0	140	301
1962	1 381	301	473	115	55	0	142	295
1963	1 494	331	487	126	46	0	141	363
1964	1 505	325	491	125	47	0	155	362
1965	1 507	342	495	131	46	0	172	321
1966	1 427	268	480	104	45	0	175	355
1967	1 422	281	443	144	45	0	177	332
1968	1 422	—	—	—	—	—	—	319
1969	1 413	292	482	110	36	0	171	322
1970	1 517	354	482	160	—	0	189	332
1971	1 529	300	468	150	—	2	203	406
1972	1 494	259	450	149	30	0	191	415
1973	1 545	260	535	145	44	3	160	398
1974	1 583	261	548	154	50	3	166	401
1975	1 617	272	518	127	51	51	179	419
1976	1 712	302	566	162	58	3	176	445
1977	1 824	325	608	193	61	0	177	460
1978	1 888	376	584	183	66	12	224	443
1979	2 084	—	—	—	—	—	—	—
1980	2 054	403	710	189	68	7	194	483
1981	2 137	409	699	231	75	20	265	438
1982	2 201	483	702	82	227	15	266	436
1983	2 213	538	714	232	71	22	264	372
1984	2 198	559	683	232	69	17	287	351
1985	2 204	561	697	223	73	27	258	365
1986	2 241	561	728	227	78	27	254	366

（续表）

年　份	合计人数	医　师	护　士	医　技	药　技	其他专技	行政人员	工勤人员
1987	2 344	605	738	233	77	33	245	413
1988	2 316	646	786	316	—	—	—	—
1989	2 484	666	807	302	85	12	208	404
1990	2 497	690	815	273	81	94	154	390
1991	2 582	732	806	260	90	104	155	435
1992	2 629	774	802	260	128	104	156	435
1993	2 639	—	—	—	—	—	—	440
1994	2 665	788	816	264	97	13	251	436
1995	2 655	754	823	259	98	14	256	451
1996	2 709	767	845	270	99	13	262	453
1997	2 810	763	941	277	101	13	263	452
1998	2 885	785	948	292	104	17	287	452
1999	3 065	—	—	—	—	—	—	—
2000	3 080	—	—	—	—	—	—	—
2001	3 072	830	1 056	299	110	21	311	445
2002	3 032	—	—	—	—	—	—	—
2003	3 026	—	—	—	—	—	—	—
2004	3 046	—	—	—	—	—	130	389
2005	3 432	975	1 304	483		392		278
2006	3 485	—	—	—	—	—		—
2007	3 517	945	1 374	328	112	466		292
2008	3 642	904	1 416	475		—		—
2009	3 496	915	1 461	324	103	440		253
2010	3 661	861	1 477	479	107	432		305

说明：1999 年前统计人数为医院编制人员。2000 年后统计人数含医院编制人员、医学院编制人员、研究所编制人员及编外人员。

二、各类员工规模与结构

【医生】

1907 年医院成立时，医院有 1 名医生，仅占全部员工的 4%。到 1932 年，共有医生 12 人，但由于工勤人员大幅增加，因此医生仅占 5%。1942 年，医生人数有较大增加，共有 69 人，占员工人数的 24.1%。1949 年建国时，医生人数仍为 69 人，占 19.4%。1953 年，医生人数发展到 107 人，1956 年首次突破 200 人。1962 年，医生人数到达 301 人，占员工人数的 21.8%。1966—1975 年，医生人数略有减少，为 272 人，仅占 16.8%。到 20 世纪 80 年代，医生比例再次增加。1980 年，医生人数达到 403 人。1982 年，医生占员工人数首次超过 20%，为 21.9%。1994 年，共有医生 788 人，占 29.6%，达到最高占比。截至 2010 年，医院共有医生 861 人，占员工人数的 23.5%。

【护士】

1932 年，医院有外籍护士 7 人、有护士执照的修女 14 人，占员工人数的 8.8%。建国时，有护士 82 人，占 23%。1950—1959 年，护士人数发展到 454 人，占 35.5%。1960—1969 年，共有护士 482 人，占 34.1%。1980 年，护士人数达到 710 人，1989 年达到 807 人，1997 年达到 941 人。2000 年后，护士规模突破千人。2001 年有护士 1 056 人，占 34.4%。到 2010 年有护士 1 477 人，占比达到 40.3%。

【医技人员】

1950 年起，医院开始设置医、药技岗位，共有医技 9 人、药技 2 人，此时占人员总数的比例非常低，仅为 2%。至 1957 年，医、药技人员数增多，达到 136 人，占 10.4%，之后呈现较为稳定的增长趋势。1974 年，医、药技人员数首次达到 204 人，占 12.9%。1981 年，医、药技人员数突破 300 人，达到 306 人，占 14.3%。2000 年，医、药技人员数首次达到 409 人，占 13.3%。截至 2010 年，医、药技人员数为 586 人，占人员总数的 16%。

【行政人员】

1907 年建院时，由 8 名修女承担管理工作，占员工人数的 32%。1932 年，修女人数增加至 28 人，占 11.8%。到 1949 年，管理人员数占员工人数的 7.9%。1953 年，管理人员增加至 119 人，占比提高到 14.1%。1971 年，管理人员人数增加至 205 人，占员工人数的 13.4%。1998 年，管理人员人数增加至 304 人，占 10.5%。2007 年，管理人员人数为 466 人，占 13.2%。截至 2010 年，管理人员人数为 432 人，占员工人数的 11.8%。

【工勤人员】

1907 年建院时，15 名工勤人员占到员工总数的 60%。至 1932 年，共有工勤人员 177 人，占 74.4%，此规模一直维持到 1949 年，当时卫生专技人员已逐步扩充，工勤人员占总人数比例相应降低，为 49.7%。1954 年，工勤人员为 271 人，占比首次下降至 27.2%。1971 年，工勤人员编制膨胀，首次突破 400 人，占 26.6%。20 世纪 80 年代后，工勤人员人数经压缩再次减少，1982 年首次下降至 19.8%。2000 年后，随着后勤社会化改革，工勤人员实行自然减员，到 2005 年，工勤人员为 278 人，占员工人数的 8.1%。

第三章 员 工 教 育

第一节 队 伍 建 设

一、人才培养

医院一贯重视人才培养工作。20 世纪 50 年代后期至 60 年代初期，医院成立以院长为首的师资培养领导小组，对重点师资、青年医师分别制定培养提高计划。

在重点师资培养方面，根据上海市对“新专家培养工作”的有关指示，挑选一批优秀教师作为骨干，通过确定小专业研究方向、院内轮转及院外进修等方式进行重点培养，当年作为重点培养的骨干师资后来大都成为各学科的学术带头人，在医院内科奠基人邝安堃教授的重点培养下，陈家伦、许曼音、王振义、龚兰生、唐振铎、董德长分别成为内分泌、血液病、心脏病、消化病、肾脏病的学科创始人和第一代学科带头人。外科史济湘、林言箴、张圣道、宋祥明、张天锡、佘亚雄等也在傅培彬和董方中的指导下，成长为烧伤科、普外科、胸外科、神经外科、儿外科的学科带头人。

在青年医师培养方面，主要结合住院医师培养制度，依靠老专家、老教授在医教研实践中有计划地实行“导师挂钩制”，一级带一级，“一帮一”地进行指导。探索主治医师小专业固定制、考试考核制、总住院医师制、外文文献摘录制等有益的培养制度，同时辅以“三基”训练、轮科、英法日俄外语学习班、定期学术讲座、疑难/死亡病例讨论、总查房等方式，加快青年医师的成长。选送医师出国留学进修，接受上海第二医学院指导进行生产实习，举办护士、技术员培训班及进修班，配合医教室举办医学俄文学习班等，多途径培养卫技人员。

“文化大革命”期间，正常的医教研秩序遭到破坏，人才培养工作受到干扰。进入 20 世纪 80 年代，医院针对“文化大革命”造成师资队伍青黄不接的严重情况，恢复确定与提升教师和各类业务人员职称，建立各级师资培养组织机构，重新制订师资培养规划，通过学历培训、专业培训、外语培训等方面，开展多层次、多形式、多渠道的人才培养工作。尤其在党的十一届三中全会召开以后，医院开始陆续派出大批人员出国进修、攻读学位，还有不少人通过自费公派和自费留学形式出国学习，成为人才培养的重要途径。1989 年，上海市卫生局批准瑞金医院作为试点医院实施各级临床医师岗位职责培训、考核、晋升试行办法。20 世纪 90 年代后，通过参加由上海市卫生局举办的中青年主治医师进修班、参与由上海第二医科大学实施的“跨世纪人才培养工程”等多种方式，加快中青年骨干和新学科带头人培养。1997 年，医院获得由国家教育委员会、人事部颁发的提高职业素质项目——全国留学工作先进单位称号。

图 6-3-1 1984 年医院开设职工教育医学英语提高班

2000年后，医院内部的人才培养模式日益成熟，在医院“质量建院、人才立院、科教兴院”的战略方针指导下，致力于充实和加强各学科梯队建设，鼓励各层次人才申报国家留学基金委全额资助、上海市教委国外访学计划、上海交通大学医学院百人计划、王宽诚基金、郑裕彤博士奖学金、中法博士后等院外各级各类人才项目。2002年起，设立医院“优秀青年学术骨干”(简称“院优青”)。2007年，医院制订人才培养和学科建设计划的实施方案，通过施行《“海外人才培养基地建设”实施办法》《海外人才培养基地协议》《“筑峰工程”实施办法(试行)》等一系列人才培养制度和办法，鼓励通过院校际关系、导师关系遴选公派中青年学术骨干出国，在加大人才培养力度的同时，更注重加强过程管理。2009年，设立“刘浩清人才基金”项目。

【优青项目】

2002年，医院设立“优秀青年学术骨干”(简称“院优青”)选拔培养办法，成立优秀青年学术骨干选拔培养(考核)领导小组，重点加强各重点学科、领先学科、新兴学科的建设，兼顾薄弱学科和紧缺专业的人才培养，并于2009年起，增设“优秀青年医技后备人才”，进一步扩大青年人才队伍的培养系列。2002年至2010年，医院共遴选129位院优青，院优青与上海交通大学医学院优秀青年教师(简称“校优青”)，及市局级优秀青年教师项目(简称“市优青”)形成三级优青体系，进一步突出医院青年人才培养的系统性、阶梯形。

【刘浩清人才基金项目】

2009年起，医院设立“刘浩清人才基金”项目(300万元/年)，分设个人项目与团队项目，2010年遴选出首批17位中青年人才，资助他们作为访问学者、博士后研究、科研合作、海外攻读博士学位或联合培养博士研究生出国(境)进修与学习。

二、人才引进

建国初期至20世纪60年代，医院争取到一批在海外留学、工作的华侨、华裔专家(回国专家)回国定居工作，如朱大成、曾羲生、邱立崇、陈志让、董德长等，称为“争取人才回国工作”，尚未定义为人才引进，也没有相关的制度保障。

20世纪90年代，国家及地方逐步建立人才引进相关制度。1997年，上海市人民政府发布《上海市引进海外高层次留学人员若干规定》的通知，开始积极引进海外高层次留学人员，并对高层次留学人员专项资金的使用和管理做出明确规定。在各项政策的逐步细化的背景下，瑞金医院人才引进工作正式起步。2002年，医院设立引进人才专项奖励，以吸引、鼓励人才在新的环境、新的岗位上发挥专长。2010年，制订《医院引进高层次人才暂行办法》，对引进对象的条件、引进程序、引进待遇及引进管理等工作细则予以明确。2002至2010年，医院共引进国内外高层次专业技术人才25人。

表6-3-1　2001—2010年医院引进人才情况表

岗　位	姓　名	学　位	引进时间	职　　称	引　进　岗　位
医疗	王祥慧	博士	2001.11	主任医师	泌尿外科副主任
	金治宁	博士	2001.12	主任医师	肿瘤放化疗科主任
	彭承宏	博士	2002.2	主任医师	普外科副主任

（续表）

岗　位	姓　名	学　位	引进时间	职　　称	引　进　岗　位
医疗	袁　平	博士	2002.7	副教授	病理科副主任
	冯　云	博士	2002.8	主任医师	生殖医学中心主任
	尹　路	博士	2003.2	主任医师	普外科副主任
	周佩军	博士	2003.7	主任医师	泌尿外科移植中心
	郇京宁	硕士	2004.9	主任医师	灼伤整形科主任
	臧旺福	博士	2005.1	主任医师、教授	胸外科副主任
	沈周俊	博士	2005.9	主任医师	泌尿外科主任
	龚　彪	硕士	2008.2	主任医师	消化内科副主任、消化内镜中心副主任
	沈坤炜	博士	2009.1	教授	乳腺疾病诊治中心主任
	赵　强	博士	2009.1	教授	心脏外科主任
	吴丽莉	硕士	2009.3	主任医师	病理科副主任
科研	乐卫东	博士	2002.1	教授	临床研究中心副主任
	张　济	博士	2002.8	研究员	血研所医学基因组学研究部主任
	王侃侃	硕士	2002.9	研究员	血研所科研人员
	奚晓东	博士	2003.1	研究员	血研所课题组组长
	程　琦	博士	2004.3	研究员	神经病学研究所课题组组长
	诸　江	博士	2005.5	研究员	血研所细胞生物学研究中心主任
	丁健青	博士	2006.1	研究员	神经病学研究所副所长
	汪正明	博士	2006.10	研究员	干细胞移植研究中心主任
	蒙国宇	博士	2009.6	副研究员	血研所课题组组长
	刘建湘	博士	2010.3	研究员	课题组组长
	李克勤	博士	2010.5	助理研究员	血研所课题组组长

第二节　人才建设成效

一、学术地位与荣誉

1956年，国家对教学卫生人员进行评级评薪，高镜朗（1958年调新华医院）、邝安堃、叶衍庆3人被评为一级教授；聂传贤、杨宜、傅培彬3人被评为二级教授。同年，邝安堃、叶衍庆于受聘成为卫生部医学科学研究委员会委员。他们中大都是医院各个学科的第一代学术带头人，并为上海第二医学院的建设和发展做出贡献。

1979年，上海市高教局再次公布上海高等学校一、二级教授名单，邝安堃、叶衍庆被评为一级教授，聂传贤、杨宜、傅培彬、孙桐年、魏指薪、董方中6人被评为二级教授。

20世纪80年代，国家恢复学位制度，邝安堃、过邦辅被聘为国务院第一届学位委员会学科评议组成员；陈家伦、柴本辅为第二届学位委员会学科评议组成员；丁霆任卫生部重大医学卫生科技成果评审委员会委员，陈家伦任卫生部药品评审委员会委员。1994年，王振义成为首批中国工程院院士。1990年起，党和政府对有特殊贡献的知识分子颁发荣誉证书和政府特殊津贴，首批获得者有邝安堃、叶衍庆、杨之骏3人，至2010年医院共计81名专家先后获此津贴。

20世纪90年代，瑞金医院实施医院终身教授制度，分别于1998年遴选丁霆、王振义、史济湘、朱大成、朱仲刚、周锡庚、柴本甫、龚兰生、董德长、董方中、许曼音、陈家伦、张圣道、李国衡、杨之骏、林言箴、金毓翠、徐家裕、唐振铎、杨宜、程一雄、吴一鹗、曾幾生、王德芬、徐德隆为终身教授，2001年遴选朱承谟、张天锡、陈竺、吴裕炘、胡庆澧、赵光胜、陶祥龄为终身教授，2003年遴选李宏为、邓伟吾、王鸿利、陈赛娟为终身教授，2006年遴选戚文航、杨庆铭为院终身教授。至2010年，共计38人被遴选为瑞金医院终身教授。

在这一批德高望重、蜚声中外的老专家、老教授的带领之下，一批批风华正茂、雄心勃勃的后起之秀开始在学术界崭露头角。至2010年，医院拥有3名院士；国务院有突出贡献中青年专家5名；全国专业技术人才奖1名、全国专业技术先进集体1名；卫生部有突出贡献中青年专家3名。

表6-3-2　1990—2010年医院获人才建设成果情况表

人才建设成果	获　得　者	年份	颁发部门
中国工程院院士	王振义	1994	中国工程院
	陈赛娟	2003	
中国科学院院士	陈　竺	1995	中国科学院
享受国务院特殊津贴专家	杨之骏　邝安堃　叶衍庆	1990	国务院
	董德长　龚兰生　沈卫峰　陈　竺　王振义　陈家伦 柴本甫　李国衡　罗　敏　史济湘	1991	
	杨　宜　朱大成　孙桐年　赵光胜　过邦辅　朱承谟 许曼音　丁　霆　朱仲刚　马元璋　董方中　林言箴 周锡庚　吴裕炘　徐家裕　陶　清　王鸿利　王康孙 周霞秋　王耆煌　邓伟吾　金毓翠　吴一鹗　李杏芳 程一雄　钱不凡　杨庆铭　许伟石　朱德安　徐德隆 张天锡　李宏为　尹浩然　张圣道　唐振铎　陈彬福	1992	
	曾幾生　陆志檬　王德芬　孙济治　何其久　王崇行 史爱兰　蓝鸿泰　倪语星　陈生弟　楼鼎秀　朱正纲 吴云林　丁怀翌　孙关林　陈赛娟　沈志祥	1993	
	戚文航	1994	
	郁宝铭　余慧贞	1995	
	夏　翔	1996	

（续表）

人才建设成果	获　得　者	年份	颁发部门
享受国务院特殊津贴专家	郑民华	1997	国务院
	赵卫国　黄　薇　曹伟新	1998	
	陈国强	1999	
	王铸钢	2000	
	宁　光	2001	
	张庆华	2002	
	陈　楠	2004	
	朱　军　宋怀东	2010	
全国专业技术人才先进集体	血研所（团队负责人：陈赛娟）	2009	中央组织部
全国专业技术人才奖	陈　竺	1999	人事部
国家有突出贡献中青年专家	陈　竺	1994	人事部
	陈赛娟	1996	
	陈生弟	1998	
	朱正纲	2008	
	宁　光	2010	
卫生部有突出贡献中青年专家	陈　楠	2004	卫生部
	朱正纲	2008	
	宁　光	2010	
长江学者成就奖	陈　竺	1999	教育部
上海市优秀专业技术人才	陈赛娟	2003	上海市委组织部 上海市人事局
上海市优秀留学回国人才	陈国强	2003	上海市委组织部 上海市人事局

二、人才计划

20 世纪 90 年代至 21 世纪初期，随着国家对于人才培养的重视，设立并出台了多项人才计划。针对这些人才计划的主要任务和目标，医院对各学科人才结构进行详细分析和部署，按年龄层次分批申报，通过精心组织，学科内部遴选、院内专家评选，申报、答辩材料审核。1990—2010 年，医院先后获得 40 项国家级、22 项省部级、307 项局级及 205 项校级人才计划项目，位居上海市医疗机构前列。

表 6-3-3　1990—2010 年医院获国家级人才计划项目情况表

项目名称	获得者	年份	颁发部门
中央"千人计划"	任瑞宝	2010	组织部
长江学者奖励计划特聘教授	陈　竺	1998	教育部
	王铸钢	1999	
	陈国强	2005	
	宁　光	2008	
	韩泽广	2009	
"长江学者和创新团队发展计划"创新团队	2 型糖尿病的转换型医学研究团队（团队负责人：宁　光）	2009	教育部
21 世纪优秀人才支持计划人员	宋怀东	2005	教育部
	涂水平　王侃侃	2006	
	赵维莅	2007	
	李　燕　黄秋花	2009	
	蒙国宇　陶　然	2010	
21 世纪百千万人才工程	陈　竺	1995	人事部
	陈生弟	1997	
	王铸钢	1999	
	陈国强	2004	
	宁　光　宋怀东　朱　军　韩泽广	2006	
国家杰出青年科学基金	陈　竺	1994	国家自然科学基金委员会
	陈赛娟	1995	
	陈国强	1997	
	王铸钢	1999	
	张　济	2003	
	韩泽广	2004	
	朱　军	2005	
	宁　光	2007	
全国老中医药专家学术经验继承工作指导老师	夏　翔	2002	国家中医药管理局
	李飞跃	2008	
全国老中医药专家学术经验继承人	傅文彧	1990	国家中医药管理局
	李飞跃　胡大佑	1993	
	郑　岚	2002	
	奚小冰	2008	
全国名老中医专家传承工作项目	李国衡	2010	国家中医药管理局
优秀中医临床人才	沈小珩	2003	国家中医药管理局

表 6-3-4　2005—2010 年医院获省部级人才计划项目情况表

项目名称	获得者	年份	颁发部门
上海市领军人才	宁　光　陈生弟	2005	上海市人事局
	朱正纲　郑民华　陈　楠　朱　军　宋怀东	2009	
	童建华　王卫庆	2010	
上海领军人才“后备队”	郑民华　朱正纲　陈　楠　宋怀东	2006	上海市人事局
	胡　炯　邱伟华	2009	
上海市浦江人才计划	王立夫　诸　江　李小英　邓廉夫	2005	上海市科委
	糜坚青　周　隽	2006	
	袁　平　于颖彦	2007	
	丁健青　朱理敏　陈桢玥	2008	
	陶　蓉　刘　军　乐卫东	2009	
	李　群　汪启迪　陆洁莉	2010	
上海市人才发展资金资助	郑民华　童建华	2008	上海市人事局
	王侃侃	2010	

表 6-3-5　1991—2010 年医院获局级人才计划项目情况表

项目名称	获得者	年份	颁发部门
上海市卫生局“百人计划”	陈生弟　陆树良　倪语星　袁耀宗　茅　矛　朱正纲　王祥慧	1997	上海市卫生局
	陈　楠　郑　捷　杜　宁　郑民华　王　辉	1998	
	陆一鸣　金冶宁	1999	
上海市卫生局“百人计划”（第一次考核，跟踪资助）	陈生弟　袁耀宗　郑民华　陆树良　朱正纲　陈　楠　杜　宁	2001	
上海市卫生局“百人计划”（第二次考核，跟踪资助）	陈生弟　金冶宁　倪语星　郑　捷	2003	
上海市启明星计划	朱正纲	1991	上海市科委
	陈生弟	1992	
	董　硕　许梅芬	1993	
	郑民华　宁　光	1995	
	陈国强	1996	
	李　彪	1998	
	刘建国　童建华	1999	
	卞留贯	2000	
	张庆华　何　鑫	2001	

（续表）

项目名称	获得者	年份	颁发部门
上海市启明星计划	周佩军	2002	上海市科委
	顾柏炜　潘晓霞　骆天红	2003	
	潘　萌　王侃侃	2004	
	杨义生　赵维莅	2005	
	金　玮　李　燕	2006	
	邱伟华　王月英　崔　斌	2008	
	陶　然	2009	
	谢　冰　叶　蕾　牛文全	2010	
上海市科委启明星(后)计划	陈生弟	1994	上海市科委
	郑民华	1998	
	宁　光	2000	
	刘振国	2001	
	李　彪	2002	
	卞留贯	2004	
	王立顺	2007	
	王侃侃　潘　萌	2008	
	赵维莅	2009	
上海市学科带头人计划	王铸刚	1999	上海市科委
	朱正纲	2000	
	宁　光	2004	
	张　济　宋怀东	2006	
	朱　军	2007	
	张欣欣	2008	
	诸　江　李小英	2009	
	郑民华　赵　强　王卫庆	2010	
上海市曙光计划	况少青	1995	上海市教委
	茅　矛	1997	
	陆树良	1998	
	郑　捷	1999	
	邓廉夫	2000	
	宁　光　黄　薇	2001	
	谢　青　童建华	2003	

（续表）

项目名称	获得者	年份	颁发部门
上海市启明星计划	宋怀东	2004	上海市科委
	王继光	2005	
	王侃侃　宁　光	2006	
	张申英	2007	
	李　燕	2008	
	赵维莅	2009	
上海市教委曙光计划(跟踪)	郑　捷	2004	上海市教委
	宁　光	2008	
上海高校特聘教授(东方学者)	朱　军	2008	上海市教委
	李克勤	2010	
上海高校讲座教授(东方学者)	蔡东升	2010	
上海市晨光计划	孔晓飞	2007	上海市教委
	牛文全	2009	
“上海市引进海外高层次留学人员专项资金”项目	姚晓红　童建华	2001	上海市人事局
	陈国强　夏振炜	2002	
	张　济	2003	
	诸　江　谢　青　沈　洁	2004	
上海市优秀青年教师	陈　竺　倪语星　陈生弟	1991	上海市教委
	朱正纲　陈生弟　倪语星　陈　竺	1993	
	郑民华　黄　薇	1995	
	茅　矛　陈国强　郑民华	1997	
	陈国强　黄　薇　王铸钢　陆树良　邓廉夫	1999	
	孔　烨	2003	
	汪登斌　顾柏炜　潘　萌	2004	
上海市优秀青年教师专项基金	王　刚　何　川　周建桥　阮　雯　周薇薇　冯　波　王湘玲　郭斯敏	2006	上海市教委
	夏　震　黄　蔚　叶庭均　李　娜　杨　晨　陈小英　陶　蓓　席　锐　瞿　晴　朱晓斌　章倩莹　刘文韬　钱嫣蓉　肖　园　詹　茜　陈　晟	2007	
	姚玮艳　马立恒　武晓文　包志瑶　徐　敏　王　俊　何裕嵩　吴志远　王晓晶　牛文全	2008	
上海市青年人才	汪登斌　潘　萌	2004	
上海高校优秀青年教师	顾柏炜　汪登斌　潘　萌　孔　烨	2009	上海市教委

（续表）

项目名称	获得者	年份	颁发部门
上海市优秀青年教师后备人选	陈国强　黄　薇　王铸钢　陆树良　邓廉夫	1999	上海市教委
	孔　烨	2003	
	顾柏炜　汪登斌　潘　萌	2004	
	孔　烨　顾柏炜　潘　萌　汪登斌	2008	
上海市优秀青年医学人才	汪登斌　潘晓霞　胡　炯　俞丽芬　邱伟华　杨义生　金　玮　杨　颖	2004	上海市卫生局
上海市高级“西医学中医”	诸　琦　于　文	2000	上海市卫生局
	夏　璐　谭志明　徐耀文	2004	
上海市老中医药专家学术经验继承高级研修班指导教师	夏　翔　李飞跃	2010	
上海市高层次针推伤临床人才	奚小冰	2005	上海市卫生局
上海高校选拔培养优秀青年教师科研专项基金	桂红莲　尚寒冰　袁文祺　巢濛磊　迟贞旎　韩　悦　徐子真　徐学勤　陈　骞　叶晓峰　黄绮芳　陈　博　谢　静　王彦艳　赵雅洁　杨艳华　周　灵　徐　静　胡佳佳　吴志俊　姚碧莲　周剑平　邓云新　罗　茜　陈　影　胡赟赟　林艳艳　裘剑如　谢贤斐　周东亮　陈　烨　徐　佳　沈晓卉	2009	上海市教委
	张洪信　陈永熙　王　彦　杨文磊　孙延军　马晓波　刘晓英　徐步芳　朱云鹏　潘春武　陈小松　王　蔚　钱爱华　蒋怡然　贾慧英　杜海磊　王岳萍　张　弦　应海峰　王华枫　严子君　李海清　陈　希　陈　聆　汪姬婵　王歆琼　谭玉燕	2010	
上海交通大学晨星计划（SMC优秀青年教师奖）	王侃侃	2008	上海交通大学
上海交通大学晨星计划（后备人才一等奖）	王　刚	2008	
	冯　波　张　奇	2009	
上海交通大学晨星计划（后备人才二等奖）	张　俊	2008	
	沈小雁	2009	
上海交通大学晨星计划(A类)	赵维莅	2009	
上海交通大学晨星计划(B类)	李　燕　崔　斌　陶　然	2010	
上海交通大学晨星计划(C类)	牛文全	2010	
上海交通大学冠名讲席教授、特聘教授	宁　光　朱　军　刘廷析　韩泽广	2008	

第三节　员 工 培 训

一、概况

医院的员工教育和职后教育始于解放初期。20世纪50年代，根据上海第二医学院转发《中华人民共和国卫生部关于加强卫生干部在职业务教育工作的指示》的文件精神，提出在职卫生人员的业务教育必须以在职学习为主，坚持贯彻“做什么，学什么；缺什么，补什么”的原则。1950年，医院工会开办员工业余文化学校，主要针对工勤人员进行扫盲和文化学习。1954年，当大多数青年工人达到初中文化程度时，文化学校随即停办。此后的员工业余学校主要是报考市医务工会举办的文化课程。1958年，工龄满5年以上的护士及一些员工报考上海第二医学院夜大五年制本科。员工报考各类业余学校学习的费用，由医院行政按国家规定拨出文教经费，由工会主管给予报销。

“文化大革命”结束后，针对“文化大革命”造成的后果以及广大员工学习文化的要求，医院于1978年10月，成立员工业余教育组，归属于医疗系一部，开展员工的业余教育工作。1982年，成立员工业余教育委员会。1988年，员工业余教育办公室归属医教处。同时，根据上海第二医科大学《员工外读(进修)管理试行条例》《关于学习、贯彻“上海市员工教育条例”的实施意见》等制度精神，医院在职教育的形式多样，包括业余学习班、系统补修班、讲习会、系统讲座、实地观摩、咨询函授、短期讲学、巡回医疗、技术指导合同、小型专业会议、专题讲座等。

20世纪90年代之后，医院对员工在职教育做出更细化的执行条例。1992年，制定《瑞金医院“职前”、“职后”教育管理条例》，明确瑞金医院职后教育形式包括：学历教育、出国进修、行政、工勤人员国内培训、晋升考核及公派出国前准备等各种培训和辅导，非医学专业技术人员培训等。2001年起，鼓励各类人员报考在职研究生，并通过一定比例的学费报销鼓励进行学历提升。截至2010年，医师硕士及以上学位占医师总数比例达70.2%；护理人员大专及以上学历占71.4%。

2003年3月，为整合医院员工培训资源，人力资源处下设成立员工培训部，主要负责医院各类员工教育。2006年，继续教育办公室划归临床医学院管理，负责继续教育学习班项目。

二、各类人员培训

【医技人员】

20世纪50—60年代，医院招收医、药技人员规模较小，以招录目的为主开展培训。1956年，因化验、药剂、营养、口腔技术员等专业人员来源非常紧张，医院吸收部分初中毕业生进行短期培训，包括检验员、药剂员、技术员等，培训期为一年，培训合格后予以录用。20世纪70—80年代，逐步开始对医、药技队伍开展专业培训。1979年，上海市卫生局主办卫生化学检验师等专业的进修班，医院有3名检验师报名参加。20世纪90年代，上海市卫生系统成人教育委员会研究制定《上海市医院非临床科室医、技师培养制度试行条例》，培养范围包括药、检、放超声、物理、康复、病理等系列的人员，以提高医院非临床科室医、技师的政治思想、职业道德、专业技术、专业理论及组织管理水平，考核结果与申报主管技师的资格挂钩。2000年后，逐步有医、药技人员公派出国，从而提升医技人员的国际视野。

【管理人员】

20世纪50年代医院在培养管理人员工作方面，主要采取3种方式：一是通过政治理论学习，科长以上干部有条件者抽调脱产学习，一般干部有计划有目的组织在职学习；二是通过业务学习，提高业务技术水平，适应业务发展和工作需要，特别强调行政干部重视业务学习，要求在两年内学会卫生事业工作；三是加强在职管理人员的文化学习，同时采取全面培养。20世纪50年代末到60年代，对管理人员的培养主要以整风学习、参加体力劳动锻炼为主，提高政治觉悟，克服个人主义思想。

20世纪70年代之后，对管理人员的培养开始集中在业务能力的提升。1979年，上海市卫生局为加强医疗卫生单位经济管理，筹办财会人员训练班，从原有行政、工勤人员中挑选青年学员，医院选派2名人员参加该财会人员训练班。20世纪80年代起，逐步强调现代管理技能的培训，如计算机的应用、电子病案管理、新型医疗仪器设备培训等。1981年至1982年，因医院当时的财会人员大多以工代干，未经正规教育，为了提高他们的业务水平，分批举办财会业务提高班。2000年后，医院对管理人员的培训方式新增了管理知识培训，分为研究生课程班类（MBA、MPA）、短期培训类（3～6个月）、学历提升教育（本科、大专）。

【工勤人员】

20世纪50年代，主要根据时事要求对工勤人员开展培训。1955年，为防止肠胃传染病及食物中毒，上海市卫生局主办炊事员训练，上海第二医学院各附属医院参照执行。“文化大革命”时期，曾从工人、护士中选拔培养一批“工人医生”。1979年，对仍从事卫生工作的“工人医生”进行为期一年的业务培训和考核，到达中级医务人员水平者则给予相应的技术职称。20世纪70年代末至80年代，逐步丰富和规范各岗位工勤人员技能培训。20世纪90年代起，工人技术职称的评聘工作开始规范化，上海市实行技师聘任制，对卫生系统技术工人技师开展评聘、等级评审的试点工作。1995年，上海第二医科大学制定《上海第二医科大学技术工人培训考核和实行技术等级聘用制补充办法》，将各技术工种岗位上工作的技术工人分为高级技师、技师两种技术职务和高级工、中级工、初级工3个技术等级。

对工人的培训方式也逐步从单一化、任意化转变为多元化、定期化，主要覆盖以下类别：厨师、水电工、汽车驾驶员、锅炉工、医疗器械维修工、木工、电脑打字员、话务员、绿化工等。培训方式主要为脱产学习、外单位进修、操作培训班、岗位培训等。20世纪80年代之后，逐步分类为中级培训、高级培训，并对通过培训的工人颁发“安全操作证”，逐步明晰卫生系统内医院病区工勤人员持证上岗制度。

三、培训项目

【业务提高班】

业务提高班主要包括中专复训班、中高年护士提高班。1979年，医院组织全院中级医药技术人员进行复训，开设专业有：护理、检验、药剂、放射、中医、口腔、医士。1978年至1979年，复训421人经过基础和专业理论复习达到了中专水平。1980年，由医院护理部主办、系部办公室配合举办中、高年护士业务学习班，学员212人，其中173人通过考试后经卫生局备案发给结业证书。

【文化补习班】

从1978年到1986年，员工业余教育每年都要举办初中文化班、高中文化班、高考复习班，提高医院员工的文化素质。1978年，全院约有50%的青年第一批报名参加文化补习课。1981年，根据中共中央、国务院发出《关于加强员工教育工作的决定》规定，1982年进行全院青工初中文化测验，进一步拟订初中文化补习课的计划。至1985年12月，分期分批地完成全院750人的初中文化补课任务，有91%达到国家规定的合格标准，超过国务院规定的60%～80%的指标。并有28名学员参加卫生局主办的统考，被夜护校录取，取得中专毕业证书。1983—1984年，分3期对"文化大革命"期间大专院校的青年医师脱产补习高中文化课程，有133人成绩合格。

【外语班】

为适应对外开放的需要和学习外国先进科学技术，20世纪80年代末起，医院开设初中英语、高中英语、许国璋英语、法语初级班、法语提高班、日语初级班等不同层次、不同语种的外语班。1989年3月到7月，开办10个班级，学员251人。1993年，开展出国外语培训、外宾病房护士外语培训和其他外语的培训工作，举办不同内容班级18个，学员共计410人。1994年，举办医学英语文献翻译班等8个，学员共有277人次。1995年，开办英语、日语等各类班级15个，培养各类人员580人。

【计算机班】

1993年起至1999年，举办计算机初级班、中级班，办公自动化班，普外科副主任医师电脑知识讲座班，院处级计算机应用初级班，计算机培训班，职称晋升计算机辅导班等。

四、员工培训部

员工培训部筹备于2002年底，于2003年成立，结合瑞金医院实际情况与科室需求，自行开发内部培训课程，搭建全院培训体系的框架。培训师资队伍以外部聘请与医院内部兼职培训师为主。截至2010年底，员工培训部拥有培训部主任1人、副主任1人、培训师9人，均来自医院各个临床科室，身兼临床一线工作，具有副高级及以上职称7人。

【瑞金—交大医院MBA核心课程高级研修班】

2003年起，医院与上海交通大学安泰管理学院联合主办"医院MBA核心课程高级研修班"，这是全国首个由知名商学院和品牌医院合作推出的MBA培训项目。培训对象主要为上海市医疗卫生行业及三级医院院领导、行政管理部门管理者、临床科主任和护士长等，授课专家既有商业领域权威从业者，也有资深的医院管理者。MBA培训将经典案例、管理方法、实践互动紧密结合，特设精益管理和六西格玛课程，结合医院管理现状，编写MBA学习手记和具体案例分析，突出培训项目的实用性。学员经考核合格，获得由上海交通大学安泰管理学院和上海交通大学医学院附属瑞金医院联合颁发的"医院MBA核心课程高级研修班结业证书"。

自项目设立起，先后成功举办4期，共有160余位来自瑞金医院集团内外的优秀管理者参加。其中第一、二期主要为瑞金医院及瑞金医院集团的管理人员（瑞金医院66人、集团成员单位29人），后随着培训班影响力扩大，先后有62位来自其他兄弟医院的管理人员慕名参加，实现了不同医疗单位间的互相借鉴、相互交流、相互学习和跨文化的交流。

【人文医学培训】

2003年，医院人文医学教研室经过探索和实践，结合医院自身文化及特色，参考中国医师协会的“中国医师人文医学执业技能”系列课程标准教材，通过医院内部培训需求调研与课程开发，形成一套符合医院实际情况和需求的人文医学执业技能培训课程体系。并于2008年，顺利申请为上海首家“中国医师协会人文医学培训基地”，拥有人文医学全套培训教材及培训课程使用权，为医院人文医学培训课程的开设提供有力的支持。

截至2010年，医院培养中国医师协会授证培训师6人，共计11名人文医学培训师，其中6人从事培训时间超过5年，年均为超过1 000名医院员工提供丰富多样的培训课程，满意率超过90%。通过课程设计，打造具有瑞金医院文化特色的一系列培训课程，先后开展“职业形象”“突发事件处理”“团队精神”“沟通技巧”等13门培训课程。人文医学培训为医院的精神文化建设提供有力支撑，成为沟通精神文化、行为文化、制度文化不可或缺的渠道。

【新员工培训】

20世纪90年代起，医院对新入职员工开展岗前教育，主要内容包括院规院纪、精神文明建设的有关条例和临床卫技的规章制度等，进行培训和书面考试。2003年开始，由员工培训部负责开展系统的新员工的入职培训，培训内容主要包括：医院文化、职业道德、院内感染知识、安全教育、护理管理等。通过讲座、专题报告、小组授课、团队模拟、结业汇报等多种形式，帮助新员工尽快且深入了解医院总体情况、历史、文化和相关规章制度，增强新员工对医院的认同感，提高职业信心，培训结果也作为新员工转正定级的依据之一。截至2010年，已为近2 000名新员工提供入职培训，得到新员工及用人部门的高度评价。

第四章　医务员工管理

第一节　定编与聘用

一、定编

1956年起，医院参照中央卫生部医学教育司的规定实施定编工作，以床位数为基础，同时考虑教学医院及临时性任务补贴进行定编计算。1985年，医院进行管理改革，制定定编工作实施办法。2000年之后，根据上海市卫生局、上海市职改办《关于进一步做好专业技术岗位设置工作》要求，上海市卫生事业单位在实施专业技术职务结构比例后，不再实行指标控制，医院结合实际情况，自主设置专业技术岗位，确立岗位职责、任职条件、岗位待遇。

卫生专业技术岗位数量及各类人员之间的比例主要根据医院床位数、门诊工作量和医教研任务进行核定。此外，教学、科研、行政编制数主要按照工作任务、机构设置等确定。教学编制根据教学任务核定人员编制；科研机构、市属所由上海市科委和上海市卫生局核定人员编制，其临床兼职研究人员属医院编制、院办所属医院编制；行政管理机构的设置，自1988年医院升格为副局级单位，部分行政科室随之确定为副处级机构。机构与人员编制确定后，日常的管理由人力资源处具体负责。

【定编管理】

1953年，广慈医院共有正式员工843人，鉴于与中央卫生部《检发中央卫生部拟定之综合医院等定员定额标准》中所规定的定员定额数较接近（根据教学医院或综合性医院标准测算），因此决定率先在护理人员中重点试行定员定额，取得了较为积极的效果。1954年，医院根据中央定员定额草案规定，制定医院各级医师定员定额试行方案统计表（草案），摸底比较实有人员数和规定应有人员数。在试行和摸底的基础上，医院参照中央卫生部医学教育司《关于医院组织编制原则（试行草案）》规定，以床位数为基础，考虑教学医院及临时性任务补贴（床位与人员之比以1∶1.07计算；教学医院按总人数贴8%；临时性任务补贴，以及托儿所人员与托儿比为1∶6），首次确定医院的编制人数。1958年，医院又对全院护师、技工、公务员的编制进行初步测算。

1985年，医院开始施行医务人员聘任制及工勤人员合同制，并建立各级人员岗位责任制、考核制和奖金发放办法。

1999年，医院成立院定编定岗领导小组。2000年，参照《关于颁发〈上海市各级医院组织机构及人员编制比例标准（试行）〉的通知》《上海市卫生系列实施专业技术职务结构比例与岗位设置管理的试行意见》《关于调整上海市各级医院组织机构和人员编制比例标准的意见（试行）》等文件精神，并结合1993年及1998年定编工作的情况，制定《瑞金医院定编及岗位设置初步设想》。2010年，成立瑞金医院岗位设置与聘任领导小组与工作小组，领导小组由院长任组长、党委书记任副组长、副院长及副书记等任组员；工作小组分为管理组、专技组、工勤组，确保医院岗位设置与聘任平稳有序地实施。

同时，定编管理也包含编外转编内、转系列等工作。1971 年，医院首次组织开展临时工转为固定工人的工作，59 位临时工中的 51 人转为固定工人。1999 年，医院首次实施专业技术职务转系列工作，同意一名主治医师转为助理研究员。

【人员编制数】

1956 年，医院首次定编，编制人数为 1 387 人。1979 年，根据中华人民共和国卫生部《关于发布〈综合医院组织编制原则试行草案〉的通知》，医院结合医、教、研、行政等实际情况拟定人员编制定员方案，定员总数为 2 190 人。1990 年，经上海市编制委员会批准，人员编制数增加至 2 500 人；1992 年，达到 2 700 人。2000 年，随着市政医院的吸收合并，市政医院原 215 名人员编制数转入瑞金医院，人员编制相应调整为 2 915 人。2001 年，又获批增加至 3 095 人，此编制数一直沿用至 2010 年。

二、聘用

医院征用之前，主要通过实习成绩合格后予以聘用。1951 年，医院制定《录取实习医师简章》，申请人申请任实习医师，医院通知试行服务两周，成绩合格者正式录取，实习期为一年。1952 年以后，医院各类人员的聘用主要采用组织调配制。1986 年，为进一步调动员工积极性，在人员聘用方面，引进竞争机制，采取聘任制与调配制相结合的管理方法。2000 年之后，为进一步深化医院人事制度改革，加快完善和建立适合医院特点的人事管理制度，医院推行岗位聘用合同制，同时，成立实施聘用合同制工作领导小组、工作小组、人事争议调解小组，并于 2002 年，全面实行岗位聘用制度。

【聘用合同制】

自 2000 年起，医院推行聘用合同制，在实行聘用合同制的过程中，合理定编定岗、确定聘用关系、调整人员结构、实施解聘辞聘、建立人员流动机制、试行提前离岗、强化基础管理。2003 年起，使用填写《上海市事业单位人员聘用手册》，记载受聘人员在事业单位的工作经历等情况，作为计算工龄、办理社会保险事项的依据。此外，上海市卫生局推行“挂编流动”工作，医院内有多位具有较高学术水平但因岗位职数的限制而未聘的高级卫生专业技术人员，以编制不动、技术支持的方式，赴集团医院工作，盘活卫生人力资源。

【其他聘用关系】

医院任用第一批临时工起始于 1951 年，医院经二次临时院务管理委员会决议，制定临时员工办法，核准任用第一批临时员工。同年 12 月，对临时工核准正式录用或延长试用期。1957 年，上海市劳动局发布《关于目前各企业临时工退工的意见》，以健全临时工招工制度、统一规定临时工退工问题。1964 年，根据《国务院关于从事经常性工作的临时工转为长期工问题的通知》，医院又分别为第一批 23 名临时工、第二批 10 名临时工办理转正手续。

在不断完善和推进聘用合同制度的过程中，医院也积极探索员工派遣、人事代理、见习基地等多种用人途径。2005 年起，使用员工派遣形式设置医疗文员岗位，尝试录用有心理咨询和社会工作专业的人员，参加门诊和病区内来访接待、医患沟通、心理疏导、医疗安排、资料输入等工作，并相应出台了岗位薪酬、考核晋级的条例，缓解护理人员紧缺的状况。

【延长退休年龄与退休回聘】

1981 年，参照上海市人民政府《关于聘用退休工人任技术指导若干问题的暂行规定》，规范退休工人聘用。1983 年，对上海市退休医务人员继续从事医务工作做出了规定。1990 年起，医院将专业技术人员的退休回聘分为医院全额回聘、医院一般回聘和科室回聘 3 种。1995 年，经上海市高教局、教卫办批准，医院 43 名专家办理延长离退休手续，延长时间为 1 年、半年或 3 个月。2008 年，制定《关于调整退休人员回聘有关规定》，对聘用申请程序、要求和待遇作调整。

为充分肯定和褒奖对医院和学科建设有突出贡献的老专家，进一步发挥其在学科和医院建设中的楷模作用，医院于 1998 年，实施医院终身教授制度，并制订《关于实行医院终身教授的暂行规定》。终身教授遴选周期为 3 至 5 年，实行总额限制原则，遴选对象为两院院士或已达法定退休年龄、学术造诣深、具博士生导师资格、为学科建设和医院发展做出特殊贡献的正高职称专家。截至 2010 年底，医院共遴选出 38 位院级终身教授。

第二节　专业技术职务评聘

1949 年至 1985 年，专业技术职务评聘范围主要为教师及医务人员，通称为晋升，职务任用采取任命制。1956 年，国家卫生部拟定《国家卫生技术人员职务名称和职务晋升暂行条例(草案)》，并于 1963 年进行修订，但 1967 年至 1977 年之间，曾停止教师、医务人员专业技术职称晋升工作，1978 年后再次恢复该项工作。1979 年，党的十一大召开后，卫生部颁发《卫生技术人员职称及晋升条例(试行)》，条例规定卫生技术人员分为 4 类：医疗防疫人员、药剂人员、护理人员、其他技术人员。1985 年起，在上海第二医科大学范围内进行专业技术职务聘任制试点，由晋升转变为专业技术职务评聘结合的制度。1990 年底，瑞金医院首次实施专业技术职务评聘，范围包括卫生系列、教师系列及非卫生系列，级别分为正高级、副高级、中级、初级。由此，瑞金医院专业技术职务评审工作转入经常化、制度化，一般每年进行一次评聘工作。

一、卫生系列专业技术职务评聘

1949 年至 1967 年，专业技术职务晋升的对象主要为医师。级别分为主任医师、副主任医师、主治医师及住院医师，并制定广慈医院各级医师晋升简则。住院医师及主治医师任期为一年，期满需通过医务委员会考核；主任医师及副主任医师的任免由院长及医学院院长共同商议决定。1978 年后，医院恢复医务人员技术职称晋升工作，在恢复原有科主任和主治医师，明确原有正、副护士长的基础上，提升科主任 8 人，科副主任 41 人，主治医生 95 人，护士长 1 人，副护士长 33 人。(注：专业技术职务采用任命制时期，科主任既是行政职务，又是技术职称。20 世纪 80 年代进行专业技术职称改革后，明确科主任是行政职务，主任医师是专业技术职称。)

1989 年，根据 1985 年起试点的首次专业技术职务评聘中任职资格评审工作的经验，上海市职称改革办公室制定《高级专业技术职务任职资格评审的若干规定》。1990 年底，医院首次专业技术职务评聘卫生系列正高级 77 人、副高级 162 人、中级 463 人、初级 1 239 人，共计 1 941 人。同年，经上海第二医科大学高级专业技术职务任职资格评审委员会审定，陈竺(晋升研究员)、沈卫峰(晋升主任医师)、倪语星(晋升副教授)破格晋升为高级专业技术职务。截至 2010 年，卫生专业技术人员正高、副高、中级、初级职称结构比例为 1∶2∶4∶7，高级职称比例为 18.2%。

医院卫生专业技术职务评聘曾经过评聘结合与评聘分离之间的转变。1990年，医院首次实施专业技术职务评聘时，实行评聘结合的制度。1999年，为完善竞争激励机制，建立符合专业技术人员职业特点的评聘分级分类管理体系，上海市人事局印发《上海市专业技术职称（资格）评定与专业技术职务聘任相分离的暂行办法》，瑞金医院根据文件精神，执行“初级职称（资格）实行以考代评、只聘不评的办法；中级职称（资格）采取以考代评的办法；高级职称（资格）采取资格评审的办法”；此外，对于在专业技术岗位上做出突出贡献的专业技术人员，予以破格评审或审定专业技术职称（资格）。2008年起，医院专业技术职称评审工作由评聘分离转变为评聘结合。

1992年，医院专业技术职称晋升仲裁委员会成立。1998年，瑞金医院组建本院专业技术职务任职资格评审委员会，负责医院的医、教、研、卫技系列中级和初级专业技术职务资格评审工作。评委会设立专家库，每年的评委会原则上由专家库中的专家组成，3年届满重新组建。2008年，为适应专业技术职称评审工作评聘结合的原则，医院制定实施《瑞金医院高级专业技术职务人员聘期考核评议条例》，成立卫生系列高级专业技术职务岗位聘任委员会，第一届瑞金医院卫生系列高级专业技术职务岗位聘任委员会成员包括：李宏为（主任），严肃、姜昌斌（副主任），宁光、陈赛娟、朱正纲等21名委员，及1名院外特聘专家。

【相关考试】

1989年，上海市卫生局发布《关于加强卫生技术人员外语培训的若干意见》要求：由上海市卫生局每年定期组织统一的外语水平考试，作为评审、聘任技术职务的依据之一。1993年，为提高专业技术人员的外语水平和计算机应用能力，中共上海市委组织部、上海市人事局等颁发《关于组织上海市广大干部参加外语和计算机培训、考核的通知》（沪人[1993]166号），要求各级组织、人事部门要将外语、计算机技术培训纳入干部培训规划，凡经考试、考核合格者由市委组织部、市人事局、市教卫办、市成教委联合印制合格证书，作为参加专业技术职务任职资格评审时已具备外语和计算机等级水平的依据。

1993年，上海市人事局、上海市职称改革领导小组办公室下发《关于印发〈上海市专业技术人员继续教育证书制度试行办法〉的通知》（沪人[1993]78号），对上海市企事业单位在职专业技术人员实行继续教育学习“学分制”，登记时间统一自1993年起。

1999年起，根据沪卫医教(1999)第3号文件精神，住院医师规范化培训理论考试与卫生系列中级专业技术职务晋升考试并轨执行，即每年5月的专业理论考试，既作为医疗、卫技人员的培养要求，又作为晋升条件。

2001年，根据市教委《关于印发上海市〈教师资格条例〉实施细则的通知》文件精神和上海第二医科大学人事处工作部署，瑞金医院布置具体教师资格认定工作。2007年，根据《关于印发〈上海交通大学医学院2006年教师职务和其他专业技术职务聘任条例〉的通知》（沪交医大[2006]6号文）的精神，特成立瑞金医院教师职务聘任小组，李宏为任组长，严肃、沈卫峰任副组长。

【定期工作】

1999年，为进一步加强上海市医疗机构卫生中级专业技术人员到农村和城市基层医疗机构定期工作的管理，对有关问题进行补充意见，包括：定期工作时间由3个月调整为6个月；凡派遣的援外、援疆、援藏、支持老区、扶贫等医疗队的临床医务人员在外工作3个月以上的，可不再承担“定期工作”任务等。2002年，为进一步推进郊区和城市基层卫生工作，促进医务人员树立基层服务的思想，根据上海市卫生局、上海市人事局《关于本市医疗机构中卫生中级专业技术人员到农村和城市基层医疗机构定期工作的意见(试行)》(沪卫人[1998]第109号)文件精神，上海市卫生局印发《关于加强上海市医疗机构卫生中级专业技术人员到郊区和城市基层医疗机构定期工作的意见》。并规定，从2003年起，凡需申报“副主任医师”资格评审的人员，必须完成定期工作任务。

【聘期考核评议】

2008年起，为进一步深化医院人事制度改革，加强卫生系列高级专业技术职务岗位聘任工作，促进高级医学人才的终身学习，营造良好的竞争环境，医院制定《瑞金医院高级专业技术职务人员聘期考核评议条例》，对取得高级专业技术职务任职资格满5年、已聘任高级岗位或享受高级职称工资待遇的专业技术职务人员在聘任期间的工作业绩进行评议。

二、教师系列专业技术职务评聘

1952年，上海第二医学院成立时，其原有的教师学术职称保持不变。1956年起，实行教师学术晋升制度，由上海第二医学院院务委员会评审、投票决定晋升教授、副教授名单，并上报上海市高教局，经该局审定后投中央人民政府高等教育部备案。1978年，瑞金医院恢复教师技术职称晋升工作，恢复教授、副教授、讲师以上教师职务名称，恢复教授34人、副教授51人、讲师147人，并提升了4名教研组主任、15名教研组副主任，提升教授5人，确定教授1人，提升副教授2人、讲师130人。具体晋升流程为：由教研组或科推荐提名，本人提供论著，参加外文考试及格，由人事科与系部进行初审，提交院务委员会评定，报上海第二医学院院务委员会审定。

1986年，徐家裕、唐振铎、陈家伦、许曼音、王耆煌、林言箴、蒋吕品、张圣道、陈志让、李经庭、孙济治、黄培喆、朱承谟、张传钧、张天锡、汪道新、李国衡、陈大中18名同志通过上海第二医科大学教第一批教授职务任职资格，此外，32人通过副教授任职资格。2010年，聘任教授5人、副教授1人，完成教授、副教授续聘39人次。

三、非卫生系列专业技术职务评聘

医院非卫生系列职称主要包括：会计、统计、馆员、工程、翻译、编辑。1980年起，国务院陆续批转下达统计、编辑、外语翻译、新闻记者、经济、图书档案资料、会计等7个社会科学专业干部技术职称的暂行规定。1990年底，瑞金医院首次开展专业技术职务评聘，共评聘非卫生系列中级25人、初级92人，共计117人。2003年，医院明确会计系列(经济、审计、统计)、图书资料系列(档案、出版)、工程系列专业技术岗位的聘任条件。

四、技术工人等级聘任

1991年，上海市卫生局下发《关于开展评聘首批工人技师的通知》，明确首批评聘的工人技师工种为水电工、汽车驾驶员、制冷维修工、机修钳工。1994年，医院成立工人技师考评领导小组，负责工人技师的评聘工作。2008年，为全面提高医院技术工人的业务技能素质，制定《关于瑞金医院技术工人等级聘任工作实施办法》。

第三节 员工管理与定级

一、员工评级、定级、调级

【评级与调级】

员工定级的基础是划分职别与职级，定级、评级与调级的结果主要与待遇相关。1949年，广慈医院首次对医务工作人员进行定级，将职别分为院长、医师、护士和其他员工，该职别分类又于1951年进一步完善，在原基础上增加药剂师、行政人员、技工和工友。1952年，医院接上海市人民政府卫生局《核定各市立医院医师晋级名单通知》，首次对王振义、龚兰生、唐振铎、朱仲刚、朱大成、邝安堃、傅培彬、史济湘等人给予晋级。1953年，医院首次制订员工评级工作计划，同时成立院评级委员会，分别对医师、护士、行政和工务员进行评级（供给制科长以上的干部由上海第二医学院评定），目的在于使职务与待遇逐步合理。1955年之后，根据中央政务院关于国家机关工作人员统一工资的命令，医院实行全国统一工资的标准并结合调职调级和评定级别工作，使包干制逐步过渡到工资制。同时，为实行全国统一工资标准，走上社会主义"按劳取酬"劳动工资的合理化，医院推行工作人员评级（调级）工作计划，从而发挥员工工作积极性和创造性，提高工作效率。1956年，国家首次对教学卫生人员进行评级评薪，医院3人被评为一级教授，分别为高镜朗、叶衍庆、邝安堃；3人被评为二级教授，分别为聂传贤、杨宜、傅培彬。

【转正定级】

1979年起，医院正式启动新入院员工转正定级工作，经国家统一分配至医院工作的高等学校毕业生经一定的见习期后确定为助教、住院医师或研究实习员。2003年，制定《瑞金医院专业技术职务岗位聘任实施意见》，规范医师系列、教学系列、研究系列、卫技系列（技、药）、护理系列、会计系列、图书资料系列、工程系列等各类各级人员岗位聘任条件。2010年起，根据《上海交通大学医学院附属瑞金医院专业技术职务岗位（中初级）聘任（续聘）条例》，进一步完善初级人员岗位聘任条件。

二、考核与奖惩

20世纪50年代，医院曾就各类人员上班时间安排和请假手续制度做出较为完整的规定，说明行政、辅助医疗、门诊和病房的上班时间，并就病假及事假办理手续进行规定，并评选优胜单位、优胜员工、年度先进工作者。1950年，医院制定《医院院规草案和员工奖惩草案》，后于1996年制定《医院员工奖罚条例暂行条例》，实施奖优罚劣的管理措施。

1966年以前，对员工的考核主要采取定期的思想小结进行考核；员工惩处主要与劳动纪律相关，主要包含久假不归、无故旷工等违反劳动纪律的行为。20世纪70年代，颁发《工作人员请假暂行细则》，进一步规范因病、事、产、婚、丧等请假手续。

20世纪80年代末，根据上海第二医科大学下发通知进行年度考核，奖惩工作正式列入人事部门工作范围。1986年，进行人事管理改革后，为与聘任制相配套，同时实施岗位责任制、考核制、奖惩制，在年度考核基础上评选先进、奖励先进；考核采取个人小结、群众评议与领导考核相结合的办法，每年考核一次，填写考核表，主管领导签具考核意见，作为评选先进、奖励、晋升和任免的依据。1990 年，医院对行政干部、专业技术干部、技术工人等各类人员首次开展年度工作考核，以德、能、勤、绩为考核内容，分为好、较好、一般和较差 4 个考核等级，考核结果作为评审、晋升和续聘的重要依据，对员工的考核通过工资和晋升的评定予以体现。1991 年，为完善考勤工作，对无故旷工现象进行处理，医院制定《关于加强考勤工作管理的试行条例》。1996 年，医院制订《瑞金医院员工奖罚条例暂行条例》，实施奖优罚劣的管理措施。至 2010 年，医院根据国家和上海市有关规定修订奖惩办法，实行年度考核。

三、人员流动

【入院】

医院征用初期，人员流动采用自行申请、上级调配、私人介绍相结合的方式。20 世纪 50 年代中期到 60 年代，人员流动主要通过组织调配，且流动时需开具介绍信，并严格控制干部及普通员工在城市与农村、上海市与外地之间的调动，实行计划式的人员调剂。20 世纪 70 年代逐步恢复正常的人员流动，并开始解决医院员工夫妻分居两地事宜。1986 年，医院实行管理改革之后，逐步明晰聘任制与调配制相结合的人员流动方式，极大地促进了人员流动的活力，1996 年，制定相应的流动人员人事档案管理规定。2000 年之后，随着医院采用聘用合同制，进一步突出了吸引人才、强调竞争的人员流动方式。

【离院】

离院主要包括辞职、退职、退休等。在辞职方面，20 世纪 50 年代至 60 年代在组织调配制为主的情况下，没有离职的情况，20 世纪 70 年代逐步规范人员离职手续。1979 年，医院离职员工需先提交离职申请，填写“上海市国家机关、事业单位工作人员离职审核表”，办理离职手续。1991 年起，进一步规定辞职人员应提出书面申请，由单位审批同意后方可离职。1979 年，医院开始采用“干部安置（离休、退休、退职）审批表”“干部退休审批表”。20 世纪 80 年代起，员工可申请因工因病完全丧失劳动能力鉴定，鉴定为完全丧失劳动能力可提前办理退休手续。

四、人事档案建设

1964 年，医院建立管理干部档案。1986 年，医院建立健全技术人员档案制度，并梳理全院员工的人事档案、业务档案。进入 20 世纪 90 年代，随着管理现代化进程，人事档案管理日趋标准化、科学化。医院人事档案管理在档案材料收集范围、收集方法、归档要求、监督检查方面建立规范化流程，保证人事档案的真实性、严肃性。1992 年，根据《中国共产党上海市委组织部关于查阅干部档案的规定》，为使干部档案工作更好地为党的干部工作服务，瑞金医院人事档案室形成一套严格的查（借）阅制度，对查阅人事档案人员的身份、手续、流程、借阅时间等作出规定并严格执行。1997 年，根据中共中央组织部《关于印发〈干部人事档案工作目标管理暂行办法〉和〈干部人事档案目标管理考评标准〉的通知》，对医院干部人事档案管理实行一级、二级、三级考评。2001 年，医院通过组织领导、队伍建设、管理体制与范围、干部人事档案材料收集与鉴别、材料归档与整理、保管与保护、提供利用与转递、制度建设、宏观业务指导等考评内容，成为一级管档单位。2006 年，医院把干部人事档案工作从偏重档案整理转变到充实档案内容，围绕干部人事档案审核工作标准，开展干部人事档案的收集、鉴别、整理工作。2009年通过一级管档单位审核。

第四节　工 资 福 利

一、员工工资与奖金

医院征用时，对员工的工资实行原职原薪。1953年，医院对全院员工进行评级定薪，工资津贴标准实行工资分（工资制）和津贴（包干制），一部分员工原工资高于所定级别的实行保留，大部分员工通过评级增加了工资。1955年起，医院根据"原供给制待遇的员工逐步更改为货币工资制"的文件精神，从供给包干制逐步过渡到工资制，为符合"同工同酬"的原则，原部分保留工资的逐步取消。

1956年，医院第一次实行工资调整，执行全国统一的工资标准，医院大部分员工升一级。1960年，上海第二医学院调整工资方案，主要针对新毕业的卫生技术人员工资级别过低进行调整，提高一部分员工工资。1963年，除4级以上医务人员和12级以上行政人员外，大部分员工工资上升一级。1978年后，有两次低工资调整。1985年，瑞金医院根据国家政策进行工资改革，约95%的员工增加工资，部分员工工资增幅较大。之后分别于1989年、1991年，进行两次工资普调。1994年，医院对全院员工进行工资改革和工资套改工作。1999年和2001年，分别进行过两次事业单位工作人员上调工资标准。2006年，医院开展收入分配制度改革。

工资改革之前，除部分临时性奖金（如20世纪60年代跃进奖金），员工收入基本以工资为主。1992年起，实行奖金分级管理制，为体现奖勤罚懒、奖功罚过，激励员工积极性，提高医疗质量，改善服务态度，制定《瑞金医院员工奖金考核发放暂行条例》，奖金考核和方法均实行分级管理制，各行政处室、直属科及各业务科室为医技考核单元。成立由院领导、院办、党办、工会、人事处、医务处、护理部、门急诊部、科教处、财务处、系办及总务处负责人组成的一级考核小组，对各单元进行考核；由行政领导、支部书记、护士长、总住院医师、部门工会主任、团支部书记或委员组成的二级考核小组，对所属员工进行考核。2000年之后，进一步规范科室奖金二级分配制度。2002年起，实施《关于建立对科室奖金管理的有关规定》。

二、员工津贴与福利

在员工津贴方面，主要包括交通费、卫生津贴、岗位职务津贴、副食品价格补贴等。上下班交通费补贴于1965年开始发放。1995年，上海取消公交月票后，医院修改标准，制定《瑞金医院员工上下班交通费补贴的暂行办法》。1987年起，发放卫生津贴，并于1995年，根据各部门与各工种的工作性质、接触有害、有毒、有传染性工种时间的长短，有害身体健康的程度以及防护的难易进行调整。

在员工福利方面，包括医疗保健、员工疗养、困难补助、独生子女补贴、革命烈士家属抚慰金、员工死亡补贴等，均按照国家有关规定办理。2000年后，随着社保制度的完善，逐步将医疗保健、困难补助、革命烈士家属抚慰金并入社会保险、社会救济、优抚安置等。

在社保方面，与国家规定保持一致，医院执行"五险一金"，包括养老保险、医疗保险、失业保险、工伤保险、生育保险和住房公积金。

第五节　退休员工管理与服务

一、发展沿革

瑞金医院退休员工由医院退休员工管理委员会(以下简称“退管会”)负责管理。退管会成立于1986年6月,退管会主任由医院分管人事的副院长兼任,副主任由院工会主席或常务副主席担任,并设一名常务副主任,由各职能处室负责人组成委员会。退管会下设办公室,主要负责日常事务处理和对退休员工的服务工作,由常务副主任兼任办公室主任。成立初期,办公室主任为退休返聘人员任,1995年3月,改为在职人员担任。退管会办公室下设若干专职干部负责全院退休员工日常管理工作。

表6-4-1　1986—2010年医院历任退管会主任、副主任情况表

任职年份	主　任	任职年份	副主任
1986—1988	王鸿利	1986—1990	孙国武
1988—1995	席德忠	1990—1995	单友根
1995—2007	沈卫峰	1995—1997	张美玲
2007—	姜昌斌	1997—2001	蔡凤娣
		2001—2006	张梅珍
		2006—2007	袁玉燕
		2007—2008	徐　娟
		2008—	袁建华　吴小弟

表6-4-2　1986—2010年医院历任退管会办公室主任情况表

任职年份	办公室主任	任职年份	办公室主任
1986—1987	李利伯(返聘)	2001—2006	张梅珍
1987—1995	陆漪玉(返聘)	2006—2007	袁玉燕
1995—1997	张美玲	2007—2008	徐　娟
1997—2001	蔡凤娣	2008—	袁建华

退管会每半年召开一次会议,讨论决定退休员工相关事宜。各部门工会作为科室二级管理,负责本科室退休员工的帮困、后事处理等,退管会每年召开部门工会负责人会议,通过这种“院、科二级”的管理方式不断加强协调与沟通工作。退管会下设23个块组,块组按退休员工居住地分布划分。每个块组由一名退休员工任块组长,他们是退管会与退休员工沟通的桥梁。退管会定期召开块组长会议,制定块组长工作职责,布置落实退休员工服务工作,及时听取退休员工意见。

退休党总支下设2个党支部6个党小组,负责管理退休员工党员的思想、组织建设,支持参与退管会各项工作。

二、主要工作

瑞金医院退休员工管理工作，一直围绕着“老有所养、老有所医、老有所学、老有所教、老有所为、老有所乐”的方针，开展为老服务工作。

【助老帮困】

帮困支持 坚持退休员工共享医院改革成果的政策，并逐年加大补贴力度。为退休员工，尤其是对退休早、养老金水平低的高龄退休员工，提供老有所养的经济支持。从1988年的每人每月10元，提升至2005年全年人均共享费3 020元。此外，努力做好退休员工住房解困工作，1986—1995年共解困57户，增加面积488.02平方米。2002年，完成退休员工住房补贴工作，约20万元。同时，对于因病致贫的退休员工给予经济帮助。

组织关怀 自1988年起，医院在敬老节时为年届70、80、90岁的老人举办集体祝寿活动；春节活动中，院党、政、工领导、职能处室向退休员工表示节日祝贺。自1991年起，在每月的领工资日，免费为退休员工提供沐浴、理发、医疗、供应小商品、法律咨询等一条龙服务。自1998年起，每年组织“冬送温暖，夏送清凉”活动，对“五种对象”（高龄，独居，重病，特困，因病致贫）做到三结合关心，即院领导、退管会与块组长共同关心，按时进行慰问与普访，关心其思想与生活状况。对于生病住院的退休员工，退管会必探望慰问，并提供出院时免费乘出租车的便捷。此外，退管会与各部门工会保持联系，由部门工会对本科室退休员工进行关怀，在传统佳节请退休员工“回娘家”。同时，医院还积极探索社区化管理模式，2002年与瑞金二路街道退管会签订《瑞金医院退管会、瑞金二路街道退管会，共管退休人员共建文明社区协议》，共有8名老人得到了社区的关爱。

健康保障 自2000年，上海市新的医疗保险政策出台后，由医院出资为退休员工参保了上海市总工会的“退休员工住院补充医疗互助保障金”；参加了上海市卫生系统退管会的“帮困基金”；组织退休员工参加医院“员工急、重病互助医疗基金会”，为退休员工提供了更多的保障。2000—2010年，共有1 701人次得到“退休员工住院补充医疗互助保障金”理赔，金额共计1 000 839.8元；79人次得到卫生系统退管会的“帮困基金”补助，补助金额79 000元；1 754人次得到了医院“急、重病互助医疗基金会”医疗费报销金额1 220 994.00元。2008年起，退管会每年组织退休员工体检，为及时发现疾病、及时治疗争取了时间。退管会对身患肿瘤大病的退休员工给予特别的关心。2001年12月，由退休员工中罹患癌症的同志参加组成爱心联谊会，定期请专家做保健讲座，组织参观活动等，使他们有一个温暖的“家”。

【丰富生活】

老年大学 1998年初，医院开办了老年职工学校，并于2001年提升为瑞金医院老年职工大学，为上海市卫生系统中唯一一所由医院创办的老年大学。上课地点在医院工会俱乐部，开设班级十余个，有交谊舞、声乐、书法、绘画、钢琴、健身舞、旅游、摄影、太极拳、电脑等，每年约有400名学员参加学习。同时，老年大学得到了上海市卫生系统退管会的支持与指导，吸纳卫生系统退休员工为学员，实现了卫生系统老年教育的资源共享。学员的许多作品在市级多项比赛中获得了奖励，并成为为老服务的品牌。

退休党总支活动 定期为退休党员作医院现状和改革发展情况通报；邀请有关专家学者为退

图 6-4-1　2001 年医院老年职工大学结业典礼

休党员作国内外的形势报告；组织党员参观上海新的建设项目，感受改革发展的丰硕成果。认真做好对老员工的宣传工作，1997 年，创办《瑞金医院老年星光报》月刊，深受退休员工欢迎。同时，为退休员工中老领导、老教授等订阅报刊。

离退休高知联　1994 年，成立离退休高级知识分子联谊会（离退休高知联），是医院党委领导下的群众组织。每五年一届，第一、第二届理事长由原医院副院长高恪任，第三、第四届理事长由医院退休高年资骨科专家蔡体栋任。医院通过该组织来联系、关心退休的高级知识分子，定期组织学术讲座，起到以学促为、以学促健、以学促乐的作用。

兴趣小组　建立若干退休员工文艺兴趣小组：沪剧、越剧、时装、腰鼓队、合唱队和音乐欣赏文艺沙龙，参加医院的庆典活动、艺术节、迎春联欢会等文艺演出，并组织展览和老年运动会。此外，不定期组织退休员工外出参观等。

【特色工作】

为老奉献医疗志愿服务队　1996 年 10 月，上海市发起“关爱老年健康行动”，在市总工会退管会支持下，医院离退休高知联和上海市退休员工活动中心组建了上海市第一个“为老奉献医疗志愿服务队”，深入工厂、社区、学校、郊区等开展义务咨询及健康教育，健康检查及健康咨询达 2.7 万余人次。2010 年以后，此项活动由医院高级知识分子联谊会继续开展。

上海市老年教育基地　2001 年，医院与上海市退休员工活动中心协商创办上海市老年教育基地。上课地点设在上海市退休员工活动中心 9 楼，学员来自全市，由瑞金医院及外院退休专家教授讲课，上课内容主要针对老年人常见病、营养及食品安全等，持续时间长达 10 年，听课者达 3 万多人次。

三、荣誉

1986 年以来，瑞金医院退休员工管理与服务工作得到退休员工的信任和认可，在上海市各项评比中取得了优异成绩。1988—2010 年，共计 9 次获得“上海市卫生系统退休员工管理服务先进集体”的荣誉称号。2000 年被上海市退休员工管理委员会评为“上海市模范退管会”。2002 年被上海市人事局评为“2002 年度上海市机关事业单位退休管理先进集体”。2006 年被上海市卫生系统退管会评为“2006 年度上海市卫生系统模范退管会”。2007 年被上海交通大学老龄工作委员会评为“2005—2007 年度上海交通大学老龄工作先进集体”。

1999 年，退休员工盛朱霞因出资 20 万元建造希望小学，被评为“上海市教育系统精神文明十大好事”。2003 年，退休医师徐祖祺积极主动报名参加上海市志愿西部开发的“银龄行动”，赴新疆阿克苏地区人民医院支医支教，被评为“上海市卫生系统十佳好事”。

第六节　援非医疗服务

一、发展沿革

医院援助非洲医疗服务始于 1963 年 3 月，由儿科副主任齐家仪、肺科副主任胡曾吉参加赴阿尔及利亚医疗队（共 4 名队员），这也是中国首次派出的援助非洲国家的医疗队。

中华人民共和国政府组织全国各地卫生部门承担对口不同非洲国家的医疗援助任务，上海对口援助的非洲国家为摩洛哥王国，因此瑞金医院承担的援助非洲医疗服务以组织、派遣赴摩洛哥医疗队为主。1975 年 9 月，瑞金医院派出第一支援摩洛哥医疗队。

1975 年至 2010 年 36 年间，瑞金医院先后派出 37 批、共计 158 人次赴摩洛哥进行医疗援助，援助地点包括摩洛哥王国境内的赛达特（共计 11 批）、默罕默迪亚（共计 2 批）、荷塞马（共计 3 批）、马拉喀什（共计 2 批）、温莎（共计 1 批）、拉西迪亚（共计 1 批）、梅克内斯（共计 17 批）等。每批赴摩洛哥医疗队援助时间一般为两年。

二、援非医疗队构成

援外医疗工作人员是指由组织选派出国，完成援外医疗、预防、保健等专业技术服务的卫生专业技术人员及行政管理、后勤保障人员。为确保医疗质量，瑞金医院援非医疗队员专业技术职称一般为教授、医师（副主任医师、主治医师、医师等）、护士（主管护师、护师、护士等）、技师（主管技师、技师等）等组成。医疗队设队长 1 人，同时随队配备翻译、技术工人和后勤保障人员，以保证医疗队员的工作正常开展。

瑞金医院曾参与赴摩洛哥医疗队的科室包括灼伤整形科、骨科、针灸科、妇产科、麻醉科、普外科、心内科、儿外科、儿内科、感染科、神经内科、耳鼻喉科、核医学科、临床营养科、后勤保障处等。

表 6-4-3　1975—2010 年医院援摩洛哥医疗队情况表

援助地点及时间	科　室	姓　名	性　别	专业技术职称
摩洛哥赛达特 1975.9—1977.10	儿外科	龚代贤	男	主治医师
	检验科	谢培英	女	主治医师

（续表）

援助地点及时间	科　室	姓　名	性　别	专业技术职称
摩洛哥赛达特 1977.9—1979.10	心内科	石　镭	男	主治医师
	外　科	李宏为	男	主治医师
摩洛哥赛达特 1979.9—1981.11	五官科	程容荃	男	主治医师
	针灸科	傅莉萍	女	主治医师
	麻醉科	蒋正莹	女	主管技师
摩洛哥赛达特 1981.11—1983.12	外　科	唐步云	男	医　师
	内　科	崔贤德	男	主治医师
	针灸科	沈荣宝	男	技　师
	针灸科	唐洪志	女	护　士
摩洛哥赛达特 1983.11—1985.12	外　科	张臣烈	男	主治医师
	妇产科	李慧芳	女	主治医师
	儿　科	徐淑廉	女	主治医师
摩洛哥赛达特 1985.11—1987.11	外　科	尹浩然	男	主治医师
	妇产科	侍　庆	女	主治医师
摩洛哥赛达特 1987.11—1989.11	针灸科	韩健锦	男	卫生技术人员
摩洛哥赛达特 1989.11—1991.11	妇产科	吴启芳	女	主治医师
	外　科	沈耀祥	男	主治医师
摩洛哥赛达特 1991.10—1993.11	儿　科	陈凤生	男	副主任医师
	外　科	袁祖荣	男	主治医师
	内　科	过鑫昌	男	主治医师
	妇产科	喇端端	女	主治医师
摩洛哥赛达特 1993.10—1995.11	妇产科	蔡晓敏	女	主治医师
	妇产科	邹　吟	女	主治医师
摩洛哥赛达特 2001.11—2003.11	妇产科	朱　岚	女	主治医师
摩洛哥默罕默迪亚 1996.10—1998.11	妇产科	刘　淳	女	医　师
摩洛哥默罕默迪亚 2002.10—2004.10	针灸科	沈荣宝	男	主管技师
	麻醉科	韩自惕	男	技　师
摩洛哥荷塞马 1994.11—1996.11	感染科	王玉琴	女	主管技师

（续表）

援助地点及时间	科　室	姓　名	性　别	专业技术职称
摩洛哥荷塞马 1998.10—2000.10	麻醉科	王玉萍	女	主管技师
	心血管	吕　蓓	女	副主任医师
摩洛哥荷塞马 2002.10—2004.9	麻醉科	孟友梅	女	主管技师
摩洛哥马拉喀什 1996.11—1998.11	医疗系	郭丽萍	女	翻　译
摩洛哥马拉喀什 1998.11—2000.11	普外科	冯国光	男	副主任医师
	灼伤科	黄伯高	男	主治医师
	灼伤科	胡桂芳	女	主管护师
	灼伤科	滕培敏	女	护　士
摩洛哥温莎 1991.3—1993.3	医疗系	郭丽萍	女	翻　译
摩洛哥拉西迪亚 1996.10—1998.10	核医学科	弋贵芝	女	主管技师
摩洛哥梅克内斯 1981.3—1983.4	骨　科	陶锦淳	男	主治医师
	灼伤科	吴士祥	男	主治医师
	骨　科	陈正中	男	主治医师
	灼伤科	董鹤亮	男	主治医师
	麻醉科	黄宗明	男	主治医师
	骨　科	徐荣芳	女	护　士
	灼伤科	李建珍	女	护　士
	内　科	徐　茜	女	护　士
摩洛哥梅克内斯 1983.4—1985.4	骨　科	汤华丰	男	主治医师
	灼伤科	肖玉瑞	男	主治医师
	骨　科	杨佩君	女	主治医师
	麻醉科	秦瑞钰	女	技　师
	灼伤科	严根荣	男	主治医师
	骨　科	孙智光	女	护　士
	灼伤科	卞菊芬	女	护　士
	内　科	葛孝虹	女	技　师
	食　堂	顾志英	男	厨　师
摩洛哥梅克内斯 1985.3—1987.4	灼伤科	徐惠贞	女	主治医师
	骨　科	沈才伟	男	主治医师

（续表）

援助地点及时间	科 室	姓 名	性 别	专业技术职称
摩洛哥梅克内斯 1985.3—1987.4	麻醉科	郑章华	女	主治医师
	灼伤科	徐 洁	女	护 士
	骨 科	班秋云	女	护 士
	灼伤科	汪 新	女	护 士
	灼伤科	邵炳荣	男	主治医师
	骨 科	张海生	男	主治医师
	麻醉科	席德忠	男	主治医师
摩洛哥梅克内斯 1987.3—1989.1	骨 科	张沪生	男	副主任医师
	灼伤科	朱德安	男	副教授
	麻醉科	蔡惠敏	女	主治医师
	骨 科	何国础	男	主治医师
	灼伤科	袁克俭	男	主治医师
	护理部	李亚东	女	护 士
	骨 科	叶布尔	女	护 士
	灼伤科	陈雅琴	女	护 士
	食 堂	吴建飞	男	厨 师
摩洛哥梅克内斯 1988.6—1990.6	骨 科	龚耀成	女	主治医师
摩洛哥梅克内斯 1989.3—1991.4	骨 科	冯德炎	男	副主任医师
	灼伤科	廖镇江	男	主治医师
	灼伤科	李秉国	男	主治医师
	麻醉科	奚国莲	女	主治医师
	外 科	施晓群	女	护 士
	骨 科	张筱红	女	护 师
	灼伤科	汪小晶	女	护 师
	食 堂	龚卫国	男	厨 师
摩洛哥梅克内斯 1990.8—1992.10	骨 科	曹德良	男	主治医师
摩洛哥梅克内斯 1991.4—1993.4	灼伤科	吴士祥	男	副主任医师
	灼伤科	张 勤	男	医 师
	麻 醉	汪明洁	女	主管护师
	妇产科	宋玲梅	女	护 士
	妇产科	孙 军	女	护 士

（续表）

援助地点及时间	科　室	姓　名	性　别	专业技术职称
摩洛哥梅克内斯 1991.4—1993.4	灼伤科	徐佳丽	女	护　士
	食　堂	吴昌琪	男	厨　师
	翻　译	陈　群	女	馆　员
摩洛哥梅克内斯 1993.4—1995.4	灼伤科	邵炳荣	男	主治医师
	灼伤科	龚全明	男	医　师
	灼伤科	王春兰	女	护　师
	神经内科	寿文华	女	护　师
	骨　科	张海生	男	主治医师
	骨　科	朱培华	女	护　师
	麻　醉	曹新琴	女	主管技师
	食　堂	杨　勇	男	厨　师
	骨　科	梁　裕	男	医　师
摩洛哥梅克内斯 1995.3—1997.3	灼伤科	董鹤亮	男	主治医师
	灼伤科	张　剑	男	主治医师
	整形科	郑捷新	男	主治医师
	灼伤科	刘卫红	女	护　士
	针灸科	袁　民	女	主治医师
	手术室	冯　原	女	护　师
	灼伤科	黄丽和	女	护　师
摩洛哥梅克内斯 1997.3—1999.4	骨　科	孙争鸣	男	副主任医师
	灼伤科	杨丽英	女	主治医师
	灼伤科	王文奎	男	主治医师
	骨　科	王　蕾	男	主治医师
	整形科	孙德毅	男	主治医师
	针灸科	吴红军	男	医　师
	灼伤科	刘美珍	女	护　师
	灼伤科	董茹晔	女	护　师
	膳食科	王金龙	男	厨　师
	高研所	刘建军	男	翻　译
摩洛哥梅克内斯 1999.4—2001.4	灼伤科	孙　珍	女	副主任医师
	灼伤科	刘耀亮	男	副主任医师
	灼伤科	傅慈韻	女	护　士

（续表）

援助地点及时间	科　室	姓　名	性　别	专业技术职称
摩洛哥梅克内斯 1999.4—2001.4	灼伤科	张玲玲	女	护　士
	整形科	张　毅	男	主治医师
	骨　科	徐建强	男	主治医师
	针灸科	项琼瑶	女	主治医师
	营养科	王建华	女	厨　师
摩洛哥梅克内斯 1999.6—2001.4	骨　科	郝　平	男	医　师
摩洛哥梅克内斯 2003.11—2005.10	耳鼻喉科	叶燕芬	女	副主任医师
	眼　科	陈　燕	女	主治医师
	心内科	潘文麒	男	主治医师
	灼伤科	徐正鹏	男	主治医师
	灼伤科	夏俊星	男	主治医师
	骨　科	陈　毓	男	主治医师
	针灸科	乐旭华	男	主治医师
	临床医学院	郭丽萍	女	翻　译
	膳食科	张　敏	男	技术工人
摩洛哥梅克内斯 2005.11—2007.11	灼伤科	杨惠忠	男	副主任医师
	灼伤科	向　军	男	副主任医师
	骨　科	郁　健	男	主治医师
	针灸科	吴红军	男	主治医师
	麻醉科	李晓峰	男	医技
	灼伤科	王晓燕	女	护　师
	灼伤科	杨慧群	女	护　师
	产　科	徐　丽	女	护　师
	儿　科	唐彦彦	女	护　师
	后　勤	沈春根	男	厨　师
摩洛哥梅克内斯 2007.10—2009.11	灼伤科	方培耀	男	主任医师
	儿　科	张建林	男	主治医师
	骨　科	张兴凯	男	副主任医师
	针灸科	沈荣宝	男	主管技师
	麻醉科	马　鑫	男	医　师
	灼伤科	黄丽和	女	护　师

（续表）

援助地点及时间	科　室	姓　名	性　别	专业技术职称
摩洛哥梅克内斯 2007.10—2009.11	灼伤科	顾以佩	女	护　师
	儿外科	李雯珏	女	护　师
	儿内科	王静芳	女	护　师
	后　勤	邹荣珍	女	技术工人
摩洛哥梅克内斯 2009.10—2011.10	检验科	孟　俊	男	技　师

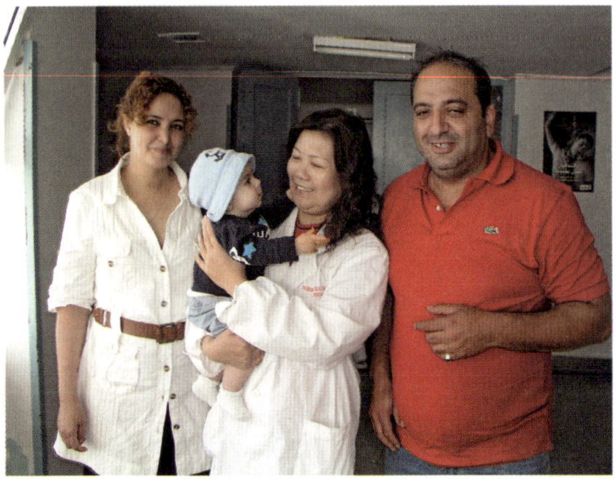

图 6-4-2　2009 年医院第 13 批援摩医疗队队员和病愈出院的患儿全家合影

除援助摩洛哥王国外，2007 年 12 月—2008 年 4 月，瑞金医院派遣感染科医生郭斯敏参与援助非洲国家乍得共和国及布隆迪共和国。

三、援非医疗队管理

根据上海市卫生和计划生育委员会下达的派遣任务，瑞金医院一般通过组织选拔、自愿报名等办法择优录取援非医疗队员。队员出国前须参加综合集中培训，包括中国外交方针与政策、援外医疗工作规章制度、外事与财务纪律、安全保密和出国工作注意事项、外语和有关知识培训等，培训时间不少于 4～6 个月。

援非医疗服务的开展规章制度较为严明。1994 年，财政部、外经贸部和卫生部联合下发《援外出国人员生活待遇管理办法》，上海市卫生局结合具体情况，颁发《上海市援外医疗队员生活待遇管理办法》(沪卫外[1994]第 290 号)，划分援外公务员、技术人员为 7 个级别，划分技术工人为 5 个级别，并制定相应的生活待遇和国外津贴，派遣部门可根据援外人员在国外的工作表现和实际工作能力，对原定级别予以调整。2003 年，中华人民共和国卫生部关于印发《卫生部关于援外医疗工作人员管理办法(试行)》的通知(卫人发[2003]184 号)，进一步从选派、培训、管理、监督等方面作出规定。

瑞金医院援非医疗队员在国外工作期间，充分发扬“不畏艰苦、甘于奉献、救死扶伤、大爱无疆”精神，先后获得集体和个人先进称号。1981 年 3 月，瑞金医院陈正中医生被选派为中国首批援摩洛哥王国梅克内斯医疗组成员，因其优秀表现，于 1988 年 4 月，经卫生部批准，荣获“优秀援外医疗队员”称号。2000 年，因做好援摩洛哥医疗队的推荐、选拔及管理工作，关心家属生活，瑞金医院被上海市卫生局评为援摩洛哥医疗队先进单位。

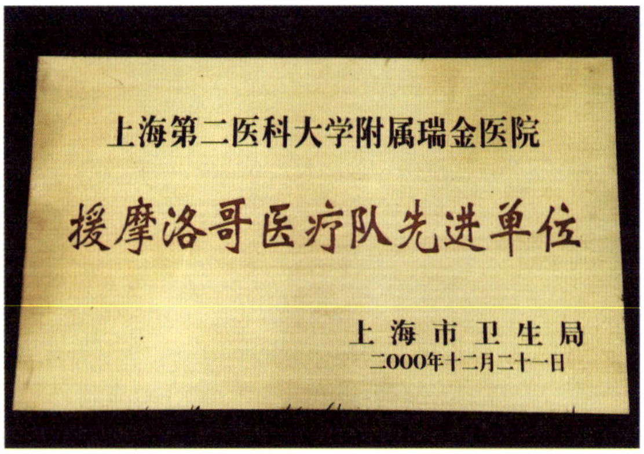

图 6-4-3　2000 年医院被评为援摩洛哥先进单位

第七篇 其他管理

概　　述

除医教研管理部门外，医院发展还需要诸多部门的通力协作，包括院务管理、对外交流、财务管理、审计监察、信息网络、集团化管理、退休职工管理和安全保卫工作等，都是医院各项工作顺利、合规运行的重要保障。

建院初期，由于业务量不大，由仁爱会修女负责管理医院行政事务，设秘书室作为办事机构。以后医院职能逐渐丰富。秘书室先后改组为院部办公室(1954年)和院长办公室(1978年)，协助院长处理各项日常院务工作，沟通、协调各职能管理部门、临床科室之间的各类行政事务，负责医院各项决策贯彻落实、执行与督办；医院总结规划制定和往来文件收发；各种行政会议和全院性大型活动的组织安排；人民群众来信来访；对外联络、国内外交流等工作。至2010年，逐渐在院办、医疗、教学、科研、人事、财务、后勤等条线11个处级机构下细分27个科级管理部门，形成以医教研为核心、多线协调管理医院日常运行的架构。

随时代变迁、国家外交重点的转移，医院对外交流的对象发生一定变化。新中国成立初期与亚非拉国家和东欧之间医疗交流比较频繁。20世纪70年代以后，来访人次明显增加，其中来自欧洲、美国、日、韩等发达国家政府与医学代表团逐渐增多。20世纪80年代，医院陆续举办多项国际学术会议，并派遣大量人员出国访问、留学、交流。邝安堃、傅培彬、史济湘、王振义、陈竺、陈赛娟等先后获得法国、比利时等国骑士勋章和伊文思奖等国际重大医学奖项。2000年，瑞金医院协办的21世纪中美医学论坛至2010年已在中美两国交替举办6届，成为中美两国及全球医学专家、医院管理专家、政府官员进行对话及高层次交流的重要平台。接待外宾数从1955—1960年的38批122人次，增加至2006—2010年的299批2 056人次。

1950年开始，医院独立处理会计业务。先后成立计划财务科、出入院管理科、门急诊收费科、三产结算中心、绩效与成本管理办公室等部门，分门别类管理医院各种财务事项，为医院业务顺利开展提供了有力保证。1978年，开始试制会计核算电子化。20世纪90年代，开展成本核算。1997年开始深化内部管理，加强绩效改革。2000年在住院管理系统(HIS)中加入财务结算的设计理念，实现了记账电子化。2010年建立起各业务科室绩效考核与评价制度。

1990年5月，成立监察审计室，主要负责医院的行政监察和内部审计工作。落实对干部的宣传教育、监督检查，规范工作流程，完善信访制度。根据国家相关法规建立健全医院内部审计制度，对医院基建、财务、经济责任、三产、科研经费、资产等进行全面审计。

1978年，医院开始使用国产计算机(Djs机)进行门诊收费的劳保汇总工作。以后逐渐开展医院信息化建设。1997年，成立计算机中心，负责全院的信息化平台和网络建设。至2010年，自行开发形成5大数字化平台、44个系统、284个模块，涵盖医院“医、教、研、人、财、物”各方面，保障医院顺畅运行和信息管理。

1999年，医院开始尝试集团化管理。2000年，建立起上海瑞金医院集团。医院先后成立市场部(1999年)、集团办公室(2001年)和社区医疗工作办公室(2006年)，并于2010年合并上述3个部门组建对外合作与发展部，负责医院的集团管理、对外合作、对外交流、市场拓展和品牌推广，成功开展实施跨地区、跨级别、跨部门的医疗资源重组。以瑞金医院的品牌优势和专家储备为依托，合理配置医疗资源，先后有 6 家医院加入瑞金医院集团。与国内外、港澳台各公司合作经营 10 家医疗企业。以 5 个常见病、慢性疾病为切入点，构建包括瑞金医院、瑞金医院卢湾分院及卢湾区各社区卫生服务机构在内的慢性病综合防治网络。初步完成卢湾区所有二级和社区医疗机构的网络布线，实现分散储存、集中索引、权限访问、区域临床信息资源的充分共享。

这些工作保证了医院工作的高效顺畅，为完成医院医教研中心任务奠定基础。

第一章　院务管理与对外合作交流

第一节　院务工作

在教会医院时期，医院设秘书室，有秘书1人。到20世纪40年代末，院事务处下，设秘书文案员、事务员和助理文案员，负责医院一切规章制定、内外文件往来、报章新闻登载等有关事务。医院被征用后，院事务处取消，重设秘书室统管病人服务处、基本建设小组、总务科、财务科和人事科工作。1954年，改称为院部办公室，具体办理全院性秘书行政事务工作，负责人民信访、领导问讯处、驻卫警、电话间的工作。1959年，医教室和护理部机构精简，与院部办公室合署办公，设若干副主任分管院务行政、医、教、研、护理工作。1964年，医务管理职能随着护理部、医务科恢复设立而分出，科研工作仍由院部办公室管理，并负责外宾和其他兄弟医院的参观接待和联系工作。“文化大革命”期间院部办公室更名为“革委会办公室”。1978年，改称为院长办公室，科研工作划归医务科。1988年，院长办公室升格为副处级建制，主要负责医院各项决策贯彻落实、执行与督办；医院总结规划制定和往来文件收发；各种行政会议和全院性大型活动的组织安排；人民群众来信来访；对外联络、国内外交流等工作。20世纪90年代初，院长办公室参与广慈纪念医院筹建工作。1997年起，协同财务处共同负责医院综合目标管理和绩效考核工作。1999年，负责医院市场信息部的筹建工作。至2010年，设主任1人，副主任2人，设有内勤、机要、信访、外事4个岗位，并负责管理院收发室、文印室和摄影室日常工作。

表7-1-1　1949—2010年院长办公室历任主任、副主任情况表

机构名称	任职年份	主　任	任职年份	副主任
秘书室	1949—1954	魏更生	1954—1955	王国银
院部办公室	1962—1964	符柏刚	1956—1959	符荣卿(符柏刚别名)
	1964—1967	乔　陆	1956—1962	王　铭
			1959—1961	陈坤惕
			1959—1967	王惠敏
			1959—1961	胡曾吉
			1961—1962	张天锡
			1962—1965	张贵坊
			1965—1967	彭新颖
院长办公室	1978—1988	陈志龙(兼)	1982—1988	陈锦堂
	1979—1984	凌　鹤(第二主任)	1984—1988	李　铭

（续表）

机构名称	任职年份	主　任	任职年份	副主任
院长办公室	1985—1988	沈婵雄（第二主任）	1988—1990	吴小弟
	1990—1997	吴小弟	1988—1993	徐树声
	1997—2005	黄　波	1990—2004	黄大刚
	2006—	胡伟国	1993—1997	黄　波
			1997—2002	章　雄
			1999—2003	邱力萍
			2003—2007	俞郁萍
			2004—2006	胡伟国（2005.3 起主持工作）
			2005—2009	赵列宾
			2007—2009	倪黎冬
			2007—	龚震晔

第二节　对外学术交流和外事接待

一、发展沿革

医院的对外学术交流具有历史传统。早年的科主任大多是法籍医师，20 世纪 30 年代后期起，逐渐由震旦大学医学院毕业生和法国、比利时留学归来的医师取而代之，他们与法、比等国的医学院校保持着一定的学术联系。

新中国成立后，由于西方的经济封锁，医院与法国等国联系中断，对外医学交流的重点转向苏联、越南、朝鲜等社会主义国家。1951 年，医院征用后，第一次接待的外宾是越南政府卫生部长。1957 年前后，医院先后派出郑惠黎、黄宗仁、刘慕贞、钱绍昌四人赴苏联进修放射、妇儿等专业，这是医院派出的第一批出国进修人员。

20 世纪 60 年代初，苏联、东欧的来访骤减并逐渐中止，医院主要接待亚非拉发展中国家地区的来访外宾。由于成功抢救邱财康，也引起国际上医疗和媒体界的一定关注。1963 年，根据国务院总理周恩来指示，中国政府向阿尔及利亚派遣了第一支援外医疗队，医院儿科副主任齐家仪、肺科副主任胡曾吉被选派成为第一批医疗队员赴阿（共 13 名队员，其中上海医务人员 4 名）。

“文化大革命”开始后，医院的对外交流一度中断。1972 年 10 月，医院内科副主任徐家裕作为中国第一个访美医学代表团的成员访美，并任尼克松总统接见代表团时的中方翻译，这也是新中国派往美国的第一个学术团体，发挥中美医学交流领域的“破冰”作用。随着中美、中日关系正常化，到医院访问的美国、日本外宾人数开始增加。同期，医院开始定期接受来自亚非拉发展中国家的国际留学生、进修医生到医院学习。1975 年起，承担援摩洛哥医疗任务。

1978 年，中共十一届三中全会召开后，医院认真执行国家对外开放的外交政策，严格遵守外事纪律，医院的国际交流围绕医教研建设和人才培养逐步开展起来。与外宾的交流形式上由一般的参观、座谈，发展为举办讲习班、课题合作、手术示范、聘请任顾问等；出访活动也逐渐增多，先后选派外科、灼伤科、血液科、心内科、伤骨科等专业的高年资医师赴美国、日本、法国、意大利、澳大利亚等国参加国际会议和考察访问，他们通过会议交流了解学术发展动向，广交朋友，建立学术联系，开拓交流合作渠道。一些参访后对医院高度认可的海外专家和爱国侨胞，向医院无偿提供了不少当时国际上先进的医疗书刊和仪器设备，为医学技术的提升和医院的发展创造很好的条件。

图 7-1-1　1985 年徐家裕(前排左三)、史济湘(前排左二)接待外宾

与此同时，医院徐家裕、史济湘、杨之骏、龚兰生等专家受邀在国际学术会议上讲学，凭借着熟练的外语和精湛的医术，在国际上赢得殊荣，或在国际学术团体中获得一席之地。儿内科医师胡庆澧任世界卫生组织(WHO)副总干事，这是当时华人在 WHO 任的最高行政职务。1981 年起，医院同世界健康基金会(Project HOPE)，美国密苏里州堪萨斯大学医学院，美国埃德加斯诺基金会，法国巴黎第五大学，里昂、马赛等市的医学院和医院建立起合作关系，并与英、日、德、澳大利亚等十多个国家和地区的医学院校保持学术联系。1986 年，医院与意大利罗马佛泰贝利佛大利医院建立起友好姐妹医院关系。

1989 年下半年后，美国和其他一些西方国家的人员来访一度减少，但众多发展中国家继续发展着同中国的友好合作和来往，医院所有长短期出国人员均按期回国。进入 20 世纪 90 年代后，随着与西方国家的来往恢复，医院投身于更高规格医学交流事务中，交流的内容也逐渐向深度、广度扩展，对外交流的国家和地区遍及世界各地。在此期间，医院作为上海市医疗机构的行业代表，先后接待多位来沪访问的国际政要和港澳台地区的官员、国际医药界同行等，承办和协办了多项在医疗领域有一定影响力的大型国际医学会议和学术讲座，无论是接待来访人数，还是出访人次数均居上海第二医科大学各附属医院前列。同时，医院开始大批派遣人员参加国际会议、进修考察、学习先进技术、攻读学位以及进行科研合作。

从 1998 年起，医院承担起重要外宾保健、国际重大赛事等多次外事活动的医疗保障任务，先后负责美国总统克林顿、英国首相布莱尔、法国总理诺斯潘、阿联酋王储、以色列总统内塔尼亚胡等贵宾访沪期间的保健工作。在 2010 年任上海世博会 VIP 贵宾的保健医院期间，医院为不慎摔伤的马耳他总统阿贝拉提供迅速有效的医疗诊治。

各项日益频繁和活跃的医学卫生领域的国际合作与交流，不仅带动了医院医疗、科研和教学工作与国际水平接轨，保证医院的良性发展，更见证了新中国综合国力和国际地位的不断提升，发挥出“医学外交”的独特作用，增进了各国人民的友谊。

图 7-1-2　2002 年 10 月李宏为(右)接待诺贝尔奖获得者默拉德教授

二、来访国家(地区)和人数

新中国成立后，医院以接待苏联、越南、朝鲜等社会主义国家为主。1951 年医院征用后，第一次接待的外宾是越南政府卫生部长，他是邝安堃教授 20 世纪 30 年代初在法国巴黎大学医学院的同学。他们的会见不仅是在学术上进行交流，也增进了中越友谊。1956 年，苏联莫斯科第二医学院院长到医院参观，高镜朗、邝安堃、叶衍庆、傅培彬、邝翠娥等教授参加会见，苏联外宾对医院有着众多资深教授深表钦佩。

至 20 世纪 60 年代初，医院的主要接待对象为亚非拉等发展中国家地区的外宾，期间也有特意来了解邱财康救治情况的欧美国家的专业医师和记者。在此时期，医院每年接待的外宾人数为 20～30 批次(100 人左右)。1966 年，“文化大革命”开始后，医院的国际交往基本暂停。1972 年，美国总统尼克松访华后，中国对外交往逐渐发展起来，医院的来访外宾也逐渐增加，主要来自美、日两国，也有澳、加、英、法、德、瑞典等国的卫生、医学和各大学的代表团，其中，官方代表团以亚非国家为多，民间代表团以美、日为多。

1978 年，贯彻改革开放政策后，医院开始接待中国香港地区的参访人员。尤其是进入 20 世纪 80 年代后，来访的国家和地区不断拓展，来访人数也不断增长，并开始恢复和法国的密切往来。除上海市卫生局、上海第二医学院布置的接待任务外，医院更为注重提高接待的效益，根据学科建设需要，经上报上海第二医学院批准后，经常主动邀请外宾到医院进行医学专业领域的讲学和学术交流，这使医院得益匪浅。

1989 年，美国和其他一些西方国家的人员来访一度停滞或显著减少，但众多亚非拉国家继续发展着同中国的友好合作和来往。此后，医院接待的国际和港澳台地区的人数基本保持在每年 100 批左右。其中，1997 年和 2003 年，因亚洲金融危机和 SARS 疫情影响，外宾来访一度有所减少，后逐步恢复。2008 年以后，接待外宾的人次数略有减少。

表 7-1-2　1955—2010 年医院接待国际和港澳台地区来访批次和人数情况表

时　间	批　次	人　次
1955—1960	38	122
1961—1965	52	210
1966—1970	—	—

（续表）

时　间	批　次	人　次
1971—1975	152	1 585
1976—1980	424	3 939
1981—1985	815	6 139
1986—1990	537	3 239
1991—1995	517	3 367
1996—2000	429	2 476
2001—2005	350	2 561
2006—2010	299	2 056

表 7-1-3　1976—2010 年主要外宾来访国家批次和人数情况表

时　间	美国		日本		法国		英国		德国		加拿大		意大利		澳大利亚		瑞典		瑞士		荷兰	
	批次	人次	批次	人次	批次	人次	批次	人次	批次	人次	批次	人次	批次	人次	批次	人次	批次	人次	批次	人次	批次	人次
1976—1980	95	890	44	901	16	103	8	34	14	71	6	64	3	150	11	80	4	65	1	15	3	105
1981—1985	63	3 532	103	705	74	744	18	41	23	80	21	116	10	46	15	79	5	75	3	42	10	43
1986—1990	129	1 043	62	255	50	395	15	69	9	40	12	36	10	113	4	6	14	59	2	10	3	13
1991—2000	—	—	—	—	—	—	—	—	—	—	—	—	—	—	—	—	—	—	—	—	—	—
2001—2005	23	99	7	35	10	57	4	12	2	6	4	19	1	2	—	—	3	43	3	10	5	23
2006—2010	89	463	15	116	43	269	13	60	9	48	15	74	0	0	8	26	6	74	5	53	8	46

表 7-1-4　1977—2010 年部分来访贵宾情况表

年　份	接　待　来　访
1977	联邦德国驻华大使夫妇、联邦议员
1978	联合国副秘书长夫妇和办事处外交官
1982	加拿大卫生部与福利部部长
1985	世界卫生组织总干事哈夫丹・T.马勒
1991	法国科研技术部部长居里安先生(Herbert Curie)、法国驻华大使马腾、驻沪领事
1992	法国驻华大使参赞、德国汉堡市市长代表团、香港企业家李嘉诚
1994	法国总理爱德华・巴拉迪尔(Édouard Balladur)率领的 170 余人大型法国政府代表团
1997	法国总统希拉克夫人(Bernadette Chirac)、法国国防部部长和经济参赞、法国卢瓦大区议会会长、贝宁法院院长

（续表）

年　份	接　待　来　访
1998	法国教育部长、意大利卫生部副部长
2000	丹麦首相 Poul Nyrup Rasmussen、世界卫生组织前总干事
2003	耶鲁大学医学院副院长、美国通用公司总裁首席执行官 Wagner
2004	英国卫生部部长布克里·沃纳、文莱卫生部部长佩欣
2005	厄瓜多尔卫生部部长 Wellington Sandoval 及卫生部代表团，法国国民议会文化、社会、家庭事务委员会 Jean-Michel DUBERNARD 主席及国民议会代表团，卫生部部长 Xavier Bertrand 及卫生部代表团；古巴驻上海总领事馆 Mario Alzugaray 总领事，中国台湾华人医务管理交流会代表团
2006	马其顿卫生部部长 Vladimir Dimov，比利时法语区瓦隆州副州长、高等教育/科研/国际关系部部长 Marie-Domminique SIMONET，菲律宾卫生部部长 Framaisco T.Duque，法国国家科研中心(CNRS)主席 Catherine Brechignac，里昂卫生局国际交流处、巴斯德研究所所长 Philip Kurilsky，*Engjeux* 杂志编辑部主任
2008	澳大利亚州政府州长、美国得克萨斯心脏研究中心院长 James T. Willerson、荷兰鹿特丹市市长 Ivo Opstelten
2009	瑞士山德士公司全球首席执行官 Jeff George、法国国民议会议长 Bernard Accoyer、吉布提卫生部部长 Abdallah Abdillahi Miguil
2010	英国皇家爱丁堡外科学院及香港外科学院代表团、英国卫生部首席卫生官 Liam Donaldson 爵士、法国前总理 Jean-Pierre Raffarin、法国议会两院法中友好小组联合代表团主席 Michel HERBILLON、法国卫生部部长 Roselyne BACHELOT NARQUIN、议员 Michel Guerry、荷兰鹿特丹市长 Ahmed Aboutaleb、瑞典国王 Carl XVI Gustaf 及瑞典皇家科学院代表团、加拿大安大略省政府代表团、新加坡卫生部代表团

三、外事接待制度

20 世纪 60 年代，针对不同国家的政治特点和访问目的，医院在每次外宾接待前，都会拟定详细的接待计划，制订医院介绍材料和参观路线。20 世纪 80 年代，随着来访人数的增加，医院也进一步制定和规范了外事接待的规章制度，增强外事纪律，有 1 个分管外事的副院长和 2 个专职接待人员。1984 年，医院组成了六人外事领导小组，由院长徐家裕亲任组长、副院长高恪任副组长，院办副主任专职监管外事工作，人事科长、医务科长、医疗系一部副主任为组员，并选择了临床上能力较强的科主任、专家教授组成接待班子。对于外宾赠送的礼品，都一一入账。每次外宾接待，根据充分了解来访者身份和专业，从交通、食宿到参观路线、交流内容等，都制订有细化的接待方案，做到专业对口、级别对口、语言对口，本着实事求是的态度详细介绍医院概况和特色。各参与接待的临床科室科主任也非常重视外宾接待工作，1985 年起，医院还鼓励外语水平较好的青年一起参加接待，不仅扩大了医院外事队伍，也提高了青年人的外语和专业水平，这为更深层次的国际医学互访与合作奠定了良好的基础。进入 21 世纪后，院办增设专职干事负责外事管理工作。

图 7-1-3 2003 年授予法国斯特拉斯堡大学 Brette 先生客座教授仪式

四、授予海外及中国香港地区专家学术荣誉称号

20 世纪 80 年代起，学校为进一步促进与国际医学的交流和合作，开始对国际学术界公认的国际和港澳台著名学者分别授予名誉教授、顾问教授、客座教授等称号，各附属医院可根据自身学科发展需要和友好往来情况，向学校提出拟聘人选申请。2003 年，根据教育部《关于高等学校进一步做好名誉教授聘请工作的若干意见》，学校制订对于名誉教授、顾问教授、客座教授的聘请和管理的办法，医院也进一步规范各类外籍专家的聘用工作。

表 7-1-5 2005—2010 年医院授予的名誉顾问、客座教授情况表

授予项目	年 份	姓 名	单 位
名誉教授	2005	Christian Brechot	法国国家医学与健康研究院
	2005	Leroy E.Hood	美国系统生物学研究所
	2008	William R.Brody	美国约翰·霍普金斯大学
顾问教授	2005	Hugyes de The	法国国家医学与健康研究院
	2006	John P.Cooke	美国斯坦福大学医学院
	2008	James T Willerson	美国得克萨斯心脏研究所
	2008	Marc Delpech	法国巴黎第五大学 Cochin 医学院
	2010	Anna Suk-Fong Lok	美国密歇根大学
客座教授	2005	Joset E. Fischer	美国哈佛大学医学院
	2006	杨国源	美国加州大学神经外科和麻醉科
	2006	金坤林	美国旧金山 Buck 老年研究院
	2006	Jenny Wu	美国斯坦福大学医学院
	2006	郑家麟	美国内布拉斯加州大学医学中心药理及实验神经学系
	2007	Nelly Kieffer	法国国家科研中心
	2008	Rajgopl Mari	英国南安普敦大学医院
	2008	范 桢	美国得州大学 MD 安德森癌症中心
	2008	李 春	美国得州大学 MD 安德森癌症中心

（续表）

授予项目	年份	姓　名	单　位
客座教授	2008	黄曙云	美国得州大学 MD 安德森癌症中心
	2008	魏庆义	美国得州大学 MD 安德森癌症中心
	2008	谈东风	美国得州大学 MD 安德森癌症中心
	2008	张玉蛟	美国得州大学 MD 安德森癌症中心
	2008	黄柏兴	罗氏诊断产品公司
	2009	章　京	美国华盛顿大学病理系
	2009	陈重娥	香港中文大学医学院
	2009	Shenghan Lai	美国约翰·霍普金斯大学
	2009	Alexander Vincent Anstey	英国卡地夫大学医学院
	2010	包士三	澳大利亚悉尼大学
	2010	Pier Cristoforo Giulianotti	美国芝加哥尼利诺伊大学
客座副教授	2006	Massey Beveridge	加拿大多伦多大学国际外科办公室
	2008	覃克难	美国芝加哥大学儿童医院

五、出访

【短期出访】

新中国成立初，医院基本没有出访活动。20 世纪 60 年代起，派出人员主要是对亚非拉发展中国家的人民提供医疗援助服务，仅有个别几位专家出访进行学术交流。1960 年 4 月，眼科主任聂传贤参加了在突尼斯举行的国际眼科学术会议，同年 9 月又赴法国参加防痨协会理事会议。1964 年 5 月，泌尿科主任程一雄参加了在罗马尼亚举行的人工肾会议。

1972 年 10 月，应美国国立卫生研究院和美国医学会之邀，医院内科副主任徐家裕成为中华医学会 13 名团组成员中的一员，在美停留 20 天，访问华盛顿、纽约、波士顿、堪萨斯城、芝加哥和旧金山六个城市，参观美国知名的医学研究机构、医学院和医院，并受到美国总统尼克松的接见，此次访问也成为中美建交过程中一个标志性的事件。1973 年 6 月，徐家裕又再次作为中国医学代表团成员，访问墨西哥、智利和秘鲁，并参加墨西哥第 11 届外科学会。

1979 年 10 月至 11 月，应美国公谊会邀请，卫生部指定上海第二医学院派出以董方中为团长，林言箴、张世泽等一行 5 人的考察团赴美访问旧金山、华盛顿、纽约、费城、波士顿等 13 个城市及 19 所医院，了解器官移植技术与人造心脏发展状况。在美期间，考察团还与国际外科学会建立关系，促使该学会总部决定将台湾所占会员席位归还中华人民共和国。是年，国际烧伤学会秘书长 Boswick 博士邀请史济湘、杨之骏作为中国烧伤医学代表赴美国出席国际烧伤会议，并报告大面积深度烧伤病人和高压电烧伤的救治经验，打破新中国成立以来同美国烧伤学术交流的封闭状态。之后，史济湘又赴意大利参加第三届世界灼伤会议，杨之骏赴菲律宾参加菲中医学会会议，通过参加一系列学术交流使国际医学界了解中国灼伤医学水平，这也为国际烧伤协会与上海第二医学院联合举办的上海地区首届国际烧伤学术讨论会做准备。

进入20世纪80年代，医院的出访活动逐渐增多。1980年5月，上海第二医学院第一次派出人员访法，邝安堃、傅培彬、王振义、沈耕荣4人组成访法代表团与法国巴黎第五大学建立校际联系。1980—1984年，平均每年有10人次出访，至20世纪80年代末，已增至每年50人次。1988年，医院首次派出人员参加医院管理方面的会议。

20世纪90年代起，医院加大人才培养和国际交流力度，重点鼓励和促成中、青年医护人员的出国培训。1994年，出访人数首次突破100人。1997年突破200人。2008年突破400人次。

【中长期出访】

中共十一届三中全会以后，凡是有国外的大学校长或医院院长到医院参观、访问时，医院都设法争取由国外提供经费的出国名额，并开始派出大批医务人员出国进行较长期的、更深层次的技术培训、科研合作，攻读硕、博士学位或博士后研究，分为公派、公派自费和自费3种类型。20世纪90年代，陈竺、陈赛娟等医院选派出国的人员在国外学成期满后回国。1996年，医院联系和扩大与港、澳地区医院的交往，积极争取到香港大学玛丽医院每年接受6～10名护士的长期进修培训名额。1997年，医院与巴黎卫生局签订了长期协议书，选派优秀中青年医师赴法学习。1999年，医院出资100万元作为人才培养计划，资助10名青年医务人员赴英、美各大医院进修。2005年，医院与法国里昂卫生局签约，为传染性疾病、危重病及感染性疾病领域内的临床医生、护士提供培训。2007年，医院设立“海外人才培养基地建设”项目，鼓励通过院校际关系、导师关系公派中青年学术骨干出国学习。2009年起，设立“刘浩清人才基金”项目，每年投入300万元资助在职中青年人才和团队(共计25人左右)出国(境)进修与学习。

【外事出访管理】

所有出国人员均需按照上海第二医学院有关制度办理有关出国(境)手续及人员管理。一般短期出访活动(3个月以下)由院办负责，中长期出访留学(3个月以上)由人力资源处负责。1989年，医院组织每一位出国人员学习外事文件，加强爱国主义和国际主义教育，同时请各专业和科室的主任配合，加强通信联系，关心在外人员，尤其是中长期在外人员的思想和生活情况，当年度所有出国人员均按期回国。

20世纪90年代后，随着出访人数的进一步扩大，医院不断加强对因公出国(境)的管理工作，1996年，医院制订《关于办理长期公派出国事宜的有关规定》，对长期公派的出国手续、人员管理等方面予以明确。2009年，根据上海交通大学医学院关于《医学院因公出国(境)管理工作的规定》，医院完善出国(境)计划报批制度，合理安排出国(境)公务活动，建立出访逗留时间、组团人数、出访频次等量化管理机制，加强出访活动的监督与经费约束。同时，又制定了《职工中长期公派出国的补充规定》，对中长期的公派出国的预报、办理、延长手续及违约处理做了进一步规范。

六、举办学术活动

改革开放后，不少来访外宾受邀到医院讲学。1979年，外宾做学术报告9次，医院听讲人数485人；1980年，外宾做学术报告19次，听讲人数1 400人；1982年做学术报告9次，听讲人数314人；1983年，外宾做学术报告9次，听讲人数452人。此后，医院开始承办或协办参与人员更为广泛的国际学术会议。2002 年，美国得克萨斯医学院 Maximilian Bujia 教授专程到医院就“21 世纪临床研究所面临挑战和机遇”进行专题演讲。2003 年，美国耶鲁大学医学院副院长、皮肤病专家 R.Edelson 在医院进行了一周的访问，不仅做两场专题报告，还对医院皮肤科科研工作提出建设性意见。2005 年，医院邀请国际血友病联盟副主席、美国国家疾病控制中心教授 Bruce-Evatt，加拿大 Culgary 大学教授 Man-Chiu，渥太华儿童医院教授 Koon-Hung Luke，香港玛丽医院教授林俊杰，国际血友病联盟亚太项目负责人 Bobert Lenug 等 10 余位世界著名的血友病学专家在医院举办了“国际血友病联盟会议”。

【国际学术会议】

国际烧伤学术讨论会　1981 年 6 月，经国务院批准，由上海第二医学院与国际烧伤协会首次在上海科学会堂内联合举办，医院史济湘教授任会议主席，国际烧伤协会秘书长、美国丹佛大学鲍斯维克教授为副主席。出席者有美、日、澳、南斯拉夫等国家与香港地区的代表 16 人，国内 17 省市代表 51 人。

21 世纪中美医学论坛　2000 年起，由医院联合上海第二医科大学及美国知名高等院校共同主办。至 2010 年，已相继在中美两国成功举办 6 届。论坛就全球医学热点、医学前沿技术、医院管理以及与人类健康相关的重要话题展开深度讨论，成为中美两国及全球医学专家、医院管理专家、政府官员进行对话及高层次交流的重要平台。历届论坛与会者包括中国卫生部副部长、中国科学院副院长、美国医学会会长、中华医学会常务副会长、中美著名大学校长、诺贝尔医学奖得主等重要嘉宾。

表 7-1-6　1993—2010 年医院承办、协办的部分国际学术报告和会议情况表

年　份	会　议　名　称
1993	维甲酸治疗血液系统恶性疾病临床应用学术会议
1994	国际腹腔镜外科手术学术讨论会
1997	消化病进展学术大会
	外科临床内窥镜国际交流会
	中法外科学术交流会
	中法医药学大会
1998	中英放射学第三届谢菲尔德会议
	亚洲内镜年会
2000	第一届 21 世纪中美医学论坛
2002	第二届 21 世纪中美医学论坛
2003	2003 年国际心血管疾病研讨会
2004	上海国际神经疾病学术研讨会
	上海国际心血管疾病研讨会
	上海瑞金感染与呼吸病国际论坛

（续表）

年　份	会　议　名　称
2004	第九届中华医学会腹腔镜与内镜外科会议
	中法癌症研讨会
	第三届 21 世纪中美医学论坛
2005	第三届眼科欧亚大会
	国际血友病联盟会议
	2005 年世界哮喘日・儿童哮喘和变态反应国际学术论坛
	东方高血压学术会议
	“中法医学日”活动
	“GHINA/CYT－CAS Cardiac Antsthesia Symposium 2005”上海分会场
	第十届沪港外科年会
	2005 年国际老年痴呆及相关疾病学术研讨会
	“亚太血液病肿瘤基础和临床研究教育中心(APECHO)”落成典礼暨第一届学术会议
	第四届 21 世纪中美医学论坛
2006	慢性肾脏病国际研讨会
	泛素化和肿瘤国际研讨会
	2006 世界功能世界外科大会
	上海交大国际世界疾病学术研讨会 2006
	亚太血液及肿瘤基础和临床研究教育中心(APECHO)
	第十一届沪港外科年会
	东方高血压学术会议
	瑞金国际内分泌论坛：胰岛 β 细胞研讨会
	第二十一届 ISH 国际高血压上海卫星会议
	中美乳腺论坛
	肿瘤分子学大会
	中日早期胃肠肿瘤国际学术大会
	上海国际心脏病学研讨会
2007	天疱疮国际会议
	第十二届沪港外科年会
	2007 上海瑞金国际内分泌外科论坛
	中法医学日

（续表）

年份	会议名称
2007	第五届21世纪中美医学论坛
	国际运动障碍学会继续教育暨帕金森病学术研讨会
	上海瑞金呼吸疾病国际论坛
	国际血液/肿瘤表现遗传学和生物治疗研讨会
	交通大学医学院—卡迪夫大学医学院皮肤病学教程
	百年瑞金心血管论坛
2008	中法肿瘤医学研讨会
	第三届东亚线虫生物论坛
	第四届中日早期胃肠肿瘤及消化病进展学术国际研讨会
	高血压未来展望国际研讨会
	2008上海瑞金睡眠呼吸障碍国际论坛
	第三届国际青年内分泌论坛——糖尿病与心血管疾病研讨会
	第七届国际直肠癌多学科诊治会议
	2008上海交大国际神经疾病学术研讨会
	第六届21世纪中美医学论坛
2009	首届上海儿科胃肠病国际论坛
	上海儿童哮喘和变态反应性疾病国际论坛
	中美肾脏学术报告会
2010	瑞金内分泌国际论坛
	人类重要疾病的分子机制及其新的靶向治疗研讨会
	第三届中芬生命科学国际研讨会
	2010上海心律失常论坛
	2010上海第二届儿科胃肠病国际消化论坛
	2010低位直肠癌手术治疗上海国际论坛
	第七届全国帕金森病及运动障碍疾病学术暨2010上海交大国际神经疾病学术研讨会
	中日早期胃肠肿瘤会议
	中法医学科学与公共卫生研讨会

【国际、港澳台地区】

成功的外事交流活动，吸引很多外籍和台港澳人士的合作、捐赠，扩大医院医学、教学和科研等方面的国际交流和校际、院际合作，也进一步推动医院发展。

1985年，骨科钱不凡赴美国进行关节镜科研合作，内科吴裕炘赴法国参加合作科研。1986年，意大利高等卫生研究院与医院和上海市高血压研究所在慢性心血管疾病等4个领域开展合作研究。是年5月，Hope基金会委派2位专家到医院协助建立临床医学工程室，医院设备科在其指导下建立起医院进口仪器设备的档案材料库，改变过去对于进口设备只会使用不会维修的局面。同时，还另外争取到Hope基金会呼吸治疗和冠状动脉扩张术项目的支持。1988年医院与日本横滨国立大学签订了老年性膝关节病变的诊断与治疗合作研究协议。

1990年，陈竺两次邀请外国专家到医院讲学和合作科研，来自法国国家科研中心的两位专家帮助加快了聚合酶链反应(PCR)的分子医学实验过程，解决了许多技术上的难题。1992年10月，血研所分子生物学实验室与美国萨缪尔·威克斯曼肿瘤研究基金会山奈山医学中心成立联合实验室正式在医院挂牌。1998年，美国雷恩斯集团与医院血液学研究所合作成立"癌症分化治疗合作研究中心"。

2002年，由医院发起成立中法生命科学和基因组研究中心，其组成单位包括法国国家科研中心、法国国家医学与健康研究院、巴斯德研究院、中国科学院上海生命科学研究院、上海交通大学医学院等多家单位，中心实验室设在瑞金医院。是年，医院还与美国匹茨堡托马斯移植中心签订友好合作协议，特聘国际肝移植协会主席美国肝胆胰外科学会主席、美国匹茨堡移植中心主任John J.Fung教授为项目顾问。2004年，瑞金临床医学院法国文化周系列活动的成功举办，为法文班学生提供了提高法语水平的学习环境，也搭建了良好的交流平台。是年11月，医院与瑞典洁定中国机构签订协议，在院内设立"消毒供应培训基地"。2005年，瑞金—耶鲁皮肤淋巴瘤治疗中心成立，该中心运用美国耶鲁大学皮肤科主任癌症中心主任Richard Edelson教授发明的"自体诱导免疫治疗"方法治疗皮肤淋巴瘤，造福于中国病人。2006年，法国国家科研中心与医院签订国际合作实验室合作协议，荷兰鹿特丹市的医疗突发和灾害管理办公室医疗总监Jan Christianse与医院签署"城市医疗应急救援体系的建设"合作项目协议。2007年，医院与中法临床研究中心签订合作意向书；与澳大利亚墨尔本大学商讨进一步建立长期的校际交流，包括学生交流和教师交流项目事宜；接待瑞典Kalstade大学代表团来华法访问，重点与之商讨检验系本科生互派师生交流事宜。2010年瑞金医院外科住院医师培训基地经层层考核评估，成为爱丁堡皇家外科医学院和香港外科医学院专科医生培训基地，标志医院外科培训基地得到国外同行认可。

2001年起，医院成为泰瑞·福克斯慈善慢跑的受助医院，每年获得约30～40万元的善款，用于救助癌症病人和从事癌症治疗的临床研究。2004年11月，上海市泰瑞·福克斯癌症研究中心成立。2005年7月21日，更名为上海慈善癌症研究中心(Shanghai Charitable Cancer Research Center)，由加拿大驻沪总领事馆与上海市慈善基金会负责组建，医院负责具体落实各项事宜。中心工作宗旨是关注社会、服务癌症病人和他们的家庭；有效地利用上海市慈善慢跑所募集的资金，以及其他社会团体募集的资金，针对上海市癌症研究现状进行有效地资源整合；以专业基础和临床为平台，提供专业指导和协调。中心实施主任负责制，并依法设有基金管理委员会，委员会向所有基金捐款人负责，并接受主管部门和舆论监督。1998—2010年，通过中心资助的课题项目总计567万余元，用于上海市各大医院的癌症科研。

【国际荣誉】

医院的医务、科技人员在历年的对外联系、交流合作中做出贡献，学术造诣得到国际广泛认可，1980年起，陆续获得重要国际奖章，被国际知名学会授予院士、通讯院士、外籍院士等荣誉。徐家裕受聘为美国密苏里州立堪萨斯大学第一位埃德加·斯诺名誉教授,朱大成、过邦辅、龚兰生、陈家伦、许曼音、戚文航、沈卫峰等先后被国际著名医学院校聘为访问教授、顾问教授、名誉教授、客座教授等,任国际学术组织重要学术职务。

表 7-1-7 1980—2010 年医院医生获国际奖章和荣誉情况表

姓 名	年 份	奖章或荣誉称号	授 奖 机 构
史济湘	1980	外籍通讯院士	法国外科医学科学院
	1988	伊文思奖	美国烧伤学会
	1989	惠特克灼伤医学奖	国际灼伤学会议(意大利)
邝安堃	1985	法国荣誉军团骑士勋章	法国政府
傅培彬	1988	比利时王冠荣誉勋章	比利时政府
	—	外籍院士	比利时皇家医学院
	—	外籍通信院士	法国医学科学院外科研究院
过邦辅	—	院士	美国外科学院
王振义	—	法国巴黎银质勋章	法国政府
	—	法国荣誉军团骑士勋章	法国政府
	1992	外籍院士	法国科学院
	1990	法国“突出贡献医生”奖	
	—	美国魏克斯曼肿瘤研究基金奖	
	1994	美国凯特林医学奖	美国通用汽车癌症研究基金会
	1997	瑞士布鲁巴赫肿瘤研究奖	
	1998	法国祺诺台尔杜加科学奖	
	2003	哈姆·沃瑟曼大奖	美国血液病学会
朱大成	—	比利时王冠荣誉勋章	比利时政府
	—	外籍院士	比利时皇家医学院
董德长	—	大学奖章	法国巴黎大学
	—	大学奖章	法国都鲁士大学
	—	医学院奖章	波兰格坦斯克医学院
李宏为	—	法国“巴黎卫生”勋章	
	1996	院士	法国外科学院
	1998	法国荣誉骑士勋章	法国政府
	2005	旧金山荣誉市民	美国旧金山政府
	2005	外籍院士	美国外科学会
	2005	名誉博士	中国香港外科医学院

（续表）

姓　名	年　份	奖章或荣誉称号	授　奖　机　构
李宏为	2006	荣誉院士	香港外科医学院
	2010	院士	欧洲科学院
陈　竺	1997	卢瓦兹大奖	法国抗癌基金会
	2003	外籍院士	美国国家科学院
	2005	院士称号	法国科学院
	2005	名誉博士	巴黎第五大学医学院
	2005	名誉科学博士	中国香港大学
	—	名誉博士	法国巴黎第七大学
	2006	国外学者特殊贡献奖	法国国家健康和科学研究院
	2006	院士	欧洲科学院
陈赛娟	2000	世界杰出女生物学家奖提名奖	
	2000	首届杜邦科技创新奖	
	2008	发展中国家科学院院士	
	2010	法兰西国家功绩骑士勋章	法国政府
戚文航	—	院士	美国纽约科学院
彭承宏	2007	院士	美国外科学院
张欣欣	2010	吉尔·冈院士奖	

表7-1-8　历年医院专家在国际学术团体任职情况表

姓　名	学术团体或院校名称	任职或荣誉称号
傅培彬	比利时皇家医学院	名誉会员
	法国外科学会	荣誉会员
史济湘	意大利伦巴第医学会	名誉会员
王振义	美国得克萨斯州心脏研究所	名誉会员
	美国心脏病学会及联盟血栓止血委员会	理事
	法国里昂中法学院	通信委员
董德长	亚洲太平洋地区肾脏病学会	理事
	国际肾脏病学会	委员
林言箴	国际胃癌研究会	创始会员
	国际普外科学会	会员
董方中	国际外科学会	名誉会员

（续表）

姓　名	学术团体或院校名称	任职或荣誉称号
唐振铎	中法生物和医学促进协会	会员
	法国急救协会	会员
张传钧	法国皮肤性病学会	通信会员
陈大中	意大利针灸学会	名誉会员
杨　宜	捷克斯洛伐克流行病免疫学杂志	编辑
孙桐年	美国结核病学会	会员
	国际防病联合学会	会员
朱仲刚	法国皮肤性病科学学会	通信会员
	意大利皮肤病性病学学会	通信会员
曾幾生	美国纽约中国科学工作者协进会	会员
过邦辅	国际人工器官学会	会员
	英皇家伦敦医学会	会员
	日本西介平骨科学会	荣誉会员
	国际肩关节外科学会	中国委员
徐家裕	国际肝病研究会	会员
	西太平洋、东南亚胃肠病学杂志	编委
汪道新	日本国际外科学会	名誉会员
	美国波士顿塔夫茨大学附属新英格兰医学中心神经外科	实验研究员
	美国世界神经外科学会	委员
王康孙	英国激光医学外科学会	创始会员
	美国激光医学外科学会	会员
	国际性杂志 *Lasersin Ophthalmolgy*	编委
陈俊宁	法国抗癫痫协会	会员
	法国脑电图与临床神经生理学会	会员
	法国马赛医学院	外籍临床主任
夏　翔	意大利针灸学会	名誉会员
戚文航	欧洲心脏病学学会	会员
张天锡	法中医学生物学促进协会	中方委员
朱大成	法国放射学会	名誉会员
	美国辛辛那提放射线学会	委员
石　镭	法国巴黎起搏电生理中心医院	永久医师
李国衡	美国华盛顿高等医学研究所	名誉研究员
马元璋	国际骨折修复学会	会员

（续表）

姓　名	学术团体或院校名称	任职或荣誉称号
王宪衍	世界高血压联盟——中国高血压联盟	副秘书长
王孝煌	中法医学生物学促进协会	会员
刘　焘	比利时皇家耳鼻喉科学会	会员
司徒学	日本齿科医学会	会员
	英国矫形外科学会	会员
朱承谟	世界核医学联盟会	会员
李杏芳	美国麻醉科学会	会员
陈　竺	国际血液病联盟会	会员
	国际人类基因组(大会)	理事
陈泽仪	法国皮肤性病学学会	会员
	意大利皮肤性病学学会	会员
沈国祚	法国口腔医学会	会员
陆志檬	中法医学生物学促进协会	会员
周锡庚	国际结直肠外科医师学会理事及亚太地区	副会长
	英国爱丁堡皇家外科医师学会	会员
许曼音	国际法语糖尿病代谢病学会	会员
钱不凡	国际人工脏器学会	会员
	国际关节镜学会	会员
柴本甫	国际外科学会	会员
唐振铎	法国巴黎急救协会	会员兼上海代表
	中法医学生物学促进协会	会员
龚兰生	世界高血压联盟——中国高血压联盟	副主席
	德国高血压研究所国际委员会	委员
	法国心脏病学会	会员
	中法医学协会	会员
龚代贤	法国里昂外科学会	通信会员
龚新环	世界超声医学生物学联合会	会员
	亚洲超声医学生物联合会	会员
赵光胜	国际心脏学会中国分会	推行委员
	国际内分泌学会中央委员会	委员
陈家伦	法国内分泌学会	外籍委员
	美国内分泌学会	会员
	法语糖尿病代谢病学会	会员
	亚太地区甲状腺协会	副主任委员

第三节　档 案 管 理

一、发展沿革

1963年3月，文书档案室由陈太礼管理。1978年3月，设专职人员3人，设正副主任各1人（主任由院办主任兼任）。1984年，凌逸萍任负责人。1985年，建立领导分工负责制，明确由1名党委副书记和行政副院长分管文书档案室工作，党委办公室和院长办公室主任具体负责档案室工作。1996年8月，魏瑾任档案室副主任。同年12月，院长办公室主任吴小弟兼任档案室主任。2010年8月，文书档案室改名综合档案室，任惠任档案室副主任。另设2名专职干部。

图7-1-4　1998年医院档案室通过国家一级单位评审

综合档案室建立之初，位于原8舍行政楼（现6号楼原址）3楼，后迁至30号楼（现新门诊原址），库房迁至活动房（现变电所原址），随后又迁至25舍（现8号楼）底楼办公及库房。2010年，办公与库房位于11号楼的1501室，总占地228平方米。

1997年1月，经上海市档案局审核，瑞金医院档案管理被批准为国家二级档案管理单位。1998年8月，经国家档案局审定，瑞金医院档案管理达到“国家一级”标准。2002年12月，院档案室通过国家一级档案管理复查。

二、档案人员培养

【队伍建设】

1978年，瑞金医院开始建立医院、科室二级档案管理网络，要求各职能科室设兼职档案员1人，理顺了医院档案管理体系。1985年，由医院各科室推荐一批责任心较强，熟悉本部门业务，具有中专以上文化和一定外语水平的同志任兼职档案员。经审批，医院45个科室都有专人负责档案工作，巩固了院、科两级的档案工作网。1988年8月，兼职文书档案工作人员共计22人，兼职科技档案工作人员共计26人。自1978年起的20余年间，医院先后6次充实调整部门兼职档案员，进一步完善、巩固了档案工作网络。截至2010年12月，院档案室设立部门兼职档案员人数共计36人。

【人员培训】

为使网络中的每个兼职档案员能做好档案工作，熟悉档案管理业务，1998年，医院组织部分兼职档案员外出参观学习。2000年以来，由党办、档案室每年召开职能部门负责人、支部宣传委员和兼职档案员会议，动员、布置、培训医院档案工作的收集和管理。2002年5月，组织全院职能部门的负责人及兼职档案员20余人召开档案工作会议，对下一阶段的档案工作进行培训，并明确提出：基础工作是提高档案内在质量的关键所在，档案工作者必须具有创新意识，不断提高自身素质，使医院档案工作真正达到制度化、规范化、科学化、现代化的目标，切实维护国家一级档案的荣誉。2008年3月，为配合新的计算机档案管理系统的使用，医院先后两次进行全院兼职档案员系统培训。

三、档案制度与技术

【制度管理】

1975年9月，为了进一步加强文书处理工作的管理，瑞金医院革委会提出《文书处理工作具体执行要求》，其中第八点为：立卷归档，“本组室或科室已办毕函件应及时或定期送回办公室（或暂交本部门专职人员保存，办毕后再送），办公室于每年底再全部发回原属主管组室，以便指定人员会同档案室人员整理立卷并移交档案室归档”。同日，医院革委会办公室下发《关于文书处理工作》一文，指出：“应该把文书处理工作和行政事务工作作为一线工作，档案工作为二线工作，二线为一线让路，一线为二线创造条件。因此要求在文书处理工作中就要注意档案工作的要求，提高质量，为档案系统完整创造条件。”1976年1月，又提出了关于文书档案管理制度的几个问题，包括：统一管理党政档案工作、立卷部门的确定、文书材料的收集整理归档范围、立卷归档的具体做法、确立档案的保管期限、几项不归档材料范围及销毁暂行规定。

1985年，为了做好档案工作的安全保密工作和不断提高案卷质量，瑞金医院先后制定了岗位责任制，档案移交签收制，立卷登记制；修订了文书科技档案归档制度，档案借阅登记制度；坚持定期汇报制度和全面推行文书、科技处理部门立卷制。为了适应新形势发展的需要，增加了会计档案的管理。是年12月，为加强会计档案的科学管理，做到保管妥善，存放有序，查找方便，更好地为医、教、研服务。特遵照上海市财政局、档案局及上海第二医科大学下发的文件规定，制定医院财务科会计档案管理实施细则。

1963年至1988年间，经多次修订、完善了59项规章制度。1989年7月，修订了《档案室工作人员岗位责任制》，并再次修订《瑞金医院文书科技档案借阅制度》。1995年1月，修订《上海第二医科大学附属瑞金医院档案管理办法》。是年11月，修订了《上海第二医科大学附属瑞金医院文书处理办法》。并于12月发布了《上海第二医科大学附属瑞金医院、瑞金临床医学院教学档案实施细则》。同时，为贯彻国务院和中央卫生部颁发的《医学科学技术档案管理办法》的要求，做好科技档案管理工作，使之规范化、制度化，修订了《上海第二医科大学附属瑞金医院医学科学技术档案管理办法》。2002年，结合医院具体情况，重新修订、补充医院声像档案、名人档案管理等各项规章制度、细则、办法，制定了《瑞金医院档案管理制度汇编》（简称《汇编》），它既是瑞金医院档案管理标准化的保证，也是瑞金医院档案工作的重要基础。2010年，医院对该《汇编》又进行了更新和修订，增加了实物档案管理办法。

【信息化建设】

1996年，医院档案工作开始实行计算机辅助管理。1999年，重新设计并研发了单机版瑞金医院档案管理系统软件。2002年8月，经院党委会讨论决定，档案室增添办公设备。2007年，设计并使用瑞金医院协同办公管理系统中档案管理子系统。2009年6月，办公和档案管理系统实现网上电子公文起草、流转、审批和归组卷等工作，使相关部门的收发文实现数字化，方便了公文的收集、归档和查询。

四、编研成果

1997年8月，科技档案项目“青春发育的形态及生理研究”荣获市优秀档案二等奖。1998年以来，档案室在原有的档案门类上，增加了名人、专题档案。重点搜集、整理了中国工程院院士王振义、陈赛娟，中国科学院院士陈竺的生平传记、社会活动、学术交流、荣誉证书及医教研等活动的各类材料、照片、报贴等，建立了3位院士的名人档案。1999年，档案室围绕医、教、研工作，将重大事件所形成的纸质、照片等载体文件进行搜集、整理、归档，进而形成专题档案，如国际会议、瑞金集团成立、院庆等重大事件的专题档案。同年，院档案室参与了由上海第二医科大学附属第九人民医院档案室主持的“建立重大医疗成果档案的可行性研究”科研项目(第三完成单位)。2001年12月，院档案室凭借该项目获上海市档案局颁发的上海市档案科研成果二等奖。同年，“名医璀璨——瑞金医院终身教授简介”荣获上海市卫生系统档案编研成果展评会二等奖。

表7-1-9　2010年医院综合档案室库藏案卷统计表

档案类型	案卷数	档案类型	案卷数
文书档案	6 960卷	设备档案	622卷
教学档案	2 596卷	基建档案	932卷
科研档案	974卷	会计档案	20 227卷
声像档案	154册	重大医疗成果档案	27卷
专题档案	72卷	实物档案	195件
照片档案	66册		

第二章 财务管理

第一节 发展沿革

1937年后，教会虽聘请中国人任医院董事，实际有职无权，财务大权仍掌握在教会手中。医院会计业务委托祁利华(法籍)会计事务所办理。1950年下半年，经与天主堂数次协商，医院自12月21日起，支票不再缴交天主堂，自主在银行开户。现金亦相继改归会计组出纳人员保管，至此院经济自主。

1951年6月，医院取消外籍会计，会计组完全自办。是年10月，上海市军事管制委员会征用医院，财务工作由上海市军事管制委员会同志参与领导。1953年，财务科下设本部、住院处、社会服务组和入院卫生处，有工作人员15人。

1964年成立出入院管理科。成立之初设立4个工作组，分别为住院登记组、结账组、催账组、社会服务组。1988年5月，门急诊收费工作从财务科中分离出来，独立成立门急诊收费管理科，负责门急诊病人收费、物价管理等工作。计划财务科同期成立，由原财务科内部账务组人员组成。是年，财务科升级为财务处，下设3个科室，分别为计划财务科、出入院管理科、门急诊收费科，此种机构设置一直沿用至今。

1997年3月，医院成立综合目标管理领导小组和综合目标管理办公室(简称"改革办")，主要负责业务科室考核与奖金分配，改革办除主任、副主任外，其他工作人员编制都隶属于财务处，作为财务处下属的一个部门，进行日常管理。2004年，财务处下设三产结算中心，以加强医院三产企业财务工作。2010年5月，围绕新一轮医药体制改革和公立医院改革要求，改革办更名为绩效与成本管理办公室，由院长直接领导，工作人员也从财务处分离出来，独立成科。

至2010年12月，财务处共有在编员工119人(其中：计划财务科17人、出入院管理科33人、门急诊收费科59人、三产结算中心5人、绩效与成本管理办公室5人)。

表7-2-1 1953—2010年财务处历任处(科)长、副处(科)长情况表

名　称	任职年份	处(科)长	任职年份	副处(科)长
财务科	1962—1964	郭秀林	1953—1962	郭秀林(主持工作)
	1964—?	马凝华	1978—1984	李　平
	1978—1984	许　敏	1984—1988	林心垒
	1984—1989	李　平	1984—1988	邓建申
财务处	1990—1992	郑振中	1988—1990	郑振中(主持工作)
	1992—1997	邓建申	1988—1992	邓建申
	1997—	顾国青	1988—1997	顾国青
			1994—2010	宋新贤
			2001—	高一红

第二节　计划财务管理

一、财务制度与记账方式演变

【财务制度】

1951 年，医院接管后，财务工作开始执行上海市人民政府卫生局颁发的《上海市单位预算会计制度与补充规定》，将医院收支划分为住院、门诊及杂项等，医院会计组修订财务管理制度和办法，重新建立财务管理秩序，加强医院经济核算。此后至 20 世纪 70 年代，医院先后制定及修订了《医疗收费标准》《费用开支标准》《医疗收费管理制度》《现金管理制度》《支出管理制度》《财产材料管理制度》等一系列财务管理制度。

1982 年 11 月，医院实施《关于加强资金保卫工作的规定》，加强对现金、票证管理安全防范措施。1985 年，遵照市财政局、档案局和上海第二医科大学有关文件的规定，医院制定《会计档案管理实施细则》，使医院会计档案的保管、归档、调阅以及销毁等工作都有了制度保证。

1989 年起，实行由卫生部、财政部制订的全国统一的《医院会计制度》，医院按单位预算会计制度办理会计核算。1999 年 1 月起，医院按新颁布的《医院会计制度》实行，财务部门积极做好培训及新旧会计制度的衔接工作。

【医院会计核算方法的演变】

在教会医院时期，医院一直沿用法国“借贷法”的记账方法。1951 年医院接管后，开始使用增减法记账。至 1989 年以前的计划经济时期，医院属于由政府财政拨款的事业单位，医院财务属预算会计范畴，需执行当时的《预算会计制度》。即以“收”“付”为记账符号，以“收付实现制”为会计基础；科目分为资金占用类和资金来源类；收支科目为简单的“经费收入”“经费支出”等；职工工资由财政拨款，实行经费包干制度，不要求成本核算，财务管理“以收定支”。

在计划经济向市场经济转化时期(1989 年 1 月—1998 年 12 月)，医院作为差额预算拨款单位，会计制度类似于当时的企业会计制度。即以“借”“贷”为记账符号，以“权责发生制”为会计基础，科目分为资金占用类和资金来源类；收支科目为六大类，除医疗收支、制剂收支、其他收入外，增加了“管理费用”，以及医疗支出和药品支出；在低值易耗品管理办法上，实行“一次摊销法”“五五摊销法”；按收入提取修购基金，探讨进行成本核算；利用收支结余提取事业发展基金、福利基金、职工奖励基金、院长基金专项资金，收支自成体系，业务支出不得挤占专项资金。

1999 年，随着新《医院会计制度》的施行，确定了新的会计要素，即资产、负债、净资产、收入、支出五要素；以“资产＋收入＝负债＋净资产＋支出”为平衡公式；取消了制剂支出，制剂增加值计入药品进销差价，避免制剂虚收虚支；改革医院结余分配办法，结余提取职工福利基金外，其余一律转入事业基金；增加了按固定资产账面价值计提修购基金；按应收计提坏账准备；增设了对外投资、无形资产、开办费等科目；取消了专项资金部分的支出科目和结存类科目。

二、内控与预算管理

1954 年起，根据财政部通知，医院实行“全额管理、差额补助”的预算管理制度。20 世纪 80 年代，医院坚持“用经济的方法管理医院业务活动和财务收支，以保证医教研各项任务的完成”这个指导思想，合理调用资金。

1979年，根据卫生部《关于加强医院经济管理试点工作的意见的通知》文件精神，国家对医院定任务、定床位、定编制，定业务技术指标、定经费补助，实行“全额管理，定额补助，结余留用”，“增收节支”的结余中，60%用于专项修理购置，改善医院条件，40%用于集体福利和个人奖励。医院作为上海市首批7家试点单位之一，当年度经费结余42万元，为试点单位中最高，得到了中央与市卫生局的充分肯定。1980年起，试点单位的经验在全市逐步推开。在1989年颁布执行的《医院财务制度》中明确指出，医院预算是计划年度内医院各项事业发展计划和工作任务在财务收支上的具体反映，是医院财务活动的基本依据。此后，预算工作在医院的管理职能开始得到逐步重视。

1992年起，医院每年年初编制医院经费收支的预算和大修购的支出预算，并严格执行，进一步健全了预算管理制度。1994年7月1日，上海市卫生行政部门会同物价、财政等部门，开始实施医疗费用“总量控制，结构调整”政策，政策思路从理顺医院补偿机制入手，旨在通过提高卫生资源利用率，将医疗费用控制在社会经济能够承受范围以内。当年医院药品收入增长率为13.2%，低于计划控制率15%；业务收入增长率为23.7%，低于计划控制率24%。

2001年6月根据财政部出台《内部会计控制规范》，医院制定了《财务开支的若干规定》，明确各项开支的范围、审批权限及开支的计划性。2004年，医院进一步加强预算管理，每季度对各科室收入执行情况进行汇总分析，动态管理各科室计划完成情况，根据实际情况进行病种结构、收入项目结构的调整，并在2005年将预算管理纳入医院管理考核中。2008年，医院从制度建设入手，加强对现金支出的管理，规范了临床验证费等支出的操作流程。2009年，对部分办公用品、消耗品实行定额预算管理制度，医院办公费开支首现负增长。2010年，配合专项评审中心对专项资金重点项目的财政评审，医院开展对专项项目的可行性分析论证。

【预算管理委员会】

2006年，医院根据卫生部发布的《医疗机构财务会计内部控制规定》，成立预算管理委员会，由院长及财务处长任正、副主任，并健全预算编制、审批、执行、调整、分析、考核等管理制度。同年，在上海申康医院发展中心的统一部署下，医院全面开展预算管理工作。

2007年，医院成立预算管理考核工作小组，明确考核工作的职责、考核内容和考核范围。财务部门定期向预算管理委员会报告预算执行情况，把分析的重点放在增收超支、重点基本建设项目、大型设备购置等方面的预算执行情况。对未完成预算的项目，从政策变化、责任人履职、管理是否到位等方面进行分析研究，提出相应的解决办法和建议，及时解决预算执行偏差。

三、成本核算

【开展过程】

1992年，医院经济改革领导小组研究制定了神经外科、检验科和食堂改革试点的承包方案。1993年，制定业务科室综合目标管理方案及经济承包指标，选派有经验的财务人员对各业务科室收入情况及津贴分配情况等进行测算汇总。1995年，成立医院经济管理委员会，在实施部分临床科室、卫技部门改革试点工作的过程中，坚持以“质量为本、效益为先”的原则。

2002年，开始加强科室经济核算，内容包括各临床科室年度整体收入、门诊分类收入、住院分类收入、门诊月均人次、月均住院床日数等，制成报表，供各科室参考。是年2月，特需门诊开始运营，4月，特需体检中心开始运营，特需医疗服务中心全面开始经济核算。2004年4月起，医院试点实施会计人员下科室进行成本核算，4—6月神经外科、伤科进行试运作，7月起全面实行临床科室成本核算。

【电子化管理】

成本核算经历从手工统计到计算机管理，从粗线条核算到逐步精细核算的过程。

2005年，建立成本中心，根据部门类别分为四类：临床、卫技、行政、其他，共422个成本核算中心，并对各科室的行政助理进行了培训。同时对临床卫技科室进行了清产核资，并重新核定确认科室人员。2006年，利用成本核算的平台，加强对医院材料的管理和对各临床科室、卫技科室的医保及运营管理，做到让各科室及时掌握自己的实际经济情况和运营情况。

2007年，实现各部门可上网查询各科收支情况，并以此为基础，开发了医院运营管理系统，监控全院经营动态，根据KPI指标雷达图，掌握全院运营情况，并可通过各相关模块分析，及时发现及解决问题。2008年，又进一步完善医院成本核算系统，提高院科二级成本控制和成本分析的效果，配合物流部门完善医院物资管理的数字化建设，建立完整的物资数据库和维修资料数据库，为全面提升医院成本管理水平打好扎实的基础。2009年，改进医院物资管理模式，建立起完整的物资数据库，实现消耗、仓储和财务三级联动，跟踪固定资产等重点物资的流转，实现物资库存数和资产数的实施监控，降低库存物资的资金占用。

四、会计核算电子化

1978年4月至1980年3月，财务科与上海仪表厂合作攻关，采用国产JS-10A小型计算机为主机，用手编指令为源程序，研制出国内第一台“医院门诊收费专用计算机”，受到卫生部表彰并获得专项资金20万元。1980年，医院启用“门诊记账专用机”。

1986年，医院完成会计核算电子化的安装调试工作，7月起开始了工资计算从手工操作向电子化过渡。在市卫生局和院领导的支持下，购置微机一台，并同上海仪表厂签订了技术交流协议，1987年3月完成调试。1989年3月至1989年10月，医院与上海工业大学经济管理学院及上海市卫生局合作，采用PC/XT系列微机为主机硬件设备，以FOXBASE系统作为应用软件，共同开发研制成功“大中型医院门急诊财务和药品管理系统”，并荣获1990年度上海市科技进步奖三等奖。

1991年，运行门诊收费管理系统和工资核算管理系统；调试财务会计核算管理系统和住院结账管理系统。1994年5月至1995年12月，医院财务处作为课题负责人之一，参加卫生部重点课题“医疗机构会计制度改革与成本核算方法的研究”的工作，并荣获课题成果奖。1999年，烦琐的手工记账方式已不能满足医院财务数据庞大激增量，财务科启用金蝶财务软件系统。系统以凭证处理为主线，提供多种会计核算功能，提高查账的效率和精确性，实现各种报表的财务管理功能。同年科研经费使用网络化管理，改变原先手工操作模式，科研经费的核算由账务后台处理转向前台审核处理。

2000年，启用HIS1.0系统，专注于财务结算的设计理念，保证了HIS数据的正确性和完整性，终结了财务人员的“算盘时代”。2006年4月，门诊HIS2.0全面上线，完善改革日报表，门急诊收入做到日清月结，在保证财务数据正确的基础上更侧重于对诊疗过程中产生的其他数据的关注。

通过系统强化了“一日清”“医保上传明细”等管理操作流程，完善了“药品、检查、材料、治疗”四大类数据的正确性和完整性，对成本核算和决策系统的应用进一步奠定了基础。同年，按上海申康医院发展中心要求，依托佳杏 HEIS 系统的支持，推行市级医院全面预算管理。

五、药品财务管理

1979 年 5 月，财务科调派一名药品会计，在急诊药房试行“金额管理、数量统计、实耗实销”的管理方法，建立了药品收、销、存账册和药品领用调拨单、药品盘存卡等较正规的财务管理制度。是年 9 月，委派制剂会计，专职负责自制制剂工作。1984 年，进一步推进药品管理：首先由药剂、财务、出入院抽派专人成立“药管小组”；再分门诊、中药、急诊、儿科、制剂、住院、药库 7 块，分别进行盘点与核算；同时，将药品盘点改季盘为月盘；分清各块的药品收入账，并于药品盘点期同步结账，以药品实际收入数作为药品销售数。1999 年，充分利用医院网络，在各收费窗口、记账窗口核对大处方、超量方及 1 400 种以外药品的处方进行严格把关，发现问题及时提出。2000 年，医院药品实行收支两条线管理，将药品收入和药品支出分开单独核算。

六、三产结算管理

自 1992 年医院成立广慈高科技公司等三产公司后，为了财务统一，根据上海第二医科大学的会计委派制，财务处于 2004 年成立三产结算中心，主要负责完成出纳、审核、制单、报表等一系列日常工作，并掌握各公司的经营运作情况，每季度对公司运营情况做出书面的财务分析，使各产业公司价值最大化。是年 4 月，开始实现计算机操作管理，制定相关制度，于每年 4 月下达总经理指标（销售额、资金回笼、利润率），并与年终奖惩挂钩。

第三节　出 入 院 管 理

一、发展沿革

1964 年，出入院管理科分为四组，住院登记组主要负责住院病人预约登记、床位管理、通知收治住院病人、办理住院登记手续等；结账组主要负责及时记录住院病人的各类费用账单，进行出院病人结账业务；催账组主要负责在院病人的费用催收以及出院病人的欠费催讨；社会服务组主要是为入院病人沐浴，为有需要病人预订火车票，送无家属病人出院等。“文化大革命”期间，出入院管理科改为出入院管理组，直到 1978 年，恢复科室建制。2009 年，出入院管理科岗位重新定义演变为住院登记组、结账组、催账组、内部账务组。住院登记组只办理住院登记手续；结账组负责收取在院病人的预缴款和出院病人的结账工作；催账组负责在院病人的费用催收与出院病人的欠费催讨；内部账务组负责各类住院病人应收的核对、住院暂存款的核销和住院病人的报表上报。

二、欠费催账

由于特殊时期的特殊原因，病人欠费从 1965 年的 7.8 万元上升到 1977 年 20.5 万元，催账人员付出了巨大的努力，成功催回欠费4.51万元。从此，医疗欠费的催收工作进入常态化管理。至1978年底，住院记账的呆账、死账余额为486户11万元；一年后，下降至307户6.6万元。此后，社会服务组的功能逐渐退化，与催账组一起追讨医疗欠款。因旧欠费户从20世纪50年代至20世纪80年代，时间跨度长；催账范围远到内蒙古和新疆喀什地区，地域范围广，部分款项由司法部门协助依法追还。1988年初，上海“甲肝”大流行，医院开放床位500多张，收治病患千余，欠费也相应增加，下半年加紧催收工作。20世纪90年代中期，由于相当一部分企业经济效益滑坡，导致医院医疗应收款不断上升，出入院科积极采取措施，组织人力催讨欠款，并运用法律手段追索欠款，力求使医疗欠款控制在最低限度。1992—1995年，医院欠费案件共69起，起诉欠费金额120万元，追回欠款90余万元。

三、模式转变

20世纪90年代末，随着医疗改革的深入，公费、劳保、临时记账应收费用逐渐退出历史舞台，城镇职工医保、少儿医保、居民医保等陆续出台。2001年，瑞金医院住院1.0系统正式启用，计算机直接记账逐步代替烦琐的人工记账。同年，为规范医疗服务行为和医疗收费行为，卫生局、物价局发布《关于本市各级各类医疗单位实行住院费用“一日清”制度的通知》，杜绝医疗收费“打闷包”现象，进一步提高医疗单位收费的透明度，更好地接受广大病人和社会的监督。是年，医保局推出对尿毒症病人减负的通知，出入院管理科积极抽调人手重新核对与透析直接相关的材料，药品及必需的治疗性支出，以保证尿毒症病患的住院费用及时正确的减负。

2003年，医院完成基本医疗从全支付到分类支付的变革。规定了医保使用中诊疗设备和一次性植入耗材的比例分摊。2006年，完成西药费、中成药、检查费、化验费、手术材料费、输血费、输氧费、治疗费等住院病人“一日清”明细清单。2007年，医保就医凭证改变，由原先的医保卡改为医保卡或社保卡配合“就医记录册”同时使用。参保人员住院医疗不实行定点就医，可以在上海各医保定点机构住院治疗。是年，改革住院收入日报表及汇总报表，预交费汇总报表，统一报表时间。

2009年，随着计算机应用的不断提高，瑞金医院住院2.0系统正式启用，同时，改革原有住院会计凭证归档，取消牛皮纸袋，节约成本，优化流程。放射科开始实行电子记账，完善住院病人“一日清”明细清单。2010年，改革住院病人分户登记单，实行电子化录入，部分科室开始试行电子住院登记卡。

第四节　门急诊收费管理

一、发展沿革

1979年，医院按卫生部、财政部、国家劳动总局《关于加强医院经济管理试点工作的意见》的要求，组织成立增产节约小组和药品管理改革小组（简称“药改组”）。1982年，药改组改为“门急诊收费管理组”，工作仍维持急诊药费和自制试剂核算两项，以加强对门急诊收费工作的管理和领导。为满足医院日渐庞大的门急诊业务量，1988年，门急诊收费从原财务科中独立出来成为门急诊收费管理科，初设门诊收费组、急诊收费组、儿科收费组以及放射科收费组。2006年7月，新门诊医技楼建成开张，放射科和儿科一同迁入新门诊医技楼，放射收费组和儿科收费组并入门诊收费组。

二、主要工作

1982年，建立每个收费员每月的工作量、差错率、出勤率的统计制度。是年10月，上海开始实行“两种医疗收费标准”，医院增收用于设备购置及维修，以改善病人服务条件，医院财务科经管的各种收据由原来的19种增加到23种，并做到了全年收据领发无差错。1987年7月，市卫生局组织了新中国成立以来第一次的“全市卫生系统门、急诊收款比赛”，瑞金医院获得了全市个人赛冠军和团体亚军。

1990年，上海市卫生局和财政局对事业性专用收据重新规定，统一使用“上海市医疗机构医药费专用收据”，财务处加强票据管理职能，全面负责医院收入的空白收据、定额收据的领发核销管理工作，做到专人专管。是年，为配合市卫生局关于清理整顿医疗卫生收费的工作要求，医院落实物价员岗位制，专门设置专职物价员一名，用于组织财务收费管理和医院各科室的收费政策，同时建立健全单位内部收费管理制度。另外，主要的收费项目和价格都实行明码标价，并备有药品价格簿，以备查询。1991年，根据上海市卫生局发布的《关于加强医疗卫生单位现金管理的通知》，医院根据要求实行收款人员岗位责任制，规定收入的现金经清点后当日存入银行，不许坐支，现金交接必须当面点清签收并留有记录。1992年，为健全各种稽核、复核制度，堵塞漏洞，门诊收费处设立“专人解款制度”，并严格遵守交接班签收制度，避免了差错事故，也堵塞了被盗的漏洞。

图7-2-1　1997年老门诊收费处

2000年以前，医院收费一直实行手工记账方式，其准确性要基于医生正确规范的书写处方、检查项目等，且需字迹清晰，难免有纰漏。2001年，计算机HIS1.0系统上线，实现了记账电子化，提高了工作效率。2004年，建立门急诊收费的日清月结制度，收费员每天收取的现金都必须缴到财务科，财务科根据当天的门急诊收费科收款汇总表勾对解款人、解款金额，全面杜绝了挪用，保证现金安全。2005年，建立门急诊收费科内部竞岗制度，充分调动每个收费员工的积极性和主观能动性。2006 年，HIS2.0 上线，完善收费系统的内控。2007 年，制定门急诊收费科内部控制制度，其中包括现金解款制度、现金退款审核制度、备用金抽查制度、作废收据复核制度、交接班制度等，全面地控制了门急诊收费科各个环节。2008 年，由于医院业务增长快速，收费科实行挂号收费通柜服务，在门诊收费人次同比增加 17%、人员没有增加的情况下，圆满完成任务。

2009 年，筹建门急诊收费科后台服务和技术支持平台，收费前台发生问题，后台马上就位，负责解释、联系、协调，解决原来收费人员忙于解惑而延长收费时间的问题，缓解收费窗口拥挤现象，让病人得到满意的服务。是年，也是医疗收费标准调整最大最集中的一年，积极做好调研和协调工作，顺利完成了收费标准调整工作。2010 年实施 POS 收费一体化项目。采用电信宽带专线并与 HIS 系统相连，数据交割快，避免手工输入可能出现的差错，确保了数据的正确，也节约了成本。到 2010 年 61 名收费人员，人员结构由最先的医院内部转岗到如今专职会计人员，实现全岗全职专业过渡。

第五节　绩效与成本管理

为了深化医药体制改革，促进医院发展，1997 年 3 月，医院成立综合目标管理领导小组，组长由院长李宏为兼任，副组长由沈翔慧、庄孟虎、俞卓伟任，设成员 9 人。综合目标管理办公室作为财务处下属管理部门，主任吴小弟(1998 年 3 月，由黄波接任)，办公室工作人员 4 人。2010 年 5 月，为了围绕新一轮医药体制改革和公立医院改革要求，体现公益性办院方向，深化医院内部管理，加强绩效考核，医院于 2010 年 5 月将综合目标管理办公室的职能进行扩展，成立绩效与成本管理办公室，由院长直接领导，宋新贤任主任，沈洋任副主任，并撤销原综合目标管理办公室。

综合目标管理办公室的职能主要是对医院的院内津贴进行分配，在成立绩效与成本管理办公室后，逐步建立起各业务科室绩效考核与评价制度，主要负责：分析汇总医院及各业务科室效率指标、内涵质量、经济运营状况，对医院及各业务科室门急诊人次、出院人次、手术人次及三四级手术人次、人均工作效率、CMI 指标、重点监控病种、药品耗材占比、成本控制等各项绩效指标执行情况进行分析，每月出一期《绩效简报》，提交医院领导、相关管理部门，并反馈业务科室。通过对各项绩效指标的分析，使医院领导能够及时了解并掌握医院及各业务科室的运行情况，为医院领导的管理提供抓手，为决策提供依据，也使各个业务科室主任及时了解和掌握本科室各项绩效指标，为科室的管理提供有效依据。

第三章　监察审计与信息管理

第一节　内部控制机制

一、发展沿革

1990年前，医院只设专职监审员1人。1990年5月，成立监察审计室，主要负责医院的行政监察和内部审计工作。行政监察工作的主要职责是：检查监察对象贯彻实施国家政策、法律、法规、政纪和院纪、院规的行为；调查监察对象违反国家政策、法律、法规、政纪和院纪、院规的行为；受理个人或部门对监察对象违反国家政策、法律、法规、政纪和院规行为的检查、控告，并保护检举控告人的合法权利；对非监察对象的检举、控告转交有关部门处理；受理上级监察机关或外单位监察机构移办的案件以及由院领导直接交办的其他监察任务。内部审计工作主要负责基建修缮、财务等方面的审计。1997年，分为审计室和监察室两个部门。2004年，再次合并为监察审计室。2007年，又分为监察室和审计室，纪委专职副书记李莉兼监察室主任，审计室主任刘中蕙兼监察室副主任。至2010年，先后有1人取得ICPA证书，3人获得CIA证书。科室编制由开始时的2人逐渐发展成5人。

表7-3-1　1990—2010年医院监察审计室、监察室、审计室历任主任情况表

任职年份	主　任	职　　务
1990—1997	蒋小玲	监察审计室主任
1997—2004	蒋小玲	审计室主任
1998	陶玲娟	监察室主任
2004—2006	蒋小玲	监察审计室主任
2004—2007	刘中蕙	监察审计室副主任(2006年起主持工作)
2007—	李　莉	监察室主任(兼)
2007—	刘中蕙	审计室主任、监察室副主任(兼)

二、监察工作

【强化监督检查】

1990年，在医院行政科主任例会上传达学习纠正行业不正之风、廉政建设的文件，以及《两个廉洁的规定》和《违反规定的处理办法》，协助税务部门在医院进行财务、税收有关政策的宣传和指导。1991年，组织行政干部学习《中华人民共和国行政监察条例》，并深入科室，大力宣传市有关"廉洁行医"的通告。1994年，结合瑞金医院实施"总量控制，结构调整"的中心工作，与纪委等部门，对全院卫技科室、后勤、院三产公司等部门的开单费、协作费、业务费等情况进行专题调查。是年，根据上海第二医科大学监察室要求，开展对总务、设备、库房、营养室、基建大修、药剂科等有关部门处理回扣的情况进行了检查。1995年，针对医院1994年大购、大修50万元以上的支出，投资、职工住房分配、干部任免等一系列程序开展了自查，并接受了上海第二医科大学对瑞金医院的检查。经自查及检查，医院在以上几方面事项的程序处理上还是比较规范的。是年，还对医院三产公司、卫技部门、药厂药品推销员在医院进行的药品开单费及回扣等情况进行了调查。1999年，根据上海第二医科大学关于制止礼券发放并开展自查的通知要求，在医院科主任、支部书记、护士长扩大会议上进行宣传，并要求各部门、各科室按照要求进行自查，在自查基础上针对部分重点部门进行了抽查。是年6月，根据上海第二医科大学的要求，对医院财务处及有关三产部门的外借资金进行了检查。

2004年，根据上海市卫生局及上海市财政局的要求，联合医院财务处等部门开展对医院党政领导干部有否拖欠公款情况进行检查。2006年，参与对医院药品采购、医疗器械、一次性耗材和基建大修等重点科室的调查摸底，并对重点科室负责人进行个别谈话，对自有资金(赞助费)进行梳理。

【完善制度流程】

1991年，制定《关于瑞金医院科级以上干部保持廉洁的试行规定》(以下简称《规定》)。1993年，与纪委一同拟定了《瑞金医院科以上干部保持廉洁的补充规定》，其中特别强调经批准兼职的干部一律不得领取任何报酬及不得假借各种名义进行集资等内容。该《规定》打印后发至各级干部，人手一册。协同纠风工作，制定了《瑞金医院对违反廉洁行医、收受、索取病人钱物(红包)处理条例》及讨论修改了《瑞金医院医务人员医德规范》和《瑞金医院职工行为守则》等规定，使全院有一个人人皆知的行为标准。建立激励机制，制定了《瑞金医院高尚医德廉洁行医奖励基金条例》。在瑞金医院12位专家教授联名提出廉洁行医、拒收红包的倡议书精神鼓舞下，全院先后约有2 000名医务人员响应，使廉洁行医拒收红包在院内形成强大的宣传舆论。对于上交的红包，专门拟写了退红包告家属书，随钱款一起寄或送到病家手中，进行宣传。1994年，在全院范围内明确规定“瑞金医院职工不得私自接受任何药厂的私下要求的指定用药及私下接受药厂付给的某种药品使用的开单费”。同时，要求各药厂销售配合医院，药品经销必须通过医院，如发现私下与业务部门提供促销药品和药品开单费，取消该厂进货渠道。同年，制定《关于制止个人和部门私自收受“回扣”的暂行规定》。

【落实信访工作】

1990—2010年，医院监察室处理接待人民来信、来访共155件：配合卢湾检察院查处3起受贿事件，最后移交司法部门；医院内部自己发现2起贪污案件，分别进行了开除和调离工作岗位的处罚。监察室对每件信访件都认真分析，深入第一线逐项调查，本着对组织负责和对当事人负责的态度，查清事实，区分性质，依纪依法提出处理意见，做到件件有落实，事事有回音。

三、审计制度建设

1990年，监察审计室成立后，制定《审计人员职业道德、廉洁自律规定》《瑞金医院财务收支审计送审办法》《瑞金医院经济责任审计送审办法》《瑞金医院关于基建、扩建和修缮工程项目审计工作的实施细则》《瑞金医院关于国家自然科学基金资助项目经费鉴证的管理办法》《瑞金医院关于审计工作归档的管理规定》。2007、2010年,分别在原有规章制度的基础上,进行系统性的补充、新增和完善。

【审计规范】

根据《中华人民共和国审计法实施条例》《审计署关于内部审计工作的规定》《教育系统内部审计工作规定》《上海教育系统内部审计工作规定》《卫生系统内部审计工作规定》和《上海市卫生系统内部审计工作规定》等法律、法规,结合医院实际情况制定《瑞金医院内部审计工作实施办法》。主要对组织和领导、内部审计机构和审计人员、职责和权限、内部审计工作程序、法律责任进行了规范,从而建立健全医院内部审计制度,规范内部审计工作。同时,为了规范审计行为,提高审计质量,明确审计责任,院审计室依据《审计法》、《中国内部审计具体准则》19号、《教育系统内部审计准则》制订《瑞金医院审计工作质量控制办法》。对自审和外审的行为规范进行了控制。

【职业道德】

为加强职业道德修养,自觉接受工作纪律的约束,保证审计工作质量,提高审计工作水平,完善了《瑞金医院审计人员职业道德和廉洁自律的规定》,主要对瑞金医院审计室及外聘审计中介机构的行为规范进行约束。

【基本建设】

根据《审计署关于内部审计工作的规定》,结合瑞金医院实际情况,完善了《瑞金医院关于基本建设和修缮工程项目审计工作的实施细则》。主要规范了修缮工程的范围、送审时间、参与人员、送审材料、费率等内容,从而进一步做好基建、修缮工程项目的审计工作,充分发挥审计部门监督和管理的作用,维护医院合法权益,提高医院工程项目资金的使用效益。1994年,基建、扩建和修缮工程项目的预决算审核划归审计室,为此制定了相关细则,并深入有关科室了解基建、扩建和修缮的现状,进行了各方面的准备工作;参加上海高校系统组织的联审工作和上海卫生系统召开的第二次审计研讨会及上海审计进修学院举办的基建审计岗位培训班的学习。1995年,参加高校系统、卫生系统组织的每季度一次的审计例会及上海第二医科大学组织的基建联审活动。1998年,制定了基建审计的具体操作程序,包括自审的操作程序"一看""二量""三核对"和外审的控制程序"一看""二交底""三参与"。

【合同审计】

为了促进医院内部审计工作,规范经济合同的审核程序,维护医院的合法权益,减少合同签订风险,制定《瑞金医院经济合同审计审核的管理办法》。主要对经济合同审计的范围、程序、内容进行规定。

【招标管理】

为了规范瑞金医院修缮工程项目招标管理,确保工程质量,提高资金使用效益,依据《中华人民共和国招投标法》、《工程建设项目招标范围和规模标准规定》(国家计委令2000年第3号),制定《瑞金医院修缮工程招投标实施办法》。主要针对机构规则、招标方式范围、招标程序、纪律监督进行规范。

【经济责任审计】

为了贯彻《上海交通大学医学院领导干部经济责任审计实施细则》的文件精神，切实加强瑞金医院经济责任工作的开展，使经济责任人在任期内认真贯彻执行国家的财经政策和财务制度、更好地完成经济考核指标，完善《瑞金医院领导干部经济责任审计实施细则》，对审计内容、审计程序、相关责任等进行了说明。

【财务收支】

为了规范医院院办产业及有关部门的财务收支工作，保证审计工作质量，根据《上海市卫生局内部审计工作规定》及上海交通大学医学院的要求，结合瑞金医院实际，完善《瑞金医院财务收支审计实施细则》，对审计范围、内容、程序进行说明。

【科研经费】

为完善和加强对瑞金医院国家自然科学基金资助项目经费的管理，合理地使用国家自然科学基金，提高资金使用效益，结合瑞金医院实际情况，制定了《瑞金医院关于国家自然科学基金资助项目经费鉴证的管理办法》。主要对鉴证的范围、内容、流程进行说明。

四、主要审计工作

【基建审计】

1995 年，参加医院外宾病房工程有关审定及 11 舍拆除工程招标投标；2001 年，协助后勤保障处解决 2 个工程队 1998、1999 年遗留工程项目 9 项，费用总额 33.77 万元，核减金额 3.55 万元，核减率 10.51%；2000 年工程审计新定额培训及实施准备工作。2003 年，参与 28 舍大学生宿舍、金文宾馆、传染科病房等旧房拆除的内部招标工作 8 次；医院新建 2 栋大楼的 10 多次相关招标工作。2005 年，开展了对新设备购货合同的审计，原决算金额 4 442 448 元，核减金额 4 万元。2007—2010 年，参加内外部工程招标 28 次，内部招标及合同会签 138 项，涉及金额 3 200 余万元，促进增收节支 400 余万元。1990—2010 年，医院的基建审计工作共涉及项目 1 444 项，为医院增收节支38 067 952.98 元。

【财务审计】

1990—1991 年分析医院财务收支情况；协助财务处与设备科做好开发公司的扫尾移交工作；见证财务处销毁过期凭证；对医院财务收支报表、预算、决算执行情况进行检查；参加医院财务自查领导小组的检查。1992 年，对每季度的报表进行审核分析；对出入院科与门诊收费科四名出纳人员的备用金制度执行情况进行检查；见证职工食堂饭菜票销毁工作。1993 年，对医院财务收支报表、预算、决算执行情况进行检查；与纪委、财务一起对职工食堂承包经济情况进行调查审计；与财务、总务部门一起进行财产清查工作盘亏 351 891 元，盘盈 165 837 元。1994 年，参加医院 1994 年度税收、财务物价大检查的自查工作，发现违纪金额 12 000.00 元。1995 年，对伤骨科研究所进行了交接班财务审计；参加医院 1995 年财务税收、物价大检查工作。1996 年，参加市卫生局组织的对卫生系统各单位货币资金的检查；接待卫生系统货币资金检查组来瑞金医院检查；接待审计局对瑞金医院大购置资金投资效益的调查审计。2001 年，对医院财务等科室的货币资金、票据、收据使用管理情况及内控制度执行情况进行了监盘和抽查。2002 年，审计了医院财务 2001 年 12 月 31 日的资产负债表、业务收支表，共完成财务审计7项，提交审计报告7篇，提出审计建议23条。2003年，对医院财务等科室的货币资金、票据、收据使用管理情况及内控制度执行情况进行监盘和抽查。2004年，完成财务收支审计2项，提出审计建议9条。2007—2008年，完成净资产审计2项，审计金额达3 286 630.22元，提出审计建议7条；完成审计整改报告4项。2009年，完成财务收支审计1项，审计金额122 080 737.74元，提出审计建议9条。2010年，完成财务收支审计1项，涉及金额229 755 397.02元，提出审计建议26条。

【经济责任审计】

2001年，参加了上海第二医科大学组织的对有关3位领导人经济责任离任联合审计活动。2002年，开展了对烧伤研究所原任副所长、瑞金临床医学院原任副院长、检验系原任系主任、护理系原任副主任的经济责任审计，提交审计报告4份，提出评价和建议31条；对检验科原科主任离任进行了经济管理工作审计，复核单据金额为2 999.87万元，提交审计报告1份，提出审计建议7条。

2003—2010年，协助上海第二医科大学审计处，进行院内处级以上干部任期经济责任审计17项、经济责任后续整改审计2项，提出审计意见87条，审计金额7 360 379 869.81元。

【医院三产审计】

1990—1991年，对退管会小商店展开审计。1994年，对瑞金医院益健实业公司的经济效益及还贷能力进行调查审计。1996年，对“三产”和有关部门的货币资金、物资管理等进行了审计。1997年对医院六个三产公司“上海广慈实业总公司”“广慈汽车服务公司”“瑞金综合商店”“上海益健医学服务中心”“上海广慈医学高科技公司”“上海瑞金医学服务中心”的经营范围进行审查，对1996年及1997年一季度的“营业额”“利润”进行了审查调整，共审查营业额5 156.23万元，利润699.89万元；对6个三产公司的固定资产进行了调查核实。1997年发出对三产公司考核审计内容的通知书，并要求各公司进行自查。1998年，对6个三产公司近3年的财务收支以及资产负债状况进行审计；分别出具了审计报告，共调整利润1 476万元，提出审计建议19条。2000年，委托并参与市会计师事务所对医院三产公司1999年度会计报表的审计工作，并出具了报告及5条审计建议。2002年，协助上海第二医科大学审计处对眼科中心财务收支审计协调事务工作。2003年，对院属三产公司资产进行清查。2005年，对三产公司进行内部整合，明确总经理责权范围，制定考核指标、奖惩条例、利润上缴等，同时加强内控制度的建设。

【科研经费审计】

1997年，对3个科研项目，486万元科研经费作鉴定工作。1998年，协助有关部门对4个课题科研经费进行鉴证工作，共计540万元人民币。1999年，对5个科研项目，33.5万元科研经费做了鉴证工作；对瑞金医院1999年1—11月计划外办班情况进行了审计调查。2000年，协助有关部门对8个课题的科研经费进行鉴证工作，共计96.11万元。2001年，协助有关部门对国家自然科学基金进行鉴证，共计人民币100万元。2002年，完成国家自然科学基金鉴证1项，审计金额40万元人民币。2004年，共完成科研经费鉴证7项，审计金额达1 158万元。2006年，完成国家自然科学基金项目经费鉴证11项，金额达220万元。2009年，完成国家自然科学基金项目经费鉴证41项，审计金额1 318万元。2010年，完成科研项目结题审计1项，国家自然科学基金项目资助经费决算的审计鉴证5项，金额127万元。

【资产审计】

1990—1991 年,对医院 5 万元以上的大型固定资产进行调查。1992 年,对放射科、内科主要科室的设备进行了效益审计;开展了设备财产管理与库房财产物资管理审计抽查工作。1993 年,为制剂室承包前清查核资移交做了见证工作。1994 年,对西药库账—物、账—账进行审核。1998 年,对医院万元以上仪器设备报废手续及低值易耗品管理状况进行了抽查审计。1999 年,市政医院并入医院后,对市政医院的固定资产 10 670 416.37 元和占用资金物资 858 374.31 元的交接做了鉴证工作。2001 年,参加医院科技综合楼开办、实验室家具招投标及院大型仪器设备采购论证和院有关的经济活动会议。2002 年,抽查烧伤科等 5 个部门的固定资产管理情况,价值共计1 978 472.54 元。2006 年,配合参与院清产合资工作,协助库房清查、核实医院一般设备。2010 年,审批瑞金医院接受捐赠资助项目 42 项,金额 2 498.68 万元。

【其他审计工作】

1996 年,接待"全国第二届卫生审计培训班"学员来瑞金医院参观、学习、交流。2001 年,对医院 88 个科室(或部门)进行现金分配内控制度的健全和执行情况的审计调查,总金额达到 4 700 万元左右。2002 年,对医院自制药剂成本进行核算并对产生的效益进行论证分析;抽查了检验科等 5 个科室的奖金分配管理情况,共涉及金额 4 611 874.00 元。2006 年,参与对药品采购、医疗器械、一次性耗材和基建大修等重点科室进行调查。2009 年,完成专项资金审计 1 项,审计金额 4 308 375.67元,提出审计建议 3 条。2010 年,完成审计整改报告 6 项,提出审计建议 26 条。

第二节　医院信息网络建设

一、发展沿革

1978 年,瑞金医院开始使用国产计算机(Djs 机)进行门诊收费的劳保汇总工作。1985 年,医院成立计算机小组一进行日常运行维护,计算机应用范围亦逐步扩大。1988 年 5 月,医院建立计算机中心室,隶属院长办公室。1997 年,医院成立计算机中心。至 2010 年底,计算机中心有员工 50 人,分为软件一部、软件二部、系统集成部、数字化医院研究室和医联中心 5 个小组。

表 7-3-2　1985—2010 年医院计算机中心历任主任、副主任情况表

名　称	任职年份	主　任	任职年份	副主任
计算机室	1988—1995	翁是强		
计算机中心	1997—2000	于金德	1997—2000	索仲良
	2000—	索仲良	1997—2006	姚志洪
			2002—2007	沈懿明
			2005—	赵　艳
			2007—	何　萍
			2008—	朱立峰　袁骏毅

截至2010年12月，医院逐步发展和建立五大数字化平台：医疗流程数字化平台、医疗设备数字化平台、医疗服务数字化平台、医院管理数字化平台，以及医疗资源共享数字化平台，共计44个系统，284个模块。这些系统覆盖了医院"医、教、研、人、财、物"各方面，形成了从医疗到管理的整体数字化系统。同时，在全院铺设千兆光纤140千米/芯，覆盖数十栋楼宇，拥有服务器100多台，交换机170多台，联网终端超过3 100台、各类打印机1 000多台；在运行管理方面，设立双主机房保证关键业务的容错运行、自主研发系统监控软件等。

二、医疗流程、设备及服务平台

【医院信息管理系统】(简称HIS系统)

1995年，医院开始与上海市卫生局、华东计算机研究所以及惠普公司合作开发HIS系统，并投入使用。1999年末，又与赛贝斯软件(中国)有限公司合作，开发新版HIS系统，包括门急诊系统和住院系统(包括挂号、诊间、护士台、收费、药房药库、出入院、病区结账等子系统)。2000年11月，门急诊HIS系统联网运行；2001年12月，住院HIS系统联网运行。2006年5月，门诊HIS2.0版上线运行；2008年1月，住院HIS2.0版上线运行。HIS系统2.0版能适应多种医疗服务模式，支持不同等级医院的收费结算标准，集一站式付费、自助服务等多种医院业务的应用，并和其他医疗信息系统实现数据交换等，成为院内核心业务系统的主干。

医院采用的数据库服务器由两台HP K250小型机组成。其中一台承担着瑞金医院的门诊业务系统；另一台承担着瑞金医院的报表和查询分析业务系统，系统终端有100多个。HIS系统2.0版具有灵活的外部接口，顺利实现了医院内部医疗卡与上海医保发行的白玉兰卡并行使用，同时也顺利实现了与上海医疗保险系统的成功对接。

【实验室、检验科信息系统】(简称LIS系统)

1995年起，LIS系统开始在医院生化检验中使用，可以实现仪器的数据采集、单工通信、标本的条形码管理等。2001年起，LIS系统的改造由原来的主要偏重数据采集，转为加强管理功能。更重视了LIS作为系统软件所具有的质量控制及规范化操作的流程管理等功能，比如对医嘱信息的接收、检测流程的规范、用血管理等，在此基础上研发了7个主要模块：

检验工作站 是LIS最大的应用模块，是检验技师的主要工作平台，负责日常数据处理工作，包括标本采集，标本数据接收、数据处理、报告审核、报告发布、报告查询等日常功能。

医生工作站 主要用于病人信息浏览、历史数据比较、历史数据查询等功能。

护士工作站 具有标本接收、生成回执、条码打印、标本分发、报告单查询、打印等功能。

血库工作站 具有血液的出入库管理，包括报废、返回血站等的处理。

输血管理工作站 包括申请单管理、输血常规管理、配血管理、发血管理等功能。

试剂管理子系统 具有试剂入库、试剂出库、试剂报损、采购订单、库存报警、出入库查询等功能。

主任管理工作站 主要用于员工工作监察、员工档案管理、值班安排、考勤管理、工资管理、工作量统计分析等。

同时，为了提高实验室的质量管理水平，建立标准化检测质量及技术管理体系，医院于2009年开始依据ISO15189 、CAP等认证标准，对LIS系统进行改造和修正。2010年，协助实验室顺利通过中国合格评定委员会ISO 15189专家组评定。

【影像归档和通信系统】(简称 PACS 系统)

2001 年 1 月,医院开始建设 PACS 系统,成为上海市第一家实施 PACS 系统建设的三甲医院。系统建设分 3 个阶段。第一个阶段为放射科内部全面联网,实现无胶片化、无纸化,在 PACS 系统基础上建立完善的放射科管理信息系统(RIS);部分科室连入 PACS 系统,部分临床医生可以通过影像终端调阅影像及诊断报告。第二个阶段为全院范围实现无胶片化及放射科报告的无纸化。PACS 系统全面与 HIS 系统整合。第三个阶段基于 HIS 系统的基础上,为放射科工作提供有序和便利的模块,形成放射科医师工作任务列表,以及收费金额、工作量、诊断符合率、阳性率,以及结核、肿瘤的报告统计及手术病理结果的输入及查询等。

【电子病历系统】(简称 EMR 系统)

2001 年,医院开始使用电子病历系统。2009 年 8 月 1 日,与微软公司合作开发了 EMR2.0 版本,并成功上线应用,实现图文隐藏、显示内容规则设置、书写助理、文字上下标、图片插入等原先手写病历无法完成的功能,在满足医护人员快速规范录入的同时,也达到医院管理部门对病史质量控制的要求;存储病历中的结构化内容,为搭建在线循证医学知识库、临床医学诊疗常规做准备;采用三层体系架构,无论内部 EMR 系统还是外部 HIS、LIS 系统都通过调用统一的接口规范获取服务,提高了系统的安全性、兼容性,也满足了灵活多变的临床业务需求。一份完整的电子病历可以集成 HIS、PACS、LIS 中的文字、符号、图表、影像、切片等信息,并通过知识库的搜集和在线提供帮助,新增医学辅助知识库,初步整合了医院临床信息系统,为临床医生提供了智能化的诊疗常规方案建议。通过医学知识的智能表达,帮助提高医生诊疗水平,辅助医生进行临床决策、制订诊疗计划。

【客户管理系统】(简称 CRM 系统)

2006 年 7 月,特需医疗中心和老年病科同时启用 CRM 系统。整合客户和保健对象在院就诊时的各项医疗数据,形成健康档案。通过来电自动识别客户和保健对象身份,向手机发送医疗保健信息,提供个性化医疗保健服务。同时通过实施网上挂号、网上医疗档案查询等项目提供自助式服务。医院 CRM 的实施过程是一个利用现有系统环境,依托各业务系统数据,进行数据抽取转化与整合,形成病人个人健康档案的过程;与此同时,也是对现有业务系统进行整理,提炼相似业务,重构服务体系的过程。

系统在实践过程中不断优化,以适应实际需求。2006 年通过对医院现有各业务系统数据进行清洗与加工,建立以病人为中心的客户关系管理系统,并针对病患的每次就医记录建立统一、完整的健康档案体系,为长效病程监督和预警打好基础。2007 年提炼与客户相关的医疗资源预约和随访安排管理等业务;面向医院内其他系统提供统一的服务接口,提升院内资源共享水平;建立呼叫中心和消息平台,保障医患交流途径的畅通和高效性。2008 年面向病人,建立服务型门户站点,提供在线预约及咨询服务。病人可以通过特需医疗中心的门户网站了解中心动态、专家排班并在线查询个人各类检验检查结果。开发病人诊疗档案管理,提供可脱机访问的健康档案,提供给病人,方便其进行自我健康管理。

【门户网站】

瑞金医院门户网站是建立展示医院形象和优势医疗服务的医院门户网站系统,也是建立医生、病人之间的沟通互动和信息共享，实现信息发布、专家预约、健康知识等核心服务体系。2001年，医院建立了对外门户网站“www.rjh.com.cn”，通过网站可以了解医院的新闻、科室介绍、医疗特色等。2003年，医院对网站进行升级，为病人新增专家门诊时间查询、网上预约等；对内提供各类数据及分析报表及院内公告和通知平台等。2005年再次改版，设有82个栏目，建立统一的内容管理平台，实现内、外网信息的一体化发布；建立统一的应用整合平台，提供跨系统的网上专家预约等；建立统一的消息发布平台，通过短信、邮件、即时消息等多种渠道传递信息。2007年，医院网站获上海交通大学第二届校园网站评选“最佳网站”荣誉称号。

后台管理系统(CMS) 操作界面充分考虑内容维护人员的实际情况，系统界面与Word等Office产品紧密集成，可批量导入Word、PowerPoint、Excel、JPG、GIF文件，让系统与已有的信息系统进行数据集成，降低了内容维护的工作量，提高了信息的利用率。

特色功能 从病人角度出发，按照就诊前、就诊中、就诊后三个阶段列出了病人在就医过程中可能遇到的种种问题，通过预约挂号、预约检查、排队候诊、报告查询这些功能的完善，减少排队时间，合理安排排队等候时间，减少到医院次数，提升就医体验；同时，也提升门诊挂号预约比，缓解窗口排队压力，合理分配就医资源，提升就医满意度。

三、医院管理平台

【协同办公平台】

2002—2005年，医院和微软公司合作，开始了基础办公系统的建设，建立网页发布系统、邮件系统、短信网关系统等各类信息发布及通信系统，方便各部门之间的交流与信息互通。2006—2008年，开发了各类专项的办公系统，公文从拟稿到审核、会签、签发等一系列操作在线流转；人力资源管理系统将人员信息的管理、考勤登记、津贴发放等工作进行信息化改造，实现了在线工作，信息共享；还开发了用车管理、物资管理等针对各部门的各类管理工作。

2009年，医院将以往自主开发的办公应用系统进行整合，搭建了统一的协同办公平台，统一员工办公账号及办公系统入口。包括通用办公、专项办公和辅助决策三大服务平台，实现了医院、部门、个人三级工作任务和联系人管理功能。引入数字签名，实现公文无纸化流转、网上报告审批、网上外事和外出管理、网上工资查询等功能；对会议室安排、会议通知、摄影申请等应用进行了改进，提高使用效率；扩容和改版了医院电子邮箱、短信收发平台，在各行政职能部门完成院内桌面即时通信系统(院内OCS)的部署。既能满足在院外办公的需求，也能保证医院内部的网络安全。

2010年，为适应移动设备技术的发展，尝试建立移动办公系统，提高员工办公效率，推出基于安卓和苹果系统的移动办公客户端，将协同平台的各个模块进行整合，提供了移动端统一审批、信息发布等功能。针对医院管理制度、办事流程及日常工作的特点进行流程梳理和优化，达到并超越卫生局对三级医院评审所要求的管理软件功能。

【辅助决策和病例分型系统】(简称DSS系统)

2006年，初步建立DSS系统的基本框架。开发完成了门急诊辅助决策支持系统，通过对挂号、处方等实时数据的多维分析，可分析医保费用超标的原因。2007年，建立了多种医疗分析模型，包括医保实时综合监测模型、抗菌药品分级管理模型、门诊就诊人群分析模型等。同时，组织开发了全院数据统一平台，为管理层提供准确的数据。同年还上线试运行了病例分型系统，包括住院病人病例分型综合信息分析、病例分型超限原因分析、病例分型单病种费用分析等。开发完成住院病例分型分析报表,发布各科室病例分型指标查询系统。

2007年,增加对风险指标的实时监测功能。针对门诊问题处方的问题,加入了问题处方监控系统,能够根据数据模型,对每天生成的处方进行智能筛选,选出存在问题的处方,通知相关的管理部门,然后再由管理部门的人员进行确认是否真的存在问题。一旦确认问题可以立刻对相关科室和医师开出整改通知,提高了工作效率。2008年,加入数据收集与展现平台,通过简单设置生成各类数据收集的模板,将原本各科室数据直接登记在数据库中。数据的集中化存储对于使用的科室而言不仅不用担心重要数据的丢失,而且非常方便查询,为以后的大数据分析做准备。

四、医疗资源共享平台

【区域信息共享】

2007年,医院开始承担卢湾分院数字化建设监理工作,与卢湾分院间建立了统一的病人信息库,实现病人标识互认、联网调阅检查检验报告等。同时,医院还与申康医院发展中心医联网络、卫生局医疗信息网络、干保局医疗信息网络的医疗数据实现交换,为区域医疗信息整合积累了经验。2009年,卢湾区区域医疗信息共享建设逐步推开,同淮海街道社区卫生服务中心等每月开展远程视频健康教育和医疗会诊。完成区域医疗信息共享平台完成接口升级,数据采集更全面、准确。配合卢湾分院完成对申康医联平台的调阅改造,使病人在卢湾分院就诊时,医生可直接浏览到医联体中23家市级医院的病史资料。

【物资系统2.0】

为加强物资管理,医院将嵌套于HIS系统中的物资模块分离出来,单独新建物资管理系统。2008年4月,新版物资系统在设备科和库房正式上线使用,并对各科室物品领用员进行统一培训。截至2010年底,全院实施网上物资申请、领用和结算。新版物资管理系统改进了医院物资管理模式,初步实现了临床、设备和财务三者联动。设备物资部门通过该系统搜集和制定物资采购预算和计划,完成物资发放,实时掌握库存状况和周转率,并对固定资产等1.9万多件重点物资的安装、维修进行跟踪。财务部门则可以及时掌握全院各科室固定资产金额和耗材消耗金额。通过该系统,在保障全院物资供应的同时,使库存物资数量和资金占用得到有效改善。

【医联中心】

2009年9月,申康上海医联中心在计算机中心正式挂牌成立。日常运行管理工作主要依托瑞金医院计算机中心,并成立了综合部、数据部和运营部。成立后的医联中心负责医联工程项目的日常运行与深化应用工作,协调推进市级医院的数字化建设和医联平台的后续设计规划。

【对外项目】

2004年6月和8月,分别完成浦东公利医院HIS系统门急诊子系统和住院子系统的上线运行,使其成为浦东地区第一个全面实施无纸化处方的二级医院,也成为上海市唯一由医院计算机中心为第三方实施HIS系统的项目。同年,为瑞美体检中心开发了体检信息系统。

【成绩与荣誉】

截至2010年，医院计算机中心的技术能力涵盖项目组织、软件开发、软件测试、应用推广、系统集成、硬件维护等各方面，获得计算机信息系统集成四级资质，拥有医院信息系统（RJ－HIS）等软件著作权10项，申请发明专利4项，获得发明专利1项，实用新型专利6项。申请并获得科技部国家科技支撑计划课题1项，上海市级课题6项。

2007年12月，入选全国首批20家数字化医院示范试点单位。2008年11月，计算机中心主任索仲良在上海市科委、市经信委和国资委联合主办的上海市优秀CIO评选活动中获得当年度优秀CIO（首席信息主管）称号。2010年，“大型医院运营与临床管理信息系统”项目获上海市科技进步奖三等奖。同年“大型医院运营与临床管理信息系统”项目获中国医院协会医院科技创新三等奖。

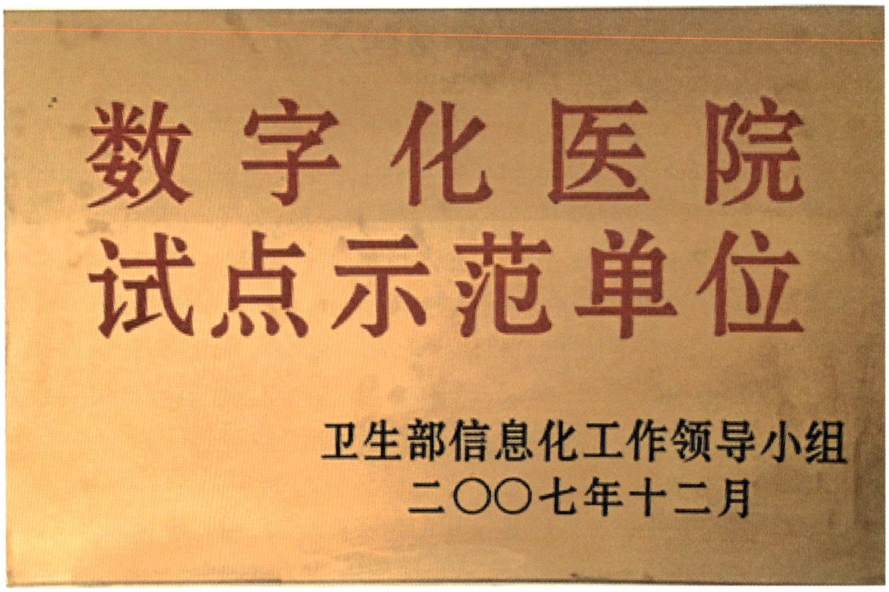

图7－3－1　2007年医院入选全国首批数字化医院示范单位

第四章　集团化管理和对外合作项目

第一节　集 团 化 管 理

1999 年，为充分贯彻落实卫生改革的总体精神，瑞金医院开始了医院集团化改革的探索，先后与 6 家医疗机构（市政、卢湾、闵行、台州、瑞东、远洋）开展实施了跨地区、跨级别、跨部门的医疗资源重组，建立起上海瑞金医院集团。1999 年，国务院副总理李岚清专程赴瑞金医院进行视察，对集团化运作提出重要指示，为集团化改革指明了方向。2000 年 7 月 19 日，上海瑞金医院集团正式挂牌成立，它是以具有品牌优势的瑞金医院为核心，其他医疗机构、经营实体以资产（或）经营管理权为纽带，通过不同形式和多种方式共同组建的多个法人联合体。2001 年 8 月 18 日，集团办公室成立，负责经费管理、专家外派、学科合作、制度与内涵建设、对外拓展及文化建设，黄波任主任。

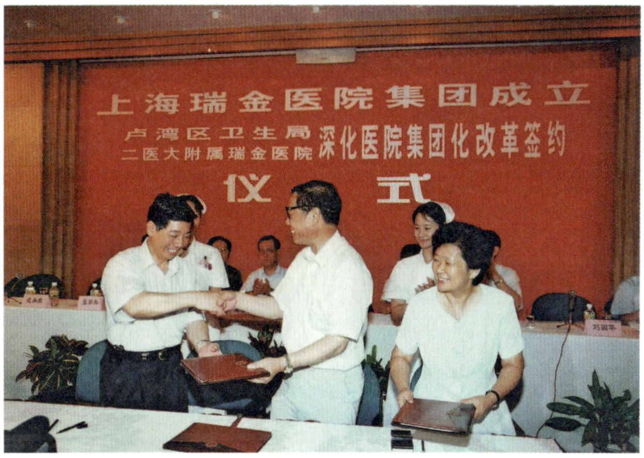

图 7 - 4 - 1　2000 年上海瑞金医院集团成立

1999 年 4 月 15 日，为适应医疗市场变化、深化医院内涵建设，设立市场部。负责洽谈及管理合作项目，组织系列培训，进行市场调研，搜集信息并形成方案。为切实解决社区居民看病贵、看病难问题，积极探索包括：纵向医疗资源整合机制、双向转诊新机制、社区首诊制等在内的城市新型就诊模式，让社区居民真正享受到便捷、优质的基本医疗服务。2006 年瑞金医院成立了社区医疗工作办公室。2008 年 7 月，原“社区医疗工作办公室”撤销，相关职能和工作内容纳入社区专项办公室，办公地点设在新门诊 5 楼。专家组成员和办公室兼职成员根据实际工作开展情况定期作相应增减。2010 年 5 月 28 日，为适应卫生部公立医院改革要求，推进医院发展，瑞金医院将原集团办公室、市场部、社区专项办公室归并后成立对外合作与发展部，负责医院的集团管理、对外合作、对外交流、市场拓展和品牌推广。该部门由分管院长直接领导。

表 7 - 4 - 1　1999—2010 年瑞金医院集团办、市场部、社区办历任主任、副主任情况表

部　门	任职年份	主　任	任职年份	副 主 任
集团办公室	2001—2005	黄　波	2004—2005	赵列宾
	2005—2010	赵列宾	2004—2007	高正仪　汪　敏
			2005—2007	龚震晔
			2007—2008	王愚珍

（续表）

部　门	任职年份	主　任	任职年份	副主任
市场部	1999—2000	邱力萍	2000—2005	赵列宾
	2000—2005	于　文	2004—2007	汪　敏
			2004—2010	邱　巍
社区医疗工作办公室	2006—2008	高卫益		
社区专项办公室	2008—2010	袁克俭	2008—2010	赵列宾　高卫益
对外合作与发展部	2010—	谢　冰	2010—	邱　巍

集团理事会　所有成员单位按照自身与集团的关系，经常务理事会讨论后，配给一定数目的理事席位。首届理事会理事长由核心医院的院长任，任期5年，之后由常务理事会选举产生，最多连任1届。集团共召开过2届7次理事会。第一届理事会于2000年12月27日召开，理事长李宏为，副理事长严肃，李宏为、严肃、俞卓伟、赵忠涛、于金德、陈守正、黄波和徐树声为第一届理事会常务理事。秘书长黄波，副秘书长邱力萍、于文、顾建平。会议通过了《上海瑞金医院集团章程》和《上海瑞金医院集团理事会章程》。第二届理事会于2006年11月25日召开，李宏为、严肃分别连任理事长、副理事长，常务理事由李宏为、严肃、黄波、徐树声、杨炜5位同志任。赵列宾为秘书长，龚震晔、俞晓萌、秦青通、马铭任副秘书长。

表7-4-2　瑞金医院集团成员单位列表

项　目	医　院　名　称					
	上海市政医院	上海市卢湾区中心医院	上海市闵行区中心医院	浙江省台州市中心医院	上海瑞东医院	上海远洋医院
合作时间	1999年	1999年—	2000—2014年	2000—2010年	1998年—	2006年
资产权属	国有全资	国有全资	国有全资	政府和医院	中外合资	国有全资
医院性质	事业	事业	事业	国有民营股份制	企业	企业
整合形式	合并	托管	托管	合作	合作	托管
资产关系	合并	50%	无	无	30.18%	无
人力资源	双向流动	单向流动	单向流动	单向流动	单向流动	单向流动
管理权限	统一管理	完全管理	完全管理	合作管理	合作管理	完全管理
核算方式	统一核算	独立核算	独立核算	独立核算	独立核算	独立核算

瑞金医院集团以总院品牌、医疗技术以及专家输出作为主要运营方式，由瑞金医院总院组织专家组，根据各分院实际需求进行调配，为各分院的医疗、科研进行指导和带教。

2000年起，每年举办瑞金医院暨医院集团文化艺术节。2003年起，集团与上海交大安泰管理学院合作，连续开办4期“医院MBA核心课程”高级研修班，有近200位来自集团内外的优秀管理者参加。

一、瑞金医院分部

市政医院于1988年10月筹建。1989年9月，门诊正式开诊。1990年2月开放病房。1994年被评为二级乙等医院。1999 年时，日门诊量仅 70 人次，年亏损额达 200 万元，长期依赖上级财政补贴。同年，为充分盘活区域卫生资源，加快中央和地方“优化企业资产结构、精干主业、分离企业办社会职能”改革步伐，实现企业医院属地化管理，瑞金医院与市政医院以资产为纽带，进行了全面融合：原市政医院建制撤销，其资产、人员和设备全部并入瑞金医院，原址成立瑞金分部，仍保持二级乙等医院的级别，床位数由原核定的 100 张缩减为 80 张。

根据总院医疗运作情况和市场需求，分部重新进行了病房布局，一批学科在分部成立或设置病房及门诊。1999 年，在分部 1 号楼 3 楼成立肿瘤科，设床位数 32 张，2002 年与放疗科合并为肿瘤放化疗科；1999 年外科在分部 1 号楼 5 楼设腹腔镜病房，设 29 张床位，2001 年扩大为 1 号楼 5 楼、6 楼两个病区，共 49 张床位，2009 年又在 2 号楼 3 楼设微创日间病区，设床位数 16 张；1999 年血液科在分部增设病房，床位数 30 张，2001 年 8 月，调整至卢湾分院；1999 年骨科在分部设骨三病区，设床位数 20 张，2008 年迁回总院；2000 年，妇产科在分部设微创妇科病区，位于分部 2 号楼 4 楼，2001 年迁至分部 1 号楼 4 楼，设床位 20 张；2000 年，中医科病房迁至分部 3 楼，设床位数 25 张；2003 年皮肤科在分部开设性病门诊。

为了方便医护人员和病人在总部和分部之间来往，1999 年医院设置定时班车接送往返，服务时间周一至周五从早上 7:25 到下午 16:30，共 20 班次；周五从早上 7:25 到上午 10:45，共 6 班次。除了临床科室外，1999 年检验科、放射科、超声诊断科、心电图和药剂科也在特需设点，除了 CT、MRI 等大型检查外，均可在分部完成。2000 年新增分部手术室 3 间。2002 年在分部成立上海市微创外科临床医学中心，建成微创中心手术室，配专科手术室 1 间。

仅合并 9 个月，床位平均使用率就从合作前的 55%上升到 130.25%，住院病人达 1 800 人次，较合作前增长 400%；平均住院天数从 25.46 天降至 12.13 天。至 2007 年出院病人数 6 274 人，手术例数 3 259 例，平均住院天数 8 天，床位周转率达 3.7。

二、瑞金医院卢湾分院

瑞金医院卢湾分院的前身为私立上海南洋医院，1918 年 10 月 14 日创建于卡德路(现石门二路、山海关路口)。1956 年 2 月，改为公立医院。1957 年，与安当医院合并后迁至重庆南路。1958 年 8 月，改名为“上海市卢湾区南洋医院”。1965 年 1 月，更名“上海市卢湾区中心医院”。1987 年，成为上海第二医科大学、镇江医学院、蚌埠医学院的教学医院。1994 年 6 月，获评二级甲等。20 世纪 90 年代末，由于市政动迁、老城区住宅改造、区内人口总量持续下降等因素，门急诊人次逐年下降 10%，病床使用率不足 82.18%，年亏损近 400 万元。1999 年 7 月 26 日，为进一步提升区域卫生资源利用效率，卢湾区中心医院成为瑞金医院集团成员，第一阶段以行政管理、医疗技术和人才交流合作为主，在此基础上发展为全面融合。第一名称变更为“上海第二医科大学附属瑞金医院卢湾分院”，第二名称冠为“上海市卢湾区中心医院”，床位由原核定的 522 张缩减至 400 张。功能定位仍属二级甲等，由瑞金医院任命院长，实行院长负责制。1999 年 10 月 29 日举行揭牌仪式。

1999 年，卢湾区政府投资 1.25 亿元的卢湾分院病房大楼正式启用。瑞金医院院长李宏为亲自在分院开展示范手术，终身教授王振义、戚文航、邓伟吾等主持查房和疑难病例讨论。1999 年，神经内科在分院开设病区，2001 年，血液科开设病区。2001 年 11 月，成立糖尿病足治疗中心，开展胰岛素强化治疗、胰岛素泵等项目。2001 年，手术室改造完成。2002 年，项明洁任分院放免检验科主任，该科在二级医院首次获得举办国家级继续教育项目资质，完成了“HIV 初筛实验室”的筹建与验收，被列为“上海市医学领先专业特色专科”，2004 年底被列入上海市医学重点专科建设计划。2003 年，分院在上海市万人问卷调查同级医院中名列榜首，二三级医院排名第二，全市医疗质量评定同级医院中排名第三。2003 年，新门诊医技楼建成并启用。2003 年，谢青负责筹建康复科，该科而后成为区重点专科，2005 年底，“颈椎病康复”获区重点项目。2004 年，周文龙创建泌尿外科，科室引进 EMS(第三代碎石系统)。2005 年，成立“青年人才库”，其中 6 人获“区卫生系统学科带头人”。2006 年，由区政府投资 2 000 万元建设的医疗数字化信息系统与集团总院信息系统网络互通、资源共享。2006 年 3 月，“潘乃林护理工作室”成立，通过辅读、实岗培训、教学与科研能力和管理能力培养等，快速孵化优秀护理团队。“王天翔名医工作室”亦于 2006 年成立，致力于培养卢湾区青年医疗骨干。在 2007，医院管理年检查中，卢湾分院获得全市二级医院排名第二的成绩。

至 2010 年，加入集团 11 年来，卢湾分院的出院人数从 3 888 人次上升为 12 085 人次，平均住院天数从 23.74 天下降至 13.71 天，手术台数从 969 台上升为 3 496 台，均有了显著提高。分院拥有职工 781 人，在编 693 人，其中高级职称 44 余人，博士、硕士 36 人。核定床位 426 张，实际开放床位 468 余张。拥有 DSA、DR、数字胃肠镜、全数字化乳腺机系统、高档彩色超声仪、超声电子胃镜、全自动生化分析仪、超声气压弹道碎石系统等大型医疗设备。集团化管理以来分院连续 4 届获得“上海市文明单位”，连续 7 届获“上海市卫生系统文明单位”。

表 7-4-3　1999—2010 年医院派驻卢湾分院历任院长、副院长情况表

院长		副院长	
任职年份	姓名	任职年份	姓名
1999—2001	李宏为	1999—2002	徐树声
2001—2002	席德忠	2002—2008	杜玲珍
2002—	徐树声	2006—	郑　涛

表 7-4-4　1999—2010 年瑞金医院卢湾分院业务数据情况表

年　份	门急诊人次	出院人次	平均住院天数	手术人次
1999	490 718	3 868	23.74	969
2000	573 842	5 930	21.7	1 434
2001	365 695	6 642	20.23	1 502
2002	248 313	7 620	18.51	1 592
2003	240 460	7 723	17.22	1 722
2004	266 651	9 714	15.95	2 410
2005	299 358	11 089	15.28	2 724
2006	329 757	11 307	15.28	3 060
2007	342 171	11 377	15.07	3 039
2008	388 393	11 904	15.04	3 330
2009	437 887	12 273	14.42	3 721
2010	475 786	12 085	13.71	3 496

三、瑞金医院集团闵行医院

上海市闵行区中心医院创建于 1969 年 4 月，前身为上海县“六二六”医院，原址在莘建路 55 号。同年 12 月更名为“上海县莘庄医院”。1978 年因改扩建迁址至莘松路 30 号(后改为 170 号)。1991 年，更名为“上海县中心医院”。1993 年，原闵行区与上海县“撤二建一”，遂更名为“闵行区中心医院”。1995 年成为市二级甲等综合性医院。但由于医疗技术、人才队伍相对滞后，很多当地百姓只能赶往市区看病，年门诊量仅为 30 万，出院人数不足 5.5 万人次，综合实力在上海卫生系统 20 家中心医院中排名倒数第一。

2000 年 7 月 17 日，闵行区卫生局与瑞金医院合作组建“上海瑞金医院集团闵行医院”意向书在闵行区人民政府签订。第一冠名为“上海瑞金医院集团闵行医院”，第二冠名“上海市闵行区中心医院”，功能定位仍属二级甲等。采取资产所有权、经营权分离的方式，资产属闵行区卫生局，经营管理权归瑞金医院。闵行区政府对改扩建基础投入、卫生事业经费投入保持不变，并给予医保、总量控制等政策倾斜。2000 年 8 月 15 日，合作协议书在瑞金医院正式签订。

2001 年，新门诊及病房大楼落成并投入使用，总建筑面积 4.64 万平方米。2007 年，在“医院管理年”评估中排名市同级医院榜首。2008 年成为上海交通大学医学院教学医院，同年医院占地面积由合作前的 2.67 万平方米增至 5.59 万平方米，建筑面积由 1.87 万平方米增至 10.8 万平方米，核定床位从 324 张增加到 800 张，实际开放床位达 900 余张。职工 1 700 余人，其中专业技术人员 1 520余人，高级职称 125 余人。设立临床、医技科室 34 个。2009 年被定为“上海市急性急救创伤中心”。集团化管理后连续 5 届获得“上海市文明单位”，连续 3 届获“上海市卫生系统文明单位”。

2010 年，经过 10 年集团化管理，闵行医院人均工作量、门急诊人次和出院人次均居上海市 20 家区中心医院之首。2014 年 6 月 30 日闵行区中心医院与瑞金医院结束合作。

表 7-4-5　2000—2010 年医院派驻闵行医院历任院长、副院长情况表

任职年份	院　长	任职年份	副院长
2000—2006	于金德	2001—2008	倪继红
2006—	沈翔慧	2008—	苏静英

表 7-4-6　2000—2010 年瑞金医院集团闵行医院业务数据情况表

年　份	门急诊人次(万)	出院人次	平均住院天数	手术人次
2000	53.5	6 905	17.72	2 495
2001	59.1	8 574	15.95	3 102
2002	78.1	13 353	13.92	4 700
2003	85.9	15 910	13.37	5 537
2004	100.7	18 609	12.86	7 102
2005	116.6	21 330	12.52	7 945
2006	136.7	23 480	11.56	8 634

（续表）

年　份	门急诊人次(万)	出院人次	平均住院天数	手术人次
2007	159.5	26 685	11.02	9 432
2008	175.11	28 620	10.42	10 092
2009	191.5	32 344	9.89	12 219
2010	207.9	33 620	9.6	13 278

表 7－4－7　2000—2010 年瑞金医院集团闵行医院在 20 家区中心医院中的排位情况表

年　份	人均工作量排位	门急诊人次排位	出院人次排位
2000	16	20	16
2001	16	13	11
2002	1	6	5
2003	1	3	3
2004	1	3	3
2005	1	3	2
2006	1	2	2
2007	2	1	1
2008	1	1	1
2009	1	2	1
2010	1	1	1

四、瑞金医院集团台州中心医院

1994 年，浙江省台州市拟在台州经济开发区新建政府控股形式的台州市中心医院。2000 年 4 月 25 日，《上海瑞金医院、台州市中心医院合作意向书》签字，实行两院双重管理的领导体制，双方参加台州市中心医院的全面管理，瑞金医院派出专家、业务骨干和管理骨干，参与医院管理和业务建设，全面负责心血管科、伤骨科、腹腔镜、消化内科、内分泌科、高血压科等重点学科建设和医疗科研项目的开发。2000 年 6 月 19 日，医院开诊典礼暨上海瑞金医院集团台州中心医院（筹）揭幕仪式正式举行，一期工程占地面积 6.67 万平方米，建筑面积 5.93 万平方米，开设床位 450 张。是年 12 月 29 日，双方正式签订《上海第二医科大学附属瑞金医院—浙江省台州市中心医院合作协议》。2001 年 3 月 24 日，瑞金医院集团一届二次理事会在台州市中心医院召开，会议审议通过台州市中心医院正式加盟瑞金医院集团。2002 年 7 月 18 日，二期病房大楼工程开工。2004 年 3 月 19 日，投入使用，总建筑面积扩增至 9.21 万平方米，新增开放床位 400 张。2006 年 4 月 12 日，集团设立驻台州市中心医院办事处。2010 年，双方结束合作。

在双方合作期间，瑞金医院支持台州市中心医院在医教研各方面都取得突破。2001 年 6 月 19

日，台州市老年医学和内分泌疾病研究所在台州市中心医院揭牌。2001 年，医院检验科被评为台州市重点学科。2002 年 4 月 19 日，成立上海市微创外科临床医学中心和瑞金医院生殖医学部不孕不育诊治中心台州分中心。2002 年，医院神经外科被评为台州市重点学科。2003 年 6 月，瑞金医院神经外科、消化内科、检验科等 13 位专家被特聘为台州中心医院兼职科主任，建设医院重点学科。2004 年 7 月 27 日，医院被批准为浙江省高等医学院校合格教学医院。2005 年 2 月 3 日，台州市中心医院被评为三级乙等医院。2005 年 6 月 14 日，挂牌“上海第二医科大学瑞金临床医学院台州分院”。2007 年 4 月，医院老年医学科被评为浙江省医学重点扶植学科。医院灼伤科在瑞金医院扶植下建设成为示范专科，开展 8 例高难度四特类手术，4 例 80%以上大面积烧伤病人救治。至 2008 年，医院拥有 MRI、16 排螺旋 CT、直线加速器、伽马刀等多种现代化检查仪器。连续获浙江省级文明单位、首批省级绿色医院、省级综合治理先进单位、省级爱国卫生先进单位、省级平安医院、全国百姓放心示范医院等荣誉称号。

表 7-4-8　2000—2010 年集团办驻台州市中心医院历任副院长情况表

任职时间	副院长	任职时间	副院长兼集团设立驻台州市中心医院办事处主任
2000.6—2000.12	杜玲珍	2006.4—2007.6	高正仪
2000.12—2001.4	孙胜伟	2007.6—2009.2	郑梅芳
2001.4—2001.7	朱　铭	2009.2—	张梅珍
2001.7—2002.2	邵炳荣		
2002.2—2002.8	张旦琪		
2002.8—2003.3	王　健		
2003.3—2006.4	史锁洪		

五、瑞金医院集团瑞东医院

上海瑞东医院于 1994 年 12 月 31 日登记注册，由瑞金医院所属上海广慈医学高科技公司、上海市浦东土地发展(控股)公司和日本株式会社关东医学研究所、日本株式会社日本医疗事务中心合资建立。1996 年 11 月 28 日动工，1998 年 3 月 20 日建成并投入使用，位于浦东新区花木行政文化区、内环线浦东段罗山路 1 507 弄 50 号。核定类别为综合医院，占地面积 1.6 万平方米，院内绿化面积 10 400 平方米。医院以一幢 5 层楼病房大楼为主体，门诊、病房、医技楼融为一体，建筑面积 1 万平方米，拥有大小套房 80 个、床位 150 张(周期执业 103 张)，及相当规模的门急诊、手术室、健身房、餐饮部、多功能厅等配套设施。医院以内外科为中心，设有妇科、儿科、骨科、口腔科、眼科、五官科及其他各类专科，采用自由就诊和预约门诊相结合的服务方式，直接参加医疗工作的业务技术力量有教授、副教授 40 余人。2002 年 1 月 28 日，经股东会讨论同意日本推出项目，由广慈医学高科技公司收购日方所持股份，变更为内资营利性医疗机构，广慈医学高科技公司占股 85.18%。2002 年 10 月，广慈医学高科技公司拍卖 55%股权，医院成为由 LT&Parterns Inc.控股，服务高端客户的中外合资医疗机构，并加入瑞金医院集团。

1994 年，瑞金医院院长李宏为任瑞东医院董事长，吴小弟任院长。2002 年 8 月 7 日，李宏为改任名誉董事长，黄波为副董事长，吴小弟、黄波、沈卫峰当选董事，其中吴小弟任副院长，沈卫峰任总经理，顾国青被委派为监事。2008年8月29日，杜玲珍任瑞东医院副院长。

六、瑞金医院远洋分院

上海远洋医院成立于1978年，是上海远洋运输公司旗下的一家企业医院，位于上海市徐汇区淮海中路1174号，占地面积1 926.7平方米，建筑面积5 138.5平方米，拥有床位80余张。

2006年12月26日，为充分利用挖掘国有医疗资源的潜力，更好发挥国有资产的作用与效率，瑞金医院开始对远洋医院实施委托管理经营，全权负责日常经营及运作管理业务，并被授予托管所必需的财产管理、对外交往发展、对内管理运营、人事任免和聘用等权利。托管期限为10年，期满后若双方同意再延长5年，并以“上海交通大学医学院附属瑞金医院远洋分院”作为医院第二冠名。2007年11月6日正式签署《上海远洋医院委托管理协议书》。2007年11月27日，瑞金医院副院长宁光被任命为远洋医院院长兼党委书记，并主持远洋运输公司卫生防疫站、卫生监督所的工作。2008年1月8日，远洋医院工会委员会组织关系挂靠瑞金医院。

自两院合作开始，分院便组建“瑞金医院糖尿病足诊治中心”与“瑞金医院体检分中心”。总院委派多名专家在分院指导临床、科研及教学工作，开设有专家、专病、中医养生等特色门诊，开展内分泌、微创腹腔镜、关节镜手术等特色专科。2009年被评为上海市“爱心助老特色基地”。

第二节　对外合作项目

20世纪90年代起，瑞金医院通过投入品牌、资金、场地租用等形式，与国内外、港澳台各公司进行合作，并在新项目中占有相应份额的股份。

表7-4-9　1992—2010年瑞金医院对外合作项目情况表

项目名称	工商注册时间	公司类型	合作方	机构类型
广慈纪念医院	1992年12月	台港澳合资有限责任公司	通通(香港)有限公司	综合性医院
瑞新	1996年1月	中外合资有限责任公司	上海联和投资有限公司 新加坡百汇医疗集团	综合性门诊
通用药业	2000年11月	台港澳合资股份有限公司	江苏省中国药科大学控股有限责任公司 上海盛源房地产(集团)有限公司 正大制药投资(北京)有限公司	医药公司
瑞美	2002年8月	其他有限责任公司	上海康培医药生物技术有限公司 上海铭康商务信息咨询有限公司	综合性门诊
瑞林诊所	2002年10月	中外合资有限责任公司	日本格林医院	综合性门诊
瑞虹	2003年7月	中外合资有限责任公司	上海联和投资有限公司 新加坡百汇医疗集团	综合性门诊
新瑞	2003年7月	中外合资有限责任公司	上海联和投资有限公司 新加坡百汇医疗集团	综合性门诊

（续表）

项目名称	工商注册时间	公司类型	合 作 方	机构类型
瑞丽整形	2004 年 5 月	中外合资有限责任公司	韩国 CUBE INC CO.,LTD	整形美容医院
瑞视眼科	2005 年 12 月	其他有限责任公司	上海璐视德医疗器械科技有限公司	专科诊所
瑞安诊所	2007 年 3 月	中外合资有限责任公司	香港安美国际有限公司	专科诊所

【广慈纪念医院】

1992 年 12 月 21 日，上海第二医科大学附属瑞金医院与通通（香港）有限公司共同设立并合作经营上海广慈医院。该医院的组织形式为有限责任公司，位于瑞金医院 38 号楼第一、二层，占地面积约 2 000 平方米，核定病床 40 张。合作双方希望利用技术、管理、资金上的优势，创立全方位、高品位的综合性医疗机构，为在沪外籍人员及有消费需求的境内人员提供符合国际标准的医疗服务。具体诊疗科目包括：内科、外科、妇产科、儿科、眼科、耳鼻咽喉科、传染科、皮肤科、口腔科、中医科、康复医学科。2004 年 7 月 21 日，为尊重历史和延续品牌，理顺“广慈”和“瑞金”的关系，中外合作上海广慈医院更名为“上海广慈纪念医院”（简称“广慈医院”）。

广慈医院与 SOS（北京环宇医疗救援有限公司上海分公司）、Wellbe（上海威尔比医疗咨询有限公司）、GBG Tie Care、圣决医疗咨询有限公司、中间带医疗管理有限公司、元化咨询服务（上海）有限公司、美国美亚保险公司上海分公司、中国平安健康保险股份有限公司等多家国内外保险公司签订合作协议，方便参保病人就诊。

广慈医院与瑞金医院多个科室均签署合作协议并创建合作病房。2000 年，与特需设立急诊。2005 年建立特殊急诊，设于瑞金医院急诊大楼内。2006 年，新增呼吸科病房与传染科病房。医院委托瑞金医院血库负责处理临床用血及相关各项业务，同时和院感办合作，委托其对广慈医院感染小组成员进行不定期培训及帮助开展感染防控方面的科研工作。同年就派遣外科医师事宜达成合作协议，由瑞金医院委派外科医师负责处理广慈的门急诊医疗、病房外科病人的诊治、手术、查房、病史书写及相关诊疗。2008 年 11 月，医院急诊搬迁，同期广慈急诊也搬至急诊医技楼，在急诊监护室有固定床位两张，观察室两间病房的设施较之前有所改善。2010 年，随着广慈特殊急诊病人人数及病种日益增多，在已与瑞金建立 12 个合作科室的基础上，新增特殊急诊三病区和胸外科。

【医联体】

2006 年，医院社区医疗工作的主要内容为：提供社区医疗服务中心全面的技术支持，包括提供人员培训，开展技术讲座，参与社区巡诊和病房系统查房及建立技术支撑专家库平台等。与社区卫生服务中心建立双向转诊机制。配合社区卫生服务中心为社区居民开展疾病预防和健康教育。与社区卫生服务中心开展科研合作。开展临床科室社区医疗合作项目。协同社区卫生服务中心制定符合社区卫生服务中心实际情况的《就医指导意见》。搭建数字化平台，与社区卫生服务中心共同监测疾病的发展、治疗和康复情况，提高疾病的控制质量。

2008 年 4 月，与卢湾区卫生局正式签署《纵向整合医疗卫生资源、合作发展社区卫生服务》协议，成立由瑞金医院和卢湾分院共同组成的社区专项办公室，与区卫生局组建的专项小组合作，建立定期联席会议制度，以 5 个常见病、慢性疾病为切入点，构建包括瑞金医院、瑞金医院卢湾分院及卢湾区各社区卫生服务机构在内的慢性病综合防治网络。已完成各级医疗机构基本现况、重点疾病临床实际诊治路径、家庭病床、信息化情况初步摸底。在瑞金二路社区卫生服务中心全面推开卢湾区万人慢性病、常见病控制情况调查，南昌、茂名等4个居委参加居民人数达4 000人。在淮海、五里桥社区卫生服务中心开展“全科—专科”联合诊疗试点，覆盖冠心病、糖尿病、高血压、脑梗等4个专病，一对一带教社区医务人员，面对面个体化指导病人疾病控制中的常见问题，3个多月来有155位慢性专病病人预约就诊。瑞金医院老年科针对心血管、内分泌、呼吸、骨质疏松、神经等5个专科下社区示教查房，近20位全科医师接受培训。区域医疗信息资源的数字化是推动区域医疗服务大联合的载体，医院依托科技部国家科技支撑计划课题“医院集团医疗信息共享服务示范工程”，在申康医院发展中心和卢湾区卫生局支持下，初步完成卢湾区所有二级和社区医疗机构的网络布线，在淮海社区卫生服务中心和瑞金二路社区卫生服务中心分别开展光缆和ADSL网络连接的试点，并筹备各家医疗单位门诊、实验室检查、影像和出院报告等临床信息化模块的整合，以实现分散储存、集中索引、权限访问以及区域临床信息资源的充分共享。瑞金医院在美国心脏病协会的支持下，在上海市率先组织开展针对高危人群、家属和警务人员等200余人参加的“卢湾区心脏急救员培训”。实施了“瑞金专家送健康下社区”2008年度计划，每月有2名专家在居民家门口举办慢病防治讲座，全年开展20余次。

2009年，继续深化协议内容，成立由瑞金医院知名教授组成的联合诊疗团队，诊治了冠心病、糖尿病、高血压、脑卒中及后遗症等多个专病的近600位病人，病人满意度达98%以上；加强区域卫生数字化共享平台建设，组织社区慢性病病人全专联合宣教与视频随访。在10年集团化合作的基础上，尝试组建“瑞金—卢湾区域医疗联合体”的新型城市医疗卫生服务模式。

2010年，卢湾区医疗联合体的整体构架形成。以瑞金医院为联合体核心，逐步吸收区域内各级医疗机构，分步实施、逐级完善，实现三级转诊和医疗资源优化配置。初步完成医联体框架雏形，以东南医院与瑞金医院和瑞金医院卢湾分院构成的区域医疗联合体为第一步，实现“瑞金—东南”的联合诊治模式，逐步推进其他区域医疗机构的加入。同时基本完成以卢湾区区政府、卢湾区卫生局以及瑞金医院组成的联合体决策层与管理层构架，共同担负起卢湾区医联体的运营。

第八篇 基建后勤

概　述

医院的后勤保障关系到医院整体的管理水平和保障能力，是医院综合管理实力的重要组成部分。1907年至20世纪30年代，医院的后勤由修女带领信奉天主教的工友协助完成。1949年专门设立后勤管理部门。20世纪50年代开始，医院不断更新水、电、天然气、蒸汽能源、医用气体、吸引压缩气体等设备，以适应不断扩大的业务规模的需求。以后后勤保障部门的规模逐渐扩大，工作范围包括总务、基建、设备、膳食、营养等方面，拥有自己的车队、绿化、维修、托幼、食堂、被服、电话、电梯、房管、物业、护工等队伍。1978年，医院成立保卫科，开展治安、消防、交通等方面工作。2000年，后勤社会化改革启动，总务处整体转轨、职能剥离，建成8个服务分中心。实行财务委派监管制，为后勤社会化的内部运转、自负盈亏提供支撑。随着时代的发展，后勤保障工作逐渐形成以班组建设为平台、以强化管理流程为抓手的工作原则，注重将后勤管理服务与医教研工作有机结合。

1907年至1949年，在法租界公董局和社会慈善资金的捐助下，医院基础建设规模不断扩大，到1949年，医院建筑总面积从建院初期的11 705平方米增加至27 010平方米，成为远东地区最大的一所医院。1951年，医院被上海市军事管制委员会接管后，为适应医教研工作发展，陆续拆除一批旧楼，又新建伤骨科病房楼、灼伤病房楼、外妇儿科病房楼、放射治疗楼、门诊楼、急诊医技楼、九舍干部病房楼、感染科呼吸科病房楼、科研实验楼等楼房。至2010年，医院建筑总面积达225 171平方米。

瑞金医院在绿化、能源管理、医用气体管理、维修保障、环境卫生、话务通信、被服清洗、特种设备管理、托幼服务、膳食营养、物业管理等方面长期实践探索中，逐渐形成一套适应医院发展的管理体系——以班组建设为平台，以强化管理流程为抓手，秉承“细节决定成败，基础胜于应急，管理在于沟通”的工作原则。在推进员工标准作业的同时，围绕“安全生产”的主题，开展各种主题活动，激发员工创新能力；注重将后勤管理服务与医教研工作有机结合，在实践中不断修正、不断改进，真正起到基础保障的作用。1997年，瑞金医院被评为上海市花园单位。2000年后，探索“人、物、技”三防结合的新型工作方式。截至2010年，医院辟有4.39万平方米的绿地，绿化覆盖率43.36%。

1953年，医院由总务科管理设备资产。1984年，成立设备科，拟定管理制度，规范订购、采购、入账、领用、验收、安装、调试、使用、维修、报废等流程。2003年，医院成立医疗设备及消耗品采购管理委员会。2010年，通过对制度的进一步细化，实现工作制度、工作人员与工作环节的环环相扣，设备日常工作更具体、更完善、更科学。

依据上海卫生系统对医院深化改革工作的指示，医院先后成立上海广慈医学高科技公司（1992年）、上海广慈实业总公司（1993年）、上海益健医学服务中心（1995年）。2004年10月，医院成立产业管理办公室，负责医院三产等工作的管理。

医院后勤管理一直秉承着为医疗一线服务的宗旨，在实施过程中逐步完善工作流程，通过建立一整套科学规范、行之有效、操作性强的管理模式和服务流程，保障医院的顺利运行，确立后勤管理与服务的地位和作用。

第一章　机构设置与管理模式

第一节　发 展 沿 革

开院初期至20世纪30年代，医院后勤事务主要由修女管理，并由信奉天主教的工友协助。1949年，医院设立总务组，负责后勤工作，隶属于事务处。1953年，医院将总务组拆分为总务科和基本建设小组，隶属于院秘书室，并细化总务科的职能，下设总务组、膳食组、物资供应组。

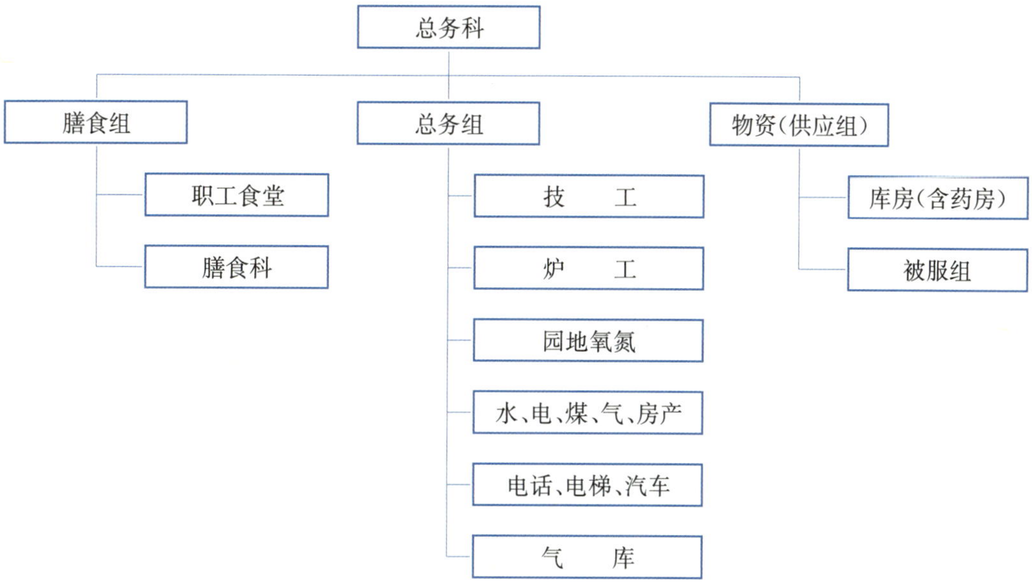

图8-1-1　1953年医院总务科架构图

1954年，药库转由药剂科管理。1956年，总务科专设后勤人员管理小组，统一管理后勤人员。1958年3月，总务科与财务科合并、建立行政科，以精简机构，紧缩编制，简化工作手续，但原有科室和人员的工作范围保持不变，仍按原总务科、财务科的职责进行。1961年1月，为有利于财务工作规范化，行政科拆分回总务科和财务科。1964年3月，建立膳食科。是年4月，设立营养室。“文化大革命”期间，总务科改称后勤组，至1978年10月，恢复总务科、膳食科、营养室。1984年8月，医院将总务科下设的物资供应组进行调整，成立设备科；将基建小组与院部直接领导下的住宅统筹工作进行合并，成立基建科，两科均由总务科统一管理；将原隶属于技工组的电子车间划归设备科，改名电子室，负责仪器设备的维修及安装调试。1986年，上海第二医科大学与美国霍普基金会合作，统一将各附属医院的电子室改名为生物医学工程室。1987年1月，医院升格为副局级单位，10月，总务科升格为总务处，各管理部门进行整合。1988年2月，总务处下设总务科、设备科、基建科、营养室、膳食科。2000年，后勤社会化改革后，仪器设备的维修功能由医仪维修分中心负责。

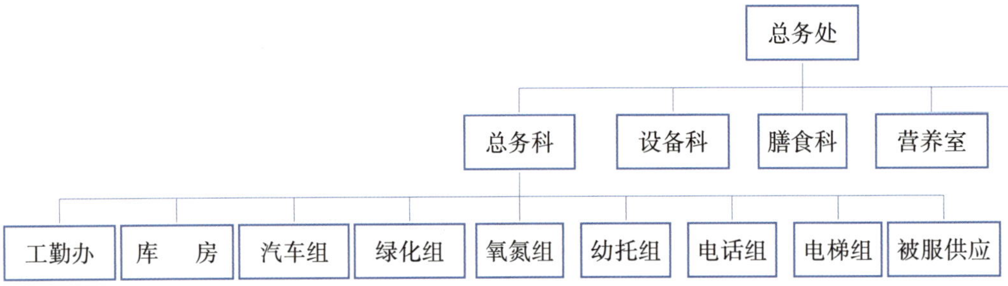

图8-1-2　1988年医院总务处架构图

1992年12月，依据上海卫生系统对医院深化改革工作的指示，医院创办广慈实业总公司，包括广慈汽车服务分公司以及以经营批发业务为主的实业分公司与印刷厂。随后，广慈实业总公司扩大经营范围，增加建筑装潢、通信网络终端安装业务。

1995年8月，建立房屋管理科，撤销总务科、基建科，建立综合管理科。总务处下设二级科室调整为综合管理科、设备管理科、房屋管理科、膳食科、营养室。

2000年3月，瑞金医院后勤服务中心成立，标志着后勤社会化改革的实质性启动。总务处处属综合管理科、房屋管理科、膳食科、营养室等行政科级建制取消，整体转轨，成立8个服务分中心。总务处更名为后勤保障处，设管理人员，在医院领导下对8个分中心进行管理。同时成立经管中心，由财务处委派专人参与工作，实行财务委派监管制，统计报表、经济测算、合同管理等，加强医院后勤服务中心的经济管理和技术管理，为后勤社会化的内部运转、自负盈亏提供支撑，作为院领导决策重要依据；医院提供工程技术方面的服务支撑，参与新建、修建等工程技术管理等。设备科重新调整服务管理功能，医疗设备维修业务归属后勤服务中心。

2004年，医院原隶属后勤服务中心管理的物资库房划归设备管理科，主要负责医院的医疗设备、医用耗材的采购管理，并更名为设备物资管理科。2007年，设备物资管理科升格为直属科室，从总务处剥离，由副院长直接分管。

表8-1-1　1951—2010年总务处(科)/后勤保障处历任处(科)长、副处(科)长情况表

名　称	任职年份	处(科)长	任职年份	副处(科)长
总务组	1951—1953	关　键		
总务科	1953—1956	王秀峰	1953—？	郭有容
	1963—1967、1978—1986	唐玉智	1953—1954	谢俊峰
	1986—1988	吴瑜璇	1953—1962	唐玉智
			1956—1967	罗诗琦
			1978—1984	王名煜
			1978—1981	王秀臣
			1981—1984	刘伯坤
			1984—1986	吴瑜璇

（续表）

名　称	任职年份	处(科)长	任职年份	副处(科)长
总务处	1988—1990	庄孟虎(兼)	1984—1990	赵忠涛
	1990—1996	赵忠涛	1986—1995	胡嘉毅
	1996—1998	徐树声	1986—1988	周仁伟
			1988—1995	陈海滨
			1988—1991	单友根
			1995—2001	张梅珍
			1995—1998	刘国忠
后勤保障处	1998—2010	刘国忠	2000—2004	王　健
			2004—	马　进
			2008—	沈懿明
			2001—2004	焦昌法
			2002—2007	朱　铭
			2010—	高海君(主持工作)

第二节　后勤社会化

一、管理制度

1954 年 3 月，根据总务科工作情况，医院着手制定有关总务工作的各种制度规则，包括《宿舍管理规则》《水电煤气电话管理规则》《电话间工作制度》《使用电话收费办法》《园地管理规则》《财产管理规则》《办公用品发放数量表》《职工食堂规则》《病人营养室膳食规则》《食用油计划供应执行办法》等 10 个方面，正式确立医院总务的工作范围，规范服务内容。

1958 年，随着各类新的设施设备的引进，以及医院的工作实际需要，医院重新修订后勤方面各项行政管理制度，增加《电梯使用规则》《职工家属宿舍管理制度》《器械护养规则》《交通车辆管理规则》《职工食堂夜班夜点心供应办法》等，建立医院后勤管理的雏形。

1963 年 3 月，制定《财产管理制度》，以加强管理，维护国家财产安全，在彻底清仓的基础上做到清后不乱，切实防止物资的浪费损失，发挥物资的应有作用。制度的制定还确定医院内各项物资的采购、使用、维修维保及报废方法，以便于对医院内部各类资产进行统筹管理。1964 年 9 月，制定总务科工作职责，落实包括：基本建设、房屋管理、物资保养、物资采购、后勤人员管理、绿化、清洁卫生等 14 项职责内容，确保总务科在院长、副院长的领导下，根据勤俭办院的方针，负责办理全院总务工作，主动配合业务，保证医教研工作的顺利完成。

“文化大革命”期间，后勤工作受到一定冲击，直至 1978 年逐步恢复。1984 年，科室调整，总务科下成立了设备科与基建科，分别建立了相关工作制度。1987 年，总务科升格为总务处后，对各项管理制度进行零星修订，但未形成系统的规模。

1992年4月，为进一步规范和完善总务管理制度，总务处对管辖范围内所有部门与人员的日常管理及工作内容进行制度制定及修订工作。重新制订包括《总务处及处直属部门管理规定》《设备科管理规定》《基建科管理规定》《总务科管理规定》《膳食科管理规定》《营养室管理规定》等6个部分，涵盖汽车队、工勤班、综合厂、锅炉间、被服供应室等15个下属班组各项制度，作为班组日常制度上墙挂示。形成以班组为单位，班组建设为平台的管理模式，以严谨、规范的管理模式，提高总务管理的水平和服务能力。

1996年8月，因后勤保障工作的业务量的增加，总务处再次修订相关管理制度，重新增加《总务经济管理小组职责》《急修制度》《抢修制度》《定期巡检制度》《病人入浴须知》，修订改进了《卫生制度》《奖罚条款》《电梯运行管理制度》及《电话机务员岗位职责》。进一步规范后勤工作管理要求，明确工人岗位职责。为强化管理，后勤实行班组管理制度化对班组进行优化组合。1999年，对岗位技术工人进行计划性的培训和考核，实行技术等级评聘，优化高、中、初级技术工人队伍。后勤管理的专业化队伍日趋成熟。

2007年1月，制度的制定更具专业化，除总务工作外，将基建及设备管理工作也统一纳入制度管理中，最终形成较为完善的《上海交通大学医学院附属瑞金医院管理制度后勤分册》。其中包括：重大投资建设项目执行工作流程、重大投资建设项目招投标工作流程、大宗物件购置工作流程、会议制度、管理人员廉洁自律制度、工程建设工作人员廉洁自律的规定、工作人员文明规范制度、报废物品变价处理的规定、后勤保障突发事件应急预案等内容。为后勤社会化改革的进程筑牢制度保障，取得较好成效。

二、后勤社会化改革

2000年，后勤工作从医院行政管理体系中分离出来，组建自主经营、独立核算、自负盈亏的医院后勤服务实体，以规模经营、有序竞争、搞好服务、提高效益为转制方向，挖掘资源，盘活存量，通过开放政策求得新的效益。是年，瑞金医院后勤服务中心成立，标志着医院后勤管理工作从传统服务模式向现代服务模式的转变。在后勤社会化改革的过程中，医院逐渐形成3种新机制。

【形成新机制】

用人机制 每年对岗位进行梳理，切实做到因事设岗，按岗定员。制定《职工内部提前退岗修养管理办法》，在人事制度上为改革提供依据，“老人”采取老办法，职工可自主选择内退。青年职工实行全员合同制，遵循公开、公平的原则竞聘上岗，优化组合，择优录用，淡化编制、职级，强化能力、实绩，实行评聘分离；管理人员竞争上岗，明确任期考核目标。

分配机制 体现多劳多得、按劳分配和按生产要素分配的原则，实行“基本工资、岗位工资、效益工资”的分配模式，公开考核标准，量化考核指标，拉开分配差距，做到上不封顶，下不保底。充分发挥二级管理的分配职能，费用支出试行宏观总额控制，微观放开搞活。单项核算，合理使用，自主分配，结余分成。

运作机制 引进现代企业管理制度，消减行政管理人员，精简后勤管理机构，实行行政管理与提供服务功能分离。保障服务中心对原综合管理科下属各班组进行调整和组合：撤销五金库房，合并太平间和污物焚化组。成立经营性质的各部门有：原被服厂成立为被服服务部，新建水电风安装部门先锋服务部，原通信设备及服务成立为通信服务部，原电梯维修组成立为电梯服务部，原中央空调、单体空调、冷库冰箱、深低温制冷设备小组成立为制冷服务部，原冷作车间成立为机电服务部，原电工车间成立为电器服务部。成立承包性质的部门有：物资供应部、汽车服务部、综合服务部(包括维修、设备机房、热网、污水、变电所、气体供应)。

【形成新局面】

管理规范化　医院从可操作性出发，对制度自上而下重新修订每位员工的岗位职责和每台设备的操作流程，制定每个部门的考核责任书，建立一套行之有效的管理体系。同时健全管理网络，严格规范记录，通过层级负责制形式，把每项工作贯彻到底。

运作信息化　通过计算机报修服务系统、呼叫通话系统、电子巡更系统、车辆调度管理系统，以及学生园区智能“一卡通”的使用，完善服务网络。

员工知识化　以“外树形象，内强素质”为培训员工的基本点，将员工的知识化作为班组建设的重要部分。针对各类服务项目，多渠道开展培训。如每年一度的班组长培训，倡导“首接负责制”，学习书籍《细节决定成败》，组织进行“赢在细节”等培训项目等。

服务人性化　以为病人提供优质服务为宗旨，积极创新，发明出许多方便病人的创新举措。如设计接送病人专用车，方便病人在院内活动；在手推车上安装遮阳伞；在加床上增设医用分隔帘，保护病人隐私；在病区安装“爱心连线”电话等，切实为病人带来福利。

第二章　基本建设

第一节　基本情况

一、基建管理

医院自1904年兴建起，便有基础建设与修缮工作。1949年，医院设立总务组后，由总务组负责基本建设工作。1953年，由总务组拆分出基本建设小组，专门负责修缮工作。直至1984年，成立基建科，明确工作范围，主要负责由国家或地方预算直接安排的投资项目及医院自行筹划的基建项目管理工作。

1987年，基建部门围绕争取投资、材料选购等方面推进和开展工作。此后，相继完成门诊大楼、外妇儿科大楼、高级护理中心等重点建设工程。1993年，基建科开始加强内部调整和教育，严格要求人员执行岗位责任制，做好工程预算计划，争取国家财政拨款，发挥投资效益。至1997年，医院改扩建工程进入快速发展状态，全年完成修建项目达33项。1998年，干部病房综合大楼如期投入使用，当年完成12项重点建设工程。1999年，经上海市卫生局批复同意，开始建造科技教学楼。

2002年，根据上海市文物管理委员会、上海市城市规划管理局、上海市房屋土地管理局等部门的意见，医院完善《瑞金医院"十五"基本建设规划》，对门急诊、传染呼吸科大病房等重点工程进行统筹规划。2005—2007年，完成《瑞金医院"十一五"现代化综合医院示范工程发展规划》的编制与论证工作，获上海市发展改革委员会、上海市城市规划局、上海申康医院管理中心批复同意。2009年，普通病房综合大楼开始施工。是年12月，上海市人民政府郊区三级医院建设"5＋3＋1"工程之一的瑞金医院嘉定项目动工。

为确保工程质量和建设项目投资管理目标的实现，医院从组织、技术、经济、合同与信息管理等多方面采取措施，使"控制"立足于"事先""主动"，先后建立多项制度，并在实践中不断进行修订与完善。例如，在项目建设过程中由医院纪委部门全程监督，以规范工程招投标程序，同时所有工程项目都必须签订《廉洁协议制度》；为加强大修工程施工现场管理，提高工程质量，降低工程造价，缩短工期，制定《大修工程施工现场、质量及进度管理办法》《大修项目管理经济责任制度》《大修项目投资控制管理办法》及《大修项目招标投标管理办法》等，在项目的投资决策阶段、设计阶段、招投标阶段和建设实施阶段予以有效干预，把建设项目投资的发生控制在批准的投资限额以内，随时纠正发生的偏差。此外，根据医院的整体建设规划和具体要求，制定《后勤保障处建设工程项目管理实施细则》，涵盖实施建设项目及外场配套项目建设的前期准备、施工管理及竣工验收等各项管理，实现对各建设项目建设的质量控制、投资控制、进度控制和安全建设。多年来，医院内未发生施工安全事故，在项目建设中能合理使用人力、物力、财力，取得较好的投资效益和社会效益。2007年，门诊医技楼的建设工程获得国家优质工程"鲁班"奖、上海市优质工程"白玉兰"奖。

二、院内建筑概况

医院于1904年开始筹建，首期工程建造4幢2层西式砖木结构房，一幢供修女用，一幢供职工用，两幢供病员用，建筑总面积11 705平方米。此4幢房屋坐北朝南，置有前后回廊。1908年，医院动工建造1幢2层楼病房，取名圣味增爵楼，作为贫困男子病房。1922年增建2幢2层楼房，一为圣心楼，作为贫困女子病房，一为产科（现8号楼）。1925年，在法国公董局的资助下，新建巴斯德楼，增设化验室。1930年，于医院东北角上新建一幢拘留病房，东南角上建一隔离病房。1933年，医院进一步扩建，拆除圣味增爵楼，在其旧址上分两期工程新建2幢5层楼病房大楼（现2、3号楼）。第一期工程于1935年竣工，第二期工程于1940年竣工。接着又兴建牙科病房、门诊及住院医师宿舍。1948年，动工建造门诊部。至1949年，医院建筑总面积为27 010平方米，成为远东地区最大的一所医院。

1951年，医院被征用后，为适应医、教、研业务发展的需要，相继建造一批新房。1979年，建造肺科病房。1985年，新建门诊楼。1988年至1993年，根据国家计委和卫生部批复投资的重点医院建设项目，拆除原5、6、7、8、10舍及部分9舍总计7 999平方米建筑，新建灼伤病房楼、外妇儿科病房楼、放射治疗楼及急诊医技楼等楼房，共计34 055平方米。1993年，拆除原灼伤手术室一层，改建为广慈医院用房。至1997年，医院建筑面积达109 269平方米，其中，医教研用房近40幢，已成为一所传统与现代风格相结合的花园式医院。

20世纪末至21世纪初，医院加快发展速度，陆续兴建一批更具时代特征的业务用房。1998年，拆除原上海市高血压研究所和高血压病房等，新建干部综合病房楼；2001年，建成科技教学楼。2004年，拆除原传染病房楼、肺科病房楼，新建感染科呼吸科病房楼。2006年，门诊医技楼竣工投入使用，楼顶设置有直升机停机坪。2009年，急诊楼扩建至10 210平方米，科研实验楼在医院东北角建成。至2010年，医院建筑总面积达225 171平方米。

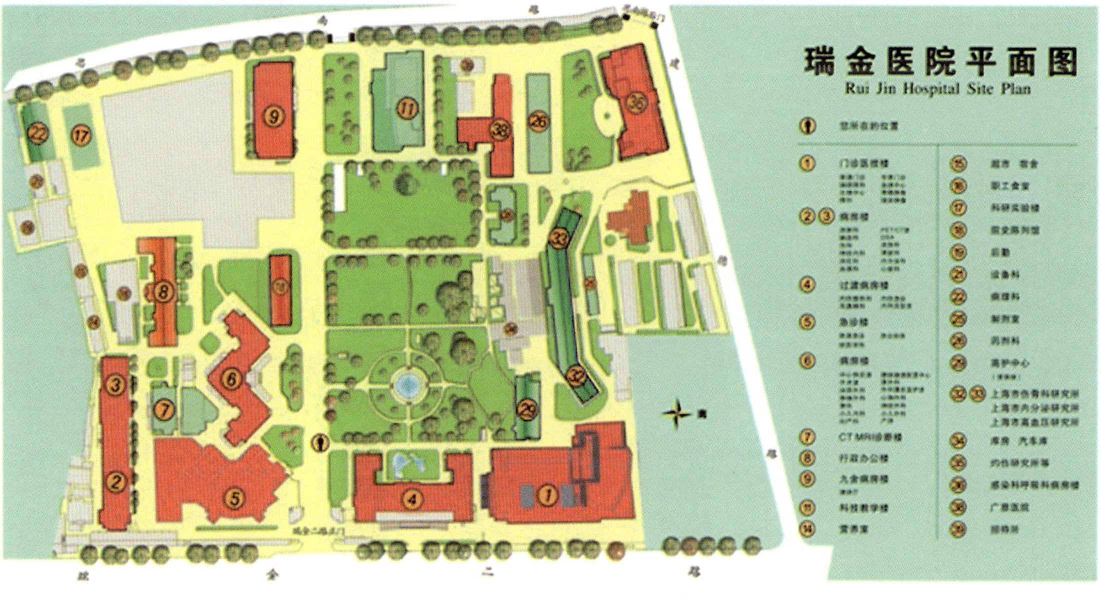

图8-2-1　2009年医院平面图

表 8-2-1　1925—2010 年医院部分建筑改扩建情况表

年　份	建 筑 名 称	楼号	面积(平方米)	备　　注
1925	—	—	11 705	1907 年 10 月开办教会医院，共 4 幢楼
1925—1949	—	—	27 010	现存 1933—1934 年建的 2、3、4 及 1930 年建的拘留病房
1949—1977	—	—	24 541	1951 年 10 月军管接收(1974 年建德路职工住宅 3 号楼、4 号楼)
1978	花房	—	180	—
1979	肺科病房	36	1 700	同年建南区污水处理站 80 平方米
1979	学生宿舍	28	4 200	—
1979	中药制剂	25	112	—
1980	北区变电站	—	336	—
1980	高研所加建	—	841	—
1981	食堂冷库	—	110	拆除原食堂小库房 35 平方米
1981	瑞金二路 201 号职工住宅	—	2 800	—
1981	综合实验楼	35	1 600	—
1982	动物房	23	350	拆除原动物实验室 120 平方米
1982	后勤技工车间翻建	19	792	拆除原有平房 264 平方米
1982	职工浴室	—	450	—
1983	南区变电站	—	120	—
1983	危险品库	—	90	—
1983	基建办及库房	31	496	—
1985	门诊医技楼	1	11 240	—
1985	建德路高层职工住宅	—	6 420	—
1985	南区污水处理站扩建	—	50	配套门诊楼建设
1986	托儿所	30	900	—
1986	临床教室平房	—	240	院东围墙内
1987	进修医生宿舍	—	308	基建办加层
1987	职工食堂扩建	12	2 700	拆除原食堂 1 000 平方米
1988	卫校体育教室平房	—	170	—
1988	传染科病房加层	37	786	—
1989	设备机房	—	339	
1990	中心供氧站	—	86	为国家计委、国家卫生部批复投资的重点医院建设项目
1990	灼伤病房楼	10	4 375	

（续表）

年　份	建筑名称	楼号	面积(平方米)	备　注
1991	放射治疗楼	7	588	为国家计委、国家卫生部批复投资的重点医院建设项目
1991	外妇儿科病房楼	6	21 735	
1993	急诊医技楼	5	6 932	
1991	北区污水处理站	—	85	—
1992	制剂楼	39	2 350	原灼伤病房楼改建
1992	沿街商店	—	1 075	—
1993	高护中心楼	29	3 376	拆除原有旧平房 325 平方米
1993	伤骨科病房楼及烧伤病房楼	39	3 525	拆除原灼伤手术室一层，扩建 3 层电梯间及机房，新建后院停车库
1994	沿街三产门市部	—	360	—
1994	7 号楼	7	1 664	拆除原临东、临西教室 600 平方米
1995	大门门卫	—	240	—
1995	金文宾馆	—	4 500	拆除原儿科门诊，与市文化局合作建造
1996	放射治疗楼加层	7	400	—
1996	病理科部分加层	22	26	在原东南部一层平房加层
1996	职工食堂部分加层	12	436	东侧局部加层
1997	托儿所加层	30	300	—
1997	工会活动室加扩建	26	400	—
1997	总务技工车间加层	16	264	新建屋顶铝合金花棚
1997	北区变电站局部加层	—	36	原值班室南扩
1997	原锅炉房局部加建	17	48	—
1998	干部综合病房楼	9	19 523	拆除高研所、高血压病房、临中教室
1998	放射治疗楼局部加层	—	170	—
1998	锅炉房加层	17	140	新建屋顶铝合金花棚
1999	门诊楼扩建	1	1 316	后院向东扩建 1—5 层
2000	三产公司库房扩建	—	175	原危险品库扩建
2000	科技楼设备机房	—	467	拆除广慈医院后院车库 146 平方米
2000	主入口浦发银行	—	84	主入口保卫科用房接建
2004	感染科呼吸科病房楼	36	18 475	拆除传染病房楼、肺科病房楼
2006	门诊医技楼	1	73 271	拆除大学生宿舍楼、金文宾馆、三十号楼、瑞金二路 201 号家属住宅楼
2008	急诊医技楼	5	10 210	加建 3 278 平方米
2009	科研实验楼	17	2 960	拆除动物房

第二节 医疗建筑

一、医疗用房

医院医疗用房分为门诊用房、急诊用房、住院用房、医技用房。随着时代的变迁，部分用房的功能定位逐渐发生了变化。

【门诊用房】

老门诊楼 始建于 1981 年 4 月，1985 年 6 月正式启用，建筑高度 22.3 米，地下 1 层，地上 5 层，建筑面积 11 068 平方米，设标准诊间 132 间。2006 年 7 月，新门诊医技楼竣工启用后，老门诊楼结束历史使命，成为医院过渡安置用房。

表 8-2-2 老门诊建筑基本情况表

楼层	初始功能(1981 年)	过渡功能(2010 年情况)
B1 层	门诊手术室等	物资仓库、工务员休息室等
1 层	挂号、药房、收费、儿科门诊等	烧伤急诊、出入院服务、发热门急诊、门诊输液室、医保办等
2 层	门诊诊室、门诊检验、药房等	神经内科病区
3 层	门诊诊室、针灸推拿室等	外科八病区、骨科三病区
4 层	门诊诊室等	灼伤三病区、灼伤四病区
5 层	放射科、消化内镜室、脑电图室、肌电图室、血液实验室等	灼伤手术室、内科实验室、病史库房等

门诊医技楼 始建于 2003 年 9 月，于 2006 年 7 月 17 日竣工。建设基地由原大学生宿舍楼、金文宾馆、30 号楼(幼托所)、瑞金二路 201 号家属住宅楼等 4 处用房占地面积合并而成。大楼建筑面积 73 271 平方米，建筑高度 98.5 米，地下 2 层，地上 22 层，楼顶屋面设有瑞金医院高架直升机场。

表 8-2-3 门诊医技楼改建前后建筑情况表

建筑名称	建造年份	层数	建筑高度(米)	建筑面积(平方米)	功能设置
改 建 前					
大学生宿舍楼	1979	6	20.3	4 179.6	1—6 层为学生宿舍
金文宾馆	1993	地上 5 层，地下 1 层	18.8	4 500	B1 层：厨房、仓库、设备机房； 1 层：餐厅、厨房、消防值班； 2 层：咖啡厅、电话总机、办公室、客房； 3—5 层：会议室、客房等

（续表）

建筑名称	建造年份	层数	建筑高度(米)	建筑面积(平方米)	功能设置
改 建 前					
30 号楼(幼托所)	1985	2	11.4	792	原医院托儿所 1 层：食堂、活动室、办公室； 2 层：活动室、食堂、教办
瑞金二路 201 号	1981			2 800	职工宿舍
改建后(2010 年情况)					
楼 层	建筑使用功能				
B2 层	放疗科、尿动力学室、地下车库、设备机房等				
B1 层	地下车库、设备机房等				
1 层	便民服务中心、挂号、预约中心、超市、咖吧、药店、餐饮服务点等				
2 层	收费、药房、儿科门诊、防保科、注射室等				
3 层	影像检查(MRI、CT、乳腺 MRI、普放等)、放射科、超声科、门诊 DSA 等				
4 层	门诊诊室(普外科、泌尿外科、心脏外科、普胸外科、骨科、伤科、灼伤整形科、皮肤科、激光室等)				
5 层	门诊诊室(神经内科、临床心理科、功能神经外科、呼吸科、内分泌科、神经外科、麻醉科、肾脏科、高血压科、血液科、心脏科、消化科等)				
6 层	检验科、临床微生物科、心电图、平板运动实验、脑电图、肌电图、经颅多普超声等				
7 层	妇科、产科、孕妇学校、康复医学科				
8 层	体检中心				
9 层	消化内镜中心				
10 层	口腔科、中医(内科/五官科/外科)、针灸科、推拿科				
11 层	耳鼻喉科				
12 层	眼科				
13 层	专家门诊				
14 层	特约专家门诊、专家门诊				
15 层	门诊手术室				
16 层	透析中心				
17 层	生殖医学中心				
18 层	上海市血液临床医学中心—造血干细胞移植病房				
19 层	眼科病区、耳鼻喉科病区				
20 层	血液科日间病房				
21 层	内分泌 21 楼病区				
22 层	乳腺疾病诊治中心				

【急诊用房】

急诊医技楼始建于1991年，人楼建筑总面积6 932平方米，建筑高度19.8米，地下1层，地上5层。2008年，大楼扩建，新增建筑面积3 278平方米，总体达10 210平方米。扩建工程以急诊楼为原点，拆除眼科激光中心楼，往北侧扩建19.4米，东侧定位以现急诊楼东北角为基准对齐。扩建时朝西侧以圆弧形往外延伸约7米，使急诊入口位于面向瑞金二路弧形凸出处，易于辨认，供一般急诊病员进入。在西南侧单独设置儿童急诊出入口。急救出入口设在瑞金二路，形成交通回路，改善了医院东西向交通干道负担过重的情况。

表8-2-4　2010年急诊楼建筑情况表

楼层	建筑使用功能
B1层	设备机房、急诊变配电室、关怀室等
1层	急诊抢救室、预检分诊、急诊诊室、急诊药房、急诊收费、急诊补液、CT、B超、心电图、检验、注射室等
2层	急诊手术室、临时观察室
3层	急诊内科病房、急诊监护病房
4层	急诊创伤外科病房、呼吸机管理中心、心肺复苏培训中心、急诊会议室、急诊办公室等
5层	核医学科(ECT室、骨密度室、摄碘肾图室、脑血流室、呼气实验室、稳定性核素测定室、核素治疗病房等)

【病房楼】

至2010年，瑞金医院病房楼共有7处，总建筑面积达81 500平方米。

2、3号病房楼(内科病房楼)　始建于1933年，建筑面积10 520平方米，建筑高度18.25米，地上5层，后经修缮，沿用至今，为医院保留至今较老的建筑之一。

表8-2-5　2010年2、3号病房楼(内科病房楼)建筑情况一览表

楼层	建筑使用功能
1层	心导管室、心超室、临床输血科、消毒供应室等
2层	伤科病区、心脏内科二病区、皮肤科病区
3层	消化科病区、肾脏科病区
4层	消化科病区、内分泌科病区
5层	血液科病区、心脏内科5楼病区、心脏监护病房

6号病房楼(外妇儿科病房楼)　始建于1986年，建筑面积20 324平方米，建筑高度53.4米，地下1层，地上12层，是医院近代较为重要的建筑之一。

表8-2-6　2010年6号病房楼(外妇儿科病房楼)建筑情况表

楼层	建筑使用功能
B1层	设备机房等
1层	静脉药物配置中心、中心供应室等

（续表）

楼层	建筑使用功能
2层	手术室、麻醉科
3层	手术室、麻醉科
4层	普外科一、二病区
5层	普外科三、四病区
6层	重症医学科、泌尿外科
7层	移植一病区、普胸外科
8层	骨科一、二病区
9层	心脏外科一、二病区
10层	儿科病区、心脏外科监护室
11层	神经外科北区、妇科病区
12层	产科、产房

干部综合病房楼(9号楼)　始建于1996年，建筑面积19 400平方米，建筑高度59.55米，地下1层，地上14层，集门诊、药房、病房、手术室、医技部门、学术会议室、餐厅等多功能于一体的综合性大楼。

表8-2-7　2010年9号病房楼建筑情况表

楼层	建筑使用功能
B1层	放射科机房、设备机房等
1层	门诊、检验、药房、出入院等
2层	门诊、超声诊断室、消化内镜室、医院通信总机室等
3层	病房、心电图室
4—8层	老年科病房
9—12层	特需病房
13层	手术室
14层	演讲厅、餐厅等

36号楼(感染科呼吸科病房楼)　拆除原1931年建造的传染病房楼与1976年建造的肺科病房楼建设而来，2004年11月竣工投入使用。建筑总面积18 474平方米，建筑高度44.05米，地下1层、地上10层。

表8-2-8　2010年36号楼(感染科呼吸科病房楼)建筑情况表

楼层	建筑使用功能
B1层	设备机房、被服消毒室、停车库、物业用房等
1层	感染科门诊、肺功能室、临床药理基地、静脉输液配置室等

（续表）

楼层	建筑使用功能
2—4层	感染科病房
5层	移植三病区、人工肝治疗中心
6—9层	呼吸科病房、呼吸危重病监护室
10层	感染病和呼吸病研究所

普通病房综合大楼(10号楼) 2007年8月16日，普通病房综合大楼改扩建项目作为上海市卫生系统"十一五"规划重点项目由上海市发展和改革委员会批准立项。该建筑地下3层、主楼地上20层、辅楼地上6层，批复总面积93 872平方米，批复总投资58 343万元。工程于2008年12月动工，2010年底尚未竣工。

表8-2-9 普通病房综合大楼改建前建筑情况表

建筑名称	建造年份	层数	建筑高度（米）	建筑面积（平方米）	使用功能
原灼伤病房楼	1988	5	21.6	4 375	1层为会议室、化验室、示教室等； 2层为病房、换药室、库房等； 3—4层为重症病房； 5层为灼伤手术室
原职工食堂	1985	2	11.8	2 569	1层为餐厅、厨房等； 2层为大礼堂
原工会俱乐部	1997	2	3.9	766	1层为活动室、健身房等； 2层为宣教展示厅
原进修医生宿舍楼	1952	3	14.11	1 620	宿舍

38号楼(广慈医院楼) 始建于1959年9月，原为伤骨科病房楼，建筑面积2 454平方米，建筑高度10.8米，层高3层，设病房、手术室、机房等。于1991年11月重建为38号楼，建筑面积3 686平方米，建筑高度12.8米，层高3层，内设广慈医院，又称"外宾病房楼"。

表8-2-10 2010年38号楼(广慈医院楼)建筑情况表

楼层	建筑使用功能
1层	接待、诊室、推拿室、化验室、心电图室、B超室、补液室、厨房等
2层	病房、餐厅等
3层	病房、活动室等

【分部病房】

1999年，上海市政工程局职工医院整体并入瑞金医院，称为瑞金医院分部，位于徐家汇路573号，共有病房楼2幢。

表 8-2-11　2010 年分部病房情况表

楼名/楼层	年　份	层　数	建筑高度(米)	建筑面积(平方米)
分部 1 号楼	1999	6	26.4	4 568.54
楼　层	建筑使用功能			
1 层	药房、出入院收费、B 超室、放射科用房等			
2 层	皮肤科性病门诊、手术室			
3 层	肿瘤科病区			
4 层	微创妇科病区			
5 层	上海微创外科临床医学中心(普外科五病区)			
6 层	上海微创外科临床医学中心(普外科六病区)			
楼名/楼层	年　份	层　数	建筑高度(米)	建筑面积(平方米)
分部 2 号楼	1989	5	26	1 519
楼　层	建筑使用功能			
1 层	职工餐厅、厨房等			
2 层	手术室			
3 层	中医科病区			
4 层	上海微创外科临床医学中心(微创三病区)			
5 层	行政办公室、益健公司办公室			

【医技用房】

瑞金医院医技集中用房共有 3 处,一为 7 号楼,一为 PET-CT 楼,一为病理科楼,总建筑面积达 4 343 平方米。

表 8-2-12　2010 年医技用房建筑情况表

楼名/楼层	年　份	层　数	建筑高度(米)	建筑面积(平方米)
7 号楼	1991	4	15	2 064
楼　层	建筑使用功能			
1 层	CT、磁共振检查机房			
2 层	放射影像分析解读室等			
3 层	摄影室等			
4 层	内科总支、内科办公室等			
楼名/楼层	年　份	层　数	建筑高度(米)	建筑面积(平方米)
PET-CT 楼	2010	3	7.95	1 130
楼　层	建筑使用功能			
1 层	加速器			
2 层	PET/CT 检查室			
3 层	Inveonmicro PET/CT 检查室			

（续表）

楼名/楼层	年　份	层　数	建筑高度(米)	建筑面积(平方米)
病理科楼	2003	2	11	1 149
楼　层	建筑使用功能			
1层	解剖室、被服室等			
2层	病理科用房			

二、科教用房

瑞金医院科教集中用房共有5处，分别为研究所楼、35号楼、爱菊楼、11号楼、科研实验楼，总建筑面积达33 940平方米。

表8－2－13　2010年科教用房建筑情况表

楼名/楼层	年　份	层　数	建筑高度(米)	建筑面积(平方米)
研究所楼	1952	3	9.7	4 959
楼　层	建筑使用功能			
1层	神经外科二病区、高血压病区			
2层	内分泌研究所、重大工程筹建办公室			
3层	高血压研究所、伤骨科研究所			
楼名/楼层	年　份	层　数	建筑高度(米)	建筑面积(平方米)
35号楼	1978	4	17.2	1 604
楼　层	建筑使用功能			
1层	灼伤研究所等			
2层	肾脏科实验室、心脏内科实验室等			
3层	伤骨科实验室等			
4层	神经病学研究所、儿科实验室等			
楼名/楼层	年　份	层　数	建筑高度(米)	建筑面积(平方米)
爱菊楼	1993	6	21.6	3 450
楼　层	建筑使用功能			
1层	卫校			
2层	三产结算中心、对外合作与发展办公室等			
3层	高级护理培训中心			
4层	高级护理培训中心、卫校			
5层	高级护理培训中心、继续教育办公室			
6层	设备机房			

（续表）

楼名/楼层	年　份	层　数	建筑高度(米)	建筑面积(平方米)
11 号楼	2002	14	62.1	20 953
楼　层	建筑使用功能			
1 层	讲演厅、贵宾接待室、退管会等			
2 层	报告厅、会议室等			
3—4 层	上海交通大学瑞金临床医学院(临床医学系)			
5 层	上海交通大学瑞金临床医学院(检验系)			
6—7 层	上海血液学研究所			
8 层	医学基因组学国家重点实验室			
9—10 层	生物医学研究院			
11 层	中法生命科学和基因组研究中心			
12 层	中国科学院上海生命科学研究院、上海交大医学院健康科学中心			
13 层	计算机网络中心、上海医联中心			
14 层	图书馆，期刊编辑部			
楼名/楼层	年　份	层　数	建筑高度(米)	建筑面积(平方米)
科研实验楼	2009	地上 4 层，地下 1 层	18.7	2 938
楼　层	建筑使用功能			
B1 层	医院北区二级生化污水处理站			
1—4 层	实验室、小动物手术室			

三、行政用房

【8 号楼】

8 号楼始建于 1922 年，建筑面积 2 810 平方米，建筑高度 11 米，层高 3 层，保存良好。此楼于 2005 年 10 月 31 日被上海市人民政府确定为上海市第四批优秀历史保护建筑，具有极其重要的历史意义和保存价值。

8 号楼的最初用途为产科病房，后改作医院行政办公楼。建筑拥有严谨的立面和平面构图，柱子线条清楚，柱脚处有条形凹进装饰，整个建筑形体简洁，比例恰当。其楼层正立面为凹凸形，纵向三段式，东西两侧和中间部分凸出，左右对称，立面长而舒展。屋面红色黏土平瓦铺盖的孟沙式屋顶和连续排列的法式老虎窗，是建筑最具法国文艺复兴时期特色的特征。建筑立面为橙红色清水砖墙，楼层间隔的变化处有混凝土饰带。屋檐与混凝土装饰带之间刷白，并绘有彩色几何装饰图案。屋顶有挑出檐口，下有梁托支撑；屋檐下方间隔有木垂花雕刻装饰；垂花装饰下方与窗户上沿齐平处在柱部位有齿形装饰。建筑正中有对称的折形台阶直通二层大门，栏杆为古典样式，质地为混凝土仿石材，造型美观大方。一层大门为铁艺门，几何图案雕花组成排列图案，门梁上有竖向排列的长方形花纹。中部一层南立面外墙为清水砖墙和水泥抹面相结合，以营造和二层不同的建筑观感。立面窗户为长方形，均为木窗，木材刷以红色，窗户之间有立式混凝土仿石柱作为装饰以增强视觉效果。

表 8-2-14　2010 年 8 号楼建筑情况表

楼 层	建 筑 使 用 功 能
1 层	医务处、护理部、财务处、人力资源处、科技发展处等
2 层	院长办公室、党委办公室、工会办公室、宣传科、行政值班室等
3 层	资产管理处、绩效办、审计室、精神文明办、团委办公室等

【院史陈列馆】

院史陈列馆即老 9 舍始建于 1907 年，建筑总面积为 1 409 平方米，建筑高度 11 米，共 3 层，是医院创建初期兴建的主要建筑物之一。这幢弥漫着法式风情的楼房，曾是医院图书馆、老年科病房。2007 年，医院百年院庆之际，对该历史建筑楼进行保护性修缮，将其作为院史陈列馆使用。陈列馆以历史时代为纵轴、以人物事件为横轴布置有 6 个展厅，见证了医院百年历史文化的变迁与发展。

表 8-2-15　2010 年院史陈列馆建筑情况表

楼 层	建 筑 使 用 功 能
1 层	会议室、接待室、展览室等
2 层	展览室等
3 层	接待室等

第三节　其 他 用 房

一、保障用房

1985 年 1 月，为解决医院职工子女的幼托问题，医院决定在院内建造托儿所 1 座，由上海市民用设计院设计，上海建筑第四公司负责工程施工，托儿所于 1986 年 4 月 15 日竣工使用。

图 8-2-2　20 世纪 80 年代医院托儿所

至2010年底，医院先后建造保障用房7处，配变电站4座，燃气锅炉房5处，天然气调压站1座。

表8-2-16 2010年保障用房建筑情况表

楼名/楼层	年 份	层数	建筑高度(米)	建筑面积(平方米)	使 用 功 能
14号楼	1934	2	6	506	1层：营养食堂、冷库等； 2层：营养室办公室等
19号楼	1983	3	11	936	1层：调度中心、综合厂、大修组等； 2层：医疗仪器维修、伤骨科研究所假肢矫形器中心； 3层：报修平台、后勤办公用房等。
20号楼	新中国成立以前	2	10	—	1层：资产管理用房、库房； 2层：宿舍等
保卫问讯楼	1995	2	7.8	368	安全保卫、信件收发等
地下车库	2001	—	—	3 641	停车
39号楼	2001	4	14	1 691	住宿基地、设备机房等
分部3号楼	2002	4	14	686	设备机房、配电站、常压锅炉房等

表8-2-17 2010年能源供应用房建筑情况表

功 能	建筑名称	年份	地理位置	建筑面积(平方米)	说 明
变配电站	35 kV变配电站	2006	高护中心楼东侧	1 409	站内设有35 kV主变压器2台，SCZ9—12500/35型福州天宇产，南区配变2台SCB9—2000/10型顺特电气厂生产。35 kV站内2路主变进线全部使用西门子3AH4945—4型设备
	门诊变配电站	2006	门诊医技楼地下1层	315	设有4台福州天宇产SCB9—1600型变压器
	急诊变配电站	2009	急诊楼地下室	230	设有2台顺特电气SCZB8—2000型变压器，2台福州天宇SCB10—1250型变压器
	分部变配电站	2002	分部3号楼第2、3层	120	设有2台上海沪光SCB10—800干式变压器
锅炉房	燃气锅炉房	2007	18号楼	946	分上下二层，一层设有3台中压燃气锅炉，1号炉为法罗力WNS6—1.25—Q型6吨锅炉，2、3号炉为法罗力WNS10—1.25—Q型10吨锅炉
	2、3号楼常压锅炉房	2008	2、3号楼北侧	26	2台法罗力POW—1050常压热水锅炉
	6号楼常压锅炉房	2010	6号楼屋面	32	4台法罗力GN4N14常压热水锅炉

（续表）

功 能	建筑名称	年份	地理位置	建筑面积（平方米）	说 明
锅炉房	急诊楼常压锅炉房	2008	急诊楼屋面	31	2 台法罗力 POW700 型常压热水锅炉
	分部常压锅炉房	2005	分部 3 号楼第 2 层	28	2 台法罗力 POW350 型常压热水锅炉
天然气调压站	中压调压站	2007	科研实验楼东侧	4	站内安装飞奥 RX—3000A 中压调压器一台，调压站出口压力 2 万帕，出口管径 Φ200，此调压站为医院锅炉房设备专用调压站

二、生活用房

瑞金医院院外住宿用房共有 3 处，一处位于徐汇区小木桥路 316 号，一处位于黄浦区思南路 111 号，一处位于局门路 620 号（6 楼、9 楼），建筑总面积约 19 132.36 平方米。3 处宿舍园区均有总务办物业管理人员负责，聘请专职人员做好需要入住的医院引进人才、各类进修人员、扩招生源、对外协作等方面的衔接及登记工作，并派专人负责保洁工作。

为解决医务科技人员住房问题，医院先后于 1999 年 3 月和 2000 年 6 月通过住宅转让的形式，与上海重型矿山机械公司住宅办签订协议，购买局门路 620 号 6 楼、9 楼共 16 套房屋，总面积 1 941.44 平方米；后将其修建后作为研究生等住宿使用。

2000 年，购入位于小木桥路 316 号的博士蛙宾馆，对其该修建后作为医院学生园区使用。该住宿基地占地面积 4 077 平方米，建筑层数 6 层，建筑高度 24 米，建筑面积 10 653.92 平方米。分南、中、北 3 个楼区，基地内配套有活动室、食堂、阅览室等公共设施。

2002 年 9 月，医院向位于思南路 111 号的上海橡胶机械厂提出受让该地块的意向，双方根据议定价格，按照国家及上海市有关法规进行地块使用权转让。该住宿基地占地面积 2 301 平方米，建筑面积 6 537 平方米，作为医院进修及实习医师的宿舍园区。1 号楼在基本保持建筑外形尺寸不变的前提下，通过结构加固将建筑改建成钢筋混凝土框架结构的 4 层宿舍楼（底层为病史室）。改建后建筑面积 2 755.35 平方米，共 103 个房间 407 个床位，主要为进修人员、医院职工、助理护士提供住宿。2 号楼在保持建筑占地面积不变，适当降低建筑物总高的条件下，通过增加夹层等措施，将建筑改建为 7 层宿舍楼（底层为商业用房），改建后建筑面积 2 862.37 平方米，共 84 个房间 168 个床位，主要为研究生、进修人员提供住宿。3 号楼不改变既有建筑的结构尺寸和层数，内部分隔和功能略作调整，改建成 4 层宿舍楼（底层为病史室），改建后建筑面积 877.04 平方米，共 29 个房间 57 个床位，主要为各类学习班学员进修人员提供住宿。此外，原 4 舍、5 舍、6 舍改建时拆除。另增设备机房一幢（含消防、水泵房等），建筑面积 34.47 平方米。

第三章 后勤保障

第一节 总务工作

一、绿化院容

瑞金医院院内绿树成荫、青草茵茵，自建院以来，素以“法国式花园”闻名。多年来，医院始终坚持努力改善和提高院内生态环境质量，以充足的绿化空间和合理的绿化布局营造赏心悦目的诊疗环境。整个医院形成由建筑、广场及绿地组成的连续界面和优美生动的空间轮廓线。

医院每逢新建、扩建工程的庭院都按规定留足一定比例的绿化园地，同时进行规划、设计、施工。1985 年，为保护古樟树，医院特将门诊楼设计成“工”字形。1991 年，为了让位于 3 棵大樟树，将外科大楼设计成“W”形。1996 年，为保护一棵罗汉松，医院在设计入口大门方案时将建筑物退让。2003 年，为保护好一株百年古树广玉兰，感染科、呼吸内科病房楼的设计方案几易其稿，保全古树不受影响。

2005 年，医院成立绿化管理委员会，由院长亲自挂帅，制定绿化建设规则，并设有相应管理机构，配备绿化专职人员，有步骤、有计划地组织开展工作。为提升院内绿化景观的观赏性和实用性，医院见缝插绿、找缝铺绿、破墙透绿，在院内主干道两旁设置了绿化隔离带，植以隔声吸尘的高密灌木；业务建筑周围以阔叶乔木成荫、低矮绿篱相隔为特色，以石凳、圆桌为点缀；从绿化种类上，形成乔、灌、花、草相结合的园林风貌。医院建造的第一座停车库就安排在中心绿地下，既节约空间，又留出大片草坪。为使医院花草树木常看常新，医院在浦东租用了 1.33 公顷土地，供养殖盆栽花卉。每年按不同季节播种养育，然后统一运往医院，翻坛更新。

截至 2010 年，医院辟有 4.39 万平方米的绿地，绿化率达 36.6%，绿化覆盖率 43.36%。常年养护的绿化品种有 130 余种，盆栽草花每年使用达 9.1 万余盆。先后于 1997 年被评为上海市花园单位等称号，1998 年被评为全国部门造林绿化“四百佳”单位，2006 年被评为“全国绿化模范单位”，2009 年通过上海市花园单位复查。

二、能源管理

【电力】

20 世纪 50 年代以前，院内无变电设备，直接从市政道路上拉入两路 380 伏进线。1953 年，开始出现电力供应不足。1959 年 10 月，医院兴建第一个变电所，内设 560 千伏安和 360 千伏安变压器各一台，分甲乙两路进线。

1978 年 10 月，在大炉间南侧建设变电站 1 座（简称“北区变电站”），于 1982 年投入使用，内设 1 000 千伏安容量变压器 2 台，两路 6.6 千伏高压进线。随着医院南部区域的扩建，为解决院内供电南北不平衡的矛盾，1984 年，在现 32 号楼北侧再建南区变电站 1 座，内设 630 千伏安容量变压器 2 台。1984 年，为解决现老门诊用电，将南区 2 台 630 千伏容量的变压器扩容至 1 000 千伏安容量

2台变压器。1997年,将原有北区变电站2台1 000千伏安变压器扩容至两台2 000千伏变压器(全院变压器总容量由4 000千伏安扩容为6 000千伏安)。变电所扩容设计由沪南供电所设计,内有高低压开关柜19只,干式变压器2 000千伏安2柜,有载调压开关2台。

2005年5月,医院在南区10千伏变电所原址改建35千伏变电站,并于2006年6月投入运行。至此,医院供电系统为35千伏/10千伏/0.4千伏,由2台35千伏12 500千伏安主变、10台10千伏配变(4台2 000千伏安、4台1 600千伏安、2台1 250千伏安)组成。该变电站建立后,医院的供电能力大幅提高。

由于医院工作性质的特殊要求,必须保证连续不断的供电。因此,必须在变电站施工过程中做好停送电以及临时应急用电工作。为规范配电管理,医院将配电班组划分为甲、乙、丙3个值班小组,进行24小时值班,并制定《配电班变配电站安全工作制度》,从防火、出入管理、倒闸操作、交接值班、巡回保养这5个方面进行严格管控,制定应急预案,从而确保在发生电路检修停电和事故停电时,能够熟练进行维护,确保临床工作不受影响。

【水资源管理】

为保障全院正常供水,医院在20世纪50年代至60年代,先后建造2、3号楼的50吨水箱,11舍(原高血压病房楼)的15吨水箱,传染病房楼的60吨水箱以及32、33号楼的33吨水箱四座。为节约能源,1986年,在锅炉房周边建造50吨热水回收地下水箱1座,每日回收热水近20吨,供职工浴室、婴儿室和制剂室洗涤之用,每年节约自来水约7 300吨。因医院用水量不断增加,1995年8月,在锅炉房西侧建造300吨地下水箱1座。1997年,为解决整体医院供水压力过低的问题,将院内地下主干道150毫米口径改为300毫米口径,同时将瑞金二路和思南路市政管道环通,基本解决水压过低的问题。院区内的给水管道、用水设备装置及计量器具等供用水设施,由总务科负责维修。

【天然气、蒸汽能源管理】

医院在能源管理工作上坚持"集中供能",以达到节能减排的目的。1969年,在原25号楼东侧建立锅炉房,安装2 T/H平烧快装锅炉2台,主要供应食堂、制剂室、被服室、消毒间、2～3号楼、产科、放射科、高血压病房楼、肺科等部门。1970年,灼伤科锅炉间改建,安装2 T/H平烧快装锅炉1台,全院形成南北两处集中供热的方式。1976年,锅炉房扩建,安装1台2 T/H链条炉排式和1台4 T/H蒸汽快装式锅炉,并将灼烧科锅炉间拆除,建立全院集中供热的锅炉房。1991年,医院向上海市燃料公司等相关职能部门申请,在原有10 T/H和4 T/H两台锅炉基础上增加一台15 T/H锅炉,并扩建锅炉房,1992年11月20日正式点火使用。

1997年3月,医院向南市区供热所提出申请使用热网供汽。同年10月,锅炉设备停用,正式全面使用南市区供热所提供的热网蒸汽。总务处将原来的操作班班组与锅炉房班组调整为设备机房班组和热网组。2006年8月,由于上海世博会场馆建设需要,南市发电厂拆迁,南市区供热站在2007年9月停止供热。2007年9月,医院新锅炉房启用,3台燃气锅炉(2台10吨、1台6吨)正式供汽。

【节能工作】

能源消耗是医院不可忽视的问题。"十一五"规划以来,医院以构建"节约型医院"为目标,对节能降耗工作日益重视。医院以职代会讨论的形式，广泛征求节能降耗的建议。2007年，为提高资源使用率，重点开展全院水、电、汽等能耗方面的调研工作，并启动建立医院地下综合管网信息平台，以加强和完善地下综合管网资料管理，有利于突发事件发生的应急处理，实现快速现场定位功能，确保迅速抢修。2008年，大力推行成本核算理念，在能源消耗、住房使用、物资领用等方面具体落实。经专家评估，对门诊医技楼、感染科呼吸科病房楼、科教楼的建筑设备进行智能化控制设备改造，通过建立热回收热水系统、锅炉冷凝水回收等，有效减少医院的二氧化碳和二氧化硫排放。2009年，物资库房领用消耗品开始实行定额刷卡管理；科室成本核算实行能耗与业务用房使用面积挂钩、分摊到位的方法等。同时，在重大工程实施前，成立项目节能小组，结合工程建设的创“双优”工作，大力落实工程建设过程中的节能降耗工作。“十一五”规划末期，医院的节能工作因地制宜、因时制宜，通过一系列科学的循环过程，有效提高服务效率，降低能耗成本。

三、医用气体管理

【医用气体】

医院所用的主要医用气体有：医用氧气（包括液氧）、笑气（氧化亚氮）、二氧化碳气（碳酸气）、氦气、氮（液氮）、氩气等。为确保医用气体的使用安全，总务组成立后，医用气体由氧氮小组（氧气间）负责管理。2006年，成立气体供应班组，负责全院各类医用气体供应（包括总院2台、市政分部1台液氧低温贮槽罐、排氧装置及其他医用气体、钢瓶气体等），并实施全天候送气上门服务。

医用气体在1991年前使用瓶装氧气。随着用气量增加，以及高压氧舱的使用（使用排氧），每天一车近70瓶氧气的用量已不能满足需求。1991年，启用3.5立方米液氧贮槽2座。2000年，其中1个贮槽更新为10立方米。2011年9月另一个3.5立方米贮槽更新为10立方米。至此医院本部共有10立方米液氧贮槽2座。

市政分部最初使用瓶装排氧，随着用气量增加，2002年，每天氧气用量在50瓶左右。于2003年6月，采用160升液氧杜瓦罐供氧。随着用气量的进一步增加，从保证安全用气和降低用气成本考虑，经过论证，于2008年4月，建设启用3.68立方米液氧贮槽1座。杜瓦罐和排氧装置作为应急备用气源，从根本上解决困扰多年的用气难题。

【吸引、压缩气体】

医用吸引及压缩空气均采用设备集中供气运行模式。20世纪70年代，医院开始使用集中式泵机真空泵，1986年，2、3号楼开始改进设备使用往复式真空泵机组，其后医院不断对设备进行更新，采用更为先进的涡轮离心式真空泵机组。至2010年，全院共有真空泵17台、空压机4台。

四、维修保障

【综合维修】

解放初，负责医院维修工作的是技工组，仅有几名水电工、木工、白铁工等。1958年，技工组改名为红旗厂，有维修技工近60人，含泥、水、木、油漆、白铁、冷气、电、竹、电子等工种。“文化大革命”时期，红旗厂改名为技工组。

1989年1月，成立综合厂，承担院内一般设施的维修任务，下设调度室、五金仓库、水电车间、油漆木工间、冷作车间、冷气车间、金工车间、双电车间等班组。综合厂通过划分区域包干修理的模式，合理配置人员结构，充分调动每个员工的积极性，实现“分工不分家，主动干、积极干”。

2005年，开通后勤保障服务热线661515，统一各项设备报修电话，掌握各维修班组的维修情况，保证维修质量。2006年12月，综合厂采用“派工单制度”，由调度室统筹调配维修任务，并负责工作人员的考勤考核工作。是年，为提高病床的安全性和私密性，综合维修部门员工设计出一套医用分隔帘的移动架，并申请国家实用新型专利，于2008年7月23日获得国家专利授权。

【电梯维修】

1997年4月前，院内的电梯均由专业厂家维护。1997年4月，医院调入两位有证职工，开始部分电梯由专业厂家保养，部分电梯由医院保养的格局。2001年4月，成立自负盈亏的电梯维修服务部，承担院内全部39部电梯以及卢湾分院7台电梯的维保工作。2007年6月，因国家发布特种设备行业管理法规，医院不再持有特种设备维保资质，遂将所有电梯维修保养工作外包，由专业技术公司提供服务。

2006年，全院电梯39台，随着医院建筑物增加，到2010年全院各类电梯总量达到82台。其中医用电梯38台，乘客电梯14台，自动扶梯10台，无机房电梯5台，观光电梯3台，货梯2台，杂物电梯10台。

五、太平间管理

医院太平间最早位于医院东北角，由医院本院后勤职工负责日常管理工作。随着后勤社会化改革推进，医院于2002年7月1日与龙华殡仪馆签订协议，协议规定在医院的监督及管理下由龙华殡仪馆负责医院太平间的日常运行及遗体接运工作。2004年，因医院建造科研实验楼，将太平间移至对侧病理科楼下。截至2010年底，共有20个冰冻储存抽屉柜。

六、废弃物处置

2001年之前，医院生活垃圾均由卢湾区环卫局派车辆统一清运。2001年，因医院业务量不断增加，产生的垃圾量也不断增加，为做好院内环境卫生工作，建成生活垃圾压缩站，将生活垃圾进行压缩后交由卢湾区环卫局负责清运。医疗垃圾由位于医院老传染科大楼一楼的焚烧炉自行焚烧处置。2003年，严重急性呼吸综合征(SARS)流行后，根据上海市卫生局要求，医疗垃圾集中收集处置，交由上海市疾病控制中心指定单位收取并集中处置。2007年3月1日起，由上海市发展改革委员会、上海市卫生局、上海市环保局、上海市物价局指定将医院医疗垃圾交于上海康环固体废物处置有限公司集中收集处置。

医院本部设有二级生化污水处理站2座，一为南区污水处理站，位于医院东南角，感染科呼吸科病房楼西南侧，处理能力2 000立方米/天；一为医院北区污水处理站，位于医院东北角，科研实验楼地下室，处理能力2 000立方米/天。

七、话务通信

【设备更新变迁】

1952 年前，医院配备 20 门电话交换机。1954 年，改装为 50 门，重要部门配有直线电话，院内各处安装有线广播。1961 年前，医院话务组位于 3 舍 1 楼，当时设有交换机 200 门。1989 年，更换为荷兰飞利浦 S－1 000 程控数字用户的 400 门交换机，并将大部分电话架空线缆改为地下电缆，共敷施 900 米，一路通电话局，三路连通医院内部。设备更新后话务组从 3 号楼 1 楼搬迁至 8 号楼 2 楼。

为方便医院内部的联络通信，1990 年起，开始设置无线寻呼机，寻呼台设在电话总机房，配备寻呼机 100 只，由院长办公室指定有医疗抢救任务的人员配戴。随着数字化医院的建设和医院智能化系统的建立，计算机网络和电话系统的自动关联、语音、数据和寻呼的有效融合，医院话务通信更加及时、准确。1995 年 6 月，医院内安装 11 部投币公用电话，11 月再增 50 部投币电话，做到每个病区大楼和公共场所都有公用电话使用。

2003 年医院升级设备，设有西门子程控交换机 2 000 门，并将话务组搬迁至 9 号楼 2 楼，2006 年扩增至 3 000 门。

【管理制度】

2004 年 8 月，为了提高医院话务通信质量，做好通信设备的维修保养工作，医院制定《话务操作班对外包单位服务质量考核的标准》，对负责医院电话网络及呼叫系统、程控交换机系统、拷机、话务台语音系统、报警系统的 3 家服务公司进行考核评分，作为支付维保费用的依据。

八、被服清洗

医院自成立起就有被服室，最初被称为洗衣作坊。1957 年前，以手工洗涤为主。1958 年，自制木质洗衣机，并添置输送机和脱水机等设备。20 世纪 70 年代，先后更新洗衣机 2 台、脱水机 2 台、烘干机 3 台、压平机 1 台，为 8 台缝纫机安装电动机。20 世纪 80 年代，添置洗衣机 3 台、脱水机 2 台、烘干机 1 台，自制三层二站一吨载物升降梯 1 架，添置 6 台工业平缝机。1985 年 4 月，被服室开始实行承包责任制，严格承包核算，优化劳动组合，实行计件制度，工作量包干责任制与分配挂钩。1989 年实行半承包模式，一半被服由上海天使被服清洗公司清洗。1994 年，被服室承担医院被服收送工作，上门至各个科室收取要清洗的被服并统一发放。1996 年 5 月起，对被服洗涤用房进行调整，添置烘平机、烘干机、脱水机、蒸汽熨斗等设备，提高洗涤质量。2003 年 2 月，上海广慈实业总公司代表医院参股上海天使被服清洗有限公司，占 38％股份。同年 3 月 1 日起，医院被服洗涤业务开始外包。

九、特种设备管理

2007 年前，院内特种设备一直由维修班组自行保养检修。2007 年，在国家特种设备安全监察部门的指导下，医院逐步将院内各类特种设备的管理工作规范化，将设备安全配件送检校验。2009 年，国务院颁布《特种设备安全监察条例》，后勤部门为加强管理，成立安全管理小组，定期对院内的各类特种设备安全检查。特种设备日常运行管理由部门指定人员负责，每年的设备检验及安全配件校验由总务安全工作负责人统一送质检部门进行。

十、托儿所、幼儿园

【托儿所】

1953年起，医院在瑞金二路中医文献馆位置创办广慈医院托儿所，招收56天至4岁的医院职工子女，解决许多职工的后顾之忧。托儿所共设4个班（哺乳室、托小班、托中班、托大班），有需要的职工子女可全托，另为患病儿童设立隔离室。每个班级配有两名保育员、一名清洁工；同时设有兼职保健医生和专职保健护士来负责日常医疗护理和疾病防控工作，包括预防接种、送药、配药、陪看病、隔离儿童的照顾以及饮食服务等；另还配有配膳员、配奶员、厨师、洗衣工等，负责托儿所的日常后勤工作。1961年，招有专职幼师充实教师队伍，并与卢湾区的其他幼儿园办理联合教研组，参加各类教研活动，努力提高自身教学质量。1974年，托儿所搬迁至医院23号楼，兼招部分二医及寄生虫病研究所职工子女。1979年，每年约有80名儿童在园（7个班）。1979年以后，全托人数日渐减少，至1984年，托儿所取消全托班。1979—1985年，解决约500名职工子女的入托问题。1996年，随着社会环境的变化，开办44年的托儿所光荣完成历史使命。

【幼儿园】

1958年，医院根据社会形势，开设幼儿园，招收4～7岁的职工子女。至1961年，因故停办。1985年，根据上海市总工会要求，重新开设幼儿园，搬迁至27舍，有三级保育员23人，幼师毕业1人，自培养幼师生4名，退休返聘思南路幼儿园和瑞金一路幼儿园老师数名。幼儿园教学活动与思南路幼儿园挂钩，可直接参与其教学活动，并设立家长委员会，旨在打造“小思南”。1990年，幼儿园迎来入园高峰，共设5个班级，约有120名儿童。1995年9月，因国家政策变化，医院幼儿园停办。

第二节　膳 食 工 作

一、食堂

【职工食堂】

1950年以前，医院没有食堂，职工用膳在各自部门或宿舍中。1951年，改由院方支付伙食费，由工会负责开设职工食堂。1980年，与护校学生食堂合并。1987年，职工食堂楼改建为两层钢筋混凝土建筑。2000年，后勤社会化改革后成立餐饮服务分中心。2008年，为配合普通病房综合大楼工程，食堂临时搬迁。除职工餐饮服务外，职工食堂还承担医院大型会议餐饮保障工作。为提升服务质量，食堂定期开展厨师技术交流练兵、品种质量研讨、职工座

图8-3-1　1997年医院食堂

谈会等活动。

【其他餐饮设施】

1993年,筹建广慈餐厅;1998年,9号干部综合病房楼营养食堂成立。1999年,市政医院并入医院,原食堂翻新改建为分部食堂,满足分部住院病员和职工的餐饮需求。2003年,小木桥路住宿基地开设学生园区食堂,供应学生及教职员工膳食。2007年,膳食科接收原外包管理的38号楼2楼餐饮部。

二、营养室

1977年起,营养室强化饮食治疗,深入临床,加强营养治疗在整个疾病治疗过程的作用。1990年前,由工勤人员负责病房送餐。1990年以后,建立配膳员制度,由配膳员专职送餐至病室。早先膳食品种较少,20世纪90年代初,陆续增加品种,至1994年,每餐有30多种菜肴可供挑选,分营养治疗菜(包括称重治疗菜、匀浆)、大锅菜、小锅菜、营养煲汤等。营养室负责供应住院病员伙食,实行部分包伙制,至1998年,全院有10个病区实行包伙。2000年,提升餐车设备配置,增加保温效能及安全性能。营养室归并至餐饮分中心,实现统一管理。

三、医疗队膳食保障

自医院开展援助摩洛哥医疗任务以来,2000年以前,医院膳食科及营养室由两部门轮流派遣一名职工参加援摩任务,2000年后由餐饮分中心派遣,负责援助小组的膳食保障任务。1983年至2010年,共派出援摩厨师10人,为援外医疗任务的顺利开展做出贡献。

第三节 房屋管理

一、医院内部房产管理

医院自成立以来,业务用房来源途径不一:一是没收、无偿接管原国民党政府及外国政府在华占有的医院房地产;二是采取赎买的办法对私营医院进行社会改造;三是私营业主或天主教徒无偿转赠;四是以城市建设征用土地方式,变为国有资产。医院被征用后,产权结构多元化的业务用房被纳入统一化的国有管理。在计划经济时期,这样的管理模式发挥过一定的作用,但也有产权结构不够清晰、房产使用率较低、资源配置不平衡等问题。

1995年,为加强房屋管理工作,医院成立房屋管理科,开始逐步实行市场化运作。先后开展房产普查工作,整合资源,对清理的富余房产进行统计,合理配置;建立医院内部用房档案资料,包括房屋的产权情况、结构情况以及房产的使用、流转情况;制定医院内部用房维护基金制度,将医院房产折旧和维修基金制度及运转费用实行单体核算方法,统一管理;采取多种形式搞好医院内部房产的物业管理,一方面由医院组建社会化物业管理中心,实行企业化运作,另一方面通过招标引进社会物业管理公司,提高了房产管理水平和服务能力。

二、物业管理

【运行模式】

主要负责医院内外的物业管理。分为三种形式：一为承包型。进修医生住宅的承包管理，用优质的服务产出社会效益和经济效益，工作人员工资奖金独立核算，按劳取酬。职工住宅物业小区的承包管理，通过派遣人员对小区物业进行管理，逐步趋向管理与医院完全脱钩，建立小区管理由业主自主管理与专业结合的模式。本院职工集体宿舍设在院外，提供过渡住宿鼓励职工向市场租房。二为经营型。开办招待所方便医院各类办班需求，建立住房置换点，为职工换房提供信息服务。三为管理型。由物业服务分中心负责日常事务的管理，对各类人员进行考核，做好对内对外的协调工作。

【人员聘用】

1984年以前，分布在医院各病区工作的工勤人员（如保洁、运送、电梯驾驶员等）由医院本院职工或者本院退休职工子女顶替完成。1984年以后，开始陆续接受医院附近周边街道（打浦、豫园街道等）推荐和崇明农场（前进农场、海丰农场等）的临时工。1992年，崇明各农场合并后，瑞金医院和东风农场协商签订合同，东风农场作为瑞金医院劳务输出对接点，解决了农场下岗职工再就业的问题，也为瑞金医院劳务工增添新的力量。2000年开始，医院实行后勤社会化，对工勤人员开始实施外包。2001年试行，6号楼和2、3号楼保洁运送外包。2006年6月，在新落成的门诊医技楼1号楼引进物业公司，负责楼内保洁、运送、电梯、安保等工作。2008年9月，先后在院内其他楼宇实施物业管理外包。

三、福利分房

1976年，医院开始福利分房，主要通过对现有房屋的分配及出资建造楼房的方式来解决分房问题。其中，建德路1号住宅楼，即医院当时出资建造的住宅用房，共计住户160户。医院根据上海市解决居住特困户联席会议的指示要求，对居住条件困难的职工进行调查登记，并建立特困户卡。截至1981年12月，申请住房的在职职工达到560余人，医院采取逐步解决、逐步改善的分配原则，根据申请住房职工的基本情况及房源，对居住条件困难者制定衡量标准，除特困户以外均用打分的方法；对符合标准者，按房源及分数高低，由高到低分顺序解决。1982年，医院出资建造了瑞金二路201号住宅楼，共计60户人家，后该楼因新门诊医技楼的建造于2002年拆除。

1990年，根据上海市总工会推行的《上海市企业住房分配管理暂行规定》及《关于解决人均居住面积2平方米以下特困户的若干具体规定》要求，医院再次对住房特困户进行统计，此次主要解决住房问题的对象为：医院在编职工并在上海市区范围有常住户口的职工和居民，不论其居住的是公房、系统自管房或私房，也不论工龄和居住时间长短，凡是人均居住面积在2平方米以下的特困户。医院在分房工作中将房源优先应用于解决特困户，特别是1986年竣工交付使用的住房，大部分用于特困户的解困。为更好解决房源少的问题，医院根据指示精神挖掘现有房屋潜力，通过调整紧缩，腾出一些非生产性的用房用于解困，运用自筹资金购买商品房，用于分配来解决居住特困户。

20 世纪 90 年代中期，为配合成都路高架建造的动迁工程，积极响应市政建设项目，医院自行分配房屋，解决 10 余户动迁职工的住宅问题。

此后，根据国家《关于进一步深化国有企业住房制度改革，加快解决职工住房问题的通知》以及上海市《关于进一步深化本市城镇住房制度改革的若干意见》，为适应住房商品化、社会化，2000 年，经职代会讨论通过《瑞金医院职工住房货币补贴试行条例》，开始实行货币补贴政策。在确定职工现有住房面积、职称、职务、年限等条件后，按照计分轮候的方式，逐步帮助部分职工解决住房困难。2006 年，结合医院实际，在遵循政策的前提下，参照卫生系统兄弟单位的具体做法，开始实行福利补贴来帮助职工解决住房困难和改善住房条件。

第四节 保 卫 工 作

一、发展沿革

1978 年以前，瑞金医院的安全保卫工作（治安、消防）在治保委员会的领导下由治保组负责、人事科管理，下设消防队、纠察队。“文化大革命”期间，治保组改为武保组。直到 1978 年，保卫科从人事处分出，成为独立科室，由分管院长直接领导。保卫科最初有 5 人担负医院治安、消防、安全、宣传等工作。2010 年，医院保卫科共有 37 人。近年，保卫科的工作职能逐渐向服务性转变，在完成治安、消防管理等日常工作的基础上，开展了安全宣教、技术改革、安全培训、特殊保卫（重大接待）等全方面安全服务，加强医院安全建设。

表 8-3-1 1978—2010 年医院历任保卫科科长、副科长情况表

任职年份	科长	任职年份	副科长
1978—1986	魏 忱	1978—1986	常茂宽
1986—1992	常茂宽	1986—1992	单友根
1992—2001	虞锡龙	1992—2001	梅 圃
2007—	乔万明	2001—2007	乔万明（2004—2007 年主持工作）
		2001—	臧 健（2001—2004 年和 2007—2010 年主持工作）

二、主要工作

【治安工作】

1958 年，医院以治保会的形式负责安全工作，由人事科分管，治保委员会领导，治保委员由党总支讨论决定。治保会下设消防队与纠察队，任医院治安案件处理、政治任务（社会改造）、重要接待警戒等安全保卫任务。此时，医院的安全问题主要为偷窃案件，为了打击这类违法犯罪，降低犯案率，治保会从制度入手，制定相关安全制度。如会客门禁检查制度，联系工作凭介绍证件入院，并对入院人群进行安全教育。“文化大革命”期间，医院治安工作由治保组（武装部下的民兵组织）负责，并先后多次改名为治保组、武保组、保卫组，由党委办公室分管，承担落实政策等工作。1978 年，重新规划医院治安、消防体系。科室内有 3 人负责全院治安保卫、消防、落实政策及日常事务。

1980年,提出人防与安全宣传相结合的理念,利用各类会议对全院职工宣传安全预防的重要性。每周向科主任、支部书记、护士长进行宣传,由他们传达到科室,互通情况,布置治保工作。同时,健全规章制度,贯彻预防为主的方针,为加强医院安全管理,保卫科还拟定了医院安全管理制度20个方面,共92条。

联防队与院卫队 为了加强医院的治安秩序,保障医疗工作的顺利进行和医务人员的人身安全,1981年,医院建立了与地方联合组成的群众性治安保卫组织,确定了以党、团员为骨干,组成了近40人的联防队伍,其中设队长1人、副队长2人。主要负责向群众进行安全和遵纪守法的宣传教育,提高职工的警惕和遵守法制的自觉性。维护门、急诊等公共场所的治安秩序,把各种纠纷解决在萌芽状态。1988年,又组建了院卫队,扩大了治安保卫的范围,负责白天巡逻,深入病区检查不安全因素等。

"三防"网络体系 自1997年起,在全院重点部位安装了"110"防盗报警装置和门诊电视防盗监控系统,建立治安联络网。设有治保会、防火委员会、义务消防队、夜间联防专职人员,医院分管院长任治安责任人并参与治安保卫协会工作。2000年后,随着医院从以往的封闭式管理向开放式管理模式地逐渐转变,随之对医院安全保卫工作也提出了新的要求。增强保卫工作的服务意识,保障医院公共安全已成为保卫科的一项重要工作内容。从过往的"看好门"向"管好家"转变,探索"人、物、技"三防结合的新型工作方式。

特殊任务 2010年世博会期间,马耳他总统不慎意外摔伤入住医院。医院第一时间按预案布置实施院内一级保卫,消除安全隐患。此后,国家主席胡锦涛到院探望,医院也在最短的时间内组织队员,调整安保力量,保证措施到位、执行有力,圆满完成重大安保任务。

【消防工作】

队伍建设 医院最早的消防安全工作是以义务消防队的形式开展,主要负责医院防火、救火工作,有义务消防队员102人,设有正副队长、正副指导员,进行了业务训练、普及防火、救火、消防知识等方面的培训,做到人人防火,个个会救火,积极贯彻"消除隐患,以防为主"的方针。"文化大革命"时,义务消防队解散,直至1978年恢复。1984年,建立专职消防员制度,负责医院消防安全事宜,对消防安全开始系统性的工作。此后还建立了防火领导小组,由庄孟虎任组长,单友根任副组长,吴瑜璇、唐玉智、孙国武、郭延海为组员,季心开任专职消防员,陈振国任义务消防队队长。实行消防承包,由专职消防员全面负责,定期检查消防设施,做到合理布局,更新消防设备,增添灭火机,调换灭火器药水,确保消防器材的良好状态,通过了消防10项标准验收合格及防火重点单位的验收。2001年,院领导与各职能处室签订治安、消防、综合治理工作责任书,保卫科定期开展防火安全检查,对检查中发现的事故隐患和不安定因素限期整改,做到组织落实、责任到人。

培训宣传 医院积极加强消防知识的普及宣传工作,提高全院职工的防火意识。利用消防宣传日、宣传画廊、悬挂横幅、发放消防资料等形式丰富的宣传方式,同时,对职工加强消防常识以及灭火器使用方法的普及。此后,又安排专人深入各病区、工地、易燃易爆场所及重点要害部位向广大医务工作人员和职工宣传防火知识,帮助有关科室建立健全防火安全制度,开展灭火技能的培训,了解对电器设备、易燃物品的使用要求以及安全防范规定,提高职工自防自救能力。每年有计划有重点地开展消防安全检查,对检查出的各类事故隐患及时提出整改措施和意见,把不安全因素消灭在萌芽状态。

安保设施 2002年,医院先后对门急诊、药房、9舍、行政楼以及其他重点要害部位,安装了电视监控摄像，累计达 300 余件（只），各类灭火器材 250 只，水带 2 840 余米，防盗门窗 200 余扇，各类整改 20 余次，资金投入 100 多万。2007 年，为了确保“医院管理年”以及“百年院庆”活动顺利开展，保卫科增添更换各类消防器材 700 余只，对 8 处不安全因素进行了有效整改。与外来单位、临床科室及职能处室签订《消防治安责任书》42 份，新制定了应急预案 4 项，新增监控录像 103 处。2009 年，增添更换保养灭火器 367 具，各类指示牌水枪水带 30 件，对 43 处安全隐患进行了整改。

消防演练　2010 年，共组织 9 次大型消防演练，全院各职能处室、业务科室安全责任人及安全助理参加反恐、消防培训。具体项目有消防逃生演练、检验科防生化演练、新职工入院消防演练等。并邀请了区消防支队防火处处长作消防培训，并与消防战士共同进行消防演练，切实做到预案演练相结合。

【交通工作】

1990 年以前，全院的交通工作主要围绕非机动车管理进行开展。1990 年，随着私家车拥有量的不断提高，医院交通管理工作的重心从非机动车管理向机动车管理进行转变。为了保证医院交通有良好的秩序，通过设立停车指示牌 21 块，整理车辆停放点等方法整治了汽车、自行车进出大门及停放情况。1991 年，针对院内交通堵塞，救护车无法行驶以及影响病人行走的状况，安排 2 名职工对门、急诊沿线道路进行监督管理。同时，设立了自行车寄放站，聘用 4 名退休职工管理。1998 年，保卫科开展了对全院各类车辆序列的整治，组织专门力量，坚持每天对动态中的自行车、助动车、摩托车进行停放整治。对乱停乱放违章车辆及时清理，确保医院主要路段无乱停乱放现象。

2004 年，对车辆停放规定多次进行规范，规划和调整了院内路标指示牌。2006 年，医院新门诊大楼及地下车库建成，为了保畅排堵、有序停放，由医院保卫科进行前期调研，通过缜密规划，进行科学安排。同时按照医院总体部署和道路情况，结合医院 1 号门的改造，合理规划道路走向和停车要求，改变医院大门口的拥堵危险状况，改善医院内车辆乱停乱放的现象。2007 年，先后对全院非机动车乱停乱放现象进行了多次专项整治，尤其是针对停车棚内的无主非机动车进行了 6 次集中整治，清除无主非机动车 100 余辆。此外，每年还须处理停车纠纷、排堵保畅，开具车辆停放及通行证、车损证明等工作。2010 年，主要更新了部分硬件设施、车位线、加装减速带、安装广角镜、标志标杆、车位锁以及其他设备设施 130 余件，办理院内车证 3 027 张。

第四章　设备与产业管理

第一节　设备管理制度

医院开设初期，主要以少量手术医疗器械及X线等设备为主，由嬷嬷负责管理。1953年，总务科成立以后，医院开始制定财产管理制度。1958年，医院重新修订总务各项行政管理制度，增加了器械护养规则，为加强国家财产安全，在彻底清仓的基础上做到清后不乱。

1963年3月21日，总务科制定《财产管理制度》，确定医院内各项物资的采购、使用、维修维保及报废方法，以便对医院内部各类资产进行统筹管理。1964年9月，医院制定总务科职责，在院长、副院长的领导下，根据勤俭办院的方针，落实器械报损、设备维修等职责内容。

1984年设备科成立初期，即开始拟定管理制度，包括订购、采购、入账、领用、验收、安装、调试、使用、维修、报废等。1991年，发动全科同志对原有规章制度进行讨论，重新拟定规章制度、制订岗位责任。1992—2006年，根据逐年工作经验的累积，以及上级部门的要求，形成一系列较为完整的管理制度，如人员岗位责任制、申购制度、采购制度、招标采购制度、验收制度、入库须发及结算制度、财产管理制度、赔偿制度、报废制度、维修保养制度等。

2003年，医院成立医疗设备及消耗品采购管理委员会，由院长任主任，医疗副院长、科研副院长及后勤副院长任副主任，主要职能部门负责人任委员，设备科科长任秘书，对该项工作予以进一步规范。2009年，委员会名单进行调整。委员会下设3个管理小组，分别为设备小组、消耗品小组和试剂小组，由主任直接领导。

2007年1月，《上海交通大学医学院附属瑞金医院管理制度后勤分册》修订，设备物资科管理制度被列入其中。其中，对医院的医疗仪器设备及耗材的采购管理、保管、使用、应急预案、跟踪服务、报废处置、验收、保养、维修、技术支持，以及库房管理、资质审核、评价、风险控制与安全监测、意外事件应急管理等方面均进行了详细规定，是医院有史以来在设备物资管理方面较为全面、系统的一次制度整理与修订。

2010年，通过对制度的进一步细化，完善物质报废机制、废品处置流程，实现工作制度、工作人员与工作环节的环环相扣，设备日常工作更具体、更完善、更科学，进一步完善各类表格的操作流程，规范各种可操作的表格，如：验收表、申购表、报废表的正确填写及格式化等。

第二节　医 疗 设 备

一、重要设备采购

1917年，医院成立初期配备的医疗器械为放置于手术室的金属手术台、蒸馏消毒等。1921年，设立X光室，与当时手术室相连，由法国政府赠送器具，是中国该类最早的设备之一。1940年，医院建成3舍手术室，配备相关器材，医院征用前，仅有一般仪器37种，价值人民币28万元。

随着技术的发展，在20世纪60年代，手术室内的医疗设备器械有了革新，完成土超声波洗涤器吸引器导管化、红外线应用、土超声等的临床应用。至 1966 年，医院购置万元以上设备 5 台。随着 1976 年“文化大革命”结束，各项制度逐渐恢复，陆续引进日本的病人监护仪、德国的八道生理记录仪等仪器。进入 20 世纪 80 年代，为配合临床工作的需要，购置 30 余项 10 万元以上的仪器设备，如 C—PET 仪、国产 DJS—131 小型计算机和 Dual 终端机、多功能心血管双板摄影 X 光机、SPECT、CPECT、骨密度检测等设备，推动了临床学科发展。

1990 年，为新开办的灼伤大楼采购手术床、手术无影灯、净化台、扇形器械台、病人推车、中心监护系统、监护仪、麻醉机等设备。同年，在外科大楼先后引进 30 多台无影灯、10 台挖能手术床、各类电刀、消毒柜等设备，价值 500 余万元，医院万元以上设备达 240 台。1995 年，完成放射科大型设备——全身计算机扫描诊断仪(CT)、血管数字减影系统(DSA)、磁共振仪(MRI)的引进及设备改造。1997 年，根据医院预算计划，重点完成麻醉科、手术室、检验科、血研所等相关重点科室设备的购置。1998 年，随着恶性肿瘤发病率的逐年上升，为放射治疗科增添一台 GE saturne43 型直线加速器。1999 年，引进美国 GE 公司最先进的计算机辅助处理 CT 仿真内窥镜检查技术。2001 年，引进国际先进设备设施全自动病毒清洗消毒系统。

2005 年，组建和调整院医疗设备采购管理小组，并开始实行大型医疗设备的采购招标，顺利完成 36 号楼大楼开办工作。2006 年，为肿瘤放化疗科引进一整套放射治疗系统，即瑞典医科达公司 Precise 全数字直线加速器，提高原有设备功能的不足。同时从荷兰核通公司引进 3 台设备：放射治疗网络治疗计划系统、模拟定位机、后装近距离治疗系统。2009 年，在全国范围内率先引进达芬奇机器人手术系统；同时引进代表国际术中放疗最高水平的上海市第一台移动式术中放疗加速器，并顺利完成院内安装、调试。同年，安装完成 3.0 磁共振、64 排 CT、ICU 高端监护及信息系统和现代化病理实验室装备等先进设备；以及为功能神经外科引进世界最新一代的脑磁图和 Perfexion 伽马刀。2010 年，上海首台 Micro—PET/CT 在院内开机；同年，完成 SPECT、双源 CT 等大型设备的更新采购。

表 8-4-1　1921—2010 年医院各类首台设备采购情况表

引进年份	设备	品牌及型号
1921	X 线摄影机	—
1968	影像增强机	飞利浦
1970	同位素黑白扫描机	FTS—101 型
1974	同位素彩色扫描机	FTS—203 型
1976	同位素国产 γ 相机	—
1981	DJS—131 小型计算机和 Dual 终端	—
1981	自动化井型 γ 计算器	—
1984	遥控胃肠机	西门子
1989	CT	GE 9800 Quick
1993	医用直线加速器	西门子
1993	国产钴 60 固转式远距离治疗机	FYC—50H
1995	MR	飞利浦

（续表）

引进年份	设　　备	品牌及型号
1998	骨密度测量仪	HTK—981型
2000	高场MR	GE 1.5T
2000	多层CT	GE High Speed
2001	全自动病毒清洗消毒系统	—
2002	DSA	Innova 2000
2003	超声刀	Valleylab Cusa Excel
2004	晶体超声乳化刀	Alcon Legacy
2007	全数字化直线加速器	英国医科达
2007	18通道后装治疗机	荷兰核通
2008	神经外科内窥镜系统	RUDOLF(诺道夫)
2008	等离子手术系统	ATLAS
2009	Perfexion伽马刀	医科达
2009	术中放射治疗专用直线加速器	MDBETRON
2009	达芬奇机器人手术系统	Da Vinci S
2009	钬激光碎石机	Spinx2型
2010	移动式术中放疗加速器	Mobetron 1000
2010	306通道脑磁图	医科达
2010	电动手术床(碳素床)	MAQET ALPHA 1150
2010	宝石能谱CT	Discovery CT750 HD

二、设备维护与管理

1984年，设备科成立后，为提高采购设备使用效率、节约医院采购资金成本，建立维修值班制度和仪器维修室、资料库，为维修各种仪器提供方便。1987年，设备科与电子室合并，在原有工作基础上，建立设备包干，定期检查，强化保养、专人维修等工作模块，积极提高设备使用效率。1991年，对5万元以上设备进行调查摸底分析，使设备的完好率从84%上升到92%，使用率达72%～76%。1992年，医院对万元以上设备进行重新归档整理，规范操作申请、论证、合同、单据、资料、验收、规格等流程。1993年，根据建设国家级医院的要求，加强基础管理和计量管理，增设部分库房及办公用房等设施。1998年，实现计算机联网管理，通过管理了解设备的动态状况并加以分析，为领导决策提供可靠数据。1999年，推进医院集团化管理模式，完成院内设备资产与市政医院资产的重组。

2000年，依据卫生局《关于市级卫生系统开展清产核资的通知》精神，对医疗器械设备、固定医疗器械设备、专用医疗设备、贵重仪器设备四大类财产进行清点。

2006年，新门诊楼开办，按照申康医院发展管理中心要求，如期完成设备清产核资工作。2007年，在加快数字化进程中，实现网络系统全面革新，建立新物资管理系统2.0、完善物资报废机制、实现万元设备网上申购。同年，物资设备管理科配合手术室完成国内首创骨科外来器械与植入物备货的标准化管理。

2008年，为进一步加强设备管理委员会功能，加强设备从采购到报废的监管，成立医疗设备采购小组。同时，积极配合完成汶川特大地震医疗设备、医用耗材的捐赠，共计184 043.5元，为团市委代购赈灾物资15 681.15元。同年，设备物资管理科加强报废物资管理，建立报废仓库，规范废品处置流程，完善了物资报废机制，并结合三级医院评审规范的契机，进一步调整物资采购的各环节，包括设备的申购、论证、安装、调试、验收、交付使用等。

表8-4-2 1983—2010年医院百万元以上仪器设备情况表

购置年份	物品名称	规格型号
1983	多功能心血管双相造影X线诊断机	西门子1000 MA
1987	单光子发射计算机断层扫描仪(ECT)	西门子GEMINI 600
1989	全身计算机扫描诊断仪(CT)	GE CT—9800 Quick
1990	生化分析仪	贝克曼CX4
1991	直线加速器	西门子Meyatipoh 67—7745MD
1994	650 MA医用X光机	飞利浦DIAGNOST 96
	生化分析仪	贝克曼CX7
	脉冲血液测定仪	DORNIER AI 5200
1995	准分子激光治疗仪	Chiron Keracor 116
	彩色心超	HP SONOS 2500
	全身计算机扫描诊断仪(CT)	GE CT Hispeed Advan
	血管数字减影系统(DSA)	GE Advantx—LCV—D
1996	16道电生理记录仪	Quinton EPLAB 16
	心脏电生理监测仪	Quinton EPLAB 16
1998	直线加速器	GE Saturne 43
1999	中央监护系统附计算机联网	HP M3150A
2000	彩色多普勒超声仪	HP HX平方米410B
2001	基因芯片制备检测仪	MD Generation Ⅲ
	彩色多普勒超声仪	HP HX平方米410B
2002	医学影像存储与传输系(PACS)	岱嘉ADV
	全数字化乳腺机	GE Senographe 2000D
	DSA	GE Innova 2000

（续表）

购置年份	物品名称	规格型号
2003	腹腔镜	Stryker 988i 型
	计算机放射成像系统	Direct View CR800
	全自动血细胞分析仪	Beckman Coulter LH 755
	超声刀	Valleylab CUSA EXCEL
	全自动生化分析仪	Beckman Coulter LX 20
	时间飞行质谱生物芯片仪	Sequenom Mass ARRAY
2004	24H 动态心电分析仪	牛津 Holter Excel 3
	彩色多普勒超声心动仪	GE VIVID7
	彩色多普勒超声心动仪	GE VIVID7
	人工心肺机	Jostra(优斯特拉)AB
	彩超	GE Logiq 9
	串联 TOF—TOF 蛋白质组分析仪	Applied Biosystems 4700
	彩超	Ultrasound HDI 5000 Sono CT
	数字化胃肠 X 光机(OD)	飞利浦 Omni Diagnost 850MA
	稳步医院用血糖管理系统附 40 只血糖仪	强生 LifeScan SureStep Flexx
2005	全自动双光化学发光免疫分析系统	Beckman Coulter UniCel DX 1800
	心脏三维电生理标测导航系统	Cordis CARTO XP
	多层螺旋 CT	GE Lightspeed 16 层
	手术显微镜	Zeiss OPMI NEURO/NC4
	直接数字化 X 成像系统(DR)	上海医器西门子组装 DX500
2006	彩超	百胜 TECHNOS MPX DU8
	直接数字化 X 成像系统(DR)	Digital Diagnost VR/T
	直接数字化 X 成像系统(DR)	Digital Diagnost VR/T
	彩超	Philips HDI5000SCT
	直接数字化 X 成像拍片床(DR)	Philips Digital Diagnost DR
	直接数字化 X 成像胸片机(DR)	Philips Digital Diagnost DR
	核磁共振仪	GE 1.5T Signa Excite HDMR
	直接数字化 X 射线成像(DR)	三叶牌 DX500
	数字平板血管造影机(DSA)	GE INNOVA 4100
	800 MA 数字化胃肠 X 光机	PHILIPS OMNI DIAGNOST ELEVA
	800 MA 数字化胃肠 X 光机	PHILIPS OMNI DIAGNOST ELEVA
	多层螺旋 CT	GE Lightspeed 16 层
	SPECT	GE INFINIA

（续表）

购置年份	物 品 名 称	规 格 型 号
2007	彩超	飞利浦 iU22
	彩超	飞利浦 HD11 XE
	C 臂 X 光机	飞利浦 BV—ENDURA
	实验室自动化连接系统	贝克曼
	全数字直线加速器	Precise＋Mlc＋iview-gt
	模拟定位机	Nucletron(核通)SimuLix—HQ
	流式细胞仪	BD LSR Ⅱ
	超声成像诊断仪	百胜(ESAOTE) MyLab90
2008	PET—CT	Discovery STE 16PET—CT
	彩色超声诊断仪	西门子 Acuson Sequoia C512
	灭菌器	过氧化氢等离子低温
	移动式 C 臂 X 光机	Philips BV Endura
	血透用水处理系统	Aquaboss RO Dia Ⅱ 3600
	基因分型系统	SNPstream
	650 MA 医用 X 光机	飞利浦 EasyDiagnost Eleva
	心脏电生理监测仪	GE CardioLab
	高剂量率后装系统	MicroSelectron—HDR
2009	彩色超声诊断仪	GE Vivid 7Dimension Console Ⅱ Model
	血管数字减影系统 DSA	GE INNOVA2100/DSA
	核磁共振仪	GE 1.5T Signa HDX 1.5T
	放射治疗系统	TPS
	放射网络系统	
	碎石机	W.O.M 腔内激光碎 U100Plus
	内窥镜系统	共聚焦 ISC—1000
	彩超	Philips HD11 XE 标配
	麻醉工作站	GE Datex-Ohmeda Aisys Carestaition
	麻醉工作站	GE Datex-Ohmeda Aisys Carestaition
	麻醉工作站	GE Datex-Ohmeda Aisys Carestaition
	麻醉工作站	GE Datex-Ohmeda Aisys Carestaition
	激光手术系统	2 微米 Revolix70
	高温高压蒸汽灭菌器	瑞典洁定 HS6617
	高温高压蒸汽灭菌器	瑞典洁定 HS6617

（续表）

购置年份	物品名称	规格型号
2009	开放式转运带	MAQUET
	电子内窥镜系统	da Vinci S 达芬奇机器人
	彩超	Philips iU22 智能超声彩超
	彩超	Philips iE33 心超
	彩色超声诊断仪	Philips iU22
	多功能微波组织处理仪	PATHOS
	基因分型系统	Genome Analyzer System
2010	核磁共振仪	GE 3. 0T Signa MR/I
	脑电仿生电刺激仪	SAMRTECSA—9900
	全自动血型分析仪	AUTOVUE
	手术监控转播系统	Maquet AV—Conference Mobile
	电动手术床	MAQUET ALPHA 1150
	中央监护系统	飞利浦 M3290A
	全数字化乳腺机	GE Senographe DS PT 500MA
	全数字化乳腺机	数字化俯卧式三维定位引导系统
	高频医用 X 射线摄影装置	岛津 FLEXAVISION
	全身计算机扫描诊断仪(CT)	GE Discovery CT 750HD
	全身计算机扫描诊断仪(CT)	GE LightSpeed VCT
	移动式电子束术中放疗系统	Mobetron 1000
	多功能电动推式手术床	Maquet(迈奇)1133 型
	脑磁图	医科达 Neuromag Vectorview
	核磁共振仪	Awrora 1. 5T 乳腺 MRI
	导航系统	Stryker CART 一套
	人工心肺机	Jostra HL20 带热交换水箱
	PET - CT	小动物 Micro—PET/CT
	彩超	百胜 Mylab60
	彩超	百胜 Mylab60
	彩色超声诊断仪	通用 LOGIQ 7
	灭菌器	过氧化氢低温等离子
	移动式 C 臂 X 光机	Ziehm Vario 3D 三维成像
	血管数字减影系统 DSA	AXIOM Artis dBC MN
	心脏电生理监测仪	心内 160 导

（续表）

购置年份	物 品 名 称	规 格 型 号
2010	心脏三维电生理标测导航系统	Ensite 3000
	三维心内膜电解标测系统	CARTO RMT
	磁力辅助导航介入系统	Niobe 第二代
	全自动免疫分析仪	强生 VITROS3600
	全自动生化分析仪	强生 VITROS5600 一体机
	显微镜	共聚焦尼康 NIKON A1R
	全自动生化分析仪	贝克曼库尔特 UniCelDxC800

第三节　医用耗材管理

一、日常耗材管理

1987 年，医院供应室部分医疗器械物品逐步以一次性材质取代了重复使用，包括输液器、注射器、换药碗、镊子等。1994 年，随着业务量的不断扩大，为强化医用耗材管理，设备科一方面认真把好质量关，另一方面强化对领用科室的科学化管理，使之物尽其用，合理收费。1996 年，为强化医疗耗材管理，推出 10 条试行规定，以实现医用耗材管理工作中的互相牵制与互相督促。2002 年，执行药品监督局、卫生监督所规定的各项行政法规和管理条例，对一次性医用耗材严格审查供应商资质和所提供的物品“四证”；同年，为了减少中间环节，医院对心导管植入人体的导管、支架、球囊试行内部竞标，将原来高科技公司进货改为归设备科统一进货。2003 年，完成对骨科和 CCU 相关耗材的内部竞标工作。2004 年，对医用耗材库房进行重新布局，统一神经外科导管、放射介入科导管的归口采购工作，同时完成骨科植入物、CCU 起搏器、神经外科导管、放射介入导管的归口统一采购。2005 年，组建和调整院医用消耗品管理小组，并对临床科室提出的新增消耗品准入进行专题会讨论通过后执行。

二、医用耗材信息化管理

信息平台建设立足实现资产管理动态化的重要举措，能够提高工作效率、降低管理成本，突破管理瓶颈，有效防止国有资产流失、优化资源配置。

1998 年，在医院争创全国百佳医院和全国文明单位的背景下，设备科实现计算机联网管理。2001 年，医用耗材作为本年度的工作重点，根据住院病人一日清的要求，由计算机及财务部门联合对设备科医用耗材每一项目给予归类、编码。2007 年，开发适合日常运作管理与信息需求的软件管理系统，“物资 1.0 系统”投入使用。2008 年 1 月，系统进一步升级，“物资 2.0 系统”投入使用。此次升级解决原有系统中收发货流程的不严谨、领用后库存实时查询、缴回单、报废单与领用单的关联性等问题。同时，在无审核步骤上，增加审核操作、冲账单、补差价单、退货单等模块，以加强控制和管理。2009 年，在加快数字化进程中，设备物资管理科实现网络系统全面革新，完善物资报废机制，实现万元设备网上申购。

第四节　院 办 产 业

2004 年 10 月，医院成立产业管理办公室，由院长、分管副院长直接领导。办公室设专职主任 1 人，其他成员为审计室、财务处的负责人。办公室的主要职责是负责医院三产等工作的管理。

一、上海广慈医学高科技公司

【发展沿革】

1991 年 12 月，根据《国务院批转国家教委、国家科委关于加强高等学校科学技术工作意见的通知》要求，医院开始筹建瑞金医院广慈医学高科技公司，并抽调医务处处长沈卓洲、科技开发部主任封亚伦、上海第二医科大学检验系办公室主任王勇 3 人负责具体工作。

1992 年 7 月，上海广慈医学高科技公司(以下简称“广慈高科技”)成立。这是医院成立的第一家国有企业，注册资金 50 万元，公司地址位于上海市徐汇区宜山路 822 号。1996 年 12 月，地址变更为医院 30 号楼 2 楼。2004 年，搬迁至永嘉路 31 号 321 室。公司成立董事会，并通过《上海广慈医学高科技公司董事会章程》。院长李宏为任董事长，沈卓洲、沈翔慧、单友根、席德忠、于金德、庄孟虎 6 人任董事。董事会每年召开一次，对公司进行监督和管理。

1992 年 7 月—2008 年 2 月，由沈卓洲任公司法定代表人及总经理一职，封亚伦、王勇任副总经理。1992 年，王勇因工作需要辞去副总经理职务。2008 年 2 月，沈卓洲、封亚伦退休，经医院院务会讨论决定，由周文景接任公司总经理。

建立初期，公司从业人员有 15 人，其中管理人员 4 人、财务 2 人、专职科技人员 5 人、销售人员 4 人。其来源一部分是由主办单位瑞金医院编制内职工调任，另一部分则是由公司按照上海市科委交流中心的有关规定向社会招聘，并实行劳动合同制。公司常年聘请相当数量的具有较高职称的专家和具有一定专长的科技人员为公司的兼职人员和顾问。在近 20 年的发展过程中，公司先后设经营部、开发部、办公室和财务科等 4 个部门。办公室设 1 位主任，开发部和经营部各设正、副经理 1 人。截至 2010 年，公司从业人员共 50 人，其中总经理、副总经理及办公室人员 7 人，销售人员 9 人，物流部 11 人，药房营业员、收银员 23 人。

【经营状况】

公司隶属于上海第二医科大学和上海高创科技发展总公司，是上海高创科技发展总公司的项目公司，是一个全民所有制的高科技经济实体，经济独立核算，享受高校校办产业和新兴科技发展区双重优惠政策。1992 年 7 月，公司成立时由医院提供注册资金，至 2005 年 11 月，资产增长 20 倍，医疗器械设备的销售客户单位从 10 多家扩大至 122 家。1992—2001 年，由医院提供临时搭建房，发展到 2010 年分别租赁航隆仓储、上海皮鞋一厂六分厂仓储、华旨建材经营有限公司仓储，共 350 平方米去湿型仓库。

公司主营业务范围：医学信息系统、医疗检验设备、生物制品和医用材料；同时兼营医疗卫生领域内的“四技服务”及其与医疗有关的设备维修、材料加工、经销批零。其经营方式为开发、生产、批发、销售和服务。主要经营的产品为代理杭州龙德医用器械有限公司、上海康德莱企业发展集团有限公司以及美国 BD 医疗器械（上海）有限公司的一次性使用（医用）注射器；输液器、糖尿病护理系统产品、标本分析前处理系统产品，以及代理经销博阳生物科技（上海）有限公司光激光化学发光产品等。这些产品均取得 ISO 国际质量论证。至 2010 年，所代理的产品已被上海各级各类 200 多家医院或公司采用。

2000 年 11 月，上海医药工业研究院作为主发起人，联合上海华实医药研究开发中心和广慈高科技 2 家法人单位以现金出资的形式，共同发起设立上海现代制药股份有限公司。广慈高科技现金出资 350 万元，占总股本的 6.5%，所持股权性质界定为国有法人股。2004 年 6 月 28 日，公司董事会做出决定，同意收购上海现代医药销售有限公司 10%的股份。2005 年 6 月 13 日，国务院国有资产监督管理委员会发文《关于上海医工院医药股份有限公司国有股权管理有关问题的批复》，同意上海医工院医药有限公司整体变更为上海医工院医药股份有限公司的国有股权管理方案，净资产为 6 242.62 万元，广慈高科技持股 420.18 万股，占总股本的 6.73%，股份性质为国有法人股。

二、上海益健医学服务中心

【发展沿革】

益健实验仪器试剂公司是上海益健医学服务中心的前身。1992 年 9 月，在上海市关于大力兴办高科技产业的方针指导下，为加速实现科技成果商品化、产业化，充分发挥学校和医院雄厚的医疗、教学和科研优势，由医学院检验专业提出，经党、政领导讨论通过，决定成立“上海益健实验仪器试剂公司”，公司为全民所有制的校办产业，由医院出资。

1995 年 7 月 12 日，由于经营管理体制的改革，益健公司中专营诊断试剂的医学服务中心申请独立核算经营。1995 年 9 月 1 日，上海益健医学服务中心正式挂牌成立，经营性质为瑞金医院全资三产公司，公司类型为全民所有制，注册资金 50 万元。当时办公地点在瑞金二路 197 号。2003 年公司因医院用房变动，总部迁址到徐家汇路 573 号，试剂部仍留在原址。

1995 年 9 月—2004 年 2 月，由曹晔任公司法人代表及公司总经理。2003 年 10 月曹晔提出辞职，由副总经理邵云弟代理总经理职务，主持日常工作。2004 年 2 月，医院任命李宏为为公司法人代表，同时免去曹晔法人代表的职务。2008 年 2 月，任命邵云弟为公司总经理。

【管理】

1995 年 9 月公司成立以后，制定公司章程。2002 年，相继制定员工手册、岗位职责及各项规章制度，同年加入上海市合同信用促进会，参加两年一次的合同信用评估，截至 2010 年，共获得 5 次嘉奖。

1996 年，公司经上海科学技术委员会认定，获得科技经营证书，主要经营高新科技诊断试剂。2008 年 8 月，公司通过上海市食品药品监督管理局的首批 GSP（药品经营质量管理规范）质量认证，成为上海市第一批可以经营药品类体外诊断试剂的企业之一。

2002 年 10—11 月，公司分别为医院检验科、外科 ICU 无偿提供一批高端临床检验设备，提高科室对疾病的确诊速度。2003 年 4 月，抗击非典期间，向医院提供一批价值 84.5 万美金的非典急用仪器。2008 年 5 月 12 日，中国四川省阿坝藏族羌族自治州汶川县境内发生了强度为里氏 8 级的强地震，公司员工向上海市慈善基金会捐款达人民币20万元整。

【经营状况】

公司主要经营医学检验、临床检验分析仪器及配套试剂的销售及售后服务；医学检验与保健、生物学技术服务、医学试剂及研究、医疗器械、康复保健用品、仪器仪表、计算机等。1995年8月，上海益健医学服务中心成立之初，瑞金医院注资50万元，2001年11月，因业务增长需要，医院增加注册资本250万元，公司注册资金达到300万元。

公司成立之后，不断引进国内外高新技术科技产品。1999年9月起，与美国贝克曼科尔特有限公司签订危险品试剂销售协议。2000年，公司成为美国贝克曼库尔特(山东)产品的上海代理，同年6月成为危险品试剂的全国总代理。2007年，公司分别与美国雅培制药有限公司及德国贝朗医疗(上海)国际贸易有限公司签署销售协议。2010年3月，与罗氏诊断产品(上海)有限公司合作，专供瑞金医院的罗氏临床诊断试剂，公司业务从医院走向上海乃至全国。

2006年10月，为规范科研经费的使用和管理，经医院科技发展处、财务处协调，由公司统一负责医院各研究所、实验室以及各课题项目所需科研试剂的采购、验收工作。2010年8月起，根据医院管理规范的要求，接受医院全部临床、科研试剂的采购、验收、仓储、保管和发放领用工作。公司在供应商资质审核、产品注册证管理、产品质量方面进行严格把关，做到医院放心、科室安心、公司齐心。

三、上海广慈实业总公司

【发展沿革】

1993年2月，依据上海卫生系统对医院深化改革工作的指示，上海广慈实业总公司(以下简称“广慈实业”)成立，公司性质为全民所有制性质(医院全资)，实行独立核算、自负盈亏、自主经营，具有独立法人资格，注册资金为人民币400万元。经营范围为医疗器械、文化用品、电器、仪器等，在职员工21人。

广慈实业成立后，从院部接收瑞金综合商店及广慈汽车服务公司。此后，为提高经济效益，逐步拓展业务范围。至1998年，广慈实业根据市场经济运作规律，调整运营方向，实现现代企业管理模式，下属包括：劳务服务公司(2002年9月由广慈汽车服务公司变更)、广欣超市(1995年由瑞金综合商店更名)、销售部、装潢部、印刷部、理发室、打蜡清洁部、班车部。经营项目涉及院内停车场、外劳力综合保险业务、医疗器械、电器设备、计算机领域内的科技经营，以及文化用品、日用杂品、五金材料等物质的采、供、销；标牌制作；院内印刷；商店零售；为职工理发等多种行业。

表8-4-3 1993—2010年广慈实业总公司各子公司历任法人代表、总经理情况表

机构名称	任职年份	法人代表	任职年份	总经理
广慈实业总公司	1993—1996	庄孟虎	1996—2003	李明江(副)
	1996—2010	刘国忠	2003—	李明江
广慈汽车服务公司	1993—1996	赵忠涛	1993—1995	徐燕如
	1996—2002	刘国忠	1995—1999	芮迅建

（续表）

机构名称	任职年份	法人代表	任职年份	总经理
广慈劳务服务公司	2002—2010	刘国忠	2002—2010	李明江
瑞金综合商店（广欣超市）	1990—1996	张　曾	1990—1995	张　曾
	1996—2010	刘国忠	1995—2000	缪红梅
			2000—2004	丁剑萍
			2004—2010	邬佩芳

【经营管理】

1995年11月，广慈实业总公司与下属分公司的财务结算、工资分配以及人事管理等关系基本理顺，规章制度逐步建立，率先实行公司与在职员工签订劳动合同制度。各经营部门独立核算，财务统一管理。其中承包性质的部门由总公司与其签订协议，按比例分配。总公司对其服务范围、服务态度、成本核算、经济效益及上缴利润等进行全面考评。严格控制其收费、价格标准，考核服务质量；规范其用人制度、分配制度、收费办法及岗位职责等。

广慈汽车服务公司　1993年12月，广慈实业下属广慈汽车服务公司成立。公司注册资金人民币500万元，经营范围为汽车客运服务、汽车零配件等。1998年，搬迁至梅陇南方商城。1999—2000年，汽车服务公司进行有偿转制，转让时的评估值为1 200万元。其中61辆出租车分3批转让给上海巴士汽车服务公司，130名在岗员工进行分流安置。

广慈劳务服务公司　2002年2月，广慈汽车服务公司变更为广慈劳务服务公司（以下简称“劳务服务公司”），注册资金人民币30万元，员工118人。经营范围为保洁服务、汽车配件等。20世纪80年代，医院为弥补护理力量的不足，建立医院护工队伍。2008年10月，医院将护工划归为劳务服务公司管理。2009年，广慈劳务服务公司按照劳动部门有关政策，拟定《护工岗位管理规定》《护工管理办考核方案》，对有关人员的工作职责、服务内容、薪酬指标及奖罚办法均作明确规定。与上海吉晨人才服务有限公司签订委托合同，通过劳务派遣的方式建立劳务服务公司—吉晨—护工三者的劳动关系。2010年，劳务服务公司开展护工专业培训，使护工队伍逐步规范化、专业化。同时，根据医院部门多、面积大、分布散的特点，分块督察，加强护士长、管理人员、护工的沟通，及时解决工作中各类问题，对护工进行文明考核，及时反馈护工的满意率、合理调整费用，兼顾各方利益。公司还按上海市政府规定，为护工加入综合保险，保障和维护外来护工的合法权益，稳定和发展护工队伍。

瑞金综合商店　成立于1985年4月，注册资金人民币8万元，主要经营包装食品等。1992年，划归广慈实业。1995年1月，综合商店改名为“广欣超市”。2000年6月—2001年7月为教育超市托管。2010年9月，通过招标，将瑞金综合商店租赁给“全家”超市，瑞金综合商店歇业。

销售部　承担为医院采购、供应物资的任务，以满足临床一线需要为己任，抢时间，保质量。2000—2010年，销售部购置大型设备有计算机、空调、冰箱、心电图机、离心机、医院电子振荡机等，共计8 000余件。

班车部　设2辆班车线路：医院—虹桥镇（闵行区）与医院—营口路（杨浦区）。1998年，安全准点行驶42 265千米，运送职工上下班63 100人次。2000年，全年接送职工上下班为63 590人次，安全行驶 50 622 千米。2004 年,由于瑞金医院对职工上下班交通费实施补贴办法,实业公司班车部予以取消,车辆设备妥善处理。

装潢部 成立初期,3 位同志承担全院标牌制作任务,改善院貌、节约开支。1999 年,完成全院道路指示牌的设计及制作任务。

打蜡清洁部 成立之初外聘 4 名工人,抽调 1 名兼职管理人员。首先在外宾病房试运转,测算人工与材料的消耗定额。此后,全面承接 9 号楼打蜡任务。成立仅 4 个月,完成打蜡工作量 6 795平方米。1999 年,完成打蜡面积 28 655 平方米;同年 5 月,承接华侨大楼 17 楼"金丰投资股份有限公司"的地毯清洗任务。2001 年,瑞金医院清洁保洁服务外包,打蜡清洁部关闭。

印刷部 创办于 1958 年。1999 年,广慈实业总公司从院部后勤接收"印刷车间",并于 2000 年正式代管运行。2004 年,印刷厂克服设备陈旧等困难,印量达到 1 500 万张,年产值为 51 万元左右。2008 年,按医院总体规划的要求,该车间关闭,按规定设备均作变价处理或报废,人员妥善安置。

第九篇

党群工作

概　　述

医院党的建设在院党委的领导下始终同医、教、研工作齐头并进，在不同的历史时期起到领导管理和政治核心作用。

1948 年，广慈医院开始有共产党员。医院经历了从党小组、党支部、党总支、分党委以及党委的成长过程。党员人数和党支部数也随着医院的发展不断壮大，从最初的 2 名党员，到 2002 年党员人数首次突破 1 000 人。至 2010 年，已有 8 个党总支 53 个党支部 1 748 名党员。

医院党组织始终严格贯彻执行党中央的路线、方针、政策。1984 年，为加强党组织的党风廉政建设和对党员、干部的监督管理，医院按照上级党组织要求，成立纪律检查委员会，在党委领导下开展工作。在上级党委的领导下，医院党建、文化建设、党员教育管理、干部工作、精神文明工作、宣传工作、群众组织工作、老干部工作等方面齐头并进，取得丰硕成果。至 2010 年，医院连续 2 次获“全国文明单位”称号，共 12 次获得“上海市文明单位”称号，其他集体和个人奖项更是不胜枚举。

为调动广大职工、团员青年、民主党派和专业技术人员的积极性，1950 年，由医院最早的两名共产党员，筹备建立了工会及青年团组织。此后，在上级党组织的领导下，于 1985 年成立妇女工作委员会，并先后建立 8 个民主党派基层组织及 4 个群众团体组织。党委领导并支持各群众组织按照各自章程、特点独立负责开展工作，积极履行为党委工作建言献策的职责。

第一章 党的建设

第一节 党委办公室

1956年,党总支办公室负责处理日常党内事务,包括贯彻党的方针、干部培养教育、监督管理,向党外干部群众宣传党的统战理论和方针政策,鼓励支持党外代表人士参政议政等。1963年,根据中共中央关于统一管理党政档案的通知精神,由文书档案室整理、保存、研究除人事档案外的医院各类文书档案。“文化大革命”开始时党委办公室停止工作。1978年,成立党委办公室,全面负责医院党建工作,并设置人民武装部以战伤救护为中心开展民兵训练,配合完成征兵工作。

表9-1-1 1959—2010年医院党委(总支/分党委)办公室历任主任、副主任情况表

办公室	任职年份	主任	任职年份	副主任
总支办公室	1959—1960	龚静德		
分党委办公室	1965—1967	周全太	1960—1965	龚静德
			1965—1967	王作英
党委办公室	1978—1980	陈志龙	1979—1980	陈淑瑾
	1980—1984	陈淑瑾	1982—1984	肖翠锦
	1984—1993	沈翔慧	1984—1988	吴小弟
	1993—1996	阎祖强	1991—1993	阎祖强
	1998—2003	朱文娟	1996—1998	朱文娟
	2003—2007	杨伟国	1996—1997	苏静英
	2008—	俞郁萍	2001—2003	杨伟国
			2005—2007	闵建颖
			2007—2008	俞郁萍(主持工作)
			2007—2009	陆　勇
			2009—	蔡　伟

第二节 党员发展和教育

一、党员发展

1951年,医院成立党支部以后,按照“积极慎重、巩固地发展”的方针,重点在医疗第一线和劳动模范、先进工作者中发展党员。1956年,中央召开知识分子工作会议之后,扭转了对知识分子入

党的“关门主义”倾向，党支部开始注重在知识分子中发展党员。1951—1957年，新发展党员53人，党员人数达104人。此后，党员发展工作平稳开展。1966—1970年，受“文化大革命”影响，党员发展情况不详。1971年，新发展党员15人，党员人数200人。

1978年12月，医院共有党员351人。1983年，中共中央组织部提出要注重在中青年知识分子和第一线优秀青年中发展党员，发展新党员7人。1984年，医院各级党组织进一步清除“左”的影响，加强对党外知识分子进行党的基本知识的宣传教育，做到成熟一个发展一个，并建立积极分子考察表，定期对发展对象的培养教育提出意见，一批优秀知识分子被吸收到党内，在年终上海第二医学院检查组织发展工作中获得好评，共发展新党员29人，全院党员人数达381人。

1988年起，医院在发展党员工作中坚决贯彻“坚持标准，保证质量，改善结构，慎重发展”的方针，注意提高新党员的质量。此后3年中累计发展新党员26人。1990年，根据上级文件精神，医院开办业余党校，校长由医院党委书记陈淑瑾兼任，第一期培训班有10名学员参加，发展党员3人，全院共有党员512人。1993年，为加强对入党积极分子的教育培训，根据上海第二医科大学党委组织工作会议精神，医院党委继续通过校、院、支部三级培训体系，确保入党积极分子培训全覆盖。医院业余党校每年分别开展针对入党积极分子、党员干部、支部书记、统战对象等不同对象的培训，成为医院思想政治工作的重要阵地和入党积极分子增强党性锻炼的熔炉。

2000年以来，院党委把重点培养对象放在35岁以下、副高以上职称、有研究生学历的青年同志身上。同时，为进一步发挥医院业余党校的教育职能，按照上海第二医科大学党校的要求，瑞金医院党校作为其分党校，工作重点聚焦于入党积极分子队伍的教育培训。同时，明确每期分党校均由党委正、副书记及党委委员为培训班上党课，上课内容也根据形势发展的要求进行调整充实。2000年，发展党员37人，全院共有党员974人。

此后10年间，医院党委根据党员发展“一线一流”的要求，共发展党员445人。实施并坚持副高级以上职称专业技术人员及副处级以上干部入党时，由党委主要负责人亲自谈话制度。同时，医院党委还进一步加强了对党支部发展党员工作的规范和指导，定期督查支部发展工作的落实。至2010年底，瑞金医院业余党校共开设入党积极分子培训班26期，培训入党积极分子700余人，全院共有党员1 748名。

表9-1-2 1951—2010年医院党员人数变更情况表

年份	党员总人数	年份	党员总人数
1951	10	1960	238
1952	—	1961	249
1953	40	1962	257
1954	51	1963	224
1955	—	1964	223
1956	—	1965	221
1957	104	1966	—
1958	144	1967	—
1959	205	1968	—

（续表）

年　份	党员总人数	年　份	党员总人数
1969	—	1990	512
1970	—	1991	515
1971	200	1992	531
1972	—	1993	573
1973	246	1994	595
1974	326	1995	633
1975	427	1996	679
1976	451	1997	742
1977	345	1998	804
1978	351	1999	922
1979	377	2000	974
1980	344	2001	974
1981	359	2002	1 018
1982	366	2003	1 056
1983	351	2004	1 126
1984	381	2005	1 195
1985	413	2006	1 194
1986	453	2007	1 287
1987	486	2008	1 393
1988	498	2009	1 550
1989	516	2010	1 748

二、党员教育

20 世纪 50 年代初，医院对党员主要进行党在过渡时期总路线、总任务的教育。1956 年，进行中国共产党八大提出的全党工作中心转向经济建设的教育。20 世纪 60 年代，主要采取党课形式，对党员进行阶级教育、党的优良传统教育和党的基本知识教育。“文化大革命”期间，党员教育受到严重干扰，被“大批判”所代替。

1973 年，各个支部建立每周半天的学习制度，组织党员学习《毛泽东选集》一至四卷、《共产党宣言》、《国家与革命》等著作。1978 年，按照中共上海市委的统一部署，结合整党整风，组织党员学习毛泽东、陈云和邓小平的有关建党理论，开展思想整顿，肃清“左”的影响。1979—1981 年，通过举办党员轮训班、上党课等形式，组织党员学习中共十一届三中全会文件、邓小平在党的理论工作务虚会上的讲话和《中国共产党中央关于建国以来党的若干历史问题的决议》等重要文件，对党员进行解放思想、实事求是的教育和全党工作重点转移的教育，把党员的思想统一到十一届三中全会的精神上来。

1982年，积极发挥党组织的战斗堡垒作用，坚持“三会一课”制度，组织全体党员进行党性、党风、党纪教育。尤其是对“文化大革命”中入党的新党员，普遍进行党的基础知识教育，并在调查核实的基础上，取消了两人的党员资格，为维护党的纪律、纠正不正之风做了很多工作。1984年，根据十二届二中全会通过的整党决定指示，组织党员认真学习中央规定的整党文件。同时，健全组织生活制度，各基层党支部做到每周一次召开组织生活会，党委每周召开一次支部书记工作周会，每季度进行一次党课教育。1989年，根据全国党员教育工作会议精神，对党员进行党章、党性、党纪教育。增强广大党员的党性观念，坚持全心全意为人民服务的宗旨，在实际活动中带头廉洁行医，廉洁从政，遵守党的纪律，宣传和带领周围群众落实党的各项方针、政策，真正发挥共产党员的先锋模范作用。

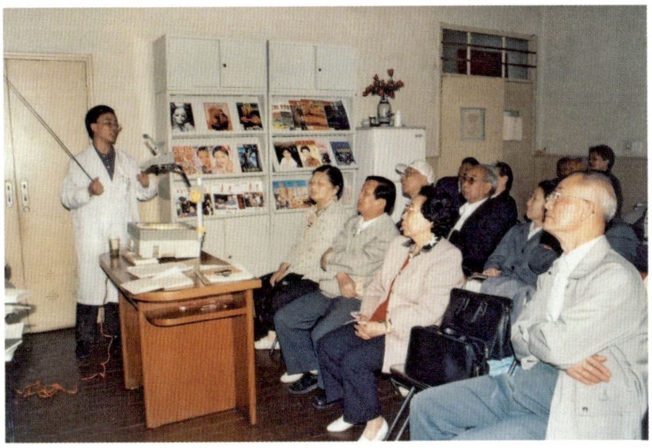

图9-1-1 1998年6月医院党委书记严肃(左一)上党课

1991年，对党员深入进行党的基本知识和党的传统教育、反复组织学习党章、开展党纪条例学习以及进行传统教育，向先进模范人物学习。根据党的十四大报告“党的基层组织是党的全部工作和战斗力的基础”，不断加强党的自身建设，提高党员队伍素质。1994年，党委致力于党员的思想教育，组织党员学习《邓小平文选》(第三卷)和社会主义市场经济体制的有关论述，开展新时期共产党员标准讨论提高党员的责任感和使命感。开展党员民主评议工作。1996年，遵照中共上海市委组织部、中共上海第二医科大学党委的要求，对党员进行了形势、任务和党性再教育，并结合实际开展了“学理论、学党章，争当敬业、创业先锋，争当关心群众模范”的“双学”“双争”活动。1997年，党委重点在党员中进行了香港回归前的爱国主义教育及党的十五大精神的学习。

2005年，医院党委通过保持共产党员先进性教育，使得全体党员增强党员意识，明确了努力方向。2008年，为贯彻党的十七大精神，在党员中开展以“讲党性、重品行、作表率”主题教育活动。2009年，为贯彻落实党的十七届四中全会和上海市委九届九次全会精神，以学习实践科学发展观为主线，切实加强思想建设。2010年，牢固树立和实践科学发展观，把学习贯彻中央、上海市委的重要会议精神与推进各项工作紧密结合起来，努力创新党员教育活动载体。

第三节 干部任用与培养

一、干部选拔任用

1956年，随着党组织的发展，医院根据“德才兼备”的原则，从青年医师、护士中选拔培养了一批从事党支部工作的党务干部和行政管理工作的管理干部，加强党的干部队伍建设。

“文化大革命”期间，干部任用工作陷于混乱，大批干部被当作“留用”人员接受“再教育”。医院各级班子基本上由工宣队、军宣队成员担任，干部队伍建设受到严重破坏。

1978 年，党的十一届三中全会以后，医院实行党委领导下的院长分工负责制，由两名党委副书记分别负责业务和政工；4 名副院长 1 人为常务副院长，1 人负责医疗、教学、科研，1 人负责后勤，1 人负责医院管理。并根据中央关于干部队伍“革命化、知识化、年轻化、专业化”（以下简称“四化”）的方针，任用一批具有一定文化程度和专业知识的中青年干部，使干部队伍的文化、年龄结构有所改善。

1984 年，为提高医院的医教研水平，努力建设现代化医院，党委按照积极、慎重的原则作大量调查工作，通过民意测验、意见征求及座谈会等形式，对医院党政职能部门的中层干部队伍进行充实和调整。调整后共设行政科室 19 个，正副科长 40 人，平均年龄 45.7 岁，比原干部队伍平均降低 8 岁，中青年干部占 70%，具有大专以上文化程度占总人数 80%，党员比例达 75%。

1997 年，根据党管干部的原则，院党政班子注重选拔和培养优秀中青年业务骨干并充实到院、科管理岗位上。医院党委结合行政职能处室及业务科室干部的调整和聘任，按照民主程序，党委组织部门深入科室、支部，广泛听取群众意见，访谈人数约 650 人次，完成处科干部的考核综合材料 16 份。经调整充实后的行政职能处室正副处长共 24 人，平均年龄 44.5 岁。

2001 年，医院党委大力改革过去封闭式的干部选拔模式，公开岗位职数，公开任职条件，公开聘任程序，以个人自荐、群众推荐、组织考核、任前公示的形式，接受全院干部、职工的监督，顺利完成职能处室干部换届调整工作。此次公开招聘职能处室管理岗位 31 个，院内有 54 人次参加公开竞聘工作，同时为适应现代化医院管理模式的需求，医院首次向社会招聘行政管理干部，25 名院内招聘职工和 5 名社会招聘者走上医院管理干部岗位。为今后医院干部管理队伍的发展探索新的模式。

2003 年，医院共选拔任用 5 名处级干部，5 名科级干部。管理干部队伍中，处级干部 27 人，平均年龄 51.1 岁，高级职称占 92.6%；科级干部 45 人，平均年龄 44.3 岁，高级职称占 35.6%，管理专业毕业的干部所占比例逐年提高。2004 年，依据《党政领导干部选拔任用工作条例》的规定，严格按照民主推荐与组织推荐相结合、公开竞聘、全面考察、任用公示等程序及“四化”要求来选拔任用干部，顺利完成医院行政职能处室干部的换届工作。公开招聘岗位共计 36 个，参加竞聘人员共 58 人，其中院外 15 人，共组织召开竞聘会 5 场。经公开竞聘，共任用干部 35 人，平均年龄 39.9 岁，其中新任用院内科级干部 5 人、院外科级干部 2 人、岗位调整 3 人，另有 6 人被免去职务。换届后，医院共有处级干部 27 人，平均年龄 52 岁，高级职称占 94.5%，其中管理专业毕业或具有管理培训经历的干部比例达 68%。

2007 年，医院党委按照德才兼备的原则，选拔任用 1 名副院长、1 名党委副书记，进一步优化领导班子的年龄和职业结构。并历时一个半月完成行政职能处室干部的换届工作，共有 16 个部门 33 名干部参与换届，有 9 名年轻的干部任新的职务，管理干部的平均年龄下降 1.5 岁。同时，还先后调整充实 10 名干部的任职。是年，共有 2 人新任正处级职务，4 人新任副处级职务，10 人新任正科级职务。2008 年，医院先后调整充实 6 名干部的任职，其中 2 人新任副处级职务，4 人新任正科级职务，干部队伍建设从整体上呈现出素质不断提高、结构不断完善的特点。

2009 年，医院制定《上海交通大学医学院附属瑞金医院关于干部任免的有关规定》，对干部选拔任用的原则、标准、程序进行严格规定，明确干部任前推荐制、党委任免干部票决制、干部任前考察制、干部任前公示制、干部任前征求纪委意见、干部试岗制等一系列规章制度。同时，在干部选拔任用过程中，做到记录完整，考察材料、任免职干部审批表等文件资料齐全、规范，归档及时。是年先后调整充实9名干部的任职，其中1人新任副处级职务，6人新任科级职务，干部选拔聘任工作更为规范、科学。2010年，医院顺利完成所有职能部门换届考核工作，新任用副处级干部1人，科级干部7人。

二、干部教育培养

20世纪50年代，医院党组织成立后，坚持理论与实际相结合的原则，以自修为主，学习马列主义和毛泽东思想。1964年，分党委对科级以上干部采取自我检查与党员评议相结合的办法进行鉴定，增强共产主义信念，保持革命本色。1978年，中国共产党十一届三中全会以后，医院根据1980年2月《中央宣传部、组织部关于加强干部教育工作的意见》，贯彻新时期干部教育方针，即以马列主义、毛泽东思想为指导，以解决中国四化建设问题为中心，学习有关理论和实践知识，培养一支懂得马克思主义基本知识和党在新时期的路线、方针、政策，坚持社会主义道路，具有专业知识，富于艰苦创业精神的干部队伍，并从中造就一大批行业专家。在制定干部教育培训规划时，结合医院实际，提出干部教育培训工作的指导思想、基本任务和目标要求。

1984年，中共上海市委组织部下发《关于大力开展干部培训工作的试行方案》，指出干部培训工作的基本任务是使广大干部在马克思主义理论、文化水平、专门知识和领导管理能力等方面都有显著的提高，成为懂得马克思主义坚持社会主义道路，具有一定文化水平必备专业知识和一定的解决实际问题能力的合格工作人员。此后十年，医院开始进一步重视干部学历教育。

进入20世纪90年代，中共上海市委提出“三个一”工程。为完成上海市的育人目标，在干部教育与培训工作中，坚持“重要干部重点培训，优秀干部优先培训，紧缺人才加速培训，年轻干部全面培训”的原则，加大培训力度。

1995年，除选送13位处级以上干部到市委党校学习外，又选送5位副处级以上干部到市委党校或市教卫党校学习，以提高理论修养和管理水平。党委就抓好管理队伍建设制定了具体落实措施，如每年有计划有目标输送干部赴市委党校学习，提高学历层次；举办处、科级干部电脑培训班等。

1997年，根据上海第二医科大学党委关于做好后备干部的推荐工作的要求，在全院副主任医师、高级职称、科级干部、各民主党派代表等范围内进行院、处后备干部的推荐工作，为医院干部队伍的建设拓宽思路，打下基础，有利于党委在此基础上对后备干部进行有针对性的培养，如学历培训、轮岗锻炼等，使一批青年干部脱颖而出。

2000年，医院党委加大后备干部培养力度。党委书记亲自挂帅，在往年后备干部的基础上拟定、补充党政后备干部人选，建立了局级、处级和年轻处级后备干部库，对接上海第二医科大学党委组织部的要求，并结合年龄变化等因素，定期更新后备干部库的名单。同时有计划地输送年轻后备干部赴滇、援藏锻炼和赴上海第二医科大学、街道及医院内党政部门进行分层次地挂实职的锻炼，使后备干部管理工作做到动态管理。

2003年，努力拓宽干部培养的新途径，与上海交通大学联合举办MBA核心培训课程班，对中层干部进行短期集中培训、学习专业管理知识和现代管理技能。

2008年，医院党委先后选送4名干部至团市委、街道及交大医学院挂职锻炼，参加各级各类党校学习培训共计15人次，同时有计划有步骤地加大对年轻后备干部的培养力度，让年轻干部经受锻炼和考验。

2009 年，制定《瑞金医院青年干部挂职锻炼的暂行办法》，对挂职干部的对象范围、实施程序、管理要求、时间及方式进行明确规定，选派 9 名干部至上海交通大学医学院、街道及医院管理岗位挂职锻炼，有效地促进医院与上级单位部门、医院临床科室与管理部门或管理部门与管理部门之间的柔性流动。

2010 年，为进一步加强对中层干部的科学管理和有效培养，实行青年干部挂职锻炼制度，有 5 位来自临床一线的优秀青年至职能部门挂职锻炼，5 位来自院外的中青年干部来瑞金医院挂职交流。

三、干部监督管理

1989 年，《中国共产党中央关于加强党的建设的通知》指出党管干部原则的主要内容为："加强对干部工作的领导，制订干部工作的方针、政策，推荐和管理好重要干部，指导干部人事制度的改革，做好对干部人事工作的宏观管理和监督。"在这一原则指导下，是年 12 月，上海第二医科大学党委将原由学校人事处管理的处级干部和由各副局级医院管理的副处级干部，划归学校党委组织部管理，科级以下(包括科级)干部的管理权限仍按原规定执行。从 1990 年起，瑞金医院党委把医院干部队伍的管理和建设作为党的重要工作之一。

1995 年，根据对党员领导干部严格要求、严格管理、严格监督的要求，继续坚持对党委职能部门干部开展述职、评议、考核聘任。明确规定党政干部实行聘任期制，任期一般为 2 年。同时对院党政领导参加学习、出席会议的情况进行考核。

1997 年，按照市委组织部的要求，党委坚持做好副处级以上干部的个人收入、住房情况及兼职情况的申报工作，并形成制度化，通过一系列的制度来规范党员干部的言行，增强了党员干部的作风建设。

2007 年，为进一步加强对中层干部的科学管理和有效培养，还实行或试行对重要岗位中层干部的定期轮岗交流制度、干部年度考核测评制度、干部规范化学习培训制度以及重要岗位干部任期和离任审计制度等，对 3 名重要岗位干部作了调整，对 1 名干部进行审计。

2009 年，根据《上海交通大学医学院领导干部经济责任审计实施细则》的通知要求，医院同年开始将干部离任经济责任审计向任期经济责任审计延伸，充分运用经济责任审计结果，加强对中层以上管理干部的监督管理。2010 年，还实行干部年度考核测评制度，并对 4 名离任干部及 1 名现职干部进行经济责任审计。

第四节 统一战线与高级知识分子工作

一、政治协商、民主监督

1956 年，医院党总支成立时，由总支委员分管统战工作，主要是向党外干部群众宣传党的统战理论和方针政策等。20 世纪 60 年代，医院分党委成立后，由一位分党委委员分管统战工作，除传达通报中共中央和上海市委有关重要会议精神和重要文件外，还就医院的经济建设、廉政建设、民主政治建设、统战工作等问题进行协商讨论，或通报情况、听取意见。1978 年，统战工作纳入党委办公室的职能。20 世纪 80 年代初，医院党委开始定期或不定期的召开统战对象座谈会，学习有关文件，听取他们的意见和建议，协商医院有关重大事情。指导和支持民主党派独立自主开展工作，贯彻执行党的对台方针及侨务、宗教、民族等政策，做好台、侨、宗教、民族工作；加强非党干部的培养，及时向有关方面推荐党外人士的工作安排。1991 年起，由党委书记亲自负责统战工作并指定党办一位同志具体进行联络。建立“季度座谈会”制度，由院党、政领导向院内各民主党派负责人通报情况。2000 年至今，党委通过民主党派负责人季度座谈会制度，做到医院重大工作及时听取各民主党派负责人意见，重视民主党派组织的自身建设，定期深入各民主党派了解情况，落实各项统战政策，支持和督促各党派开展活动。

二、支持参政议政

根据中共上海市委统战部的要求，院党委积极推荐在全市、全国医学教育界中有代表性有贡献的专家教授任人民代表大会代表和政治协商会议委员。同时，鼓励支持党外代表人士参政议政，积极关注热点、难点问题，立足国情、院情，从发展大局出发，发现问题、了解真情，提出建设性建议和意见，体现较高的参政议政水平。自 1955 年起，医院先后共产生全国人民代表大会代表 3 人，中国人民政治协商会议全国委员会委员 4 人，上海市人民代表大会代表 11 人，中国人民政治协商会议上海市委员会委员 21 人，区人民代表大会代表 6 人，区政协委员 12 人。

表 9-1-3　1965—2010 年医院当选各级人民代表大会代表和人民政治协商会议委员情况表

类别	姓名	年份	届次
全国人民代表大会代表	傅培彬	1965,1978,1983	第三、五、六届
	王振义	1988	第七届
	陈赛娟	2003,2008	第十、十一届
中国人民政治协商会议全国委员会委员	邝安堃	1965,1978,1983	第四、五、六届委员
	董方中	1983,1988	第六、七届委员
	李宏为	1998,2003	第九、十届委员
	陈　竺	2005,2008	第十届(增补)、十一届委员
上海市人民代表大会代表	程一雄	1954,1956,1958,1962,1964	第一、二、三、四、五届
	邝安堃	1956,1958,1962,1979	第二、三、四、七届委员(1979—1983 年任人民代表大会常委兼科学文教委员会委员)
	魏指薪	1958,1962,1964	第三、四、五届
	杨之骏	1977,1983	第七、八届(第七、八届常委兼第七届人民代表大会常委会市政建设委员会副主任、第八届人民代表大会常委会教育科学文化委员会委员)
	叶衍庆	1977,1983	第七、八届
	李国衡	1983,1988	第八、九届(第九届常委兼代表资格审查委员会委员、议案委员会副主委)
	龚兰生	1988	第九届

（续表）

类　别	姓　名	年　　份	届　　次
上海市人民代表大会代表	戚文航	1993	第十届
	朱建新	1993,1998	第十、十一届
	喇端端	2003,2008	第十二、十三届
	于颖彦	2008	第十三届
中国人民政治协商会议上海市委员会委员	叶衍庆	1955,1958,1962,1964	第一、二、三、四届委员
	傅培彬	1955,1958	第二、三届委员
	董方中	1959,1962,1964,1977	第二、三、四、五届(第五届常委)
	魏指薪	1977	第五届
	陈大中	1977,1983	第五、六届
	朱仲刚	1977,1983,1988	第五、六、七届
	王振义	1986	第六届
	陶祥龄	1988	第七届
	陈家伦	1988,1993	第七、八届(第七届常委)
	李宏为	1993	第八届
	杨庆铭	1993	第八届
	阎祖强	1993	第八届
	邱力萍	1998	第九届
	陈绍行	1998,2003,2008	第九、十、十一届
	倪语星	1998,2003	第九、十届
	陈　竺	1998,2003	第九、十届常委
	张庆华	2003,2008	第十、十一届
	陈　楠	2008	第十一届
	刘　艳	2008	第十一届
	郑民华	2008	第十一届
	赵　强	2008	第十一届

1979 年，周锡庚任民盟上海第二医学院支部主委，朱仲刚任副主委。1990 年，宓志均任民盟上海第二医科大学第二届委员会副主委。1996 年，宓志均任民盟上海第二医科大学第三届委员会副主委。2001 年，宓志均任民盟上海第二医科大学第四届委员会副主委。2007 年，民盟上海第二医科大学委员会更名为民盟上海交通大学医学院委员会，赵卫国任民盟上海交通大学医学院第五届委员会副主委。2010 年，赵卫国任民盟上海交通大学医学院第六届委员会副主委。

1999、2002 年，倪语星任民建上海第二医科大学第一届、第二届支部委员会主委，并于 2006 年任民建上海交通大学医学院第一届总支部委员会主委。

1990 年，储哲芳任民进上海第二医科大学第二届支部委员会主委。1992 年，储哲芳任民进上海第二医科大学第一届总支部委员会主委，施浩然任副主委。1995年，施浩然任民进上海第二医科大学第一届委员会主委，张利午任副主委。2001年，施浩然任民进上海第二医科大学第二届委员会主委，张伟滨任副主委。2004年，届中调整，张伟滨任民进上海第二医科大学第二届委员会主委。2006年，张伟滨任第三届民进上海交通大学医学院委员会主委。

农工党上海第二医学院支部筹备组于1958年5月成立，由广慈医院魏指薪任筹备组主委。1959年3月，农工党上海第二医学院支部成立，魏指薪任主委。1961年，魏指薪连任主委。2006年，管樑任农工党上海交通大学医学院第五届委员会副主委。2009年，胡翊群、赵强被增补为农工党上海交通大学医学院第五届委员会副主委。

1997年，黄十洲任致公党上海第二医科大学第四届支部主委。2001年，黄十洲任致公党上海第二医科大学第五届支部主委。2006年，陆旭辉任致公党上海第二医科大学第六届支部副主委。

1957年1月，九三上海第二医学院支社成立，叶衍庆任副主委。1996、2001年，陈绍行任九三学社上海第二医科大学第三、四届委员会副主委兼联络委员。2006年，陈绍行任九三学社上海第二医科大学第五届委员会主委。

1995年6月，龚兰生被评为“上海市侨界爱国奉献先进个人”。2007年，于颖彦被增选为上海交通大学医学院侨联会第二届理事会副会长。2008年，于颖彦任上海交通大学医学院侨联会第三届理事会会长。2009年8月，邱坚荣获全国归侨侨眷先进个人。2009年11月，上海市侨界知识分子联谊会成立，院长朱正纲当选为副会长，于颖彦为常务理事。2010年2月，朱军荣获上海市华侨华人“杰出创业奖”。

1996年，胡大萌任上海交通大学医学院台胞台属联谊会第二届台联理事会副会长。2001年6月，邵炳荣任上海第二医科大学第三届台联会副会长。2008年10月，邵炳荣任上海交通大学医学院第四届台联会副会长。是年，刘艳任上海市台联会第八届常务理事。2010年12月届中调整，刘艳增补为第四届上海交通大学医学院台胞台属联谊会会长。

1988、1992、1997、2002年，朱建新相继任上海第二医科大学民族联第一届、第二届、第三届、第四届理事会会长。2008年，喇端端任上海交通大学医学院民族联第五届理事会会长。

表9-1-4　1958—2010年医院担任民主党派市委委员以上任职情况表

党派	姓　名	年　　份	任　　职
民革	张曦明	1988	民革上海市第八届委员会顾问 民革上海市委员会常务委员
民盟	周锡庚	不详	民盟上海市委员会常务委员会副主任委员
	华祖德 李兆基	1993	民盟上海市第十届委员会医卫委员会委员
	朱建新	1993	民盟上海市第十届委员会妇女委员会委员
	宓志均	1996	增补为民盟上海市第十届委员会委员
		1997	民盟上海市第十一届委员会委员、医卫委员会副主委
	夏　翔	1997	民盟上海市第十一届委员会医卫委员会副主委
	郁忠勤 燕　敏	1997	民盟上海市第十一届委员会医卫委员会委员

（续表）

党派	姓　名	年　　份	任　　职
民盟	韩天权	1997	民盟上海市第十一届委员会医卫委员会委员
		2002	民盟上海市第十二届委员会委员
		2007	民盟上海市第十三届委员会委员、医药卫生委员会副主任
民进	施浩然	1995	增补为民进上海市委第十一届委员会常务委员
		1997	民进上海市委第十二届委员会常务委员
	张伟滨	2001	民进上海市委第十二届委员会委员
		2006	民进上海市委第十三届委员会常务委员
		2010	民进上海市委第十四届委员会常务委员
农工党	魏指薪	1958、1979	农工党第七届、第八届中央委员会委员
		1958	农工党上海市第二届委员会委员
		1961、1965、1980	农工党上海市第三届、第四届、第五届委员会常务委员
		1984	农工党上海市第六届委员会顾问
	李国衡	1980、1984	农工党上海市第五届、第六届委员会常务委员 农工党上海市第六届委员会副主任委员兼秘书长
		1988	农工党上海市第七届委员会顾问
		1988	农工党第十届中央委员会委员
		1997	农工党第十二次全国代表大会代表
	宋永健	2000	农工党上海市第十届委员会委员
	胡大佑	2004	农工党上海市第十一届委员会委员
致公党	黄十洲	1997(4 月)	增补为致公党上海市第三届委员会委员
		1997(6 月)	致公党上海市第四届委员会委员
九三学社	陈绍行	1997	九三学社上海市第十三届委员会委员
		2002	九三学社上海市委医卫会副主任委员
	李培勇	2004—2006	九三学社上海市委特约研究员
	陈绍行	2007	九三学社上海市委医卫会副主任委员
台盟	刘　艳	2007	台盟第八届中央委员会委员
		2007	台盟上海市第十届委员会委员
		2007	台盟上海市第二届青年委员会主任

三、高知与人才工作

【政治关心】

在政治上，党委为知识分子参政、议政创造条件，帮助知识分子在政治上成长；选送高级职称的中年学科骨干到市委党校高级专家进修班作短期脱产学习，使他们在政治理论上有进一步提高。

【工作支持】

在工作上，医院党委推荐优秀知识分子任院内各级领导职务，以加强学科建设为抓手，支持行政领导，做好对重点学科扶植。一方面，继续发挥老专家在学科建设中的作用，支持参加国内外学术活动，使其能够进一步发挥传、帮、带作用。另一方面，为了充实学术梯队，在医教研工作上对知识分子放手使用，为学术上有发展前途的知识分子提供支持与帮助，如提供科研用房、添置必要的设备；选送中青年知识分子公派出国学习；对中青年医师坚持执行破格晋升高级职称制度。院党委还组织一部分业务能力较强的青年知识分子成立青年知识分子联谊会（简称“青联”），努力发挥青年知识分子的积极性和主动性。

【生活关怀】

根据党中央“要把知识分子工作放到重要日程”的精神，瑞金医院党委响应“尊重知识，尊重人才”的口号，积极落实知识分子政策，从政治思想、人才培养、梯队建设、工作生活等多方面关心知识分子成长。1992年，在分房中决定提出20%房源分配给有突出贡献、居住有困难的知识分子，特别是中青年知识分子，以解决知识分子的后顾之忧。

【人才引进】

1996年，医院党委对留学归国的知识分子给予政策上的支持，针对医院学科建设特殊人才的需要及薄弱科室学科带头人断层的情况，积极支持行政领导引进特殊人才。同时，积极鼓励高新医学技术在临床上的应用。这一系列政策的扶持，为高血压研究所、麻醉科、口腔科、神经内科、心血管内科、消化内科、血液学研究所等学科的发展创造了条件，也带来了新的成果。1998年，医院注重强化“尊重知识，尊重人才”的意识，建设人才脱颖而出的“软环境”，千方百计克服困难，创造条件吸引专业人才回国。同时，增加院级科研基金投入，在科研上有突出贡献的专家奖励兑现。中青年知识分子经过培养，很多成长为学科带头人。

【终身教授制度】

1998年，为了充分肯定和褒奖在医院和学科建设中做出突出贡献、对学科建设和医院建设具有楷模作用的老专家，促进学科梯队建设和优秀中青年医学人才培养，瑞金医院建立了终身教授制度，并遴选出第一批终身教授25人。至2010年，医院先后遴选了4批共38位终身教授（详见“人物篇”）。党委从政治、生活、工作及医疗保健等方面做好服务工作，解决他们的后顾之忧。政治上，医院党委积极贯彻“尊重知识、尊重人才”的方针，为终身教授发挥作用创造条件，通过终身教授季度座谈会等形式，宣传党的方针政策，认真听取他们对医院工作，尤其是对学科发展和人才培养方面的意见和建议，发挥他们的作用，为医院发展献计献策。生活上，除了冬送温暖、夏送清凉外，做到重大节日有家访、生病住院有探望，平时经常电话关心。通过经常性的思想沟通，切实帮助终身教授解决在生活、健康等问题上的实际困难。另外，党委还注重对终身教授有关历史资料的挖掘整理，做好现有资料的搜集存档工作。

第五节　重要党务工作和活动

一、发展沿革

1951年初，医院党组织(党小组)和工会在中共卢湾区委领导下，积极参与抗美援朝运动。1951年6月，在聂传贤、田厚生等带头下，有60多位医务人员报名参加抗美援朝医疗队，龚兰生、陈家伦、林言箴、张天锡等20多名医生和护士被批准参加上海市第二批抗美援朝医疗队，聂传贤被任命为大队长，率领一个大队奔赴抗美援朝前线为志愿军伤病员服务。至1953年，广慈医院先后有数批人员参加了抗美援朝医疗队。聂传贤、郑惠黎、陈家伦等人还立了功，受到志愿军有关领导机关的表彰。

1952年1月，医院党支部按照中国共产党中央《关于立即限期发动群众开展“三反”斗争的指示》，在市卫生局党委部署下，开展了反贪污、反浪费，反官僚主义的运动。党支部对广大职工进行了反对资产阶级思想腐蚀，树立艰苦奋斗，廉洁奉公和为人民服务的思想教育；对有经济问题的人，则动员其自觉交代和退赔；对党政干部侧重于克服官僚主义，转变工作作风，加强调查研究密切联系群众。这场运动历时3个月，贯彻边整边改，加强了对钱、财、物的管理，堵塞漏洞，克服浪费现象，树立了勤俭办院的思想和廉洁奉公的良好风气。

1953年春，中共上海市委部署开展“三自爱国运动”，广慈医院为这场运动的重点单位，市委派出了以曲荣、王秀峰等4位县团级干部组成的工作组到院加强对运动的领导。工作组与党支部一起开展调查研究，掌握思想情况，依靠积极分子团结争取教徒群众。在工人中开展了忆苦思甜，阶级教育；在医师与护士中采用座谈会、学习会及个别谈心、交朋友等方法宣传党的宗教政策，进行爱国主义教育，最大限度地团结群众。

在全市统一部署下，广慈医院于1955年8月开展肃反运动，至1956年7月基本结束，参加运动总人数1 339人。医院党支部发动群众学习文件，号召有问题的人坦白交代，组织力量开展内查外调，严格掌握党的政策。运动中对在广慈医院职工队伍中的原国民党反动党、团、军、政骨干人员按党的政策进行了甄别处理，有的移交司法机关依法处理。对个别错案或处分过重的人员，有的当时即已做了纠正，有的是在党的十一届三中全会后老案复查中分别予以纠正。

1957年5月，医院党总支按中央《关于整风运动的指示》在上级党委统一部署下开展了整风运动，要求党员干部切实转变作风，克服官僚主义，密切与群众联系，加强调查研究，推动各项工作。期间号召全院职工以“鸣放”的形式帮助党整风，向党总支及党员干部提意见。在众多的意见中也出现了某些偏激或有错误的言论。9月转入以反右派为主要内容的政治运动，导致斗争的扩大化，使一些知识分子和其他干部职工受到不应有的伤害，他们中大多数人在20世纪60年代初已先后予以摘帽。直至党的十一届三中全会后，错划的“右派”才得以彻底平反，积极性得到充分发挥。

1966年，“文化大革命”开始，医院受到了严重干扰和破坏。同年6月，医院开展了以“四大”为武器的“文化大革命”运动。1966年8月，医院也开始出现红卫兵组织和其他造反组织，掀起了“破四旧”、抄家和批判“资产阶级反动学术权威”的浪潮，一批专家教授被点名批判，“靠边劳动”。1967年1月，医院各级党政组织于“一月风暴”被夺权。1968年4月，医院成立了“革命委员会”，但由于造反派组织派性严重，革委会难以成为权威性的临时权力机构。同年9月，工人、解放军毛泽东思想宣传队(简称“工宣队、军宣队”)进驻医院，在“文化大革命”期间工宣队、军宣队不断开展批判“修正主义教育路线”和“修正主义卫生路线”，把医务人员钻研业务指责为“唯生产力论”，走“白专道路”;对医院中一套行之有效的规章制度指责为“管、卡、压”而加以批判,医院的工作秩序混乱。尽管在这样混乱和困难的情况下,绝大多数医护人员本着救死扶伤的革命人道主义精神,仍坚守工作岗位,为救治病人而努力工作,医院的业务得以维持。1977 年 8 月,工宣队、军宣队全部撤出。在“文化大革命”的一系列运动中,大批干部、知识分子被扣上了许多莫须有的罪名,直到中国共产党十一届三中全会以后,冤假错案才得以平反昭雪。瑞金医院经过拨乱反正,进入了新的发展时期。

1978 年以后,为落实党的十一届三中全会精神,按照上级党委指示,瑞金医院党委进行了“拨乱反正,落实政策”工作,成立了落实 55 号文件小组。对于“文化大革命”中的冤、假、错案和“文化大革命”前的历史老案以及错划的右派,分别进行了平反、复查和改正工作。同时,为在“文化大革命”中受到迫害和冲击的知识分子恢复名誉、落实政策,查找归还在“文化大革命”中被抄家没收和失散的财物等。通过整顿体制,恢复和提升业务技术职称,大大地调动了干部和知识分子的积极性,使医院的管理加强了,医教研质量有了一定的提高。党委关心群众生活,积极解决一些职工中的实际困难,通过一系列的工作,使一些长期蒙受冤屈的干部、知识分子和群众解脱了沉重的思想枷锁。在贯彻执行统战政策方面,先后两次召开部分统战对象座谈会,学习有关文件,听取意见,商量如何加强医院管理等问题;各级领导和有关部门对年老体弱的统战对象,多次进行家访,从思想上生活上关心体贴他们;对宗教政策的落实情况进行了全面调查、摸清情况,针对存在的问题,在党内进行宗教政策教育,并按照党的政策抓紧处理。由于进一步落实了党的政策,消除了一些不安定因素,绝大多数知识分子都心情舒畅,为四化建设积极工作。至 1987 年,历史老案复查 179 件;错划右派经改正者 20 人;对“文化大革命”中冤假错案的平反纠错 148 件;清理“文化大革命”中查抄物资退赔和文物图书经济补偿 161 人;私房落实政策 38 户;清理“文化大革命”中的文书档案材料 2 678份,清理中专以上的知识分子人事档案 1 629 份;1980—1987 年,全院发展新党员 124 名,其中中专以上的知识分子有 92 名;中专以上知识分子职称晋升(包括高级职称资格认定)共 895 人次;解决知识分子中夫妻分居两地问题 37 人。这一项工作涉及面广、工作量大、跨越时间长,个别难度比较大的工作一直持续到 20 世纪 80 年代后期。党的政策有效落实,激发了医院广大知识分子的积极性,许多学识丰富的老专家在医教研等领域成为业务骨干和学术带头人,为今后医院的发展奠定了重要基础。

为贯彻十二届二中全会通过的《中国共产党中央关于整党的决定》精神,医院于 1985 年第二季度开始着手准备,于同年 7 月 19 日成立了整党办公室。在整个整党阶段,党委及各支部的领导同志都自觉带头遵守制度,积极开展批评与自我批评,主动找党员或群众谈心,并联系思想认真做好个人对照检查。通过整党实践,使同志们提高了党性觉悟,纠正了错误思想,抵制了不正之风,改进了工作方法,在党内外都产生了良好的影响。1986 年,经二医党委同意结束整党工作,并于 1987 年 5 月撤销整党办公室。

发生在 1989 年的政治风波,历时 50 天。在此期间,医院党委认真及时传达并贯彻党中央及上级党委的文件精神,教育广大党员和干部在政治上、思想上和行动上同党中央保持一致。组织学习座谈会共 38 次;组织专题学习班六个半天,学习中央文件精神和邓小平同志讲话,加深认识。院党委和行政领导一致认为,以稳定全局为重,维护医院的正常工作秩序。明确要求全体干部和党员坚守岗位,自觉维护安定团结的局面。在上海第二医科大学党委领导下,于 1989 年 9 月至 12 月开展了“两清工作”,由党委书记任组长。坚持以正面教育为主,团结和教育广大青年学生,并形成书面报告递交上海第二医科大学党委。

二、主题教育活动

【“三讲”教育】

1997年，医院党委遵照党中央关于“讲学习、讲政治、讲正气”的要求，着重抓好院、处两级领导干部的思想建设，以“三观”教育为重点，坚持每月一次副处级以上干部的中心组学习，有计划地组织了形势与任务教育、管理知识讲座和党的路线、方针、政策的学习。1998年，在党员中开展“让人民高兴，使人民放心”和“争当创业、敬业的先锋，争做关心群众的模范”的主题活动。此项教育活动使党员在医院两个文明建设中发挥先锋模范作用，成为瑞金医院的一面旗帜。

【保持共产党员先进性教育活动】

2005年1月，根据党的十六大和十六届四中全会精神，在全党开展以实践“三个代表”重要思想为主要内容的保持共产党员先进性教育活动。2005年初，医院党委将保持共产党员先进性教育活动纳入了党委工作计划。2005年7月12日—11月17日，在上海市科教党委和上海交通大学医学院党委的领导下，医院“先进性教育活动”工作扎实开展，促进了医院的各项工作。全体党员增强了党员意识，明确了努力方向。据统计，医院应参加本次先进性教育活动的党员数为1 229名，实际参加的党员数为1 114名，参学率达到90.6%。全体党员对整个先进性教育活动3个阶段的学习总体满意度达到100%。

【创“五好”支部和党员活动】

2007年，院党委启动了历时两年的创“五好”支部、党员的活动，并结合先进性教育长效机制4个文件的执行，要求各党支部和每位党员，以建设具有良好服务作风、工作作风的先进党支部为抓手，以利民、亲民、便民为切入点，按照“创一流、做表率、树形象”的要求，把加强学习、增强服务本领和转变作风贯穿到党支部工作中，不断增强党支部和党员的先进性，创造廉洁高效和谐的支部氛围。是年，有肾脏党支部等9个党支部被评为“五好党支部”，有19名共产党员被评为“五好党员”。

【“讲党性、重品行、作表率”主题教育活动】

2008年，医院党委学习贯彻党的十七大精神，以“讲党性、重品行、作表率”主题教育活动和改革开放30周年为契机，将主题教育和经常性教育相结合，努力把干部党员群众的思想统一到党中央的要求上来。通过制定学习和培训计划、参观学习、专题辅导报告、学习先进典型等多种教育形式，不断提高党员干部的思想理论水平，增强党员干部在新形势下发挥先锋模范作用的自觉性。整个过程中，医院先后颁布实施及修改院务公开等制度近10项，形成了以主题教育活动为载体，医院各项工作逐步实现长效、常态化。

【深入学习和实践科学发展观活动】

2009年，医院开展深入学习实践科学发展观活动，历时5个月。自3月12日学习实践活动动员大会召开以后，医院党委结合医院工作实际，突出科学发展主题，紧扣“贯彻科学发展观，建设群众信赖医院”的实践载体，按照“坚持解放思想、突出实践特色、贯彻群众路线、正面教育为主”的原则，着力推进了3个阶段11个环节的各项工作。通过学习调研阶段、分析检查阶段以及整改落实阶段三个环节，在切实解决影响和制约医院科学发展的突出问题上下功夫，制订整改落实方案，努力解决员工最关心、最直接、最现实的利益问题。通过深入开展学习实践科学发展观活动，深化了全院党员特别是党员领导干部对科学发展观的重大意义、科学内涵、精神实质和根本要求的理解和认识，增强了医院领导班子以科学发展观思想来指导工作的自觉性，确定了医院发展的阶段性目标和重点，为开创医院科学发展新局面提供了有力保证。

【创先争优活动】

2010年7月—2012年6月，医院党委按照上级党委有关部署，结合医院实际，以“深入学习实践科学发展观、推动医院事业又好又快发展”为主题，以创建先进党组织、争当优秀共产党员为主要内容，制定了《瑞金医院深入开展“创先争优”活动实施方案》，广泛发动和精心组织全院各党支部和广大党员深入开展创先争优活动，围绕“上海世博会”“建党90周年”“向党的十八大献礼”3个重大节点，努力做到“五好”“五带头”的先进要求。医院党委在活动中全面负责组织和督导工作，通过听取汇报、专题调研、交流研讨等形式，了解基层支部活动进展情况，研究解决遇到的问题，总结推广好经验、好做法，推动活动顺利开展；同时，将创先争优活动情况纳入支部书记党建目标管理考核的重要内容，对各基层组织开展创先争优活动进行具体指导和督促检查，并作为长效常态的工作范畴，确保了此项活动的顺利推进。

世博先锋行动　2010年5—10月，医院开展以“世博先锋行动”为主题的创先争优活动。医院认真部署、完善制度、精心组织、全力以赴，举全院之力为世博会的成功举办贡献力量；医院组织医务人员加强应急演练、提高急救技能；严格医务人员外出管理，从组织上确保医疗力量；与各党支部、各级职能处室先后签订文明服务承诺和世博服务责任书，明确职责和任务；本着服务世博、服务社会的理念，医院开展“迎世博，我们在行动”活动，先后为200名警务人员培训心肺复苏技能；经过多方努力开通世博空中救援通道和世博绿色急救通道等，并向社会进行展示，为上海卫生争光；精心编撰《瑞金医院岗位服务标准和文明礼仪规范》《迎世博员工培训手册》，还组织世博礼仪知识大赛、世博双语培训及环境美化、流程改进等一系列工作，极大地提升医务人员服务世博的意识和能力，激发起党员群众服务世博的热情。此外，组织全院8个党总支48个党支部共计1 317名党员观看世博专题片进行全员专题培训，1 203名党员参加专题组织生活会。组织党员参加“世博先锋行动”百万党员践行文明承诺活动，全院共有1 312名党员参与承诺签名活动，充分激发广大党员参与世博、服务世博、奉献世博的责任感。

党建联建　2010年，根据中共上海市委组织部相关要求，医院在世博会召开前夕主动参与所在街道——瑞金二路街道党工委世博安保工作，并承担瑞金二路207号公交站点7个月值守任务。此后，为进一步推进以社区党工委为核心，辖区单位党组织共同参与的区域化党建工作，医院与瑞金二路社区街道党工委签订瑞金社区党建联建协议，本着资源共享、优势互补的原则医院充分利用医疗资源积极参与社区各项志愿服务和公益活动。同年，瑞金社区党建工作协调委员会成立，医院党委书记任委员会主任。高血压、灼伤、肾脏、血液、内分泌、机关总支及学生党支部等多个支部积极下社区，到学校开展党员志愿服务或组织各种义诊活动，在这些活动中进一步提高党员的先进性意识和服务群众的能力。同时，为贯彻落实关于构建城乡统筹的基层党建新格局的要求，不断巩固和扩大学习实践科学发展观活动成果，医院党委与嘉定区马陆镇党委签订了《结对共建协议书》，双方通过党建共建、精神文明共建、医疗咨询、健康宣教等多种形式开展结对共建活动，先后共计派出

10 批、83 人次赴马陆镇下属各社区开展送医下村活动；4 次派出专家进社区为马陆镇下属社区卫生服务站的医务人员进行培训，为辖区村民开展卫生科普知识宣讲活动，赠送乳腺疾病防治的书籍和资料。

建党 90 周年　2010 年 11 月开始，医院党委以迎接建党 90 周年为专题，开展"党性教育""服务群众""亮牌示范"和"组织创新"4 项主题活动。组织开展涵盖老干部、终身教授、民主党派、一线医务人员、团员青年在内的各类主题座谈、红歌会、医疗咨询以及大型文艺庆祝活动；组织 2 批共 37 人参加"红色之旅"活动，充分引导广大党员立足本职岗位，争创一流业绩。医院党委、各党(总)支部还通过召开党(总)支部书记会议、支部党员大会等方式，每年向党员报告工作并接受评议。对医院党(总)支部书记及党员的创先争优情况进行了点评，共有 59 个党组织开展了创先争优领导点评工作、1 192 名党员参加了点评。同时，表彰一批在医院建设过程中起到模范带头作用的先进基层党组织(7 个)和优秀共产党员(35 人)、优秀党务工作者(9 人)。

三、对外援助任务

【援疆任务】

1997 年起，上海市委、市政府积极落实中央部署，对口支援新疆阿克苏地区。1998 年 3 月，医院超声诊断科詹维伟作为上海市首批援疆干部，开启为期 22 个月的援疆之路。1999 年和 2008 年，薛建元、凌华威先后对口支援新疆阿克苏地区；2010 年，王曙赴新疆喀什地区援建，均圆满完成援建任务。

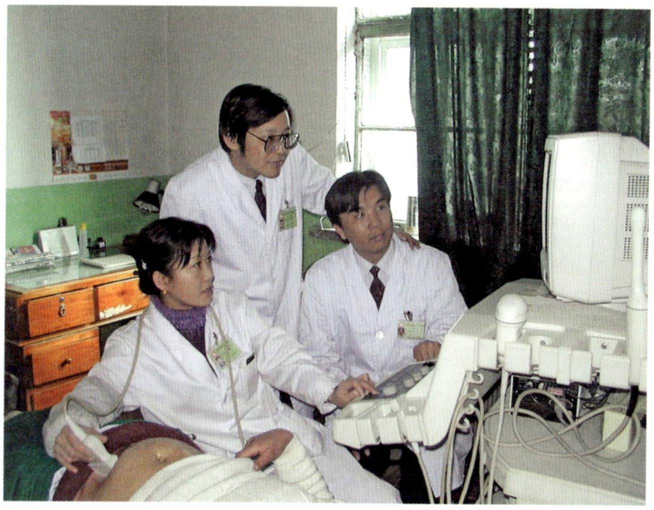

图 9-1-2　1998 年詹维伟(中)援疆

表 9-1-5　1998—2010 年医院派遣援疆干部情况表

援助地点及年份	科　室	姓　名	性　别	援助时期职称
阿克苏地区第一人民医院(1998 年 3 月—2001 年 1 月)	超声科	詹维伟	男	副主任医师
阿瓦提县人民医院(1999 年 6 月—2002 年 6 月)	普外科	薛建元	男	主任医师
阿克苏地区第一人民医院(2008 年 7 月—2010 年 11 月)	放射科	凌华威	男	主任医师
喀什地区第二人民医院(2010 年 11 月—2012 年 7 月)	内分泌科	王　曙	男	主任医师

【援藏任务】

1973 年，瑞金医院有 1 人参加援藏医疗队，为钱绍昌；1975 年，瑞金医院援藏医疗服务队名单如表 9-1-6。

表9-1-6　1975—1977年医院派遣援藏医疗服务队情况表

科室	姓名	性别	年龄
革委会	陆永余	男	23
骨科	钱不凡	男	43
内科	钱剑安	男	39
妇科	陈静坤	男	27
眼科	陈彬福	男	46
耳鼻喉科	邵伟德	男	38
放射科	沈鑫源	男	20
放射科	黄淑民	男	47
传染科	施向程	男	27
手术室	董巧云	女	23
麻醉科	王鞠武	男	46
外科	尹浩然	男	39
药房	郑海龙	男	25
检验科	赵瑛	女	39
高血压	应爱娣	女	36
口腔	王林康	男	35

【南极、北极科学考察活动医疗保障任务】

2008年，中国极地中心组织中国第三次北极科学考察人员赴北极进行为期78天的考察活动。极地中心商请瑞金医院派员随船提供医疗保健，医院派遣普外科丁家增医师随国家海洋局赴北极执行中国第三次北极科学考察任务。7月11日，中国第三次北极科考在上海极地中心码头扬帆起航，来自中、美、日、欧盟等国的100多位科学家开始此次科考行程。丁家增作为队医随国家海洋局“雪龙”号考察船，开展为期3个月的科考医疗保障。这是瑞金医院首次承担极地考察医疗保障任务。根据相关要求，医院配置各种医疗物资和设备。2009年10月11日至2010年4月20日，泌尿外科孙福康医师受命作为随队医生前往南极执行中国第26次南极考察任务，提供科考医疗保障，在国外停留190日。

第六节　老干部服务

一、发展沿革

1982年医院开始有老干部离休，党委指定一位党委副书记分管老干部工作，将老干部工作列入党委的经常工作内容，并在党委会和有关党政领导联席会议中时常听取老干部科的工作汇报和商讨研究需要解决的问题。人事科陈蓓蒂负责具体工作。1986年9月，医院根据上级有关精神决定成立老干部科，设在30号楼，陈蓓蒂任负责人，主要任务是认真贯彻党中央、上海市委有关离休干部工作的方针政策，认真做好离休干部两个“待遇”的落实工作，妥善安置好离休干部，保证他们离休后基本待遇不变，生活待遇略为从优，并继续发挥他们的积极作用。2003年4月，老干部科搬到11号楼地下室。2003年6月，金有娟任老干部科科长。2008年7月，吴晓萍任老干部科科长。

至2010年，瑞金医院符合离休干部标准共有59人，其中副局级1人、局级待遇8人、正处级1人、副处级2人、处级待遇36人、正科级及以下11人，其中享受干部保健的有26人。至2010年12月，尚健在的医院离休干部有35人。

二、主要工作

【落实政治待遇】

每月一次组织离休干部参加政治学习，及时传达和学习上级的各项重要文件及会议精神，组织学习讨论。同时，建立阅文制度，为每位老干部订阅学习资料，使其能及时了解国家大事，政治思想和党性修养上能跟上改革形势发展。为了让老干部及时了解医院的发展和建设情况，从1987年起，医院党委建立了向老干部不定期通报工作的制度。此外，还结合国家和医院的重大节庆、纪念日等开展各种纪念活动，推进老干部的思想政治建设。1989年，庆祝建国40周年期间，组织老干部参加上海市教委系统和医院举办的五月歌会、十月歌唱比赛。2005年，结合抗日战争胜利60周年，组织老干部参加关于在全市离休干部中开展中国人民抗日战争暨世界反法西斯战争胜利60周年纪念活动，党委书记亲自走访慰问了所有参加过抗战的离休老干部。2009年，召开瑞金医院离休老干部庆祝中华人民共和国成立60周年联欢会，举行了国庆60周年荣誉纪念章颁送仪式。

【落实生活待遇】

住房解困　1986年至1995年，老干部科在院党委的领导下，根据上海市人民政府办公厅《关于党政机关副局级以上干部住房分配标准的暂行办法的通知》等文件精神，先后增配了33名老干部的住房，使医院58名离休干部住房基本达标。2003年，根据沪委办《关于进一步做好离休干部住房解困工作的意见》精神，医院全面落实解决离休干部住房困难工作，完成了全部货币补贴兑现和补差工作。

生活补贴和护理费　1995年起，遵循中央关于离休生活待遇略为从优的原则和上海市委提出的“制定改革方案要适当照顾老同志利益，深入改革开放要让老同志享受经济发展成果，对有特殊困难的老同志实行特殊照顾”的政策原则，结合医院实际，逐步形成落实老同志生活待遇的基本原则：凡是国家和上海市明文规定的政策，医院认真落实；凡是政策范围内允许灵活掌握的医院都用足政策执行；凡是医院有能力办到的，都千方百计去办。

医疗保健　1987—2010年，老干部科每年组织老干部体格检查，安排老干部健康疗休养。针对老干部住院、抢救时发生的护工费和特殊医疗费，根据市委和上海第二医科大学《关于本市离休干部护工费用支出实施三个一点的暂行规定》给予报销。此外，参加医院职工急重病互助医疗基金会者，还可按规定享受部分医疗费补贴。为了提升老干部的自我保健意识，每年不定期地邀请医院资深专家教授进行健康保健讲座。2009年，建立了相关科室联系人制度，解决了老干部住院难的问题。

慰问制度　坚持生病住院必访、生活困难必访、思想波动必访、家庭变故必访的“四必访”原则。此外，每年高温和节假日院领导和老干部科都会家访慰问部分老干部，特别是一些因身体原因长期不能到医院参加活动的老干部。遇有重大节庆，如抗战胜利65周年、抗美援朝60周年时就加大走访慰问力度。每年春节老干部科还上门慰问老干部遗孀。

三、发挥老干部作用

【关心下一代】

老干部离休后非常关心下一代青年的成长，医院根据这一特点积极创造条件，组织开展此方面工作，以增进老干部和青年学生之间的交流，培养青年一代对离休老干部的深厚感情。如1995年，召开老干部关心下一代青年骨干座谈会，对青年树立正确的人生观和确立革命信念起到了促进作用；1999年，对青年进行革命传统教育和忘年交活动3次；2009年，组织“青春热点”专题访谈会，听老干部讲过去的革命故事等。从1998年起，老干部科和全体老干部每年都捐款帮困助学，每次3 000～4 000元，受助的有云南贫困地区小学生、上海第二医科大学临床医学院品学兼优的贫困生以及通过上海市希望工程办公室捐助的上海中学生。

【经络导平门诊】

1988年4月，老干部科按中央相关的规定，征得医院同意，帮助离休支部与针灸科合作开设了经络导平门诊（属于集体性质的第三产业），这既为老干部的活动资金提供了支持，又发挥了老干部作用。直至1995年1月，因故停办。

四、特色活动

医院每年组织老干部召开迎新春联欢会，展示书画摄影作品；同时，一直秉承敬老节为80岁以上老干部集体祝寿的传统。2009年，围绕庆祝新中国成立60周年活动，组织老干部开展征文、座谈、参观、慰问、联欢会等一系列活动。2010年，精心安排老干部安全、有序参观世博会，并先后2次组织离休老干部开展“了解世博、走进世博”和“宣传世博、共享世博”主题活动，共征集文章4篇，诗歌4首，绘画及书法8幅，摄影作品约150张，其中部分作品在上海市教委系统离退休老干部举办的“‘看世博、展风采’摄影·书画展”活动中展出，部分作品获交大医学院老干部世博征文和作品奖，其中优胜奖3名，优秀奖7名。

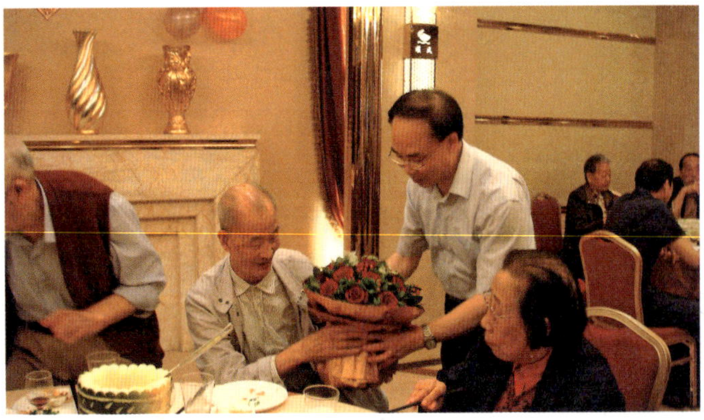

图9-1-3　2009年敬老节慰问离休老同志

每年安排一次老干部赴外地旅游参观、两次市内参观，感受祖国的大好河山以及社会发展的成果。1994年，结合学习邓小平文选及中国共产党十四届四中全会的文件，组织老干部“看上海、话改革”活动，通过组织老干部参观重大的市政建设工程（内环线高架、浦东金桥和外高桥发展有限公司等)，让他们进一步了解上海深化改革，加快社会主义市场经济建设的大好形势。2001 年，在纪念建党 80 周年活动中，除了组织召开座谈会、党史知识 100 题竞赛外，还组织老干部参观、考察上海发展图片展、一大会址和上海市科技馆，开展以“光辉的历程——绚丽的晚霞”为主题的征文、书画等活动。2004 年，组织老干部参观“邓小平诞辰 100 周年”“建国 55 周年”“上海解放 55 周年”展览和浦东、松江等地“看城乡巨变、看经济发展、看社会进步”的成果。2008 年结合党的十七届三中全会学习、参观考察了现代化新农村的代表之一蒋巷村，感受中国建设现代化新农村带来的变化。

1987 年，老干部科根据离休干部的年龄特点，以活跃文娱体育生活，增进身体健康为目的，组织室内体育运动会 1 次，19 人参加；组织老龄迪斯科健身操 2 期，共有 33 人次参加。1989 年起，根据离休干部自己的喜好，相继组建了钓鱼、棋牌、摄影 3 个兴趣小组，各小组各自开展活动。2004 年，还在此基础上组织老干部开展摄影、钓鱼、绘画、书法比赛。

五、主要成果

由老干部组成的离休党支部，在推动支部发展、服务群众、凝聚人心、促进和谐方面发挥了很好的作用，并在帮困助学、关心下一代方面做出了表率。1991 年，被评为“上海市教卫系统一九九一年度先进集体”；1994 年，获上海市离休干部先进集体光荣称号；2001 年，获“上海市教育系统关心下一代工作先进集体”。

许多老干部在“老有所为”的工作中也发挥了积极作用。如，老干部俞焕华离休后积极致力于家乡脱贫工作，捐款出力创办希望小学；1999 年，荣获“上海市教育系统关心下一代工作先进工作者”的称号。陶建民离休后十几年如一日主动承担居委会黑板报工作，在宣传党的政策和表扬好人好事方面积极传递正能量，于 2000 年荣获“上海市教育系统离休干部优秀共产党员”、2004 年荣获“上海市老干部先进个人”称号。高恪离休后，积极与上海市总工会退休职工活动中心筹划成立“上海市高级医学专家志愿为老服务队”(后改为“老年健康教育中心”)，免费为全市老年人做健康教育、健康咨询、健康检查、健康评估及健康指导。1998 年 3 月，他被聘为市教卫系统关心下一代报告团成员，多次对全市大、中学校的学生进行爱国主义、革命传统和艰苦奋斗的教育，帮助他们树立正确的世界观、人生观和价值观。2005 年荣获“上海市关心下一代先进工作者”、2006 年获上海市教育系统“关心教育下一代成绩卓著荣誉奖”。

第七节　人 民 武 装

一、人民武装部

【发展沿革】

1978 年，人民武装部部长郭延海，负责医院的民兵训练、预备役、兵役登记、征兵、拥军优属及人防战备等工作。1992 年，不设部长，由梅圃任副部长。2005 年，臧健任副部长。

【民兵建制】

医院的民兵工作开始于 1951 年，此时医院被军方征用，军代表入驻医院开展民兵工作。1959

年秋，接市委文件批复，建立广慈医院民兵团，民兵建制属于团级单位，以战伤救护为中心开展民兵训练，紧密结合各类医疗业务。在组织形式上，以党支部建连，以科室及病区编排、班。全团共有民兵2 113人（包括学生）。

1978年，根据上海第二医学院党委关于民兵整组和恢复民兵团建制，下设有武保组、业务组、后勤组。下有16个队：2个野战医疗队、3个手术队、8个救护队及消防队、抢修队、治安队。战备物资方面：战备药品，定期调换，分别存放。战备被服：150床、战备床200张。1982年，民兵组织在原有基础上做了调整，医院民兵营改编为野战医院，由一位党委副书记负责，野战医院下设有医疗救护队、分类队、手术队、专业救护队、生活保障队、警卫队等，人数为150～200人。

1987年，医院建立区民兵机动分队，为提高民兵队伍的应变能力，应付可能发生的突然事件，充分发挥民兵的突击作用，区卫生局、瑞金医院、曙光医院组成卫生急救排，负责机动分队的卫生救护工作。1989年起，恢复民兵团建制，民兵团下设有1个基本民兵营，2个医疗救护营，1个医疗保健营，1个生活民兵营。

【民兵训练】

医院民兵训练工作开展于1962年，1962年至1968定期以排、班开展射击，投弹，利用地形站岗放哨、战时保卫、卫生兵战地救护、消防器材的使用、通信联络、防空等训练。开展各类演习（防空、收容伤员、就地收容、民兵训练）。

1980年开始恢复医院民兵训练，按区人武部指标数开展民兵训练，相比以往减少民兵训练人数，同时开展针对性民兵训练（野战医院）等项目着重开始发展。以后每年按区武装部下达的民兵训练任务安排参加民兵训练，在训练中取得优良成绩。

2004年9月10日，全国民兵军事训练工作会议在上海举行，医院派出民兵参与了防化演习，参训民兵在训练期间刻苦努力，在浦东高桥机场接受了军委副主席兼国防部长曹刚川的检阅，在总结会上受到了上海警备区的通报表扬。

2009年，民兵军事工作紧紧围绕2010年世博安保工作展开，选派4名民兵分别参加警备区组织的民兵防化连训练和卢湾区步兵分队训练。9月武装部选派2名民兵骨干参加了由警备区、区武装部组织的为期半个月的世博安保民兵集训，并于10月中旬接受了市领导检阅。

二、兵役工作

医院征兵工作开始于1993年，院武装部积极配合征兵办做好冬季征兵宣传，组织适龄青年学习《上海市征兵工作条例》，宣传服兵役是光荣义务。1996至2001年医院先后有6名青年光荣入伍。

2001年后工作重心从征兵工作转向安排复员军人，2005至2010年期间医院安置复员军人17名，圆满完成了复员军人的安置工作。

自1991年起每年院武装部都会开展“双拥”工作，到部队进行学习交流，向复员、转业军人和烈属、伤残军人、优抚对象送慰问。1998年，制订瑞金医院拥军优属工作的执行细则（确定优抚对象、建立拥军优属领导小组、坚持拥军优属活动、利用节日开展慰问），同年被卢湾区区委（区级）评为“拥军优属模范先进集体”。

第二章 纪 检 工 作

瑞金医院纪律检查委员会依据上级纪委的要求，在医院党委的领导下，立足教育、完善制度、强化监督，着力构建医院惩治和预防腐败体系，为医院的改革、发展和稳定提供有力的保障。

第一节 监 督 检 查

一、注重预防

1993 年，医院被上海市纠正行业不正之风办公室和上海市卫生局指定的上海市职业道德建设试点单位。医院 12 位专家教授联名提出“廉洁行医、拒收红包”倡议书。1994 年，医院牵头联合 14 家大型综合医院向全市卫生系统发出抵制“回扣”的倡议。1997 年，建立科级以上干部上岗前谈话制度，结合医院处室班子及业务科室班子调整对每位新上岗干部进行谈话。1998 年，组织开展以“三讲”为主要内容的党性、党风、党纪教育以及“牢记党的宗旨，接受人民监督”的主题活动。2002 年第三季度，医院纪委配合医院党委在全院副处以上干部中开展了“读书思廉”活动。2003 年，在全院党员干部中开展“与您共勉”教育活动；与卢湾区人民检察院联合开展门急诊医技楼改扩建工程争创“工程优质、干部优秀”活动。2004 年，制作了《瑞金医院党员、干部廉政教育学习读本》；结合门急诊医技楼改扩建工程创“双优”工作组织开展“八个一”活动。2005 年，结合保持共产党员先进性教育活动，组织全院党员集中学习《中国共产党章程》《中国共产党纪律处分条例》《中国共产党党员权利保障条例》等党纪党规。2007 年 7—9 月，通过组织讨论、撰写体会、召开专题组织会以及观看警示教育片等方式在全院党员干部中开展警示教育活动，全院 25 名处级以上干部、699 名在职职工党员参加。2008 年，在全院范围开展“讲党性、重品行、作表率”主题教育活动；集中开展贯彻落实中央纪律检查委员会“七个不准”专项工作，医院纪委会同医院产业管理办公室对 5 家院属企业进行专项教育工作，5 家企业结合实际开展自查切实进行整改并撰写了自查报告。2010 年，分层次、多形式开展《中国共产党党员领导干部廉洁从政若干准则》的集中宣传教育；结合“世博先锋行动”，组织全院各党支部开展以“廉洁办博”为主题的专题组织生活会；与嘉定区人民检察院、上海嘉定新城发展有限公司联合开展瑞金医院北院项目创“双优”活动。

二、建章立制

1986 年初，医院建立党风责任制。1991 年，修订《瑞金医院党员领导干部党风责任制条例》，要求各级干部必须结合日常工作予以贯彻，并在民主生活会上检查执行情况。1993 年，参与制定《瑞金医院对违反廉洁行医、索取、收受病人钱物(红包)处理条例》《瑞金医院高尚医德廉洁行医奖励基金条例》，修订了《瑞金医院科以上领导干部廉洁行医的补充规定》。1994 年，制定《关于制止个人和部门私自接受“回扣”的暂行规定》《瑞金医院基建和修建工程项目审计工作实施细则》。1998 年，制定《瑞金医院党风廉政工作责任制实施细则》。2007 年，印发《关于建立瑞金医院党风廉政建设工作联席会议制度的通知》，成立党风廉政督导员队伍。2008 年，制定并印发《瑞金医院党政领导班子成员党风廉政建设和反腐败工作责任分工》以及《瑞金医院“三重一大”集体决策制度实施办法》。2010 年，制定《瑞金医院加强反腐倡廉建设的实施意见》。

三、落实监督

1985 年，医院纪委针对公款送礼、乱发奖金实物、干部经商、突击提职及创收分配等 5 个方面进行了检查。1989 年，在全院范围开展“廉洁行医、文明服务”专项活动，成立医院“廉洁行医工作小组”。活动共历时 4 个多月，包含学习动员、对照分析、检查落实和总结 4 个阶段。1993 年，开展了对医院集资情况、党政处以上干部兼职、兼职取酬和党政处室乱收费情况专题调查，并接受了中国共产党上海市纪律检查委员会、上海市监察局对医院开展的职业道德建设工作专项检查。1994 年，组织对全院临床科室、三产以及采购部门开展“回扣”情况专项调查，并接受了上海第二医科大学对医院重点科室有关“回扣”情况的专项检查。1996 年，开展对医院 36 名处以上领导干部住房申报登记工作，开展了对药剂科、检验科、各临床科室及三产的药品购销情况，试剂“返利”情况的专项检查。开展通信工具的清理工作，共清理移动电话 22 部。2001 年，组织开展领导干部配偶、子女从业“两不准”工作、因私出国(境)护照以及落实不准收受现金和有价证券规定的摸底清理工作，经摸底，医院党政领导干部无一人有在公务活动中收受有价证券和现金的行为。是年，开展了医院领导干部院内分配情况的自查，医院领导干部年内收益基本符合规定。2006 年，在全院范围开展治理医药购销领域商业贿赂专项工作，医药公司、医疗器械公司签署杜绝商业贿赂承诺书 147 份。2009 年，会同医院财务处、审计室组织开展清理“小金库”工作，并就自查过程中发现的问题推进整改。

第二节　查信办案

1990—2010 年，医院纪委共收到人民来信 349 件。信访主要反映医院党员干部在医德医风、工作作风、科室管理、廉洁自律等方面的问题。医院纪委对每件信访件都认真分析，深入第一线逐项调查，本着对组织负责和对当事人负责的态度，查清事实，区分性质，依纪依法提出处理意见。对信访举报中反映的苗头性、倾向性问题，及时进行谈话、提醒；对反映不属实的问题在一定场合进行澄清；对科室和部门在管理中存在的问题，督促落实整改，完善管理制度堵塞漏洞。6 人受到党纪处分，3 人移送司法机关处理。

第三章 精神文明建设

第一节 发展沿革

瑞金医院精神文明建设工作在院党委领导下，由党委办公室和宣传科负责开展相关具体工作。1992年1月，瑞金医院精神文明建设委员会建立，在党委领导下，由党、政各一位领导以及党办、院办、人事处、护理部、医务处、门诊部、总务处、工会、团委、妇委和党委宣传科等职能部门的负责人组成，设正、副主任和正、副秘书长若干名。具体职能是在党委领导下，系统管理全院的政治思想教育和精神文明建设活动。

表9-3-1 1992—2010年医院精神文明委员会历届主任、副主任情况表

任职年份	主任	任职年份	副主任
1992—1995	陈淑瑾	1992—1995	高 恪
1995—1998	李宣海	1992—2007	沈翔慧
1998—	严 肃	1995—2007	俞卓伟
2003—2010	李宏为	1996—2003	李宏为
2010—	朱正纲	2001—2007	赵忠涛
		2007—	杨伟国 袁克俭 黄 波

1996年1月，经瑞金医院精神文明建设委员会提出，院党委会讨论决定，设精神文明办公室为精神文明委员会常设机构。

表9-3-2 1996—2010年医院精神文明办公室历届主任、副主任情况表

任职年份	主任	任职年份	副主任
1996—2003	朱文娟(兼)	1996—2001	俞郁萍(兼)
2001—2007	黄 波(兼)	1996—2007	刘晓红(兼，1996—2001年常务)
2003—2007	杨伟国	2001—2003	闵建颖(兼，常务)
2007—2009	刘晓红	2003—2007	薛建元(兼，常务)
		2007—	倪黎冬(兼) 金 炎(兼)
		2009—	朱文秀

第二节 文明单位创建

一、文明医院评选

1984年，医院党委将深入开展“五讲四美三热爱”活动、积极建设文明单位列入工作议程。是年3月，医院开展“文明礼貌月”活动；4月，发动全院职工创文明医院；7—9月，举行“战高温百日竞赛评比”。经过全院努力，是年10月，医院在上海市文明医院评选活动中名列前茅。

1985年，医院开始狠抓两个文明建设，开展“创文明医院”“高尚医德奖”等评比活动，进一步提高全院职工全心全意为人民服务的自觉性，改善服务态度，提高服务质量。是年6月，对上半年创文明医院活动进行了总结表彰。7月起开展“百日竞赛创先进，文明行医战高峰”的活动，受到市卫生局的表彰。是年，医院首次荣获上海市卫生系统文明单位和上海市文明单位。

1986年，随着两个文明建设的不断深入，医院制定《瑞金医院“七五”计划纲要》，指出要把医院真正建设成为一所医教研全面发展的社会主义现代化文明医院。院党委进一步抓好职业道德的教育，深入持久开展“五讲四美三热爱”活动和创建文明窗口、文明病区、文明科室、文明宿舍、文明医院的活动。是年，医院首次荣获全国卫生系统文明建设先进单位。

1987年，党委把精神文明建设列为思想政治工作的重要内容，以培养“有理想、有道德、有纪律”的社会主义公民，提高全员职工思想道德素养和科学文化素质，不断巩固和发展文明医院建设成果作为党委精神文明教育的目的。结合医院的实际情况，采取多层次、多渠道、多形式的措施开展政治理论学习和加强职业道德教育，逐步探索医院精神文明系列教育的方法。1987年及1988年，医院连续两年在上海市卫生局、上海第二医科大学的文明医院检查评比中，获十大医院排名第一。1988年，医院被评为上海市文明单位。

1992年1月，瑞金医院精神文明建设委员会建立，在党委领导下，系统管理全院的政治思想教育和精神文明建设活动。同时，医院制定了《瑞金医院精神文明建设(含文明单位建设)规划(1992—1995)》，提出把瑞金医院建设成为适应现代化建设和世界医学发展的社会主义一流水平的医院。是年，医院达标三级甲等医院，并保持上海市文明单位称号。全院职工的思想道德和科学文化素养以及全院的精神文明建设的整体水平提高到一个新高度。

1996年1月，医院设立精神文明办公室；同年，在临床科室内建立以党支部为核心的科室精神文明领导小组，由党支部书记任科室精神文明领导小组负责人，制定科室精神文明责任目标。医院党委坚持“两手抓、两手都要硬”的方针，根据形势及任务发展需要，大力开展“三学活动”，营造“科技兴院”的舆论氛围，深入开展“以病人为中心、加强医院内涵建设”的系列教育活动，普及医务岗位的规范，优质服务，并开展了一系列的竞赛、评比活动。由此，各科室纷纷推出便民、优质服务措施，如检验科和病理科缩短了出报告时间、门诊实行连续工作制和分层导医服务、急诊推出了蓝帽子服务队等，得到了上级单位的肯定。

1998年，医院以行风评议和创“百佳医院”为载体推动精神文明建设，按市卫生局提出的“六化”标准，医院推出了“以一流质量使病人放心，以一流服务使病人称心，以一流环境使病人舒心”的“三心工程”。1999年，医院获全国“优质服务百佳医院”、全国精神文明创建工作先进单位。

2005年，瑞金医院以医院质量管理年为契机，加强精神文明建设。医院以上海市卫生局开展的“优化管理服务、优化就医环境”的创双优活动为抓手，在职工中广泛宣传动员，并结合保持共产党员先进性教育活动，在战高温期间进行了一系列竞赛活动，大力推进职业道德建设，各个支部积极行动，推出一系列新的便民措施，如门诊注射室的“日间病房”“简便挂号”流程，“预约警戒线”制度等。经过全院职工的不懈努力，是年，医院荣获了全国精神文明创建最高荣誉奖——首届全国文明单位。

2007年，医院以“珍惜品牌、提高服务质量、推进满意度工程”为根本，开展满意度工程建设。本着“走进病区，实地调研，现场办公，服务一线”的精神，积极开展精神文明查房工作。同时，推行了人性化服务创新项目的评选和展示，共评选出10个创新项目，积极挖掘医院服务过程中的闪光点，并使人性化服务的理念和有效做法在医院内得到了推广。

2008年，医院开展“迎奥运、迎世博，再创全国文明单位”活动，院报专门开辟迎奥运专栏，结合创建全国文明单位，专门制作网页，参与“中国文明网——创建文明单位大看台”展示医院风采，让全国了解瑞金。医院结合再创全国文明单位，组织开展“职业道德规范”“白求恩的话”等专题学习，促进文明服务，加强医德医风建设。

2009年，在迎世博倒计时活动中，努力营造迎世博氛围，着力提高员工整体素质。编撰《瑞金医院迎世博员工培训手册》《瑞金医院岗位服务标准和文明礼仪规范》两本小册子，在职工中倡导规范化服务和文明礼仪规范。在院内通过宣传、督查等方式开展全国无烟医院创建工作。召开医院精神文明建设工作推进会议，举行院长、书记与科主任、支部书记“迎世博优质服务承诺书”签约仪式，切实有效地促进员工内涵建设，促进和提升病员满意度，获得由上海市精神文明建设委员会等部门颁发的“上海市迎世博——优质服务贡献奖”。是年，在全院职工3年来的共同努力下，医院蝉联2006—2008年度全国文明单位。

2010年，医院通过宣传、教育、培训，努力引导员工树立正确的人生观、道德观、价值观和全心全意为人民服务、“以病人为中心”的思想，树立良好的职业道德风尚，提高内在的文化素养。以《瑞金医院岗位服务标准和文明礼仪规范》为蓝本，组织各服务窗口开展世博优质服务明星（窗口）评选活动，发挥窗口示范岗及示范员的作用，狠抓岗位服务规范和文明礼仪规范，展示医务人员良好形象。至2010年底，医院连续2次获“全国文明单位”称号，共13次获“上海市文明单位”称号。

二、爱国卫生工作

1960年起，医院积极开展各项爱国卫生活动，动员全体员工积极投入灭四害、搞好环境卫生的工作中。在医院领导下，各科室成立专门工作小组，负责组织、调配、动员科室员工。

1995年6月10日，为了加强创建爱国卫生城市工作的领导，经医院研究，决定成立“爱委会创建领导小组”，组长由副院长赵忠涛担任，副组长为张利年、高健、沈杏章。此后，爱国卫生委员会领导小组均由历任分管后勤工作的副院长任组长，总务处长任副组长，卫勤办公室负责各项具体工作的开展。

1996年，医院获得全国卫生文明建设先进集体称号；1997至2004年度，医院均获得上海市爱国卫生标兵单位；2009年，医院被评为上海市健康单位先进集体。

2009年3月5日，为积极做好全国无烟医院的创建工作，经院务会讨论成立“创建全国无烟医院”领导小组，由杨伟国、黄波任组长。

第三节　医德医风与病人满意度建设

一、医德医风建设

1986年，医院在《瑞金医院“七五”计划纲要》中提出，进一步抓好职业道德的教育，结合医院的实际情况，采取多层次、多渠道、多形式的措施，开展政治理论学习和加强职业道德教育，逐步探索医院精神文明系列教育的方法。

1988年，医院继续坚持抓职业道德教育，开展廉洁行医的教育，配合院行政制定医务人员职业道德条例和致病人的一封公开信，并组织职工学习讨论，坚持正面教育，及时报道廉洁行医的好人好事，在院内形成了抵制行业不正之风的舆论，职工队伍的职业素质逐步提高。是年，职工中的好人好事达300余件。

1992年4月，瑞金医院精神文明建设委员会制订《科室思想政治工作和医德医风教育制度》，提出科室思想政治工作和医德医风教育由科室党支部领导全面负责，科室精神文明建设应列入科务会议的重要议事日程。同时，制订瑞金医院医德考核评价制度（含建立医德档案的办法），实行医德考评两级领导，建立院科两级医德考核组。考核评价方法包括：自我考核评价、科室讲评医德及社会舆论评价，并规定了关于医德考评与医德档案分工负责事项。党委从深入进行医德医风教育出发，组织全院职工开展“20世纪90年代上海医务人员形象”大讨论，同时组织全院职工学习上海市医院服务公约，开展服务态度大讨论。汇编两年间医院内外发生的由于服务态度和责任心引起医疗纠纷的案例，提供给学习小组分析原因，研讨改善服务态度的对策。

【职业道德建设试点单位】

1993年，瑞金医院成为上海市职业道德建设试点单位之一。为加强这方面工作，医院将纠风工作小组归属于精神文明建设委员会领导，由党委书记亲自抓，使精神文明与职业道德建设两项工作结合起来，扩大了职业道德建设的内涵。9月，医院制订了瑞金医院医务人员医德规范和瑞金医院工作人员行为守则。10月，医院开展高尚医德廉洁行医奖励基金评选活动，由医院精神文明建设委员会负责实施，每年评选一次，设立个人一、二、三等奖若干。同时，制订了1994年职业道德建设工作计划。

【建立医德档案】

2007年3月，上海市卫生系统文明委为提高医务人员职业道德素质和医疗服务质量，决定在全市卫生系统建立医德档案制度，下发《上海市卫生局关于在本市卫生系统建立医德档案制度的通知》（简称《通知》）。医德档案工作由医院精神文明建设委员会负责，由医院精神文明办公室进行日常管理，实行院、科（党支部）两级管理。通知要求各医疗机构要制定、完善医德档案工作实施细则和考核、奖惩制度，建立医德档案软件系统，确保医德档案公开、透明、客观、公正，切实发挥医德档案的作用。

是年8月，根据《通知》精神，医院决定对全院员工建立医德档案，并制订《瑞金医院〈医德档案〉管理办法》《瑞金医院工作人员医德规范及实施细则》《瑞金医院关于违反医疗职业道德的暂行处理规定》《瑞金医院关于医疗职业道德先进奖励的暂行规定》。同时，建立电子医德档案，于8月上线启用，并与医院人事信息系统整合，成为医务人员绩效考核、岗位聘用和奖惩的重要依据。

2010年，医院从促进医德医风建设入手，完善员工医德档案及员工满意度测评等配套措施，进一步完善医务人员医德档案工作，在原有医德档案的基础上进一步细化、调整和完善医德考评的内容和标准，加强医德档案的有效使用，发挥医德档案的作用。

二、满意度测评

【病人满意度测评】

院内测评初探　1994年，医院在制定职业道德建设工作纲要中指出，要深入细致地做好人民群众对医院满意度的调查工作，以发现不足之处及时改进。是年，医院开始开展病人满意度自查工作，定期征询病人满意度，主要采用以下几种方法：1. 由精神文明办公室组织有关部门，向门诊、急诊和住院病人发放征询意见表，每月一次，每次约400份，统计结果按月上报。2. 突击性征询病人满意度。如由接受上岗培训的新职工向门急诊和住院病人征询满意度，共发出意见表3 000份，平均满意度为94.66%。同时，结合“树窗口形象、抓规范服务”活动，向住院病人发出700余张征询单。3. 定期征询劳保单位和社区的意见和满意度，劳保单位每季度征询一次，社区每2个月征询一次，1994年劳保单位平均满意度为89.7%，社区平均满意度为97.8%。1995年，上海市卫生系统“兴华杯”医院达标竞赛活动的开展促进了服务态度与医疗质量的提高，全年住院病人满意率比1994年提高1.5%。1996年，在“安静、整洁、舒适、文明”八字病区的基础上创建肾内、外二模式病房，病房硬件得到改善，服务质量也有了很大提高，病人满意度明显上升，均在95%以上。

扩大调查量　2002年，医院改变仅从住院病人中进行满意度调查的方法，采用住院病人满意率调查和出院病人满意率信访调查相结合的方法，全年共发放调查表600封，回收250封。对满意度调查中存在的不足，职能部门逐一反馈到科室和个人，并限期整改。2004年起，全面开展出院病人、门诊病人和急诊病人满意度调查，调查量大幅提升。是年，全年回收有效出院病人满意度表27 580份，回收率达到67.8%。共进行门诊病人问卷调查1 123人次，急诊病人问卷调查688人次。2004年，全年出院病人满意度平均为94.8%，门诊病人满意度平均为91.9%，急诊病人为94.8%。满意度已作为各临床科室和门急诊窗口部门的综合考核指标之一。2005年，护理部、各临床科室护理组和出院处做了大量工作，保证了出院病人满意度征询表的发放和回收，全年共回收30 905份，回收率达68.0%。门诊病人和急诊病人满意度每月不定期进行一次，由临床医学院学生为主随机问卷调查，全年调查门诊病人1 200余人次，急诊病人800余人次。是年，出院病人平均满意度为96.1%，门诊95.9%，急诊94.5%，门诊病人满意度有明显提高，反映了门诊的就医流程、服务态度等有所改进。

院内督导组　2006年，聘请医院退休人员组成院内督导组，每月不定期到门急诊、病区、后勤等部门督查；依托医学院精神文明督导组每两月不定期对前述部门和窗口的工作做暗查、反馈。对医院内存在的“顽症”进行综合整治，并将检查结果在院周会上公布。树立先进典型，开展“满意服务在瑞金”活动、评选“四好”——即好医生、好护士、好医技、好后勤。

测评方法和内容　2010年，医院全面改革住院病人满意度测评方法，采取专人测评方式，聘用外单位人员，每天电脑随机抽取50位出院病人，深入病房进行面对面测评，力求提高满意度数据的真实性，同时积极加大在科室绩效考核中的比例。完善修订病人满意度调查问卷内容设计分析，医院内网设立科室及员工医德医风公示平台：病人表扬（集体、个人）排行榜、临床科室出院病人满意度排行榜、门急诊病人满意度测评情况、门急诊季度服务明星（窗口）等信息。

【行风测评(万人问卷)】

医院积极参加上海市卫生计生系统行风建设及医疗服务满意度调查测评活动。2005 年,全市排名 95 名;2006 年,经过各方面不断改善,排名跃升到 41 名,在三级医院中的排名也跃升了 12 位。之后,医院在服务流程、服务态度等方面不断提升,2009 年,病人总体满意度为 95.3%,列市级综合性医院第 10 位。2010 年,病人满意度提高至 96.4%,位列交大医学院 6 家医院第三名,列市级综合性医院第 7 位。

【职能部门测评】

2005 年,为配合卫生部医院管理年的新要求,文明办在第三季度开始对医院职能部门工作满意度和医技科室工作满意度进行测评,发放满意度征询表到各科室病区,由科主任、护士长、医生和护士填写。是年,对职能部门总体满意度为 91.2%,医技科室为 92.0%。此后连续 5 年,医院坚持每季度由职工对职能部门进行测评,职工们充分肯定了相关部门科室的成绩,也提出了不少中肯的建议和意见,医院组织专人进行督查和改进,以提高职能部门服务水平。

第四节　先进评选与表彰

一、市级以上精神文明奖项

1956—2010 年,医院获得各级各类集体精神文明奖项 93 项,其中国家级奖项 21 项。

表 9-3-3　1956—2010 年医院获国家级和市级精神文明奖项情况表

年　份	部　　门	奖　　项
	国　家　级　奖　项	
1964	广慈医院外科、灼伤科护理小组、检验科	卫生部集体荣誉奖状
1986	瑞金医院	全国卫生系统文明建设先进集体
1987	瑞金医院	全国卫生系统文明建设先进集体
1988	瑞金医院	全国卫生系统文明建设先进集体
1989	瑞金医院	全国卫生系统文明建设先进集体
1992	瑞金医院	全国卫生系统先进集体
1995	瑞金医院	全国卫生系统先进集体
1999	瑞金医院	全国百佳医院
1999	瑞金医院	全国精神文明创建工作先进单位
2000	瑞金医院	全国卫生系统先进集体
2002	瑞金医院	全国城市医院文化工作先进集体
2003	瑞金医院	全国文化科技卫生“三下乡”先进集体
2004	瑞金医院	全国城市医院文化建设先进集体

（续表）

年　份	部　　门	奖　　项
	国　家　级　奖　项	
2004	瑞金医院肾脏内科	第四届全国职工职业道德建设百佳班组
2005	瑞金医院	首届全国文明单位
2006	瑞金医院	全国城市医院文化建设先进集体
2009	瑞金医院	第二届全国文明单位
2010	瑞金医院	全国厂务公开民主管理先进单位
2010	瑞金医院	全国改革创新医院
2010	瑞金医院	全国无烟医院
2010	瑞金医院	第三届全国医院（卫生）文化建设先进单位
	上　海　市　级　奖　项	
1956	广慈医院托儿所	上海市先进集体
1977	瑞金医院灼伤科	上海市先进集体
1986	瑞金医院	上海市卫生系统文明单位
1986	瑞金医院	上海市文明单位
1987	瑞金医院	上海市卫生系统文明单位
1987	瑞金医院	上海市文明单位
1989	瑞金医院	上海市卫生系统文明单位
1989	瑞金医院	上海市文明单位
1991	瑞金医院	上海市文明单位
1991	瑞金医院	上海市卫生系统文明单位
1993	瑞金医院	上海市卫生系统文明单位
1994	瑞金医院灼伤科医生组、老年病科、外科 ICU 病区	上海市卫生局先进集体
1995	瑞金医院	上海市卫生系统文明单位
1996	瑞金医院	上海市文明规范服务先进单位
1996	瑞金医院血研所人类基因实验室、外科 ICU、肾脏内科病区	上海市卫生局先进集体
1996	外科重症监护病房	上海市模范集体
1997	瑞金医院	上海市花园单位
1997	瑞金医院	上海市文明单位
1997	瑞金医院	上海市卫生系统文明单位
1997	瑞金医院儿内医生组、灼伤科三楼病区	上海市文明班组

（续表）

年 份	部 门	奖 项
	上 海 市 级 奖 项	
1998	瑞金医院外科手术室、血研所人类基因组重点实验室	上海市卫生局先进集体
1998	瑞金医院	上海市卫生系统规范服务，行风建设红旗单位
1999	瑞金临床医学院医学系	上海市文明班组
1999	瑞金医院	上海市花园单位
1999	瑞金医院	上海市卫生系统第四届文明单位
1999	瑞金医院	上海市文明单位
2000	瑞金医院	上海市环境保护先进集体
2000	瑞金医院血液学研究所、心导管室、吴启迪特别医护小组	上海市卫生局先进集体
2000	瑞金医院门诊挂号室	上海市卫生系统文明班组创建特色成果奖
2000	外科 ICU 护理组	上海市文明示范岗
2001	瑞金医院	上海市文明单位
2001	瑞金医院	上海市卫生系统第五届文明单位
2001	瑞金医院	上海市教育系统市级文明单位
2001	瑞金医院	上海市医院健康教育先进集体（示范单位）
2001	瑞金医院	上海市职工职业道德十佳单位
2003	瑞金医院团委	上海市医务职工精神文明十佳好事集体
2003	瑞金医院	上海市文明单位
2003	瑞金医院高血压研究所血管生物学实验室	上海市卫生系统先进集体
2003	瑞金医院	上海市卫生系统第六届文明单位
2005	瑞金医院手术室	上海市文明班组
2005	瑞金医院	上海市文明单位
2005	瑞金医院	上海市卫生系统第七届文明单位
2005	瑞金医院	上海市十佳好事集体
2005	瑞金医院	上海市卫生系统医院文化建设先进单位
2005	瑞金医院	上海市厂务公开民主管理工作先进单位
2005	瑞金医院外科手术室	上海市卫生系统文明班组
2005	瑞金医院《为救治阿克苏血液病孩献出瑞金人的一片爱心》	上海市医务职工精神文明双十佳好事
2006	瑞金医院	上海市卫生系统精神文明建设创新奖
2006	瑞金医院	上海市医务职工精神文明“十佳好事”集体

（续表）

年 份	部 门	奖 项
	上海市级奖项	
2006	瑞金医院消毒供应中心	上海市用户满意服务明星班组
2006	瑞金医院急诊抢救室	上海市文明班组
2007	瑞金医院	上海市第十三届文明单位
2007	瑞金医院	上海市职工最满意企(事)业单位
2007	瑞金医院	上海市卫生系统第八届文明单位
2007	瑞金医院手术室护理组、上海微创外科临床医学中心	上海市总工会“工人先锋号”
2007	瑞金医院抗震救灾医疗队	上海市总工会“抗震救灾重建家园工人先锋号”
2007	瑞金医院	上海市精神文明建设十佳好人好事(提名)
2008	瑞金医院	上海市医务职工精神文明“双十佳”好事集体
2008	瑞金医院上海市微创外科临床医学中心	上海市用户满意服务明星班组
2009	瑞金医院	上海市卫生系统院务公开民主管理先进单位
2009	瑞金医院高血压科社区工作组	上海市医务职工精神文明“十佳好事”集体
2009	瑞金医院内分泌科	上海市文明班组
2009	瑞金医院	上海教卫党委系统社会主义精神文明建设十佳好人好事
2009	瑞金医院	上海市文明单位
2009	瑞金医院	上海市卫生系统第九届文明单位
2009	瑞金医院急诊抢救室	上海市卫生系统先进集体
2010	瑞金医院	上海世博工作优秀集体
2010	瑞金医院	上海市卫生系统世博工作优秀集体
2010	瑞金医院	上海市卫生系统世博医疗卫生保障工作先进集体
2010	瑞金医院世博园区医疗保障队	上海市窗口服务先进集体
2010	瑞金医院血液科	上海市五一劳动奖状
2010	瑞金医院世博园区医疗保障队、瑞金医院干部保健科	上海市工人先锋号
2010	瑞金医院内分泌代谢临床中心	上海市用户满意服务明星班组
2010	瑞金医院	上海市医务职工职业道德建设“双十佳”单位

二、院内先进评选

【先进集体、先进个人评选】

医院自20世纪50年代起，就以不同形式评选医院先进工作者，以表彰在社会主义医疗事业中贡献突出的集体和个人。1960年前后，根据形式需要，开展以创建“红旗单位”为主题的医院季度先进个人和集体评选活动，掀起学先进、扬先进的大潮。1977年“文化大革命”结束后，为推动教育战线紧紧跟上飞速发展的大好形势，医院在上海第二医学院的组织下进行了先进评选活动，要求各单位召开“双先”评选会且先进工作者的名额不少于单位总人数的5%～10%；是年，评选出医院先进集体25个，先进个人144人，医教研各条线先进8个。进入20世纪80年代，除每年按既往比例进行院级先进评选外，还根据上级要求，在全市开展的“做文明市民、创文明单位、建文明城市”活动中，进行“战高温”先进评选、“百日竞赛”先进评选等活动，对搞好医疗质量、改善服务态度起到积极的推动作用。

1992年，为鼓励在医疗第一线的医务人员更好地为病员服务，奖励在医疗和管理工作中做出显著成绩的中青年医务人员，医院设立施贵宝奖励基金理事会，制定详细的评选办法和评选条件。评选活动在每年年底进行，每次奖励15名职工，并分设一、二、三等奖，由各临床科室、各支部及各行政职能条线或党政领导按评选条件推荐候选人，通过两轮评选后由理事会讨论确定奖励名单。1995年，医院对评选方法作了部分修订，在原奖项设置上增设集体奖(15个左右)及特别奖(局级先进个人)。至2003年，医院共举行了12届“施贵宝先进个人和先进集体”颁奖活动。2004年，医院先进评选更名为“瑞金医院年度先进集体和先进员工评选活动”，评选人数和集体数量有所增加(局级以上先进均为医院先进)。此外，1997—1999年，另设立“纪辉娇”奖励基金，分设一、二、三等奖，每次奖励15～16名职工。

至2010年，医院本着公平、公正、公开的原则，每年评选出先进员工和先进集体，以高尚的医德医风、严谨的治学态度、廉洁的行医准则，以及优质的服务态度为评选标准，弘扬先进、树立典型，充分激发了全院职工的工作热情。

【文明服务评选活动】

1992年3月起，医院开展“文明行医，优质服务，满意在医院”的竞赛活动，在全院开展创文明窗口、文明病区活动；评选十佳服务明星，激励广大青年职工争当优质服务标兵；广泛发动群众评选十佳中青年医师等，使“文明行医、优质服务”“满意在医院”的活动取得了明显的实效。是年9月，上海市卫生局对14家市级综合性医院检查考评，瑞金医院获得第一名，病人满意率明显提升，取得了良好的社会反响，获得多家新闻媒体的舆论表扬。

1994年，上海市卫生系统开展“树窗口形象、抓规范服务”活动和“兴华杯”十大窗口竞赛活动，医院成立文明规范服务竞赛活动领导小组，一方面抓窗口竞赛，一方面继续提升门急诊工作质量。每季度作阶段性小结和评议，评选流动红旗窗口，活动带动全院树立规范化服务，取得了成效。翌年，根据“兴华杯”506家医院达标竞赛活动要求，瑞金医院积极贯彻落实，提出“五个结合”的达标方法：1. 与科主任任期目标责任制相结合。2. 与落实职工岗位责任、聘任相结合。3. 与深化医院综合目标管理改革相结合。4. 与评选文明科室、先进个人相结合。5. 与贯彻落实“七不”规范相结合。活动促进了医院服务态度与医疗质量，住院病人满意率提高，评出10个示范岗和10个示范员。护理部坚持开展各病区每季度一次的评选“服务明星”活动，以公开的形式，在职工和病员的推荐中评选产生，全年共评出 240 人次。此外，护理部还通过巾帼建功活动的开展，不断促进护士们的职业道德建设。

2000 年，在职工中开展创建“红旗文明岗”“文明班组”活动，门诊挂号室获得“上海市卫生系统文明班组创建特色成果奖”。组织女职工开展“巾帼建功”活动，以“巾帼创新业，奉献在瑞金”为抓手，争创特色护理病区。外科 ICU 护理组获“上海市文明示范岗”。

2001 年，医院开展“文明、规范、礼仪优质服务”活动，特别提出在文明、规范基础上，要做到服务礼仪化。门急诊窗口和一些部门、病区纷纷修改和进一步落实“服务规范”和“便民措施”，面貌有了很大的改观。门诊挂号室获上海市卫生系统文明班组创建成果展示二等奖，门诊收费处获市卫生系统文明班组称号；门诊挂号窗口和老年病科六病区医生组获市卫生系统“红旗文明岗”称号；有 149 名职工获得上海市卫生系统“文明职工”称号。

2005 年 4 月，上海市卫生局在全市各级医疗机构开展“优化管理服务、优化就医环境”的创“双优”活动，瑞金医院门诊、急诊、各科室和职能部门推出了众多“双优”服务项目，医院推出的“数字化医院让医患‘双赢’”获上海市卫生系统“精神文明建设创新奖”活动一等创新奖。7 月启动了“门急诊窗口高温期间创‘双优’竞赛活动”和“高温期间门急诊‘好医生’竞赛活动”，经综合评选，共有 37 名员工荣获窗口“示范员”称号，14 名医生荣获“好医生”称号，急诊办公室荣获“优秀组织奖”。

2006 年，瑞金医院文明办会同集团办，开展“满意服务在瑞金”活动，评选“四好”，即好医生、好护士、好医技、好后勤，分别评出 20 位“好医生”、20 位“好护士”、10 位“好医技”、10 位“好后勤”，并给予表彰。战高温期间，在门急诊窗口开展“争双优、创文明”竞赛，历时 3 个月，由工会和文明办牵头，共评出“示范员”30 人，急诊抢救室和专家门诊获得“示范窗口”称号。

2007 年，开展门急诊窗口“当月服务明星”竞赛活动，每月评比先进，服务明星张榜展示并佩戴标志上岗，促进班组和窗口建设，提升了服务质量。2008 年起，改为评选门急诊窗口季度服务明星，并开辟“病人礼赞”每月进行张榜公示，在全院医务人员中起到激励作用。

【迎世博活动】

2009 年，为配合“迎世博”活动，在此基础上开展 2009 年度迎世博战高温优质服务竞赛活动，评选“迎世博优质服务明星”“迎世博战高温优质服务窗口”。

2010 年，医院制订实施《瑞金医院迎世博 600 天行动计划》，开展“瑞金巾帼，岗位立功为世博”女职工岗位竞赛，护理部英语、技能操作大赛。后勤服务中心积极投入大比武活动，开展“迎世博，改善医疗服务”金点子征集评比活动、“美丽笑容、精彩世博”主题征文等一系列活动。召开“2010 年精神文明建设推进暨迎世博最后冲刺动员大会”，召开“瑞金医院门急诊世博优质服务竞赛暨世博窗口保障誓师大会”，门急诊部主任上台领读《优质服务承诺》，医院文明办编撰了《瑞金医院岗位服务标准和文明礼仪规范》。

第四章　宣 传 工 作

第一节　发 展 沿 革

广慈医院成立初期，由医院的创办人、法国天主教江南代牧区主教姚宗李，通过教会方式向外传播吸引病人。1932 年，医院经上海徐家汇土山湾印书馆印刷出版《南京教区 1907—1932 广慈医院 25 周年纪念》法文版书籍（现存上海徐家汇天主教堂图书馆），这是迄今为止发现的最早的完整介绍医院全貌的宣传材料。直至 1966 年"文化大革命"开始，医院都没有成立专门的部门来负责宣传工作，有关医院的情况介绍资料均由院部办公室负责。

1967 年 1 月，医院的红卫兵等 8 个群众组织组成"东方红医院联合管理委员会"，此后，"联合管理委员会"组建由下属各组织选派人员参加的政宣组（党委宣传科前身），负责开展当时医院的对内对外宣传工作。1968 年 10 月，工宣队、军宣队进驻医院，政宣组负责医院宣传工作。

1978 年 10 月，宣传科成立。此时宣传工作主要是负责组织和落实每周五下午全院政治学习工作；同时，围绕医、教、研、管理等医院主要工作，结合岗位实际开展法制宣传教育、医德医风、职业道德和思想教育，促进精神文明建设，创建院内信息小报等，探索对内对外宣传报道新方法，组建和培养科室信息员队伍等。

1991 年后，在院党委领导下探索医院思想教育管理体系，对教职员工进行"终身"教育和"自我"教育，创立和完善精神文明建设量化指标以推进文明医院建设。创办院报，开创视听教育新模式，拍摄思想政治教育录像片，通过《瑞金每月新闻》视频录制和播放等形式，对职工进行宣传教育。

进入 21 世纪后，宣传工作主要是挖掘医、教、研和管理各项工作的亮点，加强医院品牌文化的建立，积极开展对媒体的沟通，组织策划医院各类公共关系活动；创办院刊，并借助瑞金医院门户网站平台，提高院内新闻传播效率，实现院报院刊网络化建设；结合不同主题，在院内举办不同形式的专题展览以及主题宣传策划，包括院史陈列馆设计、布展及百年院庆活动的策划宣传等。

表 9-4-1　1978—2010 年医院宣传科（党委宣传科）科长、副科长情况表

任职年份	科　　长	任职年份	副 科 长
1978—1979	陆霖康	1982—1988	蒋　琪
1988—1993	蒋　琪（1990 年起副处级）	1993—1998	许善华（1993—1994 年主持工作）
1994—2001	刘晓红	1998—2001	闵建颖
2001—2005	闵建颖	2001—2004	汪　敏
2005—2008	汪　敏	2006—2007	倪黎冬
2008—	倪黎冬	2009—	朱　凡

第二节 宣传内容

一、思想政治教育

【方式方法】

1978—1989年，医院坚持每周五下午组织全院职工开展脱产政治学习。在教育的形式、方法等方面，从开始时单纯的说教式方式，逐步转变为宣传科、各党支部、工会、团委以及行政科室等多部门联合，以思想政治教育管理体系的思路，来规划与实施各种形式丰富、结合实际的思想政治教育活动。自1984年起，打破政治学习不分对象的做法，采取分层次学习的模式，即根据文化程度、职务的不同，分干部、医生组、护士组和工勤人员组4类学习小组，学习内容各不相同、要求也不一样。干部、医生组要求自学为主；护士组以讲课和讨论相结合的方式，工勤人员组则以上大课辅导为主。除此之外，还采用青训班，知识竞赛，振兴中华演讲会，听录音、看录像、看幻灯等方式进行政治思想教育，收到了一定的教育效果。至1989年，医院的思想政治教育已形成体系化、网络化。

进入20世纪90年代以后，在政治学习内容的安排和方法的拓展中，亦进行不断的探索与努力，例如用目标管理的方法来开展职工从上岗前到退休后的系统化教育工程；将思想政治教育与精神文明建设工作紧密结合，采用“虚功实做”的方法开展精神文明建设定量考核。即把全院22个党支部参加各项活动的次数、成绩的好坏分解成数据，评出成绩作为一项单独的硬性指标列入评比文明科室的内容等——这套将精神文明活动实行定量考核，将目标管理体系融入思想政治工作的方法也成为此后全市卫生系统精神文明评分考核的“雏形”。此外，政治学习次数逐步减少为每两周一次；日期上也从周五下午改成了周二下午。至1998年，经院领导讨论决定将政治学习时间由每两周一次改为不固定、按需进行，周二下午政治学习时间作为正常工作日。至此，延续了20年的医院脱产政治学习制度完成历史使命退出舞台，但医院党委组织和参与组织的思想政治教育工作仍在坚持进行。2000年起，根据党中央17号文件和改进思想政治工作的要求，医院的职工素质教育被更新为每两周一次：一次由医院党政和有关职能部门按需安排，另一次由各支部和科室自行安排。

【主要内容】

1979年，组织全院开展真理标准的讨论和对林彪“四人帮”极“左”路线的批判。结合办院方向的讨论，对社会上存在的一些反常现象和模糊认识进行法制教育。1982年，配合院党委制订学习十二大文件“干部读书班”计划，举办6期21级以上党员干部读书班，向群众组织宣讲60多个场次。1986年，开始尝试把思想政治工作渗透到医院的医教研和学科建设、人才培养、管理工作等各业务领域之中。围绕精神文明主题，结合医院实际，组织职工依据国家“一五”普法教育精神开展理想、道德、纪律以及形势、政策教育，提高职工的法制观念。1987年，加强职业道德、教学思想的教育，开展新职工上岗前教育。1988年，配合党委组织党员认真学习十三大文件。1989年，按照党的十三届四中全会精神，对党员进行坚持四项基本原则教育和反对资产阶级自由化的教育。

1990年，围绕“全心全意为病人服务”宗旨和国家“二五”普法教育要求，结合学雷锋、学习白求恩、学习傅培彬教授事迹等活动对职工进行职业道德教育。组织召开研讨提高班组政治学习效果的讨论会。1991年，加强对新发展的党员和要求入党的积极分子教育，完成业余党校学习内容。

坚持深入组织职工学习《中国共产党中央关于制定国民经济和社会发展十年规划和第八个五年计划的纲要》。1993年,组织职工学习劳模,观看《包起帆事迹报告会》录像及市劳模汤耀卿、烧伤科事迹介绍。组织筹备"我最佩服的共产党员""我最感动的一件事"评选活动,并拍摄录像、进行宣传橱窗照片展览等。1994年,重新修订《思想政治教育资料汇编》《职业道德建设资料汇编》。1995年,以邓小平建设具有中国特色社会主义理论为主线,组织开展政治学习,主要集中在时事政治、爱国教育、医德医风建设这三类学习。1996年,围绕医院中心任务和党的十四届六中全会精神,对全院政治学习班组长进行5次辅导。1997年,坚持开展时事形势、职业道德等方面内容的职工政治思想教育工作。1998年,在全院范围内进行了"三五"普法学习,成立普法领导小组,通过学文件、三级授课、上大课、观看录像片等形式对基本法和《卫生专业法》进行了全面系统的学习。同时,组织邓小平理论学习研究会,在11月召开的全国医院管理学术研讨会上,送审21篇论文被录用19篇,为全国之最。1999年,召开"邓小平理论讲评会"。

2000年,组织《劳动法》法律知识讲座、全国先进工作者俞卓伟报告会、中国加入WTO形势报告会。2001年,坚持落实学习制度,围绕提高职工的思想道德素养、改革创新意识等开展深入学习探讨,全年共组织全院学习8次。2003年,组织策划全院职工政治理论学习,提高职工道德素养和政治觉悟。2005年,在全院党员中开展保持共产党员先进性教育活动,制作简报31期。2009年,在学习实践科学发展观活动中制作简报17期。2010年1月,在建党90周年即将到来之际,组织职工学习党史、创先争优、开设专栏、撰写考察体会。

二、宣传报道

瑞金医院重视宣传,历来将医院的医教研工作亮点和全体职工的精神面貌通过院内各个平台及社会新闻媒介及时有效传播,对内鼓舞员工的士气,增加凝聚力,对外增加医院的知名度和美誉度。

早在20世纪50年代开始,瑞金医院开创的医学奇迹,如大面积烧伤的治疗,国内率先采用手术治疗急性坏死性胰腺炎获成功,普外科和胸外科分别完成国内首例肝脏移植、心脏移植手术,灼伤科成功抢救烧伤面积100%其中三度烧伤94%的病人杨光明等医学界的奇迹,都是由院办或者政宣组在第一时间撰写稿件或联络媒体记者,并通过《解放日报》《文汇报》《新民晚报》和上海电视台、上海人民广播电台等主流媒体向社会广泛报道。

党委宣传科成立之后,为了使医院内信息畅通,反馈及时有效,从20世纪80年代开始就通过邀请各科党支部、团支部、工会部门的宣传委员任信息员,搭建起了一支信息员队伍。这支队伍从小到大、由少到多、新老交替,不断变化,并逐渐发展成如今的通信员队伍,遍布全院各个科室,成为医院宣传工作网络体系中的骨干力量。通过他们的参与和共同努力,宣传科可以遴选有新闻价值的稿件、获取及时有效信息,挖掘出大量有关职业道德、社会公德、家庭伦理道德等好人好事和闪光点,并在此基础上再采访撰稿成消息通信和调查报告,通过不同时期的院报院刊开展院内的报道。此外也遴选有新闻价值的稿件,送递社会媒体进行投稿,见报量始终在上海市同行中保持领先。

随着21世纪的到来,医疗行业对品牌价值及公共关系越来越重视,瑞金医院在宣传工作中积极借鉴企业品牌宣传媒体推广手法,探索内强素质、外塑形象有效联动的新机制和新方法,有效地提升了医院品牌的知名度和知晓率。

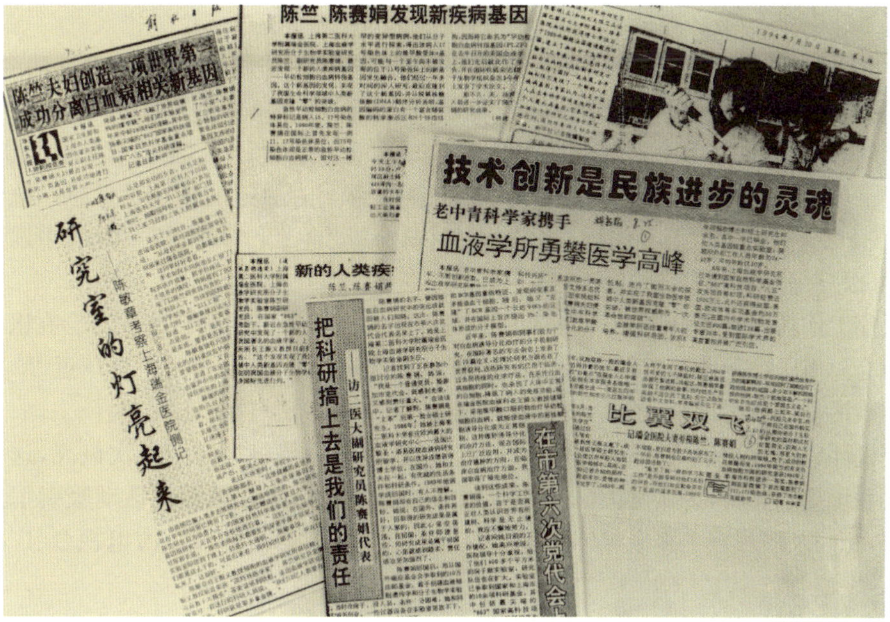

图 9-4-1　新闻媒体有关陈竺、陈赛娟报道

【新时期重点特色宣传报道】

1993 年 8 月 17 日起连续 3 天，《解放日报》在头版位置刊登医院宣传科撰写的 3 篇文章，大篇幅报道瑞金医院汤耀卿、王振义、王德芬等 12 位专家教授发起拒收“红包”倡议书，这是上海市最早的医务系统拒收“红包”宣传的系列报道。接连十几天，解放日报以“向瑞金医院学习”发表通栏主题文章，报道全市卫生系统各医院掀起廉洁行医高潮的情况。

2000 年，抢救同济大学校长特别医护小组宣传报告在《健康报》等报纸上刊登，编辑拍摄电视片《奋进中的瑞金人》，在全市产生较大影响。

2002 年，发行出版《瑞金医院专家名医录》一书，组织策划《新民晚报》“夜光杯 · 十日谈”11 天连续系列文章。与中央电视台 2 套“健康之路”栏目组合作开设“健康之路瑞金周”，央视节目制作组进驻瑞金医院进行为期一周的电视直播，宣传瑞金学科优势。此举开创健康之路异地直播的先河，并且也是首次以“医院周”的形式集中宣传一家医院的医疗特色。

2007 年瑞金医院百年院庆，开展系列宣传活动。完成《瑞金医院百年珍档》图文集 8 万字 600 多幅照片的撰写、选择、编辑工作。完成 26 分钟纪录片、10 分钟宣传片、11 分钟院庆系列活动片的策划、撰稿、拍摄、制作等系列工作。

2008 年，在“5 · 12”汶川大地震后，及时安排相应工作人员投入即时的宣传报道中，先后接待媒体采访 60 余次，上海市平面媒体和主流卫生媒体报道 160 余篇，电视广播报道 20 余次，当年度搜索引擎搜索医院抗震救灾相关主题媒体新闻发稿量达 726 篇，编撰抗震救灾画报。

2010 年，完成汶川大地震援建工作后续报道，如瑞金医院援建都江堰医疗中心和该中心第一台手术等。完成上海世博会期间医院的新闻策划、信息搜集、新闻稿撰写和发布等工作。

【世博会专题系列宣传策划】

2010 年上海召开世博会，瑞金医院是上海市医疗行业窗口单位及上海世博定点医院之一，医院积极做好世博会相关活动的组织策划，突发新闻事件应对，一级资料搜集、新闻稿件撰写、媒体联络等工作。

世博200天倒计时心肺复苏培训和宣传报道活动 2009年10月12日,策划瑞金医院"世博200天倒计时"心肺复苏培训活动成功举办。瑞金医院在院内大草坪上,对200名来自上海公安高等专科学校的警员进行培训,上海著名主持人叶惠贤应邀主持此次培训,近20家媒体记者观摩。该活动体现了瑞金医院为世博做贡献、保障国家盛会、造福普通百姓的社会责任感。该活动广受关注和好评,获2009年上海市第五届优秀公关案例评选活动金奖和2010年第九届中国最佳公共关系案例大赛(医疗保健)金奖。

世博医疗工作新闻发布会 2010年3月18日,配合上海市卫生局新闻发布会在医院召开。瑞金医院作为上海市医疗行业窗口单位及上海世博定点医院之一,接待了来自全球近20多个国家的媒体记者。该活动也成为瑞金医院历史上接待外媒最多的一次新闻发布活动。

门诊停机坪完成首次试飞 2010年3月30日,医院门诊停机坪完成首次试飞,这也标志着院内医疗急救系统更趋完善,为做好上海世博会服务打通急救航道。当天的活动吸引了众多媒体前来拍摄采访,新闻及图片登上多家媒体头版,当日共有19家平面媒体及上海电视台、广播电台进行报道。

马耳他总统阿贝拉救治护送过程全程报道 2010年4月30日,前来上海参加世博会的马耳他总统阿贝拉不慎摔伤,被送往瑞金医院进行诊治,医院迅速启动应急预案,及时有效地提供了高品质的医疗服务。总统伤情引起了胡锦涛主席的关注,前来医院探望。医院全程对阿贝拉总统的救治进行相关报道并提供给各大媒体。

陈赛娟法国国家功绩军官勋章授勋仪式举行 2010年5月12日,陈赛娟院士法国国家功绩军官勋章授勋仪式在世博园区法国馆内举行。法国卫生体育部长 Roselyne Bachelot 女士代表法兰西共和国总统,向医院上海血液学研究所所长、中国工程院院士陈赛娟女士颁发了勋章,以表彰她在中法文化交流和医学研究、教育领域做出的杰出成就。医院及时做好新闻稿件采写发布工作,并完成视频资料拍摄,视频素材被上海教育电视台采用。

其他报道、采访 《瑞金医院报》2010年2—10月发表相关报道47篇,累计2万余字;《瑞音》杂志共27篇世博相关文章;采集世博相关影像资料16条。其他发表于各类社会平面媒体的报道85条。

表9-4-2 1993—2010年医院媒体信息发布量(次)统计表

年　份	平面媒体(次)	电视广播媒体(次)
1993	315	75
1994	389	62
1995	487	49
1996	351	83
1997	402	102
1998	590	—
1999	466	177
2000	570	170
2001	597	80

（续表）

年　份	平面媒体(次)	电视广播媒体(次)
2002	440	180
2006	594	370
2007	1 000	>250
2008(1—9 月)	—	>100
2009	900	>100
2010	799	—

第三节　宣 传 载 体

一、医院院报

1985 年 3 月 30 日，瑞金医院历史上第一份油印小报《信息交流》问世，是当时上海市级医院中的第一份医院报纸，由宣传科联合工会、团委一起创办。小报为 A3 纸张大小，单面印刷，用铅字排版，每周出版一期，共制作印刷了 170 期。阅读对象由院内党政领导和各科室、部门负责人，逐步发展为全院各科室、部门，成为职工关心、喜爱的宣传刊物，有时还作为全院政治学习的材料。

随着《信息交流》不断被同行和新闻媒体单位所重视，为了对外交流的需要，1988 年 8 月 6 日，《信息交流》从第 171 期时开始更名为《瑞金信息》，依然是每周一期，A3 纸张大小，单面印刷和铅字排版，至 1996 年 5 月 20 日共出版 565 期。之后，随着《瑞金医院报》的诞生，《瑞金信息》以主题专刊的形式出现，如战高温专刊、季度十佳好事专刊等。至 1998 年 8 月 20 日，最后一期出版后停刊。从《瑞金信息》转载或抓住线索再采访改写发表在《解放日报》《文汇报》《新民晚报》《大众卫生报》或电台、电视台的共有 299 篇，起到了激励职工奋发向上、报小辐射大的作用。

1996 年 6 月 20 日，由上海市市长汪道涵题写报名，上海市政协主席陈铁迪、上海市卫生局局长刘俊题词的上海市卫生系统第一张医院报——《瑞金医院报》诞生，由宣传科主办。报纸 4 开 4 版、电脑排版，彩色印刷，医院内部发行。6 月 27 日，举行《瑞金医院报》首发式。

1998 年，在院报诞生两周年之际，53 位同志被授予《瑞金医院报》特约通信员证书。2001 年 5 月 31 日，在院报出版 100 期研讨会上宣布成立院报编辑部。包括主编 1 人、副主编 2 人、责任编辑 5 人，编辑部成员还包括 11 位记者、12 位通信员。2004 年 12 月 31 日，《瑞金医院报》实现电子化，之后每一期均在瑞金医院门户网站上传电子版，通过互联网展示瑞金，也让海外留学深造的医院职工能够在第一时间了解医院发展动态。

从 201 期院报开始，由 4 开 4 版的小报扩容为 8 开 4 版的大报。出版周期第 1～31 期为月报，第 32～103 期为半月报，第 104～263 期为旬报，第 264 期开始改为半月报。截至 2010 年 12 月 30 日，《瑞金医院报》历时 14 年，共出版了 391 期。真实、及时、客观地报道了医院医教研、管理等各方面信息，成为医院向社会和公众展示形象的重要窗口，是全体职工工作、学习、生活中不可缺少的精神食粮，更是“瑞金文化”建设的一个重要组成部分。在 2010 年上海市卫生系统思想政治工作研究会和上海市卫生局新闻与宣传处开展的上海市卫生系统优秀院报院刊的评比中，荣获第二届“上海市卫生系统优秀院报刊”。

二、《瑞音》杂志

2002年6月，瑞金医院集团内刊杂志《瑞音》创刊发行，这也是由全市医疗单位创办的第一本医学人文类杂志。创刊之初，由医院集团办公室、市场部负责组稿，集团内部发行。2006年起，转由医院宣传科组稿编辑。同时将《瑞金医院报》与《瑞音》杂志编辑部合二为一。《瑞音》杂志从第1～19期为骑马钉装订，每期页数48～60页不等；第20～31期，为书籍装订，页数统一为64页（不含封面、封二、封底，含扉页）。杂志涵盖的内容丰富，从第2期开始划分栏目版块，设有：瑞金讲坛、热点透视、医院风采、论文文论、好书推荐、一事一议、随便聊聊、异域风情、心情故事、人在旅途、作品赏析、时事刍议等。文体涵盖记叙文、议论文、诗歌、散文等。截至2010年底，《瑞音》杂志共出刊31期。

三、医院官网

2001年，随着瑞金医院门户网站的开通（详见“计算机中心”），医院借助网站平台，先后设计瑞金新闻、图片新闻、媒体视点、健康你我、言论等栏目，并做好信息更新维护。并于2008年实现院报院刊网络化工作。

四、电化教育

20世纪80年代末，电化教育开始在全国大型企事业单位精神文明建设中崭露头角。1986年底，随着院庆80周年活动的筹备，瑞金医院与上海第二医科大学合作拍摄、编辑创作了《过去现在未来——瑞金医院八十周年巡礼》录像片，播放后收到很好的宣传效果，之后被翻译成英文、法文版，用于医院接待外宾时用，从此开启了医院电化教育的工作。之后，医院又创作并拍摄了《警钟长鸣》等录像片作为新职工上岗前的职业道德教育素材。护理部也率先在上海市运用现代化的电教手段来教育引导护士，主编拍摄了《无翅天使》和《牢记血的教训》等录像片。1988年底，医院购买小型家庭式摄像机，用于拍摄医院新闻，并选派相关人员外出学习。至1989年，医院自编摄制有关医德医风、护士形象、标准化病区挂历、改革十年医院成果回顾等录像9部。

1992—1993年，自行拍摄的《瑞金医院对血友病病人施行大手术获成功》《燃放烟花爆竹要注意安全》《别针误入幼儿食道　高明医师轻巧取出》等分别荣获上海电视台“一百杯”社会新闻大奖赛一等奖、“华联杯”社会新闻大奖赛二等奖、“二纺杯”社会新闻大奖赛提名奖和1993年度上海电视台优秀新闻奖。

1999年2月，《瑞金医院每月电视新闻》开播。这在全市大医院中是首家。每月遴选3～5条医院内发生的重大新闻制作成电视新闻。

五、新闻发言人制度

2010年10月，上海市卫生局决定在瑞金医院等全市共12家市级医疗卫生单位中探索建立新闻发言人制度。瑞金医院党委会于10月11日讨论决定，根据卫生系统的特性和健康传播学的专业要求成立瑞金医院新闻发言人体系。新闻发言人制度首先是由一个团队来完成，确认首任新闻发言人为分管医疗工作的副院长，由宣传科、院长办公室、党委办公室、医务处等联合工作部门负责人组成新闻发言人办公室工作组，明确新闻发言人所发表的内容由党政各级领导和部门负责人准备、整理和确定，新闻发言人办公室组成人员如职务变动由相应职务人员自然接替。

新闻发言人制度建立后不久，上海发生“11·15”特大火灾，事发当晚，瑞金医院有300多名职工自觉加班加点。火灾发生后的24小时，媒体记者蜂拥而至，电视台直接在烧伤急诊病房门口架起机器直播。在救治过程中，新闻信息发布工作得到了媒体记者的一致好评。

六、公共关系案例获奖

随着医疗行业对品牌价值及公共关系的重视，宣传科策划开展一系列树立品牌形象的案例，并摘得中国公共关系协会及上海公共关系协会的多项大奖。最初，瑞金医院公共关系案例的策划、撰写、申报由医院市场部负责，随着部门设置的变化及人员的调动，宣传科承接了这部分工作，及时捕捉发生在医院的各种新闻线索，采集资料撰稿并与媒体良好互动，有效地扩大了宣传效应。该项工作不仅是单纯的新闻采访和新闻报道，而是通过对活动背景的调研，对公关项目的目标、受众、内容、传播形式及方案要点等开展积极策划，并按项目进度表进行控制与管理，在活动完成后针对活动现场效果、媒体监测统计表、受众反应、市场反应等开展评估，撰写报告进行优秀公共关系案例评选的申报，是通过新闻推广策划活动对项目全过程的综合把握。

2004年开始，医院参与中国公共关系协会主办的“中国最佳公共关系案例大赛”，2005年起，医院参加上海市公共关系协会主办的“上海市优秀公共关系案例大赛”。医院推送的“医疗体制改革影响下医院品牌的建设与推广”等项目获得两次全国金奖，一次全国银奖，上海市金奖、银奖、入围奖和最佳实施奖各1次。

表9-4-3 2004—2010年医院在各级公共关系案例比赛中获奖情况表

年 份	奖 项	项目名称
中国公共关系协会（主办单位）		
2004	第六届中国最佳公共关系案例大赛（医保行业公关）金奖	医疗体制改革影响下医院品牌的建设与推广
2006	第七届中国最佳公共关系案例大赛（医疗保健）银奖	生命海拔不言极限——瑞金医院器官移植康复者登临泰山活动
2010	第九届中国最佳公共关系案例大赛（医疗保健）金奖	我们都是世博“救生员”——瑞金医院推广上海市市民持证救护员项目
上海市公共关系协会（主办单位）		
2005	上海市第三届优秀公共关系案例银奖	创造性的人生——器官移植康复者登泰山
2005	上海市第三届优秀公共关系案例入围奖	缔造品牌医院——第三届中美医学论坛媒体推广
2007	上海市第四届优秀公共关系案例最佳实施奖	紫娃2月4日是你的生日
2009	上海市第五届优秀公关关系案例金奖	我们都是世博“救生员”——瑞金医院推广上海市民持证救护员项目

第五章　工会、共青团与妇委会

第一节　工 会 工 作

一、发展沿革

1949年6月，在中国共产党地下党员的参与和引导下，成立上海市医务工会筹备会。7月上旬中国共产党地下党员、广慈医院眼科医师田厚生与该会取得联系，并在职工中酝酿推荐代表组成广慈医院工会筹备会，王琪为筹备会主任，龚静德为副主任。经过一年多时间的筹备，于1950年10月选举产生第一届工会委员会，当时会员总数为318名。

工会成立后，根据党中央关于"以生产为中心，生产、生活、教育三位一体"的工会工作方针，在党的领导下积极主动地开展工作，发挥党的助手作用。"文化大革命"期间，医院工会停止活动。1979年，恢复工会委员会。医院工会按照《工会法》和《中国工会章程》的规定，按时召开工会会员代表大会，研究制定各个时期工会工作目标任务，并选举产生工会委员。1990年，在第九届医院工会会员代表大会上，选举产生第一届工会经费审查委员会，负责审查监督工会的经费收支和财产管理情况等。1990—2010年，由宋新贤任医院工会经费审查委员会主任。1997年，医院有工会部门委员会24个，工会小组130个，会员2 470人。至2010年，医院共选举产生14届工会委员会，有工会会员3 650人，形成24个部门工会，136个小组，专职工会干部6人，形成医院工会委员会、部门工会委员会、工会小组三级组织形式。

表9-5-1　1950—2010年医院工会委员会历届主席、副主席情况表

任职年份	主　席	任 职 年 份	副 主 席
1950—1965	龚静德	1950—1959	王振义
1965—1966	周全太	1952—1959、1961—1965	程一雄
		1959—1961	胡增吉　何维庶
		1961—1965	周全太
		1961—1966	曹育贞　卞宗沛　邬爱菊
		1965—1966	常茂宽　张连生
因"文化大革命"，工会委员会停止活动			
1979—1985	时朴斋	1979—1982	常茂宽　陈大中　卞宗沛　曹育贞
1988—1993	严　肃	1979—1985	曹　云
1993—2010	单友根	1982—1993	沈卓洲
2010—	杨伟国	1985—1993	卞宗沛
		1988—1990	孙国武(专职)

（续表）

任职年份	主　席	任职年份	副主席
		1988—1993	单友根
		1993—1998	施浩然　杜玲珍
		1998—2001	沈志祥
		1998—2006	李亚东
		2001—2010	金武官
		2006—	青　春　赵　任　薛建元
		2010—	刘　艳

二、民主管理

定期召开职工代表大会，是认真倾听职工的意见与合理化建议的很好方式，通过职代会的形式，维护好职工合法权益，组织职工参与医院的民主决策、民主管理和民主监督，充分发挥职工主人翁作用，凡是关于职工切身利益的重大事件和医院的重大决策，一定要经由职工代表大会通过。每届职代会的主要内容是听取和审议院长的工作报告，财务预决算报告，汇报上届职代会提案落实情况，民主评议院党政领导，讨论医院的重大改革措施，重要规章制度方案等。

瑞金医院职工代表大会从1979年开始，截至2010年，共产生了9届职工代表，由各部门工会民主选举产生。1979年，共有职工代表203人，2010年，共有职工代表227人。

表9-5-2　1979—2010年医院职代会讨论通过的部分重要内容情况表

年　份	主　要　内　容
1979	原职工俱乐部在1980年改建成礼堂，改善职工住房条件，逐步改变职工食堂面貌，改善职工洗澡条件
1980	《医院奖惩暂行办法》
1984	综合评奖办法和医院职工公费医疗试行改革方案
1986	瑞金医院1986年《职工住房分配条例》
1989	《有关公休单使用的规定》《关于医院职工配偶单位分配住房要求医院支付少量费用的处理方法》
1990	《瑞金医院医务人员外出管理条例》《瑞金医院医务人员兼职规定》《瑞金医院联合病房管理条例》《瑞金医院待聘制度条例》《瑞金医院门急诊范围各科室部门考核检查后的奖惩办法》《瑞金医院奖金发放有关规定》
1991	瑞金医院教学奖励基金管理办法；关于医院住房分配条例的补充提议
1992	《奖金考核发放暂行条例》《奖惩暂行条例》《离岗待聘暂行条例》
1992	关于瑞金医院深化内部管理体制改革的总体方案；关于瑞金医院分配制度改革试行办法；关于瑞金医院职工聘任制度的条例的修改说明
1993	瑞金医院临床科室综合目标管理条例；瑞金医院院内津贴分配修改方案；关于落实聘用合同的实施办法修改说明

（续表）

年份	主要内容
1994	瑞金医院"超额劳务奖"分配方案（讨论稿）；瑞金医院各类各级人员交流实施办法（征求意见稿）；瑞金医院医务人员业务考核补充办法（征求意见稿）的说明
1999	有关开源节流、增收节支条例及综合目标管理改革条例修改说明
2000	《瑞金医院职工住房货币补贴试行条例》
2001	人事制度、用工制度改革实施办法；瑞金医院员工手册；瑞金医院分配制度改革
2005	《瑞金医院职工住房补贴试行条例》
2010	《瑞金医院奖惩条例》说明

三、职工劳动保护和生活保障

【慰问探访，关爱职工】

医院工会成立以来，始终以关爱职工为己任，每年坚持做好送温暖和慰问工作。

高温慰问 每年高温期间，都由党政领导亲自带队，慰问食堂、后勤、保卫科等在酷暑、高温环境下作业的职工，并为他们发放冷饮和防暑降温物品；同时，也为工作压力较大的急诊一线职工送去清凉和关心。

图9-5-1 1998年院工会领导家访困难职工

劳模和院外医疗队员慰问 切实关心好医院劳模，积极组织参加医务工会疗休养活动，每逢春节和中秋节等传统节日，送上慰问和祝福；及时慰问因医疗援助任务而派遣在外的医疗队员及其家属，尽力协助解除后顾之忧。

困难职工和患病职工慰问 认真做好常规帮扶帮困工作，范围覆盖各类困难职工，切实做好生活和心理关心，及时探望和慰问，并适时为其提供必要的帮助。

【职工医疗互助基金会】

1999年6月，医院成立"急、重病互助医疗基金会"，是配合上海市职工医疗保险制度改革的具体步骤，由医院工会发起，职工（包括离、退休职工）自愿参加的互助经济型团体组织。2000年起改称为"上海瑞金医院职工医疗互助基金会"（以下简称"基金会"），全权负责互助基金的筹集、管理和使用。基金会设管理委员会并下设主任1人，副主任2人，常务秘书1人，管理型、专家型成员各1人，职工代表的成员若干名。2010年，基金会主任由副院长姜昌斌任，工会主席单友根为副主任。

参加基金会的会员第一年缴纳人民币200元，以后每年定时缴纳100元。目的是为参加基金会的会员在患病住院、门诊大病时所发生的费用给予一定的经济补偿，以减轻患病会员的经济负担，充分体现医院职工爱心互助、乐于奉献的社会主义大家庭的精神面貌。2010年参加基金会的职工人数为 2 147 人，报销医疗费共计 99 653 元。

【职工疗休养】

20 世纪 50 年代起，职工疗休养工作在市医务工会的组织下开展活动，当时主要依托市总工会的疗养院(所)，以休养为主，使一些医务职工在紧张工作之余得到了身心休息。1978 年，市医务工会恢复工作，重启职工疗休养工作。当时参加疗休养的对象主要是针对在工作中有突出成绩的个人以及各类医务人员的代表。

1978—1985 年，工会组织刚刚恢复，各项工作百废待兴，每年 5 月起，组织医务界高级知识分子、劳模和先进工作者等医务职工赴市总工会定点的疗休养院疗休。

1986—1992 年，职工疗休养工作获得较大发展。参与疗休养的职工由以往的先进为主逐渐转为面向广大职工群众，医院工会除保留少量奖励名额外，其余按比例分配至各部门工会并按疗休养名额分配方法上报疗休养人员名单。疗休养点除了市总工会规定外，另开辟新的疗养点。1990 年，开始组织接触有毒有害物质的职工脱岗疗休养。

1993—1998 年，职工疗休养活动的对象与形式发生了变化，对象上有先进人物、劳动模范、学科带头人疗养，有广大职工的疗休养和脱岗疗休养，有党、政、工、团干部的考察与休养，形成了疗休养活动经费由行政、工会、个人共同承担的新机制。1995 年，医院工会制定了《瑞金医院九五年疗休养工作暂行规定》和《瑞金医院九五年脱岗休养暂行规定》并在业界率先实施行政承担 600 元超额自理，不足的由院工会予以补足(余额退现金归己所有)的操作办法，取得了良好的效果。1998 年起医务工会疗休养工作进行了改革，实行双轨制，采用医务工会组织长线、医院工会组织短线的双轨方式。医院补贴职工疗休养费用逐步调整为每人 900 元。

2006 年，医务工会将疗休养工作由医院工会组织实施，从办疗休养向管疗休养转变，重点加强了对医院工会疗休养工作的考核检查。市医务工会参照政府购买服务的形式确定职工疗休养合作单位。医院工会通过招标，最终选定一家合作，医院疗休养费用补贴提升到了 1 000 元/人(补贴标准提高不含脱岗疗休养)，不足部分费用由疗休养参与者本人承担。

2008 年，市医务工会决定由医院工会全面负责本单位的疗休养工作，根据医院工会的运作模式制定原则性的指导意见，重点加强监管考核。在经费的开支方面，原则上采取“三个一点”的方式，即行政拨一点、工会补一点、个人负担一点。

【职工住房福利补贴】

自 1976 年起，在上级有关文件精神的指导下，医院先后采取了实物分房、货币分配、福利补贴 3 种方式来帮助职工解决住房困难和改善住房条件。其中在 2000 年经职代会通过发布了《瑞金医院职工住房货币补贴试行条例》，这一条例是为了适应住房商品化、社会化，在确定职工现有住房面积、职称、职务、年限等条件后，按照计分轮候的方式，来逐步帮助部分职工解决住房困难和改善住房条件。2006 年经职代会通过发布了《瑞金医院职工住房福利补贴试行条例》。这一条例是按照上级有关规定，停止执行 2000 年的条例“职工住房分配货币化”和“轮候享受”的形式，改为扩大收益范围，共享集体福利，以住房福利补贴的形式让每位职工能获得应有的福利，体会到医院对于职工住房的关心。

【瑞金医院职工班车】

1996 年 4 月，为方便全院职工上下班，医院决定由广慈实业总公司组建“班车部”。1998 年，院工会制定《瑞金医院职工班车管理暂行条例》。1998 年，班车从原先的 2 辆调整为 8 辆，并且增设到 8 条线路，分别是彭浦、杨浦、长宁、南方、龙漕、梅陇、浦东、中原。2004 年 2 月 1 日，经院务会讨论决定，医院对职工上下班交通费实施补贴办法，人均车贴调整至 120 元，并自是年 3 月 1 日起取消班车。

四、劳模、先进评选

20 世纪 50 年代以来，医院工会积极做好劳模及各类先进的推荐、申报工作，并运用报纸、宣传橱窗等宣传阵地宣传劳模的先进思想和先进事迹，组织劳模先进事迹报告会、座谈会等活动扩大在群众中的影响，发扬学习先进的良好风气。

1956 年，邝安堃获全国先进工作者称号。至 2010 年，医院获得全国劳动模范(先进工作者)7 人次、全国教育系统劳动模范 2 人次、全国卫生系统劳动模范 4 人次。

1950 年 8 月，聂传贤、赵善政、王琪获上海市劳动模范称号。此后，根据不同时期的要求，评模条件、时间都有不同的变化。1957 年后，改评上海市先进生产(工作)者，至 1963 年共评选 4 次。“文化大革命”中停止评模。1979 年，重新恢复评模活动，并规定每 2 年评选一次。至 2010 年，医院获得上海市劳动模范(先进工作者)奖项 24 人次，获得上海市模范集体奖项 4 次。

1983 年 6 月，国家卫生部发出《关于评选表彰全国卫生先进集体、先进工作者的通知》，是年 8 月，市卫生局、市医务工作者工会联合下发《关于评选全国卫生先进集体、先进工作者的通知》，经过评选推荐，医院傅培彬教授获全国卫生先进工作者称号，11 月 16 日，在上海市政府大礼堂召开表彰授奖大会。至 2010 年，医院共 4 人次获得该奖项。

图 9-5-2 1979 年 12 月邝安堃获全国劳动模范证书

1985 年 2 月，中华全国总工会做出决定，为及时奖励在“四化”建设中有突出贡献的先进职工和先进集体，对先进个人颁发五一劳动奖章，授予荣誉称号；对先进集体颁发五一劳动奖状，授予全国先进集体称号。至 2010 年，医院获得全国五一劳动奖章 2 人次，获得上海市五一劳动奖状集体奖 2 次，这是工会系统最高的荣誉奖。

表 9-5-3 1956—2010 年医院获全国和上海市级劳动模范(先进工作者)、劳模集体情况表

年 份	姓 名	称 号
全国劳模、劳模集体		
1956	邝安堃	全国劳动模范(先进工作者)
1960	刘国梅	全国劳动模范(先进工作者)
1979	邝安堃	全国劳动模范(先进工作者)
1983	傅培彬	全国卫生系统先进工作者

（续表）

年 份	姓　　名	称　　号
	全国劳模、劳模集体	
1991	董德长	全国教育系统劳动模范
	俞卓伟	全国五一劳动奖章
	袁建华	全国卫生系统先进工作者
	沈卫峰	全国卫生系统先进工作者
1992	陈　竺	全国五一劳动奖章
1994	陈赛娟	全国卫生系统先进工作者
1995	陈　竺	全国劳动模范(先进工作者)
1995	张圣道	全国教育系统劳动模范
2000	陈赛娟	全国先进工作者
2005	陈赛娟	全国先进工作者
2008	谢　青	全国卫生系统先进工作者
2010	陈赛娟	全国先进工作者
	上海市劳模	
1950	聂传贤	上海市劳动模范
	赵善政	上海市劳动模范
	王　琪	上海市劳动模范
1956	傅培彬	上海市劳动模范
	邝安堃	上海市劳动模范
	董方中	上海市劳动模范
	沈爱德	上海市劳动模范
	陈瑞冠	上海市劳动模范
1979	傅培彬	上海市劳动模范
	邝安堃	上海市劳动模范
	曾畿生	上海市劳动模范
1981	傅培彬	上海市劳动模范
1983	邹仲贞	上海市劳动模范
1985	唐伯荣	上海市劳动模范
1987	邓伟吾	上海市劳动模范
1989	俞卓伟	上海市劳动模范
1991	陈　竺	上海市劳动模范
1993	汤耀卿	上海市劳动模范
1997	陈赛娟	上海市劳动模范

（续表）

年　份	姓　　名	称　　号
上海市劳模		
2004	陈　楠　陈国强	上海市劳动模范
2007	项明洁　彭承宏	上海市劳动模范
2010	宁　光	上海市先进工作者
上海市劳模集体		
1993	瑞金医院灼伤科医生组	上海市模范集体
1995	瑞金医院外科重症监护病房	上海市模范集体
1997	瑞金医院上海血液研究所人类基因组研究重点实验室	上海市模范集体
2001	瑞金医院外科重症监护病房	上海市模范集体
2009	瑞金医院微创外科临床医学中心	上海市五一劳动奖状
2010	瑞金医院血液科	上海市五一劳动奖状

表 9-5-4　1990—2010 年医院工会获市级以上荣誉称号情况表

年　份	荣誉称号	年　份	荣誉称号
1990	上海市医务工会先进职工之家	1998	中华全国总工会“全国模范职工之家”
1992	上海市医务工会先进职工之家	2005	中国科教文卫体工会“全国科教文卫体系统先进工会组织”
1993	上海市总工会“上海市模范职工之家”	2006	上海市医务工会先进职工之家
1994	上海市医务工会先进职工之家	2009	上海市医务工会先进职工之家
1996	上海市医务工会先进职工之家	2010	上海市医务工会先进职工之家
1997	上海市总工会“上海市模范职工之家”		

五、特色工作

【“四合一”工作机制】

20 世纪 80 年代初，同属医院党委领导下的宣传科、工会、团委、妇委会 4 个部门，因工作职责中有共通性且需合作的特点，形成了“四合一”综合办公室，并在合署办公的过程中逐步形成了较为紧密的“四合一”工作体制，即平时按照各自职能开展工作，遇重大活动时则共同参与，以一家为主、三家为辅的方式共同讨论研究、操作完成。同时，人力、物力和设备工具等均合并使用，优化资源。由于汇集 4 个部门的力量，取得事半功倍的效果。各部门也因此有条件实行思想教育新方法的探索，如：理论灌输、分层渗透、寓教于乐、以事喻理、客观印证、鞭策激励等。每年组织开展的知识竞赛、演讲比赛、十月歌会、文娱汇演、录像配音比赛、艺术节、游园活动和大中型体育活动等全院性的精神文明活动，广受好评。

此外,“四合一办公室”还和医院中的各行政职能处室协同作战,通过多种职工教育形式,不仅增加了广大职工职业道德意识,而且对卫生行业如何搞好思想政治教育实现了有益的探索。据统计,1984—1989年,“四合一办公室”和行政有关职能部门举办的各类思想政治教育活动371次,职工受教育的面达15.6万人次。

瑞金医院的“四合一办公室”工作机制,在20世纪80年代到21世纪初的10多年运行过程中,得到了上海市卫生系统和上海第二医科大学等各级领导的肯定和同行的认可,也成了很长时间内瑞金党务工作格局的重要特色,在全市有关思想政治工作交流会、研讨会上作经验介绍,也为之后上海市许多兄弟单位推行党务系统合署办公带了一个好头。2000年之后,随着办公条件的逐步改善,各办公室渐渐独立,“四合一办公室”完成历史使命不再延续,但4个部门之间的密切配合、协同作战的风格被延续下来,并在医院的两个文明建设中发挥着作用。

【季评十件好事】

1985年11月11日,市医务工会向各基层工会发出通知,要求根据实际情况开展“十佳好事”评选活动,从职工的日常工作、生活中发掘来自群众的共产主义“闪光点”。为弘扬先进,1986年7月,医院工会联合宣传科,开展季评“十件好事”活动,评选方式是由全院职工投票推荐,宣传科将全院职工在每季度中见报以及在《瑞金信息》上发表过的好人好事浓缩汇编成专刊,并下发推荐票,每位职工可填1张,每张填写10个空格好人好事编号,凡评上两件好事,当事人给予拍照和奖励,撰稿人及推荐者均给予奖励。在此基础上,院工会向市医务工会申报“十佳好事”材料参加年度上海卫生系统精神文明“十佳好事”评选。医院评出的“救人一命三退礼物”等好事被评为上海市职工精神文明十佳好事或百佳好事。至1998年7月,该项评选活动连续举行了13年,坚持每季度评选一次,为医院医德医风建设和精神文明创建工作打下了坚实的基础。

六、职工技协

1993年初,为了进一步发扬医院支援农村建设的传统和发挥退休高知的医疗技术优势,以瑞金医院工会技协名义与江苏省昆山市花桥镇人民政府经济服务中心采用双方投资和合作方式,在花桥地区设立“沪昆合作上海瑞金医院专家诊疗中心”(以下简称“专家诊疗中心”),总投资人民币200万元,合作双方各承担50%,瑞金医院工会技协以医疗设备、材料折价入股。“专家诊疗中心”设董事会,在董事会领导下,设正、副院长各1人,正院长由瑞金医院方面派遣,副院长由花桥方面任命,负责处理日常具体工作。1993年6月26日正式开张,设置专业20余个;2002年12月,改称“沪昆合作上海瑞金医院特色门诊部”;2005年1月26日起停诊歇业。

七、职工文娱活动

【职工艺术团】

1998年7月,瑞金医院成立员工艺术团。医院院长、党委书记为艺术团名誉团长,具体工作由医院工会负责,院工会主席直接领导,并聘请多位院外艺术家任常年顾问和艺术指导。艺术团先后组建了合唱队、小组唱队、舞蹈队、魔术队、管乐队、民乐队、健身操队、时装礼仪队等。工会不仅定期在院内组织形式多样的艺术比赛、音乐会,还经常组队参与上海市医务工会等举办的各种竞赛。

多年来艺术团不断成长壮大，推陈出新，在各类活动中收获累累。1995年起，连续3届在上海市医务职工文化艺术节中获团体总分第一；2001年，获上海市第四届“阳光一大地”歌唱比赛音乐美声类唱法(中老年组)二等奖；2002年，在市总工会百万职工健身操(舞)比赛中获最佳表演奖；2003年，在上海市“冠生园”杯企业(行业)歌比赛中获一等奖；2005年，在“上海之春”国际音乐节吹奏乐比赛中获银奖；2007年，舞蹈“天职”在上海市卫生系统文艺汇演获一等奖；2008年，礼仪队在上海市企事业单位“瑞安杯”文化礼仪电视决赛中获第二名；2009年10月“瑞金医院艺术团”被列为上海市医务职工十佳文化品牌；2010年，参加医务工会“天使合唱团”获冠军。至2010年，有艺术团成员110余人。

【职工文体比赛】

1985年以来，瑞金医院工会一方面组织参加市医务工会或其他上级部门开展的文体活动，一方面自办或与相关部门联合开展职工喜闻乐见和积极参与的文体活动。为增强职工体质，工会坚持举办小型多样体育比赛，如举办全院广播操比赛、乒乓球联赛、篮球比赛、划船比赛、攀岩比赛、交谊舞比赛等，覆盖面广，职工参与度高，不仅增进了工会的凝聚力和战斗力，促进精神文明建设，同时也挖掘和造就了一大批文艺、体育人才，寓教于乐，强身健体，为繁荣医院文化做出积极的努力。

2006年5月，瑞金医院首次在上海交通大学第41届运动会上亮相，总分名列榜首，医院选派的21名运动员在通过预赛的角逐后，均进入决赛。此后，医院代表队均以独立单位参加每2年举办一届的上海交通大学运动会，分别在2008年和2010年的比赛中获得总分第一的好成绩。2007年，医院荣获上海市卫生系统第九届运动会团体总分第一名。

第二节　青年工作

一、发展沿革

1950年10月，中国新民主主义青年团上海广慈医院支部委员会成立，并与广慈医院护校团支部合并。1953年5月，成立中国新民主主义青年团上海第二医学院附属广慈医院团总支，下设4个支部，燕山等8人组成总支委员会。1959年3月，医院团总支升格为广慈医院团委，隶属于中国共产主义青年团上海第二医学院委员会，共有共青团员712人。“文化大革命”期间，医院团组织规模一度缩减。1972年2月，团员人数仅239人，降格为团总支。1973年7月，再次成立中国共产主义青年团上海第二医学院附属瑞金医院委员会。2010年，医院团员人数达860人。

表9-5-5　1950—2010年医院团委(团总支/团支部)历届书记、副书记情况表

换届时间	名　称	书　记	副书记
1950年10月	第一届团支部	何冠雄	—
1953年5月	第一届团总支	燕　山	黄育万　刘云生
1954年10月	—	徐逢春(代)	—
1955年8月	第二届团总支	徐逢春	张桂云
1957年12月	—	黄　飞	—

（续表）

换届时间	名　称	书　记	副书记
1958 年 5 月	第三届团总支	黄　飞	钱绍昌　刘　侃
1959 年 6 月	第一届团委	刘　侃	陈万隆　韩一民
1960 年 12 月	第二届团委	刘　侃	胡霞君　周国钧
1962 年 1 月	第三届团委	刘　侃	沈婵雄　周国钧
1963 年 2 月	第四届团委	刘　侃	沈婵雄　周国钧
1965 年 7 月	第五届团委	沈婵雄	周国钧　张凤娟　徐伯忠
1972 年 2 月	第四届团总支	温立光	张凤娟　杨　践
1973 年 7 月	第六届团委	张凤娟	朱发明　陶玲娟
1975 年 3 月	第七届团委	朱发明	陶玲娟　单友根
1979 年 4 月	第八届团委	赵忠涛	吴云林　车一琼
1981 年 11 月	第九届团委	赵忠涛	刘晓红　龚邦强　李伟元
1984 年 8 月	第十届团委	孙国武	刘晓红　冯成荫
1986 年 4 月	第十一届团委	朱　桦	潘延青　黄　波
1988 年 7 月	第十二届团委	朱　桦	阎祖强　黄　波
1989 年 12 月	第十二届团委	阎祖强	黄　波
1991 年 8 月	第十三届团委	黄　波	邱力萍
1993 年 8 月	第十四届团委	沈柏用	邱力萍　於国伟　苏静英
1995 年 10 月	第十五届团委	邱力萍	袁　青　杨伟国
1997 年 11 月	第十六届团委	邱力萍	袁　青　杨伟国　俞立巍
1999 年 11 月	第十七届团委	俞立巍	闵建颖　费　健　毕宇芳
2001 年 12 月	第十八届团委	毕宇芳	陆　勇　徐勤毅　蔡　伟
2004 年 6 月	第十九届团委	毕宇芳	陈　康　夏　云　蔡　伟
2006 年 3 月	第二十届团委	蔡　伟	陈　康　苏颋为　汪敏娴
2008 年 3 月	第二十一届团委	蔡　伟	汪敏娴　陈　康　潘睿俊

二、共青团建设

【思想建设】

提高团员青年的思想素质和技术水平，发挥党的助手作用，是团组织的一项主要任务。20 世纪 50 年代，团委开始挑选团员青年参加党支部举办的党课学习，组织团日活动，学习进步文艺书画，提高团员青年的社会主义觉悟，推荐优秀青年加入中国共产党。20 世纪 60 年代初期，团组织以党的中心任务为中心，围绕医院奋斗目标，带领全院团员青年发扬抢救邱财康的共产主义精神，为全面提高医疗质量而努力。进行革命传统教育，开展多种形式的团课，举办红旗读书活动，学习雷锋等。“文化大革命”中，团的工作虽有停滞，但广大团员青年为党的基业而勤奋工作，全团开展了“认真看书学习，弄通马列主义”的学习活动。

20世纪70年代末，共青团工作开创了新局面，带领团员青年从思想上、行动上和党中央保持一致，组织团干部及团员、青年认真学习中国共产党十一届三中全会精神，开展真理标准讨论，同时进行拨乱反正的宣传教育，针对青年中的模糊观念，开展信心、信仰教育，以坚定共产主义信念。

20世纪80年代初期，在全党全国开展的“文明礼貌、五讲四美”教育活动中，医院团组织广泛开展“学雷锋、树新风、做好事”活动。同时，积极举办爱国主义、革命传统教育等团课，开展白求恩演讲会、医护人员崇高职责演讲会、文化艺术节等活动。组织赴南浦大桥工程，海军东海舰队等地巡回义诊并与东海舰队上海基地签订共建协议，军民共建，开展众多拥军爱民、拥军优属的医疗咨询活动。进行“爱国、爱院、爱本职”的教育活动。

20世纪90年代，团委组织团员开展学习邓小平建设有中国特色的社会主义理论知识，坚持邓小平理论教育青年。

进入21世纪，团的工作更趋于多样化与特色化，用鲜明的主题活动和形式多样的文体活动丰富团员青年的业余文化生活。

【组织建设】

团员代表大会　定期组织并召开团员代表大会，总结团委工作，选举新一届团委班子。在团委换届选举后，基层团总支(支部)进行换届改选工作，为促进团的自身建设注入新的生机与活力。同时，以换届选举工作为契机，积极开展团干部培训工作。

组织管理　团组织严格团内管理制度，以双周例会形式作为团委班子建设的重要形式，召开团委委员及团支部书记工作例会，定期对团支部进行考核；以“五四评优”“共青团号”“主题团日活动”等活动的评选为激励机制，鼓励基层团组织积极开展活动。

推优荐优　1995年，为进一步促进“推荐优秀团员青年作党的发展对象工作”在医院的深入开展，院团委根据上级团委的文件精神，制定了相关实施细则。医院党委坚持党建带团建，在党委和行政班子的领导与支持下开展推优工作，不断加强团支部与党支部的沟通，加强推优入党制度的建设性和活跃性，举荐各层次优秀青年加入党组织，认真履行共青团是党的助手和后备军的义务。1995年至2010年，共有179名35岁以下的青年医务人员加入党组织。

青年调研　医院团委定期根据医院发展状况和热点问题在青年中展开调研，了解青年医务人员工作、学习、生活情况，掌握他们的思想动态，努力使团员青年在一个良好的环境下为病人提供优质服务。20世纪80年代，开展了青年基本状况的分析，主要研究青年的心理及各种特点和现实表现。20世纪90年代后，又在科研、晋升、出国、学习等方面创造条件，积极了解掌握青年群体的思想动态，并通过《青年报》《团的生活》等社会渠道加以报道宣传。2000年以来，团委就急诊工作环境、收入状况、青年思想动态等展开调研，以了解青年对医院、科室及自身发展中的各种需求；就“青年成才的主观与客观因素”等专题开展广泛深入调研。至2010年，在全院30多个科室推广和启用关注医患沟通的“爱心交流树”和“世博宣传栏”。

制度纪律　院团委为严肃团的纪律，增强团的组织观念，发动全体团员讨论制定了《团员守则》《团干部工作条例》《团的组织生活制度》《团费使用暂行规定》等条例，对相关团员进行帮助教育和团纪处分。

三、创建青年文明号及获奖

1994年起，共青团中央在全国开展创建“青年文明号”活动，医院积极响应，投入创建青年文明号的工作中。1994年，医院灼伤三病区成为卫生系统首批被团市委命名的“共青团号”病区，1999年，又获全国青年文明号。至2010年，医院共有全国青年文明号1个，上海市共青团号2个，上海市卫生系统共青团号5个，上海市五四特色团组织2个，上海市青年文明号（共青团号）优质服务示范集体1个。

图9-5-3 1999年医院灼伤三病区获全国青年文明号

表9-5-6 1994—2010年医院获各级青年文明号（共青团号）情况表

年 份	集 体 名 称	荣 誉 称 号
1994	灼伤三楼病区	上海市卫生系统共青团号
1998	骨科Ⅰ病区、外科Ⅱ病区	上海市卫生系统共青团号
1999	灼伤三楼病区	全国青年文明号
1999	肿瘤放化疗科	上海市卫生系统共青团号
2002	外科ICU	上海市卫生系统共青团号
2002	内研所团支部	上海市五四特色团组织
2005	大手术室	上海市共青团号
2005	外Ⅰ、外Ⅱ联合团支部	上海市五四红旗团组织
2006	血液内科	上海市卫生系统共青团号
2008	灼伤三楼病区	“办特奥，迎世博”上海市青年文明号（共青团号）优质服务示范集体
2010	计算机中心	上海市共青团号

四、青年获奖情况

党的十一届三中全会前后，瑞金医院共青团工作开创新局面，团委积极完善对优秀青年的推荐、输送渠道，加强党团联动，为优秀青年脱颖而出创造条件，提供良好的平台，取得较多突破性成绩。大量的个人和组织分别获得了如银蛇奖、市新长征突击队、市卫生系统青年服务标兵、上海红旗团组织标兵、市青年优质服务明星等荣誉。

20世纪90年代以来，由于多年来在“抓基础、促创新、出成果”方面做出的努力和取得的成效，先后2次被共青团上海市委授予“上海市红旗团组织”称号，1999年还被授予“上海市红旗团组织标兵”。同年，被团中央首批确认为“全国五四红旗团委创建单位”。

表 9-5-7　1999—2010 年医院团委获集体奖项情况表

年　份	荣誉称号	年　份	荣誉称号
1999	全国五四红旗团委创建单位	2007	上海交通大学五四红旗团组织
1999	上海市五四红旗团组织标兵	2009	上海市优秀青年志愿服务集体
2003	上海杰出青年志愿服务集体	2010	全国共青团号、新长征突击手创建活动优秀组织奖
2005	上海市五四红旗团组织标兵	2010	上海交通大学五四红旗团组织

表 9-5-8　1958—2010 年医院青年获个人奖项情况表

年　份	获奖者	荣誉称号
1958	陈瑶琴　孔丰玉	上海市青年社会主义建设积极分子
1986	钱培芬　周　洁	上海市青年护士标兵
1986	周　洁	上海市新长征突击手
1987	项建新	上海市优秀青年医生
1989	黄　波	上海市新长征突击手
1989	严　肃	首届上海市卫生系统银蛇奖
1990	陈　竺	第二届上海市卫生系统银蛇奖一等奖
1990	阎祖强	上海市新长征突击手
1991	倪语星　阎祖强	第三届上海市卫生系统银蛇奖三等奖
1992	吴云林	上海市十佳中青年医师
1993	邱力萍	上海市优秀团干部
1993	陈生弟	第四届上海市卫生系统银蛇奖二等奖
1993	王　健	上海市优秀青年服务明星
1995	沈柏用　章　雄　汪　新　郑民华	上海市新长征突击手
1995	郑民华	第五届上海市卫生系统银蛇奖二等奖
1995	汪　新	第五届上海市卫生系统银蛇奖三等奖
1995	郑民华　黄　薇	上海市高校优秀青年教师
1996	郑民华	第三届上海十大杰出青年
1997	陆一鸣	全国卫生系统青年岗位能手
1997	黄　波	首届上海市卫生系统青年管理十杰
1997	茅　矛	第六届上海市卫生系统银蛇奖三等奖
1997	闵建颖	上海市新长征突击手
1999	邱力萍　俞立巍	上海市新长征突击手

（续表）

年　份	获　奖　者	荣　誉　称　号
1999	陈国强	第七届上海市卫生系统银蛇奖二等奖
1999	陆树良	第七届上海市卫生系统银蛇奖提名奖
1999	王　健	上海市杰出青年志愿者
2000	杨　晖	上海市杰出青年岗位能手
2001	黄　薇　宁　光	第八届上海市卫生系统银蛇奖三等奖
2001	张庆华	第八届上海市卫生系统银蛇奖提名奖
2002	陈国强	第九届上海十大杰出青年
2003	童建华	第九届上海市卫生系统银蛇奖提名奖
2005	吴蓓雯	全国青年岗位能手
2005	宋怀东	第十二届上海十大杰出青年
2005	宋怀东	第十届上海市卫生系统银蛇奖一等奖
2005	陈家伦	第十届上海市卫生系统银蛇奖特别荣誉奖
2005	毕宇芳　蔡　伟	上海市新长征突击手
2006	顾柏炜	首届上海市科教党委系统青年科技创新人才奖
2007	金　炜	第十一届上海市卫生系统银蛇奖三等奖
2008	赵维莅	第二届上海市科教党委系统十佳青年科技创新人才奖
2009	陈　康	上海市优秀青年志愿者、上海市优秀志愿者
2009	赵维莅	第十二届上海市卫生系统银蛇奖二等奖
2009	杨伟国	上海青年志愿者行动杰出贡献奖
2009	袁　青	第四届上海市医务青年管理十杰
2009	陈　敏　周　砚	上海市新长征突击手
2010	费　健	上海世博会志愿者工作先进个人
2010	刘渠凯	上海市卫生系统迎世博600天行动优秀青年志愿者
2010	潘睿俊	上海市优秀志愿者

五、青年知识分子联谊会

【工作机制】

医院青年知识分子联谊会是在党委领导下的先进青年知识分子的群众组织（以下简称“青联”），1992年，在全市卫生系统最早成立，至2010年，历经4届。成立之初，青联就强化了“科技为先导、以科技兴医”的意识，力争在医院的创“一流水平、一流服务”的工作中有所作为。长期以来，青联努力发挥青年知识分子的积极性和主动性，力争在“学科建设、人才培养”方面有所建树。从形成、发展到壮大、成熟，青联不断完善、不断提高，通过自我教育、自我服务、自我建设，逐渐走出了一条适应青年特点和顺应青年要求，有利于青年更快、更好地成长成材的发展道路，使广大青年在医院的管理建设中占据了重要的一席之地，也在广大青年中树立了良好的形象。

瑞金医院青年联合会自成立以来，不断加强自身组织建设，制定《瑞金医院青年知识分子联谊会章程》，并在工作中多次修改完善高度重视会员的发展工作，把一大批在工作中卓有成效的优秀青年吸收到青联中来。

表 9-5-9　1992—2010 年医院青年联合会历届会长、副会长情况表

届次（年份）	会　长	副　会　长
第一届（1992—1999 年）	吴云林	朱正纲　陈生弟　倪语星
第二届（1999—2001 年）	朱正纲	陆树良　刘建荣　周　同
第三届（2001—2008 年）	郑民华	宁　光　胡翊群　周　同
第四届（2008—2010 年）	杨伟国	袁　青　毕宇芳　蔡　伟

【主要活动】

思想建设　青联以扎实工作的精神状态，积极联络青年，竭诚服务青年。自发组织会员开设"党课"学习；开展以"形势与任务"为主题的座谈会；深入学习实践"三个代表"重要思想，积极投入"先进性教育"活动；组织青年学习党的十七大会议精神，以高度的责任，持续开展"勤奋学习，锤炼品德，进取创新，多出人才"座谈会、"爱国心，奉献情，凌云志"纪念五四运动系列活动、"践行新时期社会主义荣辱观"及"瑞金青年责任与奉献"等主题教育实践活动。

学术讲座　发挥青联会员核心力量，带动全院青年整体发展，坚持在"学科建设、人才培养"中发挥作用，做青年的表率，团结青年、凝聚青年。在院内开展各类学术讲座，并邀请国内外著名医学研究者，开展各类学术和专业活动，建设成了一个"开放、平等、交流、互利"的学习型组织。

义诊援建　青联会员发挥医务特长，积极开展义诊及援建工作。主动走向社会，服务于两个文明建设的工作，组织和参加了医疗咨询和义诊，到过街道、乡镇、学校、幼儿园、企事业单位等。积极支援贫困地区，响应卫生局号召，在上海医疗队奋斗过的地方兴建一所"上海医务青年希望小学"。积极拓展志愿者服务领域并参与新农村建设，将"健康快车"开进社区。与民工子弟学校保持长期的医疗帮扶联系，共为该校的学生捐书千余册并进行义务体检和健康咨询。每年开展"青年志愿者服务月"活动，以优质的服务展现青年风采。

建言献策　围绕医院建设发展的中心工作，多次召开"为医院发展献计献策座谈会"，会员踊跃发言，大胆设想，提出了许多在医院完善人才培养、提高科研水平、加强形象建设、扩大知名度等方面的意见和建议。

六、志愿者及公益活动

【医院义工组织及活动】

2002 年，医院开创上海第二医科大学首家、上海市卫生系统第二家义工服务中心，有注册义工 300 余人，主要由医院职工、在校学生和一些曾经住院康复病人组成。开展的服务项目有门急诊导医、探视病患、心理疏导、生活帮助、健康宣教等。2005年,根据上海市慈善基金会的相关要求,全院职工踊跃报名参与“上海市慈善医务义工总队瑞金医院支队”,共有队员250余人。2009年,开创瑞金医院“彩虹家园”志愿者服务平台,中心拥有完善的组织架构、工作机制和严格的志愿者管理规章制度。以“关心社会弱势群体、关注社会公益事业”为目标,遵循奉献、友爱、互助、进步的志愿者精神,依托“走出去,引进来”的志愿者工作宗旨,为医院青年医务人员及社会爱心人士搭建了服务社会、奉献社会的桥梁。2002—2010年,瑞金医院义工及志愿者团队及在战高温、抗击非典、汶川地震、上海世博会及H7N9时期,创建了卫生系统行业特色的集体,并获得了一系列上级单位荣誉称号。

【志愿者工作】

医院从1994年至2010年,每年选派3～4名优秀青年专家参加由上海市卫生局、团市委主办的“医苑新星”义诊活动及中国青年志愿者服务日活动。1998年,派出朱正纲等8人组成的抗洪救灾防疫医疗队,作为全国仅有10支的中国青年志愿者抗洪防病医疗队,奔赴湖南灾区开展为期三周的医疗工作,受到国务院副总理李岚清的慰问。2003年非典(SARS)时期,医院在第一时间成立抗击“非典”青年突击队,支援临床一线的工作,为保障人民健康做出积极的贡献。是年2月,选派普外科医师作为参加第二批中国上海青年志愿者赴老挝服务队中的一员赴老挝开展为期半年的国际志愿服务。2004年,医院选派人员参加“大学生支援西部计划”,选派人员赴内蒙古自治区开展了为期一年的志愿服务工作。2008年,分别派出医师参加为北京奥运会上海赛区提供医疗保健和咨询服务及志愿者服务组织工作等,充分展现医院青年医务员工的能力与风采。2002年起,每年选派具有博士学历的青年医师参与上级团委主办的“三下乡”博士团暑期社会实践活动,开展义诊、医疗咨询、健康宣教、讲座等活动。

抗震救灾志愿者 2008年5月汶川地震,医院青年积极投身抢险救灾和灾区重建。1名急诊抢救室护士入选上海青年医疗卫生志愿者抗震救灾服务队第一批队员、1名肿瘤放化疗科医生入选12355灾区青少年社区工作及心理康复援助专家志愿团上海分团第一批队员,均圆满完成任务。同时,院内成立“上海青年志愿者亲情陪护行动动员会”,组织81名爱心志愿者提供“一对一”亲情陪护志愿服务,获得灾区伤员的交口称赞。

甲型H1N1流感志愿者 2009年5月,积极面对甲流严峻的防控形势,医院选派7名青年志愿者加入上海交大医学院组织的检验检疫志愿者第一梯队,在上海市出入境检验检疫局浦东国际机场出入境口承担为期一个月的防控甲型H1N1流感工作,成功截获上海首例输入性甲型H1N1流感确诊病例,并对31名密切接触者实施医学观察。

世博会志愿者 2009年,医院积极响应上海市和卫生局“迎世博,守序有礼,文明排队”活动的号召,组织医务青年任“迎世博志愿者”。2010年,组织500名职工成立“迎世博”平安志愿者服务队及世博医疗保障组,由13名团委委员对口31个团支部展开联络网。同时,承办了“青年文明号与世博同行”上海市卫生系统青年文明号(共青团号)创建工作论坛。4人荣获2010年“上海世博会志愿者工作先进个人”称号;瑞金医院团委获上海交通大学医学院世博志愿者工作优秀组织奖等。

援助贫困地区志愿者 1998—2010年,医院先后选派杨伟国等13批优秀青年加入由团市委组织的上海青年志愿者队,奔赴云南进行扶贫接力工作。

七、慈善活动

2002年,团委组织20多名团员青年参加了上海医务青年骨髓捐献志愿者行动并现场采血参加骨髓配型。翌年,团委书记毕宇芳在参加共青团上海市第十二次代表大会上,代表医务青年向全体代表发出了为白血病病人捐献造血干细胞的倡议。2006年9月,团市委授予瑞金医院团委"上海青年造血干细胞捐献志愿者行动特别贡献奖"。2008年4月,妇产科护士周砚在北京道陪医院进行了造血干细胞的采集和捐献,用于救治一位香港地区的白血病病人,她是上海第二例对香港地区病人进行造血干细胞捐献的志愿者。

2004年,上海血库告急,团委向全院团员青年发出倡议,瑞金青年踊跃报名,积极投身无偿献血,共有21位团员青年报名参加志愿无偿献血。

2004—2010年,团委每年组织百余位员工参与上海市慈善慢跑,通过该项活动筹得善款,用于癌症研究事业。

第三节 妇女工作

一、发展沿革

"文化大革命"前妇女工作由工会女工委员负责。1984年前由副院长时朴斋兼管。1985年4月,成立瑞金医院妇女工作委员会(以下简称"妇委会")。1993年11月26日,瑞金医院召开第一次妇女代表大会,1993年12月13日,成立第三届瑞金医院妇委会班子。1997年12月19日,瑞金医院妇女代表大会召开,以差额选举方式选出了第四届妇委会委员,1998年2月19日,成立上海第二医科大学附属瑞金医院第四届妇委会。2004年7月16日,瑞金医院第五届妇女代表大会召开,选举产生瑞金医院第五届妇委会。2010年12月8日,召开瑞金医院第六届妇女代表大会,大会主题:"巾帼建功,共筑和谐"。换届选举产生瑞金医院第六届妇女工作委员会。

表9-5-10 1985—2010年医院妇女工作委员会历届主任、常务副主任、副主任情况表

届次(年份)	主　任	常务副主任	副主任
第一届(1985—1988年)	陈淑瑾	陈雨珍	王康孙
第二届(1988—1993年)	陈淑瑾(兼)	蔡凤娣	丁怀翌　王康孙
第三届(1993—1997年)	沈翔慧(兼)	蔡凤娣	王康孙　夏毓华
第四届(1997—2004年)	沈翔慧(兼)	李亚东	倪继红　陈赛娟
第五届(2004—2010年)	沈翔慧	青　春	谢　青　钱培芬
第六届(2010—)	陈晓农	青　春	谢　青　吴蓓雯

二、主要工作

妇委会自1985年成立后,主要围绕医院"两个文明"建设,发挥广大女职工的作用,积极开展

"创造发明、献计献策,为社会主义建设添砖加瓦"的活动,涌现出许多有文化、有道德、技术精湛的女专家、女能人,为实现"四个现代化"添力。

【为妇女儿童办实事】

依法做好妇女维权工作,积极维护女职工的合法权益,采取各种形式普及新婚姻法等法律知识;此外,陪同女职工到市妇联和法律部门咨询相关法律问题,聘请律师依法解决职工家庭纠纷,使女职工能有更多的精力从事医、教、研各项工作,为病患提供优质医疗服务。每年"六一"国际儿童节,妇委会为职工子女发放纪念礼品,配合行政部门关心幼托工作,寒暑假协同办好寒托班、暑托班,解决女职工家庭的后顾之忧。

关心女职工生活 1995年,妇委会向全院女职工发起"姐妹帮姐妹"献爱心倡议,帮助医院血研所的三胞胎母亲安心赴美留学深造。制定每月上门看望的计划,号召全院10个部门参与。2005年,组织"放飞心情——朱家角一日游"活动,关心由女性癌症病人组成的"心连心健康俱乐部"成员。是年,组织未婚女职工参加上海青年科教工作者"科教联手、你我牵手"联谊活动。2009年,为7名40岁以下正高职称女职工争取到"上海市优秀青年女教师成才资助金"和"家庭服务补贴";为1名40岁以下副高职称女职工争取到"上海市优秀青年女教师资助金"和"生育、哺育生活补贴"。此外,妇委会自成立以来,一直秉持高温季节慰问一线女职工、节假日慰问单亲母亲和患病困难女职工的优秀传统。

"六一"儿童节活动 1996年,以"我是小小瑞金人,迎'六一'露一手"为主题举办竞赛,分为歌舞朗诵、书法绘画、乐器演奏三大组,有200多位12岁以下的医院职工子女参赛。2004年,举办了"我是瑞金好儿童"主题活动,40多位职工子女在家长陪伴下度过了难忘的儿童节。2005年,组织瑞金医院儿科专家为职工子女做健康医疗咨询,为瑞金下一代健康成长提供优质的医疗服务。2009年,组织开展了以瑞金医院职工子女迎世博为主题的"我心中的世博"作文竞赛活动,孩子们从各个不同角度,书写了心中的世博。

【国际妇女节活动】

1996年,组织举行大型座谈会,结合医院中心工作,以巩固三级甲等、再创三特医院为主题,围绕在医疗、教学、科研中存在的现象展开大讨论。2000年,召开了主题为"学习、创新、奉献、成才"大型座谈会,会上获得世界女科学家成就提名奖的陈赛娟做了重点发言。2001年,在纪念"三八"国际妇女节暨先进表彰大会上,组织获奖代表就岗位建功、岗位成才分别做了发言。2006年,召开"和谐社会与婚姻家庭"专题讲座,使大家在更深层面认识到构建和谐社会的重要意义。2007年,举办了以女性"自尊、自爱、自立、自强、自重"为主题的座谈会,院内80多名未婚女青年及部分女干部参加,并从关爱女性、珍爱青春的角度出发,邀请妇产科主任医师刘延做了"生殖健康战略"讲座。2008年,请上海市妇联下属上海市科学基地的教授为女职工作"家庭教育与家庭幸福"专题讲座,参加会议者与讲课老师就如何构建和谐家庭进行了互动性探讨。此外,医院还不定期邀请全国三八红旗手和劳动模范到医院介绍先进事迹,使全院女职工政治思想上有了提高,给工作和生活带来了鼓舞和鞭策。

【计划生育宣传】

为贯彻执行计划生育政策,1988年,制定实施《瑞金医院计划生育奖惩条例》。1991年,成立瑞金医院计划生育协会。遵照市、区计划生育工作要点,把落实计划生育措施纳入医院管理中。同时以宣传为主,发挥计划生育干事的作用,形成一个完善有效的基层管理体制和运行体制,定期对计

图 9-5-4　2001 年陈赛娟在医院纪念三八国际劳动妇女节 91 周年暨表彰大会上发言

划生育协会会员进行业务培训，对全院职工和计生干部进行计划生育知识考试，同时对外来务工人员作好宣传教育和措施落实工作。由于领导重视，组织网络齐全，瑞金医院连续五年被评为卢湾区先进集体光荣称号。1999 年，瑞金医院计划生育工作获得上海市计生委评选的单项先进。2001 年，随着医保政策的出台，妇委会组织大家学习《上海市医疗保障法》，及时与相关部门沟通联系，做好计划生育与医疗保险方面的工作，使部分女职工的计划生育医疗费用问题得以较快解决。2007 年，上海市计生协会把瑞金医院立为卢湾区市属单位中唯一的计划生育示范点。

【其他工作】

1994 年，市妇联把瑞金医院作为开展"巾帼建功"活动的现场交流单位，全国妇联书记处书记华福周参加会议。同年 7 月，接待了全国城镇妇女就业暨"巾帼建功"研讨会的 80 位代表和来自全国各省市的妇联主席，全国妇联主席陈慕华出席会议，听取瑞金医院妇女工作汇报，参观灼伤病房、急诊室、母婴同室、高护系等科室，使瑞金医院的医院管理、服务质量、医疗水平等各方面在全国各地扩大了影响。1995 年，为迎接世界妇女大会在中国召开，妇委会在全院范围内组织学习"世妇会"报道材料，举办相关知识竞赛，通过竞赛了解世界妇女大会的内容、世界妇女的地位，带领全院女职工以新时期、新女性的形象和姿态迎接大会召开。1998 年，工会女工委员会荣获上海市女职工"双文明立功竞赛"红旗单位。2005 年，上海第二医科大学与交通大学合并，瑞金医院女专家为交大校本部女教师提供了义务医疗咨询和体检。2007 年，院妇委会副主任青春当选为卢湾区第十次妇代会执委、瑞金二路街道计划生育协会主任。2008 年汶川地震发生后，院妇委会主任、肾内科主任医师陈晓农等医护人员，第一时间奔赴抗震救灾第一线，在余震不断、气候炎热的恶劣环境下救治伤员，每天工作十几个小时，在此后的上海各界妇女抗震救灾事迹报告会上，陈晓农作为优秀妇女代表做了发言。2010 年，妇委会紧紧围绕"世博会"主旋律开展工作，感染科病房、消毒供应室在"迎世博"活动中双双获得殊荣。

三、女医师女教师联谊会

瑞金医院女医师女教师联谊会(以下简称"联谊会")于 1994 年 3 月 18 成立，许曼音任理事长，共有 70 多名副高级以上的女医师参加。1998 年，联谊会进行第一次换届改选，陈赛娟任理事长。2004 年，召开第二次换届改选，沈翔慧任理事长。

【主要活动】

为充分发挥女医师女教师联谊会的作用，加速培养一批高层次、高素质、高水平的女性特色人才，联谊会中开展老中青传帮带的“结对子”活动。1997年，结成10对“对子”，双方签订协议，要求在医、教、研各方面定期交流，总结经验，为优秀青年女性人才脱颖而出营造优越的外部环境。2001年，传染科病毒实验室主任陆志檬和传染科副主任张欣欣师徒荣获二医先进“对子”称号，被推荐到市教卫系统进行交流发言。

自2006年起，妇委会组织女医师联谊会成员参与新成立的上海市女医师协会活动，与全市女医师互相交流医、教、研成果。2006年，女医师联谊会副会长陈绍行带领高血压科医护人员到卢湾区打浦桥街道，为社区居民普及高血压防治知识，免费测量血压提供健康咨询，上海教育电视台“健康热线”栏目对此活动作了全程报道。2008年，联谊会理事谢青带领感染科医务人员连续四年举办科学护肝大型义诊，举行“你我同行”大型护肝公益活动，并邀请全市三甲医院20多位著名感染科肝病专家汇聚一堂，为500多名肝病病人提供咨询服务。在“迎世博”活动中，2009年，外请教授为联谊会会员作“迎世博礼仪专题讲座”。2010年，联谊会与卢湾区早教中心、上海学前教育网合作“医教结合—科学育儿”项目正式启动。

四、获得荣誉

1985年以来，瑞金医院有1人获中国十大女杰、1人获全国十佳女职工、3人次获全国三八红旗手、1人获全国先进女职工，11人次获得上海市三八红旗手、3人次获上海市三八红旗集体等，成绩显著。

表9-5-11　1985—2010年医院妇女工作条线获得市级以上奖项情况表

年　份	获　得　者	奖　　项
	国家级奖项	
1994	鲁慧琴	全国三八红旗手；全国巾帼建功标兵
1997	陈赛娟	全国三八红旗手
1997	陈赛娟	全国先进女职工
2001	陈赛娟	全国十佳女职工
2004	陈赛娟	全国三八红旗手
2005	陈赛娟	中国十大女杰
2005	瑞金医院	全国卫生系统护理专业巾帼文明岗
2005	瑞金医院计划生育协会	全国计划生育协会工作先进集体
2008	陈赛娟	首届中国职场女性榜样
2008	陈楠家庭	第六届全国五好文明家庭
2009	陈　楠	首届中国女医师协会五洲女子科技奖（临床医学科研创新奖）
	市级奖项	
1985	林淑英　蔡晓蓉　孔丰玉	上海市三八红旗手
1987	王康孙　陶祥龄	上海市三八红旗手

（续表）

年份	获得者	奖项
市级奖项		
1988	许曼音　郑　萍	上海市巾帼奖
1989	余慧贞　金毓翠	上海市三八红旗手
1991	金毓翠	上海市计划生育先进工作者
1992	陈赛娟	上海市巾帼建功先进个人、上海市三八红旗手
1993	李　玲	上海市计划生育先进工作者
1993	金　烨	上海市三八红旗手
1995	陈　楠	上海市三八红旗手
1995	李　玲　金毓翠	上海市计划生育先进工作者
1997	高　颖　陈赛娟	上海市三八红旗手
1997	李　玲	上海市计划生育先进工作者
1999	陈赛娟	上海市先进女职工标兵
1999	汪　新	上海市三八红旗手
1999	血液研究所人类基因重点实验室	上海市三八红旗集体
2000	陈　竺　陈赛娟	上海教育系统比翼双飞模范佳侣
2001	李亚东	上海市先进女职工标兵
2001	曹伟新	上海市三八红旗手
2001	外科手术室	上海市三八红旗集体
2003	老年科	上海市三八红旗集体
2003	陈　楠　高蓓莉	上海市三八红旗手
2003	瑞金医院	上海市人口与计划生育工作先进集体
2004	陈　楠	第三届上海市巾帼创新奖
2004	陈赛娟	上海市三八红旗手标兵
2005	陈赛娟	上海市最有影响的女性人物
2005	谢　青	上海市三八红旗手
2007	瑞金医院	上海市三八红旗集体
2008	护理部	上海市“迎世博 600 天上海市女职工在行动”上海市五一巾帼示范岗
2009	肾内科	上海市巾帼文明服务世博联盟班组
2009	肾内科、消毒供应中心	上海市巾帼文明岗
2009	消毒供应中心	上海市教育系统巾帼文明岗
2009	感染科病房	上海市医务职工迎世博巾帼文明岗

（续表）

年份	获得者	奖项
	市级奖项	
2009	何小平	上海市人口和计划生育先进工作者
2009	陈赛娟	新中国60年上海百位突出贡献女性
2009	陈赛娟　陈　楠	新中国60年上海百位杰出女教师
2009	陈赛娟　赵维莅	第二届上海市五一巾帼创新奖
2010	陈　楠	第三届上海市五一巾帼创新奖

第六章　医 院 文 化

第一节　医院文化形象

一、院徽、院歌、院训

【院徽】

医院院徽经历 3 个阶段演变。由于医院的前身为法国天主教会创办，院徽也具有当时的特色，为蓝白红 3 个底色，和法国国旗同色调，有广慈医院的中文及圣玛丽医院的缩写字母，中间为红十字。在百年院庆之前，医院使用的是图 9-6-2 的院徽。2007 年，瑞金医院百年院庆之际，经征求各方意见，完成新院徽的设计。在 2007 年 4 月 15 日的院报四版刊登院庆公告（第 1 号）的同时，刊登了院徽图案及说明。

瑞金医院新标志的设计创意从原有老标志出发，在原有基础上添加一些元素及作相应修改后获得，带来受众似曾相识且又耳目一新的感觉；在原有老标志的基础上，添加 8 号行政办公楼楼顶元素，强调上海瑞金医院的法式特色及深厚的文化底蕴与人文精神；新标志以海蓝色为主色调，突出上海交通大学医学院附属瑞金医院海纳百川的上海地域人文特色与广博慈爱、追求卓越的瑞金医院院训；图形视觉中心以暗纹形式描绘一朵盛开的白玉兰花，既体现瑞金医院的地域特征，也象征了圣洁无瑕的白衣天使形象，与上海瑞金医院的公众形象相得益彰；将原有的“RJ”字母改变成“瑞金”汉字的篆体形式，体现瑞金医院百年的人文底蕴以及厚重的医院文化；“1907”突出瑞金医院的建院时间，也从一个侧面反映瑞金医院百年历史。

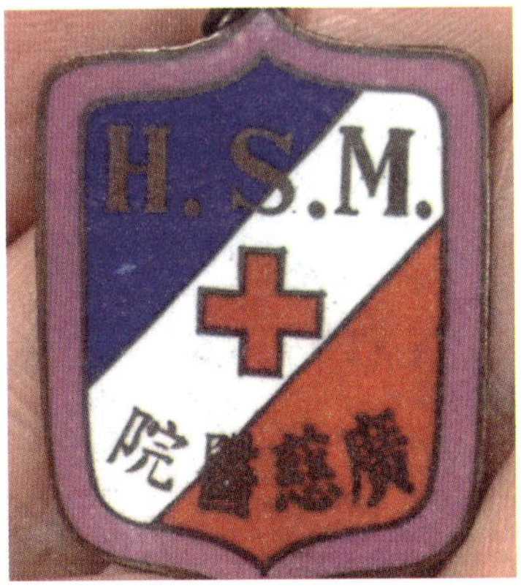

图 9-6-1　20 世纪 30 年代广慈医院院徽

图 9-6-2　2005 年医院院徽

图 9-6-3　2010 年医院院徽

【院歌】

1997 年 9 月，为配合医院 90 周年院庆，《瑞金医院报》举办“我爱医院——庆祝建院 90 周年”征文活动，在此基础上诞生了医院的第一首院歌。

第一版院歌由副院长俞卓伟作词，国家一级作曲家沈传薪作曲，曲名为《再创辉煌》。4/4 拍，F 调。歌词为："阳光洒满草地，鲜花四季盛开，广慈博爱信念永存，神圣使命把力量凝聚更显风采；巧手点燃生命，智慧倾注病员，争创一流奉献爱心，文明新风吹遍了人间，青春常在。（副歌）啊！瑞金医院，瑞金医院，要迎接 21 世纪挑战勇攀科学高峰。啊！瑞金医院，瑞金医院，为中华民族腾飞再创辉煌。"

2002 年，院庆 95 周年之际，作曲家沈传薪对医院第一版院歌《再创辉煌》进行了重新谱曲，形成了第二版的上海第二医科大学附属瑞金医院院歌，歌词保留，曲名更改为《广慈博爱信念永存》。4/4 拍，D 调。

2007 年，医院百年院庆期间，由孙重亮作词、左翼建作曲的《瑞金向着卓越攀登》新院歌诞生，并一直沿用至今。4/4 拍，F 调。歌词为："我们轻轻地携来祥和的春风，像天使播撒那济世的柔情。我们紧紧地挽住弥留的生命，如白云托起欲坠的流星；我们敞开广博的胸怀，永不改变那慈爱的本性。我们沐浴世纪的风雨，并蓄兼容百家的真经。（副歌）啊，瑞雪般圣洁；啊，金子般赤诚。瑞金医魂，百年铸成。瑞金、瑞金、我的瑞金，永远向着卓越攀登！"

【院训】

20 世纪 80 年代，经医院两委会讨论，拟定瑞金医院院训为"团结、严谨、求实、创新"，沿用至今，为一代瑞金人指明了奋斗的方向。

【理念】

2006 年，瑞金医院百年院庆前夕，通过全院征集以及医院领导班子多次商议，拟定医院理念为"广博慈爱，追求卓越"。2007 年，瑞金医院百年院庆之际，时任上海市委书记习近平发来贺信，"长期以来，瑞金医院几代医务工作者恪守'广博慈爱、追求卓越'的理念，自觉把医院的发展与国家进步、人民幸福紧密联系在一起，救死扶伤、造福社会，为广大人民群众提供了优质的医疗健康服务，为国家培养了一大批医学人才，为中国医疗卫生事业的发展做出了积极贡献"。瑞金医院"广博慈爱、追求卓越"的文化价值深入人心，2007 年 10 月 13 日，瑞金医院百年庆典仪式，多家媒体前来采访。东方网等多家媒体报道，"瑞金医院院训为'广博慈爱，追求卓越'，也是医院一直恪守的立院之本"。

二、院史陈列馆

瑞金医院院史陈列馆由"老 9 舍"改建而来，作为医院创建时最早兴建的主要建筑物之一，这栋弥漫着法式风情的楼房，曾是医院图书馆、老年病科以及老病区改造过渡等的用房，见证瑞金百年的历史变迁和发展。为了更好地保护它，同时为了牢记历史，传承博爱，激励后人，2007 年医院百年院庆前期，将它腾出，经过精心修葺和布展，在收集整理出大量弥足珍贵的历史资料后，于 2007 年 10 月 12 日正式开馆。上海市政协主席蒋以任等参加开馆揭牌仪式。

瑞金医院院史陈列馆分上下两层，总面积 1 024 平方米，6 个展厅，以图片和实物相结合的方式展示了从 1907 年建院初期到 21 世纪的发展历程，共收集照片 300 余幅。展览馆的 6 个展厅分别以"普善若存，广慈如斯""峥嵘岁月，瑞金志远""雄关漫道，晨曦映耀""韬光养晦，厚积薄发""浩大精深，追求卓越"以及"流金百年，医魂永铸"为主题，以历史时代为纵轴，以人物事件为横轴，通过大量照片、文字以及部分珍贵实物，生动地反映了瑞金百年流金岁月的历史足迹，细致地展示从 1907 年建院初期到 21 世纪医院的发展历程，以及历年医疗技术的发展和科研项目的革新，记载历代瑞金人对中国医学发展的贡献。瑞金院史陈列馆是上海市医务系统最大的纪念馆，已被列为卢湾区对外开放的纪念馆之一，每周二、四中午面向社会免费开放，成为一个公众的文化场所。

第二节　医院文化建设载体

瑞金医院始终注重医院文化建设，将文化建设纳入精神文明建设的总体规划中，并始终贯穿于技术、服务、人才、管理、品牌等所有与医院发展相关的各项工作中，围绕弘扬医院悠久的文化底蕴，坚持“以人为本，文化育人”，着力于提高职工综合素质，倡导正确的人生观、价值观，通过一系列有效的载体开展医院文化建设。一百年来，医院形成了独特的医院文化。其依托百年文化的凝练与传承，在长期的实践中逐步形成具有自身特色的基本理念、价值观念、道德规范、规章制度以及行为方式，使得医院文化从表层的物质文化上升到深层的精神文化，成为贯穿于医院持续发展的生命线和医院生存、发展的根本。

一、创新文化——以医教研核心技术为载体

瑞金医院的文化建设坚持以医教研技术力量的支撑为载体，以“对历史的高度传承，对现状的清醒认识，对目标的不懈追求”为宗旨，注重与时俱进、传承积淀、不断创新。

1907 年，广慈医院创建时仅有 1 名法国医生、55 张病床，但傅培彬、邝安堃、叶衍庆、王振义等一大批前辈们以高尚的医德、忘我奉献的精神、精湛高超的医术，成为激励瑞金后辈不辍耕耘、孜孜以求的精神力量和行动源泉。100 年来，瑞金人领跑在现代医学前沿，从 20 世纪 50 年代的成功抢救邱财康，20 世纪 70 年代的首例同种原位肝移植，20 世纪 90 年代的白血病治疗研究，到 21 世纪的器官移植、紫娃康复，瑞金攀登了一个又一个的医学高峰，创造了无数的生命奇迹。

目前，随着医疗需求的增加，医疗服务已由单一技术服务演化成对病人身心的全方位服务。瑞金始终坚持“人无我有，人有我多，人多我优”的信条，探索并建立医院技术创新管理体系，走质量安全立院、特色技术兴医的发展道路，瑞金靠实力赢得了许多令人骄傲的“第一”——成为目前上海市拥有国家临床重点专科数量第一的医院；在全国最佳医院排行榜上，名列上海第一，其中，内分泌专科排名全国第一；在“医疗质量万里行”问卷调查中排名第一；王振义院士获得国家最高科学技术奖，是上海交大历史上的第一人；国家自然基金项目获得数全市医院第一。

二、服务文化——以服务理念为载体

病人在医疗服务中是主体。医院始终把医疗服务作为品牌来经营，从空间到流程、从硬件到软件、从数字化到人性化，全面体现了“一切以病人为中心”的服务理念。医院为了努力建立人文关怀的就医环境，努力缓解医疗供需的就医矛盾，努力提供人性化的优质服务，努力促进医患关系的和谐改善，积极开展了特色专病门诊，切实给百姓带去实惠和方便；设立疑难病例会诊中心，多学科专家对看似雷同症状的病人进行针对性的个性化诊疗，最大限度地减少病人盲目往返奔波；颠覆传统就医模式，在上海率先推出门诊一站式收费模式等。同时，医院要求将提高病人满意度体现在医疗工作的每一个环节之中，提倡每一位员工都在各自的岗位上将一些细小的、不起眼的枝节问题处理得当，减少工作中的失误和病人的抱怨。轮椅车上的遮阳伞、医用移动分隔帘、床头助力绳、特制引

流袋等便民措施让“为病人提供更加优质、周到的服务”的宗旨成为一句实话，只有用心将医疗服务做精做细，才能使“以人为本”的理念落到实处。

三、公益文化——以承担社会责任为载体

医院将承担社会责任、体现公立医院的公益性作为己任，全心全意地为社会的和谐、为病人的安危付出。从抗击非典、抗震救灾，到担负世博医疗应急保障任务、温州动车事故救治等，一系列突发性公共安全事件中都有医院医务人员的无私奉献。这是集职业理想、职业态度、职业责任、职业技能、职业纪律、职业良心、职业信誉和职业作风于一体的职业精神的体现。在老一辈瑞金人中，也有很多医患情深的佳话，如傅培彬医生亲自为手术病人洗脚等。如今，这种人文关怀精神依然在传承，把病人利益、群众利益放在第一位，已经成为瑞金人的主流价值观。

四、员工文化——以关爱员工为载体

员工是医院文化建设的核心，医院注重全面突出员工的智慧、技术、理想，充分尊重和体现员工的价值观，强调创造“只要努力，就有机会”的公平竞争环境，充分挖掘员工的潜力，调动员工的积极性、创造性与竞争力。主要有以下几种做法。

(1) 完善以构建理念文化为目标的思想培育机制。引导医务人员树立起“以病人为中心”的理念，创新培训内容和形式，重点设置礼貌礼仪形象、沟通技巧、人文关怀、职业道德、纠纷案例培训课程，提高医患沟通能力和服务水准。(2) 完善以构建行为文化为目标的医德规范机制。从推动理念文化向行为文化转化入手，把构建先进的医院行为文化作为端正医德医风的重要举措，结合医院实际，制定了《岗位服务标准和文明礼仪规范》，对门急诊、医技及临床科室的各个岗位、窗口，从语言、穿着、行为、操作等全方位进行了统一和规范。(3) 完善以构建形象文化为目标的环境感化机制。把营造温馨舒适的就医环境、保留百年特色历史建筑、制作规范划一的指引标识等作为内涵建设的重要内容，使病人在医院不仅能得到生理上的治疗，更能得到心理上的安慰和愉悦。(4) 完善以构建品牌文化为目标的机制。积极传播名医文化，弘扬名医名家，推行终身教授制度，提升人才发展空间。(5) 打造瑞金精品文化项目:“瑞金讲坛”注重人文知识传播，“瑞金茶室”注重倾听员工心声，“红色之旅”注重干部思想教育，“文化艺术节”“科技文化节”注重陶冶职工文化情操。(6) 肩负起教育引导群众健康生活的社会责任。“门诊专家周周讲”“世界疾病日义诊”吸引了众多的病人和群众，使更多的百姓了解医院，熟悉医护人员，产生良好的社会效应，扩大了医院、名医和专科的知名度。(7) 关心员工：民主管理、倾听职工代表意见、职工体检、职业防护、福利保障。

五、科室文化——以挖掘和培育多元化的科室文化为载体

科室文化是医院文化的延伸和支撑，医院从制度文化建设着手，规范医疗行为、完善监督机制，推行绩效考核，深化优质护理服务工程，加强医疗环节质量管理；从廉政文化教育出发，建立医德档案、开展警示教育、干部诫勉谈话、签署道德承诺书；借助网络文化新型平台，开设瑞金发布，推广智能化电子病历、移动医护工作站，抓好信息化建设提速；依托集团文化辐射效应，树立医院的品牌标杆，形成院科两级的有序管理，积极培育科室文化。如内分泌科以“建设亚洲一流内分泌代谢病学

科”为愿景，将学科定位为“以转换型医学为理念的研究型内分泌代谢病学科”；微创外科凝练“三微”标准，即“微创、微笑、细微”，以此为要求，提高学科水平和服务质量；乳腺疾病诊治中心围绕“多学科综合治疗，一站式服务，个体化关爱”的医疗和服务理念，创造了科室的品牌。

六、文化艺术节和科技文化节

1990 年，为促进医院的“两个文明”建设，创造良好的医院文化环境，工会组织首届瑞金医院文化艺术节，以后每两年举办一届，2008 年起调整为三年一届，至 2010 年，共举办了 9 届文化艺术节。2004 年 12 月，由医院团委创办首届瑞金医院科技文化节，旨在弘扬积极向上的文化，以医务青年为主要参与对象，以青年人才培养为目标，为青年人提供展示才华的舞台。科技文化节每两年举办一届，至 2010 年，共举办 3 届，每届设以不同的主题：第一届以“青春与瑞金同行——让理想插上科技的翅膀，让生活充满艺术的气息”为主题，第二届以“百年瑞金，薪火传承”为主题，第三届以“健康世博，瑞金同行”为主题，举办了丰富多彩的活动。

通过科技、文化、艺术、体育、志愿服务等丰富多彩的形式，在寓教于乐中，展现职工风采，提升医院职工凝聚力。包括科研论文大赛、病例分析大比武、临床技能比赛，展现业务能力；特邀央视“百家讲坛”名师、复旦大学图书馆馆长葛剑雄教授、华东师范大学心理咨询中心主任张麒、钢琴家孔祥东先生等各界名流做专题报告；开展“铭记终身”——瑞金青年与终身教授面对面访谈活动；组织青年医务人员论坛和各类参观考察活动；以部门工会为单位进行合唱、小品比赛等，受到职工的好评。

七、瑞金茶室

“瑞金茶室”是医院工会在医疗卫生体制改革不断深入的新形势下，以医护员工喜闻乐见的形式，参与精神文明建设的一个创新举措。“瑞金茶室”于 1993 年 4 月“开张”，围绕医院改革热点、文明行医、优质服务、兴院良策等开展员工与管理层之间的互动，先后已经举办了 300 期。“瑞金茶室”，每次一个主题，每次一位主持，“茶客”自由提问、插话和讨论，以一种宽松、平等的氛围，将员工吸引过来，把思想教育工作以创造性的活泼形式展示出来。

“茶室”开张的“第一壶茶”给了时任主管人事财务的副院长席德忠主讲“今年医院的财经与职工的奖金”。多年来，院工会领导坚持调查研究，让“茶室”话题始终定位在员工的热门话题上，如：“烧饭人与吃饭人”“谈谈院劳动人事制度的改革”“我为医院改革献一策”“以病人为中心，再议窗口优质服务”“瑞金精神大讨论”“货币分房兄弟医院政策解析”“子女高考指导”“购物理财”……“瑞金茶室”已经成为瑞金医院精神文明建设的一个亮点和院工会工作的创新点。2009 年 3 月“瑞金茶室”荣获由上海市总工会颁发的上海市厂务公开民主管理工作优秀成果奖和上海职工素质工程品牌的荣誉称号。

图 9-6-4　2002 年瑞金茶室

八、瑞金讲坛

瑞金讲坛于2004年开创，首次讲坛邀请上海血液学研究所所长、中国科学院院士陈竺作“系统生物学是21世纪医学和生物学发展的核心驱动力”主题报告。2005年以来，宣传科根据国内外形势、国家大政方针、医院发展需求，精心遴选报告人，沟通报告主题和内容，并认真安排好每一场报告。会前以海报形式进行宣传，论坛后在《瑞金医院报》进行图片新闻介绍，并将报告内容听写整理，在院刊《瑞音》上特开设“瑞金讲坛”栏目节选刊登。

表9-6-1　2005—2010年“瑞金讲坛”历次内容情况表

年　份	主　讲　嘉　宾	报　告　主　题
2005	国防大学国际关系教研室副主任江凌飞	美国全球战略走向中国周边安全环境与台湾问题
	新闻评论员方宏进	医患关系的定位与协调
	交大安泰管理学院院长王方华	中国医院的品牌化生存
	外交学院院长吴建民	国际形势及其带来的思考
	中央对外宣传办原主任赵启正	建立良好的国际舆论环境
2006	上海血液学研究所所长、中科院院士、医院终身教授陈竺	自主创新、重点跨越，实施中长期科技发展规划
	中国医院协会维权委员会副主任、北京市华卫律师事务所律师郑雪倩	重视病人安全，维护自身利益
	上海电影集团副总裁汪天云	当代电影欣赏与社会演进
	前WHO副总干事，医院终身教授胡庆澧	WHO工作的经历和陈冯富珍当选总干事对中国卫生事业的促进和影响
2007	瑞金医院院长、终身教授李宏为	全国政治协商会议十届五次会议归来话两会
	中国工程院院士、全国人民代表大会代表、医院终身教授陈赛娟	十届全国人民代表大会五次会议精神传达
	复旦大学图书馆馆长、著名学者葛剑雄	南极与中国
	著名小提琴家俞丽拿	解读“梁山伯与祝英台”
2008	著名作家陈丹燕	追求现代性城市精神
	上海交通大学体育系副主任赵文杰	奥林匹克与中国
	上海大学社会科学学院顾晓英	迎世博、讲文明，做可爱的上海人
2009	复旦大学图书馆馆长、著名学者葛剑雄	从天下到世界
	中国工程院院士汤钊猷	开创有中国特色的科研道路
	华东师范大学教授王连祥	学习实践科学发展观沉着应对国际金融危机
2010	河海大学商学院教授陈钢	让医院文化落地为文明
	著名作家王安忆	文化与生活
	瑞金医院终身教授李宏为	如何做一名好医生

九、红色之旅干部教育活动

2006年5月，根据上级有关意见和要求，为了进一步加强医院现职干部、后备干部、青年干部、社会优秀人才的革命传统教育和爱国主义教育，提高医院干部队伍的综合素质，院党委制订《瑞金医院关于在干部教育中开展红色之旅的活动计划》。从2006年起，医院结合医院职工疗休养工作，每年组织1～2批党政干部、支部书记、科主任、后备干部，青年干部等对象到井冈山、延安、西安、南昌、长沙、韶山、西柏坡等10余个革命圣地，参加红色之旅革命传统教育活动。医院党委通过红色之旅的开展，将革命历史、革命传统和革命精神作为开展思想道德建设的珍贵教材传输给广大党员干部群众，给大家以知识的汲取、心灵的震撼、精神的激励和思想的启迪。截至2010年，医院党委共组织红色之旅6批，139人次参加。

十、思想政治工作研究会

1988年，根据院长负责制的要求和坚持“两个文明”一起抓的原则，医院建立了以行政负责人为领导的思想政治教育管理体系，充分发挥专职政工干部、党团员和班组长以及民主党派、工会、共青团等群众组织的作用，形成了思想政治教育的网络。为了探索思想政治工作的方式和内容，瑞金医院思想政治工作研究会(简称“瑞金医院思研会”)应运而生，研究会由党委副书记严肃任理事长，副院长高恪任副理事长，同时制定了医院思想政治工作研究会章程。

瑞金医院思研会是上海市卫生系统中最早成立的基层思研会之一。成立以来，思研会紧紧围绕党的路线、方针、政策，密切联系医院实际和职工中思想热点开展工作，坚持从实践中来，再回到实践中去的方针。多年来，医院思想政治工作研究会积极组织医院管理课题的申报、立项，论文撰写、修改、上报等工作。1990年，获上海市卫生系统优秀思研会称号。1992年，瑞金医院向上海第二医科大学思想政治工作年会提交9篇思想政治工作论文，数量居其各附属单位之首，并获得上海市卫生系统优秀思研会称号。医院建设研究会先后两次召开思研会的论文开题、撰写、收集和投稿工作会议。一年共收到论文50篇，其中6篇获上海市卫生系统邓小平理论研讨会优秀论文三等奖。2000年，医院党委在开展一系列精神文明活动的同时，注重经验的积累和理论研究，领导医院建设研究会结合工作实际开展活动。是年，撰写论文45篇，有27篇论文入选中华医学会、全国城市医院思研会和上海医院管理年会交流。2002年，围绕医院文化、医院集团化改革、人性化服务、人力资源管理、医疗法律法规的解析等问题组织管理论文34篇，在全国年会大会上交流2篇，上海年会大会交流1篇，获全国性征文优秀奖1篇，地方性年会优秀论文奖10余篇，医院获全国医院文化工作先进集体。

表9-6-2　1995—2010年医院获全国思想政治工作奖项情况表

年份	颁发单位	奖项	获奖者
1995	卫生部	全国医院优秀院长	李宏为
1996	全国城市医院思想政治工作研究会	优秀思想政治工作者	沈翔慧
1999	全国城市医院思想政治工作研究会	政治思想工作先进个人	沈翔慧

（续表）

年份	颁 发 单 位	奖　项	获 奖 者
2000	全国卫生系统思想政治工作研究会	先进思想政治工作研究会	瑞金医院思想政治工作研究会
2000	全国卫生系统思想政治工作研究会	思想政治工作优秀党委书记	严　肃
2001	全国城市医院思想政治工作研究会	党建工作先进集体	瑞金医院党委
2001	全国城市医院思想政治工作研究会	第十一届年会优秀论文	杨伟国、曹伟新《寻找兼职支部书记的工作道路》
2002	全国城市医院思想政治工作研究会	文化工作先进集体	瑞金医院党委
2002	全国城市医院思想政治工作研究会	文化工作先进个人	单友根
2003	全国城市医院思想政治工作研究会	抗击非典先进集体	瑞金医院党委
2003	全国城市医院思想政治工作研究会	第十三次年会优秀论文三等奖	单友根、刘晓红《从抗击非典见城市精神》
2004	全国城市医院思想政治工作研究会	文化建设先进集体	瑞金医院
		第十四次年会优秀论文	夏云、沈翔慧《新时期医院如何优化医疗客户和服务管理》
2005	全国城市医院思想政治工作研究会	2005年中国医院文化论坛主题征文组织奖	瑞金医院
2006	全国城市医院思想政治工作研究会	优秀党委（总支、支部）书记	严　肃
2006	全国城市医院思想政治工作研究会	医院文化建设先进集体	瑞金医院
2010	全国城市医院思想政治工作研究会	医院文化建设先进集体	瑞金医院
		医院文化建设先进个人	杨伟国
2010	全国城市医院思想政治工作研究会	第二十次年会获奖论文一等奖	任惠等《医院青年人才的实践与探索》
		二等奖	章米力等《公共关系在公立医院品牌传播中的应用》；朱凡等《论医院行政管理部门绩效考核问题与对策》
		三等奖	蔡燕华等《新形势下推进医院党务公开工作原则、方法与途径探索》

第十篇 人物

概　　述

1907年，天主教江南代牧区建立广慈医院，随着医院不断进步和发展，各个阶段都涌现出一批杰出人物，在临床医疗、医学教育、科学研究、医院管理等领域取得令人瞩目的成就。本篇收编这些代表性人物的生平事迹，以存其业绩、激励来者。

收入本篇的人物，有获评国家一级教授、二级教授、一等3级专家、中国科学院/中国工程院院士、中华医学会专科分会主任委员、瑞金医院终身教授，以及被评为专业技术二级岗位的著名教授们；有为医院发展做出重要贡献的医院创办人和历任党政主要负责人；也有全国人民代表大会代表、中国人民政治协商会议全国委员会委员、中国共产党全国代表大会代表、民主党派中央委员会委员、全国劳动模范/先进工作者等先进个人，共计各时期代表性人物90位。另有杨舜刚、于在忠、宋大章3位医院党组织负责人，因在院时间较短，新中国成立初期和“文化大革命”末期档案保存不全，无法列入人物篇，多有遗憾。

已故代表性人物列入“人物传”，按卒年顺序排列。健在人物列入“人物简介”，按生年顺序排列。

第一章 人物传

姚宗李(Prosper Paris,1846—1931),字思白,法国南特人,法国天主教来华传教士。广慈医院创办人。曾任天主教江南代牧区耶稣会会长、主教。

1846年,出生于离南特不远的尚德纳,毕业于南特神学院。1866年,进入耶稣会。1880年,任司铎。1881年,升神父。清光绪九年(1883年)来华,10月起短时期在徐家汇天文台工作后,即在浦东、苏州、松江等地从事传教活动。光绪十九年(1893年),任江南代牧区耶稣会会长。光绪十九年至光绪二十五年(1893—1899年)任上海耶稣会修道院院长。其间在光绪二十四年至光绪二十五年(1898—1899年)代理江南代牧区主教。光绪二十六年(1900年),任江南代牧区主教,辖江苏、安徽两省天主教教务,常驻上海。

光绪三十年(1904年),从法国召来安老会修女在上海南市设立老人院。并在金神父路(现瑞金二路)东侧购地10.6公顷,与上海法租界公董局合办筹建圣玛利亚医院(广慈医院)。光绪三十三年(1907年)10月13日,广慈医院正式投入使用,交仁爱会修女管理。最初目的是为旅沪法侨提供医疗服务。考虑到中国民众众多,故有意令广慈医院优先考虑服务中国病人,旨在完善业已组织起的在华医疗服务,设立一家现代化医院以收治更多中国民众,尤其是贫民。因此在广慈医院,穷人和富人都被收治,根据病人的实际经济情况决定支付比例:富人支付食物和择医费用,穷人只付少量能负担得起的饭钱。确立医院“贫富俱收、更求完善”的原则。光绪三十三年(1907年),上海法租界当局特将一条路命名为“姚主教路”(现天平路)。

民国10年(1921年),江南代牧区分为江苏代牧区和安徽代牧区,任江苏代牧区主教。民国15年(1926年),江苏代牧区又分为南京代牧区和海门代牧区,任南京代牧区主教,常驻徐家汇。民国20年(1931年)5月13日,在上海逝世。

汪代玺(1893—1951),字如洋,重庆璧山人,重庆第一家旅游俱乐部汪山别墅群的开创人,1949—1950年任广慈医院院长。

民国12年(1923年),毕业于上海震旦学院医科。1928年,在法国斯巴达学院留学,获得医学博士。回国后就任重庆真元堂所办的仁爱堂医院五官科主治医生,同时又在白象街住宅挂牌行医。民国20年(1931年)起,经营法国人造补血药“马血”,遂发家致富。先后购置丁家山、南温泉、永兴场等地的山林、田产;入股重庆轮船公司、四川旅行社;自办黄连种植场;与法国人合办重庆电车公司。抗战胜利后,开办建业银行。1949年,赴上海经营四川旅行分社业务,又同杜月笙合资开办利济远洋轮船公司。1951年,猝死于广慈医院。

尤学周(1900—1959),字从圣,江苏无锡人。中医学教授、主任医师、一等3级专家。曾任广慈医院中医科副主任。

师从民国医家朱少坡。民国24年至民国34年(1935—1945年),任上海新中国医学院儿科和医案教授。1954年,关闭开业诊所,并力邀上海名中医顾瑶荪、丁济南等加入广慈医院,开设上海市综合性医院中第一家中医科,并担任科副主任主持工作。

擅长中医内科和儿科,自创16条小儿测病法,提出小儿调护七要诀。在医院内开办"西学中学习班",各科西医医生和学生都踊跃参加。尤学周在病房中遇见贫苦病人,不但免费施治,还送钱送衣送食物。

主编《虚劳五种》《性的卫生》《肾亏与血虚》《儿科常识》《胃病自疗法》《青年病自疗法》《肺病自疗法》等,发表著作60余篇。过世前将历年著作和收集的中医文献千余册捐赠给上海第二医学院图书馆。

邝翠娥(1897—1968),女,广东番禺人。内科学教授、主任医师、二级教授。曾任广慈医院内科副主任、上海第二医学院医疗系一部内科教研室副主任。

1921年,赴美学习。1926年,毕业于康乃尔大学医学院,获医学博士学位。民国16年(1927年)回国后,在上海行医。1942—1952年,任上海医学院内科学教授、西门妇孺医院(现复旦大学附属妇产科医院)院长兼内科主任。1953年,调上海第二医学院任内科学教授、广慈医院内科副主任,负责管理内科医疗、教学、科研工作,并与邝安堃、王耆龄、陶清、孙桐年等人组成内科核心领导小组。1956年,与邝安堃等组建系统内科教研组。1963年,任上海第二医学院医疗系一部内科学教研组副主任。对工作认真负责,一丝不苟,对病人亲切和气、医德高尚,对待学生耐心教导,对待下属平易近人,为年轻人树立良好的榜样。

曾发表《人工气胸治疗肺结核》《促肾上腺皮质激素治疗27例顽固性支气管哮喘》等多篇论文,合编《内科临床诊疗手册》等。

唐士恒(1909—1968),广东中山人。妇产科学教授、主任医师、二级教授,九三学社社员。曾任广慈医院妇产科主任,上海第二医学院医疗系一部妇产科教研室主任。

民国14年(1925年),就读于上海震旦大学医学院。1927年,赴比利时鲁汶大学深造。1933年,获医学博士学位,任鲁汶大学附属医院医师。1935年,赴德国哥伦克大学研修妇产科。同年冬季回国,历任上海中比镭锭医院(现上海市肿瘤医院)主治医师,上海慈安产科医院主任医师、上海市立第四医院妇产科主任、上海震旦大学医学院教授、广慈医院产科主任。1951年,广慈医院妇科从外科中分离出来,与产科合并成立妇产科,任主任。1953年,广慈医院院务管理委员会成立,为委员之一。1963年,任上海第二医学院医疗系一部妇产科教研室主任。

医学造诣深厚、临床经验丰富,擅长中位产钳助产。发表《妇女不孕》《功能性子宫出血》《产时会阴局部麻醉术》《子宫破裂》等多篇论文。

万尔典(Joseph Verdier，1877—1971)，又名万若瑟，字长虞，法国人。民国8年至民国36年(1919—1947年)任广慈医院院长。曾任天主教江南代牧区耶稣会会长、上海教区总账房、徐汇公学院长。

1894年，毕业于波尔多教会学校，加入耶稣会。清光绪三十二年(1906年)来华，在江苏省(主要是上海、徐州、镇江、南京)一带传教。光绪三十四年(1908年)，担任海州本堂神父，在海州、沭阳一带传教。曾于民国2年(1913年)回欧养病。民国8年至民国14年(1919—1925年)，任江南耶稣会会长，兼江南代牧区副主教、徐家汇天主堂主持、耶稣总院院长和广慈医院院长。民国13年(1924年)，参加以天主教在华"本地化"运动为主题的"第一届中国主教会议"，被推举为第四组会议委员会委员。民国14年(1925年)，调南京任总铎。民国17年(1928年)，任徐汇公学院长。民国21年(1932年)，调洋泾浜天主堂任上海教区总账房。民国27年(1938年)，当选为上海法租界土地协会代理人、上智小学名誉校长。民国36年(1947年)，卸任广慈医院院长，任主教府教务参赞，并调徐家汇土山湾孤儿工艺院任院长。

在任期间大力开展医院基础建设，将医院房屋体积自1920年的22 788立方米扩建至1947年的103 000立方米。建设完成新手术室、X光室、圣心楼、产科楼、巴斯德楼、拘押病房、隔离病房、新圣味增爵楼等重要医疗用房。积极向法租界公董局和社会慈善机构募集经费，用于慈善医疗，救助贫苦病人。1937年8月14日，指示医院满员运作，全力救护被日军轰炸的中国伤兵。空袭后瘟疫流行，要求隔离病房专门辟出一层楼80张床收治霍乱病人，指派1名葡萄牙医生和2名中国医生救治病患，病人获救率高达90.5%。医院因此于1939年1月获得法租界公董局颁发的银质奖章。太平洋战争爆发后，与日军和日本总领事反复周旋，数次拯救医院，营救一批同盟国传教士。1953年7月回国。1971年，在法国去世。

沈永康(1908—1972)，上海市人。外科学教授、主任医师、一等3级专家。

民国21年(1932年)，毕业于上海震旦大学医学院，获医学博士学位，同年进入广慈医院外科工作。民国35年(1946年)，与法国人桑德里(Santelli)共同主持外科工作。民国36年(1947年)，任广慈医院外科副主任。新中国成立后，继续留任外科副主任。1955年以后，任上海第二医学院外科学教授、医疗系系统外科教研组副主任、广慈医院外科副主任。

专长胆道疾病的诊治，临床经验丰富，技术精湛，热心培养青年医师。发表论文有《阻塞性黄疸手术时间选择之研讨》《经腹膜外肝穿刺胆道造影术》《总胆管十二指肠侧、侧吻合术后远程总胆管梗阻》等。重视祖国医学研究，发表《中医治疗手术后肠麻痹症的六例报告》《针刺对内脏功能变化动物实验的初步报告》《灸和穴位注射在预防失血性休克中的作用——实验研究》和《灸法防治休克的实验研究与临床应用》等。

才尔孟(Georges Germain，1895—1978)，字耀日，法国鲁昂人。民国36年至民国38年(1947—1949年)任广慈医院院长，法国天主教耶稣会教士。曾任上海震旦大学常务校董、天主教

上海教区总账房。

1919年，进耶稣会。民国12年（1923年），来华学习中文。1927—1931年，返回法国里昂-富维耶神学院。1929年，创办中国驻里昂留学生中心。民国21年（1932年），被任命为上海震旦大学常务校董，总揽一切事务，不惜重金从法国聘请有真才实学的教授来校任教，任期内在法学院开设经济学课程、在医学院内创建牙医系和护士学校。至1947年任期结束，上海震旦大学毕业生数量比1932年时增加5倍，其中医学院毕业生从1932年的7人，增加至1947年的29人，15年累计毕业284人。整个20世纪40年代，全国天主教开办的医院和诊所中，75%～85%的医师毕业自上海震旦大学医学院。

民国36年（1947年），调任洋泾浜天主堂院长，兼任上海天主教总账房和广慈医院董事会董事长、院长。任职期间，构建了在董事会领导下院长负责，下设医务处、事务处、护校管理日常业务的医院管理组织架构，大力开展慈善医疗。发展至1949年，医院已建成为学科基本齐全的综合性医院，成为远东第一大医院。1949年后，改任广慈医院常务董事，仍负责医院各项工作。1951年，军管会接管医院后不再参加医院日常管理。1952年8月7日回国。1978年，病逝于香港。

聂传贤（1907—1981），江苏镇江人。眼科学教授、主任医师、二级教授，中国共产党党员。曾任广慈医院副院长、广慈医院眼科主任，中华医学会上海分会副会长、上海医学会眼科学会副主任委员，中华医学会眼科学会副主任委员，亚非眼科学会第一届理事。

民国27年（1938年），毕业于上海震旦大学医学院，留校任眼科医师。民国31年（1942年），任眼科主任。民国34年（1945年），加入广慈医院董事会。1949年6月，上海解放后广慈医院董事会改组，任副院长。1951年，任上海震旦大学医学院副院长。1952年，参与上海第二医学院筹建工作，任教务长。1952年10月，上海第二医学院公布第一批学科组负责人名单，任眼科学组负责人。1953年12月，广慈医院成立院务管理委员会，作为专家代表加入。1955年，被任命为新中国成立后的广慈医院眼科第一任主任。1955年起，先后任上海第二医学院医疗系第二主任、医师进修部主任、副院长、医学院学术委员会副主任。1956年，被评为二级教授，并经上海市委组织部批准加入中国共产党。1963年，任上海第二医学院医疗系一部眼科教研室主任。

民国31年（1942年），开展眼外伤球内异物吸出术。民国37年（1948年），成功施行鼻泪道吻合手术，改进视网膜剥离、睑外翻等手术。1949年10月，带领医生和护士数十人到嘉兴地区为解放军服务，防治血吸虫病，为期3个月。1951年，参加上海市第二批抗美援朝医疗手术队，任第四大队大队长，荣立二等功。1955年，研制成功眼内异物定位仪。1973年，研制成功国内第一台激光凝固器。

合编《眼科学》教材，发表《关于泪囊手术之商讨》《用植皮手术矫治结痂性睑外翻之探讨》等论文。1950年，被评为上海市劳动模范。

高镜朗（1892—1983），浙江上虞人。儿科学家、医学教育家、儿科学教授、主任医师、一级教授。

中国儿科学奠基人之一、上海医学院创始人之一。曾任广慈医院儿科主任，上海第二医学院儿科系主任，上海福幼医院院长，上海市血吸虫病防治委员会委员，上海市儿科医学研究所所长。

民国10年(1921年)，从湘雅医学专门学校毕业，获西洋医学博士学位，回到嘉兴福音医院担任住院医师。该地区为血吸虫病重感染区，受北方用酒石锑钾治疗黑热病的启发，研制出一套酒石酸锑钾治疗血吸虫病的方案，使许多血吸虫病病人得到了有效的治疗。民国16年(1927年)8月，与颜福庆等一起创办第四中山大学医学院(上海医学院前身)，被聘为教授、儿科主任，主持儿科教育，并兼附属护士学校校长。1928年，到美国哈佛公共卫生学校及哈佛大学儿科医院留学，先后到纽约肺病研究所、法国巴黎巴斯德研究院、德国杜塞尔道夫传染病院、柏林医科大学儿科医院、奥地利维也纳儿童结核病院、瑞士苏黎世州儿科医院等考察，学习欧美医学的先进知识和先进经验。民国19年(1930年)回国，继续在上海医学院任教。民国26年(1937年)10月，创办沪上最早的儿童专科医院——福幼医院。1950年，受儿科学家齐家仪邀请，兼任广慈医院儿科主任。1952年10月，上海第二医学院成立后，他放弃私人开业，于1953年1月出任上海第二医学院附属广慈医院院务委员会委员、儿科主任，提出很多促进儿科发展建议并参与上海第二医学院儿科系筹建工作。次年儿科系成立，任系主任。1955年，入选上海第二医学院副博士研究生导师。1956年，被国家高教部评为一级教授。因当时第九人民医院划归上海第二医学院领导并作为儿科教学基地，1956年，儿科系调至上海第九人民医院。1958年，参与筹建创办新华医院，儿科系迁往新华医院。

被誉为“中国儿科的一代宗师”。20世纪50年代，国内儿科界盛行“南高(镜朗)北诸(福棠)”之说。著有《儿科小全》《古代儿科疾病新编》和《儿科传染病学》《儿科液体疗法》等。1955年，获上海市先进工作者称号，被选为上海市第一届政协委员。

魏指薪(1896—1984)，山东曹县人。中医学教授、主任医师、魏氏伤科创始人、二级教授，中国农工民主党党员。曾任广慈医院(瑞金医院)伤科主任、中医教研室主任、上海市伤科研究所副所长、上海第二医学院祖国医学教研组主任，中华全国中医学会上海分会副理事长、中华全国中医学会第一届理事。中国农工民主党第7届、第8届中央委员会委员，中国农工民主党上海市第2届委员会委员，第3、4、5届委员会常务委员。

出生于中医世家，青年时代跟随其父魏西山学习中医骨伤科医术。民国14年(1925年)，来到上海，在南市区老西门方浜路寿祥里设立中医伤科诊所。1952年，诊所迁至重庆南路，日门诊量逾400人次。1955年，响应国家号召参加筹组联合诊所。1956年，毅然关闭私人诊所，带着自己的家人一起加入上海第二医学院，担任中医教研组组长。同时在广慈医院、仁济医院成立中医伤科，并担任科主任。1958年，上海市伤科研究所成立，任副所长，和著名骨科学家叶衍庆一起，开展中医、中西医结合骨伤科研究工作，为继承发扬中医药学术开辟中西医结合途径。

魏指薪家学渊源，虚心学习各家之长。酷爱武术，曾向不少名师高手(如著名武术家王子平、精武会农劲荪等)学习武术，将医、武融汇于一身。通过60多年的医疗实践，经不断探索、总结和提高，逐步形成以“内服药和外敷药相结合、手法与导引相辅佐”为特色的中医骨伤科流派，成为“上海伤科八大家"之一。1979—1982 年,整理魏氏伤科经验,"祖国医学治疗软组织损伤理论探索""理气活血剂在骨折愈合过程中的生物力学观察""魏氏伤科手法临床应用"等分别受到国家卫生部、中医药管理局、上海市卫生局奖励。

编写或指导完成《关节复位法》《伤科常见疾病治疗法》《魏指薪治伤手法与导引》等论文或专著,系统介绍治伤手法与导引疗法,对伤科学的发展起到较好的推动作用。

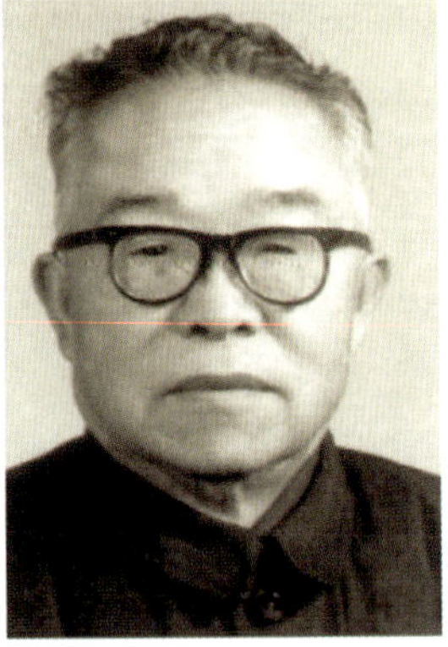

席应忠(1906—1985),四川安县人。口腔医学教授、主任医师、二级教授。曾任广慈医院口腔科主任、上海第二医学院口腔系主任,上海市牙医学会主席、中华医学会上海分会口腔医学会主任委员、上海市口腔疾病预防委员会委员,卫生部口腔医学专题委员会委员,美国哈佛大学牙医学院最高学会荣誉会员。

民国 19 年(1930 年),毕业于四川华西协和大学,获牙医学博士学位。历任华西协和大学、山东齐鲁大学医学院、北京协和医学院、南京中央大学医学院和重庆宽仁医院牙科医师、主任。民国 29 年(1940 年),赴美国先后在福尔斯儿童牙科医院、科罗拉多州立大学及哈佛大学牙医学院研修正畸学、口腔外科和颌面赝复等专业。民国 35 年(1946 年)回国后,任南京中央大学医学院牙科教授,兼任教育部高等医学教育委员会委员和考试院甄别委员会委员。民国 36 年至民国 37 年(1947—1948 年),任上海医学院牙医学教授兼中山医院牙科主任。民国 37 年(1948 年)起,任上海震旦大学牙医系教授兼教务主任。1950 年,任上海开业牙医进修班教务主任,并积极发起成立口腔医学会。1952 年,全国高校院系调整后,任上海第二医学院口腔医学系主任,兼广慈医院口腔科主任。1956 年,被高教部评为二级教授。1965 年口腔系迁至上海第二医学院附属第九人民医院,任口腔正畸科主任。

一生共发表 200 多篇论文,如《错颌的预防矫正》《关于口腔整形经验工作方面的经验交流》《上海市 10 178 例错颌的调查》等论文。主编《口腔外科》《口腔组织》等书及《口腔正畸学》《口腔疾病防治学》等教材。1955 年,被评为上海市先进工作者。

程贤家(1918—1986),湖北大冶人,中国共产党党员。1956—1958 年任广慈医院党总支书记。曾任广慈医院副院长、上海第二医学院医疗系副主任、上海第二医学院副院长、党委委员,上海市卫生局接管副专员、华东爱国卫生委员会副主任,华中军区第七后方医院副院长,三野特纵卫生部部长,淮海战役华中支前司令部卫生处处长,新四军研究会副会长。

1937 年参加革命,1938 年入党。长期在苏北地区坚持抗战。1938 年,随中国红十字会金华大队第 31 医疗队和第 67 救护队到皖南新四军军部医院工作。以后担任苏中军区四分区东南医院副院长。1949 年 5 月,接管上海市卫生局。1951 年 7 月,任皖北行署卫生处副处长。1955 年 3 月—1958 年 8 月,任广慈医院副院长,1956 年 8 月—1958 年 8 月,任广慈医院党总支书记。

在任期间重视医疗技术创新,集中全院力量处理突发事件。1958 年 5 月 26 日,大面积烧伤工人邱财康等 3 人被送到广慈医院抢救,召开动员大会,指挥抢救工作,多次组织并参加专家会诊。

“文化大革命”结束后，任上海第二医学院副院长。

傅培彬(1912—1989)，江西萍乡人。外科学家、医学教育家、外科学教授、主任医师、一级教授，中国民主同盟盟员。1978—1984 年任瑞金医院院长。曾任广慈医院(瑞金医院)外科主任，上海第二医学院外科教研室主任、瑞金医院顾问，中华医学会上海分会副会长、外科学会主任委员。被选为第 3 届、第 5 届、第 6 届全国人民代表大会代表，上海天主教知识分子联谊会名誉会长。

少年时代跟随勤工俭学的父亲，先后到法国及比利时读书。民国 26 年(1937 年)，日军侵占上海，中断比利时鲁汶大学医学院学业，怀着爱国之心回国参加救亡工作，热忱为抗日伤病员服务。在战地救护中，他发现紧缺外科医生，于是决定把原先学习的儿科专业改为外科专业。次年恢复比利时鲁汶大学医学院学籍。1939 年，毕业并获医学博士学位，在比利时阿洛斯特市立医院任外科医师。民国 35 年(1946 年)，搭乘第二次世界大战结束后第一艘欧洲驶往中国的货轮回国工作。次年在上海震旦大学医学院执教，并在广慈医院外科工作。新中国成立后，法国外科医生撤离后，其带领一批中国青年医师留守。1950 年，任广慈医院外科主任。1954 年，创办外科动物实验室。1956 年，被国家高教部评为二级教授。1964 年，任上海第二医学院外科基础研究室主任。1984 年，被定为一等 1 级专家。1989 年，被评为一级教授。

在外科各领域都有所建树。20 世纪 50 年代，号召重视与外科有关的基础科学研究，注重外科消化道疾病的治疗研究、提出中毒性胆管炎的休克病人应抓紧时机作胆道引流、总结推行胃肠道一层内翻吻合法，被国内广泛采用。1955 年，在动物实验基础上，在国内率先行无名动脉瘤切除并开展同种异体动脉血管搭桥移植术。1956 年，开展主动脉瘤、主动脉狭窄的临床研究，参加“Ⅱ型人工心肺机”的研制。在国内首次使用冷冻干燥同种血管重建。1958 年，与董方中主持组织抢救大面积灼伤工人邱财康获得成功，使灼伤治疗跃居世界先进水平。

20 世纪 60 年代，提出肿瘤扩大根治术概念，对胃癌、结肠癌、直肠癌根治的手术方法加以总结，设计按胚胎层次和淋巴结转移范围的手术方式，术后 5 年生存率接近世界先进水平。1966 年，率上海市第一批医疗队赴安徽巡回医疗半年。20 世纪 70 年代，提出外科手术治疗急性坏死性胰腺炎，推行规则性胰腺切除术，使急性坏死性胰腺炎的成活率提高到 70%左右。20 世纪 80 年代，开始对胆结石结构的化学成分及胆汁的致石性进行探讨，创立“以胆石剖面结构及化学成分为基础的分类法”。该分类法 1983 年被定为全国调查胆道结石的分类标准。

重视医学教育和青年医师培养，长期主持医院外科学教育工作。1955 年，被评为上海第二医学院副博士研究生导师。1956 年，上海第二医学院组建医疗系系统外科教研组，任主任。1963 年，任上海第二医学院医疗系一部外科学教研组第一主任。

出版中国第一部《血管外科学》等多本著作，而且在国内外著名杂志上发表 100 余篇具有很高科学价值的学术论文。20 世纪 50 年代，主持编写第一版《外科常规手册》，对外科医师成长发挥重要指导作用，先后 3 次再版。在国际学术界享有崇高声誉。1981 年，被比利时皇家医学会授予外籍荣誉会员称号。1982 年，被法国巴黎外科学院吸收为外籍会员。1983 年，被法国外科学会授予荣誉会员称号。1987 年，被比利时国王授予骑士勋章。

1956 年起，先后 3 次被评为上海市劳动模范。1983 年，被评为全国卫生系统先进工作者。

邝安堃(1902—1992),广东番禺人。内科学家、医学教育家、内科学教授、主任医师、一级教授。曾任广慈医院(瑞金医院)内科主任、上海市高血压研究所所长、上海市内分泌研究所所长,上海第二医学院内科学教研室主任、上海第二医学院副院长、顾问,国务院学位委员会第一届中西医学科评议组组长,中华医学会内科学会副主任委员,中华医学会内分泌学分会第1届副主任委员、第2届名誉主任委员,中国中西医结合研究会副理事长,中华全国中医学会副会长,《中西医结合杂志》名誉总编辑、《中华内分泌代谢杂志》总编辑、《中国医学进展杂志》副总编辑。被选为第4届、第5届、第6届中国人民政治协商会议全国委员会委员,第7届上海市人民代表大会常委。

1919年,赴法留学。1929年,通过法国住院医师考试,成为通过这一考试的第一名中国人。1933年,获法国巴黎大学医学院医学博士学位。同年回国担任上海震旦大学医学院教授和广慈医院皮肤科和小儿科主任。民国24年(1935年),任广慈医院内科、皮肤科、小儿科3科的教授及科主任。1952年,院系调整后,被任命为上海第二医学院内科学教研室主任。1956年,被国家高教部评为一级教授。

1936年,在国际上首次发现回归热的一种特殊临床类型——氮质血症型。20世纪40年代,致力于研究结缔组织病,建立骨髓红斑狼疮细胞、皮损活检病理检查等方法。20世纪50年代,创新性使用小剂量ACTH静脉滴注治疗血吸虫病引起的高热。20世纪50年代中期,开展中西医结合研究,注射可的松获得阳虚动物模型,通过反复实验,认为激素的对抗与阴阳学说、激素的反馈与五行学说极为相似。

1952年,提出将广慈内科划分为消化、心血管、内分泌、血液、内分泌5个专业小组,并亲自担任内分泌小组负责人。1954年,建立内科实验室,研究应激状态下嗜酸细胞的变化,利用它诊断伤寒病人的病情趋向,诊断有无肾上腺皮质的功能低下。1957年,诊断和治疗国内首例原发性醛固酮增多症,至20世纪80年代后期,和同事们共诊治200余例,为国内最大系列。国内最早诊断"血紫质病""西蒙—席汉综合征",并发现男性结核病人服用异烟肼后乳房发育与病人雌激素水平升高有关。1958年,成立上海市高血压研究所,先后任副所长、所长。

20世纪60年代,发现同一属性药物对不同发生机理的高血压动物的降压效应明显相左,进而将模型属性分别定为"类阳虚"和"类阴虚",阐明同病异治、异病同治和中医中药作用机理。提出"复方降压片"配伍原则和处方构成。1978年,成立上海市内分泌研究所,任所长。

长期从事医学教育工作,培养出唐振铎、龚兰生、陈家伦、许曼音、王振义、董德长等一批内科学科带头人。1952年,任上海第二医学院第一任内科学组负责人。1954年,任上海第二医学院系统内科教研室主任。1955年,入选上海第二医学院副博士研究生导师,任医疗系内科教研室主任。1961年,任医疗系一部副主任。1980年,担任第一届"中法医学日"学术委员会副主任,承担上海第二医学院法语班授课。

发表200多篇论文,先后获7项卫生部科技成果甲级奖、2项上海市重大科技成果二等奖、1项三等奖,主编《内科手册》《实用内科诊疗手册》《临床内分泌学》《糖尿病在中国》等书。1955年、1956年两次被评为上海市先进工作者。1956年,被评为全国先进工作者。1979年,被评为上海市劳动模范及全国劳动模范。1985年,因在中法医学交流方面所做贡献被法国政府授予骑士勋章。1990年,享受国务院政府特殊津贴。

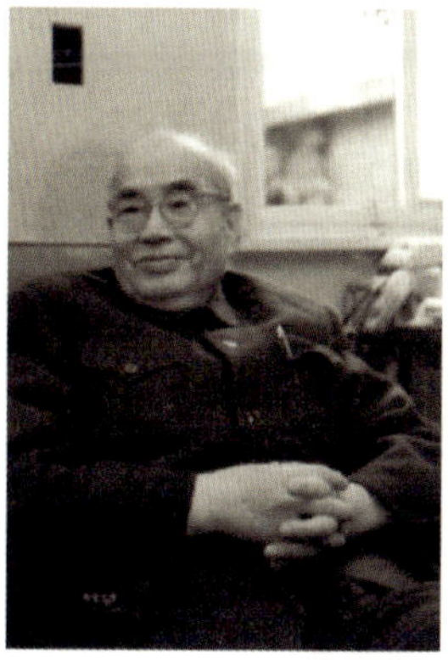

叶衍庆(1906—1994),江苏吴县人。外科学家、外科学教授、主任医师、一级教授,九三学社社员。曾任广慈医院(瑞金医院)骨科主任、上海市伤科研究所所长,上海第二医学院医疗系一部系主任、外科学主任,中华医学会理事、中华骨科学会名誉会长,中央卫生部医学科学委员会委员,瑞士国际外科学会会员。

民国19年(1930年),毕业于山东齐鲁大学医学院。民国22年(1933年),上海雷士德医学院研究生毕业后任上海仁济医院外科医生。1935年,赴英国利物浦大学医学院进修矫形外科,获骨科硕士学位,并被选为英国皇家骨科学会会员。民国26年(1937年),回国后在仁济医院成立上海最早的骨科专业病房并任骨科主任,和北京的孟继懋并称为骨科界“北孟南叶”。同时担任上海百医生联合诊所骨科医师、上海女子医学院和上海圣约翰大学医学院教授。1950年8月—1952年9月,任上海宏仁医院骨科主任。1952年10月,上海第二医学院成立后任外科学组负责人、医疗系外科学教研室主任。1953年,兼任广慈医院骨科主任。1955年,入选上海第二医学院副博士研究生导师,任上海第二医学院医疗系系主任。1956年,调入广慈医院,被国家高教部评为一级教授。1961年,任上海第二医学院医疗系一部系主任。

在骨科领域辛勤工作50多年,擅长手术治疗骨关节疾病与损伤。20世纪40年代中期,在国内首先开展三翼钉治疗股骨颈囊内骨折手术。1950年,在国内首先进行腰椎间盘摘除手术,引进麦氏截骨术治疗股骨颈新鲜及陈旧骨折。针对当时骨结核病十分猖獗的情况,开展国内首例脊椎结核手术中的关键手术——脊柱椎体前外侧减压手术,挽救很多胸椎结核并发截瘫病人的生命。此外他又对当时发病率很高的小儿麻痹症后遗症的治疗,做出一整套系统治疗方案。

1958年,在其努力下,成立中国第一所伤科研究所(后改名为上海市伤骨科研究所),任副所长、所长、名誉所长。设计骨科基础科学研究,从生物学、化学、组织形态学、生物力学、病理等方面探索骨折愈合机制。其中纤维细胞及成骨细胞转化的电镜研究得到国际方面的认可。他对中医伤科及中西医结合方面的研究也颇下苦功,在国内首先考证中医伤科发展的历史,为中西结合开展伤骨科工作开辟道路。

20世纪60年代,对创伤性截肢尝试作小血管吻合,建立血循环来重接肢体。1963年,参与上海市第六人民医院实施的世界首例断肢再植手术,取得成功。1963年8月,与断肢再植小组的有功人员一起在上海受到周恩来总理的接见。1978年,医学教育工作恢复正常,再次任医疗系一部系主任。

曾发表《祖国整骨科的科学成就》《祖国整骨科对国外的交流和影响》及《急性肩关节前脱臼的安全复位法》等论文和著述30多篇。1955、1977年,被评为上海市先进工作者。1990年,享受国务院政府特殊津贴。

朱瑞镛(1919—1994),浙江瑞安人。1951—1952年任广慈医院党支部书记,中国共产党党员。曾任上海市第六人民医院院长、上海市卫生局副局长、中华医学会上海分会副会长、上海市肿瘤研究所咨询委员会主任、上海市红十字肿瘤专家咨询服务中心主任,中国抗癌协会顾问委员会主任委员。

民国33年(1944年),毕业于上海东南医学院。1948年,加入中国共产党。上海解放后,随军参加上海卫生单位的接管工作。认真贯彻党的卫生工作方针政策，组织上海医护人员防治血吸虫病和抗美援朝医疗队。1951 年 10 月，率领工作组征用广慈医院，成为医院第一任军代表、党支部书记，全面负责医院财产清点、人员安置、医疗业务开展等接收工作，将广慈医院领导机制从教会管理模式转化为军代表负责制。

1955 年 5 月，任上海市立第六人民医院院长。1958 年，支持开展医学超声研究，次年领导成立上海市超声波诊断应用研究小组，任组长。1959 年，任上海市立第六人民医院党支部书记。1963 年，组织开展世界首例断肢再植成功。“文化大革命”期间受到冲击。1978—1983 年，任上海市卫生局副局长。后任上海市肿瘤研究所研究员，从事肿瘤流行病学研究。著有《城市常见肿瘤控制策略的研究》《常见恶性肿瘤诊断须知》等。

孙桐年（1908—1995），辽宁庄河人。内科学教授、主任医师、二级教授，中国共产党党员。曾任广慈医院（瑞金医院）内科副主任、肺科主任、放射科第二主任、上海第二医学院医疗系内科基础教研组副主任，中华医学会上海分会理事，中国防癌协会理事、中华医学会结核病学会常务委员会委员、国际抗痨联盟会员。

民国 20 年（1931 年），毕业于辽宁医学院。新中国成立前在上海行医，并兼任上海南洋医院肺科主任、同德医学院兼职教授。1954 年，任仁济医院肺科主任，1956 年，调入广慈医院，担任内科核心小组成员，负责建立呼吸病房。1956 年，被评为二级教授。分别在 1956—1967 年和 1978—1984 年担任医院肺科主任。

创立肺科病房并成立肺功能室、细菌室等。长期从事肺结核病防治工作。1958 年，兼任放射科第二主任，捐赠美国产 GE 牌 X 光机 1 台。对胸部 X 线诊断有很深造诣。积极开展 X 线与组织病理学相结合的各种诊断手段，积累大量胸部 X 线教学资料。特别对支气管碘油造影、断层摄片等方面有丰富的经验和较深的研究。在国内较早开展人工气腹、气胸治疗肺结核并积极开展呼吸衰竭、肺气肿等疾病的防治。

1959 年起，在院内率先发起组织疑难病例读片会诊，由肺科、放射科、胸外科、病理科等副主任医师以上职称的医生参加，每周一次，由专家团队为 10 余名疑难病人进行读片会诊，此做法后来成为医院多学科会诊制度的开创。

据不完全统计，经他直接指导的青年医生读片总数达6 000～8 000 份之多。20 世纪 50 年代起，发表《几种类型肺结核支气管造影形态观察》《肺结核、左肺上叶肺不张的 X 线与支气管形态》《肺结核不同用药方式的疗效观察》等临床论文 50 余篇。1992 年，享受国务院政府特殊津贴。

陶清（1912—1995），浙江绍兴人。内科学教授、主任医师、一等 3 级专家，九三学社社员。曾任广慈医院内科第二主任、同仁医院内科主任、仁济医院心脏病科主任、上海宏仁医院心脏病科顾问、上海第二医科大学内科学基础教研组主任、心血管第二研究室主任，中华医学会上海心血管病学会副主任委员、上海内科学会学术组组长，中华医学会心血管病学会委员，《心电学杂志》《国外医学心血管疾病分册杂志》主编，《中华心血管病杂志》副主编。

民国25年(1936年),毕业于上海圣约翰大学医学院,获博士学位,并因成绩优异获银盾奖励。1947年,赴美国纽约大学医学院、哥伦比亚大学医学院进修心脏病学、心电图等。1948年,回国后在上海圣约翰大学医学院任教。1955年,任上海第二医学院内科教授、副博士生导师。1956年,从仁济医院调入广慈医院内科,任内科核心领导小组成员,负责心脏小组。1984年,被定为一等3级专家。

回国后,把从国外带回的携带式热笔式直接记录的心电图机用于临床,是国内第一位把该仪器用于心脏病诊断的学者。1956年,主持国内首例心脏直视二尖瓣分离手术的内科监护工作。1963年,在龚兰生协助下,在国内率先报道向量心电图立方体系的正常标准。次年发表校正Frank体系,并在国内首先将心向量图机用于心脏病的诊断。1973年,主编出版国内首部心电学专业教科书《心电图学的若干进展》,直至20世纪90年代初,该书仍被视为心电专业的必修读本。1978年,为我国首例心脏移植术后的内科监护工作做出贡献。1988年,中国第一所心电图专业学校在杭州成立,任技术顾问。20世纪80年代,在国内首先完成前列腺素PGF1α及血栓素β2的放免测定,为心血管疾病、计划生育及其他各科的临床研究打下基础。该项工作获上海市科技进步二等奖和三等奖各一次。

新中国成立后首批博士生导师。20世纪60年代始,共招收硕士和博士研究生10人。发表论文百余篇,代表作有《空间心向量图的概况》《二尖瓣分离术后心房颤动的转复》等。主编《内科理论与实践》(心血管分册)、《疑难心律失常心电图》等专著。参加编写《实用心脏病学》《心脏血管外科学》、《中国医学大百科全书》(心脏病学分册)(诊断学分册)等专著。并参加高等医学院校统编教材《内科学》的编写工作,该书获国家教委颁发的全国高等院校优秀教材奖。1977年,获得"上海市科技先进工作者"称号。1992年,享受国务院政府特殊津贴。

王耆龄(1911—1996),曾用名"王耆令",福建福州人。内科学教授、主任医师、一等3级专家,中国农工民主党党员。曾任广慈医院内科副主任、上海第二医科大学医疗系内科教研组副主任、口腔系内科教研组主任。

民国27年(1938年),毕业于上海震旦大学医学院,获医学博士学位,在广慈医院内科工作,负责二等、三等及普通男病房。1952年,担任广慈医院内科心血管专业小组和肾脏专业小组负责人。1955—1964年,任上海第二医学院医疗系内科教研组副主任。1958年,担任高血压小组负责人,与邝安堃、邝翠娥、陶清、孙桐年组成内科核心领导小组。1964年,调往上海第九人民医院,任口腔系内科教研组主任。1984年,被定为一等3级专家。

发表有《35例肾衰病人1 244次血透分析》等论文。合编有《实用内科诊疗手册》《肾脏病学》等。1992年,享受政府特殊津贴。

倪葆春(1899—1997),浙江诸暨人。外科学家、外科学教授、主任医师、中国整形外科奠基人之一、一级教授、九三学社社员。1952—1954年任广慈医院院长。曾任上海圣约翰大学医学院院长、上海第二医学院副院长。第6届、第7届九三学社中央委员会委员。

1921年,以优异的成绩毕业于美国芝加哥大学。1925年,获美国约翰霍普金斯大学医学博士学位。随后在洛克菲勒奖学金支持下,师从著名整形外科专家约翰·戴维斯教授,开始从事整形外科研究。民国16年(1927

年),学成回国。民国17年(1928年),在上海圣约翰大学担任校医和人体解剖学助教,开设整形外科门诊。民国24年(1935年),升任教授。民国25年(1936年),在上海圣约翰大学医学院附属同仁医院建立中国第一个整形外科。民国35年(1946年)1月,任上海圣约翰大学代理校长。同年11月,任上海圣约翰大学医学院院长。1952年,全国高等学校院系调整,上海圣约翰大学医学院、上海震旦大学医学院和同德医学院合并组建上海第二医学院。1952年11月—1954年12月,出任上海第二医学院副院长兼广慈医院院长。1956年,被评为一级教授。

1936年,尝试开展唇腭裂修复、眼鼻改造等整形美容手术。抗日战争全面爆发后,同仁医院不得不迁到九江路圣三一堂北部学舍。1937年10月初,中国军队西撤时,经出面交涉,租下长宁路中山花园对面的国立中央研究院,将其改造为同仁第二医院,收治难民、伤兵,并作为上海圣约翰大学医学院的教学医院。1939年,调任中国红十字会救护总队副总队长,兼昆明办事处主任,负责云南等地的战时医疗救护工作。1945年,抗战胜利后返回上海。

1928年,发表《局部麻醉裂唇修补术》。1949年,在《中华医学杂志》英文版上报道用肋软骨移植治疗鞍鼻的研究成果,这是中国国内医学杂志最早刊登有关现代美容外科的论文。20世纪50年代,撰写《沈克非外科学》有关整形外科的章节。1980年,年逾八旬时将瑞金医院烧伤科杨之骏等编著的《烧伤治疗学》翻译成英语,在联邦德国出版。晚年,将名下的花园别墅捐赠给上海第二医学院,并填写遗体捐献书,将自己的一生奉献给医学事业和医学教育事业。

张曦明(1907—1998),江西南昌人。1955—1958年任广慈医院院长,中国国民党革命委员会成员。曾任南京市立医院院长,上海市卫生局处长。

1933年,毕业于长沙湘雅医学院。新中国成立前毕业于美国哥伦比亚大学公共卫生学院。1951年1月,担任上海医务界抗美援朝手术队副总队长兼第三大队大队长,赴朝参加医疗工作半年。1952年11月—1954年12月,任广慈医院第二院长,协助军代表王乐三和上海第二医学院副院长、广慈医院院长倪葆春管理医院行政事务。1955年1月—1958年6月,任广慈医院院长。在任期间成立门诊办公室和门诊部,统一管理门急诊工作,1962—1967年,担任门诊部第二主任。1988年,被选为中国国民党革命委员会上海市委员会常务委员会委员。

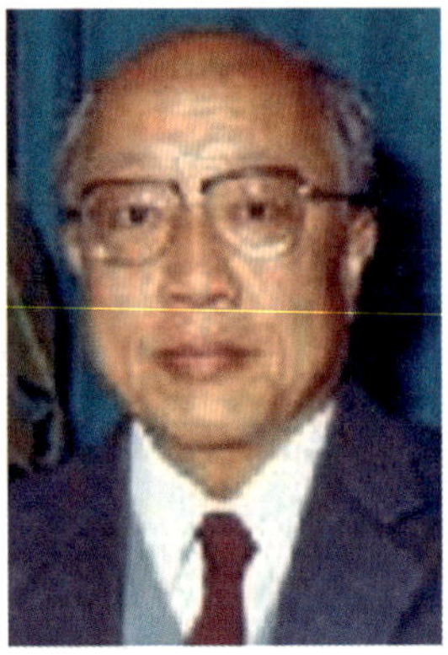

周锡庚(1920—1999),浙江海盐人。外科学教授、主任医师、瑞金医院终身教授,中国民主同盟盟员。曾任瑞金医院外科教研室副主任、外科副主任,上海消化外科研究所顾问,瑞金医院学术委员会委员、专家组成员,中华医学会上海分会外科学会委员及肛肠外科组组长、中华医学会上海分会肿瘤学会委员、上海抗癌协会大肠癌协作组组长,中华医学会外科学会结直肠外科学组顾问、中国抗癌协会大肠癌防治协作组顾问,美国国际结直肠外科医师学会会员、国际结直肠外科医师学会理事并兼任亚太地区副会长,中国民主同盟上海市委员会副主任委员。

民国31年(1942年),毕业于上海圣约翰大学理学院。民国34年(1945年),毕业于该大学医学院,获博士学位。随后赴美国Roswell Park

医院、英国爱丁堡皇家外科医师学院留学深造。新中国成立后，在上海第二医学院仁济医院任主治医师。1956 年，调至广慈医院外科工作。

长期从事结肠、直肠、肛门疾病的教学、临床应用及基础研究。在提高大肠癌疗效、减少术后复发和改善病人生存质量方面开展深入研究，对传统的根治手术进行改进，使许多低位直肠癌的病人得以保全肛门。1957 年 11 月，为一例直肠腺癌病人施行保留肛门的直肠癌切除术。1978 年起，提出一系列结直肠癌治疗新观念，在国内率先开展改良 Bacon 直肠癌根治术，低位直肠癌保肛手术的成功率和局部复发率国内始终保持领先地位。1981 年，对右半结肠癌根治术的手术操作进行改进，提出直视下清扫血管根部淋巴，使根治手术更彻底。同期开展肠腔内 5－FU 化疗后直肠癌细胞形态、超微结构和组织化学改变研究，以及结肠造口排便功能控制方面研究。对较晚期癌采用多种革新的辅助治疗手段，取得良好疗效。"直肠癌外科治疗系列研究"获上海市科技进步二等奖(1994 年)、卫生部科技进步三等奖(1994 年)、国家教委科技进步三等奖(1995 年)、国家科技进步奖三等奖(1998 年)。

发表论著 50 余篇，参加编写《腹部外科学》、《高等医学院校教材・外科学》、《血吸虫病与大肠癌》、"临床理论与实践系列丛书"之《外科学》以及科普著作《上海市十大癌肿能治愈吗?》等。1990 年，获得国家教委颁发的高校科技工作成绩显著荣誉证书和高校教育工作"千里马"奖。1992 年，享受国务院政府特殊津贴。

张精忠(1920—2000)，山东淄博人。中国共产党党员。1953—1954 年任广慈医院党支部书记。

1941 年，任山东恒台县金岭区区长。1942 年后，相继任恒台县副县长、临淄县县长。随军南下后，1953 年 7 月—1956 年 8 月为广慈医院第三任军代表。1953 年 9 月—1954 年 7 月，担任广慈医院党支部书记。1953 年 12 月 11 日，经上海第二医学院同意，成立广慈医院院务委员会，任主任委员。

广慈医院最后一任军代表，在任期间逐步建立完善医院行政管理架构，设立院长办公室、医教室等核心部门，完成从军代表负责制向院长负责制转化的过程。离开广慈医院后，任上海第二医学院马列主义教研室主任。1978 年，参与宝钢医院(上海第三人民医院)的筹建工作并担任院长。1982 年，立下遗嘱，将遗体捐献给上海第二医学院解剖室为教学用，所有财产和丧葬费捐赠给宋庆龄儿童福利会。

杨宜(1906—2001)，辽宁昌图人。内科学教授、主任医师、二级教授、瑞金医院终身教授，中国共产党党员。曾任广慈医院传染科主任、传染病流行病学教研组主任，上海市寄生虫学会理事，卫生部医学科学委员会血吸虫病专题委员会委员。

民国 21 年(1932 年)，毕业于辽宁医学院，先后在北平协和医院、南京中央医院工作。民国 27 年(1938 年)，到成都中央大学医学院附属医院(后迁往南京)内科工作。1946 年，赴美国纽约州立医院和麻省总医院进修。1950 年，赴锦州担任南京抗美援朝医疗队中队长，后担任上海市卫生局医疗防疫处处长。1953 年，曾赴越南，协助防治细菌战及举办有关训练班。1954 年起，担任广慈医院传染科主任。1956 年，被评为二级教授，受聘为全国血吸虫病防治研究委员会委员兼临床组副组长，卫生部医学科学委员会血吸虫病专题委员会委员。1982 年，任上海市寄生虫学会第二届理事会理事。1998 年，被评为瑞金医院首批终身教授。

1950 年，在为志愿军进行肺炎及斑疹伤寒治疗时，提出将病人衣服上虱子在玻片上压碎，用姬姆萨染色法检测立克次体，成为快速诊断斑疹伤寒的主要手段。

在传染科工作中提出诊断“一元论”理念，即将疾病的多种现象以一个主要诊断来概括。20 世纪 50 年代，他提出对喉痉挛及抽搐的破伤风病人，应早行气管切开及专人护理，使该病死亡率明显下降。

在血吸虫病防治方面做出重大贡献。1949 年采用酒石酸锑钾 29 天隔日疗法，为2 000余名因水上练兵感染血吸虫病的解放军战士治疗，无一人死亡。1952 年 10 月，率领众多寄生虫病专家到扬州考察血防工作。深入血吸虫病流行区进行调查研究、指导基层防治机构开展工作，结合临床开展研究工作。

20 世纪 60 年代初，传染科成立血吸虫病实验室，在他的带领下开展大量科学研究工作，如不同疗程锑剂疗效以及血防 846、F30066 等抗血吸虫病新药疗效的考核。通过研究，广慈医院传染科创造锑剂 6 天短程疗法，为缩短血吸虫病病人疗程、提高工作效率做出贡献。20 世纪 60 年代初，研究晚期血吸虫病机理与治疗，负责验证吡喹酮治疗中国血吸虫病的疗效及推广，受到卫生部嘉奖。1985 年，上海市表彰血防有功人员，记大功一次。

在教学上重视教育改革，避免临床医学和基础医学重复和脱节。在科研上除积极开展项目研究外，还发表论文 50 多篇，编译著作 5 部。1992 年，享受国务院政府特殊津贴。

曾畿生(1916—2004)，女，福建长乐人。儿科学教授、主任医师、瑞金医院终身教授，中国共产党党员。曾任瑞金医院儿科主任、上海第二医科大学学术委员会委员，中华医学会上海分会儿科内分泌专业组组长、上海市科学育儿基地咨询委员会委员、上海市高级科学技术专业干部职称评定委员会儿科专业评审组成员，中华医学会儿科学会委员。

1935—1937 年，在日本东京女子医专(现为东京女子医科大学)医预科就读，因抗日战争转学至湘雅医学院借读，后又转入华西协和大学医学院。民国 31 年(1942 年)，毕业并获得医学博士学位。民国 32 年至民国 35 年(1943—1946 年)，任重庆中央医院内、儿科住院医师及住院总医师。民国 36 年(1947 年)，任天津中央医院主治医师。1947—1950 年，先后在美国芝加哥伊利诺伊大学医学院、美国纽约大学医学院学习。新中国成立后回国。1950—1953 年，任山东医学院山东省立医院儿科副主任。1953 年，调入上海第二医学院附属广慈医院儿科。1978 年，组建瑞金医院儿科内分泌专业组。

长期从事儿科内分泌遗传代谢疾病的诊疗工作，擅长处理各种临床疑难杂症，如下丘脑疾病、下丘脑-垂体性矮小症、先天性肾上腺皮质增生症、IDDM 脑干听觉电位研究及黏多糖代谢性疾病等。20 世纪 80 年代后，开展临床分子生物学的研究，如生长激素基因缺失、21-羟化酶基因缺失、青春期发育形态及生理研究、先天性肾上腺皮质增生症基因缺失的分型研究等。

先后发表论文 100 余篇，主编出版《临床理论与实践》(儿科分册)、《中国医学百科全书》(儿科学)、《儿科内分泌基础与临床》及高等医学院校儿科学教材等，招收指导多名优秀硕士研究生。多次获得国家教育委员会科技进步二等奖及上海市医学科技进步二等奖。曾获得全国三八红旗手、上海市劳动模范、上海市三八红旗手、上海市高教战线先进工作者、上海市高教系统老有所为精英奖等荣誉称号。1993 年，享受国务院政府特殊津贴。

蓝绪彰(1903—2005)，广东大埔人。1951—1952 年任广慈医院院长，中国国民党革命委员会成员。

民国 11 年(1922 年)，毕业于上海震旦大学法科，在广州国民政府财政部任职。民国 17 年(1928 年)，在上海租界开设律师事务所。1949 年 5 月 27 日，上海解放后参加广慈医院成立的“院务促进委员会”。1949 年 10 月，担任广慈医院副院长，组织订立医师晋升简则。1950 年 2 月 6 日中午，国民党空军空袭上海市区，大批伤员送往广慈医院救治，立即下令全院医护人员全部出动抢救，门诊大厅充做急诊，8 个手术室全部开放，全部免费施救。第二天，成立卢湾区防空救护科，任副科长。1951 年 9 月，上海市军管会接管广慈医院，任院长。1952 年 11 月，全国医学院校院系调整，广慈医院成为上海第二医学院附属医院，为副院长，同年加入中国国民党革命委员会。1954 年，广慈医院成立门诊部，任门诊部主任。1955 年，被打为“反革命”判刑 12 年。1981 年 2 月，上海市中级人民法院宣布撤销原判决。1985 年彻底平反。

吴一鹗(1915—2005)，上海市人。妇产科学教授、主任医师、瑞金医院终身教授。曾任上海第二医学院女子计划生育研究二室第二主任、妇产科副主任。

民国 26 年(1937 年)，毕业于上海震旦大学医学院，毕业后到广慈医院工作。民国 27 年至民国 29 年(1938—1940 年)，赴比利时布鲁塞尔国立大学医学院进修。1940—1956 年，在上海南市区产院任主任医师。1956 年，回到广慈医院妇产科工作。

从事妇产科、计划生育及内分泌研究工作数十年，建立多项重要内分泌激素的测定方法。20 世纪 50 年代，主持完成羊红细胞人绒毛膜促性腺激素 (hCG)凝聚抑制法的临床应用，填补国内空白。他建立的半定量测定 hCG 方法，成为妇产科 20 世纪 90 年代之前临床诊断早孕、葡萄胎、绒毛膜上皮癌等比较普遍应用的常规检测方法之一，准确率达 99%以上。20 世纪 60 年代，进行绒毛膜激素免疫法测定在临床应用中的研究，用免疫法代替生物法进行妊娠诊断，迅速推广到全国。同期创建的血浆雌三醇放射免疫测定法也属国内首创。1978 年，参与世界卫生组织的科研项目，对中国正常妇女月经周期中内分泌变化进行调查，开展该领域的科研工作。

撰写科研论文数十篇，主编、参编著作 6 部。多次获得国家卫生部、上海市科委科研成果奖。1992 年，享受国务院特殊津贴。

董方中(1915—2005)，湖北武汉人。外科学教授、主任医师，二级教授，瑞金医院终身教授，九三学社社员。曾任广慈医院(瑞金医院)外科第二主任、广慈医院灼伤科主任、广慈医院儿外科主任、上海消化外科研究所顾问、上海第二医学院医学系一部外科学总论教研组主任，上海市红十字

会理事，中华医学会理事，国际外科学会永久名誉委员、欧美同学会副会长。第6届、第7届中国人民政治协商会议全国委员会委员、第5届中国人民政治协商会议上海市委员会常务委员会委员。

民国30年(1941年)，毕业于上海圣约翰大学医学院，获医学博士学位，毕业后赴美。1942年，任美国伊利诺伊州环湖医院外科住院医师，同年考入宾夕法尼亚大学外科硕士进修班，全脱产6个月以后，临床部分在西弗吉尼亚州圣玛利亚医院完成(1942年—1946年6月30日)。民国35年(1946年)，回国后在仁济医院工作。1956年，调入广慈医院外科。

擅长处理各种外科疑难杂症。1954年，参加我国第一例心脏二尖瓣交界分离手术。同年施行中国第一例门腔静脉侧侧吻合术。1956年，在国内首先开展经皮穿刺腹主动脉造影术和国内第一例肾动脉下同种异体腹主动脉移植，均获成功。1957年，成为中央血吸虫防治五人小组成员。1958年，主持抢救大面积烧伤病人邱财康，受卫生部记大功嘉奖。1963年，创立广慈医院灼伤科并兼任科主任。1964年，兼任广慈医院儿外科主任，儿外科专业得到发展，床位扩建为40余张。1978年，指导林言箴成功完成国内第一例同种异体原位肝移植术，获上海市重大科技成果奖。1982年，在国内率先开展经内窥镜注射国产硬化剂治疗食管曲张静脉大出血，获上海市科技成果三等奖。

与兰锡纯、傅培彬合著《心脏外科学》和《血管外科学》两本书。发表《门腔静脉吻合术》《分流术治疗门静脉高压症的研讨》《二尖瓣交界分离术62例初步报告》等论文30余篇。1956年，被评为上海市先进工作者。1960年，被评为上海市文教系统先进工作者。1985年，被评为上海市血防先进工作者。1992年，享受国务院政府特殊津贴。

李国衡(1924—2005)，江苏扬州人。中医学教授、主任医师，魏氏伤科第二代传人、瑞金医院终身教授，中国农工民主党党员。曾任上海第二医科大学附属瑞金医院中医教研室副主任、伤科主任，上海市伤骨科研究所副所长，上海中医学会伤科学会主任委员、上海市高校教师高级职务评审委员会中医与中西医结合评议组成员、上海市中医文献馆馆员、上海市振兴中医学术委员会顾问，中国中医药学会理事、中国中医药学会骨伤科学会副主任委员、中国中医研究院客籍教授，《中国中医骨伤科》杂志编委会副主任委员。中国农工民主党全国党代表、第10届中国农工民主党中央委员会委员、第6届中国农工民主党上海市委员会副主任委员、第9届上海市人民代表大会常务委员会委员。

民国27年至民国32年(1938—1943年)，师承魏氏伤科创始人魏指薪学习“魏氏伤科”。1956年8月，至仁济医院伤科工作。1962年12月，调至广慈医院伤科工作，任副主任。

为魏氏伤科学术流派的主要传人，从事临床医、教、研工作50余年，深得魏氏学术真谛，并有所创新与发展。将各种损伤归纳为内伤与外伤两大类。内伤以脏腑气血为主，应用传统四诊八纲确定损伤部位和病理性质；外伤以皮肉筋脉骨为主。临床检查突出“望、比、摸”三法。在用药方面，根据伤者年龄大小、病情轻重，有所侧重。损伤后全身症状不明显者，着重外治；单纯内伤，着重内治；外伤与内伤并存，则内外兼治。对于跌打损伤，强调通过手法治疗以正骨理筋、理气活血，从而达到“骨正筋柔，气血以流”的目的。治疗关节脱位，大都在无麻醉下一次复位，曾担任上海市关节脱位研究组副组长。尤其对髋关节脱位，创造性地采用上提、外展或内收等长、短杠杆作用相结合复位手法。

1990年，被国家人事部、卫生部、中医药管理局认定为全国500名老中医药专家学术经验继承人导师之一。1991年，被列入《中国名医大辞典》中。1995年，被评为上海市名中医。2001年，应邀赴泰国为泰国国王诊治疾病。

著有《伤科常见疾病治疗法》《魏指薪治伤手法与导引》《中国骨伤科学・整骨手法学》《中医治疗疑难杂病秘要・伤骨科》《魏指薪教授诞辰一百周年学术讨论集》。发表学术论文50余篇。多次获得国家中医药管理局中医药技术进步奖。1991年，享受国务院政府特殊津贴。

丁霆(1911—2006)，江苏苏州人。药物化学教授、研究员，瑞金医院终身教授，九三学社社员。曾任上海市内分泌研究所副所长、上海第二医学院生物化学教研室主任。

民国21年(1932年)，毕业于上海震旦大学数理系，获理学士学位。民国24年(1935年)，毕业于上海震旦大学化工系，获化学工程硕士学位。民国24年至27年(1935年至1938年)，在上海市华商电气公司工作，并兼职于求德女子高级中学。民国27年至29年(1938—1940年)，在上海巴斯德研究院任助理化学师。民国29年至34年(1940—1945年)，在上海信谊药厂任药物研究所研究员、分厂主任等职。1945—1954年，历任上海震旦大学理工学院化工系教授、上海震旦大学医学院教授、上海巴斯德研究院化学部主任、中国人民解放军医学科学院生化系研究员。1952—1960年，任上海第二医学院生物化学教研室主任、教授。1960—1979年，任上海第二医学院附属广慈医院(东方红医院/瑞金医院)内分泌研究室第二主任。1978年，协助邝安堃创建上海市内分泌研究所并任副所长。

20世纪40年代，通过改革工艺在我国率先研制以“消治龙”为代表的磺胺系列抗菌药物。20世纪50年代，承担研制“海水脱盐剂”和“高寒急救发热袋”，为抗美援朝做出贡献。1954年，研究建立血氨扩散定量测定法，为更有效地治疗当时严重危害劳动人民健康的血吸虫病肝硬化、门静脉系统高压症提供有效的诊断监测技术。1961年，来到广慈医院后建立尿液醛固酮、儿茶酚胺等尿液激素的化学常规测定方法。1975年起，致力于临床激素系列配套微量检测方法的更新换代，采用放射免疫技术在国内首先建立系列类固醇激素、甲状腺激素和蛋白类激素的放射免疫测定方法，先后建立血、尿及唾液的性激素、肾上腺皮质激素、甲状腺激素以及垂体-下丘脑激素4个系列20余种激素的测定方法，并及时推广应用。

先后获得国家科学技术进步奖三等奖、卫生部科技成果甲级奖、上海市重大科技成果奖二等奖。指导博士研究生7人、硕士研究生18人，发表论文70余篇。1992年，享受国务院政府特殊津贴。

程一雄(1912—2006)，江苏宜兴人。外科学教授、主任医师、一等3级专家、瑞金医院终身教授，中国共产党党员。曾任广慈医院泌尿外科主任。

民国24年(1935年)，毕业于上海震旦大学医学院，获医学博士学位。先后在比利时布鲁塞尔大学和法国巴黎大学附属医院专攻泌尿外科学。民国28年(1939年)，回国时正值抗日战争时期，赴云南省昆明医院附属昆华医院外科工作，后应聘于云南大学医学院任教，兼任云南大学附属医院医务主任，同时仍然从事临床工作。解放初期到广慈医院外科工作，参加上海第二医学院的筹建。1952年，广慈医院泌尿外科成立，任科主任。

1957年12月3日，成功施行国内第一例原发性醛固酮增多症的手术治疗。1964年，作为中国代表团团长，率领外科代表团赴罗马尼亚参加国际外科学术会议，报告3例原发性醛固酮增多症的治疗，并作"原醛症诊治"的学术报告，获得与会代表的关注和好评。1969年，领导开展医院历史上首例同种异体肾移植手术，泌尿外科成为医院开展器官移植的第一个科室。1973年4月，在泌尿外科病房内创建人工肾室(瑞金医院血透室前身)，使瑞金医院成为上海市最早成立血透室的5家单位之一。1984年，被定为一等3级专家。

在教学工作中，强调理论必须为实践服务。为培养研究生制定一系列可行的教学方案，即在掌握扎实基础理论的前提下，不断提高临床、科研工作能力。主编《急性肾功能衰竭》一书，参编《泌尿外科进展和基础》《中国医学百科全书·泌尿外科》《临床泌尿外科学》等重要著作，主译《病毒学》《小儿泌尿外科学》《肾移植》等著作。1992年，享受国务院政府特殊津贴。

骆德三(1918—2006)，江西上犹人，中国共产党党员。1962—1967年任广慈医院院长、1963—1967年任广慈医院(东方红医院)分党委书记、1972—1975年任瑞金医院党委书记。曾任上海市伤科研究所所长，上海第二医学院副院长、党委副书记，上海市精神病防治总院党委书记。

是一位经过二万五千里长征考验的老干部。1932年，参加中国工农红军。1934年10月，随红一方面军参加长征。1936年，入党并到延安卫生学校学习一年。在革命战争年代，曾经在多个岗位上担任领导工作，在历次大小战斗中积极接收转运伤病员，为抢救革命同志的生命做出了贡献，多次受到上级部门的表彰和奖励。抗日战争时期，任八路军129师卫生部五所所长、冀南军区卫生部一所所长、太行军区一军分区卫生处医务主任。解放战争时期，任太行军区四军分区卫生处副处长、太行军区卫生部和平医院副院长、野战医院院长、四军分区卫生处长、太行军区卫生部副部长、南下纵队卫生处长。

新中国成立后，任福建省卫生厅科长、华东卫生保健医院副院长。1962年8月—1967年1月，任上海第二医学院副院长、党委副书记兼广慈医院(东方红医院)院长。1963年1月—1967年1月，任广慈医院(东方红医院)分党委书记。1964年1月—1978年2月，兼任上海市伤科研究所所长。1968年4月—1970年9月，任东方红医院革命委员会第一召集人。1972年9月—1975年8月，任瑞金医院党委书记。任职期间派出我国第一支援非医疗队支援阿尔及利亚，组建上海第一批巡回医疗队赴皖南山区巡回医疗，筹建安徽后方东方红医院。

柴本甫(1924—2006)，浙江鄞县人。外科学教授、主任医师、瑞金医院终身教授，九三学社社员。曾任瑞金医院骨科主任、上海市伤骨科研究所所长，中华医学会上海分会理事、中国中西医结合学会上海分会顾问、上海市科学技术委员会医学专业委员会委员、上海市科学技术进步奖评审委员会委员，中华医学会理事、中华创伤学会副主任委员、国务院学位委员会委员、学科医学评议组成员，国际外科学会委员，《国外医学·骨科学》主编，《中华创伤杂志》(英文版)副主编，《上海第二医科大学学报》副主编。

1949年，毕业于上海圣约翰大学医学院，获理学学士、医学博士学位，进入仁济医院工作。1956年，到广慈医院骨科工作。1978—1984年，任瑞金医院骨科第二主任。1984—1991年，任瑞金医院骨科主任、上海市伤骨科研究所所长。

1959年，为一位患软骨肉瘤的病人施行上海地区首例骨盆1/4解脱手术。在国内最早从现代医学的角度，应用先进的技术手段，对中医伤科疗效机制进行深入细致的阐释，使祖国医学尤其是对动静结合和小夹板治疗骨折的认识得以提炼和升华。20世纪60年代初，与中医伤科魏指薪合作在活血化瘀和理气药整体施治骨折愈合过程中进行定量研究，为祖国医学理论研究骨折愈合机制提供了科学数据。

建立国内首个骨科学研究实验室，开创我国骨科基础理论研究，研究领域涉及骨关节炎、骨质疏松、关节假体置换等多个方面。1992年，通过超微结构放射自显影等技术从八方面系统阐明成纤维细胞在骨愈合中的作用机理，率先提出成纤维细胞具有成骨作用，丰富和发展了骨科学理论，引起国内外相关学者的高度关注。他创立的上海市伤骨科研究所基础理论研究室拥有组织形态学、细胞生物学、分子生物学等11个专门研究室，于1997年被确定为上海市重点实验室。

是高考制度恢复后的第二批中西医结合博士研究生导师。先后获包括国家自然科学二等奖、国家教委科技进步二等奖、上海市重大科技成果奖在内的各级奖项20余项，发表具有重要学术影响力的论著近200篇，对我国骨科学的发展起到了重要的指导和引领作用。1964年，被评为上海市文教方面先进工作者。1991年，享受国务院政府特殊津贴。

朱仲刚(1913—2007)，上海市人。皮肤病学教授、主任医师、中国现代皮肤病学奠基人之一、一等3级专家、瑞金医院终身教授，中国民主同盟盟员。曾任广慈医院皮肤科主任、上海第二医学院医疗系一部皮肤病学教研室主任，中华医学会上海分会理事、上海市医学会皮肤病学会主任委员、上海市性病防治中心顾问，中华医学会皮肤病学会副主任委员，法国皮肤性病科学学会通信会员、意大利皮肤病性病学会通信会员。上海市天主教知识分子联谊会会长、上海市天主教爱国会副主任。

民国26年(1937年)，毕业于上海震旦大学医学院，获医学博士学位。次年赴法国巴黎大学圣路易医院学习。民国29年(1940年)，回国私人开业。民国34年(1945年)，广慈医院建立皮肤科，任皮肤科主任。1953年，加入广慈医院院务管理委员会。

构建起广慈医院皮肤科整体框架。1945年，建立皮肤科治疗室。1953年，建立皮肤病理室。1957年，建立真菌实验室。1970年，建立激光室。1974年，建立皮肤科实验室。在国内皮肤病用药稀缺情况下，根据法国皮肤科外用药物配方，自行生产有不同治疗功能的溶液、酊剂、糊剂、霜剂、软膏等外用药解决临床问题。

重视用研究方法解决临床实际问题。1945年，对我国苏北地区雅司病进行研究，对遏制当年该病的蔓延作出努力。20世纪50年代，将职业性皮肤病作为自己科研的主攻方向，为炼焦、电镀、印染、筑路、制药、稻农、演艺诸行业的职业性皮肤病的预防和治疗摸索出一整套行之有效的方法和措施。其研究成果"工业用沥青的毒性比较"在1958年获中央卫生部嘉奖，是广慈医院获得的第一个国家级奖励。1966年，受卫生部委托，连续举办7期全国"职业性皮肤病防治学习班"。1978年，"稻田皮炎的防治"获全国第一次科技大会科技进步奖。1978年，受周恩来指示主持研究演员的

"油彩皮炎",获国务院文化部、卫生部科研成果奖三等奖。20世纪80年代初,受上海市卫生局委托举办12期"上海市皮肤科医师进修班",为全国各地培养大批皮肤病学人才。

主持制订"职业性皮肤病诊断标准及处理原则(国家标准)",在银屑病的治疗与病因研究、过敏性疾病、感染性皮肤病及结缔组织病的诊断与治疗等诸多方面都有建树。20世纪50年代,翻译《职业性皮肤病》。1978年,出版《皮肤病诊疗常规》。1983年,被法国、意大利皮肤性病学会聘为海外会员。1992年,享受国务院政府特殊津贴。1993年,被评为上海市宗教系统先进工作者。1995年,被中华医学会评为"对医学科学及学会发展建设有突出贡献的专家"。

史济湘(1921—2007),上海市人。外科学教授、主任医师、中国烧伤医学奠基人之一、瑞金医院终身教授。曾任上海第二医学院附属广慈医院外科副主任、麻醉科副主任、灼伤科主任、烧伤研究室主任,上海市烧伤研究所所长,上海市医学会烧伤外科专科分会副主任委员,中华医学会外科学会常务委员会委员、中华医学会烧伤外科分会首届主任委员,法国外科医学科学院外籍通信院士、意大利龙巴弟医学会名誉会员。《国外医学·创伤和外科基本问题》主编。

民国36年(1947年),上海震旦大学医学院毕业,进入广慈医院外科工作。1956年,被任命为外科和麻醉科副主任。1963年,任广慈医院烧伤研究室主任。1978—1993年,任瑞金医院灼伤科主任。1988年,上海市烧伤研究所成立,任所长。

在外科学领域广泛涉猎普外科、灼伤科、骨科、妇产科、小儿外科、神经外科、麻醉科等多领域临床工作。1951年,参加中国人民志愿军医疗队赴抗美援朝前线,获主任级立功奖励。回国后与两位手术室护士组建广慈医院麻醉组,逐步建立病人术前随访、术中观察监测、术后随访及疑难麻醉讨论、重危病人抢救和院内外会诊制度,并开展单剂量硬膜外麻醉和人工冬眠静脉麻醉。1958年,参加抢救严重烧伤钢铁工人邱财康,受到卫生部的记功奖励。抢救邱财康过程中,在国内最早倡导应用冬眠药物作为烧伤休克的辅助治疗,即"冬眠疗法",美国烧伤学会将此列为中国大面积烧伤治疗取得的成就之一。1959年,组织广慈医院严重灼伤治疗小组编著我国第一本严重烧伤治疗专著《严重灼伤的治疗》。1964年,主导总结分析600例烧伤病人的早期液体复苏,后被称为"瑞金公式"。

20世纪60年代初,开展探索烧伤病人皮肤混合移植方法,经反复实践确定大张异体皮打洞嵌植自体小皮片的方案。不仅使对异体皮的排斥方式有了改变,而且使自体皮面积扩大7~10倍。这一治疗技术使半致死三度烧伤面积从1958—1965年的30.92%提高到1997—2003年的91.83%。

1990年,参与国家自然科学基金委员会临床医学重大项目"烧伤早期损害发病机理和烧伤创面愈合机理的研究",主持烧伤创面愈合机理的研究。发表论文40余篇,1985年和2000年两次获得国家科技进步二等奖。

在国内外烧伤学术界享有很高声誉。1986年中华医学会成立烧伤外科学分会,被推选为第一届主任委员。1988年,作为第一位中国烧伤医生获美国国际烧伤"伊文思"奖。1989年,获意大利"惠特克"国际烧伤奖。1991年,享受国务院政府特殊津贴。1997年,获香港何梁何利基金科学与技术进步奖。2004年,获中华医学会创伤学分会的中创组织修复医学奖。

徐家裕(1925—2010)，上海嘉定人。内科学教授、主任医师、瑞金医院终身教授，1984—1988年任瑞金医院院长，中国共产党党员。曾任广慈医院同位素室主任，瑞金医院内科副主任、内科学教研室副主任，上海第二医学院放射医学教研室副主任、上海第二医学院医学系一部主任，消化病研究二室主任，上海第二医科大学常务理事、校务委员会委员、国际交流委员会副主任，中华医学会上海分会消化学会副主任，消化内科全国重点学科领导小组副主任，国际肝病研究学会委员，《国外学者来访报告杂志》主编，圣约翰大学校友会副会长。

1950年，毕业于上海圣约翰大学医学院，同年获得美国宾夕法尼亚大学医学院博士学位。毕业后分配到仁济医院放射医学专业组，主攻同位素，并建立仁济医院同位素实验室。1960年，被抽调到上海第二医学院放射医学系工作，在广慈医院创建广慈同位素门诊、病房和实验室。

1972年10月，作为中国第一个访美医学代表团成员之一，出色地完成尼克松总统接见时的翻译任务。这是中美"乒乓外交"之后的第一个访美民间团体，为中美双方这次顺畅外交搭起了一座桥梁。同年，调入瑞金医院内科消化组主持工作。1976年，任内科领导小组副组长。1977年，任瑞金医院内科副主任。1984年，任医疗系一部系主任。1984—1988年，任瑞金医院院长，党委委员。

1959年，上海第二医学院建立原子医学教研组，负责教研组工作，为上海第二医学院医疗系一部、口腔系和儿科系同学开设专业课程并安排实习。1973年，在国内最早建立胰腺外分泌功能的各项诊断试验，对重症急性胰腺炎的临床诊治及发病机制进行深入研究，并在临床上开展中西医结合的治疗研究。对多种单味制剂组成药物进行了严格的动物实验研究，在国内首次肯定白芍对奥狄括约肌的松弛作用。1977年，率先在国内诊断一例肠血管活性肽瘤(VIP瘤)。带领消化科陆续开展对胃肠肿瘤(尤其是胃癌)和胃肠动力紊乱性疾病的研究。

先后编著《临床胰腺病学》《临床胃肠病学》《内科手册》等专著10余本，主译《胃肠动力观念的进展》一书，引起全国消化学界重视，推动该疾病在国内的研究和诊治。在国内外专业学术杂志上发表论文100余篇。多次荣获上海市先进工作者称号。被授予美国宾夕法尼亚大学内科教授、美国密苏里州立堪萨城大学第一位埃德加斯诺名誉教授、美国阿拉巴马大学医学院名誉教授、美国亚拉巴马州立伯明翰大学医学院名誉医学教授、美国加州大学旧金山分校访问教授。1992年，享受国务院政府特殊津贴。

徐德隆(1921—2011)，浙江舟山人。神经病学教授、主任医师、瑞金医院终身教授。曾任瑞金医院神经科主任，上海第二医科大学医疗系神经病学教研室主任、帕金森病诊疗与研究中心顾问、神经病学研究中心顾问，上海医学会老年医学专科分会副主任委员、中华神经精神病学会上海分会委员，中华医学会老年医学专科学会委员。

民国37年(1948年)，毕业于上海圣约翰大学医学院，获医学博士学位。先后任职于仁济医院、华东军政委员会医院、新华医院和瑞金医院。1963年，广慈医院将神经内科和神经外科合并成立神经科，任科副主任主持工作。

20世纪50年代中期，发现国内第一例亨廷顿舞蹈病，同时应用利血平进行有效的治疗。1963年，与中科院上海药物研究所合作，在国内首先开展二巯基丁二酸钠用于肝豆状核变性的铜络合治疗的研究，使二巯基丁二酸钠的应用在临床上得以推广。1975年，在国内最早进行胸腺切除治疗重症肌无力的研究。在国内首先开展脑出血冬眠治疗，为危重脑血管病的治疗开创了一条新的途径。1978年，成为全国锥体外系疾病协作组主要成员之一，参与帕金森病的临床新药试验。20世纪80年代初，研究散发性脑炎，在国内首先发现猫抓脑病。20世纪80年代中期，首先应用甲基-苯基-四氢吡啶建立国内首个帕金森病动物模型。1992年，将PLG、单胺氧化酶抑制剂首先应用于临床治疗帕金森病，有效率达85%。

发表论文100余篇。20世纪90年代，主编《内科学—神经病学》等专著。共获得省部级以上科技进步奖7项。其中"帕金森病的基础与临床"研究获中央卫生部医药卫生科技进步二等奖。1992年，享受国务院政府特殊津贴。

张明秀(1918—2011)，女，四川广元人。1958—1960年任广慈医院党总支书记、1960—1963年任广慈医院分党委书记，中国共产党党员。新中国成立前曾任新四军军部教导队女生一队政治指导员、来安县半塔集工作队队长兼总支书记、淮南盱眙县西高庙区区委书记、华东军区通信学校政治教导员、政治处副主任，新中国成立后曾任华东军政委员会卫生部总支书记、上海新华小学校长、上海市教育局人事室主任、上海第二医学院党委副书记、纪委书记。

17岁参加革命，先后在红四方面军妇女部做宣传工作，在总供给部被服厂和卫生部附属医院工作。1935年夏，随红四方面军参加长征，担任护送伤员和后卫任务，两过雪山、三过草地，被授予"学习模范"称号。1937年，加入中国共产党，参加延安抗日军政大学学习。1938年，调八路军驻武汉办事处和长江局工作，在周恩来直接指挥下从事机密文件传递工作。1943年春，调任新四军二师司令部工作。抗战胜利后到华东军区政治部工作。新中国成立后，到上海工作，先后任华东军区卫生部人事副处长兼总支书记、上海新华小学校长和上海市教育局人事室主任。1958年10月—1963年5月，任广慈医院党总支书记、分党委书记。1958年，反映广慈医院成功抢救邱财康过程的电影《春满人间》中医院党委书记方群就是以张明秀为原型的。1960年，主持召开广慈医院第一次党员大会，被选举为中国共产党广慈医院分党委第一届委员会书记。1961年，又获连任。离开广慈医院后，到上海第二医学院党委工作。

郭迪(1911—2012)，广东潮阳人。儿科学教授、主任医师、二级教授，中国共产党党员。曾任上海第二医学院儿科系主任、上海市儿科医学研究所所长，联合国边远和少数民族地区儿科医师培训中心上海地区主任、世界卫生组织儿童体格生长和社会心理发育合作中心主任。

1935年，毕业于上海圣约翰大学医学院，获医学博士学位。到美国宾夕法尼亚大学医学进修学院进修儿科学。1937年，获医学科学(儿科)硕士学位后回国。时值抗日战争爆发，随即投身于中国红十字会第一救护医院和国际红十字会组织的上海难童收容所医疗工作，对难童进行医疗保健工作。1938年起，在上海开设儿科诊所，并先后兼任同仁、仁济医院儿科主任和圣约翰大学医学院儿科讲师。1950年开始，到华东保健院、保育院和上海家庭妇女联合会托儿所开展儿童保健工作。1952年，全国高校院系调整，成立上海第二医学院，第一时间响应号召放弃私人开业，参与上海第二医学院的建设。1955年，协助高镜朗在上海第二医学院建立儿科系，系部设于广慈医院，任儿科系副主任，全面负责安排临床实习、教师队伍，以及成立相关教研室。

1955年6月，上海第二医学院儿科系成立。兼任儿科系基础儿科教研组、系统儿科教研组、临床儿科教研组三个教研组组长，及儿科系传染病教学小组主任，承担繁重的教学任务。1956年12月28日，上海第二医学院决定对儿科系、医疗系专业设置进行调整，儿科系调往上海第九人民医院。1957年，赴苏联医学科学院儿科研究所进修"小儿的高级神经活动"。1958年，儿科系迁至新华医院，长期在新华医院执医执教，推进我国发育行为儿科的发展，为发育和行为研究奠定基础。

先后主编《儿科症状与鉴别诊断》《儿科基础与临床》《中国医学百科全书儿科学分册》《基础儿科学》等，参与卫生部组织编写的多部儿科专业教材。

林言箴(1924—2013)，浙江慈溪人。外科学教授、主任医师、中国器官移植奠基人之一、瑞金医院终身教授，中国农工民主党党员。曾任瑞金医院外科主任、外科教研室主任，上海消化外科研究所名誉所长、上海市消化外科领先专业重点学科带头人，上海市普外科学会主任委员，中华医学会外科学会委员、肝移植学组顾问、中华器官移植学会委员、中国胃癌研究会副主任委员，世界卫生组织器官移植工作组成员、国际胃癌协会创建委员、国际胃外科俱乐部执行委员会成员和上海分部外科主席，法兰西国家外科学院外籍院士，《外科理论与实践》杂志主编。

1949年7月，毕业于上海震旦大学医学院，获医学博士学位并进入广慈医院外科工作。1951年，参加上海市抗美援朝志愿手术队，荣获集体功。1963年，担任广慈医院外科实验室主任。1984—1988年，担任瑞金医院普外科主任。1988—1993年，担任上海第二医科大学医疗系一部外科教研室主任。

长期从事普外科，尤其是胃癌外科综合治疗和肝移植工作。1977年，成功施行我国第一例同种异体原位肝脏移植手术。1979年，编写《甲状腺病外科治疗》，这是国内第一本甲状腺外科专著。1981年，在国内最先发表《肝脏的灌洗和冷保存的动物实验》和《肝脏的灌洗和冷保存的临床应用》论文，将成果与国内同道分享，推动我国早期移植医学的发展。担任科主任期间主持修订《普外科常规手册》，得到各级医师的欢迎。1989年，建立瑞金医院外科内分泌小组，任组长。

20世纪90年代，在国内较早提倡胃癌合理手术范围和围手术期治疗观念。先后主持多项胃癌综合治疗的基础与临床研究，例如胃癌合理手术范围、胃癌术后早期腹腔内化疗(EPIC)、术中腹腔内温热灌注化疗(HIPEC)、胃癌围手术期营养支持加化疗、胃癌浸润转移机制及其防治、胃癌生物学行为及生物治疗等，为我国的胃癌研究事业做出了重大的贡献。在他的积极倡导下，1995年，瑞金医院成立临床营养科，由其硕士研究生曹伟新任科主任，全面开展外科围手术期营养支持治疗。1996年，创办《外科理论与实践》杂志并任主编。1998年，任上海消化外科研究所名誉所长，提出建设胃癌数据库、标本库和计算机信息化管理。2000年，出版《现代外科基本问题》。

曾获国家卫生部重大科技研究成果甲级奖，上海市高教局重大科技成果奖，上海市科委重大科研成果二等奖，上海市科技进步二、三等奖等国家级和部市级奖项。先后指导数十名博士、硕士研究生和博士后一名。主编《现代外科基本问题》、《外科手术图解》(胃肠分册)，副主编及参编专著十余部，发表《同种原位肝移植》等论文 300 余篇。曾担任意大利米兰大学、美国哈佛大学、哥伦比亚大学、俄克拉荷马大学等国外医学院校的客座教授。1993 年，享受国务院政府特殊津贴

张天锡(1925—2013)，浙江杭州人。外科学教授、主任医师、瑞金医院终身教授，中国共产党党员。曾任瑞金医院神经科、神经外科主任，上海医学会神经外科专科分会委员、上海市脑血管病防治领导组顾问、上海神经外科资深专家中心主任，中华神经外科学会常务委员会委员、中国神经科学学会神经外科专业委员会学术顾问组副主任、中华神经内科学会临床神经生化组委员、国家自然科学基金委员会生物科学部评委，世界神经外科联合会(WFNS)会员、法中医学生物学促进协会中方委员。

1950 年 6 月，毕业于上海震旦大学医学院，进入广慈医院外科，师从傅培彬教授。1951 年 7 月—1952 年 3 月，参加上海市抗美援朝医疗大队赴东北为志愿军服务。1957 年 7 月，设立神经外科小组。1963 年 3 月，与徐德隆共同筹备正式成立神经(内、外)科。1970—1980 年，至安徽后方瑞金医院担任外科医师长达 10 年之久。1982 年 2 月，赴法国巴黎第七大学医学院附属 Lariboisiere 教学医院研修教学和临床，历时一年半。1984 年，任瑞金医院神经科主任。1988 年，瑞金医院将神经科分为神经内科和神经外科，任神经外科主任。

1957 年 10 月，在国内首创垂体切除治疗晚期乳腺癌手术。1958 年 5 月 26 日，邱财康等 3 名上钢三厂工人因严重烧伤被送到广慈医院，当晚值班的张天锡判断病情约为 90%烧伤面积，非常危重，立刻安排送入手术室，争取到抢救时间。1980 年，在“中法医学日”活动中任随行翻译。1983 年，在国内较早开展经蝶窦垂体微腺瘤显微手术，还在国内首先引进使用替尼泊苷(VM26)治疗恶性胶质瘤，获得显著效果。1985 年起，有关脑水肿研究先后在国家自然科学基金，卫生部“七五”“八五”攻关及上海市科委项目投标中连中 5 标。

1991 年，主编 50 万字的《神经外科基础与临床》一书。截至 2010 年，主编学术著作 1 部，译著 3 部，论文 310 余篇，其中第一作者逾 200 篇。多次获国家级和省部级科技进步奖。1992 年，享受国务院政府特殊津贴。

董德长(1922—2013)，上海市人。内科学教授、主任医师、瑞金医院终身教授，九三学社社员。曾任广慈医院内科副主任，上海市肾脏病学会主任委员(1990—1993 年)，中华医学会肾脏病学分会主任委员(1991—1995 年)，亚洲太平洋地区肾脏病学会理事，《肾脏病透析》《肾移植杂志》副主编。

民国 33 年(1944 年)，毕业于上海震旦大学医学院，获医学博士学位。1948—1949 年，赴美国华盛顿大学医学院巴尔纳斯医院内科进修；1949—1950 年，赴法国巴黎大学勃鲁赛医院内科肾脏科进修。1950 年，他回国在第二军医大学附属长海医院工作。1952 年，调入上海第二医学院附属广慈医院工作。1954 年，年仅 32 岁的他晋升为上海第二医学院最年轻的副教授。1978 年，出任瑞金医院肾脏科学科带头人。

1958 年，在国内首次成功诊治并报道第一例肾小管性酸中毒，并首次在国内自主研制出枸橼酸合剂Ⅰ号方、Ⅱ号方、Ⅲ号方。先后创立肾

脏病专业病房、透析室、病理室、实验室；注重年轻医师梯队建设，先后安排多名医生组团式出国进修培养，推动肾脏学科的快速提升和发展。十分重视教学工作，建立定期的主任查房制，坚持每周两次主任查房，一次临床病理讨论会，对青年医生、医学生、留学生进行英语、法语等外语带教工作。

对肾脏内分泌激素和肾性骨病进行深入研究，主持“肾脏内分泌系列测定和临床应用”“肾小管间质疾病基础及临床研究”“肾性骨病组织学、激素、生化、骨扫描的变化及其发病机理探讨”等项目。

获得多项卫生部、国家教委、上海市科技进步奖，在国内外刊物发表论著 100 余篇，主编《实用肾脏病学》《内科疾病的肾脏表现》《内科各系统疾病与肾脏》等专著。曾荣获全国卫生文明建设先进工作者(1987 年)、全国卫生系统出国留学管理工作先进个人(1990 年)、全国教育系统劳动模范(1991 年)、国家教委人民教师奖章(1991 年)，先后获法国巴黎大学、都鲁士大学、波兰格坦斯克医学院荣誉奖章。1991 年，享受国务院政府特殊津贴。

杨之骏(1930—2014)，上海市人。外科学教授、主任医师、中国烧伤医学奠基人之一、瑞金医院终身教授，中国共产党党员。曾任广慈医院灼伤科第二主任、上海市烧伤研究所顾问，上海市第 7、8 届人民代表大会常务委员会委员。

1946 年，加入中国共产党。1954 年，毕业于上海第二医学院，进入上海第二医学院附属广慈医院骨科工作。1958 年，参与救治严重烧伤钢铁工人邱财康获得成功，获卫生部记大功奖励。在大面积烧伤治疗中，提出“及早切除焦痂，予以皮肤移植”的治疗观点。从 20 世纪 60 年代初与史济湘、朱德安等共同探索同种异体与自体皮混合移植修复大面积三度烧伤创面的方法。1966 年，提出分期分批切痂、大张异体或异种皮打洞嵌植自体小皮片和以头皮为供皮区的大面积深度烧伤治疗技术，这一技术显著提高我国大面积深度烧伤治疗水平，获 1985 年国家科技进步二等奖。在混合移植研究中发现异体真皮移植过程中的“夹心现象”。并用猪皮来代替异体皮取得成功，解决了皮肤来源问题。

20 世纪 70 年代初，带领烧伤科建立皮库，系统地开展皮肤保存及其相关研究工作。1977 年，应用“热风疗法”处理受压部位创面并研制成功“热风机”。主编《严重灼伤的治疗》、《烧伤治疗》(第一、二版)对普及瑞金经验、提高我国烧伤治疗水平有重要意义。1981 年，主持召开首届中美国际烧伤研讨会。

主编 *The Treatment and Research in Burns*、*Treatment of Burns* 等颇具影响力的专著。在 20 世纪 70 年代末和 80 年代初，中国医学英文论文很少的情况下，在 *Burns*，*Rev Med Chir Soc Med Nat Iasi*，*Chin Med J* (*Engl*) 和 *PRS* 等国际重要杂志以第一作者和通信作者发表文章。1980—1983 年，集中发表关于混合移植治疗严重大面积三度烧伤的重要论文 5 篇，系统性向全世界推广中国的烧伤治疗理念。1990 年，享受国务院政府特殊津贴。2010 年，获中华医学会烧伤分会终身成就奖。

许曼音(1923—2014)，女，江苏灌云人。内科学教授、主任医师、瑞金医院终身教授，中国共产党党员。曾任瑞金医院内科副主任、上海第二医科大学医疗系一部内科教研室副主任、瑞金医院糖尿病宣教中心主任，第一届中华医学会内分泌学分会肾上腺病学组组长、法国和美国糖尿病学会会员。

1950 年，毕业于上海震旦大学医学院，获医学博士学位。毕业后进入广慈医院内科工作。在邝安堃教授的指导下，开始以嗜酸细胞计数表示肾上腺皮质功能的研究，是中国最早研究肾上腺皮质功能的学者。1957 年，协助邝安堃诊断国内第一例原发性醛固酮增多症，至 20 世纪 80 年代末已积累 201 例原发性醛固酮增多症的成功诊治经验，成为国际上最大的系列之一。

作为中国糖尿病教育的奠基者，致力于系统探讨行之有效且寓教于乐的糖尿病宣教方法，构建"糖尿病治疗性教育体系"，所编剧并拍摄的 5 集"糖尿病防治"是国内最早的糖尿病宣教片。创立瑞金医院的糖尿病宣教中心并亲任主任，创新性地建立"厨房门诊"，倡导举办"糖尿病享受健康美食大赛"，中央电视台与上海电视台也相继报道。主编《享受健康人生——糖尿病细说与图解》。主编的《糖尿病学》已成为中国糖尿病临床学者最主要的参考书。

长期从事临床医学教学并取得卓著成就。自制教具，自编教材，在讲台上、病床边，培养众多医学人才，是深受学生爱戴的好老师。

指导博士 32 人、硕士 42 人，已成为中国乃至国际内分泌代谢病领域的重要力量。创立并担任主要授课的瑞金医院"全国内分泌代谢医师进修班"，培养学员 1 700 余名，成为我国内分泌代谢病学医师的摇篮。

曾获国家科技进步三等奖、卫生部科技进步二等奖和上海市科技进步二等奖，全国优秀畅销书、华东地区优秀科技图书二等奖、上海市图书奖、上海市优秀科普作品奖。荣获上海市巾帼奖等荣誉称号，并获中华医学会内分泌学分会终身成就奖、糖尿病教育终身成就奖和胰岛素临床应用终身成就奖，中华医学会糖尿病学分会终身成就奖，中国女医师学会"女医师终身成就奖"。1992 年，享受国务院政府特殊津贴。

罗敏(1944—2014)，浙江上虞人。内科学教授、研究员，中国共产党党员。曾任上海市内分泌研究所所长，中华医学会内分泌学分会主任委员(2001—2005 年)、中华医学会糖尿病学会副主任委员。

1968 年，毕业于上海第二医学院医学系。1982 年，获得硕士学位。1984 年，公派赴加拿大拉瓦尔大学医学院进行内分泌专业博士研究生的学习和工作。1989 年，回国工作，1990—1998 年，担任上海市内分泌研究所副所长。1998—2007 年，担任上海市内分泌研究所所长。1998—2008 年，担任卫生部内分泌代谢病重点实验室主任。

1984 年，硕士学位论文《甲状腺球蛋白的分离、提纯、放免测定及临床应用》获得国家卫生部科技成果甲等奖。1984 年至 1989 年，在加拿大学习期间在国际上率先制备脑核甲状腺激素受体单克隆抗体，在美国内分泌年会上被评为年度内分泌领域 50 项杰出成果之一。回国工作后瞄准国际研究前沿，长期从事中国人群 2 型糖尿病及其并发症发病机制的基因、诊断和治疗。2002 年，从事中国人群 2 型糖尿病相关基因的研究，利用全基因组扫描和连锁分析技术研究中国华东地区汉族人 2 型糖尿病相关基因，发现中国人 2 型糖尿病特有的易感基因位点9号染色体上存在着与2型糖尿病连锁的位点。2005年，开展中国人2型糖尿病的系统生物学研究。该研究成果发表于*Diabetology*，为国内率先发表的有关糖尿病相关基因组筛查方面的学术论文。

承担4项国家自然科学基金及“973”“863”项目子课题，发表学术论文200余篇，获上海医学科技二等奖1项、上海市科学技术三等奖2项，指导的博士研究生骆天红的课题《2型糖尿病相关基因定位研究》获得2003年全国优秀博士论文奖和2004上海市研究生优秀成果奖。

1990年，获卫生部颁发的“全国卫生系统优秀留学回国人员”荣誉证书。1991年，获国务院颁发的“为发展我国医疗卫生事业做出突出贡献人员”荣誉证书，并享受国务院政府特殊津贴。1998年，获吴阶平医学研究奖和保罗杨森药学研究奖。

唐振铎(1924—2016)，浙江定海人。内科学教授、主任医师、瑞金医院终身教授。曾任瑞金医院内科副主任、消化科主任、内科教研组副主任，上海第二医科大学消化病第二研究室主任、上海消化学会顾问，美国南加州大学附属危重病研究所顾问和客座教授、法国巴黎急救协会会员兼上海代表、中法生物和医学促进协会会员，《上海第二医科大学学报》(英文版)副主编。

民国37年(1948年)，毕业于上海震旦大学医学院，同年获得法国巴黎大学海外部医学博士学位。毕业后进入广慈医院内科工作。1952年，广慈医院内科消化专业组成立，唐振铎负责专业组工作。1973年，响应国家号召，到设在安徽绩溪的后方瑞金医院工作。1981年，从安徽调回上海，继续负责瑞金医院内科消化专业组工作，重启胃肠镜等重点检查项目。

思维活跃，擅长学习运用新技术，在国内消化内科创造多个第一。1952年，在我国率先掌握硬式胃镜技术。1954年，在国内率先开展食管静脉曲张破裂三腔管填压止血。1956年，开展光学直视腹腔镜检查。1959年，开展金属食管镜直视下硬化剂治疗食管静脉曲张，并与上海第三钢铁厂合作自制胃黏膜活检钳。20世纪60年代，借用心导管率先开展肝静脉导管测压术来诊断门静脉高压。20世纪80年代初，率先开展吲哚氰绿清除实验和^{13}C美沙西汀呼气实验评价肝脏功能。20世纪90年代，用同位素示踪技术发现肝硬化病人存在整体蛋白代谢紊乱，提出以植物蛋白为主的高能量食谱治疗，有关观点多次在国内外知名医学杂志上刊出，受到广泛关注。1997年，唐振铎等诊断医院首例艾滋病。

在研究尿淀粉酶测定诊断急性胰腺炎的价值(当时仅做血淀粉酶测定)、胃黏膜脱垂症的诊治、胃黏膜急性病变的诊断等方面都有重大突破，发表多篇论文，对消化内科专业的发展起到推进作用。

重视教育，授课风格幽默风趣。1952年，建立消化病疑难病例讨论制度，各级医生和实习医生共同参加讨论。1981年，坚持每周三、五上午带领医学生开展病例讨论，由于参加讨论的学生有不同学制，因材施教，灵活采用中文、英文和法文授课，受到学生热烈欢迎。

截至2010年12月，在国内外著名医学杂志上以第一作者发表论文200余篇，参编论著近10部。先后获得了卫生部重大科技成果乙等奖，国家教委、市卫生局科技进步奖多项，并多次获得全国及市级优秀(先进)教师奖。1992年，享受国务院政府特殊津贴。

洪明贵(1918—2016),安徽六安人。1959—1962 年任广慈医院院长,中国共产党党员。曾任上海第二医学院医疗系一部第二主任,上海市卫生局革委会主任、党委书记,中央卫生部医疗预防司司长。被选为中国人民政治协商会议上海市第五届委员会常务委员会委员。

参加过二万五千里长征。1931 年参加红军。1934 年,作为医院看护跟随红 25 军长征。1936 年,加入中国共产党。1938 年,毕业于延安红军卫生学校。抗日战争期间,任八路军 129 师模范医院二所所长、太岳军区卫生部医政科长、太岳军区一军分区卫生处副处长。解放战争时期,任晋冀鲁豫军区和平医院副院长兼邢台眼科医院院长、湖北军区卫生部副部长。新中国成立后,任江西省卫生厅副厅长、武汉市卫生局局长。1954 年,提出“划区医疗”理念,《人民日报》对此进行报道并向全国推广。1958 年,被打成“右派”,下放湖南浏阳劳动。1959 年 12 月—1962 年 8 月,任广慈医院院长。1961 年,上海第二医学院将医疗系一部设在广慈医院,任第二系主任。1967—1977 年,任上海市卫生局革命委员会主任。1973 年,任上海市卫生局党委书记。2000 年,被评为卫生系统优秀共产党员。

第二章　人物简介

朱大成(1918—),浙江宁波人。临床诊断学教授、主任医师、一等3级专家、瑞金医院终身教授,中国民主同盟盟员。曾任瑞金医院放射科主任,上海第二医科大学放射学教研室主任、中华医学会上海放射分会主任委员,中华医学会放射学会委员、中华医学会放射学会儿科放射学组顾问,美国辛辛那提大学医学院放射系荣誉成员,法国放射学会名誉会员,比利时皇家医学院外籍院士。

1941年,毕业于上海震旦大学医学院。早年做过外科医生。1947年,赴美国辛辛那提大学医学院留学。1949年,获美国多默研究院硕士学位,从事肿瘤和病理研究。1950年初回国。1952年起,主持广慈医院放射科工作。1955年,任放射科主任,并参与院务管理委员会工作。1984年,被评为一等3级专家。1998年,受聘成为瑞金医院第一批终身教授。

在国内较早地开展儿童胸部及腹部的X线诊断、婴儿坏死性小肠结肠炎的X线诊断。致力于临床肿瘤X线诊断学的研究、脾浸液的治疗、皮肤基底细胞癌的临床研究等,取得一系列发明创造,如纵隔充气造影术、腹主动脉造影术等。20世纪50年代,与佘亚雄应用空气灌肠法诊治儿童肠套叠。在国内首先进行女性生殖器盆腔气腹造影的X线研究,发现人类左右卵巢功能呈交替性。

1955年,主译《小儿放射学》,为国内第一部儿科放射学专著。1992年,主编《汉法医学大辞典》,享受国务院政府特殊津贴。

崔林森(1919—),山东莱芜人。1954—1956年任广慈医院党支部书记,中国共产党党员。曾任抗日小学教师兼党支部书记,山东泰安专区供销合作总社总支书记,党组组员,干部科长,安徽东方红医院(后方瑞金医院)党总支书记、革委会主任。

长期从事党务管理工作,承担组织和纪检工作。1954年7月—1956年6月,任广慈医院党支部书记,是医院结束军代表制度后的第一任党支部书记,完成领导体制平稳过渡。1956年3月—1961年5月,任广慈医院党总支副书记(分管组织工作)、人事科科长。1960年8月—1967年1月,任广慈医院(东方红医院)分党委副书记(分管组织工作)。"文化大革命"期间,负责安徽后方医院的党务建设。1971年5月,任安徽东方红医院党支部书记。同年6月成立安徽东方红医院革命委员会,任主任委员。1973年4月,安徽瑞金医院党支部改组为党总支,任党总支书记。1978年,后方瑞金医院撤销革命委员会,仍任党总支书记。1979年8月—1984年3月,回到上海,任瑞金医院党的纪律检查小组(医院纪委前身)组长。1984年3月,成立瑞金医院纪委,任负责人。1980年5月—1984年6月,任瑞金医院党委副书记。

龚兰生(1923—),福建福州人。内科学教授、主任医师、瑞金医院终身教授。曾任瑞金医院内科主任、内科教研室主任,上海市高血压研究所所长,中华医学会上海分会内科分会主任委员、上海医学会常务理事、上海医学会心血管病学会主任委员,中华医学会心血管病委员会常务委员会委员、中国高血压联盟副主席、《中国高血压防治指南》起草修订委员会副主任委员,法国心脏病学会委员、法国巴黎第五大学外籍教授、法国大学委员会外籍教授、德国高血压研究所国际顾问团成员,《国外医学杂志·心血管病》和《上海医学》主编。

1948年,毕业于上海震旦大学医学院,获医学博士学位,进入广慈医院内科工作。1951年,参加上海市第二批抗美援朝医疗队。1956年,与陶清共同负责广慈医院内科心血管专业组。1984—1997年,任瑞金医院内科主任。1984—1991年,任上海市高血压研究所所长。

1959年,开展右心导管检查。1967年,研制体外心脏除颤器。1978年,为中国首例心脏移植作心功能检测。20世纪80年代,在国内率先开展脉搏波传导速度的临床检查和24小时动态血压研究。1986年,承担国家"七五"攻关项目"冠心病无创伤性诊断新技术的应用及其冠状动脉选择性造影对比研究"。1992—1995年,作为大规模临床试验科研项目(STONE试验)负责人,在国内外首次报道钙拮抗剂能够显著降低脑卒中的发病率,引起巨大反响。

指导博士生、硕士生30多名,在内科心血管各个领域发表200余篇论文,专著7本,获国家科技进步奖、卫生部科技成果等奖项7项。1991年,享受国务院政府特殊津贴。2009年,获中国高血压终身成就奖。

孔庆寿(1924—),山东乳山人。1978—1984年任瑞金医院党委书记,中国共产党党员。曾任济南军管会办公室、华东研究院秘书,华东物资处理委员会工矿部接收工作队副队长,华东局宣传部干部处科长,上海市肃反第三专门小组联络组组长,上海市委宣传部科长、副处长、处长。

1978年9月—1984年6月,任瑞金医院党委书记,是"文化大革命"结束后医院选举产生的第一位党委书记。他主持进行"拨乱反正,落实政策"工作,对于"文化大革命"中的冤、假、错案和"文化大革命"前的历史老案以及错划的右派,分别进行了平反、复查和改正工作。为在"文化大革命"中受到迫害和冲击的知识分子恢复名誉、落实政策,查找归还在"文化大革命"中被抄家、没收和失散的财物等。恢复和提升业务技术职称,大大调动干部和知识分子的积极性。召开统战对象座谈会,对年老体弱的统战对象,多次进行家访,从思想上、生活上关心体贴他们。经过这一系列措施,医院职工心情舒畅,各项工作逐渐走上正轨。

王德芬(1924—),女,浙江鄞县人。儿科学教授、主任医师、瑞金医院终身教授。曾任瑞金医院儿科学教研室副主任,上海市性教育研究会理事、上海市计划生育优生优育学会理事、青春期医学学组高级顾问,中华医学会儿科遗传内分泌学组委员,澳大利亚儿科内分泌协会会员,美国Lawson Wilkins儿科内分泌学会荣誉会员。

1950年,毕业于上海震旦大学医学院,获博士学位,进入广慈医院儿内科工作。擅长儿科内分

泌及遗传代谢病的诊治，致力于儿童生长障碍、性发育异常、内分泌遗传代谢病的研究。20 世纪 80 年代，开展中国儿童青少年青春发育性生理研究，建立并完善系列儿童性发育、性成熟的多项指标参数及简易实验检测技术，填补国内青春医学空白。20 世纪 90 年代，在国内率先引进基因PCR 检测技术、开展基因诊断，报道国内首例生长激素基因缺失家族性重型侏儒症，相继进行多种遗传代谢病及内分泌疾病的分子遗传学研究，建立儿科基因诊断实验室。1997 年，组建国内第一个青少年儿童生长发育中心。进入 21 世纪，在国内首先倡导组建多学科参与的"性发育异常门诊"。

在国内外刊物发表学术论文 150 余篇，主编儿科内分泌专著 3 部：《现代儿科内分泌学》《生长激素与生长激素治疗》《儿童性早熟》。儿童生长障碍及性发育异常方面研究成果曾获省部级以上科技进步二、三等奖 7 次，获中国医师协会"青春期医学终身成就奖"。1993 年，享受国务院政府特殊津贴。

王振义（1924—），江苏兴化人。内科学家、医学教育家、内科学教授、主任医师、中国工程院院士、瑞金医院终身教授，无党派人士。曾任上海血液学研究所所长、名誉所长，上海第二医科大学病理生理教研室主任、上海第二医学院基础部主任、上海第二医科大学校长，中华血液学会副主任委员，法国科学院外籍院士。2010 年，获国家最高科技奖。

1948 年，毕业于上海震旦大学医学院，获医学博士学位。毕业后至广慈医院内科工作。1949 年，到嘉兴为解放军服务，治疗血吸虫病。1951 年，参加抗美援朝医疗队。1952 年，担任内科血液病专业组负责人。1954 年起，从事血栓和止血机制研究，建立中国血栓与止血临床应用研究体系。在国内首先建立血友病的诊断方法，发现了轻型血友病。先后提纯vWF 抗原、β 血小板球蛋白、蛋白 S、凝血酶敏感蛋白，并制成抗血清，应用于临床。还阐明蒲黄防治家兔食饵性动脉粥样硬化的机制。1979 年，瑞金医院内科血液组与儿内科合作，正式成立血液病研究室，任主任。

1980 年，开始从事白血病的诱导分化疗法的研究。1984 年，任上海第二医学院院长，实行校长负责制，加强对学校的科学化管理。1986 年，在国际上首创用全反式维甲酸诱导分化治疗急性早幼粒细胞性白血病，获得很高的缓解率，为恶性肿瘤在不损伤正常细胞的情况下，可以通过诱导分化疗法取得效果这一新的理论，提供成功的范例。1987 年，联合上海第二医科大学各附属医院，包括瑞金、仁济、新华、九院的血液科和基础医学院病理生理教研室共同成立上海血液学研究所，任所长。1988 年，在 *Blood* 杂志上发表的关于全反式维甲酸临床应用论文，引起国际血液界强烈震动，并由此掀起诱导分化研究的新高潮。美国《20 世纪具有标志性血液学论文》一书，收录该论文为全球百年 86 篇最具有影响的代表论文之一。截至 2010 年 5 月被广泛他引达1 713 次。

重视医学教育，先后担任过内科学基础、普通内科学、血液学、病理生理、法语等教学工作。1952 年，担任上海第二医学院联合内科教研组教学干事。1955 年，担任上海第二医学院医疗系一部教育干事。1963 年起，与董德长、龚兰生、唐振铎等，坚持每周一次在内科教研室主讲英文文摘。2001 年开始，每周四在血液科病房试行"开卷考试"，通过教学查房形式进行疑难病例讨论，结合最新文献介绍该病的最新诊治方法和理论进展。先后培养博士 21 人,硕士 34 人,其中 2 人(陈竺、陈国强)成为中国科学院院士,1 人(陈赛娟)成为中国工程院院士。每年向上海市慈善基金会捐款,对经济困难的病人慷慨解囊。同时不遗余力资助医学科研领域,1994 年,设立"白血病诱导分化疗法基金"(后改为"肿瘤治疗研究基金")。

发表论文 320 余篇,主编专著 5 本,包括医学类专业用统一教材《临床医学概要》和获国家出版一等奖的《肿瘤的诱导分化和凋亡疗法》。获国家科技进步奖二等奖、国家科技进步三等奖、国家自然科学二等奖、国家自然科学奖三等奖、国家教委科技进步二等奖、国家卫生部科技乙等奖、上海市科技进步二等奖等国家和省部级各类科技奖共 23 项。在国内获何梁何利基金科学与技术进步奖(1994 年)、求是基金会杰出科学家奖(1996 年)、国家最高科技奖(2010 年)。在国际上先后获得美国凯特琳奖、瑞士布鲁巴赫肿瘤研究奖、法国祺诺台尔杜加科学奖、美国圣捷尔吉癌症研究创新成就奖等国际肿瘤研究大奖。

1991 年,享受国务院政府特殊津贴。1992 年,被选为法国科学院外籍院士。1993 年,获法国荣誉骑士勋章。1994 年,当选为中国工程院首批院士。2001 年,美国哥伦比亚大学授予其荣誉科学博士学位。

金毓翠(1925—),女,浙江杭州人。妇产科学教授、主任医师、瑞金医院终身教授,中国共产党党员。曾任瑞金医院妇产科副主任、妇产科教研室主任、上海第二医学院计划生育第二研究室主任,《国外医学·计划生育》常务编委。

1950 年,毕业于上海同德医学院。1959 年,毕业于上海中医学院研究班。先后在上海宏仁医院、新华医院妇产科工作,1963 年,调至广慈医院妇产科。长期从事妇产科医教研工作,特别对计划生育领域的临床与科研工作颇有造诣。

从 20 世纪 70 年代开始,从事提高中药天花粉抗孕安全性、扩大临床应用范围与作用机制研究,获得较高评价。相关研究三次获得国家计划生育委员会科技进步三等奖(1986—1996 年)、全国医药卫生科技成果展览会金杯奖(1990 年)、上海市科技进步三等奖(1995 年),在全国推广应用。1981 年,完成"正常妇女月经周期七种女性激素的变化"等一系列 WHO 科研项目,建立一整套女性激素放射免疫测定方法。1982 年后,设计研制含吲哚美辛的宫内节育器,解决置宫内节育器后月经过多的难题。同时还从事绝经前后妇女健康及雌激素补充疗法和阴道杀精避孕药具的研究,如鱼肝油酸和壬苯醇醚栓剂与海绵塞的研究、皮下埋植避孕与前列腺素抗早孕研究等,取得一定科研成果。

先后获得国家级与部市科技进步奖 14 项。发表论文 70 余篇,其中 10 篇获优秀论文奖,参编著作两部。1989 年,获上海市三八红旗手。1991 年和 1995 年,两次被评为上海市计划生育先进工作者。1992 年,享受国务院政府特殊津贴。

陈家伦(1926—),江苏镇江人。内科学教授、主任医师,中华医学会内分泌学会第 2 届、第 3 届主任委员(1985—1993 年)、瑞金医院终身教授。曾任瑞金医院内分泌科主任、上海市内分泌研究所所长,国家教委学位评审委员会中西医结合学科评议组成员,卫生部科技进步奖评审委员会委员,卫生部新药评审委员会委员及内分泌、风湿病药物分委员会主任,卫生部中国药典委员会委员

及临床药理、临床医学组组长,《中华内分泌代谢杂志》总编辑,国际内分泌学会中央委员会中国代表,亚洲大洋洲甲状腺学会副主席。

1950年,毕业于上海震旦大学医学院,获医学博士学位,进入上海广慈医院内科工作。解放初期,应用小剂量促肾上腺皮质激素治疗血吸虫病高热。1957年,与邝安堃一起诊断国内第一例原发性醛固酮增多症。1978年,协助创建上海市内分泌研究所,1984年任所长。在其领导下,上海瑞金医院内分泌代谢病学科两次被评为国家教委、上海市教委重点学科,卫生部内分泌代谢病重点实验室,"211"工程立项重点学科,上海市内分泌代谢病临床医学中心。由其任总编辑的《中华内分泌代谢杂志》为国内中华系列内分泌高级期刊。

参与获得国家自然科学二等奖,获得卫生部科技成果甲等奖、中华医学会优秀期刊主编奖、上海市育才奖等。1991年,享受国务院政府特殊津贴。2009年,获中华医学会内分泌学分会终身成就奖和中华医学会糖尿病学分会终身成就奖。

张圣道(1926—),湖北武汉人。外科学教授、主任医师、瑞金医院终身教授。曾任瑞金医院普外科主任、外科护理学教研室主任、上海消化外科研究所名誉所长,中华医学会外科学会胰腺外科学组组长、中华医学会外科学会胆道外科学组副组长。

1953年,毕业于上海第二医学院,毕业后留广慈医院外科工作。20世纪80年代,建立以化学成分及剖面结构为基础的胆石分类方法、发现新的成核因子转铁蛋白、开展胆固醇代谢异常的分子生物学机制研究、建立长期的胆结石预测基地,将各阶段的研究成果成功地应用于胆石症易感人群的预测。1974年开始,建立一整套重症胰腺炎治疗方案,生存率由10%上升到85%。1990年,在全国最早倡导"重症急性胰腺炎个体化治疗方案",建立重症急性胰腺炎病情演变三阶段的学说。1991—2006年,先后拟定全国重症急性胰腺炎"诊断分级标准""治疗原则"和"诊治指南",经中华医学会外科分会胰腺外科学组大会讨论通过,向全国推广。担任中华医学会胰腺外科学组组长期间,组织讲学团到全国宣传普及治疗方案,提高全国诊治重症急性胰腺炎水平。2005年,对重症急性胰腺炎的不同亚型展开研究,提出暴发性急性胰腺炎诊断标准和治疗原则。

撰写论文300余篇,主编及副主编专著9本。多次被评为全国卫生和教育系统先进工作者、先进教师和优秀科技工作者,先后获得国家级、部级、教委和上海市多次科技进步奖。1992年,享受国务院政府特殊津贴。

刘国掾(1928—),北京市人。外科主任医师。1960年获得全国先进工作者称号。曾任上海第二医科大学高护系系主任。

1946—1952年,先后就读于北京大学医学院、北京燕京大学、上海医学院,毕业后进入上海中山医院外科工作。1959年,上海第一医学院副博士毕业,调入上海市第六人民医院外科工作。1962年,调入广慈医院,从事灼伤和外科工作。1985年,成立上海第二医学院高护系,主持工作。

1958年，从事创伤细胞因子方面研究，探索中西医结合治疗慢性溃疡和烫伤。采用针灸促进创面网状内皮系统活性，取得显著疗效的占70%。1959年，成功通过心理辅导疗法治疗一名神经性呕吐病人。1975年，对异体皮、异种皮混合移植及排斥规律进行观察，探索中草药鞣质毒性研究和创面脓毒症研究。

参编《烧伤治疗》。1960年，被评为上海市先进工作者和全国先进工作者，出席全国教育和文化、卫生、体育、新闻方面社会主义建设先进单位和先进工作者代表大会。

吴裕炘(1930—)，上海市人。内科学教授、主任医师、瑞金医院终身教授，中国共产党党员。曾任瑞金医院内科副主任、消化科主任、瑞金医院内科实验室主任，上海市肝病学会会员。

1958年，毕业于上海第二医学院医疗系后进入广慈医院内科内分泌组工作。1968年，转入消化内科组工作。1985年，作为访问学者，赴法国巴黎巴斯德研究院合作研究课题工作一年。次年回国后，任内科实验室主任。1990年，担任消化内科主任。

1963年，在邝安堃指导下开展实验动物机体平衡模型制备研究，用现代科学指标证实中草药中“助阳药物”在阳虚动物模型中的确定疗效。1978年，起开展针刺足三里对血清胃泌素调控的研究。自20世纪80年代，致力于抗人胃癌单克隆抗体的制备及免疫学特性考核研究、RWS4系列抗人胃癌单克隆抗体的制备、核素标记物及羟基喜树碱偶合物体内定位诊断及抗肿瘤的导向研究。带领研究小组研发的“免疫1号”和“免疫2号”制剂在当时的风湿病如自身免疫性肝病等疾病中都获得良好疗效。1992年，沪港合资上海广慈医院(2004年改名为上海广慈纪念医院)成立，任医疗主任，承担众多重症疑难疾病诊治工作，赢得好评和声誉。

发表论文80余篇。承担国家“六五”攻关课题“胃癌早期诊断及高危人群普查研究”的负责人，获卫生部科技进步奖。1992年，享受国务院政府特殊津贴。

朱承谟(1930—)，江苏江阴人。临床诊断学教授、主任医师、瑞金医院终身教授，中国农工民主党党员。曾任瑞金医院核医学科主任、上海第二医学院核医学教研室主任，卫生部和上海市药品评审委员会委员、中华医学会核医学分会副主任委员，《中华核医学杂志》副总编辑、《标记免疫分析和临床》副主编。

1954年，毕业于上海第二医学院医疗系。1960年，参与创建放射医学专业，负责同位素亚专业并成立同位素实验室。长期从事核医学医疗、教学、科研工作。20世纪70年代，在国内首创甲胎蛋白放免分析方法、研制成功γ相机获国家科委医学成果表彰奖。20世纪80年代，建立癌胚抗原放免分析方法，对开展肝癌和结肠癌的早期特异性诊断具有重要意义。1983年起，先后承担国家和上海市重大课题四项，包括核心脏病学、癌胚抗原基础研究、核医学计算机应用和核仪器等攻关和重大项目的研究。专长于核医学SPECT和PET显像的诊断和核素内照射治疗甲状腺功能亢进症、甲状腺癌和转移性骨疼痛等。

获得国家科技进步三等奖和上海市科技进步二等奖等各种奖项共13项。1992年，享受国务院政府特殊津贴。2001年,被评为瑞金医院终身教授。发表论文200余篇,主编专著4部,参编专著10部。曾获瑞金医院第二届"纪辉娇"奖一等奖、上海第二医科大学柯达教学奖及上海第二医科大学"红烛奖"。指导硕士研究生8人、博士研究生9人。

赵光胜(1931—),浙江绍兴人。内科学教授、主任医师、瑞金医院终身教授,中国共产党党员。曾任上海市高血压研究所所长,国际心脏学会中国分会推行委员。

1953年,毕业于上海第一医学院,到广慈医院内科攻读副博士。1958年,参与创建上海市高血压研究所。20世纪60年代,提出高血压"肾—神经轴平衡失调"发病假设和"降压、纠正机体平衡失调和巩固疗效三者同时兼顾"控制高血压理念。20世纪70年代,在国内率先开展"肾素—血管紧张素系统与高血压关系"研究;多次主持大规模人群血压调查,总结中国人高血压发生发展规律。开展全国性盐与高血压关系研究,提出降低钠的摄入、增加钾的摄入是中国一级预防高血压和卒中的重要防治举措;提供中国人营养素实测数据,首次把营养素引入高血压发病机理和防治领域,开创具有中国特色的"高血压营养病因学";开展"高血压、卒中家族遗传性生化缺陷和细胞膜离子转运"研究,为早期预报、预防高血压开创先河;开展"高血压的苯丙氨酸新发病机制和新防治方法"系列创新性研究,从源头上找到防治高血压的突破口。1986年,承担国家"七五"攻关项目"营养成分与高血压脑卒中关系研究""少年儿童高血压易病人的识别与一级预防"。

发表论著150余篇,主编高血压专著5部。获各类科技成果奖15项。1992年,享受国务院政府特殊津贴。2009年,获中国高血压终身成就奖。

陈淑瑾(1932—),女,福建厦门人。1984—1995年任瑞金医院党委书记,中国共产党党员。

1959年,毕业于上海第二医学院医疗系,到广慈医院工作。任职党委书记期间,重视医院党组织政治思想、组织制度的建设,建立健全院党政领导学习制度、民主生活会制度、党委书记和院长联席会议制度,制定领导班子廉洁自律条例。加强基层党支部建设,制定《党支部工作条例》,明确党支部在科室工作中的保障监督作用,完善支部书记联席会议和支部书记培训制度,充分发挥党支部的战斗堡垒作用。1990年,完善党员组织生活制度,开设业余党校,任校长。提高党员的政治理论水平,增强党性修养,进一步发挥党员先锋模范作用。

有效加强党管干部的工作,规范干部选拔、考核、培养制度,选拔一批优秀中青年骨干充实各级领导班子,为医院发展提供有力人才保障。重视医院工、青、妇群众组织建设,1985年,医院妇女工作委员会成立,任主任。建立党委和群众团体负责人联席会议制度,为交流沟通构筑有效平台。重视党的统战工作,认真做好党的知识分子政策和民主党派工作,健全各民主党派组织,建立民主党派负责人和专家教授代表联席会议制度。

1984年,把建设文明单位列入议程。坚持抓好医院的精神文明建设,成立医院精神文明委员会及思想政治工作研究会,大力提倡文明病区、文明窗口、文明行医,深化医院的文明建设。1992年,医院精神文明建设委员会成立,任主任。1985年至1995年,医院5次荣获全国卫生系统文明建设先进单位的称号，5 次荣获上海市文明单位。1994 年，荣获上海市精神文明建设活动优秀组织者称号。

胡庆澧（1932—），浙江嘉兴人。儿科学教授、主任医师、瑞金医院终身教授，中国共产党党员。曾任瑞金医院儿科主任、瑞金医院伦理委员会主任，上海第二医科大学校长顾问，国家人类基因组南方研究中心伦理法律与社会研究部顾问组组长、上海交通大学医学院生物医学伦理研究中心副主任、复旦大学生命科学学院伦理委员会副主任、上海市关心下一代研究中心主任、上海市卫生改革与发展咨询委员会委员，卫生部国际卫生专家咨询委员会委员，世界卫生组织（WHO）副总干事、WHO 高级人权委员会主席、WHO 全球规划委员会主席、伦理和卫生指导组组长。

1956 年，毕业于上海医学院医疗系，到广慈医院儿科工作。1962 年，作为儿科重点师资培养对象，师从著名儿科专家高镜朗及儿科中医朱星江。1966—1967 年，至英国伦敦大学血液病研究所学习。1967 年回国后，下乡参加血吸虫病防治工作，后至皖南筹建后方医院。1971 年，担任医院业务组副组长，分管医疗工作。“文化大革命”结束后，参与重建儿科实验室和设置小儿血液病研究床位及门诊。

1978—1998 年，在 WHO 工作期间，维护我国的国际形象，促进我国卫生领域与国际的合作交流。1992 年，代表世界卫生组织与联合国儿童基金会负责人 James Grand 共同发起全球爱婴医院活动，并制订 10 项评定标准。1999 年 10 月，离开 WHO 回到上海后，被聘为瑞金医院伦理委员会主任。在“中国关心下一代”委员会的领导下，筹备“上海关心下一代”专家委员会，并由卫生部推荐作为该专家委员会的主任委员。1999 年起，连续 5 年被选为联合国开发计划署/联合国人口基金会/世界卫生组织/世界银行人类生殖培训和研究专门规划，政策协调委员会主任委员。2005 年 3 月起，被邀请为联合国儿童基金会/联合国开发计划署/世界卫生组织/世界银行热带病研究和培训专门规划院外评审团成员。被聘为上海医科大学及美国耶鲁大学流行病和国际卫生客座教授。

发表 100 余篇儿科及公共卫生方面的文章及专题报告，被评为上海市先进医务工作者及先进教育工作者。

陶祥龄（1932—），女，浙江海盐人。护理学教授、主任护师、瑞金医院终身教授。曾任瑞金医院护理部主任、瑞金医院感染委员会顾问，上海高级护理培训中心主任、上海市护理学会学术专家委员会副主任、上海市医院感染质控中心专家委员、上海市质量体系审核中心技术专家，《上海护理杂志》副主编，是中国烧伤护理学科创始人之一。

1950 年，毕业于上海震旦大学附属广慈医院高级护士学校，进入广慈医院手术室工作。1958 年，参与抢救严重烧伤病人邱财康。1962 年，主持制订第一版《烧伤护理常规》。1963 年，出版《严重灼伤的护理》，奠定我国灼伤护理的基础。同年成立广慈医院灼伤科，任护士长。1984 年，任瑞金医院护理部主任。1993 年，创办上海高级护理培训中心。2001 年，被授予国内首位护理专业终身教授。

先后撰写发表论文40余篇，著作4部，其中《无翅天使》等电视教育片获上海市教育频道观摩奖，《烧伤护理进展》获中华护理学会首届优秀论文一等奖，《烧伤护理》专著及中英文版教育片获中国首届护理科技进步二等奖，《基础护理学》获国家卫生部科技突出贡献三等奖.并荣获上海市三八红旗手等4项市级荣誉称号和上海第二医科大学高尚医德奖、教育先进工作者等14项荣誉称号。

邓伟吾（1935—），广东花县人。内科学教授、主任医师、瑞金医院终身教授，中国共产党党员。曾任瑞金医院肺科主任，瑞金医院感染性疾病和呼吸性疾病研究所所长，上海医学会肺科学会主任委员、中国防痨协会上海分会副理事长，中华医学会呼吸系病分会副主任委员、中国防痨协会理事，世界卫生组织哮喘全球防治项目（GINA）顾问。

1958年，毕业于上海第一医学院。长期从事呼吸系疾病和结核病的临床、教学和科研工作，擅长肺疑难疾病的鉴别诊断。1960年，从事结核菌检测工作。1984年，任瑞金医院肺科主任，创建呼吸重症监护室、氧疗康复中心和睡眠实验室。1987年，肺炎链球菌分型研究获上海市科技进步奖三等奖。1998年，“危重型哮喘时血CO_2适度增高性通气治疗和呼吸动力监测研究”获上海市科技进步三等奖。2003年，任上海市SARS专家组副组长，“阻塞性和中枢性睡眠呼吸障碍基础和临床研究及流行病学调查”获上海医学科技奖二等奖和上海市科技进步二等奖。2004年，成立瑞金医院感染性疾病和呼吸性疾病研究所，任所长。

发表学术论文200余篇。主编《肺部变应性疾病》《实用临床呼吸病学》《呼吸疾病诊断学》。1987年，获“上海市劳动模范”称号。1988年，被国务院授予“全国优秀归侨侨眷知识分子”称号。1992年，享受国务院政府特殊津贴。2003年，获“全国卫生系统抗击非典先进个人”。

戚文航（1937—），江苏武进人。内科学教授、主任医师、瑞金医院终身教授，中国共产党党员。曾任瑞金医院副院长、瑞金临床医学院副院长、内科副主任、心脏内科主任，上海市医学会心血管病学会主任委员、上海市医学会内科学会主任委员，中华医学会心血管病学会副主任委员、中华医学会心电生理起搏学会副主任委员、卫生部心血管疾病防治研究领导小组成员、国家自然科学基金委员会学科评审委员、中华医学会全国临床药物评价专家委员会委员，美国纽约科学院院士、联邦德国Würzburg大学客座教授。

1960年，毕业于上海第二医学院。1979—1982年，赴美国Krannert心血管病研究所留学，获银质奖杯。20世纪70年代，国内首先报道“尖端扭转性室速”。1977年，针对尖端扭转性室速的复极异常机制，最早应用异丙肾上腺素抢救并获得成功。1985年，在国内最早报道“T波电张性调整”“持续性心房静止”“经室间隔束支内隐匿传导”等电生理现象，并提出新理论“抗心律失常药物的使用依赖性及其临床意义——调节受体假设的应用”。1988年，在国内首先报道触发活动性心律失常“短联律间距多形室速”，并应用异搏定抢救成功。

发表论著170篇，在国外杂志及国际学术会议上发表6篇。主编及副主编专业书籍共6本，其中《现代心脏病学》获第9届中国图书奖。获卫生部甲级科研成果奖和上海市科技进步奖。1994年，享受国务院政府特殊津贴。2006年，获中国心电学会授予的“中国心电学终身成就奖”。

王鸿利(1937—)，山东莱阳人。内科学教授、主任医师、瑞金医院终身教授，中国共产党党员。曾任瑞金医院副院长、检验科主任、瑞金临床医学院副院长、检验系主任、上海血液学研究所副所长、血栓与止血研究室主任、上海市医学检验重点实验室主任，上海市医学会血液学、检验学分会副主任委员，中华医学会检验教育分会主任委员、中华医学会检验分会常务委员会委员、血栓与止血委员会主任、卫生部医学检验专业教材编审委员会主任委员等。

1963年，毕业于上海第二医学院，任广慈医院内科医生。1973年，调至检验科。1982年，任检验科主任。1987年，参与上海血液学研究所创办，任副所长。20世纪70年代起，开展血栓与止血检测项目40项，提出“实验优化组合应用”和“在实验监测下个体化用药”的理念。20世纪80年代，提出血友病A/B病人出血和手术补充治疗实验室依据。20世纪90年代后，开展基因诊断，提出“临床诊断—家系调查—表型检测—基因分析—功能研究”完整诊断体系。21世纪以来，开展血友病携带者和产前基因诊断，启动血友病A的基因治疗研究。2000年，提出“手术前须测PLT、APTT和PT”，被卫生部采纳在全国推广实施。

发表论文600余篇(SCI 50篇)，获国家科技进步二等奖2项、三等奖1项，省、部级一等奖2项、二等奖10项。主编(含副主编)专著和教材60余部，教学成果获国家二等奖和上海市一等奖各2项。1992年，享受国务院政府特殊津贴。1997年获上海市育才奖。1998年，获全国优秀教师。2006年，获上海市和上海交通大学教学名师。2008年，获中华医学会检验分会特殊贡献奖。

夏翔(1938—)，上海市人。中医学教授、主任医师、专业技术二级岗位，中国共产党党员。曾任瑞金医院中医科主任，上海第二医科大学高评会委员、中医学科组组长、上海市中医药学会副会长、上海市中医药学会内科分会主任委员、上海市中医药学会老年病分会主任委员、上海市教委高评委中医学科组组长、上海市卫生局高评会委员、中医学科组组长，中国中医药学会理事、中国中医药学会内科分会副主任委员、中国中医药学会老年病分会副主任委员、国家自然科学基金会评审委员。1995年获“上海市名中医”称号。

1962年，毕业于上海中医学院，进入上海第九人民医院工作。1984年8月，调任瑞金医院中医科主任，临床专业特长为中医内科、心、脑血管病、消化、呼吸系统等疾病，擅长治疗老年病和中医内科疑难杂症。主持局级以上科研课题10余项，其中“指脉仪在中医诊断学上的应用”获上海市中医药科技进步二等奖，“回春饮治疗老年期痴呆临床及实验研究”获上海市中医药科技进步三等奖，“百岁方治疗老年血管性痴呆的临床及观察研究”获上海医学科技进步三等奖等。2004年，经上海市卫生局批准组建“上海市夏翔名老中医工作室”。

发表论文50余篇。主编、副主编医学著作10余部。1996年，享受国务院政府特殊津贴。1997年，被评为“全国老中医药专家学术经验继承班”指导老师。

李宏为(1939—)，江苏吴县人。外科学教授、主任医师、瑞金医院终身教授，1989—2009年任瑞金医院院长，中国共产党党员。曾任瑞金医院外科主任、瑞金医院临床医学院院长、上海消化外科研究所所长，中华医学会上海分会外科学会主任委员、普外科学会主任委员、中华医学会上海医院管理学会副主任委员，中华医学会理事、中华医学会外科分会副主任委员、中华医学会外科分会门静脉高压症学组副组长，中国医师协会外科分会副会长，欧洲艺术、科学和人文学院院士，法国外科学会名誉会员，法国外科学院海外通信院士，美国外科学院院士(FACS)，香港外科学院荣誉院士，《外科理论与实践杂志》常务副主编。第8届、第9届中国人民政治协商会议全国委员会委员。

1961年，毕业于上海第二医学院，进入广慈医院外科工作。长期主持和承担上海市大脏器移植攻关项目，提出个体化合适口径分流术治疗门静脉高压症。1984年，以访问学者身份赴美国旧金山总医院外科学习，1984—1986年，在法国里昂Edward - Erriort医院和马赛Timone医院任外籍主治医师。2002年，完成全国首例劈离式肝移植。2004年，完成国内首例肝肠器官簇移植和亚洲首例全腹腔脏器移植。2007年，完成上海市首例“两供一受”活体肝移植。

近半个世纪的从医生涯，其中的20年又是一院之长，对医院建设做出了重要贡献，使医院获得了飞速发展和进步。他和医院领导班子共同传承百年文化，铸就医院的核心价值“广博慈爱，追求卓越”，提出“数字化医院，人性化服务，科教创新，生态院容”的医院愿景，并使其根植于瑞金人的心中。1999年，在全国医院系统率先推动医院集团化改革。曾被评为首届上海市医院优秀院长，全国优秀院长，上海市全心全意依靠职工办企事业十佳厂长(经理)，2008—2009年度中国最具领导力的中国医院院长终身成就奖。

发表论文100余篇，参加10多部专著的编写，获国家科技进步二、三等奖，教育部科技进步二等奖，上海市科技进步一、二等奖，上海市临床医学成果三等奖，等。1992年，享受国务院政府特殊津贴。1998年，获法国荣誉骑士勋章。2005年，获美国旧金山市荣誉市民。2010年，当选欧洲艺术、科学和人文学院院士。

杨庆铭(1939—)，上海市人。外科学教授、主任医师、瑞金医院终身教授，中国共产党党员。曾任瑞金医院骨科主任、上海市伤骨科研究所所长、上海市科委中西医结合防治骨关节病损重点实验室主任，上海市骨科学会主任委员、上海市骨科临床质控中心主任，中华医学会骨科学分会副主任委员、中华医学会关节外科学组副组长、中华医学会创伤学会副主任委员，《中华骨科杂志》副主编等职。

1963年，毕业于上海第二医科大学医疗系，到广慈医院骨科工作。1976年7月28日，唐山大地震后，任抢险队副队长赴地震灾区救援。1982—1985年，赴美国、中国香港等国家和地区学习进修。1993年，任瑞金医院骨科主任。1995年，任上海市伤骨科研究所所长。2002年，任上海市医疗质量管理专家咨询委员会主任。2003年，上海市骨科临床质控中心挂靠瑞金医院，任中心主任。

长期从事骨与关节损伤疾病的研究，积极推动关节外科技术的进步和发展，使瑞金医院关节外科成为第二批上海市高教局重点学科。在人工骨的研究中为临床病人大块植骨问题找到了解决方法,填补国内空白。先后承担"关节软骨细胞的冷冻保存及其细胞生物学研究"和"早期股骨头缺血性坏死的核素动态显象研究"等多项课题。1989年,因"人工关节金属材料工艺设计综合研究和应用"获中科院上海分院科技进步一等奖,2001年因参与"血友病的基础与临床研究"项目获上海市科技进步二等奖。

主编、编译与参编《人工关节外科学》《人工全髋关节置换术》等著作11部。先后在国内外核心期刊上发表论文130余篇。1992年,享受国务院政府特殊津贴。

朱鼎良(1943—),上海市人。内科学教授、主任医师、专业技术二级岗位、瑞金医院终身教授,中国共产党党员。曾任上海市高血压研究所所长、瑞金医院高血压科主任、医学基因组学国家重点实验室副主任、上海市血管生物学重点实验室主任,中华医学会心血管病学会高血压学组副组长、中国医师协会高血压专家委员会副主委、中国高血压联盟副主席等职,任《中华高血压杂志》副主编。

1966年,毕业于第二军医大学军医系。1981年,获上海第二医学院硕士学位,师从赵光胜教授。1992年,获法国巴黎第六大学博士学位。1986—1995年,先后在美国北卡罗来纳大学教堂山分校、法国国家健康医学研究所(INSERM)及法国国家科研中心(CNRS)学习和工作。

1996年回国后,先后创建上海市血管生物学重点实验室,开展血管外膜研究;在浙江省景宁县创建高血压人群研究基地;建成中国人高血压遗传资源库,开展高血压基因研究;建立继发性高血压的诊断规范和流程;开展高血压社区防治研究。在所长任期内,瑞金医院高血压学科建成教育部重点学科。

主持包括科技部重大专项、"973"子课题和"863"课题在内的19项国家和部市级课题。发表学术论文230篇,其中SCI杂志收录论著86篇。主编专著6本。获4项科技奖项,其中"高血压基因研究"获2004年中华医学科技进步奖一等奖。

汤耀卿(1944—),浙江海宁人。重症医学教授、主任医师、专业技术二级岗位、瑞金医院终身教授。曾任瑞金医院外科重症监护病房主任、重症医学科主任,上海医学会危重病医学专科委员会副主任委员、上海医学会抗微生物及化疗学会委员,中华医学会外科学分会危重病与抗感染学组副组长、中国病理生理学会危重病医学专业委员会委员。

1966年,毕业于第二军医大学海军医学系,毕业后在海军工程兵任军医。1969年转业,先后从事普内科、心血管内科和危重病医学专业。1991年起,在上海第二医科大学附属瑞金医院任外科重症监护病房主任。2010年,瑞金医院成立全国第一家重症医学科,任主任。

长期从事危重病医学专业,擅长外科危重病救治以及外科感染和多脏器功能障碍综合征的防治。在处理外科疑难危重症中,敢于承担风险,善于把握治疗契机,团结外科重症监护病房医护人员,使历年来的救治成功率均在92%以上,显著低于同等严重度病人预测死亡率。1999年,成功抢救暴发性胰腺炎心跳停止8次病人。在国内首先开展"短时血液滤过阻断全身炎症反应”和“防治多脏器功能障碍”等多项研究。

发表论文88篇。获国家科技进步奖三等奖,教育部科技成果进步奖二等奖,上海市科技进步奖二等奖,上海医学科技奖一等奖,上海市临床成果奖二、三等奖。1993年,被评为上海市劳动模范。

俞卓伟(1945—),浙江鄞县人。内科学教授、主任医师、中国共产党党员。曾任瑞金医院副院长,上海市康复医学会会长、上海市医院协会副会长、上海市老年医学研究所所长、复旦大学老年医学研究中心主任、上海市医学会老年医学专科分会主任委员、上海市康复医学会老年康复专业委员会主任委员、中国老年保健医学研究会副会长、上海复旦大学校友会常务副会长、复旦生物医药医务界同学会会长。中国共产党第十六届、第十七届全国代表大会代表。

1968年,毕业于上海第一医学院临床医学系。分配至贵州省兴仁百卡煤矿任医师。1975—1983年,任贵州省兴仁县卫生局局长、教卫办副主任。1987年6月,调入瑞金医院。1993—1995年,任瑞金医院医务处处长。1995—2005年,任瑞金医院副院长。2005年,调任华东医院院长。2006年起,兼任华东医院党委书记。

长期从事临床危重病医学和医疗管理工作,擅长内科疑难杂症的诊治和急、难重危病人的抢救。被病人誉为“生命的守护神”,被职工称为“孺子牛”。瑞金医院工作期间分管医疗工作,在院长、书记的带领下,依靠全院各行政职能处室和临床医技科室的全力支持,建立一整套比较完善、科学的医疗质量管理制度和运行模式,保证正常的医疗运行秩序。夜以继日抢救大量急难重危的病人和突发事件的伤员,为医院赢得声誉。

曾获得上海市劳动模范(1989年),全国五一劳动奖章(1991年),全国先进工作者(2000年),上海市优秀共产党员(1991、2001年),上海市职业道德十佳标兵(1999年度),第6届全国职工职业道德先进个人、全国优秀医务工作者、中国医院优秀院长,上海市优秀志愿者、上海市教育系统优秀共产党员等荣誉称号。

沈志祥(1946—),浙江绍兴人。内科学教授、主任医师、瑞金医院终身教授。2010年当选中华医学会血液专科委员会主任委员,中国共产党党员。曾任瑞金医院血液科主任、上海血液学研究所副所长、上海市血液内科临床质控中心主任,中华医学会上海血液专科委员会主任委员(2002年)。

1968年,毕业于第二军医大学医疗系。1983年,上海第二医科大学研究生毕业,获硕士学位,到瑞金医院内科工作。1987年和1991年,分别赴美国纽约市立大学西奈山医疗中心和法国巴黎血栓和血管研究所学习。1993年,任瑞金医院血液科主任。1995年,任上海血液学研究所副所长。

以瑞金医院血液科为主体,组织多中心临床研究。20世纪90年代中期,全国首创小剂量预激方案治疗老年、体弱白血病病人,治疗有效率达到50%以上。1993年,提出急性白血病治疗的双诱导方案,将急性髓系细胞白血病治疗缓解率提高至85%。2005年,上海市血液内科临床质控中心成立，任中心主任。

主编《血液肿瘤学》《血液病学研究进展》《恶性淋巴瘤》等专业书籍。在国内外杂志上发表150多篇论文、综述。获上海市科学技术进步奖三等奖（1998年），国家自然科学奖二等奖、上海市临床医疗成果奖三等奖（2001年、2003年），中华医学科技奖二等奖（2002年），教育部二等奖，中华医学科技奖一等奖、上海市医学科技奖一等奖（2004年），上海市科学技术奖一等奖（2006年）。1993年，享受国务院政府特殊津贴。

沈卫峰（1947—），浙江嘉兴人。内科学教授、主任医师、专业技术二级岗位、瑞金医院终身教授，中国共产党党员。任上海交通大学医学院心血管病研究所所长，上海市心脏介入质控中心主任，曾任瑞金医院副院长、心脏内科主任，上海市医学会心血管病学会主任委员兼介入学组组长，中华医学会心血管病分会副主任委员兼冠心病和动脉粥样硬化学组组长、中国医师协会常务委员会委员，法国心脏病协会会员、香港心脏学会荣誉会士、亚太地区介入心脏学会秘书长，《国际心血管病杂志》主编。

1975年，毕业于上海第二医科大学医学系。1981—1985年，在澳大利亚医学院获博士学位。1985年，创建瑞金医院心导管室。1990年，在上海市首次采用非开胸导管球囊扩张术治疗单纯性心脏二尖瓣狭窄。1998年，与上海微创医疗器械有限公司合作，发明国产第一代药物洗脱支架FIREBIRD，该发明获得国家科学技术进步奖二等奖（2007年）。

在国内外杂志发表论文350多篇，主编8本专著，主持多项市科委、市卫生系统重大课题，曾获国家科技进步二等奖，中华医学二等奖，吴阶平医学研究奖，上海市科学技术进步二、三等奖，上海市医学奖，临床医疗成果二等奖。被评为“人事部优秀留学回国人员”和“全国卫生系统模范工作者”。1991年，享受国务院政府特殊津贴。2005年，被中华医学会评为“中国介入心脏病学杰出贡献奖”。

陈赛娟（1951—），女，浙江鄞县人，内科学教授、研究员、中国工程院院士、瑞金医院终身教授，中国共产党党员。任上海血液学研究所所长、医学基因组学国家重点实验室主任、国家转化医学研究中心（上海）主任，中华医学会副会长、中国科协副主席、中国病理生理学会实验血液学专业委员会主任委员、中国青少年科技辅导员协会理事长、中国女科技工作者协会副会长，法国医学科学院外籍院士、英国皇家内科学院院士、发展中国家科学院院士。第10届、第11届全国人民代表大会代表，中国人民政治协商会议第12届全国委员会委员。

1975年，毕业于上海第二医学院医疗系。1981年，获医学硕士学位。1986年1月，赴法国留学。1989年1月，获巴黎第七大学细胞与分子遗传学博士学位，1989年1—7月，于巴黎第七大学附属圣路易医院血液研究所攻读博士后。1989年7月，回国后任瑞金医院上海血液学研究所细胞遗传学实验室主任，致力于白血病发病机理与治疗研究。2003年，当选中国工程院院士。

主要从事肿瘤细胞遗传学和分子遗传学研究。在国际上有多项重大研究成果，对于肿瘤包括多种白血病发病的细胞和分子机制研究方面具有独特的贡献。20 世纪 80 年代，在法学习期间在国际上首先发现伴 Ph1 染色体急性白血病分子遗传学标志，命名为 m－BCR，提出 Alu 顺序同源重组介导的 BCR－ABL 基因重排及染色体易位的工作模型。回国后先后建立双标记 FISH、染色体涂沫、多色 FISH 等先进的分子细胞遗传学技术。

在国内较早地开展对中国人白血病细胞遗传学的系统研究，发现若干新的染色体易位。克隆由于 t(11;17)，t(7;11)、t(11;19)、t(1;11)以及 t(11;12)染色体易位所致的新的致病融合基因。1991 年，发现急性早幼粒细胞白血病（APL）变异型染色体易位 t(11;17)中 11 号染色体受累的 PLZF（早幼粒白血病锌指）基因，是我国第一个发现的人类疾病相关基因，实现疾病新基因克隆的“零”的突破。成功建成 APL 系列转基因小鼠模型，为 APL 的发病机制及分化和/或凋亡治疗分子机制的研究提供理想的动物模型。20 世纪 90 年代末，领导研究团队探讨全反式维甲酸和三氧化二砷联合靶向治疗 APL，取得令人满意的疗效，五年无病生存率达到 90%以上。2008 年，启动白血病基因组解剖学计划，发现一批白血病发病相关突变基因与融合基因，揭示白血病发病的新机制，为临床诊断、预后判断和靶向治疗提供了新的生物分子标志和靶标；建立急性髓性白血病预后相关的分子分型体系，进一步完善和丰富了白血病发病的分子机理，为制定分子靶向治疗策略提供了理论依据。

重视对青年人才的培养和教育。1998—2000 年，担任上海第二医科大学生物教研室主任。领衔的“临床血液学”和参与指导的“医学遗传学”课程被评为国家级精品课程。在血研所建立一支包括 8 名国家自然科学基金委杰出青年基金获得者在内的优秀梯队。2003 年 12 月，入选国家自然科学创新研究群体。截至 2010 年底，指导 39 名硕士生，24 名博士生，其中 1 人获得全国优秀博士论文。2007 年，获上海市育才奖。

在国际高水平期刊发表论文 300 多篇，被引证达 2 万余次。以杰出的成就获得国家自然科学二等奖、国家科技进步奖二等奖、国家教委科技进步一等奖、卫生部科技进步奖一等奖、何梁何利基金科学与技术进步奖、“求是”基金青年科学家奖、上海市科技进步一等奖、上海市自然科学牡丹奖、上海市医学荣誉奖、上海市育才奖等，还荣获全国劳动模范、全国“三八”红旗手、全国十佳女职工、中国十大女杰等国家级荣誉称号。1993 年，享受国务院政府特殊津贴。2010 年，被法国政府授予法兰西国家功绩军官勋章。

李宣海（1951—），浙江东阳人。1995—1997 年任瑞金医院党委书记，中国共产党党员。曾任上海第二医科大学科研（设备）处处长、党委书记，上海市科技工作党委副书记，上海市科委副主任，上海市政府外办党组书记、副主任，上海市教育工作党委书记，上海市教委副主任，上海市教育党校校长，上海市科技教育党委书记，上海市教育卫生工作党委书记，上海市政治协商会议教科文卫体委员会主任，上海医学科研管理协会副主任委员，上海高校科研管理协会常务理事，上海市医药卫生发展基金会理事长，上海杉达学院董事长，中华医学会科研管理学会常务理事、中青年学组主任委员，中国共产党第十七次全国代表大会代表、中国共产党上海市委第 7 届、第 8 届、第 9 届委员。

1978 年，毕业于上海第二医学院医疗系。1986 年，获医学硕士学位。1992 至 1994 年，在美国辛辛那提医学中心当访问学者。

精于医学和科研，谙熟管理，擅统大局，长期致力于推动上海市医药卫生、科技创新、人才培养和教育事业的发展与进步，做出积极贡献并取得卓越成效。撰写近百篇医学、教育、科技方面的管理论文，有3篇论文获全国和上海市年会优秀论文。荣获上海市医药卫生系统第3届"银蛇奖"，多次被评为市级先进工作者和管理模范，并行政记大功一次。

严肃(1951—)，浙江宁波人。1997—2013年任瑞金医院党委书记，中国共产党党员。曾任瑞金医院党委副书记、工会主席，上海交通大学党委委员，上海第二医科大学党委常务委员会委员、副书记、工会主席，上海市医院协会医院文化建设专委会副主委、上海市医学会小儿外科专科委员会委员，中国卫生思想政治工作促进会城市医院分会副会长、中国医院协会文化专业委员会城市医院分会副会长、中国医院发展研究院医院文化建设研究所所长、中国企业文化研究会医药卫生委员会委员。

1977年，毕业于上海第二医学院，进入瑞金医院儿外科工作。1993年，毕业于中央党校函授学院本科政治专业。1998年，结业于华东师范大学高等教育学专业硕士生课程班。2001年1月至4月，美国波士顿UMASS医学院进修小儿外科及医院管理。2002年1月，赴美国纽约GE Crontonville管理学院接受"第二期中国高级管理人员研究班"培训。2004年7月，于中欧国际工商学院"医院管理课程"毕业。2010年，主持召开医院第一次党员代表大会。

专长于儿外科及医院管理，是瑞金医院儿外科第一位硕士生导师。发表医学和管理论文23篇，主编及副主编书籍《医德知行录》《中国大学生百科知识》。1989年，获上海市卫生系统首届"银蛇奖"。1999年，被上海市卫生局行政记大功一次。2000年，被授予"全国卫生系统思想政治工作优秀党委书记"称号。2006年，获"上海市精神文明建设优秀组织者"称号。2008年，获全国医院(卫生)文化建设先进工作者、中华医学会人文管理荣誉奖。

吴云林(1951—)，上海市人。内科学教授、主任医师、专业技术二级岗位，中国共产党党员。曾任瑞金医院党委委员、内科党总支书记、消化内科主任，上海市科学技术协会委员、上海市医学会常务理事、上海市医学会消化内镜学会主任委员、上海市医学会食管胃静脉曲张治疗学会主任委员、上海市医学会消化病学会副主任委员，中国中西结合学会消化病委员会副主任委员、中国胃病专业委员会副会长、中华医学会消化内镜学会常务委员会委员。《胃肠病学与肝病学杂志》《世界华人消化杂志》共同主编，《中华腹部疾病杂志》主编，《中华消化病与影像杂志》《现代消化病及介入诊疗杂志》副主编。

1975年，毕业于上海第二医学院医疗系，进入瑞金医院内科。1985年，获医学硕士学位。1989年，就读上海第二医科大学和日本昭和大学联合培养博士研究生，获医学博士学位。1991年8月，任上海市赴安徽巢湖抗洪救灾医疗队队长。1996年，瑞金医院消化内镜中心成立，开展食管静脉曲张连续结扎术等新技术治疗门脉高压导致上消化道出血，及结肠大息肉线圈结扎电凝切除术。2000年，任瑞金医院消化内科主任，致力于胃癌早期诊断、国内首次施行内镜下门脉穿刺测压。

主编、副主编医学专著19册，发表SCI论文45篇。先后获得国家科技进步二等奖、上海市科学技术奖一等奖和国家教育部自然科学奖二等奖。1978年10月当选全国共青团代表出席中国共产主义青年团第10届全国代表大会。1992年，评为上海市十佳中青年医生。1993年，享受国务院政府特殊津贴。

陈竺(1953—)，江苏镇江人。内科学教授、研究员、中国科学院院士、瑞金医院终身教授，中国农工民主党党员。任第12届全国人民代表大会常务委员会副委员长、中国农工民主党中央主席、中国红十字会会长，上海血液学研究所名誉所长、上海交通大学系统生物医学研究院院长，发展中国家科学院院士，美国科学院和美国医学科学院外籍院士，英国皇家学会外籍会员，欧洲艺术、科学和人文学院外籍院士，欧洲科学院外籍院士，法国科学院外籍院士，英国医学科学院荣誉院士，德国马普学会分子遗传研究所外籍会员。曾任中华人民共和国卫生部部长，欧美同学会会长。

1981年，毕业于上海第二医学院研究生班，获硕士学位。1984年，被选送为新中国成立后首批赴法国担任外籍住院医生的人选，到法国巴黎的圣路易医院血液病研究所进修。1985年，进入巴黎第七大学攻读分子生物学。1989年1月，获得博士学位，随后在圣路易医院血液病研究所从事博士后研究。1989年7月回国，在瑞金医院上海血液学研究所组建分子生物学实验室，致力于白血病靶向治疗研究。1995年，当选为中国科学院院士。

20世纪80年代初，在国内首次将血友病甲、乙按凝血因子Ⅷ、Ⅸ水平进行分型，进行血友病甲携带者及血管性假血友病变异研究。1984年，被国际血友病联盟接纳为第一位中国会员。1990年，独立发现并克隆存在于大多数急性早幼粒细胞白血病(APL)病人的PML-RARα融合基因。1993年，在国际上首先报道APL的变异型染色体易位导致该型白血病对全反式维甲酸耐药。1994年，揭示全反式维甲酸(ATRA)和三氧化二砷(As_2O_3)治疗APL的细胞与分子机制，提出白血病“靶向治疗”的新理念。1996年，*Science* 杂志认为“这是用ATRA使人感到震撼的小组又一令人震惊的发现”。2001年4月，启动ATRA和As_2O_3联合靶向治疗初发APL的临床试验，5年无复发生存率达到94.8%，总生存率达97.4%，使其成为第一个可被治愈的急性髓系白血病。

在深入白血病研究的同时，作为主持人之一，参与我国人类基因组研究计划的运筹、组织和管理工作。1992年12月，获得拷贝法国巴黎分子遗传学研究所人类多态性研究中心的酵母人工染色体基因库的许可，启动我国人类基因组的研究。1993—1994年，先后组建上海市和卫生部人类基因组研究重点实验室。1991年起，先后承担国家自然科学基金“八五”“九五”期间有关人类基因组的重大项目、“973”计划首批项目之一“‘疾病基因组学’的理论和技术体系的建立”。“九五”期间担任人类基因组研究的责任专家。1998年10月，组建国家人类基因组南方研究中心，建立基因组DNA和cDNA生物信息学分析以及基因功能研究等较完整工作体系，识别一大批受维甲酸调控的基因及其组成的信号传递网络，首次描绘造血干/祖细胞的基因的表达谱，克隆300多个新基因全长cDNA。首次对下丘脑—垂体—肾上腺轴这一神经—内分泌调节系统进行了基因表达谱筛查，克隆近400个新基因全长cDNA。将有关资料贡献于国际基因数据库。领导对我国重要传染病如钩端螺旋体病、血吸虫病及包虫病病原体的基因组学研究。

截至2010年底，指导37名硕士生，28名博士生，其中2人获得全国优秀博士论文。2000年10月，将获得的"长江学者成就奖"奖金100万元作为基金，在瑞金医院设立了"红烛奖"，用以奖励做出突出贡献的教育工作者。

在国际著名刊物发表论文300余篇，被引证超过2万次。曾获国家自然科学二等奖，国家科技进步二等奖，国家教委科技进步一等奖，卫生部科技进步一等奖，上海市科技进步一等奖，长江学者成就奖一等奖，何梁何利基金科学与技术进步奖，"求是"基金青年科学家奖等。1991年，享受国务院政府特殊津贴。1997年，获法国卢瓦兹癌症研究大奖。另获全国优秀卫生工作者、全国先进工作者和全国杰出专业技术人才等荣誉称号。

陈楠(1954—)，女，安徽涡阳人。内科学教授、主任医师、专业技术二级岗位，无党派人士。曾任瑞金医院肾脏科主任，上海市肾脏病学会主任委员，中华医学会肾脏病学会副主任委员、中国医师协会肾脏病分会副会长、华东地区肾脏病学会主任委员、国家药典委员会委员，亚太地区慢性肾病(CKD)防治委员会委员，ISN East Asian Committee委员，《中华肾脏病杂志》《中国中西医结合肾病杂志》副主编。

1978年，毕业于上海第二医学院医疗系，进入瑞金医院内科工作。1983—1990年，赴法国巴黎第五、第六大学附属Tenon医院肾脏科和Necker医院肾脏科临床和INSERM 25U实验室工作学习，获巴黎第五大学肾脏专科医生证书。1997年，任瑞金医院肾脏科主任。先后开展上海市社区人群CKD流行病学调查、上海市CKD病人登记及并发症报告系统研制、延缓CKD进展多中心研究、遗传性肾脏病诊治平台的建立、慢性肾小管间质损伤和纤维化机制及防治靶点研究、透析病人的长期生存率、生活质量和社会回归率等方面系列研究等。

负责973计划分课题等30余项课题。获得教育部提名国家科学技术奖科技进步奖一等奖和推广类二等奖、中华医学科技奖二等奖、上海市科技进步奖一等奖和上海医学科技奖一等奖等10余项成果奖。主编著作3本。获得卫生部有突出贡献中青年专家、上海市劳动模范、上海市科技精英、上海市领军人才、上海市三八红旗手、中国女医师协会五洲女子科技奖临床医学科研创新奖、上海市优秀教育工作者、新中国60年上海百位杰出女教师等多项荣誉称号。2004年，享受国务院政府特殊津贴。

朱正纲(1954—)，江苏靖江人。外科学教授、主任医师、专业技术二级岗位，2009—2014年任瑞金医院院长，中国共产党党员。曾任瑞金医院外科主任、外科教研室主任，上海消化外科研究所所长，上海第二医科大学党委常务委员会委员、副校长，上海交通大学医学院院长，上海交通大学党委常务委员会委员、副校长，上海交通大学医学院教授委员会主委，中国医师协会常务委员会委员兼外科医师分会副会长、中国抗癌协会常务理事兼胃癌专业委员会主委、中华医学会外科学分会委员、中国医院协会常务理事、上海市医学会副会长兼外科学分会主委、上海市抗癌协会副理事长兼胃肠肿瘤专业委员会主委、上海市医院协会副会长等。

1976年，毕业于上海第二医学院，进入瑞金医院外科工作。1987年与

1991年，分别获得医学硕士与博士学位。1993年2月起，在日本广岛大学与昭和大学医学部作博士后研究近两年。2004年9月至2005年5月，经中共上海市委组织部选拔赴美国加州大学伯克利分校作访问学者。先后当选国际胃癌研究会常务理事、美国外科医师学院院士(FACS)。

长期致力于胃癌综合防治的基础与临床研究，作为上海市研究胃肠肿瘤的首席科学家，已承担或完成十余项国家与省部级科研课题。20世纪80年代，提出胃癌病人的脾脏免疫功能，对胃癌扩大根治术进行反思，提出根据肿瘤部位和分期设计合理的手术方案。20世纪90年代，开展胃癌腹腔内温热化疗、血管阻断区域化疗等动物实验和临床研究，并参与国产设备研发。20世纪90年代末，开展胃癌腹主动脉旁淋巴结清扫的研究。2000年始，重点开展胃癌术前分期、敏感肿瘤标志物、围手术期化疗与分子靶向治疗等研究，并指导临床治疗方案的优化。2009年，创建上海市胃肿瘤重点实验室并担任主任。

主持完成的科研成果获国家科技进步二、三等奖，教育部科技进步二等奖，中华医学科技进步二等奖，上海市科技成果一、二、三等奖10余项，发表学术论文600余篇，其中SCI收录130余篇；主编、副主编或参编专著近10部。先后荣获中国优秀医院院长、全国优秀科技工作者、卫生部有突出贡献中青年专家、卫生部抗洪救灾防病先进个人、上海市领军人才、上海市优秀青年教师、上海市卫生局先进工作者等光荣称号。1993年，享受国务院政府特殊津贴。

郑捷(1954—)，上海市人。皮肤病学教授、主任医师、中华医学会皮肤性病学分会第14届主任委员，中国共产党党员。任瑞金医院皮肤科主任、上海市医学会风湿病专业委员会顾问，曾任上海市医学会皮肤病学专业委员会主任委员、中华医学会风湿病学分会委员、北美皮肤科医师协会荣誉会员。《中华皮肤科杂志》《中国皮肤性病学杂志》《实用皮肤病学杂志》副主编，*British Journal of Dermatology* 编委。

1982年，毕业于上海第二医学院，在瑞金医院皮肤科工作。先后师从张传鈞、陈顺乐获皮肤病学(免疫)硕士与内科学(风湿病)博士学位。1992—1998年，兼任上海第二医科大学医学检验系临床免疫学教研室副主任。

专业特长为自身免疫性疾病的诊断与治疗，强调根据病人个体化病情制订不同的治疗方案。1992年，国内率先采用非化疗方法治疗皮肤淋巴瘤，使病人生存期延长，生活质量提高。2000年，建立国内实验诊断项目最全的实验室，国内率先提出以尽可能少的糖皮质激素治疗天疱疮和系统性红斑狼疮等各种自身免疫病，使病人得到高疗效、低不良反应和最少的并发症，将瑞金医院皮肤科建设成为国内复杂、难治、危重性皮肤病诊疗中心。首次证实银屑病关键性致病性细胞因子来源于真皮层gdT细胞，揭示感染在银屑病发病中的作用，通过保护皮肤屏障预防银屑病复发；提出皮肌炎样皮病的命名及特异性抗体检测、治疗和预后等。“寻常型天疱疮抗原表位的重组、致病性与临床应用的研究”获上海市科技进步二等奖。

主编《现代免疫学检验与临床实践》，副主编《现代实用皮肤性病学及美容学》和《难治性风湿病》。入选上海市教育委员会“曙光学者”“曙光跟踪”和“上海市卫生系统百人计划(优秀学科带头人)”。主持多项国家自然科学基金课题。

于布为(1955—)，北京人。麻醉学教授、主任医师、中华医学会麻醉学分会第十届主任委员，中

国共产党党员。任瑞金医院麻醉科主任，瑞金医院卢湾分院院长，上海市医师协会麻醉科医师分会会长、上海市医学会理事，中华医学会理事、中国医师协会麻醉学医师分会副会长，世界麻醉学会联合会学术委员会理事，美国老年麻醉进展学会理事，德国麻醉与危重病学会名誉委员，东亚麻醉医师联盟主席。曾任瑞金医院嘉定北院副院长，《中华麻醉学杂志》《临床麻醉学杂志》《上海医学》副主编，国家重点出版工程多媒体《中华医学百科全书》（麻醉学卷）副主编，《现代麻醉学》第 4 版主编。

1985 年，第二军医大学硕士毕业。1988 年，赴日本埼玉医科大学进修一年。1989 年，第二军医大学博士毕业。1996 年，到瑞金医院麻醉科工作。在国际上率先提出“埋想麻醉状态”“精确麻醉”“诱导期高容量血液填充”“伤害性感受监测”“舒适化医疗”等众多新理念和新技术，在全国率先提出并实践住院医师麻醉科轮转和培训的模式，率先提出基层麻醉科主任的培训计划，将麻醉学科提高到现代化医院公共服务平台的高度，对保障病人围手术期安全、扩大麻醉学科服务领域、促进手术相关科室的学科进步，做出重要贡献。

拥有国家专利 5 项，国家级基金项目 10 余项；发表各类论文 300 余篇，其中 SCI 收录 50 余篇；创办专业杂志 1 份，专业报刊 1 份，编译出版各类图书 10 余本。

陈生弟（1955—），江苏海门人。神经病学教授、主任医师、专业技术二级岗位，中国共产党党员。任瑞金医院神经内科主任、神经病学教研室主任、上海交通大学医学院神经病学研究所所长，上海医学会神经内科及老年医学专业委员会副主任委员、上海市神经科学学会理事，中华医学会神经病学分会副主任委员及帕金森病与运动障碍疾病学组组长、神经生化学组委员，曾任瑞金医院党委副书记、纪委书记，第 8、9 届国家药典委员会医学专业组委员，第十届国家药典委员会医学专业组副主任委员，国际神经病学联盟帕金森病研究委员会委员，国际运动障碍疾病学会及美国神经科学学会会员。《中华神经科杂志》《中华内科杂志》等杂志副主编。

1978 年，毕业于上海第二医科大学医学系。1995 年 2 月—1996 年 3 月和 2001 年 4—6 月，以访问学者、博士后和客座教授身份在美国休斯敦贝勒医学院神经科从事课题研究及临床进修。1997 年，任瑞金医院神经内科主任。2000 年 12 月，任瑞金医院神经病学研究中心主任。2003 年 12 月，任上海第二医科大学神经病学研究所所长。2006 年和 2009 年，先后主持制订或修订《中国帕金森病治疗指南》等 5 项全国性指南，首次提出符合中国人特点的药物治疗和手术治疗策略。主持或参加国家、卫生部、上海市级科研基金项目 43 项；获得国家、国家教委、卫生部、中华医学、上海市科技进步奖 22 项。

在国内外学术刊物发表研究论文 300 多篇，主编和参编专著 30 余部。指导博士和硕士生 43 人。入选全国“百千万人才工程”，获得国家有突出贡献中青年专家、全国中青年医学科技之星、上海市科技精英提名奖、上海市医学领军人才、上海市十佳优秀启明星、上海市十佳医师、上海市高校优秀青年教师、上海市卫生系统银蛇奖等。1993 年，享受国务院政府特殊津贴。

彭承宏（1957—），安徽五河人。外科学教授、主任医师、专业技术二级岗位，九三学社社员。任

瑞金医院普外科主任、瑞金医院器官移植中心主任、上海消化外科研究所副所长、上海医学会理事、上海医学会普外科学会主任委员、上海医学会器官移植学会委员、上海市临床医疗成果奖评委，中华医学会外科学会胰腺外科学组委员、中华医师协会机器人手术学组副主任委员、中华医学会器官移植学会委员、中国抗癌协会胆道肿瘤专业委员会主任委员、中国医师协会机器人外科医师委员会主任委员、教育部提名国家科学技术进步奖评委、国家自然科学基金评委、上海市政府科学技术奖评委，美国外科医师学院院士(FACS)、国际临床机器人外科协会执行委员。

1993 年，获得浙江医科大学博士学位。1997 年 3 月至 1998 年 3 月，在美国肝脏移植中心 Pittsburgh 大学 Starzl 器官移植研究所进修学习，参与器官移植免疫实验研究。2002 年，到瑞金医院普外科工作。2006 年，任瑞金医院普外科主任。

主要从事肝胰移植和肝胰组织工程、肝胆胰肿瘤领域研究。擅长肝脏移植、肝胆胰外科、腹腔镜外科、机器人胰腺手术、后腹膜肿瘤。2002 年，完成国内首例劈离式肝移植。2004 年，完成亚洲首例七脏器联合移植。2007 年，完成上海首例“两供一受”活体肝移植。2009 年，完成机器人肝脏切除术。2010 年，完成世界首例机器人保留十二指肠胰头切除术和机器人保留脾脏胰体尾切除术。

承担“863”课题，国家自然科学基金、卫生部行业基金、上海市科委基础重点项目等重要课题。两次获得国家科学技术进步二等奖，一次获得国家技术发明二等奖。获得专利 3 项，发表论著 300 余篇，其中 SCI 收录 55 篇。

王铸钢(1960—)，新疆鄯善人。医学遗传学教授、研究员、专业技术二级岗位，中国共产党党员。中国科学院“百人计划”及国家杰出青年科学基金获得者、教育部长江学者奖励计划特聘教授、瑞金医院医学基因组学国家重点实验室副主任、瑞金医院实验医学研究中心主任，上海南方模式生物研究中心主任、上海模式动物工程技术研究中心主任、上海市遗传学会副理事长，上海高校模式生物 E-研究院首席研究员，中国人类遗传资源管理专家组成员、中国遗传学会发育遗传专业委员会委员。

1983 年，毕业于新疆医学院医学系。1991 年，毕业于上海第二医科大学获内分泌代谢病专业临床医学博士学位。1995 年至 1999 年，在美国 Memorial Sloan Kettering Cancer Center 从事博士后研究。长期从事遗传工程小鼠模型研发相关技术的开发应用研究，重点开展人类疾病相关基因的功能解析。创建并运行管理高效大规模遗传工程小鼠模型研发技术平台。在国际上首次发现腓骨肌萎缩综合征和多发性骨性连接综合征的两个新的致病基因；首次发现细胞骨架相关蛋白 Palladin 对胚胎期神经管发育及胎肝造血功能的重要调控作用；首次证实 RNA 解旋酶 Rig-Ⅰ对核转录因子 NF-KB 蛋白翻译的调控新机制、首次报道 Kif18a 和 Prss37 在精子发生及精卵识别/结合过程中不可或缺的重要作用。

承担国家杰出青年基金等 30 余项重大课题。在包括 *Science* 等高水平专业杂志上发表百余篇学术论文。出版专著 2 部，申请国内技术发明专利 14 项，其中授权 6 项。当选国家人事部“百千万人才工程”国家级人选并荣获上海市科技领军人才、上海市高校优秀青年教师，上海市优秀共产党员，上海市劳动模范等光荣称号。2000 年，享受国务院政府特殊津贴。

陈国强(1963—),湖南攸县人。病理生理学教授、研究员、中国科学院院士,中国共产党党员。上海交通大学党委常务委员会委员、副校长,上海交通大学医学院党委常务委员会委员、院长教育部长江学者奖励计划特聘教授、教育部细胞分化与凋亡重点实验室主任,兼任中国病理生理学会副理事长,中国生物化学和分子生物学会常务理事、医学分会副理事长,中华医学会常务理事等。曾任上海血液学研究所副所长,上海交通大学基础医学院病理生理学教研室主任。

1985年,毕业于湖南衡阳医学院(现南华大学医学院),进入衡阳医学院心血管病研究所工作。1988年和1996年,师从王振义,分别在上海第二医科大学获病理生理学专业硕士学位和血液学专业医学博士学位。1996年7月,进入上海血液学研究所工作,并分别于1997年和1999—2001年在法国巴黎Saint-Louis医院和美国Mount-Saint医学院从事合作研究。回国后相继担任上海血液学研究所副所长(2001—2002年)、上海第二医科大学/上海交通大学基础医学院病理生理学教研室主任(2002—2009年)、上海交通大学医学院副院长(2006—2010年)、研究生分院院长(2006—2009年),并兼任基础医学院和医学科学研究院院长(2007—2010年)。2005年起,任教育部细胞分化与凋亡重点实验室主任。2010年起,任上海交通大学医学院院长、上海交通大学副校长。

20世纪90年代中期,在博士研究生阶段,即围绕氧化砷治疗急性早幼粒白血病的细胞分子机制开展深入系统的研究,为推动相关工作的国际地位做出重要贡献。其间,作为第一作者在*Blood*发表的3篇论文被学界公认为相关研究的经典之作,连续9年(1997—2006年)在我国单篇论文被引证数排名中居前8名。1997年,获得国家自然科学基金委员会杰出青年科学基金。2002年,任病理生理学教研室主任后,凝心聚力,锐意改革,深化学科建设,使实验室实现快速发展,成为国家重点学科和教育部重点实验室。其间,2003—2008年和2009—2013年,作为首席科学家分别承担国家重点基础研究"973"计划项目《基于生物信息学的药物新靶标的发现和功能研究》和国家重大科学研究计划项目"蛋白质翻译后修饰的发生与调控机制及其生理病理效应",并作为项目负责人承担多项国家自然科学基金重点、重大项目,带领研究团队,致力于肿瘤,尤其是白血病的病理生理学与治疗学基础研究,在肿瘤细胞命运决定和肿瘤微环境调控机制方面获得系列创新性成果,发现低氧微环境能够诱导白血病细胞分化,并在随后的10余年时间里,深入揭示低氧诱导因子1(HIF-1)和去磷脂层酶1在白血病细胞分化中的作用及其分子机制,并发现类泛素化修饰调控HIF-1的新机制和作用;报道第一个通过结合过氧化物还原酶,诱导白血病细胞分化和清除白血病干细胞的天然小分子化合物——腺花素;报道白血病干细胞诱导形成一种新的骨髓微环境及其在化疗抗性中的作用和分子机制等。

迄今,在国际权威刊物*Cancer Cell*,*Nature Chemical Biology*,*JNCI*,*Blood*,*Leukemia*,*Autophagy*等发表150余篇学术论文,发表的论著被他人总引用6 000多次。先后获得国家自然科学二等奖、中华医学科技一等奖、上海市自然科学一等奖、上海市科技进步一等奖等,并获何梁何利科学和技术进步奖、卫生部有突出贡献中青年专家、全国优秀博士学位论文指导教师、全国先进工作者、新世纪百千万人才工程首批国家级人选、中国青年科技奖、上海市劳动模范、上海十大杰出青年、上海科技英才、上海优秀留学回国人员、上海市医学领军人才、上海自然科学牡丹奖等荣誉称号,并受邀担任悉尼大学、渥太华大学荣誉教授。1999年,享受国务院政府特殊津贴。

注:2015年,当选中国科学院院士。

宁光(1963—),山东滨州人。内科学教授、主任医师、中国工程院院士、瑞金医院终身教授、中华医学会内分泌分会第8届主任委员,中国共产党党员。任上海交通大学医学院附属瑞金医院副院长、上海市内分泌代谢病研究所所长、上海市内分泌肿瘤重点实验室主任、卫生部内分泌代谢病重点实验室主任、上海市内分泌代谢病临床医学中心主任、上海市内分泌代谢病临床质控中心主任,国家代谢性疾病临床医学研究中心主任、中国医师协会内分泌代谢科医师分会会长、教育部科技委生物与医学部委员、国家干细胞临床研究专家委员会委员,国际内分泌学会执委会委员。曾任瑞金医院内分泌科主任。《中华内分泌代谢杂志》总编辑、*Journal of Diabetes* 主编、*Journal of Endocrinology* 和 *Journal of Molecular Endocrinology* 副主编。

1987年,毕业于山东医科大学。1994年,毕业于上海第二医科大学获临床医学内科学博士学位,进入瑞金医院内分泌科工作。2002年,成立上海市内分泌代谢病临床医学中心,任中心主任。2007年,任上海市内分泌代谢研究所所长。2008年,成立上海市内分泌代谢临床质控中心,任中心主任。

2003年,推动成立内分泌代谢病学科群建设,以内分泌科为核心,由神经外科、泌尿外科、内分泌外科、放射科、病理科等学科共同组成,建立绿色诊治通道,组建联合科研项目,成体系建立临床诊疗规范及技术,提高临床治疗水平,共计有57项新的诊疗技术用于临床并申请相关专利,制定22种内分泌代谢动态实验操作规范并实施。率领团队通过3个大型队列研究建立由45万人500万份标本组成的代谢性疾病生物样本库,并证实中国18岁以上成人糖尿病患病率11.6%;国际上首先证实LGR4为减肥的潜在靶点;原创性证实PRKACA基因上L205R热点突变与肾上腺皮质腺瘤密切相关。

2008年,"单基因遗传性内分泌疾病的基础研究和临床应用"获国家科学技术进步奖二等奖,建立国内最大的遗传性内分泌代谢病家系库、临床资料库、组织库、DNA库和血清库,打造完整的基因诊断以及分子生物学研究平台,在基因水平诊断21种遗传性内分泌代谢病,发现19种基因突变;在国际上首次报道非AVP-NPII基因突变的垂体性尿崩症家系,成功运用全基因组扫描精确定位致病基因;报道国际最大的17α-羟化酶缺陷家系系列之一,共发现5个新的基因突变位点,在国际上首次运用生物进化以及蛋白三维结构重组,分析基因型和表现型之间的相关性;报道6例胸腺类癌致异源ACTH综合征,并用表观遗传学手段首次发现POMC基因在垂体外肿瘤中的表达与其启动子区的甲基化程度降低有关;在这些研究基础上,提出遗传性内分泌代谢病的分类方法。

先后承担国家重大课题19项,是国家杰出青年科学基金获得者、教育部长江学者奖励计划特聘教授、973项目首席科学家。在 *Science* 等杂志发表200余篇论文,获美国临床内分泌医师协会"国际内分泌医师奖",并3次获国家科技进步二等奖,获人事部千百万人才工程国家级人选、教育部创新团队、卫生部有突出贡献中青年专家、上海市领军人才等。2001年,享受国务院政府特殊津贴。

注:2015年,当选中国工程院院士。

郑民华(1963—),上海市人。外科学教授、主任医师、专业技术二级岗位,无党派人士。任瑞金医院普外科副主任、胃肠外科主任,瑞金临床医学院外科教研室主任,上海市微创外科临床医学中

心主任，中华医学会外科学分会委员、中华医学会外科分会腹腔镜与内镜外科学组组长、中国抗癌协会大肠癌专业委员会常委、中国抗癌协会大肠癌专业委员会腹腔镜外科学组组长、中国医师协会外科医师分会微创外科医师委员会副主委，世界内镜外科联盟理事、亚洲内镜与腹腔镜外科医师学会(ELSA)主席、亚太疝学会创始会员及常务理事，曾任瑞金医院副院长、瑞金临床医学院副院长。《中华胃肠外科杂志》副主编、《中华腔镜外科杂志》总编、《腹腔镜外科杂志》主编、《中国微创外科杂志》副主编等。

1986 年，毕业于上海第二医学院医疗系法文班，公派赴法国斯特拉斯堡医院学习，获外籍主治医生资格。1989 年初，完成第一例腹腔镜胆囊切除术。1991 年，回国后在上海第二医科大学附属瑞金医院普外科工作。1993 年，完成国内首例腹腔镜结直肠癌手术、国内首例儿童腹腔镜胆囊切除术和国内首例腹腔镜腹股沟疝修补术。2001 年，成立上海市微创外科临床医学中心，任中心主任。2004 年，完成国内首例全腹腔镜胰十二指肠切除术和上海首例腹腔镜胃癌根治术。2007 年，进行世界首例腹腔镜下同时切除直肠癌和胃癌两处原发性恶性肿瘤。

2005 年，力邀法国外教承担普外科全部法语教程。与法国里昂大学合作，采用与法国完全相同的医学教学课程和课件，实现远程视频音频听课、在线互动答题讲解。

发表论文 200 余篇，主编专著 10 余部、法文班专用教材 2 部，《汉法医学大辞典》获教育部科技进步奖一等奖，中华医学科技奖二等奖、三等奖，上海市科技进步一等奖、二等奖、三等奖，上海医学科技奖一等奖、二等奖，上海市优秀教学团队、上海市教学成果奖一等奖。获国家卫生计生委突出贡献中青年专家、上海市领军人才、上海市十佳医生、第 3 届上海市十大杰出青年、上海市卫生系统银蛇奖、上海市育才奖、上海市高校教学名师等荣誉称号。1997 年，享受国务院政府特殊津贴。

专记

中国烧伤学的缘起

——抢救大面积灼伤病人邱财康

瑞金医院是中国烧伤医学的主要开拓单位，其探索并总结的烧伤休克复苏“瑞金公式”“冬眠合剂”“皮肤混合移植技术”三大核心技术，奠定了现代中国烧伤治疗基础，也开启了国内重症烧伤救治和创面处理技术的发展。而发展的起源就是1958年瑞金医院成功抢救邱财康事件。

一、大胆创新，推出“瑞金公式”

1958年5月26日深夜，广慈医院外科急诊接收了上海第三钢铁厂3名因锅炉爆炸而烧伤的炼钢工人，一位病人烧伤面积为20%，伤势较轻，另两位病人经急诊值班医生陈藏华、二班主治医生张天锡的初步判断，烧伤面积预估均超过体表面积的90%，病情极其危重，28岁的邱财康就是其中之一。

由于广慈医院当时还没有成立烧伤科，邱财康被立即送到手术室，他的全身只有头皮、两个臂膀、腰部皮带束着的一窄条部分和两只脚底能看到皮肤，其他地方全部都被烧伤。

5月27日清晨，张天锡在外科晨会上汇报了烧伤病人的情况。外科第一主任傅培彬教授决定：立刻成立专门治疗小组！专门治疗小组由外科第二主任董方中、外科副主任史济湘负责。当天下午，傅培彬就邀请全市著名专家紧急会诊，并主持第一次全市专家大会诊，上海第一医学院副院长、外科专家沈克非，中山医院院长、外科主任崔之义，上海第一人民医院外科主任任廷桂等都赶来参加会诊。会诊中由董方中教授汇报邱财康病情，专家们确诊邱财康的烧伤面积达89.3%，绝大部分是深二度，其中三度烧伤23%。当时国际医学水平认为烧伤超过80%体表面积的病人就难以存活，会诊专家们均认为邱财康“病情严重、预后不良”。

医院党总支高度重视邱财康的抢救工作，专门开会讨论其救治工作，经研究决定：1. 加强、充实专门治疗小组力量，由傅培彬、董方中领导，史济湘、张涤生、杨之骏、陈德昌、朱德安等人形成专门治疗小组；2. 指定杨之骏专门负责医务人员和烧伤病员的思想工作及抢救的组织工作；3. 建立临时护理小组，由护理干事李利伯、副护士长殷增雪、顾耀平、裘月波和护士裘幽玉、奚德娟、方树岚、印丽华等人组成，李利伯任组长；4. 建立院内外专家会诊制度，充分发挥各学科专家在技术上的指导作用。

上海第二医学院党委书记关子展、医院党总支书记兼副院长程贤家在接到病情汇报后，先后召开全院医生紧急会议和动员大会，鼓励全院医务人员发扬救死扶伤的精神，从死神手中为钢铁战士夺回生命。邱财康整个治疗期间，上海第二医学院党委书记关子展、医院党总支副书记金伯刚等多次参加专家会诊，听取史济湘、杨之骏等的抢救工作汇报，讨论研究治疗措施并做出重要指示。

5月28日，傅培彬再次主持会议，会议讨论结果决心解放思想，打破陈规，要做出一些创新性的临床治疗。普外科发动全科30多名医生，立刻分工查阅近10年全世界各国发表的烧伤医学文献。当天下午再次开会讨论治疗方案，根据大家查阅的文献结果归纳成15条治疗措施。

重度烧伤病人治疗的第一难关就是休克关。由于邱财康体液大量渗出，按照常规补液已经很

图专-1-1 1958年二医党委书记关子展听取邱财康治疗小组汇报(左起：史济湘、陈德昌、关子展、许伟石)

难维持生命体征，治疗组提出加压快速输液的建议并被采纳，此补液方法一举突破当时国际著名的烧伤补液公式——伊文思公式所规定的“每天输液不超过10 000毫升”的上限。为了维持正常的血容量，保证液体、特别是血浆的输入显得至关重要，但是在全身严重烧伤的邱财康身上已经难以找出一条可供置针的静脉，治疗小组想方设法在邱财康的腹股沟下方切开皮肤找出大隐静脉，并通过置管直达下腔静脉。为了防止血栓形成，还需要每4小时用1%肝素冲洗一次。董方中、史济湘、张涤生3位教授24小时轮流值班，随时调整治疗方案；杨之骏、陈德昌、朱德安等年轻医生几乎寸步不离，对心率、足背动脉搏动和尿量进行严密监测；护理小组12小时轮换一班，以确保补液通畅、顺利输入，下班后护士们还主动留下来修补清洗手套、口罩，做纱布垫等，以备邱财康随时换药的需要。经过五天五夜的全力抢救，邱财康安然度过了休克关。

二、群策群力，安然渡过重重难关

休克关后，烧伤病人即将面对的是严重感染关。为了避免邱财康发生创面感染，医院特地在24舍传染科病房设置专门的烧伤病房，创新性地制定了一整套消毒隔离措施，例如将病房隔离消毒，医护人员每天上下班都从专门的窗口进出，进出病房要严格更换衣物，并经过换鞋、换衣、洗手才可以进入邱财康的房间。为了保持创面清洁，治疗小组还提出采用暴露疗法取代传统的包扎疗法。

但烧伤病人的感染说来就来。6月2日，邱财康背部创面还是出现了绿脓杆菌感染，6月7日的血培养结果也显示阳性，证实邱财康发生绿脓杆菌败血症。医院党总支先后请上海第一医学院附属华山医院副院长戴自英、上海第二医学院余濱和医院内科王耆龄等专家紧急会诊，决定使用当时国内尚未临床应用的多黏菌素B治疗绿脓杆菌感染，并紧急从香港采购。此后又举行了第二次上海市专家大会诊，参加会诊的有：黄铭新、沈克非、崔之义、戴自英、吴钰、傅培彬、董方中、王耆龄、邝翠娥、史济湘、徐福燕、蓝鸿泰、王德芬、乐德因(营养师)及程贤家等。会诊结果认为，如此严重的烧伤病人能够成功救治11天，说明临床处理是有效的。会上大家提出注意肾功能、控制尿量、增加热量、减少肢体受压、输入白蛋白等进一步治疗措施。医院开始为烧伤隔离病房专门配备了配膳室和厨师，根据每天营养查房配置需要的膳食。

为了有效应对感染，董方中、史济湘决定紧急为邱财康施行右下肢坏死组织切除和植皮术以控制全身感染。但当时邱财康仅腹部有一块完整皮肤，必须要使用异体皮作为补充。异体皮从哪里来呢？医院党总支向全院职工发出“为邱财康献皮”的号召，所有外科医生、医院医护人员和工人都拥向院长办公室踊跃报名。后来医院征得部分死亡病人家属的同意，通过捐献的遗体取皮片，并采用冷藏方法短期保存皮片，这就是以后“烧伤皮库”的雏形。

6 月 9 日，董方中主刀，李杏芳主持麻醉，实施了首次植皮术，植皮后状况良好。6 月 16 日做第二次植皮时，当天报名献皮的人已达八百余人。这次手术使用的方法是大张异体皮片覆盖创面，为了控制感染，他们还打破植皮常规，在植皮区不采用加压包扎，但几天后，新植的异体皮片大部脱落，必须不断更换新皮片。

6 月下旬，多黏菌素 B 全身应用也无法完全控制感染。6 月 21 日，医院党总支在学校内征集志愿者，最终选中儿科系四年级学生共青团员江悦琴、护校二年级学生共产党员朱根梅作为健康的输血者，在她们身上注射了 3 种细菌的混合菌苗，待血液里产生抗体后再输给邱财康，以增加他身体的免疫力，帮助杀死血液中的细菌。

上海第二医学院余濆也从国外文献中查阅到噬菌体治疗办法，于是上海第二医学院广泛动员医学生寻找噬菌体，再由微生物教研组作噬菌体培养。7 月，噬菌体被用到邱财康身体上后，不到 24 小时脓液就明显减少了。

在创面感染得到控制后，邱财康又接受了一次植皮术，创面被暂时覆盖。经过各种方法的综合应用，邱财康的绿脓杆菌败血症被控制，血液培养转为阴性。

邱财康医疗小组于 7 月 4 日、5 日、8 日接连举行了三次会诊，讨论是否需要通过右下肢截肢来控制可能引发的全身感染。参加会诊的专家有：裘法祖、屠开元、李鸿儒、崔之义、戴自英、吴钰、蓝锡纯、邝安堃、余濆、陶寿琪、董方中、张涤生、陶清、王耆龄、李杏芳、史济湘等，大家经会诊讨论决定暂不截肢。

8 月 2 日，董方中、张涤生、史济湘、陈德昌、朱德安等医生彻夜为邱财康进行又一次面积较广的植皮手术。经过这次手术，病人的感染得到根本控制。治疗小组还创新采用在异体皮中剪开大洞进行邮票植皮的方法，以新鲜采集的邱财康自体皮片嵌入其中进行创面覆盖。邱财康的双下肢创面终于在异体皮和自体皮相互替代的过程中得到治愈。

为了减轻邱财康翻身换药的痛苦和背部创面受压后感染，技工间师傅陈秋炳、周伯英应医生要求，按照医生提供的国外文献的照片，制作出国内第一张翻身床。同时为了避免右下肢受压，还应用了骨科使用的牵引装置，把下肢腾空吊起，暴露周围组织。为了减轻邱财康的心理痛苦，护理小组除护理工作外，还给他读报聊天，进行心理辅导。

图专-1-2　技工间自制翻身床

1958 年 11 月，经过长达近半年的治疗，邱财康痊愈出院。他出院后先后至北京和上海作康复治疗和瘢痕整形手术，1961 年 3 月重返工作岗位，直到 1988 年退休。

三、影响深远，新中国烧伤学跻身国际前列

邱财康的事迹先后被改编成许多文学、影视作品。1958 年 6 月拍摄了纪录片《生命的凯歌——

抢救邱财康的胜利》。1958 年 8 月,中国作家协会主席巴金专访邱财康后创作长篇报告文学《一场挽救生命的战斗》。1958 年 9 月 4 日,北京电视台(现中央电视台)播出中国第一部纪实性电视剧《党救活了他》。1959 年 9 月,上海天马电影厂拍摄由白杨主演的电影《春暖人间》;艺术家孙道临等排演话剧《共产主义凯歌》。

1964 年 1 月 21 日,中央卫生部在北京隆重举行大会,表彰广慈医院抢救钢铁工人邱财康的巨大成绩,大会授予医院外科、烧伤护理小组和检验科集体荣誉奖状各一面;为有功人员董方中、杨之骏各记大功一次,并授予荣誉奖状各一面、《毛泽东选集》一部及其他奖品;为有功人员傅培彬、戴自英、史济湘、陈德昌、朱德安、张涤生 6 人各记功一次,并奖给《毛泽东选集》一部及其他奖品;还分别奖给有功人员李杏芳、李利伯、殷增雪、方树岚、奚德娟、顾耀平、印丽华、裘月波、裘幽玉、杨耀钧等《毛泽东选集》一部及其他奖品。

由于抢救邱财康,广慈医院也建立了我国第一个严重烧伤治疗小组、烧伤病房及烧伤护理组,又经过几年的发展积累,在此基础上成立并培养了一批烧伤外科专业医师和护士,1963 年 8 月,广慈医院正式成立灼伤科。

由于历史的原因,全国各地还发生了许多严重烧伤事故,产生了大量烧伤病人。广慈医院抢救邱财康获得成功后,全国各地医务人员纷纷来到广慈医院学习大面积烧伤治疗的经验。他们或慕名来广慈医院求援,或要求派出抢救治疗小组去协助工作。史济湘、杨之骏、朱德安等分赴各地指导,并参与到全国各地严重烧伤病人的抢救治疗工作中,推进了全国烧伤、护理、院感、重症监护等学科的发展。

瑞金烧伤整形科无论是在烧伤救治、人才培养,还是烧伤救治、损伤修复的临床和基础科研工作均位于国内前列。2014 年和 2015 年,瑞金医院灼伤整形科连续两年获复旦大学医院管理研究所发布的《中国最佳专科医院排名》第二名,获《2016 年中国医院科技影响力排行榜》整形专业第六名,在新中国的医学史上,留下了浓墨重彩的一笔。

瑞金医院内分泌代谢病学科 60 年发展

瑞金医院内分泌代谢病学科是中国内分泌代谢学发源地之一，由瑞金医院内分泌代谢科和上海市内分泌代谢病研究所组成，现已成为国内最重要的内分泌代谢病医疗、科研和人才培养基地之一，与国际先进水平同步发展。1957 年，中国第一例原发性醛固酮增多症的发现与诊治标志着瑞金内分泌学科走到全国前列，此后中西医结合研究兴起并蓬勃发展，1979 年上海市内分泌研究所的成立再次撬动学科发展的新一轮引擎。而改革开放 30 年让瑞金内分泌学科实现了新的腾飞，进入新世纪，瑞金内分泌更是不断超越。

一、国内首诊原醛，初创学科高地

1933 年，邝安堃在法国巴黎大学医学院获得医学博士学位后毅然放弃了法国优越的生活回国从业。回国第二天，他就被震旦大学校长才尔孟聘到震旦医学院任教，教授皮肤科和小儿科，并担任这两个科的主任，而后又担任广慈医院大内科主任。解放初期，邝安堃与学生陈家伦、许曼音发现肾上腺皮质在应激状态下分泌大量皮质醇使得血中嗜酸性细胞减少甚至到零，如应激减轻则嗜酸细胞回升。1951 年开始，他们利用一台简单的直视显微镜做嗜酸细胞直接计数，用以评估肾上腺皮质功能，同时对许多急性传染病如伤寒和外科病人的预后做出准确预测，这是文献中可查的中国肾上腺皮质功能最早的研究，也成为瑞金内分泌学科的起源。

1955 年，Conn 发现了世界上第一例原发性醛固酮增多症（简称"原醛症"）。两年后邝安堃、陈家伦、许曼音等发现并成功诊治了国内第一例原醛症，据此奠定了瑞金医院在我国内分泌领域的领先地位。在第一例原醛症的病案中这样记录道："1957 年 9 月 12 日，51 岁的女性病人吴××，因昏迷、手足抽搐及'截瘫'而急诊入院。"之后，在对该病人进行体格检查时，除了双侧下肢瘫痪、心电图早搏以外还呈现明显的低钾特征，尽管这些临床特征在当时并不少见，但瑞金医院年轻的主治大夫能够最早注意到，并考虑将双下肢麻痹甚或周身麻痹与低血钾、高尿钾联系起来。

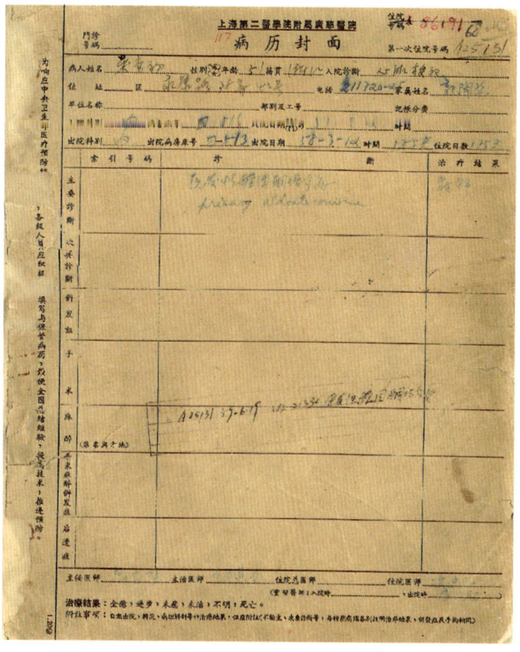

图专-2-1　1957 年中国第一例原醛病历封面

当时的内分泌科实验室是一间只有 30 平方米大小的房间，由一个技术员，三四件仪器拼凑而成。在仅有的几件实验仪器当中，最珍贵的要属用于测定电解质的火焰分光光度计。临床工作之余的陈家伦正是借助这台仪器，证实了原发性醛固酮增多症

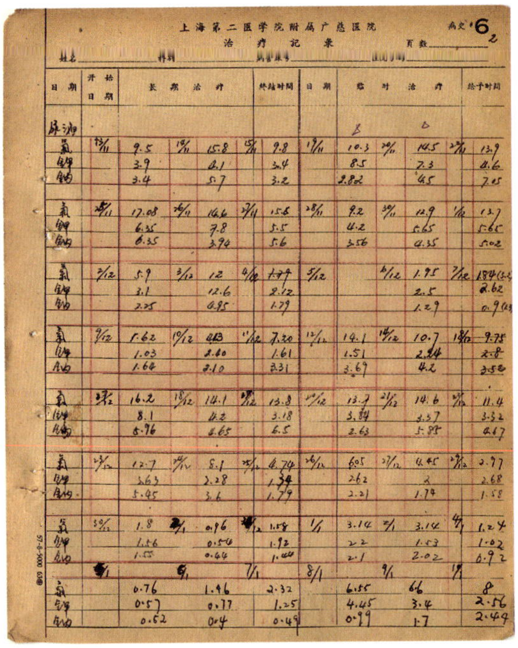

上海第二医学院附属广慈医院　病史 6 2

治疗记录　页数

姓名　科别　病房床号　住院号码

日期	开始日期	长期治疗				终结时间	日期	临时治疗				给予时间
尿[illegible]												
氯	13/11	9.5	14/11	15.8	15/11	9.8	19/11	10.3	20/11	14.5	22/11	13.9
钾		3.9		2.1		3.4		8.5		7.3		4.6
钠		3.4		5.7		3.2		2.82		4.5		7.05
氯	25/11	17.08	26/11	16.6	27/11	15.6	28/11	9.2	30/11	12.9	1/12	13.7
钾		6.35		7.8		5.5		4.2		5.65		5.65
钠		6.35		3.94		5.6		3.56		4.35		5.02
氯	2/12	5.9	3/12	12	4/12	1.77	5/12		6/12	1.95	7/12	1.84(3.[illegible])
钾		3.1		12.6		2.12				2.5		2.62
钠		2.25		0.95		1.79				1.29		0.9(1.[illegible])
氯	9/12	1.62	10/12	4.13	11/12	7.30	12/12	14.1	14/12	10.7	18/12	9.75
钾		1.03		2.40		1.61		1.51		2.24		2.8
钠		1.64		2.10		3.31		3.69		4.2		3.52
氯	17/12	16.2	18/12	14.1	19/12	13.8	20/12	13.7	21/12	14.6	22/12	11.4
钾		8.1		4.2		3.18		3.84		3.57		3.32
钠		5.96		4.65		6.5		2.63		5.85		4.17
氯	23/12	12.7	24/12	8.1	25/12	4.74	26/12	6.05	27/12	4.45	29/12	2.77
钾		3.63		2.28		1.34		2.62		2		2.68
钠		5.45		3.6		1.79		2.21		1.74		1.58
氯	30/12	1.8	[illegible]/1	0.96	[illegible]/1	1.58	1/1	3.14	2/1	3.14	4/1	1.24
钾		1.56		0.54		1.92		2.2		1.53		1.02
钠		1.55		0.44		1.44		2.1		2.02		0.92
	[illegible]/1		6/1		7/1		8/1		9/1		10/1	
氯		0.76		1.46		2.32		6.55		6.6		8
钾		0.57		0.77		1.25		4.45		3.4		2.56
钠		0.52		0.4		0.49		0.99		1.7		2.44

图专-2-2　陈家伦等详细记录每天尿液电解质变化

的病人血钾降低和尿钾增多。证实了疾病的特征后，又如何说明病人血液中醛固酮激素增加呢？在当时还不能直接测定醛固酮的条件下，只能测病人尿液中的“潴钠活性”。就是将病人的尿提取物注射到老鼠体内，然后测定老鼠的尿钠和尿钾。经过反复的实验，陈家伦和他的研究团队发现，老鼠的尿钠降低和尿钾升高，证实了病人尿中“潴钠活性”增强，提示盐皮质激素分泌增多。陈家伦和研究团队又开展了十分详细的代谢研究，而实验的对象就是病人的尿液和粪便，在测定粪便电解质的过程中总会散发难闻的气味，这让隔壁病房的同事也难忍其“臭”，纷纷掩鼻而逃、关窗躲避。但就是在这种简陋的条件和恶劣的环境下，陈家伦对原醛在电解质代谢方面的认识更加深入。

那时，还没有现在实验常用的代谢笼，为了分别收集老鼠粪便和尿液，陈家伦与医院车间的工人师傅一起设计了打孔隔板，然后在隔板之下放置收集器，就这样解决了老鼠尿液收集的问题。要诊断内分泌系统疾病，测定激素是最起码的前提，但全国当时还没有一家科研机构能够开展醛固酮测定。在邝安堃的指点下，陈家伦求教于当时的上海第二医学院生化教研室主任丁霆。经历了无数次失败之后，丁霆教授提出了为实验兔子补钾的方法。果然，动物死亡率明显降低。随后研制出的醛固酮测定法，不仅为原醛症的诊断提供了有力的工具，同时弥补了国内在这一领域的研究空白。在此后的30年，邝安堃和他的学生们一共诊断了原醛病人200例，为国内最大病例系列。

1956年建立的内科实验室是上海第二医学院最早设立的科研机构之一。1959年，丁霆在邝安堃的邀请下来到广慈医院内科实验室工作，并逐渐将重点放在激素测定的研究上，实验室于1964年经学校批准为上海第二医学院内分泌研究室。广慈内分泌学科的蓬勃发展也极大地推动了中国临床内分泌学的兴起和形成，奠定了广慈内分泌成为中国内分泌学的三大起源地的地位。

20世纪60年代，瑞金内分泌前辈们在邝安堃的领导下，开始用现代医学方法研究中医阴阳学说和虚症理论的尝试，成为中西医结合研究最早的实践者和开拓者。他们创造性地建立可的松阳虚动物模型、阴虚和阳虚高血压动物模型等，首次用现代医学的方法证实了中医的阴阳拮抗理论。在临床中他用中西医结合的方法治疗甲减和甲亢，取得了显著效果。邝安堃将内分泌学比作中西医结合的桥梁，认为激素间的对抗与阴阳学说、激素的反馈与五行学说极为相似，成为西医理论和中医理论相结合的开山之作，至今被中西医结合研究奉为经典，邝安堃因此也被尊为中西医结合研究的开创者。

邝安堃这位内科学术泰斗带领着学生们不断探索，无论条件优劣，遇到每一个灵感或机遇，都努力捕捉，每一项实验都要追求新意——这些理念也成为瑞金内分泌的信念。诸多的发现和创新，使得瑞金内分泌科创始之初就功绩卓著，建起了学科高地。

二、成立内分泌研究所，科研蓬勃发展

1979 年，上海市内分泌研究所宣告成立，邝安堃为第一任所长，同年，主编国内第一部内分泌专著《临床内分泌学》出版，卫生部也在当年正式委托内分泌承办全国内分泌进修班，该培训班迄今已有来自全国逾千位学员结业，成为中国内分泌学界最重要的人才培养基地。

20 世纪 80 年代之前，国内普遍采用 100 克葡萄糖作口服葡萄糖耐量试验。1980 年，瑞金医院内分泌科牵头 7 家国内医疗单位开展了大规模的实验，成立了研究协作组，以 50 克、75 克和 100 克葡萄糖 3 种剂量进行检测，观察胰岛素、C 肽释放和血糖变化。实验结果表明，75 克和 100 克葡萄糖两种剂量在检测时所导致的结果甚为接近，50 克的作用则较弱。为了避免口服大量葡萄糖引起的消化道不良反应，并使试验更符合生理性，研究组开始探索一种更易于让人接受的标准试餐法替代口服糖耐量试验。经过反复比较，终于选择了白馒头这个最简单、最易得、标准最统一的食品。二两面粉中大致含碳水化合物近 75 克，222 例临床实验数据证明了“馒头餐”的可靠性和可行性。瑞金医院率先采用，全国各大医院纷纷跟进，采用此种方法。“正常人、糖尿病人和肝脏病人共 1 085 例的胰岛 β 细胞功能的临床研究”也于 1983 年 12 月获得了卫生部甲级科学技术成果。

1981 年，学科成为首批内分泌和中西医结合内分泌的博士及硕士培养点，1985 年承办《中华内分泌代谢》杂志，时至今日，这本杂志已成为中国内分泌代谢病学的权威专业杂志；1989 年，成为国内首批国家教委重点学科，奠定了学科在国内的领先地位。

20 世纪 90 年代，糖尿病的发病率明显提高，而糖尿病人对糖尿病的知识却非常贫乏，在陈家伦和许曼音的倡议下，瑞金医院成立了“糖尿病宣教中心”，这也是国内第一个以宣教为目的的糖尿病中心。许曼音亲撰剧本，与当时的上海科教制片厂合作拍摄了《糖尿病宣教》片，这个精心制作的录像成为瑞金医院糖尿病宣教中心最早的宣教材料，并在上海电视台播放。许曼音逐渐意识到糖尿病宣教是一门学问，倡议举办学习班来培养糖尿病教育的专门人才，她把这些专门的人才命名为“糖尿病教员”，迄今为止，瑞金医院已培训包括上海市所有三级甲等医院在内的 100 余家医疗机构、400 多位医护人员，形成一支糖尿病教育的生力军。

此外，陈家伦带领瑞金内分泌顺应改变，在强化经典内分泌临床和基础研究的基础上，及时将糖尿病等代谢性疾病也列为重点，并采用分子生物学方法探讨其机制并取得突破性进展，成为国内最早应用分子生物学技术研究内分泌代谢病的单位之一。陈家伦筹划对内分泌所的研究力量进行调整。首先，他将为临床服务的激素测定集中在一单独部门即临床激素检测室（现临床内分泌实验室），实现了激素测定的规模化、专业化、标准化和规范化，这种调整为其日后成为国内检测指标最全、样本量最大的临床内分泌实验室奠定基础。其次，成立分子生物学实验室，并为此实验室配备了当时堪称一流的仪器设备，此举使学科的研究水平与国际同步发展，使瑞金内分泌在内分泌代谢性疾病的分子机制、致病基因等方面取得长足进展。

陈家伦不拘一格选拔人才，为学科持续发展营造了和谐团结的环境和高效精简的组织架构。在他的感召下，罗敏、李果、陈名道等留学归国并成为瑞金内分泌的中坚力量，同时他又将王铸钢、宁光、李小英、王卫庆、刘建民等有针对性地送到国外学习，为瑞金内分泌积蓄持续发展的力量，如今的瑞金内分泌团队保持着持久而旺盛的活力，在每一个年龄层次上形成一个人才群体。

20 世纪 80 年代初，百废待兴。罗邦尧作为内科主任也同时兼任内分泌科主任，还曾担任上海市内分泌学会主任委员。他意识到要保证瑞金内分泌在业界的领头地位，首先就得完善规章制度，

将以前广慈内分泌的优良传统传承下去。比如严格查房制度,"查房可能是所有医生最紧张的事情了,在内分泌科,拿着病人的病史照本宣科是绝对不允许的,除了完整的病史汇报以外,还要大家有广泛的知识面,了解疾病最新进展。"罗邦尧笑说自己也是这么过来的。"那么多人在,谁答不出问题,是很难为情的,因此从实习医生到主任医师,大家都尽可能地详细掌握病史、提前翻阅准备国内外的文献,每一次教学查房都是一次疾病知识的头脑风暴。教学相长,学生进步的同时,老师们也都大有裨益。"

罗邦尧主编的《肾上腺疾病的诊治》一书是国内第一部此领域的专著,获1994年度华东地区图书出版三等奖。此外,罗邦尧研究糖尿病的防治也取得了进展,获1997年上海市科技进步三等奖。

陈家伦、丁霆、许曼音、罗邦尧……他们都在瑞金内分泌学科发展史上留下了不可磨灭的痕迹,为瑞金内分泌的传承做出了重要的贡献。

三、不断创新,赶超世界先进水平

进入21世纪,学科的发展进入更加辉煌的时代。瑞金内分泌学科带头人宁光已不满足于跟踪国际前沿,而是将目标定为参与国际竞争。2000年,罗敏课题组的有关甲状腺激素缺乏对Goα基因的影响的研究发表在国际著名的*Brain Research*杂志上,陈家伦课题组有关下丘脑—垂体—肾上腺轴基因表达谱及新基因的克隆的研究发表在国际顶尖的*PNAS*杂志上,这项研究被评为当年度中国基础研究十大新闻之一和中国医学科技十大新闻之一;2001年,瑞金内分泌有关2型糖尿病全基因组扫描的研究发表在*Diabetelogia*,这些成果的获得也标志着瑞金内分泌逐渐步入国际内分泌研究的大舞台。2002年,经过激烈竞争和评审,凭借深厚底蕴,瑞金内分泌成为上海市内分泌代谢病临床医学中心,开启瑞金内分泌新一轮更高更快的发展。

2000年,宁光在会诊外科收治的一名甲状腺肿大的12岁男生时,将此例罕见病例转到内分泌病房,以期查清病因并更彻底治疗。很快就在临床上做出多发性内分泌腺瘤病2B型的诊断。宁光又为病人做外显子基因测序,发现他的RET原癌基因的第918位点发生了基因突变。最后病理证实,该病人是甲状腺髓样癌伴有黏膜神经瘤,正是多发性内分泌腺瘤病MEN2B型!也因此,宁光通过基因诊断了国内第一例多发性内分泌腺瘤病。

宁光清醒地认识到,长期以来由于该类疾病发病率相对较低而缺乏系统性研究,常易误诊漏诊,必须有所改变!为此他经过7年潜心研究,在总结大样本临床病例的基础上,构建并逐步完善三大类10小类的分类体系,理清并提出全新的诊断思路,极大提高遗传性内分泌疾病的检出率。宁光又通过对临床诊治技术的整合与规范,形成程式化基因诊断流程,使该类疾病基因诊断的周期从30多天缩短为4～6天,疾病确诊率也由原来的不足40%一举提高至90%以上。目前,宁光团队已诊断出30种单基因遗传性内分泌疾病,发现66种基因突变类型,其中26种在世界上均属首次报道。同时,他们还在国际上首次构建病种丰富、管理规范的遗传家系库,这对保护遗传资源、探讨疾病发生机制及高危人群预防都有极其重要的意义。

内分泌肿瘤种类众多,诊治异常困难,而其发病机制更是有许多未知,为此,宁光与他的团队在临床建立多种敏感的诊断方法,在提高诊断水平基础上,又发现了胰岛细胞瘤和肾上腺库欣综合征的致病基因,并继而完成它们的分子分型,实践精准医学和个体化医疗的新理念。

宁光率先建立了"内分泌代谢病学科群",将心血管科、神经外科、泌尿外科、病理科、放射医学科等各科专家汇聚在一起,为病人打造更好的个体化、综合治疗。来自各学科的专家们每周共同研究疑难杂症的对策，也因此，瑞金内分泌成了国内“疑难杂症终极汇聚地”。

为了寻找质优价廉的糖尿病治疗药物，宁光又致力于中药治疗糖尿病的研究。经过两年的努力，通过多中心、分层随机、双盲和安慰剂对照等方法，并结合高胰岛素正葡萄糖钳夹技术精确评估胰岛素抵抗状态，创新性地研究黄连素有效成分小檗碱治疗初发 2 型糖尿病合并血脂异常病人的有效性，并证实了黄连素的降糖作用，该篇论著得到国际同行高度关注。

为了比较双胍类和磺脲类这两种最常用的降糖药对 2 型糖尿病合并冠心病病人的长期影响，宁光团队还进行了一项多中心、随机、双盲、安慰剂对照的临床试验，研究发现与格列吡嗪相比，连续服用二甲双胍 3 年能显著减少平均 5 年的心血管事件的发生，这也表明使用二甲双胍治疗有高危因素的 2 型糖尿病病人，可以使病人在心血管方面获得长远益处。宁光团队还致力于通过大型队列创建生物样本库的研究模式，揭示中国糖尿病严峻形势及危险因素，他率领团队通过 3 个大型队列，建立有 45 万人 500 余份标本组成的瑞金代谢疾病生物样本库，对 20 余种糖尿病危险因素进行细致研究，提出糖尿病及其大血管病变的临床防治新方案。

宁光带领瑞金内分泌开辟了新的发展天地。截至 2016 年，瑞金内分泌学科已经连续 6 年获中国医院最佳专科声誉排行榜内分泌科第一名。目前是国家代谢性疾病临床医学研究中心、国家重点学科、“211”工程及“985”工程重点建设学科、卫生部内分泌代谢重点实验室(优秀)、卫生部内分泌代谢病临床重点专科、教育部糖尿病系统生物学创新团队、国家 SFDA 临床药物实验基地、国家“重大新药创制”科技重大专项的糖尿病药物 GCP 平台和国家中医药管理局三级科研实验室。同时瑞金内分泌学科还是上海市内分泌代谢病临床医学中心(重中之重)、上海市优势学科及重点学科、上海市高校内分泌代谢病 E 研究院、上海市内分泌肿瘤重点实验室(优秀)和上海市内分泌代谢科临床质控中心，拥有内分泌代谢病及中西医结合内分泌两个博士学位授予点和两个硕士授予学位点及博士后流动站；瑞金内分泌学科是《中华内分泌代谢杂志》和 *Journal of Diabetes* 杂志的创办和编辑出版单位。

“做学术，不能做别人做过的事情。”这不仅是瑞金内分泌创始人邝安堃教授教导学生们常说的话，更是代代内分泌人的共同宣言。学习不断、创新不止。从 1957 年国内第一例原醛症病人被治愈开始，广慈内分泌人从未放慢前行的步伐，创造了一个甲子的辉煌。

器官移植的全国首创及在瑞金医院的发展

瑞金医院外科在国内享有崇高声誉，标志性的事件之一就是20世纪70年代末的全国第一例肝移植和第一例心脏移植。由于"文化大革命"的影响，中国的器官移植起步较晚，但瑞金医院发挥多学科合作的力量，完成了这一历史性医学突破。

两个"第一例"都产生在瑞金医院并不是偶然的。20世纪50年代中期，瑞金医院的前身广慈医院外科就已经开展了血管移植手术。傅培彬带领宋祥明等开展了大动脉瘤切除并同种血管移植的动物实验和临床尝试，积累了丰富的经验，开创了血管外科和移植外科的先河，为今后开展肝移植和心脏移植做准备。自1959年开始，傅培彬在国内率先开展肝脏外科解剖的研究，为此后肝脏移植打下基础。1963年3月，美国Starzl医生完成世界首例肝移植，董方中也开始主持进行移植手术的准备工作，指导林言箴等创新性地进行肝移植的动物实验，先后在60多条狗身上做了实验，术后存活时间超过5天，而且能吃、能活动，接近世界先进水平。至20世纪60年代中期开始，广慈医院已经具备了开展肝移植和心脏移植的科学基础和技术储备。但因1966年"文化大革命"，研究完全中断。

一、填补国内肝脏移植空白

中国第一例肝移植的主刀医生林言箴回忆1977年那次创举时，时时要提到他的老师们。"我当时是普外科医生，得知美国实施肝移植手术后，我便向老师傅培彬教授和董方中教授提出了自己的看法，认为我们也可以做这个手术。"

1977年7月，董方中在与傅培彬交谈中提出"我们要赶上去，肝脏移植要上马。"傅培彬完全赞成，指定林言箴负责重新复习文献，恢复动物实验，并挑选尹浩然作为这项科研计划的助手。那时尹浩然刚结束赴西藏医疗队的工作，在家休息。林言箴一心想着争时间抢速度，立即赶到尹医生家里。见面之后，尹医生爽朗地说："我立即上班。"为了把国外的先进经验学到手，并且避免别人走过的弯路，他们夜以继日地搜集和分析国外有关资料。考虑到在进行肝移植手术时，取肝、灌注、接肝、麻醉、化验以及后勤等各组，同时要有50多人联合作战，有一个环节失灵，就会影响全局。这项工作获得当时外科支部书记唐步云和上海第二医学院副院长程贤家的大力支持，调集了普外科、内科消化组和血液组、麻醉科、检验科、血库的力量。在两个月左右的时间里，光动物实验就做了20多次，还进行2次联合实战演习，保证动物实验能顺利地过渡到临床。一切准备就绪，终于在1977年10月，一名有肝移植适应证的病人来到了瑞金医院。

这名接受肝移植手术的病人姓胡，是一名42岁男性肝癌晚期病人。1977年4月起出现消化道症状，体检时已经能触及肝上有核桃大小的肿块，后肿块逐渐增大。在外院诊断为肝左叶癌肿并行剖腹探查术，术中见肝左叶癌肿伴肝门累及，并有少量腹水，无法手术。

10月7日，病人由外院转入瑞金医院。医院安排了消化组江石湖参加外科查房，血液科王振义和王鸿利每天会诊调整凝血功能。傅培彬和董方中亲自参加病例讨论。经过多次讨论后确定唯有行肝移植才能挽救病人生命。10 月 21 日，由林言箴等施行同种原位肝移植手术。李杏芳和王鞠武共同完成麻醉，黄宗明辅助麻醉。

当时，条件非常艰苦，没有设备就自己创造，没有器材就动手制作。为了防止感染，做好病人的术后隔离，医院在高压氧舱临时搭建了病房，由手术室副护士长遇慧芳负责护理。为了保护好器官，防止组织的破坏，需要用冰块敷存脏器，而当时医院又没有电冰箱，手术室护士们就用木榔头将大块冰块敲碎成冰粉，储藏在木箱子里作为“土冰箱”，这工作既是体力活又需要有韧劲。为了到现场取供体，医生护士们风里来雨里去，争分夺秒取下供体。而且这种手术的时间非常长，又没有显微镜，没有血管缝针，林言箴只能凭着肉眼进行丝线缝合。阻断血管当时只有橡皮筋，医生们必须根据阻断时间，动作极其迅速地缝合器官。

“手术室里挤得满满当当，能够使我镇定地完成这台手术的，是始终站在我身后的两位老师：傅培彬和董方中。没有他们的信任和鼓励，根本不可能促成这件事情。”林言箴说道。可以想见，如果没有老专家的支持，没有青年医生的努力，就不会有今天瑞金医院肝移植学科坚实的基础。

手术成功了。为了照看病人，朱上林、江石湖等医生护士们常常几天几夜都无法回家。术后给予免疫抑制剂、止血、抗生素、胰岛素、补充凝血因子等治疗。术后第 5 天，病人出现绿脓杆菌感染，经对症治疗 21 天后感染得到控制；术后第 24 天因皮肤黄疸给予蓝光照射 11 天；因抗排异大量使用皮质激素后出现消化道出血，医疗组一边继续予以激素治疗，一边用冰水洗胃，又将止血药掺在牛奶里给病人滴进胃里，同时观察胃管内引流液的颜色，经过几个小时终于止住了出血。手术后，病人最终存活了 54 天。世界上从 1963 年 3 月进行第一例人体肝移植至 1967 年 7 月的 4 年 4 个月期间，共作了 3 例肝移植，最长存活时间仅为 23 天。由此可见，瑞金医院当时的移植技术已属世界先进水平。

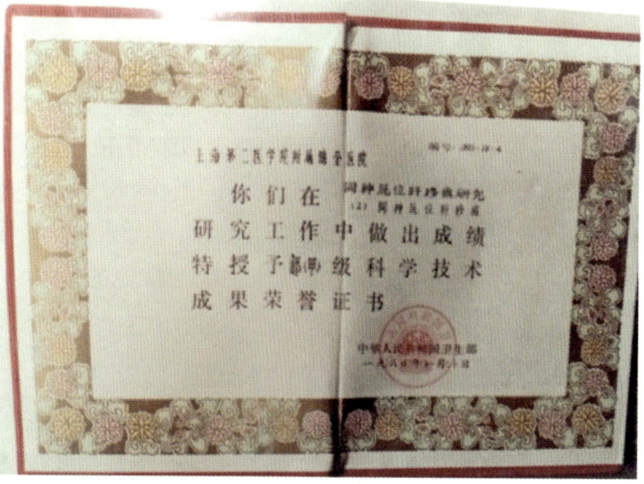

图专-3-1 1980 年肝移植获卫生部甲级科学技术成果奖

1978 年瑞金医院又接连完成了 3 例肝移植，均获得圆满成功，术后生存期分别为 139 天、200 天及 261 天。

二、中国第一例心脏移植

1967 年 12 月，南非 Barnar 医生完成世界首例心脏移植。至 1977 年，全世界有 65 个外科手术组，至少进行了 354 次心脏移植手术，成功的只有 85 次。1977 年下半年起，瑞金医院胸外科连续收治了好几位终末期的心脏病病人，由于不能进行有效的治疗，几个病人在短期内心脏都停止了跳动。为了挽救病人的生命，瑞金医院决定开展心脏移植的研究。1977 年 11 月初，张世泽等开始收集国外有关心脏移植手术的资料。在 5 个月的时间内，在动物身上共做了 36 次移植心脏的实验。

取心组的医务人员通过实验，逐步加快取心的速度，摸索出一套保证供心质量的关键性措施。负责灌注液的医务人员不断改进工作方法，能使离体的心脏保存长达 7 小时。接心组的医生，不断提高缝接心肌和血管的速度，精巧地掌握好缝针的针距和拉线的松紧度，使刚刚缝接的心脏经得起立即起搏跳动的考验。国产人工心肺机使用时间有限制，操纵心肺机的医务人员摸索出一套有效的使用方法，有力地配合了手术的进行。

由于心脏移植在我国原是个空白，手术用的器械非常缺乏，从事心脏移植的医务人员就在实践中自己动手做器械，或请有关医疗器械厂协助制造，一共改进和制造了 10 多件器械、设备。缝合心脏需用的无损伤丝线，经不起拉伸，张世泽想方设法改进持线钳，请手术器械厂工人按照设计要求，造出无齿持线钳，解决丝线容易被拉断的毛病。诊断排斥异体情况用的心内活检钳，长达 70 多厘米，而只有火柴梗那么细，在手术器械七厂的帮助下也得以成功制造。

1978 年 4 月 21 日，在外科团队的配合支持下，瑞金医院胸外科完成中国第一例人类同种原位心脏移植手术，这也是亚洲第一例心脏移植术。由胸外科张世泽、方立德手术，周思伯取供体。

病人朱某，为 38 岁男性教师，风湿性心脏病多瓣膜病变 20 年。1958 年患风湿热，1959 年心脏出现杂音，但仍能继续就学，毕业后任教师工作。1973 年第一次出现心绞痛、心衰，以后心衰反复发作，经休息、用药后有所好转。1975 年出现房颤，但仍继续工作。1977 年 7 月起，心绞痛、心衰发作更加频繁，休息和药物已经很难控制，逐渐丧失劳动力。1977 年 10 月 26 日起，心衰已无法控制，并常有恶心呕吐，不能下床活动，整天以双膝顶住胸部，双手抱膝屈坐在床上，每晚心绞痛发作约 5 次。经过全面检查，胸片显示全心扩大，诊断为风湿性心脏病、二尖瓣主动脉瓣狭窄伴关闭不全（主动脉瓣病变为主）、三尖瓣相对关闭不全、肺动脉高压、心房颤动、全心衰竭、心功能Ⅳ级、淤血性肝肿大。除了心脏移植，已无其他手段挽救他的生命。

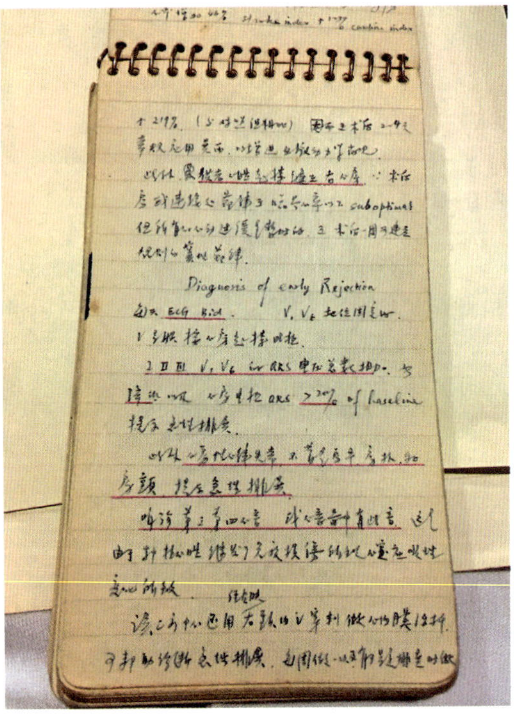

图专-3-2　1958 年内科医生丁怀翌为心脏移植所做笔记

1978 年 4 月 21 日，瑞金医院得到一个合适的供体，为一名 23 岁男性，因车祸致脑外伤，由内、外科医生诊断为大脑死亡后决定作供体，取心时呼吸已停止。取心的同时，于另一手术室开始进行心脏移植手术。供心保存时间共 3 小时 30 分，手术时间共 6 小时 15 分，其中体外循环 2 小时 22 分，整个供心血管缝合时间只用了 69 分 28 秒，术后呼吸机支持 26 小时。手术获得成功。手术后，内科选派了 4 位心脏科专业的高年资医生，和手术医生一起夜以继日地迎战手术后产生的新难题。检验科、心电图室、儿科实验室和二医免疫室等部门，每天为医生们提供几十个检查数据。病人在术后 3 小时，出现了血压骤然下降的休克险情，经过及时补液等措施，6 小时后恢复正常。手术后发生过 3 次排斥异体症状，经及时治疗，症状得到缓解。病人还发生过 2 次细菌感染，高热达 39.6℃，经过治疗和精心护理，基本控制了病情。病员从原来终末期心脏病顽固心衰、严重心绞痛、不能活动，恢复到术后能行走、自主生活。在第 108 天第 4 次排异时，因排异无法控制，病人存活109天死亡。

1979年2月，瑞金医院、上海市卫生局及中央卫生部分别通过科学技术研究成果汇报和技术鉴定，一致认为国内第一例人类同种原位心脏移植获得成功，效果明显优于国外早期临床心脏移植的结果，为终末期心脏病人提供了一种可供选择的治疗手段，填补了国内脏器移植方面的一项空白。

由于成功地实施了国内首例同种原位肝脏移植和首例同种原位心脏移植这两项重大医学成果，瑞金医院获得中央卫生部“重大科技成果甲等奖”。这两项重大医学成果不仅填补了我国器官移植的空白，也为器官移植事业的发展奠定了基础。

三、从“一肝两用”到“两供一受”

2002年，瑞金医院完成国内首例劈离式肝移植手术。受体为两名女性病人，一位是49岁肝硬化门脉高压病人，反复上消化道出血20余次；另一位是22岁的肝豆状核变性病人，随时有生命危险。为挽救两位病人性命，瑞金医院外科以科学的态度选择手术方式：7月19日，李宏为、彭承宏团队两台手术“齐头并进”，先将总重量为1 080克的供肝依解剖结构劈离为二，重量分别为850克和230克，并修整出两套各自独立的动脉、静脉及胆道系统，然后分别植入两位病人体内，49岁的病人病变切除后，850克供肝担负其全部功能；22岁的病人由于需解决的是部分肝代谢问题，手术仅切除了其左半肝，再用230克供肝移植上去。两台手术历时13个小时，“一肝二用”，救活两位病人，这是瑞金医院在肝移植领域创造的新的全国第一。因此获2003年上海市医疗成果三等奖和《中国医学论坛报》评选的当年国内医学十大新闻。

2003年9月29日，瑞金医院为一名52岁男性完成肝脏再移植手术。该病人3个月前曾在外院行原位肝移植，后出现肝门胆管狭窄，经瑞金医院多学科讨论与协作，成功解决切除原先各个血管和胆道的吻合口后肝上下腔静脉残留短、病人腹腔内组织严重粘连、再次术后病人容易发生细菌、真菌和病毒感染及急性排斥反应等技术难题，再移植手术成功，术后26天病人健康出院。

2003年，医院提出器官移植学科要再创辉煌，要实现跨越式发展，就要广纳贤才，吸引精英，广泛协作。先后从全国各地引进了彭承宏、徐达等专家，血液学、麻醉学和重症监护学的专家王鸿利、于布为、汤耀卿等也全力协作。2月17日，成立瑞金医院器官移植中心，中心整合了医院的基础、临床、免疫、病理、心理等优势学科，同时依托上海卫生界的整体优势，实现器官移植的跨越式发展，使器官移植水平再上一个台阶。5位接受器官移植的康复者，与医护人员一起登上了泰山，在泰山之巅，他们道出了心里话：“瑞金医院的医生们不仅给了我们第二次生命，还给了我们生活的自信。”

2004年，瑞金医院成功实施国内首例肝脏小肠整块联合移植。大二学生小付因急性小肠扭转导致小肠几乎全部坏死，仅剩下8厘米小肠，而正常人的小肠是4米。他只能靠静脉营养维持身体所需，时间一长，肝脏功能受到严重损害，并出现腹水。肝脏和小肠联合移植成了他唯一的希望。但肝肠联合移植在国内尚属起步阶段，不仅手术精细复杂，且术后的排斥反应也会比其他脏器移植来得凶险。手术采用了国际上最先进的腹腔多脏器整块联合移植技术，最大限度地减轻病人的手术创伤。经过手术结束了他近一年的无肠生活，使病人能像正常人一样进食、排泄。

2004年12月14日，全腹腔器官移植再次填补国内外科手术空白，38岁的女病人接受了腹腔7个脏器的整块切取和移植手术。病人患的是“胃肠道腺瘤性息肉综合征”，从最近端的胃到最远端

图专-3-3　2003年瑞金医院器官移植中心成立(右一李宏为,右三吴孟超,左三林言箴,左一严肃)

的直肠都密密麻麻地长满了不可计数的大大小小的息肉,有的息肉已经发生了恶变,其中十二指肠的癌肿已经向肝门和胰腺蔓延,而直肠的癌症也已向深处浸润。在缜密安排下,将病人肝脏、胰腺、脾脏、胃、十二指肠、全小肠和结肠等腹腔消化器官整块移植。为了尽可能减少创伤,保持移植脏器的结构和功能完整,设计了一套符合生理状况的血液供应系统,将腹腔动脉和肠系膜上动脉一同整合在一个血管桥上,使它们能够与受体的腹主动脉连接。14点45分,开始修整供体脏器,17点移植手术正式开始,在摘取受体腹腔受损脏器后,供体脏器被整块放入病人的腹腔里。医生们用肉眼都难以看清的缝线缝合血管,21点52分,连通的血管被依次开放,移植入体内的肝脏、胰腺、脾脏、胃、十二指肠、小肠和结肠等一个个从苍白转为红润。接着,医生们用温水帮助植入的器官和病人慢慢恢复体温,并开始了胃肠道的重建。12月15日清晨5点15分,手术成功结束。手术初期,病人仍然通过药物处于冬眠状态。在精心的观察和护理下,术后第一天就撤除了病人呼吸机,12月20日即术后第6天她已经能喝水。这样的多器官簇联合移植全世界不足100例,也是亚洲第一例。

2005年7月7日,经多学科联合,瑞金医院成功抢救一例妊娠期合并急性肝功能衰竭病人,并剖腹产下体重为2 890克的健康女婴。产后6天,即7月13日,为产妇进行肝移植手术,该产妇健康存活。

2007年12月,一名15岁、体重达95千克的肝豆状核变性女病人入住瑞金医院器官移植中心,肝移植受术者需要获得不低于其体重1%分量的肝脏才能存活,也就是说病人必须获得不少于950克的移植肝,但中国人的肝脏平均只有1 000至1 200克重,活体移植“劈”一半给病人还远远不够。为挽救病人的生命,瑞金医院彭承宏领衔的团队决定将45岁父亲左半肝和43岁母亲右半肝的两块健康肝组织,移植到女儿体内。手术定于12月12日早上8:30开始,3台手术交叉进行。父母亲的两个半肝切下来后,马上转运到女儿的手术间进行修整,同时医生迅速切断女儿的肝周血管,进行吻合步骤。3组麻醉医生则严密观察,保证手术过程中3人的生命体征始终保持最佳状态。当天,医院还配备了放射科、超声科和出凝血专家,37位医护人员、持续17个小时,终于获得圆满成功，父女 3 人均安全度过手术关，获得长期生存。“两供一受”活体肝移植手术比单一供体的肝移植手术技术更加复杂，排异的风险更加严重，当时全世界能实施的国家不超过 5 个，中国此前开展的类似手术只有 2 例，也是上海市首例成功的“两供一受”活体肝移植手术。

从 1977 年中国首例肝移植手术至今，瑞金医院为中国器官移植事业奠定了坚实的基础，填补了一项项空白。

中国特色转化医学之路

——瑞金医院血液病诊治重大突破

转化医学是指将基础研究的成果转化成可以为病人实际提供的真正治疗手段，强调的是从实验室到病床的联结，通常被称为“从实验台到病床旁”的研究，其核心是在从事基础医学发现的研究者和了解病人需求的医生以及卫生工作者之间建立起有效的联系，通过科研解决临床实际问题。瑞金医院很早就开始重视这一理念，20 世纪 50 年代就建立了内科实验室，并始终注重鼓励员工在提供优良医疗服务的同时进行科研创新，取得了诸多成果。

一、出血性疾病的诊疗

【出凝血功能检测和血友病诊治】

20 世纪 50 年代初，止凝血障碍成为内外科医师临床上一大棘手难题，甚至认为出血性疾病是手术的禁忌证，许多出血性疾病的病人因此丧失了手术治疗的机会。当时我国缺乏检测出血性疾病的完整手段，更谈不上正确治疗。为了解决这一临床难题，1954 年检验科徐福燕和内科血液病房王振义创立了血液细胞室，一开始仅仅在实验室进行试验，进行细胞形态学和出凝血检验，后来逐步应用于临床，开展了试管法凝血时间(CT)、凝血酶原时间(PT)、凝血酶时间(TT)和纤维蛋白原含量(FbG)测定等，经过无数次的努力，1952 年王振义和徐福燕等终于在国内首先报道血友病甲；60 年代初在国内首先建立了白陶土部分凝血活酶时间(KPTT)、简易凝血活酶生成试验及其纠正试验(STGT)和优球蛋白溶解时间(ELT)等，开始系统诊断凝血障碍性疾病。80 年代初王振义、陈竺等带领团队做出血友病甲、乙的分型及其轻型的诊断；王鸿利、沈志祥等陆续开发用于弥散性血管内凝血(DIC)和特发性血小板减少性紫癜(ITP)诊断的系列实验指标，使瑞金医院在止凝血领域占据国内领先地位。一批医师陈淑容、蔡敬仁、王鸿利、沈志祥、王学锋等都凝聚在王振义医师身边，形成出凝血疾病治疗团队的中坚力量。

20 世纪 70 年代初，王鸿利等设计了血小板黏附和聚集试验等方法。1977 年王鸿利等与常州市第一人民医院肿瘤血液科共同开展了遗传性出血性毛细血管扩张症的家系调查和实验检测，找到 3 个家系 329 个成员，发现其中 98 位成员有出血症状。80 年代后开发了凝血因子和抗凝因子活性检测、血小板功能相关检测、分子标志物和基因诊断等 40 多项新方法。90 年代建立了“临床诊断—家系调查—表型检测—基因诊断—功能研究”的完整诊断体系，极大地推动了我国血栓与止血的发展和提升。该时期，王鸿利、陈竺、王学锋等对血友病诊断、治疗和流行病调查，陈淑蓉、沈志祥等对血管性血友病和特发性血小板减少性紫癜的研究等也都达到国内先进水平。

随着实验研究成果应用于临床，血友病临床诊断水平的不断提高，随之推动了临床治疗水平的提高，王鸿利首先提出“检验优化组合应用”和“在实验监测下的个体化用药”的理念，得到同仁们的广泛认可。20 世纪 80 年代，在血液科和检验科的帮助下，骨科成功为血友病病人实施关节矫正截骨融合术，打破该病手术治疗的禁区；又提出“在血液制品充分准备下，对有指征的出血性疾病病人均可施行创伤性操作”。王鸿利、王学锋等积极参与临床大手术的围术期输血工作，帮助调节病人的止凝血机制。检测凝血因子活性，根据因子活性的水平，选择血浆制品的剂量，可以节省 1/3 至

1/2 的血浆制品。

1992 年,病人韩某因右下腹部多年反复出血,形成了数个大小不一的“血友病假瘤”,压迫肠道和肾脏,病情危急。病人从外地来上海求诊,遍访上海各大医院均被拒之门外,受访的专家一致表示:病情非常复杂危险,无良方救治。病人家属找到王鸿利教授,王教授认为只要有一线希望就决不放弃。由于手术风险太大,在多学科会诊手术方案时,王鸿利和王振义两位教授均表示愿意在手术时“保驾护航”。在血液科的大力支持下,病人经过每月 1 次共 6 次的手术,切除了巨大“血友病假瘤”,手术圆满成功。

1993 年,眼科收治 1 例来自天津的血友病病人。他 2 岁时因右眼球后出血致使该眼失明,眼周围组织坏死、侵犯骨质。18 岁时该眼球突出严重,病人要求摘除该眼球。他曾前往天津、北京、沈阳等地求医,但因为有术中大出血可能导致没有一家医院收治这位病人。该病人来到上海瑞金医院后,王鸿利教授认为该病人的病情复杂,联系医务处组织眼科、神经外科、耳鼻喉科、口腔科、灼伤整形科、检验科和血液科的专家进行多次多学科会诊,制定周密的手术方案。手术日各科主任亲临现场,眼科谈松年摘除坏死眼球,神经外科胡秉诚、耳鼻喉科程容荃、口腔科储琪东负责修饰眼眶周围坏死的骨板,检验科支立民负责即时检测,血液科王鸿利、王学锋负责围手术期血液制品的应用,最后由灼伤整形科施浩然负责修补创面和安装假眼。历经几个月,为病人解除痛苦,顺利出院。

图专-4-1 2002 年 5 月世界血友病联盟代表团来访(左一王振义)

1995 年,骨科与血液科联手为 1 例血友病甲伴高滴度抗体形成的病人成功施行截肢手术;1981 至 1994 年,血液科协助口腔科先后完成 5 例颌骨血友病性假瘤病人手术治疗,其中一例病人病变范围极大,累及上颌骨、颧骨、颅前、中窝区,手术获得成功,并未发生严重大出血。1983 年瑞金医院成为国内公认、世界血友病联盟(WFH)认可的血友病诊治中心。

【特殊疾病的检测】

1977 年 9 月,瑞金医院收治一例原发性肝癌病人,检验提示伴有严重肝硬化,因子Ⅶ、Ⅹ减少,有抗凝物质存在。王振义和王鸿利全程参加讨论,围手术期积极应用各种凝血因子和血制品,10 月 21 日病人接受了我国第一例同种异体肝移植,术后存活 54 天。

20 世纪 90 年代以后,王鸿利团队对重症肝病、肝移植和白血病导致的 DIC 等疾病的实验诊断做了研究。将 10 种血栓病的 1 332 例病人和 1 019 例正常组进行对照,通过全面、系统和动态的检测,得出病人血小板功能、凝血机制减低和纤溶活性亢进的规律;指出肝病出血的原因是由于凝血因子、抗凝因子的合成减少或(和)消耗增加所致;提示了检验优化组合诊断和用针对原因的止血措施,明显减少了该疾病的死亡率。通过总结 863 例各科 DIC 抢救,提出不能用一般 DIC 的实验诊断标准来诊断特殊疾病(白血病、肝病、产科)并发的 DIC;在抗凝(肝素、华法林)/溶栓(UK、rt-PA)治疗过程中,分别选用相应的实验指标作监测,尤其提出了适合国人的实验监测安全范围,使治疗过程中出血并发症的安全度和有效率明显增加。

瑞金医院血液科提出的出血病/血栓前状态的筛选试验，对出血病/血栓病的诊断起到重要指导作用，被称为“参考指标”。1999年协助制定了国内特殊疾病DIC的诊断标准。这一标准，使该疾病的诊断准确率由62%提高到84%。2000年，卫生部采纳王鸿利所提出的“手术前须测PLT、APTT和PT(必要时测BT)”的建议并在全国执行，从此基本杜绝围手术期异常出血的漏诊和误诊。

【分子水平研究】

进入21世纪，检验科将基因技术全面应用于遗传性出血病和易栓症的检测和诊断。截至2010年，遗传性出血病血友病甲、血友病乙，血管性血友病，凝血因子Ⅺ、Ⅻ、Ⅹ、Ⅴ，纤维蛋白原和血小板无力症等发现新的基因突变205个，突变数791个；针对5种遗传性易栓症抗凝血酶、蛋白C、蛋白S、高同型半胱氨酸症等，国际首报发现基因突变13个，国内发现24个。还对1 146个血友病甲/乙家系1 072例病人，1 067例携带者进行了携带者和产前基因诊断，发现男性患病胎儿126例、携带者女性胎儿70例，避免了患病胎儿的出生，为携带者的遗传咨询提供依据。在国际上首先阐明了遗传性出血病和血栓病29个新的突变基因的分子病理机制。

瑞金医院对出血性疾病的诊疗，代代相传，不断创新，自成体系，从止凝血疾病的发现—临床检验的探索—准确诊断—多学科干预治疗—分子机制研究，走出了一条多学科合作的成功之路，使瑞金医院出凝血研究和诊治始终处于领先地位。

二、攻克急性早幼粒细胞性白血病(APL)

瑞金医院始终非常支持临床科室设定有可及性目标进行科学研究，并鼓励将研究应用于临床，切实为病患服务。1978年各项工作恢复正常以后，血液科王振义主任作为一名多年来奋斗在临床—教学—科研第一线的医生，在长期工作中形成了独特的转化医学理念，他看到白血病病人经受化疗种种痛苦以及最终的不治，始终感到责任的重大，也一直在思考能否通过一种改良的方法将坏细胞改造成为好细胞，既不对机体自身细胞和组织产生毒性作用，也能使癌细胞变成正常细胞，从而使白血病得到缓解或痊愈。

APL作为急性髓细胞白血病(AML)的一种特殊类型(AML-M3)，长期以来被公认为白血病中最为凶险的一种亚型，尽管其发病率不高，但死亡率高，病人从诊断到死亡往往不过一周。通俗地说，该病的起因在于，病人体内本该正常发育成长的白细胞突然“不想长大”，闹起情绪、搞起罢工，导致出血、高热等症状，病人抵抗力大大降低，最终死亡。以往该病的治疗手段非常有限，主要是化疗。常规化疗往往加剧出血症状，促使病人进一步恶化，病人5年存活率只有10%～15%。1978年后，以王振义为首的瑞金医院研究团队，决心以APL为学科研究方向，希望通过诱导分化的方法“改造”癌细胞，让他们变得“听话”。经过多年研究，效果甚微，有研究生为测试某一药物的诱导分化作用，曾喂养、试验、解剖999只老鼠，结果却都是阴性。但王振义没有放弃，他的团队没有退缩，研究仍在继续。

【全反式维甲酸(ATRA)从实验室到病房】

20世纪80年代初，王振义从文献上获悉美国学者在体外用13-顺维甲酸转化APL中的癌细胞并试验成功，得知皮肤科张传钧在进行全反式维甲酸治疗银屑病的研究后，王振义通过医院了解到当时上海第六制药厂可以生产全反式维甲酸，就主动去厂方联系，当厂长和工程师听说这种药是为了治疗白血病作研究时，他们决定免费将药物赠送给瑞金医院科研团队。王振义指导自己的研究生黄萌珥将该药用于体外实验，惊喜地发现全反式维甲酸可以将早幼粒细胞株 HL-60 和急性早幼粒细胞白血病细胞诱导分化为正常细胞。从 1979 年到 1986 年，在瑞金医院的实验室里，经过长达 8 年的不懈探索，王振义和学生们艰苦卓绝地实验、验证，再实验、再验证，终于将"全反式维甲酸"诱导分化急性早幼粒细胞的结论确定下来：不同于国外应用的顺式维甲酸，全反式维甲酸对急性早幼粒细胞白血病（APL）的肿瘤细胞有诱导分化作用，可在体外实验中使 APL 的早幼粒细胞分化、发育为成熟的中性粒细胞。而且动物实验表明全反式维甲酸的不良反应轻微，临床应用安全。

转化医学必须将研究结果从实验室应用到病床旁，同样，王振义主任认为他的研究不能只停留在体外和动物实验上，还需要临床实践。因为白血病是个死亡率很高的疾病，而全反式维甲酸的毒副作用也比较大，用一种不良反应大的新药治疗一个死亡率很高的疾病，主治医生面临的风险就更大，因此反对意见很多。但王振义充满了信心。1986 年 5 月，上海市儿童医院血液科病房收进一位危重的急性早幼粒细胞白血病病人——5 岁的小静，经过一周化疗之后，小静仍然高烧顽固不退，口鼻出血、血尿、肛周感染等接踵而来。王振义通过在儿童医院工作的夫人谢竞雄第一时间得知小静的生命危在旦夕，他仔细研究小女孩的病情，在征得病人家属的同意下，建议让小女孩服用已经获得肯定研究效果的全反式维甲酸进行治疗。奇迹出现了，小女孩用药一周左右，病情就出现了转机，最终达到完全缓解。如今，20 多年过去了，女孩依然健康地生活着。

第一例重危病人应用成功，终于向全世界宣告"诱导分化、改邪归正"的恶性肿瘤的治疗方法，成功开创了诱导分化治疗的新纪元。维甲酸的应用不仅使肿瘤细胞转化为正常细胞，而且病人的缓解率大大提升，使 APL 从既往人人畏惧的高危疾病转化为疗效好、并发症少的易治疾病，病人的经济负担也显著减少。

为了让更多的病人用得起维甲酸，王振义不仅将药物无偿赠予各地的医院，甚至将药物的制作方法也毫无保留地传授给别人，从没考虑过申请专利牟取暴利。他毫无保留地向外推广并宣传介绍，指导孙关林等人组织全国的维甲酸临床研究。1991 年，王振义在杭州组织全国性的关于全反式维甲酸治疗急性早幼粒细胞性白血病的会议，全国近 200 家医院参加了此次盛会。各单位详细介绍了各自临床上使用的情况，大家一致认为药效是肯定的。会后王振义等人搜集整理了相关资料，发现完全缓解率竟高达 85%。

1988 年 60 多岁的王振义亲自去美国、法国，向全世界血液科医师进行学术报告。法国人首先接受维甲酸，应用维甲酸获得成功。继之美国及世界各地均有成功的报

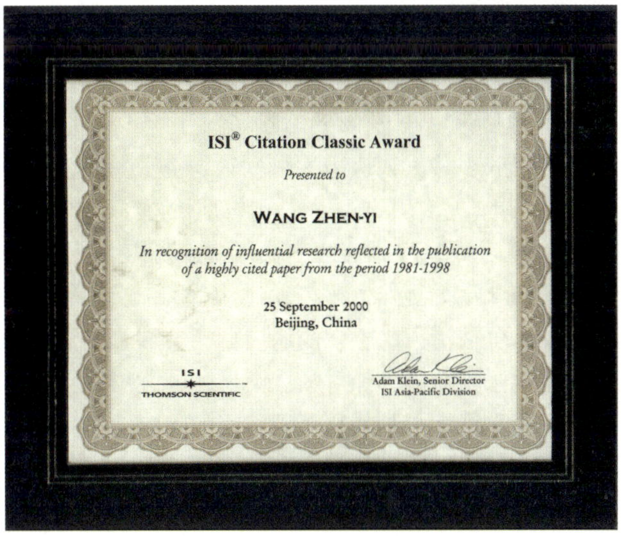

图专-4-2　2000 年王振义获美国科学信息研究所论文引证证书

道。1988年10月，王振义和学生黄萌珥发表在国际学业权威性刊物*Blood*的论文《全反式维甲酸治疗急性早幼粒细胞白血病的研究》引起国际医学界广泛重视，先后被*Nature*，*Science*，*Cell*，*EMBO*，*Proc Natl Acad Sci USA*等国际前沿学术期刊引证，是我国被国外引用次数最多的论文之一，获得了美国科学信息研究所引文经典奖。

【APL治疗方案的完善和应用】

临床治疗的成功并不能令王振义满足，1987到1988年，王振义科研团队根据细胞形态学观察，证明了全反式维甲酸(ATRA)治疗急性早幼粒细胞白血病(APL)的机制是通过诱导分化。1989年，王振义的第一届研究生陈竺、陈赛娟夫妇从法国飞回中国。第一项任务就是研究APL的发病机制和维甲酸治疗的作用机制。国内文献资料非常缺乏，实验室条件与法国相比相差悬殊，但两人在APL发病机制上作了前所未有的开创性研究。1990年，陈竺领衔的课题组和多个国际著名实验室同时阐述了APL形成的遗传学机制，通过进一步深入研究，终于系统地阐明了全反式维甲酸诱导APL细胞分化的机制原理，使肿瘤诱导分化疗法由之前纯粹的临床治疗经验，发展成为系统科学的理论体系，使我国白血病基础研究开始跨入世界先进行列。

然而，临床发现近50%的APL病人在服用全反式维甲酸后，病情稳定了一段时间又开始复发，并相继产生对维甲酸的耐药性。20世纪90年代，在得知哈尔滨医科大学张亭栋教授使用砒霜治疗急性早幼粒细胞性白血病的事例后，王振义与陈竺、陈赛娟等与哈尔滨的张亭栋教授联合成立了攻关小组，研究砒霜(三氧化二砷)的作用机制。经研究证实，全反式维甲酸和三氧化二砷是通过不同的作用途径使急性早幼粒细胞白血病致病的关键蛋白质发生降解，两药之间不但没有交叉耐药性，还有产生协同作用的可能。此后，王振义科研团队启动两药联合应用治疗初发APL的临床试验，结果表明4年无病生存率达到95%以上，获得了成人急性白血病治疗的最好疗效。

国内APL治疗的成功，引起国际上重视和轰动。法国学者首先在复发或初治APL病人使用，随着应用例数增加，出现了新的临床问题：少数病人出现严重并发症——维甲酸分化诱导综合征，病人往往有高热、胸闷、气促，严重者可导致死亡。瑞金医院血液科对维甲酸应用剂量提出新的设想，经严密设计的临床研究证实，小剂量维甲酸和标准剂量维甲酸在治疗APL病人时不仅疗效相同，而相应不良反应明显减少，进一步完善了维甲酸治疗APL的临床方案。

亚砷酸的应用同样在临床上发生了肝功能异常的情况，尤其在初发APL病人，部分病人只能停止使用亚砷酸，严重影响APL治疗疗效。2008年一例美国APL复发病人进入瑞金医院血液科，病人应用亚砷酸后很快出现肝功能异常。在密切观察下瑞金医院血液科启用小剂量亚砷酸治疗APL研究计划，结果该病人不仅按期治好了APL，而且肝功能在短期内恢复正常。

2009年，瑞金医院报道应用全反式维甲酸和三氧化二砷联合靶向治疗初发APL的临床研究，随访表明5年无复发生存率达到94.8%，5年无事件生存率达89.2%，总生存率达97.4%，使其成为第一个可被治愈的急性髓系白血病。瑞金医院成为治疗APL的引领者。

瑞金医院血液科针对临床突出问题开展针对性实验研究，并将实验研究转化回临床应用，根据临床应用反馈进一步调整基础研究的方向，创出了中国特色转化医学之路。他们的突出贡献得到了国内外学术界的充分肯定，也带动了整个学科的发展。

瑞金医院血液科团队通过不断优化治疗方案，使APL这种过去被认为疗效差、死亡率高的急性白血病成为一种缓解率高、5年生存率很高的、第一个可通过内科疗法基本治愈的成人白血病，得到国内外同行的高度评价。国际血液学界特将此方案誉为“上海方案”。

APL 科研成果，获得国家级科技进步奖 4 项、部市级科技进步奖 6 项。王振义 1994 年获美国凯特林医学大奖，1998 年获法国祺诺台尔杜加科学奖，2010 年获国家最高科学技术奖。王振义和陈竺 2010 年获圣捷尔吉癌症研究创新成就奖。王振义、陈赛娟被评为中国工程院院士，陈竺、陈国强被评为中国科学院院士，创造了同一学科 4 位院士的传奇。

科研国家队的炼成

——记上海血液学研究所30年

上海血液学研究所在国内外血液界享有崇高声誉和学术地位。在白血病基因产物靶向治疗、白血病发病原理、血液恶性疾病的系统生物学及出凝血疾病的研究方面取得了诸多重要突破。例如白血病基因产物靶向治疗方面，在国际上首次提出了全反式维甲酸和砷剂协同靶向治疗初发急性早幼粒细胞白血病，使5年无病生存率达到90%以上，成为第一个可治愈的成人髓性白血病，已在国内外广泛应用；白血病发病原理研究方面，在国际上首次提出了白血病基因组解剖学计划，从分子水平研究了慢性粒细胞白血病急变和M2b型急性髓细胞白血病的多步骤发病原理，丰富了白血病发病理论的内涵；血液恶性疾病的系统生物学研究方面，在国际上首先建立了造血干细胞基因表达谱、新基因染色体定位图谱，开创国内大规模人类功能基因研究的先河，应用大规模测序和生物信息学分析等方法，比较了正常和病理状态下造血干/祖细胞基因表达谱，为阐明造血系统疾病的发病原理提供了新途径。通过该项目的实施，集成了一批关键技术，为建立和发展我国人类基因组研究的理论和技术体系积累了经验，并成功地应用基因芯片、蛋白质谱和动物模型等技术，从系统生物学水平揭示了白血病发病和诱导分化、凋亡治疗的调控网络。

上海血液学研究所(以下简称“血研所”)，成立于1987年3月23日，由瑞金、仁济、新华、九院等4个医院的血液科和上海第二医科大学基础医学院病理生理教研室5家单位组成。至2010年，作为首席科学家承担国家高技术研究发展计划(863)、国家重点基础研究发展计划(973)、国家重大科技计划等百余项国家级课题，百余项省部委级重大课题和一大批国际合作课题。获得国家最高科学技术奖、国家自然科学二等奖、国家科技进步二等奖、上海市科技进步一等奖、长江学者成就奖、杜邦科技创新奖、教育部高等学校自然科学奖一等奖等10余项国家级和省部级重要科技奖励，以及美国通用汽车公司凯特琳癌症研究大奖、法国抗癌联盟卢瓦兹大奖、瑞士布鲁巴赫肿瘤研究大奖、法国祺诺台尔杜加科学奖等一批国际性大奖，是名副其实的“科研国家队”。

一、艰苦创业，从血液病研究室走出的白血病治疗上海方案

然而，在1952年时，血液病只不过是内科下的一个小分支，由于病人群体小、治疗效果差，只能与肾脏病合用一个病区，王振义受医院指派与检验科徐福燕共同主管血液组的工作。当时白血病还被认为是“不治之症”，中国急性白血病的自然生存期仅3个月左右。

1979年，瑞金医院成立血液病研究室，由内科与儿科共建，王振义任研究室主任，儿科胡庆澧任副主任。王振义和徐福燕带领王鸿利、张利年、孙关林等年轻医生，重点研究弥漫性血管内出血(DIC)、血小板功能缺陷性疾病和白血病等血液疾病。

据孙关林回忆：“当时血液科工作人员都是20世纪60年代毕业的，大多都是念俄文的，王老师就先开始帮助我们学习英语。他叫我去图书馆把英语版的西医内科学找出来作为学习教材。我们先在蜡纸上打字，然后再油印。王老师基本每天晚上给我们上英语课，给我们领读和讲解，就这样我们这批人的英语水平慢慢地提高了。”

“文化大革命”刚刚结束，医院研究条件简陋，人员缺乏。四五平方米的小房间要具备诱导分化

培养室、操作室和办公室功能，连最基本的超净工作台和 CO_2 培养箱都没有，细胞培养的操作只能在细菌接种用的玻璃罩下进行，经常因污染而导致实验失败。实验用的瓶子都要科研人员自己洗。为了不影响临床工作，血液组的医生们白天看门诊，做临床工作，晚上加班加点做实验。没有设备就想方设法到其他科室，甚至其他医院去借。看荧光显微镜需要暗室，就在以前法国人用来给实习医生做实验的废弃房间里用黑布遮了块地方，一个人钻在里面看。后来病房的一个小厨房搬到其他地方去了，血液病研究室才算有了一个比较像样的房间。一年冬天的一个夜晚，陈竺在动物房作关于白血病细胞分化的研究课题，在给小鼠注射时，动物房突然断电，小鼠四处逃窜。陈竺摸着黑，趴在冰冷的地板上捉老鼠，但结果几个月的劳动成果仍然泡了汤。

图专-5-1　1983 年，王振义（前排右一）和他的学生们（后排左一陈赛娟，左四陈竺）

就在这样艰苦的环境中，王振义不断告诫大家："科研道路上，遇到困难和挫折是再平常不过的事情，要怀着越挫越勇的精神，坚持下去。科学研究最忌讳的就是浮躁，清贫与寂寞常常是科学家最好的朋友。要想搞好科研，做好学问，就必须心存坚定执着的信仰，就必须具有锲而不舍的治学精神。"为培养年轻学生，王振义总是将学生列为论文的第一、第二作者，自己排在最后，甚至不署名。正是在这样的艰苦创业精神下，血液病研究室与其他科室和其他单位合作，相继在国内首先提纯因子Ⅷ相关抗原、凝血酶敏感蛋白，合作研究肾衰竭与凝血、中西医结合治疗感染性休克等。

1979 年，王振义将"诱导分化"确定为对白血病研究和治疗的主攻方向，在艰苦的条件下带领自己的研究生陆德炎在血液病研究室开展筛选诱导分化剂的研究工作，尝试了无数种方法，测试了无数种药品，付出了巨大的心血，却一无所获。1980 年，王振义受美国 Breitman 和 Flynn 用 13 -顺维甲酸急性早幼粒细胞白血病（APL）实验成功的启发，带领研究生黄萌珥开展全反式维甲酸（ATRA）进行体外细胞诱导分化的实验。经过 8 年艰苦探索，1986 年，王振义和他的学生终于用实验证实 ATRA 可以诱导分化急性早幼粒细胞，效果远优于 13 -顺维甲酸。

但 ATRA 的毒性大于 13 -顺维甲酸，作为一种从未在国际上报道过的全新治疗方式，应用到临床仍承受很大的压力。面对阻力，王振义在大量实验室研究的基础上，大胆提出"我有勇气，我尊重科学!”。1986 年 5 月,王振义用全反式维甲酸成功治愈一位 5 岁儿童急性早幼粒白血病病人小静,这是世界上诱导分化理论让癌细胞“改邪归正”的第一个成功案例,也是血液病研究室的基础研究成果向临床转化的第一个成功案例。不仅为白血病等恶性肿瘤疾病的诊治提供全新角度和途径,也进一步开辟出血液学研究的广阔空间。

二、合纵连横,创建上海血液学研究所

诱导分化研究成果的取得并顺利应用于临床,离不开上海市多家医院血液科的合作帮助,也是瑞金医院血液学研究室与上海乃至全国血液界同行相互支持、相互配合的结果。为寻找适合 ATRA 诱导分化治疗的白血病病例、搜集临床标本,血液科的研究生们骑着自行车到处奔波,几乎跑遍全上海各大医院。王振义认识到,血液学科的发展,仅依靠个别团体和组织是无法成功的,必须站在全局考虑,充分发挥集体的力量和优势。他先是组织瑞金医院的同事们与仁济医院、长征医院、长海医院、儿童医院、华山医院等结成上海白血病协作组,搜集更多的急性早幼粒细胞白血病病例,后来又到北京等地方医院,为他们免费提供 ATRA,只希望他们把用药后病人详细的病例报告反馈回来,以确认药效。他根本没有考虑知识产权问题,坚持说“发现全反式维甲酸这个药物治疗白血病,是全国医学同仁共同努力协作的一个结果”,还建议将上海第二医科大学附属医院及基础医学院原先各自独立的血液专业力量联合起来,各取所长,形成一个系统、全面的血液学科研机构,保证血液学研究继续向前发展。

时任上海第二医科大学校长的王振义,在完成繁重的医疗、教学和行政工作的同时,开始为组建新的科研机构而不停忙碌。筹措经费、撰写报告、处理批件、与有意向的合作单位进行反复协商,王振义事无巨细,亲力亲为,终于联合上海第二医科大学各附属医院(瑞金、仁济、新华、九院)的血液科和基础医学院病理生理教研室,在瑞金医院血液病研究室的基础上联合成立上海血液学研究所,王振义被选为第一任所长。

上海血液学研究所是上海第二医科大学第一个非政府拨款的所级科研单位。该所的一个显著特点是打破地理分隔,所内各实验室分布于学校本部和各附属医院。研究所挂靠在上海第二医科大学和上海瑞金医院,是学校和医院从事血液学研究和医疗的学术联盟。研究人员同时在大学、医院任职,这种研究—教学—临床医疗三结合的方式,把基础研究、大学教学与医疗工作紧密联系在一起,使理论研究和实际应用互相结合、渗透,共同提高。

上海血液学研究所的成立,标志着上海第二医科大学血液学研究进入新的历史发展阶段。

三、双翼齐飞,科学研究与人才培养并重

上海血液学研究所取得的巨大成就得益于正确的战略规划和人才梯队建设。

血研所建立伊始,王振义即确立“定位科学最前沿,瞄准国际最领先,向世界最先进发展”的理念和目标。王振义认为,医学工作者探索的是生命科学的奥秘和规律,21 世纪是生命科学的世纪,因此确定这样的理念是符合时代要求的。在科研工作中,他强调创新性是科研工作的生命,只有在前人实践的基础上取得突破性科技成果,才能体现科研的价值。

研究所成立之初,研究工作的规模和水平与国外先进水平相比存在较大差距。刚刚成立的血研所面积只有区区 40 平方米,研究经费和人才资源双重匮乏。由于研究所挂靠在上海第二医科大

学和瑞金医院，所里没有独立的编制，没有政府行政拨款，当时只有借瑞金医院的编制和经费支持。虽拥有若干硬件装备如DNA自动测序仪和染色体自动分析仪，但缺乏生物医学研究所需的完整技术体系，经费来源也不充足，很多实验只能因陋就简。等、靠、要不行，只有在科研思路上有所创新。王振义和同事们经过精心筹划，确定包括科学基金申报、吸纳和使用等环节在内的科学基金制度。一方面通过竞争，以高起点的研究目标和优异的研究成果为基础申请各类科研基金，弥补科研经费不足；另一方面王振义认为，不断引进新的人才才会带来新的学科思想、新的研究方法、新的科学理念，进而促进血研所的不断发展。王振义创造条件吸引海外顶尖人才学成归国，带动学科向纵深发展，取得更大科技成果，进而申请到国内外更多科研经费，形成科学研究和人才资源互动发展的良性循环。

【转化医学体系的建成】

血研所强调实验研究与临床治疗的结合，坚持面向临床重大需求，较早在国内形成转化医学的体系。由于全反式维甲酸治疗的多数病人两年内复发，血研所于20世纪90年代中期开始对其他有效治疗APL药物的探寻。1995年，与哈尔滨医科大学张亭栋合作，应用纯三氧化二砷制剂成功治疗ATRA和化疗耐药复发以及初发的APL病人，完全缓解率达到80%，并利用现代医学生物学策略，明确砷剂诱导白血病细胞分化和凋亡的双重药理学机制。然而，临床实践表明，单纯砷剂治疗同样存在复发难题。2000年始，上海血液学研究所团队应用系统生物学方法对ATRA和三氧化二砷治疗APL的分子调控网络进行全面研究，在结合动物实验及随机临床对照研究结果的基础上，又开展较大规模应用ATRA和三氧化二砷联合治疗初发APL的单中心随机临床试验。一组85例初发APL病人，两药联合治疗方案显示出很好的协同靶向作用，病人的临床完全缓解率达到90%以上，5年无病生存率达到90%以上。之后，通过全国多中心临床研究，协同靶向治疗535例初发APL病人，5年无病生存率达92.9%。该治疗方案的长期安全性亦得到充分证明。此突破性成果使APL成为目前唯一能被基本治愈的急性髓系白血病，我国学者自主设计的“上海方案”在国内每年使数以千计的APL病人得到新生，目前该方案已广泛应用于世界各国，成为转化医学研究的成功范例。

血研所牢牢把握学科发展的国际新趋势，根据血研所自身的条件和特色，不断优化学科发展战略，提出新的目标：1. 将急性早幼粒细胞白血病的联合靶向治疗成功的思路进一步拓展至其他类型的白血病；2. 努力挖掘中国传统医药的宝库，中西医并进，开发具有我国自主知识产权的抗肿瘤新药和治疗新方法；3. 积极推进血友病甲等遗传性血液疾病基因治疗的探索性研究；4. 开拓基于重编程的造血细胞的基础和临床应用研究。

【构建杰出人才梯队】

血研所坚持培养和引进并重的人才政策。对于血研所培养的人才，研究所领导因势利导，让青年人出国深造的愿望与血研所的学科建设目标结合在一起。在青年人通过实干崭露头角时，就支持他们参加国际会议、做短期合作研究或技术培训，让他们在国际科技舞台上认识到自己肩负的使命和责任，增强立足国内创业的信心。对于有发展潜力的优秀年轻人才，会帮助联系国外学术水平高或是需要学科交叉的机构攻读博士学位或博士后。青年人出去从事的研究课题和学习的技术方法与他们在国内已经奠定的基础相衔接，利用出国机会拓展新的知识和技能，回国后继续同一个大学科领域的工作，使得研究所的学术积累不断深厚，从而在实践中培养一批具有强烈创新意识和较强创新能力的青年才俊,其中不少人才已成为国内外知名科学家。

1984 年,在王振义的推荐下,刚刚年过 30 岁的陈竺、陈赛娟先后赴法国巴黎第七大学圣路易医院血液病研究所进修攻读博士。1989 年 7 月,在国外取得博士学位的陈竺、陈赛娟夫妇放弃国外优厚的待遇回到祖国,在新成立的上海血液学研究所创建分子生物学实验室和细胞遗传学实验室,开始对全反式维甲酸治疗急性早幼粒细胞白血病的细胞和分子机制进行研究。

陈赛娟回忆说:"陈竺一开始是作为住院医生到法国留学的,学习血液病最基础的诊断方法,是形态学方面的。读博士的时候,因为分子生物学实验室是一个新的发展方向,他就自己看书探索分子生物学的研究内容,那个时候在法国也才刚刚开始。我比陈竺要晚一年多出国。我们做了充分的学科发展调研和思考。当时,王老师主要做临床的研究工作,陈竺做分子生物学研究,从基因分子水平方面进行理论和实践。白血病的诊断还需要细胞遗传学,因为有一半的白血病病人可以从显微镜下看到染色体的异常,但是医院还缺乏这一方面的研究工作,所以我专门去找了圣路易医院,跟他们商量让我研究细胞遗传学方面的知识,这样我们的学科研究就比较完整。王老师、陈竺以及我把整个学科基本诊断和治疗等关键性要素建立起来,这也是进一步发展我们学科的基础。"应用分子生物学与细胞遗传学技术,他们发现某些染色体易位导致的融合基因,并在转基因小鼠身上证明这些基因具有致白血病能力。由此阐明早幼粒细胞白血病的发病原理和维甲酸诱导分化治疗白血病的作用机理。课题组很快建立检测急性早幼粒细胞白血病微小残余病菌变的方法,有效地指导临床治疗。这些发现使我国在该领域内继临床突破之后又实现基础理论的重大飞跃,使肿瘤分化疗法从纯粹的临床经验发展到科学的理论体系。为患此恶疾的白血病病人创出一条生存之路,也使我国的白血病基础研究跨入世界先进行列。这些工作的论文自 1991 年起在 *Blood*, *EMBOJ*, *JCI*, *PNAS* 等杂志上刊出,引起国内外学者的瞩目,获得高度评价。

图专-5-2　2000 年陈竺(左四)、陈赛娟(左五)在血研所指导研究生

继 1995 年陈竺当选中国科学院院士、2003 年陈赛娟当选中国工程院院士,2015 年 12 月,血研所培养的研究员陈国强也当选中国科学院院士。1993 年攻读博士期间,他从事关于三氧化二砷治疗急性早幼粒细胞白血病的基础和临床研究工作,并在 *Blood* 等国际权威刊物上发表多篇论文。他深入揭示低氧诱导因子 1α (HIF－1α)和去磷脂层酶 1 在白血病细胞分化中的作用及其分子机制；报道第一个通过结合过氧化物还原酶，诱导白血病细胞分化和清除白血病干细胞的天然小分子化合物——腺花素；报道白血病干细胞诱导形成一种新的骨髓微环境及其在化疗抗性中的作用和分子机制等。这些系统性创新工作为白血病和肿瘤的治疗提供了新的思路，产生了重要国际影响。论著被引证 6 000 多次，连续 9 年(1997—2006 年)在我国单篇论文被引证数排名中居前 8 名。

对于引进人才，研究所千方百计为他们创造良好的工作和生活条件，在研究生招生、启动经费等各个方面给予及时的倾斜和支持，使他们尽快度过回国初期的适应、磨合期，以便早出成果。到 2016 年底，已引进 11 位中青年优秀人才，成为血研所的主力军，其中包括国家中央组织部千人计划、国家自然科学基金杰出青年基金和上海市东方学者获得者等学者。

21 世纪开始以来，血研所研究团队 8 人获得国家自然科学杰出青年基金，培养的博士生 5 人获得全国优秀博士生论文奖。在包括 *Nature*，*Science*，*Nature Genetics*，*Blood*，*PNAS*，*Leukemia* 等在内的国际高水平杂志上发表论文 300 多篇，论文引证率高达 2 万次以上。

短短 30 年，上海血液学研究所从一个小实验室成为上海市、卫生部、教育部的重点实验室和医学基因组学国家重点实验室。从 2001 年起，连续 3 年被评为科技部国家优秀重点实验室。血液学科被列为上海市“重中之重”重点学科、“211”工程重点建设学科和国家重点学科。上海血研所的研究团队 2005 年和 2006 年先后被评为国家教育部和国家自然科学基金委员会的优秀创新群体。2001 年，上海血研所荣获全国五一劳动奖章。2009 年，被中央组织部、中央宣传部、人力资源和社会保障部和科技部联合授予“全国专业技术人才先进集体”光荣称号。

上海血液学研究所坚持基础与临床相结合的转化型研究，首创的急性早幼粒细胞白血病协同靶向治疗方案被国际同行称为“上海方案”，现已在国内外广泛应用，该成果也体现了中西医学汇聚的独特优势。目前，上海血液学研究所形成了一支具有合理的专业和年龄结构的创新研究群体，培养和锻炼了一支高水平的攻关队伍，取得了具有国际领先地位的医疗科技成果，已成为我国重要的人才培养和科研创新基地。

微创手术理念在中国的应用与推广

微创外科的兴起源于 20 世纪 70 年代以来医学界出现的整体治疗概念，即外科治疗的终极目标是追求病人治疗后心理和生理上最大限度的康复。伴随着腹腔镜技术的出现，微创外科近 30 年来得到蓬勃发展。1993 年，以瑞金医院郑民华为代表第一批开展腹腔镜手术的医生可谓经历了重重阻力与訾议，在结直肠癌根治术、胃大部切除等复杂手术方面取得了突破，不但将微创手术理念推广到妇产科、泌尿外科、胸外科、心脏外科等各个领域，还向全国各地进行指导推广，帮助建立起外科手术微创化的新理念。2010 年 3 月，彭承宏团队率先完成达芬奇机器人胰体尾切除术，拉开了达芬奇机器人手术的序幕，至 2017 年 2 月已完成 1 000 例机器人胰腺手术。目前机器人手术已经广泛应用到心脏外科、泌尿外科、胸外科等各相关学科，与腹腔镜技术一起不断推动着中国外科革命性进步。

一、微创技术在瑞金医院的开端

1986 年，上海第二医科大学医疗系第一届法文班毕业生郑民华被瑞金医院公派至法国斯特拉斯堡学习，师从于 Hollender 及 Meyer 教授学习微创外科腹腔镜技术。因为腹腔镜看上去又细又长像“筷子”，所以这技术起先也被称为“筷子技术”。在老外的眼里，中国人是天生最擅长使用筷子的，于是才 20 多岁的郑民华便有幸学会了腹腔镜胆囊、阑尾切除术，疝修补，抗食管反流以及急腹症探查、各种妇产科手术。1988 年底，郑民华独立完成腹腔镜胆囊切除术，成为第一个掌握微创技术的中国人。

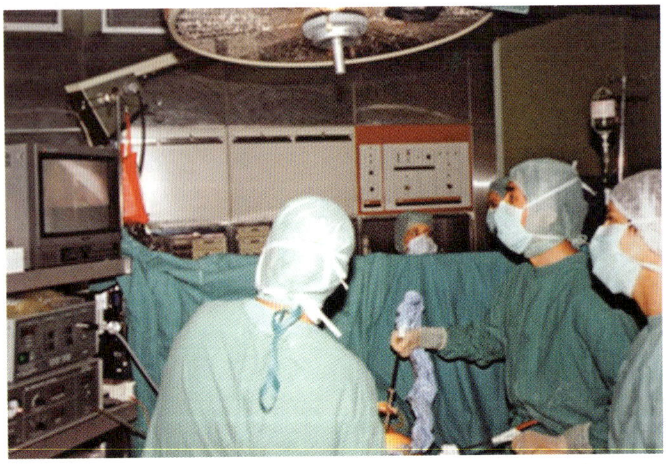

图专-6-1　1988 年，郑民华(右二)在法国独立完成腹腔镜胆囊切除术

1991 年底在时任院长李宏为的感召下，郑民华回国并与蒋渝一起成功施行了华东地区首例腹腔镜胆囊切除术。当时国内微创技术一片空白，整个外科学界并不相信腹腔镜技术，甚至开玩笑说：“腹腔镜嘛，就是回家有大门不走，偏要爬窗户。”但医院管理层坚信微创技术是新时代外科发展的必然方向，予以大力支持。为了推广腹腔镜技术，1992 年起郑民华牵头成立腹腔镜研究小组，并举办国内首个腹腔镜技术学习班，开始在全国大力普及微创理念及技术，全国有 200 余名外科医师参加学习和观摩。

当年，著名的瑞金医院内，蒋渝、郑民华、王明亮等医生经常穿梭在高压氧、口腔科、皮肤科、普外科、胸外科、妇产科、泌尿科、整形科等各个科室不同的病房里，为各种病种的病人实施微创手术。

将微创手术“创伤小、恢复快”的理念不断灌输和传播;同时,通过向其他科室“借床位”方式,将微创外科技术推广到相关手术系统和领域,直至如今几乎能涵盖所有的手术科室。对于今天的医生和医学生来说,当时的一幕幕令人难以想象。

创业是艰难的。微创外科刚开始发展的时候条件很差,没有固定床位,到处向各个科室和病区借床。先在医院外科的 4 个病区里,每个病区各挤出 1～2 个床位。然后在高压氧舱旁边借 4～5 个床位使用;接着到口腔科又去“占领”一些床位;再后来是向妇产科、整形外科等各借 8～10 张床位……由于病人分散在各个病区,每次新病人入院,郑民华他们都需要去各个不同的病区询问病史,记录、写病史、手术、早晚查房,写出院小结,辛苦程度不言而喻。

20 世纪 90 年代初期,在郑民华带领的外科腹腔镜小组帮助下,医院内各手术科室很快陆续开展了腹腔镜微创手术。例如妇产科喇端端教授率先开展腹腔镜微创宫外孕探查和卵巢囊肿手术;1992 年底胸外科杭钧彪在国内较早开展胸腔镜气胸、纵隔肿瘤、自发性血气胸手术;1993 年泌尿外科张祖豹开展腹腔镜微创肾囊肿切除术,并在国内率先将腹腔镜技术应用至肾上腺手术,完成腹腔镜下嗜铬细胞瘤瘤切除术;儿外科也在郑民华的帮助下完成国内首例小儿腹腔镜胆囊切除术;普外科更是完成国内首例腹腔镜疝修补术、脾切除术等多项全国第一的腹腔镜手术。

1993 年,郑民华等率先将中国的微创外科从良性疾病推进到恶性肿瘤,完成了国内首例腹腔镜结直肠癌手术,该名病人术后一直存活至今,打消了当时社会上对微创技术治疗恶性肿瘤不彻底、易复发的疑虑。如今,腹腔镜肠癌手术成为瑞金医院最成功也是最广泛推广的术式。

1994 年,泌尿外科成功地为一位 21 岁的姑娘做了腹腔镜肾脏切除术,首开上海市不剖腹摘除病变肾脏的先例;妇产科的腹腔镜手术术式也从单纯的附件囊肿剥离发展到腹腔镜辅助阴式子宫切除等复杂手术。1998 年,妇产科开始将腹腔镜技术运用于根治性子宫切除和盆腔淋巴结清扫及张力性尿失禁修补术,在当时处于国内领先地位。

二、上海市微创外科临床医学中心成立

随着微创外科事业的推进,人员少、设备旧的矛盾不断突显出来,在更新医疗器械所需的经费问题上遇到了困难。有一位上钢五厂的公司老总,在郑民华教授帮他做了成功的腹腔镜手术后,他深感这项新技术是能给病人带来福音的好东西,得知开展新项目需添置新器械,资金有困难时,他慷慨地通过公司借给微创外科 50 万元用于添置设备,此事得到医院党政领导的支持,在各方支持下更新了设备。

1998 年,随着瑞金医院微创外科技术在国内影响力逐渐增大,成立了国内第一家“微创外科临床及科研培训中心”,并成为亚洲腹腔镜与内镜外科医师协会(ELSA)指定认可的亚太地区的微创外科培训中心之一。

图专-6-2 1998 年瑞金医院微创外科手术暨科研培训中心成立

2000 年,瑞金医院在国内率先进行

集团化建设，把地处打浦桥的市政医院合并后建立瑞金医院分部，规划中将一层楼作为腹腔镜微创外科病区。

2001年，上海市政府提出要建立亚洲一流的医疗中心城市，市卫生局规划成立31个上海临床医学中心，通过打擂台的方式竞选，每个中心承诺将投入2 000万元。当时每个医院只能选送几个，竞争异常激烈。

具有战略眼光的医院领导敏锐感知到微创外科将引领外科领域革命性变革，将第一批打擂台的机会给了微创外科。最终在30多个候选单位中，只有3个学科获得外科系统的“打擂台”资格，分别是瑞金医院微创外科团队，东方肝胆医院吴孟超团队以及中山医院汤兆猷团队。与当年两位响当当的院士相比，当时的微创外科显得特别年轻，平均年龄只有33岁。正是时任上海市卫生局局长刘俊和其他领导的支持与鼓励，使瑞金医院微创中心最终与两位院士团队一起并肩列入第一批上海市临床医学中心的行列。

2001年10月，上海市微创外科临床医学中心（以下简称“中心”）在瑞金医院成立，成为上海市首批12个临床医学中心之一。中心配备先进的百级层流手术室、一体化手术室和内镜操作室，开展腹腔镜与内镜治疗，如胃肠镜、逆行胰胆管镜（ERCP）、胆道镜等相结合的综合治疗技术，能切实给病人带去微创治疗创伤小、恢复快的优势。2002年开始将微创外科的学科优势向周边省市拓展。

三、腹腔镜技术不断创新和拓展

此后，医院开展的微创外科手术类型覆盖除肝移植以外的所有外科领域，每年微创腔镜与内镜手术量在4 000例以上。腹腔镜胆囊切除术、腹腔镜胃肠手术、腹腔镜疝无张力修补术、腹腔镜妇科手术在国内具有较高影响力。

【腹腔镜胆囊切除术】

1991年以来，平均每年开展此类手术2 000余例。结合ERCP、胆道镜等内镜诊治手段，实现了近100%的慢性胆囊炎和96%左右的急性发作期胆囊炎都使用腹腔镜的方法来完成手术，大大缩短了病人术后恢复时间，减少住院天数。至2010年，腹腔镜胆囊切除术病人的平均住院天数已减低为2.1天，获得了很好的临床效益和社会效益。

【腹腔镜胃肠手术】

1993年以来，微创外科始终致力于腹腔镜结直肠手术的规范化与推广，手术类型覆盖普外科所有结直肠传统手术类型，手术质量和数量均居全国第一（至2010年例数）。同时进行多项有关结直肠癌微创治疗的科学研究，证明腹腔镜手术与传统手术具有相同的安全性和根治切除性，气腹不会造成肿瘤细胞的播散和切口肿瘤细胞的种植，最终提出腹腔镜结直肠癌手术是一种安全的根治手术，作为治疗结直肠恶性肿瘤的标准术式之一向全国推广。

2002年开始开展腹腔镜胃手术，累计手术1 000余例，其中腹腔镜胃癌根治术占2/3以上，其余为胃间质瘤切除术。探索各种腹腔镜胃癌根治术的消化道重建技术：管状胃成形、BI式三角吻合、Roux-en-Y胃空肠吻合技术、Ovil吻合技术等。

2007年7月，郑民华和陆爱国为一名55岁的病人进行了腹腔镜下同时切除直肠癌和胃癌两处原发性恶性肿瘤的手术，通过微创手术同时切除两处消化道原发性肿瘤，在国内外文献上均未见报道。

与传统开腹手术相比，腹腔镜胃肠手术具有视野清晰、出血少、清扫范围彻底、切口小、疼痛轻、恢复快、并发症少等优点，辅以放疗、化疗等综合治疗，能使病人的生存率和生活质量均得到提升。

【腹腔镜疝无张力修补术】

1993—2010年，医院对腹股沟疝、切口疝等各种腹外疝都采用"无张力修补"的原则。所进行的手术种类包括腹腔镜腹股沟疝、切口疝、复杂疝(边缘切口疝、造口旁疝、食管裂孔疝等)修补手术2 600余例(至2010年数据)。随访结果证明，无张力疝修补术的复发率明显低于常规传统手术，达到了与国际知名疝中心相同的水平。

【腹腔镜妇科手术】

2000年，成立妇科腹腔镜小组和妇科肿瘤小组，开辟了独立的微创妇科病区。2002年联合应用宫、腹腔镜进行妇科恶性肿瘤的淋巴清扫术。2009年，规范妇科恶性肿瘤诊疗常规，开展腹腔镜下妇科恶性肿瘤的广泛全子宫＋盆腔淋巴清扫等高难度手术。

【其他腔镜下微创手术】

腹腔镜胰腺手术　2004年，郑民华成功实施国内首例腹腔镜辅助胰十二指肠切除术。2005年1月，郑民华又完成国内首例全腹腔镜胰十二指肠切除术，手术历时五个半小时，出血量仅50毫升，病人术后20天即顺利出院，创伤远低于传统手术方式。当时世界范围内该手术例数不足百例，该术式的成功施行标志着我国腹腔镜手术已跻身于世界先进行列。

腹腔镜甲状腺手术　国内率先开展腔镜甲状腺手术的动物试验，为腔镜甲状腺手术的顺利开展提供了理论基础。开展经乳晕腔镜甲状腺手术和经胸壁腔镜甲状腺手术两种术式。至2010年共开展微创甲状腺手术450余例。

腹腔镜肝切除　2006起开展微创腹腔镜肝切除术，2010年起开展了机器人下规则肝切除及单孔腹腔镜下肝切除。

腔镜泌尿系统手术　2005年10月起，沈周俊开展后腹腔镜肾上腺病变(原醛、柯兴、嗜铬细胞瘤等)手术和腹腔镜下肾脏根治性切除术、肾脏部分切除术、肾盂整形、切开取石术、输尿管取石等手术。中心还在国内较早开展了腹腔镜脾切除术、腹腔镜阑尾切除术等手术。

四、微创理念与技术的推广

20世纪90年代初期，郑民华带领外科腹腔镜小组到全国各地一个城市一个城市地宣讲、推广、演示腹腔镜手术。2001年，中心成立后，建设微创手术观摩室与微创继续教育中心，实现同步医疗手术交流、远程医疗手术交流；具备数字化网络通信、智能化视频传输记录系统，促进微创技术的推广与交流；接受并培养了来自全国各地近百家各级医院的千余位进修医师；与医疗器械公司合作成立了全国首家非营利性医学专业继续教育培训推广平台——大中华结直肠腔镜外科学院和中国内镜外科培训体系(CETF)，成功对国内300余位具有腹腔镜内镜初步经验的医师进行继续教育培训，帮助其提高腹腔镜内镜专业技术水平，收到了很好的效果。

2006—2010年,郑民华先后率团到日本AETF培训中心、法国IRCARD、印度GEM医院、印度Global医院、泰国RAMATI IIDODI医院、香港中文大学医院、意大利比萨大学等进行手术演示,指导国外医师开展腹腔镜手术并进行学术交流。在印度,郑民华受到印度卫生部长接见并被授予"突出贡献"奖。

至2010年,瑞金医院微创外科团队出席国际手术演示10余次,国内外重大学术会议100余次,每次大会均有专题报告;包括第5至第13届世界内镜外科会议、日本腹腔镜与内镜外科年会、第8～12届ELSA年会等。

2009年,在上海成功主办ELSA年会并成功申办2016年第15届世界内镜外科会议。主办中华医学会第9～13届全国腹腔镜与内镜外科会议、中华医学会第15、16次全国外科学学术会议,举办10余次国家级腹腔镜继续教育学习班。中心负责制定的《结肠直肠癌诊断治疗标准·腹腔镜部分》《普外科腹腔镜手术操作规范与指南》《腹腔镜结肠直肠癌根治手术操作指南》《腹腔镜胃癌根治手术操作指南》,作为腹腔镜结直肠恶性肿瘤手术的临床指导性指南在全国推广应用。为微创理念在中国的推广做出了巨大贡献。

五、机器人手术的临床应用

瑞金医院是国内最早开展机器人手术的医院之一。2010年3月引进第一台达芬奇机器人手术系统,当时的型号是Model S。2016年2月引进第二台机器人Model Si手术系统,该系统比先前型号画面更清晰,机械臂反应及动作更迅速流畅。2010年3月,彭承宏完成达芬奇机器人保留脾脏的胰体尾切除术,从此拉开了瑞金医院开展达芬奇机器人手术的序幕。2010年8月,赵强为一名冠状动脉搭桥术后再狭窄的72岁病人行达芬奇机器人辅助腔镜下微创二次冠脉搭桥术,手术后病人仅过了5天就顺利出院。沈周俊成功实施达芬奇机器人肾癌根治术、离断性肾盂成形术等多项高难度微创手术。

胰腺中心从2010年起始终保持高度的激情与责任心,孜孜不倦的探索精神,成就了多个首次。首次提出并规范微创机器人胰腺"隧道先行,自下而上,两翼外展,由远至近"的手术入路,建立门静脉—胰腺隧道,消除手术盲区;首次建立微创胰腺"超声刀旋离法""钩突分区显露离断法""吊拉显露法",简化操作、减少出血、缩短手术时间。完成开腹与机器人胰十二指肠切除术的前瞻性比较研究,首次在国际上论证机器人胰腺恶性肿瘤手术的可行性、安全性、有效性及肿瘤的根治性。首次实施并完成国内外至今最大样本量的"机器人辅助保留十二指肠胰头切除术"。首次证实机器人行胰腺中段临床效果优于开腹手术,最大限度保留和利用胰腺残端,保留胰尾内分泌功能和脾脏免疫功能,已完成全球单中心最大数量的机器人胰腺中段切除手术病例。首次建立微创"连续外翻低张重叠血管吻合技术",并成功完成共9例联合肝总动脉/门静脉/肠系膜上静脉切除重建的胰十二指肠根治术、胰体尾切除术,拓展了机器人在胰腺外科领域应用。期间发表论文224篇,其中SCI收录63篇,主编专著2部,参编7部。其中彭承宏教授主编的《机器人胰腺外科手术学》是国内第一部机器人胰腺外科专著,被列为"十二五"国家重点图书出版规划项目。获得国家发明专利1项。13次担任国际学术交流大会执行主席。连续两年荣获国际机器人外科大会论文一等奖。2012年受邀成为全球网络大学的授课单位,2016年成立大陆地区首家由Intuitive Surgical授权的"机器人胰腺手术国际高级培训中心"。截至2017年2月瑞金医院胰腺中心已完成1 000例机器人胰腺手术,其中包括机器人胰十二指肠切除术和机器人胰体尾切除术。同时各项术式的术中术后各项指标包括手术时间、失血量、并发症率、胰瘘率、术后住院天数、远期疗效等,均有着与国际上其他大型医院胰腺中心相当甚或更高的水准。

心脏外科在赵强带领下积极参与机器人辅助心脏手术的培训和实践中。2009年由赵强领衔的医疗小组，分别赴香港威尔士亲王医院和美国亚特兰大 St.Josephy 医院进行机器人手术系统操作和心脏外科手术的培训。2010年起开展了机器人辅助冠脉搭桥手术业务，以小切口不停跳冠脉搭桥为基础，逐步过渡到完全腔镜下冠脉搭桥。从常规的单侧乳内动脉—左前降支冠脉搭桥，发展到双侧乳内动脉多支血管搭桥。截至2015年共完成机器人辅助冠脉搭桥83例，其中病人年龄最大86岁。同时还联合心脏内科，为30多例冠脉多支病变病人进行内外科联合的杂交治疗。经对机器人辅助冠脉搭桥病人随访3年结果，生存率达到95%，无心血管事件发生率达到90%，取得满意的临床效果。随着达芬奇机器人辅助心脏手术临床工作的开展，相应的科研工作也得到发展。截至2015年，完成机器人辅助心脏手术相关研究2项，获得国家发明专利1项，发表 SCI 论文1篇，核心期刊3篇。

2009年，泌尿外科沈周俊团队成员赴香港学习机器人手术系统的操作应用。2010年，瑞金医院泌尿外科开展机器人手术，几乎涵盖泌尿外科所有腹腔镜手术类型，积累了肾上腺疾病机器人手术国际最多、最复杂病例组；机器人辅助零热缺血肾脏部分切除术、机器人辅助膀胱全切及原位新膀胱成形术也是全国领先。有关膀胱肿瘤机器人腹腔镜手术技术创新作为获得2014年度教育部科技进步一等奖的内容之一。成功完成国内年龄最大(82周岁)的机器人辅助腹腔镜根治性前列腺切除术。2016年，在国内首先报道机器人辅助腹腔镜单纯前列腺切除术治疗大体积良性前列腺增生。截至2016年9月，泌尿外科已开展750余例机器人手术，发表30篇相关学术论文，14名编者(副主编1名，主编助理2名)参与编写中国大陆第一部泌尿外科机器人手术学专著《机器人泌尿外科手术学》。

与此同时，瑞金医院胸外科李鹤成团队2015年5月开展达芬奇机器人手术，截至2016年9月，共完成233例达芬奇胸部肿瘤手术，其中肺手术165例、食管肿瘤手术46例及纵隔肿瘤22例，其中不乏达芬奇肺袖状切除术、3D精准肺段切除术、食管癌合并降主动脉瘤等高难度手术。结果显示达芬奇机器人在达到与开放手术及传统腔镜手术一致根治胸部肿瘤的基础上，病人术后胸引管拔除时间、ICU入住时间及住院总时间均明显下降，术后疼痛减少、恢复速度加快。目前胸外科每月完成的达芬奇手术居全国前列。

瑞金医院胃肠外科赵任团队自2015年9月开始，完成达芬奇机器人辅助直肠癌根治术43例，标志着医院结直肠外科机器人手术技术日趋成熟。

机器人手术系统的临床应用并不仅仅是手术器械及手术方式的改进，更重要的是促进手术理念、手术模式转变的作用，其对外科手术发展的意义可能在将来逐步显现。机器人手术系统并非万能，也存在自身的缺陷与不足，正如腹腔镜技术发展至今技术日益成熟，但仍无法完全取代传统开腹手术一样。传统开腹手术、腹腔镜手术和机器人手术各具鲜明的特点，各有适应证范围，不可能简单地互相取代，未来的外科手术将是3种手术方法相互促进、共同发展。

回顾腹腔镜手术刚刚在国内兴起时，一些观点认为与开放手术相比微创手术前景有限；而如今全高清设备、3D摄像系统等，让镜下的世界变得无比清晰，并且让微创外科开始反哺传统外科的学习与研究；某种意义上说，现在外科手术的“微创比例”已经成为衡量学科先进性的客观指标之一。

微创外科的理念及大量临床成功实践，无论对瑞金外科乃至中国外科发展而言，都具有里程碑式的意义。瑞金医院将继续造福广大病患，引领外科学科的发展。

瑞金教学特色

——法语医学教育源远流长

行医治病，教书育人是瑞金医院百年发展的两条主要脉络，法语医学教育更是源于医院创设之初，并贯穿医院发展的全程，为瑞金医院的临床教学增添了特色和亮点。至今在瑞金医院几乎每个科室，你都能找到熟练运用法语的医生，他们甚至在查房时彼此用法语交流，保留着法系医学严谨而优雅的传统。

上海交通大学医学院临床医学法语班是中法交流的重点合作项目之一，也是交大医学院和法国医学院校之间历史悠久的高水平合作项目，而交大医学院法语班的临床教学全部都在瑞金临床医学院完成，所有临床课程及实习带教均由瑞金医院具备法语教学能力的医生完成。瑞金医院的法语医学教学也取得了良好的成效和社会声誉。

一、广慈初创　医学授课全法语

瑞金医院前身是创建于1907年的广慈医院，由法国天主教会创办，法文名称是“圣玛利亚医院”(Hospital Sainte-Marie)。广慈医院的创始人天主教江南教区主教姚宗李(Prosper Paris，1846—1931)来自法国，8位修女大半来自法国，还有两位法国医生，一位是佛来松(Fresson)，一位是李固(Ricou)。佛来松在广慈医院担任外科医生，他1926年回国以后由Dr. Santelli接替。法国医生和护士带来的临床医疗技术当属当时世界一流，也带来了法国医学教育的方式和理念，医学教育融入临床工作中，重科学研究和临床实践。

1912年，广慈医院东面隔着马斯南路(Rue Massenet，今思南路)、由法国天主教耶稣会开办的震旦学院开设医学先修科(后为医学院)，广慈医院成为震旦大学医科(医学院)的教学基地。震旦大学聘请广慈医院法籍医生李固和佛来松担任临床指导教师，每周一、二、六学生前来做临床实习。1913年，有两名学生肄业于自然理化科，继又在广慈医院临床实习4年，于1917年毕业，成为震旦医科首届毕业生。1914年，震旦大学正式成立医科，学制4年，皆用法语授课，广慈医院为其教学医院。

1916年，在天津任教的薛佩礼医师(Dr. Sibiril)来到震旦学院，并兼任广慈医院内科教授、主任，此时，震旦医科学制改为6年。课程设置、教学大纲皆参照法国医学专业，所用教材为法国医学院教材，讲授用法语。前两年专习博物，课程包括法文、哲学、化学、物理学、动物学、植物学、心理学、组织学通论。后4年学医科，课程为人体解剖学、病理解剖学、精神病学、眼科学、耳鼻喉科学、皮肤病学、妇产科学、儿科学、内科学、外科学等共40余门。当时学生人数不多，1920年前每届新生数在2～10名，1920年后每届有10多名，到20世纪30年代初才达到30名以上，但因淘汰率高，各届毕业生数几乎没有超过10名的。1932年，震旦大学改医科为医学院，院长由法国驻华使馆医师贝熙业兼任。1938年，富莱梅传教士(法国里昂大学医学院病理学博士)继任院长。常务校董才尔孟传教士不惜重金从法国招聘有真才实学的教授们来校任教，同时吸收从法国名牌大学留学回来的中国医师任教。20世纪30年代后期师资主要从本校医科毕业生中选拔，担任临床学科的教授基本上都兼任广慈医院科主任。

到 1932 年医院创办 25 周年时，广慈医院已发展成一所拥有 500 张床位，分设内、外、产科及电疗、眼科和皮肤科的综合性医院。当时医院 12 位专职医师中，有 9 人是法国医学博士，3 人为震旦大学毕业的中国医师，而震旦大学，也是法国天主教神父马相伯受法国天主教耶稣会奖学基金的资助后创办的。震旦医学教育注重临床实践的特色，直接吸收了以“医院医学”为特征的“法国学派”(French School)长处，学生从第三学年起，每天上午去医院实习诊断学及小手术。第四学年每日上午在广慈医院各个病区及门诊见习，并临床授课。第六学年临床实习。这种扎根于医院、注重临床教学传统的法国医学教育体制，逐渐移植并融入医学生到医师的塑造过程中。

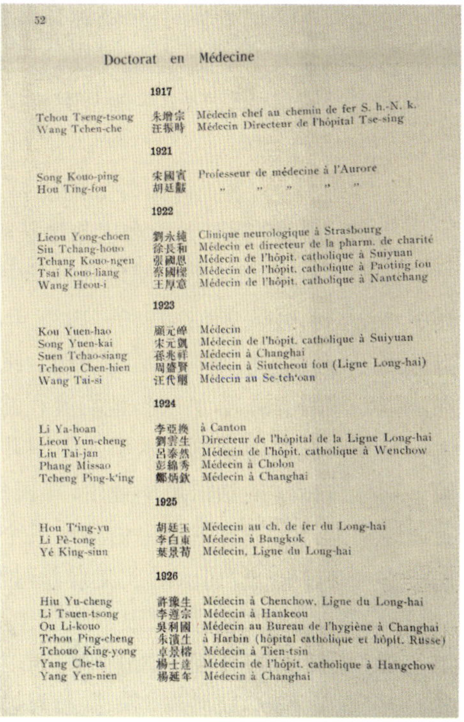
52

Doctorat en Médecine

	1917	
Tchou Tseng-tsong	朱增宗	Médecin chef au chemin de fer S. h.-N. k.
Wang Tchen-che	汪振時	Médecin Directeur de l'hôpital Tse-sing
	1921	
Song Kouo-ping	宋國賓	Professeur de médecine à l'Aurore
Hou Ting-fou	胡廷黻	" " " " "
	1922	
Lieou Yong-choen	劉永純	Clinique neurologique à Strasbourg
Siu Tchang-houo	徐長和	Médecin et directeur de la pharm. de charité
Tchang Kouo-ngen	張國恩	Médecin de l'hôpit. catholique à Suiyuan
Tsai Kouo-liang	蔡國樑	Médecin de l'hôpit. catholique à Paoting fou
Wang Heou-i	王厚意	Médecin de l'hôpit. catholique à Nantchang
	1923	
Kou Yuen-hao	顧元皡	Médecin
Song Yuen-kai	宋元凱	Médecin de l'hôpit. catholique à Suiyuan
Suen Tchao-siang	孫兆祥	Médecin à Changhai
Tcheou Chen-hien	周盛賢	Médecin à Siutcheou fou (Ligne Long-hai)
Wang Tai-si	汪代璽	Médecin au Se-tch'oan
	1924	
Li Ya-hoan	李亞煥	à Canton
Lieou Yun-cheng	劉雲生	Directeur de l'hôpital de la Ligne Long-hai
Liu Tai-jan	呂泰然	Médecin de l'hôpit. catholique à Wenchow
Phang Missao	彭綿秀	Médecin à Cholon
Tcheng Ping-k'ing	鄭炳欽	Médecin à Changhai
	1925	
Hou T'ing-yu	胡廷玉	Médecin au ch. de fer du Long-hai
Li Pè-tong	李白東	Médecin à Bangkok
Yé King-siun	葉景荀	Médecin, Ligne du Long-hai
	1926	
Hiu Yu-cheng	許豫生	Médecin à Chenchow, Ligne du Long-hai
Li Tsuen-tsong	李遵宗	Médecin à Hankeou
Ou Li-kouo	吳利國	Médecin au Bureau de l'hygiène à Changhai
Tchou Ping-cheng	朱濱生	à Harbin (hôpital catholique et hôpit. Russe)
Tchouo King-yong	卓景榕	Médecin à Tien-tsin
Yang Che-ta	楊士達	Médecin de l'hôpit. catholique à Hangchow
Yang Yen-nien	楊延年	Médecin à Changhai

图专-7-1 1917—1926 年震旦医学院毕业生名单

1947 年，震旦大学医学院毕业的不少医学生先后留校任教或在广慈医院任医师，在中国约 40 所医院中成为主要力量，其中大部分日后都成了主要临床科室的开创者和奠基人。

1952 年，震旦大学医学院并入上海第二医学院，教学用语用汉语代替了法语，医学法语教育一度中断。但是震旦大学医学院在其数十年办学历程中培养了一大批医学精英，董德长、王振义、龚兰生、唐振铎、陈家伦、金正均、史济湘、张锡泽、杨士达、聂传贤、陈敏章、张圣道、萧树东、丁文祥等，在新中国医疗卫生事业建设和医学人才培养方面发挥了重要作用，他们都能熟练使用法语进行医学教育。

1963 年，卫生部批准上海第二医学院以广慈医院为临床教学基地开设医学法语班，主要目的为培养援非医疗队，“文化大革命”时中法医学再度中断。1975 年 4 月，由于援外任务的需要，医学院又试办法语培训班，此后又中断。

二、改革开放 从法国带回先进技术

1979 年 4 月，法中医学会代表团在中华医学会总会和上海分会代表陪同下来上海第二医学院访问，团长勒杰尔教授是法中医学研究委员会主席、巴黎第五大学副校长，他提出巴黎第五大学愿与上海第二医学院结成姐妹学校。1980 年 4 月初，首届中法医学日活动在北京和上海举行，两国有关部长和上海第二医学院兰锡纯院长等组成荣誉委员会，邓小平副总理和法国巴尔总理为荣誉委员会主席，瑞金医院邝安堃教授担任学术委员会副主任委员，10 多名教授担任委员，与 15 名法方专家教授共同组织 32 场学术报告，国内医务界 2 200 人次参加听讲，其陪同翻译基本上全部由二医以及瑞金医院的专家承担，该活动在双方的全力协调和努力下取得良好效果。

经卫生部批准，1980 年 4 月上海第二医学院恢复了“医学法语班”，第一期招收 30 名学生，著名的微创外科专家郑民华医生就是首批医学法语班的学生。邝安堃、傅培彬、王振义等老一辈医学家亲自法语授课，并自编法语教材，比如《医学解剖》(Anatomie Médicale)就是当时恢复“医学法语班”后的教材之一，它没有编者姓名，所有内容都是用打字机打出来的，而法语字母上特有的注音符均是由钢笔再添加上去的。1980、1981、1985、1987、1989、1991、1993、1995年和1997年招收了9届医学法语班335名学生，他们先要学习一年的法语语言课程，然后进入专业法语学习阶段，所有学生临床实习阶段的学习均在瑞金医院进行，瑞金医院各学科也都有法语教师进行带教。自1998年起，法语班每年招生。

1980年5月，在上海市外办的支持下，以瑞金医院邝安堃、傅培彬教授为正副团长的四人代表团访法，受到巴黎第五大学和巴黎市长希拉克的热情接见，法国医学科学院还请邝安堃教授作了一次学术报告。此后，邝安堃和傅培彬的学生董德长、王振义、龚兰生、唐振铎、陈家伦、金正均等也陆续开展了与法国的医学交流。1980—1989年，中法医学日活动轮流在中国和法国举行，共举办10届，先后有教授16人次赴法国参加活动。瑞金医院邝安堃、傅培彬、董德长、王振义、龚兰生、唐振铎等教授们在法国巴黎的演讲轰动一时，他们流利的法语得到法国同事和中国大使馆官员们的高度赞赏。

最早将腹腔镜微创技术引入中国并向全国推广的瑞金医院郑民华教授1980年考入法语班，是第一届赴法留学的法语班毕业生，郑民华至今还会哼唱法国民谣。“入学第一年，我们看了好多原著，比如《悲惨世界》《基督山伯爵》《三个火枪手》《金银岛》，周末就结伴去山东路上淘法文书。”在郑民华看来，“法语班”引入的人文素养对至今的医学教育依然有现实意义。在得到赴法留学的机会时，郑民华对法国的了解只限于文学作品。在鲜有出国机会的时代，留学生们抵达法国后受到的震撼是很大的。郑民华回忆，20世纪80年代，中国感染性疾病还很多，医院里设备落后，检查靠A超，很多征象看不清，胆囊炎还是要靠经验丰富的医生用手触摸探查。当时，法国医学已经进入肿瘤医学时代，仪器设备也比国内先进好几代，有太多的技术和知识等着第一批留法学生学习，然而，最初几个月的艰苦程度超过了郑民华的想象。中国医学留学生对于法国方的医院来说，就是外籍住院医生，与当地医生一样必须完成住院医生的工作。郑民华每天一早进医院，晚上才能回宿舍，自己的时间还需要用来学习，就这样过了半年“不见天日”的艰苦生活。“6个月后，正值法国的春天，工作上也能适应，困苦的阶段才终于结束。”

1987年，世界上第一例微创外科手术在法国进行，正在法国求学的郑民华，师从斯特拉斯堡医院外科Meyer教授，在第一时间学习到了腹腔镜手术技术。当时，导师从众多学生中挑中了郑民华，理由是“你是中国人，会用筷子，有一双灵巧的手”。这位中国学生不负老师的期望，掌握了腹腔镜技术，并在1988年成为第一个为病人做腹腔镜手术的中国医生。1991年，郑民华接受瑞金医院领导邀请回到医院，也将腹腔镜技术带回中国。当年12月，郑民华与另一位留学归国医生蒋渝一起，成功进行了腹腔镜胆囊切除术，这是我国华东地区开展的首例微创手术。从此，由郑民华教授带领的团队如同腹腔镜技术的“黄埔军校”，培养了各地最早的一批微创外科医生，为中国外科的微创化发展起到了重要的推动作用。

美国纽约西奈山医学院肾脏科主任何慈江是首届法语班学生，“除了学习法语，法国文化对我们每个人的影响更大。因为我们不止学法语，也有法国文学课，要读巴尔扎克、莫泊桑的作品”。何慈江说，在翻译家、法语教授顾梅圣的课堂上，法国文化的种子在他们这群青年的心中生了根。原来，顾梅圣等名家上课不仅教授法语，还讲授法国的文化、思想、饮食。所以瑞金“法语班”还走出青雯这样的另类医生，如今的她是法语翻译家，主持不少重要文献的翻译。

1981级法语班学生鲁勤如今是法国巴黎公立教学医院重症监护室(ICU)医生，她说，“我们全班才32个人，90%的课是用法语上的，由龚兰生、董德长、唐振铎等大家汇集中法最新医学进展，量身定做教材”。同班同学吴颖如今是加拿大蒙特利尔公立医院神经内科医生，在法语区魁北克省已生活近20年，是当地唯一的中国医生。他认为，“法语班”给当年的他们打开了看世界的窗口。

除了临床医学院的教育外，瑞金医院各个学科也经常派送医生赴法学习。1980年建立肾脏专业时，仅有3位医生，没有专科设施。董德长教授首先抓的是人才培养，与法国联系人员培训，先后派出18名各级医师配套培养，回国后为国内肾脏病学科发展作出了重要贡献。瑞金医院肾脏科学科带头人陈楠就是其中一位，1983年12月至1990年2月间分别在法国巴黎第五、第六大学附属TENON医院肾脏科（师从前国际肾脏协会主席Richet教授）和Necker医院肾脏科（师从前终生国际肾脏协会主席Humburger教授）进行临床和实验室工作学习。在法6年期间获巴黎五大肾脏专科医生、巴黎六大外籍主治医生和法兰西学院外籍住院医生等学位。

三、从单向学习到合作共享

早期赴法留学的医学生，如海绵一般吸收法国先进的医疗技术，将世界上最先进的医学技术和理念带入中国，奠定了瑞金医院乃至上海和中国医疗界与国际同行交流的基础，也让瑞金医院的医学整体水平站在了比较高的起点上。

20世纪90年代起，医学院同法国的合作迅速发展，与法国13所大学签订了双边交流协议。1994年法国总理巴拉迪尔、1997年希拉克总统夫人Chirac Bernadette先后访问瑞金医院，凸显了中法医学合作项目在中法合作交流中的重要地位。

1997年瑞金医院临床医学法语班中法合作项目正式纳入中法两国政府文化教育合作框架。2000年10月作为两国元首项目执行。2005年，法国驻上海总领事馆科技领事Michel Bauderon教授在中国医学法语教学研讨会对此作了高度评价，特别指出："上海交通大学医学院医学法语班教学开办多年，已经成为一项示范性合作项目。"此后，里昂第一大学、斯特拉斯堡大学、格勒诺布尔第三大学、巴黎笛卡儿大学等10多所法国高校与学校陆续签署合作交流协议，根据需求，定期派遣基础和临床专业教师来瑞金医院任教，增强了法文师资力量。同时开展学生互换项目，1998年，上海第二医科大学开始面向全国招收临床医学七年制法语班学生，每年30名。

法语班在办学实践中，培养方案不断得到修正，教学方法和教学理念在创新中发展，课程设置日趋科学化和系统化，教材体系也日益得到丰富和完善。在临床医学法语班教学体系的培养方案设计之初，就确定了"长期一贯、本硕连读、加强基础、注重素质、整体优化、面向临床"的教学原则和"全面推进素质教育，遵循高等医学教育的客观规律，培养适应现代医学科技发展和社会需要的医德高尚、基础宽厚、医技扎实、法语熟练，富有创新意识和较大发展潜力的高层次、复合型临床医学人才"的培养目标。

1999年起，在6年级（93级、95级、97级）法语班中挑选18名学生为本硕连读，经法方考核，获得赴法学习一年的资格，身份为法国外籍住院医师（FFI）。2001年，法语班打破传统医学教学通识课程—医学基础—医学专业的三段式教学方式，开展以器官系统为核心的新课程体系改革，从课程内涵出发，加强基础理论与临床教学的有机结合。2005年，瑞金临床医学院成立医学法语教研室，编写系列医学法语教材项目，与医学院法语培训中心合作进行法语师资队伍的培训工作，开展数字化教学工作，并与法国里昂大学合作，在瑞金医院设置里昂大学教学资源互动共享服务器SPIRAL。通过访问该服务器，法语班学生可以接受与法国医学院学生完全相同的医学教学课程和课件，能远程视频音频听课，在线互动答题讲解，浏览相关教学网站，极大地补充和丰富了医学法语的教学内容。在此基础上，确定了法语医学人才的培养方案，即"一贯制、二结合、三措施、四段式、五优化"。"一贯制"是指本硕/博融通、统筹规划；"二结合"是指医科教育与语言教育相结合、校内教育与国际合作相结合，培养复合型医学人才；“三措施”是指医学院与临床二级管理措施，强化法语和技能措施，选拔分流措施，以确保人才培养的质量；“四段式”是指法语学习阶段、医学学习阶段、临床轮转阶段和赴法实习阶段分别配备指导老师，进行全程、全方位、多角度的系统指导；“五优化”是指从课程体系、教学内容、教学方法、执教师资、教学管理等五方面进行优化，构建良好的育人氛围。该方案将专业知识教育、临床技能训练、科学实验研究、人文社科学习和外语应用能力相结合，贯穿教育全过程。

1999 年至 2010 年底，已有 245 名临床医学法语班学生被派往法国学习。

经过 30 年的努力，上海医疗技术水平与包括法国在内的西方发达国家之间差距越来越小，某些领域甚至超过国际同行。因此，瑞金医院的中法合作从单向地学习法国，逐步转变到如今的合作共享，不仅要将中国医学生送出去，还提供机会让法国医学生到上海来学习。法国斯特拉斯堡大学医学院名誉院长、中法医学教育项目法国国家级协调员、教授 Guy Vincendon 介绍，5 年来，法国各医院每年公派 25 至 30 名医学生至瑞金医院参与暑期短期培训，其实习效力等同于在法国国内。

除了医学生的互换，法国住院医生也出现在瑞金医院的病房中。2015 年 10 月 20 日，瑞金医院与法国巴黎公立医院集团签署合作框架协议，法国巴黎公立医院集团将选派部分住院医生到瑞金医院规范化培训基地接受培训，瑞金医院成为法国巴黎公立医院集团在中国的首个海外培训基地。

由于瑞金医院国际化程度越来越高，吸引了很多法国学者到上海任教，承担法语班医学生专业课程的教学。瑞金医院法语教研室主任刘志宏介绍，法语班医学生在瑞金医院临床实习期间，由法国教师讲授专业课，这样的做法在国内教学医院中不多见。“过去基本上由法国老师自己决定怎样授课，后来我们要求法国老师按照中国医学教育的框架重新设计课程，讲什么内容、讲多少学时、用什么教材，我们会充分地沟通。我们的外教课程绝不是形式，而是让学生以法语为工具掌握医学知识，学习法国医学文化。”经过如此“魔鬼式”的学习，法语班医学生打下了赴法留学的坚实基础。

20 世纪 70 年代末，瑞金医院一批法语老教授编纂了第一版《法汉医学大词典》。2011 年瑞金医院再次担当起“十二五”国家重点出版规划立项图书、国家出版基金资助项目——《汉法医学大辞典》的修订编纂工作，由郑民华担任主编，王振义先生担任名誉主编，全院 100 多名医生被动员起来，其中包括瑞金医院法文教授、历届法语班毕业生以及医学院在读学生，从收词条开始，初译、复核、校对、做索引……收词条时要结合 20 世纪的第一版，但没电子版，只能撕下来一页一页扫描；复核时有问题的标不同颜色，标到最后都找不到更多颜色来对应了。相比于第一版词典的 12 万条词，此次重修后扩展到 24 万，其中包括大量颇具特色的中医词汇，比如“气海”“五行相克”“任脉”等，30 年社会发展和技术革新带来的新词、新释义都做了补充，词典编纂工作历时 5 年，终于于 2015 年 11 月出版发行。

在王振义院士看来，法国人之所以在医学上取得大量前沿成就，与它非凡的艺术、音乐、哲学传统密不可分。“我们要学习的不仅仅是技术，更是一种不可估量的教学理念、疾病分析与医学思维方式。”因此，创办法语医学教育的意义并不完全为了学术，更在于多元文化交流、医学和人文的衔接。医学法语教育伴随着瑞金医院百十年发展，成为瑞金医院最重要的办学特色，也成为瑞金医院文化的一部分。

进入 21 世纪，瑞金医院医学法语教育通过教学课程创新、教学模式创新、学位体系创新等一系列举措，以卓越医学人才培养为目标，临床与科研、医学与人文、知识与能力、求真与道德、创新与传承、在校教育与毕业后教育全面融通发展，正朝着“建成一流的国际化合作办学平台，一流的教师教学能力发展平台，一流的学生创新能力培养平台，一流的科研能力和临床能力协调发展的复合型人才培养平台”宏大目标而不断努力前行。

索引

一、表格索引

表 1-1-1　1919—1951 年医院历任董事会成员、院长、副院长情况表　54
表 1-1-2　1951—1956 年医院历任军代表情况表　56
表 1-1-3　1951—2010 年医院历任院长、副院长情况表　57
表 1-2-1　1960—2010 年历届党员(代表)大会召开情况表　67
表 1-2-2　1951—2010 年医院历任党组织书记、副书记情况表　68
表 1-2-3　1979—2010 年医院纪律检查委员会历任书记、副书记情况表　69
表 2-1-1　1916—1997 年医院内科历任主任、副主任情况表　78
表 2-1-2　1990—2010 年医院消化内科历任主任、副主任情况表　79
表 2-1-3　1987—2009 年医院消化病房出院人次及平均年门诊人次统计表　79
表 2-1-4　2000—2010 年医院消化内科获得国家级课题情况表　83
表 2-1-5　1988—2010 年医院心脏内科历任主任、副主任情况表　85
表 2-1-6　1986—2010 年医院心脏内科获得国家级课题情况表　89
表 2-1-7　1952—2010 年医院内分泌学科带头人情况表　91
表 2-1-8　1987—2010 年医院内分泌科住院病人及门诊数量统计表　92
表 2-1-9　1997—2010 年医院内分泌科获得国家级重大重点课题情况表　98
表 2-1-10　2005—2010 年医院内分泌科获得国家级科研奖项情况表　99
表 2-1-11　1952—2010 年医院血液内科(小组)历任负责人情况表　100
表 2-1-12　1988—2010 年医院(总院)血液内科住院人数统计表　103
表 2-1-13　1993—2010 年医院血液科获得国家级奖项情况表　105
表 2-1-14　1988—2010 年医院肾脏内科历任主任、副主任情况表　106
表 2-1-15　1986—2010 年医院肾脏专业主编书籍情况表　108
表 2-1-16　2007—2010 年医院肾脏内科获得国家级重大重点科研项目情况表　110
表 2-1-17　1999—2010 年医院肾脏内科获得国家自然科学基金项目情况表　110
表 2-1-18　1931—2010 年医院感(传)染科历任主任、副主任情况表　112
表 2-1-19　1981—2010 年医院感染科获得国家级重大攻关项目情况表　118
表 2-1-20　1933—2010 年医院儿内科历任主任、副主任情况表　119
表 2-1-21　1952—2010 年医院儿内科门急诊、住院人数统计表　121
表 2-1-22　1955—2005 年医院儿科教研室(组)历任主任、副主任情况表　123
表 2-1-23　1988—2010 年医院儿内科获得国家级课题情况表　126
表 2-1-24　1945—2010 年医院皮肤科历任科主任、副主任情况表　127
表 2-1-25　1995—2010 年部分年份医院皮肤科门急诊人次和出院人次统计表　131
表 2-1-26　1999—2010 年医院皮肤科获得国家级科研项目情况表　133

表2-1-27　1954—2010年医院皮肤科国内学术任职情况表　134
表2-1-28　1951—2010年医院中医科(含针灸科、推拿科)历任主任、副主任情况表　135
表2-1-29　1954—2010年医院中医科科址及床位数变化情况表　135
表2-1-30　1951—2010年医院呼吸科历任主任、副主任情况表　140
表2-1-31　1987—2010年医院呼吸科获国家级科研课题情况表　145
表2-1-32　1982—2010年医院高血压科历任主任、副主任情况表　146
表2-1-33　1982—2010年部分年份医院高血压科门诊、住院人数统计表　146
表2-1-34　1992—2010年医院高血压科获国家级科研项目情况表　150
表2-1-35　1985—2010年医院急诊科历任主任、副主任情况表　151
表2-1-36　1987—2010年医院急诊科参与抢救部分重大事故情况表　154
表2-1-37　1963—2010年医院神经内科历任主任、副主任情况表　157
表2-1-38　1963—2010年医院神经内科教研室历任主任、副主任情况表　160
表2-1-39　1998—2010年医院神经内科国家级科研获奖情况表　163
表2-1-40　1996—2010年医院神经内科获国家级重大重点科研课题情况表　163
表2-1-41　2002—2010年医院神经内科国内外学术任职情况表　163
表2-1-42　1993—2010年医院神经内科入选人才项目情况表　164
表2-1-43　1959—2010年医院康复医学科(含原理疗科)历任主任、副主任情况表　169
表2-1-44　1994—2009年医院康复医学科承担教学工作情况表　171
表2-1-45　1995—2009年医院康复医学科承担实习工作情况表　171
表2-1-46　1995—2010年医院康复医学科参与国家级课题情况表　172
表2-1-47　1993—2010年医院肿瘤放化疗科(放疗科、肿瘤科)历任主任、副主任情况表　173
表2-1-48　1993—2010年医院肿瘤放化疗科配置重要设备情况表　174
表2-1-49　2000—2009年医院肿瘤科及肿瘤放化疗科参与临床试验情况表　178
表2-1-50　1999—2010年医院肿瘤放化疗科获个人或集体荣誉情况表　179
表2-1-51　2002—2010年医院临床心理科门诊及会诊人次统计表　180
表2-2-1　1951—2010年医院外科各分支/中心分科及首任主任情况表　186
表2-2-2　1991—2010年医院普外科各病区主要收治病种分布情况表　186
表2-2-3　1935—2010年医院外科历任主任、副主任情况表　188
表2-2-4　1962—2010年医院外科教研室历任负责人情况表　195
表2-2-5　2002—2010年医院普外科获国际、国家级重大重点课题情况表　201
表2-2-6　1997—2010年医院普外科获国家级科研奖项情况表　202
表2-2-7　医院外科在国内外历届学术团体中部分重要任职情况表　202
表2-2-8　1951—2010年医院外科参加的部分国内外援助医疗队情况表　204
表2-2-9　1955—2010年医院妇产科历任主任、副主任情况表　206
表2-2-10　1952—2010年医院妇产科门急诊、住院人数及手术统计表　208
表2-2-11　1961—2005年医院妇产科教研室历任主任、副主任情况表　211
表2-2-12　1986—2010年医院妇产科获国家级科研奖情况表　212
表2-2-13　2002—2010年医院生殖医学中心体外受精-胚胎移植工作统计表　214
表2-2-14　2002—2010年医院生殖医学中心人工授精工作统计表　214
表2-2-15　1937—2010年医院眼科历任主任、副主任情况表　215
表2-2-16　1954—2010年部分年份医院眼科门急诊、住院人数及手术统计表　217
表2-2-17　1992—2010年医院眼科获国家自然科学基金项目情况表　219

表 2-2-18　1949—2010 年医院耳鼻喉科历任主任、副主任情况表　219
表 2-2-19　1933—2010 年医院口腔科历任主任、副主任情况表　223
表 2-2-20　1959—2010 年医院口腔科门诊及病房工作量统计表　225
表 2-2-21　1932—1964 年医院口腔系历任主任情况表　226
表 2-2-22　1952—2010 年医院泌尿外科历任主任、副主任情况表　229
表 2-2-23　1952—2010 年医院泌尿外科门诊、住院及手术例数统计表　230
表 2-2-24　2004—2010 年医院泌尿外科获得国家级课题情况表　234
表 2-2-25　2010 年医院泌尿外科获得专利情况表　234
表 2-2-26　1954—2010 年医院胸外科历任主任、副主任情况表　235
表 2-2-27　1980—2006 年医院胸外科手术统计表　237
表 2-2-28　1954—2010 年医院骨科历任主任、副主任情况表　243
表 2-2-29　2006—2010 年医院骨科举办国家级继续教育学习班情况表　246
表 2-2-30　1956—2010 年医院伤科历任主任、副主任情况表　248
表 2-2-31　1997—2010 年医院伤科获得国家级课题情况表　252
表 2-2-32　1954—2010 年医院儿外科历任主任、副主任情况表　254
表 2-2-33　1954—2010 年医院儿外科门急诊及住院人次统计表　256
表 2-2-34　1963—2010 年医院灼伤科、整形科和灼伤整形科历任主任、副主任情况表　261
表 2-2-35　1988—2010 年医院灼伤整形科获得国家级科研课题情况表　266
表 2-2-36　1986—2010 年医院灼伤整形科学术任职一览表　269
表 2-2-37　1964—2010 年医院灼伤整形科获国家级个人与集体荣誉情况表　269
表 2-2-38　1988—2010 年医院神经外科历任主任、副主任情况表　270
表 2-2-39　1956—2010 年医院手术室历任护士长、副护士长情况表　276
表 2-2-40　1953—2010 年医院消毒供应中心历任护士长、副护士长情况表　277
表 2-2-41　1954—2010 年医院手术室参与配合的各级各类首创性手术统计表　278
表 2-2-42　2001—2010 年医院消毒供应中心主要供应物品及工作量统计表　281
表 2-2-43　2006—2010 年医院手术室和消毒供应中心获专利项目情况表　283
表 2-2-44　1957—2008 年医院消毒供应中心技术革新成果情况表　284
表 2-2-45　1981—2010 年医院手术室和消毒供应中心获省部级个人及集体荣誉情况表　285
表 2-3-1　1927—2010 年医院放射科历任主任、副主任情况表　286
表 2-3-2　1963—2010 年医院放射学教研室历任主任、副主任情况表　289
表 2-3-3　2004—2010 年医院放射科主办国家级继续教育项目情况表　290
表 2-3-4　2003—2010 年医院放射科获得国家级科研项目情况表　292
表 2-3-5　1951—2010 年医院检验科历任主任、副主任情况表　293
表 2-3-6　1980—2010 年医院检验科年均工作量统计表　295
表 2-3-7　1990—2010 年医院检验科获得国家自然科学基金课题情况表　297
表 2-3-8　2002—2010 年检验科获得国家级科研奖项一览表　297
表 2-3-9　1950—2010 年医院药剂科(室)历任主任、副主任情况表　298
表 2-3-10　1957—2010 年医院麻醉科历任主任、副主任情况表　305
表 2-3-11　1973—2010 年部分年份医院麻醉科麻醉例数统计表　307
表 2-3-12　2005—2010 年医院麻醉科获得国家级科研项目情况表　311
表 2-3-13　1962—2010 年医院病理科历任主任、副主任情况表　312
表 2-3-14　1961—2010 年部分年份医院病理科工作量统计表　313

表 2-3-15　1959—2010 年医院核医学科(同位素室)历任主任、副主任情况表　314
表 2-3-16　1958—2010 年医院核医学科(同位素室)新开展项目情况表　316
表 2-3-17　1983—2010 年医院核医学科获得国家级课题情况表　319
表 2-3-18　1974—1986 年医院核医学科获得国家级科研奖项情况表　319
表 2-3-19　1988—2010 年医院超声诊断科历任主任、副主任情况表　320
表 2-3-20　2003—2010 年医院临床输血科年度工作量统计表　325
表 2-3-21　2005—2010 年医院临床输血科开展血友病基因家系诊断情况表　325
表 2-3-22　2003—2010 年医院输血科获得国家级科研奖项情况表　326
表 3-1-1　1964—2010 年医务处历任处(科)长、副处(科)长情况表　330
表 3-1-2　1954—2010 年医院门诊部历任主任、副主任情况表　331
表 3-1-3　1993—2010 年医院急诊办公室和急诊部历任主任、副主任情况表　331
表 3-1-4　1949—2010 年医院护理部历任主任、副主任情况表　332
表 3-1-5　1976—1998 年医院急诊管理制度一览表　336
表 3-1-6　1907—2010 年医院床位数变更情况表　338
表 3-1-7　2002—2010 年医疗事务接待办公室历任主任情况表　340
表 3-1-8　1953—2010 年医院接收进修医师人数统计表　341
表 3-1-9　2010 年医院首批特色专病门诊一览表　346
表 3-1-10　2008—2010 年医院门诊大型义诊和健康讲座情况表　347
表 3-1-11　1992—2010 年医院门诊部获得上海市级奖项一览表　348
表 3-1-12　1932—2010 年部分年份医院门急诊人次统计表　349
表 3-1-13　1964—2006 年医院护理部主编书籍一览表　356
表 3-1-14　1998—2010 年医院医保办历任主任情况表　357
表 3-1-15　1991—2010 年医院医疗总人次情况表　359
表 3-1-16　1991—2010 年医院手术质量情况表　359
表 3-1-17　1992—2010 年医院住院病人临床诊断质量情况表　360
表 3-1-18　1991—2010 年医院住院病人动态及病床使用情况表　361
表 3-1-19　1907—2010 年医院医疗业务主要数据情况表　362
表 3-1-20　1951—2010 年医院预防保健科历任主任、副主任情况表　367
表 3-1-21　1988—2010 年体检中心历任主任、副主任情况表　373
表 3-1-22　1979—2010 年医院体检中心历年健康检查年度人次统计表　373
表 3-1-23　1998—2010 年医院特需医疗保健中心历任主任情况表　375
表 3-2-1　1950—2010 年医院组织参与抢救的部分重大突发事件情况表　382
表 3-2-2　医院 SARS 防病小组人员情况表　384
表 3-2-3　1993—2010 年医院组织并完成部分重大活动保障情况表　385
表 3-2-4　1977 年医院赴唐山医疗队情况表　388
表 3-2-5　2008 年 5 月医院援川人员情况表　389
表 3-2-6　2004—2008 年医院申报并获批的新技术情况表　391
表 3-2-7　2009 年医院申报并获批的新技术情况表　391
表 3-2-8　2010 年医院申报并获批的新技术情况表　392
表 3-2-9　1995—2005 年医院获上海市临床医疗成果奖情况表　393
表 3-2-10　1996—2005 年医院获上海第二医科大学临床医疗成果奖情况表　393
表 4-1-1　1955—2010 年医疗系/医学系/临床医学院历任负责人情况表　403

表4-1-2　1955—2010年学校各系部设于医院期间历任系主任情况表　404
表4-1-3　2005—2010年医院各教研室课程建设和教材建设情况表　407
表4-1-4　1984—2010年医院检验系教研室主任、副主任任职情况表　408
表4-2-1　广慈医院部分外籍医师任震旦医学院教师情况表　414
表4-2-2　震旦大学医学院部分毕业生任职母校及服务广慈医院情况表　415
表4-2-3　2000—2010年历届“红烛奖”获奖情况表　421
表4-2-4　1987—2009年医院获国家级或市级教学个人奖情况表　422
表4-3-1　1989—2010年医院检验系主编教材一览表　426
表4-4-1　2000—2010年医院获“全国优秀博士学位论文”(“全国百篇”)情况表　433
表4-4-2　2003—2010年医院获“全国优秀博士学位论文提名”情况表　434
表4-4-3　1978—2010年医院遴选硕士生导师情况表　435
表4-4-4　1981—2010年医院遴选博士生导师情况表　437
表4-5-1　2009—2010年医院招录住院医师规范化培训人数情况表　440
表4-5-2　1997—2010年医院举办国家级继续医学教育项目数统计表　443
表4-5-3　2002—2005年医院主编国家级继续教育参考用书情况表　444
表5-1-1　1985—2010年科教科/科技发展处历任处(科)长、副处(科)长情况表　448
表5-1-2　1963—2010年医院设置的校级研究室情况表　450
表5-1-3　1958—2010年医院建设的市级和校级研究所情况表　451
表5-1-4　2001—2010年医院建设的市级以上重点实验室情况表　452
表5-1-5　1996—2010年医院伦理委员会历任主任、副主任委员情况表　454
表5-2-1　1981—2010年医院获科研项目数统计表　456
表5-2-2　1981—2010年医院获科研项目经费统计表　457
表5-2-3　1978—2010年医院获各级科技奖项一览表　459
表5-2-4　1988—2010年医院部分国际科研获奖一览表　460
表5-2-5　1978—2010年医院获国家科技奖一览表　460
表5-2-6　1980—2010年医院获卫生部、教育部科技进步奖一览表　461
表5-2-7　2001—2010年医院获中华医学科技奖一览表　463
表5-2-8　1980—2010年医院获上海市科技奖项一览表　464
表5-2-9　1952—2010年医院在国际和国内期刊发表学术论文统计表　469
表5-2-10　1991—2010年医院出版专著统计表　470
表5-3-1　2002—2010年医院获国家级重点学科一览表　471
表5-3-2　1984—2008年医院获上海市级重点学科一览表　472
表5-3-3　2004—2010年国家药物临床试验机构各专业历任负责人情况表　475
表5-4-1　1958—2010年上海市伤骨科研究所历任所长、副所长情况表　477
表5-4-2　1997—2010年上海市伤骨科研究所获国家自然科学基金课题情况表　479
表5-4-3　1958—2010年上海市伤骨科研究所主编专著情况表　480
表5-4-4　1958—2010年上海市高血压研究所历任所长、副所长情况表　482
表5-4-5　1978—2010年上海市高血压研究所获省部级一等奖以上成果情况表　486
表5-4-6　1986—2010年上海市高血压研究所获国家级科研项目情况表　486
表5-4-7　1960—2010年上海市高血压研究所出版专著情况表　488
表5-4-8　1978—2010年上海市内分泌(代谢病)研究所历任所长、副所长情况表　489
表5-4-9　1997—2010年上海市内分泌(代谢病)研究所承担国家级重大重点课题情况表　491

表 5-4-10　1980—2010 年上海市内分泌(代谢病)研究所获省部级一等奖以上情况表　491
表 5-4-11　1970—2010 年上海市内分泌(代谢病)研究所主编出版物情况表　492
表 5-4-12　1987—2010 年上海血液学研究所历任所长、副所长情况表　493
表 5-4-13　1986—2010 年上海血液学研究所获科研项目数统计表　496
表 5-4-14　1992—2009 年上海血液学研究所获国家级重大重点科研项目情况表　496
表 5-4-15　1993—2010 年上海血液学研究所获国家级和省部级一等奖情况表　498
表 5-4-16　1990—2008 年上海血液学研究所获科技个人奖项情况表　499
表 5-4-17　1988—2010 年上海血液学研究所学术任职表　500
表 5-4-18　1988—2010 年上海市烧伤研究所历任所长、副所长情况表　501
表 5-4-19　1985—2010 年上海市烧伤研究所国家级课题情况表　505
表 5-4-20　1975—2003 年上海市烧伤研究所主编专著情况表　506
表 5-4-21　2000—2010 年上海市烧伤研究所获得专利情况表　506
表 5-4-22　1998—2010 年上海消化外科研究所历任所长、副所长情况表　507
表 5-4-23　1998—2010 年上海消化外科研究所承担国家级重大课题情况表　511
表 5-5-1　1996—2010 年《外科理论与实践》编辑委员会历任主编、副主编情况表　514
表 5-5-2　2002—2010 年《诊断学理论与实践》编辑委员会历任主编、副主编情况表　514
表 6-1-1　1951—2010 年人力资源处、人事外(科)历任处(科)长、副处(科)长情况表　519
表 6-2-1　1949—2010 年医院员工人数统计表　523
表 6-3-1　2001—2010 年医院引进人才情况表　528
表 6-3-2　1990—2010 年医院获人才建设成果情况表　530
表 6-3-3　1990—2010 年医院获国家级人才计划项目情况表　532
表 6-3-4　2005—2010 年医院获省部级人才计划项目情况表　533
表 6-3-5　1991—2010 年医院获局级人才计划项目情况表　533
表 6-4-1　1986—2010 年医院历任退管会主任、副主任情况表　549
表 6-4-2　1986—2010 年医院历任退管会办公室主任情况表　549
表 6-4-3　1975—2010 年医院援摩洛哥医疗队情况表　552
表 7-1-1　1949—2010 年院长办公室历任主任、副主任情况表　562
表 7-1-2　1955—2010 年医院接待国际和港澳台地区来访批次和人数情况表　565
表 7-1-3　1976—2010 年主要外宾来访国家批次和人数情况表　566
表 7-1-4　1977—2010 年部分来访贵宾情况表　566
表 7-1-5　2005—2010 年医院授予的名誉顾问、客座教授情况表　568
表 7-1-6　1993—2010 年医院承办、协办的部分国际学术报告和会议情况表　571
表 7-1-7　1980—2010 年医院医生获国际奖章和荣誉情况表　575
表 7-1-8　历年医院专家在国际学术团体任职情况表　576
表 7-1-9　2010 年医院综合档案室库藏案卷统计表　581
表 7-2-1　1953—2010 年财务处历任处(科)长、副处(科)长情况表　582
表 7-3-1　1990—2010 年医院监察审计室、监察室、审计室历任主任情况表　590
表 7-3-2　1985—2010 年医院计算机中心历任主任、副主任情况表　595
表 7-4-1　1999—2010 年瑞金医院集团办、市场部、社区办历任主任、副主任情况表　601
表 7-4-2　瑞金医院集团成员单位列表　602
表 7-4-3　1999—2010 年医院派驻卢湾分院历任院长、副院长情况表　604
表 7-4-4　1999—2010 年瑞金医院卢湾分院业务数据情况表　604

表 7-4-5 2000—2010 年医院派驻闵行医院历任院长、副院长情况表 605
表 7-4-6 2000—2010 年瑞金医院集团闵行医院业务数据情况表 605
表 7-4-7 2000—2010 年瑞金医院集团闵行医院在 20 家区中心医院中的排位情况表 606
表 7-4-8 2000—2010 年集团办驻台州市中心医院历任副院长情况表 607
表 7-4-9 1992—2010 年瑞金医院对外合作项目情况表 608
表 8-1-1 1951—2010 年总务处(科)/后勤保障处历任处(科)长、副处(科)长情况表 614
表 8-2-1 1925—2010 年医院部分建筑改扩建情况表 620
表 8-2-2 老门诊建筑基本情况表 622
表 8-2-3 门诊医技楼改建前后建筑情况表 622
表 8-2-4 2010 年急诊楼建筑情况表 624
表 8-2-5 2010 年 2、3 号病房楼(内科病房楼)建筑情况一览表 624
表 8-2-6 2010 年 6 号病房楼(外妇儿科病房楼)建筑情况表 624
表 8-2-7 2010 年 9 号病房楼建筑情况表 625
表 8-2-8 2010 年 36 号楼(感染科呼吸科病房楼)建筑情况表 625
表 8-2-9 普通病房综合大楼改建前建筑情况表 626
表 8-2-10 2010 年 38 号楼(广慈医院楼)建筑情况表 626
表 8-2-11 2010 年分部病房情况表 627
表 8-2-12 2010 年医技用房建筑情况表 627
表 8-2-13 2010 年科教用房建筑情况表 628
表 8-2-14 2010 年 8 号楼建筑情况表 630
表 8-2-15 2010 年院史陈列馆建筑情况表 630
表 8-2-16 2010 年保障用房建筑情况表 631
表 8-2-17 2010 年能源供应用房建筑情况表 631
表 8-3-1 1978—2010 年医院历任保卫科科长、副科长情况表 641
表 8-4-1 1921—2010 年医院各类首台设备采购情况表 645
表 8-4-2 1983—2010 年医院百万元以上仪器设备情况表 647
表 8-4-3 1993—2010 年广慈实业总公司各子公司历任法人代表、总经理情况表 654
表 9-1-1 1959—2010 年医院党委(总支/分党委)办公室历任主任、副主任情况表 659
表 9-1-2 1951—2010 年医院党员人数变更情况表 660
表 9-1-3 1965—2010 年医院当选各级人民代表大会代表和人民政治协商会议委员情况表 666
表 9-1-4 1958—2010 年医院担任民主党派市委委员以上任职情况表 668
表 9-1-5 1998—2010 年医院派遣援疆干部情况表 675
表 9-1-6 1975—1977 年医院派遣援藏医疗服务队情况表 676
表 9-3-1 1992—2010 年医院精神文明委员会历届主任、副主任情况表 683
表 9-3-2 1996—2010 年医院精神文明办公室历届主任、副主任情况表 683
表 9-3-3 1956—2010 年医院获国家级和市级精神文明奖项情况表 688
表 9-4-1 1978—2010 年医院宣传科(党委宣传科)科长、副科长情况表 694
表 9-4-2 1993—2010 年医院媒体信息发布量(次)统计表 698
表 9-4-3 2004—2010 年医院在各级公共关系案例比赛中获奖情况表 701
表 9-5-1 1950—2010 年医院工会委员会历届主席、副主席情况表 702
表 9-5-2 1979—2010 年医院职代会讨论通过的部分重要内容情况表 703
表 9-5-3 1956—2010 年医院获全国和上海市级劳动模范(先进工作者)、劳模集体情况表 706

表 9 - 5 - 4　1990—2010 年医院工会获市级以上荣誉称号情况表　708
表 9 - 5 - 5　1950—2010 年医院团委(团总支/团支部)历届书记、副书记情况表　710
表 9 - 5 - 6　1994—2010 年医院获各级青年文明号(共青团号)情况表　713
表 9 - 5 - 7　1999—2010 年医院团委获集体奖项情况表　714
表 9 - 5 - 8　1958—2010 年医院青年获个人奖项情况表　714
表 9 - 5 - 9　1992—2010 年医院青年联合会历届会长、副会长情况表　716
表 9 - 5 - 10　1985—2010 年医院妇女工作委员会历届主任、常务副主任、副主任情况表　718
表 9 - 5 - 11　1985—2010 年医院妇女工作条线获得市级以上奖项情况表　721
表 9 - 6 - 1　2005—2010 年"瑞金讲坛"历次内容情况表　729
表 9 - 6 - 2　1995—2010 年医院获全国思想政治工作奖项情况表　730

二、图片索引

图 1-1-1　左：广慈医院创办人姚宗李　右：首任院长万尔典　53
图 1-1-2　1951 年 10 月，广慈医院职工拥护军管会征用　55
图 1-1-3　1907—2010 年医院管理体制变化示意图　57
图 1-1-4　医院两次更名　59
图 1-1-5　1950 年医院行政组织架构图　60
图 1-1-6　上海交通大学医学院附属瑞金医院组织机构图(2010 年)　63
图 1-2-1　1978 年医院党委组织结构图　71
图 1-2-2　2010 年医院党委组织结构图　72
图 2-1-1　1907—1988 年医院内科发展及专业科室设置　77
图 2-1-2　消化内科唐振铎(左二)带教学生　78
图 2-1-3　20 世纪 50 年代医院内科消化小组唐振铎使用的硬式胃镜　81
图 2-1-4　心脏内科龚兰生在会议中　85
图 2-1-5　1988 年，内分泌科学术带头人合影(左起：罗敏、陈家伦、邝安堃、丁霆、许曼音)　91
图 2-1-6　内分泌代谢病学科群模式图　93
图 2-1-7　血液科王振义在查房　102
图 2-1-8　1991 年肾脏内科学科带头人董德长(左二)带领教学查房　108
图 2-1-9　20 世纪 80 年代，24 舍传染科病房　112
图 2-1-10　1997 年 5 月，儿科曾畿生(左二)查房　119
图 2-1-11　20 世纪 60 年代，朱仲刚(左七)调研稻田皮炎　130
图 2-1-12　中医科第一位硕士生导师刘德傅　135
图 2-1-13　呼吸科邓伟吾在查房　142
图 2-1-14　1995 年高研所龚兰生开展大规模临床试验 STONE(上：龚兰生在意大利报告研究结果；下：*Journal of Hypertension* 杂志刊登 STONE 研究报告)　148
图 2-1-15　2009 年，EICU 抢救重危病人　153
图 2-1-16　神经内科徐德隆诊治病人　159
图 2-1-17　20 世纪 70 年代干部病房　165
图 2-1-18　2003 年康复医学科杨佩君(右一)到骨科查房指导早期康复　169
图 2-1-19　2002 年 7 舍放射治疗中心　173
图 2-1-20　临床心理科医生诊治病人中　179
图 2-1-21　1995 年临床营养科成立　181
图 2-2-1　外科学科带头人做实验(左起史济湘、傅培彬、蒋吕品、李宏为、林言箴、张圣道)　187
图 2-2-2　21 世纪初张圣道主持重症胰腺炎会诊　192

图 2-2-3　1972 年投入使用的高压氧舱　194
图 2-2-4　2008 年丁家增参加北极科考　204
图 2-2-5　妇产科金毓翠(右三)研究天花粉作用机制　207
图 2-2-6　2010 年医院生殖中心布局结构图　213
图 2-2-7　1998 年眼科手术室　216
图 2-2-8　1985 年耳鼻喉科江敏给病人做听力测试　220
图 2-2-9　1957 年接待苏联口腔颌面外科专家(前排左二张锡泽,左三柯什赫,左四张涤生,二排左三邱蔚六)　223
图 2-2-10　泌尿科创始人程一雄查房　228
图 2-2-11　医院胸外科创始人宋祥明　234
图 2-2-12　1963 年叶衍庆(中)、过邦辅(右)担任断肢再植医疗组顾问(左为六院骨科陈中伟)　244
图 2-2-13　1961 年竣工的伤骨科病房大楼　248
图 2-2-14　1985 年儿外科龚代贤里昂外科学会外籍会员证书　259
图 2-2-15　1987 年 10 月,灼伤科史济湘(左四)指导青年医生治疗大面积烧伤病人　262
图 2-2-16　医院神经外科创始人张天锡(右)与恩师傅培彬(左)在法国尼斯参加国际学术会议　270
图 2-2-17　普外科张圣道(右)等讨论急性重症胰腺炎病人的治疗　274
图 2-2-18　20 世纪 80 年代手术室护士长曹育贞(中)带教手术室护士　282
图 2-3-1　20 世纪 70 年代 10 舍放射科　286
图 2-3-2　20 世纪 30 年代放射治疗室　288
图 2-3-3　20 世纪 30 年代巴斯德楼实验室　293
图 2-3-4　1966 年,医院药剂科首位科主任钱漪在《中国药学杂志》发表广慈医院处方分析　299
图 2-3-5　麻醉科李杏芳(左二)在接待外宾　306
图 2-3-6　20 世纪 70 年代核医学科朱承谟(左二)研制成功国产彩色扫描机　318
图 3-1-1　1949—2010 年医院医疗管理架构　329
图 3-1-2　2007 年医务处组织临床医师“三基”考试　341
图 3-1-3　20 世纪 50 年代门诊　342
图 3-1-4　20 世纪 90 年代门诊　343
图 3-1-5　1985 年朱仲刚(右一)在专家门诊为病人服务　346
图 3-1-6　1996 年蓝帽子服务队在为病人服务　349
图 3-1-7　2002 年 11 月护士注射比赛　352
图 3-1-8　护士在关爱病人　355
图 3-1-9　2004 年陶祥龄(左三)参加国际护理管理学术会议　356
图 3-1-10　1983 年医院去上海舞蹈学校体检　373
图 3-2-1　瑞金医院医疗队在唐山　388
图 3-2-2　2008 年 6 月首批援助都江堰医疗队合影　389
图 4-1-1　1917 年,震旦学院医科第一批毕业生(左一朱增宗、左二薛佩礼、右一汪振时)　397
图 4-1-2　1930 年震旦大学全景图(图片最左侧为广慈医院)　398
图 4-1-3　1986 年第一届法文班毕业合影　399
图 4-1-4　1953—2010 年医院教学管理架构图(浅蓝色为迁离医院)　403
图 4-2-1　20 世纪 80 年代儿科曾羲生指导外国留学生　414
图 4-3-1　1952 年第一届广慈护训班结业师生合影　428
图 4-4-1　1981 年“文化大革命”后第一批恢复招生研究生毕业　431

图 4 - 4 - 2　1997 年张天锡指导研究生做动物实验　432
图 4 - 5 - 1　20 世纪 90 年代，医院对医师进行考核　438
图 5 - 1 - 1　医院科研机构设置框架　448
图 5 - 1 - 2　20 世纪 80 年代内科实验室　450
图 5 - 1 - 3　20 世纪 80 年代外科实验室　450
图 5 - 1 - 4　1958 年上海市高教局批复成立上海市伤科研究所　452
图 5 - 4 - 1　20 世纪 60 年代伤骨科大楼(38 号楼)　477
图 5 - 4 - 2　20 世纪 80 年代上海市高血压研究所　481
图 5 - 4 - 3　1979 年 1 月上海市内分泌研究所挂牌(右一邝安堃)　489
图 5 - 4 - 4　20 世纪 80 年代末上海市烧伤研究所皮库　502
图 5 - 4 - 5　2000 年上海消化外科研究所所长李宏为(右)、朱正纲(左)讨论工作　508
图 5 - 5 - 1　2008 年《内科理论与实践》杂志被收录为中国科技核心期刊　515
图 6 - 3 - 1　1984 年医院开设职工教育医学英语提高班　527
图 6 - 4 - 1　2001 年医院老年职工大学结业典礼　551
图 6 - 4 - 2　2009 年医院第 13 批援摩医疗队队员和病愈出院的患儿全家合影　558
图 6 - 4 - 3　2000 年医院被评为援摩洛哥先进单位　558
图 7 - 1 - 1　1985 年徐家裕(前排左三)、史济湘(前排左二)接待外宾　564
图 7 - 1 - 2　2002 年 10 月李宏为(右)接待诺贝尔奖获得者默拉德教授　565
图 7 - 1 - 3　2003 年授予法国斯特拉斯堡大学 Brette 先生客座教授仪式　568
图 7 - 1 - 4　1998 年医院档案室通过国家一级单位评审　579
图 7 - 2 - 1　1997 年老门诊收费处　588
图 7 - 3 - 1　2007 年医院入选全国首批数字化医院示范单位　600
图 7 - 4 - 1　2000 年上海瑞金医院集团成立　601
图 8 - 1 - 1　1953 年医院总务科架构图　613
图 8 - 1 - 2　1988 年医院总务处架构图　614
图 8 - 2 - 1　2009 年医院平面图　619
图 8 - 2 - 2　20 世纪 80 年代医院托儿所　630
图 8 - 3 - 1　1997 年医院食堂　638
图 9 - 1 - 1　1998 年 6 月医院党委书记严肃(左一)上党课　662
图 9 - 1 - 2　1998 年詹维伟(中)援疆　675
图 9 - 1 - 3　2009 年敬老节慰问离休老同志　678
图 9 - 4 - 1　新闻媒体有关陈竺、陈赛娟报道　697
图 9 - 5 - 1　1998 年院工会领导家访困难职工　704
图 9 - 5 - 2　1979 年 12 月邝安堃获全国劳动模范证书　706
图 9 - 5 - 3　1999 年医院灼伤三病区获全国青年文明号　713
图 9 - 5 - 4　2001 年陈赛娟在医院纪念三八国际劳动妇女节 91 周年暨表彰大会上发言　720
图 9 - 6 - 1　20 世纪 30 年代广慈医院院徽　724
图 9 - 6 - 2　2005 年医院院徽　724
图 9 - 6 - 3　2010 年医院院徽　724
图 9 - 6 - 4　2002 年瑞金茶室　728
图专- 1 - 1　1958 年二医党委书记关子展听取邱财康治疗小组汇报(左起：史济湘、陈德昌、关子展、许伟石)　790
图专- 1 - 2　技工间自制翻身床　791

图专-2-1 1957年中国第一例原醛病历封面 793
图专-2-2 陈家伦等详细记录每天尿液电解质变化 794
图专-3-1 1980年肝移植获卫生部甲级科学技术成果奖 799
图专-3-2 1958年内科医生丁怀翌为心脏移植所做笔记 800
图专-3-3 2003年瑞金医院器官移植中心成立(右一李宏为,右三吴孟超,左三林言箴,左一严肃) 802
图专-4-1 2002年5月世界血友病联盟代表团来访(左一王振义) 805
图专-4-2 2000年王振义获美国科学信息研究所论文引证证书 807
图专-5-1 1983年,王振义(前排右一)和他的学生们(后排左一陈赛娟,左四陈竺) 811
图专-5-2 2000年陈竺(左四)、陈赛娟(左五)在血研所指导研究生 814
图专-6-1 1988年,郑民华(右二)在法国独立完成腹腔镜胆囊切除术 816
图专-6-2 1998年瑞金医院微创外科手术暨科研培训中心成立 817
图专-7-1 1917—1926年震旦医学院毕业生名单 823

编 后 记

2010年初，根据上海市人民政府《上海市第二轮新编地方志书编纂规划》（沪府办发〔2010〕5号）要求，《上海市级专志·瑞金医院志（1907—2010）》（以下简称“瑞金医院志”）被列入上海市级专志编纂规划。2010年8月6日，中共上海交通大学医学院附属瑞金医院委员会通过《关于成立瑞金医院院史、院志编纂委员会的决定》（沪瑞委字[2010]第45号）和《关于成立瑞金医院院史、院志编纂办公室的决定》（沪瑞委字[2010]第45号），启动瑞金医院相关编纂工作。医院院长、院党委书记亲自担任编委会主任。以后又分别于2013年6月26日和2015年8月3日，两次发文调整编纂委员会和编纂办公室成员。2013年6月，《瑞金医院志》篇目计划获得上海市地方志办公室的批准，修志工作全面铺开。

自2010年8月，按照《上海市地方志编纂工作的若干规定（试行）》，瑞金医院修志工作经历了如下三个主要阶段。

1. 学习摸索阶段（2010—2013年）

2012年9月，医院聘请两位同志开始搜集王振义院士相关材料，制作电子卡片，完成大事记长编974条，到上海市档案馆检索有关广慈医院的法文资料42份，请医院法语师资和法文班高年级学生翻译为中文，为全面铺开修志工作积累经验。其间医院派遣多人参加上海市地方志办公室组织的修志培训班，掌握修志规范和基本知识。请上海市地方志办公室和外院专家进行多次全院培训，普及修志知识。

2. 搜集资料阶段（2013—2015年）

2013年6月，全院87个部门科室300余名编纂员开始进行广泛搜集资料，并按地方志要求制作电子卡片和资料长编。2013年12月，血液科等首批上交电子卡片。2014年2月，对外合作部完成全院第一份资料长编，率先进入试写稿阶段。

在编纂委员会顾问严肃书记率领下，院志办走访各科室，指导编纂工作。医院档案室和上海交通大学医学院档案馆全力配合查档。各科室科主任牵头，向终身教授、历任科室核心小组成员等老教授、老职工发放征求意见表500余份，召开座谈会近百次。医院退休职工积极捐献实物和照片。民国医药文献博物馆馆长上官万平先生，社会人士陆明先生、胡安东先生、宋杰女士等提供了大量史料线索和历史文献，为《瑞金医院志》的编纂补充了重要素材。至2015年末，全院共完成资料长编13 624条，计2 342 880字。

3. 编纂修改阶段（2015—2017年）

本阶段由各部门科室按医院统一要求调整试写稿内容，完成科室发展史。2016年9月，87家部门、科室全部完成科室发展史，总计1 070 675字。院志办对资料进行了重新归类，按实际情况修改篇目，组织精干力量进行总纂。各部门、科室邀请各年代学科带头人、核心小组成员、老职工等对科室发展史试写稿充分发表意见，保证内容的准确性和完整性。院志办认真比对地方志文体，对各部门、科室发展史统一格式、统一布局、统一文风，按"横不缺项、竖不断线"对科室进行具体指导。由老专家组成的科室发展史专家委员会和医院老领导李宏为、陈淑瑾、朱正纲、严肃等对医院发展史进行审阅并提出修改意见。

医院党政联席会议多次专题讨论院志工作，院党政领导均对分管的工作内容进行仔细审查并提出具体修改意见。同时，对"图照""总述""大事记""人物篇"和"专记"等进行把关和审核。

上海市地方志办公室刘建主任、洪民荣主任、王依群副主任、生键红副主任、黄晓明处长、过文瀚处长和专志处肖春燕、赵明明等认真指导、无私帮助。黄浦区地方志办公室副主任汪志星提供技术指导和借阅史料。松江区地方志办公室原主任何惠明审阅《瑞金医院志》全文并就格式、布局提出中肯建议。上海交通大学外国语学院法语系教师任轶提供大量从法国耶稣会图书馆和梵蒂冈天主教会图书馆查阅到的有关医院资料。

2017 年 3 月，《瑞金医院志》内审稿基本完成，医院编纂委员会认为较好地记载和反映了 103 年来医院发展的基本情况和医教研管各项工作的整体过程，观点正确，特色鲜明，体例完备，资料翔实，结构基本合理，行文总体规范，符合保密要求。2017 年 4 月 28 日交付评议，根据各方面意见，又着手对志稿内容进行订正、增补和调整。

《瑞金医院志》的面世，历时七年，是各方面努力的结果。在编纂过程中，我们始终以医院发展为主线，力求突出学科发展和专业特色。由于编纂人员水平有限，疏漏之处，敬请读者指正。

编　者

2017 年 6 月 1 日

图书在版编目（CIP）数据

上海市级专志．瑞金医院志 / 上海市地方志编纂委员会编．—上海：上海科学技术文献出版社，2017
ISBN 978-7-5439-7543-9

Ⅰ．①上… Ⅱ．①上… Ⅲ．①上海—地方志②医院—概况—黄浦区 Ⅳ．① K295.1 ② R199.2

中国版本图书馆 CIP 数据核字（2017）第 197271 号

瑞金医院志

编　　者：上海市地方志编纂委员会
责任编辑：徐　静　　张　军
封面设计：严克勤
出版发行：上海科学技术文献出版社
　　　　　上海市长乐路 746 号　邮编 200040
　　　　　http://www.sstlp.com
排　　版：南京展望文化发展有限公司
印　　刷：上海中华商务联合印刷有限公司
开　　本：889 × 1194　1/16
印　　张：54.75
插　　页：55
字　　数：1 434 000
版　　次：2017 年 9 月第 1 版　2017 年 9 月第 1 次印刷
书　　号：ISBN 978-7-5439-7543-9
定　　价：800.00 元